《中国区域经济统计年鉴—2006》

编辑委员会和编辑人员名单

编辑委员会

编 辑 人 员

China Statistical Yearbook for Regional Economy-2006

Editorial Board and Staff

Editorial Board

Editorial Staff

编者说明

一、《中国区域经济统计年鉴—2006》是一部全面、系统反映中国区域经济与社会发展状况的大型统计资料书。全书收集了2005年全国及其7个经济区域、31个省级行政单位、330多个地级行政单位和2000多个县级行政单位的主要社会经济统计指标。主要内容涵盖自然状况、人口与就业、国民核算、固定资产投资、财政、物价、人民生活、农业、工业、建筑业、运输邮电业、国内贸易、对外经济贸易、旅游、金融保险、教育、科技、文化、卫生、社会福利、环境保护和市政建设等社会经济发展的各个方面。本书未包括香港、澳门特别行政区和台湾地区资料。

二、书中部分指标因全国或全省数据有调整，故存在分地区数据相加不等于总计的情况。

三、本书资料表使用符号说明："#"表示其中主要项；"空格"表示数据不详、无数据或数据不足最小计量单位。

四、本书有关加工数据因小数取舍产生的误差均未做人为调整。

五、本书全部资料来源于各级政府统计年报或相关的抽样调查资料，并经科学加工、整理，数据翔实可靠，且具有广泛的可比性。

编者

2007年1月

Preface

I. *China Statistical Yearbook for Regional Economy-2006* is a massive statistical publication, which comprehensively describes China's regional economy and social development status. This yearbook has collected major social and economic indictors of China in 2005. There are indicators at national and provincial level (including 31 provinces, autonomous regions and municipalities), indicators of 7 economic zones, indicators of prefecture (over 330 prefectures including city at prefecture level) and indicators of county (over 2000 counties including city at county level). It contains the following aspects: national conditions, population and employment, national accounts, investment in fixed assets, government finance, price indices, people's livelihood, agriculture, industry, construction, transportation, postal and telecommunications, domestic trade, foreign trade, tourism, banking and insurance, education, science, culture, public health, social welfare, environment protection and city planning. Statistical data in this yearbook exclude those of Hong Kong SAR, Macao SAR and Taiwan Province.

II. For some indicators in this yearbook, the sum of each regional data is not equal to the total of the national one since some adjustments on national and provincial data have been made.

III. Notions used in this yearbook: "#" indicates the major items of the total; "(blank)" indicates that data are not available or the figure is not large enough to be measured with the smallest unit in the table.

IV. Data in this yearbook are not adjusted manually for the errors occurring from summing or rounding off.

V. All figures listed in this yearbook are from statistical yearly reports at all governmental levels or related sampling surveys. The figures are full, accurate and comparable since it has been processed and checked by the editors.

Editors

January 2007

目　录
Contents

第一章　经济区域统计资料
Chapter 1. Statistics of Economic Zone

第二章　省、自治区、直辖市统计资料
Chapter 2. Statistics of Province

第三章　地级统计资料
Chapter 3. Statistics of Prefecture

第四章　县级统计资料
Chapter 4. Statistics of County

Chapter 1

第一章

经济区域统计资料

Statistics of Economic Zone

1-1 东部10省(市)国民经济和社会发展主要指标(2005年)

Main Indicators of National Economic and Social Development of 10 Eastern Provinces (2005)

指 标	Item	东部10省(市)合计 Total of 10 Eastern Provinces	东部10省(市)占全国比重(%) Percentage of 10 Eastern Provinces to National Total (%)
自然资源	**Natural Resources**		
土地面积 (万平方公里)	Area of Land (10 000 sq.km)	91.6	9.5
人口	**Population**		
年底总人口 (万人)	Population at the Year-end (10 000 persons)	46388	36
劳动就业	**Employment**		
年底就业人员 (万人)	Employment At the Year-end (10 000 persons)	24810	36
#城镇	Urban Area	7996	45
年末城镇登记失业率 (%)	Registered Unemployment Rate in Urban Area (%)	3.0	
国民经济核算	**National Accounting**		
国内(地区)生产总值 (亿元)	Gross Domestic Product (100 million yuan)	109924.6	55.6
第一产业	Primary Industry	8681.8	37.7
第二产业	Secondary Industry	56673.2	58.5
#工业	Industry	51120.0	59.8
第三产业	Tertiary Industry	44569.7	57.2
人均国内(地区)生产总值 (元)	Per Capita Gross Domestic Product (yuan)	23768	
固定资产投资	**Investment in Fixed Assets**		
全社会固定资产投资总额 (亿元)	Total Investment in Fixed Assets (100 million yuan)	45626.3	52.4
#房地产开发	Real Estate Development	9673.4	60.8
财政	**Government Finance**		
地方财政收入 (亿元)	Local Government Revenue (100 million yuan)	8955.0	60.2
地方财政支出 (亿元)	Local Government Expenditure (100 million yuan)	11564.4	46.0
对外贸易	**Foreign Trade**		
货物进出口总额 (亿美元)	Total Value of Imports and Exports(100 million USD)	12781.6	89.9
出口额	Exports	6798.0	89.2
进口额	Imports	5983.5	90.7
物价	**Price Indices**		
居民消费价格总指数(上年=100)	Consumer Price Index (previous year=100)	101.7	
农业	**Agriculture**		
主要农产品产量 (万吨)	Output of Major Farm Products (10 000 tons)		
粮食	Grain	12766.2	26.4
棉花	Cotton	185.5	32.5
油料	Oil-bearing Crops	906.4	29.5

1-1 续表 Continued

指　　标		Item		东部10省(市)合计 Total of 10 Eastern Provinces	东部10省(市)占全国比重(%) Percentage of 10 Eastern Provinces to National Total (%)
工业		**Industry**			
主要工业产品产量		Output of Major Industrial Products			
原煤	(亿吨)	Coal	(100 million tons)	2.9	12.9
原油	(万吨)	Crude Oil	(10 000 tons)	6720.1	37.1
发电量	(亿千瓦小时)	Electricity	(100 million kwh)	11281.9	45.1
粗钢	(万吨)	Crude Steel	(10 000 tons)	19497.2	55.2
水泥	(万吨)	Cement	(10 000 tons)	55137.0	51.6
交通运输业		**Transportation**			
铁路营业里程	(公里)	Length of Railways in Operation	(km)	16998	23
公路里程	(公里)	Length of Highways	(km)	515791	27
#高速公路		Expressways		16724	41
旅客周转量	(亿人公里)	Total Passenger-kilometer	(100 million person-km)	6177.5	40.1
货物周转量	(亿吨公里)	Total Freight Ton-kilometer	(10 million ton-km)	48214.6	67.4
邮电通信业		**Post and Telecommunication Services**			
邮电业务总量	(亿元)	Total Business Revenue	(100 million yuan)	6503.2	54.2
国内商业		**Domestic Trade**			
社会消费品零售总额	(亿元)	Total Retail Sales of Consumer Goods	(100 million yuan)	36973.8	54.4
教育		**Education**			
普通高等学校		Institutions of Higher Education			
学校数	(个)	Number of Institutions	(unit)	714	39.8
招生数	(万人)	New Student Enrollment	(10 000 persons)	208.3	41.3
在校学生数	(万人)	Student Enrollment	(10 000 persons)	643.1	41.2
毕业生数	(万人)	Number of Graduates	(10 000 persons)	129.4	42.2
卫生		**Health Care**			
卫生机构数	(个)	Number of Hospitals	(unit)	98780	33.0
#医院、卫生院		Hospitals and Health Centers		16770	27.8
卫生技术人员	(万人)	Medical Technical Personnel	(10 000 persons)	172.2	38.6
#医生		Doctors		73.7	38.0
医疗机构床位数	(万张)	Number of Hospital Beds	(10 000 beds)	126.7	37.8
#医院、卫生院		Hospitals and Health Centers		117.8	37.6
人民生活		**People's Livelihood**			
城镇居民可支配收入	(元)	Per Capita Disposable Income of Urban Households	(yuan)	13375	
农村居民人均纯收入	(元)	Per Capita Net Income of Rural Households	(yuan)	4720	

注：本表中涉及分地区数据相加不等于全国总计的指标，在计算比重时，分母为31个省(区、市)相加的合计数。

a)As the sum of some indicators by region is different to the national total,while calculating the percentage,the denominator is the sum of 31 provinces.

1-2 中部6省国民经济和社会发展主要指标（2005年）

Main Indicators of National Economic and Social Development of 6 Middle Provinces (2005)

指　标		Item		中部6省合计 Total of 6 Middle Provinces	中部6省占全国比重(%) Percentage of 6 Middle Provinces to National Total (%)
自然资源		Natural Resources			
土地面积	(万平方公里)	Area of Land	(10 000 sq.km)	102.8	10.7
人口		Population			
年底总人口	(万人)	Population at the Year-end	(10 000 persons)	35202.0	27.4
劳动就业		Employment			
年底就业人员	(万人)	Employment At the Year-end	(10 000 persons)	19065	28.0
#城镇		Urban Area		3791	21.5
年末城镇登记失业率	(%)	Registered Unemployment Rate in Urban Area	(%)	3.8	
国民经济核算		National Accounting			
国内(地区)生产总值	(亿元)	Gross Domestic Product	(100 million yuan)	37230.3	18.8
第一产业		Primary Industry		6204.6	27.0
第二产业		Secondary Industry		17412.7	18.0
#工业		Industry		14914.1	17.5
第三产业		Tertiary Industry		13613.1	17.5
人均国内(地区)生产总值	(元)	Per Capita Gross Domestic Product	(yuan)	10608	
固定资产投资		Investment in Fixed Assets			
全社会固定资产投资总额	(亿元)	Total Investment in Fixed Assets	(100 million yuan)	16145.6	18.5
#房地产开发		Real Estate Development		2232.0	14.0
财政		Government Finance			
地方财政收入	(亿元)	Local Government Revenue	(100 million yuan)	2263.7	15.2
地方财政支出	(亿元)	Local Government Expenditure	(100 million yuan)	4713.9	18.7
对外贸易		Foreign Trade			
货物进出口总额	(亿美元)	Total Value of Imports and Exports	(100 million USD)	415.1	2.9
出口额		Exports		244.2	3.2
进口额		Imports		170.9	2.6
物价		Price Indices			
居民消费价格总指数	(上年=100)	Consumer Price Index	(previous year=100)	102.1	
农业		Agriculture			
主要农产品产量	(万吨)	Output of Major Farm Products	(10 000 tons)		
粮食		Grain		14778.3	30.5
棉花		Cotton		176.4	30.9
油料		Oil-bearing Crops		1252.5	40.7

1-2 续表 Continued

指　　标	Item	中部6省合计 Total of 6 Middle Provinces	中部6省占全国比重(%) Percentage of 6 Middle Provinces to National Total (%)
工业	**Industry**		
主要工业产品产量	Output of Major Industrial Products		
原煤 (亿吨)	Coal (100 million tons)	9.2	41.8
原油 (万吨)	Crude Oil (10 000 tons)	585.3	3.2
发电量 (亿千瓦小时)	Electricity (100 million kwh)	5682.8	22.7
粗钢 (万吨)	Crude Steel (10 000 tons)	7502.5	21.2
水泥 (万吨)	Cement (10 000 tons)	24078.9	22.5
交通运输业	**Transportation**		
铁路营业里程 (公里)	Length of Railways in Operation (km)	17457	23.1
公路里程 (公里)	Length of Highways (km)	463507	24.0
#高速公路	Expressways	10476	25.5
旅客周转量 (亿人公里)	Total Passenger-kilometer (100 million person-km)	4337.0	28.1
货物周转量 (亿吨公里)	Total Freight Ton-kilometer (10 million ton-km)	9539.0	13.3
邮电通信业	**Post and Telecommunication Services**		
邮电业务总量 (亿元)	Total Business Revenue (100 million yuan)	2098.9	17.5
国内商业	**Domestic Trade**		
社会消费品零售总额 (亿元)	Total Retail Sales of Consumer Goods (100 million yuan)	13184.5	19.4
教育	**Education**		
普通高等学校	Institutions of Higher Education		
学校数 (个)	Number of Institutions (unit)	468	26.1
招生数 (万人)	New Student Enrollment (10 000 persons)	138	27.3
在校学生数 (万人)	Student Enrollment (10 000 persons)	426.2	27.3
毕业生数 (万人)	Number of Graduates (10 000 persons)	80.7	26.3
卫生	**Health Care**		
卫生机构数 (个)	Number of Hospitals (unit)	68317	22.8
#医院、卫生院	Hospitals and Health Centers	15546	25.7
卫生技术人员 (万人)	Medical Technical Personnel (10 000 persons)	113.9	25.5
#医生	Doctors	47.5	24.5
医疗机构床位数 (万张)	Number of Hospital Beds (10 000 beds)	82.2	24.5
#医院、卫生院	Hospitals and Health Centers	77.4	24.7
人民生活	**People's Livelihood**		
城镇居民可支配收入 (元)	Per Capita Disposable Income of Urban Households (yuan)	8809	
农村居民人均纯收入 (元)	Per Capita Net Income of Rural Households (yuan)	2957	

注：本表中涉及分地区数据相加不等于全国总计的指标，在计算比重时，分母为31个省(区、市)相加的合计数。

a)As the sum of some indicators by region is different to the national total,while calculating the percentage,the denominator is the sum of 31 provinces.

1-3 西部12省(区、市)国民经济和社会发展主要指标 (2005年)

Main Indicators of National Economic and Social Development of 12 Western Provinces (2005)

指标	Item	西部12省(区、市)合计 Total of 12 Western Provinces	西部12省(区、市)占全国比重(%) Percentage of 12 Western Provinces to National Total (%)
自然资源	**Natural Resources**		
土地面积 (万平方公里)	Area of Land (10 000 sq.km)	686.7	71.5
人口	**Population**		
年底总人口 (万人)	Population at the Year-end (10 000 persons)	35976	28.0
劳动就业	**Employment**		
年底就业人员 (万人)	Employment At the Year-end (10 000 persons)	19448	28.6
#城镇	Urban Area	3896	22.1
年末城镇登记失业率 (%)	Registered Unemployment Rate in Urban Area (%)	4.1	
国民经济核算	**National Accounting**		
国内(地区)生产总值 (亿元)	Gross Domestic Product (100 million yuan)	33493.3	16.9
第一产业	Primary Industry	5924.6	25.8
第二产业	Secondary Industry	14331.6	14.8
#工业	Industry	11839.7	13.9
第三产业	Tertiary Industry	13237.1	17.0
人均国内(地区)生产总值 (元)	Per Capita Gross Domestic Product (yuan)	9338	
固定资产投资	**Investment in Fixed Assets**		
全社会固定资产投资总额 (亿元)	Total Investment in Fixed Assets (100 million yuan)	17645.0	20.3
#房地产开发	Real Estate Development	2666.2	16.8
财政	**Government Finance**		
地方财政收入 (亿元)	Local Government Revenue (100 million yuan)	2464.8	16.6
地方财政支出 (亿元)	Local Government Expenditure (100 million yuan)	6252.7	24.9
对外贸易	**Foreign Trade**		
货物进出口总额 (亿美元)	Total Value of Imports and Exports (100 million USD)	451.3	3.2
出口额	Exports	257.6	3.4
进口额	Imports	193.8	2.9
物价	**Price Indices**		
居民消费价格总指数 (上年=100)	Consumer Price Index (previous year=100)	101.4	
农业	**Agriculture**		
主要农产品产量 (万吨)	Output of Major Farm Products (10 000 tons)		
粮食	Grain	13438.7	27.8
棉花	Cotton	209.1	36.6
油料	Oil-bearing Crops	766.3	24.9

1-3 续表 Continued

指 标		Item		西部12省(区、市)合 计 Total of 12 Western Provinces	西部12省(区、市)占全国比重(%) Percentage of 12 Western Provinces to National Total (%)
工业		**Industry**			
主要工业产品产量		Output of Major Industrial Products			
原煤	(亿吨)	Coal	(100 million tons)	8.1	36.9
原油	(万吨)	Crude Oil	(10 000 tons)	4502.4	24.8
发电量	(亿千瓦小时)	Electricity	(100 million kwh)	6104.3	24.4
粗钢	(万吨)	Crude Steel	(10 000 tons)	4555.4	12.9
水泥	(万吨)	Cement	(10 000 tons)	22055.1	20.6
交通运输业		**Transportation**			
铁路营业里程	(公里)	Length of Railways in Operation	(km)	27594	36.6
公路里程	(公里)	Length of Highways	(km)	780339	40.4
#高速公路		Expressways		10530.0	25.7
旅客周转量	(亿人公里)	Total Passenger-kilometer	(100 million person-km)	3630.3	23.5
货物周转量	(亿吨公里)	Total Freight Ton-kilometer	(10 million ton-km)	8666.2	12.1
邮电通信业		**Post and Telecommunication Services**			
邮电业务总量	(亿元)	Total Business Revenue	(100 million yuan)	2351.4	19.6
国内商业		**Domestic Trade**			
社会消费品零售总额	(亿元)	Total Retail Sales of Consumer Goods	(100 million yuan)	11580.5	17.0
教育		**Education**			
普通高等学校		Institutions of Higher Education			
学校数	(个)	Number of Institutions	(unit)	428	23.9
招生数	(万人)	New Student Enrollment	(10 000 persons)	109.0	21.6
在校学生数	(万人)	Student Enrollment	(10 000 persons)	331.8	21.2
毕业生数	(万人)	Number of Graduates	(10 000 persons)	63.7	20.8
卫生		**Health Care**			
卫生机构数	(个)	Number of Hospitals	(unit)	99894	33.4
#医院、卫生院		Hospitals and Health Centers		22890	37.9
卫生技术人员	(万人)	Medical Technical Personnel	(10 000 persons)	111.4	25.0
#医生		Doctors		51.3	26.5
医疗机构床位数	(万张)	Number of Hospital Beds	(10 000 beds)	87.7	26.2
#医院、卫生院		Hospitals and Health Centers		82.7	26.4
人民生活		**People's Livelihood**			
城镇居民可支配收入	(元)	Per Capita Disposable Income of Urban Households	(yuan)	8783	
农村居民人均纯收入	(元)	Per Capita Net Income of Rural Households	(yuan)	2379	

注：本表中涉及分地区数据相加不等于全国总计的指标，在计算比重时，分母为31个省(区、市)相加的合计数。

a)As the sum of some indicators by region is different to the national total,while calculating the percentage,the denominator is the sum of 31 provinces.

1-4 东北3省国民经济和社会发展主要指标(2005年)

Main Indicators of National Economic and Social Development of 3 Northeastern Provinces (2005)

指标	Item	东北3省合计 Total of 3 Northeastern Provinces	东北3省占全国比重(%) Percentage of 3 Northeastern Provinces to National Total (%)
自然资源	**Natural Resources**		
土地面积 (万平方公里)	Area of Land (10 000 sq.km)	78.79	8.2
人口	**Population**		
年底总人口 (万人)	Population at the Year-end (10 000 persons)	10757	8.4
劳动就业	**Employment**		
年底就业人员 (万人)	Employment At the Year-end (10 000 persons)	4704	6.9
#城镇	Urban Area	1956	11.1
年末城镇登记失业率 (%)	Registered Unemployment Rate in Urban Area (%)	4.7	
国民经济核算	**National Accounting**		
国内(地区)生产总值 (亿元)	Gross Domestic Product (100 million yuan)	17140.8	8.7
第一产业	Primary Industry	2192.6	9.5
第二产业	Secondary Industry	8505.8	8.8
#工业	Industry	7549.8	8.8
第三产业	Tertiary Industry	6442.4	8.3
人均国内(地区)生产总值 (元)	Per Capita Gross Domestic Product (yuan)	15982	
固定资产投资	**Investment in Fixed Assets**		
全社会固定资产投资总额 (亿元)	Total Investment in Fixed Assets (100 million yuan)	7678.8	8.8
#房地产开发	Real Estate Development	1337.6	8.4
财政	**Government Finance**		
地方财政收入 (亿元)	Local Government Revenue (100 million yuan)	1200.6	8.1
地方财政支出 (亿元)	Local Government Expenditure (100 million yuan)	2623.3	10.4
对外贸易	**Foreign Trade**		
货物进出口总额 (亿美元)	Total Value of Imports and Exports (100 million USD)	571.1	4.0
出口额	Exports	319.7	4.2
进口额	Imports	251.3	3.8
物价	**Price Indices**		
居民消费价格总指数 (上年=100)	Consumer Price Index (previous year=100)	101.3	
农业	**Agriculture**		
主要农产品产量 (万吨)	Output of Major Farm Products (10 000 tons)		
粮食	Grain	7419.0	15.3
棉花	Cotton	0.4	0.1
油料	Oil-bearing Crops	151.9	4.9

1-4 续表 Continued

指　标	Item	东北3省合　计 Total of 3 Northeastern Provinces	东北3省占全国比重(%) Percentage of 3 Northeastern Provinces to National Total (%)
工业	**Industry**		
主要工业产品产量	Output of Major Industrial Products		
原煤 (亿吨)	Coal (100 million tons)	1.9	8.4
原油 (万吨)	Crude Oil (10 000 tons)	6327.5	34.9
发电量 (亿千瓦小时)	Electricity (100 million kwh)	1933.7	7.7
粗钢 (万吨)	Crude Steel (10 000 tons)	3768.8	10.7
水泥 (万吨)	Cement (10 000 tons)	5613.8	5.3
交通运输业	**Transportation**		
铁路营业里程 (公里)	Length of Railways in Operation (km)	13388	17.7
公路里程 (公里)	Length of Highways (km)	170906	8.9
#高速公路	Expressways	3273.0	8.0
旅客周转量 (亿人公里)	Total Passenger-kilometer (100 million person-km)	1276.8	8.3
货物周转量 (亿吨公里)	Total Freight Ton-kilometer (10 million ton-km)	5123.7	7.2
邮电通信业	**Post and Telecommunication Services**		
邮电业务总量 (亿元)	Total Business Revenue (100 million yuan)	1041.9	8.7
国内商业	**Domestic Trade**		
社会消费品零售总额(亿元)	Total Retail Sales of Consumer Goods (100 million yuan)	6219.9	9.2
教育	**Education**		
普通高等学校	Institutions of Higher Education		
学校数 (个)	Number of Institutions (unit)	182	10.2
招生数 (万人)	New Student Enrollment (10 000 persons)	49.4	9.8
在校学生数 (万人)	Student Enrollment (10 000 persons)	160.7	10.3
毕业生数 (万人)	Number of Graduates (10 000 persons)	33.0	10.7
卫生	**Health Care**		
卫生机构数 (个)	Number of Hospitals (unit)	32006	10.7
#医院、卫生院	Hospitals and Health Centers	5191	8.6
卫生技术人员 (万人)	Medical Technical Personnel (10 000 persons)	49	10.9
#医生	Doctors	21	11.0
医疗机构床位数 (万张)	Number of Hospital Beds (10 000 beds)	38	11.5
#医院、卫生院	Hospitals and Health Centers	36	11.4
人民生活	**People's Livelihood**		
城镇居民可支配收入 (元)	Per Capita Disposable Income of Urban Households(yuan)	8730	
农村居民人均纯收入 (元)	Per Capita Net Income of Rural Households (yuan)	3379	

注：本表中涉及分地区数据相加不等于全国总计的指标，在计算比重时，分母为31个省(区、市)相加的合计数。
a)As the sum of some indicators by region is different to the national total,while calculating the percentage,the denominator is the sum of 31 provinces.

1-5 民族自治地方国民经济和社会发展主要指标(2005年)

Principal Aggregate Indicators on National Economic and Social Development of Minority Nationality Autonomous Areas (2005)

指　　标		Item		合　计 Total	比上年增长(%) Growth Rate as Last Year (%)
人口与就业		**Population and Employment**			
人口	**(万人)**	**Population**	**(10 000 persons)**		
年底总人口		Population at the Year-end		17507	1.1
#少数民族人口		Minority Population		8239	1.5
就业		**Employment**			
就业人员数	(万人)	Employment	(10 000persons)	8879.13	0.8
宏观经济		**Macroeconomic Indicator**			
地区生产总值	**(亿元)**	**Regional GDP**	**(100 million yuan)**	**15705.93**	**14.9**
第一产业		Primary Industry		3300.20	7.3
第二产业		Secondary Industry		6419.02	21.7
第三产业		Tertiary Industry		5986.71	12.4
固定资产	**(亿元)**	**Investment in Fixed Assets**	**(100 million yuan)**		
全社会固定资产投资总额		Total Investment in Fixed Assets		8357.7	33.5
#国有单位		State-owned Units		3767.5	28.9
财政	**(亿元)**	**Finance**	**(100 million yuan)**		
地方财政收入		Local Governments Revenue		1026.4	24.3
地方财政支出		Local Governments Expenditures		3050.4	23.6
产业		**Industry**			
农业		**Agriculture**			
耕地面积	(万公顷)	Cultivated Areas	(10 000 hectares)	2040.0	-0.4
灌溉面积	(万公顷)	Irrigated Areas	(10 000 hectares)	1033.5	4.5
农林牧渔总产值	(亿元)	Gross Output Value of Farming, Forestry, Animal Husbandry and Fishery	(100 million yuan)	5349.5	8.1
主要农产品产量		Output of Major Farm Products			
粮食产量	(万吨)	Grain	(10 000 tons)	7186.8	6.2
棉花产量	(万吨)	Cotton	(10 000 tons)	187.9	4.4
油料产量	(万吨)	Oil-bearing Crops	(10 000 tons)	372.0	-6.4
大牲畜年底头数	(万头)	Large Domestic Animals	(10 000 heads)	5535.0	-7.3
羊年底头数	(万只)	Goats and Sheep (year-end)	(10 000 heads)	16390.8	1.0
猪年底头数	(万头)	Hogs (year-end)	(10 000 heads)	8526.4	7.2
工业		**Industry**			
工业总产值	(亿元)	Gross Industrial Output Value	(100 million yuan)	10653.6	
主要工业产品产量		Output of Major Industrial Products			
布	(亿米)	Cloth	(100 million m)	3.5	50.4
机制纸及纸板	(万吨)	Machine-Made Paper and Paperboards	(10 000 tons)	272.9	21.3
糖	(万吨)	Sugar	(10 000 tons)	678.1	-16.6
原煤	(亿吨)	Coal	(100 million tons)	3.8	40.1
原油	(万吨)	Crude Oil	(10 000 tons)	2832.5	-0.4
发电量	(亿千瓦小时)	Electricity	(100 million kwh)	3052.2	29.2
钢	(万吨)	Steel	(10 000 tons)	1846.3	39.8
生铁	(万吨)	Pig Iron	(10 000 tons)	2086.8	48.0
水泥	(万吨)	Cement	(10 000 tons)	10155.9	21.0
木材	(万立方米)	Timber	(10 000 cu.m)	169.4	-38.7

注：工业总产值为全部国有和主营业务收入500万元以上的非国有工业企业的工业总产值。

a) The statistical coverage of gross industrial output value covers all state-owned industrial enterprises and the non-state-enterprises with annual sales income over 5 million yuan.

1-5 续表 Continued

指 标	Item	合 计 Total	比上年增长(%) Growth Rate as Last Year (%)
建筑业	**Construction**		
建筑业企业人数 (万人)	Number of Employed Persons (10 000 persons)	141.7	6.9
建筑业总产值 (亿元)	Gross Output Value (100 million yuan)	1794.5	32.1
施工房屋面积 (万平方米)	Floor Space of Buildings under Construction (10 000 sq.m)	15964.4	13.2
竣工房屋面积 (万平方米)	Floor Space of Buildings Completed (10 000 sq.m)	8072.1	17.1
邮电运输	**Transport, Post and Telecommunication Services**		
铁路营业里程 (万公里)	Railways in Operation (10 000 km)	1.76	5.2
公路通车里程 (万公里)	Highways (10 000 km)	61.95	11.3
邮电业务总量 (亿元)	Total and Telecommunications Services (100 million yuan)	891.8	22.2
邮路及农村投递线路总长度 (万公里)	Length of Postal Routes and Rural Delivery Routes(10 000 km)	109.7	1.5
国内商业	**Domestic Trade**		
社会消费品零售总额 (亿元)	Total Retail Sales of Consumer Goods (100 million yuan)	4874.2	32.5
对外经济贸易	**Foreign Trade**		
进出口总额 (亿美元)	Total Value of Exports and Imports (USD 100 million)	221.5	27.8
出口额	Exports	126.4	36.8
进口额	Imports	95.1	17.5
国际旅游	**International Tourism**		
国际旅游人数 (万人次)	Number of Foreign Tourists (10 000 persons)	485.4	25.1
旅游外汇收入 (亿美元)	Foreign Exchange Earnings from Tourism (USD 100 million yuan)	12.8	25.9
金融	**Financial Intermediation**		
金融机构各项存款 (亿元)	Deposits of Financial Institutions (100 million yuan)	16323.8	20.5
金融机构各项贷款 (亿元)	Loans of Financial Institutions (100 million yuan)	11299.7	6.5
教育、文化、卫生	**Education, Technology and Culture**		
教育	**Education**		
在校学生数 (万人)	Students Enrollment (10 000 persons)		
普通高等学校	Institutions of Higher Education	100.0	19.7
普通中学	Secondary Schools	1277.2	19.9
普通小学	Primary Schools	1667.7	-1.5
专任教师数 (万人)	Full-time Teachers (10 000 persons)		
普通高等学校	Institutions of Higher Education	6.3	8.7
普通中学	Secondary Schools	61.1	6.4
普通小学	Primary Schools	88.1	1.4
文化	**Culture**		
出版数量	Publications		
图书 (万册)	Number of Books Published (10 000 copies)	45275.5	-32.0
杂志 (万册)	Number of Magazines Issued (10 000 copies)	15581.5	86.8
报纸 (万份)	Number of Newspapers Issued (10 000 copies)	166887.4	-34.8
卫生	**Health Care**		
卫生机构 (万个)	Number of Health Institutions (10 000 units)	1.55	-0.2
卫生机构床位 (万张)	Number of Hospitals and Sanatorium Beds (10 000 units)	41.0	2.4
卫生技术人员 (万人)	Medical Personnel (10 000 persons)	47.8	0.6

1-6 珠江三角洲经济区主要经济指标(2005年)

Main Economic Indicators of The Pearl River Delta Economic Zone (2005)

指标		Item		2004	2005	2005年比上年增长% (%) Growth Rate in 2005 over 2004 (%)
人口、土地面积和就业人员数		**Population, Total Land Area and Employment**				
年末户籍总人口	(万人)	Total Year-end Population with Residence Registration	(10 000 persons)	2451.34	2498.88	1.9
农业人口	(万人)	Agricultural Population	(10 000 persons)	687.33	611.24	-11.1
土地面积	(平方公里)	Area of Land	(sq.km)	41698	41698	
常用耕地面积	(公顷)	Area of Regularly Cultivated Land	(ha.)	548870	542114	-1.2
年底就业人员	(万人)	Number of Employed Persons At the Year-end	(10 000 persons)		2684.22	
乡村从业人员	(万人)	Number of Employed Persons At Rural Areas	(10 000 persons)	880.94	981.30	11.4
职工人数	(万人)	Number of Staff and Workers	(10 000 persons)	544.01	613.26	12.7
经济总量指标		**Aggregate Indicators on Economy**				
地区生产总值	(亿元)	Gross Domestic Product	(100 million yuan)	15337.3	18059.4	15.8
第一产业		Primary Industry		489.4	498.8	3.1
第二产业		Secondary Industry		7629.8	9196.0	18.3
#工业		Industry		7059.5	8593.2	19.1
第三产业		Tertiary Industry		7218.1	8364.5	13.7
人均地区生产总值	(元)	Per Capita Gross Domestic Product	(yuan)	36260	41990	13.9
运输、邮电		**Transportation, Postal and Telecommunication Services**				
公路通车里程	(公里)	Total Length of Highways in Operation	(km)	31582	32312	2.3
邮电业务总量 (2000年不变价，亿元)		Total Business Volume of Postal and Telecommunication Services(at 2000 constant prices)	(100 million yuan)	992.15	1027.48	3.6
本地电话年末用户	(万户)	Number of Year-end Subscribers of Local Telephones	(10 000 subscribers)	1915.25	2355.10	23.0
移动电话年末用户	(万户)	Number of Year-end Subscribers of Mobile Telephones	(10 000 subscribers)	4502.45	5317.71	18.1
全社会固定资产投资总额	**(亿元)**	**Total Investment in Fixed Assets**	**(100 million yuan)**		**5296.80**	
基本建设	(亿元)	Investment in Capital Construction	(100 million yuan)		2787.9	
更新改造	(亿元)	Investment in Innovation	(100 million yuan)		567.2	
房地产开发	(亿元)	Investment in Real Estate Development	(100 million yuan)		1446.7	
社会消费品零售总额	**(亿元)**	**Total Amount of Rtail Sales of Consumer Goods**	**(100 million yuan)**		**5630.5**	
对外经济贸易		**Foreign Trade**				
货物进出口总额	(亿美元)	Total Imports and Exports	(100 million USD)	1818.45	2271.22	24.9
实际外商直接投资额	(亿美元)	Actually Used Amount of Foreign Direct Investment	(100 million USD)	110.66	115.09	4.0
财政、金融		**Government Finance and Banking**				
地方财政一般预算收入	(亿元)	Local Government Budgetary Revenue	(100 million yuan)	931.96	1211.47	30.0
地方财政一般预算支出	(亿元)	Local Government Budgetary Expenditure	(100 million yuan)	1209.96	1547.29	27.9
居民储蓄存款年末余额	(亿元)	Savings Deposits of Residents At the Year-end	(100 million yuan)	12679.98	15154.87	19.5

注：1.珠江三角洲经济区包括13个市、县(区)：广州、深圳、珠海、佛山、江门、东莞、中山、惠州市区、惠东县、博罗县、肇庆市区、高要市、四会市。

2.本表地区生产总值按当年价格计算，增长速度按可比价格计算。

a) The Pearl River Delta Economic Zone covers the areas of 13 cities and countries (districts), including Guangzhou, Shenzhen Zhuhai, Foshan, Jiangmen, Dongguan, Zhongshan, urban districts of Huizhou, Huidong County, Boluo County, urban districts of Zhaoqing, Gaoyao County-level City and Sihui county-level city.

b) The figures in value terms on GDP are calculated at current prices,whereas the growth rates are calculated at comparable prices.

1-7 长江三角洲经济区主要经济指标(2005年)

Main Economic Indicators of Yangtze River Delta Economic Zone (2005)

指标	Item	合计 Total	占全国比重(%) Percentage to National Total (%)
土地面积 (平方公里)	Area of Land (sq.km)	109654	1.14
年底总人口 (万人)	Total Year-end Population (10 000 persons)	8265	6.32
年底就业人员 (万人)	Number of Employed Persons At the Year-end (10 000 persons)	5197	6.85
年末城镇登记失业率 (%)	Urban Registration Unemployment Rate (%)	3.78	
地区生产总值 (亿元)	Gross Domestic Product (100 million yuan)	33567	18.33
第一产业	Primary Industry	1395	6.05
第二产业	Secondary Industry	18693	21.47
#工业	Industry	16906	21.98
第三产业	Tertiary Industry	13875	19.02
人均地区生产总值 (元)	Per Capita Gross Domestic Product (yuan)	4074	29.02
城镇居民可支配收入 (元)	Per Capita Disposable Income of Urban Households	243602	
全社会固定资产投资总额 (亿元)	Total Investment in Fixed Assets (100 million yuan)	16172	18.22
#房地产开发	Real Estate Development	5333	33.52
社会消费品零售总额 (亿元)	Total Amount of Rtail Sales of Consumer Goods (100 million yuan)	10739	15.99
进出口总额 (亿美元)	Total Imports and Exports (100 million USD)	5024	35.33
出口额	Exports	2760	36.22
进口额	Imports	2265	34.31
实际外商直接投资 (亿美元)	Actually Used Amount of Foreign Direct Investment (100 million USD)	266	44.06
地方财政一般预算收入 (亿元)	Local Government Budgetary Revenue (100 million yuan)	3174	21.02
地方财政一般预算支出 (亿元)	Local Government Budgetary Expenditure (100 million yuan)	3613	14.36
居民储蓄存款 (亿元)	Urban and Rural Household Savings Deposits (100 million yuan)	23621	16.75

注：长江三角洲是指包括上海市、江苏省的南京、苏州、无锡、常州、镇江、南通、扬州和泰州，以及浙江省的杭州、宁波、嘉兴、湖州、绍兴、舟山和台州市16个地级以上城市。

a) The Yangtze River Delta Economic Zone covers the areas of 16 cities above prefecture level of Shanghai, Jiangsu and Zhejiang Provinces. The 16 cities include Shanghai, Nanjing, Suzhou, Wuxi, Changzhou, Zhenjiang, Nantong, Yangzhou, Taizhou, Hangzhou, Ningbo, Jiaxing, Huzhou, Shaoxing, Zhoushan and Taizhou.

1-8 百强县经济主要经济指标 (2005年)

Main Economic Indicators of National Hundred Best County (2005)

指标	Item	全国 National Total	百强县 Hundred Best County	占全国比重(%) Percentage to National Total (%)
土地面积 (万平方公里)	Area of Land (10 000 sq.km)	960	13.6	1.4
年底总人口 (万人)	Population at the Year-end (10 000 persons)	130756	7338	5.6
地区生产总值 (亿元)	Gross Domestic Product (100 million yuan)	183084.8	24947	13.6
人均地区生产总值 (元)	Per Capita Gross Domestic Product (yuan)	87.6	34506	
非农产业比重	Percentage of Secondary and Tertiary Industry to GDP (%)	14040	91.7	
财政总收入 (亿元)	Government Revenue (100 million yuan)	31649.29	2801	8.8
地方财政一般预算收入 (亿元)	Revenue of Local Governments (100 million yuan)	15100.76	1261	8.4
人均地方财政一般预算收入 (元)	Per Capita Revenue of Local Governments (yuan)	1158.282453	1743	
职工平均工资 (元)	Average Wage of Staff and Workers (yuan)	18364	20556	
农村居民人均纯收入 (元)	Per Capita Disposable Income of Rural Households (yuan)	3255	6495	

Chapter 2

第二章

省、自治区、直辖市统计资料

Statistics of Province

2-1 行政区划（2005年底）

Divisions of Administrative Areas (End of 2005)

单位：个 (unit)

省级区划名称 Provinces, Autonomous Regions and Municipalities	地级区划数 Number of Regions at Prefecture Level	#地级市 Cities at Prefecture Level	县级区划数 Number of Regions at County Level	#县级市 Cities at County Level	#市辖区 Districts under the Jurisdiction of Cities	乡镇级区划数 Number of Regions at Townships Level	#街道办事处 Street Communities	#镇 Towns
全　国 National Total	**333**	**283**	**2862**	**374**	**852**	**41636**	**6152**	**19522**
北京市 Beijing			18		16	314	131	142
天津市 Tianjin			18		15	241	101	120
河北省 Hebei	11	11	172	22	36	2205	242	943
山西省 Shanxi	11	11	119	11	23	1389	193	561
内蒙古自治区 Inner Mongolia	12	9	101	11	21	1112	195	493
辽宁省 Liaoning	14	14	100	17	56	1528	550	602
吉林省 Jilin	9	8	60	20	19	878	254	426
黑龙江省 Heilongjiang	13	12	130	19	65	1273	365	470
上海市 Shanghai			19		18	214	103	108
江苏省 Jiangsu	13	13	106	27	54	1410	281	1019
浙江省 Zhejiang	11	11	90	22	32	1525	298	752
安徽省 Anhui	17	17	105	5	44	1696	241	948
福建省 Fujian	9	9	85	14	26	1101	167	593
江西省 Jiangxi	11	11	99	10	19	1550	123	773
山东省 Shandong	17	17	140	31	49	1931	460	1194
河南省 Henan	17	17	159	21	50	2299	392	841
湖北省 Hubei	13	12	102	24	38	1220	277	733
湖南省 Hunan	14	13	122	16	34	2409	233	1089
广东省 Guangdong	21	21	121	23	54	1585	429	1145
广西壮族自治区 Guangxi	14	14	109	7	34	1232	106	699
海南省 Hainan	2	2	20	6	4	218	18	180
重庆市 Chongqing			40	4	15	1081	112	608
四川省 Sichuan	21	18	181	14	43	4782	238	1865
贵州省 Guizhou	9	4	88	9	10	1543	92	691
云南省 Yunnan	16	8	129	9	12	1455	56	567
西藏自治区 Tibet	7	1	73	1	1	692	9	140
陕西省 Shaanxi	10	10	107	3	24	1745	148	917
甘肃省 Gansu	14	12	86	4	17	1348	121	457
青海省 Qinghai	8	1	43	2	4	422	30	123
宁夏回族自治区 Ningxia	5	5	21	2	8	229	42	94
新疆维吾尔自治区 Xinjiang	14	2	99	20	11	1009	145	229
香港特别行政区 Hong Kong Special Administrative Region								
澳门特别行政区 Macao Special Administrative Region								
台湾省 Taiwan								

2-2 主要能源、黑色金属矿产基础储量（2005年）

Basic Reserves of Major Energy and Ferrous Metals (2005)

地 区	Region	石 油（万吨）Petroleum (10 000 tons)	天然气（亿立方米）Natural Gas (100 million cu.m)	煤 炭（亿吨）Coal (100 million tons)	铁 矿（矿石,亿吨）Iron (Ore, 100 million tons)	锰 矿（矿石,万吨）Manganese (Ore, 10 000 tons)	铬 矿（矿石,万吨）Chromite Ore (Ore, 10 000 tons)	钒 矿（万吨）Vanadium (10 000 tons)	原生钛铁矿（万吨）Titanium Ore (10 000 tons)
全 国	**National Total**	**248972.1**	**28185.4**	**3326.4**	**216.0**	**21539.9**	**521.0**	**1323.5**	**21410.4**
北 京	Beijing	9.0		5.6	3.4			0.2	6.3
天 津	Tianjin	4327.3	367.4	3.0					
河 北	Hebei	12951.8	179.5	71.8	42.1	5.7	4.1	18.7	547.6
山 西	Shanxi			1054.8	6.2	12.9			
内蒙古	Inner Mongolia	5670.9	3970.5	757.9	12.7	17.7	133.7		
辽 宁	Liaoning	17015.3	500.4	54.5	64.7	1167.3			
吉 林	Jilin	15757.8	199.9	16.4	1.6	0.4			
黑龙江	Heilongjiang	53418.3	903.8	77.3	0.5				
上 海	Shanghai								
江 苏	Jiangsu	2402.5	24.5	22.1	2.0			6.1	
浙 江	Zhejiang			0.5	0.1			4.1	
安 徽	Anhui	136.4	0.0	145.5	9.1			22.0	
福 建	Fujian			4.3	3.7	112.4			
江 西	Jiangxi			7.8	1.7			2.2	
山 东	Shandong	29849.2	277.1	108.2	10.1				
河 南	Henan	5876.8	161.3	127.1	0.9			1.0	
湖 北	Hubei	1033.4	39.2	3.3	4.7	878.4		48.3	
湖 南	Hunan			20.4	1.5	5382.8		223.2	
广 东	Guangdong	9.0	0.3	1.9	1.9	203.1			
广 西	Guangxi	122.5	8.5	8.5	1.0	7256.9		153.0	
海 南	Hainan	45.1	11.0	0.9	0.4				
重 庆	Chongqing		1219.5	18.2		1881.5			
四 川	Sichuan	289.0	4295.1	49.2	31.1	30.2		762.2	20807.8
贵 州	Guizhou		9.9	148.9	0.5	2549.8			
云 南	Yunnan	10.5	14.5	74.0	4.5	1204.4	0.1	0.1	
西 藏	Tibet			0.1	0.3		194.5		
陕 西	Shaanxi	16972.9	5450.0	284.1	4.1	346.6	1.1	1.5	
甘 肃	Gansu	9465.2	97.5	49.4	4.0	17.3	131.3	80.9	
青 海	Qinghai	3824.9	1525.3	19.9	0.1		1.6		
宁 夏	Ningxia	95.5	0.5	68.5					
新 疆	Xinjiang	41378.0	6023.6	122.4	3.1	472.5	54.6	0.2	48.7
海 域	Ocean	28310.7	2906.4						

2-3 主要有色金属、非金属矿产基础储量（2005年）

Basic Reserves of Major Non-ferrous Metal and Non-metal Mineral (2005)

地 区	Region	铜 矿（铜,万吨）Copper (Metal, 10 000 tons)	铅 矿（铅,万吨）Lead (Metal, 10 000 tons)	锌 矿（锌,万吨）Zinc (Metal, 10 000 tons)	铝土矿（矿石,万吨）Bauxite (Ore, 10 000 tons)	菱镁矿（矿石,万吨）Magnesite Ore (Ore, 10 000 tons)	硫铁矿（矿石,万吨）Pyrite Ore (Ore, 10 000 tons)	磷 矿（矿石,亿吨）Phosphorus Ore (Ore, 100 million tons)	高岭土（矿石,万吨）Kaolin Ore (Ore, 10 000 tons)
全 国	**National Total**	**2856.4**	**1393.4**	**4269.1**	**73057.8**	**173831.3**	**190328.2**	**37.0**	**60225.9**
北 京	Beijing			2.6	2.3				
天 津	Tianjin								
河 北	Hebei	15.1	17.3	176.0	393.8	1240.3	1887.1	2.3	58.3
山 西	Shanxi	156.2	1.5	1.3	11729.3		1996.8	1.0	160.2
内蒙古	Inner Mongolia	106.4	224.4	676.3			11394.8	0.1	435.1
辽 宁	Liaoning	13.6	14.1	38.0		146077.7	3027.3	0.8	618.3
吉 林	Jilin	11.9	4.2	53.6		1.1	1491.3		62.7
黑龙江	Heilongjiang	120.3	5.3	22.3			48.2		
上 海	Shanghai								
江 苏	Jiangsu	8.6	13.8	36.5			451.7	0.3	1258.2
浙 江	Zhejiang	11.8	40.2	68.9			1314.0		535.2
安 徽	Anhui	245.6	9.5	15.0			36419.6	0.4	349.8
福 建	Fujian	97.3	19.9	44.8	65.3		1169.1		5818.2
江 西	Jiangxi	820.1	35.0	48.5			13955.1	0.8	3957.6
山 东	Shandong	31.1	6.4	1.2	938.9	26282.0	414.6	0.7	
河 南	Henan	10.5	26.7	33.8	18238.3		12619.3	0.1	
湖 北	Hubei	181.4	2.8	5.8	141.3		2267.7	8.4	1043.2
湖 南	Hunan	39.2	117.7	228.0	176.6		6833.7	2.7	2642.2
广 东	Guangdong	66.9	143.4	257.1			33000.1		28024.8
广 西	Guangxi	14.9	30.3	193.2	13508.5		5593.8		12818.6
海 南	Hainan	2.8	0.3						1896.9
重 庆	Chongqing		3.9	14.8	3639.1		1907.1		
四 川	Sichuan	85.5	75.6	174.8		180.3	40136.1	3.2	56.1
贵 州	Guizhou	0.4	5.9	12.5	21531.4		5451.7	7.0	10.4
云 南	Yunnan	259.0	338.6	1495.6	1971.3		8194.2	8.5	399.1
西 藏	Tibet	220.5	18.5	1.3				0.2	
陕 西	Shaanxi	16.3	12.7	58.1	721.8		646.1		81.1
甘 肃	Gansu	191.2	113.0	455.0			4.0		
青 海	Qinghai	49.8	93.5	99.7		49.9	96.8	0.6	
宁 夏	Ningxia								
新 疆	Xinjiang	80.3	19.0	54.4			7.9		
海 域	Ocean								

2-4 水资源情况（2005年）

Water Resources (2005)

地　区	Region	水资源总量（亿立方米）Total Amount of Water Resources (100 million cu.m)	地表水资源量 Surface Water Resources	地下水资源量 Ground Water Resources	地表水与地下水资源重复量 Duplicated Measurement Between Surface Water and Groundwater	人均水资源量（立方米/人）Per Capita Water Resources (cu.m/person)
全　国	**National Total**	**28053.1**	**26982.4**	**8091.1**	**7020.4**	**2151.8**
北　京	Beijing	23.2	7.6	18.5	2.9	151.2
天　津	Tianjin	10.6	7.1	4.5	0.9	102.2
河　北	Hebei	134.6	58.0	109.7	33.2	197.0
山　西	Shanxi	84.1	50.4	72.5	38.8	251.5
内蒙古	Inner Mongolia	456.2	338.7	214.6	97.1	1917.3
辽　宁	Liaoning	377.2	336.3	130.2	89.3	896.3
吉　林	Jilin	559.7	489.6	122.5	52.4	2066.8
黑龙江	Heilongjiang	744.3	612.0	288.8	156.5	1954.2
上　海	Shanghai	24.5	24.5	9.3	9.3	138.0
江　苏	Jiangsu	467.0	366.4	122.2	21.7	626.6
浙　江	Zhejiang	1014.4	999.4	216.1	201.1	2077.2
安　徽	Anhui	719.3	672.2	195.4	148.3	1178.8
福　建	Fujian	1401.1	1400.0	397.7	396.5	3975.5
江　西	Jiangxi	1510.1	1490.3	385.1	365.2	3513.2
山　东	Shandong	415.9	295.9	213.9	93.9	451.0
河　南	Henan	558.5	435.9	219.7	97.1	597.2
湖　北	Hubei	934.0	903.6	276.2	245.8	1640.6
湖　南	Hunan	1671.0	1664.5	393.2	386.6	2649.5
广　东	Guangdong	1747.5	1738.5	400.8	391.8	1906.4
广　西	Guangxi	1720.8	1720.8	365.7	365.7	3703.8
海　南	Hainan	307.3	304.5	79.0	76.2	3722.4
重　庆	Chongqing	509.8	509.8	107.7	107.7	1827.4
四　川	Sichuan	2922.6	2921.0	590.1	588.5	3569.6
贵　州	Guizhou	834.6	834.6	237.9	237.9	2244.4
云　南	Yunnan	1846.4	1846.4	660.4	660.4	4161.7
西　藏	Tibet	4451.1	4451.1	1013.3	1013.3	161170.6
陕　西	Shaanxi	490.6	468.2	135.3	112.9	1322.7
甘　肃	Gansu	269.6	260.3	150.2	140.9	1042.4
青　海	Qinghai	876.1	857.6	374.2	355.7	16176.9
宁　夏	Ningxia	8.5	6.9	24.2	22.5	143.6
新　疆	Xinjiang	962.8	910.7	562.6	510.4	4808.9

2-5 森林资源情况

Forest Resources

地 区	Region	林业用地面积 (万公顷) Area of Afforested Land (10 000 hectares)	森林面积 (万公顷) Forest Area (10 000 hectares)	#人工林 Man-made Forest	森林覆盖率 (%) Forest Coverage Rate (%)	活立木总蓄积量 (万立方米) Total Standing Forest Stock (10 000 cu.m)	森林蓄积量 (万立方米) Stock Volume of Forest (10 000 cu.m)
全 国	**National Total**	**28492.56**	**17490.92**	**5364.99**	**18.21**	**1361810.00**	**1245584.58**
北 京	Beijing	97.29	37.88	27.08	21.26	1176.36	840.70
天 津	Tianjin	13.44	9.35	8.99	8.14	234.18	140.35
河 北	Hebei	624.55	328.83	179.48	17.69	8657.98	6509.92
山 西	Shanxi	690.94	208.19	99.19	13.29	7309.34	6199.93
内蒙古	Inner Mongolia	4403.61	2050.67	241.29	17.70	128806.70	110153.15
辽 宁	Liaoning	634.39	480.53	267.60	32.97	18546.33	17476.57
吉 林	Jilin	805.57	720.12	148.22	38.13	85359.17	81645.51
黑龙江	Heilongjiang	2026.50	1797.50	172.63	39.54	150153.09	137502.31
上 海	Shanghai	2.25	1.89	1.89	3.17	233.63	33.24
江 苏	Jiangsu	99.88	77.41	74.17	7.54	4073.18	2285.27
浙 江	Zhejiang	654.79	553.92	255.63	54.41	13846.75	11535.85
安 徽	Anhui	412.32	331.99	185.51	24.03	12667.41	10371.90
福 建	Fujian	908.07	764.94	356.98	62.96	49671.38	44357.36
江 西	Jiangxi	1044.69	931.39	275.25	55.86	37435.19	32505.20
山 东	Shandong	284.64	204.64	194.40	13.44	5819.42	3201.65
河 南	Henan	456.41	270.30	161.11	16.19	13370.51	8404.64
湖 北	Hubei	766.00	497.55	145.90	26.77	17518.13	15406.64
湖 南	Hunan	1171.42	860.79	390.39	40.63	30211.67	26534.46
广 东	Guangdong	1048.14	827.00	440.83	46.49	29703.35	28365.63
广 西	Guangxi	1366.22	983.83	449.62	41.41	40287.06	36477.26
海 南	Hainan	194.47	166.66	109.10	48.87	7863.61	7195.16
重 庆	Chongqing	366.84	183.18	62.87	22.25	10580.49	8441.08
四 川	Sichuan	2266.02	1464.34	343.29	30.27	158216.65	149543.36
贵 州	Guizhou	761.83	420.47	183.50	23.83	21022.16	17795.72
云 南	Yunnan	2424.76	1560.03	251.45	40.77	154759.40	139929.16
西 藏	Tibet	1657.89	1389.61	2.76	11.31	229448.04	226606.41
陕 西	Shaanxi	1071.78	670.39	169.21	32.55	33422.35	30775.77
甘 肃	Gansu	745.55	299.63	67.32	6.66	19542.61	17504.33
青 海	Qinghai	556.28	317.20	4.36	4.40	4101.39	3592.62
宁 夏	Ningxia	115.34	40.36	9.81	6.08	478.39	392.85
新 疆	Xinjiang	608.46	484.07	45.90	2.94	31419.68	28039.68

注：1.本表为第六次全国森林资源清查（1999-2003）资料。

2.全国总计数包括台湾省和香港、澳门特别行政区数据。

a) Data in the table are the figures of the Sixth National Forestry Survey (1999-2003).

b) Data of national total include forest resources in Taiwan province and Hong Kong SAR and Macao SAR.

2-6 湿地面积

Area of Wetlands

地 区	Region	湿地面积（千公顷） Area of Wetlands (1 000 hectares)	天然湿地 Natural Wetlands	近岸及海岸 Coasts and Seashores	河 流 Rivers	湖 泊 Lakes	沼 泽 Marshland	人工湿地 Man-made Wetlands	湿地面积占国土面积比重 (%) Proportion of Wetlands in Total Area of Territory (%)
全 国	**National**	**38485.5**	**36200.6**	**5941.7**	**8207.0**	**8351.6**	**13700.3**	**2285.0**	**4.01**
北 京	Beijing	34.4	5.0		5.0			29.4	1.93
天 津	Tianjin	171.8	133.7	58.1	55.1	12.3	8.2	38.1	14.95
河 北	Hebei	1081.9	1042.3	278.8	319.3	307.2	136.9	39.6	5.82
山 西	Shanxi	499.9	462.2		454.1	8.1		37.7	3.19
内蒙古	Inner Mongolia	4245.0	4200.8		607.5	495.2	3098.1	44.3	3.66
辽 宁	Liaoning	1219.6	1106.8	738.1	252.2	6.3	110.2	112.9	8.37
吉 林	Jilin	1203.4	1016.4	5.8	581.4	74.5	354.7	187.0	6.37
黑龙江	Heilongjiang	4314.8	4182.8		460.7	401.9	3320.3	132.0	9.49
上 海	Shanghai	319.7	319.4	305.4	7.2	6.8		0.3	53.68
江 苏	Jiangsu	1674.7	1651.1	843.5	203.3	604.2		23.6	16.32
浙 江	Zhejiang	802.2	695.9	574.3	118.5	3.0	0.1	106.3	7.88
安 徽	Anhui	653.9	590.0		239.5	350.5		63.9	4.73
福 建	Fujian	443.0	421.2	370.6	31.1	19.5		21.8	3.65
江 西	Jiangxi	998.8	872.9		314.9	443.2	114.8	125.9	5.99
山 东	Shandong	1784.1	1681.4	1210.9	301.1	165.5	3.9	102.7	11.72
河 南	Henan	624.1	482.2		472.7	2.6	6.9	141.9	3.74
湖 北	Hubei	927.3	730.5		377.4	294.7	58.4	196.9	4.99
湖 南	Hunan	1226.9	1047.5		683.1	359.3	5.1	179.5	5.79
广 东	Guangdong	1398.1	1252.0	1017.8	231.7	1.5	1.0	146.0	7.86
广 西	Guangxi	656.1	567.5	348.4	219.1			88.6	2.76
海 南	Hainan	311.5	256.6	190.0	38.3	17.3	11.0	54.9	9.13
重 庆	Chongqing	43.2	31.9		31.6	0.3		11.3	0.52
四 川	Sichuan	961.7	919.5		563.9	13.4	342.3	42.1	1.98
贵 州	Guizhou	79.4	65.9		58.0	2.3	5.7	13.5	0.45
云 南	Yunnan	235.3	220.3		119.8	96.5	4.0	15.0	0.61
西 藏	Tibet	5232.0	5231.5		231.1	2538.6	2461.7	0.5	4.26
陕 西	Shaanxi	292.9	277.2		252.1	7.3	17.8	15.7	1.42
甘 肃	Gansu	1258.1	1131.4		565.6	44.3	521.5	126.7	2.80
青 海	Qinghai	4126.0	4087.7		107.5	1232.0	2748.1	38.3	5.72
宁 夏	Ningxia	255.6	252.4		104.1	148.3		3.2	3.85
新 疆	Xinjiang	1410.2	1264.6		200.2	694.9	369.5	145.5	0.86

注：本表为中国首次湿地调查（1995-2003)资料，不包括台湾省、香港和澳门特别行政区；湿地面积不包括水稻田湿地。

a) Data in the table are the figures of China First Wetlands Survey (1995-2003), excluding the wetlands of Taiwan province, Hong Kong SAR and Macao SAR. Area of wetlands excludes the wetland of paddyfield.

2-7 国内生产总值和地区生产总值（2005年）

Gross Domestic Product and Gross Regional Product (2005)

本表绝对数按当年价格计算，指数按可比价格计算。

Level figures in this table are calculated at current prices while indices are calculated at comparable prices.

地区	Region	国内和地区生产总值（亿元）Gross Domestic or Regional Product (100 million yuan)	第一产业 Primary Industry	第二产业 Secondary Industry	第三产业 Tertiary Industry	构成(%) Composition (%) 第一产业 Primary Industry	第二产业 Secondary Industry	第三产业 Tertiary Industry	人均地区生产总值（元/人）Per Capita Gross Domestic or Regional Product (yuan/person)
全国	**National**	**183084.8**	**23070.4**	**87046.7**	**72967.7**	**12.6**	**47.5**	**39.9**	**14040.0**
北京	Beijing	6886.31	97.99	2026.51	4761.81	1.4	29.5	69.1	45444
天津	Tianjin	3697.62	112.38	2051.17	1534.07	3.0	55.5	41.5	35783
河北	Hebei	10096.11	1503.07	5232.50	3360.54	14.9	51.8	33.3	14782
山西	Shanxi	4179.52	262.42	2353.16	1563.94	6.3	56.3	37.4	12495
内蒙古	Inner Mongolia	3895.55	589.56	1773.21	1532.78	15.1	45.5	39.4	16331
辽宁	Liaoning	8009.01	882.41	3953.28	3173.32	11.0	49.4	39.6	18983
吉林	Jilin	3620.27	625.61	1580.83	1413.83	17.3	43.6	39.1	13348
黑龙江	Heilongjiang	5511.50	684.60	2971.68	1855.22	12.4	53.9	33.7	14434
上海	Shanghai	9154.18	80.34	4452.92	4620.92	0.9	48.6	50.5	51474
江苏	Jiangsu	18305.66	1461.49	10355.03	6489.14	8.0	56.6	35.4	24560
浙江	Zhejiang	13437.85	892.83	7166.15	5378.87	6.6	53.4	40.0	27703
安徽	Anhui	5375.12	966.49	2221.17	2187.46	18.0	41.3	40.7	8675
福建	Fujian	6568.93	841.20	3200.26	2527.47	12.8	48.7	38.5	18646
江西	Jiangxi	4056.76	727.37	1917.47	1411.92	17.9	47.3	34.8	9440
山东	Shandong	18516.87	1963.51	10628.62	5924.74	10.6	57.4	32.0	20096
河南	Henan	10587.42	1892.01	5514.14	3181.27	17.9	52.1	30.0	11346
湖北	Hubei	6520.14	1082.13	2810.01	2628.00	16.6	43.1	40.3	11431
湖南	Hunan	6511.34	1274.15	2596.71	2640.48	19.6	39.9	40.5	10426
广东	Guangdong	22366.54	1428.27	11339.93	9598.34	6.4	50.7	42.9	24435
广西	Guangxi	4075.75	912.50	1510.68	1652.57	22.4	37.1	40.5	8788
海南	Hainan	894.57	300.75	220.07	373.75	33.6	24.6	41.8	10871
重庆	Chongqing	3070.49	463.40	1259.12	1347.97	15.1	41.0	43.9	10982
四川	Sichuan	7385.11	1481.14	3067.23	2836.74	20.1	41.5	38.4	9060
贵州	Guizhou	1979.06	368.94	826.63	783.49	18.6	41.8	39.6	5052
云南	Yunnan	3472.89	669.81	1432.76	1370.32	19.3	41.2	39.5	7835
西藏	Tibet	251.21	48.04	63.52	139.65	19.1	25.3	55.6	9114
陕西	Shaanxi	3675.66	435.77	1849.28	1390.61	11.9	50.3	37.8	9899
甘肃	Gansu	1933.98	308.06	838.56	787.36	15.9	43.4	40.7	7477
青海	Qinghai	543.32	65.34	264.61	213.37	12.0	48.7	39.3	10045
宁夏	Ningxia	606.10	72.08	281.23	252.79	11.9	46.4	41.7	10239
新疆	Xinjiang	2604.19	509.99	1164.79	929.41	19.6	44.7	35.7	13108

2-8 地区生产总值项目结构（2005年）

Components of Gross Regional Product (2005)

本表按当年价格计算。

Data in this table are calculated at current prices.

单位：亿元 (100 million yuan)

地 区 Region	地区生产总值 Gross Regional Product	劳动者报酬 Compensation of Employees	固定资产折旧 Depreciation of Fixed Assets	生产税净额 Net Taxes on Production	营业盈余 Operating Surplus
北 京 Beijing	6886.31	3114.15	1095.51	1017.05	1659.60
天 津 Tianjin	3697.62	1164.82	515.77	727.37	1289.66
河 北 Hebei	10096.11	4160.01	1254.97	1316.07	3365.06
山 西 Shanxi	4179.52	1496.72	634.89	644.88	1403.03
内蒙古 Inner Mongolia	3895.55	1599.46	544.87	433.21	1318.01
辽 宁 Liaoning	8009.01	3524.91	1288.09	1267.61	1928.40
吉 林 Jilin	3620.27	1618.66	617.51	521.94	862.16
黑龙江 Heilongjiang	5511.50	1950.04	733.35	781.01	2047.10
上 海 Shanghai	9154.18	3269.38	1501.79	1418.96	2964.05
江 苏 Jiangsu	18305.66	7493.67	2960.06	2581.57	5270.36
浙 江 Zhejiang	13437.85	5337.16	1905.37	1909.16	4286.16
安 徽 Anhui	5375.12	2435.13	738.25	747.62	1454.12
福 建 Fujian	6568.93	2890.90	919.33	866.05	1892.65
江 西 Jiangxi	4056.76	1845.67	488.88	502.26	1219.95
山 东 Shandong	18516.87	6529.10	2940.02	2637.77	6409.98
河 南 Henan	10587.42	4691.11	1220.15	1270.84	3405.32
湖 北 Hubei	6520.14	2923.57	1098.99	970.00	1527.58
湖 南 Hunan	6511.34	2939.66	847.17	836.65	1887.86
广 东 Guangdong	22366.54	8832.24	3585.19	3040.37	6908.74
广 西 Guangxi	4075.75	2018.82	496.15	418.47	1142.31
海 南 Hainan	894.57	441.07	142.46	104.56	206.48
重 庆 Chongqing	3070.49	1504.53	376.54	375.70	813.72
四 川 Sichuan	7385.11	3429.66	1246.35	1023.94	1685.16
贵 州 Guizhou	1979.06	914.99	290.33	290.62	483.12
云 南 Yunnan	3472.89	1611.50	512.76	697.73	650.90
西 藏 Tibet	251.21	130.71	57.56	18.19	44.75
陕 西 Shaanxi	3675.66	1510.30	610.93	571.50	982.93
甘 肃 Gansu	1933.98	694.02	300.29	482.87	456.80
青 海 Qinghai	543.32	258.53	102.17	64.53	118.09
宁 夏 Ningxia	606.10	291.91	122.71	78.89	112.59
新 疆 Xinjiang	2604.19	1265.62	373.58	301.82	663.17

2-9 支出法地区生产总值（2005年）

Gross Regional Product by Expenditure Approach (2005)

本表按当年价格计算。

Data in value terms in this table are calculated at current prices.

地 区	Region	支出法地区生产总值（亿元）Gross Regional Product by Expenditure Approach (100 million yuan)	最终消费支出 Final Consumption Expenditures	资本形成总额 Gross Capital Formation	货物和服务净流出 Net Outflow of Goods and Services	资本形成率（投资率）(%) Capital Formation Rate (%)	最终消费率（消费率）(%) Final Consumption Rate (%)
全 国	**National**	**186700.9**	**96918.1**	**79559.8**	**10223.0**	**42.6**	**51.9**
北 京	Beijing	6886.31	3539.49	3580.89	-234.07	52.0	51.4
天 津	Tianjin	3697.62	1506.91	1968.45	222.26	53.2	40.8
河 北	Hebei	10096.11	4315.20	4628.48	1152.43	45.8	42.7
山 西	Shanxi	4103.32	1955.19	2178.45	-30.32	53.1	47.6
内蒙古	Inner Mongolia	3895.55	1713.92	2845.06	-663.43	73.0	44.0
辽 宁	Liaoning	8009.01	3822.95	4006.64	179.42	50.0	47.7
吉 林	Jilin	3687.40	1906.19	1813.37	-32.16	49.2	51.7
黑龙江	Heilongjiang	5511.50	2660.75	1958.70	892.05	35.5	48.3
上 海	Shanghai	9154.18	4418.99	4186.86	548.33	45.7	48.3
江 苏	Jiangsu	18305.66	7538.04	9313.16	1454.46	50.9	41.2
浙 江	Zhejiang	13437.85	6373.24	6448.72	615.89	48.0	47.4
安 徽	Anhui	5375.12	3020.70	2365.01	-10.59	44.0	56.2
福 建	Fujian	6568.93	3295.55	2943.65	329.73	44.8	50.2
江 西	Jiangxi	4061.76	2117.30	1981.98	-37.52	48.8	52.1
山 东	Shandong	18516.87	7954.47	9283.69	1278.71	50.1	43.0
河 南	Henan	10587.42	5353.67	5019.81	213.94	47.4	50.6
湖 北	Hubei	6520.14	3645.71	2943.58	-69.15	45.1	55.9
湖 南	Hunan	6511.34	4036.74	2575.03	-100.43	39.5	62.0
广 东	Guangdong	22366.54	11533.44	8383.17	2449.93	37.5	51.6
广 西	Guangxi	4075.75	2477.08	1747.42	-148.75	42.9	60.8
海 南	Hainan	894.57	468.71	424.33	1.53	47.4	52.4
重 庆	Chongqing	3149.10	1803.43	1939.77	-594.10	61.6	57.3
四 川	Sichuan	7385.11	4357.69	3326.22	-298.80	45.0	59.0
贵 州	Guizhou	1979.06	1627.27	1024.94	-673.15	51.8	82.2
云 南	Yunnan	3472.89	2321.75	1989.93	-838.79	57.3	66.9
西 藏	Tibet	251.21	184.72	184.14	-117.65	73.3	73.5
陕 西	Shaanxi	3675.65	1684.12	2112.14	-120.61	57.5	45.8
甘 肃	Gansu	1933.98	1217.63	916.96	-200.61	47.4	63.0
青 海	Qinghai	543.32	360.72	369.28	-186.68	68.0	66.4
宁 夏	Ningxia	606.10	390.92	475.96	-260.78	78.5	64.5
新 疆	Xinjiang	2604.14	1266.52	1606.80	-269.18	61.7	48.6

2-10 资本形成总额及构成（2005年）

Gross Capital Formation and Its Composition (2005)

本表按当年价格计算。

Data in value terms in this table are calculated at current prices.

地 区	Region	资本形成总额（亿元）Gross Capital Formation (100 million yuan)	固定资本形成总额 Gross Fixed Capital Formation	存货增加 Changes in Inventories	构成（资本形成总额=100）Composition (Total=100) 固定资本形成总额 Gross Fixed Capital Formation	存货增加 Changes in Inventories
全 国	**National**	**79559.80**	**77464.4**	**2095.4**	**97.4**	**2.6**
北 京	Beijing	3580.89	3204.65	376.24	89.5	10.5
天 津	Tianjin	1968.45	1753.92	214.53	89.1	10.9
河 北	Hebei	4628.48	4239.12	389.36	91.6	8.4
山 西	Shanxi	2178.45	1897.39	281.06	87.1	12.9
内蒙古	Inner Mongolia	2845.06	2685.22	159.84	94.4	5.6
辽 宁	Liaoning	4006.64	3705.99	300.65	92.5	7.5
吉 林	Jilin	1813.37	1743.66	69.71	96.2	3.8
黑龙江	Heilongjiang	1958.70	1788.67	170.03	91.3	8.7
上 海	Shanghai	4186.86	3743.42	443.44	89.4	10.6
江 苏	Jiangsu	9313.16	8739.71	573.45	93.8	6.2
浙 江	Zhejiang	6448.72	6269.16	179.56	97.2	2.8
安 徽	Anhui	2365.01	2224.31	140.70	94.1	5.9
福 建	Fujian	2943.65	2654.95	288.70	90.2	9.8
江 西	Jiangxi	1981.98	1922.10	59.88	97.0	3.0
山 东	Shandong	9283.69	8798.79	484.90	94.8	5.2
河 南	Henan	5019.81	4506.75	513.06	89.8	10.2
湖 北	Hubei	2943.58	2804.01	139.57	95.3	4.7
湖 南	Hunan	2575.03	2569.24	5.79	99.8	0.2
广 东	Guangdong	8383.17	7407.54	975.63	88.4	11.6
广 西	Guangxi	1747.42	1699.04	48.38	97.2	2.8
海 南	Hainan	424.33	363.37	60.96	85.6	14.4
重 庆	Chongqing	1939.77	1862.65	77.12	96.0	4.0
四 川	Sichuan	3326.22	3179.92	146.30	95.6	4.4
贵 州	Guizhou	1024.94	996.24	28.70	97.2	2.8
云 南	Yunnan	1989.93	1755.30	234.63	88.2	11.8
西 藏	Tibet	184.14	196.19	-12.05	106.5	-6.5
陕 西	Shaanxi	2112.14	2035.20	76.94	96.4	3.6
甘 肃	Gansu	916.96	874.52	42.44	95.4	4.6
青 海	Qinghai	369.28	364.08	5.20	98.6	1.4
宁 夏	Ningxia	475.96	444.82	31.14	93.5	6.5
新 疆	Xinjiang	1606.80	1485.17	121.63	92.4	7.6

2-11 最终消费支出及构成（2005年）

Final Consumption Expenditure and Its Composition (2005)

本表按当年价格计算。
Data in value terms in this table are calculated at current prices.

地区	Region	最终消费支出（亿元）Final Consumption Expenditures (100 million yuan)	居民消费支出 Household Consumption	居民消费支出：农村居民 Rural Household	居民消费支出：城镇居民 Urban Household	政府消费支出 Government Consumption	最终消费支出=100 Final Consumption Expenditures=100：居民消费支出 Household Consumption	最终消费支出=100 Final Consumption Expenditures=100：政府消费支出 Government Consumption	居民消费支出=100 Household Consumption Expenditures=100：农村居民 Rural Household	居民消费支出=100 Household Consumption Expenditures=100：城镇居民 Urban Household
全国	**National**	**96918.10**	**70906.00**	**19014.10**	**51891.90**	**26012.10**	**73.2**	**26.8**	**26.8**	**73.2**
北京	Beijing	3539.49	2248.02	184.92	2063.10	1291.47	63.5	36.5	8.2	91.8
天津	Tianjin	1506.91	980.05	122.32	857.73	526.86	65.0	35.0	12.5	87.5
河北	Hebei	4315.20	2944.38	1104.42	1839.96	1370.82	68.2	31.8	37.5	62.5
山西	Shanxi	1955.19	1395.73	424.39	971.34	559.46	71.4	28.6	30.4	69.6
内蒙古	Inner Mongolia	1713.92	1102.15	313.75	788.40	611.77	64.3	35.7	28.5	71.5
辽宁	Liaoning	3822.95	2720.95	569.28	2151.67	1102.00	71.2	28.8	20.9	79.1
吉林	Jilin	1906.19	1392.42	318.40	1074.02	513.77	73.0	27.0	22.9	77.1
黑龙江	Heilongjiang	2660.75	1841.27	434.72	1406.55	819.48	69.2	30.8	23.6	76.4
上海	Shanghai	4418.99	3271.64	184.02	3087.62	1147.35	74.0	26.0	5.6	94.4
江苏	Jiangsu	7538.04	5339.09	1588.27	3750.82	2198.95	70.8	29.2	29.7	70.3
浙江	Zhejiang	6373.24	4705.79	1354.46	3351.33	1667.45	73.8	26.2	28.8	71.2
安徽	Anhui	3020.70	2410.57	884.28	1526.29	610.13	79.8	20.2	36.7	63.3
福建	Fujian	3295.55	2393.17	700.94	1692.23	902.38	72.6	27.4	29.3	70.7
江西	Jiangxi	2117.30	1642.20	816.84	825.36	475.10	77.6	22.4	49.7	50.3
山东	Shandong	7954.47	5435.38	1580.90	3854.48	2519.09	68.3	31.7	29.1	70.9
河南	Henan	5353.67	3817.86	1554.22	2263.64	1535.81	71.3	28.7	40.7	59.3
湖北	Hubei	3645.71	2785.42	815.32	1970.10	860.29	76.4	23.6	29.3	70.7
湖南	Hunan	4036.74	3056.07	1136.41	1919.66	980.67	75.7	24.3	37.2	62.8
广东	Guangdong	11533.44	8989.70	1419.88	7569.82	2543.74	77.9	22.1	15.8	84.2
广西	Guangxi	2477.08	1822.03	738.97	1083.06	655.05	73.6	26.4	40.6	59.4
海南	Hainan	468.71	341.06	126.43	214.63	127.65	72.8	27.2	37.1	62.9
重庆	Chongqing	1803.43	1336.96	350.13	986.83	466.47	74.1	25.9	26.2	73.8
四川	Sichuan	4357.69	3366.47	1328.28	2038.19	991.22	77.3	22.7	39.5	60.5
贵州	Guizhou	1627.27	1230.07	449.45	780.62	397.20	75.6	24.4	36.5	63.5
云南	Yunnan	2321.75	1661.64	603.77	1057.87	660.11	71.6	28.4	36.3	63.7
西藏	Tibet	184.72	83.22	33.87	49.35	101.50	45.1	54.9	40.7	59.3
陕西	Shaanxi	1684.12	1334.48	561.33	773.15	349.64	79.2	20.8	42.1	57.9
甘肃	Gansu	1217.63	893.15	331.22	561.93	324.48	73.4	26.6	37.1	62.9
青海	Qinghai	360.72	210.29	64.15	146.14	150.43	58.3	41.7	30.5	69.5
宁夏	Ningxia	390.92	261.23	77.34	183.89	129.69	66.8	33.2	29.6	70.4
新疆	Xinjiang	1266.52	764.26	238.98	525.28	502.26	60.3	39.7	31.3	68.7

2-12 居民消费水平（2005年）

Household Consumption Expenditure (2005)

本表绝对数按当年价格计算，指数按可比价格计算。

Absolute figures in this table are calculated at current prices, while indices are calculated at constant prices.

地 区	Region	绝对数(元) Value (yuan)			城乡消费水平对比（农村居民=1）Urban/Rural Consumption Ratio (Urban Household=1)	指数（上年=100）Index (Preceding year=100)		
		全国居民 All Households	农村居民 Rural Household	城镇居民 Urban Household		全国居民 All Households	农村居民 Rural Household	城镇居民 Urban Household
全 国	**National**	**5439**	**2531**	**9393**	**3.7**	**107.7**	**106.5**	**105.8**
北 京	Beijing	14835	6635	16683	2.5	106.8	106.1	105.0
天 津	Tianjin	9484	4360	11394	2.6	109.4	105.9	109.6
河 北	Hebei	4311	2449	7927	3.2	110.2	109.8	106.8
山 西	Shanxi	4172	2146	7104	3.3	109.8	109.4	106.9
内蒙古	Inner Mongolia	4620	2460	7103	2.9	111.6	114.6	108.5
辽 宁	Liaoning	6449	3267	8688	2.7	111.3	113.7	107.3
吉 林	Jilin	5135	2467	7556	3.1	110.0	113.3	108.5
黑龙江	Heilongjiang	4822	2419	6958	2.9	112.1	121.2	109.4
上 海	Shanghai	18396	9157	19573	2.1	110.0	116.0	107.8
江 苏	Jiangsu	7163	4207	10199	2.4	113.7	110.2	112.5
浙 江	Zhejiang	9701	5476	14097	2.6	115.9	110.4	116.3
安 徽	Anhui	3888	2177	7136	3.3	110.4	110.4	106.3
福 建	Fujian	6793	3730	10296	2.8	108.5	109.1	106.6
江 西	Jiangxi	3821	2576	7329	2.8	109.6	108.1	109.5
山 东	Shandong	5899	3078	9453	3.1	115.2	113.0	113.2
河 南	Henan	4092	2372	8145	3.4	107.7	105.1	105.2
湖 北	Hubei	4883	2503	8051	3.2	110.6	114.1	108.2
湖 南	Hunan	4894	2855	8477	3.0	111.6	110.3	108.5
广 东	Guangdong	9821	3947	13624	3.5	110.3	114.1	108.7
广 西	Guangxi	3928	2366	7149	3.0	115.7	120.4	107.2
海 南	Hainan	4145	2458	6955	2.8	106.2	107.2	103.9
重 庆	Chongqing	4782	2251	7959	3.5	111.4	112.1	108.6
四 川	Sichuan	4130	2432	7577	3.1	111.0	111.0	106.8
贵 州	Guizhou	3140	1563	7498	4.8	114.7	115.4	110.8
云 南	Yunnan	3749	1913	8285	4.3	110.8	115.3	104.0
西 藏	Tibet	3019	1532	9040	5.9	102.7	106.7	100.1
陕 西	Shaanxi	3594	2024	8234	4.1	109.6	114.0	105.6
甘 肃	Gansu	3453	1812	7410	4.1	109.6	112.7	104.1
青 海	Qinghai	3888	1941	6947	3.6	114.0	125.3	108.6
宁 夏	Ningxia	4413	2231	7495	3.4	113.0	109.5	109.3
新 疆	Xinjiang	3847	1884	7311	3.9	110.7	113.5	106.3

2-13 人口数和出生率、死亡率、自然增长率（2005年）

Total Population and Birth Rate, Death Rate and Natural Growth Rate (2005)

地 区	Region	年底人口数（万人）Total Population (year-end) (10 000 persons)	出生率（‰）Birth Rate (‰)	死亡率（‰）Death Rate (‰)	自然增长率（‰）Natural Growth Rate (‰)
全 国	**National**	**130756**	**12.40**	**6.51**	**5.89**
北 京	Beijing	1538	6.29	5.20	1.09
天 津	Tianjin	1043	7.44	6.01	1.43
河 北	Hebei	6851	12.84	6.75	6.09
山 西	Shanxi	3355	12.02	6.00	6.02
内蒙古	Inner Mongolia	2386	10.08	5.46	4.62
辽 宁	Liaoning	4221	7.01	6.04	0.97
吉 林	Jilin	2716	7.89	5.32	2.57
黑龙江	Heilongjiang	3820	7.87	5.20	2.67
上 海	Shanghai	1778	7.04	6.08	0.96
江 苏	Jiangsu	7475	9.24	7.03	2.21
浙 江	Zhejiang	4898	11.10	6.08	5.02
安 徽	Anhui	6120	12.43	6.23	6.20
福 建	Fujian	3535	11.60	5.62	5.98
江 西	Jiangxi	4311	13.79	5.96	7.83
山 东	Shandong	9248	12.14	6.31	5.83
河 南	Henan	9380	11.55	6.30	5.25
湖 北	Hubei	5710	8.74	5.69	3.05
湖 南	Hunan	6326	11.90	6.75	5.15
广 东	Guangdong	9194	11.70	4.68	7.02
广 西	Guangxi	4660	14.26	6.09	8.16
海 南	Hainan	828	14.65	5.72	8.93
重 庆	Chongqing	2798	9.40	6.40	3.00
四 川	Sichuan	8212	9.70	6.80	2.90
贵 州	Guizhou	3730	14.59	7.21	7.38
云 南	Yunnan	4450	14.72	6.75	7.97
西 藏	Tibet	277	17.94	7.15	10.79
陕 西	Shaanxi	3720	10.02	6.01	4.01
甘 肃	Gansu	2594	12.59	6.57	6.02
青 海	Qinghai	543	15.70	6.21	9.49
宁 夏	Ningxia	596	15.93	4.95	10.98
新 疆	Xinjiang	2010	16.42	5.04	11.38

注：1.全国年底人口数包括现役军人数，分地区数字中未包括。
2.全国数据未包括香港、澳门特别行政区和台湾省的人口数据。
3.全国数据根据抽样误差和调查误差进行了修正。
4.分地区人口数是根据1%人口抽样调查充分考虑了流动人口的数据，故部分地区人口数与上年不能直接进行对比。

a) The military personnel were included in the national total population, but excluded in the regional total population.
b) The national total population excluded the population of Hong Kong, Macao and Taiwan.
c) The national total population was adjusted according to the sampling error and investigation error.
d) Data of total population by region are data based on 1% Population Sample Survey with careful consideration of floating population. So the data in some regions are not comparable with preceding year.

2-14 人口城乡构成（2005年）

Population by Residence (2005)

本表数据来源为全国和各地区1%人口抽样调查主要数据公报。

Data in this table are obtained from Communiqué on major figures of the 1% Population Sample Survey in 2005.

单位：万人 (10 000 persons)

地 区	Region	人口数（11月1日零时） Total Population (zero hour of Nov.1)	城镇人口 Urban Population 人口数 Population	城镇人口 Urban Population 比重（%） Proportion	乡村人口 Rural Population 人口数 Population	乡村人口 Rural Population 比重（%） Proportion
全 国	**National**	**130628**	**56157**	**42.99**	**74471**	**57.01**
北 京	Beijing	1536	1284	83.62	252	16.38
天 津	Tianjin	1043	783	75.11	259	24.89
河 北	Hebei	6844	2580	37.69	4264	62.31
山 西	Shanxi	3352	1411	42.11	1940	57.89
内蒙古	Inner Mongolia	2386	1126	47.20	1260	52.80
辽 宁	Liaoning	4220	2477	58.70	1743	41.30
吉 林	Jilin	2715	1426	52.52	1289	47.48
黑龙江	Heilongjiang	3818	2027	53.10	1791	46.90
上 海	Shanghai	1778	1584	89.09	194	10.91
江 苏	Jiangsu	7468	3742	50.11	3726	49.89
浙 江	Zhejiang	4894	2742	56.02	2152	43.98
安 徽	Anhui	6114	2170	35.50	3944	64.50
福 建	Fujian	3532	1671	47.30	1861	52.70
江 西	Jiangxi	4307	1593	37.00	2713	63.00
山 东	Shandong	9239	4158	45.00	5081	55.00
河 南	Henan	9371	2872	30.65	6499	69.35
湖 北	Hubei	5707	2465	43.20	3242	56.80
湖 南	Hunan	6320	2338	37.00	3982	63.00
广 东	Guangdong	9185	5573	60.68	3612	39.32
广 西	Guangxi	4655	1565	33.62	3090	66.38
海 南	Hainan	826	373	45.20	453	54.80
重 庆	Chongqing	2797	1264	45.20	1533	54.80
四 川	Sichuan	8208	2709	33.00	5499	67.00
贵 州	Guizhou	3725	1001	26.87	2724	73.13
云 南	Yunnan	4442	1311	29.50	3132	70.50
西 藏	Tibet	276	74	26.65	202	73.35
陕 西	Shaanxi	3718	1384	37.23	2334	62.77
甘 肃	Gansu	2592	778	30.02	1814	69.98
青 海	Qinghai	543	213	39.25	330	60.75
宁 夏	Ningxia	595	252	42.28	343	57.72
新 疆	Xinjiang	2008	746	37.15	1262	62.85

2-15 按三次产业分就业人员数（2005年底）

Number of Employed Persons by Three Industries (End of 2005)

地 区	Region	就业人员(万人) Total Employed Persons (10 000 persons)	第一产业 Primary Industry	第二产业 Secondary Industry	第三产业 Tertiary Industry	构成（合计=100）Composition in Percentage 第一产业 Primary Industry	第二产业 Secondary Industry	第三产业 Tertiary Industry
全 国	**National Total**	**75825.0**	**33970.0**	**18084.0**	**23771.0**	**44.8**	**23.8**	**31.4**
北 京	Beijing	920.4	62.2	226.4	631.8	6.8	24.6	68.6
天 津	Tianjin	426.9	80.5	173.3	173.1	18.9	40.6	40.5
河 北	Hebei	3467.3	1562.3	1048.4	856.6	45.1	30.2	24.7
山 西	Shanxi	1476.4	641.8	385.8	448.7	43.5	26.1	30.4
内蒙古	Inner Mongolia	1041.1	560.5	162.8	317.9	53.8	15.6	30.5
辽 宁	Liaoning	1978.6	718.9	504.4	755.2	36.3	25.5	38.2
吉 林	Jilin	1099.4	523.9	201.8	373.8	47.7	18.4	34.0
黑龙江	Heilongjiang	1625.8	787.7	339.7	498.4	48.4	20.9	30.7
上 海	Shanghai	855.9	61.1	331.3	463.5	7.1	38.7	54.2
江 苏	Jiangsu	3877.7	1076.7	1493.4	1307.6	27.8	38.5	33.7
浙 江	Zhejiang	3202.9	791.1	1339.9	1071.8	24.7	41.8	33.5
安 徽	Anhui	3484.7	1778.2	762.7	943.7	51.0	21.9	27.1
福 建	Fujian	1868.5	702.5	582.3	583.7	37.6	31.2	31.2
江 西	Jiangxi	2107.5	967.4	464.3	675.8	45.9	22.0	32.1
山 东	Shandong	5110.8	2056.5	1558.6	1495.6	40.2	30.5	29.3
河 南	Henan	5662.4	3138.8	1251.7	1271.9	55.4	22.1	22.5
湖 北	Hubei	2676.3	1133.9	521.8	1020.5	42.4	19.5	38.1
湖 南	Hunan	3658.3	1962.0	639.4	1056.9	53.6	17.5	28.9
广 东	Guangdong	4702.1	1548.7	1443.1	1710.3	32.9	30.7	36.4
广 西	Guangxi	2703.1	1518.7	302.1	882.2	56.2	11.2	32.6
海 南	Hainan	377.7	215.1	40.1	122.5	57.0	10.6	32.4
重 庆	Chongqing	1720.8	779.5	370.6	570.7	45.3	21.5	33.2
四 川	Sichuan	4603.5	2329.9	845.8	1427.8	50.6	18.4	31.0
贵 州	Guizhou	2215.8	1272.0	228.5	715.3	57.4	10.3	32.3
云 南	Yunnan	2461.3	1709.2	245.1	507.0	69.4	10.0	20.6
西 藏	Tibet	140.4	86.3	12.9	41.2	61.4	9.2	29.3
陕 西	Shaanxi	1882.9	956.4	348.3	578.2	50.8	18.5	30.7
甘 肃	Gansu	1347.6	770.5	184.8	392.3	57.2	13.7	29.1
青 海	Qinghai	267.6	131.6	46.5	89.6	49.2	17.4	33.5
宁 夏	Ningxia	299.6	145.1	66.7	87.8	48.4	22.3	29.3
新 疆	Xinjiang	764.3	407.1	101.7	255.4	53.3	13.3	33.4

2-16 按城乡分就业人员数（2005年底）

Number of Employed Persons in Urban and Rural Areas (End of 2005)

单位：万人 (10 000 persons)

地区	Region	合计 Total	城镇						
			小计 Sub-total	#国有单位 State-owned Units	#集体单位 Collective-owned Units	#股份合作单位 Cooperative Units	#联营单位 Joint Ownership Units	#有限责任公司 Limited Liability Corporations	#股份有限公司 Share Holding Corporations Ltd.
全国	**National Total**	**75825**	**27331**	**6488**	**810**	**188**	**45**	**1750**	**699**
北京	Beijing	920.4	736.3	195.0	23.8	22.5	2.4	149.4	36.4
天津	Tianjin	426.9	248.4	90.1	11.3	1.1	1.3	23.8	10.2
河北	Hebei	3467.3	661.3	347.5	37.7	6.7	0.6	53.4	24.6
山西	Shanxi	1476.4	440.6	252.6	31.1	3.1	0.6	55.8	12.9
内蒙古	Inner Mongolia	1041.1	350.3	162.0	12.4	1.8	0.3	47.0	14.3
辽宁	Liaoning	1978.6	865.1	302.4	41.0	5.5	0.7	67.9	26.8
吉林	Jilin	1099.4	414.2	178.7	21.0	1.9	0.3	27.2	20.4
黑龙江	Heilongjiang	1625.8	676.9	314.1	38.4	24.2	1.0	41.5	41.6
上海	Shanghai	855.9	612.4	141.6	14.7	2.7	1.6	47.9	33.4
江苏	Jiangsu	3877.7	1215.2	283.7	38.7	8.3	1.8	88.1	52.9
浙江	Zhejiang	3202.9	904.3	179.8	30.7	19.5	1.6	150.4	47.9
安徽	Anhui	3484.7	545.5	208.7	30.8	3.9	0.8	52.3	24.8
福建	Fujian	1868.5	555.5	150.9	19.1	5.8	2.7	35.9	16.2
江西	Jiangxi	2107.5	468.7	199.3	18.5	3.5	0.6	27.0	12.2
山东	Shandong	5110.8	1328.6	423.9	65.3	14.9	3.3	189.2	62.0
河南	Henan	5662.4	910.0	404.8	91.2	8.5	1.2	131.5	42.8
湖北	Hubei	2676.3	743.5	313.3	37.2	5.2	2.2	51.0	33.4
湖南	Hunan	3658.3	682.9	259.2	31.0	5.1	0.8	67.9	25.5
广东	Guangdong	4702.1	1612.6	380.2	68.7	10.9	7.7	94.2	36.3
广西	Guangxi	2703.1	427.7	198.9	19.9	1.5	0.8	34.4	11.1
海南	Hainan	377.7	121.7	57.9	4.1	0.4	1.2	4.8	2.9
重庆	Chongqing	1720.8	353.9	122.9	14.0	3.7	5.6	50.3	11.1
四川	Sichuan	4603.5	802.0	316.1	42.2	7.8	1.4	90.6	40.9
贵州	Guizhou	2215.8	281.7	146.7	10.4	1.7	0.7	37.0	10.6
云南	Yunnan	2461.3	410.4	175.3	11.5	2.8	0.2	33.6	12.4
西藏	Tibet	140.4	31.5	16.9	0.5			0.3	0.2
陕西	Shaanxi	1882.9	445.8	249.1	22.4	7.7	0.8	35.6	13.1
甘肃	Gansu	1347.6	263.3	159.0	12.6	4.5	2.4	9.3	3.5
青海	Qinghai	267.6	81.5	32.1	2.2	0.7		4.7	2.6
宁夏	Ningxia	299.6	87.6	38.5	1.4	1.0	0.1	13.0	4.0
新疆	Xinjiang	764.3	360.4	187.0	6.1	0.8	0.3	35.4	12.0

2-16 续表 continued

单位：万人 (10 000 persons)

地 区	Region	Urban Area				乡 村 Rural Area			
		#私营企业 Private Enterprises	#港澳台商投资单位 Units with Funds from Hong Kong, Macao and Taiwan	#外商投资单位 Foreign Funded Units	#个 体 Self-employed individuals	小 计 Sub-total	#乡镇企业 Township and Village Enterprises	#私营企业 Private Enterprises	#个 体 Self-employed Individuals
全 国	**National Total**	**3458**	**557**	**688**	**2778**	**48494**	**14272**	**2366**	**2123**
北 京	Beijing	173.5	21.7	49.6	57.2	184.0	136.2	121.0	27.5
天 津	Tianjin	44.5	9.9	41.2	9.8	178.5	79.8	44.2	15.7
河 北	Hebei	72.3	8.5	12.1	93.4	2805.9	1006.5	169.4	176.5
山 西	Shanxi	39.0	1.6	2.6	41.1	1035.7	402.3	43.3	41.2
内蒙古	Inner Mongolia	47.1	1.6	2.5	60.2	690.8	232.6	21.1	22.1
辽 宁	Liaoning	189.5	9.8	39.3	178.4	1113.5	601.3	62.7	104.2
吉 林	Jilin	77.2	2.6	7.2	75.2	685.2	216.6	10.8	13.8
黑龙江	Heilongjiang	77.5	3.1	4.3	109.0	948.9	173.0	17.7	46.6
上 海	Shanghai	256.7	28.6	61.2	22.4	243.5	201.6	209.1	11.9
江 苏	Jiangsu	397.2	50.4	79.7	189.2	2662.5	1291.7	400.0	132.0
浙 江	Zhejiang	218.5	46.4	53.4	154.8	2298.5	1241.5	316.4	165.3
安 徽	Anhui	86.5	3.7	6.7	123.6	2939.2	533.2	79.2	143.2
福 建	Fujian	100.8	99.4	64.0	54.7	1313.0	670.3	33.9	35.2
江 西	Jiangxi	89.1	7.0	3.1	104.1	1638.8	394.9	45.2	63.6
山 东	Shandong	262.9	25.9	98.2	174.7	3782.2	1653.5	181.3	190.2
河 南	Henan	72.9	7.3	8.4	136.6	4752.4	1011.9	65.7	137.6
湖 北	Hubei	89.7	8.8	13.3	142.0	1932.8	639.3	32.9	86.8
湖 南	Hunan	150.8	7.9	6.4	125.8	2975.4	901.8	49.6	70.8
广 东	Guangdong	402.0	194.1	108.1	306.3	3089.5	1207.9	124.1	183.3
广 西	Guangxi	54.3	5.5	6.2	89.8	2275.4	364.7	29.2	73.8
海 南	Hainan	31.8	1.7	1.7	15.1	256.0	32.0	4.2	6.9
重 庆	Chongqing	78.5	2.3	4.9	59.9	1366.9	203.9	27.0	31.0
四 川	Sichuan	153.2	3.4	6.4	136.2	3801.5	666.8	84.8	114.4
贵 州	Guizhou	37.4	0.8	1.7	33.7	1934.2	252.1	13.2	26.0
云 南	Yunnan	76.1	1.6	1.7	87.3	2050.9	358.2	33.1	58.6
西 藏	Tibet	4.1			9.2	108.8	3.1	0.8	2.4
陕 西	Shaanxi	49.2	1.6	1.8	62.4	1437.0	418.2	105.3	87.1
甘 肃	Gansu	34.3	0.6	0.6	34.7	1084.3	197.9	13.8	21.3
青 海	Qinghai	19.2	0.2		19.7	186.0	25.0	8.7	10.5
宁 夏	Ningxia	14.0		1.0	13.9	212.0	62.6	9.4	4.7
新 疆	Xinjiang	58.6	0.7	0.9	57.1	403.9	95.4	8.5	18.8

2-17 按行业分城镇单位就业人员数（2005年底）

Number of Employed Persons in Urban Units by Sector (End of 2005)

单位：万人 (10 000 persons)

地 区	Region	合 计 Total	农、林、牧、渔业 Agriculture, Forestry, Animal Husbandry and Fishing	采矿业 Mining	制造业 Manufacturing	电力、燃气及水的生产和供应业 Production and Distribution of Electricity, Gas and Water	建筑业 Construction	交通运输、仓储和邮政业 Transport, Storage and Post
全 国	**National Total**	**11404.0**	**446.3**	**509.2**	**3210.9**	**299.9**	**926.6**	**613.9**
北 京	Beijing	505.6	2.8	2.2	102.4	5.8	41.1	37.1
天 津	Tianjin	194.1	0.8	7.3	77.7	3.4	9.1	11.8
河 北	Hebei	495.6	8.5	27.6	120.3	17.4	33.9	25.6
山 西	Shanxi	360.5	3.6	66.3	72.2	10.1	20.8	20.0
内蒙古	Inner Mongolia	243.0	30.1	17.5	44.0	9.1	13.0	15.9
辽 宁	Liaoning	497.1	28.8	30.5	150.4	16.9	28.3	33.0
吉 林	Jilin	261.9	20.3	13.5	60.4	8.0	13.5	17.9
黑龙江	Heilongjiang	490.4	88.9	45.1	102.5	15.4	36.2	27.9
上 海	Shanghai	333.2	1.5	0.1	118.7	5.4	13.3	32.8
江 苏	Jiangsu	628.8	15.5	14.9	251.6	14.1	27.0	33.0
浙 江	Zhejiang	531.1	1.8	1.8	203.4	10.1	82.5	19.3
安 徽	Anhui	335.3	9.4	28.5	68.3	9.3	27.7	16.1
福 建	Fujian	400.1	7.5	4.2	200.2	8.1	30.6	15.0
江 西	Jiangxi	275.6	14.8	8.8	64.0	9.5	22.4	16.1
山 东	Shandong	891.0	6.5	61.6	336.7	20.2	68.2	29.5
河 南	Henan	700.6	9.5	49.2	155.2	21.7	64.8	32.9
湖 北	Hubei	511.8	30.7	13.0	146.0	13.0	44.1	29.3
湖 南	Hunan	406.3	8.5	10.8	81.1	10.6	53.1	22.4
广 东	Guangdong	904.3	10.6	3.3	360.0	19.6	58.6	47.3
广 西	Guangxi	283.6	13.7	5.2	56.7	8.0	22.6	17.4
海 南	Hainan	74.7	18.4	1.1	7.2	1.9	5.3	4.2
重 庆	Chongqing	215.5	2.1	8.6	54.1	5.8	34.3	13.9
四 川	Sichuan	512.7	9.3	20.5	117.8	15.3	76.7	22.8
贵 州	Guizhou	210.6	3.0	10.9	41.7	6.5	23.9	8.7
云 南	Yunnan	247.0	16.3	6.0	44.5	7.0	18.5	13.1
西 藏	Tibet	18.2	0.5	0.1	0.8	0.8	0.7	0.7
陕 西	Shaanxi	334.2	6.4	18.2	86.2	9.2	19.6	20.4
甘 肃	Gansu	194.3	8.4	9.4	44.2	6.8	13.8	11.7
青 海	Qinghai	42.6	2.3	1.6	6.7	1.7	2.9	3.4
宁 夏	Ningxia	59.7	4.0	5.6	11.3	3.6	4.0	3.1
新 疆	Xinjiang	244.7	61.5	16.0	24.7	5.6	16.1	11.6

注：城镇单位就业人员数不含私营企业和个体。

a) Employed persons in urban units don't include those in private enterprise and self-employed individuals.

2-17 续表 1 continued

单位：万人 (10 000 persons)

地区	Region	信息传输、计算机服务和软件业 Information Transmission, Computer Service and Software	批发和零售业 Wholesale and Retail Trade	住宿和餐饮业 Hotels and Catering Services	金融业 Financial Intermediation	房地产业 Real Estate	租赁和商务服务业 Leasing and Business Services
全国	**National Total**	**130.1**	**544.0**	**181.2**	**359.3**	**146.5**	**218.5**
北京	Beijing	19.4	38.8	24.6	15.8	23.3	46.7
天津	Tianjin	2.4	11.7	3.0	5.1	2.3	6.6
河北	Hebei	4.7	27.0	5.1	18.1	2.9	4.7
山西	Shanxi	4.1	21.0	4.0	12.1	1.3	4.8
内蒙古	Inner Mongolia	2.5	7.4	2.6	8.1	1.4	2.7
辽宁	Liaoning	5.1	16.9	6.1	18.2	6.2	9.5
吉林	Jilin	3.1	9.6	3.1	9.3	2.8	3.2
黑龙江	Heilongjiang	4.1	21.6	3.8	11.5	4.3	4.6
上海	Shanghai	4.2	24.4	7.8	15.8	8.2	14.9
江苏	Jiangsu	6.5	28.9	8.6	22.2	5.8	9.1
浙江	Zhejiang	4.9	19.2	9.8	19.1	6.2	14.2
安徽	Anhui	3.2	17.5	2.7	11.2	3.2	4.3
福建	Fujian	3.5	11.0	4.9	9.9	5.1	4.9
江西	Jiangxi	2.9	10.2	2.4	8.7	2.4	2.5
山东	Shandong	5.8	39.8	11.8	24.6	8.5	10.8
河南	Henan	4.8	48.2	11.0	20.9	5.5	10.3
湖北	Hubei	4.5	27.6	6.6	13.1	5.9	6.4
湖南	Hunan	4.2	13.9	7.0	13.7	5.6	4.5
广东	Guangdong	14.0	40.6	22.2	29.9	20.9	23.5
广西	Guangxi	3.6	13.7	4.8	7.9	3.1	5.9
海南	Hainan	0.9	2.9	3.1	1.8	1.4	1.4
重庆	Chongqing	2.4	9.2	3.1	7.2	3.1	1.8
四川	Sichuan	5.1	19.1	5.2	17.2	4.3	6.0
贵州	Guizhou	1.6	12.1	2.7	4.9	3.8	2.4
云南	Yunnan	2.9	11.4	3.9	7.1	2.0	2.5
西藏	Tibet	0.3	0.6	0.4	0.6	0.4	0.1
陕西	Shaanxi	3.5	20.0	4.8	9.9	2.4	2.8
甘肃	Gansu	2.2	8.5	2.5	5.9	1.1	2.1
青海	Qinghai	0.8	1.7	0.4	1.4	0.2	0.6
宁夏	Ningxia	0.5	2.1	0.7	2.4	0.7	0.7
新疆	Xinjiang	2.2	7.6	2.8	5.8	2.3	4.0

2-17 续表 2 continued

单位：万人 (10 000 persons)

地 区	Region	科学研究、技术服务和地质勘查业 Scientific Research, Technical Services, and Geological Prospecting	水利、环境和公共设施管理业 Management of Water Conservancy, Environment and Public Facilities	居民服务和其他服务业 Services to Households and Other Services	教育 Education	卫生、社会保障和社会福利业 Health, Social Securities and Social Welfare	文化、体育和娱乐业 Culture, Sports and Entertainment	公共管理和社会组织 Public Management and Social Organization
全 国	**National Total**	**227.7**	**180.4**	**53.9**	**1483.2**	**508.9**	**122.5**	**1240.8**
北 京	Beijing	31.6	7.0	10.3	36.8	16.2	14.1	29.7
天 津	Tianjin	5.3	3.6	4.3	17.0	7.7	1.7	13.2
河 北	Hebei	7.6	8.6	2.1	84.0	22.8	4.9	69.8
山 西	Shanxi	5.9	5.0	1.3	46.4	13.9	4.3	43.6
内蒙古	Inner Mongolia	4.1	5.9	0.8	33.0	10.5	3.1	31.2
辽 宁	Liaoning	9.1	10.8	2.1	51.3	21.9	5.2	46.7
吉 林	Jilin	5.8	6.9	1.0	36.8	14.3	3.7	28.7
黑龙江	Heilongjiang	9.4	7.9	5.0	42.5	17.0	3.6	39.2
上 海	Shanghai	13.2	5.1	4.0	25.7	15.5	4.5	18.3
江 苏	Jiangsu	9.2	10.0	1.2	81.8	29.9	5.0	54.7
浙 江	Zhejiang	7.4	5.9	1.0	51.5	23.9	4.6	44.3
安 徽	Anhui	5.3	5.7	0.5	57.5	17.7	4.2	43.2
福 建	Fujian	3.9	3.8	1.2	42.3	12.2	3.2	28.5
江 西	Jiangxi	5.5	4.3	0.6	45.7	14.1	3.3	37.4
山 东	Shandong	8.1	11.4	3.1	104.5	35.4	5.7	98.7
河 南	Henan	11.1	10.6	1.5	107.2	33.1	6.0	97.1
湖 北	Hubei	9.5	9.4	1.4	64.8	25.8	5.5	55.0
湖 南	Hunan	5.9	6.6	0.7	66.2	23.5	4.0	64.0
广 东	Guangdong	12.3	11.9	4.2	98.4	38.2	8.2	80.7
广 西	Guangxi	5.3	5.2	0.7	54.9	17.0	3.3	34.7
海 南	Hainan	1.5	2.1	0.1	8.9	3.0	1.2	8.4
重 庆	Chongqing	5.1	2.7	0.6	31.2	8.8	1.8	19.8
四 川	Sichuan	11.2	7.2	2.0	79.3	26.4	4.9	62.4
贵 州	Guizhou	3.6	2.5	0.8	38.0	8.9	2.0	32.5
云 南	Yunnan	5.6	4.0	0.5	47.0	12.6	3.4	38.8
西 藏	Tibet	0.5	0.2		3.2	1.3	0.6	6.8
陕 西	Shaanxi	12.5	5.3	2.0	51.1	14.0	3.9	41.8
甘 肃	Gansu	4.8	3.9	0.6	30.8	7.6	2.7	27.3
青 海	Qinghai	1.8	0.8	0.2	6.2	2.4	0.6	6.9
宁 夏	Ningxia	1.1	1.8		7.3	2.7	0.9	7.4
新 疆	Xinjiang	4.4	4.3	0.3	32.0	10.8	2.5	30.2

2-18 职工工资总额和指数（2005年）

Total Wages Bill of Staff and Workers and Related Indices (2005)

地区	Region	工资总额（亿元） Total Wages Bill (100 million yuan)				指数（上年=100） Indices (preceding year=100)			
		合计 Total	国有单位 State-owned Units	城镇集体单位 Urban Collective-owned Units	其他单位 Units of Other Types of Ownership	合计 Total	国有单位 State-owned Units	城镇集体单位 Urban Collective-owned Units	其他单位 Units of Other Types of Ownership
全国	**National Total**	**19789.9**	**12009.2**	**867.8**	**6912.8**	**117.1**	**111.4**	**103.5**	**130.8**
北京	Beijing	1520.1	694.9	30.8	794.4	115.6	111.0	90.4	121.2
天津	Tianjin	419.8	212.7	14.4	192.7	111.1	110.8	100.1	112.4
河北	Hebei	716.1	526.1	34.2	155.9	114.5	108.6	109.6	141.6
山西	Shanxi	548.1	394.4	30.2	123.4	120.7	117.4	105.1	138.2
内蒙古	Inner Mongolia	387.7	265.7	13.6	108.4	120.0	113.5	111.5	141.0
辽宁	Liaoning	827.5	540.7	37.5	249.2	113.9	113.3	97.4	118.2
吉林	Jilin	377.4	259.7	18.4	99.3	107.8	105.6	95.5	117.1
黑龙江	Heilongjiang	654.6	412.2	29.1	213.3	110.5	107.1	96.3	120.4
上海	Shanghai	911.9	440.1	25.3	446.5	113.1	107.9	96.0	120.0
江苏	Jiangsu	1252.1	672.7	48.8	530.6	119.2	113.8	101.2	129.2
浙江	Zhejiang	1298.4	667.2	58.6	572.6	129.4	118.2	98.0	151.0
安徽	Anhui	484.1	307.2	27.7	149.3	114.9	109.5	107.0	129.7
福建	Fujian	648.1	299.1	24.8	324.2	115.8	110.9	97.5	122.5
江西	Jiangxi	358.3	272.6	15.7	70.0	117.3	115.2	114.9	127.0
山东	Shandong	1440.3	823.7	73.2	543.4	130.0	106.6	108.6	203.1
河南	Henan	950.0	575.6	90.3	284.0	118.5	115.7	113.4	126.3
湖北	Hubei	652.4	469.8	31.6	151.0	112.6	116.2	113.8	102.3
湖南	Hunan	591.5	408.1	31.5	151.9	115.3	99.9	108.6	201.0
广东	Guangdong	2085.6	1059.0	88.6	938.0	117.8	112.4	104.6	126.1
广西	Guangxi	410.1	301.8	19.1	89.2	116.4	112.9	108.6	132.7
海南	Hainan	104.2	81.5	3.3	19.5	114.1	113.5	109.1	117.4
重庆	Chongqing	345.8	222.5	15.8	107.5	117.6	116.8	96.1	123.4
四川	Sichuan	773.4	543.0	44.4	186.0	114.8	112.2	105.7	125.7
贵州	Guizhou	284.2	202.4	10.2	71.6	120.1	114.0	94.6	148.5
云南	Yunnan	377.2	283.3	10.8	83.1	109.5	107.3	93.7	120.4
西藏	Tibet	46.3	44.8	0.4	1.0	103.9	109.3	139.8	31.7
陕西	Shaanxi	478.0	367.3	16.6	94.1	114.8	113.3	100.6	124.7
甘肃	Gansu	280.0	242.4	11.3	26.3	112.2	113.3	96.1	110.3
青海	Qinghai	78.0	64.8	2.1	11.2	111.9	105.8	91.8	179.7
宁夏	Ningxia	101.6	66.8	2.0	32.7	116.5	117.9	97.2	115.2
新疆	Xinjiang	387.4	287.2	7.6	92.7	108.7	106.7	97.1	116.7

2-19 职工平均工资及指数（2005年）

Average Wage of Staff and Workers and Related Indices (2005)

地区	Region	平均货币工资（元） Average Money Wage(yuan) 合计 Total	国有单位 State-owned Units	城镇集体单位 Urban Collective-owned Units	其他单位 Units of Other Types of Ownership	实际工资指数 （上年=100） Average Real Wage Indices (preceding year=100) 合计 Total	国有单位 State-owned Units	城镇集体单位 Urban Collective-owned Units	其他单位 Units of Other Types of Ownership
全国	**National Total**	**18364**	**19313**	**11283**	**18244**	**112.8**	**113.6**	**113.2**	**110.4**
北京	Beijing	34191	39067	14695	32324	113.5	113.2	107.9	113.6
天津	Tianjin	25271	26685	15713	24945	114.5	113.9	117.6	114.1
河北	Hebei	14707	15291	9041	14835	112.2	111.0	112.6	116.8
山西	Shanxi	15645	16027	10157	16580	118.9	118.0	123.4	116.1
内蒙古	Inner Mongolia	15985	16598	10804	15514	117.6	114.5	117.5	127.2
辽宁	Liaoning	17331	18360	9161	17550	115.2	115.9	107.3	113.8
吉林	Jilin	14409	14566	8735	15868	114.3	114.6	114.8	110.3
黑龙江	Heilongjiang	14458	14424	7724	16492	114.2	112.9	118.4	112.1
上海	Shanghai	34345	36077	22486	33756	113.1	113.4	110.6	112.7
江苏	Jiangsu	20957	24659	13064	18468	112.8	115.8	112.8	110.8
浙江	Zhejiang	25896	39048	20567	18958	108.6	115.1	112.5	110.7
安徽	Anhui	15334	15450	9894	16788	117.4	113.2	125.0	123.6
福建	Fujian	17146	20897	13811	14947	107.9	110.7	110.1	106.7
江西	Jiangxi	13688	14276	8952	13140	113.7	114.5	112.0	111.9
山东	Shandong	16614	19823	11474	14018	114.6	122.4	115.0	115.3
河南	Henan	14282	14877	10383	14852	115.5	114.7	117.0	115.6
湖北	Hubei	14419	15585	8923	13062	118.4	115.9	114.2	123.9
湖南	Hunan	15659	16649	11547	14422	110.1	112.7	114.1	106.1
广东	Guangdong	23959	28835	13240	21500	106.2	108.8	108.7	104.0
广西	Guangxi	15461	16113	10684	14852	110.6	110.6	116.3	108.4
海南	Hainan	14417	14427	8640	16185	112.4	112.4	105.0	114.1
重庆	Chongqing	16630	18614	11614	14373	114.9	116.6	117.1	111.1
四川	Sichuan	15826	17898	11067	12812	110.6	111.2	111.5	110.9
贵州	Guizhou	14344	14681	10506	14161	114.7	113.4	121.0	116.3
云南	Yunnan	16140	16900	10516	14894	108.8	108.5	108.7	110.0
西藏	Tibet	28950	29644	12336	19154	92.4	96.8	126.6	30.8
陕西	Shaanxi	14796	15223	7926	15465	112.6	113.2	106.5	109.7
甘肃	Gansu	14939	15840	9291	11827	108.4	109.0	108.5	99.3
青海	Qinghai	19084	21158	10080	13591	111.1	113.5	98.1	120.8
宁夏	Ningxia	17211	17634	13630	16668	115.8	114.1	126.4	117.8
新疆	Xinjiang	15558	15364	12738	16503	106.8	105.5	109.2	110.3

2-20 职业介绍工作情况（2005年底）

Situations of Careers Service (End of 2005)

单位：万人

地区	Region	本年末职业介绍机构个数（个）Number of Careers Service (unit)	本年登记招聘人数 Total Registered Job Vacancies This Year	本年登记求职人数 Total Registered Job-seekers This Year	#下岗职工 Laid-off Workers	本年职业指导人数 Person-times of Vocational Guidance	本年介绍成功人数 Placed Job-seekers	#下岗职工 Laid-off Workers
全国	**National Total**	**35747**	**4039.0**	**4128.9**	**345.7**	**2271.6**	**2165.3**	**186.1**
北京	Beijing	626	55.0	52.0		40.0	29.2	
天津	Tianjin	206	55.0	76.5	3.2	43.0	8.5	0.4
河北	Hebei	2265	189.3	194.3	8.1	134.8	110.6	5.2
山西	Shanxi	653	33.3	35.2	5.7	24.9	20.4	2.6
内蒙古	Inner Mongolia	1443	64.2	60.8	10.4	35.5	39.7	5.4
辽宁	Liaoning	1807	139.4	171.2	23.7	91.3	95.4	10.1
吉林	Jilin	1343	58.0	63.7	14.6	43.3	40.1	8.5
黑龙江	Heilongjiang	1414	137.7	147.8	48.0	81.6	80.5	27.8
上海	Shanghai	507	160.2	135.7	15.0	97.1	51.4	6.4
江苏	Jiangsu	2945	258.9	264.4	0.4	234.0	161.6	0.3
浙江	Zhejiang	2394	509.7	377.0	7.3	182.9	203.3	4.8
安徽	Anhui	1929	117.3	132.4	10.2	54.9	72.2	7.0
福建	Fujian	976	280.7	215.7	12.8	88.7	112.7	8.1
江西	Jiangxi	1239	160.4	182.3	21.5	67.2	99.6	13.8
山东	Shandong	1969	292.6	280.5	14.3	177.1	162.6	9.1
河南	Henan	1443	113.3	136.8	37.3	68.5	78.8	22.4
湖北	Hubei	910	146.5	133.1	19.9	100.3	87.3	12.6
湖南	Hunan	852	91.3	137.9	28.7	98.2	49.2	9.8
广东	Guangdong	1938	583.6	722.4	15.7	154.3	312.4	7.2
广西	Guangxi	407	94.0	95.5	6.1	49.4	46.5	2.6
海南	Hainan	73	18.3	17.5	1.0	14.2	9.5	0.6
重庆	Chongqing	336	32.8	34.3	2.4	30.1	22.7	1.4
四川	Sichuan	1717	125.1	108.5	10.5	94.8	58.5	6.0
贵州	Guizhou	410	25.9	19.5	3.6	12.3	8.8	2.1
云南	Yunnan	1865	70.2	83.0	6.2	67.7	53.0	2.5
西藏	Tibet	21	2.2	2.1		1.8	1.0	
陕西	Shaanxi	2251	89.1	105.3	10.3	62.4	56.8	4.9
甘肃	Gansu	640	31.3	28.7	3.5	25.4	18.6	1.7
青海	Qinghai	312	42.8	45.2	1.1	43.3	39.1	0.3
宁夏	Ningxia	228	23.9	32.7	0.8	23.0	15.6	0.7
新疆	Xinjiang	628	37.0	36.9	3.4	29.6	19.7	1.8

2-21 城镇登记失业人员及失业率

Registered Urban Unemployment Persons and Unemployment Rate

地 区	Region	失业人员（万人） Unemployment (10 000 persons)				失业率 (%) Unemployment Rate (%)			
		1990	2003	2004	2005	1990	2003	2004	2005
全 国	**National Total**	**383**	**800**	**827**	**839**	**2.5**	**4.3**	**4.2**	**4.2**
北 京	Beijing	1.7	7.0	6.5	10.6	0.4	1.4	1.3	2.1
天 津	Tianjin	8.1	12.0	11.8	11.7	2.7	3.8	3.8	3.7
河 北	Hebei	7.7	25.7	28.0	27.8	1.1	3.9	4.0	3.9
山 西	Shanxi	5.5	13.1	13.7	14.3	1.2	3.0	3.1	3.0
内蒙古	Inner Mongolia	15.2	17.6	18.5	17.7	3.8	4.5	4.6	4.3
辽 宁	Liaoning	23.7	72.0	70.1	60.4	2.2	6.5	6.5	5.6
吉 林	Jilin	10.5	28.4	28.2	27.6	1.9	4.3	4.2	4.2
黑龙江	Heilongjiang	20.4	35.0	32.9	31.3	2.2	4.2	4.5	4.4
上 海	Shanghai	7.7	30.1	27.4	27.5	1.5	4.9	4.4	
江 苏	Jiangsu	22.5	41.8	42.9	41.6	2.4	4.1	3.8	3.6
浙 江	Zhejiang	11.2	28.3	30.1	29.0	2.2	4.2	4.1	3.7
安 徽	Anhui	15.2	25.1	26.1	27.8	2.8	4.1	4.2	4.4
福 建	Fujian	9.0	14.6	14.5	14.9	2.6	4.1	4.0	4.0
江 西	Jiangxi	10.3	21.6	22.4	22.8	2.4	3.6	3.6	3.5
山 东	Shandong	26.2	41.3	42.3	42.9	3.2	3.6	3.4	3.3
河 南	Henan	25.1	26.3	31.2	33.0	3.3	3.1	3.4	3.5
湖 北	Hubei	12.7	49.3	49.4	52.6	1.7	4.3	4.2	4.3
湖 南	Hunan	15.9	37.1	43.0	41.9	2.7	4.5	4.4	4.3
广 东	Guangdong	19.2	35.5	35.9	34.5	2.2	2.9	2.7	2.6
广 西	Guangxi	13.9	14.9	17.8	18.5	3.9	3.6	4.1	4.2
海 南	Hainan	3.5	3.6	4.7	5.1	3.0	3.4	3.4	3.6
重 庆	Chongqing		16.2	16.8	16.9		4.1	4.1	4.1
四 川	Sichuan	38.0	33.1	33.3	34.3	3.7	4.4	4.4	4.6
贵 州	Guizhou	10.7	11.2	11.6	12.1	4.1	4.0	4.1	4.2
云 南	Yunnan	7.8	12.1	11.9	13.0	2.5	4.1	4.3	4.2
西 藏	Tibet			1.2				4.0	
陕 西	Shaanxi	11.2	13.9	18.5	21.5	2.8	3.5	3.8	4.2
甘 肃	Gansu	12.5	9.3	9.5	9.3	4.9	3.4	3.4	3.3
青 海	Qinghai	4.2	3.1	3.5	3.6	5.6	3.8	3.9	3.9
宁 夏	Ningxia	4.0	3.8	4.1	4.4	5.4	4.4	4.5	4.5
新 疆	Xinjiang	9.6	9.9	13.3	11.1	3.0	3.5	3.8	3.9

2-22 按城乡分全社会固定资产投资（2005年）

Total Investment in Fixed Assets in the Whole Country by Rural and Urban Area (2005)

单位：亿元 (100 million yuan)

地 区	Region	全社会投资 Total Investment	城 镇 Urban Area	#房地产开发 Real Estate Development	农 村 Rural Area	农 户 Agricultural Households	非农户 Non-Agricultural Households
全 国	**National Total**	**88773.6**	**75095.1**	**15909.2**	**13678.5**	**3940.6**	**9737.9**
北 京	Beijing	2827.2	2595.4	1525.0	231.8	17.2	214.6
天 津	Tianjin	1495.1	1364.0	327.5	131.1	29.3	101.8
河 北	Hebei	4139.7	3307.8	391.5	831.9	237.4	594.5
山 西	Shanxi	1826.6	1666.5	178.0	160.1	75.7	84.4
内蒙古	Inner Mongolia	2643.6	2555.3	162.1	88.3	62.1	26.3
辽 宁	Liaoning	4200.4	3666.5	874.3	533.9	132.9	401.0
吉 林	Jilin	1741.1	1581.3	195.7	159.8	103.1	56.8
黑龙江	Heilongjiang	1737.3	1581.2	267.6	156.1	140.8	15.3
上 海	Shanghai	3509.7	3198.6	1246.9	311.1	7.1	304.0
江 苏	Jiangsu	8165.4	6218.9	1545.2	1946.5	218.9	1727.6
浙 江	Zhejiang	6520.1	4784.7	1456.5	1735.4	254.2	1481.2
安 徽	Anhui	2525.1	2126.7	459.4	398.4	210.1	188.3
福 建	Fujian	2316.7	1958.3	540.4	358.4	103.0	255.4
江 西	Jiangxi	2176.6	1902.7	301.1	273.9	122.1	151.8
山 东	Shandong	9307.3	7275.1	977.7	2032.2	347.8	1684.5
河 南	Henan	4311.6	3461.2	388.5	850.4	450.2	400.2
湖 北	Hubei	2676.6	2387.4	448.0	289.2	121.0	168.2
湖 南	Hunan	2629.1	2204.0	457.0	425.1	194.7	230.4
广 东	Guangdong	6977.9	5890.1	1591.9	1087.8	196.0	891.9
广 西	Guangxi	1661.2	1480.9	286.8	180.3	147.0	33.3
海 南	Hainan	367.2	339.2	70.8	27.9	17.7	10.2
重 庆	Chongqing	1933.2	1777.1	517.7	156.1	58.3	97.8
四 川	Sichuan	3585.2	2991.8	701.4	593.4	216.1	377.3
贵 州	Guizhou	998.3	899.3	154.1	98.9	68.2	30.7
云 南	Yunnan	1777.6	1592.3	246.9	185.3	138.5	46.8
西 藏	Tibet	181.4	181.4	6.0			
陕 西	Shaanxi	1882.2	1740.9	299.0	141.3	110.0	31.3
甘 肃	Gansu	870.4	786.0	86.6	84.3	51.5	32.8
青 海	Qinghai	329.8	310.8	29.1	19.0	10.1	8.9
宁 夏	Ningxia	443.3	382.0	74.8	61.3	28.1	33.2
新 疆	Xinjiang	1339.1	1210.0	101.7	129.1	71.7	57.4
不分地区	Not Classified by Region	1677.9	1677.9				

2-23 按经济类型分全社会固定资产投资（2005年）

Total Investment in Fixed Assets in the Whole Country by Ownership (2005)

单位：亿元 (100 million yuan)

地区 Region		总计 Total	国有经济 State-owned Units	集体经济 Collective-owned Units	#农村 Rural Area	私营个体经济 Individuals Economy	#农村 Rural Area
全国	**National Total**	**88773.6**	**29666.9**	**11969.6**	**9737.9**	**13890.6**	**3940.6**
北京	Beijing	2827.2	821.3	227.3	214.6	193.5	17.2
天津	Tianjin	1495.1	591.4	134.3	101.8	169.5	29.3
河北	Hebei	4139.7	1215.5	786.9	594.5	642.2	237.4
山西	Shanxi	1826.6	797.9	138.6	84.4	223.9	75.7
内蒙古	Inner Mongolia	2643.6	1233.5	73.4	26.3	273.1	62.1
辽宁	Liaoning	4200.4	1245.5	499.0	401.0	813.4	132.9
吉林	Jilin	1741.1	617.6	83.0	56.8	256.1	103.1
黑龙江	Heilongjiang	1737.3	784.1	31.1	15.3	294.0	140.8
上海	Shanghai	3509.7	1202.6	377.3	304.0	433.6	7.1
江苏	Jiangsu	8165.4	2043.6	1901.7	1727.6	1437.4	218.9
浙江	Zhejiang	6520.1	1738.2	1536.8	1481.2	942.1	254.2
安徽	Anhui	2525.1	847.3	224.6	188.3	541.0	210.1
福建	Fujian	2316.7	730.4	293.5	255.4	432.8	103.0
江西	Jiangxi	2176.6	862.3	196.3	151.8	441.3	122.1
山东	Shandong	9307.3	1674.5	2304.7	1684.5	1593.8	347.8
河南	Henan	4311.6	1311.3	554.7	400.2	892.6	450.2
湖北	Hubei	2676.6	997.2	221.1	168.2	421.8	121.0
湖南	Hunan	2629.1	965.0	306.1	230.4	446.3	194.7
广东	Guangdong	6977.9	1957.6	1109.2	891.9	964.5	196.0
广西	Guangxi	1661.2	666.9	63.5	33.3	392.2	147.0
海南	Hainan	367.2	159.7	12.7	10.2	36.9	17.7
重庆	Chongqing	1933.2	766.9	119.7	97.8	357.4	58.3
四川	Sichuan	3585.2	1202.7	418.5	377.3	629.5	216.1
贵州	Guizhou	998.3	537.7	39.8	30.7	161.4	68.2
云南	Yunnan	1777.6	815.3	63.0	46.8	279.4	138.5
西藏	Tibet	181.4	146.9	6.4		11.5	
陕西	Shaanxi	1882.2	990.9	77.6	31.3	224.9	110.0
甘肃	Gansu	870.4	505.5	58.1	32.8	108.6	51.5
青海	Qinghai	329.8	155.5	13.7	8.9	27.7	10.1
宁夏	Ningxia	443.3	189.2	34.6	33.2	89.2	28.1
新疆	Xinjiang	1339.1	557.9	62.4	57.4	159.0	71.7
不分地区	Not Classified by Region	1677.9	1334.9				

2-23 续表 continued

单位：亿元 (100 million yuan)

地区	Region	联营经济 Joint Ownership Units	股份制经济 Share Holding Units	外商投资经济 Foreign Funded Units	港澳台商投资经济 Units with Funds From Hong Kong, Macao and Taiwan	其他经济 Others
全 国	**National Total**	**229.6**	**23536.0**	**4657.1**	**3767.3**	**1056.5**
北 京	Beijing	4.2	1141.2	263.3	171.6	4.9
天 津	Tianjin	1.8	367.0	161.6	49.7	19.8
河 北	Hebei	22.6	1096.9	106.9	161.2	107.5
山 西	Shanxi	18.9	601.2	10.3	29.4	6.3
内蒙古	Inner Mongolia	0.9	987.2	22.4	28.3	24.7
辽 宁	Liaoning	3.0	1170.1	284.8	149.3	35.2
吉 林	Jilin	0.4	639.5	83.8	45.0	15.8
黑龙江	Heilongjiang	1.4	573.3	34.7	9.6	9.0
上 海	Shanghai	14.0	875.4	470.6	129.2	6.9
江 苏	Jiangsu	5.7	1479.1	806.8	458.3	32.8
浙 江	Zhejiang	3.7	1655.2	343.9	246.7	53.4
安 徽	Anhui	2.0	711.8	62.6	94.2	41.6
福 建	Fujian	7.0	341.7	210.9	265.2	35.2
江 西	Jiangxi	2.4	502.1	58.2	81.3	32.8
山 东	Shandong	63.2	2747.5	470.3	255.3	197.9
河 南	Henan	6.9	1206.0	126.6	116.4	97.1
湖 北	Hubei	17.1	739.1	114.5	91.0	74.8
湖 南	Hunan	11.8	718.7	45.1	64.6	71.5
广 东	Guangdong	20.8	1214.7	678.7	998.2	34.2
广 西	Guangxi	5.0	385.2	63.4	68.7	16.1
海 南	Hainan	0.9	119.8	23.2	13.1	1.0
重 庆	Chongqing	5.0	550.8	59.4	58.3	15.5
四 川	Sichuan	0.8	1149.9	59.4	85.3	39.1
贵 州	Guizhou	0.9	236.1	12.3	7.6	2.4
云 南	Yunnan	0.9	556.6	13.7	27.3	21.5
西 藏	Tibet		11.5	0.3		4.7
陕 西	Shaanxi	6.0	491.0	24.1	31.2	36.5
甘 肃	Gansu	1.0	156.5	16.6	14.0	10.0
青 海	Qinghai	0.5	120.2	8.3	1.1	2.7
宁 夏	Ningxia	0.1	114.7	9.8	5.0	0.7
新 疆	Xinjiang	0.4	532.9	10.3	11.3	5.0
不分地区	Not Classified by Region		343.0			

2-24 全社会固定资产投资资金来源（2005年）

Sources of Funds of Total Investment in Fixed Assets in the Whole Country (2005)

单位：亿元 (100 million yuan)

地 区	Region	本年资金来源小计 Subtotal of Sources of Funds This Year	国家预算内资金 State Budget	国内贷款 Domestic Loans	利用外资 Foreign Investment	自筹资金 Self-raising Funds	其他资金 Others
全 国	**National Total**	**94590.8**	**4154.3**	**16319.0**	**3978.8**	**55105.8**	**15033.0**
北 京	Beijing	4561.3	142.3	1059.7	70.9	1446.6	1841.8
天 津	Tianjin	1828.6	28.5	435.9	122.5	921.1	320.7
河 北	Hebei	4160.2	102.7	569.4	84.7	3024.1	379.3
山 西	Shanxi	1879.6	63.7	414.2	25.7	1151.9	224.2
内蒙古	Inner Mongolia	2576.5	143.3	514.2	15.4	1696.9	206.8
辽 宁	Liaoning	4318.0	173.8	540.2	128.0	2932.7	543.2
吉 林	Jilin	1865.2	100.9	229.6	35.9	1182.4	316.3
黑龙江	Heilongjiang	1715.7	99.4	164.5	19.8	1207.5	224.5
上 海	Shanghai	4196.1	46.4	952.3	235.6	1928.3	1033.6
江 苏	Jiangsu	8578.9	80.1	1258.7	793.3	5271.7	1175.1
浙 江	Zhejiang	6997.9	148.1	1450.4	318.9	3717.7	1362.8
安 徽	Anhui	2639.8	135.3	488.1	128.5	1552.3	335.7
福 建	Fujian	2608.8	163.7	531.4	132.6	1283.4	497.7
江 西	Jiangxi	2244.9	155.9	298.6	96.2	1383.8	310.4
山 东	Shandong	9490.0	179.3	991.2	423.6	6900.4	995.4
河 南	Henan	4446.0	141.4	681.5	64.4	3039.1	519.6
湖 北	Hubei	2729.2	221.9	474.9	72.7	1618.4	341.3
湖 南	Hunan	2681.7	106.9	358.0	66.0	1787.4	363.4
广 东	Guangdong	7741.3	78.0	1365.2	843.0	4095.4	1359.7
广 西	Guangxi	1743.3	115.5	307.1	66.4	919.2	335.1
海 南	Hainan	388.7	28.3	122.2	25.1	142.9	70.2
重 庆	Chongqing	2081.6	116.0	492.5	42.9	943.1	487.0
四 川	Sichuan	3671.2	136.1	532.6	59.6	2382.9	560.0
贵 州	Guizhou	1037.8	43.9	304.3	8.5	558.8	122.3
云 南	Yunnan	1774.7	123.4	483.4	18.0	851.6	298.2
西 藏	Tibet	188.9	113.1	5.5	0.3	34.5	35.4
陕 西	Shaanxi	1841.2	186.9	329.2	18.0	1029.2	277.8
甘 肃	Gansu	871.2	82.4	170.9	14.1	475.5	128.3
青 海	Qinghai	323.7	52.4	49.1	2.0	164.5	55.7
宁 夏	Ningxia	417.3	42.1	83.9	6.6	223.3	61.5
新 疆	Xinjiang	1340.9	209.3	167.5	11.0	754.0	199.1
不分地区	Not Classified by Region	1650.7	593.2	493.1	28.5	484.9	50.9

2–25 全社会住宅投资（2005年）

Total Investment in Residential Buildings in the Whole Country (2005)

单位：亿元 (100 million yuan)

地区	Region	合计 Total	城镇 Urban Area	#房地产 Real Estate Development	农村 Rural Area	#农户 Agricultural Households
全国	**National Total**	**15427.2**	**12825.8**	**10860.9**	**2601.5**	**2211.6**
北京	Beijing	877.9	843.5	779.5	34.4	13.6
天津	Tianjin	273.0	241.3	234.9	31.7	15.4
河北	Hebei	607.6	458.4	292.1	149.2	128.6
山西	Shanxi	211.7	164.9	116.9	46.8	46.0
内蒙古	Inner Mongolia	198.2	180.7	114.7	17.5	17.3
辽宁	Liaoning	753.6	679.5	614.5	74.1	57.4
吉林	Jilin	211.3	183.5	145.3	27.7	21.2
黑龙江	Heilongjiang	262.4	230.0	174.8	32.5	32.4
上海	Shanghai	940.8	929.7	920.8	11.1	5.6
江苏	Jiangsu	1386.5	1210.6	1133.1	175.9	113.1
浙江	Zhejiang	1377.3	1169.0	1089.5	208.2	158.2
安徽	Anhui	554.6	379.0	323.4	175.6	146.2
福建	Fujian	437.9	381.3	363.7	56.7	50.7
江西	Jiangxi	297.1	228.7	208.2	68.4	65.1
山东	Shandong	1276.1	1028.9	698.3	247.2	179.4
河南	Henan	713.6	404.2	271.6	309.4	306.6
湖北	Hubei	441.6	350.9	317.6	90.7	86.5
湖南	Hunan	504.8	362.1	306.1	142.7	133.8
广东	Guangdong	1283.5	1121.0	1065.7	162.6	144.9
广西	Guangxi	341.6	231.0	190.8	110.6	106.9
海南	Hainan	78.6	67.9	56.6	10.8	9.9
重庆	Chongqing	408.5	357.8	300.4	50.7	38.1
四川	Sichuan	697.6	583.1	473.3	114.5	92.3
贵州	Guizhou	142.4	101.9	85.9	40.5	39.9
云南	Yunnan	322.6	235.0	173.4	87.5	83.5
西藏	Tibet	19.5	19.5	4.3		
陕西	Shaanxi	369.6	315.6	212.3	54.0	53.6
甘肃	Gansu	140.0	114.5	61.1	25.5	23.6
青海	Qinghai	27.8	22.7	16.6	5.1	5.0
宁夏	Ningxia	63.6	54.2	47.5	9.4	9.4
新疆	Xinjiang	166.3	135.8	68.0	30.5	27.4
不分地区	Not Classified by Region	39.6	39.6			

2-26 按主要行业分的全社会固定资产投资（2005年）

Total Investment in Fixed Assets in the Whole Country by Sector (2005)

单位：亿元　　(100 million yuan)

地　区	Region	合　计 Total	农、林、牧、渔业 Agriculture, Forestry, Animal Husbandry and Fishing	采矿业 Mining	制造业 Manufacturing	电力、燃气及水的生产和供应业 Production and Supply of Electricity, Gas and Water	建筑业 Construction	交通运输、仓储和邮政业 Transport, Storage and Post
全　国	**National Total**	**88773.6**	**2323.7**	**3587.4**	**26576.0**	**7554.4**	**1119.0**	**9614.0**
北　京	Beijing	2827.2	14.2	4.4	261.9	117.1	26.4	240.9
天　津	Tianjin	1495.1	13.5	124.3	417.8	57.0	16.3	151.7
河　北	Hebei	4139.7	224.3	134.1	1486.4	329.0	22.4	420.5
山　西	Shanxi	1826.6	33.0	295.7	547.2	272.3	4.3	217.6
内蒙古	Inner Mongolia	2643.6	113.0	257.6	572.9	631.9	14.4	362.2
辽　宁	Liaoning	4200.4	118.6	205.5	1564.0	140.2	67.3	301.6
吉　林	Jilin	1741.1	100.0	89.2	650.9	88.7	17.3	175.1
黑龙江	Heilongjiang	1737.3	143.4	216.9	344.6	127.6	20.0	182.7
上　海	Shanghai	3509.7	5.6	2.3	873.8	165.4	7.9	416.2
江　苏	Jiangsu	8165.4	54.8	31.9	3560.9	632.2	58.5	585.5
浙　江	Zhejiang	6520.1	78.8	8.9	2256.7	571.7	39.7	723.7
安　徽	Anhui	2525.1	71.6	131.0	593.1	192.7	42.0	246.5
福　建	Fujian	2316.7	60.7	21.4	607.2	261.0	39.1	270.9
江　西	Jiangxi	2176.6	75.4	42.4	612.6	136.7	12.7	310.3
山　东	Shandong	9307.3	246.4	329.8	4435.8	441.0	273.4	405.7
河　南	Henan	4311.6	166.6	277.4	1315.8	351.1	26.1	541.4
湖　北	Hubei	2676.6	70.9	48.0	744.8	272.7	98.3	292.7
湖　南	Hunan	2629.1	82.7	70.7	617.6	232.5	39.3	216.6
广　东	Guangdong	6977.9	47.5	19.9	2292.0	670.9	121.6	635.0
广　西	Guangxi	1661.2	61.9	26.3	359.2	193.8	8.8	195.7
海　南	Hainan	367.2	23.5	0.9	103.9	22.2	2.9	32.5
重　庆	Chongqing	1933.2	45.1	36.3	336.4	160.6	35.9	228.3
四　川	Sichuan	3585.2	102.4	162.4	860.8	402.2	27.5	278.0
贵　州	Guizhou	998.3	24.6	41.6	133.1	239.7	1.9	144.7
云　南	Yunnan	1777.6	74.0	69.4	226.8	339.4	7.3	337.5
西　藏	Tibet	181.4	12.6	1.6	4.3	16.0	1.8	62.8
陕　西	Shaanxi	1882.2	53.8	157.0	280.3	149.7	21.7	241.3
甘　肃	Gansu	870.4	41.9	33.8	182.8	93.4	40.1	137.4
青　海	Qinghai	329.8	12.6	37.6	69.4	55.7	8.2	58.8
宁　夏	Ningxia	443.3	20.4	33.0	98.5	72.7	0.8	44.0
新　疆	Xinjiang	1339.1	130.1	293.9	164.4	65.3	15.1	211.6
不分地区	Not Classified by Region	1677.9		382.1		51.9		944.6

2-26 续表 1 continued

单位：亿元 (100 million yuan)

地区	Region	信息传输、计算机服务和软件业 Information Transmission, Computer Services and Software	批发和零售业 Wholesale and Retail Trades	住宿和餐饮业 Hotels and Catering Services	金融业 Financial Intermediation	房地产业 Real Estate	租赁和商务服务业 Leasing and Business Services	科学研究、技术服务和地质勘查业 Scientific Research, Technical Services, and Geological Prospecting
全国	**National Total**	**1581.8**	**1716.4**	**808.8**	**109.5**	**19505.3**	**549.6**	**435.1**
北京	Beijing	80.6	27.7	24.8	1.6	1549.8	34.8	32.6
天津	Tianjin	26.5	27.4	5.8	0.6	370.1	6.0	4.6
河北	Hebei	68.5	159.0	32.3	4.6	618.4	31.9	47.6
山西	Shanxi	31.2	26.4	9.3	1.7	233.7	1.1	5.3
内蒙古	Inner Mongolia	16.8	60.7	32.8	1.9	191.9	6.2	13.7
辽宁	Liaoning	41.4	124.1	45.0	17.4	977.6	39.1	26.9
吉林	Jilin	24.4	46.7	10.6	4.6	230.9	14.5	12.3
黑龙江	Heilongjiang	86.4	36.5	4.1	0.2	315.4	9.5	5.6
上海	Shanghai	64.9	34.3	35.2	3.1	1384.3	15.6	16.9
江苏	Jiangsu	80.9	125.2	54.3	2.3	1808.3	56.5	16.0
浙江	Zhejiang	96.4	59.0	36.9	5.0	1719.9	71.3	10.4
安徽	Anhui	33.9	41.6	39.6	1.9	628.5	20.9	12.0
福建	Fujian	68.1	23.7	18.3	6.5	591.4	14.4	4.6
江西	Jiangxi	66.5	35.8	32.3	3.1	391.2	9.8	4.0
山东	Shandong	30.0	245.1	65.2	5.4	1467.1	58.6	40.0
河南	Henan	67.5	114.2	43.6	4.5	817.0	26.8	24.8
湖北	Hubei	49.6	63.6	33.3	2.7	568.9	12.5	16.2
湖南	Hunan	53.1	116.0	39.7	4.6	643.9	18.7	14.7
广东	Guangdong	227.9	77.2	65.4	9.3	1794.6	29.5	26.2
广西	Guangxi	35.6	25.0	29.1	2.3	387.7	7.3	4.8
海南	Hainan	14.0	4.2	26.2	2.3	74.8	1.4	1.4
重庆	Chongqing	40.4	26.2	10.3	3.2	613.5	14.9	1.5
四川	Sichuan	73.0	43.1	25.1	1.9	839.8	16.2	19.0
贵州	Guizhou	29.8	13.3	11.6	1.8	200.1	4.0	4.1
云南	Yunnan	48.1	29.3	26.3	2.8	351.2	3.7	2.8
西藏	Tibet	12.5	4.8	2.5	1.7	10.2	0.5	0.8
陕西	Shaanxi	47.7	68.2	23.6	5.3	329.7	11.1	31.9
甘肃	Gansu	16.3	25.4	9.1	1.7	124.1	7.6	6.5
青海	Qinghai	1.7	5.0	1.8	0.5	36.0	1.0	1.2
宁夏	Ningxia	7.6	7.9	3.0	0.4	86.9	0.2	1.6
新疆	Xinjiang	40.4	19.9	11.6	4.6	148.4	4.1	20.0
不分地区	Not Classified by Region							5.2

2-26 续表 2 continued

单位：亿元 (100 million yuan)

地 区	Region	水利、环境和公共设施管理业 Management of Water Conservancy, Environment and Public Facilities	居民服务和其他服务业 Services to Households and Other Services	教 育 Education	卫生、社会保障和社会福利业 Health, Social Securities and Social Welfare	文化、体育和娱乐业 Culture, Sports and Entertainment	公共管理和社会组织 Public Management and Social Organizations	国际组织 International Organizations
全 国	**National Total**	**6274.3**	**363.5**	**2209.2**	**661.8**	**857.0**	**2926.8**	**0.2**
北 京	Beijing	169.0	1.7	63.3	17.3	65.1	93.8	
天 津	Tianjin	179.8	6.0	40.5	9.6	14.7	22.8	
河 北	Hebei	171.2	19.5	115.2	43.6	28.5	182.7	
山 西	Shanxi	63.6	3.3	36.4	9.8	9.0	25.6	
内蒙古	Inner Mongolia	205.3	3.9	33.6	12.3	25.0	87.8	
辽 宁	Liaoning	265.1	14.0	92.8	22.7	33.5	103.4	
吉 林	Jilin	127.3	3.7	43.1	15.3	14.0	72.6	
黑龙江	Heilongjiang	89.8	5.5	48.3	16.8	16.7	67.3	
上 海	Shanghai	298.7	5.2	69.1	18.3	63.4	29.3	
江 苏	Jiangsu	579.7	32.1	152.6	45.2	74.5	214.0	
浙 江	Zhejiang	510.6	37.8	113.5	50.7	37.8	91.4	
安 徽	Anhui	225.9	5.4	58.5	14.9	101.6	63.6	
福 建	Fujian	140.2	6.1	66.6	17.2	18.7	80.5	
江 西	Jiangxi	233.9	2.6	81.8	25.5	20.8	79.2	
山 东	Shandong	354.5	28.3	207.3	49.7	54.0	569.9	
河 南	Henan	237.9	58.2	108.8	32.9	39.4	57.6	
湖 北	Hubei	200.6	4.0	88.0	19.8	25.5	64.4	
湖 南	Hunan	186.9	9.0	75.8	33.1	23.9	150.3	
广 东	Guangdong	487.0	9.1	208.1	53.9	68.9	133.9	
广 西	Guangxi	188.9	7.4	48.5	19.1	10.5	49.1	
海 南	Hainan	22.0	0.8	13.0	4.7	6.0	10.3	
重 庆	Chongqing	219.8	0.6	68.3	19.6	18.2	54.2	
四 川	Sichuan	460.2	45.9	104.9	35.5	24.1	63.3	
贵 州	Guizhou	62.6	1.9	29.7	9.0	8.5	36.3	
云 南	Yunnan	130.3	4.4	41.0	14.2	13.8	55.4	
西 藏	Tibet	8.6	0.4	11.3	2.0	3.0	24.1	
陕 西	Shaanxi	207.3	34.9	98.3	16.0	18.8	85.5	0.2
甘 肃	Gansu	33.7	3.9	40.6	11.9	6.9	53.1	
青 海	Qinghai	12.9	0.5	7.1	1.8	1.7	16.2	
宁 夏	Ningxia	41.1	0.3	12.6	3.0	1.0	8.2	
新 疆	Xinjiang	97.2	7.1	30.5	16.3	9.2	49.4	
不分地区	Not Classified by Region	62.6					231.4	

2-27 全社会施工、竣工房屋面积和价值(2005年)

Value and Floor Space of Buildings under Construction and Completed in the Whole Country (2005)

地区	Region	施工房屋建筑面积(万平方米) Floor Space of Buildings under Construction (10 000 sq.m)	#住宅 Residential Buildings	#商品住宅 Commercial Buildings	竣工房屋建筑面积(万平方米) Floor Space of Buildings Completed (10 000 sq.m)	#住宅 Residential Buildings	#商品住宅 Commercial Buildings	竣工房屋价值(亿元) Value of Buildings Completed (100 million yuan)	#住宅 Residential Buildings	#商品住宅 Commercial Buildings
全国	**National Total**	**431123.0**	**239769.6**	**129078.4**	**227588.7**	**132835.9**	**43682.9**	**18789.5**	**10042.3**	**6060.1**
北京	Beijing	14390.8	8316.2	7283.4	4891.9	3223.0	2841.4	1015.9	612.7	569.8
天津	Tianjin	6295.2	3451.0	2827.9	2862.9	1687.3	1271.0	372.1	204.3	173.5
河北	Hebei	18061.6	10187.7	3254.8	11283.6	6424.8	1021.8	734.1	389.4	121.6
山西	Shanxi	6185.9	4046.8	1766.8	3380.0	2326.2	557.4	270.1	156.4	68.6
内蒙古	Inner Mongolia	6454.1	3248.3	1606.5	3454.0	1881.5	715.6	292.9	137.2	67.5
辽宁	Liaoning	15665.6	8617.0	5536.4	8260.6	4819.2	2127.8	744.3	367.0	246.0
吉林	Jilin	5548.2	2773.9	1525.2	3074.4	1438.5	496.1	283.0	104.0	49.3
黑龙江	Heilongjiang	7069.3	3925.7	1922.6	4148.1	2683.4	1039.4	383.1	224.0	108.6
上海	Shanghai	14477.9	8303.7	8091.8	4873.8	2819.4	2739.9	1213.5	822.1	811.0
江苏	Jiangsu	36334.4	16805.0	12386.0	20066.8	8128.4	4497.7	1861.8	786.4	591.1
浙江	Zhejiang	36411.0	17639.6	12009.9	16097.5	7448.3	3208.9	1512.6	766.0	503.1
安徽	Anhui	12641.9	8375.8	4301.2	7198.2	5080.5	1480.3	546.5	335.2	158.0
福建	Fujian	17804.8	8832.8	4806.3	7139.8	4004.2	1304.9	464.0	254.4	164.2
江西	Jiangxi	12418.3	7542.2	3657.2	6479.1	4295.8	1278.8	360.3	204.0	102.2
山东	Shandong	42020.8	17303.6	8671.3	25926.3	9879.3	3063.5	1999.9	759.1	385.0
河南	Henan	26647.1	17342.5	3895.4	17956.7	12915.6	1151.4	887.7	527.9	115.9
湖北	Hubei	12522.4	8125.4	4012.1	7811.9	5268.6	1411.7	568.7	356.8	200.0
湖南	Hunan	14914.3	9541.6	3799.4	8520.6	6173.3	1386.5	479.4	298.7	134.6
广东	Guangdong	37046.7	17321.2	11400.0	16242.5	8196.0	3476.7	1742.2	880.5	632.5
广西	Guangxi	12118.4	9077.5	3165.0	7523.5	6292.6	1090.3	394.1	289.0	91.3
海南	Hainan	1899.6	1296.4	765.9	790.2	611.2	172.1	80.0	60.4	32.0
重庆	Chongqing	12975.5	8349.1	5514.7	5842.3	3855.3	1713.6	474.5	280.0	184.1
四川	Sichuan	19238.1	12080.0	6560.9	9484.2	6102.9	2225.5	545.8	313.5	167.4
贵州	Guizhou	6433.0	4626.9	2113.2	3415.4	2657.9	567.9	168.5	107.8	45.9
云南	Yunnan	10517.3	7118.2	2366.5	6811.6	5005.4	729.1	358.8	235.7	91.5
西藏	Tibet	733.4	275.1	37.1	428.2	172.2	22.1	52.8	17.5	3.4
陕西	Shaanxi	9174.7	5813.0	2651.7	4505.9	3052.3	677.1	400.7	232.4	102.3
甘肃	Gansu	5281.3	3265.4	1134.2	2592.2	1783.9	365.5	166.3	95.4	38.5
青海	Qinghai	1128.5	652.2	335.9	581.7	340.1	74.6	40.9	19.1	7.8
宁夏	Ningxia	1981.1	1046.7	737.5	1219.4	706.0	420.8	107.8	54.8	39.2
新疆	Xinjiang	6607.8	4463.2	941.6	4635.8	3559.8	553.5	262.2	150.3	54.1
不分地区	Not Classified by Region	124.1	6.0		89.3	2.7		4.9	0.1	

2-28 房地产开发企业(单位)建设房屋建筑面积和造价（2005年）

Floor Space and Cost of Buildings Developed by Enterprises for Real Estate Development (2005)

地 区	Region	施工房屋面积(万平方米) Floor Space of Buildings under Construction (10 000 sq.m)	竣工房屋面积(万平方米) Floor Space of Buildings Completed (10 000 sq.m)	房屋建筑面积竣工率(%) Rate of Floor Space of Buildings Completed (%)	竣工房屋价值(万元) Value of Buildings Completed (10 000 yuan)	竣工房屋造价(元/平方米) Cost of Buildings Completed (yuan/sq.m)
全 国	**National Total**	**166053.3**	**53417.0**	**32.2**	**77522369**	**1451**
北 京	Beijing	10748.5	3770.9	35.1	8120198	2153
天 津	Tianjin	3470.6	1479.2	42.6	2079119	1406
河 北	Hebei	3821.0	1129.9	29.6	1374134	1216
山 西	Shanxi	2266.5	667.3	29.4	917262	1375
内蒙古	Inner Mongolia	2111.3	897.1	42.5	978783	1091
辽 宁	Liaoning	7058.9	2443.9	34.6	2931979	1200
吉 林	Jilin	1890.0	622.8	33.0	676039	1086
黑龙江	Heilongjiang	2630.5	1305.0	49.6	1421490	1089
上 海	Shanghai	10462.4	3095.7	29.6	9467702	3058
江 苏	Jiangsu	15619.3	5500.1	35.2	7587800	1380
浙 江	Zhejiang	15651.7	4130.8	26.4	6714589	1625
安 徽	Anhui	5306.9	1816.9	34.2	2027587	1116
福 建	Fujian	6107.7	1576.2	25.8	1997996	1268
江 西	Jiangxi	4508.2	1561.5	34.6	1309904	839
山 东	Shandong	10670.9	3600.4	33.7	4696486	1304
河 南	Henan	4903.0	1370.9	28.0	1447233	1056
湖 北	Hubei	4804.4	1627.0	33.9	2387899	1468
湖 南	Hunan	5050.4	1741.1	34.5	1793351	1030
广 东	Guangdong	15110.0	4385.2	29.0	8293512	1891
广 西	Guangxi	4082.8	1330.7	32.6	1167764	878
海 南	Hainan	921.1	187.1	20.3	345378	1846
重 庆	Chongqing	7487.4	2209.8	29.5	2549302	1154
四 川	Sichuan	8277.7	2769.9	33.5	2236073	807
贵 州	Guizhou	2784.9	711.6	25.6	624806	878
云 南	Yunnan	2807.0	857.5	30.5	1090677	1272
西 藏	Tibet	43.4	26.5	61.1	43045	1625
陕 西	Shaanxi	3175.7	757.2	23.8	1201727	1587
甘 肃	Gansu	1438.0	454.9	31.6	511822	1125
青 海	Qinghai	422.9	104.1	24.6	126588	1216
宁 夏	Ningxia	1049.4	568.1	54.1	590867	1040
新 疆	Xinjiang	1371.1	717.4	52.3	811257	1131

2-29 按用途分商品房屋销售面积（2005年）

Floor Space of Commercial Buildings Sold by Use (2005)

单位：万平方米 (10 000 sq.m)

地区	Region	房屋销售面积 Floor Space Sold	住宅 Residential Buildings	#别墅、高档公寓 Villas, High-grade Apartments	#经济适用房屋 Economically Affordable Housing	办公楼 Office Buildings	商业营业用房 Houses for Business Use	其他 Other
全国	**National Total**	**55486.22**	**49587.83**	**2818.44**	**3205.01**	**1096.23**	**4081.38**	**720.78**
北京	Beijing	3123.42	2823.65	270.77	222.87	184.67	87.40	27.70
天津	Tianjin	1408.37	1264.38	119.60	100.35	43.47	79.12	21.39
河北	Hebei	1408.74	1322.32	26.68	155.81	15.86	60.37	10.19
山西	Shanxi	688.75	619.86	4.51	100.23	15.85	46.53	6.52
内蒙古	Inner Mongolia	1078.80	918.43	22.35	125.33	19.63	131.61	9.14
辽宁	Liaoning	2564.48	2340.36	44.93	71.48	16.14	182.65	25.34
吉林	Jilin	830.91	745.92	31.96	91.03	14.79	63.48	6.72
黑龙江	Heilongjiang	1242.81	1048.26	7.24	151.98	29.01	138.22	27.32
上海	Shanghai	3158.87	2845.70	449.38		97.89	150.20	65.09
江苏	Jiangsu	5135.55	4523.14	297.04	187.04	119.10	440.08	53.23
浙江	Zhejiang	3305.84	2824.65	166.06	160.98	111.39	263.94	105.87
安徽	Anhui	1907.21	1686.03	36.23	63.22	23.63	180.21	17.33
福建	Fujian	1913.84	1720.56	37.18	78.34	21.05	120.76	51.47
江西	Jiangxi	1650.12	1454.51	24.98	90.19	8.75	175.02	11.83
山东	Shandong	3754.92	3417.75	59.94	242.70	37.55	271.69	27.93
河南	Henan	1724.82	1539.60	94.06	181.11	24.85	154.91	5.45
湖北	Hubei	1708.02	1549.19	39.23	111.31	28.98	95.50	34.35
湖南	Hunan	1842.16	1611.60	100.09	67.69	24.00	184.88	21.68
广东	Guangdong	5038.91	4546.32	480.24	33.96	107.76	277.08	107.75
广西	Guangxi	1438.40	1314.37	50.88	42.48	8.78	99.20	16.05
海南	Hainan	249.43	233.08	25.31	18.27	1.92	14.05	0.39
重庆	Chongqing	2017.66	1792.41	108.71	88.74	32.58	177.86	14.80
四川	Sichuan	3402.49	3028.55	92.23	131.99	33.17	317.21	23.57
贵州	Guizhou	862.56	774.71	7.34	78.75	19.70	64.91	3.24
云南	Yunnan	1431.90	1294.95	139.48	139.91	10.33	113.38	13.24
西藏	Tibet	25.90	24.18	11.09			1.72	
陕西	Shaanxi	892.01	849.43	37.87	119.11	10.48	30.29	1.82
甘肃	Gansu	493.21	439.83	1.35	78.30	10.12	39.30	3.96
青海	Qinghai	121.04	108.46	1.57	14.96	8.73	3.57	0.28
宁夏	Ningxia	377.89	319.16	8.47	38.28	8.65	48.09	1.99
新疆	Xinjiang	687.20	606.48	21.72	218.59	7.40	68.16	5.16

2-30 按用途分商品房屋平均销售价格（2005年）

Average Selling Price of Commercial Buildings by Use (2005)

单位：元/平方米 (yuan/sq.m)

地区	Region	房屋平均销售价格 Average Selling Price of Commercial Buildings	住宅 Residential Buildings	#别墅、高档公寓 Villas, High-grade Apartments	#经济适用房屋 Economically Affordable Housing	办公楼 Office Buildings	商业营业用房 Houses for Business Use	其他 Others
全国	**National Total**	**3168**	**2937**	**5834**	**1655**	**6923**	**5022**	**2829**
北京	Beijing	6788	6162	9827	3541	13517	13828	3525
天津	Tianjin	4055	3987	5435	3110	5022	4725	3602
河北	Hebei	1862	1777	3391	1493	4752	2999	1599
山西	Shanxi	2210	1876	3899	1281	4908	5759	2033
内蒙古	Inner Mongolia	1653	1402	2956	1196	2993	3204	1728
辽宁	Liaoning	2798	2652	5286	2112	3842	4541	3036
吉林	Jilin	1888	1756	3871	1567	3045	3136	2275
黑龙江	Heilongjiang	2099	1873	4238	1511	4119	3276	2682
上海	Shanghai	6842	6698	7720		11867	7101	4983
江苏	Jiangsu	3359	3146	5002	1691	5216	5180	2263
浙江	Zhejiang	4280	3973	6412	2849	5893	7348	3122
安徽	Anhui	2220	2065	3356	1059	3663	3488	2198
福建	Fujian	3162	2801	5558	1631	4293	8512	2207
江西	Jiangxi	1529	1336	2473	718	2893	3080	1289
山东	Shandong	2425	2295	4679	1905	5848	3550	2867
河南	Henan	1867	1659	2572	1159	3059	3765	1326
湖北	Hubei	2263	2164	4297	1191	2665	4049	1453
湖南	Hunan	1625	1405	2283	1048	2794	3416	1427
广东	Guangdong	4443	4149	7331	1383	8316	8105	3535
广西	Guangxi	2014	1825	3007	1440	4132	4343	1950
海南	Hainan	2924	2855	4436	1976	2720	4108	2645
重庆	Chongqing	2135	1901	4295	1485	2408	4462	1950
四川	Sichuan	1945	1688	3502	1129	3406	4283	1533
贵州	Guizhou	1607	1308	2897	1181	3213	4643	2518
云南	Yunnan	2165	2001	2920	1081	2182	3999	2507
西藏	Tibet	1700	1506	1560			4433	
陕西	Shaanxi	2060	1930	3310	1119	3587	5181	1655
甘肃	Gansu	1936	1739	3147	1180	2771	4006	1163
青海	Qinghai	1832	1681	2134	1264	2766	4117	2142
宁夏	Ningxia	2235	1765	3276	1057	3429	5151	2102
新疆	Xinjiang	1798	1509	2504	1396	2708	4237	2215

2-31 地区财政收入（2005年）

Final Statement of Government Revenue (2005)

单位：万元 (10 000 yuan)

地区	Region	收入合计 Total Revenue	增值税 Value-added Tax	营业税 Operation Tax	企业所得税 Company Income Tax	企业所得税退税 Tax Rebate for Company Income Tax	个人所得税 Individual Income Tax	资源税 Resources Tax
地方合计	**Region Total**	**148842198**	**26442211**	**41028163**	**17459018**	**-7612**	**8379693**	**1421990**
北京	Beijing	9192098	975976	3837623	1647615		845232	2855
天津	Tianjin	3318507	642377	964545	414157	-3026	188224	4679
河北	Hebei	5157017	1210346	1052792	533681		282403	110338
山西	Shanxi	3683437	1026952	606999	369947	-2	136805	181699
内蒙古	Inner Mongolia	2774553	484469	782709	193550	-4	100684	66395
辽宁	Liaoning	6752768	1130567	1646848	721990	-114	328052	120494
吉林	Jilin	2071520	395328	475904	139160	-298	111221	18136
黑龙江	Heilongjiang	3182056	850156	595595	185764	-97	155623	111357
上海	Shanghai	14173976	2261236	5129265	2491494		1119241	
江苏	Jiangsu	13226753	2655705	3428176	1776961		661954	28336
浙江	Zhejiang	10665964	2042343	3243348	1679185	-170	661194	33668
安徽	Anhui	3340170	577244	781042	300808		124964	45691
福建	Fujian	4326003	731267	1246076	542646		274137	21436
江西	Jiangxi	2529236	338739	628395	174115	-149	112649	22884
山东	Shandong	10731250	1930040	2177928	1108282		388938	182437
河南	Henan	5376514	879692	1115960	515639	-57	220453	87137
湖北	Hubei	3755217	659098	913346	390641		174623	32889
湖南	Hunan	3952651	589327	942450	218340	-488	167566	12247
广东	Guangdong	18072044	3235854	5557670	2364478		1324252	24270
广西	Guangxi	2830359	393267	683811	185408	-343	145763	19683
海南	Hainan	686802	97395	236794	45265		35689	5730
重庆	Chongqing	2568072	336548	702018	139817		106662	29945
四川	Sichuan	4796635	710737	1347643	399414	-100	220842	39009
贵州	Guizhou	1824963	313700	463060	160814	-2078	88973	19754
云南	Yunnan	3126490	560191	676429	333481	-6	119435	31904
西藏	Tibet	120312	11824	48721	8879		4475	2399
陕西	Shaanxi	2753183	553438	692717	205939	-435	102237	68213
甘肃	Gansu	1235026	253337	315890	84320	-235	51793	21100
青海	Qinghai	338222	78378	100177	25396		10289	14205
宁夏	Ningxia	477216	87318	157580	26077		22199	2290
新疆	Xinjiang	1803184	429362	476652	75755	-10	93121	60810

注：2005年中央本级出口退税增列216.54亿元，增加地方财政本级收入中增值税216.54亿元，这一增加额未在本表中反映。

a) In 2005, 21.654 billion yuan is added to tax rebate for foreign trade company of central level government, corresponding 21.654 billion yuan is added to value-added tax of local government, but the figure is excluded in the table.

2-31 续表 1 continued

单位：万元 (10 000 yuan)

地 区	Region	固定资产投资方向调节税 Tax on the Adjustment of the Investment in the Fixed Assets	城市维护建设税 Tax on City Maintenance and Construction	房产税 Tax on Real Estates	印花税 Stamp Tax	城镇土地使用税 Tax on the Use of Urban Land	土地增值税 Land Value Added Tax	车船使用和牌照税 Tax on the Use of Vehicles and Ships
地方合计	**Region Total**	**16816**	**7910187**	**4359577**	**1614651**	**1373444**	**1403140**	**388975**
北 京	Beijing	6	388336	352058	108870	32986	23831	31744
天 津	Tianjin	51	158763	103040	38301	10124	3555	8791
河 北	Hebei	208	292508	110806	51500	44924	8539	9128
山 西	Shanxi	40	213095	65997	32805	44980	1530	2922
内蒙古	Inner Mongolia	3031	142453	72100	32516	62537	12422	9362
辽 宁	Liaoning	2001	399204	248284	75072	97590	59491	16836
吉 林	Jilin	59	131567	76606	16084	23881	6927	5610
黑龙江	Heilongjiang	5	276040	112187	22985	36485	6149	8643
上 海	Shanghai	1927	497914	341042	260311	20865	246277	14160
江 苏	Jiangsu		706573	401319	164700	67111	227335	23638
浙 江	Zhejiang	208	616358	306006	119864	66906	154734	21535
安 徽	Anhui		204860	73518	29979	43533	30049	10874
福 建	Fujian	103	185544	169576	55267	29400	40785	12662
江 西	Jiangxi	44	112715	46618	17435	23083	20895	6847
山 东	Shandong	5376	659514	327950	92515	294438	143916	56022
河 南	Henan	1	291771	117917	35940	72363	28387	7626
湖 北	Hubei		240276	107289	40502	50634	15834	11076
湖 南	Hunan		250221	92390	32638	29098	5796	8079
广 东	Guangdong	133	643373	619228	205723	86288	188995	71681
广 西	Guangxi	778	129157	75414	14113	29218	47896	4704
海 南	Hainan		37005	29702	6232	7007	18340	2691
重 庆	Chongqing		131586	57507	24646	20740	29273	3913
四 川	Sichuan	213	280858	132234	44559	57787	51374	11052
贵 州	Guizhou	17	129134	42836	8443	17573	8724	2849
云 南	Yunnan	2251	295727	79107	26762	29899	5567	13441
西 藏	Tibet		4114		654		296	
陕 西	Shaanxi	197	207660	69411	22562	35153	8070	8277
甘 肃	Gansu		93582	41993	12475	13880	55	2225
青 海	Qinghai	11	23195	9468	2905	984	5	512
宁 夏	Ningxia		30388	13553	4304	4939	1783	845
新 疆	Xinjiang	156	136696	64421	13989	19038	6310	1230

2-31 续表 2 continued

单位：万元 (10 000 yuan)

地 区	Region	屠宰税 Slaughter Tax	筵席税 Banquet Tax	农业税 Agricultural Tax	农业特产税 Tax on Special Agricultural Products	牧业税 Tax on the Animal Husbandry	耕地占用税 Tax on The Occupancy of Cultivated Land	契 税 Contract Tax
地方合计	**Region Total**	**49**	**16**	**127959**	**466042**	**87**	**1418490**	**7351400**
北 京	Beijing						7405	606775
天 津	Tianjin						8255	163175
河 北	Hebei	7		47204	558		27780	148178
山 西	Shanxi	30		2	308		11477	31881
内蒙古	Inner Mongolia		16	527	1531		60179	45345
辽 宁	Liaoning			5346	6321		36925	389349
吉 林	Jilin	2		996	5024		19660	76259
黑龙江	Heilongjiang			675	9308		14344	86716
上 海	Shanghai						33916	1110419
江 苏	Jiangsu			438			121566	808849
浙 江	Zhejiang			837			122793	691432
安 徽	Anhui			3048			41695	178145
福 建	Fujian				22021		32003	209093
江 西	Jiangxi				4615		48703	149640
山 东	Shandong			54376	11199		310785	520896
河 南	Henan			74	36016		53544	194269
湖 北	Hubei			200	17648		32745	150295
湖 南	Hunan				52831		83729	194456
广 东	Guangdong	10		291	7562		121258	818646
广 西	Guangxi			2669	6167		57559	111791
海 南	Hainan			488	30		3078	19703
重 庆	Chongqing			791	13697		31325	141390
四 川	Sichuan			287	21780		59798	239008
贵 州	Guizhou			103	66828		17211	35059
云 南	Yunnan			5834	172260		25930	83277
西 藏	Tibet						96	
陕 西	Shaanxi				8085		25694	59015
甘 肃	Gansu			395	2236		4286	22283
青 海	Qinghai			21			2707	5788
宁 夏	Ningxia			333			698	15712
新 疆	Xinjiang			3024	17	87	1346	44556

单位：万元 (10 000 yuan)

地 区	Region	国有资产经营收益 State-owned Assets Profit	国有企业计划亏损补贴 Planning Subsidies to Loss-suffering Stated-owned Enterprises	行政性收费收入 Income from Administrative Fees	罚没收入 Penalty and Confiscatory Income	海域场地矿区使用费收入 Income from Use of Sea Area, Field and Diggings	专项收入 Special Project Income	其他收入 Other Income
地方合计	**Region Total**	**3947475**	**-1665673**	**10736983**	**6171631**	**63201**	**6487539**	**1946746**
北 京	Beijing	15442	-502900	245235	188420	11090	329862	43637
天 津	Tianjin	82	-25000	458474	67835	3026	89995	19084
河 北	Hebei	108702	-13901	384858	346513	4050	328512	67383
山 西	Shanxi	31929	-18243	246150	187501	2	480872	27759
内蒙古	Inner Mongolia	147758	-2479	170942	113281		240019	35210
辽 宁	Liaoning	244525	-30478	630022	271868	8532	288998	55045
吉 林	Jilin	159719	-55890	201239	115997	207	109115	39007
黑龙江	Heilongjiang	158829	-21019	202661	115254		225915	28481
上 海	Shanghai	7	-179869	340636	162068		290350	32717
江 苏	Jiangsu	371646	-100212	815291	530529	1651	486895	48292
浙 江	Zhejiang	12918	-424666	265531	584372	743	418430	48395
安 徽	Anhui	46640	-51917	510006	159997		182499	47495
福 建	Fujian	77751	-2477	290876	213993	4897	120693	48254
江 西	Jiangxi	128975	-2025	309246	193782		96294	95736
山 东	Shandong	390287	-42741	1080665	424524	15227	497050	101626
河 南	Henan	364102	-8807	634921	298045	186	303300	128035
湖 北	Hubei	70763	-20073	419491	248581	803	117526	81030
湖 南	Hunan	146547	-37725	469569	276875		229895	188810
广 东	Guangdong	310727	-17660	1034117	603254	7244	524155	340495
广 西	Guangxi	267677	-6926	275233	193485	4056	106123	83656
海 南	Hainan	24816		53947	28458	1297	21133	12002
重 庆	Chongqing	96751	-22477	480942	90923	3	123271	28801
四 川	Sichuan	198651	-21932	505568	212321	1	227695	57836
贵 州	Guizhou	43352	-3761	137595	100969		103746	70062
云 南	Yunnan	86476	-18405	153927	158018		167894	117091
西 藏	Tibet	1683	-9149	16289	5841		3469	20721
陕 西	Shaanxi	291985	-12082	130873	126338	186	119655	29995
甘 肃	Gansu	80741	-12769	98309	44641		84942	19547
青 海	Qinghai	3287	-40	14249	7985		24273	14427
宁 夏	Ningxia	22073		33512	19466		26914	7232
新 疆	Xinjiang	42634	-50	126609	80497		118049	8885

2-32 地区财政支出（2005年）

Final Statement of Government Expenditure (2005)

单位：万元 (10 000 yuan)

地区	Region	支出合计 Total Expenditure	基本建设 Expenditure for Capital Construction	企业挖潜改造资金 Expenditure for Innovation Enterprises	地质勘探费 Expenditure for Geological Prospecting	科技三项费用 Expenditure for Science and Technology Promotion	流动资金 Expenditure for Circulating Funds	农业支出 Expenditure for Agriculture	林业支出 Expenditure for Forestry
地方合计	**Region Total**	**251543091**	**26757770**	**8693287**	**927540**	**2873706**	**10653**	**8673075**	**4730652**
北京	Beijing	10583114	844269	443307	12900	96094		276401	86443
天津	Tianjin	4421207	732323	291198	14637	108550		87498	12578
河北	Hebei	9791635	735846	211320	26123	74044		322693	217046
山西	Shanxi	6687508	505365	16551	22577	43607	896	228410	165376
内蒙古	Inner Mongolia	6818772	1106816	291274	35164	43463		242095	402720
辽宁	Liaoning	12043636	1268402	377461	34620	233698		434798	140428
吉林	Jilin	6311212	504908	217276	45643	45681		213980	169801
黑龙江	Heilongjiang	7877854	603916	322273	20735	83400		295465	247210
上海	Shanghai	16462550	3692060	2370026	1646	29114		246078	16569
江苏	Jiangsu	16733965	1537082	633343	27978	271295		662191	40973
浙江	Zhejiang	12655345	924118	572882	30829	340822		578958	88438
安徽	Anhui	7130633	641160	232987	47007	37659		289279	112115
福建	Fujian	5930663	489241	217375	14443	83179	268	203307	47881
江西	Jiangxi	5639525	417475	162393	66392	25103		268330	118979
山东	Shandong	14662271	704835	573010	27743	194199	3129	641754	90511
河南	Henan	11160412	1083689	293900	27797	92275		353795	151824
湖北	Hubei	7787159	452024	124474	15787	79312	2934	322293	159185
湖南	Hunan	8734181	749789	168894	58816	81570		402771	226576
广东	Guangdong	22890691	2644339	265978	34768	526901	2181	451444	143189
广西	Guangxi	6114806	699528	143801	31900	36362		231545	150800
海南	Hainan	1512421	174881	4969	3724	7497		57985	27698
重庆	Chongqing	4873543	733446	97882	7192	48959		130318	149771
四川	Sichuan	10821769	1142259	240878	57059	71804	1245	416192	426012
贵州	Guizhou	5207261	412285	50171	39356	33615		245928	212683
云南	Yunnan	7663115	878316	141045	26928	57536		336445	270602
西藏	Tibet	1854502	563995	3292	15829	4437		59904	23658
陕西	Shaanxi	6389627	580587	96165	49248	43788		217540	322987
甘肃	Gansu	4293479	452723	45308	52082	23136		136613	233924
青海	Qinghai	1697547	265122	13711	15851	8249		62651	71648
宁夏	Ningxia	1602509	384608	33440	13393	12658		65865	93249
新疆	Xinjiang	5190179	832363	36703	49373	35699		190549	109778

2-32 续表 1 continued

单位：万元 (10 000 yuan)

地 区	Region	农林水利气象等部门事业费 Expenditure for Operating Expenses of Agriculture, Forestry, Water Conservancy and Meteorology	工业交通部门事业费 Expenditure for Operating Expenses of Departments of Industry & Transportation	流通部门事业费 Expenditure for Operating Expenses of Department of Commerce	文体广播事业费 Expenditure for Operating Expenses of Departments of Culture, Sport& Broadcasting	教育事业费 Expenditure for Operating Expenses of Education	科学事业费 Expenditure for Operating Expenses of Department of Science	卫生经费 Expenditure for Public Health	其他部门的事业费 Expenditure for Operating Expenses of Other Departments
地方合计	**Region Total**	**3045016**	**3099048**	**428683**	**6308710**	**37299753**	**1401120**	**10155520**	**11662495**
北 京	Beijing	63576	73253	2588	250827	1458723	157439	656229	409578
天 津	Tianjin	28427	19120	254	107471	672034	27989	189803	107850
河 北	Hebei	92937	156451	16204	252154	1705374	35192	450870	639754
山 西	Shanxi	67897	99872	11866	176686	1020914	20905	281735	317121
内蒙古	Inner Mongolia	75403	72843	7373	148984	786645	19037	208768	371663
辽 宁	Liaoning	129528	235629	18609	217638	1421954	46142	343526	580493
吉 林	Jilin	42224	80881	16128	148802	741472	27113	207022	298027
黑龙江	Heilongjiang	69143	105351	41300	171198	1065721	33565	280124	434990
上 海	Shanghai	88560	73701	1928	264465	1829415	159199	521464	633179
江 苏	Jiangsu	272520	192629	11723	429236	2582399	79492	750563	737656
浙 江	Zhejiang	194086	242202	14374	374539	2315489	105657	648767	878414
安 徽	Anhui	75099	85704	10309	166755	1174312	25687	250223	221585
福 建	Fujian	80618	110708	11545	193357	1115121	46787	259305	315885
江 西	Jiangxi	69504	97737	16572	144340	879253	22053	218381	325369
山 东	Shandong	163582	168799	22258	449415	2487484	76471	544085	706013
河 南	Henan	135794	97770	17882	368004	1873208	42928	418057	544269
湖 北	Hubei	93080	105162	30603	191783	1188461	25760	311597	289669
湖 南	Hunan	89791	125274	29893	219200	1230010	26129	244520	444684
广 东	Guangdong	523179	205998	54763	508356	3292088	160063	823633	1221592
广 西	Guangxi	92498	51795	7499	177727	1052608	40725	259931	348461
海 南	Hainan	37268	8399	1223	34663	242088	5402	65191	87570
重 庆	Chongqing	30816	30032	3916	104379	606598	10855	151757	112232
四 川	Sichuan	108429	181229	22260	281067	1405260	48974	495641	354632
贵 州	Guizhou	74244	70315	13263	180923	933707	30452	258160	184890
云 南	Yunnan	127945	103670	17354	205342	1222810	44405	448073	313012
西 藏	Tibet	12812	42847	525	37946	203794	2800	71090	7123
陕 西	Shaanxi	79430	133808	20243	169811	993134	24048	217038	325534
甘 肃	Gansu	54014	40955	3064	128598	674831	19916	178431	153022
青 海	Qinghai	14966	18768	388	35564	203132	4810	88611	52633
宁 夏	Ningxia	16574	19490	1639	36337	195197	7513	54008	53523
新 疆	Xinjiang	41072	48656	1137	133143	726517	23612	258917	192072

2-32 续表 2 continued

单位：万元 (10 000 yuan)

地　区	Region	抚恤和社会福利救济费 Expenditure for Pensions and Relief Funds for Social Welfare	行政事业单位离退休经费 Expenditure for Retired Persons in Administrative Department	社会保障补助支出 Expenditure on Subsidies to Social Security Programs	国防支出 Expenditure for National Defense	行政管理费 Expenditure for Government Administration	外交外事支　出 Expenditure for Foreign Affairs	武装警察部队支出 Expenditure for Armed Police Troops	公检法司支出 Expenditure for Public Security Agency, Procuratorial Agency and Court of Justice
地方合计	**Region Total**	**7110549**	**10659759**	**15809341**	**279337**	**24192313**	**123543**	**410708**	**17640557**
北　京	Beijing	320515	538247	250954	3041	691634	1597	2296	843905
天　津	Tianjin	87061	11609	372050	2631	259918	6260	2708	318590
河　北	Hebei	283309	470734	725068	11700	974398	8429	4937	688198
山　西	Shanxi	196674	363628	560873	8877	691631	1456	7227	399587
内蒙古	Inner Mongolia	147111	401923	324628	5679	714427	2358	17528	318539
辽　宁	Liaoning	449995	533460	1650379	20848	919584	18811	13588	755499
吉　林	Jilin	231563	361541	1048895	7640	451254	3241	15468	358850
黑龙江	Heilongjiang	238472	227118	1098148	5816	695575	2673	19722	477651
上　海	Shanghai	248436	69060	720825	4996	689946	10410		880928
江　苏	Jiangsu	431081	502468	637112	19687	1821131	6762	25848	1302032
浙　江	Zhejiang	309056	89046	289424	13113	1419044	8049	30681	1157530
安　徽	Anhui	255928	422244	484508	7222	737823	4957	6407	429256
福　建	Fujian	171429	361597	102766	17354	493542	1791	19473	455897
江　西	Jiangxi	251831	200756	393028	6111	509527	1065	6973	405794
山　东	Shandong	406910	646793	587856	12614	1629489	4639	14300	1021718
河　南	Henan	353006	647891	679660	7540	1209591	1396		697993
湖　北	Hubei	341746	281259	711377	5465	947952	1767	26600	657104
湖　南	Hunan	317127	450120	839972	13346	872580	3070	16312	561809
广　东	Guangdong	417445	1051043	393745	25971	2225707	6826	70775	2313302
广　西	Guangxi	160274	242239	309193	11756	614387	8929	9122	461043
海　南	Hainan	48268	62623	117149	4851	149745	1731	6219	102942
重　庆	Chongqing	172664	316635	431288	5316	516304	616	14548	332896
四　川	Sichuan	377908	593177	804604	18631	1353259	3627	24080	742809
贵　州	Guizhou	152226	36304	253478	5173	651549	1483	4420	358349
云　南	Yunnan	202968	626054	290334	17433	781218	3680	24068	517079
西　藏	Tibet	26916	20474	48352	423	279559	675	2502	81914
陕　西	Shaanxi	195293	255028	765679	4679	624333	1345	6096	345306
甘　肃	Gansu	115760	236013	475215	1358	425038	2372	3571	204504
青　海	Qinghai	50659	161040	136332	1890	156724	1025	3607	81170
宁　夏	Ningxia	35847	68903	70364	1679	106901	1226	3437	80944
新　疆	Xinjiang	113071	410732	236085	6497	578543	1277	8195	287419

2–32 续表 3 continued

单位：万元 (10 000 yuan)

地 区	Region	城市维护费 Expenditure for City Maintenance	政策性补贴支出 Expenditure for Price Subsidies	支援不发达地区支出 Expenditure for Supporting Underdeveloped Areas	海域开发建设和场地使用费支出 Expenditure for Developing Land and Sea Area	车辆税费支出 Expenditure for Vehicle tax	债务利息支出 Expenditure for Interest of Debts	专项支出 Expenditure for Special Items	其他支出 Other Expenditure
地方合计	**Region Total**	**12606413**	**4070345**	**1887617**	**29776**	**1524608**	**298146**	**5788732**	**23044319**
北 京	Beijing	527159	46158			7161		325194	2193626
天 津	Tianjin	520168	30072	50	3166	4637	2000	90989	309566
河 北	Hebei	460698	210332	61418	2231	45332	234	263773	644836
山 西	Shanxi	288666	93004	57348	225	48679	473	548733	440649
内蒙古	Inner Mongolia	378206	158001	67105	49	79250	12053	190406	189261
辽 宁	Liaoning	793637	259728	43531	5679	29801	108941	264696	692533
吉 林	Jilin	206841	482906	35905	85	21323	45459	80774	200509
黑龙江	Heilongjiang	323133	435750	46490	210	58246		219016	255443
上 海	Shanghai	864610	14229			2657		298953	2730096
江 苏	Jiangsu	1565236	142100	14312	591	46139	11584	436149	1542653
浙 江	Zhejiang	764081	63683	45030	449	18190		374712	763682
安 徽	Anhui	217674	306798	57490	92	32105	1807	156451	639990
福 建	Fujian	166059	63207	42714	2667	19878	12443	104792	706034
江 西	Jiangxi	280059	116081	58894	75	60918		86726	429806
山 东	Shandong	1179667	201713	21612	6210	39116	3830	452000	1580516
河 南	Henan	366284	326166	92653	132	76491	25829	293993	880595
湖 北	Hubei	266545	159085	59211	643	67595	3445	103073	762168
湖 南	Hunan	384270	140534	75300	186	89190	5334	176591	690523
广 东	Guangdong	1061969	137951	141351	4469	7730	834	461588	3711513
广 西	Guangxi	237157	54736	93234	1140	67691	5047	93922	419756
海 南	Hainan	55480	11385	25504	803	9234	579	17558	139792
重 庆	Chongqing	375711	63957	45145		66936	2404	100104	210866
四 川	Sichuan	310157	159060	123912	82	107179	38767	181799	729777
贵 州	Guizhou	129292	34223	131371	58	103984	7513	78803	519043
云 南	Yunnan	269366	52194	166080	110	76350	661	106804	335233
西 藏	Tibet	4329	18997	42145		76788		4041	197335
陕 西	Shaanxi	244267	92081	86645	37	84866	286	67485	342840
甘 肃	Gansu	112309	52429	101781	91	63353	1260	74145	227663
青 海	Qinghai	19197	12486	43667	86	56772	7363	20244	89181
宁 夏	Ningxia	59852	16485	37181	60	13036		24108	94992
新 疆	Xinjiang	174334	114814	70538	150	43981		91110	373842

2-33 居民消费价格指数和商品零售价格指数（2005年）

Consumer Price Indices and Retail Price Indices (2005)

（上年=100） (preceding year=100)

地 区	Region	居民消费价格指数 Consumer Price Index			商品零售价格指数 Retail Price Index		
		全省(区、市) Province	城 市 Urban Areas	农 村 Rural Areas	全省(区、市) Province	城 市 Urban Areas	农 村 Rural Areas
全 国	**National Total**	**101.8**	**101.6**	**102.2**	**100.8**	**100.5**	**101.4**
北 京	Beijing	101.5	101.5		99.7	99.7	
天 津	Tianjin	101.5	101.5		99.9	99.9	
河 北	Hebei	101.8	101.4	102.2	101.1	101.0	101.2
山 西	Shanxi	102.3	101.7	103.7	100.3	100.0	100.7
内蒙古	Inner Mongolia	102.4	102.0	103.3	101.5	101.5	101.4
辽 宁	Liaoning	101.4	100.8	104.0	100.1	100.0	100.9
吉 林	Jilin	101.5	101.4	101.9	101.1	101.0	101.5
黑龙江	Heilongjiang	101.2	100.8	102.3	100.4	99.7	102.3
上 海	Shanghai	101.0	101.0		99.4	99.4	
江 苏	Jiangsu	102.1	102.0	102.4	100.3	100.0	101.1
浙 江	Zhejiang	101.3	101.5	101.2	100.9	101.0	100.7
安 徽	Anhui	101.4	101.0	101.9	100.6	100.0	101.1
福 建	Fujian	102.2	101.9	102.8	100.6	100.3	101.0
江 西	Jiangxi	101.7	101.5	102.2	100.9	100.3	101.4
山 东	Shandong	101.7	101.1	102.4	100.6	100.4	101.2
河 南	Henan	102.1	102.1	102.1	101.7	101.8	101.6
湖 北	Hubei	102.9	102.7	103.3	102.1	101.9	102.4
湖 南	Hunan	102.3	102.1	102.8	102.3	101.6	103.0
广 东	Guangdong	102.3	102.0	102.7	101.8	101.5	102.2
广 西	Guangxi	102.4	103.0	101.6	101.1	101.3	101.0
海 南	Hainan	101.5	101.3	101.7	100.9	100.4	101.5
重 庆	Chongqing	100.8	100.8		98.7	98.7	
四 川	Sichuan	101.7	101.7	101.6	100.6	100.1	101.0
贵 州	Guizhou	101.0	100.6	102.1	101.3	100.3	102.8
云 南	Yunnan	101.4	101.7	101.0	100.1	100.4	99.8
西 藏	Tibet	101.5	101.5	100.9	100.8	100.8	100.4
陕 西	Shaanxi	101.2	100.9	101.8	100.1	99.8	100.8
甘 肃	Gansu	101.7	101.2	103.0	99.9	99.5	100.6
青 海	Qinghai	100.8	99.7	103.1	100.7	100.6	101.0
宁 夏	Ningxia	101.5	101.6	101.2	100.4	100.5	100.1
新 疆	Xinjiang	100.7	100.6	101.2	99.4	99.5	99.3

2–34 居民消费价格分类指数(2005年)

Consumer Price Indices by Category (2005)

(上年=100) (preceding year=100)

地 区	Region	总指数 General Index	食品 Food	烟酒及用品 Tobacco, Liquor and Articles	衣着 Clothing	家庭设备用品及服务 Household Facilities and Articles	医疗保健和个人用品 Health Care & Personal Articles	交通和通信 Transportation and Communication	娱乐教育文化 Recreation, Education & Culture	居住 Residence
全 国	**National**	**101.8**	**102.9**	**100.4**	**98.3**	**99.9**	**99.9**	**99.0**	**102.2**	**105.4**
北 京	Beijing	101.5	104.9	100.0	100.1	99.7	98.0	97.5	99.7	105.9
天 津	Tianjin	101.5	103.4	99.7	96.3	99.1	97.6	98.6	100.0	106.7
河 北	Hebei	101.8	102.4	99.9	98.8	98.4	99.2	99.0	105.0	105.5
山 西	Shanxi	102.3	102.7	100.8	97.8	100.4	99.9	98.8	108.1	104.5
内蒙古	Inner Mongolia	102.4	102.9	100.0	100.1	100.3	105.7	99.8	100.4	106.9
辽 宁	Liaoning	101.4	101.8	100.9	96.9	99.7	99.3	98.7	106.3	104.5
吉 林	Jilin	101.5	101.8	101.1	100.5	99.2	98.6	96.2	103.0	107.6
黑龙江	Heilongjiang	101.2	100.1	101.3	99.3	100.2	100.0	99.4	100.2	109.4
上 海	Shanghai	101.0	104.5	99.7	92.1	100.8	100.3	97.5	98.3	102.9
江 苏	Jiangsu	102.1	103.9	100.6	98.6	100.2	100.2	98.4	102.2	104.4
浙 江	Zhejiang	101.3	103.0	100.0	97.0	100.1	100.8	98.9	100.2	104.4
安 徽	Anhui	101.4	102.6	100.0	98.5	99.3	98.7	99.3	100.9	105.3
福 建	Fujian	102.2	103.7	99.8	97.1	99.6	98.8	97.7	104.7	106.8
江 西	Jiangxi	101.7	103.1	100.2	97.7	99.6	100.9	99.5	100.0	105.7
山 东	Shandong	101.7	102.7	100.3	98.2	100.1	99.7	99.5	102.7	105.2
河 南	Henan	102.1	103.4	101.0	98.2	99.6	98.2	100.3	102.6	106.8
湖 北	Hubei	102.9	104.2	100.8	100.1	98.8	98.1	101.5	103.6	105.7
湖 南	Hunan	102.3	102.9	99.8	99.4	100.7	99.0	99.3	103.0	107.3
广 东	Guangdong	102.3	104.7	101.3	98.3	100.6	99.2	99.1	100.3	104.4
广 西	Guangxi	102.4	102.7	99.9	97.1	99.9	100.2	101.1	106.6	104.0
海 南	Hainan	101.5	101.7	101.2	97.0	100.7	99.7	100.5	101.1	105.9
重 庆	Chongqing	100.8	100.1	101.2	92.1	100.1	102.5	99.9	104.1	103.0
四 川	Sichuan	101.7	102.1	100.4	97.6	99.7	101.3	100.2	104.5	103.8
贵 州	Guizhou	101.0	101.3	100.1	99.3	99.4	100.5	99.4	99.0	106.4
云 南	Yunnan	101.4	100.8	103.7	98.0	100.4	102.2	98.3	102.3	105.9
西 藏	Tibet	101.5	101.3	102.2	100.7	99.6	100.4	100.2	99.6	106.7
陕 西	Shaanxi	101.2	101.0	100.3	100.0	99.8	98.5	100.6	100.3	106.7
甘 肃	Gansu	101.7	101.2	97.9	97.1	99.4	103.3	97.3	104.1	109.1
青 海	Qinghai	100.8	101.0	100.0	97.3	99.8	102.0	91.8	103.6	106.3
宁 夏	Ningxia	101.5	101.9	99.0	103.5	99.1	98.2	100.5	99.6	106.3
新 疆	Xinjiang	100.7	98.5	99.3	98.4	99.1	109.3	99.5	98.6	107.3

2-35 农业生产资料价格分类指数(2005年)

Price Indices of Means of Agricultural Production by Category (2005)

(上年=100) (preceding year=100)

地 区	Region	总指数 General Index	小农具 Small Farm Tools	饲料 Forage	产品畜 Production Livestocks	役畜 Labour Livestocks	半机械化农具 Semi-mechanized Farm Tools
全 国	**National**	**108.3**	**105.1**	**103.9**	**106.5**	**105.5**	**102.3**
河 北	Hebei	106.8	100.5	99.2	106.2	99.7	99.9
山 西	Shanxi	113.3	125.8	109.0	114.0	102.4	101.8
内蒙古	Inner Mongolia	108.3	100.7	103.4	109.5	100.9	102.4
辽 宁	Liaoning	110.0	106.4	106.4	114.7	104.8	101.6
吉 林	Jilin	109.2	98.8	107.2	104.9	99.1	107.8
黑龙江	Heilongjiang	108.6	109.1	108.4	111.2	103.0	100.2
江 苏	Jiangsu	106.9	101.2	98.9	101.2	105.1	98.7
浙 江	Zhejiang	105.8	104.3	102.7	105.1	102.3	102.2
安 徽	Anhui	108.3	111.1	107.6	114.7	110.1	105.0
福 建	Fujian	108.1	107.2	102.8	102.5	103.8	100.0
江 西	Jiangxi	107.9	106.2	101.3	110.3	106.1	102.2
山 东	Shandong	106.2	103.4	102.0	103.2	100.9	100.3
河 南	Henan	107.9	103.0	101.3	108.0	104.2	104.2
湖 北	Hubei	115.1	111.4	116.7	101.2	121.8	101.8
湖 南	Hunan	111.2	109.1	108.3	108.0	109.9	104.4
广 东	Guangdong	105.8	102.4	104.2	105.6	105.0	102.3
广 西	Guangxi	110.5	106.1	108.9	102.6	123.3	107.4
海 南	Hainan	108.9	100.6	103.7	105.5	110.8	99.6
四 川	Sichuan	107.2	107.4	103.7	111.5	101.4	104.7
贵 州	Guizhou	110.2	109.5	106.9	132.7	117.5	107.8
云 南	Yunnan	105.9	101.5	104.5	96.4	106.9	100.9
西 藏	Tibet	100.6	103.7	99.1	101.5	101.6	103.2
陕 西	Shaanxi	107.2	102.8	106.2	105.1	104.5	102.2
甘 肃	Gansu	109.0	105.7	100.3	113.6	113.6	100.8
青 海	Qinghai	106.5	101.9	95.8	103.2	99.4	101.2
宁 夏	Ningxia	109.3	100.9	107.5	106.6	100.1	104.6
新 疆	Xinjiang	105.3	104.9	101.3	89.4	97.3	100.9

2–35 续表 continued

(上年=100) (preceding year=100)

地 区 Region	机械化农具 Mechnized Farm Machinery	化学肥料 Chemical Fertilizer	农药及农药械 Pesticide and Its Appliances	农用机油 Oil for Farm Machinery	其他农业生产资料 Other Agricultural Means of Production
全 国 National	**102.3**	**112.8**	**104.1**	**111.1**	**109.4**
河 北 Hebei	101.3	112.0	101.2	116.6	108.6
山 西 Shanxi	101.4	115.9	129.7	109.5	116.4
内蒙古 Inner Mongolia	100.7	118.3	99.0	109.9	105.7
辽 宁 Liaoning	98.6	117.0	102.5	115.6	108.6
吉 林 Jilin	104.2	115.4	103.5	105.4	104.9
黑龙江 Heilongjiang	102.4	115.3	107.7	117.1	96.2
江 苏 Jiangsu	103.7	111.3	102.5	108.0	113.0
浙 江 Zhejiang	103.3	110.0	103.7	107.7	105.3
安 徽 Anhui	106.2	109.0	103.9	107.9	110.1
福 建 Fujian	103.0	114.1	108.5	110.2	105.3
江 西 Jiangxi	102.7	113.7	104.4	110.4	110.4
山 东 Shandong	100.9	110.0	105.8	109.1	109.9
河 南 Henan	101.9	110.7	107.0	110.9	114.2
湖 北 Hubei	105.8	120.2	103.9	110.6	109.7
湖 南 Hunan	102.6	115.2	105.3	109.9	118.6
广 东 Guangdong	102.0	108.0	101.7	107.7	110.7
广 西 Guangxi	103.7	112.6	106.0	114.4	122.5
海 南 Hainan	107.3	111.1	101.1	113.0	130.3
四 川 Sichuan	103.2	107.6	101.1	106.9	112.3
贵 州 Guizhou	104.0	111.5	100.0	110.7	103.2
云 南 Yunnan	100.6	109.6	106.9	111.1	106.5
西 藏 Tibet	98.7	98.7	100.7	99.1	101.3
陕 西 Shaanxi	103.0	110.0	103.9	107.6	112.4
甘 肃 Gansu	96.9	114.3	103.6	115.1	106.6
青 海 Qinghai	102.9	110.1	103.2	113.2	114.7
宁 夏 Ningxia	103.7	115.8	113.9	109.4	114.0
新 疆 Xinjiang	102.5	110.2	102.8	111.0	105.5

2-36 固定资产投资价格指数

Price Indices of Investment in Fixed Assets

(上年=100) (preceding year=100)

地区	Region	2004 固定资产投资 Investment in Fixed Assets	2004 建筑安装工程 Construction and Installation	2004 设备工、器具 Purchase of Equipment, Tools and Instruments	2004 其他费用 Others	2005 固定资产投资 Investment in Fixed Assets	2005 建筑安装工程 Construction and Installation	2005 设备工、器具 Purchase of Equipment, Tools and Instruments	2005 其他费用 Others
全 国	**National Total**	**105.6**	**108.2**	**99.4**	**103.5**	**101.6**	**101.8**	**99.4**	**103.2**
北 京	Beijing	104.3	107.7	95.3	101.3	100.7	100.5	98.4	101.9
天 津	Tianjin	107.3	111.3	100.5	101.0	101.2	101.4	99.1	102.6
河 北	Hebei	107.0	109.6	103.6	102.1	101.9	101.8	101.9	102.0
山 西	Shanxi	105.2	106.5	102.5	102.0	103.0	102.7	104.3	102.5
内蒙古	Inner Mongolia	105.0	105.9	104.1	101.4	103.7	104.5	101.2	103.4
辽 宁	Liaoning	104.8	107.5	99.9	102.0	102.8	103.7	101.7	100.9
吉 林	Jilin	104.1	105.6	101.1	102.9	102.0	102.5	100.1	103.0
黑龙江	Heilongjiang	105.0	106.3	100.5	102.0	102.2	102.2	101.8	102.9
上 海	Shanghai	106.7	110.6	99.4	104.7	100.8	100.9	97.4	103.2
江 苏	Jiangsu	109.4	114.1	100.5	107.5	100.9	99.6	100.5	106.5
浙 江	Zhejiang	105.9	108.7	102.1	103.4	100.3	99.3	100.3	103.1
安 徽	Anhui	106.1	108.1	100.1	105.6	101.0	101.0	100.3	102.3
福 建	Fujian	103.4	106.7	96.8	101.3	100.7	101.1	97.6	102.8
江 西	Jiangxi	107.4	109.6	100.4	107.4	100.5	99.2	100.3	107.2
山 东	Shandong	107.4	110.4	101.1	106.7	102.9	103.7	100.8	103.5
河 南	Henan	110.1	113.6	103.9	102.5	101.4	101.3	101.5	101.9
湖 北	Hubei	106.0	109.2	99.6	104.7	102.2	102.1	100.7	104.5
湖 南	Hunan	105.5	107.9	99.1	103.4	103.6	104.3	100.7	104.1
广 东	Guangdong	106.4	109.9	98.4	102.0	101.6	102.3	98.7	102.2
广 西	Guangxi	104.6	106.8	99.3	101.6	101.4	101.3	100.8	102.0
海 南	Hainan	105.6	109.7	100.0	101.7	101.2	101.4	99.8	103.9
重 庆	Chongqing	105.1	107.0	98.8	102.7	102.3	102.2	99.7	104.6
四 川	Sichuan	106.8	110.1	99.5	101.7	103.9	105.3	99.8	103.5
贵 州	Guizhou	104.9	106.4	103.4	100.5	101.4	101.8	100.5	100.9
云 南	Yunnan	108.0	110.4	102.4	105.7	104.6	105.4	102.3	103.9
西 藏	Tibet								
陕 西	Shaanxi	104.5	106.0	99.7	101.5	103.7	103.7	105.3	100.5
甘 肃	Gansu	105.5	106.7	104.8	100.4	102.2	102.4	102.2	100.6
青 海	Qinghai	102.8	103.2	100.1	104.4	102.1	102.1	100.7	104.2
宁 夏	Ningxia	104.9	107.1	99.1	102.6	102.1	102.2	101.3	101.8
新 疆	Xinjiang	104.5	105.8	101.9	100.7	102.8	102.7	104.8	100.0

2-37 城镇居民平均每人全年家庭收入来源（2005年）

Per Capita Annual Income of Urban Households by Sources (2005)

单位：元 (yuan)

地区	Region	可支配收入 Disposable Income	总收入 Total Income	工薪收入 Income of Wages and Salaries	经营净收入 Net Business Income	财产性收入 Income from Properties	转移性收入 Income from Transfers
全国	**National Average**	**10493.03**	**11320.77**	**7797.54**	**679.62**	**192.91**	**2650.70**
北京	Beijing	17652.95	19533.33	13666.34	213.70	190.44	5462.85
天津	Tianjin	12638.55	13563.32	8174.64	665.53	148.15	4574.99
河北	Hebei	9107.09	9616.80	6346.53	643.84	117.46	2508.96
山西	Shanxi	8913.91	9538.56	7103.45	350.96	136.38	1947.77
内蒙古	Inner Mongolia	9136.79	9565.14	6669.48	857.63	161.25	1876.78
辽宁	Liaoning	9107.55	9837.20	6103.41	486.03	95.60	3152.17
吉林	Jilin	8690.62	9122.99	5905.86	712.86	80.70	2423.57
黑龙江	Heilongjiang	8272.51	8722.47	5478.03	858.68	72.97	2312.80
上海	Shanghai	18645.03	20602.90	14280.65	798.07	292.17	5232.00
江苏	Jiangsu	12318.57	13329.95	8397.15	1028.69	240.43	3663.68
浙江	Zhejiang	16293.77	17877.36	11941.09	1921.75	552.94	3461.58
安徽	Anhui	8470.68	9184.55	6425.54	620.71	124.59	2013.71
福建	Fujian	12321.31	13407.60	8791.56	839.36	447.98	3328.70
江西	Jiangxi	8619.66	9042.45	6222.55	532.56	81.19	2206.16
山东	Shandong	10744.79	11607.82	9026.55	492.12	151.86	1937.29
河南	Henan	8667.97	9145.98	6095.49	660.88	95.77	2293.83
湖北	Hubei	8785.94	9395.10	6576.92	419.74	112.34	2286.09
湖南	Hunan	9523.97	10106.07	6805.30	872.30	195.60	2232.87
广东	Guangdong	14769.94	16249.89	12265.04	1043.51	417.25	2524.09
广西	Guangxi	9286.70	10022.40	6975.39	519.87	176.13	2351.00
海南	Hainan	8123.94	8670.15	6071.20	661.59	198.15	1739.21
重庆	Chongqing	10243.46	11079.15	7848.52	492.44	188.22	2549.97
四川	Sichuan	8385.96	9003.59	5838.27	515.49	211.41	2438.41
贵州	Guizhou	8151.13	8385.08	5516.18	790.84	90.25	1987.80
云南	Yunnan	9265.90	9994.65	6170.93	595.45	428.07	2800.20
西藏	Tibet	9431.18	10659.31	10401.71	43.20	10.41	204.00
陕西	Shaanxi	8272.02	8902.26	6347.81	179.34	135.15	2239.96
甘肃	Gansu	8086.82	8738.11	6486.84	373.84	39.58	1837.84
青海	Qinghai	8057.85	8766.68	5613.79	513.41	62.08	2577.40
宁夏	Ningxia	8093.64	8744.86	5771.58	956.65	64.44	1952.20
新疆	Xinjiang	7990.15	8693.67	6553.47	522.14	54.51	1563.54

2-38 城镇居民家庭平均每人全年消费性支出（2005年）

Per Capita Annual Consumption Expenditure of Urban Households (2005)

单位：元 (yuan)

地 区	Region	消费性支出 Consumption Expenditure	食品 Food	衣着 Clothing	家庭设备用品及服务 Household Appliances and Services	医疗保健 Health Care and Medical Services	交通和通信 Transport and Communications	教育文化娱乐服务 Education, Culture and Recreation Services	居住 Residence	杂项商品和服务 Miscellaneous Goods and Services
全 国	**National Average**	**7942.88**	**2914.39**	**800.51**	**446.52**	**600.85**	**996.72**	**1097.46**	**808.66**	**277.75**
北 京	Beijing	13244.20	4215.56	1184.14	852.18	1295.76	1943.48	2186.55	1039.78	526.76
天 津	Tianjin	9653.26	3542.90	698.91	524.20	996.35	998.01	1283.70	1291.60	317.58
河 北	Hebei	6699.67	2315.76	787.33	414.49	642.71	772.34	795.43	762.08	209.51
山 西	Shanxi	6342.63	2056.79	933.03	359.44	538.70	604.35	932.53	727.91	189.88
内蒙古	Inner Mongolia	6928.60	2177.63	1047.91	394.37	533.36	755.51	968.81	722.62	328.39
辽 宁	Liaoning	7369.27	2860.98	740.83	304.80	751.16	744.02	849.53	792.75	325.18
吉 林	Jilin	6794.71	2356.00	826.21	279.58	675.77	733.50	800.22	845.45	277.98
黑龙江	Heilongjiang	6178.01	2071.62	877.96	282.78	613.15	596.97	802.49	695.23	237.81
上 海	Shanghai	13773.41	4940.06	940.45	800.30	796.82	1983.72	2272.76	1412.11	627.20
江 苏	Jiangsu	8621.82	3205.79	804.23	586.84	579.32	1050.88	1287.90	794.94	311.92
浙 江	Zhejiang	12253.74	4140.34	1264.06	609.18	831.79	2097.41	1849.73	1059.36	401.88
安 徽	Anhui	6367.67	2781.50	763.54	290.88	400.34	676.86	666.42	590.27	197.87
福 建	Fujian	8794.41	3595.20	708.79	455.36	478.41	1048.71	1106.95	1071.86	329.11
江 西	Jiangxi	6109.39	2495.09	647.80	426.99	326.46	567.52	805.41	646.16	193.97
山 东	Shandong	7457.31	2512.73	925.94	503.36	579.01	902.32	1039.99	751.69	242.29
河 南	Henan	6038.02	2067.51	806.39	376.27	472.31	636.57	805.08	651.98	221.91
湖 北	Hubei	6736.56	2625.41	806.67	371.00	499.34	649.87	904.76	683.89	195.62
湖 南	Hunan	7504.99	2689.39	790.70	450.97	601.34	801.27	1138.67	771.47	261.18
广 东	Guangdong	11809.87	4265.19	673.90	605.12	704.90	2333.05	1669.09	1181.42	377.20
广 西	Guangxi	7032.80	2906.73	519.96	420.66	466.04	703.39	998.87	769.77	247.38
海 南	Hainan	5928.79	2819.96	309.45	304.05	351.06	728.29	652.03	585.40	178.55
重 庆	Chongqing	8623.29	3135.65	849.53	583.50	629.32	929.92	1391.11	882.41	221.85
四 川	Sichuan	6891.27	2709.69	640.91	422.73	442.83	827.66	909.03	705.43	232.99
贵 州	Guizhou	6159.29	2458.30	702.90	335.68	403.43	625.44	811.73	583.46	238.35
云 南	Yunnan	6996.90	2997.06	643.94	291.17	663.01	930.59	775.61	543.10	152.42
西 藏	Tibet	8617.11	3830.45	1051.80	476.27	338.57	1309.95	678.26	517.53	414.27
陕 西	Shaanxi	6656.46	2401.52	673.07	371.81	605.31	630.16	1081.92	653.40	239.26
甘 肃	Gansu	6529.20	2352.82	806.26	366.20	492.23	638.63	942.75	680.78	249.53
青 海	Qinghai	6245.26	2267.36	690.76	356.53	554.11	691.25	803.08	666.38	215.79
宁 夏	Ningxia	6404.31	2228.63	776.51	417.38	535.92	705.69	769.97	711.21	259.00
新 疆	Xinjiang	6207.52	2257.44	825.98	309.97	499.16	757.09	741.35	571.72	244.80

2-39 城镇居民家庭平均每百户耐用消费品拥有量（2005年底）

Number of Major Durable Consumer Goods Owned Per 100 Urban Households (End of 2005)

地 区	Region	成套家具（套）Composite Furniture (sets)	摩托车（辆）Motorcycle (unit)	自行车（辆）Bicycle (unit)	助力车（辆）Helping Hand Car (unit)	家用汽车（辆）Automobile (unit)	洗衣机（台）Washing Machine (set)	电风扇（台）Electric Fan (set)	电冰箱（台）Refrigerator (set)
全 国	**National Average**	**77.55**	**25.00**	**120.04**	**9.54**	**3.37**	**95.51**	**172.18**	**90.72**
北 京	Beijing	93.66	6.32	193.71	5.08	14.06	104.96	134.39	104.02
天 津	Tianjin	95.73	8.13	202.40	11.13	3.00	95.80	109.13	97.80
河 北	Hebei	85.83	31.56	194.06	13.19	3.94	95.52	137.87	92.07
山 西	Shanxi	80.79	26.23	157.55	5.76	3.13	99.77	82.95	87.08
内蒙古	Inner Mongolia	74.02	27.43	179.44	6.55	3.64	95.29	61.52	85.51
辽 宁	Liaoning	39.63	7.34	107.42	3.74	1.16	87.88	72.04	88.19
吉 林	Jilin	23.67	15.91	104.23	1.85	1.41	97.02	66.90	84.59
黑龙江	Heilongjiang	40.64	9.19	81.88	0.99	1.51	91.62	51.52	77.88
上 海	Shanghai	104.90	2.70	119.10	23.50	3.80	97.30	230.10	104.40
江 苏	Jiangsu	80.19	27.42	152.85	33.86	4.29	99.38	203.39	91.89
浙 江	Zhejiang	88.47	32.65	123.36	30.12	8.71	91.45	255.90	97.79
安 徽	Anhui	66.88	21.87	124.91	8.42	0.76	97.28	241.93	91.75
福 建	Fujian	83.76	49.39	117.05	6.26	1.70	99.72	238.29	98.43
江 西	Jiangxi	72.08	24.38	107.37	5.24	0.73	95.29	239.11	90.66
山 东	Shandong	91.08	47.55	170.76	17.58	4.47	93.28	166.74	90.96
河 南	Henan	72.52	28.14	166.79	15.60	1.58	98.23	185.61	86.33
湖 北	Hubei	88.05	18.11	93.73	4.55	0.92	95.55	220.87	95.58
湖 南	Hunan	84.55	15.41	43.98	4.08	1.10	96.55	234.79	90.30
广 东	Guangdong	83.39	72.83	112.50	4.35	9.69	97.23	295.99	93.90
广 西	Guangxi	89.74	48.26	123.64	10.38	1.88	91.64	289.23	87.20
海 南	Hainan	59.11	55.43	70.09	3.00	3.52	56.33	182.12	67.00
重 庆	Chongqing	100.33	2.67	3.67	0.67	0.67	100.33	184.67	102.00
四 川	Sichuan	99.67	7.94	69.81	5.71	2.37	97.88	206.24	92.85
贵 州	Guizhou	67.17	7.29	17.08	0.13	1.81	97.10	93.50	86.13
云 南	Yunnan	70.31	21.97	114.03	9.00	7.92	90.07	29.20	78.21
西 藏	Tibet	88.00	7.00	136.00	3.00	3.00	95.00	11.00	88.00
陕 西	Shaanxi	69.30	15.45	126.79	2.16	0.44	98.29	136.04	82.89
甘 肃	Gansu	83.90	10.83	155.88	5.60	0.46	98.35	54.90	89.08
青 海	Qinghai	58.59	6.69	45.09	1.73	1.39	98.41	9.96	80.74
宁 夏	Ningxia	22.07	18.59	130.34	2.83	1.27	89.61	64.19	79.48
新 疆	Xinjiang	62.72	16.04	96.83	2.29	2.81	88.53	53.39	79.72

2-39 续表 1 continued

地区	Region	冰柜(台) Freezer (set)	彩色电视机(台) Color TV Set (set)	影碟机(台) Video Disc Player (set)	录音机(台) Tape Recorder (set)	录放像机(台) Video Recorder (set)	家用电脑(台) Computer (set)	组合音响(套) Hi-Fi Stereo Component System (set)	摄像机(架) Pickup Camera (set)
全国	**National Average**	**6.68**	**134.80**	**68.07**	**39.26**	**15.49**	**41.52**	**28.79**	**4.32**
北京	Beijing	10.09	152.81	71.39	68.89	47.50	89.16	37.30	16.25
天津	Tianjin	14.53	136.27	56.07	46.20	24.20	51.13	28.80	5.67
河北	Hebei	15.54	124.34	50.91	41.49	14.00	37.63	22.81	3.98
山西	Shanxi	8.94	113.69	50.96	37.10	12.07	30.16	17.19	2.58
内蒙古	Inner Mongolia	14.04	113.34	54.85	46.44	8.38	23.17	14.27	2.89
辽宁	Liaoning	8.19	122.07	50.96	41.68	20.71	32.88	21.60	5.72
吉林	Jilin	10.33	126.59	59.46	40.79	17.58	30.06	14.06	3.67
黑龙江	Heilongjiang	11.39	112.36	52.63	34.15	11.42	25.94	13.29	4.57
上海	Shanghai	2.10	176.70	93.00	57.70	26.00	81.10	47.70	9.90
江苏	Jiangsu	4.58	153.19	63.98	32.70	17.53	46.35	28.33	5.34
浙江	Zhejiang	4.55	178.62	70.09	39.37	19.11	59.47	36.56	5.24
安徽	Anhui	4.45	132.42	60.48	39.34	13.74	25.97	22.00	2.39
福建	Fujian	2.12	164.49	79.83	32.45	13.48	54.89	29.28	3.96
江西	Jiangxi	2.93	139.31	61.02	26.41	10.38	32.03	24.64	2.35
山东	Shandong	14.67	118.30	62.67	54.91	18.24	45.64	22.28	5.09
河南	Henan	7.29	124.62	60.77	35.82	8.39	31.82	17.96	3.11
湖北	Hubei	5.93	131.71	75.74	28.54	9.84	42.42	31.57	1.99
湖南	Hunan	4.79	129.23	71.62	27.60	10.60	34.94	32.79	2.83
广东	Guangdong	0.89	155.26	88.34	47.08	17.23	70.34	56.88	6.41
广西	Guangxi	3.54	140.39	83.07	28.48	11.17	46.67	36.73	3.36
海南	Hainan	4.95	117.32	68.49	27.05	10.48	26.21	23.89	2.98
重庆	Chongqing	4.33	155.33	80.33	24.33	15.00	51.33	42.33	3.67
四川	Sichuan	3.34	138.87	82.27	29.28	10.55	32.26	30.05	2.74
贵州	Guizhou	5.96	124.51	79.24	21.36	11.10	23.99	38.71	2.79
云南	Yunnan	1.59	122.12	80.48	40.13	18.16	29.44	36.61	2.87
西藏	Tibet	7.00	135.00	77.00	59.00	43.00	19.00	32.00	6.00
陕西	Shaanxi	2.35	128.90	62.65	42.67	14.79	27.92	23.01	2.11
甘肃	Gansu	3.71	117.98	61.88	52.52	14.18	22.99	26.53	2.06
青海	Qinghai	6.44	111.68	67.16	36.03	7.93	21.68	20.80	2.99
宁夏	Ningxia	1.81	108.64	63.27	24.55	6.53	23.15	21.76	0.67
新疆	Xinjiang	7.71	105.70	61.73	50.05	13.43	23.86	16.10	3.12

2-39 续表 2 continued

地 区	Region	照相机(架) Camera (set)	钢琴(架) Piano (set)	其他中高档乐器（件）Other Medium and High Grade Musical Instrument (unit)	微波炉(台) Oven (unit)	空调器(台) Air Conditioner (unit)	取暖器(台) Room Heater (unit)	电炊具(台) Electric Cooking Appliances (unit)	淋浴热水器(台) Shower (unit)
全 国	**National Average**	**46.94**	**2.25**	**6.63**	**47.61**	**80.67**	**35.51**	**107.20**	**72.65**
北 京	Beijing	109.14	4.12	11.32	89.14	146.47	36.06	132.70	97.01
天 津	Tianjin	52.53	1.27	2.67	74.33	102.13	22.40	97.33	86.47
河 北	Hebei	46.47	1.51	5.82	40.27	81.43	18.33	71.29	68.13
山 西	Shanxi	35.20	0.72	5.38	25.59	25.93	11.12	45.13	37.87
内蒙古	Inner Mongolia	35.40	1.11	6.88	26.18	7.64	5.71	156.76	42.59
辽 宁	Liaoning	44.52	2.38	5.70	41.94	14.29	15.43	85.50	60.52
吉 林	Jilin	42.28	1.15	6.87	35.77	4.77	11.63	125.53	42.48
黑龙江	Heilongjiang	32.00	1.57	5.56	29.08	7.18	7.78	162.43	30.47
上 海	Shanghai	85.40	4.30	7.20	95.80	168.30	81.60	180.10	90.30
江 苏	Jiangsu	45.16	2.56	4.04	76.50	123.92	50.35	116.32	82.69
浙 江	Zhejiang	51.35	2.64	7.83	58.24	146.89	45.15	115.30	90.35
安 徽	Anhui	35.84	1.96	7.89	40.54	81.82	44.83	97.06	64.14
福 建	Fujian	47.42	2.85	5.86	70.27	134.86	20.02	138.87	101.02
江 西	Jiangxi	37.35	1.50	7.17	38.93	72.41	80.29	84.02	81.77
山 东	Shandong	57.59	3.02	8.51	42.88	74.40	30.38	90.63	72.42
河 南	Henan	38.92	2.08	6.52	30.36	93.55	37.05	80.31	50.61
湖 北	Hubei	38.33	1.63	5.84	46.86	100.63	65.51	111.99	76.74
湖 南	Hunan	38.28	2.21	8.89	36.92	78.49	75.82	67.64	68.56
广 东	Guangdong	64.52	4.12	9.17	61.05	168.66	12.95	122.64	105.23
广 西	Guangxi	38.34	1.77	5.13	51.11	82.20	33.36	135.94	97.05
海 南	Hainan	21.93	2.01	3.37	20.74	45.80	0.23	127.50	69.48
重 庆	Chongqing	50.67	1.67	5.00	71.00	156.67	42.00	91.00	94.33
四 川	Sichuan	40.20	2.17	4.66	42.72	77.14	45.70	111.48	88.15
贵 州	Guizhou	33.73	1.72	5.06	35.18	10.66	59.68	98.12	55.37
云 南	Yunnan	45.12	2.25	5.18	44.77	0.43	33.99	114.49	64.80
西 藏	Tibet	56.00		2.00	34.00	5.00	58.00	25.00	25.00
陕 西	Shaanxi	41.67	1.07	8.41	35.04	70.37	21.37	94.00	63.16
甘 肃	Gansu	42.83	1.89	8.67	28.13	3.61	16.26	94.39	59.93
青 海	Qinghai	41.68	1.46	4.70	38.22		22.06	53.52	43.87
宁 夏	Ningxia	28.08	0.92	4.24	30.91	6.68	9.97	127.31	60.87
新 疆	Xinjiang	37.42	2.23	5.97	19.68	7.02	6.81	77.97	59.58

2-39 续表 3 continued

地 区	Region	排油烟机 (台) Smoke Absorber (unit)	消毒碗柜 (台) Disinfection Cupboard (unit)	洗碗机 (台) Dishwasher (unit)	饮水机 (台) Drinking Machine (unit)	吸尘器 (台) Dust Catcher (unit)	健身器材 (套) Healthy Equipment (set)	普通电话 (部) Telephone (unit)	移动电话 (部) Mobile Telephone (unit)	传真机 (部) Fax Machine (unit)
全 国	**National Average**	**67.93**	**15.77**	**0.64**	**42.40**	**13.57**	**4.68**	**94.40**	**137.00**	**1.17**
北 京	Beijing	93.36	8.73	0.97	57.07	40.09	11.86	106.84	190.00	2.65
天 津	Tianjin	85.13	2.60	0.33	40.07	24.67	3.13	93.40	122.13	0.73
河 北	Hebei	74.64	4.71	0.76	41.38	12.82	5.06	92.85	124.53	0.89
山 西	Shanxi	66.08	2.35	0.33	38.55	6.09	2.06	95.60	109.70	0.70
内蒙古	Inner Mongolia	64.37	1.68	0.23	31.14	11.58	2.07	89.60	128.38	0.62
辽 宁	Liaoning	79.01	4.96	0.63	25.49	22.14	3.37	92.74	107.14	0.56
吉 林	Jilin	80.46	5.29	0.47	30.22	16.29	5.11	88.73	142.02	0.74
黑龙江	Heilongjiang	75.08	4.65	0.66	32.84	14.97	2.70	85.78	117.02	0.79
上 海	Shanghai	82.20	14.10	0.40	59.10	54.40	9.50	102.30	180.90	5.70
江 苏	Jiangsu	79.65	6.87	0.81	50.78	17.81	5.59	130.79	120.61	2.18
浙 江	Zhejiang	87.96	21.70	0.84	56.87	18.24	6.29	96.84	174.73	3.03
安 徽	Anhui	54.86	5.76	0.41	29.92	7.99	3.86	95.94	111.33	0.24
福 建	Fujian	65.67	36.62	0.63	35.93	6.26	6.33	106.02	166.34	1.50
江 西	Jiangxi	46.22	9.91	0.48	38.35	4.51	1.77	87.80	136.26	0.16
山 东	Shandong	87.20	5.72	1.11	65.49	17.39	6.24	92.30	144.34	0.83
河 南	Henan	55.60	8.95	0.59	44.83	5.57	3.11	90.93	125.51	0.42
湖 北	Hubei	60.42	12.80	0.77	32.29	7.01	2.82	91.91	129.06	0.49
湖 南	Hunan	36.96	23.50	0.78	36.03	4.92	4.80	84.96	136.36	1.42
广 东	Guangdong	81.61	81.11	1.13	41.95	12.50	8.41	101.40	187.39	2.67
广 西	Guangxi	56.90	54.13	0.48	41.92	7.10	3.82	87.79	154.37	1.37
海 南	Hainan	53.53	52.19	0.69	30.46	1.92	1.46	97.32	128.37	0.86
重 庆	Chongqing	41.67	10.00	0.33	47.33	9.67	5.67	94.33	154.33	1.00
四 川	Sichuan	40.76	9.64	0.13	38.55	6.93	3.64	89.96	127.91	0.44
贵 州	Guizhou	36.92	26.86	0.20	55.85	5.25	2.75	89.42	119.22	0.58
云 南	Yunnan	73.10	11.74	0.83	62.87	8.65	3.95	83.16	130.77	0.72
西 藏	Tibet	40.00	8.00	2.00	39.00	7.00	1.00	89.00	112.00	
陕 西	Shaanxi	63.83	5.05	0.21	33.99	6.88	3.16	88.88	116.86	0.29
甘 肃	Gansu	83.85	3.54	0.74	43.22	7.09	1.78	82.38	120.52	0.23
青 海	Qinghai	79.77	5.28	0.72	34.44	8.26	2.11	86.75	126.41	0.81
宁 夏	Ningxia	64.59	2.82	0.13	35.60	7.66	2.49	85.10	122.67	0.66
新 疆	Xinjiang	76.68	4.56	0.78	32.65	16.24	3.89	87.23	108.61	0.37

2-40 按来源分农村居民家庭人均纯收入（2005年）

Per Capita Annual Net Income of Rural Households by Sources (2005)

单位：元 (yuan)

地区	Region	纯收入 Net Income	工资性收入 Income from Wages and Salaries	家庭经营纯收入 Income from Household Operations	财产性收入 Income from Properties	转移性收入 Income from Transfers
全国	**National Average**	**3254.93**	**1174.53**	**1844.53**	**88.45**	**147.42**
北京	Beijing	7346.26	4524.25	1778.33	588.04	455.64
天津	Tianjin	5579.87	2720.85	2626.46	152.88	79.68
河北	Hebei	3481.64	1293.50	1988.58	93.74	105.81
山西	Shanxi	2890.66	1177.94	1563.52	62.70	86.49
内蒙古	Inner Mongolia	2988.87	504.46	2223.26	73.05	188.10
辽宁	Liaoning	3690.21	1212.20	2163.49	113.24	201.28
吉林	Jilin	3263.99	510.96	2395.50	148.35	209.19
黑龙江	Heilongjiang	3221.27	464.31	2363.92	230.63	162.41
上海	Shanghai	8247.77	6159.70	774.60	457.52	855.95
江苏	Jiangsu	5276.29	2786.11	2124.97	150.44	214.76
浙江	Zhejiang	6659.95	3238.77	2789.40	278.92	352.86
安徽	Anhui	2640.96	1010.05	1499.25	44.91	86.75
福建	Fujian	4450.36	1650.65	2365.02	98.73	335.96
江西	Jiangxi	3128.89	1227.94	1786.41	25.78	88.76
山东	Shandong	3930.55	1437.57	2258.05	102.80	132.13
河南	Henan	2870.58	853.95	1913.66	35.85	67.13
湖北	Hubei	3099.20	941.64	2049.04	16.81	91.71
湖南	Hunan	3117.74	1228.79	1713.35	42.05	133.55
广东	Guangdong	4690.49	2562.39	1731.97	167.25	228.88
广西	Guangxi	2494.67	907.36	1516.36	18.30	52.66
海南	Hainan	3004.03	473.06	2345.56	55.58	129.83
重庆	Chongqing	2809.32	1088.80	1541.48	30.69	148.35
四川	Sichuan	2802.78	954.89	1681.63	41.59	124.65
贵州	Guizhou	1876.96	583.28	1153.36	35.51	104.81
云南	Yunnan	2041.79	348.31	1530.13	75.52	87.84
西藏	Tibet	2077.90	565.18	1187.13	217.22	108.37
陕西	Shaanxi	2052.63	756.71	1118.91	56.92	120.09
甘肃	Gansu	1979.88	586.71	1263.42	20.57	109.18
青海	Qinghai	2151.46	560.52	1359.56	61.99	169.40
宁夏	Ningxia	2508.89	702.10	1561.94	48.62	196.24
新疆	Xinjiang	2482.15	195.51	2140.76	33.87	112.01

2-41 农村居民家庭平均每人生活消费支出（2005年）

Per Capita Consumption Expenditure of Rural Households (2005)

单位：元 (yuan)

地 区	Region	生活消费支出合计 Consumption Expenditure	食 品 Food	衣 着 Clothing	居 住 Residence	家庭设备及服务 Household Appliances and Services	交通和通讯 Transport, and Communi-cations	文教、娱乐用品及服务 Education, Cultural and Recreation and Services	医疗保健 Health Care and Medical Services	其他商品及服务 Other Goods and Services
全 国	**National Average**	**2555.40**	**1162.16**	**148.57**	**370.16**	**111.44**	**244.98**	**295.48**	**168.09**	**54.52**
北 京	Beijing	5315.71	1735.95	378.66	854.35	326.89	615.49	796.99	504.20	103.18
天 津	Tianjin	3035.96	1171.39	257.26	614.29	117.11	327.58	328.86	179.18	40.29
河 北	Hebei	2165.72	888.37	155.52	398.90	101.49	221.96	225.79	134.77	38.92
山 西	Shanxi	1877.70	830.48	202.35	200.56	68.93	160.27	279.54	102.90	32.66
内蒙古	Inner Mongolia	2446.17	1054.26	150.01	334.69	84.41	293.32	309.40	176.44	43.64
辽 宁	Liaoning	2805.94	1127.23	221.02	378.21	100.42	300.71	376.93	233.53	67.90
吉 林	Jilin	2305.98	1003.22	168.21	256.66	81.92	284.86	261.09	193.57	56.44
黑龙江	Heilongjiang	2544.65	923.59	184.11	526.99	73.77	256.58	277.00	253.52	49.09
上 海	Shanghai	7277.94	2683.89	366.44	1319.76	458.11	747.54	936.51	561.72	203.97
江 苏	Jiangsu	3567.11	1569.27	191.15	512.47	167.97	363.76	478.94	198.56	84.98
浙 江	Zhejiang	5432.95	2061.44	318.86	914.06	260.45	618.26	722.95	415.63	121.31
安 徽	Anhui	2196.23	999.79	117.41	344.86	106.36	196.72	256.80	133.68	40.61
福 建	Fujian	3292.63	1517.60	186.70	457.26	154.42	365.60	356.54	154.03	100.47
江 西	Jiangxi	2483.70	1220.53	124.52	326.20	96.36	229.59	276.26	154.68	55.57
山 东	Shandong	2735.77	1087.65	159.73	445.71	136.54	294.37	377.16	188.48	46.13
河 南	Henan	1891.57	858.97	132.36	317.97	82.69	159.73	177.66	123.41	38.76
湖 北	Hubei	2430.19	1192.26	125.01	310.27	110.04	223.16	271.86	135.37	62.23
湖 南	Hunan	2756.43	1433.01	127.89	307.28	114.31	218.96	329.28	168.19	57.50
广 东	Guangdong	3707.73	1789.42	143.50	530.30	152.12	411.64	360.73	203.85	116.17
广 西	Guangxi	2349.60	1186.71	79.48	379.65	95.47	214.07	226.38	123.39	44.45
海 南	Hainan	1969.09	1134.75	66.35	146.00	92.28	178.00	198.70	93.00	60.00
重 庆	Chongqing	2142.12	1130.35	95.96	231.15	95.78	163.05	249.71	142.65	33.48
四 川	Sichuan	2274.17	1244.36	116.35	234.05	102.13	171.50	225.16	144.45	36.18
贵 州	Guizhou	1552.39	819.87	79.59	235.50	61.69	99.22	160.91	71.79	23.82
云 南	Yunnan	1789.00	975.72	80.33	225.79	67.03	99.81	182.62	122.33	35.37
西 藏	Tibet	1723.76	1185.23	182.45	84.24	81.24	79.26	28.20	44.44	38.70
陕 西	Shaanxi	1896.48	812.93	124.36	211.71	83.61	163.17	297.33	165.82	37.55
甘 肃	Gansu	1819.58	858.89	92.33	240.74	74.09	155.03	257.88	113.96	26.65
青 海	Qinghai	1976.03	893.32	156.11	329.33	83.96	208.43	109.53	152.33	43.03
宁 夏	Ningxia	2094.48	922.54	143.09	345.93	77.16	178.47	177.90	198.84	50.55
新 疆	Xinjiang	1924.41	803.82	171.40	333.19	68.03	183.00	159.32	169.28	36.38

2-42 农村居民家庭平均每人生活消费现金支出（2005年）

Per Capita Cash Consumption Expenditure of Rural Households (2005)

单位：元 (yuan)

地区	Region	生活消费支出合计 Consumption Expenditure	食品 Food	衣着 Clothing	居住 Residence	家庭设备及服务 Household Appliances and Services	交通和通讯 Transport, and Communi-cations	文教、娱乐用品及服务 Education, Cultural and Recreation and Services	医疗保健 Health Care and Medical Services	其他商品及服务 Other Goods and Services
全国	**National Average**	**2134.58**	**770.69**	**147.94**	**342.33**	**110.92**	**244.98**	**295.48**	**168.09**	**54.14**
北京	Beijing	5273.62	1697.31	378.53	853.21	326.34	615.49	796.99	504.20	101.56
天津	Tianjin	2956.11	1092.20	256.60	614.29	117.10	327.58	328.86	179.18	40.29
河北	Hebei	1916.94	640.06	155.25	398.90	101.47	221.96	225.79	134.77	38.74
山西	Shanxi	1636.83	596.81	202.29	193.57	68.92	160.27	279.54	102.90	32.53
内蒙古	Inner Mongolia	1992.06	645.74	147.19	293.95	84.36	293.32	309.40	176.44	41.66
辽宁	Liaoning	2491.54	837.49	220.15	354.44	100.39	300.71	376.93	233.53	67.90
吉林	Jilin	1990.22	736.86	168.06	207.45	81.89	284.86	261.09	193.57	56.44
黑龙江	Heilongjiang	2295.17	751.02	184.11	450.08	73.77	256.58	277.00	253.52	49.09
上海	Shanghai	7091.46	2497.42	366.44	1319.75	458.11	747.54	936.51	561.72	203.97
江苏	Jiangsu	3137.88	1155.59	191.15	497.99	166.90	363.76	478.94	198.56	84.98
浙江	Zhejiang	5178.56	1835.27	318.46	886.38	260.42	618.26	722.95	415.63	121.19
安徽	Anhui	1797.66	638.93	117.21	310.20	103.63	196.72	256.80	133.68	40.49
福建	Fujian	2928.89	1211.73	186.69	402.89	154.42	365.60	356.54	154.03	96.98
江西	Jiangxi	1946.19	727.55	124.43	281.99	96.34	229.59	276.26	154.68	55.35
山东	Shandong	2470.39	826.92	158.67	442.75	136.54	294.37	377.16	188.48	45.51
河南	Henan	1520.18	533.67	131.94	272.55	82.62	159.73	177.66	123.41	38.59
湖北	Hubei	1813.40	611.09	121.77	278.56	109.36	223.16	271.86	135.37	62.23
湖南	Hunan	2178.48	873.14	127.73	289.36	114.31	218.96	329.28	168.19	57.50
广东	Guangdong	3224.28	1369.96	143.49	466.47	151.96	411.64	360.73	203.85	116.17
广西	Guangxi	1860.36	750.52	79.48	326.66	95.47	214.07	226.38	123.39	44.39
海南	Hainan	1523.85	719.64	66.35	115.88	92.28	178.00	198.70	93.00	60.00
重庆	Chongqing	1494.18	509.51	95.95	204.16	95.68	163.05	249.71	142.65	33.48
四川	Sichuan	1623.02	623.61	116.01	208.05	98.25	171.50	225.16	144.45	35.99
贵州	Guizhou	1095.55	375.37	79.59	224.22	61.66	99.22	160.91	71.79	22.79
云南	Yunnan	1256.84	485.96	80.28	183.70	66.97	99.81	182.62	122.33	35.17
西藏	Tibet	969.45	447.00	177.25	74.97	79.68	79.26	28.20	44.44	38.63
陕西	Shaanxi	1642.78	562.25	124.19	208.85	83.61	163.17	297.33	165.82	37.55
甘肃	Gansu	1295.65	347.30	92.13	228.92	73.80	155.03	257.88	113.96	26.63
青海	Qinghai	1445.35	406.48	154.63	294.85	82.63	208.43	109.53	152.33	36.48
宁夏	Ningxia	1648.53	484.11	143.05	338.45	77.16	178.47	177.90	198.84	50.55
新疆	Xinjiang	1582.17	476.09	166.90	324.04	67.17	183.00	159.32	169.28	36.38

2-43 农村居民家庭平均每百户主要耐用消费品拥有量（2005年底）

Number of Durable Consumer Goods Owned Per 100 Rural Households (End of 2005)

地 区	Region	大型家具（件）Large Furniture (unit)	洗衣机（台）Washing Machine (unit)	电风扇（台）Electric Fan (unit)	电冰箱（台）Refrigerator (unit)	空调机（台）Air Conditioner (unit)	抽油烟机（台）Exhaust Fan (unit)	自行车（辆）Bicycle (unit)
全 国	**National Average**	**304.26**	**40.20**	**146.35**	**20.10**	**6.40**	**5.98**	**98.37**
北 京	Beijing	278.80	97.07	153.47	100.00	53.47	42.00	196.00
天 津	Tianjin	144.00	94.17	136.50	78.67	42.17	19.83	182.83
河 北	Hebei	246.57	74.17	161.00	30.64	4.48	3.81	174.38
山 西	Shanxi	305.43	69.29	58.19	14.43	1.00	2.57	102.81
内蒙古	Inner Mongolia	169.08	36.12	17.52	12.86	0.19	1.55	60.97
辽 宁	Liaoning	141.69	63.71	58.73	28.04	0.79	7.35	104.29
吉 林	Jilin	89.44	59.06	20.81	14.44	0.19	1.06	67.50
黑龙江	Heilongjiang	70.40	65.22	19.33	16.34	0.04	5.31	72.59
上 海	Shanghai	278.17	85.67	306.17	89.00	84.00	60.00	173.50
江 苏	Jiangsu	322.38	67.88	241.50	36.03	22.24	12.65	162.15
浙 江	Zhejiang	372.52	51.70	294.07	66.48	40.56	37.41	130.89
安 徽	Anhui	293.61	32.71	202.84	21.71	5.32	2.19	114.32
福 建	Fujian	253.79	46.21	194.34	38.13	10.99	9.62	68.13
江 西	Jiangxi	260.69	7.02	176.41	10.53	2.00	1.80	96.90
山 东	Shandong	336.43	40.90	175.50	28.60	4.02	6.00	169.26
河 南	Henan	301.93	55.67	170.57	13.48	5.19	0.48	133.38
湖 北	Hubei	360.79	26.39	179.36	14.82	3.79	3.12	79.09
湖 南	Hunan	503.27	27.30	199.68	13.73	2.54	1.51	50.03
广 东	Guangdong	445.82	29.49	289.77	24.73	18.13	15.94	109.65
广 西	Guangxi	200.09	6.80	241.52	6.67	0.61	1.08	86.06
海 南	Hainan	195.42	3.89	125.28	7.36	0.42	0.97	48.06
重 庆	Chongqing	353.72	21.50	156.28	13.56	2.17	1.33	14.06
四 川	Sichuan	516.33	40.85	170.45	12.33	1.05	0.88	42.98
贵 州	Guizhou	429.96	29.91	44.73	8.79	0.71	1.07	7.46
云 南	Yunnan	102.08	21.25	8.71	6.92	0.38	0.75	30.96
西 藏	Tibet	534.79	6.46	0.42	4.58			32.29
陕 西	Shaanxi	245.95	53.38	88.74	8.02	1.31	0.63	110.00
甘 肃	Gansu	320.17	39.06	26.33	7.06	1.06	0.78	102.50
青 海	Qinghai	303.50	44.00	4.00	18.00	0.17	1.33	39.33
宁 夏	Ningxia	424.67	44.50	25.50	10.17		1.17	120.33
新 疆	Xinjiang	241.74	28.26	17.03	20.13	0.39	1.23	80.97

2-43 续表 continued

地 区	Region	摩托车 (辆) Motorcycle (unit)	电话机 (部) Telephone Set (unit)	黑白电视机 (台) Black and White TV Set (unit)	彩色电视机 (台) Color TV Set (unit)	录放像机 (台) Video-recorder (unit)	收录机 (台) Radio Cassette Player (unit)	照相机 (架) Camera (unit)	家用计算机 (台) Computer (set)
全 国	**National Average**	**40.70**	**58.30**	**21.77**	**84.00**	**3.00**	**10.98**	**4.05**	**2.10**
北 京	Beijing	45.33	105.07	4.40	130.67	8.80	22.40	33.07	29.87
天 津	Tianjin	53.50	84.50	1.33	116.50	4.33	18.67	10.00	6.00
河 北	Hebei	58.17	76.74	14.60	102.14	2.83	11.10	3.50	1.21
山 西	Shanxi	39.29	50.29	21.86	82.33	1.95	17.10	4.81	0.57
内蒙古	Inner Mongolia	49.56	39.71	14.76	87.09	0.68	16.17	2.82	0.29
辽 宁	Liaoning	45.40	87.25	9.05	102.28	4.44	8.94	6.14	2.59
吉 林	Jilin	43.75	71.19	10.38	97.94	1.88	9.63	2.56	0.19
黑龙江	Heilongjiang	34.02	71.34	11.70	97.01	1.16	10.22	2.63	0.71
上 海	Shanghai	72.00	114.83	21.33	157.33	13.50	27.00	18.00	32.00
江 苏	Jiangsu	52.74	89.38	31.41	104.71	6.76	11.76	6.71	2.88
浙 江	Zhejiang	62.63	96.52	20.89	133.63	10.52	14.89	9.22	11.19
安 徽	Anhui	34.65	72.84	32.23	84.65	2.35	7.68	3.06	0.77
福 建	Fujian	75.22	94.18	13.85	109.67	3.96	6.76	5.49	4.89
江 西	Jiangxi	43.39	61.92	35.39	82.33	2.20	3.92	1.84	2.00
山 东	Shandong	65.21	85.86	19.21	90.98	2.95	12.00	7.00	2.29
河 南	Henan	39.14	51.33	26.52	81.69	0.88	6.33	2.14	0.57
湖 北	Hubei	39.15	51.67	27.42	83.18	0.82	4.59	1.88	1.09
湖 南	Hunan	29.86	56.19	33.59	73.62	0.89	5.05	1.89	0.95
广 东	Guangdong	86.88	82.38	8.28	103.91	5.00	9.77	6.52	9.26
广 西	Guangxi	57.14	56.58	29.22	80.91	0.48	5.54	1.60	0.52
海 南	Hainan	77.22	43.75	3.47	77.36	8.06	11.39	1.53	1.53
重 庆	Chongqing	12.56	59.83	24.94	79.22	1.83	3.72	1.28	0.17
四 川	Sichuan	24.85	52.98	30.93	81.80	2.60	6.73	2.58	0.63
贵 州	Guizhou	14.02	32.59	12.99	66.79	0.58	2.41	0.63	0.45
云 南	Yunnan	16.25	23.29	15.46	70.46	2.38	8.33	1.83	0.71
西 藏	Tibet	12.71	15.83	2.50	48.54	3.13	49.17	2.50	0.42
陕 西	Shaanxi	35.81	60.05	22.48	88.20	0.95	7.12	1.98	0.50
甘 肃	Gansu	37.06	54.56	19.67	86.44	1.50	31.44	2.78	0.28
青 海	Qinghai	52.83	46.67	12.67	81.17	2.17	35.17	2.50	
宁 夏	Ningxia	63.50	51.50	22.50	92.67		17.00	3.17	0.17
新 疆	Xinjiang	45.42	36.26	35.16	61.81	9.29	41.55	3.23	

2-44 城市建设情况（2005年）

Statistics on City Construction (2005)

地 区	Region	建成区面积 (平方公里) Developed Areas (sq.km)	征用土地面积 (平方公里) Land Put in Requisition for State Construction Projects (sq.km)	城市人口密度 (人/平方公里) Population Density of Urban Area (persons/sq.km)	年末实有房屋建筑面积 (万平方米) Total Floor Space of Buildings (year-end) (10 000 sq.m)	年末实有住宅建筑面积 (万平方米) Total Floor Space of Residential Buildings (year-end) (10 000 sq.m)
全 国	**National Total**	**32520.7**	**1263.5**	**870.2**	**1645064.1**	**1076899.6**
北 京	Beijing	1200.0		937.2	50507.0	28922.0
天 津	Tianjin	530.0		863.5	22578.1	14043.2
河 北	Hebei	1316.4	49.0	2131.9	73900.8	52231.5
山 西	Shanxi	709.3	11.8	1587.8	40811.0	28663.6
内蒙古	Inner Mongolia	824.4	13.3	538.4	34812.8	21798.9
辽 宁	Liaoning	1779.9	71.9	1242.7	74152.6	44977.5
吉 林	Jilin	942.9	23.1	785.4	38612.6	25412.4
黑龙江	Heilongjiang	1496.0	21.0	342.4	64005.3	44504.3
上 海	Shanghai	819.9	97.2	2718.2	64197.8	37996.5
江 苏	Jiangsu	2378.6	117.4	1321.4	124416.8	75836.7
浙 江	Zhejiang	1679.7	155.3	1269.8	103567.4	74662.7
安 徽	Anhui	1260.4	98.3	1448.8	46232.3	30980.2
福 建	Fujian	672.6	31.8	1000.2	44907.5	32307.3
江 西	Jiangxi	663.6	41.7	2739.7	40396.3	28004.4
山 东	Shandong	2675.5	157.1	921.4	119180.4	69942.9
河 南	Henan	1572.0	37.0	5404.8	84213.6	56629.4
湖 北	Hubei	1417.3	20.3	628.1	67018.3	43780.1
湖 南	Hunan	1032.9	30.3	1134.6	70927.2	45303.3
广 东	Guangdong	3619.1	105.1	1362.5	151808.0	100395.0
广 西	Guangxi	772.2	28.7	711.4	53195.7	39106.5
海 南	Hainan	194.2		2930.9	8812.4	5430.8
重 庆	Chongqing	582.5	34.9	1093.1	34998.4	23112.0
四 川	Sichuan	1442.9	30.2	254.5	83484.2	55713.6
贵 州	Guizhou	371.9	7.7	906.5	16386.7	12817.5
云 南	Yunnan	472.4	16.2	497.2	33553.6	22622.3
西 藏	Tibet	74.8	0.7	1256.9	1285.8	1145.2
陕 西	Shaanxi	561.7	13.3	2531.1	32805.9	21804.1
甘 肃	Gansu	507.4	18.1	6030.9	25833.1	15171.7
青 海	Qinghai	105.9	1.3	2001.3	4500.0	3300.0
宁 夏	Ningxia	248.9	19.6	188.5	8550.8	4986.3
新 疆	Xinjiang	595.5	11.5	230.2	25411.9	15297.7

2-45 城市供水情况（2005年）

Basic Statistics on Tap Water Supply in Cities (2005)

地 区	Region	年末供水综合生产能力（万立方米/日）Production Capacity of Tap Water Supply (year-end) (10 000 cu.m/day)	年末供水管道长度（公里）Length of Water Supply Pipelines (year-end) (km)	全年供水总量（万立方米）Total Annual Volume of Water Supply (10 000 cu.m)	#生活用水 For Residential Use	#生产用水 For Productive Use	用水人口（万人）Number of Residents with Access to Tap Water (10 000 persons)	人均日生活用水量（升）Per Capita Daily Consumption of Tap Water for Residential Use (liter)
全 国	**National Total**	**24719.8**	**379332.1**	**5020601**	**2437374**	**2098008**	**32723.4**	**204.1**
北 京	Beijing	1065.7	18175.1	144757	92353	36265	1654.7	152.9
天 津	Tianjin	359.0	7093.3	68236	28885	31430	640.5	123.6
河 北	Hebei	830.9	11336.5	150484	69907	65099	1324.1	144.6
山 西	Shanxi	346.0	5939.4	86516	35703	46285	812.8	120.4
内蒙古	Inner Mongolia	308.8	5864.4	61081	25500	31307	537.7	129.9
辽 宁	Liaoning	1339.1	23211.5	282618	103683	130232	1928.8	147.3
吉 林	Jilin	685.0	6770.8	154409	45566	96931	904.8	138.0
黑龙江	Heilongjiang	654.4	9796.2	120157	62193	45801	1127.1	151.2
上 海	Shanghai	1450.6	25482.2	335517	170084	126766	1778.0	262.1
江 苏	Jiangsu	1977.6	43889.6	390460	185906	161320	2408.5	211.5
浙 江	Zhejiang	1256.7	27033.2	261613	119831	113656	1345.9	243.9
安 徽	Anhui	1032.7	8745.3	204886	72959	121785	1021.4	195.7
福 建	Fujian	700.0	7563.3	119814	61662	52841	630.6	267.9
江 西	Jiangxi	654.2	6078.9	147045	57585	70929	667.0	236.5
山 东	Shandong	1385.3	28798.9	275364	134573	121756	2629.4	140.2
河 南	Henan	1026.5	12632.4	183436	79462	84437	1480.4	147.1
湖 北	Hubei	1424.8	16998.9	285230	161817	113411	1616.0	274.3
湖 南	Hunan	1254.6	9862.3	267800	96300	137001	946.8	278.7
广 东	Guangdong	2995.6	45867.0	738573	419159	252800	3586.9	320.2
广 西	Guangxi	656.2	8594.3	132888	64785	58534	652.4	272.0
海 南	Hainan	149.4	2063.6	24015	17269	4241	140.0	337.8
重 庆	Chongqing	405.6	6766.2	71032	39962	25683	669.7	163.5
四 川	Sichuan	880.5	14061.6	171778	110538	54642	1361.6	222.4
贵 州	Guizhou	297.2	3423.6	50101	27985	13068	452.4	169.5
云 南	Yunnan	282.4	5537.5	61818	35361	13554	442.0	219.2
西 藏	Tibet	17.8	373.7	6735	5158	1143	20.9	676.1
陕 西	Shaanxi	355.4	4434.6	71170	38927	21905	734.8	145.1
甘 肃	Gansu	368.9	5520.9	59810	25262	29785	440.0	157.3
青 海	Qinghai	71.8	1000.0	15116	8559	6016	96.5	242.9
宁 夏	Ningxia	127.6	1830.7	24283	10052	11468	161.7	170.3
新 疆	Xinjiang	359.7	4586.1	53859	30388	17917	510.0	163.2

2-46 城市燃气情况（2005年）

Basic Statistics on Supply of Gas in Cities (2005)

地　区	Region	人工煤气生产能力（万立方米/日）Production Capacity of Gaswork Gas (10 000 cu.m/day)	管道长度（公里）Length of Gas Pipelines (km)			全年供气总量 Volume of Gas Supply			用气人口（万人）Population with Access to Gas (10 000 persons)		
			人工煤气 Coal Gas	液化石油气 Liquefied Petroleum Gas	天然气 Natural Gas	人工煤气（万立方米）Coal Gas (10 000 cu.m)	液化石油气（吨）Liquefied Petroleum Gas (ton)	天然气（万立方米）Natural Gas (10 000 cu.m)	人工煤气 Coal Gas	液化石油气 Liquefied Petroleum Gas	天然气 Natural Gas
全　国	**National Total**	**9423.5**	**51403.7**	**18661.9**	**92043.1**	**2558343**	**12220141**	**2104951**	**4368.6**	**18012.8**	**7104.4**
北　京	Beijing		115.0	176.0	7124.0	20211	374358	317397	21.9	340.8	880.0
天　津	Tianjin	185.0	1461.3	173.9	6750.8	28803	61503	68966	96.5	122.9	411.5
河　北	Hebei	169.9	3605.9	125.2	2550.1	78435	327294	25374	400.9	705.0	142.0
山　西	Shanxi	383.1	3483.2	1.4	441.2	82291	42004	10802	394.7	169.7	50.2
内蒙古	Inner Mongolia	195.4	1008.0	80.2	619.0	6887	138348	9444	92.9	294.5	49.6
辽　宁	Liaoning	190.8	4897.2	436.5	4979.0	63614	402659	36817	531.5	713.1	566.6
吉　林	Jilin	87.4	2138.0	200.6	2776.0	13755	184269	17333	169.2	493.0	166.9
黑龙江	Heilongjiang	232.0	2433.5	156.8	1193.0	40199	228630	19555	289.4	612.3	103.7
上　海	Shanghai	1134.3	8468.6		6370.4	199744	452613	174962	662.3	710.9	521.9
江　苏	Jiangsu	3811.4	5320.5	2530.5	8051.1	1290834	1129147	87634	234.1	1764.6	380.4
浙　江	Zhejiang	29.3	1140.3	3303.7	2892.8	27686	1060572	10428	83.3	1135.2	118.9
安　徽	Anhui	35.5	644.4	1010.1	2973.8	8723	613614	11564	67.0	540.9	207.8
福　建	Fujian	8.0	228.0	2262.8		1810	378053		11.2	603.5	
江　西	Jiangxi	122.8	1588.6	266.1	477.4	31707	174521	1051	130.6	411.6	38.4
山　东	Shandong	126.4	5743.3	1025.5	5937.2	47743	572194	116691	356.5	1835.6	381.3
河　南	Henan	202.3	1221.3	205.0	5755.2	117592	225864	53337	142.4	573.8	398.7
湖　北	Hubei	121.0	158.0	575.4	3976.8	9184	311171	17422	22.3	1142.0	263.9
湖　南	Hunan	167.2	695.3	1260.6	1327.9	44064	294718	5632	74.6	647.6	61.6
广　东	Guangdong	141.4	2148.1	3537.8	1172.9	29310	4101990	71597	162.9	3222.5	78.5
广　西	Guangxi	14.1	440.0	940.3	105.3	4483	315998	84	24.9	550.9	0.5
海　南	Hainan			12.5	533.5		66866	6360		113.4	21.1
重　庆	Chongqing				7620.8		95577	164614		71.7	509.0
四　川	Sichuan	355.0	442.0	44.2	12274.5	128252	164266	598531	32.5	152.2	966.5
贵　州	Guizhou	100.8	1930.5	99.2	17.5	19209	53779	6199	124.8	189.3	1.7
云　南	Yunnan	78.0	1492.8	141.2	110.0	20287	70436	14500	177.3	141.0	4.9
西　藏	Tibet						1500	808		2.8	15.4
陕　西	Shaanxi		18.0	36.0	2151.0	4365	121943	76285	27.4	242.9	358.8
甘　肃	Gansu	6.0	188.0		147.0	3802	71904	4100	24.0	141.9	117.6
青　海	Qinghai				501.1		14339	63606		36.9	32.6
宁　夏	Ningxia		314.0		1026.9	3013	22697	68193	8.8	90.4	34.1
新　疆	Xinjiang	1526.4	80.0	60.4	2186.8	232340	147314	45665	5.0	240.2	220.4

2-47 城市集中供热情况（2005年）

Basic Statistics on Heating in Cities (2005)

地 区	Region	供应能力 Heating Capacity		供热总量 Quantity of Heat Supplied		管道长度 Length of Heating Pipelines		供热面积（万平方米）
		蒸 汽（吨/小时） Steam (ton/hour)	热 水（兆瓦） Hot Water (Mega Watts)	蒸 汽（万吉焦） Steam (10 000 gigajoules)	热 水（万吉焦） Hot Water (10 000 gigajoules)	蒸 汽（公里） Steam (km)	热 水（公里） Hot Water (km)	Area of Centralized Heating (10 000 sq.m)
全 国	**National Total**	**106723**	**197976**	**71493**	**139542**	**14772**	**71338**	**252056.2**
北 京	Beijing	2297	30115	812	15142	173	6272	31736.2
天 津	Tianjin	3294	10563	1966	7572	415	8290	14040.9
河 北	Hebei	9290	13917	7825	8796	1080	5388	18552.2
山 西	Shanxi	3133	8578	1868	5945	674	2364	12708.1
内蒙古	Inner Mongolia	844	10887	528	9330	96	3445	11253.9
辽 宁	Liaoning	12583	36051	6435	22508	2312	14093	47620.7
吉 林	Jilin	4749	18925	1813	13518	444	4904	19585.2
黑龙江	Heilongjiang	5937	23952	2496	24076	603	10064	24397.4
上 海	Shanghai							
江 苏	Jiangsu	19744	200	14499	20	1896		9396.6
浙 江	Zhejiang	4569	233	4923	93	650	59	3942.0
安 徽	Anhui	2006	135	1013	35	223	22	313.4
福 建	Fujian		286		57		19	272.0
江 西	Jiangxi							
山 东	Shandong	22770	16744	14326	10338	4353	7867	26197.8
河 南	Henan	4698	2118	2454	1248	857	1252	5361.4
湖 北	Hubei	1404	78	741	16	100	10	849.0
湖 南	Hunan	105		6		8		250.0
广 东	Guangdong							
广 西	Guangxi							
海 南	Hainan							
重 庆	Chongqing							
四 川	Sichuan	160		134		42		15.0
贵 州	Guizhou							
云 南	Yunnan							
西 藏	Tibet							
陕 西	Shaanxi	2240	1806	1682	1402	377	505	3317.9
甘 肃	Gansu	4813	5791	6636	5586	200	2743	6844.0
青 海	Qinghai		173		236		72	110.6
宁 夏	Ningxia	646	5115	241	5437	132	1151	4327.7
新 疆	Xinjiang	1441	12309	1095	8187	137	2818	10964.4

2-48 城市市政设施（2005年）

Basic Statistics on Municipal Infrastructure in Cities (2005)

地区	Region	年末实有道路长度（公里）Length of Paved Roads (year-end) (km)	年末实有道路面积（万平方米）Area of Paved Roads (year-end) (10 000 sq.m)	城市桥梁（座）Number of City Bridges (unit)	城市排水管道长度（公里）Length of City Sewage Pipes (km)	城市污水日处理能力（万立方米）Daily Disposal Capacity of City Sewage (10 000 cu.m)	城市路灯（盏）Number of Street Lights (unit)
全国	**National Total**	**247014.9**	**392166.5**	**52123**	**241055.7**	**7989.7**	**12070195**
北京	Beijing	15948.0	16227.0		6474.5	334.6	268703
天津	Tianjin	5460.0	6669.0	563	10889.4	157.8	175696
河北	Hebei	8369.2	16123.5	1283	10262.7	313.0	373206
山西	Shanxi	4965.3	7137.2	680	3351.5	143.9	316190
内蒙古	Inner Mongolia	3867.0	6502.1	288	4505.5	105.5	431672
辽宁	Liaoning	10556.1	16337.2	1232	10518.6	410.8	785639
吉林	Jilin	5423.4	8451.8	570	5085.5	155.8	245129
黑龙江	Heilongjiang	9318.3	11284.8	673	5918.3	281.3	483313
上海	Shanghai	12227.0	20942.0	8070	6933.0	481.0	301285
江苏	Jiangsu	28673.5	40829.4	12451	28567.5	1023.9	1295670
浙江	Zhejiang	12523.2	21774.2	6442	18607.3	412.6	727278
安徽	Anhui	7985.5	13454.0	1125	7605.7	269.7	293524
福建	Fujian	4919.4	7703.4	1276	5911.3	249.0	323697
江西	Jiangxi	3916.1	6667.4	434	3563.8	120.7	361519
山东	Shandong	25161.8	42605.2	3620	23288.1	538.3	821555
河南	Henan	7089.6	15653.4	1075	10200.5	267.4	477873
湖北	Hubei	14170.6	20524.9	1677	9124.3	449.5	332619
湖南	Hunan	5978.2	9935.8	482	5593.8	275.7	295972
广东	Guangdong	24289.3	43695.9	4666	27577.1	633.6	1272744
广西	Guangxi	5075.3	8122.9	583	4116.3	372.4	391972
海南	Hainan	1132.0	2352.5	128	1925.9	43.2	95400
重庆	Chongqing	3629.8	5605.3	668	4106.1	168.9	188977
四川	Sichuan	9021.2	15266.5	1936	9655.7	226.4	711435
贵州	Guizhou	2203.6	2959.5	302	3599.6	34.5	136740
云南	Yunnan	2767.0	3836.6	569	2952.4	173.9	183147
西藏	Tibet	487.0	529.3	32	278.8		13006
陕西	Shaanxi	3190.6	6457.3	477	3250.2	68.1	225373
甘肃	Gansu	2960.2	4972.1	315	2721.9	72.9	126258
青海	Qinghai	557.3	935.9	63	554.4	8.5	29316
宁夏	Ningxia	1300.8	2626.3	128	956.2	64.1	134971
新疆	Xinjiang	3848.7	5984.1	315	2959.9	132.7	250316

2-49 城市公共交通情况（2005年）

Basic Statistics on Public Transportation in Cities (2005)

地 区	Region	年末公共交通运营数（辆）Number of Public Vehicles under Operation at the Year-end (unit)	公共汽车 Buses	无轨电车 Trolley Buses	轨道交通 Subways, Light Rail, Streetcar	公共交通客运总量（万人次）Number of Passengers Carried of Bus, Trolley Bus (10 000 person-times)	公共汽车 Buses	无轨电车 Trolley Bues	轨道交通 Subways, Light Rail, Streetcar	出租汽车（辆）Number of Taxi (unit)
全 国	**National Total**	**313296**	**308379**	**2553**	**2364**	**4836930**	**4606866**	**65015**	**165049**	**936973**
北 京	Beijing	21313	19872	473	968	525606	447105	10525	67976	66000
天 津	Tianjin	6884	6768		116	90191	89529		661	31939
河 北	Hebei	10429	10429			99412	99412			44527
山 西	Shanxi	4565	4439	126		71205	68262	2943		29842
内蒙古	Inner Mongolia	3594	3594			36806	36806			32508
辽 宁	Liaoning	17669	17503	45	121	321555	311347	3046	7162	81020
吉 林	Jilin	8283	8246		37	105139	103729		1410	49239
黑龙江	Heilongjiang	10648	10598	50		138506	138172	334		56952
上 海	Shanghai	18680	17509	476	695	337496	266924	11166	59406	47794
江 苏	Jiangsu	22281	22197		84	284117	283760		357	41476
浙 江	Zhejiang	15981	15792	189		226740	220912	5828		29993
安 徽	Anhui	8880	8880			139661	139661			34287
福 建	Fujian	7929	7929			149465	149465			13809
江 西	Jiangxi	5818	5729	89		83880	80256	3625		9397
山 东	Shandong	23455	23186	269		247906	241642	6264		56226
河 南	Henan	13213	13022	191		153775	148701	5074		52744
湖 北	Hubei	17782	17578	197	7	224224	219082	5013	130	27414
湖 南	Hunan	9611	9611			212507	212507			23087
广 东	Guangdong	28979	28410	273	296	482699	447908	7671	27120	43831
广 西	Guangxi	5239	5239			107331	107331			11970
海 南	Hainan	1362	1322		40	26798	25971		827	3988
重 庆	Chongqing	7267	7267			111324	111324			16376
四 川	Sichuan	10578	10578			192983	192983			24513
贵 州	Guizhou	5006	5006			86310	86310			8677
云 南	Yunnan	5547	5547			73733	73733			15794
西 藏	Tibet	1040	1040			778	778			1351
陕 西	Shaanxi	6908	6833	75		114794	113065	1729		22475
甘 肃	Gansu	3515	3415	100		48411	46614	1797		18339
青 海	Qinghai	1839	1839			37081	37081			6894
宁 夏	Ningxia	1448	1448			12206	12206			11183
新 疆	Xinjiang	7553	7553			94292	94292			23328

2-50 城市园林和绿地（2005年）

Basic Statistics on Parks, Gardens and Green Areas in Cities (2005)

地 区	Region	城市园林绿地面积（公顷）Area of Urban Gardens and Green Areas (hectare)	#公共绿地 Public Green Areas	公 园（个）Number of Parks (unit)	公园面积（公顷）Area of Parks (hectare)	年游人量（万人次）Number of Visitors to Parks and Zoos in the Year (10 000 person-times)
全 国	**National Total**	**1468228.6**	**283758.1**	**7077**	**157815.9**	**179367.4**
北 京	Beijing	44384.4	11364.7	264	11365.0	12294.0
天 津	Tianjin	15740.7	5368.6	183	2325.3	3462.0
河 北	Hebei	44847.6	10317.0	291	5693.6	6822.5
山 西	Shanxi	19316.9	5418.6	157	3851.3	3934.4
内蒙古	Inner Mongolia	19647.1	4984.9	86	3125.8	772.8
辽 宁	Liaoning	74583.3	15386.8	259	8300.4	6507.6
吉 林	Jilin	26863.6	7392.5	69	2526.2	1774.6
黑龙江	Heilongjiang	51415.2	10432.6	152	5382.7	9663.8
上 海	Shanghai	28704.3	11976.1	142	1516.6	13654.3
江 苏	Jiangsu	189069.8	25687.0	539	9924.0	10044.6
浙 江	Zhejiang	56871.7	13142.6	748	6045.6	12691.3
安 徽	Anhui	41896.1	7429.7	140	3970.1	4901.3
福 建	Fujian	27153.4	5862.0	314	4445.6	5226.3
江 西	Jiangxi	25166.8	5633.5	125	2258.9	1777.9
山 东	Shandong	105305.1	27480.2	456	11380.5	11219.9
河 南	Henan	42964.8	12643.7	292	6190.8	6892.4
湖 北	Hubei	56184.0	13616.2	217	5753.0	9236.1
湖 南	Hunan	40723.3	7143.2	150	6589.3	3814.0
广 东	Guangdong	333015.3	39940.5	1492	31275.8	23588.4
广 西	Guangxi	29688.8	5361.8	110	3675.9	2176.5
海 南	Hainan	6685.1	1700.6	35	1124.9	2249.9
重 庆	Chongqing	15938.7	4253.6	94	2001.3	1250.5
四 川	Sichuan	68079.9	11197.8	312	5700.7	10921.3
贵 州	Guizhou	28020.4	2901.3	44	1863.1	2233.2
云 南	Yunnan	16725.7	4298.9	76	4489.3	2464.1
西 藏	Tibet	62.6	14.2	5	108.0	68.0
陕 西	Shaanxi	15003.1	4026.6	88	1447.8	6843.4
甘 肃	Gansu	11548.0	3514.6	83	2249.2	1226.0
青 海	Qinghai	2430.0	562.0	14	265.9	266.9
宁 夏	Ningxia	7726.5	1384.6	28	758.0	687.1
新 疆	Xinjiang	22466.4	3321.9	112	2211.3	702.4

2-51 城市环境卫生情况（2005年）

Basic Statistics on Urban Sanitation in Cities (2005)

地 区	Region	清扫保洁面积（万平方米）Area under Cleaning Program (10 000 sq.m)	生活垃圾清运量（万吨）Volume of Garbage Disposal (10 000 tons)	粪便清运量（万吨）Volume of Excrement and Urine Disposal (10 000 tons)	市容环卫专用车辆总数（台）Number of Special Vehicles for Environmental Sanitation (unit)	公共厕所（座）Number of Public Lavatories (unit)	#水冲式 Water-Closet
全 国	**National Total**	**310806.1**	**15576.8**	**3804.6**	**64205**	**114917**	**70773**
北 京	Beijing	11248.0	454.6	171.7	5851	5635	4551
天 津	Tianjin	4660.1	144.8	25.7	1346	2075	1788
河 北	Hebei	13053.7	680.1	202.6	2948	5745	2266
山 西	Shanxi	7110.5	619.7	571.1	1396	4211	920
内蒙古	Inner Mongolia	4978.8	329.0	108.5	1199	4212	808
辽 宁	Liaoning	19587.6	768.0	148.4	3313	9661	1373
吉 林	Jilin	7615.1	580.4	120.3	2053	5363	730
黑龙江	Heilongjiang	10279.5	1125.8	272.1	3187	10731	1009
上 海	Shanghai	10414.9	622.3	253.9	4352	3640	3570
江 苏	Jiangsu	27101.4	834.8	388.4	5094	10591	9463
浙 江	Zhejiang	17262.6	762.5	205.4	2848	5087	4974
安 徽	Anhui	9006.5	476.6	41.5	1182	3600	2209
福 建	Fujian	6793.7	303.0	43.8	1590	1759	1749
江 西	Jiangxi	5385.0	264.4	21.4	735	1457	1266
山 东	Shandong	31996.3	1046.5	325.7	4121	4327	3845
河 南	Henan	14616.6	756.7	81.2	2678	5661	3841
湖 北	Hubei	12666.4	885.2	92.0	2597	4840	3823
湖 南	Hunan	7559.7	486.0	41.4	1396	2652	2240
广 东	Guangdong	38542.2	1722.6	459.1	6467	6555	6421
广 西	Guangxi	6527.5	204.7	22.3	982	1502	1437
海 南	Hainan	2563.0	81.2	6.3	315	224	176
重 庆	Chongqing	4455.6	237.6	67.5	937	2239	1748
四 川	Sichuan	13103.1	600.7	51.5	2486	4729	4106
贵 州	Guizhou	2163.9	176.5	6.1	561	1071	1021
云 南	Yunnan	4437.2	205.7	101.7	1331	1180	947
西 藏	Tibet	424.4	44.5	2.5	28	119	68
陕 西	Shaanxi	4870.7	370.7	14.0	1033	1717	1397
甘 肃	Gansu	3554.3	297.8	52.8	566	1094	691
青 海	Qinghai	1030.0	54.4	28.0	187	397	389
宁 夏	Ningxia	2127.4	96.4	5.0	332	938	468
新 疆	Xinjiang	5670.5	343.6	3.9	1094	1905	1479

2-52 城市设施水平（2005年）

Level of Public Facilities in Cities (2005)

地 区	Region	人均住宅建筑面积（平方米）Per Capita Floor Space of Residential Buildings (sq.m)	城市用水普及率（%）Percentage of Population with Access to Tap Water (%)	城市用气普及率（%）Percentage of Population with Access to Gas (%)	每万人拥有公共交通车辆（标台）Number of Public Transportation Vehicles Per 10 000 Persons (unit)	人均拥有道路面积（平方米）Per Capita Area of Paved Roads (sq.m)	人均公共绿地面积（平方米）Per Capita Public Green Areas (sq.m)	每万人拥有公共厕所（座）Number of Public Lavatories Per 10 000 Population (unit)
全 国	**National Average**	**26.11**	**91.09**	**82.08**	**8.62**	**10.92**	**7.89**	**3.20**
北 京	Beijing	32.86	100.00		17.64	10.55		3.66
天 津	Tianjin	24.97	100.00	98.50	11.23	10.41	8.38	3.24
河 北	Hebei	26.04	99.95	94.20	7.15	12.17	7.79	4.34
山 西	Shanxi	24.79	90.32	68.29	5.25	7.93	6.02	4.68
内蒙古	Inner Mongolia	22.96	83.88	68.18	5.61	10.14	7.78	6.57
辽 宁	Liaoning	21.96	93.83	88.11	8.94	7.95	7.49	4.70
吉 林	Jilin	22.46	83.20	76.23	7.28	7.77	6.80	4.93
黑龙江	Heilongjiang	22.03	79.55	70.96	6.68	7.96	7.36	7.57
上 海	Shanghai	33.07	99.98	100.00	12.95	11.78	6.73	2.05
江 苏	Jiangsu	27.95	96.28	95.11	9.07	16.32	10.27	4.23
浙 江	Zhejiang	34.80	99.10	98.47	11.71	16.03	9.31	3.75
安 徽	Anhui	22.56	90.52	72.29	7.20	11.92	6.58	3.19
福 建	Fujian	32.28	98.68	96.19	12.08	12.06	9.17	2.75
江 西	Jiangxi	25.58	92.64	80.64	8.03	9.26	7.82	2.02
山 东	Shandong	26.47	77.39	75.74	6.92	12.54	8.09	1.27
河 南	Henan	23.40	91.94	69.25	7.77	9.72	7.85	3.52
湖 北	Hubei	24.99	77.62	68.60	7.80	9.86	6.54	2.32
湖 南	Hunan	26.00	91.11	75.43	8.86	9.56	6.87	2.55
广 东	Guangdong	26.46	98.80	95.42	6.45	12.04	11.00	1.81
广 西	Guangxi	25.23	82.28	72.68	6.93	10.24	6.76	1.89
海 南	Hainan	24.18	85.97	82.56	6.49	14.44	10.44	1.38
重 庆	Chongqing	30.68	79.38	68.84	8.70	6.64	5.04	2.65
四 川	Sichuan	27.48	97.22	82.19	7.63	10.90	8.00	3.38
贵 州	Guizhou	20.40	92.75	64.74	8.63	6.07	5.95	2.20
云 南	Yunnan	28.59	82.07	60.01	9.03	7.12	7.98	2.19
西 藏	Tibet	20.86	61.82	53.74	14.88	15.65	0.42	3.52
陕 西	Shaanxi	23.40	93.24	79.82	8.19	8.19	5.11	2.18
甘 肃	Gansu	23.28	85.94	55.36	6.31	9.71	6.86	2.14
青 海	Qinghai	22.00	100.00	72.00	17.84	9.70	5.82	4.11
宁 夏	Ningxia	23.90	62.89	51.84	4.76	10.21	5.38	3.65
新 疆	Xinjiang	22.22	97.86	89.33	13.00	11.48	6.37	3.66

2-53 农村基层组织情况（2005年）

Basic Conditions of Rural Grass-root Unit (2005)

地 区	Region	乡镇数(个) Number of Township and Town Government (unit)	#镇 数 Town Government	村民委员会(个) Number of Villager' Committee (unit)	乡村户数(万户) Number of Household (10 000 households)	乡村人口数(万人) Rural Population (10 000 persons)	乡村从业人员(万人) Number of Rural Laborer (10 000 persons)	男 Male	女 Female
全 国	**National Total**	**35509**	**18888**	**640139**	**25222.6**	**94907.5**	**50387.3**	**26930.6**	**23456.7**
北 京	Beijing	184	143	3964	142.2	381.8	184.0	95.8	88.2
天 津	Tianjin	140	120	3821	119.8	397.5	178.5	97.8	80.7
河 北	Hebei	1962	944	49678	1448.6	5422.3	2805.9	1504.1	1301.8
山 西	Shanxi	1192	475	28323	638.4	2354.9	1035.7	573.6	462.1
内蒙古	Inner Mongolia	964	411	12129	351.4	1343.9	690.8	390.4	300.4
辽 宁	Liaoning	993	611	11920	695.6	2331.4	1113.5	618.5	495.0
吉 林	Jilin	624	429	9375	383.7	1443.6	685.2	391.1	294.1
黑龙江	Heilongjiang	878	448	8952	494.0	1917.3	948.9	545.1	403.9
上 海	Shanghai	103	100	1875	111.1	338.2	243.5	126.2	117.3
江 苏	Jiangsu	1092	978	18282	1593.2	5322.5	2662.5	1384.6	1277.9
浙 江	Zhejiang	1251	758	34515	1224.6	3790.5	2298.5	1231.7	1066.9
安 徽	Anhui	1466	915	24076	1346.1	5241.4	2939.2	1574.2	1365.0
福 建	Fujian	934	593	14630	682.2	2667.0	1313.0	708.2	604.9
江 西	Jiangxi	1435	772	17233	795.3	3298.5	1638.8	861.1	777.7
山 东	Shandong	1423	1146	83483	2050.4	7030.1	3782.2	2015.3	1767.0
河 南	Henan	2008	776	48145	2025.7	8000.7	4752.4	2517.5	2234.9
湖 北	Hubei	954	737	26682	1016.4	3993.6	1932.8	1027.3	905.4
湖 南	Hunan	2220	1093	44538	1492.5	5475.8	2975.4	1619.6	1355.8
广 东	Guangdong	1223	1207	21825	1540.8	6451.6	3089.5	1616.0	1473.5
广 西	Guangxi	1130	698	14453	986.1	4146.2	2275.4	1202.1	1073.3
海 南	Hainan	200	180	2615	112.6	525.6	256.0	132.6	123.4
重 庆	Chongqing	958	594	10015	718.8	2430.9	1366.9	736.8	630.1
四 川	Sichuan	4658	1869	51198	1979.2	6904.0	3801.5	2018.4	1783.1
贵 州	Guizhou	1385	624	19696	792.3	3276.3	1934.2	1033.0	901.1
云 南	Yunnan	1296	459	12940	877.4	3568.1	2050.9	1069.3	981.6
西 藏	Tibet	685	142	5886	40.4	225.3	108.8	55.3	53.5
陕 西	Shaanxi	1521	843	27809	705.0	2791.9	1437.0	781.2	655.9
甘 肃	Gansu	1251	451	16585	463.7	2074.8	1084.3	570.8	513.5
青 海	Qinghai	392	109	4161	77.6	357.3	186.0	98.2	87.8
宁 夏	Ningxia	191	94	2382	93.6	415.0	212.0	110.6	101.4
新 疆	Xinjiang	796	169	8953	223.9	989.6	403.9	224.3	179.6

2-54 乡村从业人员（2005年底）

Rural Laborers (End of 2005)

本表分行业从业人员是按从事的主行业划分的，如以农业为主、兼营商业的，仍作为农林牧渔业从业人员。

The number of laborers by sector in this table is classified by main economic activity. For example, those engaged primarily in agriculture and secondarily in commerce are classified as the laborers under farming, forestry, animal husbandry and fishery.

单位：万人 (10 000 persons)

地区	Region	农林牧渔业 Farming, Forestry, Animal Husbandry and Fishery	工业 Industry	建筑业 Construction	交通运输业、仓储及邮电通信业 Transport Storage, Post and Communication Services	批发零售贸易业餐饮业 Wholesale, Retail Trade and Catering Services	其他非农行业 Other Nonagricultural Trades
全国	**National Total**	**29975.5**	**6011.5**	**3653.2**	**1567.3**	**2937.7**	**6242.0**
北京	Beijing	58.6	33.3	17.8	19.2	22.5	32.8
天津	Tianjin	79.6	49.2	12.9	12.2	15.0	9.5
河北	Hebei	1552.8	518.9	275.2	119.4	202.9	136.8
山西	Shanxi	637.4	141.9	62.7	62.7	61.9	69.1
内蒙古	Inner Mongolia	529.2	25.8	32.2	14.1	39.3	50.2
辽宁	Liaoning	686.4	106.1	77.1	44.5	70.0	129.4
吉林	Jilin	502.1	30.8	40.4	19.2	37.3	55.4
黑龙江	Heilongjiang	696.7	50.7	53.2	26.9	60.6	60.8
上海	Shanghai	59.1	116.4	12.0	9.3	15.4	31.3
江苏	Jiangsu	1058.3	598.5	316.4	107.8	156.1	425.4
浙江	Zhejiang	786.9	754.9	145.4	92.2	216.8	302.4
安徽	Anhui	1766.9	299.3	281.6	92.8	202.1	296.4
福建	Fujian	692.2	209.2	87.4	43.5	88.4	192.4
江西	Jiangxi	951.0	206.6	101.2	38.1	70.9	270.9
山东	Shandong	2045.9	534.4	383.7	166.4	272.8	379.0
河南	Henan	3127.7	543.8	377.1	153.5	285.8	264.4
湖北	Hubei	1101.8	123.1	128.5	51.9	95.2	432.4
湖南	Hunan	1951.9	266.9	165.4	78.9	164.9	347.5
广东	Guangdong	1533.5	632.1	214.4	94.9	245.8	368.8
广西	Guangxi	1503.1	86.2	96.7	43.1	77.2	469.2
海南	Hainan	193.4	9.2	8.7	7.2	18.6	18.9
重庆	Chongqing	775.9	109.8	125.0	26.7	61.1	268.4
四川	Sichuan	2317.7	259.1	301.9	76.0	189.4	657.4
贵州	Guizhou	1268.1	81.8	50.3	27.7	57.4	448.9
云南	Yunnan	1690.1	58.9	63.0	40.2	54.4	144.2
西藏	Tibet	85.5	2.6	5.6	3.0	2.8	9.3
陕西	Shaanxi	949.2	90.9	106.6	44.5	71.4	174.4
甘肃	Gansu	761.4	35.3	63.3	24.6	38.8	160.9
青海	Qinghai	128.7	10.1	15.2	5.7	11.2	15.1
宁夏	Ningxia	140.6	14.2	23.2	10.0	13.8	10.2
新疆	Xinjiang	344.1	11.4	9.3	11.1	18.1	10.1

注：工业从业人员中包括村及村以下办的工业从业人员。

a) Number of employed persons of industry includes those working in enterprises at village and lower levels.

2-55 耕 地 面 积

Area of Cultivated Land

地 区	Region	耕地面积(总资源) (千公顷) Cultivated Land (Total Area) (1 000 hectares)	占全国比重 (%) Percentage to Total Area (%)
全 国	**National Total**	**130039.2**	**100.00**
北 京	Beijing	343.9	0.26
天 津	Tianjin	485.6	0.37
河 北	Hebei	6883.3	5.29
山 西	Shanxi	4588.6	3.53
内蒙古	Inner Mongolia	8201.0	6.31
辽 宁	Liaoning	4174.8	3.21
吉 林	Jilin	5578.4	4.29
黑龙江	Heilongjiang	11773.0	9.05
上 海	Shanghai	315.1	0.24
江 苏	Jiangsu	5061.7	3.89
浙 江	Zhejiang	2125.3	1.63
安 徽	Anhui	5971.7	4.59
福 建	Fujian	1434.7	1.10
江 西	Jiangxi	2993.4	2.30
山 东	Shandong	7689.3	5.91
河 南	Henan	8110.3	6.24
湖 北	Hubei	4949.5	3.81
湖 南	Hunan	3953.0	3.04
广 东	Guangdong	3272.2	2.52
广 西	Guangxi	4407.9	3.39
海 南	Hainan	762.1	0.59
四 川	Sichuan	9169.1	7.05
贵 州	Guizhou	4903.5	3.77
云 南	Yunnan	6421.6	4.94
西 藏	Tibet	362.6	0.28
陕 西	Shaanxi	5140.5	3.95
甘 肃	Gansu	5024.7	3.86
青 海	Qinghai	688.0	0.53
宁 夏	Ningxia	1268.8	0.98
新 疆	Xinjiang	3985.7	3.07

注：本表数据来源于国土资源部、国家统计局、全国农业普查办公室“关于土地利用现状调查数据成果的公报”，耕地面积(总资源)数据为1996年10月31日时点数。据国家统计局初步测算，2001年耕地总资源为127082千公顷，其中：常用耕地面积为105826千公顷，临时性耕地面积为21256千公顷。

a) Data come from the "Communique of Main Data on Land Use Survey" issued by the Ministry of Land and Resources, National Bureau of Statistics, and National Agricultural Census Office of China. The cultivated areas is the data at Oct. 31, 1996. According to the estimation by National Bureau of Statistics, area of cultivated land (total area) in 2001 is 127 082 000 hectares, of which, regularly cultivated land is 105 826 000 hectares, and temporarily cultivated land is 21 256 000 hectares.

2-56 农、林、牧、渔业总产值及指数(2005年)

Gross Output Value of Farming, Forestry, Animal Husbandry and Fishery and Related Indices (2005)

本表绝对数按当年价格计算，指数按可比价格计算。2003年执行新国民经济行业分类标准，总产值包括农林牧渔服务业产值.
Data in value terms in this table are calculated at current prices, while the indices are calculated at comparable prices.

地区	Region	绝对数(亿元) Gross Output Value of Farming, Forestry, Animal Husbandry and Fishery (100 million yuan)					指 数 (上年=100) Indices of Gross Output of Farming, Forestry, Animal Husbandry and Fishery (preceding year=100)				
		农林牧渔业总产值 Total	#农 业 Farming	#林 业 Forestry	#牧 业 Animal Husbandry	#渔 业 Fishery	农林牧渔业总产值 Total	#农 业 Farming	#林 业 Forestry	#牧 业 Animal Husbandry	#渔 业 Fishery
全 国	**National Total**	**39450.9**	**19613.4**	**1425.5**	**13310.8**	**4016.1**	**105.7**	**104.1**	**103.2**	**107.8**	**106.5**
北 京	Beijing	268.8	100.6	13.3	135.7	9.7	100.3	102.7	102.7	97.3	102.8
天 津	Tianjin	258.4	97.5	1.9	102.7	36.3	104.5	100.2	113.6	107.5	110.6
河 北	Hebei	2600.8	1258.0	40.1	1124.4	79.4	106.5	105.9	96.9	107.7	104.1
山 西	Shanxi	483.8	281.7	16.5	148.6	2.7	97.2	93.0	84.1	103.2	107.4
内蒙古	Inner Mongolia	980.2	473.9	39.8	444.6	7.2	111.2	110.6	82.6	115.2	116.0
辽 宁	Liaoning	1671.6	640.1	44.5	636.4	306.7	107.5	103.8	111.0	111.1	107.9
吉 林	Jilin	1050.5	518.1	39.9	467.6	14.9	111.7	106.2	116.9	118.2	110.1
黑龙江	Heilongjiang	1294.4	718.6	67.3	461.2	27.4	110.2	109.0	100.7	115.8	105.5
上 海	Shanghai	233.4	111.3	11.1	54.3	51.6	89.5	94.2	84.5	76.5	99.1
江 苏	Jiangsu	2577.0	1291.1	45.3	599.1	511.9	103.7	101.1	107.5	103.6	110.7
浙 江	Zhejiang	1428.3	654.8	83.5	286.0	380.8	102.4	102.7	101.1	105.2	99.9
安 徽	Anhui	1666.2	818.5	78.4	553.6	165.6	101.4	97.9	105.2	103.9	106.7
福 建	Fujian	1396.1	571.0	96.9	276.5	434.4	102.2	102.7	107.5	95.5	105.4
江 西	Jiangxi	1143.0	510.5	87.4	365.1	162.6	106.8	103.4	104.4	112.3	107.9
山 东	Shandong	3741.8	2034.0	57.6	1125.0	465.5	105.2	103.9	96.3	107.3	106.7
河 南	Henan	3309.7	1790.4	83.9	1251.6	35.3	107.5	107.7	104.7	107.6	122.5
湖 北	Hubei	1775.6	932.1	37.3	545.4	236.5	104.2	103.0	106.4	105.1	105.9
湖 南	Hunan	2056.2	947.7	101.0	834.5	138.4	105.8	104.5	109.8	106.3	109.6
广 东	Guangdong	2447.6	1109.2	66.2	638.6	523.8	104.8	103.4	102.9	105.5	105.7
广 西	Guangxi	1448.4	711.9	61.7	511.6	143.6	107.4	105.8	107.0	110.6	105.0
海 南	Hainan	475.9	179.6	58.9	95.2	132.2	106.7	105.8	91.6	115.0	108.6
重 庆	Chongqing	662.2	358.3	20.0	249.5	23.8	105.2	103.9	100.8	106.9	106.0
四 川	Sichuan	2457.5	1037.2	69.9	1230.2	78.5	106.5	102.6	109.1	109.5	112.7
贵 州	Guizhou	571.8	335.5	23.9	194.2	9.4	105.9	104.3	99.9	109.8	106.7
云 南	Yunnan	1068.6	559.3	105.5	339.7	23.0	106.9	104.3	108.8	110.3	111.4
西 藏	Tibet	67.7	25.5	10.1	30.0		101.9	93.4	176.7	92.5	156.7
陕 西	Shaanxi	730.7	472.9	25.0	199.0	5.5	108.1	107.7	93.8	111.6	110.4
甘 肃	Gansu	521.5	362.9	15.9	129.1	1.1	106.6	107.0	92.1	108.4	100.0
青 海	Qinghai	94.0	36.4	1.8	51.7	0.1	105.3	104.1	97.4	107.1	89.2
宁 夏	Ningxia	138.0	78.9	5.6	46.0	4.0	106.2	106.9	89.8	107.5	104.2
新 疆	Xinjiang	831.1	595.8	15.3	183.5	4.3	107.4	107.0	105.8	109.0	105.3

2-57 主要农业机械拥有量(2005年底)

Major Agricultural Machinery (End of 2005)

地 区	Region	农业机械总动力(万千瓦) Total Power of Agricultural Machinery (10 000 kw)	农用大中型拖拉机 Large and Medium Agricultural Tractors		小型拖拉机 Mini-Tractors		大中型拖拉机机引农具(部) Number of Large and Medium Tractor Towing Farm Machinery (unit)
			数量(台) Number (unit)	动力(万千瓦) Capacity (10 000 kw)	数量(台) Number (unit)	动力(万千瓦) Capacity (10 000 kw)	
全 国	**National Total**	**68397.8**	**1395981**	**4293.5**	**15268916**	**14660.9**	**2262004**
北 京	Beijing	337.7	9487	40.9	18961	35.9	18515
天 津	Tianjin	611.9	10260	43.5	35360	36.5	14780
河 北	Hebei	8487.2	100894	366.2	1446840	1485.0	183516
山 西	Shanxi	2288.7	35928	127.7	251260	234.8	74607
内蒙古	Inner Mongolia	1922.0	73658	226.2	544600	639.0	100614
辽 宁	Liaoning	1918.1	42777	158.6	235585	267.8	56958
吉 林	Jilin	1471.3	90750	203.0	538024	540.0	171632
黑龙江	Heilongjiang	2234.0	217275	578.9	744126	790.6	318803
上 海	Shanghai	96.5	4210	15.8	8152	7.4	10724
江 苏	Jiangsu	3135.3	41500	153.0	901135	799.8	80792
浙 江	Zhejiang	2111.3	4482	13.1	197453	168.5	6214
安 徽	Anhui	3983.8	36040	119.9	2079830	1669.1	79730
福 建	Fujian	1000.0	1400	5.1	98806	94.0	406
江 西	Jiangxi	1781.3	12800	23.9	147000	119.9	7000
山 东	Shandong	9199.3	227858	720.5	1827326	1538.4	419555
河 南	Henan	7934.2	110840	366.3	2984520	3119.8	239910
湖 北	Hubei	2057.4	76644	182.0	483915	352.6	93583
湖 南	Hunan	3189.9	8820	27.9	168738	169.5	6722
广 东	Guangdong	1782.1	5900	26.5	352000	279.2	7800
广 西	Guangxi	1909.7	16950	57.6	344382	265.3	15273
海 南	Hainan	268.2	5800	20.4	34419	33.5	2645
重 庆	Chongqing	776.0	104	0.5	3910	5.5	156
四 川	Sichuan	2181.7	12728	35.2	124783	155.9	12622
贵 州	Guizhou	1011.5	13900	47.3	48270	53.0	4740
云 南	Yunnan	1666.1	44978	121.4	274764	307.4	11545
西 藏	Tibet	230.9	6658	19.1	79020	89.9	2531
陕 西	Shaanxi	1406.3	35500	117.2	180049	204.6	57100
甘 肃	Gansu	1406.9	18342	57.2	375612	402.7	28905
青 海	Qinghai	327.3	2745	10.4	221664	204.4	3900
宁 夏	Ningxia	555.1	13245	33.4	169500	176.8	14127
新 疆	Xinjiang	1116.3	113508	375.0	348912	414.2	216599

注：大中型拖拉机中不包括变形拖拉机。

a) Number of large and medium agricultural tractors excluded the transfiguration tractors.

2-57 续表 Continued

地 区	Region	小型拖拉机机引农具(部) Number of Mini-Tractor Towing Farm Machinery (unit)	农用排灌柴油机 Diesel Engines		渔用机动船 Motorized Fishing Boats	
			数 量 (台) Number (unit)	动 力 (万千瓦) Capacity (10 000 kw)	数 量 (台) Number (unit)	动 力 (万千瓦) Capacity (10 000 kw)
全 国	**National Total**	**24649726**	**8099100**	**6034.0**	**439604**	**1376.1**
北 京	Beijing	12453	2019	1.4	3	
天 津	Tianjin	38040	38080	31.5		
河 北	Hebei	1916292	1258359	1116.6	13226	38.4
山 西	Shanxi	305347	18143	22.3	30	0.1
内蒙古	Inner Mongolia	739217	169313	155.5	103	0.3
辽 宁	Liaoning	281368	147318	132.2	37590	121.7
吉 林	Jilin	1443844	289489	208.7	920	1.3
黑龙江	Heilongjiang	877387	196996	174.3	4690	2.7
上 海	Shanghai	7542	7		1248	15.3
江 苏	Jiangsu	1436421	165102	168.6	54138	97.6
浙 江	Zhejiang	201579	85646	44.6	48253	404.2
安 徽	Anhui	4897094	337027	239.0	14254	14.7
福 建	Fujian	69970	88400	54.1	57210	202.2
江 西	Jiangxi	145900	436800	300.3	16732	9.8
山 东	Shandong	2841723	1777828	1427.8	38144	119.2
河 南	Henan	5346690	533370	518.3	859	1.2
湖 北	Hubei	966928	205993	190.5	15560	8.5
湖 南	Hunan	38892	968017	443.9	16414	8.1
广 东	Guangdong	312347	228895	125.5	68092	220.1
广 西	Guangxi	675032	348010	168.1	13971	48.7
海 南	Hainan	9100	93649	44.0	19935	52.8
重 庆	Chongqing	1955	72261	43.8	5640	2.7
四 川	Sichuan	98575	373961	229.9	10300	4.2
贵 州	Guizhou	10260	113010	80.5	904	1.2
云 南	Yunnan	180819	87663	49.8	320	0.4
西 藏	Tibet	14405	2744	2.6		
陕 西	Shaanxi	249872	32990	29.0	553	0.2
甘 肃	Gansu	695766	15473	15.7	2	
青 海	Qinghai	154714	747	1.2	70	0.1
宁 夏	Ningxia	193843	3846	2.9	30	
新 疆	Xinjiang	486351	7944	11.6	413	0.3

2-58 有效灌溉面积、农用化肥施用量、农村水电站及用电量(2005年)

Irrigated Area, Consumption of Chemical Fertilizers, Number of Hydropower Stations and Electricity Consumption in Rural Areas (2005)

地区	Region	有效灌溉面积(千公顷) Irrigated Area (1 000 hectares)	化肥施用量(万吨) Consumption of Chemical Fertilizer (10 000 tons)	氮肥 Nitrogenous Fertilizer	磷肥 Phosphate Fertilizer	钾肥 Potash Fertilizer	复合肥 Compound Fertilizer	乡村办水电站 Hydropower Station in Rural Areas: 个数 Number	发电能力(万千瓦) Generating Capacity (10 000 kw)	农村用电量(亿千瓦时) Electricity Consumed in Rural Area (100 million kwh)
全国	**National Total**	**55029.3**	**4766.2**	**2229.3**	**743.8**	**489.5**	**1303.2**	**26726**	**1099.2**	**4375.7**
北京	Beijing	181.5	14.8	7.8	1.2	0.6	5.2	28	1.2	42.2
天津	Tianjin	355.2	23.3	11.6	3.7	1.5	6.6			55.2
河北	Hebei	4547.8	303.4	155.2	48.6	24.3	75.4	116	3.7	337.1
山西	Shanxi	1088.6	95.7	41.1	19.0	6.9	28.8	87	2.3	66.9
内蒙古	Inner Mongolia	2702.2	116.7	60.5	20.5	9.2	26.6	3		29.3
辽宁	Liaoning	1527.1	119.9	64.0	11.4	9.6	34.9	146	38.4	183.0
吉林	Jilin	1613.7	138.1	61.3	6.2	10.0	60.7	80	5.5	28.0
黑龙江	Heilongjiang	2394.1	150.9	57.5	33.8	17.7	42.0	14	1.4	36.3
上海	Shanghai	237.3	14.4	8.9	1.5	0.5	3.6			124.5
江苏	Jiangsu	3817.7	340.8	183.0	48.2	21.7	87.9	2		825.1
浙江	Zhejiang	1417.7	94.3	56.1	12.6	7.5	18.1	2273	192.0	520.6
安徽	Anhui	3330.9	285.7	111.1	38.9	30.7	105.0	509	16.8	64.0
福建	Fujian	949.7	122.0	51.3	16.5	24.4	29.8	4959	222.6	160.6
江西	Jiangxi	1831.4	129.4	47.8	25.4	20.8	35.5	1816	60.9	45.1
山东	Shandong	4790.0	467.6	189.8	57.5	44.9	175.5	12	0.4	346.5
河南	Henan	4864.1	518.1	227.2	106.1	50.8	134.1	405	6.3	172.1
湖北	Hubei	2064.6	285.8	142.0	59.8	23.2	60.8	609	35.7	70.1
湖南	Hunan	2690.4	209.9	106.0	25.6	34.9	43.4	4262	81.2	65.2
广东	Guangdong	1317.8	204.6	93.8	19.0	41.6	50.3	5121	184.6	766.4
广西	Guangxi	1519.8	201.3	63.3	25.2	48.0	64.8	313	17.6	34.3
海南	Hainan	168.3	37.3	12.2	2.4	5.1	17.6	38	8.4	3.8
重庆	Chongqing	618.1	79.1	46.5	17.5	3.8	11.2	529	30.3	42.9
四川	Sichuan	2508.3	220.9	121.8	45.1	12.9	40.6	2582	94.2	112.9
贵州	Guizhou	711.6	77.4	44.6	10.1	5.9	16.9	791	30.2	30.2
云南	Yunnan	1485.4	142.7	79.9	22.7	12.0	28.0	603	23.3	41.7
西藏	Tibet	162.6	4.2	1.8	1.3	0.1	1.0	356	3.9	0.6
陕西	Shaanxi	1298.8	147.3	76.7	16.9	10.8	43.0	650	16.1	88.2
甘肃	Gansu	1030.4	75.9	36.6	15.5	4.4	19.5	234	8.1	33.9
青海	Qinghai	176.5	7.0	3.1	1.6	0.3	2.0	50	4.3	3.0
宁夏	Ningxia	423.5	29.9	13.8	3.6	1.1	11.4			9.3
新疆	Xinjiang	3204.3	107.8	53.4	26.4	4.6	23.4	138	10.1	36.5

2-59 水利设施和除涝、治碱面积（2005年）

Water Conservancy Facilities and Area with Flood Prevention Measures and Improved Area of Saline-Alkaline Land (2005)

地 区	Region	水库数（座）Number of Reservoirs (unit)	水库总库容量（亿立方米）Capacity of Reservoirs (100 million cu.m)	除涝面积（千公顷）Area with Flood Prevention Measures (1 000 hectares)	治碱面积（千公顷）Improved Area of Saline-alkaline Land (1 000 hectares)	水土流失治理面积（千公顷）Area of Soil Erosion under Control (1 000 hectares)
全 国	**National Total**	**85108**	**5623.8**	**21339.7**	**6032.0**	**94654.5**
北 京	Beijing	83	93.2	149.8		371.3
天 津	Tianjin	143	27.5	400.1	210.4	38.9
河 北	Hebei	1099	159.7	1642.7	838.9	5981.2
山 西	Shanxi	731	53.9	89.1	211.3	5184.5
内蒙古	Inner Mongolia	487	81.7	277.0	305.4	9221.4
辽 宁	Liaoning	967	356.2	996.1	305.5	5756.1
吉 林	Jilin	1238	307.0	1017.9	137.2	3334.0
黑龙江	Heilongjiang	628	88.3	3270.1	196.9	4110.7
上 海	Shanghai			52.4	28.6	
江 苏	Jiangsu	917	189.1	2794.8	701.3	863.6
浙 江	Zhejiang	3971	385.5	495.0	2.9	2239.1
安 徽	Anhui	4872	195.5	2210.0	101.9	1955.5
福 建	Fujian	2681	139.7	117.8	40.2	1129.4
江 西	Jiangxi	9394	283.2	350.6		3666.3
山 东	Shandong	5555	195.7	2601.1	945.3	3787.0
河 南	Henan	2344	397.1	1903.7	698.0	4122.5
湖 北	Hubei	5807	553.8	1195.6		4099.4
湖 南	Hunan	13326	387.6	471.2		2671.1
广 东	Guangdong	6610	415.4	501.9		1291.1
广 西	Guangxi	4327	250.8	204.2	101.6	1487.6
海 南	Hainan	990	94.5	11.3		28.4
重 庆	Chongqing	2752	48.8			1886.5
四 川	Sichuan	6683	162.6	91.0	0.3	5272.5
贵 州	Guizhou	1961	77.9	50.0		2627.1
云 南	Yunnan	5370	106.1	234.4	5.1	4229.2
西 藏	Tibet			31.6	0.2	17.5
		50	11.9			
陕 西	Shaanxi	999	69.3	129.5	59.3	8930.6
甘 肃	Gansu	272	88.7	12.5	66.3	7744.1
青 海	Qinghai	152	299.0		9.9	744.3
宁 夏	Ningxia	198	19.4		92.0	1643.9
新 疆	Xinjiang	501	84.7	38.4	973.6	219.8

2-60 农村居民家庭平均每百户拥有主要生产性固定资产数量(2005年底)

Number of Major Productive Fixed Assets Per 100 Rural Households (End of 2005)

本表为农村住户抽样调查资料。

Data in this table are obtained from the sample surveys on rural households.

地 区	Region	汽车 (辆) Motor Vehicles (set)	大中型拖拉机 (台) Large and Medium Tractors (set)	小型和手扶拖拉机 (台) Mini and Walking Tractors (set)	机动脱粒机 (台) Motorized Threshing Machines (set)	胶轮大车 (辆) Carts with Rubber Tyres (set)	农用水泵 (台) Pumps (unit)	役畜 (头) Draught Animals (unit)	产品畜 (头) Commodity Animals (unit)
全 国	**National Total**	**1.76**	**2.13**	**20.24**	**8.69**	**9.85**	**21.03**	**29.33**	**60.28**
北 京	Beijing	7.47	1.73	7.20	0.13	0.40	1.33	1.07	36.53
天 津	Tianjin	6.67	1.67	18.00	0.67	4.67	19.00	5.50	26.00
河 北	Hebei	3.32	2.48	36.43	2.17	7.15	22.99	11.95	60.95
山 西	Shanxi	3.00	2.29	19.02	1.62	6.90	3.57	18.50	49.14
内蒙古	Inner Mongolia	1.67	3.08	48.98	3.69	29.66	31.50	65.53	272.23
辽 宁	Liaoning	1.96	3.23	14.44	1.64	18.02	33.12	33.10	68.73
吉 林	Jilin	1.25	3.69	42.00	4.25	22.22	19.94	53.50	70.00
黑龙江	Heilongjiang	1.47	9.87	49.15	3.48	4.11	22.37	19.02	67.10
上 海	Shanghai	0.67	0.50	0.50	2.67		6.83		2.33
江 苏	Jiangsu	2.02	0.97	16.99	12.29	18.00	17.36	3.66	16.59
浙 江	Zhejiang	2.41	1.56	2.81	15.79	3.42	21.61	2.44	24.26
安 徽	Anhui	1.00	2.15	40.16	14.27	5.74	53.09	9.24	27.90
福 建	Fujian	1.70	0.77	3.13	5.00	6.32	11.48	10.23	30.77
江 西	Jiangxi	0.97	0.12	2.39	21.16	8.08	16.21	41.26	18.84
山 东	Shandong	2.86	3.29	29.70	1.91	17.04	41.90	12.05	31.90
河 南	Henan	1.41	5.58	44.18	6.51	10.88	31.98	12.92	31.69
湖 北	Hubei	1.02	0.86	13.08	1.59	11.15	21.91	26.67	22.28
湖 南	Hunan	0.84	0.24	2.16	21.14	3.56	24.49	18.73	25.61
广 东	Guangdong	1.00	0.23	6.11	13.95	4.59	17.19	26.95	18.01
广 西	Guangxi	0.74	1.39	14.21	20.55	4.29	15.54	54.11	38.96
海 南	Hainan	0.49	0.83	9.03	13.69	1.39	24.35	59.15	49.86
重 庆	Chongqing	0.44	0.06	0.11	13.06	0.22	9.83	20.94	33.33
四 川	Sichuan	1.20	0.23	2.01	20.99	1.06	25.23	23.84	52.05
贵 州	Guizhou	1.38	0.31	0.71	5.27	0.98	3.97	68.88	33.79
云 南	Yunnan	1.79	0.63	8.00	4.67	4.58	6.92	65.92	61.50
西 藏	Tibet	5.63	7.08	31.77	5.00	11.88		253.54	754.38
陕 西	Shaanxi	1.53	2.84	17.27	3.06	18.51	11.59	19.65	49.50
甘 肃	Gansu	0.78	2.33	33.11	2.78	18.17	7.28	75.46	51.56
青 海	Qinghai	3.83	1.00	53.83	3.53	3.50	0.17	52.67	111.67
宁 夏	Ningxia	2.50	2.67	49.88	3.14	3.83	8.33	48.33	43.33
新 疆	Xinjiang	1.48	4.32	27.61	1.68	47.29	1.81	69.42	443.10

2-61　农作物总播种面积（2005年）

Total Sown Areas of Farm Crops (2005)

单位：千公顷　　　　　　(1 000 hectares)

地　区	Region	农作物总播种面积 Total Sown Area	粮食作物播种面积 Sown Area of Grain Crops	谷　物 Cereal	#稻　谷 Rice	#小　麦 Wheat	#玉　米 Corn	豆　类 Soybeans
全　国	**National Total**	**155488**	**104278**	**81874**	**28847**	**22793**	**26358**	**12901**
北　京	Beijing	318.0	192.2	176.6	0.8	53.3	119.7	12.3
天　津	Tianjin	499.4	287.7	258.4	16.7	98.9	138.8	28.1
河　北	Hebei	8785.5	6240.2	5611.3	87.7	2377.1	2677.4	333.1
山　西	Shanxi	3795.4	3033.6	2333.4	2.7	721.0	1183.7	346.3
内蒙古	Inner Mongolia	6215.7	4373.6	2734.4	84.5	460.6	1805.8	1077.5
辽　宁	Liaoning	3796.7	3052.0	2629.5	568.4	22.3	1792.5	294.5
吉　林	Jilin	4954.1	4294.5	3554.4	654.0	9.5	2775.2	632.9
黑龙江	Heilongjiang	10083.7	8650.8	4317.7	1650.3	248.5	2220.2	4032.0
上　海	Shanghai	403.6	166.1	155.7	112.7	29.9	4.3	9.3
江　苏	Jiangsu	7641.2	4909.5	4464.1	2209.3	1684.4	370.2	345.3
浙　江	Zhejiang	2837.9	1510.8	1191.4	1028.5	67.1	62.9	209.1
安　徽	Anhui	9172.5	6410.9	5051.3	2149.1	2108.3	670.2	1008.6
福　建	Fujian	2481.3	1441.3	1003.5	951.6	5.9	39.1	113.2
江　西	Jiangxi	5251.4	3441.5	3166.0	3129.0	15.9	16.5	154.2
山　东	Shandong	10736.1	6711.7	6178.1	119.8	3278.7	2731.4	251.7
河　南	Henan	13922.7	9153.4	8093.9	511.1	4962.7	2508.3	616.5
湖　北	Hubei	7279.4	3926.8	3238.6	2077.4	716.2	389.6	290.0
湖　南	Hunan	7977.6	4838.6	4178.5	3795.2	65.7	277.3	276.8
广　东	Guangdong	4815.4	2786.5	2291.8	2137.6	6.5	136.7	108.3
广　西	Guangxi	6489.2	3496.2	2959.4	2360.4	10.7	575.7	280.3
海　南	Hainan	778.1	423.8	314.0	300.4		12.9	11.6
重　庆	Chongqing	3444.7	2501.3	1537.1	748.0	279.7	460.3	234.5
四　川	Sichuan	9480.2	6564.8	4778.5	2087.5	1262.3	1196.6	585.6
贵　州	Guizhou	4804.1	3073.7	1928.3	721.7	410.6	719.5	324.8
云　南	Yunnan	6053.8	4253.9	3087.8	1049.3	532.3	1182.6	478.6
西　藏	Tibet	235.0	177.7	168.2	1.0	42.0	3.3	9.0
陕　西	Shaanxi	4201.8	3263.9	2567.9	147.1	1211.5	1097.1	382.3
甘　肃	Gansu	3726.0	2587.2	1811.1	5.1	1000.8	484.8	245.1
青　海	Qinghai	476.7	245.6	129.4		96.8	1.1	40.9
宁　夏	Ningxia	1099.3	775.9	587.7	71.3	276.0	178.3	70.9
新　疆	Xinjiang	3731.2	1492.8	1376.0	69.3	737.2	526.1	98.3

2-61 续表 1 Continued

单位：千公顷 (1 000 hectares)

地区	Region	薯类 Tubers	油料 Oil-bearing Crops	#花生 Peanuts	#油菜籽 Rapeseeds	棉花 Cotton	麻类 Fiber Crops	#黄红麻 Jute and Ambary Hemp	糖料 Sugar Crops
全国	**National Total**	**9503**	**14318**	**4662**	**7278**	**5062**	**335**	**31**	**1564**
北京	Beijing	3.3	8.6	8.3		1.8			
天津	Tianjin	1.2	5.1	2.3		61.2			
河北	Hebei	295.9	559.0	438.8	35.4	573.5	2.2	0.3	10.5
山西	Shanxi	354.0	273.4	14.6	10.1	97.5	0.1		1.2
内蒙古	Inner Mongolia	561.7	694.7	10.0	255.7	1.6	10.3		38.1
辽宁	Liaoning	128.0	203.3	172.4	0.9	2.8	0.1		2.1
吉林	Jilin	107.2	288.5	111.9		1.0	1.6		2.8
黑龙江	Heilongjiang	301.1	410.3	23.9	1.9		84.7		80.5
上海	Shanghai	1.0	32.1	1.2	30.8	1.1			2.8
江苏	Jiangsu	100.2	846.9	174.3	660.5	368.3	1.5	0.2	4.1
浙江	Zhejiang	110.3	249.3	18.1	227.2	17.9	0.5	0.3	15.7
安徽	Anhui	351.0	1303.1	238.5	953.6	375.7	12.8	6.5	5.7
福建	Fujian	324.6	122.4	107.2	13.8	0.1	0.1	0.1	14.9
江西	Jiangxi	121.2	577.0	135.1	409.7	63.9	7.8	0.5	17.7
山东	Shandong	281.9	899.8	884.8	12.4	846.3	0.7	0.6	
河南	Henan	443.0	1605.8	979.3	407.8	781.6	13.5	13.3	4.8
湖北	Hubei	398.2	1460.2	171.7	1178.7	390.3	23.6	1.0	10.0
湖南	Hunan	383.3	898.3	137.5	752.2	150.9	53.7	0.3	19.6
广东	Guangdong	386.4	318.0	309.4	7.0		0.5	0.5	147.5
广西	Guangxi	256.5	314.1	243.7	60.6	1.7	5.3	4.8	747.6
海南	Hainan	98.2	44.7	41.4			0.2	0.1	60.0
重庆	Chongqing	729.6	252.4	54.4	187.3	0.2	8.5	0.2	2.8
四川	Sichuan	1200.7	1093.6	264.0	817.2	27.8	37.0	1.8	26.9
贵州	Guizhou	820.7	555.8	43.3	504.8	1.4	1.3		19.5
云南	Yunnan	687.5	225.3	42.9	169.1	0.6	27.3		255.2
西藏	Tibet	0.6	26.1	0.1	26.1				
陕西	Shaanxi	313.7	276.9	29.6	178.7	70.2	1.1	0.5	0.1
甘肃	Gansu	531.0	328.9	1.1	157.3	64.0	4.4		4.5
青海	Qinghai	75.3	161.9		159.7				
宁夏	Ningxia	117.3	96.9		0.1				
新疆	Xinjiang	18.5	185.5	2.7	59.9	1160.5	35.9		69.9

2-61 续表 2 Continued

单位：千公顷 (1 000 hectares)

地 区	Region	#甘 蔗 Sugarcane	#甜 菜 Beetroots	烟 叶 Tobacco	#烤 烟 Flue-cured Tobacco	蔬 菜 Vegetables	茶园面积 Area of Tea Plantations at Year-end	果园面积 Area of Orchards at Year-end
全 国	**National Total**	**1354**	**210**	**1363**	**1245**	**17721**	**1352**	**10035**
北 京	Beijing					88.6		75.7
天 津	Tianjin					129.7		37.1
河 北	Hebei		10.5	3.7	2.6	1104.8		1115.1
山 西	Shanxi		1.2	2.7	2.5	244.9		279.7
内蒙古	Inner Mongolia		38.1	8.2	6.9	221.5		52.1
辽 宁	Liaoning		2.1	19.8	18.5	413.7		317.0
吉 林	Jilin		2.8	22.6	12.6	209.6		67.8
黑龙江	Heilongjiang		80.5	42.1	39.7	333.4		39.5
上 海	Shanghai	2.8				130.9		22.3
江 苏	Jiangsu	4.1		0.6		1194.4	23.9	191.4
浙 江	Zhejiang	15.7		1.8		666.7	154.7	299.8
安 徽	Anhui	5.7		10.8	10.3	664.9	117.6	104.2
福 建	Fujian	14.9		66.8	65.8	632.1	155.2	550.7
江 西	Jiangxi	17.7		11.7	10.6	543.6	38.2	295.8
山 东	Shandong			34.6	33.9	1847.7	14.5	767.9
河 南	Henan	4.8		132.3	127.1	1595.9	33.1	416.6
湖 北	Hubei	10.0		58.4	43.7	1004.8	138.4	265.1
湖 南	Hunan	19.6		100.1	94.8	997.1	80.1	430.8
广 东	Guangdong	147.5		31.6	26.5	1162.7	36.0	996.9
广 西	Guangxi	747.6		20.9	13.9	1094.4	36.9	865.2
海 南	Hainan	60.0		0.3	0.3	172.4	1.5	163.4
重 庆	Chongqing	2.8		51.5	41.5	400.0	25.8	179.3
四 川	Sichuan	26.7	0.2	79.5	58.8	991.5	152.0	462.0
贵 州	Guizhou	19.4	0.1	222.7	206.6	473.3	59.7	118.9
云 南	Yunnan	255.0	0.2	392.6	381.7	492.0	218.5	224.8
西 藏	Tibet					18.0	0.2	1.1
陕 西	Shaanxi	0.1		32.9	32.6	331.7	59.5	817.5
甘 肃	Gansu		4.5	14.2	13.3	306.8	6.3	347.6
青 海	Qinghai			0.2		25.8		4.3
宁 夏	Ningxia			0.1	0.1	51.3		48.6
新 疆	Xinjiang		69.9	0.5	0.3	176.7		477.0

2-62 主要农产品单位面积产量（2005年）

Output of Major Farm Products Per Hectare(2005)

单位：公斤/公顷 (kg/hectare)

地 区	Region	谷 物 Cereals	棉 花 Cotton	花 生 Peanuts	油菜籽 Rapeseeds	芝 麻 Sesame	黄红麻 Jute and Ambary Hemp	甘 蔗 Sugar-cane	甜 菜 Beet-roots	烤 烟 Flue-cured Tobacco
全 国	**National Total**	**5225**	**1129**	**3076**	**1793**	**1054**	**2670**	**63970**	**37523**	**1956**
北 京	Beijing	5121	1149	2964		960				
天 津	Tianjin	5150	1364	3432		1064				
河 北	Hebei	4371	1006	3198	1318	957	2324		40704	1918
山 西	Shanxi	3780	1056	1962	758	716			32473	2399
内蒙古	Inner Mongolia	4908	1117	1452	1109	1111			36331	2185
辽 宁	Liaoning	6314	959	1915	1190	943			29962	1716
吉 林	Jilin	6619		2562		1101			26351	1976
黑龙江	Heilongjiang	5384		2023	1703	1029			19264	1850
上 海	Shanghai	6503	1628	3333	2115			51278		
江 苏	Jiangsu	6041	876	3182	2402	1533	3217	54146	12750	
浙 江	Zhejiang	5920	1204	2676	1967	1528	2681	57270		
安 徽	Anhui	4723	864	3324	1912	822	2979	37213		2407
福 建	Fujian	5421	880	2377	1308	990	2948	62535		1748
江 西	Jiangxi	5299	1365	2344	1017	827	3094	44271		1857
山 东	Shandong	5908	1000	4067	2401	1339	3021			2168
河 南	Henan	5285	866	3454	2151	1049	2780	53042		2207
湖 北	Hubei	6040	961	3505	1859	1334	3430	43113		1804
湖 南	Hunan	5870	1309	2305	1439	1272	1979	51329		2150
广 东	Guangdong	5171		2452	1424	1006	2617	75557		1908
广 西	Guangxi	4680	536	2262	1045	932	1982	68950		1414
海 南	Hainan	3696		2016		555	8820	46483		110
重 庆	Chongqing	5503	726	1786	1698	975	727	41078		1726
四 川	Sichuan	5402	888	2349	2065	1328	2288	49692	15216	2249
贵 州	Guizhou	4673	398	1694	1516	671	3148	34861	5554	1668
云 南	Yunnan	4078	393	1339	1716	672		55508	16922	2023
西 藏	Tibet	5328		2563	2348					
陕 西	Shaanxi	3754	1107	2563	1697	1014	1077	36117	19098	1805
甘 肃	Gansu	3343	1728	1722	1693				32683	2353
青 海	Qinghai	3792			1976				21850	
宁 夏	Ningxia	4530			1313				59200	5777
新 疆	Xinjiang	6126	1615	2411	1539	920			59960	1288

2-63 主要农产品产量（2005年）

Output of Major Farm Products (2005)

单位：万吨　　　　(10 000 tons)

地区	Region	粮食 Grain	谷物 Cereal	#稻谷 Rice	#小麦 Wheat	#玉米 Corn	豆类 Beans	薯类 Tubers	棉花 Cotton
全国	**National Total**	**48402.2**	**42776.0**	**18058.8**	**9744.5**	**13936.5**	**2157.7**	**3468.5**	**571.4**
北京	Beijing	94.9	90.4	0.5	26.7	62.6	2.4	2.1	0.2
天津	Tianjin	137.5	133.1	12.2	47.4	73.2	3.9	0.6	8.4
河北	Hebei	2598.6	2452.9	51.6	1150.3	1193.8	51.2	94.5	57.7
山西	Shanxi	978.0	882.1	0.9	202.3	616.1	36.7	59.3	10.3
内蒙古	Inner Mongolia	1662.2	1342.1	62.2	143.6	1066.2	164.1	156.0	0.2
辽宁	Liaoning	1745.8	1660.3	416.5	7.9	1135.5	43.6	41.9	0.3
吉林	Jilin	2581.2	2352.5	473.3	2.7	1800.7	152.8	75.9	0.2
黑龙江	Heilongjiang	3092.0	2324.7	1121.5	94.0	1042.9	680.0	87.3	
上海	Shanghai	105.4	101.3	85.5	9.9	2.8	3.2	0.9	0.2
江苏	Jiangsu	2834.6	2696.9	1706.7	728.5	174.8	82.4	55.3	32.3
浙江	Zhejiang	814.7	705.3	644.8	21.8	25.9	47.4	62.0	2.2
安徽	Anhui	2605.3	2385.8	1250.8	808.1	264.9	95.5	124.0	32.5
福建	Fujian	715.2	544.0	526.6	2.0	13.2	24.7	146.5	
江西	Jiangxi	1757.0	1677.6	1667.2	2.7	6.3	24.9	54.6	8.7
山东	Shandong	3917.4	3650.1	95.8	1800.5	1735.4	68.2	199.1	84.6
河南	Henan	4582.0	4277.5	359.8	2577.7	1298.0	74.4	230.1	67.7
湖北	Hubei	2177.4	1956.2	1535.3	208.9	194.9	65.0	156.2	37.5
湖南	Hunan	2678.6	2452.7	2296.2	13.4	134.0	56.7	169.2	19.8
广东	Guangdong	1395.0	1185.1	1117.0	1.9	61.5	24.4	185.5	
广西	Guangxi	1487.3	1384.9	1169.1	1.8	212.0	40.3	62.1	0.1
海南	Hainan	153.0	116.0	110.6		5.4	2.2	34.8	
重庆	Chongqing	1168.2	845.8	521.5	78.6	233.1	42.2	280.3	
四川	Sichuan	3211.1	2581.4	1505.7	427.4	580.8	131.5	498.2	2.5
贵州	Guizhou	1152.1	901.2	472.8	73.0	344.3	37.8	213.1	0.1
云南	Yunnan	1514.9	1259.2	646.3	106.9	449.3	77.2	178.6	
西藏	Tibet	93.4	89.6	0.6	25.6	1.7	3.2	0.6	
陕西	Shaanxi	1043.0	963.9	89.2	401.2	459.7	37.1	42.0	7.8
甘肃	Gansu	836.9	605.4	4.1	264.8	248.5	41.7	189.9	11.1
青海	Qinghai	93.3	49.1		39.3	0.9	11.8	32.5	
宁夏	Ningxia	299.8	266.3	61.1	79.4	121.4	6.0	27.5	
新疆	Xinjiang	876.6	843.0	53.8	396.2	376.7	25.4	8.2	187.4

2-63 续表 1 continued

单位：万吨 (10 000 tons)

地 区	Region	油 料 Oil-bearing Crops	#花 生 Peanuts	#油菜籽 Rapeseeds	#芝 麻 Sesame	麻 类 Fiber Crops	#黄红麻 Jute and Ambary Hemp	甘 蔗 Sugarcane	甜 菜 Beetroots
全 国	**National Total**	**3077.1**	**1434.2**	**1305.2**	**62.5**	**110.5**	**8.3**	**8663.8**	**788.1**
北 京	Beijing	2.5	2.5						
天 津	Tianjin	1.3	0.8						
河 北	Hebei	152.7	140.3	4.7	1.5	0.7	0.1		42.7
山 西	Shanxi	21.3	2.9	0.8	0.4				4.0
内蒙古	Inner Mongolia	122.2	1.4	28.3	0.9	2.5			138.3
辽 宁	Liaoning	36.8	33.0	0.1	0.6				6.3
吉 林	Jilin	54.4	28.7		3.5	0.6			7.4
黑龙江	Heilongjiang	60.6	4.8	0.3	0.8	36.1			155.0
上 海	Shanghai	6.9	0.4	6.5				14.5	
江 苏	Jiangsu	216.0	55.5	158.7	1.8	0.5	0.1	22.2	
浙 江	Zhejiang	50.1	4.9	44.7	0.6	0.1	0.1	90.0	
安 徽	Anhui	270.7	79.3	182.3	9.0	3.2	1.9	21.3	
福 建	Fujian	27.4	25.5	1.8	0.1			93.3	
江 西	Jiangxi	76.1	31.7	41.7	2.5	1.3	0.2	78.3	
山 东	Shandong	363.9	359.9	3.0	0.2	0.2	0.2		
河 南	Henan	449.6	338.3	87.7	22.1	3.8	3.7	25.2	
湖 北	Hubei	293.9	60.2	219.1	13.7	4.9	0.3	42.9	
湖 南	Hunan	141.0	31.7	108.2	1.0	14.0	0.1	100.4	
广 东	Guangdong	77.0	75.9	1.0	0.2	0.1	0.1	1114.2	
广 西	Guangxi	63.2	55.1	6.3	0.5	1.1	1.0	5154.7	
海 南	Hainan	8.5	8.3		0.2	0.1	0.1	278.9	
重 庆	Chongqing	42.7	9.7	31.8	0.7	1.2		11.5	
四 川	Sichuan	232.3	62.0	168.7	0.6	6.9	0.4	132.9	0.3
贵 州	Guizhou	84.9	7.3	76.5		0.1		67.8	
云 南	Yunnan	36.2	5.7	29.0		14.1		1415.5	0.4
西 藏	Tibet	6.1		6.1					
陕 西	Shaanxi	45.4	7.6	30.3	1.7	0.1		0.2	0.1
甘 肃	Gansu	50.3	0.2	26.6		1.7			14.5
青 海	Qinghai	31.9		31.6					
宁 夏	Ningxia	12.2							0.1
新 疆	Xinjiang	38.9	0.6	9.2		17.1			419.1

2-63 续表 2 continued

单位：万吨 (10 000 tons)

地区	Region	烟叶 Tobacco	#烤烟 Flue-cured Tobacco	蚕茧 Silkworm Cocoons	#桑蚕茧 Mulberry Silkworm Cocoons	茶叶 Tea	水果 Fruits	#苹果 Apples	#柑桔 Citrus	#梨 Pears	#葡萄 Grapes	#香蕉 Bananas
全国	**National Total**	**268.3**	**243.5**	**78.0**	**71.3**	**93.5**	**16120.1**	**2401.1**	**1591.9**	**1132.4**	**579.4**	**651.8**
北京	Beijing						111.9	13.8		14.6	5.1	
天津	Tianjin						68.2	6.6		2.3	9.3	
河北	Hebei	1.0	0.5	0.1	0.1		1397.9	220.2		324.6	86.4	
山西	Shanxi	0.6	0.6	0.4	0.4		314.4	164.8		24.6	11.9	
内蒙古	Inner Mongolia	2.0	1.5	1.2			178.8	6.2		7.8	2.9	
辽宁	Liaoning	3.4	3.2	4.3			451.3	130.0		69.0	58.2	
吉林	Jilin	6.0	2.5	0.2			235.3	25.2		13.5	11.0	
黑龙江	Heilongjiang	7.4	7.4	0.3			352.6	17.7		4.8	2.1	
上海	Shanghai						101.0		18.0	1.9	2.7	
江苏	Jiangsu	0.1		10.6	10.6	1.2	606.4	55.3	5.2	55.6	15.3	
浙江	Zhejiang	0.4		8.5	8.5	14.4	578.0		148.1	31.0	22.0	
安徽	Anhui	2.6	2.5	3.1	3.1	6.0	711.6	27.8	1.2	63.8	17.3	
福建	Fujian	11.7	11.5			18.5	559.1		215.3	14.8	5.9	85.5
江西	Jiangxi	2.1	2.0	0.9	0.9	1.7	325.4		109.8	7.5	0.4	
山东	Shandong	7.5	7.3	6.5	6.3	0.7	2546.8	671.7		106.1	83.1	
河南	Henan	28.8	28.1	2.0	1.5	1.7	1842.2	300.6	3.6	65.5	41.3	
湖北	Hubei	11.1	7.9	1.1	1.1	8.5	566.8	1.2	146.3	50.2	5.0	
湖南	Hunan	21.3	20.4			7.2	519.5		212.0	10.8	5.2	
广东	Guangdong	6.3	5.1	6.5	6.5	4.4	946.5		182.7	4.3		330.2
广西	Guangxi	3.3	2.0	14.8	14.8	2.6	766.8		187.7	12.1	11.9	117.4
海南	Hainan					0.1	220.4		2.0			91.3
重庆	Chongqing	9.0	7.2	3.1	3.1	1.7	154.6	0.6	90.9	18.0	2.1	0.2
四川	Sichuan	18.2	13.2	9.8	9.8	9.8	527.2	24.3	213.7	68.5	16.1	1.8
贵州	Guizhou	36.9	34.5	0.1	0.1	2.3	96.0	1.0	17.2	12.4	2.1	0.9
云南	Yunnan	79.1	77.2	1.9	1.9	11.6	169.7	15.9	21.1	19.7	7.0	24.5
西藏	Tibet						0.9	0.6		0.1		
陕西	Shaanxi	5.9	5.9	2.3	2.3	1.1	906.1	560.1	16.8	62.1	13.9	
甘肃	Gansu	3.4	3.1			0.1	280.7	101.3	0.3	28.3	7.8	
青海	Qinghai	0.1					2.6	0.7		0.5		
宁夏	Ningxia	0.1	0.1				69.6	22.2		1.2	4.8	
新疆	Xinjiang	0.1					511.9	33.0		36.8	128.8	

注：2003年起水果产量包括瓜果类产量。

a) Data of output of fruits after 2003 include yield of melon and fruit.

2-64 主要林产品产量（2005年）

Output of Major Forest Products (2005)

单位：吨 (ton)

地 区	Region	橡 胶 Rubber	松 脂 Pine Resin	生 漆 Lacquer	油桐籽 Tung-oil Seeds	油茶籽 Tea-oil Seeds	核 桃 Walnuts
全 国	**National Total**	**513618**	**767134**	**14316**	**368688**	**875022**	**499074**
北 京	Beijing						13787
天 津	Tianjin						442
河 北	Hebei						47032
山 西	Shanxi						53432
内蒙古	Inner Mongolia						
辽 宁	Liaoning						25576
吉 林	Jilin						2888
黑龙江	Heilongjiang						
上 海	Shanghai						
江 苏	Jiangsu					170	151
浙 江	Zhejiang		1940		162	43361	
安 徽	Anhui		5433	220	3208	9743	6300
福 建	Fujian	40	72299	892	20928	72597	112
江 西	Jiangxi		93164	355	16160	189020	3255
山 东	Shandong						20465
河 南	Henan		266	955	45802	8079	25339
湖 北	Hubei		8334	4413	10315	9928	9051
湖 南	Hunan		32850	3022	42523	374516	3761
广 东	Guangdong	24784	154593	29	5193	30470	
广 西	Guangxi	678	301943	71	60372	117363	339
海 南	Hainan	247775	3836				
重 庆	Chongqing		4795	794	20041	1991	3272
四 川	Sichuan		2911	725	30314	2464	59272
贵 州	Guizhou		4882	1328	81669	10558	6840
云 南	Yunnan	240341	79663	404	18883	4618	91200
西 藏	Tibet						622
陕 西	Shaanxi		225	1047	12577	144	63790
甘 肃	Gansu			61	541		29675
青 海	Qinghai						86
宁 夏	Ningxia						627
新 疆	Xinjiang						31761

2-65 牲畜饲养情况（2005年）

Number of Livestock (2005)

单位：万头、万只 (10 000 heads)

地区	Region	大牲畜年底头数 Large Animals (year-end)	牛 Cattle and Buffaloes	马 Horses	驴 Donkeys	骡 Mules	骆驼 Camels
全国	**National Total**	**15947.5**	**14043.5**	**740.0**	**777.2**	**360.4**	**26.6**
北京	Beijing	26.6	24.4	0.2	1.4	0.6	
天津	Tianjin	49.4	44.4	0.3	3.6	1.1	
河北	Hebei	1019.1	826.9	33.1	104.1	40.5	
山西	Shanxi	312.7	218.6	3.9	32.4	31.1	
内蒙古	Inner Mongolia	783.3	576.4	67.9	86.8	43.6	8.5
辽宁	Liaoning	495.9	344.7	28.2	98.9	24.1	
吉林	Jilin	634.9	550.0	53.7	16.8	14.5	
黑龙江	Heilongjiang	580.8	527.1	41.3	7.6	4.8	
上海	Shanghai	5.4	5.5				
江苏	Jiangsu	73.9	64.6	1.4	6.4	1.5	
浙江	Zhejiang	35.6	35.5	0.1			
安徽	Anhui	433.6	371.2	0.4	1.1	0.3	
福建	Fujian	105.9	105.7				
江西	Jiangxi	371.9	371.9				
山东	Shandong	1046.5	970.7	13.1	54.8	8.1	
河南	Henan	1508.8	1447.0	17.3	29.6	14.2	
湖北	Hubei	384.3	377.0	1.6	0.4	0.2	
湖南	Hunan	595.8	591.3	3.9	0.5	0.2	
广东	Guangdong	372.4	372.3	0.1			
广西	Guangxi	777.2	735.6	39.6	0.1	4.1	
海南	Hainan	143.0	143.0				
重庆	Chongqing	174.5	167.2	2.4	0.2	1.2	
四川	Sichuan	1253.8	1150.4	88.5	8.8	9.6	
贵州	Guizhou	873.8	793.2	78.0	0.2	2.4	
云南	Yunnan	937.6	802.1	78.3	33.3	65.9	
西藏	Tibet	686.2	632.5	42.0	10.1	1.6	
陕西	Shaanxi	340.5	309.0	1.2	21.9	8.5	
甘肃	Gansu	614.7	476.9	24.5	113.3	61.3	2.2
青海	Qinghai	453.5	406.2	24.5	8.3	13.8	0.7
宁夏	Ningxia	116.3	98.2	0.4	12.8	4.9	0.1
新疆	Xinjiang	739.7	504.2	94.2	123.9	2.4	15.1

2–65 续表 Continued

单位：万头、万只 (10 000 heads)

地 区	Region	肉猪出栏头数 Slaughtered Fattened Hogs	猪年底头数 Hogs (year-end)	羊年底只数 Sheep and Goats (year-end)	山 羊 Goats	绵 羊 Sheep
全 国	**National Total**	**66098.6**	**50334.8**	**37265.9**	**19876.1**	**17389.9**
北 京	Beijing	448.7	218.8	126.0	28.0	98.1
天 津	Tianjin	481.5	255.5	84.7	21.6	63.1
河 北	Hebei	4510.6	3064.4	2482.0	1000.2	1481.8
山 西	Shanxi	627.1	463.3	1029.3	421.0	608.3
内蒙古	Inner Mongolia	957.7	738.7	5420.0	1711.0	3709.0
辽 宁	Liaoning	2301.9	1453.6	995.6	510.7	484.9
吉 林	Jilin	1272.4	615.2	430.0	65.0	365.1
黑龙江	Heilongjiang	1392.2	1316.8	1180.3	408.9	771.4
上 海	Shanghai	280.0	156.0	30.1	27.6	2.5
江 苏	Jiangsu	2974.9	1927.2	1175.0	1155.0	20.0
浙 江	Zhejiang	1867.1	1213.2	222.4	105.4	117.0
安 徽	Anhui	2629.5	2034.0	921.3	918.5	2.8
福 建	Fujian	1879.0	1330.1	136.0	136.0	
江 西	Jiangxi	2237.8	1566.7	105.3	105.3	
山 东	Shandong	4585.7	3238.7	3404.8	2683.0	721.8
河 南	Henan	5568.0	4439.0	3988.0	3509.4	478.6
湖 北	Hubei	3428.4	2340.3	337.7	337.0	0.7
湖 南	Hunan	6176.3	4435.0	711.3	711.1	0.1
广 东	Guangdong	3616.7	2143.5	39.2	39.2	
广 西	Guangxi	2831.9	3015.0	260.0	260.0	
海 南	Hainan	427.5	393.5	88.9	88.9	
重 庆	Chongqing	1993.3	1756.3	303.6	303.5	0.1
四 川	Sichuan	7105.0	5744.8	1587.3	1276.2	311.1
贵 州	Guizhou	1453.6	1972.9	448.3	428.6	19.7
云 南	Yunnan	2733.6	2601.7	976.9	874.3	102.6
西 藏	Tibet	18.9	30.2	1698.3	626.1	1072.2
陕 西	Shaanxi	930.4	764.1	930.9	709.6	221.3
甘 肃	Gansu	700.1	650.2	1526.3	338.8	1187.5
青 海	Qinghai	121.8	105.1	1765.7	330.2	1435.5
宁 夏	Ningxia	163.1	122.7	505.4	86.4	419.0
新 疆	Xinjiang	384.0	228.5	4355.5	659.8	3695.8

2-66 畜产品产量（2005年）

Output of Livestock Products (2005)

地 区	Region	肉类产量（万吨）Output of Meat (10000 tons)	#猪牛羊肉 Output of Pork, Beef and Mutton	猪 肉 Pork	牛 肉 Beef	羊 肉 Mutton	奶 类（万吨）Milk (10 000 tons)	#牛 奶 Cow Milk
全 国	**National Total**	**7743.1**	**6157.6**	**5010.6**	**711.5**	**435.5**	**2864.8**	**2753.4**
北 京	Beijing	66.7	39.7	31.3	4.4	4.0	64.2	64.2
天 津	Tianjin	57.8	44.9	35.6	6.2	3.0	63.4	63.4
河 北	Hebei	571.9	458.0	337.4	86.9	33.7	348.6	340.3
山 西	Shanxi	68.2	62.2	47.9	6.9	7.4	73.8	71.3
内蒙古	Inner Mongolia	229.5	193.6	87.6	33.6	72.4	696.9	691.0
辽 宁	Liaoning	347.9	240.6	191.2	42.2	7.1	78.8	74.9
吉 林	Jilin	260.2	163.3	108.2	51.0	4.2	30.0	29.4
黑龙江	Heilongjiang	173.5	142.3	100.4	31.1	10.7	444.2	440.2
上 海	Shanghai	31.3	18.7	18.0	0.1	0.6	23.8	23.8
江 苏	Jiangsu	352.3	242.1	218.5	5.7	17.9	57.9	56.6
浙 江	Zhejiang	165.3	130.4	125.1	1.4	3.9	26.7	26.7
安 徽	Anhui	340.1	265.0	215.6	33.0	16.4	11.0	11.0
福 建	Fujian	165.9	138.5	133.5	2.9	2.1	19.8	19.4
江 西	Jiangxi	237.1	187.7	175.9	10.2	1.6	12.5	12.5
山 东	Shandong	753.9	484.1	367.1	80.7	36.4	221.0	187.1
河 南	Henan	685.9	588.3	440.8	100.8	46.7	108.5	104.0
湖 北	Hubei	327.3	278.7	256.3	16.3	6.0	12.2	12.2
湖 南	Hunan	523.5	466.8	437.0	18.2	11.6	6.9	6.9
广 东	Guangdong	384.3	264.2	256.3	7.2	0.7	11.9	11.6
广 西	Guangxi	242.9	206.6	186.0	16.9	3.8	5.4	5.4
海 南	Hainan	58.2	41.3	37.0	3.0	1.3	0.1	0.1
重 庆	Chongqing	178.0	153.3	143.8	5.8	3.6	8.6	8.6
四 川	Sichuan	653.6	562.2	513.7	28.5	20.0	59.0	58.6
贵 州	Guizhou	167.5	154.7	136.7	12.5	5.5	3.8	3.8
云 南	Yunnan	298.6	276.0	244.2	21.7	10.1	32.7	30.9
西 藏	Tibet	21.5	21.5	1.2	12.8	7.5	27.0	21.2
陕 西	Shaanxi	102.8	89.6	68.4	11.9	9.3	141.7	113.3
甘 肃	Gansu	82.1	75.7	50.5	12.8	12.5	31.7	31.2
青 海	Qinghai	25.8	25.1	8.6	7.4	9.2	25.0	23.6
宁 夏	Ningxia	26.2	22.3	10.7	5.2	6.4	57.9	57.9
新 疆	Xinjiang	143.3	120.3	26.2	34.2	59.9	159.8	152.2

2-66 续表 Continued

地 区	Region	绵羊毛 (吨) Sheep Wool (ton)	#细羊毛 Fine Wool	#半细羊毛 Semi-Fine Wool	山羊毛 (吨) Goat Wool (ton)	羊 绒 (吨) Cashmere (ton)	禽 蛋 (万吨) Poultry Eggs (10 000 tons)	蜂 蜜 (万吨) Honey (10 000 tons)
全 国	**National Total**	**393171.6**	**127862.2**	**123067.8**	**36903.9**	**15434.8**	**2879.5**	**29.3**
北 京	Beijing	1132.0	14.0	1118.0	224.0	93.0	16.0	0.3
天 津	Tianjin	831.0	58.0	773.0	68.0		23.5	
河 北	Hebei	36466.0	6866.0	14341.0	3565.0	890.0	459.0	0.8
山 西	Shanxi	8805.0	1733.0	1122.0	1740.0	795.0	56.9	0.3
内蒙古	Inner Mongolia	94902.0	44841.0	14943.0	7558.0	6395.0	46.2	0.5
辽 宁	Liaoning	10412.0	3618.2	6590.8	1679.6	1052.8	224.0	0.2
吉 林	Jilin	19971.2	15430.9	4451.9	425.0	60.0	100.0	0.8
黑龙江	Heilongjiang	25734.0	7965.0	17769.0	874.0	790.5	102.7	1.1
上 海	Shanghai	14.5		14.5	112.2		8.4	
江 苏	Jiangsu	640.0	408.0	232.0	32.0	1.0	182.0	0.7
浙 江	Zhejiang	2045.0		2045.0	552.0		44.5	7.9
安 徽	Anhui	129.0	4.0	125.0	193.0	4.0	122.1	1.1
福 建	Fujian						43.9	0.9
江 西	Jiangxi						42.1	1.1
山 东	Shandong	21581.0	4315.0	11250.0	6291.0	913.0	441.8	0.8
河 南	Henan	11462.0	911.0	7135.0	2873.0	433.0	375.3	2.7
湖 北	Hubei	4.0	1.0	1.0	16.0		121.3	0.8
湖 南	Hunan	3.0	3.0		13.0		92.1	1.0
广 东	Guangdong				23.0		33.2	1.4
广 西	Guangxi						17.7	0.8
海 南	Hainan						2.7	0.1
重 庆	Chongqing	4.0	4.0		2.0		39.1	0.6
四 川	Sichuan	5801.0	804.0	2895.0	495.0	21.0	157.2	3.5
贵 州	Guizhou	346.0	59.0	287.0	10.0	1.0	11.1	0.2
云 南	Yunnan	1959.1	312.9	1141.1	63.3	4.0	19.0	0.6
西 藏	Tibet	8718.4	336.1	2004.9	1225.7	906.5	0.4	
陕 西	Shaanxi	5868.0	2205.0	1737.0	1338.0	793.0	48.7	0.3
甘 肃	Gansu	21134.0	7064.0	4534.0	1794.0	416.0	14.5	0.1
青 海	Qinghai	16501.0	662.6	4382.4	1151.0	355.0	1.4	0.1
宁 夏	Ningxia	8936.0	1168.0	2001.0	519.0	253.0	7.8	0.1
新 疆	Xinjiang	89772.4	29078.5	22174.1	4067.1	1258.0	25.0	0.5

2-67 水产品产量（2005年）

Output of Aquatic Products (2005)

单位：万吨 (10 000 tons)

地 区	Region	水产品总产量 Total Aquatic Products	海水产品 Seawater Aquatic Products	天然生产 Naturally Grown	人工养殖 Artificially Cultured	鱼 类 Fish	虾蟹类 Shrimps, Prawns and Crabs	贝 类 Shell-fish	藻 类 Algae	其 他 Others
全 国	**National Total**	**5107.6**	**2838.3**	**1453.5**	**1384.8**	**1052.0**	**323.8**	**1160.4**	**154.2**	**148.0**
北 京	Beijing	6.4								
天 津	Tianjin	33.8	4.9	3.8	1.1	1.8	1.4	1.5		0.2
河 北	Hebei	98.9	57.2	31.1	26.1	19.2	9.5	24.7		3.8
山 西	Shanxi	3.8								
内蒙古	Inner Mongolia	8.3								
辽 宁	Liaoning	425.3	364.2	152.0	212.1	91.3	35.0	173.5	39.5	24.9
吉 林	Jilin	11.9								
黑龙江	Heilongjiang	44.6								
上 海	Shanghai	35.4	15.0	15.0	0.1	10.1	1.7	2.6		0.7
江 苏	Jiangsu	388.7	113.4	58.3	55.1	38.1	15.4	51.1	1.9	7.0
浙 江	Zhejiang	483.8	402.4	314.3	88.1	208.6	87.0	72.7	3.5	30.6
安 徽	Anhui	177.6								
福 建	Fujian	602.2	531.9	222.1	309.7	186.8	35.6	247.8	46.8	14.8
江 西	Jiangxi	168.7								
山 东	Shandong	736.1	626.1	268.1	358.0	173.0	46.8	314.0	53.8	38.4
河 南	Henan	51.7								
湖 北	Hubei	318.2								
湖 南	Hunan	179.2								
广 东	Guangdong	695.2	398.0	172.0	225.9	151.7	46.3	181.2	3.9	14.9
广 西	Guangxi	284.2	174.0	84.6	89.4	55.9	26.4	84.9		6.7
海 南	Hainan	150.0	127.1	108.0	19.1	91.2	18.8	6.4	4.8	5.9
重 庆	Chongqing	25.1								
四 川	Sichuan	98.2								
贵 州	Guizhou	9.5								
云 南	Yunnan	23.8								
西 藏	Tibet									
陕 西	Shaanxi	7.4								
甘 肃	Gansu	1.6								
青 海	Qinghai	0.1								
宁 夏	Ningxia	5.8								
新 疆	Xinjiang	7.9								
中国水产总公司	China Aquatic Company	24.3	24.3	24.3		24.3				

2-67 续表 Continued

单位：万吨 (10 000 tons)

地 区	Region	淡水产品 Freshwater Aquatic Products	天然生产 Naturally Grown	人工养殖 Artificially Cultured	鱼 类 Fish	虾蟹类 Shrimps, Prawns and Crabs	贝 类 Shell-fish	其 他 Others
全 国	**National Total**	**2269.3**	**258.8**	**2010.5**	**2017.6**	**162.9**	**53.8**	**35.1**
北 京	Beijing	6.4		6.4	6.4	0.1		
天 津	Tianjin	28.9	1.2	27.7	26.1	2.6	0.1	
河 北	Hebei	41.8	8.5	33.2	38.6	2.4	0.5	0.3
山 西	Shanxi	3.8	0.1	3.6	3.7			
内蒙古	Inner Mongolia	8.3	2.9	5.3	7.7	0.4		0.1
辽 宁	Liaoning	61.2	4.2	56.9	54.4	5.6	0.1	1.0
吉 林	Jilin	11.9	2.5	9.4	11.8	0.1		
黑龙江	Heilongjiang	44.6	5.1	39.5	43.8	0.6		0.1
上 海	Shanghai	20.3	0.4	20.0	12.6	7.4	0.1	0.2
江 苏	Jiangsu	275.2	32.9	242.3	207.8	54.5	8.9	4.1
浙 江	Zhejiang	81.4	9.3	72.1	55.9	11.7	4.8	9.0
安 徽	Anhui	177.6	37.9	139.7	143.6	20.4	9.9	3.7
福 建	Fujian	70.3	8.5	61.8	60.2	3.7	4.9	1.5
江 西	Jiangxi	168.7	24.9	143.8	152.9	6.9	5.4	3.5
山 东	Shandong	110.0	12.3	97.7	102.3	5.8	1.4	0.5
河 南	Henan	51.7	3.5	48.2	49.7	1.4	0.1	0.3
湖 北	Hubei	318.2	45.0	273.2	300.8	11.3	4.2	1.9
湖 南	Hunan	179.2	18.5	160.7	172.5	2.7	2.4	1.7
广 东	Guangdong	297.3	13.0	284.3	262.9	22.0	7.8	4.6
广 西	Guangxi	110.2	11.3	98.9	106.0	1.7	1.9	0.7
海 南	Hainan	23.0	2.4	20.5	21.6	0.1	0.3	0.9
重 庆	Chongqing	25.1	1.3	23.8	24.7	0.1	0.2	0.1
四 川	Sichuan	98.2	6.9	91.3	96.5	0.6	0.6	0.6
贵 州	Guizhou	9.5	1.2	8.2	9.2	0.2		
云 南	Yunnan	23.8	2.6	21.3	23.1	0.6		
西 藏	Tibet							
陕 西	Shaanxi	7.4	0.6	6.8	7.3			
甘 肃	Gansu	1.6	0.1	1.4	1.6			
青 海	Qinghai	0.1		0.1	0.1			
宁 夏	Ningxia	5.8		5.8	5.8			
新 疆	Xinjiang	7.9	1.4	6.6	7.8			0.1
中国水产总公司	China Aquatic Company							

2-68 受灾面积和成灾面积(2005年)

Areas Covered and Affected by Natural Disaster (2005)

单位：千公顷 (1 000 hectares)

地区	Region	受灾面积 Areas Covered	成灾面积 Areas Affected	成灾面积占受灾面积% Percentage of Disaster Areas Affected to Areas Covered	水灾 Flood		旱灾 Drought	
					受灾面积 Areas Covered	成灾面积 Areas Affected	受灾面积 Areas Covered	成灾面积 Areas Affected
全国	**National Total**	**38818**	**19966**	**51.4**	**10932**	**6047**	**16028**	**8479**
北京	Beijing	69	18	25.5			32	
天津	Tianjin	122	33	26.9			34	
河北	Hebei	1127	417	37.0	65	45	826	257
山西	Shanxi	1765	1052	59.6	11	5	1688	1016
内蒙古	Inner Mongolia	1814	1047	57.7	281	194	1382	735
辽宁	Liaoning	987	571	57.8	345	210	394	268
吉林	Jilin	1023	642	62.8	364	252	406	242
黑龙江	Heilongjiang	2102	873	41.5	1314	434	438	162
上海	Shanghai	85	42	49.9				
江苏	Jiangsu	1683	751	44.6	64	28	348	154
浙江	Zhejiang	1181	525	44.4	58	24	119	60
安徽	Anhui	2882	1616	56.1	1463	1027	598	287
福建	Fujian	946	429	45.3	282	111	15	6
江西	Jiangxi	1426	613	43.0	555	153	57	28
山东	Shandong	1780	713	40.0	524	342	356	72
河南	Henan	2112	1103	52.2	1100	653	424	142
湖北	Hubei	2580	1414	54.8	900	559	771	380
湖南	Hunan	2074	1184	57.1	495	299	840	536
广东	Guangdong	869	387	44.5	273	178	175	64
广西	Guangxi	1524	838	55.0	520	249	894	544
海南	Hainan	728	375	51.5			260	184
重庆	Chongqing	773	462	59.7	394	293	251	98
四川	Sichuan	1594	649	40.7	960	400	213	86
贵州	Guizhou	758	320	42.2	174	93	442	170
云南	Yunnan	2585	1431	55.4	159	113	2053	1192
西藏	Tibet	43	1	2.8	3		34	
陕西	Shaanxi	1748	888	50.8	400	248	1022	515
甘肃	Gansu	1333	854	64.1	135	89	1100	687
青海	Qinghai	107	33	30.6	1		80	21
宁夏	Ningxia	483	335	69.5	5	3	421	301
新疆	Xinjiang	517	352	68.2	88	48	356	272

2-69 全部国有及规模以上非国有工业企业工业增加值

Value-added of All State-owned Enterprises and Non-state-owned Enterprise above Designated Size

单位：亿元 (100 million yuan)

地 区	Region	2000	2001	2002	2003	2004	2005
全 国	**National Total**	**25394.8**	**28329.4**	**32994.8**	**41990.2**	**54805.1**	**72187.0**
北 京	Beijing	722.7	751.2	840.4	1012.5	1259.5	1677.4
天 津	Tianjin	630.1	728.1	843.4	1074.8	1395.6	1836.3
河 北	Hebei	1132.7	1244.1	1413.5	1801.8	2459.2	3167.9
山 西	Shanxi	428.7	499.8	633.0	908.7	1242.8	1756.7
内蒙古	Inner Mongolia	279.5	307.6	375.8	516.7	776.8	1240.4
辽 宁	Liaoning	1194.0	1255.7	1377.7	1715.9	2255.7	3108.4
吉 林	Jilin	496.2	589.1	669.3	814.8	994.3	1169.4
黑龙江	Heilongjiang	1213.1	1207.9	1262.0	1363.1	1619.6	2154.6
上 海	Shanghai	1687.2	1988.4	2131.9	2832.9	3427.0	4121.7
江 苏	Jiangsu	2604.4	2943.5	3546.7	4670.6	6447.5	8119.0
浙 江	Zhejiang	1560.1	1874.4	2403.9	3097.6	4173.4	4831.0
安 徽	Anhui	507.4	577.2	690.6	881.5	1082.2	1483.8
福 建	Fujian	797.1	875.4	1177.6	1448.5	1845.8	2291.3
江 西	Jiangxi	269.7	308.2	362.7	446.8	617.8	882.3
山 东	Shandong	2549.4	2900.7	3500.5	4701.1	6498.3	9375.3
河 南	Henan	1116.4	1249.8	1387.9	1740.1	2332.7	3379.3
湖 北	Hubei	1011.8	1072.8	1170.5	1364.8	1664.7	2007.2
湖 南	Hunan	528.1	605.5	706.6	888.6	1198.1	1629.8
广 东	Guangdong	3423.9	3738.3	4361.1	5718.1	7086.4	9416.4
广 西	Guangxi	323.9	342.7	370.4	446.5	595.6	794.6
海 南	Hainan	63.3	65.3	82.3	96.3	102.7	152.5
重 庆	Chongqing	283.7	308.2	360.1	447.6	579.7	659.4
四 川	Sichuan	662.4	790.4	977.5	1165.7	1546.5	2160.2
贵 州	Guizhou	217.0	236.6	271.1	346.5	438.4	585.9
云 南	Yunnan	531.5	582.1	659.1	746.0	881.2	998.8
西 藏	Tibet	9.3	9.5	10.5	12.4	14.4	15.3
陕 西	Shaanxi	411.2	459.7	533.7	674.4	870.7	1321.7
甘 肃	Gansu	244.7	296.5	340.6	388.1	505.1	559.6
青 海	Qinghai	65.3	71.8	80.2	95.2	132.4	189.1
宁 夏	Ningxia	73.7	82.9	80.6	109.4	147.0	213.7
新 疆	Xinjiang	356.6	365.2	373.7	463.4	616.9	888.1

注：1.本表按当年价格计算。

2.规模以上非国有企业为年主营业务收入在500万元以上的企业。

a) In this table, value is calculated at current prices.

b) Non-state-owned industrial enterprises above designated size are those with annual revenue from principal business over 5 million yuan.

2-70 全部国有及规模以上非国有工业企业主要指标（2005年）

Main Indicators of All State-owned and Non-state-owned Industrial Enterprises above Designated Size (2005)

单位：亿元 (100 million yuan)

地　区	Region	企业单位数（个） Number of Enterprises (unit)	工业总产值 Gross Industrial Output Value	工业增加值 Value-added of Industry	资产总计 Total Assets	流动资产合计 Total Circulating Capitals
全　国	**National Total**	**271835**	**251619.50**	**72186.99**	**244784.25**	**111031.41**
北　京	Beijing	6300	6946.07	1677.36	12829.79	3929.77
天　津	Tianjin	6144	6774.10	1836.30	6347.92	3254.23
河　北	Hebei	9936	11008.12	3167.94	9473.70	4032.25
山　西	Shanxi	4441	4850.91	1756.70	7045.09	2820.50
内蒙古	Inner Mongolia	2447	2995.59	1240.43	4595.89	1399.95
辽　宁	Liaoning	11510	10814.51	3108.44	11902.12	5330.42
吉　林	Jilin	2774	3791.96	1169.39	4506.88	1700.75
黑龙江	Heilongjiang	2887	4714.91	2154.57	5174.47	2169.28
上　海	Shanghai	14809	15767.51	4121.72	15905.94	8168.00
江　苏	Jiangsu	32224	32707.09	8118.99	25488.86	13427.63
浙　江	Zhejiang	40275	23106.76	4830.97	20609.30	10896.23
安　徽	Anhui	5277	4567.23	1483.75	5067.10	2127.77
福　建	Fujian	12396	8135.98	2291.26	6841.37	3393.30
江　西	Jiangxi	4403	2978.88	882.30	3058.34	1265.66
山　东	Shandong	27540	30522.86	9375.27	22131.24	9773.02
河　南	Henan	10867	10487.38	3379.31	9158.03	3801.11
湖　北	Hubei	6813	6066.96	2007.21	8683.39	3004.90
湖　南	Hunan	8022	4754.86	1629.79	4611.60	1802.43
广　东	Guangdong	35157	35942.74	9416.39	27076.08	15132.34
广　西	Guangxi	3687	2547.32	794.61	3009.98	1176.12
海　南	Hainan	616	473.06	152.50	791.28	285.11
重　庆	Chongqing	2943	2525.87	659.40	3091.96	1418.41
四　川	Sichuan	7959	6178.03	2160.22	7908.62	3309.89
贵　州	Guizhou	2585	1690.40	585.85	2734.05	1006.96
云　南	Yunnan	2362	2596.21	998.83	3964.32	1709.36
西　藏	Tibet	197	27.29	15.31	112.43	29.97
陕　西	Shaanxi	2997	3397.71	1321.67	5085.87	2010.57
甘　肃	Gansu	1733	1988.26	559.62	2483.04	980.14
青　海	Qinghai	404	486.86	189.10	1145.49	334.73
宁　夏	Ningxia	685	671.54	213.71	1113.10	438.15
新　疆	Xinjiang	1445	2102.53	888.08	2837.00	902.48

2–70 续表 1 continued

单位：亿元 (100 million yuan)

地区	Region	流动资产年平均余额 Annual Average Balance of Circulating Capitals	固定资产原价 Original Value of Fixed Assets	固定资产净值年平均余额 Annual Average Balance of Net Value of Fixed Assets	负债合计 Total Liabilities	流动负债合计 Total Circulating Liabilities	所有者权益合计 Total Owners' Equities
全　国	**National Total**	**105901.69**	**143143.63**	**89460.49**	**141509.84**	**108411.70**	**102882.02**
北　京	Beijing	3701.52	4434.04	2590.44	4706.69	3423.07	8123.10
天　津	Tianjin	3058.69	3845.17	2155.41	3713.08	3110.92	2635.75
河　北	Hebei	3822.08	6306.27	3894.23	5792.05	4381.92	3681.65
山　西	Shanxi	2659.71	4436.30	2855.68	4760.87	3232.73	2179.05
内蒙古	Inner Mongolia	1351.71	3207.14	2022.55	2859.86	1654.15	1702.29
辽　宁	Liaoning	5045.59	8202.52	4848.73	6929.21	5323.14	4852.41
吉　林	Jilin	1707.86	3167.89	1854.24	2681.32	2063.14	1817.22
黑龙江	Heilongjiang	2060.46	4619.41	2379.94	2900.96	2316.71	2273.02
上　海	Shanghai	7833.28	9370.76	5226.52	8037.54	6859.22	7868.41
江　苏	Jiangsu	12579.76	13405.21	8758.69	15715.86	13324.75	9771.74
浙　江	Zhejiang	10305.43	9522.84	6518.30	12286.57	10136.79	8315.61
安　徽	Anhui	2008.12	2953.04	1910.87	3122.73	2197.63	1934.99
福　建	Fujian	3260.86	3838.40	2521.27	3605.79	2885.26	3235.55
江　西	Jiangxi	1231.43	1824.46	1220.96	1932.22	1352.40	1096.16
山　东	Shandong	9437.49	13178.37	8309.62	12917.00	9993.35	9185.90
河　南	Henan	3750.85	5955.47	3788.63	5639.20	4166.77	3518.83
湖　北	Hubei	3059.06	5393.18	3850.14	4873.08	3103.10	3810.31
湖　南	Hunan	1761.49	2932.81	1886.62	2853.91	1807.89	1757.68
广　东	Guangdong	14411.12	14453.16	8834.68	15661.24	13320.04	11414.84
广　西	Guangxi	1125.00	1908.00	1248.34	1853.42	1278.46	1156.56
海　南	Hainan	265.54	486.89	358.52	437.44	246.53	353.84
重　庆	Chongqing	1357.20	1677.98	1056.30	1846.58	1397.12	1245.38
四　川	Sichuan	3150.69	4845.07	3039.99	4934.81	3354.28	2966.06
贵　州	Guizhou	947.98	1711.11	1122.67	1784.20	1105.94	949.45
云　南	Yunnan	1587.77	2213.36	1361.54	2068.42	1471.11	1895.91
西　藏	Tibet	28.58	88.48	70.49	27.40	17.99	85.03
陕　西	Shaanxi	1916.50	3439.54	2155.18	3160.74	2088.06	1907.45
甘　肃	Gansu	916.73	1608.21	1117.68	1460.08	942.44	1022.96
青　海	Qinghai	329.91	844.71	560.46	773.65	384.94	370.22
宁　夏	Ningxia	404.58	661.54	426.84	689.95	442.93	406.51
新　疆	Xinjiang	824.72	2612.31	1514.97	1483.96	1028.94	1348.13

2-70 续表 2 continued

单位：亿元 (100 million yuan)

地 区	Region	主营业务收入 Revenue from Principal Business	主营业务成本 Cost of Principal Business	主营业务税金及附加 Taxes and Other Charges on Principal Business	利润总额 Total Profits	本年应交增值税 Value Added Tax Payable	全部从业人员年平均人数(万人) Annual Average Employed Persons (10 000 persons)
全 国	**National Total**	**248544.00**	**209862.52**	**2997.34**	**14802.54**	**8520.94**	**6895.96**
北 京	Beijing	7278.96	6309.44	54.48	413.50	207.19	116.97
天 津	Tianjin	7125.93	6039.33	77.74	551.60	186.29	122.17
河 北	Hebei	10745.98	9134.05	94.67	690.38	378.18	292.21
山 西	Shanxi	4784.59	3728.70	63.82	261.28	320.37	213.20
内蒙古	Inner Mongolia	3050.96	2420.87	37.41	235.13	166.43	83.70
辽 宁	Liaoning	10747.31	9409.07	120.57	355.98	336.47	276.55
吉 林	Jilin	3634.64	3109.47	70.29	141.00	135.36	101.83
黑龙江	Heilongjiang	4765.42	3192.67	84.03	1067.09	327.93	136.85
上 海	Shanghai	16353.73	13982.81	167.61	939.56	437.98	259.63
江 苏	Jiangsu	32098.48	28401.23	196.93	1384.64	805.50	704.24
浙 江	Zhejiang	23044.63	20119.25	194.10	1103.53	679.47	659.12
安 徽	Anhui	4523.27	3762.86	85.21	218.20	183.97	155.21
福 建	Fujian	7848.24	6765.06	79.48	407.55	206.26	290.41
江 西	Jiangxi	2909.13	2465.13	49.54	112.41	117.65	112.11
山 东	Shandong	30023.87	25293.09	280.62	2164.70	1007.60	738.23
河 南	Henan	10114.44	8441.39	142.92	643.39	402.71	362.79
湖 北	Hubei	5962.54	4800.91	112.78	371.84	242.86	188.30
湖 南	Hunan	4585.31	3627.99	180.20	189.25	205.65	169.25
广 东	Guangdong	34781.58	30010.54	227.29	1693.99	956.53	1085.65
广 西	Guangxi	2466.79	2060.35	38.02	134.99	120.56	91.21
海 南	Hainan	449.76	345.51	9.85	35.04	25.34	12.10
重 庆	Chongqing	2515.17	2102.80	41.79	115.59	99.10	92.42
四 川	Sichuan	6008.12	4900.53	89.36	326.65	241.67	218.99
贵 州	Guizhou	1577.16	1224.83	64.30	70.79	97.40	68.08
云 南	Yunnan	2569.71	1871.03	245.62	227.91	177.68	68.83
西 藏	Tibet	28.39	18.62	0.43	4.47	2.57	1.99
陕 西	Shaanxi	3302.51	2404.23	89.58	400.65	186.20	118.97
甘 肃	Gansu	1984.67	1512.58	43.72	59.65	84.28	68.62
青 海	Qinghai	462.83	330.52	6.82	72.82	29.98	14.04
宁 夏	Ningxia	647.47	556.66	6.86	21.09	26.02	25.58
新 疆	Xinjiang	2152.45	1520.98	41.30	387.89	125.75	46.70

2-71 全部国有及规模以上非国有工业企业主要经济效益指标(2005年)

Main Indicators on Economic Benefit of All State-owned and Non-state-owned Industrial Enterprises above Designated Size (2005)

地 区	Region	工业增加值率(%) Ratio of Value Added to Gross Industrial Output Value (%)	总资产贡献率(%) Ratio of Total Assets to Industrial Output Value (%)	资产负债率(%) Assets-Liability Ratio (%)	流动资产周转次数(次/年) Number of Times of Turnover of Circulating Capitals (times/year)	工业成本费用利润率(%) Ratio of Profits to Industrial Cost (%)	全员劳动生产率(元/人.年) Overall Labor Productivity (yuan-person-year)	产品销售率(%) Proportion of Products Sold (%)
全 国	**National Total**	**28.69**	**11.82**	**57.81**	**2.35**	**6.42**	**104680**	**98.14**
北 京	Beijing	24.15	5.69	36.69	1.97	5.89	143403	97.89
天 津	Tianjin	27.11	13.64	58.49	2.33	8.45	150301	100.63
河 北	Hebei	28.78	13.52	61.14	2.81	6.97	108415	97.95
山 西	Shanxi	36.21	10.57	67.58	1.80	6.00	82396	96.87
内蒙古	Inner Mongolia	41.41	10.85	62.23	2.26	8.68	148199	97.62
辽 宁	Liaoning	28.74	7.84	58.22	2.13	3.46	112402	98.47
吉 林	Jilin	30.84	8.75	59.49	2.13	4.07	114834	98.57
黑龙江	Heilongjiang	45.70	29.45	56.06	2.31	29.63	157436	97.33
上 海	Shanghai	26.14	10.29	50.53	2.09	6.08	158751	98.89
江 苏	Jiangsu	24.82	10.50	61.66	2.55	4.51	115287	98.20
浙 江	Zhejiang	20.91	11.03	59.62	2.24	5.04	73294	97.81
安 徽	Anhui	32.49	10.72	61.63	2.25	5.14	95599	98.24
福 建	Fujian	28.16	11.19	52.71	2.41	5.52	78898	97.33
江 西	Jiangxi	29.62	10.43	63.18	2.36	4.14	78698	98.48
山 东	Shandong	30.72	16.96	58.37	3.18	7.91	126997	98.23
河 南	Henan	32.22	14.47	61.58	2.70	6.91	93148	98.41
湖 北	Hubei	33.08	9.44	56.12	1.95	6.88	106598	97.86
湖 南	Hunan	34.28	13.61	61.89	2.60	4.65	96297	99.30
广 东	Guangdong	26.20	11.29	57.84	2.41	5.16	86735	97.50
广 西	Guangxi	31.19	11.09	61.58	2.19	5.88	87119	98.08
海 南	Hainan	32.24	9.91	55.28	1.69	8.63	126024	98.97
重 庆	Chongqing	26.11	9.40	59.72	1.85	4.85	71348	98.79
四 川	Sichuan	34.97	9.59	62.40	1.91	5.86	98645	98.72
贵 州	Guizhou	34.66	9.74	65.26	1.66	4.92	86057	96.69
云 南	Yunnan	38.47	17.42	52.18	1.62	10.63	145111	99.28
西 藏	Tibet	56.10	6.81	24.37	0.99	19.33	76979	93.83
陕 西	Shaanxi	38.90	14.39	62.15	1.72	14.46	111094	97.74
甘 肃	Gansu	28.15	8.83	58.80	2.16	3.48	81555	98.08
青 海	Qinghai	38.84	11.07	67.54	1.40	19.14	134656	97.38
宁 夏	Ningxia	31.82	6.07	61.98	1.60	3.36	83530	98.33
新 疆	Xinjiang	42.24	20.46	52.31	2.61	22.55	190176	99.23

2-72 国有及国有控股工业企业主要指标（2005年）

Main Indicators of State-owned and State-holding Industrial Enterprises (2005)

单位：亿元 (100 million yuan)

地 区	Region	企业单位数（个）Number of Enterprises (unit)	工业总产值 Gross Industrial Output Value	工业增加值 Value Added of Industry	资产总计 Total Assets	流动资产合计 Total Circulating Capitals
全 国	**National Total**	**27477**	**83749.92**	**27176.67**	**117629.61**	**42155.31**
北 京	Beijing	1745	3538.19	952.15	10105.97	2148.70
天 津	Tianjin	1497	2628.84	864.79	3267.14	1286.21
河 北	Hebei	1233	4023.67	1222.56	5054.91	1859.04
山 西	Shanxi	1173	2534.62	949.88	4546.47	1596.40
内蒙古	Inner Mongolia	489	1570.24	682.13	2788.87	778.14
辽 宁	Liaoning	1397	5771.15	1659.69	7274.18	2950.46
吉 林	Jilin	583	2533.47	746.89	3245.39	1127.09
黑龙江	Heilongjiang	693	3607.17	1807.13	3983.60	1601.70
上 海	Shanghai	1461	6018.86	1685.05	8088.32	3352.71
江 苏	Jiangsu	958	5048.61	1229.08	5519.08	2213.31
浙 江	Zhejiang	811	3401.17	845.29	3865.38	1325.52
安 徽	Anhui	619	2418.44	835.34	3282.52	1198.13
福 建	Fujian	756	1532.88	442.61	1905.37	655.60
江 西	Jiangxi	804	1531.55	416.74	1944.95	774.65
山 东	Shandong	1394	7401.03	2707.86	8329.05	3168.71
河 南	Henan	1280	4042.05	1289.39	5396.17	1997.22
湖 北	Hubei	1058	3161.87	1051.82	6035.77	1826.28
湖 南	Hunan	1058	2104.56	781.34	2808.64	1023.99
广 东	Guangdong	1806	6375.54	1690.01	6676.89	2654.39
广 西	Guangxi	1005	1226.87	388.22	1796.38	611.47
海 南	Hainan	247	238.24	84.43	429.69	130.69
重 庆	Chongqing	471	1299.08	337.09	1991.72	840.72
四 川	Sichuan	928	2488.53	902.99	4473.03	1683.30
贵 州	Guizhou	927	1154.51	420.87	2264.10	773.37
云 南	Yunnan	652	1672.31	748.61	2816.97	1201.11
西 藏	Tibet	170	18.19	10.14	92.46	20.92
陕 西	Shaanxi	945	2332.47	956.53	3739.76	1421.50
甘 肃	Gansu	456	1573.64	405.32	1938.28	753.94
青 海	Qinghai	137	395.56	153.34	961.73	276.72
宁 夏	Ningxia	140	372.00	125.08	747.69	268.14
新 疆	Xinjiang	584	1734.60	784.29	2259.12	635.18

2-72 续表 1 continued

单位：亿元 (100 million yuan)

地 区	Region	流动资产年平均余额 Annual Average Balance of Circulating Capitals	固定资产原价 Original Value of Fixed Assets	固定资产净值年平均余额 Annual Average Balance of Net Value of Fixed Assets	负债合计 Total Liabilities	流动负债合计 Total Circulating Liabilities	所有者权益合计 Total Owners' Equities
全 国	**National Total**	**40705.62**	**83515.49**	**49140.16**	**66653.58**	**44456.78**	**50625.00**
北 京	Beijing	2055.71	3448.59	1999.02	3147.11	1983.61	6958.87
天 津	Tianjin	1242.61	2513.20	1350.66	1966.53	1460.86	1300.61
河 北	Hebei	1744.45	4118.36	2298.91	3235.57	2218.21	1819.34
山 西	Shanxi	1517.94	3263.05	1959.56	3083.21	1840.59	1362.88
内蒙古	Inner Mongolia	758.86	2278.09	1381.92	1793.91	916.71	994.96
辽 宁	Liaoning	2780.44	5955.43	3343.02	4315.87	3098.68	2837.81
吉 林	Jilin	1161.88	2477.64	1350.26	1965.86	1468.17	1271.19
黑龙江	Heilongjiang	1527.10	3953.85	1902.75	2171.08	1689.09	1812.03
上 海	Shanghai	3260.16	5735.86	2991.51	3526.75	2852.59	4561.56
江 苏	Jiangsu	2194.84	3854.76	2263.32	3293.05	2515.76	2224.76
浙 江	Zhejiang	1303.67	2974.77	1907.16	2219.00	1249.00	1639.29
安 徽	Anhui	1139.49	2108.77	1351.20	2062.29	1327.87	1211.54
福 建	Fujian	645.60	1444.25	891.29	1069.96	724.05	835.39
江 西	Jiangxi	758.02	1273.65	796.66	1349.41	894.54	565.60
山 东	Shandong	3046.75	6156.31	3449.24	5012.27	3421.99	3290.99
河 南	Henan	1984.96	3943.10	2363.96	3540.89	2456.65	1855.28
湖 北	Hubei	1811.23	4073.82	2996.94	3460.95	1977.03	2574.82
湖 南	Hunan	1005.39	2004.66	1211.28	1888.12	1079.66	920.52
广 东	Guangdong	2621.40	5153.83	3061.53	3552.69	2355.86	3124.21
广 西	Guangxi	595.87	1303.64	824.29	1130.12	719.01	666.26
海 南	Hainan	119.50	304.23	205.10	233.03	124.48	196.66
重 庆	Chongqing	826.52	1195.37	725.27	1173.61	866.55	818.12
四 川	Sichuan	1609.59	3260.59	1904.79	2877.77	1795.29	1587.51
贵 州	Guizhou	732.84	1487.05	957.85	1503.07	880.97	760.64
云 南	Yunnan	1106.86	1556.29	920.86	1336.24	932.00	1480.73
西 藏	Tibet	19.56	78.71	61.85	23.56	15.18	68.90
陕 西	Shaanxi	1348.42	2723.90	1683.20	2314.09	1534.75	1408.00
甘 肃	Gansu	699.49	1315.35	904.63	1149.79	727.01	788.49
青 海	Qinghai	276.36	754.00	475.92	659.39	324.44	300.72
宁 夏	Ningxia	241.13	489.72	302.32	455.64	259.96	275.41
新 疆	Xinjiang	568.98	2314.67	1303.92	1142.74	746.21	1111.92

2-72 续表 2 continued

单位：亿元 (100 million yuan)

地 区	Region	主营业务收入 Revenue from Principal Business	主营业务成本 Cost of Principal Business	主营业务税金及附加 Taxes and Other Charges on Principal Business	利润总额 Total Profits	本年应交增值税 Value-added Tax Payable	全部从业人员年平均人数(万人) Annual Average Employed Persons (10 000 persons)
全 国	**National Total**	**85574.18**	**69302.41**	**2121.74**	**6519.75**	**4098.37**	**1874.85**
北 京	Beijing	3867.93	3406.42	47.48	240.13	124.65	53.02
天 津	Tianjin	2738.58	2257.75	57.30	262.66	105.89	40.65
河 北	Hebei	4021.96	3388.22	57.04	224.40	183.21	108.40
山 西	Shanxi	2603.14	1974.50	35.21	160.52	171.49	119.84
内蒙古	Inner Mongolia	1579.37	1271.09	22.31	113.20	102.31	41.74
辽 宁	Liaoning	5968.29	5265.79	90.90	159.68	215.84	116.99
吉 林	Jilin	2451.35	2123.45	61.45	81.30	98.93	60.78
黑龙江	Heilongjiang	3696.64	2300.13	70.80	1023.51	281.77	91.22
上 海	Shanghai	6483.49	5439.38	150.68	510.75	244.55	61.12
江 苏	Jiangsu	5021.00	4279.24	114.44	231.34	212.89	76.98
浙 江	Zhejiang	3802.59	3317.26	103.48	187.31	163.93	34.33
安 徽	Anhui	2481.29	2009.52	71.89	140.52	120.28	70.97
福 建	Fujian	1534.14	1273.30	49.50	81.49	68.73	28.77
江 西	Jiangxi	1526.21	1294.42	35.90	57.16	69.19	47.06
山 东	Shandong	7774.29	6196.85	126.60	747.09	346.22	149.02
河 南	Henan	4098.07	3391.21	85.12	203.81	190.42	145.95
湖 北	Hubei	3064.99	2385.37	89.23	245.19	154.02	76.90
湖 南	Hunan	2080.92	1624.16	134.56	77.99	116.37	61.46
广 东	Guangdong	6261.70	5294.21	129.44	387.31	283.51	69.42
广 西	Guangxi	1242.97	1028.19	30.23	67.70	70.57	37.24
海 南	Hainan	235.23	178.74	8.10	22.44	15.26	5.92
重 庆	Chongqing	1307.55	1081.73	32.59	46.45	62.27	40.43
四 川	Sichuan	2506.44	1969.58	59.28	166.71	127.49	80.21
贵 州	Guizhou	1114.30	838.80	58.97	57.47	73.66	44.23
云 南	Yunnan	1665.15	1110.50	240.14	172.16	129.63	33.21
西 藏	Tibet	18.99	12.96	0.31	1.95	1.89	1.61
陕 西	Shaanxi	2297.68	1610.70	69.25	350.68	136.72	77.89
甘 肃	Gansu	1606.53	1200.12	39.71	48.40	71.01	44.96
青 海	Qinghai	380.86	265.24	6.01	68.40	26.55	9.02
宁 夏	Ningxia	353.09	298.47	5.09	11.53	17.36	13.91
新 疆	Xinjiang	1789.47	1215.09	38.72	370.50	111.75	31.58

2-73 国有及国有控股工业企业主要经济效益指标（2005年）

Main Indicators on Economic Benefit of State-owned and State-holding Industrial Enterprises (2005)

地　区	Region	工　业 增加值率 (%) Ratio of Value-added to Gross Industrial Output Value (%)	总资产贡献率 (%) Ratio of Total Assets to Industrial Output Value (%)	资产负债率 (%) Assets-Liability Ratio (%)	流动资产 周转次数 (次/年) Number of Times of Turnover of Circulating Capitals (times/year)	工业成本 费用利润率 (%) Ratio of Profits to Industrial Cost (%)	全员劳动 生产率 (元/人.年) Overall Labor Productivity (yuan-person-year)	产品销售率 (%) Proportion of Products Sold (%)
全　国	**National Total**	**32.45**	**11.87**	**56.66**	**2.10**	**8.44**	**144954**	**99.25**
北　京	Beijing	26.91	4.50	31.14	1.88	6.39	179568	98.99
天　津	Tianjin	32.90	13.91	60.19	2.20	10.77	212730	101.98
河　北	Hebei	30.38	10.44	64.01	2.31	5.96	112780	98.67
山　西	Shanxi	37.48	9.38	67.82	1.71	6.82	79263	97.85
内蒙古	Inner Mongolia	43.44	9.82	64.32	2.08	7.94	163442	98.23
辽　宁	Liaoning	28.76	7.45	59.33	2.15	2.78	141864	99.86
吉　林	Jilin	29.48	8.49	60.57	2.11	3.45	122886	99.45
黑龙江	Heilongjiang	50.10	35.35	54.50	2.42	39.49	198106	97.71
上　海	Shanghai	28.00	11.72	43.60	1.99	8.57	275717	99.20
江　苏	Jiangsu	24.34	11.26	59.67	2.29	4.89	159660	99.41
浙　江	Zhejiang	24.85	13.37	57.41	2.92	5.28	246193	99.72
安　徽	Anhui	34.54	11.20	62.83	2.18	6.15	117694	98.89
福　建	Fujian	28.87	11.89	56.16	2.38	5.74	153834	99.49
江　西	Jiangxi	27.21	9.74	69.38	2.01	4.00	88551	99.49
山　东	Shandong	36.59	15.84	60.18	2.55	10.83	181709	99.06
河　南	Henan	31.90	10.22	65.62	2.06	5.34	88343	98.61
湖　北	Hubei	33.27	9.18	57.34	1.69	9.05	136778	99.63
湖　南	Hunan	37.13	12.74	67.23	2.07	4.24	127132	99.52
广　东	Guangdong	26.51	13.03	53.21	2.39	6.70	243444	98.71
广　西	Guangxi	31.64	10.82	62.91	2.09	5.88	104249	99.69
海　南	Hainan	35.44	11.72	54.23	1.97	10.95	142559	101.30
重　庆	Chongqing	25.95	8.15	58.92	1.58	3.71	83372	99.38
四　川	Sichuan	36.29	9.08	64.34	1.56	7.31	112574	101.24
贵　州	Guizhou	36.45	9.70	66.39	1.52	5.77	95160	99.06
云　南	Yunnan	44.76	20.08	47.44	1.50	13.41	225408	100.13
西　藏	Tibet	55.73	4.68	25.48	0.97	11.80	63093	93.68
陕　西	Shaanxi	41.01	15.87	61.88	1.70	18.95	122802	98.76
甘　肃	Gansu	25.76	9.54	59.32	2.30	3.55	90153	98.96
青　海	Qinghai	38.77	12.16	68.56	1.38	22.44	169998	97.90
宁　夏	Ningxia	33.62	5.62	60.94	1.46	3.37	89951	99.38
新　疆	Xinjiang	45.21	23.85	50.58	3.15	27.10	248324	99.93

2-74 私营工业企业主要指标

Main Indicators of Private Industrial Enterprises

单位：亿元 (100 million yuan)

地 区	Region	企业单位数（个）Number of Enterprises (unit)	工业总产值 Gross Industrial Output Value	工业增加值 Value Added of Industry	资产总计 Total Assets	流动资产合计 Total Circulating Capitals
全 国	**National Total**	**123820**	**47778.20**	**12855.55**	**30325.12**	**16426.01**
北 京	Beijing	1504	331.14	82.87	372.58	233.52
天 津	Tianjin	1765	638.31	132.04	452.54	292.22
河 北	Hebei	4724	2829.00	825.99	1458.18	705.70
山 西	Shanxi	1166	839.19	281.52	772.26	405.77
内蒙古	Inner Mongolia	984	452.89	182.79	323.67	157.75
辽 宁	Liaoning	5118	1694.83	470.12	1359.29	661.27
吉 林	Jilin	1034	330.68	109.49	254.91	115.55
黑龙江	Heilongjiang	984	328.19	99.21	319.74	156.24
上 海	Shanghai	5481	1424.51	400.13	1124.10	722.25
江 苏	Jiangsu	17752	8041.93	1970.98	4735.39	2883.70
浙 江	Zhejiang	24244	8250.03	1665.34	6509.00	3754.27
安 徽	Anhui	2725	714.73	215.10	523.57	276.73
福 建	Fujian	4743	1359.75	395.39	834.40	459.91
江 西	Jiangxi	2079	750.06	236.85	461.83	213.61
山 东	Shandong	14309	6754.57	1969.64	2922.00	1335.66
河 南	Henan	4940	2537.48	841.79	1060.15	511.02
湖 北	Hubei	3009	894.10	297.04	617.16	277.55
湖 南	Hunan	4379	1259.64	415.65	620.71	265.20
广 东	Guangdong	12145	4475.32	1091.79	2528.56	1506.43
广 西	Guangxi	1277	406.91	120.01	266.98	142.35
海 南	Hainan	121	40.54	9.48	39.48	17.34
重 庆	Chongqing	1570	653.64	161.49	468.44	261.60
四 川	Sichuan	3893	1475.48	483.49	973.84	458.98
贵 州	Guizhou	851	232.63	73.44	170.96	82.71
云 南	Yunnan	925	415.15	106.98	434.13	203.75
西 藏	Tibet	11	3.04	1.74	6.98	5.41
陕 西	Shaanxi	693	212.07	71.23	199.59	91.63
甘 肃	Gansu	567	122.04	51.73	120.40	50.54
青 海	Qinghai	123	40.35	15.03	51.71	19.95
宁 夏	Ningxia	354	155.88	46.74	174.18	83.12
新 疆	Xinjiang	350	114.15	30.47	168.39	74.28

2-74 续表 1 continued

单位：亿元 (100 million yuan)

地 区	Region	流动资产年平均余额 Annual Average Balance of Circulating Capitals	固定资产原价合计 Original Value of Fixed Assets	固定资产净值年平均余额 Annual Average Balance of Net Value of Fixed Assets	负债合计 Total Liabilities	流动负债合计 Total Circulating Liabilities	所有者权益合计 Total Owners' Equities
全 国	**National Total**	**15484.96**	**12983.32**	**9586.90**	**18038.87**	**15964.40**	**12286.22**
北 京	Beijing	217.12	120.17	86.00	216.85	202.68	155.73
天 津	Tianjin	247.22	166.38	114.48	309.85	297.20	142.69
河 北	Hebei	668.09	703.02	552.11	793.07	691.79	665.11
山 西	Shanxi	371.86	326.59	255.94	496.90	441.34	275.36
内蒙古	Inner Mongolia	149.94	146.70	118.90	192.74	170.31	130.94
辽 宁	Liaoning	615.73	603.56	455.57	760.22	658.63	599.07
吉 林	Jilin	107.69	129.51	106.33	142.82	120.53	112.09
黑龙江	Heilongjiang	142.03	149.33	121.83	180.54	150.84	139.21
上 海	Shanghai	678.41	368.02	257.69	677.34	623.72	446.76
江 苏	Jiangsu	2680.94	1893.11	1316.52	3218.51	2923.17	1516.88
浙 江	Zhejiang	3527.19	2440.69	1791.73	4111.12	3733.75	2397.84
安 徽	Anhui	250.74	216.55	162.00	298.32	257.76	225.26
福 建	Fujian	425.71	366.37	281.38	414.25	376.77	420.15
江 西	Jiangxi	201.77	227.25	177.98	237.83	204.83	223.99
山 东	Shandong	1319.10	1491.13	1137.83	1448.17	1267.51	1473.83
河 南	Henan	499.96	526.03	405.06	516.11	429.14	544.04
湖 北	Hubei	262.00	301.68	223.69	325.20	264.25	291.97
湖 南	Hunan	252.80	308.89	246.92	299.22	223.19	321.49
广 东	Guangdong	1491.91	1095.61	739.93	1567.43	1427.45	961.13
广 西	Guangxi	129.81	110.01	82.79	167.35	142.19	99.62
海 南	Hainan	16.00	16.86	11.42	20.92	17.85	18.56
重 庆	Chongqing	238.16	180.72	128.75	286.49	245.24	181.95
四 川	Sichuan	426.11	449.93	332.75	565.04	454.76	408.80
贵 州	Guizhou	73.69	80.63	63.76	101.64	86.88	69.31
云 南	Yunnan	189.78	227.71	157.40	279.37	221.53	154.76
西 藏	Tibet	5.18	1.39	1.32	1.10	0.70	5.87
陕 西	Shaanxi	84.35	97.21	71.33	117.06	87.55	82.53
甘 肃	Gansu	48.66	61.88	50.28	67.68	52.30	52.73
青 海	Qinghai	18.17	25.97	22.01	27.49	19.32	24.22
宁 夏	Ningxia	74.50	82.51	61.96	112.51	95.04	61.67
新 疆	Xinjiang	70.31	67.90	51.22	85.75	76.18	82.64

2-74 续表 2 continued

单位：亿元 (100 million yuan)

地区	Region	主营业务收入 Revenue from Principal Business	主营业务成本 Cost of Principal Business	主营业务税金及附加 Taxes and Other Charges on Principal Business	利润总额 Total Profits	本年应交增值税 Value-added Tax Payable	全部从业人员年平均人数(万人) Annual Average Employed Persons (10 000 Persons)
全国	**National Total**	**45801.43**	**39914.50**	**352.22**	**2120.65**	**1336.63**	**1692.06**
北京	Beijing	337.52	280.32	1.25	13.51	10.04	14.70
天津	Tianjin	709.59	635.39	11.27	34.96	12.79	21.41
河北	Hebei	2719.79	2323.23	19.54	191.66	73.37	77.34
山西	Shanxi	779.53	661.11	10.24	20.46	50.94	27.40
内蒙古	Inner Mongolia	427.46	342.55	4.69	20.89	17.58	15.27
辽宁	Liaoning	1586.80	1401.27	10.62	64.05	42.18	59.28
吉林	Jilin	307.92	267.02	2.98	11.49	7.17	13.67
黑龙江	Heilongjiang	318.37	277.64	2.38	12.25	12.20	13.52
上海	Shanghai	1394.20	1208.05	5.02	71.89	39.59	51.66
江苏	Jiangsu	7765.24	7050.20	34.49	247.35	193.90	242.75
浙江	Zhejiang	7930.90	7002.73	50.37	324.51	218.83	305.48
安徽	Anhui	684.63	600.20	4.01	22.90	17.67	33.48
福建	Fujian	1289.40	1125.55	11.11	53.66	30.77	61.75
江西	Jiangxi	717.67	610.14	8.29	28.98	27.44	31.52
山东	Shandong	6489.57	5532.20	57.23	441.74	198.88	186.34
河南	Henan	2388.85	1995.43	26.78	197.62	82.09	85.68
湖北	Hubei	820.32	695.99	8.79	27.23	21.28	42.01
湖南	Hunan	1190.29	950.52	25.45	50.15	42.01	56.48
广东	Guangdong	4318.69	3815.23	24.56	150.08	119.16	183.33
广西	Guangxi	370.45	328.62	2.15	10.00	12.34	18.67
海南	Hainan	39.26	33.65	0.20	1.61	1.82	1.44
重庆	Chongqing	640.54	550.38	6.24	31.13	17.17	30.18
四川	Sichuan	1382.01	1205.15	10.84	45.96	36.17	61.77
贵州	Guizhou	199.65	171.12	3.58	3.85	11.27	10.90
云南	Yunnan	404.97	350.55	2.71	24.00	20.74	16.59
西藏	Tibet	3.12	1.26	0.05	1.50	0.29	0.09
陕西	Shaanxi	193.05	157.39	4.91	6.06	7.74	9.80
甘肃	Gansu	99.65	83.13	0.94	2.43	2.84	7.10
青海	Qinghai	31.11	25.68	0.37	0.90	0.95	1.99
宁夏	Ningxia	148.47	134.19	0.64	1.78	3.96	6.16
新疆	Xinjiang	112.40	98.62	0.53	6.05	3.48	4.31

2-75 私营工业企业主要经济效益指标（2005年）

Main Indicators on Economic Benefit of Private Industrial Enterprises (2005)

地区	Region	工业增加值率（%）Ratio of Value-added to Gross Industrial Output Value (%)	总资产贡献率（%）Ratio of Total Assets to Industrial Output Value (%)	资产负债率（%）Assets-Liability Ratio (%)	流动资产周转次数（次/年）Number of Times of Annual of Turnover Circulating Capitals (times/year)	成本费用利润率（%）Ratio of Profits to Industrial Cost (%)	全员劳动生产率（元/人.年）Overall Labor Productivity (yuan/person-year)	产品销售率（%）Proportion of Products Sold (%)
全国总计	**National Total**	**26.91**	**13.85**	**59.48**	**2.96**	**4.93**	**75976**	**97.29**
北京	Beijing	25.03	7.16	58.20	1.55	4.13	56357	96.90
天津	Tianjin	20.69	13.75	68.47	2.87	5.26	61660	96.38
河北	Hebei	29.20	20.94	54.39	4.07	7.80	106802	96.93
山西	Shanxi	33.55	12.25	64.34	2.10	2.80	102752	95.39
内蒙古	Inner Mongolia	40.36	14.55	59.55	2.85	5.55	119711	96.27
辽宁	Liaoning	27.74	9.60	55.93	2.58	4.22	79307	95.89
吉林	Jilin	33.11	9.44	56.03	2.86	3.94	80098	96.35
黑龙江	Heilongjiang	30.23	9.29	56.46	2.24	4.06	73370	97.46
上海	Shanghai	28.09	11.02	60.26	2.06	5.42	77462	98.10
江苏	Jiangsu	24.51	11.38	67.97	2.90	3.30	81195	97.61
浙江	Zhejiang	20.19	10.65	63.16	2.25	4.28	54515	97.17
安徽	Anhui	30.09	9.60	56.98	2.73	3.49	64244	96.73
福建	Fujian	29.08	12.58	49.65	3.03	4.41	64032	96.24
江西	Jiangxi	31.58	15.21	51.50	3.56	4.37	75146	97.73
山东	Shandong	29.16	25.44	49.56	4.92	7.49	105702	97.68
河南	Henan	33.17	30.74	48.68	4.78	9.18	98249	98.48
湖北	Hubei	33.22	10.56	52.69	3.13	3.56	70708	96.28
湖南	Hunan	33.00	20.34	48.21	4.71	4.82	73587	99.45
广东	Guangdong	24.40	12.34	61.99	2.89	3.64	59554	97.34
广西	Guangxi	29.49	10.19	62.69	2.85	2.82	64291	95.86
海南	Hainan	23.37	9.74	52.99	2.45	4.29	65783	93.92
重庆	Chongqing	24.71	12.91	61.16	2.69	5.18	53503	98.02
四川	Sichuan	32.77	10.99	58.02	3.24	3.50	78267	97.71
贵州	Guizhou	31.57	11.67	59.46	2.71	2.02	67407	93.77
云南	Yunnan	25.77	12.24	64.35	2.13	6.20	64495	97.63
西藏	Tibet	57.19	26.06	15.79	0.60	94.24	190349	102.33
陕西	Shaanxi	33.59	10.59	58.65	2.29	3.44	72705	92.62
甘肃	Gansu	42.39	6.26	56.21	2.05	2.63	72874	92.61
青海	Qinghai	37.24	5.06	53.16	1.71	3.07	75689	93.61
宁夏	Ningxia	29.98	5.16	64.60	1.99	1.21	75831	95.87
新疆	Xinjiang	26.70	7.08	50.92	1.60	5.50	70700	94.92

2-76 "三资"工业企业主要指标（2005年）

Main Indicators of Industrial Enterprises with Hong Kong, Macao, Taiwan and Foreign Funds (2005)

单位：亿元 (100 million yuan)

地区	Region	企业单位数（个）Number of Enterprises (unit)	工业总产值 Gross Industrial Output Value	工业增加值 Value Added of Industry	资产总计 Total Assets	流动资产合计 Total Circulating Capitals
全国	**National Total**	**56387**	**79860.23**	**20468.28**	**64308.47**	**35303.97**
北京	Beijing	1319	3081.24	630.48	2302.56	1417.97
天津	Tianjin	1627	3319.23	773.42	2382.30	1518.92
河北	Hebei	993	1715.29	510.97	1549.76	664.82
山西	Shanxi	119	232.97	80.65	354.88	137.09
内蒙古	Inner Mongolia	131	330.46	119.88	799.34	210.72
辽宁	Liaoning	2197	2328.23	647.51	2214.10	1165.29
吉林	Jilin	265	902.86	261.57	614.85	257.16
黑龙江	Heilongjiang	202	364.35	122.89	434.62	189.41
上海	Shanghai	5590	9788.71	2325.08	8401.40	4808.77
江苏	Jiangsu	7576	13263.86	3256.65	10409.61	5617.73
浙江	Zhejiang	6807	5644.38	1128.33	5098.38	2879.65
安徽	Anhui	496	743.81	233.62	677.90	339.07
福建	Fujian	4943	4753.23	1262.75	3719.82	2102.29
江西	Jiangxi	497	447.45	129.21	434.21	190.94
山东	Shandong	4684	5401.41	1625.15	3844.75	1769.67
河南	Henan	435	610.91	166.07	618.64	307.26
湖北	Hubei	605	1373.30	452.17	1322.80	559.90
湖南	Hunan	410	385.43	132.15	412.20	164.30
广东	Guangdong	15708	22875.53	5942.88	16004.54	9726.66
广西	Guangxi	390	574.22	151.97	521.25	250.46
海南	Hainan	99	109.13	33.21	217.07	80.43
重庆	Chongqing	183	470.15	119.27	519.13	234.90
四川	Sichuan	485	487.99	153.71	582.87	302.29
贵州	Guizhou	106	51.68	12.84	91.04	47.20
云南	Yunnan	183	168.62	49.99	218.16	92.71
西藏	Tibet	1	2.16	1.26	4.67	1.07
陕西	Shaanxi	169	227.40	88.72	236.76	121.25
甘肃	Gansu	46	54.15	10.32	70.81	35.62
青海	Qinghai	21	47.53	15.48	110.91	40.19
宁夏	Ningxia	35	62.21	15.65	85.68	41.48
新疆	Xinjiang	65	42.32	14.44	53.47	28.75

2-76 续表 1 continued

单位：亿元 (100 million yuan)

地区 Region		流动资产年平均余额 Annual Average Balance of Circulating Capitals	固定资产原价合计 Original Value of Fixed Assets	固定资产净值年平均余额 Annual Average Balance of Net Value of Fixed Assets	负债合计 Total Liabilities	流动负债合计 Total Circulating Liabilities	所有者权益合计 Total Owners' Equities
全国	**National Total**	**33416.06**	**34266.82**	**21419.03**	**36459.37**	**30842.48**	**27770.72**
北京	Beijing	1287.13	1044.16	583.81	1300.95	1106.19	1001.60
天津	Tianjin	1418.87	1106.47	648.23	1270.17	1190.26	1113.04
河北	Hebei	638.95	1023.39	677.60	882.76	641.87	667.00
山西	Shanxi	133.27	264.08	178.92	218.87	143.81	136.02
内蒙古	Inner Mongolia	209.39	487.98	282.63	490.52	248.81	275.23
辽宁	Liaoning	1121.64	1303.53	779.26	1171.71	977.07	1042.39
吉林	Jilin	283.24	440.61	232.28	317.18	262.76	297.67
黑龙江	Heilongjiang	181.41	321.65	206.50	279.55	250.60	155.07
上海	Shanghai	4634.21	4582.64	2636.00	4617.35	4008.60	3784.04
江苏	Jiangsu	5149.99	5641.16	3869.78	6191.14	5239.37	4218.47
浙江	Zhejiang	2698.96	2202.85	1540.94	2933.30	2521.63	2165.09
安徽	Anhui	325.02	388.09	243.86	373.67	298.43	304.23
福建	Fujian	2022.81	1890.88	1234.12	1960.30	1658.42	1759.53
江西	Jiangxi	180.06	231.21	165.69	225.62	156.56	182.81
山东	Shandong	1699.63	2249.50	1501.17	2108.39	1688.10	1716.43
河南	Henan	306.89	427.67	249.15	395.49	326.27	223.15
湖北	Hubei	667.21	733.44	442.41	715.94	546.67	606.86
湖南	Hunan	164.37	262.96	174.35	227.37	164.38	184.83
广东	Guangdong	9086.29	8103.06	4769.34	9195.26	8252.07	6809.28
广西	Guangxi	247.76	283.75	179.66	303.82	236.60	217.43
海南	Hainan	75.07	123.58	115.81	134.13	61.19	82.94
重庆	Chongqing	210.52	333.15	178.43	303.54	228.86	215.59
四川	Sichuan	279.35	286.67	193.62	348.34	280.14	234.53
贵州	Guizhou	45.90	44.57	29.30	60.51	46.75	30.53
云南	Yunnan	88.20	164.90	104.49	116.52	73.39	101.64
西藏	Tibet	1.07	3.54	3.36	0.06	0.06	4.61
陕西	Shaanxi	120.08	165.57	89.39	124.33	103.43	112.43
甘肃	Gansu	33.92	46.77	30.38	41.45	26.92	29.35
青海	Qinghai	33.68	36.42	25.37	70.18	49.31	40.74
宁夏	Ningxia	44.23	39.30	31.91	54.64	31.01	31.05
新疆	Xinjiang	26.93	33.28	21.27	26.31	22.96	27.16

2-76 续表 2 continued

单位：亿元 (100 million yuan)

地区	Region	主营业务收入 Revenue from Principal Business	主营业务成本 Cost of Principal Business	主营业务税金及附加 Taxes and Other Charges on Principal Business	利润总额 Total Profits	本年应交增值税 Value-added Tax Payable	全部从业人员年平均人数(万人) Annual Average Employed Persons (10 000 Persons)
全国	**National Total**	**78564.46**	**67862.98**	**326.90**	**4140.81**	**1811.52**	**1899.64**
北京	Beijing	3053.44	2600.90	17.45	167.82	73.27	31.02
天津	Tianjin	3485.21	2969.92	19.82	242.41	63.65	42.81
河北	Hebei	1675.24	1413.68	3.98	162.82	66.21	30.82
山西	Shanxi	229.49	184.38	0.81	12.63	14.71	6.56
内蒙古	Inner Mongolia	428.58	340.69	2.00	39.60	22.01	5.59
辽宁	Liaoning	2266.99	1964.30	16.11	92.58	51.62	52.93
吉林	Jilin	753.55	658.56	21.77	27.13	33.24	8.26
黑龙江	Heilongjiang	373.92	278.60	7.34	19.96	21.31	10.45
上海	Shanghai	10114.16	8706.67	46.76	447.95	195.68	137.40
江苏	Jiangsu	13071.24	11639.98	17.71	589.66	217.65	245.21
浙江	Zhejiang	5631.83	4876.71	8.96	281.96	133.35	162.57
安徽	Anhui	698.85	576.36	5.35	39.27	24.51	15.81
福建	Fujian	4573.60	3973.09	12.73	250.35	93.10	170.75
江西	Jiangxi	434.76	364.91	3.42	22.26	13.66	17.58
山东	Shandong	5237.71	4496.59	25.69	349.90	146.50	148.59
河南	Henan	566.98	480.46	3.86	22.14	20.56	14.89
湖北	Hubei	1359.35	1135.11	11.55	66.60	49.98	23.42
湖南	Hunan	362.15	285.03	3.77	22.92	13.28	12.00
广东	Guangdong	22031.66	19138.03	76.21	1140.02	460.35	712.06
广西	Guangxi	544.25	451.80	3.88	33.14	22.34	13.85
海南	Hainan	95.06	70.77	0.88	5.16	3.92	2.39
重庆	Chongqing	470.26	382.84	7.94	32.30	23.75	7.06
四川	Sichuan	466.31	372.31	3.69	28.08	17.13	11.65
贵州	Guizhou	46.69	40.72	0.04	-4.95	1.77	2.40
云南	Yunnan	167.38	133.37	0.68	14.21	8.97	3.65
西藏	Tibet	1.72	0.98		0.60	0.18	0.06
陕西	Shaanxi	201.02	143.97	2.51	18.45	11.44	4.90
甘肃	Gansu	54.10	48.61	0.76	0.16	2.43	1.21
青海	Qinghai	60.67	44.84	0.32	6.87	1.53	1.41
宁夏	Ningxia	67.97	57.31	0.48	4.53	1.43	1.32
新疆	Xinjiang	40.30	31.49	0.44	4.28	2.00	1.02

2-77 "三资"工业企业主要经济效益指标（2005年）

Main Indicators on Economic Benefit of Industrial Enterprises with Hong Kong, Macao, Taiwan and Foreign Funds (2005)

地区	Region	工业增加值率 (%) Ratio of Value-added to Gross Industrial Output Value (%)	总资产贡献率 (%) Ratio of Total Assets to Industrial Output Value (%)	资产负债率 (%) Assets-Liability Ratio (%)	流动资产周转次数（次/年） Number of Times of Annual of Turnover Circulating Capitals (times/year)	成本费用利润率 (%) Ratio of Profits to Industrial Cost (%)	全员劳动生产率（元/人.年） Overall Labor Productivity (yuan/person-year)	产品销售率 (%) Proportion of Products Sold (%)
全　国	**National Total**	**25.63**	**10.55**	**56.69**	**2.35**	**5.58**	**107748**	**98.12**
北　京	Beijing	20.46	11.81	56.50	2.37	5.80	203279	96.77
天　津	Tianjin	23.30	14.33	53.32	2.46	7.48	180669	101.52
河　北	Hebei	29.79	16.15	56.96	2.62	10.73	165802	98.25
山　西	Shanxi	34.62	9.46	61.67	1.72	5.90	122893	97.54
内蒙古	Inner Mongolia	36.28	9.31	61.37	2.05	10.22	214310	99.60
辽　宁	Liaoning	27.81	8.19	52.92	2.02	4.27	122337	100.06
吉　林	Jilin	28.97	14.64	51.59	2.66	3.80	316617	98.79
黑龙江	Heilongjiang	33.73	12.52	64.32	2.06	5.78	117549	94.40
上　海	Shanghai	23.75	8.82	54.96	2.18	4.63	169217	98.89
江　苏	Jiangsu	24.55	8.79	59.48	2.54	4.71	132809	98.20
浙　江	Zhejiang	19.99	9.41	57.53	2.09	5.25	69407	97.85
安　徽	Anhui	31.41	11.44	55.12	2.15	5.97	147752	98.63
福　建	Fujian	26.57	10.40	52.70	2.26	5.79	73954	97.33
江　西	Jiangxi	28.88	9.90	51.96	2.41	5.48	73513	97.16
山　东	Shandong	30.09	14.74	54.84	3.08	7.22	109369	98.18
河　南	Henan	27.18	8.94	63.93	1.85	4.09	111551	97.69
湖　北	Hubei	32.93	10.63	54.12	2.04	5.23	193105	96.83
湖　南	Hunan	34.29	10.79	55.16	2.20	7.07	110089	98.66
广　东	Guangdong	25.98	10.92	57.45	2.42	5.48	83460	97.52
广　西	Guangxi	26.47	12.57	58.29	2.20	6.62	109730	97.78
海　南	Hainan	30.44	5.85	61.79	1.27	5.81	139127	97.66
重　庆	Chongqing	25.37	13.32	58.47	2.23	7.49	168944	99.83
四　川	Sichuan	31.50	9.51	59.76	1.67	6.50	131939	97.21
贵　州	Guizhou	24.86	-2.03	66.46	1.02	-9.75	53470	96.38
云　南	Yunnan	29.64	12.10	53.41	1.90	9.25	136856	97.96
西　藏	Tibet	58.21	16.68	1.25	1.62	51.00	224775	88.15
陕　西	Shaanxi	39.01	14.46	52.51	1.67	10.32	181017	96.23
甘　肃	Gansu	19.06	5.69	58.55	1.59	0.30	85312	104.58
青　海	Qinghai	32.57	9.52	63.27	1.80	12.90	110004	99.34
宁　夏	Ningxia	25.16	8.72	63.76	1.54	7.14	118625	102.68
新　疆	Xinjiang	34.12	13.41	49.21	1.50	11.68	141166	93.20

2-78 大中型工业企业主要指标（2005年）

Main Indicators of Large and Medium-sized Industrial Enterprises (2005)

单位：亿元 (100 million yuan)

地区	Region	企业单位数（个） Number of Enterprises (unit)	工业总产值 Gross Industrial Output Value	工业增加值 Value-added of Industry	资产总计 Total Assets	流动资产合计 Total Circulating Capitals
全国	**National Total**	**29774**	**167700.72**	**48073.53**	**178816.88**	**77623.67**
北京	Beijing	536	5201.59	1248.02	10588.36	2553.55
天津	Tianjin	548	4990.61	1371.78	4360.25	2183.79
河北	Hebei	1206	7544.53	2160.88	7404.47	3044.23
山西	Shanxi	844	3852.99	1387.34	5873.66	2305.43
内蒙古	Inner Mongolia	365	2052.40	847.74	3122.98	1018.20
辽宁	Liaoning	1013	7898.11	2284.95	9209.77	3981.22
吉林	Jilin	367	3055.49	917.86	3683.37	1355.29
黑龙江	Heilongjiang	432	4050.82	1947.64	4365.82	1788.04
上海	Shanghai	1412	10943.26	2680.89	11393.04	5400.00
江苏	Jiangsu	3377	21002.60	5194.06	17777.29	8881.92
浙江	Zhejiang	3364	12426.48	2642.87	11732.75	6104.33
安徽	Anhui	625	3352.58	1129.02	3986.27	1609.94
福建	Fujian	1202	4961.56	1342.45	4356.28	2123.11
江西	Jiangxi	441	1943.29	535.66	2249.42	927.85
山东	Shandong	3101	18850.33	5902.45	16693.39	7267.88
河南	Henan	1324	6204.19	1687.30	7222.03	2884.49
湖北	Hubei	803	4363.26	1390.59	7194.07	2365.39
湖南	Hunan	618	2727.72	951.97	3205.34	1279.62
广东	Guangdong	4477	24411.45	6114.46	17969.79	10184.97
广西	Guangxi	444	1626.82	506.31	2057.67	796.26
海南	Hainan	77	290.33	91.60	521.32	176.58
重庆	Chongqing	457	1855.63	485.38	2430.55	1099.31
四川	Sichuan	964	3960.28	1380.07	5689.02	2452.25
贵州	Guizhou	269	1197.54	431.73	2198.74	779.65
云南	Yunnan	425	1948.80	822.38	2972.25	1302.37
西藏	Tibet	11	11.16	6.53	33.11	10.23
陕西	Shaanxi	473	2813.87	1114.01	4274.26	1652.42
甘肃	Gansu	214	1471.48	375.71	2035.03	797.28
青海	Qinghai	56	416.18	161.06	1000.61	283.75
宁夏	Ningxia	121	499.60	162.33	903.78	335.31
新疆	Xinjiang	208	1775.77	798.50	2312.19	679.04

2-78 续表 1 continued

单位：亿元 (100 million yuan)

地区	Region	流动资产年平均余额 Annual Average Balance of Circulating Capitals	固定资产原价 Original Value of Fixed Assets	固定资产净值年平均余额 Annual Average Balance of Net Value of Fixed Assets	负债合计 Total Liabilities	流动负债合计 Total Circulating Liabilities	所有者权益合计 Total Owners' Equities
全国	**National Total**	**74090.35**	**109682.42**	**66133.28**	**102529.69**	**77049.41**	**75928.60**
北京	Beijing	2406.59	3665.65	2097.44	3404.04	2259.97	7184.32
天津	Tianjin	2033.10	2953.43	1578.49	2474.49	2039.74	1886.65
河北	Hebei	2881.96	5184.69	3070.13	4592.09	3391.00	2812.37
山西	Shanxi	2179.41	3827.14	2368.97	3977.22	2645.89	1791.27
内蒙古	Inner Mongolia	983.61	2133.54	1316.24	1861.94	1133.13	1261.05
辽宁	Liaoning	3776.64	6910.54	3915.82	5374.15	4002.55	3715.13
吉林	Jilin	1379.88	2686.14	1489.62	2198.64	1683.33	1476.38
黑龙江	Heilongjiang	1709.48	4176.87	2040.73	2373.06	1919.02	1992.27
上海	Shanghai	5192.12	7364.55	3970.27	5596.62	4658.60	5796.42
江苏	Jiangsu	8376.32	9896.41	6303.07	10920.21	9093.94	6855.82
浙江	Zhejiang	5778.74	5531.56	3653.03	6889.55	5699.83	4836.16
安徽	Anhui	1532.74	2429.24	1536.36	2452.19	1691.37	1524.71
福建	Fujian	2068.62	2488.81	1584.84	2347.16	1844.10	2009.10
江西	Jiangxi	905.11	1391.89	879.86	1486.23	1017.24	733.24
山东	Shandong	6962.15	10307.41	6188.66	9993.17	7541.69	6671.89
河南	Henan	2852.16	4884.70	3001.19	4574.44	3350.02	2647.59
湖北	Hubei	2461.10	4606.32	3290.91	4019.85	2468.23	3174.22
湖南	Hunan	1258.74	2072.33	1249.16	2057.31	1311.76	1148.03
广东	Guangdong	9559.77	9368.30	5656.74	10318.03	8930.17	7651.77
广西	Guangxi	772.82	1345.31	850.70	1237.10	861.10	820.57
海南	Hainan	159.98	335.14	250.00	292.75	153.39	228.57
重庆	Chongqing	1060.91	1338.39	815.79	1433.52	1097.36	997.02
四川	Sichuan	2318.05	3700.42	2215.69	3565.22	2464.06	2116.05
贵州	Guizhou	735.29	1410.04	902.92	1420.22	848.98	778.14
云南	Yunnan	1209.66	1657.86	970.98	1456.06	1049.88	1516.19
西藏	Tibet	9.69	25.85	18.75	13.06	8.42	20.05
陕西	Shaanxi	1574.04	3015.01	1856.68	2609.27	1680.96	1647.31
甘肃	Gansu	744.59	1343.27	911.65	1195.05	757.93	839.98
青海	Qinghai	282.49	772.63	502.26	684.87	335.41	314.11
宁夏	Ningxia	310.47	555.24	356.00	553.34	332.40	333.79
新疆	Xinjiang	614.10	2303.75	1290.34	1158.83	777.93	1148.41

单位：亿元 (100 million yuan)

地 区	Region	主营业务收入 Revenue from Principal Business	主营业务成本 Cost of Principal Business	主营业务税金及附加 Taxes and Other Charges on Principal Business	利润总额 Total Profits	本年应交增值税 Value-added Tax Payable	全部从业人员年平均人数(万人) Annual Average Employed Persons (10 000 persons)
全 国	**National Total**	**169237.88**	**141880.22**	**2469.03**	**11011.76**	**6033.51**	**3798.91**
北 京	Beijing	5446.08	4796.62	49.28	324.33	146.48	61.91
天 津	Tianjin	5232.51	4383.51	64.60	463.28	139.38	64.55
河 北	Hebei	7455.87	6359.34	72.36	477.12	293.28	176.02
山 西	Shanxi	3839.74	2991.83	46.48	217.18	257.27	156.56
内蒙古	Inner Mongolia	2181.29	1735.93	28.84	176.63	116.65	53.46
辽 宁	Liaoning	8000.32	6990.98	105.92	268.27	262.38	170.75
吉 林	Jilin	2973.75	2551.30	65.43	118.32	114.67	67.06
黑龙江	Heilongjiang	4116.58	2640.98	78.10	1042.35	303.54	103.49
上 海	Shanghai	11492.51	9895.86	156.32	662.99	302.89	126.87
江 苏	Jiangsu	20803.04	18289.84	153.35	984.73	509.17	367.54
浙 江	Zhejiang	13021.87	11291.01	140.08	661.27	371.31	274.68
安 徽	Anhui	3351.99	2725.11	78.78	188.70	150.35	99.06
福 建	Fujian	4826.41	4127.26	59.79	291.72	123.78	130.74
江 西	Jiangxi	1929.46	1631.60	40.40	78.26	83.92	56.32
山 东	Shandong	19395.06	16221.81	194.50	1486.62	662.96	413.74
河 南	Henan	6454.73	5400.40	100.65	359.02	275.34	214.66
湖 北	Hubei	4434.12	3520.28	99.58	321.63	198.90	109.83
湖 南	Hunan	2683.25	2118.13	141.86	114.52	135.98	75.06
广 东	Guangdong	23806.68	20613.50	169.95	1148.21	620.21	571.33
广 西	Guangxi	1615.90	1317.70	32.21	108.09	86.62	43.05
海 南	Hainan	274.64	209.21	8.36	21.75	14.80	6.13
重 庆	Chongqing	1858.94	1536.04	37.57	88.77	78.16	55.70
四 川	Sichuan	3934.89	3138.94	73.74	245.57	175.52	127.55
贵 州	Guizhou	1157.27	868.02	59.04	66.93	75.43	40.82
云 南	Yunnan	1939.85	1329.81	241.72	200.87	143.96	41.90
西 藏	Tibet	11.99	7.77	0.14	2.24	1.18	0.62
陕 西	Shaanxi	2763.56	1979.09	78.77	387.05	162.20	84.16
甘 肃	Gansu	1522.71	1268.42	40.07	41.41	64.95	43.48
青 海	Qinghai	400.48	282.20	6.03	70.04	27.04	9.79
宁 夏	Ningxia	483.62	411.01	5.88	17.71	21.33	19.01
新 疆	Xinjiang	1828.74	1246.74	39.26	376.19	113.87	33.10

2-79 大中型工业企业主要经济效益指标（2005年）

Main Indicators on Economic Benefit of Large and Medium-sized Industrial Enterprises (2005)

地 区	Region	工业增加值率 (%) Ratio of Value-added to Gross Industrial Output Value (%)	总资产贡献率 (%) Ratio of Total Assets to Industrial Output Value (%)	资产负债率 (%) Assets-Liability Ratio (%)	流动资产周转次数（次/年） Number of Times of Annual of Turnover Circulating Capitals (times/year)	成本费用利润率 (%) Ratio of Profits to Industrial Cost (%)	全员劳动生产率（元/人.年） Overall Labor Productivity (yuan/person-year)	产品销售率 (%) Proportion of Products Sold (%)
全 国	**National Total**	**28.67**	**11.98**	**57.34**	**2.28**	**7.05**	**126545**	**98.39**
北 京	Beijing	23.99	5.31	32.15	2.26	6.18	201597	97.81
天 津	Tianjin	27.49	16.17	56.75	2.57	9.81	212519	100.90
河 北	Hebei	28.64	12.62	62.02	2.59	6.90	122764	98.16
山 西	Shanxi	36.01	10.30	67.71	1.76	6.21	88615	97.02
内蒙古	Inner Mongolia	41.30	11.70	59.62	2.22	9.07	158567	98.17
辽 宁	Liaoning	28.93	7.97	58.35	2.12	3.51	133815	99.14
吉 林	Jilin	30.04	9.18	59.69	2.16	4.17	136875	98.99
黑龙江	Heilongjiang	48.08	33.50	54.36	2.41	34.92	188187	97.41
上 海	Shanghai	24.50	10.44	49.12	2.21	6.12	211318	98.86
江 苏	Jiangsu	24.73	10.43	61.43	2.48	4.98	141320	98.57
浙 江	Zhejiang	21.27	11.58	58.72	2.25	5.37	96216	98.21
安 徽	Anhui	33.68	11.59	61.52	2.19	6.08	113978	98.52
福 建	Fujian	27.06	11.97	53.88	2.33	6.48	102679	97.59
江 西	Jiangxi	27.56	10.43	66.07	2.13	4.34	95119	99.07
山 东	Shandong	31.31	15.39	59.86	2.79	8.41	142661	98.45
河 南	Henan	27.20	11.62	63.34	2.26	5.98	78605	98.42
湖 北	Hubei	31.87	9.67	55.88	1.80	8.08	126610	98.33
湖 南	Hunan	34.90	13.31	64.18	2.13	4.78	126832	99.39
广 东	Guangdong	25.05	11.39	57.42	2.49	5.10	107021	97.31
广 西	Guangxi	31.12	12.45	60.12	2.09	7.30	117620	98.99
海 南	Hainan	31.55	9.67	56.16	1.72	8.85	149453	100.92
重 庆	Chongqing	26.16	9.50	58.98	1.75	5.06	87141	99.19
四 川	Sichuan	34.85	9.95	62.67	1.70	6.80	108202	99.43
贵 州	Guizhou	36.05	10.46	64.59	1.57	6.50	105764	97.53
云 南	Yunnan	42.20	20.67	48.99	1.60	13.12	196291	99.60
西 藏	Tibet	58.54	11.26	39.44	1.24	23.41	105334	95.58
陕 西	Shaanxi	39.59	15.78	61.05	1.76	17.06	132370	98.37
甘 肃	Gansu	25.53	8.26	58.72	2.05	2.93	86416	99.64
青 海	Qinghai	38.70	11.93	68.45	1.42	21.69	164502	97.63
宁 夏	Ningxia	32.49	6.12	61.23	1.56	3.80	85378	98.89
新 疆	Xinjiang	44.97	23.75	50.12	2.98	26.80	241261	99.72

2-80 主要工业产品产量（2005年）

Output of Major Industrial Products (2005)

地 区	Region	化学纤维（万吨） Chemical Fiber (10 000 tons)	纱（万吨） Yarn (10 000 tons)	布（亿米） Cloth (100 million m)	机制纸及纸板（万吨） Machine-made Paper and Paperboards (10 000 tons)	原 盐（万吨） Salt (10 000 tons)	成品糖（万吨） Refined Sugar (10 000 tons)	啤 酒（万千升） Beer (10 000 kiloliter)
全 国	**National Total**	**1664.79**	**1450.54**	**484.39**	**6205.42**	**4661.06**	**912.37**	**3126.05**
北 京	Beijing	0.93	2.10	0.43	16.98			152.30
天 津	Tianjin	20.54	7.32	2.85	21.68	234.70		18.24
河 北	Hebei	22.67	68.59	30.76	407.91	425.07	3.93	159.17
山 西	Shanxi	2.71	10.39	3.63	40.49		0.41	21.14
内蒙古	Inner Mongolia	0.23	3.22	0.83	25.74	215.84	14.75	64.55
辽 宁	Liaoning	23.70	17.41	5.71	83.37	180.64	1.13	188.30
吉 林	Jilin	24.36	6.71	1.01	50.27			90.22
黑龙江	Heilongjiang	17.83	4.88	1.10	77.04		20.01	202.52
上 海	Shanghai	49.78	11.65	1.55	90.33			70.45
江 苏	Jiangsu	501.95	335.60	90.46	578.58	500.13		157.65
浙 江	Zhejiang	660.33	96.41	96.20	966.98	37.31	0.23	242.62
安 徽	Anhui	11.36	38.31	6.66	122.24	56.73		124.44
福 建	Fujian	70.12	64.53	21.69	200.00	43.87	6.25	158.22
江 西	Jiangxi	18.07	20.44	4.12	73.38	69.51	0.23	60.63
山 东	Shandong	95.38	371.77	90.17	1255.85	1434.27		327.73
河 南	Henan	39.73	141.80	23.65	653.66	109.95		197.51
湖 北	Hubei	11.74	89.82	23.40	112.89	406.21		131.80
湖 南	Hunan	8.29	26.06	3.70	222.12	119.13	3.03	56.09
广 东	Guangdong	39.91	36.64	40.41	712.53	35.22	126.59	269.49
广 西	Guangxi	0.32	11.87	0.55	125.37	10.72	504.34	55.96
海 南	Hainan	4.61			2.18	17.00	27.51	11.99
重 庆	Chongqing	2.97	6.90	14.55	46.81	61.14	0.87	53.87
四 川	Sichuan	26.56	25.48	7.93	135.91	404.20	5.04	126.22
贵 州	Guizhou	0.69	1.58	0.44	7.81		1.05	16.58
云 南	Yunnan	3.04	1.44	0.14	28.88	67.78	153.57	24.61
西 藏	Tibet							4.89
陕 西	Shaanxi	0.65	19.43	10.67	61.63	26.25		65.38
甘 肃	Gansu	0.60	1.78	0.43	13.42	5.02	1.11	34.01
青 海	Qinghai		0.36			115.14		
宁 夏	Ningxia	0.30	0.15	0.01	45.58			11.81
新 疆	Xinjiang	5.42	27.90	1.34	25.79	85.23	42.32	27.66

2-80 续表 1 continued

地 区	Region	卷 烟(亿支) Cigarettes (100 million pieces)	家用电冰箱(万台) Household Refrigerators (10 000 units)	房间空气调节器(万台) Air Conditioners (10 000 units)	家用洗衣机(万台) Household Washing Machines (10 000 units)	彩色电视机(万台) Color Television Sets (10 000 units)	原 煤(亿吨) Coal (100 million tons)	原 油(万吨) Crude Oil (10 000 tons)
全 国	**National Total**	**19389.08**	**2987.06**	**6764.57**	**3035.52**	**8283.22**	**22.05**	**18135.29**
北 京	Beijing	136.78	81.71				0.09	
天 津	Tianjin	132.50	19.30	434.43	1.96	64.90		1792.99
河 北	Hebei	600.00			9.76		0.86	562.45
山 西	Shanxi	125.00					5.54	
内蒙古	Inner Mongolia	172.50				239.09	2.56	
辽 宁	Liaoning	229.40	120.43	269.65		550.21	0.64	1260.96
吉 林	Jilin	278.50	11.25	0.01	0.01	50.80	0.27	550.57
黑龙江	Heilongjiang	400.00	0.06				0.95	4516.01
上 海	Shanghai	798.67	42.68	228.50	242.76	145.46		25.27
江 苏	Jiangsu	816.36	318.46	544.98	513.66	403.81	0.28	164.70
浙 江	Zhejiang	657.65	228.93	430.11	972.91	128.54		
安 徽	Anhui	1040.02	530.42	515.00	443.85	313.42	0.85	
福 建	Fujian	604.99				373.90	0.18	
江 西	Jiangxi	409.07	26.33	166.67		89.11	0.26	
山 东	Shandong	1170.25	612.58	588.08	418.78	1018.60	1.40	2694.54
河 南	Henan	1303.29	249.01	44.76	12.33	177.00	1.88	507.16
湖 北	Hubei	1123.17	20.39	239.94	60.29		0.10	78.11
湖 南	Hunan	1395.31	55.54		18.39		0.57	
广 东	Guangdong	1053.57	558.64	2914.52	266.48	4089.62	0.04	1470.03
广 西	Guangxi	534.50			2.44		0.07	3.43
海 南	Hainan	59.00						10.07
重 庆	Chongqing	396.08		277.02			0.36	
四 川	Sichuan	686.31	23.00	110.89	42.50	564.67	0.81	13.92
贵 州	Guizhou	1041.07	80.17			74.10	1.08	
云 南	Yunnan	3157.36					0.65	0.09
西 藏	Tibet							
陕 西	Shaanxi	631.25	8.08		18.37		1.52	1778.16
甘 肃	Gansu	354.98	0.08		11.03		0.36	78.91
青 海	Qinghai						0.06	221.49
宁 夏	Ningxia	11.50					0.26	
新 疆	Xinjiang	70.00					0.39	2406.43

2-80 续表 2 continued

地 区	Region	天然气 (亿立方米) Natural Gas (100 million cu.m)	发电量 (亿千瓦小时) Electricity (100 million kwh)	#水 电 Hydropower	生 铁 (万吨) Pig Iron (10 000 tons)	粗 钢 (万吨) Crude Steel (10 000 tons)	钢 材 (万吨) Rolled Steel (10 000 tons)	水 泥 (万吨) Cement (10000 tons)	平板玻璃 (万重量箱) Plate Glass (10 000 weight cases)
全 国	**National Total**	**509.44**	**25002.60**	**3970.17**	**34375.19**	**35323.98**	**37771.14**	**106884.79**	**40210.24**
北 京	Beijing		213.35	4.71	813.88	827.56	966.29	1183.80	293.42
天 津	Tianjin	8.79	369.06		660.24	955.27	1670.15	518.64	458.29
河 北	Hebei	6.92	1338.63	5.61	6841.25	7424.99	6591.12	7686.04	7598.18
山 西	Shanxi	3.24	1311.97	20.32	3229.80	1654.72	1368.60	2310.68	360.24
内蒙古	Inner Mongolia		1056.59	11.55	922.69	805.49	747.77	1632.25	1144.60
辽 宁	Liaoning	11.72	904.21	56.73	3113.95	3059.05	3235.93	2680.67	1853.96
吉 林	Jilin	5.40	433.43	78.30	408.64	462.01	479.36	1718.62	426.49
黑龙江	Heilongjiang	24.43	596.02	14.70	178.10	247.73	236.69	1214.48	520.81
上 海	Shanghai	6.04	733.97		1582.89	1927.96	2108.63	1045.21	830.61
江 苏	Jiangsu	0.64	2120.00	2.66	2697.28	3301.09	4424.63	9681.49	5233.13
浙 江	Zhejiang	0.03	1456.42	135.11	294.88	540.17	803.45	9128.97	2109.14
安 徽	Anhui		648.41	12.52	1105.71	1109.68	1198.96	3352.56	507.72
福 建	Fujian		778.25	291.00	399.03	391.48	729.67	2791.64	1438.57
江 西	Jiangxi		373.49	67.88	821.73	963.39	1023.33	3700.50	626.36
山 东	Shandong	9.25	1911.39	1.30	3217.30	3188.07	3010.86	14425.85	4761.21
河 南	Henan	20.14	1414.68	67.91	1064.85	1229.17	1338.96	6487.18	3434.69
湖 北	Hubei	1.12	1289.80	813.65	1453.29	1568.97	1580.87	4485.69	1626.88
湖 南	Hunan		644.41	241.28	1027.92	976.58	965.96	3742.32	1091.16
广 东	Guangdong	44.75	2278.59	207.74	535.43	940.42	1415.79	8228.92	2372.73
广 西	Guangxi		446.04	195.82	485.39	496.29	519.88	3306.13	515.74
海 南	Hainan	7.32	82.19	10.64	4.55	0.23	14.86	446.42	
重 庆	Chongqing	3.27	253.90	67.32	246.95	277.01	294.70	2226.15	218.27
四 川	Sichuan	145.23	1018.77	653.35	1060.50	1094.45	1172.20	4480.19	1347.41
贵 州	Guizhou	0.53	797.65	213.35	286.36	239.13	214.89	1685.10	
云 南	Yunnan	0.22	624.20	349.19	845.92	513.41	486.93	2832.62	270.15
西 藏	Tibet		13.34	12.10				128.15	
陕 西	Shaanxi	80.59	548.80	50.54	316.37	307.49	337.80	2164.86	541.14
甘 肃	Gansu	0.84	506.17	165.57	468.72	458.44	452.25	1415.99	339.62
青 海	Qinghai	22.26	215.89	160.58	6.06	50.53	48.47	370.62	90.35
宁 夏	Ningxia		312.87	16.41	25.28	0.62	9.21	567.58	66.42
新 疆	Xinjiang	106.71	310.11	42.33	260.23	312.58	322.93	1245.47	132.95

2-80 续表 3 continued

地 区	Region	乙 烯 (万吨) Ethylene (10 000 tons)	硫 酸 (万吨) Sulfuric Acid (10 000 tons)	纯 碱 (万吨) Soda Ash (10 000 tons)	烧 碱 (万吨) Caustic Soda (10 000 tons)	农用氮、磷、钾化肥 (万吨) Chemical Fertilizer (10 000 tons)	化学农药原药 (万吨) Chemical Pesticide (10 000 tons)	初级形态的塑料 (万吨) Primary Plastic (10 000 tons)
全 国	**National Total**	**755.54**	**4544.7**	**1421.08**	**1239.98**	**5177.86**	**114.73**	**2308.86**
北 京	Beijing	99.05	5.23		13.50	4.20	0.09	138.43
天 津	Tianjin	20.71	11.95	86.87	80.45	16.03	1.28	116.64
河 北	Hebei		97.49	177.37	56.56	214.60	3.35	67.35
山 西	Shanxi		75.67	15.59	40.68	349.45	0.20	29.28
内蒙古	Inner Mongolia		48.92	75.97	30.93	60.89	1.06	20.23
辽 宁	Liaoning	47.13	120.72	74.86	53.59	89.60	2.67	121.56
吉 林	Jilin	51.13	18.04		9.32	17.17	1.15	52.19
黑龙江	Heilongjiang	55.56	10.23	0.04	15.55	49.46	0.20	108.60
上 海	Shanghai	160.44	33.32		41.72	3.14	1.49	237.89
江 苏	Jiangsu	111.71	354.33	221.42	155.19	294.70	33.54	374.52
浙 江	Zhejiang		146.12	13.28	76.74	63.13	19.34	120.08
安 徽	Anhui		202.54	24.09	18.85	235.49	3.67	28.53
福 建	Fujian		41.06	19.23	25.51	64.41	0.92	53.37
江 西	Jiangxi		113.19		24.62	53.54	1.47	15.60
山 东	Shandong	83.77	519.31	260.16	245.35	612.70	11.34	202.99
河 南	Henan	19.16	124.76	118.65	67.84	421.12	5.07	74.98
湖 北	Hubei		440.34	71.13	41.02	408.82	8.01	47.01
湖 南	Hunan		183.86	27.53	33.79	261.39	9.55	37.87
广 东	Guangdong	56.17	172.64	31.91	22.77	39.34	1.19	220.22
广 西	Guangxi		170.22	0.27	24.02	83.94	1.91	7.80
海 南	Hainan		1.27			62.65		
重 庆	Chongqing		150.08	9.18	6.91	130.90	0.42	0.54
四 川	Sichuan		319.41	106.51	75.49	518.28	5.97	71.02
贵 州	Guizhou		341.1		8.84	275.35	0.09	
云 南	Yunnan		600.55	16.20	5.23	265.84	0.11	3.06
西 藏	Tibet							
陕 西	Shaanxi		82.29	21.91	10.47	124.92	0.52	11.37
甘 肃	Gansu	24.57	122.69	18.01	7.31	113.51	0.04	45.92
青 海	Qinghai		6.11	17.38	1.06	161.12	0.05	3.05
宁 夏	Ningxia		18.93	0.94	17.08	80.82	0.02	20.15
新 疆	Xinjiang	26.14	12.29	12.58	29.59	101.35	0.01	78.61

2-80 续表 4 continued

地 区	Region	金属切削机床（万台）Metal-cutting Machine Tools (10 000 units)	汽 车（万辆）Motor Vehicles (10 000 units)	#轿 车 Cars	大中型拖拉机（万台）Tractors (10 000 units)	微型电子计算机（万台）Micro-Computers (10 000 units)	集成电路（万块）Integrated Circuit (10 000 units)	移动通信手持机（万台）Mobile Telephones (10 000 units)
全 国	**National Total**	**51.1**	**570.49**	**277.01**	**16.33**	**8084.89**	**2699729**	**30354**
北 京	Beijing	1.0	58.70	22.09		649.57	125708	8948
天 津	Tianjin	0.1	32.78	32.56	1.17	2.15	51958	6310
河 北	Hebei	0.2	19.36					
山 西	Shanxi	0.2	0.01			0.68		
内蒙古	Inner Mongolia		0.69			0.80		99
辽 宁	Liaoning	11.3	14.98	1.69		26.67	179	102
吉 林	Jilin	0.1	58.16	29.94		0.03	134	
黑龙江	Heilongjiang	0.6	23.61	4.99		3.93		
上 海	Shanghai	3.0	48.45	48.09	1.37	2176.17	717607	1939
江 苏	Jiangsu	8.4	30.05	14.16	4.34	2996.13	820229	2846
浙 江	Zhejiang	6.7	13.13	11.42	1.59	139.57	161285	2791
安 徽	Anhui	1.2	34.25	18.16		4.27	19	
福 建	Fujian	0.4	6.61	3.70		371.67	13996	1166
江 西	Jiangxi	0.4	20.61	4.50	0.08	5.07		
山 东	Shandong	8.9	22.41	8.70	4.38	39.44	617	1232
河 南	Henan	1.1	3.43		3.04	0.42		
湖 北	Hubei	0.4	38.90	14.17	0.15			587
湖 南	Hunan	0.2	2.99	0.36			14	
广 东	Guangdong	2.5	40.22	36.86		1664.12	563709	4184
广 西	Guangxi	0.4	37.67	2.68	0.05	1.74		94
海 南	Hainan		7.31	5.88				
重 庆	Chongqing	0.5	42.16	15.33	0.01			
四 川	Sichuan	0.9	4.76		0.15	0.36	90	
贵 州	Guizhou	0.1					908	55
云 南	Yunnan	1.0	5.05	0.11				
西 藏	Tibet							
陕 西	Shaanxi	1.3	4.08	1.61		2.10		
甘 肃	Gansu	0.2					243278	
青 海	Qinghai	0.1						
宁 夏	Ningxia	0.3						
新 疆	Xinjiang		0.11					

2-81 总承包建筑业企业主要经济指标（2005年）

Main Economic Indicators on Construction Enterprises of General Contractors (2005)

地 区	Region	企业单位数（个）Number of Enterprises (unit)	从业人员（人）Number of Employed Persons (person)	建筑业总产值（万元）Gross Output Value of Construction (10 000 yuan)	利税总额（万元）Total Pre-Tax Profits (10 000 yuan)	按总产值计算的劳动生产率（元/人）Overall Labor Productivity by Gross Output Value (yuan/person)
全 国	**National Total**	**32389**	**23458604**	**298340854**	**17118175**	**116460**
北 京	Beijing	732	500860	15445466	1048437	162626
天 津	Tianjin	240	179719	5606342	241359	197129
河 北	Hebei	1303	949866	11518883	592573	109527
山 西	Shanxi	713	473696	7673150	331767	141476
内蒙古	Inner Mongolia	547	235627	3565811	306236	83113
辽 宁	Liaoning	1285	709353	12191626	898288	119595
吉 林	Jilin	529	307686	4439649	167934	114371
黑龙江	Heilongjiang	1045	377526	5059099	199351	92593
上 海	Shanghai	1116	576076	15020271	1037411	178302
江 苏	Jiangsu	2590	2950115	37529807	1920350	126876
浙 江	Zhejiang	1921	2803048	42196220	2367870	151247
安 徽	Anhui	1071	855692	8359537	425313	99142
福 建	Fujian	807	614310	7352152	402736	119047
江 西	Jiangxi	817	544667	4889529	267533	87972
山 东	Shandong	3347	2161558	21840280	1357800	91639
河 南	Henan	1451	1093627	9332164	537380	83262
湖 北	Hubei	1272	943670	11523252	614774	128013
湖 南	Hunan	1303	1103072	11302999	671004	105309
广 东	Guangdong	2245	1375914	17017268	1234834	123397
广 西	Guangxi	661	400306	3921538	188851	99854
海 南	Hainan	92	63187	557780	43720	87096
重 庆	Chongqing	1316	751646	7018788	401300	93944
四 川	Sichuan	2270	1563199	13039410	681293	83135
贵 州	Guizhou	457	290873	2610612	123813	98629
云 南	Yunnan	1010	517717	4881770	323108	97633
西 藏	Tibet	140	30307	368306	41400	117771
陕 西	Shaanxi	641	397104	6199099	304259	135431
甘 肃	Gansu	529	372790	2766455	161927	68645
青 海	Qinghai	248	76701	833618	34691	89784
宁 夏	Ningxia	267	62192	989205	47350	74831
新 疆	Xinjiang	424	176500	3290768	143516	114022

2-82 专业承包建筑业企业主要经济指标（2005年）

Main Economic Indicators on Construction Enterprises of Professional Contractors (2005)

地 区	Region	企业单位数（个）Number of Enterprises (unit)	从业人员（人）Number of Employed Persons (person)	建筑业总产值（万元）Gross Output Value of Construction (10 000 yuan)	利税总额（万元）Total Pre-Tax Profits (10 000 yuan)	按总产值计算的劳动生产率（元/人）Overall Labor Productivity by Gross Output Value (yuan/person)
全 国	**National Total**	**26361**	**3540645**	**47180115**	**3546396**	**123046**
北 京	Beijing	1881	167151	3494970	218246	142999
天 津	Tianjin	837	86803	1937360	156761	181922
河 北	Hebei	704	131073	1334048	93537	97544
山 西	Shanxi	690	80872	819015	42257	99150
内蒙古	Inner Mongolia	111	27438	247233	11363	67262
辽 宁	Liaoning	1768	199753	2624902	221702	101514
吉 林	Jilin	360	78075	416171	23031	83184
黑龙江	Heilongjiang	680	53445	669856	45837	82907
上 海	Shanghai	1270	143510	3872191	301017	199663
江 苏	Jiangsu	3319	447232	6159686	459159	132637
浙 江	Zhejiang	2020	316879	4991211	406294	152907
安 徽	Anhui	852	138356	1275873	88327	96255
福 建	Fujian	896	97490	1387619	107030	129436
江 西	Jiangxi	413	57466	770879	85138	127149
山 东	Shandong	2244	334282	3250712	302744	97081
河 南	Henan	1007	155489	1329334	88176	83935
湖 北	Hubei	800	199441	1969913	125448	98203
湖 南	Hunan	450	82997	890494	60560	111524
广 东	Guangdong	1884	286151	4978621	409067	175735
广 西	Guangxi	333	28460	330562	32017	112021
海 南	Hainan	30	3639	39145	454	102608
重 庆	Chongqing	882	77756	816870	53620	104013
四 川	Sichuan	1230	163791	1650612	93061	93191
贵 州	Guizhou	123	13491	101642	5990	77845
云 南	Yunnan	518	48181	511899	39025	100064
西 藏	Tibet	28	4221	37813	3482	89752
陕 西	Shaanxi	143	25113	386013	17517	146428
甘 肃	Gansu	247	51371	367561	24126	66171
青 海	Qinghai	124	8953	75719	807	69563
宁 夏	Ningxia	206	13177	140445	10346	71295
新 疆	Xinjiang	311	18589	301745	20260	116468

2-83 按登记注册类型分建筑业总产值（2005年）

Total Output Value of Construction by Registration Status (2005)

单位：万元 (10 000 yuan)

地　区	Region	合　计 Total	内资企业 Domestic Funded	#国　有 State-owned	#集　体 Collective-owned	港澳台商投资企业 Funded from Hong Kong, Macao and Taiwan	#港澳台商独资企业 Solely Owned	外商投资企　业 Foreign Funded	#外商独资企业 Solely Owned
全　国	**National Total**	**345520968**	**341305223**	**84320290**	**28151952**	**1725416**	**243444**	**2490330**	**452592**
北　京	Beijing	18940436	18387188	6506988	1239741	229615	47021	323632	22949
天　津	Tianjin	7543702	7397444	2827730	410307	79607	2470	66651	1044
河　北	Hebei	12852931	12846663	4518820	704782	4786		1482	
山　西	Shanxi	8492165	8471347	3636616	289417	10125		10694	
内蒙古	Inner Mongolia	3813045	3812917	387742	30967			128	
辽　宁	Liaoning	14816528	14469385	4124351	1387290	62411	2504	284732	4925
吉　林	Jilin	4855820	4815439	1609587	208423	14254		26127	
黑龙江	Heilongjiang	5728956	5686997	1618596	477282	891		41068	
上　海	Shanghai	18892463	17824528	4011008	784438	365570	18120	702364	296318
江　苏	Jiangsu	43689494	43094593	3608334	3632134	228411	105201	366490	100556
浙　江	Zhejiang	47187431	46697390	1928540	1777788	112799	606	377242	
安　徽	Anhui	9635410	9599470	2678924	815820	25256	18366	10683	2200
福　建	Fujian	8739771	8586513	1927344	863654	105019	4158	48240	6839
江　西	Jiangxi	5660408	5640860	2027986	1286768	17964	149	1584	
山　东	Shandong	25090992	24950120	5282318	3792205	83761	10174	57111	8500
河　南	Henan	10661498	10638901	3362910	1065652	14188		8409	200
湖　北	Hubei	13493165	13464964	5167951	845627	15045	2273	13156	
湖　南	Hunan	12193493	12129033	4170789	1399205	50268	18320	14192	4916
广　东	Guangdong	21995888	21632416	6839738	2447108	259791	11320	103681	3591
广　西	Guangxi	4252101	4228461	2102268	638898	1742		21898	
海　南	Hainan	596925	591636	341361	71254	3150		2139	83
重　庆	Chongqing	7835658	7809981	1090190	514558	21069	579	4608	
四　川	Sichuan	14690022	14679113	4846373	1447634	6973	1679	3936	394
贵　州	Guizhou	2712254	2711350	1876550	173182	904			
云　南	Yunnan	5393669	5385209	1389621	636852	8461			
西　藏	Tibet	406118	406118	62035	109760				
陕　西	Shaanxi	6585112	6585112	3137609	466633				
甘　肃	Gansu	3134016	3134010	1223940	447062			6	
青　海	Qinghai	909337	908026	501419	47415	1233	325	78	78
宁　夏	Ningxia	1129649	1129469	375810	37223	180	180		
新　疆	Xinjiang	3592513	3590568	1136846	102876	1945			

2-84 按登记注册类型分建筑业企业总收入（2005年）

Total Income of Construction by Registration Status (2005)

单位：万元　　　　　　　　　　(10 000 yuan)

地区	Region	合计 Total	内资企业 Domestic Funded	#国有 State-owned	#集体 Collective-owned	港澳台商投资企业 Funded from Hong Kong, Macao and Taiwan	#港澳台商独资企业 Solely Owned	外商投资企业 Foreign Funded	#外商独资企业 Solely Owned
全　国	**National Total**	**331984913**	**327169888**	**89853307**	**24901718**	**1878336**	**291485**	**2936688**	**568304**
北　京	Beijing	22055063	21329679	8270859	1293213	280203	81562	445180	38814
天　津	Tianjin	8077953	7915031	2910688	415363	108298	29231	54624	2710
河　北	Hebei	10796504	10790423	3528598	602878	4253		1828	
山　西	Shanxi	8887393	8865382	3996398	283373	11318		10694	
内蒙古	Inner Mongolia	3721320	3721192	338700	34893			128	
辽　宁	Liaoning	14764768	14276999	4169627	1363807	58859	2413	428911	4925
吉　林	Jilin	4678157	4628755	1519790	200846	23253		26149	
黑龙江	Heilongjiang	5664967	5624553	1800986	419405	891		39523	
上　海	Shanghai	22250793	21039645	5221586	850121	408743	21563	802405	313134
江　苏	Jiangsu	34960932	34355269	4028810	2509078	225901	107692	379762	145329
浙　江	Zhejiang	41282038	40750191	2214096	1605477	126919	673	404928	
安　徽	Anhui	9308074	9276614	2754912	783078	24302	17312	7159	1306
福　建	Fujian	8659037	8495648	2153533	873645	84374	4090	79016	36109
江　西	Jiangxi	4889389	4869677	1775782	1006702	18128	173	1584	
山　东	Shandong	22313478	22195984	5185994	3029668	78175	2279	39318	8532
河　南	Henan	10248300	10228062	3356621	978837	14292		5946	320
湖　北	Hubei	13657202	13632122	5312589	820936	15744	2571	9336	
湖　南	Hunan	11360997	11300732	3854633	1282532	42075	9151	18190	4921
广　东	Guangdong	25689316	25223786	9488471	2172186	319061	11322	146469	11391
广　西	Guangxi	3969602	3945971	1989201	657231	1821		21810	
海　南	Hainan	519725	514436	281104	62408	3150		2139	83
重　庆	Chongqing	7278552	7259865	1212763	455696	14095	582	4592	
四　川	Sichuan	13656895	13645792	4870004	1306310	4447	375	6655	394
贵　州	Guizhou	2693643	2692894	1848584	153321	749			
云　南	Yunnan	5152300	5146342	1428490	592712	5958			
西　藏	Tibet	295021	295021	51325	64251				
陕　西	Shaanxi	6483199	6483199	3032279	476330				
甘　肃	Gansu	2984681	2984675	1106352	423254			6	
青　海	Qinghai	877149	875641	512233	40516	1171	308	337	337
宁　夏	Ningxia	1164367	1164179	414446	38663	188	188		
新　疆	Xinjiang	3644101	3642131	1223853	104990	1969			

2-85 按登记注册类型分建筑业企业税金总额（2005年）

Taxes of Construction Enterprises by Registration Status (2005)

单位：万元 (10 000 yuan)

地 区	Region	合 计 Total	内资企业 Domestic Funded	#国 有 State-owned	#集 体 Collective-owned	港澳台商投资企业 Funded from Hong Kong, Macao and Taiwan	#港澳台商独资企业 Solely Owned	外商投资企业 Foreign Funded	#外商独资企业 Solely Owned
全 国	**National Total**	**11597949**	**11475341**	**2956632**	**996647**	**49679**	**5799**	**72930**	**12075**
北 京	Beijing	654557	633797	240725	41902	8027	2156	12732	1706
天 津	Tianjin	227982	225730	86694	14864	1403	185	850	74
河 北	Hebei	392734	392483	126298	24274	166		85	
山 西	Shanxi	280823	280114	122916	11388	374		336	
内蒙古	Inner Mongolia	155222	155219	10966	1194			4	
辽 宁	Liaoning	576127	559446	162037	52397	1867	78	14814	152
吉 林	Jilin	166005	164226	50702	8249	726		1053	
黑龙江	Heilongjiang	192846	191629	64257	14890	29		1187	
上 海	Shanghai	669298	643934	166980	24982	9722	531	15642	5576
江 苏	Jiangsu	1260052	1243918	125050	103509	4897	951	11237	3392
浙 江	Zhejiang	1450019	1441982	67612	57748	2927	21	5110	
安 徽	Anhui	333325	332202	91182	29404	832	541	291	74
福 建	Fujian	312868	308230	72450	32992	2706	329	1932	552
江 西	Jiangxi	197003	196356	62469	46260	618	11	29	
山 东	Shandong	792707	788950	188876	117961	2360	117	1398	321
河 南	Henan	369901	369289	111006	38964	426		185	10
湖 北	Hubei	473828	473081	171857	37846	430	48	317	
湖 南	Hunan	443875	441720	140293	57549	1501	442	654	130
广 东	Guangdong	938077	924185	297136	96343	9598	339	4294	58
广 西	Guangxi	153217	152730	62920	36929	68		419	
海 南	Hainan	18300	18107	9552	3095	116		77	7
重 庆	Chongqing	255439	254915	36657	18369	435	21	89	
四 川	Sichuan	497437	497097	174225	50636	156	12	184	13
贵 州	Guizhou	91473	91456	59010	6831	16			
云 南	Yunnan	174409	174250	44657	21998	159			
西 藏	Tibet	16698	16698	3892	4220				
陕 西	Shaanxi	220952	220952	108045	19561				
甘 肃	Gansu	99488	99486	32880	16326			2	
青 海	Qinghai	29700	29653	15881	1205	37	10	10	10
宁 夏	Ningxia	36642	36636	13159	1359	6	6		
新 疆	Xinjiang	116946	116870	36251	3406	77			

2-86 按登记注册类型分建筑业企业利润总额（2005年）

Total Profits of Construction Enterprises by Registration Status (2005)

单位：万元 (10 000 yuan)

地区	Region	合计 Total	内资企业 Domestic Funded	#国有 State-owned	#集体 Collective-owned	港澳台商投资企业 Funded from Hong Kong, Macao and Taiwan	#港澳台商独资企业 Solely Owned	外商投资企业 Foreign Funded	#外商独资企业 Solely Owned
全国	**National Total**	**9066623**	**8913374**	**1414286**	**807038**	**36242**	**10014**	**117007**	**23268**
北京	Beijing	612127	604575	341134	49814	778	1437	6775	3070
天津	Tianjin	170137	174349	37299	11382	-4486	590	273	-685
河北	Hebei	293377	293296	45860	22489	128		-48	
山西	Shanxi	93202	93260	22352	5655	-43		-15	
内蒙古	Inner Mongolia	162376	162375	10559	527			1	
辽宁	Liaoning	543863	520437	125848	55760	1266	271	22161	19
吉林	Jilin	24960	20699	-18722	3450	4440		-179	
黑龙江	Heilongjiang	52342	51423	1188	5412	-8		926	
上海	Shanghai	669130	620383	66540	19965	5554	187	43193	9220
江苏	Jiangsu	1119457	1085189	61079	78719	13650	8229	20618	6792
浙江	Zhejiang	1324144	1306560	119757	40697	3972	1	13613	
安徽	Anhui	180314	179785	34788	17602	40	-57	489	57
福建	Fujian	196898	193287	25476	13799	885	-581	2726	2171
江西	Jiangxi	155667	155077	34575	27749	560	-10	30	
山东	Shandong	867836	862077	125877	146055	3120	2	2639	1057
河南	Henan	255655	256893	40962	40923	593		-1831	12
湖北	Hubei	266394	266092	36038	25449	528	-7	-226	
湖南	Hunan	287689	284925	50417	33477	176	21	2588	1456
广东	Guangdong	705824	698674	109308	59043	4134	-8	3016	143
广西	Guangxi	67651	67449	8421	16439	-16		217	
海南	Hainan	25874	25770	14871	852	90		14	-43
重庆	Chongqing	199481	199061	12547	7266	385	-14	35	
四川	Sichuan	276916	276574	41721	37337	319	48	23	-1
贵州	Guizhou	38331	38597	6609	1109	-266			
云南	Yunnan	187724	187378	798	41567	346			
西藏	Tibet	28184	28184	3357	6583				
陕西	Shaanxi	100824	100824	31765	13690				
甘肃	Gansu	86565	86597	11195	22407			-32	
青海	Qinghai	5797	5823	8998	187	-28	-32	1	1
宁夏	Ningxia	21055	21115	3122	254	-60	-60		
新疆	Xinjiang	46830	46647	546	1379	183			

2-87 建筑业总产值和劳动生产率（2005年）

Total Output Value of Construction and Labor Productivity of Construction Enterprises (2005)

地 区	Region	建筑业总产值（万元）Total Output Value (10 000 yuan)	建筑工程产值 Output Value of Construction	安装工程产值 Output Value of Installation	其他 Others	按建筑业总产值计算的劳动生产率（元/人）Overall Labor Productivity in Terms of Total Output Value(yuan/person)	#国有 State-owned	#集体 Collective-owned
全 国	**National**	**345520968**	**294643840**	**38356612**	**12520517**	**117317**	**154436**	**75922**
北 京	Beijing	18940436	17214672	1478306	247458	158604	176198	138056
天 津	Tianjin	7543702	5760985	1143472	639244	192983	228411	110298
河 北	Hebei	12852931	10584910	1718556	549466	108144	229033	59525
山 西	Shanxi	8492165	7383324	867411	241430	135875	186589	52336
内蒙古	Inner Mongolia	3813045	3271565	351668	189812	81860	105940	64515
辽 宁	Liaoning	14816528	12107649	2241115	467765	115935	148411	71769
吉 林	Jilin	4855820	4268121	540133	47567	110813	116552	60064
黑龙江	Heilongjiang	5728956	4533245	989039	206672	91342	112716	76733
上 海	Shanghai	18892463	14824181	3116308	951974	182307	198762	151436
江 苏	Jiangsu	43689494	39142150	3883821	663523	127657	147159	110198
浙 江	Zhejiang	47187431	41460039	4186319	1541073	151421	234616	116119
安 徽	Anhui	9635410	8263623	993979	377809	98754	154672	62998
福 建	Fujian	8739771	7450380	1039244	250148	120582	146901	98929
江 西	Jiangxi	5660408	4809075	522379	328954	91830	109858	72048
山 东	Shandong	25090992	20519720	3437903	1133369	92311	141276	66847
河 南	Henan	10661498	8932477	1398086	330936	83345	107613	62575
湖 北	Hubei	13493165	11330294	1224140	938730	122576	178144	59974
湖 南	Hunan	12193493	10117322	1032761	1043409	105736	150516	74307
广 东	Guangdong	21995888	18636517	2624915	734456	132314	177012	73886
广 西	Guangxi	4252101	3647529	503990	100581	100713	124912	60674
海 南	Hainan	596925	530904	53495	12527	87912	94298	52010
重 庆	Chongqing	7835658	6970274	636356	229029	94897	123046	71665
四 川	Sichuan	14690022	12442178	1553438	694405	84155	135791	59696
贵 州	Guizhou	2712254	2194544	467312	50398	97668	119984	50787
云 南	Yunnan	5393669	4759740	502038	131892	97853	146894	67967
西 藏	Tibet	406118	374757	7554	23808	114400	121637	113155
陕 西	Shaanxi	6585112	5888057	555581	141473	136028	214025	58184
甘 肃	Gansu	3134016	2522862	531914	79240	68339	115575	41052
青 海	Qinghai	909337	742689	132550	34098	87689	140454	43903
宁 夏	Ningxia	1129649	978686	135591	15372	74368	86393	62038
新 疆	Xinjiang	3592513	2981373	487239	123901	114229	138471	135363

2-88 建筑业房屋建筑面积（2005年）

Floor Space of Buildings of Construction Enterprises (2005)

单位：万平方米 (10 000 sq.m)

地区	Region	房屋建筑面积 Floor Space of Buildings		#国有 State-owned		#集体 Collective-owned	
		施工面积 Floor Space under Construction	竣工面积 Floor Space Completed	施工面积 Floor Space under Construction	竣工面积 Floor Space Completed	施工面积 Floor Space under Construction	竣工面积 Floor Space Completed
全国	**National Total**	**352744.7**	**159406.2**	**56308.8**	**20505.7**	**42257.4**	**21750.4**
北京	Beijing	15417.6	4862.4	5420.6	1485.8	1067.3	428.4
天津	Tianjin	3940.6	1484.4	1296.4	366.0	324.0	214.7
河北	Hebei	11261.4	5744.2	1943.0	665.8	891.6	542.5
山西	Shanxi	4048.5	1638.5	1686.4	695.6	359.2	174.7
内蒙古	Inner Mongolia	2958.9	1623.4	35.1	15.9	24.9	24.0
辽宁	Liaoning	10224.9	5111.1	1531.8	581.9	1245.8	695.0
吉林	Jilin	3165.9	1744.7	975.7	519.1	152.6	115.1
黑龙江	Heilongjiang	4467.7	2249.7	781.3	397.7	571.1	309.9
上海	Shanghai	14138.1	5643.3	2353.6	693.1	771.7	407.5
江苏	Jiangsu	52242.2	25391.9	1447.2	673.2	5585.2	2925.7
浙江	Zhejiang	59883.7	24637.1	448.2	151.2	2279.1	967.8
安徽	Anhui	9873.7	5081.3	1994.8	747.2	933.3	553.9
福建	Fujian	10268.3	4191.4	1862.8	655.2	1657.6	643.8
江西	Jiangxi	7281.2	4030.5	1468.1	668.3	2666.1	1530.4
山东	Shandong	25449.9	11883.1	3375.8	1191.1	5081.7	2775.4
河南	Henan	10813.2	4787.1	1715.2	709.9	1803.0	943.1
湖北	Hubei	12091.2	6896.9	3499.0	1683.6	1459.1	862.9
湖南	Hunan	13774.9	6846.0	3242.5	1220.5	2644.4	1442.8
广东	Guangdong	26886.0	10027.9	7606.8	2337.9	5128.6	2195.8
广西	Guangxi	5518.2	2209.7	2168.3	697.8	1517.0	676.0
海南	Hainan	692.4	205.1	339.4	104.2	124.7	56.0
重庆	Chongqing	10722.6	5155.2	1013.9	445.8	745.1	427.8
四川	Sichuan	17924.4	8692.2	3845.4	1522.6	2362.5	1283.1
贵州	Guizhou	3152.8	1149.5	1776.4	530.2	421.5	220.3
云南	Yunnan	4591.2	2470.1	990.9	387.4	770.3	506.2
西藏	Tibet	151.3	114.4	18.7	17.7	47.5	41.3
陕西	Shaanxi	4563.9	1892.9	1887.0	652.4	808.9	343.5
甘肃	Gansu	3008.5	1455.2	695.2	277.4	684.9	371.9
青海	Qinghai	407.6	194.0	58.6	26.3	46.8	29.2
宁夏	Ningxia	1056.6	564.0	304.8	143.2	38.8	20.5
新疆	Xinjiang	2767.6	1429.4	526.0	241.8	43.1	21.5

2-89 运输线路长度（2005年底）

Length of Transport Routes (End of 2005)

单位：公里 (km)

地区 Region		铁路营业里程 Length of Railways in Operation	内河航道里程 Length of Navigable Inland Waterways	公路里程 Total Length of Highways	等级路 Expressway and Class I to IV Highways	#高速 Express-way	#一级 First Class	#二级 Second Class	等外路 Highways Below Class IV
全国	**National Total**	**75437.6**	**123263**	**1930543**	**1591791**	**41005**	**38381**	**246442**	**338752**
北京	Beijing	1125.4		14696	14481	548	554	2368	215
天津	Tianjin	664.6	88	10836	10791	593	497	1729	44
河北	Hebei	4652.0		75894	67229	2135	2645	12547	8665
山西	Shanxi	3153.9	467	69563	67785	1686	1011	11586	1779
内蒙古	Inner Mongolia	6246.2	2403	79029	70880	1001	2139	8359	8149
辽宁	Liaoning	4171.2	413	53521	53325	1773	1556	13440	196
吉林	Jilin	3561.8	1456	50308	48487	542	1529	7335	1821
黑龙江	Heilongjiang	5654.9	5131	67077	61691	958	1118	7140	5386
上海	Shanghai	269.1	2223	8110	8110	560	302	2306	
江苏	Jiangsu	1615.6	24349	82739	74958	2886	4214	13998	7781
浙江	Zhejiang	1292.3	9652	48600	46167	1866	2955	6569	2432
安徽	Anhui	2353.2	5587	72807	67083	1501	338	9633	5724
福建	Fujian	1613.1	3245	58286	47987	1208	358	6262	10298
江西	Jiangxi	2423.9	5638	62300	43523	1559	565	8555	18777
山东	Shandong	3319.3	1012	80131	80131	3163	4855	21949	
河南	Henan	4098.7	1267	79506	75003	2678	106	21684	4503
湖北	Hubei	2525.4	8181	91131	76075	1649	1093	15225	15055
湖南	Hunan	2902.0	11495	88200	45801	1403	530	5563	42399
广东	Guangdong	2225.2	11844	115337	106476	3140	7301	17147	8861
广西	Guangxi	2728.8	5413	62003	51046	1411	546	6299	10957
海南	Hainan	221.7	343	21162	12671	625	180	1255	8491
重庆	Chongqing	1269.2	4103	38215	30835	748	306	4676	7380
四川	Sichuan	2960.4	10720	114694	79337	1758	1599	10123	35356
贵州	Guizhou	1985.7	3323	46893	35447	577	92	2629	11447
云南	Yunnan	2328.1	2539	167638	111920	1421	248	3325	55718
西藏	Tibet			43716	10905			807	32812
陕西	Shaanxi	3131.2	1066	54492	49274	1226	359	5858	5219
甘肃	Gansu	2300.0	860	41330	32792	1006	141	4969	8538
青海	Qinghai	1091.8	329	29720	26982	171	144	4002	2738
宁夏	Ningxia	791.9	117	13078	13001	670	219	2109	77
新疆	Xinjiang	2761.0		89531	71599	541	883	6993	17932

2-90 客 运 量(2005年)

Passenger Traffic (2005)

单位：万人 (10 000 persons)

地区	Region	合计 Total	铁路 Railways	国家铁路 National Railways	地方铁路 Local Railways	合资铁路 Joint-venture Railways	公路 Highways	水运 Waterways
全国	**National Total**	**1847018**	**115583**	**110651**	**319**	**4613**	**1697381**	**20227**
北京	Beijing	8040	5779	5779			2261	
天津	Tianjin	4514	1550	1550			2961	3
河北	Hebei	80894	5492	5492			75402	
山西	Shanxi	39975	3411	3411			36456	108
内蒙古	Inner Mongolia	31776	3172	3117		55	28604	
辽宁	Liaoning	60100	9533	9514	19		49917	650
吉林	Jilin	27601	4618	4618			22870	113
黑龙江	Heilongjiang	55408	8359	8276	83		46809	240
上海	Shanghai	7985	4313	4313			2468	1204
江苏	Jiangsu	145121	6797	6552		245	138287	37
浙江	Zhejiang	161115	6383	4966		1417	152222	2510
安徽	Anhui	72657	3486	3307		179	68927	244
福建	Fujian	55121	1684	1454		229	52452	985
江西	Jiangxi	41586	3906	3906			37253	427
山东	Shandong	98506	3973	3853	120	1	93178	1355
河南	Henan	97896	5879	5832	47		91920	97
湖北	Hubei	70497	3713	3682		31	66183	601
湖南	Hunan	116091	5661	5484	13	164	109728	702
广东	Guangdong	149896	8900	7682	4	1214	139158	1838
广西	Guangxi	51396	1773	1732	9	32	48740	883
海南	Hainan	26785	24			24	25705	1056
重庆	Chongqing	63308	1332	1262		70	60588	1388
四川	Sichuan	168505	5212	4693		520	159450	3843
贵州	Guizhou	64450	2191	2142		49	61414	845
云南	Yunnan	40792	1782	1567	24	190	38509	501
西藏	Tibet	385					385	
陕西	Shaanxi	38725	3601	3410		191	34780	344
甘肃	Gansu	17804	1316	1316			16247	241
青海	Qinghai	4886	349	349			4525	12
宁夏	Ningxia	7066	309	309			6757	
新疆	Xinjiang	24309	1084	1084			23225	
不分地区	Not Classified by Region	13827						

注：不分地区合计为民航完成数。

a) The total passenger traffic not classified by region is that completed by civil aviation.

2-91 旅客周转量（2005年）

Passenger-kilometers (2005)

单位：亿人公里 (100 million passenger-km)

地 区	Region	合 计 Total	铁 路 Railways	国家铁路 National Railways	地方铁路 Local Railways	合资铁路 Joint-venture Railways	公 路 Highways	水 运 Waterways
全 国	**National Total**	**17466.7**	**6062.0**	**5833.2**	**3.5**	**225.2**	**9292.1**	**67.8**
北 京	Beijing	137.1	77.6	77.6			59.5	
天 津	Tianjin	117.5	90.7	90.7			26.5	0.4
河 北	Hebei	989.8	504.4	504.4			485.3	
山 西	Shanxi	289.4	108.5	108.5			180.9	
内蒙古	Inner Mongolia	287.3	109.7	105.0		4.7	177.7	
辽 宁	Liaoning	599.9	381.4	381.4	0.1		210.1	8.4
吉 林	Jilin	244.7	151.8	151.8			92.8	0.1
黑龙江	Heilongjiang	432.2	177.6	176.2	1.4		254.3	0.3
上 海	Shanghai	128.4	48.9	48.9			75.1	4.5
江 苏	Jiangsu	1193.6	245.4	239.4		6.0	948.1	0.1
浙 江	Zhejiang	848.5	222.9	186.2		36.8	617.9	7.7
安 徽	Anhui	782.4	300.9	290.9		10.0	481.2	0.3
福 建	Fujian	397.1	85.7	76.6		9.1	310.0	1.4
江 西	Jiangxi	592.4	388.0	385.9		2.1	203.7	0.7
山 东	Shandong	827.8	282.7	280.9	1.5	0.4	539.1	6.0
河 南	Henan	998.3	559.9	559.5	0.4		437.8	0.5
湖 北	Hubei	663.0	300.8	298.2		2.6	358.0	4.2
湖 南	Hunan	1011.5	529.0	506.6		22.4	480.6	1.9
广 东	Guangdong	1448.4	327.9	237.7		90.2	1111.6	8.9
广 西	Guangxi	557.7	116.4	115.8		0.6	438.8	2.6
海 南	Hainan	89.5	1.1			1.1	86.9	1.6
重 庆	Chongqing	280.0	41.1	40.4		0.7	227.2	11.7
四 川	Sichuan	682.3	181.8	161.6		20.2	497.8	2.8
贵 州	Guizhou	312.4	145.7	143.8		1.9	164.9	1.8
云 南	Yunnan	291.0	56.8	50.6	0.1	6.2	233.1	1.1
西 藏	Tibet	18.4					18.4	
陕 西	Shaanxi	486.2	279.1	268.7		10.4	206.5	0.6
甘 肃	Gansu	302.9	197.8	197.8			104.9	0.2
青 海	Qinghai	43.3	18.7	18.7			24.7	
宁 夏	Ningxia	62.4	22.2	22.2			40.3	
新 疆	Xinjiang	306.2	107.7	107.7			198.5	
不分地区	Not Classified by Region	2044.9						

注：不分地区合计为民航完成数。

a) The total passenger-kilometers not classified by region is that completed by civil aviation.

2-92 货 运 量（2005年）

Freight Traffic (2005)

单位：万吨 (10 000 tons)

地区	Region	合计 Total	铁路 Railways	国家铁路 National Railways	地方铁路 Local Railways	合资铁路 Joint-venture Railways	公路 Highways	水运 Waterways
全 国	**National Total**	**1862066**	**269296**	**231839**	**17802**	**19655**	**1341778**	**219648**
北 京	Beijing	32113	2063	1976	87		30050	
天 津	Tianjin	39219	6810	3344	3466		19850	12559
河 北	Hebei	88342	17151	13360	2439	1352	68652	2539
山 西	Shanxi	133662	57366	47697	412	9257	76201	95
内蒙古	Inner Mongolia	69187	18167	16796	992	378	51020	
辽 宁	Liaoning	95558	15029	14271	758		74799	5730
吉 林	Jilin	34162	6634	6474	160		27441	87
黑龙江	Heilongjiang	61800	16123	15616	507		44376	1301
上 海	Shanghai	68636	1278	1278			32684	34674
江 苏	Jiangsu	111233	5655	5082	538	34	76301	29277
浙 江	Zhejiang	126903	3687	2838	59	790	81448	41768
安 徽	Anhui	67125	10386	8638	1462	286	49614	7125
福 建	Fujian	41200	4411	3491		919	27579	9210
江 西	Jiangxi	33996	5532	4804	728		25025	3439
山 东	Shandong	144701	15040	13564	1455	21	120455	9206
河 南	Henan	78699	14708	12789	1919		62684	1307
湖 北	Hubei	46766	5341	4898	339	104	33481	7944
湖 南	Hunan	77534	5879	5252	352	275	67040	4615
广 东	Guangdong	119287	8004	6010	606	1388	84861	26422
广 西	Guangxi	38226	5723	3998	525	1200	27861	4642
海 南	Hainan	10182	491			491	6615	3076
重 庆	Chongqing	39329	2055	1921	110	24	33378	3896
四 川	Sichuan	67351	7771	7391	239	141	56594	2986
贵 州	Guizhou	21770	6168	5524		645	15082	520
云 南	Yunnan	62015	5077	4709	218	149	56702	236
西 藏	Tibet	356					356	
陕 西	Shaanxi	41551	8155	5985		2170	33282	114
甘 肃	Gansu	26653	4085	4085			22520	48
青 海	Qinghai	6816	1325	1325			5491	
宁 夏	Ningxia	8529	2881	2449	432		5648	
新 疆	Xinjiang	30041	5353	5353			24688	
不分地区	Not Classified by Region	39123	947	919		28		6832

注：不分地区合计中，包括民航、管道、铁路行包运量及中国远洋运输集团总公司海外公司完成数。

a) The freight traffic not classified by region includes that completed by enterprises directly under the departments of civil aviation, pipelines, railway baggage freight and abroad companies under China Ocean Shipping (Group) Company.

2-93 货物周转量（2005年）

Freight Ton-kilometers (2005)

单位：亿吨公里 (100 million ton-km)

地区	Region	合计 Total	铁路 Railways	国家铁路 National Railways	地方铁路 Local Railways	合资铁路 Joint-venture Railways	公路 Highways	水运 Waterways
全国	**National Total**	**80258.1**	**20726.0**	**19533.4**	**99.2**	**1093.5**	**8693.2**	**49672.3**
北京	Beijing	582.1	496.6	496.5	0.1		85.5	
天津	Tianjin	12593.0	410.6	391.2	15.2	4.1	74.0	12108.4
河北	Hebei	5068.1	2468.6	2100.7	15.2	352.6	691.5	1908.1
山西	Shanxi	1690.9	1298.1	1113.1	1.2	183.8	392.8	0.1
内蒙古	Inner Mongolia	1437.1	1114.8	983.5	6.6	124.7	322.3	
辽宁	Liaoning	3350.5	1196.8	1194.8	2.0		415.5	1738.2
吉林	Jilin	605.9	506.7	506.2	0.5		98.8	0.4
黑龙江	Heilongjiang	1167.4	919.7	913.6	6.1		227.6	20.0
上海	Shanghai	12128.1	46.6	46.6			73.4	12008.1
江苏	Jiangsu	2993.2	477.2	450.4	0.6	26.2	459.2	2056.9
浙江	Zhejiang	3417.0	282.9	238.7	0.1	44.2	372.7	2761.4
安徽	Anhui	1566.1	883.8	857.7	8.1	17.9	422.7	259.7
福建	Fujian	1573.1	200.2	163.8		36.3	238.3	1134.6
江西	Jiangxi	885.2	613.7	609.9	1.6	2.1	186.5	85.1
山东	Shandong	5551.0	1187.2	1141.1	7.7	38.4	711.8	3652.0
河南	Henan	2352.5	1832.0	1811.0	20.9		467.0	53.5
湖北	Hubei	1415.7	721.2	715.1	1.4	4.7	251.2	443.2
湖南	Hunan	1628.6	899.7	869.1	0.9	29.7	538.6	190.3
广东	Guangdong	3860.3	325.6	210.2	3.1	112.4	646.5	2888.2
广西	Guangxi	1098.3	667.1	630.6	2.7	33.8	258.4	172.7
海南	Hainan	448.8	3.2			3.2	55.9	389.7
重庆	Chongqing	625.5	76.0	75.0	0.4	0.6	149.1	400.5
四川	Sichuan	916.6	620.9	612.3	0.7	7.9	263.7	31.9
贵州	Guizhou	646.5	544.3	536.8		7.5	94.2	8.1
云南	Yunnan	680.6	295.7	288.0	1.0	6.7	382.0	2.9
西藏	Tibet	40.7					40.7	
陕西	Shaanxi	1028.8	820.6	767.0		53.7	207.8	0.3
甘肃	Gansu	983.2	845.9	845.9			137.3	0.1
青海	Qinghai	147.1	98.8	98.8			48.3	
宁夏	Ningxia	255.2	187.4	184.4	3.0		67.8	
新疆	Xinjiang	806.6	494.2	494.2			312.4	
不分地区	Not Classified by Region	8714.5	190.2	187.2		2.9		7357.8

注：不分地区合计中,包括民航、管道、铁路行包运量及中国远洋运输集团总公司海外公司完成数。

a) The freight ton-kilometers not classified by region includes that completed by enterprises directly under the departments of civil aviation, pipelines, railway baggage freight and abroad companies under China Ocean Shipping (Group) Company.

2-94 民用汽车拥有量（2005年）

Possession of Civil Vehicles (2005)

地 区	Region	民用汽车总计（万辆）Total (10 000 units)	载客汽车（万辆）Passenger Vehicles (10 000 units)					载货汽车（万辆）Trucks (10 000 units)
				大 型 Large	中 型 Medium	小 型 Small	微 型 Minicar	
全 国	**National Total**	**3159.66**	**2132.46**	**82.13**	**131.65**	**1618.35**	**300.32**	**955.55**
北 京	Beijing	209.73	188.31	3.64	10.89	152.17	21.60	17.73
天 津	Tianjin	67.68	54.27	1.41	2.58	39.82	10.46	11.96
河 北	Hebei	198.23	119.98	2.92	2.75	84.94	29.36	70.86
山 西	Shanxi	107.44	67.77	1.70	2.73	49.74	13.61	37.96
内蒙古	Inner Mongolia	65.82	38.46	1.23	1.78	28.61	6.83	24.88
辽 宁	Liaoning	134.87	89.62	4.20	8.54	70.62	6.26	42.39
吉 林	Jilin	65.27	46.56	1.93	1.67	36.25	6.71	17.91
黑龙江	Heilongjiang	85.90	57.67	2.97	3.30	43.29	8.11	26.28
上 海	Shanghai	95.16	76.00	3.57	8.00	60.72	3.71	19.16
江 苏	Jiangsu	192.25	144.63	4.54	9.72	113.79	16.58	43.35
浙 江	Zhejiang	202.92	143.51	3.52	7.28	118.34	14.37	55.90
安 徽	Anhui	80.50	43.64	2.87	4.10	29.62	7.05	33.21
福 建	Fujian	69.79	44.96	1.56	3.12	36.29	3.99	23.14
江 西	Jiangxi	48.36	27.18	1.49	1.99	20.03	3.66	19.89
山 东	Shandong	246.96	166.40	4.83	8.25	120.52	32.81	72.89
河 南	Henan	152.17	98.88	4.62	6.83	67.21	20.21	49.17
湖 北	Hubei	86.24	53.40	3.43	4.22	42.89	2.85	30.96
湖 南	Hunan	78.34	49.46	2.92	3.17	39.42	3.95	27.97
广 东	Guangdong	372.96	247.44	9.99	20.47	209.42	7.56	118.84
广 西	Guangxi	59.14	38.00	2.45	1.81	25.83	7.91	19.48
海 南	Hainan	16.40	10.54	0.80	0.60	8.83	0.31	5.61
重 庆	Chongqing	46.93	26.07	2.03	1.64	19.14	3.27	20.09
四 川	Sichuan	138.00	97.13	4.42	3.48	56.39	32.85	39.39
贵 州	Guizhou	46.77	26.25	1.30	1.79	15.72	7.43	17.56
云 南	Yunnan	103.60	62.49	1.54	2.91	43.36	14.68	40.38
西 藏	Tibet	7.07	3.11	0.18	0.42	2.23	0.29	3.96
陕 西	Shaanxi	63.21	42.84	1.76	3.16	30.76	7.16	18.82
甘 肃	Gansu	33.74	19.31	1.44	1.40	13.69	2.78	13.62
青 海	Qinghai	12.18	7.08	0.45	0.60	5.32	0.71	4.85
宁 夏	Ningxia	15.63	8.04	0.52	0.56	6.09	0.87	6.90
新 疆	Xinjiang	56.42	33.47	1.91	1.89	27.30	2.36	20.46

2-94 续表 continued

地 区	Region	载货汽车（万辆） Trucks (10 000 units) 重 型 Heavy	中 型 Light-Heavy	轻 型 Light	微 型 Mini	其他汽车（万辆） Others (10 000 units)	机动车驾驶员（万人） Number of Motor Drivers (10 000 persons)	#汽车驾驶员 Automobile Drivers
全 国	**National Total**	**168.07**	**236.66**	**484.51**	**66.31**	**71.66**	**13069.52**	**8017.76**
北 京	Beijing	2.39	3.42	11.71	0.20	3.69	384.00	370.41
天 津	Tianjin	1.89	1.71	7.57	0.79	1.46	164.50	153.14
河 北	Hebei	20.02	11.87	34.33	4.64	7.39	727.90	458.88
山 西	Shanxi	10.28	8.91	14.82	3.94	1.70	255.03	204.53
内蒙古	Inner Mongolia	10.65	5.59	7.76	0.89	2.49	364.28	261.71
辽 宁	Liaoning	10.57	6.25	24.09	1.48	2.86	416.87	335.01
吉 林	Jilin	4.32	3.82	9.26	0.51	0.80	297.69	239.81
黑龙江	Heilongjiang	5.66	7.48	10.85	2.29	1.95	260.64	239.42
上 海	Shanghai	2.65	8.29	7.09	1.13		276.29	208.27
江 苏	Jiangsu	5.11	18.03	18.48	1.73	4.27	978.79	395.38
浙 江	Zhejiang	3.07	10.16	36.75	5.92	3.50	694.55	431.19
安 徽	Anhui	5.09	12.86	13.74	1.52	3.64	439.73	258.40
福 建	Fujian	1.64	4.07	14.76	2.67	1.70	442.79	176.70
江 西	Jiangxi	7.42	3.95	7.78	0.74	1.29	357.98	108.94
山 东	Shandong	8.79	13.98	44.76	5.36	7.67	1096.06	619.43
河 南	Henan	13.69	10.83	19.94	4.70	4.13	762.52	387.15
湖 北	Hubei	2.93	11.78	13.59	2.67	1.88	588.39	373.74
湖 南	Hunan	4.02	10.56	12.61	0.78	0.91	371.52	248.06
广 东	Guangdong	12.11	18.14	84.45	4.14	6.68	1511.21	783.99
广 西	Guangxi	3.89	5.47	7.38	2.74	1.66	524.87	247.83
海 南	Hainan	1.23	0.91	3.11	0.36	0.25	94.88	46.34
重 庆	Chongqing	2.93	6.70	9.30	1.17	0.76	169.25	127.14
四 川	Sichuan	2.52	15.42	18.12	3.33	1.48	558.55	406.63
贵 州	Guizhou	3.72	3.77	7.21	2.86	2.96	156.94	118.70
云 南	Yunnan	5.89	13.07	17.06	4.36	0.74	375.33	253.51
西 藏	Tibet	2.17	0.94	0.57	0.28		12.37	10.22
陕 西	Shaanxi	2.94	6.97	6.42	2.49	1.55	316.81	208.62
甘 肃	Gansu	2.70	4.03	6.18	0.72	0.81	174.19	132.18
青 海	Qinghai	0.92	1.52	1.95	0.46	0.26	56.66	32.50
宁 夏	Ningxia	1.23	2.00	3.37	0.29	0.69	62.88	32.45
新 疆	Xinjiang	5.61	4.19	9.50	1.16	2.49	176.06	147.49

注：小轿车包括在载客汽车中（下表同）。

a) Cars are included in passenger vehicles. The same as in the following table.

2-95 私人汽车拥有量（2005年）

Possession of Private Vehicles (2005)

单位：万辆 (10 000 units)

地区	Region	汽车总计 Total	载客汽车 Passenger Vehicles	大型 Large	中型 Medium	小型 Small	微型 Minicar
全国	**National Total**	**1848.07**	**1383.93**	**7.61**	**50.88**	**1079.78**	**245.66**
北京	Beijing	149.31	140.52	0.18	6.04	113.86	20.45
天津	Tianjin	45.02	38.62	0.10	1.12	28.07	9.33
河北	Hebei	133.36	97.00	0.52	1.31	68.33	26.83
山西	Shanxi	58.77	43.03	0.19	0.98	31.63	10.24
内蒙古	Inner Mongolia	44.25	27.78	0.27	0.81	20.93	5.78
辽宁	Liaoning	57.91	47.10	0.33	2.50	40.26	4.00
吉林	Jilin	35.88	29.22	0.28	0.59	22.74	5.61
黑龙江	Heilongjiang	43.88	32.84	0.45	1.28	24.99	6.12
上海	Shanghai	41.00	40.97	0.02	2.80	35.25	2.90
江苏	Jiangsu	109.43	94.21	0.09	3.13	77.52	13.48
浙江	Zhejiang	135.08	102.67	0.07	2.21	87.89	12.49
安徽	Anhui	35.41	22.98	0.44	1.83	15.44	5.27
福建	Fujian	42.07	29.29	0.04	0.83	25.07	3.34
江西	Jiangxi	17.55	11.66	0.15	0.35	8.71	2.45
山东	Shandong	136.07	97.69	0.46	2.66	68.22	26.35
河南	Henan	83.85	61.42	0.83	2.73	42.27	15.59
湖北	Hubei	43.47	29.71	0.33	1.50	25.63	2.25
湖南	Hunan	48.19	29.61	0.43	1.33	24.51	3.35
广东	Guangdong	251.60	183.40	0.75	10.79	164.76	7.10
广西	Guangxi	29.62	21.07	0.19	0.45	14.94	5.50
海南	Hainan	7.67	4.63	0.09	0.17	4.13	0.24
重庆	Chongqing	23.15	15.33	0.18	0.27	12.30	2.58
四川	Sichuan	89.32	66.19	0.14	0.98	37.99	27.07
贵州	Guizhou	30.26	16.27	0.28	0.70	9.70	5.58
云南	Yunnan	66.84	39.52	0.12	0.74	27.12	11.54
西藏	Tibet	4.06	1.49	0.05	0.24	0.99	0.21
陕西	Shaanxi	33.77	25.89	0.17	1.02	19.06	5.63
甘肃	Gansu	12.99	7.12	0.26	0.50	4.79	1.57
青海	Qinghai	5.27	3.17	0.04	0.19	2.44	0.50
宁夏	Ningxia	8.02	4.65	0.06	0.20	3.67	0.72
新疆	Xinjiang	24.97	18.89	0.10	0.64	16.57	1.59

2–95 续表 continued

单位：万辆 (10 000 units)

地 区	Region	载货汽车 Trucks	重 型 Heavy	中 型 Light-heavy	轻 型 Light	微 型 Mini	其他汽车 Others
全 国	**National Total**	**452.11**	**62.50**	**100.34**	**243.29**	**45.98**	**12.04**
北 京	Beijing	8.29	1.05	1.42	5.65	0.16	0.49
天 津	Tianjin	6.18	0.59	0.72	4.20	0.66	0.21
河 北	Hebei	34.45	7.71	4.91	18.46	3.38	1.91
山 西	Shanxi	15.56	2.32	3.70	6.98	2.56	0.18
内蒙古	Inner Mongolia	15.64	8.46	3.81	2.49	0.89	0.83
辽 宁	Liaoning	10.68	1.65	1.16	7.05	0.82	0.13
吉 林	Jilin	6.54	1.50	1.27	3.44	0.34	0.12
黑龙江	Heilongjiang	10.79	2.03	2.76	4.50	1.50	0.25
上 海	Shanghai	0.04		0.01	0.02		
江 苏	Jiangsu	14.61	1.75	5.28	6.57	1.02	0.60
浙 江	Zhejiang	32.06	1.27	4.22	22.22	4.36	0.35
安 徽	Anhui	12.11	0.95	4.14	6.02	0.99	0.32
福 建	Fujian	12.69	0.50	1.90	8.33	1.96	0.10
江 西	Jiangxi	5.81	1.64	0.84	2.88	0.45	0.08
山 东	Shandong	37.19	4.02	6.03	23.17	3.97	1.20
河 南	Henan	21.88	3.43	4.19	10.75	3.51	0.55
湖 北	Hubei	13.54	0.88	4.90	5.88	1.88	0.23
湖 南	Hunan	18.45	2.31	7.34	8.20	0.60	0.13
广 东	Guangdong	67.33	5.88	10.40	47.66	3.39	0.88
广 西	Guangxi	8.45	1.19	2.36	3.30	1.60	0.10
海 南	Hainan	2.99	0.64	0.60	1.53	0.23	0.04
重 庆	Chongqing	7.72	1.19	1.51	4.15	0.88	0.10
四 川	Sichuan	22.94	0.93	8.15	11.28	2.58	0.19
贵 州	Guizhou	11.61	2.78	2.15	4.61	2.08	2.38
云 南	Yunnan	27.19	2.93	8.86	12.37	3.03	0.13
西 藏	Tibet	2.57	1.32	0.72	0.34	0.19	
陕 西	Shaanxi	7.70	0.65	2.62	2.73	1.70	0.19
甘 肃	Gansu	5.79	1.24	1.93	2.36	0.26	0.09
青 海	Qinghai	2.07	0.32	0.71	0.83	0.22	0.02
宁 夏	Ningxia	3.26	0.42	0.91	1.72	0.22	0.11
新 疆	Xinjiang	5.96	0.95	0.85	3.62	0.53	0.13

2-96 公路运输汽车拥有量（2005年）

Possession of Vehicles for Highway Transportation (2005)

地 区	Region	汽车总计（万辆）Total (10 000 units)	载客汽车 Passenger Vehicles		载货汽车 Trucks			
			辆数（万辆）Number (10 000 units)	客位（万客位）Number of Seats (10 000 seats)	辆数（万辆）Number (10 000 units)	#普通载货汽车 Ordinary Trucks	吨位（万吨）Capacity (10 000 tons)	#普通载货汽车 Ordinary Trucks
全 国	**National Total**	**733.22**	**128.40**	**1859.28**	**604.82**	**580.28**	**2537.75**	**2282.15**
北 京	Beijing	12.92	0.53	20.18	12.39	11.60	49.57	42.00
天 津	Tianjin	7.38	0.61	18.78	6.77	5.83	34.16	24.11
河 北	Hebei	39.85	2.17	47.86	37.68	36.42	237.91	224.34
山 西	Shanxi	20.84	2.13	29.93	18.71	18.44	121.27	118.90
内蒙古	Inner Mongolia	22.80	4.22	39.27	18.59	18.20	141.03	136.90
辽 宁	Liaoning	32.62	1.81	48.66	30.81	29.13	139.91	123.50
吉 林	Jilin	16.94	4.63	44.38	12.32	11.89	49.90	46.05
黑龙江	Heilongjiang	20.94	7.90	58.38	13.04	12.67	50.62	47.51
上 海	Shanghai	17.90	1.57	38.85	16.33	14.79	73.88	53.78
江 苏	Jiangsu	41.03	8.60	123.70	32.43	30.99	147.99	130.18
浙 江	Zhejiang	31.56	7.43	102.88	24.13	22.66	87.98	66.37
安 徽	Anhui	26.57	4.35	69.14	22.22	21.59	91.71	86.14
福 建	Fujian	16.09	3.26	47.02	12.83	11.76	43.84	31.17
江 西	Jiangxi	13.35	2.34	35.98	11.01	10.80	42.50	40.63
山 东	Shandong	58.28	10.11	118.15	48.18	45.25	213.90	188.44
河 南	Henan	38.28	7.49	146.90	30.79	30.25	151.22	146.99
湖 北	Hubei	26.54	6.43	83.00	20.10	19.26	72.30	65.58
湖 南	Hunan	23.21	5.85	93.15	17.36	16.98	58.24	54.60
广 东	Guangdong	86.71	5.95	144.86	80.76	77.82	236.25	192.59
广 西	Guangxi	15.66	3.69	60.05	11.97	11.13	53.03	45.85
海 南	Hainan	2.98	0.98	18.57	2.00	1.96	6.06	5.59
重 庆	Chongqing	18.48	3.25	47.32	15.23	14.92	42.76	40.96
四 川	Sichuan	36.48	7.80	112.87	28.69	28.35	71.01	68.43
贵 州	Guizhou	12.91	3.83	49.01	9.08	9.01	29.13	28.57
云 南	Yunnan	26.02	5.39	68.97	20.63	20.39	68.87	66.65
西 藏	Tibet	2.61	0.54	7.12	2.07	2.04	10.99	10.60
陕 西	Shaanxi	16.32	5.26	58.52	11.06	10.57	40.74	35.30
甘 肃	Gansu	12.95	3.73	41.46	9.22	8.69	38.31	35.01
青 海	Qinghai	4.59	1.01	16.80	3.58	3.53	14.32	13.70
宁 夏	Ningxia	7.24	1.47	17.17	5.77	5.64	19.45	18.24
新 疆	Xinjiang	23.15	4.08	50.35	19.07	17.73	98.91	93.44

注：1.小轿车包括在载客汽车中。

2.1999年以前数据仅为公路部门营运汽车，1999年为全国营运汽车。2000年起为全国运输汽车(含营运和非营运汽车)。2005年起为全国营运汽车（不含非营运汽车）。

a) Passenger vehicles include cars.

b) Number of vehicles for business transportation only included those owned by the department of highway transportation before 1999, and referred to all working vehicles for business transportation in 1999, and all vehicles for business transportation, including working and non-working vehicles from 2000 to 2004, and all working vehicles for business transportation(doesn't include non-working vehicles) in 2005.

2-97 邮电业务量(2005年)

Business Volume of Post and Telecommunication Services (2005)

地区	Region	邮电业务总量(亿元) Business Volume of Post and Telecommunication Services (100 million yuan)	邮政业务总量 Business Volume of Post	电信业务总量 Business Volume of Telecom-munication Services	函件(亿件) Number of Letters (100 million pcs)	特快专递(万件) Pieces of Express Mail Services (10 000 pcs)	报刊期发数(万份) Issue of Newspapers and Magazines (10 000 copies)
全国	**National Total**	**12028.54**	**625.52**	**11403.02**	**73.51**	**22880.3**	**14601**
北京	Beijing	405.90	33.52	372.37	6.23	1795.1	756
天津	Tianjin	174.55	11.30	163.25	0.84	410.2	208
河北	Hebei	523.44	25.07	498.36	2.57	842.9	590
山西	Shanxi	274.45	17.65	256.79	0.93	298.6	338
内蒙古	Inner Mongolia	197.16	8.94	188.23	0.51	246.0	194
辽宁	Liaoning	443.82	23.57	420.25	1.25	804.4	339
吉林	Jilin	259.70	13.31	246.39	0.63	424.7	189
黑龙江	Heilongjiang	338.36	23.73	314.63	1.30	408.6	386
上海	Shanghai	409.67	38.49	371.18	9.14	1685.5	968
江苏	Jiangsu	723.89	52.95	670.94	7.48	1719.2	1294
浙江	Zhejiang	830.39	31.44	798.95	6.98	1256.2	956
安徽	Anhui	278.18	19.91	258.26	2.11	506.4	738
福建	Fujian	519.42	25.61	493.81	3.54	898.4	501
江西	Jiangxi	259.48	17.64	241.84	1.87	516.6	333
山东	Shandong	711.72	44.71	667.01	4.82	1447.1	823
河南	Henan	549.41	31.81	517.60	2.45	1162.6	686
湖北	Hubei	370.74	23.43	347.31	1.52	685.4	635
湖南	Hunan	366.64	22.28	344.36	1.13	562.0	583
广东	Guangdong	2129.25	59.82	2069.43	9.13	3328.3	1002
广西	Guangxi	323.78	11.72	312.06	1.20	620.7	340
海南	Hainan	74.97	4.09	70.88	0.20	108.1	69
重庆	Chongqing	210.11	10.55	199.56	1.25	348.3	255
四川	Sichuan	458.27	21.69	436.59	2.08	1112.8	927
贵州	Guizhou	172.08	6.88	165.20	0.57	394.7	282
云南	Yunnan	262.18	8.60	253.58	0.80	261.7	318
西藏	Tibet	16.34	1.05	15.29	0.03	38.3	27
陕西	Shaanxi	323.54	16.40	307.13	1.51	396.7	286
甘肃	Gansu	136.46	7.02	129.44	0.51	227.1	175
青海	Qinghai	32.06	1.76	30.30	0.19	48.6	51
宁夏	Ningxia	47.09	2.55	44.54	0.30	59.3	61
新疆	Xinjiang	172.38	8.05	164.33	0.44	265.6	293
不分地区	Not Classified by Region	33.15		33.15			

注：邮电业务总量按2000年不变价格计算。

a) The business volumes of post and telecommunications were calculated at 2000's constant prices.

2-97 续表 1 continued

地 区	Region	集邮业务（万枚）Stamps for Collection (10 000 pieces)	长途电话（万次）Number of Long Distance Telephone Calls (10 000 times)	无线寻呼年末用户（万户）Number of Subscribers of Wireless Paging Services at Year-end (10 000 subscribers)	移动电话年末用户（万户）Number of Mobile Telephone Subscribers at Year-end (10 000 subscribers)	互联网上网人数（万人）Number of Internet Users (10 000 persons)
全 国	**National Total**	**121214**	**2592444**	**97.1**	**39340.6**	**11100**
北 京	Beijing	15681	85905	0.1	1459.4	428
天 津	Tianjin	5000	32398		502.6	229
河 北	Hebei	3396	93981	0.1	1785.5	486
山 西	Shanxi	3686	44176	0.4	906.2	269
内蒙古	Inner Mongolia	1733	29839	0.3	712.3	116
辽 宁	Liaoning	4371	118781	3.9	1358.2	372
吉 林	Jilin	1958	33118	2.1	915.7	201
黑龙江	Heilongjiang	3684	54032	3.4	1132.3	316
上 海	Shanghai	4422	92222	0.1	1444.2	463
江 苏	Jiangsu	9668	199472	1.0	2550.0	790
浙 江	Zhejiang	6730	234454	0.1	2686.3	707
安 徽	Anhui	4010	65496		1046.9	276
福 建	Fujian	4376	126808	0.3	1302.3	397
江 西	Jiangxi	3328	51933		798.4	187
山 东	Shandong	5198	135397	8.0	2347.3	988
河 南	Henan	8769	105510	68.7	1815.0	396
湖 北	Hubei	5113	75198	0.2	1401.3	463
湖 南	Hunan	3072	85301		1266.2	348
广 东	Guangdong	7068	411386		6406.6	1486
广 西	Guangxi	1708	51131		1021.1	330
海 南	Hainan	681	11775		203.9	69
重 庆	Chongqing	2059	26374		943.4	189
四 川	Sichuan	3838	87282	0.1	1689.7	609
贵 州	Guizhou	882	28452		509.4	109
云 南	Yunnan	1767	43064	0.7	898.8	241
西 藏	Tibet	296	8788		46.9	9
陕 西	Shaanxi	3575	67006	0.4	938.1	314
甘 肃	Gansu	1741	29933	0.5	408.4	125
青 海	Qinghai	490	8048	0.1	131.6	29
宁 夏	Ningxia	842	11061		181.1	32
新 疆	Xinjiang	2072	41337	0.4	531.3	126
不分地区	Not Classified by Region		102787	6.2		

2-97 续表 2 continued

地 区	Region	本地电话年末用户（万户） Number of Subscribers of Local Telephone at Year-end (10 000 subscribers)	城市电话 用户 Number of Urban Telephone Subscribers	#住宅电话 Household Telephone Subscribers	农村电话 用户 Rural Telephone Subscribers	#住宅电话 Household Telephone Subscribers	公用电话（万户） Public Telephone (10 000 subscribers)
全 国	**National Total**	**35044.5**	**23975.3**	**17201.2**	**11069.2**	**10023.9**	**2681.2**
北 京	Beijing	943.7	847.7	625.6	96.0	93.8	67.0
天 津	Tianjin	428.9	425.3	347.4	3.6	2.5	31.6
河 北	Hebei	1581.6	901.3	755.5	680.3	651.0	77.3
山 西	Shanxi	873.2	602.5	492.9	270.7	249.8	73.0
内蒙古	Inner Mongolia	525.5	417.6	340.3	107.9	99.5	31.9
辽 宁	Liaoning	1626.6	1177.0	962.2	449.6	427.9	109.3
吉 林	Jilin	756.0	529.8	429.4	226.2	218.9	50.0
黑龙江	Heilongjiang	1056.5	784.5	648.0	272.0	259.5	73.8
上 海	Shanghai	996.7	987.0	685.0	9.6		35.8
江 苏	Jiangsu	3059.1	2089.1	1450.6	970.0	868.1	181.6
浙 江	Zhejiang	2231.7	1421.5	849.4	810.1	651.6	217.9
安 徽	Anhui	1349.5	680.0	501.8	669.5	642.1	65.5
福 建	Fujian	1398.5	982.1	657.1	416.5	369.8	104.5
江 西	Jiangxi	829.3	488.1	349.4	341.2	315.7	63.6
山 东	Shandong	2637.9	1364.3	1103.5	1273.6	1200.7	153.8
河 南	Henan	1796.3	1066.1	830.4	730.2	676.9	142.2
湖 北	Hubei	1236.4	887.6	614.9	348.8	313.6	133.2
湖 南	Hunan	1227.8	718.2	523.4	509.6	479.0	92.0
广 东	Guangdong	3442.5	2614.6	1653.2	827.9	651.9	350.0
广 西	Guangxi	869.5	557.2	386.9	312.2	290.2	61.8
海 南	Hainan	230.3	170.0	106.0	60.3	51.8	23.7
重 庆	Chongqing	688.9	456.5	326.8	232.4	218.0	41.4
四 川	Sichuan	1577.4	1101.5	772.2	475.8	439.5	131.4
贵 州	Guizhou	466.5	328.3	232.8	138.2	127.9	38.4
云 南	Yunnan	597.8	444.0	294.1	153.8	126.6	55.0
西 藏	Tibet	52.0	49.0	33.1	3.0	1.7	3.9
陕 西	Shaanxi	859.3	561.8	385.5	297.5	276.3	65.3
甘 肃	Gansu	548.0	395.3	260.3	152.7	135.9	60.9
青 海	Qinghai	113.5	92.8	65.7	20.7	18.5	6.8
宁 夏	Ningxia	138.9	98.3	67.1	40.6	36.5	12.3
新 疆	Xinjiang	592.7	459.2	318.9	133.5	115.4	57.0
不分地区	Not Classified by Region	312.2	277.0	132.0	35.2	13.3	69.1

注：2002年及以后年份，公用电话用户中包括安装在街道等公共场所的智能网专线接入终端用户，与以前年度的统计口径不同。

a) Number of subscribers of public telephone since 2002 included the smart net special end-users which were installed at the public spatial, such as street. The data are not comparable with those of previous years.

2-98 邮政局所数及邮递线路(2005年底)

Post and Telecommunication Services Facilities (End of 2005)

地 区	Region	邮政局所 (处) Number of Post and Telecommunication Offices (unit)	信筒信箱 (个) Number of Post Boxes (unit)	邮路总长度 (公里) Length of Postal Routes (km)	#汽车邮路 Highway Routes	#铁路邮路 Railway Routes	农村投递线路 (公里) Rural Delivery Routes (km)
全 国	**National Total**	**65917**	**202259**	**3406226**	**1229802**	**200180**	**3565226**
北 京	Beijing	892	3595	392589	45097	27898	18203
天 津	Tianjin	456	1728	21996	10671	5754	16144
河 北	Hebei	2679	6613	47300	43946	1431	166054
山 西	Shanxi	1603	3517	75942	24008	6869	105761
内蒙古	Inner Mongolia	1773	2805	60713	43895	6196	109398
辽 宁	Liaoning	1686	7366	144996	34187	4158	94088
吉 林	Jilin	1395	4986	67942	23385	7696	88419
黑龙江	Heilongjiang	2138	5775	95569	36606	12339	117588
上 海	Shanghai	647	4022	211266	39672	14720	26844
江 苏	Jiangsu	3164	10579	124619	80530	4790	253889
浙 江	Zhejiang	2374	15474	131193	48012	3081	134966
安 徽	Anhui	2560	6378	70599	51111	1725	134844
福 建	Fujian	1638	15349	136434	30655	2903	81607
江 西	Jiangxi	1858	6051	75355	44063	7078	114673
山 东	Shandong	5841	11924	173098	62516	10098	243763
河 南	Henan	2739	5259	94534	57201	5656	191083
湖 北	Hubei	2119	17502	80613	43732	6703	190449
湖 南	Hunan	6525	13776	86906	52584	3033	209864
广 东	Guangdong	3939	15258	369332	94928	13575	206151
广 西	Guangxi	1672	7556	69698	45603	3942	108908
海 南	Hainan	503	849	36498	13923		23172
重 庆	Chongqing	2290	3934	87436	29424	3067	73249
四 川	Sichuan	6198	9308	174475	57556	7380	175427
贵 州	Guizhou	1908	2293	64926	24541	6385	68798
云 南	Yunnan	1957	4013	145971	66382	4666	165455
西 藏	Tibet	180	292	15357	14037		116710
陕 西	Shaanxi	1794	5484	98489	29196	10213	125077
甘 肃	Gansu	1386	6489	74556	30179	5312	104848
青 海	Qinghai	219	571	23721	9240	4310	14278
宁 夏	Ningxia	340	849	14028	5949	2355	11010
新 疆	Xinjiang	1444	2664	140075	36973	6847	74506

2-99 电信主要通信能力（2005年底）

Main Communication Capacity of Telecommunications (End of 2005)

地 区	Region	长途自动交换机容量（路端）Capacity of Long-distance Telephone Exchanges (circuit)	局用电话交换机容量（万门）Capacity of Office Telephone Exchanges (10 000 lines)	移动电话交换机容量（万户）Capacity of Mobile Telephone Exchanges (10 000 subscribers)	长途光缆线路长度（公里）Length of Long Distance Optical Cable Lines (km)	长途微波线路长度（公里）Length of Long Distance Microwave Lines (km)
全 国	**National Total**	**13716307**	**47196.1**	**48241.7**	**723040**	**41055**
北 京	Beijing	444680	1383.9	1782.0	3318	231
天 津	Tianjin	248432	622.3	619.0	1860	
河 北	Hebei	434630	2159.0	2041.5	18370	1169
山 西	Shanxi	289510	1122.3	1088.2	21300	
内蒙古	Inner Mongolia	255214	780.9	773.7	33089	638
辽 宁	Liaoning	678810	2022.8	1811.7	19724	
吉 林	Jilin	292956	1082.4	1027.3	16757	63
黑龙江	Heilongjiang	319807	1495.3	1304.5	35735	
上 海	Shanghai	506857	1356.4	1991.0	4617	123
江 苏	Jiangsu	930079	4187.5	3397.0	25699	1740
浙 江	Zhejiang	569365	2874.9	3582.2	24801	1898
安 徽	Anhui	443825	1622.8	1213.9	25488	951
福 建	Fujian	448521	1795.1	1573.7	24854	4994
江 西	Jiangxi	400094	1096.3	951.2	16260	2298
山 东	Shandong	598016	3437.8	2641.1	26869	601
河 南	Henan	585480	2266.0	2089.2	28716	1206
湖 北	Hubei	468277	1605.5	1861.8	21672	2334
湖 南	Hunan	474425	1562.3	1585.9	28097	5924
广 东	Guangdong	2111499	4778.0	7924.8	42643	6423
广 西	Guangxi	350375	1285.4	1310.0	32126	832
海 南	Hainan	90376	280.6	245.0	642	26
重 庆	Chongqing	143316	1057.8	968.1	6601	522
四 川	Sichuan	616905	2237.6	1911.4	36497	1546
贵 州	Guizhou	235876	690.6	610.3	22258	2855
云 南	Yunnan	215272	831.7	1207.0	26619	2
西 藏	Tibet	54454	88.8	66.0	9576	
陕 西	Shaanxi	314010	1230.9	1190.2	31249	1271
甘 肃	Gansu	166938	712.5	433.0	22250	340
青 海	Qinghai	84262	142.0	147.0	14671	
宁 夏	Ningxia	81661	198.1	211.6	7001	113
新 疆	Xinjiang	268000	795.8	682.5	31245	2956
不分地区	Not Classified by Region	594385	393.0		62435	

注：电话交换机容量中不包括用户交换机容量。

a) The capacity of exchanges in this table excludes the capacity of exchanges owned by users.

2-100 社会消费品零售总额(2005年)

Total Retail Sale of Consumer Goods (2005)

单位：亿元 (100 million yuan)

地区	Region	社会消费品零售总额 Total Retail Sales of Consumer Goods	按销售单位所在地分 By Location 市 City	县 County	县以下 Under County Level	按行业分 By Sector 批发零售贸易业 Wholesale and Retail Trade	餐饮业 Catering Services	其他行业 Others
全国	**National**	**67176.6**	**45094.3**	**7485.4**	**14596.9**	**56589.2**	**8886.8**	**1700.6**
北京	Beijing	2902.8	2459.7	59.4	383.7	2529.4	268.0	105.4
天津	Tianjin	1190.1	1113.0	42.2	34.9	958.4	159.5	72.2
河北	Hebei	2952.9	1398.8	588.4	965.7	2535.2	354.3	63.4
山西	Shanxi	1401.2	902.8	262.3	236.1	1187.4	163.3	50.5
内蒙古	Inner Mongolia	1344.1	903.4	275.9	164.8	1071.7	229.6	42.8
辽宁	Liaoning	2999.0	2523.8	145.5	329.7	2479.2	453.1	66.7
吉林	Jilin	1460.8	1140.7	106.7	213.4	1238.6	217.1	5.1
黑龙江	Heilongjiang	1760.1	1323.0	226.4	210.7	1518.0	204.2	37.9
上海	Shanghai	2973.0	2588.9	21.3	362.8	2611.3	350.3	11.4
江苏	Jiangsu	5699.9	4126.2	327.2	1246.5	4964.8	629.1	106.0
浙江	Zhejiang	4631.7	3046.7	460.6	1124.4	4020.8	533.2	77.7
安徽	Anhui	1765.0	941.2	360.6	463.2	1497.1	240.7	27.2
福建	Fujian	2345.8	1479.4	272.9	593.5	2011.9	286.8	47.1
江西	Jiangxi	1236.2	651.7	271.4	313.1	1096.5	123.3	16.4
山东	Shandong	6126.4	4004.5	605.9	1516.0	5116.7	753.0	256.7
河南	Henan	3358.4	1805.2	657.4	895.8	2780.4	497.5	80.5
湖北	Hubei	2964.6	2057.3	279.1	628.2	2402.4	386.6	175.6
湖南	Hunan	2459.1	1371.4	453.6	634.1	2104.5	317.4	37.2
广东	Guangdong	7882.6	5617.9	332.7	1932.0	6575.3	1174.3	133.0
广西	Guangxi	1397.0	819.2	245.3	332.5	1203.7	166.5	26.8
海南	Hainan	268.6	190.7	19.7	58.2	210.9	46.1	11.6
重庆	Chongqing	1215.8	714.8	163.0	338.0	1042.6	162.0	11.2
四川	Sichuan	2981.4	1446.9	525.9	1008.6	2337.6	545.6	98.2
贵州	Guizhou	606.9	362.7	115.8	128.4	531.8	64.7	10.4
云南	Yunnan	1034.4	564.5	239.3	230.6	823.8	155.5	55.1
西藏	Tibet	73.1	33.0	30.8	9.3	57.9	11.2	4.0
陕西	Shaanxi	1322.4	867.0	233.1	222.3	1151.5	144.3	26.6
甘肃	Gansu	632.8	413.3	99.7	119.8	512.1	99.8	20.9
青海	Qinghai	160.5	105.6	36.4	18.5	132.1	24.4	4.0
宁夏	Ningxia	174.3	131.2	19.6	23.5	141.2	30.0	3.1
新疆	Xinjiang	637.8	442.4	95.3	100.1	509.8	90.6	37.4

注：各地区相加不等于全国总计，原因是全国数据进行了修正。

a) The sum of provincial figures do not add up to the national total, as the national total was adjusted. Similarly in following tables.

2-101 限额以上连锁零售企业基本情况（2005年）

Basic Conditions of Enterprises above Designated Size of Chain Stores (2005)

地 区	Region	门店总数（个）Number of Stores (unit)	营业面积（万平方米）Operational Area (10 000 sq.m)	从业人员（万人）Employed Persons (10 000 persons)	销售总额（亿元）Total Sales Value (100 million yuan)	#零售额 Retail Sales
全 国	**National Total**	**90476**	**8202.7**	**148.8**	**10668.4**	**7810.3**
北 京	Beijing	4726	434.1	12.1	1035.6	917.6
天 津	Tianjin	1183	103.5	2.0	178.7	177.8
河 北	Hebei	2100	233.9	2.6	104.9	87.1
山 西	Shanxi	955	56.8	2.0	61.1	49.2
内蒙古	Inner Mongolia	1355	320.5	1.6	138.6	118.2
辽 宁	Liaoning	2951	280.6	2.7	245.4	148.4
吉 林	Jilin	505	18.1	0.5	14.4	12.6
黑龙江	Heilongjiang	810	32.5	1.1	57.7	49.2
上 海	Shanghai	10146	728.7	23.2	1645.6	1177.8
江 苏	Jiangsu	9778	510.5	20.6	1318.6	850.2
浙 江	Zhejiang	8023	636.5	7.0	678.9	451.5
安 徽	Anhui	4882	209.6	5.6	420.5	259.6
福 建	Fujian	1924	139.5	2.6	240.8	184.8
江 西	Jiangxi	2072	107.9	2.8	221.6	160.1
山 东	Shandong	6816	676.9	9.1	975.9	488.6
河 南	Henan	1961	92.2	3.4	66.1	58.3
湖 北	Hubei	3085	245.6	6.1	391.0	314.8
湖 南	Hunan	2935	549.5	6.4	324.6	313.3
广 东	Guangdong	8059	1597.2	21.4	1582.1	1312.7
广 西	Guangxi	2017	185.3	2.1	189.1	62.9
海 南	Hainan	323	5.5	0.3	30.0	30.0
重 庆	Chongqing	4663	214.7	4.0	208.0	140.7
四 川	Sichuan	3083	101.0	2.7	106.4	91.8
贵 州	Guizhou	1199	210.4	1.1	113.8	88.2
云 南	Yunnan	1731	38.8	1.9	50.1	38.7
西 藏	Tibet	8				
陕 西	Shaanxi	612	23.3	1.8	116.7	82.4
甘 肃	Gansu	1329	259.3	0.5	82.0	81.8
青 海	Qinghai	119	11.3	0.2	5.9	5.8
宁 夏	Ningxia	361	105.0	0.6	33.9	28.1
新 疆	Xinjiang	666	73.7	0.6	30.3	28.2

注：门店总数全国总计中含港澳台地区和国外。

a) Total number of stores includes that from Hong Kong, Macao and Taiwan province and foreign countries.

2-101 续表 continued

地 区	Region	购进总额 (亿元) Total Purchases (100 million yuan)	统一配送商品购进额 (亿元) Centralized Purchase and Delivery (100 million yuan)	自有配送商品购进额 Self Centralized Purchase and Delivery	非自有配送商品购进额 Non-self Centralized Purchase and Delivery
全 国	**National Total**	**9044.1**	**7036.8**	**5773.6**	**1263.2**
北 京	Beijing	925.0	422.7	192.1	230.6
天 津	Tianjin	180.9	159.1	152.7	6.3
河 北	Hebei	99.7	69.0	59.0	10.1
山 西	Shanxi	55.9	51.1	50.8	0.3
内蒙古	Inner Mongolia	123.8	122.8	122.8	
辽 宁	Liaoning	187.8	16.9	15.7	1.1
吉 林	Jilin	13.9	8.9	8.9	0.1
黑龙江	Heilongjiang	51.8	45.7	40.5	5.2
上 海	Shanghai	1054.8	999.3	484.5	514.8
江 苏	Jiangsu	1093.8	899.4	792.0	107.4
浙 江	Zhejiang	626.9	570.6	534.9	35.6
安 徽	Anhui	397.7	289.3	286.6	2.7
福 建	Fujian	212.8	169.9	150.0	20.0
江 西	Jiangxi	204.1	195.0	60.4	134.7
山 东	Shandong	827.6	639.4	611.4	28.0
河 南	Henan	64.4	50.7	46.6	4.1
湖 北	Hubei	299.3	200.4	200.2	0.2
湖 南	Hunan	244.1	111.2	111.1	
广 东	Guangdong	1498.2	1198.4	1072.7	125.7
广 西	Guangxi	169.7	156.8	152.9	3.9
海 南	Hainan	28.5	27.9	27.8	0.1
重 庆	Chongqing	187.9	157.4	155.4	2.0
四 川	Sichuan	93.2	92.3	77.4	14.9
贵 州	Guizhou	104.8	94.2	94.1	0.1
云 南	Yunnan	49.9	49.1	40.6	8.5
西 藏	Tibet				
陕 西	Shaanxi	109.0	105.1	98.3	6.8
甘 肃	Gansu	79.4	79.0	79.0	
青 海	Qinghai	2.8	2.8	2.8	
宁 夏	Ningxia	30.1	28.2	28.2	
新 疆	Xinjiang	26.4	24.2	24.2	

2-102 限额以上连锁餐饮企业基本情况（2005年）

Basic Conditions of Enterprises above Designated Size of Chain Catering Services (2005)

地　区	Region	门店总数（个）Number of Stores (unit)	营业面积（万平方米）Operational Area (10 000 sq.m)	从业人员（万人）Employed Persons (10 000 persons)	餐位数（万个）Number of Dining-seat (10 000 units)	餐费收入（亿元）Dining Revenue of Sales (100 million yuan)
全　国	**National**	**8514**	**390.8**	**42.6**	**200.4**	**385.3**
北　京	Beijing	1066	51.8	4.9	15.3	54.6
天　津	Tianjin	643	11.8	0.9	2.6	15.7
河　北	Hebei	233	0.2			0.1
山　西	Shanxi	161	4.2	0.3	1.5	3.6
内蒙古	Inner Mongolia	125	21.8	5.1	99.1	52.8
辽　宁	Liaoning	201	8.0	1.3	2.5	13.9
吉　林	Jilin	64				
黑龙江	Heilongjiang	86	0.6	0.1	0.4	1.0
上　海	Shanghai	679	24.7	3.1	7.6	36.2
江　苏	Jiangsu	1113	15.8	2.4	5.8	25.1
浙　江	Zhejiang	473	24.6	2.3	7.7	26.1
安　徽	Anhui	128	9.5	0.4	1.4	3.3
福　建	Fujian	262	7.6	0.8	2.4	9.6
江　西	Jiangxi	52	2.4	0.3	1.1	2.1
山　东	Shandong	355	11.3	0.9	3.6	8.5
河　南	Henan	242	5.8	0.5	1.7	3.2
湖　北	Hubei	250	22.1	2.0	5.4	15.4
湖　南	Hunan	115	4.2	0.5	1.0	4.2
广　东	Guangdong	959	43.3	7.7	13.1	53.4
广　西	Guangxi	20				
海　南	Hainan	22	0.3		0.1	0.3
重　庆	Chongqing	285	98.4	7.3	21.1	42.6
四　川	Sichuan	377	7.4	0.8	2.8	6.1
贵　州	Guizhou	55	2.2	0.2	0.6	1.3
云　南	Yunnan	163	5.0	0.3	1.8	2.9
西　藏	Tibet	8				
陕　西	Shaanxi	129	3.6	0.2	1.1	1.0
甘　肃	Gansu	55	1.2	0.1	0.4	0.9
青　海	Qinghai	32	0.7		0.1	0.2
宁　夏	Ningxia	14				
新　疆	Xinjiang	141	2.2	0.1	0.4	1.0

注：门店总数全国总计中含港澳台地区和国外。

a) Number of stores includes that of Hong Kong, Macao and Taiwan province and foreign countries.

2-102 续表 continued

地 区	Region	购进总额（亿元）Total Purchases (100 million yuan)	统一配送商品购进额（亿元）Centralized Purchase and Delivery (100 million yuan)	自有配送商品购进额 Self Centralized Purchase and Delivery	非自有配送商品购进额 Non-self Centralized Purchase and Delivery
全 国	**National**	**143.3**	**98.7**	**71.3**	**27.4**
北 京	Beijing	21.1	12.1	7.5	4.6
天 津	Tianjin	0.1	0.1		
河 北	Hebei	0.1			
山 西	Shanxi	1.1	0.7	0.7	
内蒙古	Inner Mongolia	30.3	19.7	12.8	6.9
辽 宁	Liaoning	1.3	1.3	1.3	
吉 林	Jilin				
黑龙江	Heilongjiang				
上 海	Shanghai	0.6	0.6	0.6	
江 苏	Jiangsu	12.7	11.4	8.8	2.6
浙 江	Zhejiang	11.1	8.7	8.4	0.3
安 徽	Anhui	1.3	0.8	0.6	0.1
福 建	Fujian	2.2	2.2	0.9	1.3
江 西	Jiangxi	0.6	0.3	0.3	
山 东	Shandong	3.7	3.7	3.7	
河 南	Henan	0.4	0.2	0.2	
湖 北	Hubei	0.7	0.5	0.5	
湖 南	Hunan	1.6	0.1	0.1	
广 东	Guangdong	23.5	15.9	13.9	2.0
广 西	Guangxi				
海 南	Hainan	0.2			
重 庆	Chongqing	25.9	16.9	8.3	8.7
四 川	Sichuan	2.1	2.1	1.3	0.8
贵 州	Guizhou	0.8			
云 南	Yunnan	0.9	0.8	0.8	
西 藏	Tibet				
陕 西	Shaanxi	0.3	0.3	0.3	0.1
甘 肃	Gansu	0.4	0.1	0.1	
青 海	Qinghai	0.1	0.1	0.1	
宁 夏	Ningxia				
新 疆	Xinjiang	0.1	0.1	0.1	

2-103 亿元以上商品交易市场基本情况（2005年）

Basic Statistics on Commodity Exchange Markets of Turnover above 100 Million Yuan (2005)

地 区	Region	市场数量（个）Number of Markets (unit)	摊位数（个）Number of Booths (unit)	营业面积（万平方米）Operating Area (10 000 sq.m)	成交额（亿元）Turnover (100 million yuan)	批发 Wholesale Trade	零售 Retail Trade
全 国	**National**	**3323**	**2248803**	**13140.8**	**30020.9**	**24544.2**	**5476.7**
北 京	Beijing	80	55637	411.4	791.6	624.2	167.4
天 津	Tianjin	45	33256	166.1	568.6	499.2	69.4
河 北	Hebei	240	286611	2049.1	2322.9	1936.4	386.5
山 西	Shanxi	22	17139	44.9	113.5	94.6	18.8
内蒙古	Inner Mongolia	32	19862	142.2	178.2	132.1	46.1
辽 宁	Liaoning	160	153937	548.3	1434.0	1023.8	410.2
吉 林	Jilin	48	57632	231.6	306.2	221.9	84.3
黑龙江	Heilongjiang	57	42532	114.8	253.4	198.1	55.3
上 海	Shanghai	51	25368	112.5	2197.0	2066.6	130.4
江 苏	Jiangsu	459	242054	1718.0	4814.6	4031.5	783.2
浙 江	Zhejiang	520	331830	1428.1	6257.3	5255.3	1002.0
安 徽	Anhui	105	68945	379.3	779.8	656.0	123.8
福 建	Fujian	105	35298	157.2	600.3	414.7	185.6
江 西	Jiangxi	72	42592	208.9	514.3	429.7	84.6
山 东	Shandong	378	222348	1769.3	2820.0	2345.1	474.9
河 南	Henan	97	68115	357.2	604.3	501.9	102.5
湖 北	Hubei	112	52776	280.6	507.4	359.8	147.6
湖 南	Hunan	124	101079	307.8	859.4	511.6	347.8
广 东	Guangdong	268	128757	831.5	1940.5	1533.6	407.0
广 西	Guangxi	56	42944	134.8	314.7	224.9	89.8
海 南	Hainan	8	3954	5.9	22.0	10.4	11.6
重 庆	Chongqing	76	53941	284.1	683.4	558.8	124.6
四 川	Sichuan	54	48022	186.5	315.2	251.9	63.3
贵 州	Guizhou	19	15613	35.9	126.5	110.6	15.9
云 南	Yunnan	26	17579	120.8	190.3	173.0	17.3
西 藏	Tibet						
陕 西	Shaanxi	15	13547	23.2	74.4	70.1	4.3
甘 肃	Gansu	35	30493	135.2	120.3	83.8	36.5
青 海	Qinghai	8	3905	16.4	20.2	16.4	3.8
宁 夏	Ningxia	16	11048	745.2	76.0	63.7	12.2
新 疆	Xinjiang	35	21989	194.1	214.6	144.6	70.0

2-104 货物进出口总额(2005年)

Import and Export Value of Commodities (2005)

单位：万美元 (USD 10 000)

地区	Region	按经营单位所在地分 By Location			按境内目的地、货源地分 By Places of Destination or Origin		
		进出口 Total	出口 Exports	进口 Imports	进出口 Total	出口 Exports	进口 Imports
全 国	**National Total**	**142190617**	**76195341**	**65995276**	**142190617**	**76195341**	**65995276**
北 京	Beijing	12550643	3086590	9464052	5348598	1839661	3508937
天 津	Tianjin	5327680	2738088	2589592	5463162	2603215	2859947
河 北	Hebei	1607035	1092430	514605	1932779	1203361	729417
山 西	Shanxi	554565	352849	201716	909317	630492	278824
内蒙古	Inner Mongolia	487625	177362	310263	530418	228743	301676
辽 宁	Liaoning	4101327	2343832	1757494	4703719	2467162	2236557
吉 林	Jilin	652772	246616	406157	736165	276416	459748
黑龙江	Heilongjiang	956602	606944	349658	1046912	578939	467973
上 海	Shanghai	18633674	9071752	9561922	18150474	8658271	9492204
江 苏	Jiangsu	22792276	12296671	10495605	23847521	12459679	11387843
浙 江	Zhejiang	10738966	7680245	3058721	12381057	8155104	4225953
安 徽	Anhui	911939	518850	393088	926371	508065	418307
福 建	Fujian	5441119	3484187	1956932	5679908	3594551	2085358
江 西	Jiangxi	406461	243934	162527	495921	265400	230521
山 东	Shandong	7673587	4612289	3061298	8911528	4772102	4139425
河 南	Henan	772492	508753	263739	906580	561320	345260
湖 北	Hubei	905475	442868	462607	999286	419384	579902
湖 南	Hunan	600019	374714	225305	695965	385607	310358
广 东	Guangdong	42796497	23815883	18980614	43918411	24097511	19820900
广 西	Guangxi	518150	287663	230487	576280	287199	289082
海 南	Hainan	254234	102254	151979	211989	85204	126785
重 庆	Chongqing	429284	252058	177226	423082	239764	183318
四 川	Sichuan	790196	470161	320036	767457	409237	358220
贵 州	Guizhou	140357	85894	54463	203946	113495	90451
云 南	Yunnan	474344	264173	210172	499535	238576	260959
西 藏	Tibet	20547	16538	4009	13158	10727	2432
陕 西	Shaanxi	457687	307689	149998	614931	384088	230843
甘 肃	Gansu	263027	109100	153928	298692	110610	188082
青 海	Qinghai	41331	32320	9011	49023	31350	17674
宁 夏	Ningxia	96657	68742	27915	118113	80776	37337
新 疆	Xinjiang	794049	503892	290157	830318	499333	330985

2-105 外商投资企业货物进出口总额

Value of Imports and Exports of Foreign-funded Enterprises

单位：万美元　　　　(USD 10 000)

地区	Region	2000			2004			2005		
		进出口 Total	出口 Exports	进口 Imports	进出口 Total	出口 Exports	进口 Imports	进出口 Total	出口 Exports	进口 Imports
全国	**National Total**	**23671390**	**11944121**	**11727269**	**66304033**	**33859184**	**32444849**	**83163864**	**44418252**	**38745612**
北京	Beijing	776847	287108	489739	1852699	736179	1116520	2704807	1191406	1513401
天津	Tianjin	1369289	637925	731364	3408834	1705174	1703660	4275954	2199307	2076646
河北	Hebei	158147	101240	56907	426021	265709	160312	556490	345288	211202
山西	Shanxi	41876	15209	26667	68521	51768	16753	90359	51959	38401
内蒙古	Inner Mongolia	18157	13799	4358	27169	15539	11629	82847	41522	41325
辽宁	Liaoning	1229698	624464	605234	2066546	1089760	976786	2427281	1332795	1094486
吉林	Jilin	112274	39197	73077	352083	50537	301546	283386	67967	215420
黑龙江	Heilongjiang	47353	26679	20674	76347	38139	38208	87354	47491	39863
上海	Shanghai	3341054	1426102	1914952	10723174	4948834	5774340	12543267	6157921	6385346
江苏	Jiangsu	3018082	1445340	1572742	13553814	6515156	7038658	18474464	9422831	9051633
浙江	Zhejiang	938993	534851	404142	3262642	1965121	1297521	4238315	2726245	1512071
安徽	Anhui	94779	39993	54786	196206	96541	99665	280560	150275	130284
福建	Fujian	1405740	759713	646027	3116631	1841854	1274777	3577290	2175419	1401871
江西	Jiangxi	31814	16298	15516	115607	52937	62670	155379	64278	91100
山东	Shandong	1392569	792766	599803	3222568	1839654	1382914	4133889	2377119	1756770
河南	Henan	57695	30889	26806	122085	70449	51636	149707	84137	65570
湖北	Hubei	104686	42956	61730	234500	98525	135975	319445	129213	190232
湖南	Hunan	47717	18250	29467	106867	50272	56595	128086	64381	63704
广东	Guangdong	9203696	4951011	4252685	22653047	12171077	10481970	27866744	15467100	12399644
广西	Guangxi	55339	34112	21227	146909	49585	97324	178976	63503	115473
海南	Hainan	45993	30464	15529	143037	34999	108038	93324	39861	53464
重庆	Chongqing	32389	9666	22723	126518	21868	104650	156092	35886	120206
四川	Sichuan	61524	24517	37007	130315	55194	75121	149056	68302	80754
贵州	Guizhou	5690	4012	1678	38766	18883	19883	26798	15210	11588
云南	Yunnan	19658	8113	11545	31640	20989	10651	39961	24183	15778
西藏	Tibet	634	389	245	436	172	264	339	181	158
陕西	Shaanxi	35433	11611	23822	65751	22667	43084	82341	32022	50319
甘肃	Gansu	5657	3832	1825	16665	12594	4071	23118	19028	4090
青海	Qinghai	925	202	723	956	442	514	4942	1335	3607
宁夏	Ningxia	6125	4294	1831	13456	9051	4405	23038	11088	11950
新疆	Xinjiang	11557	9119	2438	17758	11046	6712	18618	13677	4942

2-106 外商投资企业年底注册登记情况

Registration Status of Foreign Funded Enterprises at the Year-end

地　区	Region	企业数（户） Number of Enterprises (unit)		投资总额（亿美元） Total Investment (100 million USD)		注册资本（亿美元） Registered Capital (100 million USD)		#外　方 Foreign Investor	
		2004	2005	2004	2005	2004	2005	2004	2005
全　国	**National Total**	**242284**	**260000**	**13112**	**14640**	**7285**	**8120**	**5580**	**6319**
北　京	Beijing	9890	10980	532	607	290	324	207	238
天　津	Tianjin	9938	10933	470	568	275	333	221	269
河　北	Hebei	3497	3637	201	219	106	125	68	82
山　西	Shanxi	705	776	69	77	35	40	21	23
内蒙古	Inner Mongolia	847	914	108	126	56	63	36	41
辽　宁	Liaoning	14858	16542	679	815	402	495	280	362
吉　林	Jilin	2370	2488	194	207	60	69	42	47
黑龙江	Heilongjiang	2202	2288	95	110	57	69	36	45
上　海	Shanghai	26657	28978	1722	2007	923	1086	718	854
江　苏	Jiangsu	29939	33321	2170	2657	1083	1321	901	1124
浙　江	Zhejiang	17792	19009	834	1019	467	565	339	414
安　徽	Anhui	2114	2165	129	155	76	89	48	59
福　建	Fujian	17236	17854	689	753	387	431	344	378
江　西	Jiangxi	3415	3980	163	185	88	114	67	93
山　东	Shandong	19251	20153	694	786	416	471	293	339
河　南	Henan	2600	2877	149	206	87	112	56	75
湖　北	Hubei	4173	4284	227	258	136	151	85	100
湖　南	Hunan	2598	2712	119	158	70	95	53	71
广　东	Guangdong	55259	58762	2610	2889	1520	1677	1219	1367
广　西	Guangxi	2336	2441	127	147	74	83	54	61
海　南	Hainan	2329	2456	86	92	55	58	43	45
重　庆	Chongqing	1294	1315	72	80	39	42	26	28
四　川	Sichuan	3789	4075	140	166	94	109	55	66
贵　州	Guizhou	641	649	22	23	14	15	10	10
云　南	Yunnan	1761	1817	79	84	44	47	27	29
西　藏	Tibet	86	100	3	4	2	2	1	2
陕　西	Shaanxi	2754	2890	125	137	71	78	50	56
甘　肃	Gansu	650	658	31	32	19	20	13	14
青　海	Qinghai	161	138	10	7	6	4	4	3
宁　夏	Ningxia	454	463	41	45	20	20	15	15
新　疆	Xinjiang	331	345	14	19	10	11	6	8
国　家	State Administration	357		509		300		243	

2-107 接待入境旅游人数和国际旅游外汇收入

Number of International Tourists and Foreign Exchange Earnings

地 区	Region	2004 接待入境旅游人数(万人次) Number of International Tourists (10 000 person-times)	2004 #外国人 Foreigners	2004 国际旅游外汇收入(百万美元) Foreign Exchange Earnings (USD million)	2005 接待入境旅游人数(万人次) Number of International Tourists (10 000 person-times)	2005 #外国人 Foreigners	2005 国际旅游外汇收入(百万美元) Foreign Exchange Earnings (USD million)
全 国	**Natiional Total**	**10903.82**	**1693.25**	**25739**	**12029.23**	**2025.51**	**29296**
北 京	Beijing	315.50	268.10	3173	362.92	311.62	3619
天 津	Tianjin	61.59	55.93	413	74.01	67.46	509
河 北	Hebei	58.07	53.65	190	62.65	57.39	209
山 西	Shanxi	29.58	18.22	81	42.15	25.40	116
内蒙古	Inner Mongolia	79.99	79.11	253	100.16	99.56	352
辽 宁	Liaoning	108.08	93.77	613	130.20	111.11	738
吉 林	Jilin	32.40	27.67	96	37.32	30.68	120
黑龙江	Heilongjiang	73.28	69.28	302	82.15	76.42	340
上 海	Shanghai	385.45	319.67	3041	444.54	379.93	3556
江 苏	Jiangsu	306.57	214.24	1763	378.30	262.15	2260
浙 江	Zhejiang	276.67	177.64	1300	348.05	232.92	1716
安 徽	Anhui	50.10	31.97	141	63.29	41.06	186
福 建	Fujian	172.90	62.92	1065	197.39	72.36	1305
江 西	Jiangxi	28.77	9.40	80	37.25	13.63	104
山 东	Shandong	119.31	96.17	567	155.11	124.78	780
河 南	Henan	45.02	24.12	160	60.05	34.73	216
湖 北	Hubei	61.19	50.19	192	82.57	62.68	276
湖 南	Hunan	55.34	41.23	313	71.98	60.88	390
广 东	Guangdong	1563.65	377.68	5378	1896.99	476.53	6457
广 西	Guangxi	117.58	69.38	288	147.71	88.66	359
海 南	Hainan	30.86	18.38	82	43.19	26.94	128
重 庆	Chongqing	43.44	33.89	203	52.39	41.81	264
四 川	Sichuan	96.62	54.65	289	106.28	68.27	316
贵 州	Guizhou	23.10	7.63	80	27.62	9.26	101
云 南	Yunnan	110.10	73.22	422	150.28	99.65	528
西 藏	Tibet	9.58	8.88	37	12.13	11.10	44
陕 西	Shaanxi	80.02	60.93	361	92.84	74.57	446
甘 肃	Gansu	23.67	15.14	44	28.85	17.20	59
青 海	Qinghai	2.89	1.24	9	3.52	1.46	11
宁 夏	Ningxia	0.70	0.54	2	0.82	0.66	2
新 疆	Xinjiang	31.69	27.10	91	33.11	29.01	100

2-108 普通高校基本情况（2005年）

Basic Statistics on Regular Institutions of Higher Education (2005)

单位：人 (person)

地区	Region	学校数（所）Schools (unit)	招生数 Entrants	在校学生数 Enrollment	毕(结)业生数 Graduates	教职工数 Teachers and Staff	#专任教师 Full-time Teachers
全国	**National Total**	**1792**	**5044581**	**15617767**	**3067956**	**1742073**	**965839**
北京	Beijing	77	158860	548270	120016	114253	48815
天津	Tianjin	42	103616	331553	69211	39434	21670
河北	Hebei	86	250273	774006	180377	75881	42697
山西	Shanxi	59	127514	407036	88344	47589	27862
内蒙古	Inner Mongolia	33	70913	230902	39474	27510	16189
辽宁	Liaoning	76	201488	659351	144984	82816	43960
吉林	Jilin	44	129393	407262	83982	54689	28129
黑龙江	Heilongjiang	62	162842	540867	100791	65662	35127
上海	Shanghai	58	131804	442620	103435	70623	31645
江苏	Jiangsu	114	361479	1159795	229679	120440	67334
浙江	Zhejiang	68	197896	651307	133051	64491	38402
安徽	Anhui	81	198690	589075	116958	52947	32438
福建	Fujian	53	146657	406996	64792	41874	24351
江西	Jiangxi	67	207882	646086	97781	62082	38587
山东	Shandong	99	400573	1171284	224611	109920	64636
河南	Henan	83	277578	851864	165159	75782	46309
湖北	Hubei	85	315560	1012665	187920	107459	59009
湖南	Hunan	93	250844	754859	150981	80766	45272
广东	Guangdong	102	306956	874686	157082	90771	54257
广西	Guangxi	51	116719	338261	64871	35409	19610
海南	Hainan	15	24480	69984	11788	7698	4620
重庆	Chongqing	35	112045	333563	59381	35787	20184
四川	Sichuan	68	267198	775436	139328	78764	44854
贵州	Guizhou	34	68586	206754	38681	23664	14353
云南	Yunnan	44	84487	254687	47731	28894	16819
西藏	Tibet	4	7589	18979	3172	2033	1187
陕西	Shaanxi	72	208879	666943	140592	82317	42864
甘肃	Gansu	33	71572	229459	49886	26019	14816
青海	Qinghai	11	11682	32753	8227	5830	3051
宁夏	Ningxia	13	14775	48650	8817	7177	4059
新疆	Xinjiang	30	55751	181814	36854	23492	12733

2-109 中等职业学校(机构)基本情况 (2005年)

Basic Statistics in Secondary Vocational School (Institutions) (2005)

单位: 人 (person)

地 区	Region	招生数 New Enrollment	在校学生数 Total Enrollment	毕业生数 Graduates	教职工数 Teachers and Staff	#专任教师 Full-time Teachers
全 国	**National Total**	**5372922**	**13247421**	**3491921**	**889171**	**588694**
北 京	Beijing	63637	208554	61837	19382	10621
天 津	Tianjin	44153	135426	37749	12632	7699
河 北	Hebei	353544	810472	212430	61288	39736
山 西	Shanxi	140586	361634	100235	27498	18528
内蒙古	Inner Mongolia	84486	199875	55109	18481	12342
辽 宁	Liaoning	160681	431756	121551	36456	23138
吉 林	Jilin	71668	182929	52454	25454	15851
黑龙江	Heilongjiang	117793	260073	72172	23597	15007
上 海	Shanghai	55216	206326	61196	17179	8962
江 苏	Jiangsu	411801	1060824	197237	53503	38220
浙 江	Zhejiang	264499	732778	218780	41676	32420
安 徽	Anhui	276347	633437	144932	29623	20220
福 建	Fujian	175931	447689	110036	24245	17457
江 西	Jiangxi	240940	541604	120609	24352	16407
山 东	Shandong	392092	1093400	330584	80192	52999
河 南	Henan	437102	1076826	316127	64371	43754
湖 北	Hubei	273789	606014	129436	36658	24036
湖 南	Hunan	317819	705568	187911	39753	25962
广 东	Guangdong	279265	710162	189083	49087	33734
广 西	Guangxi	146927	365996	97685	29667	18113
海 南	Hainan	24235	58424	12598	4149	2520
重 庆	Chongqing	114390	308194	100472	19248	12520
四 川	Sichuan	345062	783244	192461	48120	31629
贵 州	Guizhou	99706	201373	43770	12617	8012
云 南	Yunnan	113619	294946	90520	23630	15787
西 藏	Tibet	2856	7027	2930	1214	835
陕 西	Shaanxi	192052	427967	127128	29090	18688
甘 肃	Gansu	79783	195551	54637	17612	11526
青 海	Qinghai	13216	24656	5836	2227	1588
宁 夏	Ningxia	28422	58773	15856	2650	1729
新 疆	Xinjiang	51305	115923	28560	13520	8654

2-110 普通高中基本情况（2005年）

Basic Statistics on Regular Senior Secondary Schools (2005)

单位：人 (person)

地 区	Region	学校数(所) Schools (unit)	招生数 New Enrollment	在校学生数 Total Enrollment	毕业生数 Graduates	教职工数 Teachers and Staff	#专任教师 Full-time Teachers
全 国	**National Total**	**16092**	**8777317**	**24090901**	**6615713**	**5720244**	**1299460**
北 京	Beijing	335	88605	278358	73260	75837	19875
天 津	Tianjin	232	74449	217180	57263	55322	14207
河 北	Hebei	816	494683	1391138	396263	345193	73403
山 西	Shanxi	581	263159	713699	196934	193835	41583
内蒙古	Inner Mongolia	359	198377	523497	136562	121784	26649
辽 宁	Liaoning	476	266111	744229	201852	180016	38208
吉 林	Jilin	293	173983	489420	133095	124819	24292
黑龙江	Heilongjiang	475	205541	583567	161301	176524	34093
上 海	Shanghai	334	100574	311737	101825	75451	18239
江 苏	Jiangsu	849	522503	1453420	426520	337789	88801
浙 江	Zhejiang	611	303986	899961	259874	194890	56882
安 徽	Anhui	760	434612	1169006	300950	228966	51112
福 建	Fujian	627	272124	732456	182591	167811	45328
江 西	Jiangxi	617	312575	849204	239755	183459	46565
山 东	Shandong	813	672165	1965783	575243	470584	108076
河 南	Henan	945	699934	1883854	536570	431625	84038
湖 北	Hubei	653	458591	1294487	383420	273146	64433
湖 南	Hunan	800	512714	1318513	340207	305413	68324
广 东	Guangdong	981	569753	1489863	374445	360341	86079
广 西	Guangxi	529	256877	699644	193531	191316	35249
海 南	Hainan	107	46433	118165	30677	34331	6590
重 庆	Chongqing	277	182950	481388	133654	112965	25774
四 川	Sichuan	796	511535	1384573	373219	306141	72408
贵 州	Guizhou	473	193814	495193	119161	138949	25638
云 南	Yunnan	443	189993	483054	116031	153997	29760
西 藏	Tibet	25	12864	33342	7684	9006	1922
陕 西	Shaanxi	639	326295	906256	259637	191041	44100
甘 肃	Gansu	497	205710	566168	138165	111495	29127
青 海	Qinghai	144	37577	100511	25355	22370	6571
宁 夏	Ningxia	102	43786	125472	36741	25828	6981
新 疆	Xinjiang	503	145044	387763	103928	120000	25153

注：教职工数为普通高中和普通初中之和。

a) Number of teachers and staff is the sum of that of regular senior secondary schools and regular junior secondary schools.

2-111 普通初中基本情况（2005年）

Basic Statistics on Regular Junior Secondary Schools (2005)

单位：人 (person)

地区	Region	学校数（所） Schools (unit)	招生数 New Enrollment	在校学生数 Total Enrollment	毕业生数 Graduates	专任教师 Full-time Teachers
全国	**National Total**	**61885**	**19765246**	**61718079**	**21065150**	**3471839**
北京	Beijing	404	93048	321585	156388	31095
天津	Tianjin	408	99780	359110	136812	27330
河北	Hebei	3918	1152019	3704263	1384009	216566
山西	Shanxi	2698	624244	1897840	632597	118220
内蒙古	Inner Mongolia	1224	313496	1031241	345067	67007
辽宁	Liaoning	1798	495535	1570269	555596	106439
吉林	Jilin	1341	319725	1057933	375973	69956
黑龙江	Heilongjiang	2112	435524	1695823	565215	109095
上海	Shanghai	487	110740	466962	154468	33557
江苏	Jiangsu	2292	1052992	3462294	1203306	191014
浙江	Zhejiang	1913	560508	1710877	637297	110015
安徽	Anhui	3188	1119706	3439620	1125179	145867
福建	Fujian	1403	537933	1769284	576832	98982
江西	Jiangxi	2184	645042	2012287	742480	116568
山东	Shandong	3591	1124890	3959117	1497648	269057
河南	Henan	5262	1895901	5698301	1983617	289035
湖北	Hubei	2578	1011186	3172392	1055083	169084
湖南	Hunan	3760	812790	2972610	1251757	193125
广东	Guangdong	3301	1626601	4627044	1368854	221224
广西	Guangxi	2358	813749	2339138	745439	117132
海南	Hainan	456	167719	466186	130345	21062
重庆	Chongqing	1137	435286	1253778	384891	68223
四川	Sichuan	4199	1172825	3470817	1137068	186516
贵州	Guizhou	2193	710857	2054382	627254	97083
云南	Yunnan	1814	633119	1905763	614981	101925
西藏	Tibet	93	43964	120706	29396	6239
陕西	Shaanxi	2088	698088	2139326	712394	115038
甘肃	Gansu	1553	485890	1377671	423489	70023
青海	Qinghai	367	78763	226991	68123	13479
宁夏	Ningxia	316	103102	280950	87233	15335
新疆	Xinjiang	1449	390224	1153519	356359	76548

2-112 职业初中基本情况（2005年）

Basic Statistics on Vocational Junior Secondary Schools (2005)

单位：人 (person)

地 区	Region	学校数（所）Schools (unit)	招生数 New Enrollment	在校学生数 Total Enrollment	毕业生数 Graduates	教职工数 Teachers and Staff	#专任教师 Full-time Teachers
全 国	**National Total**	**601**	**110580**	**431363**	**169132**	**24009**	**20240**
北 京	Beijing						
天 津	Tianjin						
河 北	Hebei	25	4120	13137	7451	1130	949
山 西	Shanxi	62	7088	27518	9037	1982	1688
内蒙古	Inner Mongolia	122	14220	54991	26971	5839	4290
辽 宁	Liaoning						
吉 林	Jilin	33	8569	34037	14802	1880	1491
黑龙江	Heilongjiang	7	710	8058	7521	262	221
上 海	Shanghai	1	112	392	408	65	34
江 苏	Jiangsu						
浙 江	Zhejiang	1			67		
安 徽	Anhui	172	37626	136855	49843	6738	6070
福 建	Fujian	1	121	310	116	27	21
江 西	Jiangxi	3	229	1268	685	98	81
山 东	Shandong	1	103	332	620	50	38
河 南	Henan	7	852	4434	2953	218	210
湖 北	Hubei	31	7294	26524	8961	1446	1308
湖 南	Hunan	2	99	358	85	32	29
广 东	Guangdong						
广 西	Guangxi	10	887	4297	2405	282	208
海 南	Hainan						
重 庆	Chongqing	2	42	138	91	27	15
四 川	Sichuan	12	3256	7864	2479	529	443
贵 州	Guizhou	69	11921	36538	11445	2106	1947
云 南	Yunnan	16	5947	20093	5787	507	460
西 藏	Tibet	1	265	265	84	2	2
陕 西	Shaanxi	4	868	2924	807	123	116
甘 肃	Gansu	6	55	200	1064	18	16
青 海	Qinghai	3	93	439	241	26	23
宁 夏	Ningxia	1	1449	3823	875	113	113
新 疆	Xinjiang	9	4654	46568	14334	509	467

2-113 普通小学基本情况（2005年）

Basic Statistics on Regular Primary Schools (2005)

单位：人 (person)

地 区	Region	学校数（所）Schools (unit)	招生数 New Enrollment	在校学生数 Total Enrollment	毕业生数 Graduates	教职工数 Teachers and Staff	#专任教师 Full-time Teachers
全 国	**National Total**	**366213**	**16717440**	**108640655**	**20194768**	**6132155**	**5592453**
北 京	Beijing	1403	71020	494482	93486	61352	47948
天 津	Tianjin	1062	78373	533003	106447	49629	41076
河 北	Hebei	20883	720038	5003578	1174631	343697	320110
山 西	Shanxi	24339	548755	3502562	635578	208261	192271
内蒙古	Inner Mongolia	5850	258947	1596381	327773	138645	118988
辽 宁	Liaoning	9311	379941	2666155	499069	190548	163589
吉 林	Jilin	7393	215380	1625238	330055	163366	137675
黑龙江	Heilongjiang	9995	340241	2204055	443962	188256	163204
上 海	Shanghai	650	104637	540362	110428	50031	37954
江 苏	Jiangsu	6261	619336	4855321	1055231	289751	261646
浙 江	Zhejiang	6101	489600	3424042	552525	177886	162183
安 徽	Anhui	20142	815248	5841133	1162472	271815	259493
福 建	Fujian	10560	358831	2732702	547122	177134	166465
江 西	Jiangxi	14727	669411	3841576	648849	200291	193484
山 东	Shandong	15871	1042684	6153703	1133143	410394	377729
河 南	Henan	33026	1694358	9868409	1918974	502187	475511
湖 北	Hubei	12631	567411	4291881	1020710	232888	215693
湖 南	Hunan	17108	710905	4198314	815684	261560	246112
广 东	Guangdong	21228	1641550	10670304	1674305	463715	403824
广 西	Guangxi	15500	734555	4527888	844177	233177	204788
海 南	Hainan	3106	182702	1056730	171364	56516	50598
重 庆	Chongqing	9558	365028	2609754	447168	127433	114326
四 川	Sichuan	19305	1092214	7145093	1187842	337939	307113
贵 州	Guizhou	14258	772201	4737645	742112	196785	183679
云 南	Yunnan	18747	733383	4412267	693217	232227	219236
西 藏	Tibet	890	54665	327497	47960	14967	14267
陕 西	Shaanxi	20711	435948	3400893	724600	203262	186644
甘 肃	Gansu	14963	461894	3035794	502605	135276	130841
青 海	Qinghai	2898	89280	506853	80983	28551	27478
宁 夏	Ningxia	2527	130365	693207	104704	34663	33760
新 疆	Xinjiang	5209	338539	2143833	397592	149953	134768

2-114 特殊教育基本情况（2005年）

Basic Statistics on Special Education (2005)

单位：人 (person)

地区	Region	学校数（所） Schools (unit)	招生数 New Enrollment	在校学生数 Total Enrollment	毕业生数 Graduates	教职工数 Teachers and Staff	#专任教师 Full-time Teachers
全国	**National Total**	**1593**	**49288**	**364409**	**43214**	**42256**	**31937**
北京	Beijing	25	635	6353	1043	1000	738
天津	Tianjin	24	182	2608	397	700	484
河北	Hebei	117	1896	11411	911	2482	1909
山西	Shanxi	40	743	5021	483	1125	887
内蒙古	Inner Mongolia	28	483	2844	219	842	667
辽宁	Liaoning	74	698	8296	971	2565	1903
吉林	Jilin	47	630	5489	568	1771	1233
黑龙江	Heilongjiang	72	778	6679	669	2290	1782
上海	Shanghai	28	1114	9972	2286	1598	1002
江苏	Jiangsu	109	3998	30688	4277	3390	2548
浙江	Zhejiang	62	1465	12889	1782	1531	1233
安徽	Anhui	67	2394	17957	2035	1230	952
福建	Fujian	67	4596	35198	6317	1527	1290
江西	Jiangxi	59	2876	18805	1551	681	548
山东	Shandong	139	1955	16126	1589	5236	3719
河南	Henan	123	2624	20287	1401	3125	2551
湖北	Hubei	77	1038	9444	1498	1679	1317
湖南	Hunan	53	1200	9372	766	1243	948
广东	Guangdong	67	3363	25752	3086	1782	1360
广西	Guangxi	52	1607	12769	908	915	572
海南	Hainan	4	228	1786	124	112	74
重庆	Chongqing	43	1840	12463	1702	725	556
四川	Sichuan	83	3916	24788	2160	1447	1174
贵州	Guizhou	39	2096	14676	929	749	603
云南	Yunnan	25	3820	19417	2884	687	518
西藏	Tibet	1	23	208	2	23	19
陕西	Shaanxi	29	900	6627	1011	676	519
甘肃	Gansu	14	915	8339	684	438	303
青海	Qinghai	9	335	2307	195	153	126
宁夏	Ningxia	6	93	877	52	167	140
新疆	Xinjiang	10	847	4961	714	367	262

2-115 各级普通学校生师比（2005年）

Student-Teacher Ratio by Level of Regular Schools (2005)

单位：% (%)

地区	Region	小学 Primary School	初中 Junior Secondary School	普通高中 Regular Senior Secondary School	职业高中 Vocational Senior Secondary School	普通中专 Regular Specialized Secondary School	普通高校 Regular Institution of Higher Education	本科院校 Undergraduate Courses	专科院校 Specialized Courses
总计	**National Total**	**19.43**	**17.80**	**18.54**	**20.62**	**31.02**	**16.85**	**17.75**	**14.78**
北京	Beijing	10.31	10.34	14.01	12.90	32.44	17.35	18.08	11.17
天津	Tianjin	12.98	13.14	15.29	15.21	22.85	17.42	18.16	15.82
河北	Hebei	15.63	17.09	18.95	20.35	31.98	16.98	17.99	15.26
山西	Shanxi	18.22	16.06	17.16	15.13	35.43	14.66	16.76	10.80
内蒙古	Inner Mongolia	13.42	15.24	19.64	14.78	26.10	15.16	17.19	11.60
辽宁	Liaoning	16.30	14.75	19.48	14.86	25.23	16.61	17.76	12.19
吉林	Jilin	11.80	15.28	20.15	14.88	21.99	16.40	17.35	11.70
黑龙江	Heilongjiang	13.50	15.59	17.12	13.03	30.05	16.46	17.46	13.38
上海	Shanghai	14.24	13.91	17.09	18.94	25.74	17.43	17.68	16.24
江苏	Jiangsu	18.56	18.13	16.37	20.36	46.42	17.69	18.05	16.94
浙江	Zhejiang	21.11	15.55	15.82	24.34	34.80	17.60	17.73	17.38
安徽	Anhui	22.51	23.54	22.87	36.59	30.28	17.62	18.55	15.96
福建	Fujian	16.42	17.87	16.16		25.10	16.53	16.80	15.88
江西	Jiangxi	19.85	17.26	18.24	25.42	66.74	15.40	16.86	12.99
山东	Shandong	16.29	14.71	18.19	19.39	29.88	16.57	17.29	15.06
河南	Henan	20.75	19.72	22.42	21.50	43.70	17.03	17.44	16.38
湖北	Hubei	19.90	18.77	20.09	24.01	30.02	17.51	18.00	16.42
湖南	Hunan	17.06	15.39	19.30	22.09	53.90	16.84	18.31	14.82
广东	Guangdong	26.42	20.92	17.31	19.19	23.02	17.37	17.89	16.29
广西	Guangxi	22.11	19.97	19.85	21.61	24.40	17.00	17.21	16.73
海南	Hainan	20.88	22.13	17.93	10.66	41.47	15.81	18.65	12.60
重庆	Chongqing	22.83	18.38	18.68	20.93	41.53	17.63	18.71	13.80
四川	Sichuan	23.27	18.61	19.12	21.40	31.22	18.60	19.20	16.76
贵州	Guizhou	25.79	21.11	19.31	19.13	32.03	15.85	17.66	12.74
云南	Yunnan	20.13	18.81	16.23	16.73	24.75	16.07	17.81	12.34
西藏	Tibet	22.95	19.38	17.35		9.29	14.11	14.07	14.67
陕西	Shaanxi	18.22	18.60	20.55	25.46	28.14	15.59	17.32	10.88
甘肃	Gansu	23.20	19.67	19.44	13.52	19.55	17.43	18.93	14.42
青海	Qinghai	18.45	16.84	15.30	19.76	11.86	13.46	13.69	12.63
宁夏	Ningxia	20.53	18.43	17.97	22.40	54.06	13.01	14.01	11.33
新疆	Xinjiang	15.91	15.58	15.42	11.52	17.37	14.69	16.29	11.28

注：普通高校生师比中专任教师数包括聘请校外教师。

a) Of the student-teacher ratio of regular institution of higher education, full-time teachers include those from other schools.

2-116 每十万人口各级学校平均在校生数（2005年）

Number of Students Per 100 000 Inhabitants by Level (2005)

单位：人 (person)

地区	Region	幼儿园 Kindergartens	小学 Primary Education	初中阶段 Junior Secondary	高中阶段 Senior Secondary	高等学校 Higher Education
全国	**National Total**	**1676**	**8358**	**4781**	**3070**	**1613**
北京	Beijing	1355	3312	2154	3727	6580
天津	Tianjin	1999	5205	3507	3910	4340
河北	Hebei	1791	7348	5460	3375	1443
山西	Shanxi	1923	10502	5773	3462	1611
内蒙古	Inner Mongolia	1207	6696	4556	3132	1303
辽宁	Liaoning	1626	6322	3724	2981	2141
吉林	Jilin	1092	5999	4031	2598	2144
黑龙江	Heilongjiang	988	5774	4464	2413	1887
上海	Shanghai	1659	3102	2683	3341	3838
江苏	Jiangsu	1864	6532	4658	3692	2015
浙江	Zhejiang	2801	7254	3625	3745	1886
安徽	Anhui	1120	9041	5535	2890	1110
福建	Fujian	2354	7783	5040	3581	1427
江西	Jiangxi	1673	8967	4700	3457	1768
山东	Shandong	1803	6703	4313	3631	1598
河南	Henan	1580	10156	5869	3199	1119
湖北	Hubei	988	7134	5317	3345	2176
湖南	Hunan	1227	6268	4439	3190	1452
广东	Guangdong	2576	12850	5572	3035	1462
广西	Guangxi	1816	9261	4793	2320	993
海南	Hainan	1469	12918	5699	2285	1133
重庆	Chongqing	1718	8359	4016	2716	1474
四川	Sichuan	1750	8189	3987	2585	1204
贵州	Guizhou	1771	12135	5356	1840	838
云南	Yunnan	1750	9994	4362	1836	904
西藏	Tibet	350	11952	4415	1473	1139
陕西	Shaanxi	1332	9179	5782	3853	2349
甘肃	Gansu	1334	11591	5261	2983	1211
青海	Qinghai	1532	9404	4219	2398	905
宁夏	Ningxia	1735	11789	4843	3248	1278
新疆	Xinjiang	1495	10921	6114	2699	1329

注：1.高等学校包括普通高等学校和成人高等学校。
2.高中阶段合计数据包括普通高中、成人高中、普通中专、职业高中、技工学校和成人中专，分省数据不含技工学校。
3.初中阶段包括普通初中和职业初中。

a) Institutions of higher education include that of regular institutions of higher education and adult institutions of higher education.
b) Total of senior schools include that of regular senior schools, adult senior schools, regular secondary technical schools, vocational secondary schools, technical worker school, adult technical secondary schools, data classified by region exclude that of technical worker schools.
c) Junior secondary schools include regular junior schools and junior vocational schools.

2-117 教育经费情况（2004年）

Basic Statistics on Educational Funds (2004)

单位：万元 (10 000 yuan)

地区	Region	合计 Total	国家财政性教育经费 Government Appropriation for Education	#预算内教育经费 Budgetary	社会团体和公民个人办学经费 Funds of Social Organizations and Citizens for Running Schools	社会捐资和集资办学经费 Donations and Fund-raising for Running Schools	学费和杂费 Tuition and Miscellaneous Fee	其他教育经费 Other Educational Funds
全　国	**National Total**	**72425989.2**	**44658574.8**	**40278158.0**	**3478528.8**	**934203.8**	**13465517.3**	**9889164.5**
北　京	Beijing	4492628.4	2983476.1	2769010.7	37745.6	60087.9	556170.6	855148.2
天　津	Tianjin	1239681.8	781629.6	700831.1	54813.0	3724.8	200277.4	199237.0
河　北	Hebei	2700904.1	1754771.2	1611233.6	85052.1	21228.6	628424.4	211427.8
山　西	Shanxi	1548847.8	1012934.1	887726.3	69805.7	26754.8	320948.9	118404.3
内蒙古	Inner Mongolia	1115216.2	855424.3	779271.5	13407.7	2827.8	161201.5	82354.9
辽　宁	Liaoning	2700789.4	1774299.7	1587349.9	127952.6	4743.2	497680.9	296113.0
吉　林	Jilin	1454419.1	985194.0	885564.0	15824.8	40669.6	225707.0	187023.7
黑龙江	Heilongjiang	2118830.8	1370091.6	1136687.0	56095.6	5651.8	408207.9	278783.9
上　海	Shanghai	3832690.6	2285942.5	1992391.3	256061.9	53493.6	632763.4	604429.2
江　苏	Jiangsu	5570009.3	3099409.2	2738972.7	251114.6	172793.2	954845.9	1091846.4
浙　江	Zhejiang	5001700.0	2853665.1	2304294.2	400106.7	131551.0	740998.3	875378.9
安　徽	Anhui	2216290.6	1386903.9	1310319.1	52513.0	22595.8	486145.1	268132.8
福　建	Fujian	2224559.2	1391027.1	1296799.6	216790.8	33020.1	379481.7	204239.5
江　西	Jiangxi	1566029.1	831076.3	781880.7	149345.1	5281.9	365917.9	214407.9
山　东	Shandong	4267089.0	2561587.9	2237315.5	207910.2	53123.1	939728.6	504739.2
河　南	Henan	2999488.5	1966366.2	1831162.2	112167.3	16896.5	593433.3	310625.2
湖　北	Hubei	2985501.9	1531661.1	1392406.7	151144.5	16270.3	776666.3	509759.7
湖　南	Hunan	2724014.0	1409498.3	1294561.9	190728.7	28256.0	687792.5	407738.5
广　东	Guangdong	7087101.0	4217378.9	3898843.8	546894.4	88704.4	1547999.3	686124.0
广　西	Guangxi	1605769.3	1060559.5	987753.5	31247.0	7319.9	315160.6	191482.3
海　南	Hainan	389305.1	248164.2	207015.2	18016.9	10576.3	70829.7	41718.0
重　庆	Chongqing	1434395.3	826797.5	751434.6	29486.5	50415.3	233217.5	294478.5
四　川	Sichuan	3091286.6	1828023.3	1684852.1	94934.4	31839.7	569378.6	567110.6
贵　州	Guizhou	1142161.9	816926.9	753752.1	35404.2	5430.9	168184.1	116215.8
云　南	Yunnan	1750840.6	1391479.8	1315972.3	42652.6	14156.7	169705.7	132845.8
西　藏	Tibet	234499.5	222773.7	221771.2		581.7	6449.1	4695.0
陕　西	Shaanxi	2047443.0	1144359.2	1074132.2	184644.5	15007.7	450737.5	252694.1
甘　肃	Gansu	1031445.1	727916.5	659016.7	21273.6	7037.4	179548.8	95668.8
青　海	Qinghai	225275.2	190741.6	184898.7	1129.5	325.7	22727.0	10351.4
宁　夏	Ningxia	296236.7	223603.9	207277.8	869.4	729.6	41653.4	29380.4
新　疆	Xinjiang	1331540.1	924891.6	793659.8	23395.9	3108.5	133534.4	246609.7

2-118 国内三种专利申请受理数和授权数（2005年）

Patent Applications Examined and Granted (2005)

单位：项 (item)

地区	Region	申请受理数 合计 Number of Patent Applications Examined	发明 Inventions	实用新型 Utility Models	外观设计 Designs	授权数合计 Number of Patent Applications Granted	发明 Inventions	实用新型 Utility Models	外观设计 Designs
全国	**National Total**	**383157**	**93485**	**138085**	**151587**	**171619**	**20705**	**78137**	**72777**
北京	Beijing	22572	12102	6940	3530	10100	3476	4498	2126
天津	Tianjin	11657	4470	4690	2497	3045	763	1543	739
河北	Hebei	6401	1273	3618	1510	3585	371	2246	968
山西	Shanxi	1985	610	1036	339	1220	280	695	245
内蒙古	Inner Mongolia	1455	307	708	440	845	98	452	295
辽宁	Liaoning	15672	3267	8192	4213	6195	942	4235	1018
吉林	Jilin	4101	1290	1958	853	2023	391	1255	377
黑龙江	Heilongjiang	6050	1598	3293	1159	2906	407	2067	432
上海	Shanghai	32741	10441	8711	13589	12603	1997	4437	6169
江苏	Jiangsu	34811	6582	11071	17158	13580	1241	6483	5856
浙江	Zhejiang	43221	6776	12723	23722	19056	1110	6778	11168
安徽	Anhui	3516	903	1715	898	1939	238	1072	629
福建	Fujian	9460	1202	3182	5076	5147	242	1793	3112
江西	Jiangxi	2815	713	1280	822	1361	142	717	502
山东	Shandong	28835	4801	13100	10934	10743	903	6502	3338
河南	Henan	8981	1703	4594	2684	3748	356	2304	1088
湖北	Hubei	11534	2038	4835	4661	3860	733	2238	889
湖南	Hunan	8763	2594	3730	2439	3659	533	2137	989
广东	Guangdong	72220	12887	18951	40382	36894	1876	11017	24001
广西	Guangxi	2379	641	1183	555	1225	140	700	385
海南	Hainan	498	176	172	150	200	36	76	88
重庆	Chongqing	6260	918	2412	2930	3591	178	1428	1985
四川	Sichuan	10567	2256	3585	4726	4606	613	1948	2045
贵州	Guizhou	2226	782	1065	379	925	162	533	230
云南	Yunnan	2556	776	905	875	1381	306	563	512
西藏	Tibet	102	12	20	70	44		8	36
陕西	Shaanxi	4166	1693	1817	656	1894	445	1131	318
甘肃	Gansu	1759	712	790	257	547	116	338	93
青海	Qinghai	216	103	83	30	79	24	34	21
宁夏	Ningxia	516	106	185	225	214	40	130	44
新疆	Xinjiang	1851	320	1117	414	921	88	537	296
香港	Hong Kong	2645	552	581	1512	1669	139	361	1169
澳门	Macao	27	11	10	6	3		2	1
台湾	Taiwan	20599	8870	9833	1896	11811	2319	7879	1613

2-119 国有企事业单位专业技术人员数（2005年底）

Number of Scientific and Technical Personnel in State-owned Enterprises and Institutions (End of 2005)

单位：人　　　　(person)

地　区	Region	合　计 Total	工程技术人员 Engineering	农业技术人员 Agriculture	科学研究人员 Scientific Research	卫生技术人员 Health Care	教学人员 Teaching
全　国	**National Total**	**21978684**	**4791227**	**705720**	**311166**	**3581181**	**12589390**
北　京	Beijing	339209	95517	5323	4832	73343	160194
天　津	Tianjin	247879	63530	3822	2570	55000	122957
河　北	Hebei	994818	124277	26311	3666	141955	698609
山　西	Shanxi	664541	127236	20191	4118	100160	412836
内蒙古	Inner Mongolia	465517	62700	27393	2401	81181	291842
辽　宁	Liaoning	728761	123366	26381	8453	151354	419207
吉　林	Jilin	559747	90679	27676	4681	106529	330182
黑龙江	Heilongjiang	652998	118318	28008	6244	132515	367913
上　海	Shanghai	333321	96815	2834	6140	79626	147906
江　苏	Jiangsu	994976	122566	29880	7438	168043	667049
浙　江	Zhejiang	667340	94541	18838	6239	135809	411913
安　徽	Anhui	714146	90669	19381	3498	93224	507374
福　建	Fujian	515774	66294	14212	4165	62967	368136
江　西	Jiangxi	605243	72724	19694	3840	110022	398963
山　东	Shandong	1504722	228141	49307	13484	270674	943116
河　南	Henan	1209542	120339	27869	4978	172439	883917
湖　北	Hubei	827515	91442	26670	6528	188315	514560
湖　南	Hunan	917466	120619	29207	5881	178642	583117
广　东	Guangdong	1193149	138132	17126	5400	242881	789610
广　西	Guangxi	723900	110906	24159	3507	120265	465063
海　南	Hainan	117455	10128	3699	598	21515	81515
重　庆	Chongqing	366102	45747	14585	2833	58146	244791
四　川	Sichuan	983303	115058	49240	5515	163317	650173
贵　州	Guizhou	510248	60531	27484	1604	73583	347046
云　南	Yunnan	647176	91716	37693	4834	102707	410226
西　藏	Tibet	38219	3674	1559	509	7062	25415
陕　西	Shaanxi	602104	88525	25555	3522	95850	388652
甘　肃	Gansu	410195	57693	22161	5907	56119	268315
青　海	Qinghai	97080	12832	7964	694	18477	57113
宁　夏	Ningxia	121251	21316	9583	716	20859	68777
新　疆	Xinjiang	403237	52888	32633	2449	67927	247340

注：1.本表中专业技术人员包括社会科学领域专业技术人员及小学教师，但不包括行政机关专业技术人员。

2.分地区数据中不含中央属国有企事业单位人数。

a) The data include the personnel in the social field and the primary teachers, but exclude the personnel in the administration.

b) The regional data exclude the personnel in the state-owned enterprises and institution under the central government.

2-120 技术市场成交额

Transaction Value in Technical Market

单位：万元 (10 000 yuan)

地 区	Region	1998	1999	2000	2001	2002	2003	2004	2005
全 国	**National Total**	**4358228**	**5234123**	**6507519**	**7827489**	**8841713**	**10846728**	**13343630**	**15513694**
北 京	Beijing	815591	921889	1402871	1910065	2211738	2653574	4249975	4895922
天 津	Tianjin	200298	220296	262581	306009	363262	420008	450276	507093
河 北	Hebei	139090	153795	94143	46784	60406	67969	72718	103827
山 西	Shanxi	9758	3955	5258	14693	39014	32251	59960	47980
内蒙古	Inner Mongolia	31332	29348	60287	62359	58197	108452	104085	109939
辽 宁	Liaoning	280977	301546	347817	408698	508326	620200	752817	865167
吉 林	Jilin	93167	103498	71390	88543	82921	87292.3	107900	122261
黑龙江	Heilongjiang	152569	157121	152382	111035	120110	121165	125715	142585
上 海	Shanghai	314060	366324	738952	1061603	1202170	1427790	1716963	2317328
江 苏	Jiangsu	330684	416683	449568	529165	594873	765163	897855	1008296
浙 江	Zhejiang	162275	188496	276275	316652	389438	530353	581465	386954
安 徽	Anhui	39545	48544	61012	64145	75423	87960	90675	142553
福 建	Fujian	69363	80868	172601	136941	128988	166779	141395	171959
江 西	Jiangxi	38332	51444	69299	62724	62891	83323	93661	111227
山 东	Shandong	261922	275121	288135	321938	347650	525682	750850	983614
河 南	Henan	176492	201661	211621	212589	178506	192690	203207	263737
湖 北	Hubei	187596	230161	276000	338597	348603	412538	461700	501823
湖 南	Hunan	220189	246605	286833	293887	323422	369306	408280	417394
广 东	Guangdong	248122	344528	482104	539722	684532	805730	572651	1124740
广 西	Guangxi	37021	25344	17741	37753	44406	41808	90955	94059
海 南	Hainan	41533	82407		83990	9134	11978	1885	10007
重 庆	Chongqing	92951	325345	296594	289484	409433	555083	596186	357059
四 川	Sichuan	152000	125931	104150	126311	77524	128686	165640	190823
贵 州	Guizhou	14071	762	620	599	13484	17892	13533	10488
云 南	Yunnan	127222	172339	187742	255279	179496	228718	215555	159175
西 藏	Tibet								
陕 西	Shaanxi	57765	82537	92560	84615	151554	168022	139129	188977
甘 肃	Gansu	28137	25816	26413	27393	54644	77581	119608	172736
青 海	Qinghai	2917	4283		4657	12373	8291	12793	11812
宁 夏	Ningxia	2643	4654	6402	8872	8496	10047	12827	14131
新 疆	Xinjiang	30606	42822	66168	82387	100699	120395	133371	80029

2-121 文化、文物单位数(2005年)

Number of Institutions for Culture and Cultural Relics (2005)

单位：个 (unit)

地 区	Region	艺术表演团体 Art Performance Troupes	艺术表演场所 Art Performance Places	文化馆和群众艺术馆 Cultural Centers and Mass Art Centers	公共图书馆 Public Libraries	博物馆 Museums
全 国	**National Total**	**2805**	**1866**	**3226**	**2762**	**1581**
北 京	Beijing	20	39	22	25	34
天 津	Tianjin	16	28	19	32	18
河 北	Hebei	126	95	175	153	46
山 西	Shanxi	156	44	131	122	86
内蒙古	Inner Mongolia	109	27	115	110	33
辽 宁	Liaoning	66	59	132	126	39
吉 林	Jilin	61	73	81	63	18
黑龙江	Heilongjiang	84	45	144	96	46
上 海	Shanghai	85	160	33	28	25
江 苏	Jiangsu	129	87	117	103	99
浙 江	Zhejiang	273	125	99	90	80
安 徽	Anhui	92	90	118	88	43
福 建	Fujian	91	76	90	84	82
江 西	Jiangxi	79	58	113	104	82
山 东	Shandong	117	94	158	145	75
河 南	Henan	199	156	204	136	78
湖 北	Hubei	99	66	124	102	91
湖 南	Hunan	91	83	140	120	73
广 东	Guangdong	139	68	139	129	146
广 西	Guangxi	118	23	115	95	49
海 南	Hainan	22	13	21	20	16
重 庆	Chongqing	29	17	42	43	18
四 川	Sichuan	84	65	201	141	55
贵 州	Guizhou	26	12	95	91	11
云 南	Yunnan	135	38	149	149	32
西 藏	Tibet	27	24	41	4	2
陕 西	Shaanxi	113	107	121	111	82
甘 肃	Gansu	76	30	100	92	69
青 海	Qinghai	12	1	52	43	15
宁 夏	Ningxia	23	12	25	20	6
新 疆	Xinjiang	91	47	110	96	28

注：除文化馆和群众艺术馆外,其余指标分地区数据不含中央单位数。

a) Of indicators except culture centers and mass art centers, data of regions don't include central government units.

2-122 录像制品出版情况（2005年）

Publication of Video Products (2005)

地 区	Region	录像带 Videotapes		数码激光视盘 VCD		高密度激光视盘 DVD-V	
		种 数 (种) Kind	数 量 (万盒) Volume (10 000 cassettes)	种 数 (种) Kind	数 量 (万张) Volume (10 000 disks)	种 数 (种) Kind	数 量 (万张) Volume (10 000 disks)
全 国	**National Total**	**236**	**5.4**	**14067**	**26880.31**	**4226**	**11511.68**
中 央	Center Publishing House	214	1.45	5242	6971.65	1629	3522.88
地 方	Local Publishing House	22	3.95	8825	19908.66	2597	7988.8
北 京	Beijing			145	527.37	23	21.04
天 津	Tianjin			59	158.37	47	145
河 北	Hebei			269	359.24	7	30.5
山 西	Shanxi	3	0.3	106	78.94		
内蒙古	Inner Mongolia			10	6.75	20	4.53
辽 宁	Liaoning			366	502.83	197	190.55
吉 林	Jilin			350	478.24	35	14.56
黑龙江	Heilongjiang			277	654.42	95	122.5
上 海	Shanghai	16	3.32	832	684.87	81	36.9
江 苏	Jiangsu			363	507.83	32	12.05
浙 江	Zhejiang			319	244.06	150	192.77
安 徽	Anhui			412	397.84	11	6.48
福 建	Fujian			445	1303.27	291	353.99
江 西	Jiangxi			274	259.37	18	12.73
山 东	Shandong			804	3581.55	507	1476.35
河 南	Henan			175	109.61	25	163.16
湖 北	Hubei			224	468.12	31	46.29
湖 南	Hunan			730	629.94	36	125.75
广 东	Guangdong			1381	7988.32	672	4824.92
广 西	Guangxi	3	0.33	254	156.14	27	28.45
海 南	Hainan			22	22.99	1	1
重 庆	Chongqing			70	36.96	22	20
四 川	Sichuan			208	150.04	42	23.87
贵 州	Guizhou			170	124.85	126	82.55
云 南	Yunnan			194	106.1	42	24.49
西 藏	Tibet			7	58.8		
陕 西	Shaanxi			193	120.73	55	26.77
甘 肃	Gansu			34	43.4	3	1.5
青 海	Qinghai						
宁 夏	Ningxia			132	147.74	1	0.1
新 疆	Xinjiang						

2-123 录音制品出版情况（2005年）

Publication of Audio Products (2005)

地 区	Region	录音带 Audio-tapes 种数（种）Kind	录音带 Audio-tapes 数量（万盒）Volume (10 000 cassettes)	激光唱盘 CDs 种数（种）(Kind)	激光唱盘 CDs 数量（万张）Volume (10 000 pieces)	高密度激光唱盘及其他 DVD-A and Others 种数（种）(Kind)	高密度激光唱盘及其他 DVD-A and Others 数量（万张）Volume (10 000 pieces)
全 国	**National Total**	**8433**	**15156.87**	**7493**	**7111.93**	**34**	**23.9**
中 央	Center Publishing House	2209	8214.26	2058	2195.7	15	6.67
地 方	Local Publishing House	6224	6942.61	5435	4916.23	19	17.23
北 京	Beijing	248	155.29	123	39.64		
天 津	Tianjin	95	83.91	48	39.3		
河 北	Hebei	95	165.46	44	20.46	1	0.1
山 西	Shanxi	45	47.93	3	0.95		
内蒙古	Inner Mongolia	2	0.4	91	155.16		
辽 宁	Liaoning	108	122.42	66	32.24		
吉 林	Jilin	13	6.6	171	173.82	1	1.8
黑龙江	Heilongjiang	41	5.1	32	12.1		
上 海	Shanghai	3071	3158.29	1883	764.16		
江 苏	Jiangsu	114	83.17	122	87.41		
浙 江	Zhejiang	160	87.59	54	42.74		
安 徽	Anhui	95	58.95	61	12.61		
福 建	Fujian	57	44.85	70	166.7	1	4
江 西	Jiangxi	113	153.88	211	201.27	1	0.51
山 东	Shandong	143	393.56	788	1088.21	1	0.2
河 南	Henan	136	24.47	8	3.5		
湖 北	Hubei	88	220.51	104	24.51		
湖 南	Hunan	343	426.67	80	141.16		
广 东	Guangdong	816	1311.59	1099	1695.75	11	9.91
广 西	Guangxi	61	49.1	79	31.69	1	0.2
海 南	Hainan	37	30.1	2	4		
重 庆	Chongqing	69	28.39	42	17.92		
四 川	Sichuan	59	33.7	86	52.8		
贵 州	Guizhou	14	4.05	26	8.8		
云 南	Yunnan	18	7.1	60	31.2	1	0.5
西 藏	Tibet			8	7.1		
陕 西	Shaanxi	154	227.32	30	10.93	1	0.01
甘 肃	Gansu	16	8.6	3	1.5		
青 海	Qinghai						
宁 夏	Ningxia	13	3.6	41	48.61		
新 疆	Xinjiang						

2-124 卫生机构数、医疗机构床位数（2005年）

Number of Health Institutions and Beds (2005)

地区	Region	卫生机构数（个）Health Institutions (unit)	#医院 Hospitals	#卫生院 Health Centers	#门诊部、诊所 Clinics	#疾病预防控制中心（防疫站）Center for Disease Control and Prevention (Epidemic Prevention Stations)	#妇幼保健院(所站) Maternity and Child Care Centers	医疗机构床位数（张）Total Beds (bed)	#医院、卫生院 Hospitals and Health Centers
全国	**National Total**	**298997**	**18703**	**41694**	**207404**	**3585**	**3021**	**3350810**	**3134930**
北京	Beijing	4818	516	152	3841	28	18	79067	75715
天津	Tianjin	2472	271	191	1748	24	23	41513	39491
河北	Hebei	18046	817	1966	14096	192	184	162061	153981
山西	Shanxi	9430	884	1640	6094	157	131	107980	103030
内蒙古	Inner Mongolia	7629	474	1358	4863	146	116	69047	63786
辽宁	Liaoning	14925	915	1077	11433	128	114	177524	161244
吉林	Jilin	8755	563	817	5098	74	71	87279	82118
黑龙江	Heilongjiang	8326	886	933	5716	195	148	119692	112536
上海	Shanghai	2526	247	100	1865	22	24	89758	78411
江苏	Jiangsu	15324	1004	1472	9497	154	112	197515	184237
浙江	Zhejiang	12555	553	2339	6581	138	87	140734	131067
安徽	Anhui	9197	683	2001	5415	132	117	126587	119625
福建	Fujian	7934	357	953	5876	93	89	81645	73187
江西	Jiangxi	10669	486	1520	7914	115	112	84836	79272
山东	Shandong	16323	1121	1786	11138	176	150	247574	231277
河南	Henan	14554	1172	2088	10021	183	167	212407	202289
湖北	Hubei	9459	572	1176	6549	113	96	139147	128651
湖南	Hunan	15008	782	2542	10748	150	135	151297	141566
广东	Guangdong	16318	960	1463	12225	134	124	208936	192839
广西	Guangxi	9416	458	1295	7035	106	103	93532	87112
海南	Hainan	2464	190	312	1759	30	26	18651	17480
重庆	Chongqing	6380	358	1102	4668	43	42	64174	61234
四川	Sichuan	23832	1149	5176	16200	208	197	193171	184347
贵州	Guizhou	6571	383	1456	4174	103	84	61594	58325
云南	Yunnan	10110	648	1483	7262	153	148	106334	98836
西藏	Tibet	1378	97	666	458	81	55	6767	6412
陕西	Shaanxi	11701	833	1769	8228	125	115	106391	99549
甘肃	Gansu	11849	382	1358	9547	103	100	63314	59855
青海	Qinghai	1478	130	406	607	57	24	15088	14747
宁夏	Ningxia	1463	134	266	900	25	21	17754	16836
新疆	Xinjiang	8087	678	831	5848	197	88	79441	75875

2-125 卫生机构人员数（2005年）

Number of Employed Persons in Health Institutions (2005)

单位：人 (person)

地区	Region	人员合计 Total	#卫生技术人员 Medical Technical Personnel	#执业(助理)医师 Doctors	#注册护士 Nurses
全国	**National Total**	**5426851**	**4460187**	**1938272**	**1349589**
北京	Beijing	156969	119943	50642	42897
天津	Tianjin	77580	61085	24996	19606
河北	Hebei	274424	229696	105582	54456
山西	Shanxi	173902	146671	66689	42138
内蒙古	Inner Mongolia	121180	102587	50308	27052
辽宁	Liaoning	265194	209346	91519	72912
吉林	Jilin	157021	125702	56411	38917
黑龙江	Heilongjiang	191172	150657	65135	45015
上海	Shanghai	132004	103479	43956	39379
江苏	Jiangsu	316054	257137	108700	80543
浙江	Zhejiang	236197	198148	88050	60259
安徽	Anhui	193973	159788	66102	47329
福建	Fujian	118652	100945	44314	34197
江西	Jiangxi	138697	115986	49701	35679
山东	Shandong	381760	323759	140628	97886
河南	Henan	362263	289157	111134	77132
湖北	Hubei	262263	215037	89507	69442
湖南	Hunan	254423	212483	92073	59640
广东	Guangdong	364520	297334	118023	98791
广西	Guangxi	158370	129151	54563	44596
海南	Hainan	37189	30056	11811	10860
重庆	Chongqing	94761	78780	37321	20842
四川	Sichuan	280516	236028	113697	61231
贵州	Guizhou	94854	81723	40928	23538
云南	Yunnan	142175	118429	55837	38001
西藏	Tibet	10781	8913	4593	1896
陕西	Shaanxi	165170	136550	60316	38499
甘肃	Gansu	97139	83016	35246	22405
青海	Qinghai	22923	19518	8478	6418
宁夏	Ningxia	27560	22817	10586	7376
新疆	Xinjiang	117165	96266	41426	30657

2-126 城镇社区服务设施基本情况(2005年)

Basic Statistics on Community Services Facilities in Urban Areas (2005)

单位: 个 (unit)

地 区	Region	城镇社区服务设施数 Number of Urban Community Services Facilities	#社区服务单位个数 Number of Community Service Units	城镇便民、利民服务网点 Number of Convenience Stores in Urban Areas
全 国	**National Total**	**194796**	**8479**	**664764**
北 京	Beijing	1897	164	6354
天 津	Tianjin	2139	111	8907
河 北	Hebei	6602	231	19758
山 西	Shanxi	1817	168	12137
内蒙古	Inner Mongolia	4826	240	25485
辽 宁	Liaoning	8898	341	91287
吉 林	Jilin	1999	249	11869
黑龙江	Heilongjiang	5805	583	60068
上 海	Shanghai	8016	104	8702
江 苏	Jiangsu	23506	454	71447
浙 江	Zhejiang	36255	300	50046
安 徽	Anhui	6815	327	18327
福 建	Fujian	5778	366	46220
江 西	Jiangxi	3053	299	8990
山 东	Shandong	9563	399	42947
河 南	Henan	3799	346	13634
湖 北	Hubei	6971	278	22573
湖 南	Hunan	14265	955	38045
广 东	Guangdong	9044	665	11108
广 西	Guangxi	1394	93	2681
海 南	Hainan	434	4	1591
重 庆	Chongqing	1644	98	7968
四 川	Sichuan	7216	397	22660
贵 州	Guizhou	4704	149	12004
云 南	Yunnan	424	137	1365
西 藏	Tibet	70	5	3
陕 西	Shaanxi	7038	239	18544
甘 肃	Gansu	1975	272	14475
青 海	Qinghai	360	116	1271
宁 夏	Ningxia	2622	42	2973
新 疆	Xinjiang	5867	347	11328

2-127 离休和退休人员数（2005年底）

Number of Retired and Resigned Persons (End of 2005)

单位：万人 (10 000 persons)

地区	Region	合计 Total	离休人员 Retired Veterans	退休人员 Retired Persons	企业 Enterprises	离休人员 Retired Veterans	退休人员 Retired Persons
全国	**National Total**	**5088.2**	**126.4**	**4961.8**	**3842.4**	**64.5**	**3777.9**
北京	Beijing	192.2	5.6	186.6	139.3	2.8	136.4
天津	Tianjin	136.2	2.1	134.2	109.1	1.1	108.0
河北	Hebei	213.8	8.0	205.8	157.9	3.5	154.4
山西	Shanxi	128.1	6.2	121.9	98.4	2.9	95.5
内蒙古	Inner Mongolia	91.7	2.5	89.2	61.5	0.9	60.6
辽宁	Liaoning	382.2	10.5	371.7	310.2	6.2	304.0
吉林	Jilin	158.7	4.5	154.2	123.3	2.2	121.1
黑龙江	Heilongjiang	253.1	8.7	244.4	203.0	4.6	198.4
上海	Shanghai	291.3	3.2	288.1	254.2	1.7	252.4
江苏	Jiangsu	327.5	6.3	321.2	260.5	3.1	257.5
浙江	Zhejiang	176.5	2.9	173.6	130.9	1.2	129.7
安徽	Anhui	154.9	4.6	150.2	110.4	2.2	108.2
福建	Fujian	92.4	1.6	90.8	66.8	0.8	66.0
江西	Jiangxi	144.8	2.4	142.4	113.9	1.4	112.5
山东	Shandong	250.4	11.5	238.9	183.6	5.7	177.9
河南	Henan	236.4	8.6	227.8	167.8	3.7	164.1
湖北	Hubei	274.2	5.4	268.8	211.8	3.3	208.5
湖南	Hunan	188.0	2.9	185.1	139.8	1.5	138.3
广东	Guangdong	257.9	4.9	253.0	196.9	2.4	194.5
广西	Guangxi	120.2	1.9	118.3	75.6	0.8	74.7
海南	Hainan	35.1	0.5	34.6	28.0	0.3	27.8
重庆	Chongqing	112.9	1.0	111.9	81.2	0.6	80.7
四川	Sichuan	274.9	3.4	271.5	190.9	1.9	189.0
贵州	Guizhou	79.7	1.5	78.2	53.5	0.6	52.9
云南	Yunnan	126.1	3.0	123.1	83.8	1.3	82.5
西藏	Tibet	5.8	0.1	5.7	2.7		2.7
陕西	Shaanxi	141.2	4.2	137.0	109.7	2.3	107.3
甘肃	Gansu	75.4	2.1	73.3	54.1	1.1	53.0
青海	Qinghai	25.4	0.8	24.7	17.2	0.3	16.9
宁夏	Ningxia	21.9	0.7	21.2	15.5	0.3	15.2
新疆	Xinjiang	115.0	4.6	110.4	90.8	3.6	87.2

注：本表总计中包括总后勤部、民政部门支付离退休费的人数；分地区数据不包括总后勤部支付离退休费的人数。

a) The national total in this table includes number of retirees whose pensions are paid by the General Logistics Department of PLA and by the Ministry of Civil Affairs and its subodinate agencies in local governments, whereas the number of retirees by province do not include retirees whose pensions are paid by the General Logistics Department of PLA.

2-128 基本养老保险情况（2005年）

Statistics on Basic Pension Insurance (2005)

地区	Region	年末参加养老保险人数（万人） Contributed in Pension Insurance at the Year-end (10 000 persons)	职工 Number of Employees	#企业（含其他） Enterprise (including others)	离休和退休人员 Number of Retirees	基金收支情况（万元） Revenue and Expenses (10 000 yuan) 基金收入 Revenue	基金支出 Expenses	累计结余 Balance at the Year-end
全国	**National Total**	**17487.0**	**13120.4**	**11710.5**	**4367.5**	**50933144**	**40403182**	**40410251**
北京	Beijing	520.0	364.7	364.7	155.2	2410284	1955722	1005233
天津	Tianjin	308.3	200.6	193.4	107.7	1298614	1020689	599685
河北	Hebei	707.9	523.7	423.3	184.2	2098343	1658652	1699380
山西	Shanxi	383.4	285.2	285.2	98.2	1328998	896569	1469883
内蒙古	Inner Mongolia	338.9	252.9	224.6	86.1	890990	792843	466731
辽宁	Liaoning	1193.6	832.8	760.5	360.8	3539353	2871897	2774913
吉林	Jilin	455.9	325.0	314.1	131.0	1480386	1007817	1039017
黑龙江	Heilongjiang	768.9	545.7	487.1	223.2	2093315	1672529	1395495
上海	Shanghai	830.0	539.3	476.8	290.7	3598224	3621200	781724
江苏	Jiangsu	1345.6	1037.6	952.3	307.9	3875751	3099149	2410226
浙江	Zhejiang	962.3	801.3	735.2	160.9	2895812	1916798	3714726
安徽	Anhui	471.7	347.0	338.3	124.8	1200284	1005319	590319
福建	Fujian	409.6	320.8	266.4	88.9	1052179	848001	797036
江西	Jiangxi	387.4	282.0	265.0	105.5	824765	686325	539539
山东	Shandong	1302.4	1053.9	833.8	248.6	3601747	2958846	2937075
河南	Henan	814.0	619.8	538.6	194.2	1924808	1511691	1756380
湖北	Hubei	804.0	597.6	539.8	206.4	1806995	1539711	930264
湖南	Hunan	718.6	523.4	369.2	195.2	1734508	1519918	1246938
广东	Guangdong	1796.1	1564.9	1423.6	231.2	4576734	2799381	7754623
广西	Guangxi	288.6	215.3	215.3	73.3	693388	584104	571039
海南	Hainan	120.9	84.4	65.5	36.5	313119	283228	167331
重庆	Chongqing	290.2	189.6	188.2	100.5	790803	672952	319855
四川	Sichuan	793.4	562.7	455.2	230.7	2331002	1806205	1959706
贵州	Guizhou	183.7	132.0	117.2	51.7	532469	433645	494217
云南	Yunnan	258.7	176.8	167.8	81.9	862728	713312	714496
西藏	Tibet	7.7	4.6	4.6	3.1	55794	55638	86
陕西	Shaanxi	376.1	268.4	268.4	107.8	1052042	832228	530677
甘肃	Gansu	197.3	142.2	137.5	55.1	608803	504034	378727
青海	Qinghai	60.0	43.0	43.0	16.9	257911	188014	107950
宁夏	Ningxia	67.5	51.5	51.5	16.1	214295	159268	276589
新疆	Xinjiang	302.1	213.1	204.3	89.0	975102	778077	935962
不分地区	Not Classified by Region	22.9	18.7		4.2	13598	9420	44429

注：不分地区合计中，包括中国人民银行、中国农业发展银行数。

a) Data in the category of "Not Classified by Region" include data from the People's Bank of China and Agricultural Development Bank of China.

2-129 失业保险情况（2005年底）

Statistics of Unemployment Insurance (End of 2005)

单位：万人 (10 000 persons)

地区	Region	参保人数 Contributors	企业 Enterprises	国有企业 State-owned Enterprises	集体企业 Collective-owned Enterprises	其他企业 Other Enterprises	事业单位 Institutions	领取失业保险金人数 Beneficiaries of Unemployment Insurance
全国	**National Total**	**10647.7**	**8144.5**	**4362.8**	**1018.8**	**2763.0**	**2280.5**	**362.3**
北京	Beijing	357.5	268.7	92.6	11.8	164.2	77.3	3.5
天津	Tianjin	197.5	164.0	93.0	17.8	53.2	33.4	3.8
河北	Hebei	461.2	337.0	219.1	40.6	77.2	122.6	13.3
山西	Shanxi	288.5	238.8	208.4	25.8	4.6	48.7	4.8
内蒙古	Inner Mongolia	222.2	157.7	87.1	12.6	58.0	61.0	4.9
辽宁	Liaoning	607.7	454.6	204.4	119.2	131.0	108.9	46.5
吉林	Jilin	199.4	155.2	120.8	13.7	20.7	42.1	7.5
黑龙江	Heilongjiang	459.6	418.9	316.5	69.6	32.7	37.8	10.3
上海	Shanghai	466.1	343.1	89.0	32.5	221.6	62.5	17.8
江苏	Jiangsu	838.3	675.6	222.7	116.2	336.7	146.9	30.2
浙江	Zhejiang	444.7	333.6	70.6	34.3	228.7	94.6	7.2
安徽	Anhui	360.3	268.3	157.5	46.6	64.1	89.1	24.3
福建	Fujian	266.6	218.9	62.1	19.3	137.4	44.5	8.6
江西	Jiangxi	230.7	153.9	129.3	10.4	14.2	76.5	6.0
山东	Shandong	771.1	599.9	376.4	98.9	124.6	165.4	32.2
河南	Henan	681.9	506.8	335.7	91.2	80.0	168.5	29.2
湖北	Hubei	391.5	284.1	200.9	26.4	56.9	106.7	14.8
湖南	Hunan	382.7	250.3	192.6	27.3	30.4	130.0	11.3
广东	Guangdong	1099.1	977.5	217.9	81.8	677.7	100.8	20.4
广西	Guangxi	219.9	133.8	96.9	12.2	24.7	85.6	9.4
海南	Hainan	56.7	41.8	31.0	2.4	8.4	12.7	2.0
重庆	Chongqing	188.2	150.7	111.8	26.4	12.5	34.9	6.4
四川	Sichuan	380.5	246.1	135.1	20.0	91.1	132.6	15.6
贵州	Guizhou	129.3	87.3	75.0	5.5	6.8	41.9	1.3
云南	Yunnan	180.3	111.1	64.6	9.5	37.0	60.9	9.1
西藏	Tibet	6.7	2.8	2.8			3.9	
陕西	Shaanxi	326.7	251.9	196.9	28.6	26.4	72.4	8.6
甘肃	Gansu	160.0	119.3	96.6	12.3	10.4	40.1	5.4
青海	Qinghai	33.2	21.6	16.1	0.7	4.9	10.7	1.1
宁夏	Ningxia	37.2	25.9	22.4	1.1	2.4	11.1	1.2
新疆	Xinjiang	202.4	145.2	116.9	4.0	24.3	56.3	5.6

2-130 基本医疗保险情况（2005年）

Statistics of Basic Medical Insurance (2005)

地 区	Region	年末参保人数（万人） Contributors at the Year-end (10 000 persons)			基金收支情况（万元） Revenue and Expenses (10 000 yuan)		
		合 计 Total	职 工 Employees	离休和退休人员 Retirees	基金收入 Revenue	基金支出 Expenses	累计结余 Balance at the Year-end
全 国	**National Total**	**13782.9**	**10021.7**	**3761.2**	**14053007**	**10787360**	**12781199**
北 京	Beijing	574.8	419.7	155.1	1020106	777404	560083
天 津	Tianjin	299.1	180.8	118.3	322544	311564	48169
河 北	Hebei	562.1	422.6	139.6	495703	375205	440793
山 西	Shanxi	324.9	251.9	73.0	256014	157503	265953
内蒙古	Inner Mongolia	292.0	206.0	86.0	215838	157638	188131
辽 宁	Liaoning	864.2	584.2	280.0	685606	551872	601820
吉 林	Jilin	283.0	209.1	73.9	179795	134239	170637
黑龙江	Heilongjiang	602.9	432.5	170.4	423163	332442	318535
上 海	Shanghai	728.6	452.7	275.9	1510763	1464370	660798
江 苏	Jiangsu	1124.1	821.1	303.0	1179901	905982	1044373
浙 江	Zhejiang	639.6	476.5	163.1	840808	567871	1110044
安 徽	Anhui	387.1	274.4	112.7	303672	238710	256601
福 建	Fujian	333.0	255.8	77.2	404369	259821	557482
江 西	Jiangxi	276.7	201.7	75.0	145167	112788	117566
山 东	Shandong	861.5	684.8	176.7	820726	631723	641006
河 南	Henan	641.5	487.4	154.1	414793	305254	455730
湖 北	Hubei	502.0	354.9	147.2	415504	296284	462525
湖 南	Hunan	503.4	356.8	146.6	453295	338844	392955
广 东	Guangdong	1235.3	1055.0	180.3	1417976	933241	2153549
广 西	Guangxi	285.9	203.6	82.3	259445	176180	292685
海 南	Hainan	87.2	62.8	24.5	59385	52291	38817
重 庆	Chongqing	237.7	145.8	91.9	207123	135065	189379
四 川	Sichuan	647.0	426.8	220.2	623791	430297	694515
贵 州	Guizhou	180.5	129.0	51.5	117655	85554	106568
云 南	Yunnan	320.7	225.2	95.5	387659	335928	296534
西 藏	Tibet	15.2	10.4	4.8	16517	16018	5700
陕 西	Shaanxi	348.8	247.4	101.3	240267	177114	223500
甘 肃	Gansu	176.6	130.4	46.2	123129	111720	78989
青 海	Qinghai	62.0	41.6	20.4	78302	62816	82512
宁 夏	Ningxia	64.5	47.3	17.2	58171	42951	56174
新 疆	Xinjiang	321.1	223.6	97.5	375820	308671	269076

2-131 婚姻登记和离婚情况（2005年）

Number of Marriages and Divorces (2005)

地 区	Region	结婚登记对数（万对）Total Number of Registered Marriages (10 000 couples)	内地居民登记结婚 Registered Marriages of Mainland	初 婚（万人）First Marriages (10 000 persons)	再 婚（万人）Remarriages (10 000 persons)	涉外及港澳台居民登记结婚 Registered Marriages with Foreigner and the Citizen of Hong Kong, Macao, Taiwan	离 婚（万对）Divorces (10 000 couples)	粗离婚率（‰）Divorce Rate (‰)
全 国	**National Total**	**823.1**	**816.6**	**1483.0**	**163.1**	**6.40**	**178.5**	**1.37**
北 京	Beijing	9.7	9.6	15.9	3.4	0.09	3.4	
天 津	Tianjin	6.4	6.3	10.3	2.4	0.04	1.9	
河 北	Hebei	53.8	53.8	97.5	10.1	0.03	8.3	
山 西	Shanxi	19.0	19.0	35.4	2.6	0.01	2.9	
内蒙古	Inner Mongolia	15.5	15.4	28.0	2.9	0.01	3.9	
辽 宁	Liaoning	26.0	25.7	42.7	9.3	0.26	11.1	
吉 林	Jilin	16.8	16.7	29.1	4.6	0.13	7.3	
黑龙江	Heilongjiang	22.8	22.6	39.6	6.1	0.24	9.6	
上 海	Shanghai	10.3	10.0	16.4	4.1	0.24	3.9	
江 苏	Jiangsu	47.2	47.1	84.7	9.7	0.14	9.7	
浙 江	Zhejiang	35.3	34.9	64.2	6.4	0.41	7.3	
安 徽	Anhui	44.0	43.9	83.4	4.7	0.09	5.8	
福 建	Fujian	27.1	25.8	49.8	4.5	1.40	3.9	
江 西	Jiangxi	29.5	29.4	55.4	3.7	0.15	3.9	
山 东	Shandong	63.2	63.1	114.9	11.4	0.10	9.9	
河 南	Henan	51.3	51.2	96.4	6.2	0.13	9.1	
湖 北	Hubei	39.4	39.1	71.7	7.1	0.27	7.6	
湖 南	Hunan	46.0	45.4	83.8	8.1	0.54	9.6	
广 东	Guangdong	58.9	57.9	111.6	6.3	1.09	8.1	
广 西	Guangxi	31.8	31.5	59.7	3.9	0.34	4.8	
海 南	Hainan	4.1	4.0	7.5	0.7	0.14	0.6	
重 庆	Chongqing	18.5	18.3	29.5	7.4	0.14	7.3	
四 川	Sichuan	40.8	40.6	69.4	12.3	0.26	14.1	
贵 州	Guizhou	21.1	21.1	38.2	4.1	0.07	3.8	
云 南	Yunnan	25.1	25.0	45.7	4.5	0.05	4.7	
西 藏	Tibet	0.6	0.6	1.1	0.1		0.1	
陕 西	Shaanxi	20.8	20.8	38.1	3.5	0.05	4.0	
甘 肃	Gansu	11.5	11.4	21.0	1.9	0.01	2.3	
青 海	Qinghai	2.9	2.9	5.2	0.5		0.8	
宁 夏	Ningxia	4.1	4.1	7.5	0.7		0.9	
新 疆	Xinjiang	19.6	19.6	29.4	9.9		7.8	

注：粗离婚率计算方法：离婚对数除以当期人口平均数。此方法为国际惯用方法。

a) Computational method of divorce rate: number of divorce couples divided by average population at current year. This is an internationally

2-132 电力消费量

Electricity Consumption

单位：亿千瓦小时 (100 million kwh)

地 区	Region	1995	2000	2001	2002	2003	2004	2005
北 京	Beijing	261.74	384.43	399.94	439.96	467.61	513.18	570.54
天 津	Tianjin	178.99	234.05	247.94	274.39	305.64	340.04	384.84
河 北	Hebei	602.68	809.34	867.55	965.83	1099.00	1291.40	1501.92
山 西	Shanxi	399.16	501.99	557.58	628.82	725.20	833.01	946.33
内蒙古	Inner Mongolia	186.83	254.21	280.89	320.43	416.44	530.43	667.72
辽 宁	Liaoning	622.81	748.89	764.77	809.45	907.91	1019.78	1110.56
吉 林	Jilin	267.60	291.37	295.08	306.29	338.70	371.79	378.23
黑龙江	Heilongjiang	409.38	442.28	456.86	468.45	493.37	525.47	555.85
上 海	Shanghai	403.27	559.45	592.98	645.71	745.97	821.44	921.97
江 苏	Jiangsu	684.80	971.34	1078.44	1245.14	1505.11	1820.09	2193.45
浙 江	Zhejiang	439.59	738.05	848.40	1010.72	1232.54	1383.69	1642.31
安 徽	Anhui	288.97	338.93	359.59	389.94	445.42	515.69	582.16
福 建	Fujian	261.28	401.51	439.19	496.83	585.74	664.36	756.59
江 西	Jiangxi	181.21	208.15	222.28	246.57	299.53	335.54	391.98
山 东	Shandong	741.07	1000.71	1104.53	1241.74	1395.72	1639.92	1911.61
河 南	Henan	571.48	718.52	808.41	916.25	1041.89	1191.03	1352.74
湖 北	Hubei	414.99	503.02	526.02	561.96	629.20	700.21	788.91
湖 南	Hunan	374.76	406.12	439.78	477.49	545.83	616.80	674.43
广 东	Guangdong	787.66	1334.58	1458.42	1687.83	2031.29	2387.14	2673.56
广 西	Guangxi	220.77	314.44	331.92	356.95	415.83	456.86	510.15
海 南	Hainan	32.00	38.37	42.96	49.00	56.62	67.01	81.61
重 庆	Chongqing		307.61	220.54	248.01	269.26	302.58	347.68
四 川	Sichuan	582.85	521.23	589.57	660.51	759.80	857.02	942.59
贵 州	Guizhou	203.70	287.78	335.19	366.63	399.57	458.69	486.97
云 南	Yunnan	223.71	273.58	320.75	353.20	370.31	454.51	557.25
陕 西	Shaanxi	239.68	292.76	321.54	355.97	404.11	477.03	516.43
甘 肃	Gansu	241.06	295.33	306.09	339.66	398.34	451.74	489.48
青 海	Qinghai	69.02	109.10	111.90	125.51	150.16	189.76	206.56
宁 夏	Ningxia	92.38	136.17	151.81	178.76	212.12	270.01	302.88
新 疆	Xinjiang	119.67	182.98	197.92	214.60	236.10	266.41	310.14

注：2000年及以后为电力公司数。

a) Data from 2000 are obtained from Power Generation Enterprises.

2-133 能源消耗指标（2005年）

Indicators of Energy Consumption (2005)

地 区	Region	单位地区生产总值能耗(等价值)(吨标准煤/万元) Energy Consumption per Unit of GRP (equivalent value) (ton of SCE/10 000 yuan)	单位地区生产总值电耗(等价值)(千瓦小时/万元) Electricity Consumption per Unit of GRP (equivalent value) (kw.h/10 000 yuan)	单位工业增加值能耗(规模以上，当量值)(吨标准煤/万元) Energy Consumption per Unit of Industrial Value-added (above Designated Size, equivalent value) (ton of SCE/10 000 yuan)
北 京	Beijing	0.80	828.5	1.50
天 津	Tianjin	1.11	1040.8	1.45
河 北	Hebei	1.96	1487.6	4.41
山 西	Shanxi	2.95	2264.2	6.57
内蒙古	Inner Mongolia	2.48	1714.1	5.67
辽 宁	Liaoning	1.83	1386.6	3.11
吉 林	Jilin	1.65	1044.7	3.25
黑龙江	Heilongjiang	1.46	1008.5	2.34
上 海	Shanghai	0.88	1007.2	1.18
江 苏	Jiangsu	0.92	1198.2	1.67
浙 江	Zhejiang	0.90	1222.2	1.49
安 徽	Anhui	1.21	1082.9	3.13
福 建	Fujian	0.94	1151.8	1.45
江 西	Jiangxi	1.06	966.3	3.11
山 东	Shandong	1.28	1032.4	2.15
河 南	Henan	1.38	1277.7	4.02
湖 北	Hubei	1.51	1210.0	3.50
湖 南	Hunan	1.40	1035.8	2.88
广 东	Guangdong	0.79	1195.3	1.08
广 西	Guangxi	1.22	1251.7	3.19
海 南	Hainan	0.92	912.3	3.65
重 庆	Chongqing	1.42	1132.3	2.75
四 川	Sichuan	1.53	1276.3	3.52
贵 州	Guizhou	3.25	2460.6	5.38
云 南	Yunnan	1.73	1604.6	3.55
陕 西	Shaanxi	1.48	1405.0	2.62
甘 肃	Gansu	2.26	2531.0	4.99
青 海	Qinghai	3.07	3801.8	3.44
宁 夏	Ningxia	4.14	4997.7	9.03
新 疆	Xinjiang	2.11	1190.9	3.00

注：地区生产总值和工业增加值按当年价格计算。

a) Gross regional product and industrial value-added are at current prices.

2-134 废水排放及处理情况（2005年）

Discharge and Treatment of Industrial Waste Water (2005)

地 区	Region	废水治理设施数(套) Number of Facilities for Treatment of Waste Water (set)	工业废水排放总量(万吨) Total Volume of Waste Water Discharge (10 000 tons)	#直接排入海的 Volume of Waste Water Directly Discharged into Sea	工业废水排放达标量(万吨) Industrial Waste Water Meeting Discharge Standards (10 000 tons)
全 国	**National Total**	**69231**	**2431121**	**152370**	**2217093**
北 京	Beijing	553	12813		12740
天 津	Tianjin	904	30081	2009	29962
河 北	Hebei	4271	124533	4274	119920
山 西	Shanxi	3560	32099		28526
内蒙古	Inner Mongolia	745	24967		16634
辽 宁	Liaoning	2137	105072	41791	99917
吉 林	Jilin	681	41189		33458
黑龙江	Heilongjiang	1142	45158		41759
上 海	Shanghai	1707	51097	16447	49590
江 苏	Jiangsu	4663	296318	532	288936
浙 江	Zhejiang	5858	192426	5808	185978
安 徽	Anhui	1529	63487		61816
福 建	Fujian	5385	130939	62683	127874
江 西	Jiangxi	1242	53972		49726
山 东	Shandong	4215	139071	9062	136606
河 南	Henan	3315	123476		113518
湖 北	Hubei	2163	92432		80926
湖 南	Hunan	3086	122440		109879
广 东	Guangdong	5971	231568	5241	194284
广 西	Guangxi	2396	145609	806	121873
海 南	Hainan	267	7428	3718	6954
重 庆	Chongqing	1478	84885		79507
四 川	Sichuan	4493	122590		108195
贵 州	Guizhou	1935	14850		10054
云 南	Yunnan	1927	32928		26659
西 藏	Tibet	15	991		
陕 西	Shaanxi	1747	42819		39704
甘 肃	Gansu	792	16798		12301
青 海	Qinghai	130	7619		3396
宁 夏	Ningxia	456	21411		14508
新 疆	Xinjiang	468	20052		11893

2-134 续表 continued

地 区	Region	工业废水中化学需氧量排放量(万吨) COD Discharge from Industrial Waste Water (10 000 tons)	工业废水中氨氮排放量(万吨) Ammonia Nitrogen Discharge from Industrial Waste Water (10 000 tons)	生活污水排放量(万吨) Consumption Waste Water Discharge (10 000 tons)	生活污水中化学需氧量排放量(万吨) COD Discharge from Consumption Waste Water (10 000 tons)	生活污水中氨氮排放量(万吨) Ammonia Nitrogen Discharge from Consumption Waste Water (10 000 tons)
全 国	**National Total**	**554.7**	**52.5**	**2813968**	**859.4**	**97.3**
北 京	Beijing	1.1	0.1	88196	10.5	1.3
天 津	Tianjin	5.9	0.6	30280	8.7	1.3
河 北	Hebei	38.9	3.6	83991	27.1	3.3
山 西	Shanxi	16.8	1.4	62997	21.9	2.8
内蒙古	Inner Mongolia	15.5	1.9	31274	14.2	3.1
辽 宁	Liaoning	26.8	3.3	113633	37.6	5.7
吉 林	Jilin	16.1	0.7	56816	24.6	2.9
黑龙江	Heilongjiang	13.7	1.2	68883	36.7	4.2
上 海	Shanghai	3.7	0.2	148613	26.8	3.1
江 苏	Jiangsu	33.8	2.4	223107	62.8	6.0
浙 江	Zhejiang	29.0	3.1	120770	30.5	3.2
安 徽	Anhui	13.6	1.9	93104	30.7	3.4
福 建	Fujian	9.9	1.0	81453	29.5	4.1
江 西	Jiangxi	11.1	0.8	69348	34.6	2.7
山 东	Shandong	35.7	3.2	141306	41.4	5.2
河 南	Henan	34.3	5.4	139088	37.8	5.0
湖 北	Hubei	17.7	2.6	144936	43.9	5.1
湖 南	Hunan	29.4	4.2	133198	60.1	5.9
广 东	Guangdong	29.2	0.9	406835	76.6	9.1
广 西	Guangxi	66.4	5.7	125248	40.5	3.3
海 南	Hainan	1.2	0.1	27846	8.3	0.7
重 庆	Chongqing	11.9	1.2	60336	15.0	1.6
四 川	Sichuan	29.8	2.0	139061	48.6	4.6
贵 州	Guizhou	2.2	0.2	40818	20.3	1.6
云 南	Yunnan	10.7	0.4	42274	17.8	1.5
西 藏	Tibet	0.1		3564	1.3	0.1
陕 西	Shaanxi	14.9	0.3	40549	20.1	2.4
甘 肃	Gansu	5.9	2.1	26930	12.3	1.3
青 海	Qinghai	3.4	0.1	11741	3.8	0.5
宁 夏	Ningxia	10.8	1.3	14406	3.5	0.4
新 疆	Xinjiang	15.3	0.4	43367	11.8	1.8

2-135 废气排放及处理情况（2005年）

Emission and Treatment of Industrial Waste Gas (2005)

地区	Region	工业废气排放总量（亿标立方米）Total Volume of Industrial Waste Gas Emission (100 million cu.m)	燃料燃烧过程中废气排放量 Volume of Waste Gas from Process of Fuel Burning	生产工艺过程中废气排放量 Volume of Waste Gas from Process of Production	废气治理设施数(套) Number of Facilities for Treatment of Waste Gas (set)	工业二氧化硫排放量（万吨）Volume of Sulphur Dioxide Emission by Industry (10 000 tons)	生活二氧化硫排放量（万吨）Volume of Sulphur Dioxide Emission by Consumption (10 000 tons)
全　国	**National Total**	**268988**	**155238**	**113749**	**145043**	**2168.4**	**381.0**
北　京	Beijing	3532	2015	1517	2309	10.5	8.5
天　津	Tianjin	4602	3380	1222	2863	24.1	2.4
河　北	Hebei	26518	13142	13377	11746	128.1	21.4
山　西	Shanxi	15142	8565	6576	7335	120.0	31.6
内蒙古	Inner Mongolia	12071	8802	3269	3521	129.6	16.0
辽　宁	Liaoning	20903	10640	10263	7874	96.1	23.6
吉　林	Jilin	4939	3405	1535	3222	30.8	7.5
黑龙江	Heilongjiang	5261	4276	986	3812	43.1	7.7
上　海	Shanghai	8482	3564	4918	3067	37.5	13.8
江　苏	Jiangsu	20197	12748	7449	8488	131.2	6.1
浙　江	Zhejiang	13025	8148	4877	11560	83.1	2.9
安　徽	Anhui	6960	4478	2481	3307	51.5	5.6
福　建	Fujian	6265	3284	2981	5354	43.9	2.2
江　西	Jiangxi	4379	2138	2240	2253	55.5	5.8
山　东	Shandong	24129	14333	9796	10177	171.5	28.7
河　南	Henan	15498	9180	6319	9336	147.1	15.3
湖　北	Hubei	9404	3958	5446	4306	62.6	9.2
湖　南	Hunan	6014	2826	3188	4990	75.5	16.4
广　东	Guangdong	13447	9213	4234	7872	127.4	2.0
广　西	Guangxi	8339	4370	3969	5092	97.5	4.9
海　南	Hainan	910	552	358	372	2.2	
重　庆	Chongqing	3655	2178	1477	2150	68.3	15.4
四　川	Sichuan	8140	4395	3745	6185	114.1	15.9
贵　州	Guizhou	3852	1933	1919	2291	65.9	69.9
云　南	Yunnan	5444	2939	2505	4182	42.9	9.3
西　藏	Tibet	13	13		22	0.1	0.1
陕　西	Shaanxi	4916	3140	1776	3841	80.0	12.2
甘　肃	Gansu	4250	2648	1603	2730	51.7	4.6
青　海	Qinghai	1370	345	1024	592	11.5	0.9
宁　夏	Ningxia	2844	1625	1220	1211	30.2	4.0
新　疆	Xinjiang	4485	3005	1480	2983	34.8	17.1

2-135 续表 continued

地 区	Region	工业二氧化硫去除量(万吨) Volume of Industry Sulphur Dioxide Removed (10 000 tons)	工业烟尘排放量(万吨) Volume of Industrial Soot Emission (10 000 tons)	生活烟尘排放量(万吨) Volume of Consumption Soot Emission (10 000 tons)	工业烟尘去除量(万吨) Volume of Industrial Soot Removed (10 000 tons)	工业粉尘排放量(万吨) Volume of Industrial Dust Emission (10 000 tons)	工业粉尘去除量(万吨) Volume of Industrial Dust Removed (10 000 tons)	建成烟尘控制区数(个) Number of Soot Control Zones Established (unit)	建成烟尘控制区面积(平方公里) Area of Soot Control Zones (sq.km)
全 国	**National Total**	**1090.4**	**948.9**	**233.6**	**20587.1**	**911.2**	**6453.9**	**3452**	**37240.8**
北 京	Beijing	4.7	1.8	4.0	250.1	3.3	128.5	56	832.5
天 津	Tianjin	10.8	7.7	1.4	272.4	1.9	26.1	48	574.6
河 北	Hebei	70.3	56.0	17.3	1960.9	71.3	634.5	108	1604.0
山 西	Shanxi	39.2	91.0	21.2	1232.9	69.5	235.5	184	688.8
内蒙古	Inner Mongolia	20.0	60.4	17.5	1092.7	45.6	123.1	66	619.8
辽 宁	Liaoning	72.4	51.7	22.8	1125.0	45.3	432.9	104	1523.6
吉 林	Jilin	3.3	32.7	8.6	658.7	13.7	187.1	234	951.7
黑龙江	Heilongjiang	7.6	45.4	9.4	650.6	12.4	59.2	295	1149.6
上 海	Shanghai	7.5	5.0	6.6	574.2	1.1	150.5	134	1801.9
江 苏	Jiangsu	73.3	42.6	2.6	1771.5	35.5	388.7	142	3030.7
浙 江	Zhejiang	63.5	19.9	1.3	617.7	23.1	378.8	144	4915.7
安 徽	Anhui	82.4	25.3	4.5	563.4	46.2	200.2	175	850.6
福 建	Fujian	12.4	11.8	1.3	340.5	19.3	195.6	117	1004.2
江 西	Jiangxi	72.5	23.0	1.6	522.4	35.0	270.3	54	803.0
山 东	Shandong	75.5	48.5	13.4	1789.9	37.3	582.1	250	2965.2
河 南	Henan	34.6	85.7	7.1	1848.9	70.4	538.2	256	2343.7
湖 北	Hubei	54.1	26.6	6.4	695.9	33.8	378.1	176	1285.5
湖 南	Hunan	54.6	45.3	8.6	591.8	76.9	277.5	183	1238.6
广 东	Guangdong	25.5	27.1	0.8	727.0	32.1	242.6	161	3429.2
广 西	Guangxi	40.8	53.8	1.2	444.0	55.6	233.2	86	1227.1
海 南	Hainan	1.3	1.0	0.1	51.0	1.1	11.0	9	175.6
重 庆	Chongqing	40.1	13.1	8.5	207.3	21.3	37.6	146	1132.6
四 川	Sichuan	24.9	63.4	15.7	459.3	38.4	182.3	23	567.0
贵 州	Guizhou	17.8	20.5	15.9	491.5	19.1	118.3	57	354.8
云 南	Yunnan	92.7	17.1	5.6	381.1	15.5	163.3	18	317.2
西 藏	Tibet		0.2			0.2		1	65.9
陕 西	Shaanxi	12.0	29.2	10.2	374.1	34.0	84.1	91	657.2
甘 肃	Gansu	67.2	12.4	3.8	359.9	16.6	75.1	46	472.1
青 海	Qinghai		5.7	2.0	71.3	9.3	29.7	12	74.7
宁 夏	Ningxia	4.6	10.2	2.2	312.3	9.0	31.4	16	206.5
新 疆	Xinjiang	4.9	15.0	12.0	148.7	17.3	58.1	60	377.2

2-136 工业固体废物产生及处理利用情况（2005年）

Production, Treatment and Utilization of Industrial Solid Wastes (2005)

地 区	Region	工业固体废物产生量（万吨）Volume of Industrial Solid Wastes Produced (10 000 tons)	#危险废物 Hazardous Wastes	工业固体废物综合利用量（万吨）Volume of Industrial Solid Wastes Utilized (10 000 tons)	工业固体废物贮存量（万吨）Volume of Industrial Solid Wastes in Stocks (10 000 tons)	工业固体废物处置量（万吨）Volume of Industrial Solid Wastes Treated (10 000 tons)	工业固体废物排放量（吨）Volume of Industrial Solid Wastes Discharged (ton)	#危险废物 Hazardous Wastes	"三废"综合利用产品产值（万元）Output Value of Products Made from Utilization of Waste Gas, Water & Solid Wastes (10 000 yuan)
全 国	**National Total**	**134449**	**1161.6**	**76993**	**27876**	**31259**	**16546848**	**5967.0**	**7555064.3**
北 京	Beijing	1238	10.6	969	170	389	91403		94715.0
天 津	Tianjin	1123	15.0	1153		20	44		77228.9
河 北	Hebei	16279	18.5	8374	3072	5051	424149		428703.0
山 西	Shanxi	11183	4.1	5003	785	4900	6046901		249696.5
内蒙古	Inner Mongolia	7363	37.8	3052	3693	661	624958		86505.0
辽 宁	Liaoning	10242	52.6	4268	2429	3551	93938		256174.2
吉 林	Jilin	2457	7.1	1290	1132	33	18642		128649.3
黑龙江	Heilongjiang	3210	19.6	2401	313	530	300		138067.0
上 海	Shanghai	1964	48.8	1892	8	65	1233		91108.9
江 苏	Jiangsu	5757	83.9	5987	197	129	53		931999.9
浙 江	Zhejiang	2514	21.7	2336	25	158	56380		575110.8
安 徽	Anhui	4196	4.5	3357	360	519	450		187615.8
福 建	Fujian	3773	7.4	2650	99	1097	57682		148978.8
江 西	Jiangxi	7007	3.3	1899	573	4591	102819		178811.2
山 东	Shandong	9175	94.3	8683	599	322	1376		935661.8
河 南	Henan	6178	15.1	4244	857	1287	36354		339139.5
湖 北	Hubei	3692	15.8	2748	874	110	167034		462127.9
湖 南	Hunan	3366	34.6	2385	561	415	567050	904.2	263513.6
广 东	Guangdong	2896	129.9	2518	377	387	138538	112.0	365616.3
广 西	Guangxi	3489	64.2	2165	1119	109	1104791	32.0	238923.4
海 南	Hainan	127	1.1	87	39	1	368		14738.3
重 庆	Chongqing	1777	13.1	1329	209	122	1844955	4899.0	81493.7
四 川	Sichuan	6421	21.0	3850	1325	1159	1157015	4.5	505656.7
贵 州	Guizhou	4854	243.3	1658	1424	1937	1312832		121322.2
云 南	Yunnan	4661	30.4	1646	1348	1638	706602	0.3	392999.2
西 藏	Tibet	8			1		73000		
陕 西	Shaanxi	4588	3.9	1103	2189	1286	348679		49489.4
甘 肃	Gansu	2249	28.6	678	1105	481	406347	15.0	91664.6
青 海	Qinghai	649	76.8	142	515	1	27625		5289.7
宁 夏	Ningxia	719		387	90	238	41047		23498.2
新 疆	Xinjiang	1295	54.6	673	458	73	1094286		90565.5

2-137 环境污染与破坏事故情况(2005年)

Environment Pollution and Destruction Accidents (2005)

地 区	Region	环境污染与破坏事故次数(次) Number of Pollution and Destruction Accidents (time)	水污染 Water Pollution	大气污染 Air Pollution	固体废物污染 Solid Wastes Pollution	噪声与振动危害 Noise and Vibration Pollution	其 他 Others	污染直接经济损失(万元) Direct Economic Losses (10 000 yuan)	污染事故赔、罚款总额(万元) Reparations and Fines on Pollution Accidents (10 000 yuan)
全 国	**National Total**	**1406**	**693**	**538**	**48**	**63**	**64**	**10515.0**	**3082.1**
北 京	Beijing								
天 津	Tianjin	3		3				5.0	2.0
河 北	Hebei	9	4	5				7.1	20.5
山 西	Shanxi	4	1	2	1			11.0	10.0
内蒙古	Inner Mongolia	7	3	4				15.7	20.7
辽 宁	Liaoning	26	6	5	3		12	46.3	40.1
吉 林	Jilin	2	2					7.5	
黑龙江	Heilongjiang	4	3	1				6.1	11.4
上 海	Shanghai	9	3	5		1		37.4	18.9
江 苏	Jiangsu	27	18	9				1787.6	27.6
浙 江	Zhejiang	65	44	13	4		4	404.9	386.2
安 徽	Anhui	28	16	10		2		275.4	199.3
福 建	Fujian	15	11	3			1	26.9	23.0
江 西	Jiangxi	40	20	15	2	3		88.0	76.4
山 东	Shandong	44	11	33				86.9	58.4
河 南	Henan	14	7	7				15.1	5.1
湖 北	Hubei	38	24	12			2	125.5	187.8
湖 南	Hunan	202	123	59	4	7	9	340.4	644.2
广 东	Guangdong	31	22	4	1		4	6128.1	71.8
广 西	Guangxi	215	70	144			1	370.0	339.5
海 南	Hainan	14	9	1			4	16.0	25.6
重 庆	Chongqing	8	5	3				7.4	19.8
四 川	Sichuan	238	114	80	2	37	5	152.5	194.7
贵 州	Guizhou	28	17	10	1			57.9	61.8
云 南	Yunnan	159	69	69	8	12	1	222.4	284.1
西 藏	Tibet								
陕 西	Shaanxi	27	15	5	1	1	5	27.9	111.5
甘 肃	Gansu	135	67	31	21		16	191.8	176.6
青 海	Qinghai	2	1	1				2.4	1.5
宁 夏	Ningxia	7	3	4				10.2	22.0
新 疆	Xinjiang	5	5					41.6	41.6

2-138 主要城市空气质量指标（2005年）

Ambient Air Quality in Major Cities (2005)

单位：毫克/立方米 (milligram/cu.m)

城市	City	可吸入颗粒物 (PM10) Paticulate Matters	二氧化硫 (SO2) Sulphur Dioxide	二氧化氮 (NO2) Nitrogen Dioxide	空气质量达到及好于二级的天数（天） Days of Air Quality Equal to or Above Grade II (days)
北京	Beijing	0.141	0.050	0.066	234
天津	Tianjin	0.106	0.076	0.047	298
石家庄	Shijiazhuang	0.132	0.054	0.041	283
太原	Taiyuan	0.139	0.077	0.020	245
呼和浩特	Hohhot	0.097	0.050	0.041	312
沈阳	Shenyang	0.118	0.054	0.036	317
长春	Changchun	0.099	0.026	0.035	340
哈尔滨	Harbin	0.104	0.042	0.056	301
上海	Shanghai	0.088	0.061	0.061	322
南京	Nanjing	0.110	0.052	0.054	304
杭州	Hangzhou	0.112	0.060	0.058	301
合肥	Hefei	0.095	0.018	0.025	329
福州	Fuzhou	0.072	0.016	0.042	349
南昌	Nanchang	0.089	0.050	0.031	339
济南	Jinan	0.128	0.060	0.024	262
郑州	Zhengzhou	0.109	0.059	0.039	300
武汉	Wuhan	0.119	0.054	0.050	271
长沙	Changsha	0.122	0.081	0.036	245
广州	Guangzhou	0.088	0.053	0.068	332
南宁	Nanning	0.067	0.058	0.038	354
海口	Haikou	0.040	0.012	0.015	365
重庆	Chongqing	0.120	0.073	0.048	267
成都	Chengdu	0.125	0.077	0.052	293
贵阳	Guiyang	0.076	0.063	0.013	343
昆明	Kunming	0.082	0.055	0.038	363
拉萨	Lhasa	0.070	0.010	0.025	358
西安	Xi'an	0.129	0.044	0.032	291
兰州	Lanzhou	0.158	0.068	0.037	238
西宁	Xining	0.114	0.029	0.026	306
银川	Yinchuan	0.090	0.054	0.025	323
乌鲁木齐	Urumqi	0.114	0.116	0.056	256

2-139 主要城市道路交通噪声监测情况（2005年）

Monitoring of Urban Road Traffic Noise in Major Cities (2005)

城市	City	路段总长度（米）Total Length of Roads (m)	超标路段（米）Roads with Excess Noise (m)	路段超标率（%）Percentage of Roads with Excess Noise (%)	路段平均宽度（米）Average Width of Roads (m)	平均车流量（辆/小时）Average Traffic Volume (car/hour)	等效声级 dB(A) Average Noise Value dB(A)
北京	Beijing	596092	253339	42.5	36.0	5422	69.5
天津	Tianjin	276491	30138	10.9	28.8	2221	68.0
石家庄	Shijiazhuang	179402	29780	16.6	29.5	1885	67.2
太原	Taiyuan	137561	28889	21.0	23.0	2125	67.9
呼和浩特	Hohhot	82649	34547	41.8	30.2	2009	69.7
沈阳	Shenyang	144000	18144	12.6	33.7	2266	68.4
长春	Changchun	123604	16563	13.4	30.8	2812	68.0
哈尔滨	Harbin	120200	19352	16.1	16.8	2410	68.2
上海	Shanghai	215600	162778	75.5	19.9	2164	72.0
南京	Nanjing	165072	54969	33.3	31.0	2021	69.4
杭州	Hangzhou	189355	41847	22.1	16.3	1833	67.9
合肥	Hefei	90571			38.6	2487	68.0
福州	Fuzhou	111230	14126	12.7	22.9	2614	68.3
南昌	Nanchang	67500	24907	36.9	31.2	3250	69.9
济南	Jinan	161424	59565	36.9	52.6	2466	69.4
郑州	Zhengzhou	84115	11776	14.0	43.5	2934	67.6
武汉	Wuhan	263325	121129	46.0	21.6	2155	69.8
长沙	Changsha	95800	46463	48.5	32.5	2716	70.0
广州	Guangzhou	247364	85093	34.4	24.0	3489	69.3
南宁	Nanning	102000	39780	39.0	19.8	3310	69.7
海口	Haikou	107280	18774	17.5	34.2	2443	67.7
重庆	Chongqing	337005	74141	22.0	16.2	1698	67.9
成都	Chengdu	322912	94613	29.3	44.3	3185	68.7
贵阳	Guiyang	56780	26743	47.1	36.0	2722	69.6
昆明	Kunming	91494	30376	33.2	30.2	2272	69.7
拉萨	Lhasa	52950	13078	24.7	20.1	815	67.8
西安	Xi'an	204017	29378	14.4	24.3	2910	68.0
兰州	Lanzhou	125396	23825	19.0	19.7	1479	68.5
西宁	Xining	85680	32130	37.5	17.1	2074	69.8
银川	Yinchuan	94280	33563	35.6	32.2	1699	68.0
乌鲁木齐	Urumqi	212920	107098	50.3	42.9	1991	70.0

2-140 造 林 面 积（2005年）

Area of Afforestation (2005)

单位：公顷　　　　　　　　　　　　　　　　　　　　　　　　　　　　　　　　(hectare)

地 区	Region	造林总面积 Total Area of Afforestation	按造林方式分 By Approach		按林种用途分 By Function of Forest				
			人工造林 Manual Planting	飞机播种 Airplane Planting	用材林 Timber Forests	经济林 By-product Forests	防护林 Protection Forests	薪炭林 Fuel Forests	特种用途林 Forests for Special Purpose
全 国	**National Total**	**3647942**	**3231556**	**416386**	**607547**	**337816**	**2678214**	**16074**	**8291**
北 京	Beijing	12186	10186	2000	230	875	9262		1819
天 津	Tianjin	3591	3591		650	316	2625		
河 北	Hebei	304766	276098	28668	51158	19896	232274	1238	200
山 西	Shanxi	140260	112728	27532	672	4045	135410	133	
内蒙古	Inner Mongolia	383833	283219	100614	8914	1716	373203		
辽 宁	Liaoning	126489	126489		20711	5252	99644	882	
吉 林	Jilin	31049	31049		1309	398	28540	536	266
黑龙江	Heilongjiang	84661	84661		11840	458	71700	12	651
上 海	Shanghai	3827	3827			147	3393		287
江 苏	Jiangsu	54687	54687		9679	8692	36305		11
浙 江	Zhejiang	20341	20341		3635	4300	12231	89	86
安 徽	Anhui	36095	36095		15027	4488	15727	739	114
福 建	Fujian	24218	24218		15364	3212	5386	189	67
江 西	Jiangxi	47589	47589		20736	3911	22142	333	467
山 东	Shandong	141141	141141		47470	42674	49559	633	805
河 南	Henan	186715	173381	13334	77295	39000	69530	737	153
湖 北	Hubei	177946	177946		56848	31712	86839	1873	674
湖 南	Hunan	136479	136479		30208	10175	95116	11	969
广 东	Guangdong	18337	18337		13084	754	3885	608	6
广 西	Guangxi	123970	123970		89405	8247	26308	2	8
海 南	Hainan	32380	32380		23119	3243	5755	218	45
重 庆	Chongqing	109272	109272		21524	11946	74735	1067	
四 川	Sichuan	241883	179142	62741	31936	18788	188814	767	1578
贵 州	Guizhou	135597	132183	3414	7976	4177	123413		31
云 南	Yunnan	207923	163598	44325	34847	39270	132475	1331	
西 藏	Tibet	13488	13488		320	1681	10357	1130	
陕 西	Shaanxi	198853	89372	109481	8923	1840	187034	1056	
甘 肃	Gansu	247601	234335	13266	1400	6585	239616		
青 海	Qinghai	46748	46748				46415	333	
宁 夏	Ningxia	112924	108580	4344		8356	103149	1419	
新 疆	Xinjiang	163053	156386	6667	3227	51662	107372	738	54
大兴安岭	Daxinganling	40	40		40				

注：2005年全国合计造林面积中包括军事管理区80000公顷人工营造的防护林。

a) The areas of afforestation in 2005 include 80,000 hectares afforested in the military precinct by manual planting.

2-141 自然保护基本情况（2005年）

Basic Situation of Natural Protection (2005)

地　区	Region	自然保护区 Nature Reserves 个数（个）Number of Nature Reserves (unit)	面积（万公顷）Area of Nature Reserves (10 000 hectares)	占辖区面积比重（%）Percentage of Nature Reserves in the Region (%)	珍稀濒危动物繁殖场（个）Number of Farms to Breed Rare or Endangered Animals (unit)	珍稀植物引种栽培场（个）Cultivating Farms of Rare Plants (unit)	生态示范区建设试点地区和单位（个）Number of Experimental Regions or Units of Ecological Demonstration Zones (unit)	已批准国家级生态示范区（个）Number of Approved National-level Ecological Demonstration Zones (unit)
全　国	**National Total**	**2349**	**14994.9**	**15.0**	**164**	**77**	**528**	**233**
北　京	Beijing	20	13.4	8.0			7	4
天　津	Tianjin	8	16.3	14.4			7	2
河　北	Hebei	30	56.5	3.0			37	5
山　西	Shanxi	45	114.4	7.3		2	26	8
内蒙古	Inner Mongolia	189	1413.4	12.0			15	6
辽　宁	Liaoning	83	285.6	11.2	1	1	21	16
吉　林	Jilin	33	224.6	12.4	2	3	10	7
黑龙江	Heilongjiang	170	471.1	10.4			23	15
上　海	Shanghai	4	9.4	14.8			1	1
江　苏	Jiangsu	40	80.9	7.9			51	48
浙　江	Zhejiang	52	26.4	2.6	2	3	23	21
安　徽	Anhui	31	40.8	3.1	5	1	30	9
福　建	Fujian	103	54.1	3.3			13	4
江　西	Jiangxi	128	90.2	5.4	4	5	33	6
山　东	Shandong	72	108.6	6.6			34	20
河　南	Henan	32	75.7	4.5	1	2	24	18
湖　北	Hubei	62	102.9	5.5	8	7	12	6
湖　南	Hunan	91	106.1	5.0	3	7	30	12
广　东	Guangdong	294	341.9	4.6	37	8	13	5
广　西	Guangxi	72	149.8	6.2	46	5	11	3
海　南	Hainan	68	280.7	5.3	17	1	1	1
重　庆	Chongqing	49	88.8	10.8	2	1	2	2
四　川	Sichuan	161	899.4	18.4			35	4
贵　州	Guizhou	128	88.6	5.0	3	2	12	3
云　南	Yunnan	198	422.5	10.7	23	21	21	2
西　藏	Tibet	38	4097.1	34.1			1	
陕　西	Shaanxi	44	98.7	4.8	2	4	18	2
甘　肃	Gansu	54	925.0	20.3	8	4	4	
青　海	Qinghai	10	2092.5	29.0			2	
宁　夏	Ningxia	13	50.7	9.8			3	1
新　疆	Xinjiang	27	2168.8	13.6			8	2

Chapter 3

第三章

地级统计资料

Statistics of Prefecture

3-1 土地面积和人口情况(2005年)

Land Area and Population(2005)

地 区	Region	土地面积 (平方公里) Land Area (sq.km)	年底总人口 (万人) Total Population (year-end) (10 000 persons)	男性人口 Male	女性人口 Female	出生人口 (万人) Birth Population (10 000 person)	死亡人口 (万人) Death Population (10 000 person)	年底总户数 (万户) Total Households (year-end) (10 000 households)
北京市	**Beijing**	**16411**	**1538.0**	**778.7**	**759.3**	**9.53**	**7.88**	**451.7**
东城区	Dongcheng District	25	54.9	27.3	27.6	0.21	0.35	21.9
西城区	Xicheng District	32	66.0	32.0	34.0	0.34	0.44	26.2
崇文区	Chongwen District	17	31.1	15.6	15.5	0.13	0.19	13.3
宣武区	Xuanwu District	19	53.2	26.6	26.6	0.25	0.34	19.7
朝阳区	Chaoyang District	455	280.2	146.7	133.5	1.57	1.21	65.5
丰台区	Fengtai District	306	156.8	78.7	78.1	0.94	0.71	39.0
石景山区	Shijingshan District	84	52.4	26.3	26.1	0.35	0.25	12.7
海淀区	Haidian District	431	258.6	128.8	129.8	1.61	0.89	60.1
门头沟区	Mentougou District	1451	27.7	14.0	13.7	0.21	0.17	10.5
房山区	Fangshan District	1990	87.0	44.1	42.9	0.59	0.56	31.2
通州区	Tongzhou District	906	86.7	44.9	41.8	0.52	0.51	28.8
顺义区	Shunyi District	1020	71.1	35.8	35.3	0.46	0.50	23.8
昌平区	Changping District	1344	78.2	39.3	38.9	0.56	0.39	19.7
大兴区	Daxing District	1036	88.6	45.8	42.8	0.69	0.43	21.3
怀柔区	Huairou District	2123	32.2	16.0	16.2	0.28	0.19	12.0
平谷区	Pinggu District	950	41.4	20.8	20.6	0.26	0.27	15.6
密云县	Miyun County	2229	43.9	22.0	21.9	0.38	0.31	18.2
延庆县	Yanqing County	1994	28.0	14.0	14.0	0.20	0.18	12.2
其他	Others							
天津市	**Tianjin**	**11760**	**1043.0**	**523.7**	**519.3**	**8.14**	**5.74**	**323.0**
和平区	Heping District	10	38.4	18.6	19.9	0.18	0.22	13.0
河东区	Hedong District	40	69.2	34.9	34.3	0.34	0.45	25.4
河西区	Hexi District	38	74.0	36.6	37.3	0.36	0.41	26.0
南开区	Nankai District	39	79.7	40.4	39.4	0.40	0.45	27.8
河北区	Hebei District	30	62.7	31.6	31.0	0.29	0.42	22.9
红桥区	Hongqiao District	21	55.2	27.9	27.3	0.24	0.36	20.2
塘沽区	Tanggu District	782	48.9	25.2	23.7	0.39	0.25	17.6
汉沽区	Hangu District	409	16.9	8.6	8.3	0.18	0.12	6.4
大港区	Dagang District	1041	35.5	18.5	17.0	0.39	0.13	13.2
东丽区	Dongli District	479	31.8	16.0	15.8	0.31	0.16	12.5
西青区	Xiqing District	566	31.5	15.6	15.9	0.36	0.17	12.0
津南区	Jinnan District	388	38.1	19.0	19.0	0.46	0.12	13.8
北辰区	Beichen District	473	33.0	16.5	16.5	0.30	0.14	12.5
武清区	Wuqing District	1575	81.7	41.0	40.8	0.93	0.59	25.6
宝坻区	Baodi District	1509	65.3	33.0	32.3	0.70	0.71	20.4
宁河县	Ninghe County	1296	36.7	18.7	18.1	0.52	0.15	11.3
静海县	Jinghai County	1476	52.3	26.6	25.6	0.86	0.30	17.3
蓟县	Ji County	1590	80.7	41.1	39.6	0.91	0.58	24.3
其他	Others		7.9	4.1	3.8	0.02	0.01	1.0
河北省	**Hebei**	**187693**	**6850.8**	**3441.1**	**3409.8**	**89.02**	**43.81**	**1984.5**
石家庄市	Shijiazhuang City	15848	960.6	480.5	480.1	11.58	4.84	255.9
唐山市	Tangshan City	13472	726.5	365.9	360.6	9.06	4.72	219.7
秦皇岛市	Qinhuangdao City	7523	287.7	144.8	142.9	3.04	1.44	91.1
邯郸市	Handan City	12062	865.6	431.6	434.0	9.80	4.37	228.5

3-1 续表 1 continued

地 区	Region	土地面积 (平方公里) Land Area (sq.km)	年底总人口 (万人) Total Population (year-end) (10 000 persons)	男性人口 Male	女性人口 Female	出生人口 (万人) Birth Population (10 000 person)	死亡人口 (万人) Death Population (10 000 person)	年底总户数 (万户) Total Households (year-end) (10 000 households)
邢台市	Xingtai City	12486	679.6	343.9	335.7	9.05	6.08	183.3
保定市	Baoding City	20584	1073.5	530.0	543.5	14.76	6.55	304.8
张家口市	Zhangjiakou City	36873	418.1	213.5	204.5	4.71	2.66	157.9
承德市	Chengde City	39548	336.9	170.5	166.3	6.08	3.88	114.8
沧州市	Cangzhou City	14053	684.6	348.5	336.1	10.04	4.81	196.6
廊坊市	Langfang City	6429	396.1	201.1	195.0	4.24	1.93	111.0
衡水市	Hengshui City	8815	421.8	210.8	211.0	6.68	2.54	120.8
其他	Others							
山西省	**Shanxi**	**156270**	**3355.2**	**1719.3**	**1635.9**	**40.01**	**29.97**	**1008.0**
太原市	Taiyuan City	6988	340.4	176.7	163.7	3.26	0.96	92.7
大同市	Datong City	14127	299.5	155.4	144.0	6.38	4.04	102.9
阳泉市	Yangquan City	4570	125.9	65.7	60.2	1.30	1.10	43.4
长治市	Changzhi City	13896	316.4	163.0	153.4	3.62	3.59	92.0
晋城市	Jincheng City	9490	211.9	107.5	104.4	2.59	2.44	66.2
朔州市	Shuozhou City	10623	145.7	76.3	69.4	1.33	0.55	49.0
晋中市	Jinzhong City	16404	306.6	158.7	148.0	3.01	1.59	100.4
运城市	Yuncheng City	13964	488.6	250.7	237.9	6.01	4.60	132.9
忻州市	Xinzhou City	25000	291.8	153.2	138.6	3.76	4.20	101.4
临汾市	Linfen City	20275	412.3	211.3	201.0	4.66	4.04	121.6
吕梁市	Luliang City	21095	355.4	184.2	171.2	4.11	2.86	105.5
内蒙古自治区	**Inner Mongolia**	**1183000**	**2386.4**	**1229.3**	**1157.1**	**24.04**	**13.02**	**794.0**
呼和浩特市	Hohhot City	17200	258.0	134.0	124.1	2.44	1.30	67.3
包头市	Baotou City	27700	243.0	125.2	117.8	2.07	1.14	65.9
乌海市	Wuhai City	1700	46.5	24.1	22.4	0.46	0.22	16.2
赤峰市	Chifeng City	85400	439.3	225.3	214.0	4.63	2.41	134.2
通辽市	Tongliao City	59500	309.5	157.6	151.9	3.46	1.62	90.2
鄂尔多斯市	Erdos City	86800	149.5	78.8	70.7	1.61	0.76	46.1
呼伦贝尔市	Hulunbuir City	253000	270.2	138.1	132.1	2.71	1.62	88.4
巴彦淖尔市	Bayannur City	64400	173.2	88.8	84.4	1.65	1.02	51.6
乌兰察布市	Ulanqab City	54500	215.4	112.3	103.1	1.95	1.45	88.9
兴安盟	Xingan League	59800	160.0	82.2	77.8	1.76	0.84	47.8
锡林郭勒盟	Xilingol League	202600	100.6	51.9	48.8	1.10	0.54	30.3
阿拉善盟	Alxa League	270400	21.2	11.1	10.1	0.20	0.10	6.9
其他	Others							
辽宁省	**Liaoning**	**147500**	**4189.2**	**2123.4**	**2065.8**	**32.81**	**24.36**	**1400.2**
沈阳市	Shenyang City	13000	698.6	350.4	348.2	4.94	4.32	232.0
大连市	Dalian City	12600	565.3	285.2	280.1	3.43	2.72	195.8
鞍山市	Anshan City	9300	347.6	176.6	171.0	2.81	2.32	112.2
抚顺市	Fushun City	10900	224.5	113.1	111.4	1.32	1.59	79.1
本溪市	Benxi City	8500	156.4	78.9	77.5	0.93	0.87	54.5
丹东市	Dandong City	15000	242.4	122.6	119.8	1.74	1.53	78.6
锦州市	Jinzhou City	10300	308.3	156.0	152.3	2.65	1.70	101.5
营口市	Yingkou City	5400	230.5	117.7	112.8	1.77	1.25	78.8
阜新市	Fuxin City	10400	192.7	96.9	95.8	1.69	1.30	62.8
辽阳市	Liaoyang City	4800	182.0	92.8	89.2	1.44	1.14	64.3

3-1 续表 2 continued

地区	Region	土地面积 (平方公里) Land Area (sq.km)	年底总人口 (万人) Total Population (year-end) (10 000 persons)	男性人口 Male	女性人口 Female	出生人口 (万人) Birth Population (10 000 person)	死亡人口 (万人) Death Population (10 000 person)	年底总户数 (万户) Total Households (year-end) (10 000 households)
盘锦市	Panjin City	4100	125.9	63.9	62.0	1.14	0.57	43.5
铁岭市	Tieling City	13000	302.6	154.4	148.2	2.76	1.85	100.6
朝阳市	Chaoyang City	19700	338.7	174.4	164.3	3.69	1.78	106.1
葫芦岛市	Huludao City	10500	273.7	140.5	133.2	2.49	1.42	90.4
吉林省	**Jilin**	**189072**	**2669.4**	**1355.0**	**1314.4**	**22.54**	**14.53**	**845.1**
长春市	Changchun City	20571	731.5	370.6	360.9	7.07	5.31	218.9
吉林市	Jilin City	27120	429.5	218.1	211.4	3.11	1.98	137.4
四平市	Siping City	14080	331.9	168.3	163.6	2.92	1.33	105.5
辽源市	Liaoyuan City	5139	123.4	62.9	60.5	1.02	0.61	40.9
通化市	Tonghua City	15195	226.3	115.4	110.9	1.89	1.01	72.2
白山市	Baishan City	17485	130.3	66.5	63.8	0.86	0.59	48.0
松原市	Songyuan City	21090	277.5	141.3	136.1	2.50	1.22	80.5
白城市	Baicheng City	25692	201.6	102.7	98.8	1.69	1.15	68.7
延边朝鲜族自治州	Yanbian Korean A.P	42700	217.5	109.1	108.4	1.47	1.33	73.0
其他	Others							
黑龙江省	**Heilongjiang**	**454817**	**3820.0**	**1933.1**	**1886.9**	**30.05**	**19.86**	**1266.7**
哈尔滨市	Harbin City	53068	974.8	494.7	480.2	7.66	5.92	305.9
齐齐哈尔市	Qiqihar City	42469	557.0	283.5	273.5	5.12	1.87	182.3
鸡西市	Jixi City	22488	191.4	97.1	94.3	1.27	0.98	68.3
鹤岗市	Hegang City	14680	109.9	55.8	54.1	0.80	0.53	41.4
双鸭山市	Shuangyashan City	22036	150.2	76.3	73.9	1.30	0.63	53.8
大庆市	Daqing City	21219	266.4	134.9	131.5	2.03	0.80	88.2
伊春市	Yichun City	32760	128.8	65.0	63.8	0.83	0.76	47.1
佳木斯市	Jiamusi City	32704	245.0	124.3	120.7	2.10	1.26	84.1
七台河市	Qitaihe City	6222	88.4	45.8	42.6	0.84	0.37	28.9
牡丹江市	Mudanjiang City	40583	266.3	134.7	131.6	1.91	2.57	92.5
黑河市	Heihe City	66802	174.6	89.2	85.5	1.37	0.66	58.5
绥化市	Suihua City	34964	561.8	286.7	275.1	5.78	1.87	164.6
大兴安岭地区	Daxinganling Prefecture	64822	53.5	27.6	25.9	0.32	0.23	18.5
其他	Others							
上海市	**Shanghai**	**6341**	**1360.3**	**683.5**	**676.8**	**8.25**	**10.23**	**496.7**
黄浦区	Huangpu District	12	59.9	30.0	29.8	0.29	0.55	19.9
卢湾区	Luwan District	8	31.7	15.7	16.0	0.15	0.29	11.1
徐汇区	Xuhui District	55	88.7	44.5	44.3	0.46	0.63	32.1
长宁区	Changning District	38	61.8	31.2	30.7	0.29	0.43	21.5
静安区	Jingan District	8	31.0	15.2	15.8	0.14	0.27	10.8
普陀区	Putuo District	55	85.8	43.2	42.7	0.44	0.66	31.6
闸北区	Zhabei District	29	70.5	35.6	34.9	0.33	0.57	25.7
虹口区	Hongkou District	23	78.5	39.2	39.3	0.38	0.65	28.2
杨浦区	Yangpu District	61	108.2	55.7	52.5	0.47	0.79	38.1
闵行区	Minhang District	372	82.5	42.2	40.3	0.73	0.58	31.8
宝山区	Baoshan District	271	80.8	41.8	39.0	0.53	0.61	31.0
嘉定区	Jiading District	459	52.7	26.3	26.5	0.42	0.39	18.0
浦东新区	Pudong New District	523	184.8	93.1	91.7	1.24	1.34	69.0
金山区	Jinshan District	586	52.4	26.2	26.2	0.36	0.37	17.4

3-1 续表 3 continued

地　区	Region	土地面积 (平方公里) Land Area (sq.km)	年底总人口 (万人) Total Population (year-end) (10 000 persons)	男性人口 Male	女性人口 Female	出生人口 (万人) Birth Population (10 000 person)	死亡人口 (万人) Death Population (10 000 person)	年底总户数 (万户) Total Households (year-end) (10 000 households)
松江区	Songjiang District	605	52.2	25.8	26.4	0.36	0.36	17.3
青浦区	Qingpu District	676	45.5	22.6	22.9	0.34	0.31	15.2
南汇区	Nanhui District	688	71.9	35.6	36.3	0.57	0.49	28.7
奉贤区	Fengxian District	687	51.2	25.2	26.0	0.35	0.36	20.9
崇明县	Chongming County	1185	70.1	34.6	35.5	0.39	0.58	28.6
其他	Others							
江苏省	**Jiangsu**	**102600**	**7474.5**	**3738.7**	**3735.8**	**68.84**	**52.40**	**2426.7**
南京市	Nanjing City	6582	595.8	305.3	290.6	4.53	3.16	193.3
无锡市	Wuxi City	4788	452.8	227.2	225.6	3.31	3.01	151.2
徐州市	Xuzhou City	11258	925.3	476.1	449.2	7.01	2.28	286.4
常州市	Changzhou City	4375	351.6	177.7	174.0	2.90	2.16	122.0
苏州市	Suzhou City	8488	607.3	300.3	307.0	4.85	4.14	206.8
南通市	Nantong City	8001	770.9	383.2	387.7	4.93	5.76	278.7
连云港市	Lianyungang City	7500	472.2	244.7	227.5	6.01	2.42	136.3
淮安市	Huaian City	10072	527.8	270.6	257.1	5.29	1.81	159.4
盐城市	Yancheng City	16973	798.7	410.0	388.7	7.29	4.29	275.1
扬州市	Yangzhou City	6634	456.3	230.4	226.0	4.64	2.91	157.1
镇江市	Zhenjiang City	3847	267.6	135.1	132.5	2.15	1.59	100.1
泰州市	Taizhou City	5797	502.1	256.0	246.0	3.87	3.07	171.4
宿迁市	Suqian City	8555	524.5	269.5	255.0	6.12	2.51	144.4
浙江省	**Zhejiang**	**101800**	**4602.1**	**2354.2**	**2247.9**	**46.98**	**28.15**	**1534.2**
杭州市	Hangzhou City	16596	660.5	336.1	324.3	5.72	3.54	207.4
宁波市	Ningbo City	9365	556.7	280.4	276.4	4.52	3.36	211.2
温州市	Wenzhou City	11784	750.3	391.3	359.0	9.59	4.43	219.2
嘉兴市	Jiaxing City	3915	334.3	166.5	167.8	2.35	2.39	101.1
湖州市	Huzhou City	5818	257.6	130.4	127.2	1.91	1.69	82.7
绍兴市	Shaoxing City	8256	435.1	219.8	215.3	4.00	3.14	156.7
金华市	Jinhua City	10918	454.1	233.4	220.7	5.28	2.66	169.5
衢州市	Quzhou City	8841	245.6	128.0	117.6	2.49	1.31	80.5
舟山市	Zhoushan City	1440	96.7	48.5	48.2	0.66	0.68	35.9
台州市	Taizhou City	9411	559.9	288.7	271.1	7.46	3.48	186.8
丽水市	Lishui City	17298	251.4	131.1	120.3	3.00	1.46	83.3
安徽省	**Anhui**	**139427**	**6515.5**	**3388.2**	**3127.3**	**75.90**	**37.90**	**1849.4**
合肥市	Hefei City	7029	455.7	239.7	215.9	4.53	2.62	137.2
芜湖市	Wuhu City	3317	226.9	117.5	109.4	1.99	1.01	73.8
蚌埠市	Bengbu City	5952	349.3	181.1	168.3	3.66	1.38	93.7
淮南市	Huainan City	2585	235.8	123.5	112.3	2.77	1.27	68.6
马鞍山市	Maanshan City	1686	125.6	65.0	60.7	1.08	0.52	37.8
淮北市	Huaibei City	2741	210.5	107.8	102.7	1.81	0.79	60.8
铜陵市	Tongling City	1113	72.2	37.3	35.0	0.65	0.35	23.0
安庆市	Anqing City	15398	605.5	313.1	292.4	6.29	2.71	166.4
黄山市	Huangshan City	9807	146.9	75.4	71.5	1.12	0.57	48.5
滁州市	Chuzhou City	13600	435.6	225.2	210.4	4.20	1.77	128.3
阜阳市	Fuyang City	9775	932.8	485.4	447.4	11.76	3.93	247.7
宿州市	Suzhou City	9787	604.5	310.0	294.5	7.20	3.01	153.7

3-1 续表 4 continued

地 区	Region	土地面积 (平方公里) Land Area (sq.km)	年底总人口 (万人) Total Population (year-end) (10 000 persons)	男性人口 Male	女性人口 Female	出生人口 (万人) Birth Population (10 000 person)	死亡人口 (万人) Death Population (10 000 person)	年底总户数 (万户) Total Households (year-end) (10 000 households)
巢湖市	Chaohu City	9394	453.1	236.9	216.2	3.83	1.86	134.4
六安市	Liuan City	17976	681.0	358.9	322.1	8.65	3.21	197.2
亳州市	Bozhou City	8374	550.1	288.0	262.1	6.92	2.91	143.9
池州市	Chizhou City	8272	156.3	80.5	75.8	1.57	0.76	49.1
宣城市	Xuancheng City	12324	273.6	142.9	130.6	2.25	1.07	85.2
其他	Others							
福建省	**Fujian**	**121400**	**3535.0**	**1820.2**	**1714.8**	**33.80**	**13.79**	**943.9**
福州市	Fuzhou City		614.8	318.5	296.3	5.52	2.14	184.8
厦门市	Xiamen City		153.2	77.5	75.7	1.60	0.76	47.2
莆田市	Putian City		304.8	152.9	151.9	3.34	1.14	78.1
三明市	Sanming City		268.1	140.0	128.2	2.78	1.02	76.5
泉州市	Quanzhou City		667.7	340.1	327.6	6.60	3.02	176.6
漳州市	Zhangzhou City		457.4	234.9	222.5	4.54	2.04	122.0
南平市	Nanping City		305.1	158.9	146.1	3.02	0.84	87.8
龙岩市	Longyan City		286.8	147.1	139.7	2.89	1.31	78.3
宁德市	Ningde City		327.0	173.3	153.8	3.52	1.52	92.5
江西省	**Jiangxi**	**166947**	**4311.2**	**2193.6**	**2117.7**	**59.26**	**25.61**	**1314.4**
南昌市	Nanchang City	7402	451.6	230.2	221.4	6.03	2.41	132.4
景德镇市	Jingdezhen City	5256	153.8	77.8	76.0	2.07	0.85	46.9
萍乡市	Pingxiang City	3824	182.1	91.8	90.3	2.39	1.08	55.7
九江市	Jiujiang City	18797	466.1	237.5	228.6	6.43	2.91	152.3
新余市	Xinyu City	3178	111.6	58.6	53.0	1.45	0.67	37.2
鹰潭市	Yingtan City	3557	108.2	56.7	51.5	1.47	0.67	32.3
赣州市	Ganzhou City	39380	817.9	410.5	407.5	11.54	4.93	235.1
吉安市	Jian City	25259	469.6	236.1	233.5	6.68	2.87	156.0
宜春市	Yichun City	18669	533.8	274.1	259.7	7.44	3.29	166.3
抚州市	Fuzhou City	18817	381.3	196.9	184.4	5.38	2.27	116.6
上饶市	Shangrao City	22791	635.1	323.5	311.7	8.74	3.72	183.6
山东省	**Shandong**	**157052**	**9248.2**	**4669.4**	**4578.8**	**111.86**	**58.14**	**3138.4**
济南市	Jinan City	7999	642.9	321.3	321.6	7.10	3.99	203.8
青岛市	Qingdao City	11103	819.6	405.3	414.3	9.83	5.28	283.9
淄博市	Zibo City	5965	442.4	225.4	217.0	5.27	2.40	151.5
枣庄市	Zaozhuang City	4563	359.8	187.3	172.5	4.08	2.00	115.5
东营市	Dongying City	7923	194.8	98.9	96.0	2.43	0.99	67.2
烟台市	Yantai City	13746	693.5	355.8	337.7	5.54	4.60	260.9
潍坊市	Weifang City	16005	871.6	444.0	427.6	10.38	5.48	280.5
济宁市	Jining City	11194	781.7	395.8	385.9	9.91	5.07	254.5
泰安市	Taian City	7762	538.6	268.5	270.1	7.72	3.54	182.4
威海市	Weihai City	5698	277.6	139.3	138.3	1.81	2.02	110.6
日照市	Rizhao City	5348	269.5	136.5	133.1	3.59	1.70	102.4
莱芜市	Laiwu City	2246	126.0	62.8	63.2	1.45	0.81	45.5
临沂市	Linyi City	17202	973.3	494.8	478.5	12.39	5.90	340.5
德州市	Dezhou City	10356	537.5	269.4	268.1	7.00	3.39	177.6
聊城市	Liaocheng City	8715	546.1	275.9	270.1	7.27	3.35	180.0
滨州市	Binzhou City	9033	362.9	182.3	180.6	4.60	2.43	116.3
荷泽市	Heze City	12194	810.2	406.0	404.2	11.49	5.19	266.2

3-1 续表 5 continued

地　区	Region	土地面积 (平方公里) Land Area (sq.km)	年底总人口 (万人) Total Population (year-end) (10 000 persons)	男性人口 Male	女性人口 Female	出生人口 (万人) Birth Population (10 000 person)	死亡人口 (万人) Death Population (10 000 person)	年底总户数 (万户) Total Households (year-end) (10 000 households)
河南省	**Henan**	**167000**	**9768.0**	**5044.9**	**4723.1**	**112.53**	**61.38**	**2740.2**
郑州市	Zhengzhou City	7446	653.4	333.7	319.7	5.94	3.19	179.1
开封市	Kaifeng City	6444	477.2	245.8	231.5	4.70	2.52	128.8
洛阳市	Luoyang City	15200	641.7	330.3	311.4	6.43	3.12	178.4
平顶山市	Pingdingshan City	7882	493.2	257.3	236.0	5.12	2.60	133.5
安阳市	Anyang City	7413	533.8	271.7	262.1	5.63	2.90	152.2
鹤壁市	Hebi City	2182	143.8	74.1	69.7	1.50	0.85	43.0
新乡市	Xinxiang City	8169	552.3	281.2	271.2	5.49	2.75	158.1
焦作市	Jiaozuo City	4071	341.5	174.2	167.3	3.19	1.47	92.8
濮阳市	Puyang City	4266	357.9	183.3	174.6	3.45	1.94	91.1
许昌市	Xuchang City	4996	450.5	233.1	217.4	4.61	2.69	123.2
漯河市	Luohe City	2617	252.9	129.8	123.1	2.49	1.31	71.1
三门峡市	Sanmenxia City	10496	221.8	114.6	107.3	2.01	1.15	66.9
南阳市	Nanyang City	26600	1074.6	563.3	511.2	11.81	6.71	335.2
商丘市	Shangqiu City	10704	816.9	419.9	397.0	7.62	4.30	236.6
信阳市	Xinyang City	19541	787.6	411.9	375.6	8.60	4.79	234.2
周口市	Zhoukou City	11959	1070.8	556.0	514.8	11.36	5.84	283.4
驻马店市	Zhumadian City	15083	835.3	433.6	401.7	9.20	4.67	215.0
其他	Others	1931	66.5	33.5	33.0	0.72	0.38	17.6
湖北省	**Hubei**	**185872**	**6031.0**	**3126.5**	**2904.5**	**52.60**	**34.30**	**1796.9**
武汉市	Wuhan City	8494	801.4	413.5	387.8	5.23	2.96	250.0
黄石市	Huangshi City	4583	252.8	132.7	120.1	2.08	1.03	63.9
十堰市	Shiyan City	23680	343.7	182.5	161.2	2.80	1.43	109.9
宜昌市	Yichang City	21084	398.8	205.3	193.5	2.41	2.09	139.9
襄樊市	Xiangfan City	19724	577.2	296.8	280.4	4.82	2.71	180.4
鄂州市	Ezhou City	1504	106.0	55.4	50.6	1.01	0.59	30.1
荆门市	Jingmen City	12404	291.0	149.3	141.7	2.29	1.58	95.9
孝感市	Xiaogan City	8910	506.0	261.8	244.2	3.46	1.57	142.4
荆州市	Jingzhou City	14067	641.3	328.6	312.7	4.14	2.35	192.4
黄冈市	Huanggang City	17446	726.3	380.7	345.6	5.58	4.68	214.1
咸宁市	Xianning City	9861	276.7	143.7	133.0	2.37	0.90	80.0
随州市	Suizhou City	9636	252.7	131.0	121.7	1.53	0.97	71.2
恩施土家族苗族自治州	Enshi Tujia & Miao A.P	24061	384.7	201.4	183.4	3.51	1.81	117.5
其他	Others	10417	417.2	218.9	198.3	2.98	2.57	109.2
湖南省	**Hunan**	**211856**	**6732.1**	**3490.6**	**3241.5**	**80.11**	**45.44**	**2031.0**
长沙市	Changsha City	11820	620.9	318.6	302.3	7.17	4.42	184.1
株洲市	Zhuzhou City	11262	378.0	194.7	183.3	4.64	2.56	108.1
湘潭市	Xiangtan City	5006	290.6	149.9	140.8	3.41	2.00	89.5
衡阳市	Hengyang City	15303	722.6	378.2	344.4	8.64	5.00	203.6
邵阳市	Shaoyang City	20830	744.0	389.5	354.5	8.73	5.04	212.7
岳阳市	Yueyang City	14898	536.9	284.4	252.5	6.32	3.68	171.5
常德市	Changde City	18190	608.3	312.8	295.5	5.79	4.10	207.2
张家界市	Zhangjiajie City	9516	160.1	83.0	77.2	2.02	1.12	53.4
益阳市	Yiyang City	12325	460.6	237.6	223.0	4.62	3.11	141.8
郴州市	Chenzhou City	19317	460.9	240.6	220.3	5.47	3.11	145.1
永州市	Yongzhou City	22255	574.9	305.6	269.3	6.19	3.89	164.9

3-1 续表 6 continued

地 区	Region	土地面积 (平方公里) Land Area (sq.km)	年底总人口 (万人) Total Population (year-end) (10 000 persons)	男性人口 Male	女性人口 Female	出生人口 (万人) Birth Population (10 000 person)	死亡人口 (万人) Death Population (10 000 person)	年底总户数 (万户) Total Households (year-end) (10 000 households)
怀化市	Huaihua City	27563	498.4	260.0	238.4	6.64	3.33	146.9
娄底市	Loudi City	8108	407.6	212.8	194.7	5.32	2.80	129.3
湘西土家族苗族自治州	West Hunan Tujia A.P	15462	268.3	139.0	129.4	3.45	1.79	72.9
其他	Others							
广东省	**Guangdong**	**179129**	**7899.6**	**4080.7**	**3818.9**	**107.11**	**42.24**	**2096.3**
广州市	Guangzhou City	7434	750.5	384.0	366.6	6.58	4.19	230.3
韶关市	Shaoguan City	18385	318.7	165.3	153.4	3.27	1.43	91.4
深圳市	Shenzhen City	1953	181.9	96.7	85.2	2.44	0.27	57.0
珠海市	Zhuhai City	1688	89.6	45.8	43.8	0.89	0.23	25.1
汕头市	Shantou City	2064	491.3	247.1	244.2	6.34	2.60	108.1
佛山市	Foshan City	3849	354.5	177.6	176.9	3.24	1.61	104.6
江门市	Jiangmen City	9451	386.2	195.8	190.4	3.22	2.06	119.2
湛江市	Zhanjiang City	12471	714.8	378.8	336.0	8.77	1.96	183.9
茂名市	Maoming City	11458	679.3	360.7	318.6	8.88	2.01	178.2
肇庆市	Zhaoqing City	14856	396.5	204.6	191.9	4.21	2.04	104.1
惠州市	Huizhou City	11158	297.6	152.3	145.3	2.85	1.28	79.0
梅州市	Meizhou City	15908	498.9	256.6	242.4	5.09	2.69	127.0
汕尾市	Shanwei City	5271	315.4	164.0	151.4	4.28	1.16	65.0
河源市	Heyuan City	15826	337.4	173.3	164.1	5.62	1.14	89.1
阳江市	Yangjiang City	7813	264.2	140.6	123.5	2.73	1.11	72.2
清远市	Qingyuan City	19160	393.4	204.4	189.0	3.65	1.91	104.9
东莞市	Dongguan City	2465	165.7	84.1	81.6	1.73	0.75	46.5
中山市	ZhongShan City	1800	140.8	70.6	70.3	1.47	0.86	39.1
潮州市	Chaozhou City	3100	250.4	127.4	123.0	2.62	1.47	59.8
揭阳市	Jieyang City	5240	609.3	313.5	295.8	10.72	2.92	138.2
云浮市	Yunfu City	7779	263.4	137.7	125.7	2.84	1.29	73.5
广西壮族自治区	**Guangxi**	**236661**	**4925.0**	**2587.0**	**2338.0**	**70.00**	**30.00**	**1329.0**
南宁市	Nanning City	22112	659.5	345.3	314.3	7.35	1.77	180.7
柳州市	Liuzhou City	18617	356.7	186.1	170.6	5.26	1.89	99.8
桂林市	Guilin City	27809	495.1	258.3	236.8	5.21	2.42	147.0
梧州市	Wuzhou City	12588	305.4	161.7	143.7	4.34	1.36	87.3
北海市	Beihai City	3337	149.2	78.7	70.5	1.66	0.43	39.8
防城港市	Fangchenggang City	6181	79.8	43.3	36.5	1.72	1.01	23.2
钦州市	Qinzhou City	10843	341.1	186.1	155.0	5.97	1.53	84.5
贵港市	Guigang City	10606	470.4	248.4	221.9	5.25	1.73	133.8
玉林市	Yulin City	12838	592.4	315.9	276.5	7.53	4.91	155.8
百色市	Baise City	36201	373.8	193.0	180.7	3.97	2.15	90.0
贺州市	Hezhou City	11855	210.5	110.3	100.2	2.69	1.15	52.2
河池市	Hechi City	33508	382.8	197.9	184.9	4.53	2.12	108.4
来宾市	Laibin City	13411	246.8	128.9	117.9	3.67	0.67	67.8
崇左市	Chongzuo City	17351	230.7	119.9	110.8	2.62	0.99	59.1
海南省	**Hainan**	**35354**	**819.0**	**428.7**	**390.3**	**12.06**	**4.71**	**202.8**
海口市	Haikou City	2305	147.3	75.4	71.9	1.89	0.45	42.1
三亚市	Sanya City	1915	51.2	26.4	24.8	0.27	0.69	12.4
其他	Others	31134	620.5	326.9	293.6	9.89	3.57	148.3

3-1 续表 7 continued

地 区	Region	土地面积 (平方公里) Land Area (sq.km)	年底总人口 (万人) Total Population (year-end) (10 000 persons)	男性人口 Male	女性人口 Female	出生人口 (万人) Birth Population (10 000 person)	死亡人口 (万人) Death Population (10 000 person)	年底总户数 (万户) Total Households (year-end) (10 000 households)
重庆市	**Chongqing**	**82403**	**3169.2**	**1649.3**	**1519.9**	**30.66**	**13.88**	**1010.4**
万州区	Wanzhou District	3457	170.7	87.8	82.9	1.63	0.68	56.4
涪陵区	Fuling District	2941	111.8	57.4	54.4	0.89	0.46	37.5
渝中区	Yuzhong District	23	59.9	30.0	30.0	0.27	0.41	20.6
大渡口区	Dadukou District	103	21.6	10.8	10.8	0.15	0.13	8.4
江北区	Jiangbei District	214	49.6	25.2	24.4	0.30	0.23	16.9
沙坪坝区	Shapingba District	396	73.9	37.4	36.6	0.49	0.30	23.6
九龙坡区	Jiulongpo District	432	78.4	40.1	38.3	0.56	0.36	27.7
南岸区	Nanan District	261	54.5	27.7	26.8	0.39	0.26	18.3
北碚区	Beibei District	755	65.2	33.0	32.2	0.39	0.35	22.1
万盛区	Wansheng District	566	26.7	13.4	13.3	0.19	0.10	8.6
双桥区	Shuangqiao District	43	4.8	2.4	2.3	0.05	0.02	1.7
渝北区	Yubei District	1456	87.7	45.0	42.7	0.73	0.50	32.1
巴南区	Banan District	1825	86.2	44.6	41.6	0.72	0.37	30.8
黔江区	Qianjiang District	2402	50.7	26.8	23.9	0.69	0.34	15.4
长寿区	Changshou District	1424	88.0	45.4	42.7	0.84	0.37	30.2
其他	Others	66105	2139.4	1122.3	1017.1	22.38	9.01	660.4
四川省	**Sichuan**	**485000**	**8642.1**	**4483.6**	**4158.5**	**85.15**	**48.17**	**2656.4**
成都市	Chengdu City	12400	1082.0	548.4	533.6	7.46	5.68	366.7
自贡市	Zigong City	4300	317.3	163.6	153.7	3.53	2.02	97.2
攀枝花市	Panzhihua City	7400	108.0	56.2	51.8	1.04	0.33	32.6
泸州市	Luzhou City	12200	479.6	249.9	229.7	9.02	2.75	138.4
德阳市	Deyang City	5900	382.4	197.2	185.2	2.61	2.39	126.9
绵阳市	Mianyang City	20200	530.7	275.7	255.0	3.54	2.84	170.9
广元市	Guangyuan City	16300	304.2	157.3	146.9	2.55	1.53	94.8
遂宁市	Suining City	5300	374.6	193.2	181.4	3.12	1.87	113.2
内江市	Neijiang City	5300	420.3	217.0	203.3	4.72	2.44	137.6
乐山市	Leshan City	12800	347.9	179.0	168.9	2.99	2.17	110.6
南充市	Nanchong City	12400	729.0	383.3	345.7	6.53	4.14	225.4
眉山市	Meishan City	7100	340.7	175.3	165.4	2.65	1.51	103.9
宜宾市	Yibin City	13200	519.2	272.5	246.7	5.20	3.30	149.8
广安市	Guangan City	6300	454.5	239.2	215.3	3.95	2.46	131.2
达州市	Dazhou City	16200	640.2	337.3	302.9	8.45	4.23	190.2
雅安市	Yaan City	14000	154.3	79.4	74.9	1.79	0.68	48.9
巴中市	Bazhong City	12300	363.0	190.2	172.8	3.23	1.80	103.0
资阳市	Ziyang City	7900	488.9	255.1	233.8	4.87	2.72	157.9
阿坝藏族羌族自治州	Aba Zang & Qiang A.P	83400	85.1	43.8	41.3	1.09	0.46	23.2
甘孜藏族自治州	Ganzi Zang A.P	150000	91.6	46.5	45.1	1.20	0.90	21.2
凉山彝族自治州	Liangshan Yi A.P	60100	428.6	223.5	205.1	5.64	1.95	112.8
贵州省	**Guizhou**	**176152**	**3931.1**	**2024.1**	**1907.0**	**57.16**	**28.24**	**1139.5**
贵阳市	Guiyang City	8034	350.7	180.3	170.4	3.08	1.71	96.2
六盘水市	Liupanshui City	9914	297.2	155.8	141.4	4.37	1.74	80.9
遵义市	Zunyi City	30762	725.5	375.7	349.8	8.09	4.34	195.1
安顺市	Anshun City	9264	256.9	132.8	124.1	3.04	1.44	66.8
铜仁地区	Tongren Prefecture	18003	388.2	203.9	184.3	4.63	2.17	100.5
黔西南布依族苗族自治州	Southwest Guizhou Buyi & Miao A.P	16804	310.1	160.1	150.0	4.08	1.78	77.1

3-1 续表 8 continued

地区	Region	土地面积（平方公里）Land Area (sq.km)	年底总人口（万人）Total Population (year-end) (10 000 persons)	男性人口 Male	女性人口 Female	出生人口（万人）Birth Population (10 000 person)	死亡人口（万人）Death Population (10 000 person)	年底总户数（万户）Total Households (year-end) (10 000 households)
毕节地区	Bijie Prefecture	26853	727.0	379.8	347.2	10.93	3.91	180.8
黔东南苗族侗族自治州	Southeast Guizhou Miao & Dong A.P	30337	429.4	227.0	202.4	5.46	2.92	107.2
黔南布依族苗族自治州	South Guizhou Buyi & Miao A.P	26197	382.8	197.9	184.8	3.91	2.39	101.0
云南省	**Yunnan**	**394139**	**4450.4**	**2302.2**	**2148.2**	**65.25**	**29.92**	**1216.9**
昆明市	Kunming City	21582	608.6	312.6	296.0	7.69	3.20	181.1
曲靖市	Qujing City	29855	565.8	297.5	268.3	8.47	3.69	158.0
玉溪市	Yuxi City	15285	221.4	111.7	109.6	2.86	1.47	66.1
保山市	Baoshan City	19637	244.2	125.0	119.2	3.41	1.62	60.9
昭通市	Zhaotong City	23021	507.5	265.5	242.0	9.29	3.74	140.6
丽江市	Lijiang City	21219	120.3	61.3	58.9	2.06	1.01	32.8
思茅市	Simao City	45385	256.6	134.5	122.0	3.55	1.92	68.4
临沧市	Lincang City	24469	236.1	123.3	112.9	3.45	1.70	61.3
楚雄彝族自治州	Chuxiong Yi A.P	29258	265.7	136.4	129.3	3.56	2.05	75.1
红河哈尼族彝族自治州	Honghe Hani & Yi A.P	32931	431.2	222.3	208.9	6.55	2.82	119.4
文山壮族苗族自治州	Wenshan Zhuang & Miao A.P	32239	337.1	175.7	161.4	5.38	2.53	81.2
西双版纳傣族自治州	Xishuangbanna Dai A.P	19700	105.0	53.0	51.9	1.49	0.63	27.7
大理白族自治州	Dali Bai A.P	29459	347.1	176.4	170.7	4.75	2.23	92.1
德宏傣族景颇族自治州	Dehong Dai & Jingpo A.P	11526	115.1	58.0	57.0	1.84	0.85	29.2
怒江傈僳族自治州	Nujiang Lisu A.P	14703	52.0	26.8	25.3	0.79	0.37	13.8
迪庆藏族自治州	Diqing Zang A.P	23870	36.9	18.8	18.1	0.51	0.25	9.3
西藏自治区	**Tibet A.R.**	**1202369**	**267.6**	**135.1**	**132.4**	**3.20**	**1.61**	**58.9**
拉萨市	Lhasa City	29539	44.9	23.3	21.6	0.30	0.12	14.4
昌都地区	Qamdu Prefecture	108872	59.7	30.6	29.1	0.65	0.24	9.7
山南地区	Lhokha Prefecture	79287	32.5	16.0	16.5	0.22	0.22	7.8
日喀则地区	Xigaze Prefecture	182066	66.4	33.2	33.2	0.87	0.48	12.7
那曲地区	Narqu Prefecture	391817	40.2	20.1	20.1	0.79	0.25	7.9
阿里地区	Ngri Prefecture	296823	8.0	4.0	4.0	0.12	0.05	2.0
林芝地区	Nyingchi Prefecture	113965	15.8	7.9	7.9	0.24	0.25	4.4
其他	Others							
陕西省	**Shaanxi**	**205795**	**3720.0**	**1914.0**	**1806.0**	**37.20**	**22.30**	**1055.7**
西安市	Xian City	10108	741.7	382.0	359.7	6.66	2.30	203.0
铜川市	Tongchuan City	3890	84.4	44.3	40.1	0.72	0.53	25.3
宝鸡市	Baoji City	18143	369.5	191.4	178.1	4.10	2.39	104.0
咸阳市	Xianyang City	10196	494.3	255.7	238.6	4.42	2.06	134.2
渭南市	Weinan City	13046	537.1	273.0	264.1	4.07	2.39	153.5
延安市	Yanan City	37030	210.7	109.9	100.8	1.96	0.92	65.3
汉中市	Hanzhong City	27101	376.6	197.5	179.0	3.18	2.69	113.5
榆林市	Yulin City	43070	338.4	176.3	162.0	3.41	1.34	96.7
安康市	Ankang City	23529	294.9	158.9	136.1	2.39	1.82	88.1
商洛市	Shangluo City	19586	242.0	128.5	113.5	2.03	1.70	68.8
其他	Others	94	14.7	7.8	6.9	0.11	0.03	3.4
甘肃省	**Gansu**	**454774**	**2594.4**	**1334.5**	**1259.8**	**42.26**	**28.23**	**682.8**
兰州市	Lanzhou City	13103	311.7	160.3	151.4	3.28	1.12	90.0
嘉峪关市	Jiayuguan City	1351	17.2	9.0	8.2	0.16	0.05	5.4

3-1 续表 9 continued

地 区	Region	土地面积 (平方公里) Land Area (sq.km)	年底总人口 (万人) Total Population (year-end) (10 000 persons)	男性人口 Male	女性人口 Female	出生人口 (万人) Birth Population (10 000 person)	死亡人口 (万人) Death Population (10 000 person)	年底总户数 (万户) Total Households (year-end) (10 000 households)
金昌市	Jinchang City	7569	44.0	23.1	20.9	0.44	0.73	13.9
白银市	Baiyin City	20164	174.6	90.6	84.0	2.04	1.03	46.6
天水市	Tianshui City	14312	353.2	182.2	171.0	7.67	4.79	87.4
武威市	Wuwei City	32517	187.2	96.8	90.3	5.28	3.74	49.4
张掖市	Zhangye City	39437	127.1	65.7	61.4	1.71	1.32	37.5
平凉市	Pingliang City	11197	218.2	113.5	104.7	4.49	2.21	57.9
酒泉市	Jiuquan City	193974	92.6	47.4	45.2	1.04	0.66	29.5
庆阳市	Qingyang City	27220	251.3	130.7	120.5	4.29	3.19	64.6
定西市	Dingxi City	19646	291.6	152.0	139.6	3.10	2.42	72.7
陇南市	Longnan City	27857	268.6	141.2	127.4	3.01	3.13	67.5
临夏回族自治州	Linxia Hui A.P	8117	193.9	100.1	93.8	4.46	3.00	43.7
甘南藏族自治州	Gannan Zang A.P	38312	68.9	35.4	33.6	1.29	0.84	16.8
青海省	**Qinghai**	**717480**	**543.2**	**277.6**	**265.6**	**8.49**	**3.36**	**131.9**
西宁市	Xining City	7424	209.9	107.3	102.6	2.63	1.13	50.2
海东地区	Haidong Prefecture	13044	156.0	80.2	75.8	2.28	0.93	36.6
海北藏族自治州	Haibei Zang A.P	33350	27.2	14.0	13.2	0.75	0.29	7.1
黄南藏族自治州	Huangnan Zang AP	17909	22.1	11.3	10.8	0.59	0.25	5.4
海南藏族自治州	Hainan Zang A.P	43377	41.6	21.0	20.6	0.81	0.28	9.9
果洛藏族自治州	Golog Zang A.P	76442	14.9	7.6	7.3	0.46	0.16	3.8
玉树藏族自治州	Yushu Zang A.P	197954	29.5	14.8	14.7	0.54	0.19	7.1
海西蒙古族藏族自治州	Haixi Mongolian & Zang A.P	327980	42.0	21.4	20.6	0.43	0.13	11.9
宁夏回族自治区	**Ningxia**	**66400**	**596.2**	**305.7**	**290.5**	**9.43**	**2.93**	**167.2**
银川市	Yinchuan City	9555	142.4	71.8	70.6	1.56	0.67	46.8
石嘴山市	Shizuishan City	5213	73.2	37.7	35.5	0.85	0.38	23.4
吴忠市	Wuzhong City	20394	125.7	64.3	61.4	2.16	0.60	34.1
固原市	Guyuan City	14413	150.6	78.6	72.0	2.86	0.75	35.6
中卫市	Zhongwei City	16824	104.2	53.3	50.9	1.75	0.54	27.4
新疆维吾尔自治区	**Xinjiang**	**1664897**	**2010.4**	**1029.7**	**980.7**	**32.62**	**10.01**	**589.9**
乌鲁木齐市	Urumqi City	11384	194.2	100.8	93.4	1.41	0.55	60.0
克拉玛依市	Karamay City	8654	25.5	13.1	12.4	0.18	0.09	9.2
吐鲁番地区	Turpan Prefecture	67563	58.4	29.8	28.6	0.80	0.25	16.6
哈密地区	Hami Prefecture	142095	54.0	27.7	26.3	0.56	0.36	17.6
昌吉回族自治州	Changji Hui A.P	77639	157.9	81.1	76.8	1.66	0.76	51.7
博尔塔拉蒙古自治州	Bortala Mongolian A.P	24934	45.8	23.6	22.2	0.55	0.20	15.7
巴音郭楞蒙古自治州	Bayingolin Mongolian A.P	470954	117.1	60.9	56.2	2.87	0.54	38.4
阿克苏地区	Aksu Prefecture	131341	226.5	117.1	109.4	3.93	1.61	59.3
克孜勒苏柯尔克孜自治州	Kizilsu Kirgiz A.P	72468	47.6	24.3	23.3	0.79	0.38	11.2
喀什地区	Kashi Prefecture	139480	369.4	187.8	181.7	6.59	2.07	88.9
和田地区	Hotan Prefecture	249147	182.5	93.4	89.1	3.70	1.41	46.5
伊犁州直属县（市）	Counties(Cities) Direct Under Ili Prefecture	56382	259.6	132.6	127.0	6.21	1.57	75.0
塔城地区	Tacheng Prefecture	94698	96.7	49.3	47.4	1.21	0.83	30.5
阿勒泰地区	Altay Prefecture	117699	63.0	32.2	30.8	0.93	0.40	18.2
石河子市	Shihezi City	460	64.2	32.8	31.4	0.40	0.31	22.7
阿拉尔市	Alar City							
图木舒克市	Tumxuk City							
五家渠市	Wujiaqu City							

3-2 地区生产总值(2005年)

Gross Regional Products(2005)

地　区	Region	地区生产总值（亿元） Gross Regional Product (100 million yuan)	第一产业 Primary Industry	第二产业 Secondary Industry	#工　业 Industry	第三产业 Tertiary Industry	人均地区生产总值（元） Per Capita GRP (yuan)
北京市	**Beijing**	**6886.3**	**98.0**	**2026.5**	**1707.0**	**4761.8**	**45444**
东城区	Dongcheng District	513.9		26.8	11.8	487.1	
西城区	Xicheng District	864.8		93.5	78.2	771.3	
崇文区	Chongwen District	107.9		21.2	15.8	86.7	
宣武区	Xuanwu District	223.1		28.1	14.6	195.0	
朝阳区	Chaoyang District	1253.4	1.4	237.8	183.2	1014.2	
丰台区	Fengtai District	369.7	0.9	106.9	71.1	261.9	
石景山区	Shijingshan District	197.3		139.7	124.2	57.6	
海淀区	Haidian District	1331.2	1.1	267.8	200.5	1062.3	
门头沟区	Mentougou District	45.3	0.7	25.7	23.1	18.9	
房山区	Fangshan District	213.9	12.4	134.4	111.8	67.1	
通州区	Tongzhou District	143.0	12.1	69.3	56.0	61.6	
顺义区	Shunyi District	276.1	19.9	168.3	153.1	87.9	
昌平区	Changping District	192.0	3.5	84.3	72.6	104.2	
大兴区	Daxing District	153.5	14.1	69.7	60.1	69.7	
怀柔区	Huairou District	85.4	5.2	46.2	39.6	34.0	
平谷区	Pinggu District	57.0	8.4	24.3	19.2	24.3	
密云县	Miyun County	78.9	11.5	33.5	27.5	33.9	
延庆县	Yanqing County	41.8	6.8	10.9	7.0	24.1	
其他	Others						
天津市	**Tianjin**	**3697.6**	**112.4**	**2051.2**	**1885.0**	**1534.1**	**35783**
和平区	Heping District	283.1		50.1	41.1	233.0	92109
河东区	Hedong District	129.4		59.5	37.5	69.9	17358
河西区	Hexi District	286.0		102.4	82.0	183.6	36276
南开区	Nankai District	195.3		66.9	59.4	128.4	21974
河北区	Hebei District	139.1		40.7	37.4	98.4	21457
红桥区	Hongqiao District	43.7		10.9	10.0	32.8	7948
塘沽区	Tanggu District	388.7	1.8	237.8	205.1	149.1	59656
汉沽区	Hangu District	35.8	3.3	19.0	15.6	13.5	19909
大港区	Dagang District	245.0	1.7	196.4	188.1	47.0	56699
东丽区	Dongli District	172.8	3.8	104.2	95.9	64.7	36399
西青区	Xiqing District	229.7	6.4	164.8	161.6	58.4	49061
津南区	Jinnan District	103.1	2.8	70.0	47.6	30.3	23110
北辰区	Beichen District	193.4	6.2	138.3	136.7	48.9	41340
武清区	Wuqing District	148.5	21.7	65.3	60.2	61.6	17479
宝坻区	Baodi District	75.0	13.5	28.7	25.3	32.8	11111
宁河县	Ninghe County	55.6	12.1	24.6	22.5	18.9	14892
静海县	Jinghai County	129.5	12.8	82.9	79.8	33.9	22786
蓟县	Ji County	109.6	19.1	55.1	51.6	35.4	13376
其他	Others						
河北省	**Hebei**	**10096.1**	**1503.1**	**5232.5**	**4665.2**	**3360.5**	**14782**
石家庄市	Shijiazhuang City	1786.8	247.8	865.7	765.0	673.4	18671
唐山市	Tangshan City	2027.6	236.2	1161.7	1076.1	629.7	28006
秦皇岛市	Qinhuangdao City	491.2	51.3	190.4	165.0	249.5	17171
邯郸市	Handan City	1157.3	158.1	582.1	510.2	417.1	13410

3-2 续表 1 continued

地 区	Region	地区生产总值 (亿元) Gross Regional Product (100 million yuan)					人均地区生产总值 (元) Per Capita GRP (yuan)
			第一产业 Primary Industry	第二产业 Secondary Industry	#工 业 Industry	第三产业 Tertiary Industry	
邢台市	Xingtai City	680.8	124.3	390.1	355.9	166.4	10041
保定市	Baoding City	1072.1	196.1	523.2	435.6	352.8	10020
张家口市	Zhangjiakou City	415.8	67.4	185.9	165.0	162.5	9947
承德市	Chengde City	360.3	65.7	183.5	155.2	111.0	10723
沧州市	Cangzhou City	1130.8	135.4	603.8	548.6	391.6	16581
廊坊市	Langfang City	621.2	100.8	336.0	292.0	184.4	15727
衡水市	Hengshui City	519.7	90.6	275.3	247.6	153.8	12344
其他	Others						
山西省	**Shanxi**	**4179.5**	**262.4**	**2353.2**	**2117.7**	**1563.9**	**12495**
太原市	Taiyuan City	893.2	20.2	418.5	326.0	454.4	26107
大同市	Datong City	370.3	21.9	199.4	182.0	148.9	11913
阳泉市	Yangquan City	205.4	3.5	120.6	107.1	81.3	15811
长治市	Changzhi City	398.7	28.9	230.6	207.1	139.2	12363
晋城市	Jincheng City	316.0	14.7	202.7	184.9	98.5	14356
朔州市	Shuozhou City	181.7	18.5	106.1	57.0	57.0	12094
晋中市	Jinzhong City	331.0	36.9	173.4	151.1	120.6	10772
运城市	Yuncheng City	470.8	53.6	265.4	247.3	151.9	9473
忻州市	Xinzhou City	167.2	21.5	67.6	61.4	78.1	5519
临汾市	Linfen City	523.2	30.5	337.3	319.7	155.4	12741
吕梁市	Luliang City	309.5	19.6	201.3	185.0	88.6	8800
内蒙古自治区	**Inner Mongolia**	**3895.6**	**589.6**	**1773.2**	**1477.9**	**1532.8**	**16331**
呼和浩特市	Hohhot City	743.7	47.2	277.8	221.3	418.7	29049
包头市	Baotou City	848.7	31.0	450.0	394.8	367.7	35086
乌海市	Wuhai City	125.5	1.9	79.1	67.7	44.4	27272
赤峰市	Chifeng City	347.6	92.2	128.1	105.9	127.2	7894
通辽市	Tongliao City	329.3	89.1	112.0	89.9	128.3	10616
鄂尔多斯市	Erdos City	594.8	40.6	312.5	269.0	241.7	40169
呼伦贝尔市	Hulunbuir City	324.1	88.6	98.3	77.2	137.2	11971
巴彦淖尔市	Bayannur City	217.0	65.7	82.6	61.6	68.7	12560
乌兰察布市	Ulanqab City	230.2	55.3	92.3	67.4	82.6	10592
兴安盟	Xingan League	120.4	40.6	34.2	27.6	45.7	7513
锡林郭勒盟	Xilingol League	169.2	33.1	82.0	62.9	54.1	17093
阿拉善盟	Alxa League	64.6	4.2	38.0	31.1	22.4	30587
其他	Others						
辽宁省	**Liaoning**	**8009.0**	**882.4**	**3953.3**	**3489.6**	**3173.3**	**18983**
沈阳市	Shenyang City	2084.1	126.3	906.3	786.3	1051.5	29935
大连市	Dalian City	2152.2	183.3	996.1	853.5	972.8	38196
鞍山市	Anshan City	1018.0	56.0	560.1	524.0	401.9	29338
抚顺市	Fushun City	390.2	28.8	211.9	191.3	149.5	17372
本溪市	Benxi City	343.3	22.1	203.1	187.6	118.0	21922
丹东市	Dandong City	326.3	52.8	134.2	111.8	139.3	13502
锦州市	Jinzhou City	381.9	88.0	140.1	121.9	153.8	12397
营口市	Yingkou City	379.6	41.0	195.0	178.3	143.6	16487
阜新市	Fuxin City	142.6	35.5	48.9	39.7	58.2	7398
辽阳市	Liaoyang City	330.1	25.5	202.5	179.0	102.0	18135

3-2 续表 2 continued

地 区	Region	地区生产总值 (亿元) Gross Regional Product (100 million yuan)	第一产业 Primary Industry	第二产业 Secondary Industry	#工 业 Industry	第三产业 Tertiary Industry	人均地区生产总值 (元) Per Capita GRP (yuan)
盘锦市	Panjin City	441.3	46.9	318.8	299.9	75.7	34641
铁岭市	Tieling City	264.2	69.7	107.1	95.6	87.4	8764
朝阳市	Chaoyang City	212.1	55.8	82.2	73.5	74.2	6280
葫芦岛市	Huludao City	299.5	44.6	142.4	129.5	112.5	10960
吉林省	**Jilin**	**3620.3**	**625.6**	**1580.8**	**1363.9**	**1413.8**	**13348**
长春市	Changchun City	1508.6	160.8	709.7	558.1	638.1	20728
吉林市	Jilin City	629.7	100.6	283.0	243.3	246.2	14498
四平市	Siping City	330.7	121.6	98.1	78.8	111.0	10027
辽源市	Liaoyuan City	137.1	24.7	61.5	46.8	50.9	11083
通化市	Tonghua City	233.6	41.3	106.2	91.2	86.1	10258
白山市	Baishan City	160.5	26.0	82.5	68.4	52.1	12139
松原市	Songyuan City	365.6	94.6	190.4	182.0	80.5	13175
白城市	Baicheng City	152.2	49.0	47.4	36.8	55.8	7550
延边朝鲜族自治州	Yanbian Korean A.P	212.2	30.9	86.5	72.1	94.8	9749
其他	Others						
黑龙江省	**Heilongjiang**	**5511.5**	**684.6**	**2971.7**	**2696.3**	**1855.2**	**14434**
哈尔滨市	Harbin City	1830.5	299.9	646.0	490.9	884.5	18821
齐齐哈尔市	Qiqihar City	422.4	109.4	114.1	102.0	199.0	8003
鸡西市	Jixi City	204.6	64.7	57.9	53.1	82.1	10616
鹤岗市	Hegang City	112.6	27.4	45.2	42.5	40.0	10246
双鸭山市	Shuangyashan City	146.6	43.5	59.2	47.7	43.9	9728
大庆市	Daqing City	1400.7	42.4	1203.5	1171.4	154.8	53199
伊春市	Yichun City	115.9	28.8	43.8	35.4	43.3	8974
佳木斯市	Jiamusi City	241.5	75.1	48.1	38.0	118.4	9812
七台河市	Qitaihe City	100.2	13.1	49.2	47.2	37.9	11351
牡丹江市	Mudanjiang City	302.8	47.6	105.9	97.4	149.3	11285
黑河市	Heihe City	120.5	46.0	18.9	13.3	55.6	6911
绥化市	Suihua City	350.8	126.5	78.0	59.5	146.3	6244
大兴安岭地区	Daxinganling Prefecture	46.1	18.0	6.6	5.6	21.5	8600
其他	Others						
上海市	**Shanghai**	**9154.2**	**80.3**	**4452.9**	**4129.5**	**4620.9**	**51474**
黄浦区	Huangpu District						
卢湾区	Luwan District						
徐汇区	Xuhui District						
长宁区	Changning District						
静安区	Jingan District						
普陀区	Putuo District						
闸北区	Zhabei District						
虹口区	Hongkou District						
杨浦区	Yangpu District						
闵行区	Minhang District						
宝山区	Baoshan District						
嘉定区	Jiading District						
浦东新区	Pudong New District						
金山区	Jinshan District						

3-2 续表 3 continued

地　区	Region	地区生产总值（亿元）Gross Regional Product (100 million yuan)	第一产业 Primary Industry	第二产业 Secondary Industry	#工业 Industry	第三产业 Tertiary Industry	人均地区生产总值（元）Per Capita GRP (yuan)
松江区	Songjiang District						
青浦区	Qingpu District						
南汇区	Nanhui District						
奉贤区	Fengxian District						
崇明县	Chongming County						
其他	Others						
江苏省	**Jiangsu**	**18305.7**	**1461.5**	**10355.0**	**9334.7**	**6489.1**	**24560**
南京市	Nanjing City	2411.1	80.0	1200.3	1043.2	1130.8	40887
无锡市	Wuxi City	2804.7	48.2	1696.0	1587.7	1060.5	62323
徐州市	Xuzhou City	1212.2	170.0	613.9	521.9	428.3	13160
常州市	Changzhou City	1303.4	56.6	796.1	717.2	450.7	37207
苏州市	Suzhou City	4026.5	88.7	2681.5	2520.3	1256.3	66766
南通市	Nantong City	1472.1	160.0	825.9	674.5	486.2	19060
连云港市	Lianyungang City	456.0	93.4	201.5	149.4	161.1	9691
淮安市	Huaian City	561.8	119.9	255.8	213.6	186.2	10683
盐城市	Yancheng City	1004.9	228.5	442.2	378.1	334.2	12585
扬州市	Yangzhou City	922.0	89.3	519.2	451.5	313.6	20251
镇江市	Zhenjiang City	871.7	38.7	528.2	476.9	304.8	32597
泰州市	Taizhou City	822.3	89.9	476.7	401.6	255.7	16366
宿迁市	Suqian City	375.9	99.7	163.3	123.1	113.0	7188
浙江省	**Zhejiang**	**13437.9**	**892.8**	**7166.2**	**6349.3**	**5378.9**	**27703**
杭州市	Hangzhou City	2942.7	148.2	1496.9	1329.6	1297.5	44853
宁波市	Ningbo City	2449.3	132.3	1341.5	1188.5	975.6	44156
温州市	Wenzhou City	1596.4	64.9	866.9	795.4	664.6	21335
嘉兴市	Jiaxing City	1159.7	84.5	681.9	609.1	393.3	34706
湖州市	Huzhou City	644.3	63.0	353.3	313.1	228.0	25030
绍兴市	Shaoxing City	1447.5	93.1	873.0	779.3	481.4	33283
金华市	Jinhua City	1063.5	65.7	565.2	491.4	432.7	23482
衢州市	Quzhou City	329.1	49.3	152.3	122.9	127.5	13401
舟山市	Zhoushan City	280.2	39.8	111.3	86.1	129.1	28936
台州市	Taizhou City	1251.8	102.6	658.1	597.7	491.0	22438
丽水市	Lishui City	306.0	43.8	137.2	107.5	125.0	12189
安徽省	**Anhui**	**5375.8**	**959.6**	**2234.2**	**1833.2**	**2182.0**	**8597**
合肥市	Hefei City	853.6	52.5	382.7	292.2	418.4	19225
芜湖市	Wuhu City	400.7	30.0	213.2	183.7	157.5	18065
蚌埠市	Bengbu City	311.3	67.7	119.6	96.5	124.0	9465
淮南市	Huainan City	263.6	29.5	140.2	118.1	93.9	11551
马鞍山市	Maanshan City	371.3	17.4	240.7	221.1	113.3	30001
淮北市	Huaibei City	209.0	22.4	117.9	105.1	68.6	10252
铜陵市	Tongling City	182.1	6.5	112.3	99.4	63.3	25854
安庆市	Anqing City	429.6	89.3	176.7	140.0	163.6	7331
黄山市	Huangshan City	160.0	26.2	57.5	38.7	76.3	11254
滁州市	Chuzhou City	328.1	90.1	124.6	104.8	113.4	7942
阜阳市	Fuyang City	324.6	104.7	95.4	70.9	124.5	3761
宿州市	Suzhou City	313.0	126.9	75.0	62.0	111.1	5416

3-2 续表 4 continued

地 区	Region	地区生产总值 (亿元) Gross Regional Product (100 million yuan)	第一产业 Primary Industry	第二产业 Secondary Industry	#工 业 Industry	第三产业 Tertiary Industry	人均地区生产总值 (元) Per Capita GRP (yuan)
巢湖市	Chaohu City	301.9	75.1	111.9	86.1	114.9	7136
六安市	Liuan City	312.8	83.2	103.9	73.2	125.7	5076
亳州市	Bozhou City	265.0	91.5	72.3	44.7	101.2	5093
池州市	Chizhou City	110.2	25.6	40.6	26.5	43.9	7378
宣城市	Xuancheng City	251.5	55.0	94.1	71.9	102.5	9572
其他	Others						
福建省	**Fujian**	**6568.9**	**831.1**	**3200.3**	**2842.4**	**2537.6**	**18646**
福州市	Fuzhou City	1476.3	174.8	693.9	593.2	607.6	22301
厦门市	Xiamen City	1006.6	21.0	552.3	501.7	433.3	44737
莆田市	Putian City	359.9	51.4	192.0	168.6	116.5	12854
三明市	Sanming City	392.8	97.9	150.3	125.8	144.6	14909
泉州市	Quanzhou City	1626.3	97.9	939.5	870.0	588.9	21427
漳州市	Zhangzhou City	628.5	154.8	255.2	224.6	218.5	13402
南平市	Nanping City	348.0	93.2	120.3	99.7	134.6	12083
龙岩市	Longyan City	385.6	81.9	172.4	150.4	131.3	14105
宁德市	Ningde City	343.6	83.9	119.0	96.6	140.7	11266
江西省	**Jiangxi**	**4056.8**	**727.4**	**1917.5**	**1455.5**	**1411.9**	**9440**
南昌市	Nanchang City	1007.7	72.6	532.1	374.9	403.0	22390
景德镇市	Jingdezhen City	193.1	19.3	101.7	77.1	72.1	12596
萍乡市	Pingxiang City	228.1	25.7	131.7	120.7	70.7	12559
九江市	Jiujiang City	428.9	72.1	214.8	151.2	142.0	9231
新余市	Xinyu City	177.3	22.1	98.8	80.5	56.5	15935
鹰潭市	Yingtan City	123.5	17.5	61.0	56.6	45.0	11452
赣州市	Ganzhou City	500.1	129.2	182.0	138.7	188.9	6134
吉安市	Jian City	303.1	83.4	109.6	73.3	110.2	6477
宜春市	Yichun City	372.2	98.0	156.3	119.3	117.9	6995
抚州市	Fuzhou City	262.0	70.2	105.9	72.4	86.0	6894
上饶市	Shangrao City	388.1	82.3	164.7	12 99	141.1	6130
山东省	**Shandong**	**18516.9**	**1963.5**	**10628.6**	**9568.6**	**5924.7**	**20096**
济南市	Jinan City	1876.6	134.3	864.0	734.0	878.3	31606
青岛市	Qingdao City	2695.8	178.3	1396.3	1263.3	1121.2	33188
淄博市	Zibo City	1431.0	60.0	955.8	859.6	415.2	32533
枣庄市	Zaozhuang City	633.4	62.5	401.1	369.5	169.8	17602
东营市	Dongying City	1166.1	48.2	959.4	894.7	158.5	64906
烟台市	Yantai City	2012.5	197.4	1198.0	1090.6	617.0	30923
潍坊市	Weifang City	1471.2	201.4	836.5	761.7	433.3	17279
济宁市	Jining City	1266.3	176.9	696.5	640.2	392.9	15749
泰安市	Taian City	855.7	108.2	477.9	419.7	269.5	15547
威海市	Weihai City	1169.8	109.1	725.4	674.3	335.2	47028
日照市	Rizhao City	426.5	69.4	204.2	176.4	152.8	15858
莱芜市	Laiwu City	256.3	18.4	172.7	162.7	65.2	20616
临沂市	Linyi City	1211.8	167.0	633.0	542.6	411.8	12498
德州市	Dezhou City	831.8	127.1	459.0	410.8	245.7	15097
聊城市	Liaocheng City	693.1	129.8	397.1	353.6	166.3	12727
滨州市	Binzhou City	667.3	91.2	401.7	364.4	174.4	18030
菏泽市	Heze City	450.8	154.6	193.9	161.8	102.4	5104

3-2 续表 5 continued

地 区	Region	地区生产总值 (亿元) Gross Regional Product (100 million yuan)	第一产业 Primary Industry	第二产业 Secondary Industry	#工 业 Industry	第三产业 Tertiary Industry	人均地区生产总值 (元) Per Capita GRP (yuan)
河南省	**Henan**	**10587.4**	**1892.0**	**5514.1**	**4896.0**	**3181.3**	**11346**
郑州市	Zhengzhou City	1660.6	72.4	872.8	759.7	715.4	25474
开封市	Kaifeng City	408.0	121.3	163.9	147.2	122.8	8570
洛阳市	Luoyang City	1112.4	110.5	648.4	566.1	353.5	17383
平顶山市	Pingdingshan City	561.0	67.0	337.3	316.2	156.7	11407
安阳市	Anyang City	557.5	88.4	320.5	284.1	148.5	10472
鹤壁市	Hebi City	186.2	32.7	110.5	103.7	43.1	12976
新乡市	Xinxiang City	544.2	89.0	280.4	234.0	174.7	9876
焦作市	Jiaozuo City	584.0	58.4	361.9	333.4	163.6	17145
濮阳市	Puyang City	384.0	62.5	241.0	213.8	80.5	10754
许昌市	Xuchang City	605.5	99.6	370.3	344.9	135.6	13468
漯河市	Luohe City	322.1	57.8	200.6	189.5	63.7	12759
三门峡市	Sanmenxia City	335.2	33.1	202.3	188.2	99.8	15124
南阳市	Nanyang City	1053.4	275.8	528.0	468.2	249.7	9826
商丘市	Shangqiu City	560.8	188.1	220.9	183.2	151.7	6879
信阳市	Xinyang City	508.6	150.4	193.5	153.2	164.7	6476
周口市	Zhoukou City	595.5	205.3	236.5	206.3	153.7	5579
驻马店市	Zhumadian City	500.4	170.2	192.7	172.5	137.5	6010
其他	Others	144.3	10.0	96.9	90.1	37.5	21863
湖北省	**Hubei**	**6520.1**	**1082.1**	**2810.0**		**2628.0**	**11430**
武汉市	Wuhan City	2238.0	109.6	1019.0	852.0	1109.4	26238
黄石市	Huangshi City	343.2	30.6	176.1	160.4	136.6	14358
十堰市	Shiyan City	306.6	35.8	144.7	136.1	126.1	8922
宜昌市	Yichang City	608.1	85.0	310.0	267.5	213.1	15253
襄樊市	Xiangfan City	601.5	121.9	241.1	203.3	238.5	10407
鄂州市	Ezhou City	147.0	23.7	69.6	63.7	53.7	13908
荆门市	Jingmen City	310.3	78.1	112.5	99.6	119.8	10528
孝感市	Xiaogan City	360.2	94.5	135.4	111.7	130.4	7660
荆州市	Jingzhou City	393.0	116.9	124.4	105.9	151.7	6141
黄冈市	Huanggang City	348.6	115.5	107.9	83.5	125.2	4799
咸宁市	Xianning City	203.8	53.6	78.5	70.7	71.7	7372
随州市	Suizhou City	193.1	52.2	80.7	70.2	60.2	8701
恩施土家族苗族自治州	Enshi Tujia & Miao A.P	173.0	70.9	40.6	35.0	61.5	4509
其他	Others	364.9	85.3	150.0	135.8	129.6	
湖南省	**Hunan**	**6511.3**	**1274.2**	**2596.7**	**2189.9**	**2640.5**	**10426**
长沙市	Changsha City	1519.9	114.0	642.2	469.3	763.8	23968
株洲市	Zhuzhou City	524.1	70.5	264.6	226.4	189.0	14497
湘潭市	Xiangtan City	366.8	56.6	158.9	134.1	151.3	13604
衡阳市	Hengyang City	590.9	150.5	224.4	200.0	216.0	8899
邵阳市	Shaoyang City	360.1	111.1	101.2	84.2	147.8	5399
岳阳市	Yueyang City	634.9	126.8	294.4	262.9	213.8	12532
常德市	Changde City	634.2	167.0	254.8	219.8	212.4	11811
张家界市	Zhangjiajie City	110.6	19.6	26.9	18.3	64.2	7588
益阳市	Yiyang City	294.8	82.9	84.2	70.7	127.7	7130
郴州市	Chenzhou City	477.7	84.2	226.6	207.5	166.9	11073
永州市	Yongzhou City	361.2	110.6	94.6	74.4	156.1	7139

3-2 续表 6 continued

地 区	Region	地区生产总值（亿元）Gross Regional Product (100 million yuan)	第一产业 Primary Industry	第二产业 Secondary Industry	#工业 Industry	第三产业 Tertiary Industry	人均地区生产总值（元）Per Capita GRP (yuan)
怀化市	Huaihua City	295.2	70.2	91.2	78.3	133.8	6564
娄底市	Loudi City	311.1	58.2	143.6	129.6	109.3	8193
湘西土家族苗族自治州	West Hunan Tujia A.P	123.3	26.7	42.5	33.0	54.2	5026
其他	Others						
广东省	**Guangdong**	**22366.5**	**1395.2**	**11339.9**	**10482.0**	**9631.4**	**24438**
广州市	Guangzhou City	5154.2	130.2	2045.2	1844.0	2978.8	53809
韶关市	Shaoguan City	339.9	59.6	144.4	127.6	135.9	11708
深圳市	Shenzhen City	4950.9	9.7	2633.4	2483.5	2307.7	60801
珠海市	Zhuhai City	635.0	19.3	339.2	315.5	276.4	45284
汕头市	Shantou City	651.4	44.5	332.3	297.3	274.5	13196
佛山市	Foshan City	2383.2	75.8	1439.4	1375.0	868.0	41266
江门市	Jiangmen City	805.4	72.5	425.4	400.6	307.5	19636
湛江市	Zhanjiang City	658.1	145.0	296.8	269.8	216.3	9899
茂名市	Maoming City	808.2	196.9	306.6	265.9	304.8	13934
肇庆市	Zhaoqing City	450.6	141.8	113.4	94.4	195.4	12315
惠州市	Huizhou City	803.4	75.1	458.4	422.9	269.9	21896
梅州市	Meizhou City	314.5	72.6	130.5	104.6	111.4	7666
汕尾市	Shanwei City	211.0	50.6	83.8	70.1	76.6	7608
河源市	Heyuan City	204.9	42.4	80.7	66.7	81.9	7488
阳江市	Yangjiang City	295.3	80.2	110.0	93.0	105.2	12758
清远市	Qingyuan City	323.0	71.5	126.8	106.4	124.6	9070
东莞市	Dongguan City	2181.6	19.6	1236.2	1181.6	925.8	33263
中山市	ZhongShan City	880.2	30.8	539.4	510.8	31.6	36208
潮州市	Chaozhou City	287.6	32.6	152.4	140.2	102.5	11422
揭阳市	Jieyang City	420.5	71.1	203.5	185.1	145.9	7533
云浮市	Yunfu City	213.7	76.4	73.7	63.1	63.6	9174
广西壮族自治区	**Guangxi**	**4075.8**	**912.5**	**1510.7**	**1264.8**	**1652.6**	**8788**
南宁市	Nanning City	723.4	119.7	231.2	165.2	372.4	11057
柳州市	Liuzhou City	512.0	58.9	266.1	241.8	186.9	14399
桂林市	Guilin City	531.8	125.9	210.9	179.6	194.9	10753
梧州市	Wuzhou City	228.4	49.8	97.6	81.1	81.0	7512
北海市	Beihai City	181.6	45.7	68.6	60.4	67.3	12225
防城港市	Fangchenggang City	94.8	22.6	36.0	30.5	36.1	11872
钦州市	Qinzhou City	205.5	78.3	65.1	55.2	62.2	6000
贵港市	Guigang City	227.0	66.0	76.8	64.4	84.2	4800
玉林市	Yulin City	356.3	104.3	120.8	104.4	131.2	5998
百色市	Baise City	239.4	63.9	105.7	88.1	69.8	6415
贺州市	Hezhou City	164.4	51.3	71.8	58.7	41.3	7827
河池市	Hechi City	207.0	58.5	76.1	57.4	72.3	5405
来宾市	Laibin City	170.0	61.5	65.7	58.9	42.9	6912
崇左市	Chongzuo City	151.1	55.3	43.6	36.3	52.2	6566
海南省	**Hainan**	**905.0**	**300.8**	**230.5**	**166.6**	**373.8**	**10998**
海口市	Haikou City	311.8	26.5	87.3	62.1	198.0	21473
三亚市	Sanya City	74.2	21.5	18.9	8.3	33.8	14559
其他	Others	519.1	252.8	124.3	96.2	142.0	

地 区	Region	地区生产总值 (亿元) Gross Regional Product (100 million yuan)	第一产业 Primary Industry	第二产业 Secondary Industry	#工 业 Industry	第三产业 Tertiary Industry	人均地区生产总值 (元) Per Capita GRP (yuan)
重庆市	**Chongqing**	**3070.5**	**463.4**	**1259.1**	**1023.4**	**1348.0**	**10982**
万州区	Wanzhou District	133.4	16.4	56.8	33.0	60.3	8793
涪陵区	Fuling District	135.1	15.4	69.2	58.7	50.5	13322
渝中区	Yuzhong District	240.7		27.7	13.6	212.9	34637
大渡口区	Dadukou District	69.8	1.5	54.6	48.1	13.7	26762
江北区	Jiangbei District	133.7	1.6	71.7	61.2	60.5	20717
沙坪坝区	Shapingba District	163.2	5.1	84.6	73.4	73.6	19090
九龙坡区	Jiulongpo District	270.4	6.8	134.9	113.7	128.7	28827
南岸区	Nanan District	115.6	3.1	68.7	54.1	43.8	17459
北碚区	Beibei District	80.1	6.0	42.8	36.9	31.3	11955
万盛区	Wansheng District	19.0	3.1	7.9	6.4	8.0	7578
双桥区	Shuangqiao District	9.0	0.2	6.3	5.8	2.5	19347
渝北区	Yubei District	145.3	11.8	67.5	47.5	66.0	17228
巴南区	Banan District	100.9	19.6	50.3	39.6	30.9	12325
黔江区	Qianjiang District	36.6	6.4	15.6	12.9	14.6	8288
长寿区	Changshou District	87.0	14.8	44.4	34.0	27.9	11567
其他	Others	1330.6	351.6	456.2	384.6	522.8	
四川省	**Sichuan**	**7385.1**	**1481.1**	**3067.2**	**2527.1**	**2836.7**	**9060**
成都市	Chengdu City	2370.8	182.1	1006.5	757.4	1182.2	19627
自贡市	Zigong City	274.0	55.6	117.3	105.7	101.1	9924
攀枝花市	Panzhihua City	248.0	11.6	172.1	158.4	64.3	21969
泸州市	Luzhou City	284.9	72.2	109.9	89.4	102.8	6753
德阳市	Deyang City	462.2	94.1	236.5	216.4	131.6	12593
绵阳市	Mianyang City	482.5	110.4	197.0	168.5	175.1	9774
广元市	Guangyuan City	145.2	47.1	42.7	31.2	55.4	5268
遂宁市	Suining City	206.6	65.9	74.6	59.3	66.1	5789
内江市	Neijiang City	254.8	59.1	111.9	97.3	83.8	6432
乐山市	Leshan City	306.7	56.2	160.7	147.5	89.9	9116
南充市	Nanchong City	335.3	107.2	113.1	87.0	115.0	5409
眉山市	Meishan City	245.1	64.7	113.1	92.6	67.3	8012
宜宾市	Yibin City	370.0	79.9	180.5	155.9	109.7	7890
广安市	Guangan City	246.3	68.3	91.6	61.9	86.4	6566
达州市	Dazhou City	342.6	116.7	115.7	88.7	110.2	6063
雅安市	Yaan City	126.5	28.4	56.9	45.9	41.3	8310
巴中市	Bazhong City	129.0	57.7	24.1	14.2	47.2	4237
资阳市	Ziyang City	254.8	88.5	92.8	80.5	73.6	6014
阿坝藏族羌族自治州	Aba Zang & Qiang A.P	75.2	14.7	30.7	20.5	29.8	8488
甘孜藏族自治州	Ganzi Zang A.P	50.1	11.1	16.7	9.3	22.3	5439
凉山彝族自治州	Liangshan Yi A.P	300.2	92.1	108.2	82.7	100.0	6934
贵州省	**Guizhou**	**1979.1**	**362.5**	**826.6**	**714.2**	**789.9**	**5052**
贵阳市	Guiyang City	525.6	35.0	249.4	212.7	241.2	14934
六盘水市	Liupanshui City	207.6	18.7	118.1	104.2	70.8	6879
遵义市	Zunyi City	407.6	103.3	160.8	129.4	143.4	5497
安顺市	Anshun City	106.0	24.1	39.5	33.5	42.5	4026
铜仁地区	Tongren Prefecture	128.1	56.0	29.0	21.8	43.0	3271
黔西南布依族苗族自治州	Southwest Guizhou Buyi & Miao A.P	119.9	35.2	43.5	37.7	41.3	3864

3-2 续表 8 continued

地　区	Region	地区生产总值 (亿元) Gross Regional Product (100 million yuan)	第一产业 Primary Industry	第二产业 Secondary Industry	#工　业 Industry	第三产业 Tertiary Industry	人均地区生产总值 (元) Per Capita GRP (yuan)
毕节地区	Bijie Prefecture	231.0	74.3	86.7	73.5	70.1	3200
黔东南苗族侗族自治州	Southeast Guizhou Miao & Dong A.P	145.4	46.8	39.0	28.9	59.6	3304
黔南布依族苗族自治州	South Guizhou Buyi & Miao A.P	168.0	48.9	63.8	50.3	55.3	4256
云南省	**Yunnan**	**3472.9**	**669.8**	**1432.8**	**1180.8**	**1370.3**	**7835**
昆明市	Kunming City	1061.6	77.3	476.8	386.4	507.5	17560
曲靖市	Qujing City	441.0	87.6	222.3	194.4	131.0	7842
玉溪市	Yuxi City	368.2	43.0	215.0	201.7	110.2	16728
保山市	Baoshan City	117.4	42.3	28.8	20.7	46.4	4826
昭通市	Zhaotong City	167.2	47.1	63.1	48.7	57.1	3327
丽江市	Lijiang City	60.3	14.4	17.2	9.9	28.8	5048
思茅市	Simao City	106.6	35.7	29.8	19.0	41.0	4167
临沧市	Lincang City	96.5	36.1	29.7	20.2	30.8	4103
楚雄彝族自治州	Chuxiong Yi A.P	193.3	50.7	78.5	63.3	64.0	7296
红河哈尼族彝族自治州	Honghe Hani & Yi A.P	308.5	57.4	163.3	144.1	87.8	7185
文山壮族苗族自治州	Wenshan Zhuang & Miao A.P	148.2	47.5	43.6	32.9	57.1	4404
西双版纳傣族自治州	Xishuangbanna Dai A.P	78.0	27.9	17.9	7.8	32.2	7459
大理白族自治州	Dali Bai A.P	235.1	68.2	78.3	62.8	88.6	6803
德宏傣族景颇族自治州	Dehong Dai & Jingpo A.P	58.9	19.5	12.7	9.0	26.7	5149
怒江傈僳族自治州	Nujiang Lisu A.P	23.9	4.6	8.1	6.2	11.3	4643
迪庆藏族自治州	Diqing Zang A.P	28.0	5.3	10.1	6.5	12.6	7627
西藏自治区	**Tibet A.R.**	**251.2**	**48.0**	**63.5**	**17.5**	**139.7**	**9114**
拉萨市	Lhasa City	86.8	6.3	20.1		60.4	
昌都地区	Qamdu Prefecture	32.5	10.8	8.0		13.7	
山南地区	Lhokha Prefecture	24.5	3.0	7.9		13.6	
日喀则地区	Xigaze Prefecture	44.1	14.1	10.1		19.9	
那曲地区	Narqu Prefecture	28.7	6.4	3.7		18.6	
阿里地区	Ngri Prefecture	9.6	2.3	1.5		5.8	
林芝地区	Nyingchi Prefecture	24.5	4.1	8.2		12.1	
其他	Others						
陕西省	**Shaanxi**	**3675.7**	**435.8**	**1849.3**	**1553.6**	**1390.6**	**9899**
西安市	Xian City	1270.1	66.0	539.6	420.0	664.5	15859
铜川市	Tongchuan City	69.5	5.7	36.1	31.2	27.7	8384
宝鸡市	Baoji City	415.8	42.6	240.4	195.5	132.9	11065
咸阳市	Xianyang City	432.5	85.7	192.6	158.8	154.3	8700
渭南市	Weinan City	312.4	56.8	144.3	127.3	111.3	5713
延安市	Yanan City	370.6	29.5	285.2	276.4	56.0	17531
汉中市	Hanzhong City	216.6	46.1	85.5	64.9	85.0	6205
榆林市	Yulin City	320.0	27.5	199.8	191.1	92.7	9723
安康市	Ankang City	137.9	35.6	39.6	26.2	62.7	5191
商洛市	Shangluo City	100.2	24.6	35.3	16.4	40.3	4201
其他	Others	17.2	1.4	8.0	5.8	7.7	11168
甘肃省	**Gansu**	**1934.0**	**303.9**	**838.6**	**685.8**	**791.5**	**7477**
兰州市	Lanzhou City	567.0	22.1	250.0	197.7	294.9	18296
嘉峪关市	Jiayuguan City	81.3	1.2	64.1	62.1	16.0	44674

3-2 续表 9 continued

地 区	Region	地区生产总值 (亿元) Gross Regional Product (100 million yuan)	第一产业 Primary Industry	第二产业 Secondary Industry	#工 业 Industry	第三产业 Tertiary Industry	人均地区生产总值 (元) Per Capita GRP (yuan)
金昌市	Jinchang City	115.9	7.1	89.5	84.1	19.3	24950
白银市	Baiyin City	146.5	21.0	74.0	63.8	51.5	8395
天水市	Tianshui City	146.2	25.8	56.0	40.8	64.3	4189
武威市	Wuwei City	141.8	38.8	45.5	31.5	57.5	7322
张掖市	Zhangye City	110.8	36.4	36.6	24.4	37.8	8651
平凉市	Pingliang City	110.2	26.9	42.7	36.2	40.5	4915
酒泉市	Jiuquan City	146.0	29.5	62.4	52.0	54.2	14937
庆阳市	Qingyang City	143.8	26.9	78.0	69.4	38.9	5582
定西市	Dingxi City	71.3	29.5	13.0	8.0	28.8	2394
陇南市	Longnan City	74.2	23.8	21.6	17.3	28.8	2729
临夏回族自治州	Linxia Hui A.P	56.2	15.3	16.4	12.0	24.5	2893
甘南藏族自治州	Gannan Zang A.P	26.1	8.3	5.4	4.9	12.4	3868
青海省	**Qinghai**	**543.3**	**65.3**	**264.6**	**203.9**	**213.4**	**10045**
西宁市	Xining City	237.6	11.5	108.6	82.0	117.5	11397
海东地区	Haidong Prefecture	74.2	15.3	28.7	16.6	30.2	4768
海北藏族自治州	Haibei Zang A.P	20.4	5.6	7.6	3.9	7.2	7538
黄南藏族自治州	Huangnan Zang AP	22.7	6.4	10.4	7.4	6.0	10367
海南藏族自治州	Hainan Zang A.P	29.1	8.7	11.8	5.4	8.6	7001
果洛藏族自治州	Golog Zang A.P	7.9	2.8	1.2	0.2	3.9	5281
玉树藏族自治州	Yushu Zang A.P	13.9	8.9	2.1	0.4	3.0	4872
海西蒙古族藏族自治州	Haixi Mongolian & Zang A.P	134.3	4.5	100.1	90.1	29.8	32725
宁夏回族自治区	**Ningxia**	**606.1**	**72.1**	**281.2**	**229.1**	**252.8**	**10239**
银川市	Yinchuan City	288.5	19.1	130.1	104.3	139.4	20727
石嘴山市	Shizuishan City	109.1	8.7	68.9	62.7	32.0	15052
吴忠市	Wuzhong City	98.0	16.0	49.8	42.4	32.1	8069
固原市	Guyuan City	44.9	12.9	8.6	4.8	23.4	2973
中卫市	Zhongwei City	66.5	14.0	24.1	17.6	28.4	6490
新疆维吾尔自治区	**Xinjiang**	**2604.2**	**510.0**	**1164.8**	**961.6**	**929.4**	**13108**
乌鲁木齐市	Urumqi City	562.5	8.2	208.8	165.5	345.5	25507
克拉玛依市	Karamay City	385.7	1.6	341.2	331.0	42.9	88562
吐鲁番地区	Turpan Prefecture	119.8	12.5	79.0	69.2	28.3	20580
哈密地区	Hami Prefecture	68.6	11.0	21.9	16.9	35.7	12865
昌吉回族自治州	Changji Hui A.P	251.7	79.3	94.0	70.3	78.4	15169
博尔塔拉蒙古自治州	Bortala Mongolian A.P	55.5	17.2	7.5	4.1	30.8	12188
巴音郭楞蒙古自治州	Bayingolin Mongolian A.P	325.7	49.6	215.0	181.8	61.1	27302
阿克苏地区	Aksu Prefecture	170.4	67.4	41.8	26.4	61.2	7620
克孜勒苏柯尔克孜自治州	Kizilsu Kirgiz A.P	17.5	5.3	2.8	1.0	9.4	3654
喀什地区	Kashi Prefecture	136.0	60.0	28.0	11.1	48.0	3941
和田地区	Hotan Prefecture	48.8	22.1	7.9	2.4	18.8	2712
伊犁州直属县（市）	Counties(Cities) Direct Under Ili Prefecture	168.6	45.4	52.7	38.4	70.5	7011
塔城地区	Tacheng Prefecture	144.0	59.0	36.6	22.8	48.4	11113
阿勒泰地区	Altay Prefecture	60.5	18.8	18.3	10.8	23.4	10822
石河子市	Shihezi City	53.7	5.1	23.6	18.4	25.1	17854
阿拉尔市	Alar City						
图木舒克市	Tumxuk City						
五家渠市	Wujiaqu City						

3-3 地区生产总值指数(2005年)

Indices of Gross Regional Product(2005)

地 区	Region	地区生产总值指数(上年=100) Indices of Gross Regional Product (last year=100)	第一产业 Primary Industry	第二产业 Secondary Industry	#工 业 Industry	第三产业 Tertiary Industry	人均地区生产总值指数(上年=100) Indcies of Per Capita GRP (last year=100)
北京市	**Beijing**	**111.8**	**99.2**	**110.1**	**110.9**	**113.0**	**108.8**
东城区	Dongcheng District						
西城区	Xicheng District						
崇文区	Chongwen District						
宣武区	Xuanwu District						
朝阳区	Chaoyang District						
丰台区	Fengtai District						
石景山区	Shijingshan District						
海淀区	Haidian District						
门头沟区	Mentougou District						
房山区	Fangshan District						
通州区	Tongzhou District						
顺义区	Shunyi District						
昌平区	Changping District						
大兴区	Daxing District						
怀柔区	Huairou District						
平谷区	Pinggu District						
密云县	Miyun County						
延庆县	Yanqing County						
其他	Others						
天津市	**Tianjin**	**114.7**	**104.3**	**117.6**	**117.9**	**111.7**	**112.9**
和平区	Heping District	114.1		111.3	112.3	114.8	
河东区	Hedong District	113.5		109.5	100.8	117.4	
河西区	Hexi District	108.5		113.5	110.9	105.3	
南开区	Nankai District	113.5		113.4	109.1	113.6	
河北区	Hebei District	88.0		110.4	110.6	81.0	
红桥区	Hongqiao District	109.8		117.2	117.7	107.2	
塘沽区	Tanggu District	118.2	106.0	112.4	110.2	128.9	
汉沽区	Hangu District	118.9	102.9	119.7	116.7	122.7	
大港区	Dagang District	116.0	109.3	110.9	114.9	146.0	
东丽区	Dongli District	110.0	111.9	108.4	111.6	112.7	
西青区	Xiqing District	114.4	91.9	117.7	118.6	108.1	
津南区	Jinnan District	110.4	94.0	121.7	115.2	91.8	
北辰区	Beichen District	115.6	112.7	123.8	124.5	96.2	
武清区	Wuqing District	114.5	103.9	103.8	103.1	135.3	
宝坻区	Baodi District	113.6	100.3	139.4	142.9	103.2	
宁河县	Ninghe County	107.6	103.8	103.1	103.5	117.3	
静海县	Jinghai County	112.0	102.2	117.1	117.8	104.1	
蓟县	Ji County	111.0	95.9	129.3	139.5	97.6	
其他	Others						
河北省	**Hebei**	**113.4**	**106.2**	**115.4**	**115.7**	**113.2**	**112.7**
石家庄市	Shijiazhuang City	113.7	105.5	118.3	119.4	110.9	112.6
唐山市	Tangshan City	115.1	106.3	117.2	117.3	115.3	114.4
秦皇岛市	Qinhuangdao City	112.1	106.9	112.4	112.4	112.8	110.9
邯郸市	Handan City	116.3	107.3	119.5	119.0	115.9	115.3

3-3 续表 1 continued

地 区	Region	地区生产总值指数(上年=100) Indices of Gross Regional Product (last year=100)	第一产业 Primary Industry	第二产业 Secondary Industry	#工 业 Industry	第三产业 Tertiary Industry	人均地区生产总值指数(上年=100) Indcies of Per Capita GRP (last year=100)
邢台市	Xingtai City	113.0	105.6	115.9	116.1	111.6	112.4
保定市	Baoding City	113.3	104.4	117.7	118.6	111.6	112.7
张家口市	Zhangjiakou City	113.1	108.7	117.9	118.0	109.8	113.1
承德市	Chengde City	116.6	113.2	122.7	126.2	111.0	116.2
沧州市	Cangzhou City	117.0	106.1	121.7	121.2	112.9	116.6
廊坊市	Langfang City	113.1	102.9	115.8	116.3	113.2	112.4
衡水市	Hengshui City	114.1	105.0	117.3	118.5	112.1	113.5
其他	Others						
山西省	**Shanxi**	**112.6**	**94.6**	**116.2**	**116.9**	**111.2**	**111.9**
太原市	Taiyuan City	114.7	101.1	115.9	118.9	114.4	114.2
大同市	Datong City	112.2	113.6	115.7	115.7	108.4	113.3
阳泉市	Yangquan City	111.6	101.7	112.7	111.1	110.4	108.8
长治市	Changzhi City	113.8	95.5	117.8	119.4	113.4	113.2
晋城市	Jincheng City	114.6	100.7	117.2	116.7	112.9	114.2
朔州市	Shuozhou City	113.6	96.6	123.3	124.2	106.2	112.8
晋中市	Jinzhong City	112.7	103.8	114.7	113.2	112.6	112.2
运城市	Yuncheng City	113.3	102.1	115.9	116.1	113.5	112.6
忻州市	Xinzhou City	111.8	103.2	116.8	120.4	110.4	111.1
临汾市	Linfen City	114.6	94.1	119.7	120.7	112.0	113.8
吕梁市	Luliang City	113.8	96.9	118.3	118.2	110.8	112.9
内蒙古自治区	**Inner Mongolia**	**123.8**	**109.1**	**134.9**	**138.5**	**118.1**	**123.6**
呼和浩特市	Hohhot City	128.6	112.1	132.3	131.0	128.6	127.1
包头市	Baotou City	128.6	102.6	131.2	131.0	127.9	127.3
乌海市	Wuhai City	127.7	110.4	133.2	133.2	120.4	125.0
赤峰市	Chifeng City	121.6	116.7	127.1	132.0	119.8	122.0
通辽市	Tongliao City	123.2	110.2	132.8	140.0	122.9	123.2
鄂尔多斯市	Erdos City	137.0	106.1	141.5	139.8	139.8	135.2
呼伦贝尔市	Hulunbuir City	124.4	117.1	142.4	147.6	118.4	124.4
巴彦淖尔市	Bayannur City	124.0	114.4	141.5	148.7	115.8	123.2
乌兰察布市	Ulanqab City	120.5	102.1	134.1	143.8	119.8	121.6
兴安盟	Xingan League	121.9	122.4	132.3	140.4	113.9	122.7
锡林郭勒盟	Xilingol League	123.1	106.6	136.2	137.1	119.3	120.6
阿拉善盟	Alxa League	122.4	102.6	127.0	126.3	120.3	121.5
其他	Others						
辽宁省	**Liaoning**	**112.3**	**107.9**	**117.1**	**118.0**	**108.2**	**119.9**
沈阳市	Shenyang City	116.0	109.4	122.3	122.2	111.7	116.8
大连市	Dalian City	114.2	111.7	115.5	114.6	113.4	115.8
鞍山市	Anshan City	116.2	104.0	118.8	118.9	115.1	119.5
抚顺市	Fushun City	113.8	103.9	117.0	115.0	111.9	118.2
本溪市	Benxi City	115.1	108.4	121.4	123.9	108.4	115.4
丹东市	Dandong City	116.4	107.7	123.4	123.5	113.7	119.2
锦州市	Jinzhou City	116.0	103.4	126.7	123.5	114.5	120.7
营口市	Yingkou City	120.4	109.7	128.8	131.0	113.7	125.2
阜新市	Fuxin City	113.5	117.6	107.0	105.9	116.7	116.4
辽阳市	Liaoyang City	117.0	105.3	120.8	117.1	113.3	122.2

3-3 续表 2 continued

地　区	Region	地区生产总值指数(上年=100) Indices of Gross Regional Product (last year=100)	第一产业 Primary Industry	第二产业 Secondary Industry	#工　业 Industry	第三产业 Tertiary Industry	人均地区生产总值指数(上年=100) Indcies of Per Capita GRP (last year=100)
盘锦市	Panjin City	106.4	107.8	104.8	104.5	110.8	118.7
铁岭市	Tieling City	118.1	110.0	125.2	125.5	117.1	121.5
朝阳市	Chaoyang City	116.6	125.1	113.2	115.6	114.4	120.1
葫芦岛市	Huludao City	113.8	100.4	118.8	119.6	113.0	113.9
吉林省	**Jilin**	**112.1**	**109.9**	**111.6**	**111.3**	**113.6**	**111.9**
长春市	Changchun City	108.1	107.7	107.0	102.5	109.4	107.1
吉林市	Jilin City	109.0	109.8	109.6	109.0	107.9	108.7
四平市	Siping City	120.5	119.6	129.7	128.4	114.0	119.5
辽源市	Liaoyuan City	129.1	104.4	159.4	142.8	117.8	129.4
通化市	Tonghua City	116.8	110.3	125.2	126.3	111.1	116.8
白山市	Baishan City	117.8	114.9	120.7	118.1	115.0	117.4
松原市	Songyuan City	122.7	125.8	124.3	123.0	116.6	123.8
白城市	Baicheng City	122.2	131.2	123.1	129.8	114.5	122.0
延边朝鲜族自治州	Yanbian Korean A.P	110.0	110.3	112.5	109.9	107.7	110.3
其他	Others						
黑龙江省	**Heilongjiang**	**111.6**	**108.7**	**112.6**	**112.9**	**110.8**	**111.5**
哈尔滨市	Harbin City	114.1	108.6	116.9	116.2	113.9	112.7
齐齐哈尔市	Qiqihar City	112.8	110.4	118.5	119.8	111.2	119.6
鸡西市	Jixi City	112.6	112.4	117.9	117.7	109.3	113.5
鹤岗市	Hegang City	113.1	105.9	117.3	121.9	113.7	113.0
双鸭山市	Shuangyashan City	113.2	108.3	121.1	117.4	108.3	113.5
大庆市	Daqing City	110.0	111.0	109.4	109.4	115.4	108.6
伊春市	Yichun City	110.5	107.6	114.2	114.1	108.9	111.1
佳木斯市	Jiamusi City	112.8	111.3	115.0	115.0	112.8	112.7
七台河市	Qitaihe City	113.2	109.7	119.9	120.4	107.9	112.5
牡丹江市	Mudanjiang City	110.7	116.2	109.2	109.2	110.1	111.4
黑河市	Heihe City	110.8	113.4	112.7	114.4	108.4	110.5
绥化市	Suihua City	110.4	106.6	114.3	114.1	111.6	109.4
大兴安岭地区	Daxinganling Prefecture	106.5	109.4	101.9	110.2	105.7	105.8
其他	Others						
上海市	**Shanghai**	**111.1**	**91.1**	**111.5**	**111.8**	**111.1**	**111.1**
黄浦区	Huangpu District						
卢湾区	Luwan District						
徐汇区	Xuhui District						
长宁区	Changning District						
静安区	Jingan District						
普陀区	Putuo District						
闸北区	Zhabei District						
虹口区	Hongkou District						
杨浦区	Yangpu District						
闵行区	Minhang District						
宝山区	Baoshan District						
嘉定区	Jiading District						
浦东新区	Pudong New District						
金山区	Jinshan District						

3-3 续表 3 continued

地区	Region	地区生产总值指数(上年=100) Indices of Gross Regional Product (last year=100)	第一产业 Primary Industry	第二产业 Secondary Industry	#工业 Industry	第三产业 Tertiary Industry	人均地区生产总值指数(上年=100) Indcies of Per Capita GRP (last year=100)
松江区	Songjiang District						
青浦区	Qingpu District						
南汇区	Nanhui District						
奉贤区	Fengxian District						
崇明县	Chongming County						
其他	Others						
江苏省	**Jiangsu**	**114.5**	**102.9**	**116.0**	**116.7**	**114.9**	**114.0**
南京市	Nanjing City	115.1	102.7	117.9	118.0	113.4	112.8
无锡市	Wuxi City	115.1	104.2	115.7	115.5	114.8	113.8
徐州市	Xuzhou City	114.3	104.0	115.0	114.1	117.9	114.8
常州市	Changzhou City	115.2	105.0	116.3	116.5	114.8	113.6
苏州市	Suzhou City	115.3	100.2	115.3	115.6	116.7	113.8
南通市	Nantong City	115.4	102.8	119.1	119.6	114.4	116.5
连云港市	Lianyungang City	114.2	103.3	119.9	119.5	114.9	114.6
淮安市	Huaian City	114.3	104.2	119.5	119.3	114.6	114.7
盐城市	Yancheng City	114.3	106.8	118.6	118.7	114.2	114.2
扬州市	Yangzhou City	115.0	106.0	117.2	117.8	114.3	115.5
镇江市	Zhenjiang City	115.0	103.1	115.1	115.7	116.6	113.8
泰州市	Taizhou City	115.0	104.4	117.2	118.1	115.4	115.6
宿迁市	Suqian City	114.7	102.6	121.3	120.8	116.6	113.9
浙江省	**Zhejiang**	**112.8**	**101.5**	**112.7**	**113.2**	**115.2**	**111.2**
杭州市	Hangzhou City	113.0	103.4	111.1	111.3	116.4	111.5
宁波市	Ningbo City	112.6	104.5	110.8	110.9	116.3	111.8
温州市	Wenzhou City	113.0	98.0	114.3	114.9	112.9	112.4
嘉兴市	Jiaxing City	113.2	103.1	113.7	113.9	114.7	113.0
湖州市	Huzhou City	114.4	104.1	115.3	116.3	116.3	114.4
绍兴市	Shaoxing City	113.7	102.5	115.0	116.7	113.7	113.6
金华市	Jinhua City	112.7	102.7	112.7	114.5	114.4	112.2
衢州市	Quzhou City	113.9	104.0	117.4	119.0	113.8	113.7
舟山市	Zhoushan City	118.0	100.2	124.1	125.9	119.1	118.2
台州市	Taizhou City	113.9	100.4	115.5	116.3	114.8	113.1
丽水市	Lishui City	114.3	104.0	116.0	117.9	116.4	113.8
安徽省	**Anhui**	**111.8**	**101.0**	**118.8**	**120.4**	**109.9**	**110.8**
合肥市	Hefei City	116.9	101.0	120.2	117.2	116.1	114.5
芜湖市	Wuhu City	113.1	104.0	116.3	115.3	110.5	112.3
蚌埠市	Bengbu City	110.0	101.2	113.3	115.7	111.6	109.3
淮南市	Huainan City	116.5	100.3	125.2	128.9	110.3	115.4
马鞍山市	Maanshan City	118.6	101.6	123.8	124.9	113.5	117.8
淮北市	Huaibei City	112.2	97.0	114.4	113.7	114.1	111.4
铜陵市	Tongling City	118.1	100.6	123.8	124.4	112.4	117.0
安庆市	Anqing City	112.6	105.0	120.7	120.9	109.2	117.2
黄山市	Huangshan City	112.1	104.1	114.4	111.8	113.3	112.1
滁州市	Chuzhou City	109.6	98.5	115.3	114.1	112.6	110.3
阜阳市	Fuyang City	110.3	97.7	125.1	123.1	111.3	108.6
宿州市	Suzhou City	108.3	99.1	120.3	122.4	111.2	109.8

3-3 续表 4 continued

地 区	Region	地区生产总值指数(上年=100) Indices of Gross Regional Product (last year=100)	第一产业 Primary Industry	第二产业 Secondary Industry	#工 业 Industry	第三产业 Tertiary Industry	人均地区生产总值指数(上年=100) Indcies of Per Capita GRP (last year=100)
巢湖市	Chaohu City	111.2	102.2	117.8	119.3	111.2	113.1
六安市	Liuan City	112.1	104.0	118.4	116.3	112.6	115.1
亳州市	Bozhou City	109.5	100.5	120.7	117.8	110.4	110.0
池州市	Chizhou City	113.3	103.6	121.2	121.1	112.3	114.6
宣城市	Xuancheng City	111.3	104.5	113.3	113.8	113.1	115.6
其他	Others						
福建省	**Fujian**	**111.6**	**104.2**	**113.0**	**113.8**	**112.5**	**110.9**
福州市	Fuzhou City	109.6	102.6	108.9	110.3	112.2	108.9
厦门市	Xiamen City	116.0	99.4	116.9	115.6	115.5	113.4
莆田市	Putian City	115.3	105.8	121.6	120.3	110.3	114.3
三明市	Sanming City	110.1	105.3	112.8	116.9	110.8	109.7
泉州市	Quanzhou City	113.1	101.2	114.0	115.0	113.6	112.4
漳州市	Zhangzhou City	111.1	103.7	118.6	120.5	108.5	110.4
南平市	Nanping City	110.2	105.5	113.3	115.6	110.6	109.9
龙岩市	Longyan City	111.4	105.0	114.7	113.7	111.8	110.9
宁德市	Ningde City	110.6	104.0	118.1	118.3	108.7	110.3
江西省	**Jiangxi**	**112.8**	**106.5**	**117.1**	**120.4**	**110.8**	**112.1**
南昌市	Nanchang City	116.8	105.0	121.2	117.3	113.4	116.0
景德镇市	Jingdezhen City	114.9	104.2	115.6	117.2	117.1	114.2
萍乡市	Pingxiang City	115.6	105.2	116.1	124.8	118.5	114.9
九江市	Jiujiang City	115.4	106.3	117.6	117.8	116.9	114.7
新余市	Xinyu City	117.1	107.0	121.5	122.3	114.3	116.4
鹰潭市	Yingtan City	116.4	106.1	121.9	122.5	114.0	115.7
赣州市	Ganzhou City	112.7	104.3	121.4	125.1	111.9	111.9
吉安市	Jian City	114.8	104.0	124.7	126.8	114.7	114.0
宜春市	Yichun City	113.2	104.6	121.5	120.8	111.0	112.5
抚州市	Fuzhou City	113.0	106.5	119.0	119.4	111.7	112.2
上饶市	Shangrao City	113.9	103.9	117.6	119.8	115.9	113.1
山东省	**Shandong**	**115.2**	**104.8**	**117.9**	**118.6**	**114.4**	**114.7**
济南市	Jinan City	115.6	106.0	117.2	119.3	115.4	114.2
青岛市	Qingdao City	116.9	100.4	120.0	121.0	116.0	114.4
淄博市	Zibo City	117.1	106.3	121.2	123.0	110.8	115.8
枣庄市	Zaozhuang City	117.4	107.9	122.6	125.0	111.8	116.7
东营市	Dongying City	117.7	108.3	118.2	119.3	118.3	117.5
烟台市	Yantai City	117.6	105.6	120.0	121.5	117.2	117.6
潍坊市	Weifang City	117.1	105.9	120.9	122.9	116.2	116.9
济宁市	Jining City	117.3	106.9	121.1	122.8	115.9	116.8
泰安市	Taian City	117.2	105.8	122.4	125.9	114.1	116.9
威海市	Weihai City	117.4	106.2	120.0	121.3	116.1	117.0
日照市	Rizhao City	117.6	105.6	125.5	129.6	114.4	117.0
莱芜市	Laiwu City	118.5	104.9	123.7	125.0	112.2	118.3
临沂市	Linyi City	117.2	106.9	116.9	120.0	121.8	117.2
德州市	Dezhou City	117.2	103.1	123.0	124.2	115.6	116.5
聊城市	Liaocheng City	117.5	105.9	122.6	126.6	118.3	122.0
滨州市	Binzhou City	117.7	107.4	122.9	124.1	113.6	116.9
荷泽市	Heze City	117.3	107.7	128.5	130.9	113.3	116.5

3-3 续表 5 continued

地 区	Region	地区生产总值指数（上年=100） Indices of Gross Regional Product (last year=100)	第一产业 Primary Industry	第二产业 Secondary Industry	#工 业 Industry	第三产业 Tertiary Industry	人均地区生产总值指数（上年=100） Indcies of Per Capita GRP (last year=100)
河南省	**Henan**	**114.2**	**107.5**	**117.6**	**118.7**	**112.8**	**113.8**
郑州市	Zhengzhou City	116.0	107.0	118.9	120.8	113.9	115.5
开封市	Kaifeng City	113.1	109.6	116.5	117.8	112.0	112.6
洛阳市	Luoyang City	115.1	107.0	117.3	118.9	113.6	114.6
平顶山市	Pingdingshan City	115.4	107.4	118.1	118.7	113.8	114.9
安阳市	Anyang City	114.8	107.1	118.2	119.5	112.7	114.3
鹤壁市	Hebi City	116.1	108.1	120.8	122.1	113.0	115.7
新乡市	Xinxiang City	114.3	108.8	117.6	120.7	112.6	113.8
焦作市	Jiaozuo City	116.8	106.7	121.9	122.7	110.9	116.4
濮阳市	Puyang City	115.0	107.2	117.7	119.0	112.5	114.5
许昌市	Xuchang City	113.5	106.8	116.7	117.5	110.6	113.1
漯河市	Luohe City	115.8	108.5	119.2	120.2	112.9	115.3
三门峡市	Sanmenxia City	114.8	108.1	117.3	118.0	113.0	114.6
南阳市	Nanyang City	113.5	107.0	116.8	117.2	114.1	113.0
商丘市	Shangqiu City	114.5	110.5	120.0	118.6	113.0	114.1
信阳市	Xinyang City	113.0	110.8	116.0	118.8	111.9	112.5
周口市	Zhoukou City	112.2	108.0	115.1	116.1	113.3	111.7
驻马店市	Zhumadian City	112.3	108.1	116.1	116.5	111.9	111.8
其他	Others	119.8	108.2	124.8	126.4	112.2	118.8
湖北省	**Hubei**	**112.1**	**104.0**	**115.2**		**111.8**	
武汉市	Wuhan City	114.7	104.5	117.9	118.7	113.1	113.0
黄石市	Huangshi City	112.6	103.2	114.5	115.3	111.0	113.8
十堰市	Shiyan City	102.7	102.9	94.5	94.3	113.8	104.1
宜昌市	Yichang City	113.0	103.5	116.7	118.4	111.5	112.8
襄樊市	Xiangfan City	112.8	11.7	119.4	118.3	112.9	112.9
鄂州市	Ezhou City	112.1	104.2	116.4	116.7	110.0	111.4
荆门市	Jingmen City	111.1	102.3	116.2	116.2	111.0	111.1
孝感市	Xiaogan City	110.5	102.5	117.2	117.6	110.7	111.3
荆州市	Jingzhou City	108.1	103.0	123.1	105.9	145.6	108.0
黄冈市	Huanggang City	109.3	104.3	115.6	117.7	109.1	108.0
咸宁市	Xianning City	112.0	105.0	118.3	119.8	110.7	107.0
随州市	Suizhou City	111.0	103.0	116.7	119.0	111.1	111.0
恩施土家族苗族自治州	Enshi Tujia & Miao A.P	107.7	103.2	112.3	112.4	109.4	107.3
其他	Others						
湖南省	**Hunan**	**111.6**	**105.7**	**112.2**	**113.3**	**113.5**	**110.0**
长沙市	Changsha City	114.9	106.7	117.6	117.0	113.8	113.9
株洲市	Zhuzhou City	111.9	106.6	114.3	113.7	110.6	110.8
湘潭市	Xiangtan City	113.0	107.0	117.8	116.9	110.8	111.8
衡阳市	Hengyang City	111.5	106.0	117.1	117.3	110.0	111.0
邵阳市	Shaoyang City	111.3	105.6	116.7	116.7	112.1	110.3
岳阳市	Yueyang City	111.7	104.1	116.2	115.5	111.1	110.9
常德市	Changde City	111.8	105.8	116.5	115.7	110.7	110.3
张家界市	Zhangjiajie City	111.6	104.7	112.8	116.7	113.5	110.1
益阳市	Yiyang City	111.3	107.0	114.6	116.3	111.7	110.6
郴州市	Chenzhou City	112.8	106.1	117.8	118.8	110.7	111.6
永州市	Yongzhou City	111.5	108.0	114.2	114.2	112.5	110.3

3-3 续表 6 continued

地　区	Region	地区生产总值指数（上年=100） Indices of Gross Regional Product (last year=100)	第一产业 Primary Industry	第二产业 Secondary Industry	#工　业 Industry	第三产业 Tertiary Industry	人均地区生产总值指数（上年=100） Indcies of Per Capita GRP (last year=100)
怀化市	Huaihua City	111.6	105.5	117.0	118.9	111.3	110.5
娄底市	Loudi City	112.1	107.7	115.0	115.4	111.0	111.1
湘西土家族苗族自治州	West Hunan Tujia A.P	110.6	101.9	113.1	114.7	113.4	110.0
其他	Others						
广东省	**Guangdong**	**113.8**	**104.5**	**115.0**	**115.8**	**113.7**	**112.4**
广州市	Guangzhou City	112.9	105.6	113.0	113.8	113.3	114.3
韶关市	Shaoguan City	109.9	105.6	108.3	107.9	113.5	108.5
深圳市	Shenzhen City	115.1	79.6	117.6	118.8	112.2	111.6
珠海市	Zhuhai City	113.4	104.9	116.7	118.1	110.0	110.7
汕头市	Shantou City	111.3	103.0	113.6	114.6	110.2	110.4
佛山市	Foshan City	119.4	102.0	124.2	124.2	114.2	117.8
江门市	Jiangmen City	112.8	100.9	122.2	123.7	104.5	112.3
湛江市	Zhanjiang City	112.2	108.7	115.5	117.6	110.8	110.2
茂名市	Maoming City	114.5	105.5	114.4	116.0	120.4	112.3
肇庆市	Zhaoqing City	114.4	105.8	119.7	121.8	117.5	112.7
惠州市	Huizhou City	115.8	105.4	117.1	117.4	116.7	112.9
梅州市	Meizhou City	107.8	103.0	109.0	111.2	109.6	106.4
汕尾市	Shanwei City	116.2	102.5	124.3	128.2	117.2	113.5
河源市	Heyuan City	122.8	102.6	146.0	150.0	116.7	118.2
阳江市	Yangjiang City	114.3	95.3	124.3	125.8	122.8	113.1
清远市	Qingyuan City	127.8	104.0	162.5	178.2	118.4	124.9
东莞市	Dongguan City	119.4	97.7	120.8	121.1	118.1	119.4
中山市	ZhongShan City	123.2	102.3	122.7	123.3	126.5	122.8
潮州市	Chaozhou City	112.2	100.3	115.9	118.5	111.1	111.5
揭阳市	Jieyang City	111.3	103.5	115.1	117.2	110.8	110.1
云浮市	Yunfu City	113.3	106.4	128.3	130.7	107.5	111.8
广西壮族自治区	**Guangxi**	**113.2**	**107.1**	**118.4**	**118.9**	**111.4**	**112.3**
南宁市	Nanning City	113.4	108.2	115.6	115.0	114.0	111.9
柳州市	Liuzhou City	114.0	107.3	117.5	118.6	111.6	113.1
桂林市	Guilin City	113.5	107.9	118.5	119.3	112.5	112.9
梧州市	Wuzhou City	114.6	105.8	121.0	119.4	114.1	112.4
北海市	Beihai City	115.2	107.9	131.0	131.5	107.4	114.2
防城港市	Fangchenggang City	116.0	105.3	132.7	137.8	107.9	115.3
钦州市	Qinzhou City	114.8	107.2	138.7	143.4	111.0	114.1
贵港市	Guigang City	116.2	107.4	137.8	133.2	109.3	116.2
玉林市	Yulin City	113.1	106.8	117.5	116.8	114.6	112.9
百色市	Baise City	115.2	106.1	120.3	118.8	117.1	114.3
贺州市	Hezhou City	114.6	105.9	128.2	122.6	108.6	114.2
河池市	Hechi City	113.5	107.9	124.7	126.2	108.3	113.2
来宾市	Laibin City	113.4	107.9	119.1	119.3	113.6	112.8
崇左市	Chongzuo City	113.9	108.8	129.5	130.6	108.5	113.2
海南省	**Hainan**	**110.2**	**106.0**	**116.9**	**117.0**	**110.2**	**109.1**
海口市	Haikou City	112.0	107.3	112.8	114.2	112.3	108.9
三亚市	Sanya City	113.0	109.2	118.1	101.5	113.1	112.1
其他	Others						

3-3 续表 7 continued

地 区	Region	地区生产总值指数（上年=100） Indices of Gross Regional Product (last year=100)	第一产业 Primary Industry	第二产业 Secondary Industry	#工 业 Industry	第三产业 Tertiary Industry	人均地区生产总值指数（上年=100） Indcies of Per Capita GRP (last year=100)
重庆市	**Chongqing**	**111.5**	**104.5**	**112.9**	**114.0**	**112.3**	**111.6**
万州区	Wanzhou District	113.2	105.0	115.7	118.5	112.9	113.7
涪陵区	Fuling District	113.7	105.5	112.7	114.3	117.6	114.0
渝中区	Yuzhong District	111.2		105.3	101.8	112.1	110.4
大渡口区	Dadukou District	111.6	103.6	113.2	109.9	106.1	110.4
江北区	Jiangbei District	111.8	100.4	107.3	106.4	119.0	110.1
沙坪坝区	Shapingba District	116.1	101.5	116.7	117.4	116.4	114.4
九龙坡区	Jiulongpo District	115.8	100.0	115.9	115.9	116.7	114.0
南岸区	Nanan District	114.9	94.8	114.7	110.9	116.5	113.1
北碚区	Beibei District	111.6	102.4	113.3	113.9	110.4	110.5
万盛区	Wansheng District	110.0	103.1	113.1	112.3	109.7	109.5
双桥区	Shuangqiao District	110.4	102.3	110.6	110.5	110.6	110.0
渝北区	Yubei District	116.0	101.4	118.3	122.6	117.0	111.6
巴南区	Banan District	114.8	103.3	119.7	117.7	114.4	112.6
黔江区	Qianjiang District	109.7	103.9	109.3	109.2	113.1	109.6
长寿区	Changshou District	114.8	102.6	122.9	127.3	109.0	114.8
其他	Others						
四川省	**Sichuan**	**112.6**	**105.4**	**118.0**	**120.2**	**110.6**	**111.6**
成都市	Chengdu City	113.5	105.7	120.0	119.7	109.6	111.2
自贡市	Zigong City	114.2	103.9	126.3	128.3	107.3	113.9
攀枝花市	Panzhihua City	114.2	106.0	117.6	118.8	108.1	113.6
泸州市	Luzhou City	112.6	107.7	117.1	118.3	111.1	111.7
德阳市	Deyang City	113.7	104.7	120.7	122.2	108.0	115.0
绵阳市	Mianyang City	113.0	106.6	119.8	121.7	109.5	113.1
广元市	Guangyuan City	112.3	107.3	120.5	119.2	110.3	111.3
遂宁市	Suining City	113.5	107.1	122.5	123.8	110.3	113.8
内江市	Neijiang City	112.1	106.4	118.4	120.7	108.0	111.9
乐山市	Leshan City	112.8	105.4	117.5	118.8	109.0	112.7
南充市	Nanchong City	112.8	106.0	122.0	126.2	110.5	109.6
眉山市	Meishan City	113.6	106.8	121.5	125.9	107.6	114.3
宜宾市	Yibin City	112.5	106.8	116.8	116.5	109.6	117.1
广安市	Guangan City	113.0	106.0	120.0	122.0	111.0	112.0
达州市	Dazhou City	112.8	105.0	124.6	125.3	109.6	112.5
雅安市	Yaan City	111.3	105.5	113.9	117.5	111.5	110.9
巴中市	Bazhong City	111.0	106.0	122.0	118.0	113.0	110.0
资阳市	Ziyang City	113.7	105.0	127.8	131.6	108.6	114.5
阿坝藏族羌族自治州	Aba Zang & Qiang A.P	115.0	104.9	127.4	136.9	108.8	114.1
甘孜藏族自治州	Ganzi Zang A.P	113.8	104.6	126.2	133.8	110.5	112.8
凉山彝族自治州	Liangshan Yi A.P	113.8	106.9	126.0	125.2	109.2	113.5
贵州省	**Guizhou**	**111.6**	**105.2**	**112.7**	**114.1**	**113.9**	**110.8**
贵阳市	Guiyang City	114.6	107.6	116.2	115.0	113.9	113.9
六盘水市	Liupanshui City	117.5	107.4	117.4	116.2	121.0	116.2
遵义市	Zunyi City	114.3	105.8	121.2	121.2	115.0	113.7
安顺市	Anshun City	112.7	109.7	111.4	107.6	115.6	111.8
铜仁地区	Tongren Prefecture	112.1	105.6	122.1	119.3	115.0	111.1
黔西南布依族苗族自治州	Southwest Guizhou Buyi & Miao A.P	113.4	107.0	117.2	116.0	115.0	112.4

3-3 续表 8 continued

地 区	Region	地区生产总值指数(上年=100) Indices of Gross Regional Product (last year=100)	第一产业 Primary Industry	第二产业 Secondary Industry	#工 业 Industry	第三产业 Tertiary Industry	人均地区生产总值指数(上年=100) Indcies of Per Capita GRP (last year=100)
毕节地区	Bijie Prefecture	116.6	106.6	126.5	129.5	112.9	115.5
黔东南苗族侗族自治州	Southeast Guizhou Miao & Dong A.P	111.7	106.4	111.9	109.0	115.8	110.8
黔南布依族苗族自治州	South Guizhou Buyi & Miao A.P	111.8	107.1	115.1	116.3	111.9	110.9
云南省	**Yunnan**	**109.0**	**106.1**	**108.1**	**107.5**	**111.4**	**108.1**
昆明市	Kunming City	111.1	105.0	113.1	111.9	110.1	109.6
曲靖市	Qujing City	112.9	105.8	118.4	117.8	109.2	111.5
玉溪市	Yuxi City	107.6	106.0	106.7	106.8	110.0	106.4
保山市	Baoshan City	113.1	106.8	132.8	122.0	109.0	112.3
昭通市	Zhaotong City	110.4	102.6	117.9	117.4	109.6	108.2
丽江市	Lijiang City	110.8	105.0	119.1	111.3	109.5	109.4
思茅市	Simao City	111.8	114.9	107.2	110.9	112.5	111.1
临沧市	Lincang City	108.8	108.2	112.8	106.1	106.2	108.0
楚雄彝族自治州	Chuxiong Yi A.P	111.9	104.3	120.8	116.7	108.5	111.3
红河哈尼族彝族自治州	Honghe Hani & Yi A.P	109.0	105.3	108.8	107.6	111.6	108.1
文山壮族苗族自治州	Wenshan Zhuang & Miao A.P	113.3	105.0	123.3	117.9	113.7	112.9
西双版纳傣族自治州	Xishuangbanna Dai A.P	112.3	106.0	126.1	113.2	111.4	111.3
大理白族自治州	Dali Bai A.P	112.3	106.1	119.4	123.9	111.5	111.3
德宏傣族景颇族自治州	Dehong Dai & Jingpo A.P	107.0	111.6	94.5	83.3	111.1	105.5
怒江傈僳族自治州	Nujiang Lisu A.P	114.0	101.2	133.6	137.0	108.0	111.9
迪庆藏族自治州	Diqing Zang A.P	111.5	102.0	118.5	130.2	110.7	110.4
西藏自治区	**Tibet A.R.**	**112.1**	**105.5**	**123.6**	**110.1**	**109.7**	**110.6**
拉萨市	Lhasa City	114.0	103.5	115.4		115.0	
昌都地区	Qamdu Prefecture	109.2	104.7	104.9		117.6	
山南地区	Lhokha Prefecture	110.7	100.7	107.7		115.9	
日喀则地区	Xigaze Prefecture	111.4	107.2	114.6		113.4	
那曲地区	Narqu Prefecture	112.4	104.0	99.4		120.5	
阿里地区	Ngri Prefecture	115.8	88.4	151.7		125.5	
林芝地区	Nyingchi Prefecture	111.2	104.2	111.0		114.7	
其他	Others						
陕西省	**Shaanxi**	**112.6**	**107.7**	**115.8**	**115.9**	**110.1**	**112.1**
西安市	Xian City	113.1	107.5	114.3	112.1	112.5	111.4
铜川市	Tongchuan City	112.7	106.9	113.1	113.2	113.3	112.5
宝鸡市	Baoji City	113.2	110.0	115.9	117.3	109.8	112.9
咸阳市	Xianyang City	112.6	108.1	113.3	114.0	113.9	112.2
渭南市	Weinan City	111.7	105.5	117.7	119.4	108.0	111.6
延安市	Yanan City	115.9	110.2	118.8	119.7	108.5	115.4
汉中市	Hanzhong City	110.6	109.2	112.1	114.3	109.8	110.9
榆林市	Yulin City	118.1	103.1	124.1	125.8	110.6	117.9
安康市	Ankang City	109.6	110.4	108.5	109.3	109.8	110.3
商洛市	Shangluo City	109.6	107.7	110.2	110.3	110.0	110.0
其他	Others	113.9	114.0	117.4	116.2	110.5	112.0
甘肃省	**Gansu**	**111.8**	**105.8**	**113.2**	**115.3**	**112.8**	**111.2**
兰州市	Lanzhou City	112.0	104.1	113.8	116.5	111.2	110.7
嘉峪关市	Jiayuguan City	116.0	111.9	116.8	116.8	114.1	113.0

3-3 续表 9 continued

地 区	Region	地区生产总值指数(上年=100) Indices of Gross Regional Product (last year=100)	第一产业 Primary Industry	第二产业 Secondary Industry	#工 业 Industry	第三产业 Tertiary Industry	人均地区生产总值指数(上年=100) Indcies of Per Capita GRP (last year=100)
金昌市	Jinchang City	116.0	114.7	118.1	119.2	110.0	115.3
白银市	Baiyin City	112.9	106.0	115.0	114.7	112.7	112.7
天水市	Tianshui City	112.5	110.1	113.4	116.3	112.6	111.8
武威市	Wuwei City	112.3	105.2	118.7	119.5	112.6	115.1
张掖市	Zhangye City	111.2	105.5	116.0	119.2	112.5	110.7
平凉市	Pingliang City	112.7	105.5	115.7	114.5	114.8	112.2
酒泉市	Jiuquan City	112.6	109.0	114.3	115.8	112.8	111.9
庆阳市	Qingyang City	112.4	105.7	117.1	119.2	109.5	112.1
定西市	Dingxi City	108.8	105.4	111.5	110.0	110.8	110.6
陇南市	Longnan City	112.5	106.5	118.0	121.9	113.0	111.8
临夏回族自治州	Linxia Hui A.P	110.5	105.5	115.7	114.4	110.2	109.2
甘南藏族自治州	Gannan Zang A.P	111.5	105.4	114.9	117.7	114.3	110.9
青海省	**Qinghai**	**112.2**	**105.0**	**115.9**	**121.0**	**110.2**	**111.2**
西宁市	Xining City	114.2	106.2	120.5	124.5	109.7	112.8
海东地区	Haidong Prefecture	112.9	103.2	121.2	120.5	111.0	112.3
海北藏族自治州	Haibei Zang A.P	112.0	113.7	113.7	119.2	109.3	111.1
黄南藏族自治州	Huangnan Zang AP	102.1	102.1	97.2	93.3	113.2	100.9
海南藏族自治州	Hainan Zang A.P	111.3	108.1	114.0	125.2	110.9	110.2
果洛藏族自治州	Golog Zang A.P	107.3	104.1	109.8	112.7	109.1	103.8
玉树藏族自治州	Yushu Zang A.P	109.6	106.0	113.0	101.2	118.0	104.4
海西蒙古族藏族自治州	Haixi Mongolian & Zang A.P	116.0	105.2	117.6	122.0	112.9	114.7
宁夏回族自治区	**Ningxia**	**110.9**	**103.2**	**115.3**	**117.2**	**108.9**	**109.4**
银川市	Yinchuan City	113.0	104.2	116.8	120.5	111.0	109.9
石嘴山市	Shizuishan City	112.4	101.2	92.0	110.4	101.8	111.5
吴忠市	Wuzhong City	113.9	100.3	123.1	123.7	110.0	112.5
固原市	Guyuan City	109.9	106.2	111.2	126.2	111.4	109.6
中卫市	Zhongwei City	111.5	102.0	119.7	126.2	110.0	108.7
新疆维吾尔自治区	**Xinjiang**	**110.9**	**106.6**	**114.4**	**115.6**	**109.3**	**108.8**
乌鲁木齐市	Urumqi City	113.6	102.5	111.2	110.4	115.1	109.3
克拉玛依市	Karamay City	108.8	137.9	108.8	108.9	108.3	111.9
吐鲁番地区	Turpan Prefecture	112.4	107.4	113.6	115.1	111.8	111.2
哈密地区	Hami Prefecture	111.4	108.9	113.8	114.5	110.7	109.8
昌吉回族自治州	Changji Hui A.P	114.0	110.3	118.8	118.6	112.3	112.7
博尔塔拉蒙古自治州	Bortala Mongolian A.P	109.7	100.4	109.2	111.1	114.7	107.5
巴音郭楞蒙古自治州	Bayingolin Mongolian A.P	114.0	111.4	117.2	122.4	108.0	111.8
阿克苏地区	Aksu Prefecture	113.0	109.0	117.9	122.6	114.3	111.5
克孜勒苏柯尔克孜自治州	Kizilsu Kirgiz A.P	107.8	106.1	107.7	103.9	109.0	105.8
喀什地区	Kashi Prefecture	113.8	111.2	126.7	130.0	110.4	112.7
和田地区	Hotan Prefecture	112.5	116.7	118.2	125.3	105.9	112.5
伊犁州直属县（市）	Counties(Cities) Direct Under Ili Prefecture	113.3	106.2	121.8	124.8	112.0	113.3
塔城地区	Tacheng Prefecture	111.7	110.8	113.5	117.3	111.2	101.9
阿勒泰地区	Altay Prefecture	109.2	104.8	117.8	122.5	106.9	109.7
石河子市	Shihezi City	112.7	109.8	116.7	118.9	109.9	110.8
阿拉尔市	Alar City						
图木舒克市	Tumxuk City						
五家渠市	Wujiaqu City						

3-4 就业人员和失业人员(2005年)

Employment and Unemployment(2005)

地　区	Region	就业人数（万人）Employed Population (10 000 persons)	第一产业 Primary Industry	第二产业 Secondary Industry	第三产业 Tertiary Industry	城镇登记失业人员数（万人）Urban Registered Unemployed (10 000 persons)	城镇就业人员（万人）Urban Employed Persons (10 000 persons)
北京市	**Beijing**	**878.00**	**62.20**	**231.10**	**584.70**	**10.60**	**694.00**
东城区	Dongcheng District					0.50	43.49
西城区	Xicheng District					0.60	58.33
崇文区	Chongwen District					0.30	10.28
宣武区	Xuanwu District					0.50	24.86
朝阳区	Chaoyang District					1.90	84.04
丰台区	Fengtai District					1.40	43.88
石景山区	Shijingshan District					0.60	16.08
海淀区	Haidian District					1.10	98.42
门头沟区	Mentougou District					0.30	6.22
房山区	Fangshan District					1.20	13.17
通州区	Tongzhou District					0.40	18.25
顺义区	Shunyi District					0.20	22.03
昌平区	Changping District					0.50	19.73
大兴区	Daxing District					0.30	21.08
怀柔区	Huairou District					0.20	6.45
平谷区	Pinggu District					0.30	7.44
密云县	Miyun County					0.20	7.87
延庆县	Yanqing County					0.10	3.98
其他	Others						
天津市	**Tianjin**	**542.52**	**81.80**	**227.40**	**233.30**	**10.73**	**312.76**
和平区	Heping District	12.82				0.46	12.82
河东区	Hedong District	34.51				1.32	34.51
河西区	Hexi District	34.87				1.15	34.87
南开区	Nankai District	39.92				1.53	39.92
河北区	Hebei District	30.12				1.10	30.12
红桥区	Hongqiao District	23.87				0.88	23.87
塘沽区	Tanggu District	42.43				1.27	36.17
汉沽区	Hangu District	8.08				0.22	5.22
大港区	Dagang District	24.81				0.48	13.55
东丽区	Dongli District	26.31				0.13	8.60
西青区	Xiqing District	25.15				0.29	7.95
津南区	Jinnan District	26.06				0.34	9.20
北辰区	Beichen District	24.20				0.18	7.51
武清区	Wuqing District	52.71				0.29	15.29
宝坻区	Baodi District	40.84				0.24	9.62
宁河县	Ninghe County	20.51				0.14	4.15
静海县	Jinghai County	29.72				0.36	10.19
蓟县	Ji County	45.59				0.35	9.19
其他	Others						
河北省	**Hebei**	**3568.97**	**1564.72**	**1043.56**	**960.69**	**27.82**	**876.60**
石家庄市	Shijiazhuang City	470.76	157.03	169.97	143.76	2.84	116.43
唐山市	Tangshan City	388.17	141.64	138.72	107.81	4.62	114.92
秦皇岛市	Qinhuangdao City	158.60	75.69	32.52	50.39	1.69	53.74
邯郸市	Handan City	442.73	186.64	120.88	135.21	3.98	109.26

3-4 续表 1 continued

地 区	Region	就业人数 (万人) Employed Population (10 000 persons)	第一产业 Primary Industry	第二产业 Secondary Industry	第三产业 Tertiary Industry	城镇登记失业人员数 (万人) Urban Registered Unemployed (10 000 persons)	城镇就业人员 (万人) Urban Employed Persons (10 000 persons)
邢台市	Xingtai City	331.03	154.25	97.39	79.39	2.14	70.00
保定市	Baoding City	597.77	312.55	159.38	125.84	3.08	108.26
张家口市	Zhangjiakou City	216.62	126.94	35.66	54.02	4.60	62.02
承德市	Chengde City	193.20	99.19	49.50	44.51	1.61	37.85
沧州市	Cangzhou City	366.55	135.83	133.33	97.39	1.57	75.58
廊坊市	Langfang City	211.87	88.53	69.32	54.02	0.58	57.58
衡水市	Hengshui City	205.78	87.49	70.49	47.80	0.55	57.37
其他	Others						
山西省	**Shanxi**	**1500.20**	**641.80**	**385.70**	**472.70**	**14.10**	**440.60**
太原市	Taiyuan City	160.42	27.00	52.50	80.90	3.50	111.33
大同市	Datong City	134.60	42.80	38.10	53.70	4.70	50.50
阳泉市	Yangquan City	55.40	14.40	24.00	17.00	0.60	24.00
长治市	Changzhi City	141.30	63.50	38.20	39.60	0.62	45.40
晋城市	Jincheng City	110.99	42.20	33.00	35.80	0.80	30.13
朔州市	Shuozhou City	60.31	30.20	11.59	18.50	0.40	16.10
晋中市	Jinzhong City	134.80	60.10	38.30	36.40	0.70	33.10
运城市	Yuncheng City	235.00	134.70	49.20	51.10	0.67	40.10
忻州市	Xinzhou City	152.00	72.50	33.20	46.30	0.80	29.39
临汾市	Linfen City	182.60	83.00	43.60	56.00	1.00	43.90
吕梁市	Luliang City	132.80	71.40	24.00	37.40	0.35	25.70
内蒙古自治区	**Inner Mongolia**	**1167.13**	**560.45**	**212.51**	**394.23**	**17.75**	**350.34**
呼和浩特市	Hohhot City	145.80	44.30	43.10	58.40	2.45	48.00
包头市	Baotou City	118.40	29.60	34.40	54.40	3.20	51.34
乌海市	Wuhai City	21.40	2.30	9.60	9.50	0.69	11.87
赤峰市	Chifeng City	221.98	114.08	33.48	74.41	2.10	43.17
通辽市	Tongliao City	135.97	88.85	15.78	31.34	1.50	29.17
鄂尔多斯市	Erdos City	83.90	31.93	21.09	30.93	0.96	23.96
呼伦贝尔市	Hulunbuir City	92.66	49.50	13.70	29.50	2.46	39.87
巴彦淖尔市	Bayannur City	86.80	50.50	11.30	25.00	1.11	21.14
乌兰察布市	Ulanqab City	136.80	72.70	16.90	47.20	1.43	21.81
兴安盟	Xingan League	68.51	48.49	5.66	14.35	0.85	16.98
锡林郭勒盟	Xilingol League	45.51	24.40	5.20	15.90	0.78	15.46
阿拉善盟	Alxa League	9.40	3.80	2.30	3.30	0.22	5.48
其他	Others						22.11
辽宁省	**Liaoning**	**2120.32**	**722.10**	**596.00**	**802.20**	**60.40**	**1006.82**
沈阳市	Shenyang City	316.61	78.92	90.71	146.97	13.49	193.31
大连市	Dalian City	336.46	74.29	103.68	158.49	7.05	202.56
鞍山市	Anshan City	163.15	49.01	59.18	54.95	6.12	78.05
抚顺市	Fushun City	128.85	33.29	47.61	47.95	5.44	80.35
本溪市	Benxi City	73.64	15.11	33.82	24.71	3.82	46.64
丹东市	Dandong City	117.01	48.48	28.86	39.67	2.98	40.81
锦州市	Jinzhou City	146.70	69.27	30.46	46.97	4.23	51.40
营口市	Yingkou City	104.24	36.93	29.45	37.85	2.68	35.64
阜新市	Fuxin City	107.67	42.72	27.46	37.50	2.70	45.17
辽阳市	Liaoyang City	85.69	28.89	28.69	28.11	2.17	37.39

3-4 续表 2 continued

地 区	Region	就业人数（万人）Employed Population (10 000 persons)	第一产业 Primary Industry	第二产业 Secondary Industry	第三产业 Tertiary Industry	城镇登记失业人员数（万人）Urban Registered Unemployed (10 000 persons)	城镇就业人员（万人）Urban Employed Persons (10 000 persons)
盘锦市	Panjin City	93.08	43.30	22.01	27.77	1.44	56.28
铁岭市	Tieling City	125.32	56.70	26.12	42.50	3.00	43.62
朝阳市	Chaoyang City	174.55	86.35	35.58	52.63	2.76	38.85
葫芦岛市	Huludao City	127.51	58.89	31.09	37.53	2.53	36.91
吉林省	**Jilin**	**1238.90**	**565.80**	**231.70**	**441.40**	**27.64**	**553.73**
长春市	Changchun City	353.85	136.71	83.48	133.66	6.81	157.63
吉林市	Jilin City	156.00	73.62	29.63	52.82	3.72	54.83
四平市	Siping City	126.56	71.73	15.07	39.76	4.56	33.31
辽源市	Liaoyuan City	50.66	19.86	12.22	18.57	1.97	18.81
通化市	Tonghua City	88.92	45.30	16.23	27.38	2.20	27.85
白山市	Baishan City	39.12	16.54	9.80	12.77	2.01	19.41
松原市	Songyuan City	114.34	75.40	13.41	25.52	2.03	26.05
白城市	Baicheng City	76.07	47.11	5.86	23.09	2.04	24.14
延边朝鲜族自治州	Yanbian Korean A.P	82.84	37.20	13.26	32.30	2.30	41.26
其他	Others	150.50	42.40	32.70	75.40		150.44
黑龙江省	**Heilongjiang**	**1748.90**	**804.40**	**366.70**	**577.80**	**31.30**	**799.90**
哈尔滨市	Harbin City	466.10	158.31	131.02	176.77	8.10	224.93
齐齐哈尔市	Qiqihar City	260.69	143.40	41.17	76.11	3.90	84.72
鸡西市	Jixi City	69.54	30.17	18.07	21.29	1.38	35.29
鹤岗市	Hegang City	39.52	10.60	12.23	16.69	1.70	28.04
双鸭山市	Shuangyashan City	59.16	23.40	12.76	22.99	0.70	31.80
大庆市	Daqing City	147.01	55.47	38.67	52.86	2.75	75.68
伊春市	Yichun City	41.41	17.71	10.45	13.25	2.38	32.74
佳木斯市	Jiamusi City	112.77	63.68	15.24	33.85	1.92	44.63
七台河市	Qitaihe City	38.14	12.07	15.07	11.00	0.85	22.62
牡丹江市	Mudanjiang City	110.76	53.50	20.63	36.62	1.89	45.27
黑河市	Heihe City	67.71	32.92	8.79	26.00	0.20	33.06
绥化市	Suihua City	229.19	147.37	28.60	53.22	1.30	37.09
大兴安岭地区	Daxinganling Prefecture	20.66	9.36	2.87	8.43	0.51	17.85
其他	Others	69.87	46.31	9.50	14.07		69.87
上海市	**Shanghai**	**863.32**	**61.02**	**322.33**	**479.97**	**27.50**	**598.34**
黄浦区	Huangpu District					1.29	
卢湾区	Luwan District					0.73	
徐汇区	Xuhui District					2.09	
长宁区	Changning District					1.49	
静安区	Jingan District					0.73	
普陀区	Putuo District					1.79	
闸北区	Zhabei District					1.93	
虹口区	Hongkou District					1.49	
杨浦区	Yangpu District					2.69	
闵行区	Minhang District					1.39	
宝山区	Baoshan District					3.00	
嘉定区	Jiading District					0.69	
浦东新区	Pudong New District					4.29	
金山区	Jinshan District					0.70	

3-4 续表 3 continued

地　区	Region	就业人数 (万人) Employed Population (10 000 persons)	第一产业 Primary Industry	第二产业 Secondary Industry	第三产业 Tertiary Industry	城镇登记失业人员数 (万人) Urban Registered Unemployed (10 000 persons)	城镇就业人员 (万人) Urban Employed Persons (10 000 persons)
松江区	Songjiang District					0.60	
青浦区	Qingpu District					0.58	
南汇区	Nanhui District					0.65	
奉贤区	Fengxian District					0.58	
崇明县	Chongming County					0.79	
其他	Others						
江苏省	**Jiangsu**	**4510.12**	**1420.69**	**1546.97**	**1542.46**	**41.63**	**2101.61**
南京市	Nanjing City	316.69	42.62	131.56	142.51	6.05	175.88
无锡市	Wuxi City	289.20	34.18	159.43	95.59	3.92	137.49
徐州市	Xuzhou City	452.20	182.63	127.69	141.88	3.36	97.05
常州市	Changzhou City	241.46	32.70	128.94	79.82	3.50	108.29
苏州市	Suzhou City	398.18	43.40	231.68	123.10	5.59	186.52
南通市	Nantong City	444.40	133.93	178.30	132.17	3.35	85.54
连云港市	Lianyungang City	227.60	99.68	59.45	68.47	2.09	42.04
淮安市	Huaian City	273.70	111.63	54.92	107.15	2.38	54.14
盐城市	Yancheng City	318.36	116.14	87.88	114.34	3.45	85.69
扬州市	Yangzhou City	236.45	50.16	105.21	81.08	2.73	69.87
镇江市	Zhenjiang City	148.46	35.37	68.41	44.68	1.65	50.91
泰州市	Taizhou City	254.58	69.43	100.64	84.51	2.14	57.28
宿迁市	Suqian City	267.69	111.49	71.76	84.43	1.43	36.32
浙江省	**Zhejiang**	**3100.76**	**759.53**	**1397.69**	**943.54**	**28.97**	**904.34**
杭州市	Hangzhou City	481.10	91.63	222.16	167.31	6.09	185.05
宁波市	Ningbo City	415.10	76.40	213.20	125.50	4.22	131.40
温州市	Wenzhou City	488.39	102.30	192.86	193.23	3.02	164.31
嘉兴市	Jiaxing City	240.83	42.40	144.45	53.98	2.54	87.18
湖州市	Huzhou City	157.72	41.11	66.39	50.22	1.20	77.81
绍兴市	Shaoxing City	284.83	64.52	147.65	72.66	2.71	58.94
金华市	Jinhua City	312.00	93.00	128.20	90.80	2.44	108.70
衢州市	Quzhou City	125.46	60.01	34.45	31.00	1.04	35.82
舟山市	Zhoushan City	55.72	13.86	20.33	21.53	0.69	18.06
台州市	Taizhou City	368.67	103.83	140.06	124.78	1.97	83.39
丽水市	Lishui City	142.41	68.99	32.27	41.15	0.71	28.15
安徽省	**Anhui**	**3669.70**	**1783.30**	**783.90**	**1102.40**	**27.80**	**730.50**
合肥市	Hefei City	256.30	93.50	68.70	94.10	4.54	88.50
芜湖市	Wuhu City	130.20	39.90	36.10	54.20	2.11	45.57
蚌埠市	Bengbu City	186.50	100.50	32.40	53.60	2.17	34.30
淮南市	Huainan City	132.40	41.80	46.80	43.80	2.01	53.70
马鞍山市	Maanshan City	60.40	18.30	24.10	18.00	0.85	23.93
淮北市	Huaibei City	102.20	44.80	26.40	31.00	1.48	39.89
铜陵市	Tongling City	42.08	11.04	14.52	16.52	1.08	21.82
安庆市	Anqing City	403.90	196.20	92.50	115.20	1.50	82.60
黄山市	Huangshan City	90.00	52.20	17.40	20.40	0.68	16.73
滁州市	Chuzhou City	235.50	131.60	50.80	53.10	2.03	47.50
阜阳市	Fuyang City	472.90	269.10	113.60	90.20	0.76	46.56
宿州市	Suzhou City	325.80	204.50	46.20	75.10	1.23	41.60

3-4 续表 4 continued

地 区	Region	就业人数（万人）Employed Population (10 000 persons)	第一产业 Primary Industry	第二产业 Secondary Industry	第三产业 Tertiary Industry	城镇登记失业人员数（万人）Urban Registered Unemployed (10 000 persons)	城镇就业人员（万人）Urban Employed Persons (10 000 persons)
巢湖市	Chaohu City	286.50	132.80	85.30	68.50	4.21	39.52
六安市	Liuan City	381.10	232.80	66.10	82.20	3.70	54.40
亳州市	Bozhou City	312.94	174.38	34.22	104.34	0.67	41.98
池州市	Chizhou City	99.30	58.80	18.00	22.50	0.82	17.08
宣城市	Xuancheng City	181.96	100.12	36.34	45.50	185.00	33.10
其他	Others						
福建省	**Fujian**	**1868.49**	**702.49**	**528.31**	**583.69**	**14.86**	**400.07**
福州市	Fuzhou City	331.31				3.29	84.10
厦门市	Xiamen City	139.42				2.06	70.31
莆田市	Putian City	158.56				1.32	27.97
三明市	Sanming City	126.91				0.95	21.45
泉州市	Quanzhou City	417.15				1.85	97.85
漳州市	Zhangzhou City	240.71				0.66	36.12
南平市	Nanping City	144.59				2.24	21.90
龙岩市	Longyan City	155.05				1.30	21.36
宁德市	Ningde City	151.29				1.21	15.52
江西省	**Jiangxi**	**2276.71**	**907.50**	**619.49**	**749.72**	**22.84**	**637.96**
南昌市	Nanchang City	244.28	80.00	63.29	100.99	3.41	120.77
景德镇市	Jingdezhen City	85.00	27.00	28.30	29.70	1.08	34.51
萍乡市	Pingxiang City	96.08	34.23	38.87	22.98	1.14	31.69
九江市	Jiujiang City	289.83	163.53	64.42	61.88	2.82	71.05
新余市	Xinyu City	59.78	19.76	21.71	18.31	3.60	24.77
鹰潭市	Yingtan City	62.55	25.25	13.67	23.63	0.65	23.43
赣州市	Ganzhou City	429.60	218.45	94.01	117.00	2.44	72.04
吉安市	Jian City	239.97	130.88	37.10	71.99	2.12	56.19
宜春市	Yichun City	250.45	107.17	62.43	80.85	2.31	63.90
抚州市	Fuzhou City	189.10	93.00	36.20	59.90	1.70	48.10
上饶市	Shangrao City	354.93	153.29	80.19	121.45	1.88	84.70
山东省	**Shandong**	**5840.70**	**2350.30**	**1781.40**	**1709.00**	**42.90**	**2276.80**
济南市	Jinan City	360.00	99.10	114.20	146.70	5.70	130.60
青岛市	Qingdao City	471.00	104.40	196.80	169.80	5.90	198.90
淄博市	Zibo City	253.70	74.60	107.80	71.20	2.50	81.20
枣庄市	Zaozhuang City	226.20	83.20	71.90	71.20	1.80	53.70
东营市	Dongying City	109.80	35.40	39.20	35.20	0.90	49.40
烟台市	Yantai City	406.20	141.20	147.30	117.70	4.70	132.80
潍坊市	Weifang City	438.40	167.90	145.10	125.40	3.60	103.80
济宁市	Jining City	440.20	186.80	124.40	129.00	3.20	85.10
泰安市	Taian City	310.20	102.20	105.40	102.60	3.00	65.80
威海市	Weihai City	151.90	37.40	63.40	51.10	0.80	57.70
日照市	Rizhao City	183.20	82.60	37.60	63.00	1.10	25.90
莱芜市	Laiwu City	76.70	30.70	25.20	20.90	0.70	23.10
临沂市	Linyi City	625.50	344.70	129.90	150.90	2.50	97.50
德州市	Dezhou City	370.20	179.10	81.60	109.40	1.80	71.30
聊城市	Liaocheng City	34.86	0.12	14.86	19.88	2.20	46.70
滨州市	Binzhou City	223.10	95.30	70.60	57.20	1.00	42.10
菏泽市	Heze City	430.10	226.90	89.40	113.80	1.60	50.30

3-4 续表 5 continued

地 区	Region	就业人数 (万人) Employed Population (10 000 persons)	第一产业 Primary Industry	第二产业 Secondary Industry	第三产业 Tertiary Industry	城镇登记失业人员数 (万人) Urban Registered Unemployed (10 000 persons)	城镇就业人员 (万人) Urban Employed Persons (10 000 persons)
河南省	**Henan**	**5662.44**	**3138.83**	**1251.70**	**1271.91**	**33.02**	**910.08**
郑州市	Zhengzhou City	349.28	128.83	109.15	111.30	4.64	121.61
开封市	Kaifeng City	280.13	179.49	46.67	53.97	2.15	44.29
洛阳市	Luoyang City	388.15	182.12	95.46	110.57	2.53	89.61
平顶山市	Pingdingshan City	295.52	166.65	63.12	65.75	1.93	57.18
安阳市	Anyang City	331.77	175.49	95.51	60.77	1.96	52.43
鹤壁市	Hebi City	78.57	36.43	22.22	19.92	0.47	17.31
新乡市	Xinxiang City	282.59	154.87	68.39	59.33	2.07	52.58
焦作市	Jiaozuo City	184.50	89.24	51.85	43.41	1.36	42.47
濮阳市	Puyang City	216.25	126.89	46.51	42.85	1.28	38.25
许昌市	Xuchang City	273.65	138.84	71.58	63.23	0.95	39.67
漯河市	Luohe City	149.73	78.71	39.45	31.57	0.60	25.70
三门峡市	Sanmenxia City	123.28	66.89	26.42	29.97	1.07	29.56
南阳市	Nanyang City	626.99	357.74	126.25	143.00	3.31	100.74
商丘市	Shangqiu City	472.26	291.48	91.67	89.11	2.42	48.05
信阳市	Xinyang City	432.40	236.53	80.70	115.17	1.75	49.07
周口市	Zhoukou City	642.93	383.18	124.80	134.95	2.64	73.68
驻马店市	Zhumadian City	533.97	330.69	89.01	114.27	1.56	56.23
其他	Others	41.29	15.17	12.11	14.01	0.33	12.47
湖北省	**Hubei**	**3537.00**	**1687.30**	**725.00**	**1124.70**	**42.00**	**1271.00**
武汉市	Wuhan City	421.80	80.58	137.66	203.56	11.22	272.90
黄石市	Huangshi City	140.00	34.90	54.40	50.70	3.50	78.00
十堰市	Shiyan City	201.00	87.30	39.20	74.50	2.39	41.56
宜昌市	Yichang City	215.20	92.60	49.10	73.50	2.86	89.10
襄樊市	Xiangfan City	299.30	127.50	79.10	92.70	3.95	76.74
鄂州市	Ezhou City	56.30	19.40	14.60	22.30	2.52	24.50
荆门市	Jingmen City	135.20	59.00	32.40	43.80	1.40	36.48
孝感市	Xiaogan City	257.90	104.80	62.30	90.80	2.25	62.40
荆州市	Jingzhou City	279.62	143.43	34.66	101.53	4.63	71.11
黄冈市	Huanggang City	350.00	139.00	91.00	120.00	2.65	51.16
咸宁市	Xianning City	136.90	43.01	34.00	59.89	2.41	25.27
随州市	Suizhou City	123.10	57.60	24.60	40.90	0.51	41.50
恩施土家族苗族自治州	Enshi Tujia & Miao A.P	211.62	109.47	21.52	80.63		32.11
其他	Others	212.23	85.01	53.45	73.77	2.15	81.83
湖南省	**Hunan**	**3801.48**	**1846.90**	**818.10**	**1136.48**	**41.86**	**1024.72**
长沙市	Changsha City	358.92	125.74	104.45	128.73	4.90	126.58
株洲市	Zhuzhou City	213.20	88.21	58.91	66.08	3.17	55.57
湘潭市	Xiangtan City	170.43	79.35	46.45	44.63	2.84	45.59
衡阳市	Hengyang City	384.83	203.50	75.85	105.48	4.31	81.49
邵阳市	Shaoyang City	431.62	259.00	59.05	113.57	3.77	60.93
岳阳市	Yueyang City	259.92	138.28	40.03	81.61	3.16	52.58
常德市	Changde City	305.47	174.71	44.00	86.76	2.89	48.99
张家界市	Zhangjiajie City	88.88	54.82	7.87	26.19	1.06	14.38
益阳市	Yiyang City	242.68	131.39	40.28	71.01	2.19	37.01
郴州市	Chenzhou City	274.36	131.65	59.40	83.31	3.02	54.58
永州市	Yongzhou City	326.76	179.73	48.03	99.00	2.75	52.73

3-4 续表 6 continued

地区	Region	就业人数（万人）Employed Population (10 000 persons)	第一产业 Primary Industry	第二产业 Secondary Industry	第三产业 Tertiary Industry	城镇登记失业人员数（万人）Urban Registered Unemployed (10 000 persons)	城镇就业人员（万人）Urban Employed Persons (10 000 persons)
怀化市	Huaihua City	271.56	178.19	30.34	63.03	2.94	52.44
娄底市	Loudi City	225.53	123.81	37.03	64.69	2.79	44.80
湘西土家族苗族自治州	West Hunan Tujia A.P	160.80	98.78	18.16	43.86	2.07	33.26
其他	Others						
广东省	**Guangdong**	**5022.97**	**1609.89**	**1916.16**	**1496.92**	**34.50**	**1622.36**
广州市	Guangzhou City	574.46	86.92	227.22	260.32	5.42	334.90
韶关市	Shaoguan City	138.40	72.20	24.90	41.30	1.90	34.12
深圳市	Shenzhen City	576.30	2.60	337.60	236.10	2.67	377.58
珠海市	Zhuhai City	94.01	9.79	40.75	43.47	1.15	84.61
汕头市	Shantou City	116.60	50.35	47.96	18.29	1.77	30.22
佛山市	Foshan City	348.69	30.33	194.64	123.72	2.61	51.01
江门市	Jiangmen City	214.53	85.07	79.36	50.10	1.96	73.30
湛江市	Zhanjiang City	305.00	217.50	35.50	52.00	2.28	53.55
茂名市	Maoming City	308.10	178.00	70.70	59.40	2.22	42.57
肇庆市	Zhaoqing City	215.05	95.76	52.74	66.55	1.07	39.56
惠州市	Huizhou City	222.62	69.36	99.26	54.00	1.40	94.43
梅州市	Meizhou City	210.90	121.20	40.60	49.10	1.45	31.31
汕尾市	Shanwei City	117.77	65.23	32.08	20.46	0.94	47.90
河源市	Heyuan City	165.91	86.93	28.41	50.57	1.41	28.90
阳江市	Yangjiang City	146.63	77.05	38.25	31.34	1.46	29.39
清远市	Qingyuan City	195.95	100.61	42.54	52.80	0.98	39.71
东莞市	Dongguan City	388.13	13.65	250.03	124.45	0.44	40.96
中山市	ZhongShan City	188.85	17.20	128.81	42.84	0.66	106.07
潮州市	Chaozhou City	129.18	48.86	47.95	32.37	0.81	27.60
揭阳市	Jieyang City	251.56	112.22	75.61	63.73	1.04	27.43
云浮市	Yunfu City	114.30	69.06	21.22	24.02	0.86	27.24
广西壮族自治区	**Guangxi**	**2703.00**	**1519.00**	**322.00**	**862.00**	**18.51**	**785.00**
南宁市	Nanning City	353.36	204.01	50.23	99.12	2.85	92.72
柳州市	Liuzhou City	193.24	93.39	30.96	68.89	2.85	56.80
桂林市	Guilin City	271.16	166.33	43.11	61.72	2.06	44.49
梧州市	Wuzhou City	122.65	71.14	22.31	29.20	1.22	15.21
北海市	Beihai City	7.20	0.53	0.83	5.84	0.72	8.71
防城港市	Fangchenggang City	44.84	26.68	7.39	10.77	0.25	9.02
钦州市	Qinzhou City	204.87	108.74	47.05	49.08	0.60	26.78
贵港市	Guigang City	237.74	122.40	51.89	63.45	0.78	23.96
玉林市	Yulin City	330.55	171.65	50.27	108.63	1.49	34.45
百色市	Baise City	181.62	140.62	14.35	27.27	0.61	25.36
贺州市	Hezhou City	104.37	76.31	11.22	16.84	0.98	17.67
河池市	Hechi City	172.75	131.19	13.77	27.99	1.34	17.18
来宾市	Laibin City	140.21	88.74	28.00	23.47	0.56	10.63
崇左市	Chongzuo City	134.90	95.80	13.30	25.80	0.55	21.21
海南省	**Hainan**	**382.53**	**211.82**	**33.40**	**137.31**	**5.10**	**126.50**
海口市	Haikou City	90.40	20.88	12.11	57.40	2.00	59.16
三亚市	Sanya City	23.40	11.93	1.17	10.30	0.10	8.17
其他	Others	268.74	179.01	20.12	69.61	3.00	59.18

3-4 续表 7 continued

地　区	Region	就业人数（万人）Employed Population (10 000 persons)	第一产业 Primary Industry	第二产业 Secondary Industry	第三产业 Tertiary Industry	城镇登记失业人员数（万人）Urban Registered Unemployed (10 000 persons)	城镇就业人员（万人）Urban Employed Persons (10 000 persons)
重庆市	**Chongqing**	**1611.57**	**794.81**	**304.87**	**511.89**	**16.89**	**620.27**
万州区	Wanzhou District	84.50	39.34	19.22	25.94	1.20	29.92
涪陵区	Fuling District	67.30	31.10	14.40	21.80	0.63	20.30
渝中区	Yuzhong District	45.40		10.35	35.05	1.61	45.40
大渡口区	Dadukou District	15.04	1.81	8.49	4.74	0.33	11.26
江北区	Jiangbei District	29.25	3.13	14.33	11.79	0.88	23.70
沙坪坝区	Shapingba District	42.94	4.93	21.41	16.60	1.13	42.94
九龙坡区	Jiulongpo District	58.65	7.04	27.26	24.35	1.63	42.47
南岸区	Nanan District	24.76	3.48	11.44	9.84	0.67	18.49
北碚区	Beibei District	33.33	12.12	12.98	8.23	0.35	11.63
万盛区	Wansheng District	12.43	5.04	4.44	2.95	0.34	4.28
双桥区	Shuangqiao District	3.09	0.50	1.57	1.02	0.03	1.53
渝北区	Yubei District	54.23	20.24	15.76	18.23	0.72	22.85
巴南区	Banan District	51.76	18.64	22.62	10.50	0.38	32.56
黔江区	Qianjiang District	24.73	17.59	2.39	4.75	0.24	5.98
长寿区	Changshou District	56.68	24.31	19.45	12.92	0.39	12.96
其他	Others	1007.48	605.54	98.76	303.18	6.36	294.00
四川省	**Sichuan**	**4702.00**	**2421.50**	**926.30**	**1354.20**	**34.30**	**1228.90**
成都市	Chengdu City	642.70	200.30	189.40	253.00	5.90	314.51
自贡市	Zigong City	151.70	76.10	34.70	40.90	1.70	40.51
攀枝花市	Panzhihua City	59.80	22.70	19.20	17.90	1.30	35.10
泸州市	Luzhou City	256.80	151.20	58.00	47.60	1.80	58.79
德阳市	Deyang City	226.60	99.70	59.90	67.00	1.30	64.01
绵阳市	Mianyang City	272.20	127.10	52.90	92.20	3.30	72.98
广元市	Guangyuan City	145.80	87.40	26.30	32.10	1.00	25.25
遂宁市	Suining City	139.90	73.00	34.40	32.50	1.40	39.78
内江市	Neijiang City	211.70	112.20	54.90	44.60	1.70	53.41
乐山市	Leshan City	212.90	100.50	53.30	59.10	1.90	91.23
南充市	Nanchong City	317.20	201.20	59.90	56.10	2.00	50.04
眉山市	Meishan City	166.50	108.90	21.00	36.60	1.10	21.41
宜宾市	Yibin City	299.40	162.30	62.30	74.80	2.10	75.42
广安市	Guangan City	228.00	135.70	44.20	48.10	1.60	27.41
达州市	Dazhou City	270.60	207.40	35.30	27.90	1.30	52.08
雅安市	Yaan City	88.60	47.70	16.30	24.60	0.60	20.05
巴中市	Bazhong City	186.30	116.40	21.40	48.50	1.00	27.60
资阳市	Ziyang City	200.60	124.00	33.10	43.50	1.20	29.66
阿坝藏族羌族自治州	Aba Zang & Qiang A.P	49.10	32.10	3.90	13.10	0.40	15.89
甘孜藏族自治州	Ganzi Zang A.P	58.40	47.90	1.80	8.70	0.30	10.15
凉山彝族自治州	Liangshan Yi A.P	248.40	187.70	19.00	41.70	1.30	37.17
贵州省	**Guizhou**	**2220.00**	**1670.00**	**144.58**	**405.42**	**12.13**	**434.00**
贵阳市	Guiyang City	214.75	76.40	54.10	84.25	3.18	83.72
六盘水市	Liupanshui City	152.72	89.52	21.89	41.31	1.07	22.65
遵义市	Zunyi City	419.93	229.64	56.65	133.64	2.15	51.34
安顺市	Anshun City	145.68	98.91	14.08	32.69	0.86	16.34
铜仁地区	Tongren Prefecture	237.30	133.90	16.00	87.40	0.80	20.74
黔西南布依族苗族自治州	Southwest Guizhou Buyi & Miao A.P	181.89	118.21	14.54	49.14	0.58	18.36

3-4 续表 8 continued

地 区	Region	就业人数 (万人) Employed Population (10 000 persons)	第一产业 Primary Industry	第二产业 Secondary Industry	第三产业 Tertiary Industry	城镇登记失业人员数 (万人) Urban Registered Unemployed (10 000 persons)	城镇就业人员 (万人) Urban Employed Persons (10 000 persons)
毕节地区	Bijie Prefecture	415.56	250.00	40.70	124.86	1.22	25.88
黔东南苗族侗族自治州	Southeast Guizhou Miao & Dong A.P	254.09	203.88	14.18	36.03	1.00	32.49
黔南布依族苗族自治州	South Guizhou Buyi & Miao A.P	224.11	134.15	18.93	71.03	1.16	22.66
云南省	**Yunnan**	**2461.32**	**1709.24**	**245.06**	**507.02**	**13.00**	**410.39**
昆明市	Kunming City	325.42	141.39	65.66	118.37	2.30	144.17
曲靖市	Qujing City	325.98	229.17	36.00	60.81	1.11	35.44
玉溪市	Yuxi City	135.13	83.62	19.90	31.60	0.51	26.72
保山市	Baoshan City	139.65	106.51	11.60	21.54	0.70	13.11
昭通市	Zhaotong City	270.05	202.08	18.00	49.97	1.72	21.29
丽江市	Lijiang City	65.80	47.88	5.03	12.89	0.30	8.69
思茅市	Simao City	136.91	107.26	8.26	21.39	1.07	19.74
临沧市	Lincang City	120.64	91.84	8.16	20.64	0.72	14.31
楚雄彝族自治州	Chuxiong Yi A.P	154.29	114.93	12.86	26.50	0.63	18.92
红河哈尼族彝族自治州	Honghe Hani & Yi A.P	238.11	177.53	20.95	39.62	1.10	34.97
文山壮族苗族自治州	Wenshan Zhuang & Miao A.P	195.59	152.11	6.07	37.41	0.53	16.48
西双版纳傣族自治州	Xishuangbanna Dai A.P	47.46	38.00	1.44	8.02	0.42	12.33
大理白族自治州	Dali Bai A.P	195.62	134.63	24.21	36.78	0.99	24.86
德宏傣族景颇族自治州	Dehong Dai & Jingpo A.P	62.09	45.18	4.41	12.51	0.38	11.74
怒江傈僳族自治州	Nujiang Lisu A.P	27.88	21.82	1.48	4.59	0.20	4.08
迪庆藏族自治州	Diqing Zang A.P	20.70	15.29	1.03	4.38	0.29	3.56
西藏自治区	**Tibet A.R.**	**143.60**	**86.39**	**13.60**	**43.61**	**1.41**	**18.21**
拉萨市	Lhasa City	20.73	9.07	4.42	7.24	0.10	2.23
昌都地区	Qamdu Prefecture	27.59	18.92	1.65	7.02	0.09	2.22
山南地区	Lhokha Prefecture	17.46	11.75	1.13	4.58	0.12	1.69
日喀则地区	Xigaze Prefecture	38.27	25.14	3.46	9.67	0.15	2.62
那曲地区	Narqu Prefecture	18.94	13.39	0.37	5.18	0.01	1.45
阿里地区	Ngri Prefecture	4.84	3.20	0.11	1.53	0.05	0.65
林芝地区	Nyingchi Prefecture	7.66	4.92	0.37	2.38	0.07	1.43
其他	Others	8.11		2.09	6.01	0.83	5.92
陕西省	**Shaanxi**	**1942.44**	**957.08**	**361.98**	**623.29**	**21.54**	**505.42**
西安市	Xian City	415.83	136.31	114.20	165.32	8.45	175.30
铜川市	Tongchuan City	40.33	18.64	12.04	9.65	0.97	11.85
宝鸡市	Baoji City	31.89	0.66	14.86	16.37	1.85	58.04
咸阳市	Xianyang City	36.55	0.67	16.20	19.68	1.92	52.49
渭南市	Weinan City	298.88	185.34	36.76	76.78	3.20	53.34
延安市	Yanan City					1.00	28.54
汉中市	Hanzhong City	190.00	85.51	24.81	79.68	10.31	29.88
榆林市	Yulin City	156.45	91.14	22.11	43.20	0.87	28.72
安康市	Ankang City					0.81	19.17
商洛市	Shangluo City	107.56	67.71	9.55	30.30	0.47	33.58
其他	Others	5.83	2.35	1.45	2.03	0.07	3.49
甘肃省	**Gansu**	**1391.36**	**885.82**	**203.96**	**301.58**	**9.25**	**364.07**
兰州市	Lanzhou City	150.75	44.68	43.18	62.89	1.92	80.39
嘉峪关市	Jiayuguan City	10.62	1.03	5.93	3.66	0.33	8.80

3-4 续表 9 continued

地 区	Region	就业人数（万人）Employed Population (10 000 persons)	第一产业 Primary Industry	第二产业 Secondary Industry	第三产业 Tertiary Industry	城镇登记失业人员数（万人）Urban Registered Unemployed (10 000 persons)	城镇就业人员（万人）Urban Employed Persons (10 000 persons)
金昌市	Jinchang City	26.80	9.80	7.30	9.70	0.57	13.40
白银市	Baiyin City	88.25	52.73	17.32	18.20	0.63	21.59
天水市	Tianshui City	187.60	116.40	33.10	38.10	0.48	36.80
武威市	Wuwei City	104.32	60.34	12.27	31.71	0.76	24.84
张掖市	Zhangye City	70.50	41.30	13.00	16.20	0.53	11.59
平凉市	Pingliang City	117.40	76.21	16.67	24.52	0.72	15.77
酒泉市	Jiuquan City	47.34	22.08	7.40	17.75	0.56	20.05
庆阳市	Qingyang City	124.73	82.36	9.67	32.70	0.78	14.30
定西市	Dingxi City	152.47	92.10	29.60	30.80	0.53	16.22
陇南市	Longnan City	149.73	114.36	10.95	24.42	0.64	13.69
临夏回族自治州	Linxia Hui A.P	100.90	66.90	13.80	20.20	0.51	11.55
甘南藏族自治州	Gannan Zang A.P	38.95	29.02	2.33	7.60	0.29	7.17
青海省	**Qinghai**	**297.80**	**147.40**	**51.80**	**98.60**	**3.60**	**98.10**
西宁市	Xining City	115.40	39.80	27.30	48.30	2.10	51.62
海东地区	Haidong Prefecture	79.20	39.40	15.60	24.20	0.30	19.80
海北藏族自治州	Haibei Zang A.P	14.80	9.30	1.60	3.90	0.10	3.70
黄南藏族自治州	Huangnan Zang AP	14.40	9.40	1.90	3.10	0.10	2.60
海南藏族自治州	Hainan Zang A.P	24.40	18.60	1.20	4.60	0.10	3.90
果洛藏族自治州	Golog Zang A.P	8.50	6.50	0.10	1.90		1.49
玉树藏族自治州	Yushu Zang A.P	15.30	11.10	0.10	4.10		3.22
海西蒙古族藏族自治州	Haixi Mongolian & Zang A.P	25.80	13.30	4.00	8.50	0.90	11.73
宁夏回族自治区	**Ningxia**	**299.61**	**145.08**	**66.73**	**87.79**	**4.36**	**87.63**
银川市	Yinchuan City	78.45	24.08	23.50	30.87	1.59	45.41
石嘴山市	Shizuishan City	28.76	10.98	8.81	8.97	1.30	11.78
吴忠市	Wuzhong City	59.92	30.35	11.83	17.74	0.58	11.87
固原市	Guyuan City	76.91	48.50	11.69	16.72	0.47	9.63
中卫市	Zhongwei City	53.61	31.17	10.90	11.54	0.42	6.98
新疆维吾尔自治区	**Xinjiang**	**791.62**	**408.00**	**122.81**	**260.81**	**11.43**	**358.78**
乌鲁木齐市	Urumqi City	110.70	6.97	29.79	73.94	2.82	99.47
克拉玛依市	Karamay City	18.92	1.07	11.21	6.64	0.35	18.78
吐鲁番地区	Turpan Prefecture	33.48	19.26	5.55	8.67	0.42	9.85
哈密地区	Hami Prefecture	20.36	9.72	3.44	7.20	0.24	9.74
昌吉回族自治州	Changji Hui A.P	73.92	40.11	12.81	21.00	0.65	29.77
博尔塔拉蒙古自治州	Bortala Mongolian A.P	20.61	11.44	2.75	6.42	0.38	11.36
巴音郭楞蒙古自治州	Bayingolin Mongolian A.P	47.48	22.85	7.82	16.81	1.39	26.71
阿克苏地区	Aksu Prefecture	83.94	55.90	7.69	20.35	1.15	27.34
克孜勒苏柯尔克孜自治州	Kizilsu Kirgiz A.P	15.99	9.47	1.54	4.98	0.09	4.53
喀什地区	Kashi Prefecture	110.98	74.55	8.61	27.82	1.58	25.63
和田地区	Hotan Prefecture	67.52	46.28	6.36	14.88	0.51	12.36
伊犁州直属县（市）	Counties(Cities) Direct Under Ili Prefecture	97.61	57.83	13.16	26.62	0.91	34.38
塔城地区	Tacheng Prefecture	53.98	36.90	4.69	12.39	0.38	25.78
阿勒泰地区	Altay Prefecture	23.46	13.26	2.74	7.46	0.37	12.31
石河子市	Shihezi City	12.68	2.39	4.65	5.64	0.19	10.77
阿拉尔市	Alar City						
图木舒克市	Tumxuk City						
五家渠市	Wujiaqu City						

3-5 城镇就业人员(2005年)

Urban Employed Persons(2005)

地 区	Region	国有单位(万人) State-owned Units (10 000 persons)	集体单位(万人) Collective-owned Units (10 000 persons)	港澳台商投资单位(万人) Units with Funds from Hong Kong, Macao and Taiwan (10 000 persons)	外商投资单位(万人) Foreign Funded Units (10 000 persons)	私营企业(万人) Private Enterprises (10 000 persons)	个体(万人) Self-employed Individuals (10 000 persons)
北京市	**Beijing**	**195.00**	**23.80**	**21.70**	**49.60**	**131.20**	**57.21**
东城区	Dongcheng District	24.81	1.11	2.66	4.79		
西城区	Xicheng District	30.74	1.76	2.04	1.70		
崇文区	Chongwen District	3.96	0.50	0.39	0.69		
宣武区	Xuanwu District	8.64	1.11	0.36	0.57		
朝阳区	Chaoyang District	25.26	3.63	5.53	15.11		
丰台区	Fengtai District	18.38	2.29	1.07	1.99		
石景山区	Shijingshan District	4.03	0.45	0.19	1.58		
海淀区	Haidian District	42.17	3.25	2.95	6.91		
门头沟区	Mentougou District	2.07	0.82	0.14	0.12		
房山区	Fangshan District	4.47	1.52	0.10	0.51		
通州区	Tongzhou District	5.13	1.09	0.52	1.95		
顺义区	Shunyi District	4.72	2.57	1.53	4.29		
昌平区	Changping District	5.48	1.33	0.68	1.19		
大兴区	Daxing District	5.11	1.15	2.37	5.12		
怀柔区	Huairou District	2.59	0.31	0.20	1.05		
平谷区	Pinggu District	2.34	0.39	0.40	0.93		
密云县	Miyun County	2.70	0.38	0.45	0.90		
延庆县	Yanqing County	2.39	0.17	0.11	0.18		
其他	Others						
天津市	**Tianjin**	**99.18**	**11.33**	**9.94**	**41.20**	**44.51**	**9.75**
和平区	Heping District						
河东区	Hedong District						
河西区	Hexi District						
南开区	Nankai District						
河北区	Hebei District						
红桥区	Hongqiao District						
塘沽区	Tanggu District						
汉沽区	Hangu District						
大港区	Dagang District						
东丽区	Dongli District						
西青区	Xiqing District						
津南区	Jinnan District						
北辰区	Beichen District						
武清区	Wuqing District						
宝坻区	Baodi District						
宁河县	Ninghe County						
静海县	Jinghai County						
蓟县	Ji County						
其他	Others						
河北省	**Hebei**	**347.52**	**37.72**	**8.46**	**12.12**		
石家庄市	Shijiazhuang City	64.86	8.67	1.65	1.70	9.87	19.16
唐山市	Tangshan City	40.81	4.64	2.10	2.61	9.26	18.65
秦皇岛市	Qinhuangdao City	27.93	1.33	0.57	2.41	10.97	6.67
邯郸市	Handan City	43.81	3.95	0.89	0.34	9.46	33.96

3-5 续表 1 continued

地　区	Region	国有单位（万人）State-owned Units (10 000 persons)	集体单位（万人）Collective-owned Units (10 000 persons)	港澳台商投资单位（万人）Units with Funds from Hong Kong, Macao and Taiwan (10 000 persons)	外商投资单位（万人）Foreign Funded Units (10 000 persons)	私营企业（万人）Private Enterprises (10 000 persons)	个体（万人）Self-employed Individuals (10 000 persons)
邢台市	Xingtai City	23.30	2.26	0.08	0.21	12.62	11.32
保定市	Baoding City	44.05	5.32	1.04	1.37	14.16	16.38
张家口市	Zhangjiakou City	27.05	3.32	0.13	0.40	4.61	16.44
承德市	Chengde City	16.15	1.22	0.29	0.23	4.66	10.35
沧州市	Cangzhou City	32.82	3.77	0.34	0.45	11.85	10.69
廊坊市	Langfang City	18.05	0.99	0.87	2.14	14.85	14.86
衡水市	Hengshui City	16.19	2.25	0.49	0.27	6.07	23.97
其他	Others						
山西省	**Shanxi**	**252.60**	**31.10**	**1.50**	**2.60**	**39.00**	**61.10**
太原市	Taiyuan City	55.00	6.30	0.30	1.20	23.47	12.06
大同市	Datong City	33.00	3.30	0.10	0.40	2.10	7.60
阳泉市	Yangquan City	18.10	3.00		0.20	1.20	1.40
长治市	Changzhi City	20.00	2.80		0.10	8.20	7.10
晋城市	Jincheng City	11.90	3.00	0.11	0.13	2.03	6.53
朔州市	Shuozhou City	11.40	0.96		0.10	1.42	1.60
晋中市	Jinzhong City	20.10	2.90	0.50	0.10	2.00	3.80
运城市	Yuncheng City	22.30	2.20		0.30	2.60	9.20
忻州市	Xinzhou City	18.95	1.59	0.20	2.90	4.10	
临汾市	Linfen City	24.30	2.20	0.30	0.10	0.80	6.20
吕梁市	Luliang City	17.50	2.90			1.70	3.20
内蒙古自治区	**Inner Mongolia**	**162.03**	**12.43**	**1.59**	**2.54**	**47.08**	**60.22**
呼和浩特市	Hohhot City	19.93	1.26	0.79	0.42	11.22	6.62
包头市	Baotou City	13.24	3.14	0.14	0.27	8.70	8.43
乌海市	Wuhai City	2.65	0.34	0.03	0.04	1.04	0.44
赤峰市	Chifeng City	20.68	1.47	0.03	0.01	6.29	7.07
通辽市	Tongliao City	18.34	1.13	0.05	0.17	1.37	5.35
鄂尔多斯市	Erdos City	8.96	0.31	0.21	1.14	4.82	5.10
呼伦贝尔市	Hulunbuir City	19.24	0.60	0.05	0.05	4.42	9.07
巴彦淖尔市	Bayannur City	10.21	0.55	0.11	0.24	1.80	4.82
乌兰察布市	Ulanqab City	10.80	0.48	0.03	0.09	2.93	4.81
兴安盟	Xingan League	9.01	0.46	0.03	0.06	1.73	3.78
锡林郭勒盟	Xilingol League	7.57	0.35	0.01	0.02	1.75	3.89
阿拉善盟	Alxa League	2.07	0.08	17.00	0.01	0.96	0.85
其他	Others	19.33	2.25	0.12		0.04	
辽宁省	**Liaoning**	**352.00**	**106.98**	**10.35**	**39.72**	**189.48**	**187.21**
沈阳市	Shenyang City	60.03	16.23	2.53	6.22	38.62	40.14
大连市	Dalian City	33.98	4.29	4.06	26.26	76.92	32.38
鞍山市	Anshan City	35.43	17.67	0.66	0.36	3.89	15.90
抚顺市	Fushun City	21.03	15.97	0.45	0.99	11.74	17.38
本溪市	Benxi City	23.67	8.85	0.27	0.21	5.06	4.25
丹东市	Dandong City	12.83	3.85	0.13	1.32	6.26	11.31
锦州市	Jinzhou City	22.27	6.59	0.60	0.52	3.91	12.55
营口市	Yingkou City	11.99	2.46	0.46	2.16	7.18	7.72
阜新市	Fuxin City	14.07	9.87	0.07	0.34	7.13	11.43
辽阳市	Liaoyang City	11.48	4.57	0.15	0.67	7.05	7.30

3-5 续表 2 continued

地　区	Region	国有单位（万人）State-owned Units (10 000 persons)	集体单位（万人）Collective-owned Units (10 000 persons)	港澳台商投资单位（万人）Units with Funds from Hong Kong, Macao and Taiwan (10 000 persons)	外商投资单位（万人）Foreign Funded Units (10 000 persons)	私营企业（万人）Private Enterprises (10 000 persons)	个体（万人）Self-employed Individuals (10 000 persons)
盘锦市	Panjin City	40.40	0.85	0.14	0.25	4.06	6.37
铁岭市	Tieling City	15.07	7.31	0.48	0.15	4.86	8.74
朝阳市	Chaoyang City	14.07	3.12	0.11	0.08	8.19	6.85
葫芦岛市	Huludao City	15.85	5.35	0.22	0.18	4.60	4.89
吉林省	**Jilin**	**178.69**	**20.95**	**2.55**	**7.22**	**77.39**	**214.42**
长春市	Changchun City	53.73	6.36	1.37	5.07	45.23	27.23
吉林市	Jilin City	23.08	3.35	0.25	0.23	9.98	9.35
四平市	Siping City	16.14	1.49	0.19	0.11	4.51	7.84
辽源市	Liaoyuan City	8.17	0.49			4.71	4.64
通化市	Tonghua City	11.77	1.64	0.10	0.16	3.33	5.17
白山市	Baishan City	11.49	0.75	0.37	0.25	1.46	2.62
松原市	Songyuan City	13.14	0.75	0.02	0.16	1.79	4.07
白城市	Baicheng City	13.59	1.39	0.02	0.07	1.56	5.79
延边朝鲜族自治州	Yanbian Korean A.P	17.86	1.29	0.23	1.17	4.82	10.43
其他	Others	9.72	3.44				137.28
黑龙江省	**Heilongjiang**	**314.12**	**38.44**	**3.10**	**4.27**	**77.50**	**232.00**
哈尔滨市	Harbin City	79.71	23.53	1.77	1.77	33.97	39.73
齐齐哈尔市	Qiqihar City	24.97	2.41	0.25	0.22	5.46	43.68
鸡西市	Jixi City	9.40	0.88	0.17	0.03	1.85	13.73
鹤岗市	Hegang City	5.44	1.35		0.05	1.73	11.18
双鸭山市	Shuangyashan City	7.03	0.64			2.88	13.90
大庆市	Daqing City	28.59	1.41	0.26	0.05	11.04	17.58
伊春市	Yichun City	15.82	2.57			2.41	8.09
佳木斯市	Jiamusi City	14.08	1.37			2.97	22.09
七台河市	Qitaihe City	4.10	0.99	0.03	0.04	1.54	5.45
牡丹江市	Mudanjiang City	17.43	1.57	0.29	1.04	6.32	11.63
黑河市	Heihe City	10.04	0.35	5.00	0.04	1.91	19.28
绥化市	Suihua City	18.96	1.17	0.07	0.15	2.03	10.29
大兴安岭地区	Daxinganling Prefecture	8.49	0.17		0.05	1.34	6.71
其他	Others	53.77	0.02			2.06	8.69
上海市	**Shanghai**	**141.59**	**14.68**	**28.59**	**61.24**	**221.50**	**19.80**
黄浦区	Huangpu District	11.83	0.92	1.04	1.03		
卢湾区	Luwan District	5.78	0.46	0.56	0.89		
徐汇区	Xuhui District	17.97	0.60	2.00	3.75		
长宁区	Changning District	7.16	0.44	0.70	1.68		
静安区	Jingan District	7.13	0.52	0.16	0.69		
普陀区	Putuo District	6.74	0.89	0.21	2.45		
闸北区	Zhabei District	11.21	0.75	0.22	0.71		
虹口区	Hongkou District	8.54	0.93	0.69	0.92		
杨浦区	Yangpu District	10.87	0.84	1.58	1.54		
闵行区	Minhang District	9.33	1.23	0.86	1.17		
宝山区	Baoshan District	5.30	0.64	3.03	7.55		
嘉定区	Jiading District	3.01	0.63	2.20	5.95		
浦东新区	Pudong New District	17.42	1.15	3.52	12.41		
金山区	Jinshan District	2.62	0.34	1.71	1.25		

3-5 续表 3 continued

地　区	Region	国有单位（万人）State-owned Units (10 000 persons)	集体单位（万人）Collective-owned Units (10 000 persons)	港澳台商投资单位（万人）Units with Funds from Hong Kong, Macao and Taiwan (10 000 persons)	外商投资单位（万人）Foreign Funded Units (10 000 persons)	私营企业（万人）Private Enterprises (10 000 persons)	个体（万人）Self-employed Individuals (10 000 persons)
松江区	Songjiang District	2.70	0.73	6.98	9.11		
青浦区	Qingpu District	2.28	0.89	1.79	5.28		
南汇区	Nanhui District	2.75	1.15	0.35	2.24		
奉贤区	Fengxian District	2.98	1.11	0.93	2.33		
崇明县	Chongming County	2.87	0.47	0.03	0.30		
其他	Others	3.10					
江苏省	**Jiangsu**	**283.75**	**38.70**	**50.38**	**79.72**	**397.20**	**189.20**
南京市	Nanjing City	46.53	4.47	5.39	8.32	57.44	25.67
无锡市	Wuxi City	20.28	3.91	4.80	11.12	65.70	16.06
徐州市	Xuzhou City	41.88	3.84	1.27	0.61	21.94	15.80
常州市	Changzhou City	12.99	1.52	2.75	3.63	55.18	17.18
苏州市	Suzhou City	23.11	3.37	21.79	34.62	63.00	20.78
南通市	Nantong City	20.30	3.42	4.50	10.30	21.55	9.10
连云港市	Lianyungang City	16.13	2.53	0.86	2.12	8.22	5.06
淮安市	Huaian City	17.41	3.01	1.42	0.99	10.53	10.37
盐城市	Yancheng City	24.53	2.44	2.50	2.02	24.98	12.43
扬州市	Yangzhou City	18.54	2.90	1.77	2.11	23.24	11.06
镇江市	Zhenjiang City	14.98	2.46	1.58	2.12	11.11	9.28
泰州市	Taizhou City	14.79	4.17	1.61	1.64	14.62	10.33
宿迁市	Suqian City	11.14	0.65	0.13	0.13	12.17	6.51
浙江省	**Zhejiang**	**179.81**	**30.68**	**46.45**	**53.43**	**218.46**	**154.76**
杭州市	Hangzhou City	42.05	4.07	10.17	12.51	59.58	23.67
宁波市	Ningbo City	24.30	3.80	11.40	8.90	35.10	15.30
温州市	Wenzhou City	24.90	6.15	4.78	5.23	25.62	46.34
嘉兴市	Jiaxing City	12.43	2.23	11.46	16.85	18.43	7.71
湖州市	Huzhou City	8.07	1.26	2.01	1.52	19.47	14.15
绍兴市	Shaoxing City	12.66	3.90	6.32	4.54	15.32	11.67
金华市	Jinhua City	12.30	3.40	2.10	1.90	27.00	39.70
衢州市	Quzhou City	8.54	6.79	0.41	0.31	6.35	9.04
舟山市	Zhoushan City	5.73	1.16	0.45	0.52	1.22	5.33
台州市	Taizhou City	16.11	3.90	0.36	0.42	22.01	22.56
丽水市	Lishui City	8.95	0.70	0.27	0.39	7.34	6.82
安徽省	**Anhui**	**208.61**	**30.85**	**3.74**	**6.67**	**86.49**	**123.64**
合肥市	Hefei City	26.69	1.52	0.73	2.69	27.48	14.12
芜湖市	Wuhu City	9.76	0.66	1.07	0.65	6.85	10.15
蚌埠市	Bengbu City	11.45	1.63	0.20	0.26	4.35	5.08
淮南市	Huainan City	10.24	3.21	0.09	0.57	4.12	8.72
马鞍山市	Maanshan City	5.04	1.03	0.27	0.42	2.14	3.26
淮北市	Huaibei City	8.76	3.65	0.09	0.08	3.45	7.78
铜陵市	Tongling City	7.43	0.51		0.20	3.48	2.01
安庆市	Anqing City	18.83	2.60	0.02	0.30	3.86	11.18
黄山市	Huangshan City	5.85	0.78	0.18	0.07	4.36	3.60
滁州市	Chuzhou City	12.69	1.51	0.61	0.39	4.36	7.18
阜阳市	Fuyang City	19.91	2.48	0.10	0.14	5.77	11.63
宿州市	Suzhou City	19.58	2.86	0.08	0.11	3.52	4.36

3-5 续表 4 continued

地 区	Region	国有单位（万人）State-owned Units (10 000 persons)	集体单位（万人）Collective-owned Units (10 000 persons)	港澳台商投资单位（万人）Units with Funds from Hong Kong, Macao and Taiwan (10 000 persons)	外商投资单位（万人）Foreign Funded Units (10 000 persons)	私营企业（万人）Private Enterprises (10 000 persons)	个体（万人）Self-employed Individuals (10 000 persons)
巢湖市	Chaohu City	10.38	2.61	0.16	0.10	2.34	6.75
六安市	Liuan City	16.30	2.77	0.01	0.06	3.69	12.20
亳州市	Bozhou City	11.36	1.67	7.00	0.02	2.91	5.09
池州市	Chizhou City	4.40	0.45	0.03	0.08	1.82	3.78
宣城市	Xuancheng City	8.22	0.93	0.09	0.51	1.99	6.75
其他	Others						
福建省	**Fujian**	**150.88**	**19.10**	**99.45**	**64.05**		
福州市	Fuzhou City	33.93	4.62	17.71	14.96		
厦门市	Xiamen City	17.26	2.15	23.77	16.11		
莆田市	Putian City	10.20	1.17	7.56	4.47		
三明市	Sanming City	13.13	1.13	1.09	0.42		
泉州市	Quanzhou City	21.30	4.41	35.32	22.08		
漳州市	Zhangzhou City	16.51	2.20	10.94	3.65		
南平市	Nanping City	12.69	1.29	0.95	0.83		
龙岩市	Longyan City	11.39	1.24	1.56	1.11		
宁德市	Ningde City	10.96	0.90	0.56	0.43		
江西省	**Jiangxi**	**199.33**	**18.49**	**6.95**	**3.13**	**89.07**	**104.10**
南昌市	Nanchang City	33.75	5.23	1.51	0.77	20.01	19.89
景德镇市	Jingdezhen City	10.19	1.41	0.31	0.03	2.75	6.95
萍乡市	Pingxiang City	8.61	0.41	0.02	0.40	4.53	7.01
九江市	Jiujiang City	24.56	2.49	0.74	0.39	10.34	14.68
新余市	Xinyu City	5.28	0.35	0.11		4.47	11.01
鹰潭市	Yingtan City	7.77	0.27	0.06	0.04	2.00	4.09
赣州市	Ganzhou City	24.03	1.63	3.44	1.15	10.02	18.31
吉安市	Jian City	17.77	1.43	0.35	0.16	5.29	8.54
宜春市	Yichun City	18.97	0.95	0.06	0.15	9.72	13.92
抚州市	Fuzhou City	15.96	1.69	0.24	0.06	6.50	10.20
上饶市	Shangrao City	24.67	2.63	0.11	0.38	11.53	29.37
山东省	**Shandong**	**423.90**	**65.30**	**25.90**	**98.20**	**262.90**	**174.70**
济南市	Jinan City	43.10	6.60	2.00	3.80	22.10	15.20
青岛市	Qingdao City	41.60	5.90	6.00	47.50	54.10	19.90
淄博市	Zibo City	26.60	4.90	1.20	4.30	15.80	8.40
枣庄市	Zaozhuang City	23.60	4.00	0.30	0.80	7.60	10.90
东营市	Dongying City	21.20	2.50	0.40	0.60	9.20	5.90
烟台市	Yantai City	32.40	4.70	5.00	17.00	34.30	14.40
潍坊市	Weifang City	30.20	4.10	2.70	6.30	20.90	13.40
济宁市	Jining City	39.30	5.40	0.40	1.30	13.40	11.80
泰安市	Taian City	18.50	8.20	0.90	1.00	10.80	4.70
威海市	Weihai City	13.60	4.10	1.20	5.70	13.00	6.30
日照市	Rizhao City	8.90	1.00	0.50	1.30	5.80	1.60
莱芜市	Laiwu City	4.60	1.80	0.10	0.20	4.70	4.40
临沂市	Linyi City	30.60	3.50	2.40	4.10	18.50	22.80
德州市	Dezhou City	20.40	2.00	0.70	1.90	14.80	19.60
聊城市	Liaocheng City	19.90	1.40	1.00	0.60	6.30	5.60
滨州市	Binzhou City	12.00	2.20	0.90	0.50	4.10	2.50
菏泽市	Heze City	25.10	2.80	0.30	1.10	7.50	7.50

3-5 续表 5 continued

地　区	Region	国　有　单　位（万人） State-owned Units (10 000 persons)	集　体　单　位（万人） Collective-owned Units (10 000 persons)	港澳台商投资单位（万人） Units with Funds from Hong Kong, Macao and Taiwan (10 000 persons)	外商投资单　位（万人） Foreign Funded Units (10 000 persons)	私营企业（万人） Private Enterprises (10 000 persons)	个　体（万人） Self-employed Individuals (10 000 persons)
河南省	**Henan**	**404.80**	**91.16**	**7.35**	**8.35**	**72.92**	**136.57**
郑州市	Zhengzhou City	49.62	5.26	2.10	2.78	9.30	18.70
开封市	Kaifeng City	18.49	5.98	0.12	0.31	5.60	9.39
洛阳市	Luoyang City	31.18	5.29	0.40	0.72	16.10	22.50
平顶山市	Pingdingshan City	18.64	3.86	0.61	0.60	4.12	8.19
安阳市	Anyang City	20.10	6.25	0.54	0.19	3.41	7.40
鹤壁市	Hebi City	5.89	1.34	0.34	0.07	0.97	1.00
新乡市	Xinxiang City	25.09	5.30	0.41	1.39	3.62	5.42
焦作市	Jiaozuo City	14.94	3.82	0.50	0.11	4.53	5.40
濮阳市	Puyang City	19.17	4.28	0.19	0.11	4.86	2.43
许昌市	Xuchang City	15.82	3.86	0.38	0.13	5.25	7.95
漯河市	Luohe City	9.07	2.39	0.15	0.12	1.10	3.90
三门峡市	Sanmenxia City	12.39	1.82	0.24	0.40	1.33	3.90
南阳市	Nanyang City	38.81	12.56	0.64	0.53	11.51	24.08
商丘市	Shangqiu City	25.59	7.53	0.27	0.08	2.02	6.96
信阳市	Xinyang City	28.33	5.47	0.05	0.02	0.76	8.40
周口市	Zhoukou City	33.05	6.28	0.05	0.34	4.78	24.53
驻马店市	Zhumadian City	21.41	7.51	0.12	0.21	5.61	16.18
其他	Others	3.02	0.11	0.23	0.23	1.46	4.11
湖北省	**Hubei**	**300.16**	**35.63**				
武汉市	Wuhan City	89.98	7.94	2.68	4.92	29.20	42.77
黄石市	Huangshi City	15.04	3.97	0.80	0.60	16.20	8.40
十堰市	Shiyan City	14.08	0.92	0.08	4.78	9.00	12.70
宜昌市	Yichang City	22.92	2.08	0.89	0.51	14.40	16.40
襄樊市	Xiangfan City	27.20	3.03	0.29	0.46	16.50	18.80
鄂州市	Ezhou City	5.29	0.82	0.55	0.10	2.70	4.20
荆门市	Jingmen City	15.52	1.12	0.48	0.33	3.14	10.90
孝感市	Xiaogan City	21.14	7.27	0.61	0.18	4.93	19.20
荆州市	Jingzhou City	27.67	1.42			7.74	21.96
黄冈市	Huanggang City	24.00	3.00	0.03		7.00	15.92
咸宁市	Xianning City	11.62	1.21	0.25	0.13	3.61	8.45
随州市	Suizhou City	13.35	5.35	0.25	0.05	4.89	9.09
恩施土家族苗族自治州	Enshi Tujia & Miao A.P	10.90	0.29	0.01	0.03	10.96	7.64
其他	Others	19.07	1.80	1.17	0.25	41.27	14.92
湖南省	**Hunan**	**306.70**	**43.43**	**8.29**	**6.54**	**165.80**	**382.03**
长沙市	Changsha City	40.41	6.23	2.22	2.48	24.90	20.80
株洲市	Zhuzhou City	17.81	2.56	1.21	1.46	8.93	10.91
湘潭市	Xiangtan City	13.68	2.95	0.49	0.23	7.32	9.84
衡阳市	Hengyang City	33.28	7.46	0.77	0.34	9.95	17.87
邵阳市	Shaoyang City	27.26	4.25	0.16	0.18	3.91	19.46
岳阳市	Yueyang City	26.31	2.58	0.06	0.19	5.06	10.45
常德市	Changde City	19.79	0.90	0.87	0.42	6.29	11.20
张家界市	Zhangjiajie City	6.12	1.05	0.20	0.04	1.70	4.23
益阳市	Yiyang City	18.12	4.15	0.24	0.35	3.13	6.34
郴州市	Chenzhou City	20.59	2.12	0.76	0.23	5.17	21.37
永州市	Yongzhou City	22.27	1.98	0.72	0.45	8.14	16.02

3-5 续表 6 continued

地 区	Region	国有单位（万人）State-owned Units (10 000 persons)	集体单位（万人）Collective-owned Units (10 000 persons)	港澳台商投资单位（万人）Units with Funds from Hong Kong, Macao and Taiwan (10 000 persons)	外商投资单位（万人）Foreign Funded Units (10 000 persons)	私营企业（万人）Private Enterprises (10 000 persons)	个体（万人）Self-employed Individuals (10 000 persons)
怀化市	Huaihua City	21.04	2.36	0.16	0.08	12.98	11.44
娄底市	Loudi City	17.26	3.69	0.41	0.04	5.10	13.47
湘西土家族苗族自治州	West Hunan Tujia A.P	11.64	1.15	0.02	0.05	3.62	15.56
其他	Others						
广东省	**Guangdong**	**380.24**	**69.66**	**194.03**	**108.37**	**362.94**	**355.18**
广州市	Guangzhou City	88.33	14.99	38.92	23.43	92.23	40.81
韶关市	Shaoguan City	13.78	2.00	2.80	0.40	1.60	6.90
深圳市	Shenzhen City	36.27	2.80	42.70	33.50	118.70	92.20
珠海市	Zhuhai City	8.62	3.56	16.82	13.39	16.30	19.39
汕头市	Shantou City	17.50	5.50	3.00	2.46		
佛山市	Foshan City	18.75	4.09	11.30	3.40		
江门市	Jiangmen City	13.85	3.30	8.33	2.21	16.21	21.59
湛江市	Zhanjiang City	29.07	2.85	2.90	0.70	5.25	8.89
茂名市	Maoming City	21.28	4.30	0.40	0.40	3.10	9.30
肇庆市	Zhaoqing City	14.22	1.44	5.04	2.57	4.08	9.58
惠州市	Huizhou City	15.46	2.90	30.51	13.40	13.56	15.66
梅州市	Meizhou City	16.31	2.52	1.35	0.40	2.47	6.40
汕尾市	Shanwei City	9.12	1.71	1.70	0.33	16.99	17.93
河源市	Heyuan City	9.93	1.80	4.39	0.83	2.90	6.96
阳江市	Yangjiang City	9.76	4.02	1.56	0.40	5.61	7.00
清远市	Qingyuan City	11.54	1.10	6.09	2.39	5.71	11.40
东莞市	Dongguan City	10.29	4.46	2.86	0.96	2.08	19.09
中山市	ZhongShan City	6.87	1.41	6.77	5.09	42.02	40.72
潮州市	Chaozhou City	7.46	1.59	1.30	0.50	7.20	8.60
揭阳市	Jieyang City	14.27	2.66	1.48	0.64	2.99	4.36
云浮市	Yunfu City	7.56	0.66	3.81	0.96	3.94	8.40
广西壮族自治区	**Guangxi**	**199.00**	**20.00**	**5.50**	**6.20**	**54.00**	**90.00**
南宁市	Nanning City	39.11	2.47	1.03	1.00	14.73	16.14
柳州市	Liuzhou City	23.35	2.91	0.28	1.07	7.94	11.42
桂林市	Guilin City	22.73	2.11	0.96	0.65	18.04	
梧州市	Wuzhou City	9.73	1.03	0.71	0.60	2.32	0.82
北海市	Beihai City	7.33	0.85	0.27	0.26		
防城港市	Fangchenggang City	4.91	0.34	0.04	0.11	0.93	2.36
钦州市	Qinzhou City	9.26	1.23	0.20	0.26	3.08	11.53
贵港市	Guigang City	11.29	1.59	0.47	0.21	2.89	7.51
玉林市	Yulin City	16.86	2.64	0.73	1.24	3.10	9.88
百色市	Baise City	14.85	0.94	0.27	0.01	2.57	6.72
贺州市	Hezhou City	6.48	0.36	0.14	0.04	2.38	8.27
河池市	Hechi City	13.91	1.70	0.06	0.19		
来宾市	Laibin City	8.18	0.51		0.31		
崇左市	Chongzuo City	9.35	0.63	0.33	0.29	1.91	6.93
海南省	**Hainan**	**57.93**	**4.07**	**1.70**	**1.70**	**25.02**	**26.78**
海口市	Haikou City	16.20	1.30	0.80	1.20	23.10	9.30
三亚市	Sanya City	2.90	0.20	0.50	0.30	1.60	1.60
其他	Others	38.83	2.57	0.40	0.20	0.32	15.88

3-5 续表 7 continued

地　区	Region	国　有 单　位 (万人) State-owned Units (10 000 persons)	集　体 单　位 (万人) Collective-owned Units (10 000 persons)	港澳台商 投资单位 (万人) Units with Funds from Hong Kong, Macao and Taiwan (10 000 persons)	外商投资 单　位 (万人) Foreign Funded Units (10 000 persons)	私营企业 (万人) Private Enterprises (10 000 persons)	个　体 (万人) Self-employed Individuals (10 000 persons)
重庆市	**Chongqing**	**123.50**	**130.93**	**2.32**	**4.86**	**74.52**	**218.72**
万州区	Wanzhou District	5.41	0.38		0.18	1.16	13.54
涪陵区	Fuling District	4.60	1.70			3.80	4.80
渝中区	Yuzhong District	23.15	2.33	0.73	0.79	7.98	9.37
大渡口区	Dadukou District	3.86	0.71	0.06	0.21	3.69	1.24
江北区	Jiangbei District	6.09	0.53	0.38	0.17	5.98	5.54
沙坪坝区	Shapingba District	6.25	8.74	0.19	0.37	9.98	9.41
九龙坡区	Jiulongpo District	8.44	2.24	0.16	0.71	9.70	12.15
南岸区	Nanan District	6.35	0.80			5.60	3.35
北碚区	Beibei District	3.40	0.55	0.06	0.07	2.25	1.50
万盛区	Wansheng District	2.12	0.45			0.59	0.61
双桥区	Shuangqiao District	0.18	0.20			0.26	0.21
渝北区	Yubei District	3.36	0.32		0.42	8.35	8.09
巴南区	Banan District	4.33	0.75	0.15	0.57	2.83	11.55
黔江区	Qianjiang District	1.89	0.10			0.91	3.00
长寿区	Changshou District	2.90	3.86			0.11	4.23
其他	Others	41.17	107.27	0.59	1.36	11.34	130.13
四川省	**Sichuan**	**512.65**	**42.19**	**3.41**	**6.37**	**189.48**	**270.89**
成都市	Chengdu City	134.61	10.87	1.99	4.33	60.84	63.44
自贡市	Zigong City	18.92	2.15	0.13	0.23	3.21	9.12
攀枝花市	Panzhihua City	18.65	2.75	0.05	0.03	5.22	7.13
泸州市	Luzhou City	23.17	5.00	0.08	0.06	7.33	16.69
德阳市	Deyang City	22.19	1.43	0.23	0.21	19.80	12.68
绵阳市	Mianyang City	31.35	1.91	0.13	0.27	6.96	23.19
广元市	Guangyuan City	14.34	0.89		84.00	2.84	4.77
遂宁市	Suining City	18.04	1.74		0.22	2.40	9.06
内江市	Neijiang City	22.70	1.80	0.09	0.05	5.74	13.62
乐山市	Leshan City	29.88	1.33	32.00	0.35	19.04	25.67
南充市	Nanchong City	24.41	1.87	0.03	0.12	9.12	8.98
眉山市	Meishan City	12.35	0.66	0.04	0.10	1.97	3.38
宜宾市	Yibin City	29.82	2.11	0.32	0.21	12.37	18.52
广安市	Guangan City	10.68	0.60	0.20		6.15	8.89
达州市	Dazhou City	25.10	2.40			10.31	8.46
雅安市	Yaan City	8.88	0.61	0.07	0.01	2.15	6.58
巴中市	Bazhong City	12.80	1.58			2.01	8.48
资阳市	Ziyang City	13.91	1.33	0.04	42.00	5.19	5.91
阿坝藏族羌族自治州	Aba Zang & Qiang A.P	7.79	0.28	53.00		1.24	4.88
甘孜藏族自治州	Ganzi Zang A.P	6.30	0.18		0.02	0.76	2.70
凉山彝族自治州	Liangshan Yi A.P	19.78	0.72		0.13	4.84	8.66
贵州省	**Guizhou**	**142.13**	**29.64**	**1.30**	**1.65**	**43.82**	**100.90**
贵阳市	Guiyang City	37.47	4.22	0.45	0.97	10.51	11.30
六盘水市	Liupanshui City	7.92	0.40			2.15	2.10
遵义市	Zunyi City	22.34	1.15	0.10	0.08	8.65	13.50
安顺市	Anshun City	8.44	0.70	0.02	0.14	1.40	3.30
铜仁地区	Tongren Prefecture	11.78	0.74			2.24	4.82
黔西南布依族苗族自治州	Southwest Guizhou Buyi & Miao A.P	8.64	0.52	0.08	0.05	2.02	4.90

3-5 续表 8 continued

地　区	Region	国有单位（万人）State-owned Units (10 000 persons)	集体单位（万人）Collective-owned Units (10 000 persons)	港澳台商投资单位（万人）Units with Funds from Hong Kong, Macao and Taiwan (10 000 persons)	外商投资单位（万人）Foreign Funded Units (10 000 persons)	私营企业（万人）Private Enterprises (10 000 persons)	个体（万人）Self-employed Individuals (10 000 persons)
毕节地区	Bijie Prefecture	14.99	0.89	0.06	0.10	1.50	5.03
黔东南苗族侗族自治州	Southeast Guizhou Miao & Dong A.P	12.90	0.87	0.08	0.07	15.75	
黔南布依族苗族自治州	South Guizhou Buyi & Miao A.P	12.63	0.92	0.12	0.10		6.17
云南省	**Yunnan**	**175.27**	**11.51**	**1.63**	**1.70**	**76.09**	**87.26**
昆明市	Kunming City	44.54	2.55	0.95	0.96	37.75	34.30
曲靖市	Qujing City	18.35	1.14		0.05	4.97	7.05
玉溪市	Yuxi City	9.39	1.23	0.18	0.07	6.74	6.81
保山市	Baoshan City	6.40	0.53	0.08	0.06	0.98	2.45
昭通市	Zhaotong City	11.72	0.80	0.07		2.64	3.91
丽江市	Lijiang City	4.32	0.32		0.01	1.31	1.87
思茅市	Simao City	9.31	0.52	0.02	0.01	3.44	3.57
临沧市	Lincang City	7.03	0.30	56.00		1.43	2.69
楚雄彝族自治州	Chuxiong Yi A.P	9.69	0.45	0.09	0.02	3.56	3.54
红河哈尼族彝族自治州	Honghe Hani & Yi A.P	15.18	1.15	0.02	0.17	5.03	7.36
文山壮族苗族自治州	Wenshan Zhuang & Miao A.P	9.61	0.38	0.02	0.01	1.66	3.34
西双版纳傣族自治州	Xishuangbanna Dai A.P	7.91	0.43	0.01	0.03	1.12	2.03
大理白族自治州	Dali Bai A.P	11.66	1.20	0.12	0.23	2.64	4.64
德宏傣族景颇族自治州	Dehong Dai & Jingpo A.P	5.95	0.41	0.05	0.06	1.66	2.34
怒江傈僳族自治州	Nujiang Lisu A.P	2.38	0.03			0.48	0.65
迪庆藏族自治州	Diqing Zang A.P	1.84	0.06	3.00	0.02	0.68	0.69
西藏自治区	**Tibet A.R.**	**16.94**	**0.52**	**0.75**		**16.57**	
拉萨市	Lhasa City	1.97	0.22	0.03			
昌都地区	Qamdu Prefecture	2.18	0.04				
山南地区	Lhokha Prefecture	1.57	0.06	0.05			
日喀则地区	Xigaze Prefecture	2.49	0.13				
那曲地区	Narqu Prefecture	1.41	0.04				
阿里地区	Ngri Prefecture	0.65					
林芝地区	Nyingchi Prefecture	1.17	0.04	0.22			
其他	Others	5.49		0.43			
陕西省	**Shaanxi**	**249.09**	**22.40**	**1.64**	**1.77**	**108.80**	**62.44**
西安市	Xian City	81.98	10.00	0.70	0.94	23.15	28.50
铜川市	Tongchuan City	7.84	0.48			1.18	1.11
宝鸡市	Baoji City	21.54	2.41	0.24	0.06	11.61	15.49
咸阳市	Xianyang City	27.63	2.17	0.63	0.54	12.63	3.31
渭南市	Weinan City	27.41	1.93	0.02	0.11	19.59	
延安市	Yanan City	17.89	1.04		0.01	3.31	5.57
汉中市	Hanzhong City	17.05	1.76	0.05		2.94	3.80
榆林市	Yulin City	17.62	0.91			4.21	4.32
安康市	Ankang City	10.07	0.75		0.08	1.19	6.09
商洛市	Shangluo City	8.86	0.70	0.01		7.27	14.80
其他	Others	1.43	0.02			0.53	0.42
甘肃省	**Gansu**	**158.98**	**12.60**	**0.62**	**0.62**	**67.70**	**102.11**
兰州市	Lanzhou City	51.20	3.93	0.35	0.30	14.46	8.87
嘉峪关市	Jiayuguan City	3.84	0.26			0.88	1.16

3-5 续表 9 continued

地　区	Region	国　有 单　位 （万人） State-owned Units (10 000 persons)	集　体 单　位 （万人） Collective-owned Units (10 000 persons)	港澳台商 投资单位 （万人） Units with Funds from Hong Kong, Macao and Taiwan (10 000 persons)	外商投资 单　位 （万人） Foreign Funded Units (10 000 persons)	私营企业 （万人） Private Enterprises (10 000 persons)	个　体 （万人） Self-employed Individuals (10 000 persons)
金昌市	Jinchang City	6.94	0.93			1.00	1.80
白银市	Baiyin City	12.34	1.76			2.12	3.38
天水市	Tianshui City	13.38	1.30	0.27	0.12	4.00	9.90
武威市	Wuwei City	7.85	0.61			5.02	5.15
张掖市	Zhangye City	7.26	0.19			1.96	2.13
平凉市	Pingliang City	10.62	0.68		0.02	1.30	3.03
酒泉市	Jiuquan City	7.13	0.17		0.07	1.63	7.81
庆阳市	Qingyang City	8.66	0.72			1.30	3.03
定西市	Dingxi City	8.23	0.54		0.11	1.80	2.50
陇南市	Longnan City	9.49	1.15			0.80	2.20
临夏回族自治州	Linxia Hui A.P	7.59	0.29			0.90	1.90
甘南藏族自治州	Gannan Zang A.P	4.45	0.07			0.40	1.68
青海省	**Qinghai**	**32.10**	**2.20**	**0.20**	**0.04**	**19.20**	**19.70**
西宁市	Xining City	14.02	1.60	0.10	0.02	12.92	10.90
海东地区	Haidong Prefecture	5.60	0.20		0.02	1.40	3.80
海北藏族自治州	Haibei Zang A.P	1.78	0.10			0.23	1.20
黄南藏族自治州	Huangnan Zang AP	1.46	0.10	0.10		0.60	0.20
海南藏族自治州	Hainan Zang A.P	1.60	0.30			1.20	0.80
果洛藏族自治州	Golog Zang A.P	1.07				0.07	0.30
玉树藏族自治州	Yushu Zang A.P	1.20				0.60	0.10
海西蒙古族藏族自治州	Haixi Mongolian & Zang A.P	5.36	0.10			2.14	2.40
宁夏回族自治区	**Ningxia**	**38.51**	**1.42**	**0.04**	**1.04**	**14.01**	**13.95**
银川市	Yinchuan City	15.58	0.53	0.04	0.75	9.31	6.97
石嘴山市	Shizuishan City	5.26	0.22		0.15	0.79	2.35
吴忠市	Wuzhong City	6.25	0.27		0.12	1.11	2.17
固原市	Guyuan City	5.71	0.20			2.14	1.36
中卫市	Zhongwei City	3.73	0.21		0.02	0.66	1.10
新疆维吾尔自治区	**Xinjiang**	**186.96**	**6.05**	**0.71**	**0.89**	**58.55**	**57.12**
乌鲁木齐市	Urumqi City	32.51	1.54	0.48	0.50	32.56	12.71
克拉玛依市	Karamay City	8.26	0.72	0.03	0.01	1.29	2.79
吐鲁番地区	Turpan Prefecture	5.90	0.15	0.04	0.09	1.40	1.39
哈密地区	Hami Prefecture	5.81	0.09	0.03	0.08	0.60	1.61
昌吉回族自治州	Changji Hui A.P	15.53	0.43		0.03	4.95	5.06
博尔塔拉蒙古自治州	Bortala Mongolian A.P	7.74	0.17			1.62	0.79
巴音郭楞蒙古自治州	Bayingolin Mongolian A.P	14.10	0.44	0.04	0.03	2.83	4.78
阿克苏地区	Aksu Prefecture	16.85	0.56	0.02	0.01	2.32	3.03
克孜勒苏柯尔克孜自治州	Kizilsu Kirgiz A.P	3.26	0.10			0.31	0.86
喀什地区	Kashi Prefecture	15.51	0.94			2.11	2.63
和田地区	Hotan Prefecture	7.31	0.19			1.20	1.51
伊犁州直属县（市）	Counties(Cities) Direct Under Ili Prefecture	20.34	0.35	0.01	0.05	3.63	1.36
塔城地区	Tacheng Prefecture	20.03	0.24	0.03		1.33	4.15
阿勒泰地区	Altay Prefecture	9.12	0.09			0.81	2.29
石河子市	Shihezi City	4.69	0.04	0.03	0.09	1.59	2.32
阿拉尔市	Alar City						
图木舒克市	Tumxuk City						
五家渠市	Wujiaqu City						

3-6 职工人数和职工工资(2005年)

Number and Wages of Staff and Workers(2005)

地区	Region	职工人数 (万人) Staff and Workers (10 000 persons)	国有经济 State-owned	城镇集体经济 Rural Collective-Owned	其他经济 Others	职工工资总额 (亿元) Total Wages of Staff and Workers (100 million yuan)	职工平均工资 (元) Average Wages of Staff and Workers (yuan)
北京市	**Beijing**	**448.38**	**178.50**	**20.70**	**249.20**	**1520.10**	**34191**
东城区	Dongcheng District	36.32	22.23	0.90	13.15	149.43	42075
西城区	Xicheng District	49.98	28.50	1.30	20.19	222.49	45049
崇文区	Chongwen District	9.10	3.59	0.40	5.06	27.55	30580
宣武区	Xuanwu District	20.46	7.60	0.90	11.97	75.29	37738
朝阳区	Chaoyang District	72.49	22.78	3.10	46.60	295.57	41201
丰台区	Fengtai District	38.99	17.02	1.90	20.08	102.67	26796
石景山区	Shijingshan District	14.80	3.68	0.20	10.94	46.37	31671
海淀区	Haidian District	87.32	38.42	2.70	46.24	326.42	38009
门头沟区	Mentougou District	5.70	1.95	0.80	2.93	13.38	23894
房山区	Fangshan District	12.54	4.31	1.40	6.80	29.32	23556
通州区	Tongzhou District	16.56	3.96	1.00	11.58	29.61	17768
顺义区	Shunyi District	20.82	4.65	2.50	13.68	53.59	25991
昌平区	Changping District	18.82	5.24	1.30	12.30	43.68	21950
大兴区	Daxing District	19.53	4.91	1.10	13.50	51.99	26125
怀柔区	Huairou District	6.21	2.44	0.30	3.46	15.68	25627
平谷区	Pinggu District	7.23	2.27	0.40	4.58	12.56	17460
密云县	Miyun County	7.70	2.66	0.30	4.73	15.20	19583
延庆县	Yanqing County	3.80	2.26	0.20	1.38	9.25	23501
其他	Others						
天津市	**Tianjin**	**169.90**	**87.53**	**9.13**	**73.25**	**419.80**	**25271**
和平区	Heping District	18.93	13.94	0.53	4.46	51.38	27619
河东区	Hedong District	11.61	7.24	1.07	3.29	28.30	23816
河西区	Hexi District	16.91	10.06	0.64	6.21	44.18	26477
南开区	Nankai District	18.80	8.21	0.72	9.86	41.71	22668
河北区	Hebei District	11.01	7.76	0.78	2.47	27.37	24580
红桥区	Hongqiao District	4.20	3.01	0.37	0.82	9.11	21333
塘沽区	Tanggu District	21.74	8.57	0.56	12.60	73.57	35535
汉沽区	Hangu District	3.00	2.17	0.36	0.48	6.14	20318
大港区	Dagang District	9.70	4.73	0.83	4.15	29.25	30457
东丽区	Dongli District	8.84	4.02	0.40	4.42	20.67	24408
西青区	Xiqing District	11.36	2.34	0.28	8.74	22.77	21744
津南区	Jinnan District	5.86	1.24	0.39	4.23	9.43	17217
北辰区	Beichen District	7.08	2.27	0.28	4.52	16.30	23262
武清区	Wuqing District	7.09	2.76	0.32	4.01	13.26	18693
宝坻区	Baodi District	3.53	2.28	0.20	1.05	6.80	20497
宁河县	Ninghe County	2.15	1.67	0.31	0.17	3.81	17350
静海县	Jinghai County	3.52	1.89	0.39	1.23	6.64	20145
蓟县	Ji County	4.59	3.35	0.69	0.55	9.10	20312
其他	Others						
河北省	**Hebei**	**557.83**	**390.46**	**48.90**	**118.47**	**716.07**	**14707**
石家庄市	Shijiazhuang City	97.84	71.34	10.50	16.00	132.73	15239
唐山市	Tangshan City	84.06	46.19	5.72	32.15	123.31	17105
秦皇岛市	Qinhuangdao City	30.10	20.58	1.61	7.91	49.64	17529
邯郸市	Handan City	69.22	51.17	6.60	11.45	78.53	13776

3-6 续表 1 continued

地 区	Region	职工人数（万人）Staff and Workers (10 000 persons)	国有经济 State-owned	城镇集体经济 Rural Collective-Owned	其他经济 Others	职工工资总额（亿元）Total Wages of Staff and Workers (100 million yuan)	职工平均工资（元）Average Wages of Staff and Workers (yuan)
邢台市	Xingtai City	37.47	26.83	2.96	7.68	43.12	13546
保定市	Baoding City	67.72	49.80	6.10	11.82	78.94	13275
张家口市	Zhangjiakou City	44.23	33.14	5.39	5.70	47.19	13505
承德市	Chengde City	25.91	17.64	1.49	6.78	33.16	13898
沧州市	Cangzhou City	50.21	35.11	4.80	10.30	66.32	14488
廊坊市	Langfang City	25.73	19.43	1.14	5.16	35.42	14914
衡水市	Hengshui City	23.74	17.62	2.59	3.53	25.69	12038
其他	Others						
山西省	**Shanxi**	**352.11**	**247.50**	**29.83**	**74.78**	**548.06**	**15645**
太原市	Taiyuan City	82.89	54.24	5.92	22.74	157.40	18084
大同市	Datong City	41.02	32.57	3.17	5.27	64.30	15629
阳泉市	Yangquan City	22.15	18.04	2.98	1.13	39.61	18323
长治市	Changzhi City	31.14	19.74	2.79	8.62	49.91	16221
晋城市	Jincheng City	23.00	11.58	2.92	8.50	41.98	18736
朔州市	Shuozhou City	12.58	10.94	0.95	0.69	19.10	14775
晋中市	Jinzhong City	29.34	19.64	2.76	6.93	39.09	13344
运城市	Yuncheng City	31.19	21.48	2.07	7.64	38.33	12308
忻州市	Xinzhou City	21.79	18.57	1.43	1.79	21.28	9822
临汾市	Linfen City	33.08	23.68	2.04	7.35	45.99	13962
吕梁市	Luliang City	23.93	17.01	2.80	4.12	31.07	13413
内蒙古自治区	**Inner Mongolia**	**239.55**	**159.68**	**12.15**	**67.73**	**387.73**	**15985**
呼和浩特市	Hohhot City	29.43	19.78	1.26	8.39	59.75	19715
包头市	Baotou City	33.91	13.05	3.08	17.78	75.07	21985
乌海市	Wuhai City	10.17	2.53	0.34	7.30	15.79	15609
赤峰市	Chifeng City	29.59	20.46	1.47	7.66	38.11	12603
通辽市	Tongliao City	22.39	18.29	1.13	2.97	26.42	11680
鄂尔多斯市	Erdos City	13.93	8.86	0.31	4.76	30.41	21628
呼伦贝尔市	Hulunbuir City	26.17	19.06	0.60	6.51	35.64	13971
巴彦淖尔市	Bayannur City	14.40	10.11	0.54	3.74	19.57	12455
乌兰察布市	Ulanqab City	13.60	10.50	0.33	2.76	19.82	14688
兴安盟	Xingan League	11.33	8.94	0.45	1.94	12.78	11047
锡林郭勒盟	Xilingol League	9.66	7.41	0.34	1.90	15.53	15608
阿拉善盟	Alxa League	3.64	2.04	0.07	1.53	6.88	19231
其他	Others	21.33	18.64	2.21	0.48	31.97	
辽宁省	**Liaoning**	**476.56**	**292.39**	**39.76**	**144.42**	**827.46**	**17331**
沈阳市	Shenyang City	89.28	49.24	7.36	32.68	177.62	19914
大连市	Dalian City	80.67	30.06	3.27	47.33	172.36	21878
鞍山市	Anshan City	38.61	28.28	6.31	4.02	72.57	18708
抚顺市	Fushun City	28.36	14.24	3.07	11.05	48.24	16791
本溪市	Benxi City	24.15	18.71	2.25	3.19	40.21	16562
丹东市	Dandong City	17.53	11.22	1.24	5.07	25.46	14348
锦州市	Jinzhou City	24.62	16.91	2.69	5.02	34.67	13867
营口市	Yingkou City	16.46	9.94	1.17	5.35	24.11	14302
阜新市	Fuxin City	16.84	12.52	1.91	2.41	21.47	12561
辽阳市	Liaoyang City	17.71	9.81	2.06	5.84	29.12	16011

3-6 续表 2 continued

地　区	Region	职工人数（万人）Staff and Workers (10 000 persons)	国有经济 State-owned	城镇集体经济 Rural Collective-Owned	其他经济 Others	职工工资总额（亿元）Total Wages of Staff and Workers (100 million yuan)	职工平均工资（元）Average Wages of Staff and Workers (yuan)
盘锦市	Panjin City	40.67	35.77	0.66	4.24	54.62	13412
铁岭市	Tieling City	22.22	12.86	2.62	6.74	33.42	14831
朝阳市	Chaoyang City	20.46	12.84	1.38	6.24	27.28	13307
葫芦岛市	Huludao City	22.21	13.20	3.78	5.22	29.45	13225
吉林省	**Jilin**	**257.94**	**176.34**	**20.44**	**61.16**	**377.40**	**14409**
长春市	Changchun City	83.74	53.06	6.18	24.50	150.35	17742
吉林市	Jilin City	35.11	22.78	3.31	9.02	53.30	14902
四平市	Siping City	20.75	16.00	1.49	3.26	21.70	10220
辽源市	Liaoyuan City	9.40	8.13	0.49	0.78	11.96	12378
通化市	Tonghua City	19.13	11.73	1.53	5.87	24.42	12185
白山市	Baishan City	14.96	11.21	0.72	3.03	16.79	10694
松原市	Songyuan City	19.72	12.79	0.69	6.24	30.74	15580
白城市	Baicheng City	16.65	13.50	1.39	1.76	16.03	9871
延边朝鲜族自治州	Yanbian Korean A.P	25.50	17.57	1.24	6.69	31.10	11966
其他	Others	12.98	9.57	3.40	0.01	21.01	
黑龙江省	**Heilongjiang**	**455.43**	**286.54**	**37.55**	**131.34**	**654.60**	**14458**
哈尔滨市	Harbin City	148.39	78.48	23.19	46.72	241.25	16292
齐齐哈尔市	Qiqihar City	34.37	24.48	2.30	7.59	42.64	12263
鸡西市	Jixi City	19.48	9.36	0.88	9.24	27.21	14264
鹤岗市	Hegang City	15.01	5.38	1.34	8.30	20.31	13477
双鸭山市	Shuangyashan City	14.71	6.81	0.63	7.26	18.27	13179
大庆市	Daqing City	45.68	27.76	1.40	16.52	108.54	24523
伊春市	Yichun City	21.45	15.48	2.28	3.70	13.05	6411
佳木斯市	Jiamusi City	19.11	13.95	1.34	3.82	22.09	11350
七台河市	Qitaihe City	15.50	4.03	0.99	10.48	18.87	12352
牡丹江市	Mudanjiang City	26.57	17.23	1.52	7.82	30.86	11791
黑河市	Heihe City	11.68	9.90	0.35	1.43	14.31	12179
绥化市	Suihua City	24.13	18.53	1.16	4.44	23.75	9535
大兴安岭地区	Daxinganling Prefecture	9.54	8.33	0.15	1.06	8.84	9273
其他	Others	34.00	31.00	0.02	2.98	32.07	9327
上海市	**Shanghai**	**264.83**	**120.32**	**10.98**	**133.53**	**911.88**	**34345**
黄浦区	Huangpu District	18.74	9.98	0.65	8.11	85.86	45626
卢湾区	Luwan District	8.91	4.88	0.28	3.75	31.28	34951
徐汇区	Xuhui District	27.34	15.43	0.37	11.54	88.99	32389
长宁区	Changning District	10.76	5.74	0.26	4.76	40.56	37536
静安区	Jingan District	10.35	5.38	0.29	4.68	41.13	39443
普陀区	Putuo District	9.48	5.33	0.48	3.68	34.30	35305
闸北区	Zhabei District	12.91	9.27	0.62	3.02	40.66	31042
虹口区	Hongkou District	14.57	7.26	0.52	6.78	55.93	37972
杨浦区	Yangpu District	14.58	9.16	0.51	4.92	49.40	32802
闵行区	Minhang District	15.12	7.77	1.11	6.24	70.61	45777
宝山区	Baoshan District	17.16	4.63	0.36	12.17	53.11	30842
嘉定区	Jiading District	10.74	2.57	0.56	7.61	31.42	29213
浦东新区	Pudong New District	39.25	15.20	0.82	23.23	158.38	40777
金山区	Jinshan District	6.96	2.44	0.31	4.21	18.88	26765

3-6 续表 3 continued

地 区	Region	职工人数 (万人) Staff and Workers (10 000 persons)	国有经济 State-owned	城镇集体经济 Rural Collective-Owned	其他经济 Others	职工工资总额 (亿元) Total Wages of Staff and Workers (100 million yuan)	职工平均工资 (元) Average Wages of Staff and Workers (yuan)
松江区	Songjiang District	17.40	2.43	0.60	14.36	38.67	22763
青浦区	Qingpu District	9.87	2.09	0.86	6.92	21.42	22178
南汇区	Nanhui District	6.30	2.47	1.08	2.75	15.84	24953
奉贤区	Fengxian District	7.28	2.68	0.90	3.69	15.54	21402
崇明县	Chongming County	3.52	2.56	0.39	0.57	8.31	23221
其他	Others	3.59	3.04		0.54	11.61	
江苏省	**Jiangsu**	**602.93**	**273.43**	**36.84**	**292.66**	**1252.06**	**20957**
南京市	Nanjing City	88.32	44.53	4.24	39.56	258.46	29342
无锡市	Wuxi City	50.96	19.31	3.67	27.99	129.35	25602
徐州市	Xuzhou City	56.07	40.13	3.60	12.34	107.26	18849
常州市	Changzhou City	35.11	12.66	1.49	20.95	78.57	22990
苏州市	Suzhou City	100.44	22.63	3.20	74.61	240.07	25016
南通市	Nantong City	53.29	19.77	3.31	30.21	98.23	18513
连云港市	Lianyungang City	27.97	15.75	2.43	9.79	41.71	15043
淮安市	Huaian City	32.39	17.23	2.97	12.19	46.05	14136
盐城市	Yancheng City	45.88	22.79	2.37	20.72	62.63	13648
扬州市	Yangzhou City	34.73	18.10	2.87	13.75	62.48	18165
镇江市	Zhenjiang City	29.16	14.41	2.38	12.36	58.66	19894
泰州市	Taizhou City	29.96	13.96	3.65	12.35	45.74	15090
宿迁市	Suqian City	17.52	11.03	0.64	5.84	21.11	12110
浙江省	**Zhejiang**	**522.93**	**177.93**	**31.17**	**313.83**	**1311.93**	**25572**
杭州市	Hangzhou City	99.84	41.49	4.02	54.33	301.01	30580
宁波市	Ningbo City	79.14	23.68	3.81	51.65	214.42	27986
温州市	Wenzhou City	82.41	25.03	6.68	50.70	170.81	21279
嘉兴市	Jiaxing City	60.18	12.17	2.26	45.75	120.83	20649
湖州市	Huzhou City	23.46	7.69	1.10	14.67	54.35	23488
绍兴市	Shaoxing City	57.35	12.03	3.85	41.46	140.28	24630
金华市	Jinhua City	38.61	15.66	3.88	19.07	91.77	23752
衢州市	Quzhou City	12.84	8.61	0.70	3.53	32.71	25802
舟山市	Zhoushan City	11.06	5.84	0.56	4.66	27.19	24678
台州市	Taizhou City	40.19	15.91	3.41	20.86	117.38	30550
丽水市	Lishui City	14.10	9.00	0.76	4.34	34.64	24613
安徽省	**Anhui**	**317.45**	**199.17**	**28.19**	**90.09**	**484.13**	**15334**
合肥市	Hefei City	39.31	25.92	1.45	11.94	73.91	19027
芜湖市	Wuhu City	19.06	8.90	0.60	9.55	30.83	16449
蚌埠市	Bengbu City	16.71	10.84	1.43	4.45	23.61	13980
淮南市	Huainan City	25.90	9.21	2.99	13.70	58.45	22659
马鞍山市	Maanshan City	14.14	4.54	1.01	8.59	34.03	23993
淮北市	Huaibei City	20.80	8.55	2.82	9.42	32.29	15810
铜陵市	Tongling City	10.12	6.82	0.48	2.82	16.02	15832
安庆市	Anqing City	24.60	17.75	2.45	4.40	30.80	12369
黄山市	Huangshan City	8.27	5.59	0.75	1.93	12.46	15100
滁州市	Chuzhou City	18.22	12.18	1.35	4.69	22.13	12171
阜阳市	Fuyang City	25.76	19.46	2.42	3.88	30.71	11980
宿州市	Suzhou City	22.96	18.97	2.46	1.53	28.08	12255

3-6 续表 4 continued

地区	Region	职工人数（万人）Staff and Workers (10 000 persons)	国有经济 State-owned	城镇集体经济 Rural Collective-Owned	其他经济 Others	职工工资总额（亿元）Total Wages of Staff and Workers (100 million yuan)	职工平均工资（元）Average Wages of Staff and Workers (yuan)
巢湖市	Chaohu City	16.65	9.93	2.46	4.26	20.95	12905
六安市	Liuan City	20.99	15.73	2.59	2.67	24.03	11535
亳州市	Bozhou City	14.73	11.13	1.64	1.96	16.54	11379
池州市	Chizhou City	6.09	4.26	0.39	1.44	8.59	14023
宣城市	Xuancheng City	11.41	7.67	0.89	2.85	17.32	15091
其他	Others						
福建省	**Fujian**	**386.99**	**144.51**	**18.19**	**224.29**	**648.14**	**17146**
福州市	Fuzhou City	80.95	32.66	4.40	43.88	145.19	18314
厦门市	Xiamen City	68.50	16.52	1.98	49.99	149.83	22577
莆田市	Putian City	27.51	9.98	1.16	16.37	35.78	13513
三明市	Sanming City	20.70	12.70	1.10	6.90	33.82	16203
泉州市	Quanzhou City	95.74	20.31	4.23	71.20	146.90	15799
漳州市	Zhangzhou City	34.90	15.86	2.08	16.96	45.28	13339
南平市	Nanping City	20.82	12.01	1.21	7.60	29.32	14172
龙岩市	Longyan City	20.17	10.92	1.20	8.05	32.26	16309
宁德市	Ningde City	14.58	10.42	0.83	3.34	21.65	14889
江西省	**Jiangxi**	**264.76**	**191.34**	**17.56**	**55.86**	**358.31**	**13688**
南昌市	Nanchang City	50.10	31.64	4.97	13.49	85.83	17445
景德镇市	Jingdezhen City	14.98	9.60	1.33	4.05	17.41	11870
萍乡市	Pingxiang City	12.38	8.14	0.41	3.84	18.30	14758
九江市	Jiujiang City	33.26	23.48	2.36	7.42	40.67	12223
新余市	Xinyu City	9.15	5.16	0.33	3.65	13.68	14933
鹰潭市	Yingtan City	8.66	7.48	0.27	0.92	12.53	14622
赣州市	Ganzhou City	35.57	23.56	1.53	10.48	40.32	11827
吉安市	Jian City	20.64	17.27	1.32	2.05	23.29	11315
宜春市	Yichun City	23.84	18.49	0.93	4.42	30.31	12749
抚州市	Fuzhou City	19.85	15.65	1.63	2.57	19.83	9877
上饶市	Shangrao City	29.07	23.61	2.48	2.98	34.08	11830
山东省	**Shandong**	**871.10**	**415.80**	**63.30**	**392.00**	**1440.26**	**16614**
济南市	Jinan City	90.50	42.10	6.30	42.20	187.30	20756
青岛市	Qingdao City	122.40	41.10	5.80	75.50	242.89	20022
淄博市	Zibo City	55.90	26.10	4.70	25.10	97.81	17166
枣庄市	Zaozhuang City	34.60	23.30	4.00	7.30	50.98	14831
东营市	Dongying City	33.80	21.10	2.50	10.20	87.18	26006
烟台市	Yantai City	82.20	32.00	4.50	45.80	152.58	18764
潍坊市	Weifang City	68.80	29.80	4.00	35.00	96.57	14085
济宁市	Jining City	57.20	38.10	5.00	14.10	89.51	15639
泰安市	Taian City	49.30	18.30	8.00	23.00	66.12	13371
威海市	Weihai City	37.90	13.50	4.00	20.40	59.85	15785
日照市	Rizhao City	18.10	8.70	1.00	8.50	23.62	13043
莱芜市	Laiwu City	14.00	4.60	1.80	7.60	25.57	18282
临沂市	Linyi City	54.10	29.60	3.30	21.30	72.10	13457
德州市	Dezhou City	36.30	20.00	2.00	14.30	39.75	10997
聊城市	Liaocheng City	34.00	19.40	1.30	13.20	41.15	12052
滨州市	Binzhou City	35.20	11.80	2.20	21.20	45.27	13549
菏泽市	Heze City	34.20	24.60	2.70	7.00	33.90	9869

3-6 续表 5 continued

地 区	Region	职工人数 (万人) Staff and Workers (10 000 persons)	国有经济 State-owned	城镇集体经济 Rural Collective-Owned	其他经济 Others	职工工资总额 (亿元) Total Wages of Staff and Workers (100 million yuan)	职工平均工资 (元) Average Wages of Staff and Workers (yuan)
河南省	**Henan**	**681.88**	**395.31**	**88.50**	**198.07**	**949.97**	**14282**
郑州市	Zhengzhou City	91.24	48.74	5.07	37.44	146.84	16694
开封市	Kaifeng City	28.55	18.31	5.93	4.31	28.45	10121
洛阳市	Luoyang City	48.84	29.73	4.92	14.19	69.78	14641
平顶山市	Pingdingshan City	43.82	18.44	3.76	21.61	63.03	14536
安阳市	Anyang City	39.58	19.61	6.10	13.87	51.27	13423
鹤壁市	Hebi City	15.23	5.85	1.28	8.10	18.10	12044
新乡市	Xinxiang City	42.91	24.71	5.18	13.03	43.75	10604
焦作市	Jiaozuo City	31.97	14.72	3.76	13.49	38.57	12407
濮阳市	Puyang City	30.05	18.63	4.24	7.18	42.85	14512
许昌市	Xuchang City	26.17	15.65	3.84	6.69	27.49	10684
漯河市	Luohe City	20.43	8.93	2.36	9.13	20.32	10270
三门峡市	Sanmenxia City	23.80	12.18	1.79	9.84	31.51	13649
南阳市	Nanyang City	63.14	37.35	12.38	13.41	73.66	11819
商丘市	Shangqiu City	38.24	25.03	7.43	5.78	38.48	10197
信阳市	Xinyang City	39.07	27.96	5.29	5.83	39.17	10115
周口市	Zhoukou City	43.66	32.47	6.19	5.00	34.71	8051
驻马店市	Zhumadian City	33.53	20.74	7.38	5.41	31.03	9494
其他	Others	6.81	2.94	0.11	3.76	7.75	11747
湖北省	**Hubei**	**490.07**	**300.16**	**35.63**	**154.27**	**653.81**	**13330**
武汉市	Wuhan City	136.95	80.23	7.29	49.43	254.07	18505
黄石市	Huangshi City	29.30	14.72	3.84	10.74	36.44	12397
十堰市	Shiyan City	27.22	13.88	0.92	12.42	44.61	16316
宜昌市	Yichang City	38.46	22.31	1.94	14.21	45.20	11826
襄樊市	Xiangfan City	40.77	26.88	3.01	11.21	41.57	10156
鄂州市	Ezhou City	14.46	5.16	0.82	8.48	14.86	10277
荆门市	Jingmen City	20.66	14.44	1.04	5.18	23.89	11571
孝感市	Xiaogan City	36.79	20.44	6.86	9.49	34.37	9449
荆州市	Jingzhou City	38.41	25.16	1.35	11.90	37.41	9745
黄冈市	Huanggang City	31.48	22.84	2.79	5.85	29.35	9266
咸宁市	Xianning City	17.55	11.31	1.16	5.07	17.95	10179
随州市	Suizhou City	10.81	6.49	1.71	2.61	10.77	10112
恩施土家族苗族自治州	Enshi Tujia & Miao A.P	12.84	10.60	0.24	2.00	16.82	13035
其他	Others	24.96	17.16	1.77	6.03	29.30	
湖南省	**Hunan**	**381.21**	**246.30**	**27.73**	**107.18**	**591.49**	**15659**
长沙市	Changsha City	68.42	33.10	4.20	31.12	145.58	21499
株洲市	Zhuzhou City	26.50	13.49	1.41	11.60	43.87	16570
湘潭市	Xiangtan City	23.07	11.37	1.70	1.02	34.71	15049
衡阳市	Hengyang City	39.05	25.28	4.29	9.47	54.55	13927
邵阳市	Shaoyang City	28.61	21.24	2.38	5.00	34.34	12400
岳阳市	Yueyang City	28.96	20.37	1.75	6.84	37.99	13373
常德市	Changde City	27.44	16.59	0.82	10.03	38.38	14281
张家界市	Zhangjiajie City	7.14	5.34	0.64	1.16	10.70	14968
益阳市	Yiyang City	20.02	13.45	2.22	4.34	26.31	13036
郴州市	Chenzhou City	22.47	16.79	1.42	4.26	35.29	15824
永州市	Yongzhou City	23.86	18.34	1.56	3.96	32.19	13562

3-6 续表 6 continued

地 区	Region	职工人数（万人）Staff and Workers (10 000 persons)	国有经济 State-owned	城镇集体经济 Rural Collective-Owned	其他经济 Others	职工工资总额（亿元）Total Wages of Staff and Workers (100 million yuan)	职工平均工资（元）Average Wages of Staff and Workers (yuan)
怀化市	Huaihua City	22.34	17.23	1.38	3.74	29.56	13368
娄底市	Loudi City	22.21	14.46	3.15	4.59	30.55	13975
湘西土家族苗族自治州	West Hunan Tujia A.P	11.98	10.09	0.82	1.08	17.85	14965
其他	Others						
广东省	**Guangdong**	**928.44**	**394.05**	**79.97**	**454.43**	**2110.06**	**23959**
广州市	Guangzhou City	237.02	108.14	26.12	102.76	665.32	34328
韶关市	Shaoguan City	25.39	13.70	2.00	9.70	48.82	18214
深圳市	Shenzhen City	165.38	35.90	2.80	126.70	522.94	32476
珠海市	Zhuhai City	48.42	8.46	3.58	36.38	102.34	21844
汕头市	Shantou City	29.40	17.50	5.50	6.40	51.39	17112
佛山市	Foshan City	49.62	17.90	4.01	27.72	109.29	22037
江门市	Jiangmen City	34.88	13.56	3.30	18.02	52.75	15030
湛江市	Zhanjiang City	37.76	28.00	2.40	7.36	58.35	15076
茂名市	Maoming City	29.30	20.50	4.30	4.50	48.58	16104
肇庆市	Zhaoqing City	25.67	14.07	1.39	10.20	43.89	16863
惠州市	Huizhou City	64.92	15.40	2.91	46.61	100.24	16017
梅州市	Meizhou City	22.29	16.20	2.51	3.57	32.52	14115
汕尾市	Shanwei City	12.55	8.72	1.68	2.15	16.78	13405
河源市	Heyuan City	18.85	9.81	1.79	7.26	29.48	16132
阳江市	Yangjiang City	16.67	9.67	4.01	2.99	23.16	13866
清远市	Qingyuan City	22.35	11.37	1.08	9.90	39.27	18323
东莞市	Dongguan City	18.86	9.49	4.43	4.94	52.12	28253
中山市	ZhongShan City	22.90	6.76	1.41	14.73	51.14	22751
潮州市	Chaozhou City	11.49	7.20	1.50	2.80	16.65	13320
揭阳市	Jieyang City	19.98	14.20	2.65	3.14	23.57	11718
云浮市	Yunfu City	14.74	7.50	0.60	6.60	21.46	14438
广西壮族自治区	**Guangxi**	**269.00**	**189.00**	**18.00**	**62.00**	**410.12**	**15461**
南宁市	Nanning City	58.37	36.95	2.38	19.04	98.56	17520
柳州市	Liuzhou City	35.82	22.27	2.88	10.67	67.48	19076
桂林市	Guilin City	30.31	22.03	1.96	6.32	47.37	15647
梧州市	Wuzhou City	14.71	9.42	0.90	4.39	19.84	13433
北海市	Beihai City	9.25	6.94	0.72	1.59	12.60	13804
防城港市	Fangchenggang City	5.32	4.59	0.27	0.46	7.03	13505
钦州市	Qinzhou City	11.14	8.46	1.16	1.52	12.62	11398
贵港市	Guigang City	13.65	10.74	1.28	1.63	16.72	12524
玉林市	Yulin City	21.45	15.01	2.22	4.22	30.41	14179
百色市	Baise City	17.20	14.43	0.88	1.89	26.22	15280
贺州市	Hezhou City	7.68	6.06	0.34	1.28	9.85	12996
河池市	Hechi City	16.53	13.42	1.63	1.48	23.51	14198
来宾市	Laibin City	10.38	8.02	0.49	1.87	15.45	15290
崇左市	Chongzuo City	11.44	8.79	0.53	2.12	13.46	11923
海南省	**Hainan**	**72.63**	**56.61**	**3.80**	**12.22**	**104.19**	**14417**
海口市	Haikou City	25.00	15.80	1.10	8.10	49.81	20220
三亚市	Sanya City	4.70	2.80	0.20	1.70	7.74	16518
其他	Others	42.93	38.01	2.50	2.42	46.64	

3-6 续表 7 continued

地 区	Region	职工人数 (万人) Staff and Workers (10 000 persons)	国有经济 State-owned	城镇集体经济 Rural Collective-Owned	其他经济 Others	职工工资总额 (亿元) Total Wages of Staff and Workers (100 million yuan)	职工平均工资 (元) Average Wages of Staff and Workers (yuan)
重庆市	**Chongqing**	**209.66**	**120.09**	**13.66**	**75.91**	**345.82**	**16630**
万州区	Wanzhou District	9.87	5.39	0.38	4.10	14.41	13706
涪陵区	Fuling District	9.20	4.53	0.84	3.83	13.08	14952
渝中区	Yuzhong District	24.91	16.47	1.07	7.37	54.28	22017
大渡口区	Dadukou District	6.21	3.84	0.68	1.69	13.43	21253
江北区	Jiangbei District	10.05	6.09	0.53	3.43	21.23	20822
沙坪坝区	Shapingba District	10.95	5.14	0.41	5.40	21.75	20013
九龙坡区	Jiulongpo District	21.11	8.26	1.19	11.66	37.77	18213
南岸区	Nanan District	9.38	5.55	0.66	3.17	18.02	19410
北碚区	Beibei District	6.10	3.48	0.25	2.37	10.81	18084
万盛区	Wansheng District	2.43	2.02	0.11	0.30	3.29	13828
双桥区	Shuangqiao District	0.92	0.18	0.10	0.64	1.61	17307
渝北区	Yubei District	6.20	3.32	0.32	2.56	11.56	18874
巴南区	Banan District	7.73	4.26	0.49	2.98	12.41	15567
黔江区	Qianjiang District	2.16	1.82	0.10	0.24	3.68	17680
长寿区	Changshou District	4.54	2.46	0.53	1.55	7.84	17031
其他	Others	77.90	47.28	6.00	24.62	100.65	
四川省	**Sichuan**	**492.80**	**303.70**	**40.90**	**148.20**	**773.35**	**15826**
成都市	Chengdu City	129.60	75.60	10.50	43.50	257.25	19962
自贡市	Zigong City	18.00	9.00	2.10	6.90	24.21	13467
攀枝花市	Panzhihua City	18.30	14.40	2.70	1.20	35.54	19393
泸州市	Luzhou City	22.40	11.30	4.70	6.40	29.79	13643
德阳市	Deyang City	21.30	12.30	1.40	7.60	41.03	19324
绵阳市	Mianyang City	30.60	19.40	1.90	9.30	43.73	14310
广元市	Guangyuan City	14.00	10.80	0.80	2.40	16.93	12165
遂宁市	Suining City	15.90	7.40	1.70	6.80	18.10	11697
内江市	Neijiang City	21.90	10.80	1.70	9.40	27.07	12431
乐山市	Leshan City	29.20	12.90	1.30	15.00	35.40	12343
南充市	Nanchong City	24.00	16.60	1.80	5.60	28.13	11846
眉山市	Meishan City	11.90	8.30	0.60	3.00	15.40	12976
宜宾市	Yibin City	28.60	14.30	2.10	12.20	39.34	14191
广安市	Guangan City	10.40	8.70	0.60	1.10	14.64	13523
达州市	Dazhou City	24.30	16.50	2.40	5.40	29.84	12469
雅安市	Yaan City	8.40	6.10	0.50	1.80	11.50	13476
巴中市	Bazhong City	12.60	8.30	1.60	2.70	13.92	11178
资阳市	Ziyang City	13.10	8.80	1.30	3.00	17.97	13681
阿坝藏族羌族自治州	Aba Zang & Qiang A.P	7.70	5.70	0.30	1.70	13.49	17358
甘孜藏族自治州	Ganzi Zang A.P	6.10	5.70	0.20	0.20	10.37	17216
凉山彝族自治州	Liangshan Yi A.P	19.00	15.30	0.70	3.00	32.36	17392
贵州省	**Guizhou**	**202.02**	**140.50**	**9.81**	**51.71**	**284.16**	**14344**
贵阳市	Guiyang City	60.59	36.73	4.13	19.73	96.49	16553
六盘水市	Liupanshui City	17.19	7.17	0.28	9.74	28.69	16747
遵义市	Zunyi City	26.78	20.49	0.97	5.32	42.49	16183
安顺市	Anshun City	11.52	8.41	0.69	2.42	16.01	13952
铜仁地区	Tongren Prefecture	13.21	11.36	0.73	1.12	18.08	13933
黔西南布依族苗族自治州	Southwest Guizhou Buyi & Miao A.P	11.23	8.47	0.52	2.30	14.92	13496

3-6 续表 8 continued

地　区	Region	职工人数（万人） Staff and Workers (10 000 persons)	国有经济 State-owned	城镇集体经济 Rural Collective-Owned	其他经济 Others	职工工资总额（亿元） Total Wages of Staff and Workers (100 million yuan)	职工平均工资（元） Average Wages of Staff and Workers (yuan)
毕节地区	Bijie Prefecture	19.34	14.98	0.89	3.47	24.52	12937
黔东南苗族侗族自治州	Southeast Guizhou Miao & Dong A.P	15.46	11.98	0.78	2.70	22.24	14158
黔南布依族苗族自治州	South Guizhou Buyi & Miao A.P	15.67	11.99	0.83	2.85	21.37	14054
云南省	**Yunnan**	**235.71**	**168.39**	**10.65**	**56.67**	**377.16**	**16140**
昆明市	Kunming City	68.10	42.98	2.09	23.03	128.68	19121
曲靖市	Qujing City	22.70	17.95	0.94	3.82	36.47	16265
玉溪市	Yuxi City	12.73	9.12	1.22	2.38	22.72	18241
保山市	Baoshan City	9.64	6.38	0.53	2.74	12.57	13015
昭通市	Zhaotong City	14.43	11.45	0.80	2.18	20.71	14670
丽江市	Lijiang City	5.21	4.12	0.29	0.79	7.87	15183
思茅市	Simao City	11.79	8.42	0.51	2.86	14.57	12407
临沧市	Lincang City	9.46	6.49	0.26	2.70	12.56	13352
楚雄彝族自治州	Chuxiong Yi A.P	11.24	9.26	0.43	1.55	16.75	14940
红河哈尼族彝族自治州	Honghe Hani & Yi A.P	21.51	14.37	1.12	6.02	31.99	14819
文山壮族苗族自治州	Wenshan Zhuang & Miao A.P	10.85	9.14	0.38	1.34	16.04	14922
西双版纳傣族自治州	Xishuangbanna Dai A.P	9.12	7.85	0.43	0.83	12.99	14313
大理白族自治州	Dali Bai A.P	16.62	11.13	1.16	4.34	25.14	15155
德宏傣族景颇族自治州	Dehong Dai & Jingpo A.P	7.51	5.78	0.40	1.32	9.24	12608
怒江傈僳族自治州	Nujiang Lisu A.P	2.81	2.24	0.03	0.53	4.80	17510
迪庆藏族自治州	Diqing Zang A.P	2.00	1.70	0.05	0.24	4.07	20772
西藏自治区	**Tibet A.R.**	**16.28**	**15.45**	**0.32**	**0.51**	**46.26**	**28950**
拉萨市	Lhasa City	1.87	1.75	0.09	0.03	5.29	28561
昌都地区	Qamdu Prefecture	1.69	1.69			4.57	28552
山南地区	Lhokha Prefecture	1.65	1.55	0.06	0.05	4.32	25826
日喀则地区	Xigaze Prefecture	2.26	2.14	0.12		5.98	26694
那曲地区	Narqu Prefecture	1.43	1.40	0.04		4.11	28805
阿里地区	Ngri Prefecture	0.49	0.49			1.69	34423
林芝地区	Nyingchi Prefecture	1.12	1.07	0.03	0.03	2.59	23472
其他	Others	5.76	5.36		0.40	17.70	31672
陕西省	**Shaanxi**	**323.23**	**242.01**	**20.73**	**60.49**	**477.97**	**14796**
西安市	Xian City	119.73	79.51	9.25	30.97	211.14	17728
铜川市	Tongchuan City	9.17	7.71	0.47	0.99	11.90	12668
宝鸡市	Baoji City	29.27	19.88	2.41	6.99	37.66	12846
咸阳市	Xianyang City	36.02	27.19	2.13	6.69	41.15	11388
渭南市	Weinan City	32.65	26.70	1.77	4.18	39.14	11822
延安市	Yanan City	18.99	17.50	0.84	0.64	29.84	15864
汉中市	Hanzhong City	21.97	16.28	1.64	4.04	27.07	12248
榆林市	Yulin City	19.22	16.81	0.82	1.59	27.10	14257
安康市	Ankang City	11.89	10.07	0.75	1.07	14.22	11953
商洛市	Shangluo City	10.83	8.52	0.60	1.71	11.25	10426
其他	Others	2.51	1.27	0.04	1.20	3.70	14684
甘肃省	**Gansu**	**188.39**	**154.73**	**11.82**	**21.84**	**280.00**	**14939**
兰州市	Lanzhou City	62.31	48.84	3.68	9.79	103.15	16960
嘉峪关市	Jiayuguan City	4.14	3.77	0.19	0.18	10.48	25699

3-6 续表 9 continued

地 区	Region	职工人数 (万人) Staff and Workers (10 000 persons)	国有经济 State-owned	城镇集体经济 Rural Collective-Owned	其他经济 Others	职工工资总额 (亿元) Total Wages of Staff and Workers (100 million yuan)	职工平均工资 (元) Average Wages of Staff and Workers (yuan)
金昌市	Jinchang City	7.73	6.72	0.82	0.19	15.74	20393
白银市	Baiyin City	15.71	12.66	1.61	1.44	21.49	13670
天水市	Tianshui City	16.53	13.06	1.27	2.20	18.50	11194
武威市	Wuwei City	9.35	7.69	0.61	1.05	10.87	11631
张掖市	Zhangye City	8.88	7.04	0.18	1.66	10.66	11978
平凉市	Pingliang City	11.09	10.38	0.57	0.14	17.83	16057
酒泉市	Jiuquan City	9.95	6.91	0.17	2.87	16.82	16964
庆阳市	Qingyang City	9.66	8.54	0.68	0.44	12.31	12087
定西市	Dingxi City	9.28	8.00	0.53	0.75	11.50	12538
陇南市	Longnan City	10.66	9.46	1.15	0.05	13.00	12343
临夏回族自治州	Linxia Hui A.P	8.52	7.36	0.29	0.87	11.07	13081
甘南藏族自治州	Gannan Zang A.P	4.58	4.30	0.07	0.21	6.58	13945
青海省	**Qinghai**	**40.90**	**30.90**	**2.00**	**8.00**	**78.03**	**19084**
西宁市	Xining City	21.66	14.01	1.55	6.10	38.92	17966
海东地区	Haidong Prefecture	5.26	4.45	0.18	0.63	8.65	16533
海北藏族自治州	Haibei Zang A.P	2.06	1.76	0.07	0.23	3.46	16448
黄南藏族自治州	Huangnan Zang AP	1.53	1.41	0.07	0.05	3.00	18823
海南藏族自治州	Hainan Zang A.P	2.36	1.86	0.03	0.47	3.81	16749
果洛藏族自治州	Golog Zang A.P	1.08	1.07	0.01		2.11	19902
玉树藏族自治州	Yushu Zang A.P	1.26	1.20	0.02		2.64	20933
海西蒙古族藏族自治州	Haixi Mongolian & Zang A.P	5.70	5.11	0.09	0.50	15.44	27100
宁夏回族自治区	**Ningxia**	**57.44**	**37.40**	**1.30**	**18.74**	**101.55**	**17211**
银川市	Yinchuan City	28.05	15.34	0.52	12.19	53.83	18424
石嘴山市	Shizuishan City	8.45	5.16	0.22	3.07	13.76	15734
吴忠市	Wuzhong City	8.33	6.10	0.17	2.06	13.70	16386
固原市	Guyuan City	5.79	5.42	0.18	0.19	9.13	15749
中卫市	Zhongwei City	5.10	3.66	0.21	1.23	7.26	14161
新疆维吾尔自治区	**Xinjiang**	**237.84**	**181.92**	**5.96**	**49.96**	**387.41**	**15558**
乌鲁木齐市	Urumqi City	47.05	30.31	1.50	15.24	101.95	20849
克拉玛依市	Karamay City	12.68	6.52	0.70	5.46	28.42	21272
吐鲁番地区	Turpan Prefecture	7.24	5.88	0.15	1.21	14.13	19761
哈密地区	Hami Prefecture	7.54	5.70	0.09	1.75	11.81	15584
昌吉回族自治州	Changji Hui A.P	20.62	15.47	0.43	4.72	31.14	13446
博尔塔拉蒙古自治州	Bortala Mongolian A.P	8.56	7.63	0.15	0.78	10.15	11645
巴音郭楞蒙古自治州	Bayingolin Mongolian A.P	18.73	13.98	0.44	4.31	29.09	15076
阿克苏地区	Aksu Prefecture	20.27	16.66	0.56	3.05	30.78	14406
克孜勒苏柯尔克孜自治州	Kizilsu Kirgiz A.P	3.42	3.22	0.10	0.10	5.52	16443
喀什地区	Kashi Prefecture	19.04	15.39	0.94	2.71	28.81	14538
和田地区	Hotan Prefecture	8.33	7.30	0.18	0.85	12.86	15406
伊犁州直属县（市）	Counties(Cities) Direct Under Ili Prefecture	25.23	20.26	0.35	4.62	31.14	12256
塔城地区	Tacheng Prefecture	21.82	19.87	0.24	1.71	25.81	10995
阿勒泰地区	Altay Prefecture	10.04	9.06	0.10	0.88	13.78	13074
石河子市	Shihezi City	7.27	4.67	0.03	2.57	12.02	14058
阿拉尔市	Alar City						
图木舒克市	Tumxuk City						
五家渠市	Wujiaqu City						

3-7 全社会固定资产投资(2005年)

Total Investment in Fixed Assets in the Whole Country(2005)

地区	Region	全社会固定资产投资(亿元) Total Investment in Fixed Assets (100 million yuan)	#国有经济 State-owned	#集体经济 Urban Collective	#个体经济 Individuals	城镇(亿元) Urban Area (100 million yuan)	农村(亿元) Rural Area (100 million yuan)	房地产开发(亿元) Real Estate Development (100 million yuan)
北京市	**Beijing**	**2827.20**	**897.70**	**71.70**		**2595.40**	**231.80**	**1525.01**
东城区	Dongcheng District	160.01	21.83			160.01		125.59
西城区	Xicheng District	197.57	38.12	0.02		197.57		131.76
崇文区	Chongwen District	66.36	6.83			66.36		56.32
宣武区	Xuanwu District	76.33	14.38			76.33		54.75
朝阳区	Chaoyang District	359.13	42.63			352.67	6.46	267.95
丰台区	Fengtai District	132.57	12.37			121.66	10.91	93.08
石景山区	Shijingshan District	48.79	15.78	0.18		48.79		20.88
海淀区	Haidian District	344.63	94.66	3.91		343.89	0.74	212.94
门头沟区	Mentougou District	55.63	4.20			50.46	5.17	39.52
房山区	Fangshan District	159.25	17.87			87.90	71.35	60.65
通州区	Tongzhou District	118.99	6.38			106.07	12.92	67.74
顺义区	Shunyi District	120.04	17.99	1.02		103.22	16.82	49.82
昌平区	Changping District	97.62	6.22	0.15		84.61	13.01	70.42
大兴区	Daxing District	100.89	4.88			78.39	22.50	67.31
怀柔区	Huairou District	90.75	4.40			61.76	28.99	49.26
平谷区	Pinggu District	88.94	5.93			77.62	11.32	64.90
密云县	Miyun County	85.53	4.95			76.26	9.27	66.67
延庆县	Yanqing County	31.60	3.73			26.44	5.16	20.44
其他	Others	84.76	1.65			84.76		5.01
天津市	**Tianjin**	**1516.84**	**1364.07**	**123.34**	**29.43**	**1385.70**	**131.14**	**327.54**
和平区	Heping District	178.23	136.32			178.23		32.31
河东区	Hedong District	48.78	12.71	1.70		48.78		35.23
河西区	Hexi District	44.56	22.84	0.21		44.56		26.29
南开区	Nankai District	106.19	53.69	1.87		106.19		29.69
河北区	Hebei District	38.98	23.38	0.10		38.98		15.99
红桥区	Hongqiao District	16.00	8.04	0.03		16.00		7.27
塘沽区	Tanggu District	347.52	133.40	0.47		347.52		17.91
汉沽区	Hangu District	14.31	2.40	0.05		14.31		0.78
大港区	Dagang District	62.47	20.79	11.31	0.05	62.47		5.10
东丽区	Dongli District	132.51	91.77	2.66		132.51		6.73
西青区	Xiqing District	108.82	29.19	6.97		108.82		35.66
津南区	Jinnan District	33.64	3.81	1.27	1.00	33.64		9.65
北辰区	Beichen District	42.84	8.35	1.71		42.84		12.63
武清区	Wuqing District	50.78	29.02	2.10		50.78		10.44
宝坻区	Baodi District	26.72	3.32	0.06		26.72		6.17
宁河县	Ninghe County	26.01	6.74	0.10		26.01		3.99
静海县	Jinghai County	24.06	6.89	1.17	0.09	24.06		5.58
蓟县	Ji County	19.08	10.85	0.66	0.76	19.08		2.05
其他	Others							
河北省	**Hebei**	**4210.25**	**1215.51**	**786.87**	**712.71**	**3378.32**	**831.93**	**391.53**
石家庄市	Shijiazhuang City	929.03	259.35	96.87	56.33	794.77	134.26	122.10
唐山市	Tangshan City	635.70	112.92	29.93	114.82	452.75	182.96	39.12
秦皇岛市	Qinhuangdao City	164.93	74.93	5.08	17.19	129.94	34.99	30.70
邯郸市	Handan City	490.97	154.99	73.09	51.28	362.10	128.87	27.75

3-7 续表 1 continued

地　区	Region	全社会固定资产投资（亿元） Total Investment in Fixed Assets (100 million yuan)	#国有经济 State-owned	#集体经济 Urban Collective	#个体经济 Individuals	城　镇（亿元） Urban Area (100 million yuan)	农　村（亿元） Rural Area (100 million yuan)	房地产开发（亿元） Real Estate Development (100 million yuan)
邢台市	Xingtai City	349.07	56.93	18.43	66.48	197.24	151.83	15.33
保定市	Baoding City	560.33	143.14	47.27	84.64	412.74	147.59	28.92
张家口市	Zhangjiakou City	167.75	66.74	7.16	19.07	133.17	34.58	21.43
承德市	Chengde City	189.25	75.41	8.56	34.72	141.93	47.32	15.87
沧州市	Cangzhou City	354.52	86.31	15.17	105.24	194.87	159.65	18.47
廊坊市	Langfang City	341.61	38.17	17.57	65.73	26 2	81.61	58.62
衡水市	Hengshui City	318.46	70.56	36.96	99.28	176.01	142.45	13.22
其他	Others							
山西省	**Shanxi**	**1859.40**	**821.78**	**138.61**	**232.89**	**1699.30**	**160.10**	**177.99**
太原市	Taiyuan City	438.51	240.49	14.16	6.11	400.21	38.30	79.44
大同市	Datong City	151.96	77.13	5.41	0.45	145.34	6.62	14.60
阳泉市	Yangquan City	65.00	13.44	5.94	0.02	45.85	19.15	12.54
长治市	Changzhi City	183.27	63.40	6.90	5.20	166.74	16.53	11.70
晋城市	Jincheng City	128.63	92.89	7.73	15.79	116.41	12.22	8.23
朔州市	Shuozhou City	73.38	40.01	1.93	1.43	68.90	4.48	5.37
晋中市	Jinzhong City	150.89	49.02	6.42	0.15	123.99	26.90	16.65
运城市	Yuncheng City	152.80	61.10	5.98	0.01	137.00	15.80	16.15
忻州市	Xinzhou City	89.96	29.82	4.41	14.08	75.60	14.36	2.70
临汾市	Linfen City	153.05	131.77	3.95	1.16	147.95	5.10	7.75
吕梁市	Luliang City	153.72	44.60	23.20	16.60	123.40	30.32	2.86
内蒙古自治区	**Inner Mongolia**	**2687.84**	**1644.71**	**41.14**	**84.26**	**2599.49**	**88.35**	**162.10**
呼和浩特市	Hohhot City	460.00	171.48	4.42	20.61	420.24	39.76	35.86
包头市	Baotou City	501.06	227.83	8.90	3.05	499.86	1.20	31.00
乌海市	Wuhai City	90.27	23.25		0.13	90.27		8.27
赤峰市	Chifeng City	231.28	119.51	5.02	22.30	209.85	21.43	17.61
通辽市	Tongliao City	226.66	102.16	1.13	0.45	206.66	20.00	8.22
鄂尔多斯市	Erdos City	403.69	147.70	0.94	3.65	387.57	16.12	17.05
呼伦贝尔市	Hulunbuir City	189.32	88.00	0.21	0.32	181.62	7.70	15.42
巴彦淖尔市	Bayannur City	157.78	66.42	0.38	2.22	147.08	10.70	10.91
乌兰察布市	Ulanqab City	204.00	116.32	0.12	17.26	201.85	2.15	4.85
兴安盟	Xingan League	61.69	37.18	1.06	10.51	59.41	2.28	4.26
锡林郭勒盟	Xilingol League	166.48	94.77	0.05	17.92	157.18	9.30	7.65
阿拉善盟	Alxa League	66.86	25.19	0.78	0.42	65.95	0.91	1.01
其他	Others							
辽宁省	**Liaoning**	**4234.06**	**1245.53**	**526.28**	**819.75**	**3672.87**	**561.19**	**874.25**
沈阳市	Shenyang City	1363.22	328.50	103.94	252.98	1296.99	66.23	413.57
大连市	Dalian City	1110.49	276.28	251.13	180.60	921.82	188.67	265.34
鞍山市	Anshan City	314.53	163.34	78.49	41.07	244.86	69.67	27.65
抚顺市	Fushun City	151.11	52.86	17.61	23.62	133.27	17.84	16.73
本溪市	Benxi City	142.20	110.32	9.06	10.46	132.89	9.31	19.15
丹东市	Dandong City	123.12	24.33	20.70	43.88	98.86	24.26	24.11
锦州市	Jinzhou City	93.31	22.67	13.02	16.88	76.00	17.31	9.43
营口市	Yingkou City	221.20	57.85	23.54	46.65	189.56	31.64	32.89
阜新市	Fuxin City	73.18	23.88	12.18	14.37	60.01	13.17	9.82
辽阳市	Liaoyang City	106.77	23.74	12.35	32.73	91.58	15.19	9.79

3-7 续表 2 continued

地 区	Region	全社会固定资产投资(亿元) Total Investment in Fixed Assets (100 million yuan)	#国有经济 State-owned	#集体经济 Urban Collective	#个体经济 Individuals	城 镇(亿元) Urban Area (100 million yuan)	农 村(亿元) Rural Area (100 million yuan)	房地产开发(亿元) Real Estate Development (100 million yuan)
盘锦市	Panjin City	172.18	41.53	10.31	22.71	158.21	13.97	10.39
铁岭市	Tieling City	106.98	17.72	14.54	34.16	86.60	20.38	14.13
朝阳市	Chaoyang City	85.96	19.45	14.02	32.22	65.71	20.25	7.98
葫芦岛市	Huludao City	102.42	31.31	23.72	21.37	79.51	22.91	13.27
吉林省	**Jilin**	**1584.15**	**626.21**	**24.28**	**5.75**	**1584.15**		**195.73**
长春市	Changchun City	537.44	208.77	12.77	1.90	537.44		107.87
吉林市	Jilin City	417.73	136.35	6.54	2.19	417.73		33.72
四平市	Siping City	88.28	27.22			88.28		4.26
辽源市	Liaoyuan City	68.47	17.89	0.29		68.47		5.65
通化市	Tonghua City	102.13	60.87	1.60		102.13		13.58
白山市	Baishan City	69.36	45.51	0.27	0.04	69.36		4.22
松原市	Songyuan City	143.08	35.49	0.94	0.43	143.08		2.92
白城市	Baicheng City	68.18	45.49	0.23	0.60	68.18		3.01
延边朝鲜族自治州	Yanbian Korean A.P	89.48	48.62	1.64	0.59	89.48		20.50
其他	Others							
黑龙江省	**Heilongjiang**	**1794.20**	**754.60**	**21.10**	**202.50**	**1638.20**	**156.00**	**267.63**
哈尔滨市	Harbin City	638.97	283.90	0.63	14.33	607.57	32.40	140.17
齐齐哈尔市	Qiqihar City	98.05	39.30	1.61	2.03	97.62	0.43	24.44
鸡西市	Jixi City	36.50	13.50	0.30	0.60	31.30	1.20	3.47
鹤岗市	Hegang City	27.90	19.40	0.12	0.02	27.90		4.30
双鸭山市	Shuangyashan City	55.92	23.90	0.25	0.32	53.06	0.11	2.61
大庆市	Daqing City	305.61	80.10	1.11	0.17	302.69	2.92	30.06
伊春市	Yichun City	29.49	11.67	0.06	0.05	26.53	2.96	2.94
佳木斯市	Jiamusi City	45.38	21.82	0.32	0.69	45.38	0.33	6.58
七台河市	Qitaihe City	40.08	8.10		0.88	40.02	0.06	3.88
牡丹江市	Mudanjiang City	86.21	32.10	0.31	0.72	81.70	4.51	9.55
黑河市	Heihe City	29.10	14.80	2.40	3.20	26.70	2.40	1.08
绥化市	Suihua City	52.60	14.90	0.27	0.69	52.60		4.68
大兴安岭地区	Daxinganling Prefecture	10.77	6.90		0.15	10.60	0.13	0.79
其他	Others		184.20					33.10
上海市	**Shanghai**	**3542.55**	**1240.27**	**131.07**	**565.24**	**3231.47**	**311.08**	**1246.86**
黄浦区	Huangpu District	73.13	28.05	2.07	7.85			
卢湾区	Luwan District	29.15	7.53	2.82	0.03			
徐汇区	Xuhui District	108.97	33.88	6.35	7.32			
长宁区	Changning District	68.70	19.20		12.37			
静安区	Jingan District	40.44	18.72		2.82			
普陀区	Putuo District	73.91	17.74	0.83	21.45			
闸北区	Zhabei District	19.38	3.13	0.10	8.36			
虹口区	Hongkou District	92.37	44.10	1.80	7.03			
杨浦区	Yangpu District	101.20	48.90	0.22	8.00			
闵行区	Minhang District	222.03	50.47	9.45	74.54			
宝山区	Baoshan District	330.73	154.66	31.48	33.68			
嘉定区	Jiading District	176.20	23.87	7.48	27.25			
浦东新区	Pudong New District	693.61	208.24	15.13	72.69			
金山区	Jinshan District	79.53	27.58	4.14	33.32			

3-7 续表 3 continued

地 区	Region	全社会固定资产投资(亿元) Total Investment in Fixed Assets (100 million yuan)	#国有经济 State-owned	#集体经济 Urban Collective	#个体经济 Individuals	城 镇 (亿元) Urban Area (100 million yuan)	农 村 (亿元) Rural Area (100 million yuan)	房地产开发 (亿元) Real Estate Development (100 million yuan)
松江区	Songjiang District	260.09	28.41	17.78	85.24			
青浦区	Qingpu District	143.57	23.49	9.76	46.71			
南汇区	Nanhui District	255.72	83.84	8.73	76.91			
奉贤区	Fengxian District	107.43	19.17	5.48	36.98			
崇明县	Chongming County	40.40	30.90	2.08	1.93			
其他	Others							
江苏省	**Jiangsu**	**8739.71**	**2077.97**	**445.16**	**2623.60**	**6230.54**	**2509.17**	**1545.15**
南京市	Nanjing City	1402.72	521.59	65.14	235.65	1116.44	286.28	296.14
无锡市	Wuxi City	1336.04	195.48	164.19	490.86	891.76	444.28	227.74
徐州市	Xuzhou City	601.31	105.50	7.43	161.31	450.99	150.32	62.57
常州市	Changzhou City	769.80	191.12	43.59	168.90	534.70	235.10	114.27
苏州市	Suzhou City	1870.14	407.49	69.03	581.41	1233.76	636.38	414.33
南通市	Nantong City	815.26	71.95	8.02	269.74	370.69	444.58	80.05
连云港市	Lianyungang City	323.60	97.13	1.98	87.30	220.28	103.31	35.36
淮安市	Huaian City	330.73	71.28	8.23	75.64	234.49	96.24	45.31
盐城市	Yancheng City	500.00	95.97	8.02	247.71	265.06	234.95	52.24
扬州市	Yangzhou City	410.07	104.64	11.44	122.34	295.55	114.52	73.14
镇江市	Zhenjiang City	404.75	94.47	2.34	42.97	260.35	144.40	60.48
泰州市	Taizhou City	403.13	65.94	19.02	131.52	218.59	184.54	47.24
宿迁市	Suqian City	167.12	45.17	7.76	53.75	124.55	42.56	37.17
浙江省	**Zhejiang**	**6696.25**	**1632.36**	**108.27**	**7.19**	**4809.50**	**1886.76**	**1456.49**
杭州市	Hangzhou City	1386.68	340.44			1042.47	344.21	410.57
宁波市	Ningbo City	1336.30	328.89	29.22	25.08	976.02	360.28	259.50
温州市	Wenzhou City	542.11	180.61			436.10	106.01	153.97
嘉兴市	Jiaxing City	703.46	117.66	17.40	0.76	412.91	290.55	123.40
湖州市	Huzhou City	416.05	86.22	7.61	37.91	227.51	188.54	69.05
绍兴市	Shaoxing City	676.13	103.18	13.18	3.03	418.59	257.54	103.33
金华市	Jinhua City	507.47	152.18	117.03	36.38	358.56	148.91	120.10
衢州市	Quzhou City	233.84	68.16	1.79	1.10	210.61	23.23	37.92
舟山市	Zhoushan City	161.12	98.46		22.69	126.55	34.57	27.67
台州市	Taizhou City	537.62	91.11	11.30	1.55	322.60	215.02	116.13
丽水市	Lishui City	198.16	98.77	0.13	0.84	193.14	5.02	34.85
安徽省	**Anhui**	**2520.96**	**880.56**	**48.45**	**230.23**	**2139.14**	**381.82**	**459.44**
合肥市	Hefei City	495.27	146.63	2.58	0.21	480.04	15.23	190.29
芜湖市	Wuhu City	220.93	49.64	2.12	2.06	201.71	19.22	43.72
蚌埠市	Bengbu City	124.80	32.16	0.37	13.09	104.69	20.11	21.28
淮南市	Huainan City	128.30	67.49	6.11	3.01	120.97	7.33	15.03
马鞍山市	Maanshan City	191.38	126.46	2.43	29.57	181.43	9.95	26.41
淮北市	Huaibei City	84.13	52.15	1.67	0.29	75.65	8.48	8.84
铜陵市	Tongling City	76.68	25.05	0.43		74.85	1.83	13.43
安庆市	Anqing City	155.53	61.55	4.07	19.35	124.83	30.70	17.98
黄山市	Huangshan City	114.81	53.45	2.66	0.29	108.06	6.76	20.68
滁州市	Chuzhou City	114.23	19.75	0.66	10.38	83.98	30.25	16.53
阜阳市	Fuyang City	102.26	23.52	0.44	6.29	93.91	8.35	17.90
宿州市	Suzhou City	85.04	30.38	0.30	21.25	60.32	24.72	8.76

3-7 续表 4 continued

地 区	Region	全社会固定资产投资(亿元) Total Investment in Fixed Assets (100 million yuan)	#国有经济 State-owned	#集体经济 Urban Collective	#个体经济 Individuals	城 镇(亿元) Urban Area (100 million yuan)	农 村(亿元) Rural Area (100 million yuan)	房地产开发(亿元) Real Estate Development (100 million yuan)
巢湖市	Chaohu City	137.11	27.09	2.21	76.37	100.76	36.34	13.31
六安市	Liuan City	116.42	41.41	1.39	14.67	90.78	25.65	14.85
亳州市	Bozhou City	80.54	35.79	1.61	11.99	53.54	27.00	6.25
池州市	Chizhou City	75.61	49.13	0.20	5.08	66.07	9.53	7.77
宣城市	Xuancheng City	134.54	43.54	1.79	2.87	105.17	29.36	16.40
其他	Others							
福建省	**Fujian**	**2344.73**	**785.82**	**70.80**	**418.68**	**1986.31**	**358.43**	**540.39**
福州市	Fuzhou City	591.57	161.18	21.37	113.84	528.07	63.51	222.03
厦门市	Xiamen City	401.62	205.08	0.60	34.34	391.96	9.65	114.07
莆田市	Putian City	115.37	30.66	2.84	16.42	86.36	29.01	21.47
三明市	Sanming City	148.70	35.53	1.14	31.21	109.30	39.40	14.59
泉州市	Quanzhou City	423.79	93.61	5.19	58.89	307.76	116.03	68.56
漳州市	Zhangzhou City	193.15	40.81	2.16	30.06	158.97	34.18	41.66
南平市	Nanping City	142.77	26.08	0.99	32.34	101.18	41.59	19.47
龙岩市	Longyan City	103.25	21.53	0.27	20.46	78.29	24.95	19.11
宁德市	Ningde City	123.51	23.61	1.04	18.20	104.24	19.27	16.98
江西省	**Jiangxi**	**2292.55**	**866.36**	**196.09**	**494.98**	**1956.37**	**336.17**	**301.10**
南昌市	Nanchang City	525.59	213.65	21.06	7.56	480.65	44.94	110.22
景德镇市	Jingdezhen City	107.93	50.34	0.19	2.73	88.43	19.50	13.58
萍乡市	Pingxiang City	127.19	27.47	1.36	29.63	113.63	13.56	15.67
九江市	Jiujiang City	211.60	54.11	10.66	3.26	192.91	18.69	23.92
新余市	Xinyu City	88.40	43.85	5.74	18.60	70.10	18.30	12.48
鹰潭市	Yingtan City	60.10	43.40	0.24	12.40	56.04	4.06	5.87
赣州市	Ganzhou City	186.00	53.22	2.46	16.57	148.83	37.17	24.10
吉安市	Jian City	124.73	29.72	0.57	4.42	119.50	5.23	18.77
宜春市	Yichun City	166.82	63.37	16.73	19.06	139.81	27.01	15.67
抚州市	Fuzhou City	123.00	24.45	1.90	18.82	111.65	11.35	24.87
上饶市	Shangrao City	227.00	76.15	0.51		223.18	3.82	35.95
山东省	**Shandong**	**10541.87**	**1853.29**	**1042.41**	**2736.61**	**7275.06**	**3266.81**	**977.71**
济南市	Jinan City	857.00	291.63	110.37	102.62	724.42	132.58	121.09
青岛市	Qingdao City	1403.30	206.50	140.50	9.30	1019.19	384.11	223.84
淄博市	Zibo City	679.48	77.64	95.56	196.36	543.38	138.40	77.35
枣庄市	Zaozhuang City	297.58	58.59	22.45	108.59	182.78	114.80	23.08
东营市	Dongying City	550.02	139.79	12.50	1.40	446.70	103.32	47.00
烟台市	Yantai City	1460.38	209.74	256.53	9.43	1422.73	580.53	111.05
潍坊市	Weifang City	1051.60	113.80	52.10	379.20	574.70	476.90	79.00
济宁市	Jining City	667.10	122.20	28.40	171.71	363.61	303.49	39.69
泰安市	Taian City	498.59	75.28	70.91	144.06	274.07	224.52	30.52
威海市	Weihai City	663.90	66.74	135.48	1.10	490.62	173.28	58.34
日照市	Rizhao City	235.44	56.15	5.57	1.20	168.81	66.63	28.03
莱芜市	Laiwu City	118.59	17.25	2.26	0.12	115.18	3.41	7.13
临沂市	Linyi City	703.37	280.71	167.76	254.90	411.40	292.00	36.37
德州市	Dezhou City	582.51	113.19	20.34	1.97	436.86	145.65	39.53
聊城市	Liaocheng City	340.28	40.41	2.04	0.46	208.44	131.84	19.95
滨州市	Binzhou City	477.63	62.35	20.63	1.94	351.90	125.73	15.02
菏泽市	Heze City	409.87	37.47	16.74	13.86	176.22	233.65	20.74

3-7 续表 5 continued

地 区	Region	全社会固定资产投资(亿元) Total Investment in Fixed Assets (100 million yuan)	#国有经济 State-owned	#集体经济 Urban Collective	#个体经济 Individuals	城 镇(亿元) Urban Area (100 million yuan)	农 村(亿元) Rural Area (100 million yuan)	房地产开发(亿元) Real Estate Development (100 million yuan)
河南省	**Henan**	**4378.69**				**3528.29**	**850.40**	**388.52**
郑州市	Zhengzhou City	819.31				610.20	209.11	168.10
开封市	Kaifeng City	128.86				91.29	37.57	7.40
洛阳市	Luoyang City	480.07				400.92	79.16	46.08
平顶山市	Pingdingshan City	190.38				155.25	35.14	6.54
安阳市	Anyang City	230.79				180.90	49.89	13.99
鹤壁市	Hebi City	75.54				66.48	9.06	1.31
新乡市	Xinxiang City	319.61				271.81	47.79	24.43
焦作市	Jiaozuo City	268.65				219.10	49.56	14.81
濮阳市	Puyang City	153.31				129.32	23.99	10.47
许昌市	Xuchang City	239.40				164.93	74.46	9.37
漯河市	Luohe City	104.25				84.87	19.38	13.21
三门峡市	Sanmenxia City	179.24				154.97	24.28	2.18
南阳市	Nanyang City	413.00				292.03	120.96	16.54
商丘市	Shangqiu City	232.13				181.77	50.36	13.48
信阳市	Xinyang City	281.05				215.44	65.61	23.03
周口市	Zhoukou City	221.83				139.29	82.55	9.78
驻马店市	Zhumadian City	167.41				113.24	54.16	5.33
其他	Others	68.95				56.47	12.48	2.46
湖北省	**Hubei**	**2834.75**	**1095.71**	**79.47**	**554.27**	**2547.07**	**287.67**	**447.95**
武汉市	Wuhan City	1055.18	426.34	33.37	5.60	1028.20	26.98	297.99
黄石市	Huangshi City	106.46	28.65	8.82	3.83	91.68	14.78	11.33
十堰市	Shiyan City	103.63	54.65	1.67	5.86	94.32	9.31	20.95
宜昌市	Yichang City	295.80	183.42	3.28	109.10	278.85	16.96	31.70
襄樊市	Xiangfan City	156.62	115.52	17.30	23.80	137.64	18.98	22.09
鄂州市	Ezhou City	55.17	19.41	1.90	33.86	52.47	2.70	6.06
荆门市	Jingmen City	104.15	36.85	5.25	17.23	81.43	22.72	5.31
孝感市	Xiaogan City	121.71	94.72	3.25	23.74	93.83	27.88	9.38
荆州市	Jingzhou City	116.78	28.77	1.47	64.18	90.98	25.80	16.19
黄冈市	Huanggang City	158.56	45.21	12.24	40.78	107.77	50.79	9.08
咸宁市	Xianning City	83.09	27.23	2.72	32.78	61.01	22.08	3.80
随州市	Suizhou City	55.79	36.88			42.92	12.87	4.53
恩施土家族苗族自治州	Enshi Tujia & Miao A.P	78.07	21.52		10.62	67.34	10.73	5.24
其他	Others	142.62	42.78	1.34	75.18	117.76	25.09	3.76
湖南省	**Hunan**	**2563.96**	**1000.96**	**94.89**	**499.08**	**2203.95**	**360.01**	**456.97**
长沙市	Changsha City	871.03	270.06	42.41	108.09	778.49	92.54	255.61
株洲市	Zhuzhou City	153.82	56.11	2.64	46.50	130.35	23.47	32.81
湘潭市	Xiangtan City	169.24	60.95	7.87	29.68	146.00	23.24	16.73
衡阳市	Hengyang City	158.71	52.59	3.84	58.55	107.76	50.95	14.51
邵阳市	Shaoyang City	141.05	45.17	5.78	58.42	104.30	36.75	11.96
岳阳市	Yueyang City	193.11	58.84	4.30	60.30	151.89	41.22	19.65
常德市	Changde City	146.51	54.87	2.24	41.22	113.94	32.57	27.34
张家界市	Zhangjiajie City	35.70	15.87	1.73	10.63	28.01	7.69	3.87
益阳市	Yiyang City	91.45	35.95	3.51	25.22	69.49	21.96	10.84
郴州市	Chenzhou City	187.62	34.74	16.00	46.52	142.96	44.66	20.28
永州市	Yongzhou City	123.20	43.80	1.10	52.22	82.28	40.92	12.99

3-7 续表 6 continued

地　区	Region	全社会固定资产投资（亿元）Total Investment in Fixed Assets (100 million yuan)	#国有经济 State-owned	#集体经济 Urban Collective	#个体经济 Individuals	城　镇（亿元）Urban Area (100 million yuan)	农　村（亿元）Rural Area (100 million yuan)	房地产开发（亿元）Real Estate Development (100 million yuan)
怀化市	Huaihua City	89.75	43.42	1.50	25.15	70.21	19.54	13.16
娄底市	Loudi City	117.59	73.43	1.75	23.21	98.88	18.71	9.29
湘西土家族苗族自治州	West Hunan Tujia A.P	54.07	27.43	0.21	13.97	47.70	6.37	7.93
其他	Others							
广东省	**Guangdong**	**7164.11**	**2062.31**	**396.64**	**1403.46**	**6038.77**	**1125.34**	**1591.90**
广州市	Guangzhou City	1514.01	561.22	29.52	50.00	1449.73	64.28	508.08
韶关市	Shaoguan City	139.75	78.94	7.21	17.98	126.46	13.29	11.33
深圳市	Shenzhen City	1182.32	318.22	35.95	19.54	1182.32		423.69
珠海市	Zhuhai City	218.23	33.56	3.91	24.78	216.13	2.10	51.29
汕头市	Shantou City	154.14	28.98	6.14	0.50	111.87	42.27	22.38
佛山市	Foshan City	741.43	138.29	84.24	185.15	367.35	374.08	143.16
江门市	Jiangmen City	228.87	67.91	10.58	58.40	180.42	48.45	32.75
湛江市	Zhanjiang City	168.00	83.19	4.83	70.75	134.44	33.56	20.78
茂名市	Maoming City	147.72	58.12	5.53	11.51	107.03	40.69	10.91
肇庆市	Zhaoqing City	178.01	45.55	3.28	19.14	132.19	45.82	21.37
惠州市	Huizhou City	352.37	42.21	7.90	33.92	337.78	14.59	43.89
梅州市	Meizhou City	97.66	50.12	5.45	25.95	74.23	23.43	9.85
汕尾市	Shanwei City	101.86	40.21	4.27	26.60	73.28	28.58	1.63
河源市	Heyuan City	111.10	32.70	4.67	60.11	80.69	30.41	9.59
阳江市	Yangjiang City	82.25	7.18	1.21	8.68	64.68	17.57	13.66
清远市	Qingyuan City	222.42	56.55	3.40	51.56	165.81	56.61	27.12
东莞市	Dongguan City	592.20	67.83	131.39	102.80	492.64	99.56	144.43
中山市	ZhongShan City	320.92	48.54	29.58	30.19	286.25	34.67	80.54
潮州市	Chaozhou City	97.59	31.35	2.85	6.23	77.08	20.51	2.62
揭阳市	Jieyang City	115.16	49.34	5.10	35.67	85.16	30.00	7.22
云浮市	Yunfu City	103.44	37.24	1.36	38.71	50.58	52.86	5.61
广西壮族自治区	**Guangxi**	**1769.07**	**677.78**			**1588.82**	**180.25**	**286.79**
南宁市	Nanning City	362.90	175.34	6.51	78.82	346.24	16.66	105.11
柳州市	Liuzhou City	171.76	57.73	0.10	0.22	163.18	7.75	41.06
桂林市	Guilin City	198.73	56.60	7.46	63.29	158.48	36.27	41.71
梧州市	Wuzhou City	99.89	37.46	2.18	9.05	91.00	8.84	9.61
北海市	Beihai City	67.24	9.85	2.17	0.20	61.77	5.47	10.79
防城港市	Fangchenggang City	42.96	16.52	0.01	0.79	40.22	2.74	2.60
钦州市	Qinzhou City	89.85	21.22	1.95	14.04	75.32	13.49	15.79
贵港市	Guigang City	129.43	30.25	3.20	0.54	99.18	30.25	16.84
玉林市	Yulin City	131.31	47.61	1.68	2.05	109.80	21.51	15.66
百色市	Baise City	175.56				158.70	14.88	10.28
贺州市	Hezhou City	82.96	18.66	6.03	13.18	55.32	27.64	3.51
河池市	Hechi City	137.00	49.02	1.59	19.24	119.35	16.47	5.42
来宾市	Laibin City	56.89	18.97	0.15	7.71	47.32	9.57	5.58
崇左市	Chongzuo City	52.81	24.23	0.24	10.16	41.44	11.37	2.83
海南省	**Hainan**	**379.43**	**164.45**	**2.35**	**34.36**	**351.51**	**27.92**	**70.85**
海口市	Haikou City	137.84	39.21	1.79	4.99	134.94	2.90	46.37
三亚市	Sanya City	48.95	7.90		2.07	47.17	1.78	19.75
其他	Others	192.64	117.34	0.56	27.30	169.40	23.24	4.73

3-7 续表 7 continued

地区	Region	全社会固定资产投资(亿元) Total Investment in Fixed Assets (100 million yuan)	#国有经济 State-owned	#集体经济 Urban Collective	#个体经济 Individuals	城镇(亿元) Urban Area (100 million yuan)	农村(亿元) Rural Area (100 million yuan)	房地产开发(亿元) Real Estate Development (100 million yuan)
重庆市	**Chongqing**	**2006.32**	**797.87**	**69.88**	**406.38**	**1838.42**	**167.90**	**517.73**
万州区	Wanzhou District	94.91	45.06	2.54	12.16	89.04	5.87	11.15
涪陵区	Fuling District	49.92	28.32	3.16	8.78	45.04	4.87	5.62
渝中区	Yuzhong District	95.08	47.10	0.74	12.67	95.08		41.24
大渡口区	Dadukou District	48.41	28.64	0.61	9.61	47.30	1.12	13.26
江北区	Jiangbei District	119.38	74.67	0.98	21.16	118.07	1.31	51.82
沙坪坝区	Shapingba District	108.08	59.71	1.20	15.61	99.75	8.32	37.33
九龙坡区	Jiulongpo District	126.19	30.83	4.67	24.73	118.99	7.20	61.89
南岸区	Nanan District	156.21	45.76	2.36	27.62	153.29	2.92	74.05
北碚区	Beibei District	48.34	20.67	0.54	10.66	43.81	4.54	13.16
万盛区	Wansheng District	12.46	4.97	0.53	0.76	11.61	0.85	1.59
双桥区	Shuangqiao District	3.98	1.49	0.05	0.71	3.43	0.55	1.19
渝北区	Yubei District	225.20	62.42	1.40	28.75	224.82	0.37	104.15
巴南区	Banan District	75.72	29.16	0.63	20.34	68.23	7.50	23.71
黔江区	Qianjiang District	19.68	12.01	0.42	3.02	18.25	1.43	2.18
长寿区	Changshou District	49.33	14.21		4.72	45.54	3.79	6.56
其他	Others	773.42	292.86	50.05	205.08	656.16	117.26	68.82
四川省	**Sichuan**	**3477.68**	**1247.12**	**207.85**	**629.54**	**3080.95**	**396.73**	**701.45**
成都市	Chengdu City	1457.35	577.06	10.70	159.92	1393.04	64.31	451.86
自贡市	Zigong City	58.60	17.67	0.42	20.11	48.05	10.56	11.05
攀枝花市	Panzhihua City	94.73	69.76	1.33	2.23	84.49	10.24	9.49
泸州市	Luzhou City	103.03	24.67	0.98	17.90	77.84	25.19	13.87
德阳市	Deyang City	110.58	32.66	1.31	7.69	97.35	13.23	21.53
绵阳市	Mianyang City	150.32	45.26	1.01	0.05	130.37	19.95	28.92
广元市	Guangyuan City	67.67	24.64	0.84	12.77	49.08	18.59	6.84
遂宁市	Suining City	82.25	19.80	0.88		65.53	16.72	11.55
内江市	Neijiang City	77.61	23.82	0.35	0.37	65.64	11.97	12.90
乐山市	Leshan City	120.23	22.33	0.14	97.77	101.29	18.94	13.63
南充市	Nanchong City	140.02	54.20	3.25	29.45	101.76	38.26	20.53
眉山市	Meishan City	130.33	34.71	0.08	28.12	114.85	15.48	11.11
宜宾市	Yibin City	148.02	58.80	0.47	13.99	124.90	23.12	26.56
广安市	Guangan City	120.44	46.98	0.75	39.62	88.41	32.04	14.05
达州市	Dazhou City	165.46	68.20	19.94	17.71	120.37	45.10	19.64
雅安市	Yaan City	88.67	16.23	0.18	11.92	75.67	13.00	2.14
巴中市	Bazhong City	48.66	19.07	2.41	10.02	35.06	13.59	9.86
资阳市	Ziyang City	74.61	24.99	0.45	20.68	55.31	19.31	9.75
阿坝藏族羌族自治州	Aba Zang & Qiang A.P	78.19	30.87	0.12	42.94	75.09	3.10	0.31
甘孜藏族自治州	Ganzi Zang A.P	57.65	28.57	0.13	2.11	54.35	3.30	0.43
凉山彝族自治州	Liangshan Yi A.P	136.80	66.85	0.59	5.22	118.26	18.55	5.43
贵州省	**Guizhou**	**1015.28**	**537.71**	**39.78**	**87.26**	**916.36**	**98.92**	**154.12**
贵阳市	Guiyang City	343.97	148.48	6.31	40.80	333.32	10.66	91.12
六盘水市	Liupanshui City	121.46	82.50	0.16		109.27	12.19	6.60
遵义市	Zunyi City	194.01	121.36	2.40		115.41	78.60	23.76
安顺市	Anshun City	32.31	8.55	0.06	0.23	21.28	11.03	5.73
铜仁地区	Tongren Prefecture	70.14	43.23	0.33		38.84	31.30	6.87
黔西南布依族苗族自治州	Southwest Guizhou Buyi & Miao A.P	53.31	12.03	0.10	2.13	31.84	21.47	1.92

3-7 续表 8 continued

地 区	Region	全社会固定资产投资（亿元）Total Investment in Fixed Assets (100 million yuan)	#国有经济 State-owned	#集体经济 Urban Collective	#个体经济 Individuals	城 镇（亿元）Urban Area (100 million yuan)	农 村（亿元）Rural Area (100 million yuan)	房地产开发（亿元）Real Estate Development (100 million yuan)
毕节地区	Bijie Prefecture	111.65	57.23	22.70		66.60	45.05	2.60
黔东南苗族侗族自治州	Southeast Guizhou Miao & Dong A.P	85.54	38.47	0.52		62.83	22.71	8.48
黔南布依族苗族自治州	South Guizhou Buyi & Miao A.P	52.10	17.34	0.42	16.32	41.71	10.39	7.67
云南省	**Yunnan**	**1755.30**	**815.27**	**79.47**	**240.58**	**1628.73**	**126.57**	**246.91**
昆明市	Kunming City	523.01	216.80	4.62	19.72	507.94	15.07	149.35
曲靖市	Qujing City	227.00	169.58	11.06	46.18	215.52	11.47	12.87
玉溪市	Yuxi City	104.96	46.37	4.56	10.03	94.38	10.57	8.58
保山市	Baoshan City	60.23	34.07	1.24	5.46	55.62	4.61	7.01
昭通市	Zhaotong City	93.44	70.51	4.95	7.74	84.32	9.12	2.78
丽江市	Lijiang City	55.25	13.34	1.14	2.52	53.84	1.41	13.98
思茅市	Simao City	61.92	28.24	0.94	4.59	58.66	3.27	4.22
临沧市	Lincang City	52.47	29.05	1.39	5.26	48.53	3.93	6.88
楚雄彝族自治州	Chuxiong Yi A.P	72.47	42.13	2.88	9.39	63.25	9.22	6.70
红河哈尼族彝族自治州	Honghe Hani & Yi A.P	159.77	106.15	3.14	10.98	151.80	7.97	10.25
文山壮族苗族自治州	Wenshan Zhuang & Miao A.P	82.28	68.11	4.98	4.82	74.07	8.22	7.36
西双版纳傣族自治州	Xishuangbanna Dai A.P	56.69	43.90	0.54	3.47	53.44	3.26	2.77
大理白族自治州	Dali Bai A.P	82.83	3.63	2.69	11.34	76.44	6.40	10.90
德宏傣族景颇族自治州	Dehong Dai & Jingpo A.P	34.68	15.44	0.32	3.44	32.88	1.80	2.74
怒江傈僳族自治州	Nujiang Lisu A.P							
迪庆藏族自治州	Diqing Zang A.P	31.62	22.03	0.19	2.66	30.29	1.33	0.53
西藏自治区	**Tibet A.R.**	**196.19**	**149.94**	**6.74**	**14.40**	**190.16**	**6.03**	**6.02**
拉萨市	Lhasa City	63.12	46.84	3.05	1.70	61.48	1.63	3.27
昌都地区	Qamdu Prefecture	27.54	21.80	0.01	4.69	26.32	1.22	
山南地区	Lhokha Prefecture	25.61	19.98	0.06	1.25	24.56	1.04	1.71
日喀则地区	Xigaze Prefecture	35.19	26.46	3.47	1.51	34.19	1.00	0.56
那曲地区	Narqu Prefecture	13.45	12.48	0.10	0.47	12.60	0.85	
阿里地区	Ngri Prefecture	6.27	5.69	0.02	0.56	6.25	0.02	
林芝地区	Nyingchi Prefecture	25.01	16.68	0.03	4.22	24.74	0.27	0.49
其他	Others							
陕西省	**Shaanxi**	**1982.04**	**1017.13**	**77.63**	**133.11**	**1519.93**		**298.95**
西安市	Xian City	772.51	338.38	39.46	31.99	515.42		212.29
铜川市	Tongchuan City	34.20	20.15	1.54	0.34	30.02		3.75
宝鸡市	Baoji City	186.86	81.95	5.56	31.71	131.03		22.09
咸阳市	Xianyang City	202.19	66.97	12.79	19.81	148.95		23.27
渭南市	Weinan City	107.76	57.46	1.61	14.12	84.53		8.19
延安市	Yanan City	158.22	145.15	6.39	1.16	154.20		2.23
汉中市	Hanzhong City	63.67	25.69	1.02	6.78	44.25		12.49
榆林市	Yulin City	154.47	109.29	4.40	2.40	145.32		4.83
安康市	Ankang City	60.57	24.64	2.57	11.67	41.02		6.58
商洛市	Shangluo City	40.32	21.09	2.24	10.67	27.88		1.77
其他	Others	10.88	3.48	0.04	2.46	6.92		1.48
甘肃省	**Gansu**	**874.53**	**510.76**	**58.06**	**54.00**	**790.22**	**84.31**	**85.75**
兰州市	Lanzhou City	259.58	152.02	9.62	4.89	250.01	9.57	52.57
嘉峪关市	Jiayuguan City	50.79	43.31	0.39	0.67	50.12	0.67	1.22

3-7 续表 9 continued

地 区	Region	全社会固定资产投资(亿元) Total Investment in Fixed Assets (100 million yuan)	#国有经济 State-owned	#集体经济 Urban Collective	#个体经济 Individuals	城 镇 (亿元) Urban Area (100 million yuan)	农 村 (亿元) Rural Area (100 million yuan)	房地产开发 (亿元) Real Estate Development (100 million yuan)
金昌市	Jinchang City	39.73	27.86	1.16	5.38	36.26	3.47	1.20
白银市	Baiyin City	65.96	34.09	0.86	5.91	61.69	4.27	2.70
天水市	Tianshui City	57.64	27.61	9.21	9.74	43.76	13.88	5.99
武威市	Wuwei City	63.13	34.11	1.52	16.35	52.59	10.54	4.16
张掖市	Zhangye City	60.43	31.91	0.42	8.15	54.38	6.05	2.76
平凉市	Pingliang City	48.55	33.51	2.43	6.72	44.85	3.70	5.08
酒泉市	Jiuquan City	73.61	37.89	2.42	16.82	59.67	13.94	3.93
庆阳市	Qingyang City	78.93	55.90	2.48	4.64	73.00	5.93	2.99
定西市	Dingxi City	35.08	18.39	0.22	6.38	30.20	4.88	2.44
陇南市	Longnan City	29.86	13.34	0.18	0.40	26.12	3.74	0.48
临夏回族自治州	Linxia Hui A.P	21.40	14.91	2.04	2.01	18.38	3.02	0.23
甘南藏族自治州	Gannan Zang A.P	19.94	14.03	0.06	0.64	19.09	0.85	
青海省	**Qinghai**	**367.15**	**175.64**	**14.50**	**42.76**	**335.51**	**31.64**	**29.11**
西宁市	Xining City	115.63	55.42	8.30	14.72	109.58	6.05	27.07
海东地区	Haidong Prefecture	33.41	14.41	0.59	6.99	29.91	3.50	0.89
海北藏族自治州	Haibei Zang A.P	12.61	9.12	0.03	1.10	12.10	0.51	
黄南藏族自治州	Huangnan Zang AP	11.48	3.07	6.00	0.31	11.38	0.10	
海南藏族自治州	Hainan Zang A.P	25.84	23.00	0.81	2.03	21.17	4.67	0.31
果洛藏族自治州	Golog Zang A.P	5.21	4.34	0.83	0.04	5.21		
玉树藏族自治州	Yushu Zang A.P	7.29	7.24		0.05	7.26	0.03	
海西蒙古族藏族自治州	Haixi Mongolian & Zang A.P	66.86	8.61	0.06	11.54	64.97	1.89	0.84
宁夏回族自治区	**Ningxia**	**444.82**	**202.28**	**2.20**	**99.78**	**389.10**	**55.72**	**74.77**
银川市	Yinchuan City	201.65	59.57	0.44		191.87	14.40	56.61
石嘴山市	Shizuishan City	73.82				61.94	11.88	6.11
吴忠市	Wuzhong City	66.23	26.39	0.42	0.25	42.88	9.35	6.46
固原市	Guyuan City	35.30	34.40	0.60	0.30	13.38	8.40	0.95
中卫市	Zhongwei City	55.94	33.41	0.54	5.63	33.61	3.35	4.64
新疆维吾尔自治区	**Xinjiang**	**1352.28**	**864.77**	**9.12**	**92.08**	**1223.23**	**129.05**	**101.66**
乌鲁木齐市	Urumqi City	220.29	106.44	1.06	27.62	181.87	38.42	38.40
克拉玛依市	Karamay City	134.56	118.27	0.15	0.02	122.55	12.01	12.01
吐鲁番地区	Turpan Prefecture	41.56	34.86	0.26	2.70	40.44	1.12	1.12
哈密地区	Hami Prefecture	17.07	10.55	0.06	2.35	15.42	1.65	1.65
昌吉回族自治州	Changji Hui A.P	83.72	37.31	0.91	15.50	72.36	11.36	11.36
博尔塔拉蒙古自治州	Bortala Mongolian A.P	16.54	13.00	0.18	2.08	14.88	1.66	1.65
巴音郭楞蒙古自治州	Bayingolin Mongolian A.P	160.09	130.60	0.52	6.12	151.47	8.62	8.63
阿克苏地区	Aksu Prefecture	74.13	47.46	0.23	4.06	68.00	6.13	6.13
克孜勒苏柯尔克孜自治州	Kizilsu Kirgiz A.P	9.49	6.99	0.06	0.31	9.36	0.13	0.13
喀什地区	Kashi Prefecture	62.05	41.06	0.82	11.85	58.06	3.99	3.99
和田地区	Hotan Prefecture	28.42	18.61	0.18	5.59	28.15	0.27	0.27
伊犁州直属县（市）	Counties(Cities) Direct Under Ili Prefecture	76.53	47.66	0.29	9.06	66.34	10.19	10.19
塔城地区	Tacheng Prefecture	46.83	28.96	0.21	2.87	44.40	2.43	2.43
阿勒泰地区	Altay Prefecture	27.97	19.95	0.06	1.22	26.88	1.09	1.09
石河子市	Shihezi City	31.02	16.91	0.04	0.73	28.41	2.61	2.61
阿拉尔市	Alar City							
图木舒克市	Tumxuk City							
五家渠市	Wujiaqu City							

3-8 商品房屋销售情况(2005年)

Selling of Commercial Buildings(2005)

地 区	Region	商品房屋销售额(亿元) Total Sales of Commerical Houses (100 million yuan)	#住宅 Residential Buildings	商品房屋销售面积(万平方米) Floor Space Sold of Commerical Houses (10 000 sq.m)	#住宅 Residential Buildings	商品房屋平均销售价格(元/平方米) Average Selling Price of Commercial Buildings (yuan/sq.m)	#住宅 Residential Buildings
北京市	**Beijing**	**1758.81**	**1501.78**	**2803.20**	**2566.01**	**6274**	**5853**
东城区	Dongcheng District	124.52	102.41	208.56	191.15		
西城区	Xicheng District	102.92	46.08	120.44	82.00		
崇文区	Chongwen District	61.31	58.50	101.46	98.88		
宣武区	Xuanwu District	72.92	68.62	122.36	116.39		
朝阳区	Chaoyang District	420.92	375.95	476.35	440.81		
丰台区	Fengtai District	83.34	74.29	181.43	169.31		
石景山区	Shijingshan District	23.21	22.07	48.91	47.29		
海淀区	Haidian District	142.89	108.98	188.48	151.92		
门头沟区	Mentougou District	66.45	55.71	103.50	92.80		
房山区	Fangshan District	49.76	46.70	99.36	96.15		
通州区	Tongzhou District	111.90	105.71	235.90	228.17		
顺义区	Shunyi District	55.08	54.59	121.56	120.65		
昌平区	Changping District	77.14	73.89	170.76	165.84		
大兴区	Daxing District	108.37	99.40	225.93	213.58		
怀柔区	Huairou District	65.27	57.62	85.40	77.88		
平谷区	Pinggu District	89.03	76.98	154.06	141.21		
密云县	Miyun County	87.48	59.82	120.69	97.25		
延庆县	Yanqing County	12.49	11.00	31.32	28.41		
其他	Others	3.81	3.46	6.73	6.32		
天津市	**Tianjin**	**367.56**	**327.07**	**938.01**	**849.48**	**3919**	**3850**
和平区	Heping District	32.04	26.73	64.48	57.57	4969	4643
河东区	Hedong District	33.39	32.13	72.46	69.98	4608	4591
河西区	Hexi District	16.53	13.77	35.60	30.33	4643	4540
南开区	Nankai District	26.63	20.64	76.61	57.49	3476	3590
河北区	Hebei District	17.23	16.81	41.65	40.99	4137	4101
红桥区	Hongqiao District	12.31	11.84	31.06	30.23	3963	3917
塘沽区	Tanggu District	17.35	13.97	49.50	42.88	3505	3258
汉沽区	Hangu District	1.04	0.89	4.82	4.37	2158	2037
大港区	Dagang District	5.20	5.06	20.63	20.26	2521	2498
东丽区	Dongli District	13.19	11.64	37.73	31.90	3496	3649
西青区	Xiqing District	33.69	32.03	88.02	83.87	3828	3819
津南区	Jinnan District	14.68	14.60	40.80	40.63	3598	3593
北辰区	Beichen District	15.85	14.99	43.91	42.49	3610	3528
武清区	Wuqing District	5.84	5.08	30.05	28.40	1943	1789
宝坻区	Baodi District	11.95	11.81	27.43	27.28	4357	4329
宁河县	Ninghe County	3.18	3.12	15.38	15.27	2068	2043
静海县	Jinghai County	7.60	6.79	30.29	28.27	2509	2402
蓟县	Ji County	1.23	0.86	5.13	3.77	2398	2281
其他	Others						
河北省	**Hebei**	**262.31**	**235.04**	**1408.74**	**1322.32**	**1862**	**1777**
石家庄市	Shijiazhuang City	41.73	36.09	223.20	211.66	1870	1705
唐山市	Tangshan City	35.38	31.93	163.08	151.57	2170	2107
秦皇岛市	Qinhuangdao City	39.77	35.41	161.75	147.71	2458	2397
邯郸市	Handan City	16.74	15.15	105.52	99.77	1586	1518

3-8 续表 1 continued

地　区	Region	商品房屋销售额（亿元）Total Sales of Commerical Houses (100 million yuan)	#住　宅 Residential Buildings	商品房屋销售面积（万平方米）Floor Space Sold of Commerical Houses (10 000 sq.m)	#住　宅 Residential Buildings	商品房屋平均销售价格（元/平方米）Average Selling Price of Commercial Buildings (yuan/sq.m)	#住　宅 Residential Buildings
邢台市	Xingtai City	10.43	9.57	57.65	55.13	1810	1736
保定市	Baoding City	13.90	11.45	97.76	88.20	1422	1298
张家口市	Zhangjiakou City	16.77	15.37	118.34	113.41	1417	1355
承德市	Chengde City	12.15	9.24	67.94	58.86	1788	1569
沧州市	Cangzhou City	15.45	14.27	100.33	96.09	1540	1485
廊坊市	Langfang City	47.97	44.99	230.03	218.69	2086	2057
衡水市	Hengshui City	12.01	11.58	83.13	81.22	1445	1426
其他	Others						
山西省	**Shanxi**	**152.21**	**116.31**	**688.70**	**619.90**	**2210**	**1876**
太原市	Taiyuan City	78.30	53.23	219.00	183.38	3575	2903
大同市	Datong City	12.55	11.39	66.41	63.11	1890	1805
阳泉市	Yangquan City	8.59	7.14	58.00	51.80	1480	1381
长治市	Changzhi City	9.44	7.37	49.20	45.50	1918	1620
晋城市	Jincheng City	7.79	7.15	48.78	47.16	1598	1516
朔州市	Shuozhou City	4.59	4.54	41.20	40.91	1116	1109
晋中市	Jinzhong City	11.82	10.16	77.10	70.90	1533	1462
运城市	Yuncheng City	10.62	8.90	75.02	67.51	1415	1318
忻州市	Xinzhou City	1.78	1.73	14.20	14.00	1251	1234
临汾市	Linfen City	5.14	3.47	29.14	26.20	1764	1325
吕梁市	Luliang City	1.59	1.23	10.66	9.47	1488	1304
内蒙古自治区	**Inner Mongolia**	**178.35**	**128.72**	**1078.80**	**918.43**	**1653**	**1402**
呼和浩特市	Hohhot City	46.10	3 72	224.11	194.75	2057	1541
包头市	Baotou City	37.67	28.12	217.49	182.54	1732	1551
乌海市	Wuhai City	12.79	9.98	85.27	73.90	1500	1350
赤峰市	Chifeng City	13.11	11.68	94.02	87.31	1395	1337
通辽市	Tongliao City	5.08	3.33	35.43	27.47	1433	1211
鄂尔多斯市	Erdos City	18.70	15.55	111.64	100.58	1675	1546
呼伦贝尔市	Hulunbuir City	17.35	9.94	101.48	75.35	1714	1315
巴彦淖尔市	Bayannur City	11.69	9.90	87.57	78.90	1335	1255
乌兰察布市	Ulanqab City	5.83	3.87	47.06	39.08	1177	909
兴安盟	Xingan League	4.76	3.21	35.21	27.47	1391	1192
锡林郭勒盟	Xilingol League	4.31	2.42	29.77	23.11	1443	1006
阿拉善盟	Alxa League	0.95	0.71	9.75	7.97	988	988
其他	Others						
辽宁省	**Liaoning**	**717.43**	**620.60**	**2564.50**	**2340.40**	**2798**	**2652**
沈阳市	Shenyang City	317.45	281.84	996.10	931.20	3187	3027
大连市	Dalian City	222.95	197.77	594.90	552.40	3747	3580
鞍山市	Anshan City	23.27	17.93	95.50	84.90	2436	2113
抚顺市	Fushun City	14.25	12.31	79.10	71.30	1802	1727
本溪市	Benxi City	18.81	13.57	88.60	73.50	2124	1846
丹东市	Dandong City	21.05	16.82	100.20	89.20	2101	1887
锦州市	Jinzhou City	10.31	8.32	56.80	49.00	1815	1699
营口市	Yingkou City	25.08	21.56	161.20	146.10	1555	1475
阜新市	Fuxin City	15.94	12.32	95.30	83.20	1672	1481
辽阳市	Liaoyang City	14.21	11.54	73.40	64.20	1937	1797

3-8 续表 2 continued

地　区	Region	商品房屋销售额（亿元） Total Sales of Commerical Houses (100 million yuan)	#住　宅 Residential Buildings	商品房屋销售面积（万平方米） Floor Space Sold of Commerical Houses (10 000 sq.m)	#住　宅 Residential Buildings	商品房屋平均销售价格（元/平方米） Average Selling Price of Commercial Buildings (yuan/sq.m)	#住　宅 Residential Buildings
盘锦市	Panjin City	6.40	5.90	36.30	34.80	1766	1695
铁岭市	Tieling City	12.36	8.66	79.70	66.90	1551	1295
朝阳市	Chaoyang City	6.88	4.92	48.80	40.60	1411	1213
葫芦岛市	Huludao City	8.47	7.14	58.60	53.10	1446	1345
吉林省	**Jilin**	**156.89**	**130.95**	**830.91**	**745.92**	**1888**	**1756**
长春市	Changchun City	81.38	70.82	340.04	311.75	2393	2272
吉林市	Jilin City	34.91	28.04	214.87	189.79	1625	1477
四平市	Siping City	4.53	3.29	34.19	26.95	1324	1221
辽源市	Liaoyuan City	4.75	4.53	37.06	36.22	1283	1250
通化市	Tonghua City	8.18	5.94	57.28	48.65	1428	1221
白山市	Baishan City	4.12	2.90	27.73	23.86	1487	1216
松原市	Songyuan City	1.77	0.96	8.32	6.25	2127	1534
白城市	Baicheng City	0.39	0.30	2.99	2.59	1297	1157
延边朝鲜族自治州	Yanbian Korean A.P	16.86	14.17	108.43	99.86	1555	1419
其他	Others						
黑龙江省	**Heilongjiang**	**260.88**	**196.32**	**1242.81**	**1048.26**	**2024**	**1730**
哈尔滨市	Harbin City	155.92	113.62	577.42	476.58	2700	2350
齐齐哈尔市	Qiqihar City	24.54	17.58	157.60	129.38	1557	1359
鸡西市	Jixi City	4.38	3.01	26.79	22.72	1633	1323
鹤岗市	Hegang City	5.69	4.70	42.89	37.92	1327	1227
双鸭山市	Shuangyashan City	3.48	2.70	29.33	24.77	1187	1090
大庆市	Daqing City	23.18	19.96	105.22	95.11	2156	2047
伊春市	Yichun City	3.52	2.49	34.68	31.37	1016	794
佳木斯市	Jiamusi City	4.84	3.74	37.09	31.37	1306	1191
七台河市	Qitaihe City	5.46	4.59	38.19	33.96	1712	1566
牡丹江市	Mudanjiang City	8.83	6.52	53.48	46.90	1650	1389
黑河市	Heihe City	0.98	0.33	5.62	3.54	1694	1280
绥化市	Suihua City	7.45	5.86	62.81	50.39	1187	1162
大兴安岭地区	Daxinganling Prefecture	0.17	0.11	1.99	1.49	867	755
其他	Others						
上海市	**Shanghai**	**2161.30**	**1906.05**	**3158.87**	**2845.70**	**6842**	**6698**
黄浦区	Huangpu District						
卢湾区	Luwan District						
徐汇区	Xuhui District						
长宁区	Changning District						
静安区	Jingan District						
普陀区	Putuo District						
闸北区	Zhabei District						
虹口区	Hongkou District						
杨浦区	Yangpu District						
闵行区	Minhang District						
宝山区	Baoshan District						
嘉定区	Jiading District						
浦东新区	Pudong New District						
金山区	Jinshan District						

3-8 续表 3 continued

地 区	Region	商品房屋销售额(亿元) Total Sales of Commerical Houses (100 million yuan)	#住 宅 Residential Buildings	商品房屋销售面积(万平方米) Floor Space Sold of Commerical Houses (10 000 sq.m)	#住 宅 Residential Buildings	商品房屋平均销售价格(元/平方米) Average Selling Price of Commercial Buildings (yuan/sq.m)	#住 宅 Residential Buildings
松江区	Songjiang District						
青浦区	Qingpu District						
南汇区	Nanhui District						
奉贤区	Fengxian District						
崇明县	Chongming County						
其他	Others						
江苏省	**Jiangsu**	**1724.91**	**1422.79**	**5135.55**	**4523.14**	**3359**	**3146**
南京市	Nanjing City	384.37	343.10	943.81	892.54	4072	3844
无锡市	Wuxi City	219.55	176.34	596.78	507.89	3679	3472
徐州市	Xuzhou City	50.61	43.43	273.04	252.99	1854	1717
常州市	Changzhou City	155.63	122.81	422.53	363.29	3683	3380
苏州市	Suzhou City	499.99	416.54	1128.52	974.24	4430	4276
南通市	Nantong City	84.30	64.71	326.90	280.85	2579	2304
连云港市	Lianyungang City	33.45	24.23	144.86	118.99	2309	2036
淮安市	Huaian City	32.93	25.01	174.35	149.66	1889	1671
盐城市	Yancheng City	33.84	26.82	178.12	159.63	1900	1680
扬州市	Yangzhou City	99.45	74.79	348.02	289.20	2858	2586
镇江市	Zhenjiang City	47.63	42.88	204.60	190.44	2328	2252
泰州市	Taizhou City	52.46	38.25	210.09	180.91	2497	2115
宿迁市	Suqian City	30.40	23.71	191.28	170.34	1589	1392
浙江省	**Zhejiang**	**1414.89**	**1122.24**	**3305.84**	**2824.65**	**4280**	**3973**
杭州市	Hangzhou City	395.66	338.50	704.20	620.70	5619	5454
宁波市	Ningbo City	234.78	175.74	467.00	389.10	5028	4517
温州市	Wenzhou City	128.45	108.45	261.90	232.70	4904	4662
嘉兴市	Jiaxing City	130.33	94.85	386.50	298.00	3372	3183
湖州市	Huzhou City	69.41	54.36	248.50	207.70	2793	2617
绍兴市	Shaoxing City	137.15	109.83	367.20	323.80	3735	3392
金华市	Jinhua City	139.42	96.13	362.40	310.90	3848	3092
衢州市	Quzhou City	32.65	25.93	138.70	123.80	2353	2095
舟山市	Zhoushan City	33.84	27.35	87.80	76.90	3856	3554
台州市	Taizhou City	76.98	63.88	184.30	159.90	4177	3995
丽水市	Lishui City	36.22	27.22	97.40	81.10	3718	3355
安徽省	**Anhui**	**423.44**	**348.10**	**1907.21**	**1686.03**	**2220**	**2065**
合肥市	Hefei City	179.37	149.83	594.98	533.77	3015	2807
芜湖市	Wuhu City	31.01	26.86	121.60	108.65	2550	2472
蚌埠市	Bengbu City	21.85	19.87	110.46	104.24	1978	1906
淮南市	Huainan City	6.61	5.71	42.01	38.74	1574	1473
马鞍山市	Maanshan City	48.10	42.83	183.98	172.71	2614	2480
淮北市	Huaibei City	13.00	10.03	71.48	63.57	1819	1578
铜陵市	Tongling City	9.30	7.60	47.02	42.34	1979	1795
安庆市	Anqing City	18.89	14.55	140.60	118.68	1343	1226
黄山市	Huangshan City	10.89	7.63	67.07	54.99	1623	1388
滁州市	Chuzhou City	9.80	8.09	62.59	57.96	1566	1396
阜阳市	Fuyang City	14.14	11.98	89.88	82.84	1573	1447
宿州市	Suzhou City	6.01	3.40	39.00	26.14	1540	1302

3-8 续表 4 continued

地 区	Region	商品房屋销售额(亿元) Total Sales of Commerical Houses (100 million yuan)	#住 宅 Residential Buildings	商品房屋销售面积(万平方米) Floor Space Sold of Commerical Houses (10 000 sq.m)	#住 宅 Residential Buildings	商品房屋平均销售价格(元/平方米) Average Selling Price of Commercial Buildings (yuan/sq.m)	#住 宅 Residential Buildings
巢湖市	Chaohu City	14.00	11.01	84.63	75.97	1655	1449
六安市	Liuan City	13.81	10.04	86.00	70.31	1605	1428
亳州市	Bozhou City	3.98	2.48	26.58	19.27	1498	1286
池州市	Chizhou City	9.53	7.15	59.46	51.60	1602	1386
宣城市	Xuancheng City	13.15	9.04	79.86	64.27	1647	1407
其他	Others						
福建省	**Fujian**	**605.09**	**481.90**	**1913.84**	**1720.56**	**3162**	**2801**
福州市	Fuzhou City	270.25	237.39	841.32	796.31	3212	2981
厦门市	Xiamen City	179.75	129.19	326.65	272.32	5503	4744
莆田市	Putian City	13.51	11.48	64.93	60.78	2081	1888
三明市	Sanming City	18.42	13.52	98.01	86.03	1879	1571
泉州市	Quanzhou City	32.69	22.15	115.74	98.21	2824	2255
漳州市	Zhangzhou City	35.62	27.62	171.72	146.72	2074	1882
南平市	Nanping City	14.80	11.52	89.04	76.57	1662	1505
龙岩市	Longyan City	20.50	13.92	102.33	87.85	2003	1585
宁德市	Ningde City	19.56	15.12	104.10	95.77	1879	1579
江西省	**Jiangxi**	**252.25**	**194.29**	**1650.12**	**1454.51**	**1529**	**1336**
南昌市	Nanchang City	98.69	90.64	381.42	359.91	2587	2519
景德镇市	Jingdezhen City	12.14	6.79	84.32	64.44	1439	1053
萍乡市	Pingxiang City	12.79	5.99	66.76	54.42	1917	1102
九江市	Jiujiang City	13.51	10.29	111.79	98.33	1209	1047
新余市	Xinyu City	9.09	7.80	83.96	78.83	1083	990
鹰潭市	Yingtan City	3.24	2.62	24.68	23.45	1311	1116
赣州市	Ganzhou City	28.33	19.00	252.45	211.39	1122	899
吉安市	Jian City	16.23	11.70	156.19	136.63	1039	856
宜春市	Yichun City	18.06	13.16	144.24	131.76	1252	999
抚州市	Fuzhou City	23.18	14.39	190.64	170.81	1216	842
上饶市	Shangrao City	16.99	11.90	153.69	124.53	1106	956
山东省	**Shandong**	**910.65**	**784.25**	**3754.92**	**3417.75**	**2425**	**2295**
济南市	Jinan City	81.84	72.31	261.25	241.61	3133	2993
青岛市	Qingdao City	345.92	296.77	923.92	825.82	3744	3594
淄博市	Zibo City	49.54	43.59	255.38	237.76	1940	1833
枣庄市	Zaozhuang City	17.82	13.98	117.91	105.77	1512	1322
东营市	Dongying City	32.32	26.08	161.97	142.32	1995	1832
烟台市	Yantai City	107.85	87.44	410.15	364.84	2629	2397
潍坊市	Weifang City	65.18	56.36	385.88	344.84	1689	1634
济宁市	Jining City	22.69	20.17	143.68	132.97	1579	1517
泰安市	Taian City	18.96	15.77	102.44	88.12	1851	1789
威海市	Weihai City	45.54	41.43	224.54	215.31	2028	1924
日照市	Rizhao City	20.46	18.57	98.59	92.84	2075	2001
莱芜市	Laiwu City	8.82	8.67	72.10	71.29	1224	1216
临沂市	Linyi City	21.57	19.71	124.99	118.85	1726	1659
德州市	Dezhou City	27.70	25.12	177.16	165.06	1564	1522
聊城市	Liaocheng City	19.37	17.09	142.24	133.78	1362	1277
滨州市	Binzhou City	7.07	5.96	47.19	42.26	1499	1409
荷泽市	Heze City	17.99	15.23	105.55	94.33	1705	1615

3-8 续表 5 continued

地区	Region	商品房屋销售额(亿元) Total Sales of Commerical Houses (100 million yuan)	#住宅 Residential Buildings	商品房屋销售面积(万平方米) Floor Space Sold of Commerical Houses (10 000 sq.m)	#住宅 Residential Buildings	商品房屋平均销售价格(元/平方米) Average Selling Price of Commercial Buildings (yuan/sq.m)	#住宅 Residential Buildings
河南省	**Henan**	**322.01**	**255.37**	**1724.82**	**1539.60**	**1867**	**1659**
郑州市	Zhengzhou City	161.87	132.79	613.68	556.42	2638	2387
开封市	Kaifeng City	8.47	4.57	42.72	32.71	1982	1399
洛阳市	Luoyang City	35.20	27.72	204.17	181.52	1724	1527
平顶山市	Pingdingshan City	8.90	7.22	62.44	60.41	1426	1196
安阳市	Anyang City	16.32	12.44	98.63	89.78	1655	1385
鹤壁市	Hebi City	0.82	0.81	7.24	7.20	1129	1123
新乡市	Xinxiang City	16.80	12.29	119.23	98.92	1409	1242
焦作市	Jiaozuo City	8.64	6.16	74.13	63.91	1165	965
濮阳市	Puyang City	6.27	5.86	45.52	43.83	1377	1337
许昌市	Xuchang City	9.92	7.67	68.58	62.02	1446	1237
漯河市	Luohe City	9.88	7.35	76.92	70.05	1284	1050
三门峡市	Sanmenxia City	1.59	1.55	16.06	15.42	991	1005
南阳市	Nanyang City	11.24	9.73	82.90	77.83	1356	1250
商丘市	Shangqiu City	2.60	1.69	23.61	16.32	1103	1035
信阳市	Xinyang City	13.98	10.20	110.93	93.91	1260	1086
周口市	Zhoukou City	5.30	3.95	42.45	37.73	1248	1047
驻马店市	Zhumadian City	2.78	2.17	21.65	18.72	1286	1158
其他	Others	1.44	1.19	13.96	12.90	1030	924
湖北省	**Hubei**	**386.57**	**335.19**	**1708.02**	**1549.19**	**2263**	**2164**
武汉市	Wuhan City	193.75	172.45	681.85	626.80	3161	3034
黄石市	Huangshi City	12.44	10.07	80.18	73.42	1552	1472
十堰市	Shiyan City	15.08	14.28	105.65	102.93	1426	1388
宜昌市	Yichang City	21.68	18.50	106.11	94.97	1698	1602
襄樊市	Xiangfan City	13.85	9.51	107.43	86.29	1289	1102
鄂州市	Ezhou City	5.20	4.47	41.35	38.90	1258	1150
荆门市	Jingmen City	5.70	3.94	40.87	35.49	1395	1109
孝感市	Xiaogan City	7.79	6.73	79.91	73.81	990	936
荆州市	Jingzhou City	7.16	5.57	52.82	47.96	1167	993
黄冈市	Huanggang City	5.63	4.53	60.20	57.10	936	793
咸宁市	Xianning City	1.80	1.50	22.00	20.20	840	732
随州市	Suizhou City	3.49	2.83	40.78	36.74	929	801
恩施土家族苗族自治州	Enshi Tujia & Miao A.P	3.24	2.44	30.44	26.67	1093	913
其他	Others	3.52	1.76	26.66	20.47		
湖南省	**Hunan**	**299.32**	**226.36**	**1842.16**	**1611.60**	**1625**	**1405**
长沙市	Changsha City	155.96	127.58	674.08	610.77	2314	2089
株洲市	Zhuzhou City	25.77	19.04	176.68	153.18	1458	1243
湘潭市	Xiangtan City	11.99	9.41	100.54	88.64	1192	1061
衡阳市	Hengyang City	9.82	7.89	86.32	79.04	1138	999
邵阳市	Shaoyang City	6.30	3.44	50.20	39.79	1255	864
岳阳市	Yueyang City	12.44	8.48	107.52	92.01	1157	921
常德市	Changde City	21.98	13.91	161.95	136.67	1357	1018
张家界市	Zhangjiajie City	4.55	3.53	34.07	31.65	1336	1116
益阳市	Yiyang City	4.24	2.57	43.35	33.36	977	772
郴州市	Chenzhou City	14.94	11.27	133.54	120.20	1119	938
永州市	Yongzhou City	10.76	6.42	97.61	77.77	1103	825

3-8 续表 6 continued

地　区	Region	商品房屋销售额(亿元) Total Sales of Commerical Houses (100 million yuan)	#住宅 Residential Buildings	商品房屋销售面积(万平方米) Floor Space Sold of Commerical Houses (10 000 sq.m)	#住宅 Residential Buildings	商品房屋平均销售价格(元/平方米) Average Selling Price of Commercial Buildings (yuan/sq.m)	#住宅 Residential Buildings
怀化市	Huaihua City	10.74	7.35	99.41	84.36	1080	871
娄底市	Loudi City	4.25	3.04	40.46	36.07	1051	842
湘西土家族苗族自治州	West Hunan Tujia A.P	5.56	2.44	36.41	28.12	1528	869
其他	Others						
广东省	**Guangdong**	**2238.66**	**1886.39**	**5038.91**	**4546.33**	**4443**	**4149**
广州市	Guangzhou City	682.71	570.28	1272.26	1131.24	5161	4844
韶关市	Shaoguan City	14.39	10.70	103.99	92.20	1383	1160
深圳市	Shenzhen City	851.35	713.49	1122.82	1019.81	7582	6996
珠海市	Zhuhai City	76.97	64.82	190.73	171.49	4488	3780
汕头市	Shantou City	38.91	30.43	155.01	128.74	2215	2350
佛山市	Foshan City	181.53	155.11	536.18	481.95	3386	3218
江门市	Jiangmen City	38.03	34.74	198.87	188.06	1912	1847
湛江市	Zhanjiang City	19.18	17.11	92.03	88.12	1978	1942
茂名市	Maoming City	14.49	13.99	86.20	85.00	1681	1646
肇庆市	Zhaoqing City	21.11	17.50	106.97	97.27	1974	1799
惠州市	Huizhou City	37.97	29.42	149.40	132.10	2262	2226
梅州市	Meizhou City	7.57	6.30	65.20	58.37	1161	1079
汕尾市	Shanwei City	1.64	1.57	13.72	13.40	1390	1280
河源市	Heyuan City	5.99	5.71	42.27	40.65	1409	1394
阳江市	Yangjiang City	9.66	8.75	66.68	64.46	1449	1358
清远市	Qingyuan City	20.79	18.39	116.42	107.85	1786	1706
东莞市	Dongguan City	119.40	109.11	321.85	297.19	3710	3671
中山市	ZhongShan City	84.44	68.86	295.56	255.56	2857	2694
潮州市	Chaozhou City	5.20	4.13	37.48	33.79	1392	1225
揭阳市	Jieyang City	4.06	3.20	41.81	37.93	891	909
云浮市	Yunfu City	3.26	2.77	23.46	21.15		
广西壮族自治区	**Guangxi**	**289.64**	**239.81**	**1438.40**	**1314.37**	**2014**	**1825**
南宁市	Nanning City	118.61	100.18	454.94	419.24	2607	2390
柳州市	Liuzhou City	55.23	44.80	256.42	242.42	2154	1848
桂林市	Guilin City	50.77	42.65	258.18	236.97	1966	1800
梧州市	Wuzhou City	5.12	4.64	36.77	35.40	1393	1310
北海市	Beihai City	4.03	3.31	27.52	25.15	1464	1316
防城港市	Fangchenggang City	1.33	1.25	11.00	10.39		
钦州市	Qinzhou City	9.90	7.24	65.42	58.98	1514	1227
贵港市	Guigang City	11.66	7.73	78.90	58.33	1478	1326
玉林市	Yulin City	6.98	6.37	51.70	47.87	1359	1359
百色市	Baise City	7.19	6.43	54.59	50.42		
贺州市	Hezhou City	1.74	0.99	14.34	10.72	1213	923
河池市	Hechi City	4.60	4.05	35.12	33.86	1303	1151
来宾市	Laibin City	5.23	4.46	89.14	71.22	972	897
崇左市	Chongzuo City	1.48	1.40	14.25	13.92	862	1048
海南省	**Hainan**	**46.27**	**43.51**	**166.90**	**159.30**	**2772**	**2731**
海口市	Haikou City	33.67	31.28	131.90	125.70	2553	2488
三亚市	Sanya City	12.02	11.76	31.20	30.80	3853	3823
其他	Others	0.58	0.47	3.80	2.80		

3-8 续表 7 continued

地 区	Region	商品房屋销售额(亿元) Total Sales of Commerical Houses (100 million yuan)	#住 宅 Residential Buildings	商品房屋销售面积(万平方米) Floor Space Sold of Commerical Houses (10 000 sq.m)	#住 宅 Residential Buildings	商品房屋平均销售价格(元/平方米) Average Selling Price of Commercial Buildings (yuan/sq.m)	#住 宅 Residential Buildings
重庆市	**Chongqing**	**430.77**	**340.68**	**2017.66**	**1792.41**	**2135**	**1901**
万州区	Wanzhou District	10.48	5.47	74.53	55.56	1406	984
涪陵区	Fuling District	4.89	2.14	30.83	21.22	1585	1011
渝中区	Yuzhong District	26.11	18.56	73.90	62.25	3533	2982
大渡口区	Dadukou District	10.92	9.47	46.78	44.15	2335	2144
江北区	Jiangbei District	40.31	31.56	151.62	135.08	2659	2337
沙坪坝区	Shapingba District	31.34	25.27	106.57	100.45	2941	2516
九龙坡区	Jiulongpo District	40.51	30.80	145.31	127.94	2788	2408
南岸区	Nanan District	59.78	48.68	192.25	178.48	3109	2727
北碚区	Beibei District	16.25	13.77	77.90	69.94	2086	1969
万盛区	Wansheng District	2.16	1.48	16.69	14.81	1291	1000
双桥区	Shuangqiao District	1.23	0.80	14.12	12.29	873	648
渝北区	Yubei District	91.33	84.14	296.64	279.72	3079	3008
巴南区	Banan District	16.61	12.19	87.59	73.10	1896	1668
黔江区	Qianjiang District	1.58	0.99	12.23	9.49	1288	1041
长寿区	Changshou District	9.46	6.58	67.07	61.86	1410	1064
其他	Others	67.82	48.77	623.62	546.07		
四川省	**Sichuan**	**661.95**	**511.18**	**3402.49**	**3028.55**	**1945**	**1688**
成都市	Chengdu City	395.89	318.78	1229.82	1112.35	3219	2866
自贡市	Zigong City	15.41	10.32	124.26	109.29	1240	944
攀枝花市	Panzhihua City	14.81	8.64	73.53	60.40	2014	1430
泸州市	Luzhou City	19.40	13.57	170.98	144.73	1135	938
德阳市	Deyang City	24.32	17.63	176.65	154.72	1377	1139
绵阳市	Mianyang City	32.34	24.43	198.89	181.97	1626	1343
广元市	Guangyuan City	6.81	5.06	57.61	51.82	1182	976
遂宁市	Suining City	10.90	7.18	98.80	85.65	1103	838
内江市	Neijiang City	10.32	8.02	98.13	88.75	1052	904
乐山市	Leshan City	14.63	12.83	124.91	118.43	1171	1083
南充市	Nanchong City	22.76	15.91	198.30	160.73	1148	990
眉山市	Meishan City	11.37	9.14	111.55	102.35	1019	893
宜宾市	Yibin City	26.05	21.16	196.78	181.38	1324	1167
广安市	Guangan City	17.36	12.64	192.01	170.46	904	742
达州市	Dazhou City	18.00	10.59	154.34	133.19	1166	795
雅安市	Yaan City	2.43	1.57	12.94	11.11	1878	1413
巴中市	Bazhong City	5.62	4.34	61.95	56.50	907	768
资阳市	Ziyang City	9.00	6.35	90.34	78.45	996	809
阿坝藏族羌族自治州	Aba Zang & Qiang A.P	1.36	0.49	7.40	5.66	1838	866
甘孜藏族自治州	Ganzi Zang A.P	0.42	0.09	1.96	0.69	2143	1304
凉山彝族自治州	Liangshan Yi A.P	2.75	2.44	21.34	19.92	1289	1225
贵州省	**Guizhou**	**138.58**	**101.30**	**862.56**	**774.71**	**1607**	**1308**
贵阳市	Guiyang City	79.97		368.71	332.33	2169	1801
六盘水市	Liupanshui City	4.03		31.51	28.45	1278	1059
遵义市	Zunyi City	20.90		167.00			
安顺市	Anshun City	4.53		41.20	37.08	1100	900
铜仁地区	Tongren Prefecture	3.12		26.20			
黔西南布依族苗族自治州	Southwest Guizhou Buyi & Miao A.P	1.80		18.27	18.14	987	982

3-8 续表 8 continued

地 区	Region	商品房屋销售额（亿元）Total Sales of Commerical Houses (100 million yuan)	#住 宅 Residential Buildings	商品房屋销售面积（万平方米）Floor Space Sold of Commerical Houses (10 000 sq.m)	#住 宅 Residential Buildings	商品房屋平均销售价格（元/平方米）Average Selling Price of Commercial Buildings (yuan/sq.m)	#住 宅 Residential Buildings
毕节地区	Bijie Prefecture	3.23		25.45			
黔东南苗族侗族自治州	Southeast Guizhou Miao & Dong A.P	5.11	2.90	41.64	34.52	1226	840
黔南布依族苗族自治州	South Guizhou Buyi & Miao A.P	6.63		61.08	56.70	1085	883
云南省	**Yunnan**	**310.01**	**259.10**	**1431.90**	**1294.95**	**2083**	**1865**
昆明市	Kunming City	206.72	184.53	783.12	734.29	2447	2264
曲靖市	Qujing City	20.76	19.23	143.48	138.70	1396	1227
玉溪市	Yuxi City	8.47	6.75	48.01	42.43	1823	1557
保山市	Baoshan City	5.14	4.79	35.28	33.26	1274	1246
昭通市	Zhaotong City	3.14	1.69	23.23	17.54	1185	848
丽江市	Lijiang City	15.33	8.22	71.25	53.22	2261	1609
思茅市	Simao City	2.48	1.38	16.87	12.51	1518	1110
临沧市	Lincang City	5.35	4.33	49.68	45.75	1044	921
楚雄彝族自治州	Chuxiong Yi A.P	8.11	4.95	50.19	37.86	1379	1274
红河哈尼族彝族自治州	Honghe Hani & Yi A.P	15.74	10.40	105.91	92.30	1547	1208
文山壮族苗族自治州	Wenshan Zhuang & Miao A.P	3.20	3.15	25.76	25.61	1245	1231
西双版纳傣族自治州	Xishuangbanna Dai A.P	3.52	2.33	18.94	15.75	1815	1312
大理白族自治州	Dali Bai A.P	9.44	6.66	48.16	41.76	2615	2137
德宏傣族景颇族自治州	Dehong Dai & Jingpo A.P	0.94	0.41	6.35	2.48	1535	1535
怒江傈僳族自治州	Nujiang Lisu A.P						
迪庆藏族自治州	Diqing Zang A.P	1.66	0.28	5.67	1.49	2908	1899
西藏自治区	**Tibet A.R.**	**4.40**	**3.64**	**25.90**	**24.18**	**1688**	**1530**
拉萨市	Lhasa City	2.77	2.04	14.62	13.06		
昌都地区	Qamdu Prefecture						
山南地区	Lhokha Prefecture	1.49	1.49	10.52	10.52		
日喀则地区	Xigaze Prefecture						
那曲地区	Narqu Prefecture						
阿里地区	Ngri Prefecture						
林芝地区	Nyingchi Prefecture	0.15	0.12	0.76	0.60	4400	2000
其他	Others						
陕西省	**Shaanxi**	**183.72**	**163.97**	**892.01**	**849.43**	**2060**	**1930**
西安市	Xian City	130.10	116.97	456.28	435.46	2851	2686
铜川市	Tongchuan City	3.58	3.40	45.92	44.22	779	768
宝鸡市	Baoji City	10.35	9.74	84.78	83.54	1221	1166
咸阳市	Xianyang City	10.66	9.34	67.41	63.08	3452	1690
渭南市	Weinan City	4.68	3.94	40.23	36.89	2035	1268
延安市	Yanan City	2.74	2.22	15.85	13.71	1404	1996
汉中市	Hanzhong City	8.74	7.79	79.53	76.34	1570	1145
榆林市	Yulin City	4.15	2.83	24.43	22.30	1979	1863
安康市	Ankang City	5.67	5.00	50.72	48.73	1297	1164
商洛市	Shangluo City	1.35	1.16	11.82	10.63	1496	1274
其他	Others	1.70	1.58	15.04	14.55	986	1166
甘肃省	**Gansu**	**64.11**	**50.98**	**340.37**	**299.17**	**1884**	**1704**
兰州市	Lanzhou City	45.60	36.57	191.38	168.22	2383	2174
嘉峪关市	Jiayuguan City	0.50	0.27	3.64	2.85	1385	962

3-8 续表 9 continued

地　区	Region	商品房屋销售额(亿元) Total Sales of Commerical Houses (100 million yuan)	#住宅 Residential Buildings	商品房屋销售面积(万平方米) Floor Space Sold of Commerical Houses (10 000 sq.m)	#住宅 Residential Buildings	商品房屋平均销售价格(元/平方米) Average Selling Price of Commercial Buildings (yuan/sq.m)	#住宅 Residential Buildings
金昌市	Jinchang City	0.51	0.48	5.72	5.12	897	943
白银市	Baiyin City	1.49	0.96	13.62	10.64	1091	899
天水市	Tianshui City	4.50	3.70	26.47	23.98	1701	1543
武威市	Wuwei City	2.06	1.79	17.67	16.68	1168	1076
张掖市	Zhangye City	2.27	1.01	14.99	9.98	1513	1012
平凉市	Pingliang City	0.97	0.97	9.13	9.13	1059	1059
酒泉市	Jiuquan City	2.64	2.27	26.15	24.50	1008	927
庆阳市	Qingyang City	1.97	1.90	17.44	16.25	1130	1161
定西市	Dingxi City	1.25	0.76	10.55	8.53	1189	896
陇南市	Longnan City	0.35	0.30	3.61	3.29	963	921
临夏回族自治州	Linxia Hui A.P						
甘南藏族自治州	Gannan Zang A.P						
青海省	**Qinghai**	**22.18**	**18.23**	**121.04**	**108.46**	**1832**	**1681**
西宁市	Xining City	20.81	17.18	110.88	99.46	1877	1727
海东地区	Haidong Prefecture	0.44	0.22	3.41	2.78	1272	815
海北藏族自治州	Haibei Zang A.P						
黄南藏族自治州	Huangnan Zang AP						
海南藏族自治州	Hainan Zang A.P						
果洛藏族自治州	Golog Zang A.P						
玉树藏族自治州	Yushu Zang A.P						
海西蒙古族藏族自治州	Haixi Mongolian & Zang A.P	0.93	0.83	6.75	6.22	3184	3477
宁夏回族自治区	**Ningxia**	**84.47**	**56.32**	**377.89**	**319.16**	**2235**	**1765**
银川市	Yinchuan City	68.56	45.13	264.37	222.35	2593	2029
石嘴山市	Shizuishan City	5.24	3.67	34.58	29.09	1548	1284
吴忠市	Wuzhong City	5.07	3.73	38.26	32.39	1306	1064
固原市	Guyuan City	1.33	0.88	9.61	8.35	1390	1050
中卫市	Zhongwei City	4.27	2.91	31.07	26.98	1621	1205
新疆维吾尔自治区	**Xinjiang**	**123.54**	**91.52**	**687.20**	**606.48**	**1798**	**1509**
乌鲁木齐市	Urumqi City	57.66	43.23	243.03	225.04	2373	1920
克拉玛依市	Karamay City	12.68	10.53	89.35	80.82	1419	1303
吐鲁番地区	Turpan Prefecture	0.57	0.43	5.09	4.48	1130	969
哈密地区	Hami Prefecture	1.70	1.41	13.22	12.43	1284	1134
昌吉回族自治州	Changji Hui A.P	11.06	8.53	69.65	62.73	1588	1360
博尔塔拉蒙古自治州	Bortala Mongolian A.P	1.91	1.55	15.89	14.21	1202	1091
巴音郭楞蒙古自治州	Bayingolin Mongolian A.P	10.53	6.63	59.88	45.67	1758	1453
阿克苏地区	Aksu Prefecture	8.12	4.69	55.32	42.45	1467	1105
克孜勒苏柯尔克孜自治州	Kizilsu Kirgiz A.P	0.65	0.59	6.07	5.82	1077	1006
喀什地区	Kashi Prefecture	2.36	1.77	17.35	15.06	1357	1178
和田地区	Hotan Prefecture	0.20		1.00		2000	
伊犁州直属县（市）	Counties(Cities) Direct Under Ili Prefecture	9.75	7.49	65.16	58.14	1496	1288
塔城地区	Tacheng Prefecture	1.97	1.50	14.74	12.68	1338	1183
阿勒泰地区	Altay Prefecture	1.09	0.75	9.76	8.00	1117	938
石河子市	Shihezi City	3.29	2.42	21.69	18.95	1517	1278
阿拉尔市	Alar City						
图木舒克市	Tumxuk City						
五家渠市	Wujiaqu City						

3-9 地方财政收入(2005年)

Local Government Revenue(2005)

地区	Region	地方财政收入(亿元) Government Revenue (100 million yuan)	#各项税收 Taxes	#增值税 Value-added Tax	#营业税 Business Tax	#企业所得税 Company Income Tax	#个人所得税 Personal Income Tax
北京市	**Beijing**	**919.21**	**886.13**	**97.60**	**383.76**	**164.76**	**84.52**
东城区	Dongcheng District	37.89		2.38	16.40	10.05	
西城区	Xicheng District	45.94		4.43	21.61	8.99	
崇文区	Chongwen District	11.25		0.92	5.08	0.88	
宣武区	Xuanwu District	25.14		2.33	12.07	5.45	
朝阳区	Chaoyang District	84.49		9.76	40.55	16.92	
丰台区	Fengtai District	17.80		2.43	9.07	1.95	
石景山区	Shijingshan District	10.26		3.06	3.31	0.99	
海淀区	Haidian District	70.80		8.02	34.98	11.65	
门头沟区	Mentougou District	6.88		1.03	3.35	1.15	
房山区	Fangshan District	12.79		2.16	4.25	3.19	
通州区	Tongzhou District	11.45		1.52	5.92	1.46	
顺义区	Shunyi District	16.45		2.50	6.34	3.68	
昌平区	Changping District	13.20		1.46	6.56	1.03	
大兴区	Daxing District	10.93		1.23	5.91	1.30	
怀柔区	Huairou District	7.43		1.12	3.85	1.15	
平谷区	Pinggu District	5.47		0.62	2.97	0.80	
密云县	Miyun County	7.43		0.72	3.85	1.17	
延庆县	Yanqing County	2.77		0.22	1.21	0.28	
其他	Others						
天津市	**Tianjin**	**331.85**	**270.50**	**64.24**	**96.45**	**41.42**	**18.82**
和平区	Heping District	10.23	9.09	0.80	3.40	1.61	0.49
河东区	Hedong District	7.73	6.27	0.96	2.57	0.57	0.28
河西区	Hexi District	11.30	8.72	1.15	3.40	0.97	0.47
南开区	Nankai District	10.27	7.63	1.13	2.89	0.93	0.38
河北区	Hebei District	4.97	4.20	0.72	1.49	0.53	0.19
红桥区	Hongqiao District	3.04	2.48	0.38	0.92	0.26	0.10
塘沽区	Tanggu District	10.85	9.98	1.46	3.60	0.91	0.30
汉沽区	Hangu District	1.79	1.65	0.51	0.29	0.11	0.04
大港区	Dagang District	5.08	4.64	1.01	1.08	0.54	0.18
东丽区	Dongli District	9.80	9.16	2.47	1.54	1.05	0.39
西青区	Xiqing District	11.21	9.95	2.62	1.96	1.42	0.35
津南区	Jinnan District	6.36	5.60	1.54	1.25	1.25	0.18
北辰区	Beichen District	9.24	8.30	3.10	1.27	1.24	0.28
武清区	Wuqing District	7.75	7.21	1.77	2.08	0.94	0.55
宝坻区	Baodi District	3.53	3.06	0.44	1.25	0.25	0.08
宁河县	Ninghe County	3.21	3.12	0.33	0.40	0.16	0.07
静海县	Jinghai County	3.62	3.30	0.90	0.67	0.32	0.09
蓟县	Ji County	4.80	4.62	1.20	0.49	1.21	0.11
其他	Others						
河北省	**Hebei**	**515.70**	**393.09**	**121.03**	**105.28**	**53.37**	**28.24**
石家庄市	Shijiazhuang City	65.88	54.06	10.22	19.76	4.53	4.41
唐山市	Tangshan City	77.61	63.56	19.73	14.51	5.96	4.24
秦皇岛市	Qinhuangdao City	25.79	20.61	3.00	8.67	1.46	1.33
邯郸市	Handan City	43.21	31.54	10.02	7.15	3.86	2.02

3-9 续表 1 continued

地 区	Region	地方财政收入（亿元）Government Revenue (100 million yuan)	#各项税收 Taxes	#增值税 Value-added Tax	#营业税 Business Tax	#企业所得税 Company Income Tax	#个人所得税 Personal Income Tax
邢台市	Xingtai City	21.85	15.71	4.88	3.93	1.73	1.30
保定市	Baoding City	37.26	23.11	5.26	7.10	2.29	2.01
张家口市	Zhangjiakou City	21.11	17.54	4.59	5.03	0.99	0.89
承德市	Chengde City	17.29	14.91	3.43	4.40	1.16	1.29
沧州市	Cangzhou City	31.17	23.46	6.16	7.08	1.23	1.57
廊坊市	Langfang City	24.30	18.93	3.15	7.24	1.78	1.39
衡水市	Hengshui City	13.32	8.57	2.17	2.42	0.76	0.74
其他	Others						
山西省	**Shanxi**	**368.34**	**235.75**	**102.70**	**60.70**	**36.99**	**13.68**
太原市	Taiyuan City	56.95	46.11	13.74	9.94	6.60	2.08
大同市	Datong City	20.42	11.32	6.37	2.84	1.10	1.01
阳泉市	Yangquan City	12.93	6.61	3.67	1.63	0.85	0.46
长治市	Changzhi City	23.87	18.55	6.22	3.24	3.42	1.08
晋城市	Jincheng City	20.05	15.60	5.24	2.41	3.76	0.59
朔州市	Shuozhou City	11.31	9.06	3.06	1.09	0.89	0.37
晋中市	Jinzhong City	19.21	13.42	4.95	3.45	1.04	0.77
运城市	Yuncheng City	18.40	10.40	5.70	2.60	1.50	0.60
忻州市	Xinzhou City	11.77	8.16	2.79	1.88	0.48	0.59
临汾市	Linfen City	29.26	19.50	8.25	3.33	2.22	0.82
吕梁市	Luliang City	18.65	13.00	6.23	2.04	1.12	0.51
内蒙古自治区	**Inner Mongolia**	**335.09**	**206.98**	**48.45**	**78.27**	**19.36**	**10.07**
呼和浩特市	Hohhot City	49.34	31.39	5.73	12.44	2.96	1.94
包头市	Baotou City	61.20	44.09	11.58	14.64	2.24	1.53
乌海市	Wuhai City	9.35	7.45	2.71	1.92	0.38	0.36
赤峰市	Chifeng City	19.99	12.96	3.08	5.38	0.78	0.46
通辽市	Tongliao City	18.58	10.74	2.01	5.01	0.53	0.44
鄂尔多斯市	Erdos City	46.12	40.09	11.14	12.74	7.90	1.25
呼伦贝尔市	Hulunbuir City	22.23	13.88	3.67	4.20	0.53	0.86
巴彦淖尔市	Bayannur City	13.55	10.07	1.76	4.96	0.71	0.45
乌兰察布市	Ulanqab City	12.97	9.37	2.85	4.08	0.13	0.39
兴安盟	Xingan League	6.34	3.03	0.64	1.49	0.06	0.21
锡林郭勒盟	Xilingol League	13.47	5.87	1.83	3.32	0.30	0.32
阿拉善盟	Alxa League	5.13	3.62	1.26	1.59	0.27	0.13
其他	Others						
辽宁省	**Liaoning**	**675.30**	**528.40**	**113.06**	**164.68**	**72.20**	**32.81**
沈阳市	Shenyang City	138.14	114.80	23.10	50.14	14.18	8.43
大连市	Dalian City	151.42	88.74	12.61	36.49	9.23	5.94
鞍山市	Anshan City	55.25	37.42	2.08	7.81	11.27	1.80
抚顺市	Fushun City	22.28	13.34	3.34	4.33	0.82	0.96
本溪市	Benxi City	21.81	13.85	5.23	3.42	0.93	0.86
丹东市	Dandong City	16.82	10.62	2.01	3.95	0.73	0.74
锦州市	Jinzhou City	17.26	11.92	2.49	4.80	0.74	0.74
营口市	Yingkou City	16.35	11.22	2.60	4.07	0.94	0.54
阜新市	Fuxin City	7.43	4.83	1.07	2.06	0.19	0.31
辽阳市	Liaoyang City	17.43	9.17	2.49	2.84	0.53	0.74

3-9 续表 2 continued

地　区	Region	地方财政收入 (亿元) Government Revenue (100 million yuan)	#各项税收 Taxes	#增值税 Value-added Tax	#营业税 Business Tax	#企业所得税 Company Income Tax	#个人所得税 Personal Income Tax
盘锦市	Panjin City	21.54	16.11	6.18	2.87	1.48	0.94
铁岭市	Tieling City	12.79	7.29	1.68	2.51	0.45	0.52
朝阳市	Chaoyang City	10.94	7.20	2.14	2.05	0.65	0.53
葫芦岛市	Huludao City	17.19	11.33	3.42	2.99	0.92	0.62
吉林省	**Jilin**	**207.15**	**150.20**	**39.53**	**47.59**	**13.92**	**11.12**
长春市	Changchun City	61.13	43.30	7.94	11.13	4.88	3.43
吉林市	Jilin City	23.54	16.80	3.75	3.43	1.31	1.08
四平市	Siping City	7.19	4.90	1.13	1.07	0.22	0.44
辽源市	Liaoyuan City	4.18	2.30	0.53	0.76	0.13	0.16
通化市	Tonghua City	9.21	6.50	1.37	1.16	0.75	0.45
白山市	Baishan City	5.16	3.90	0.82	0.94	0.29	0.34
松原市	Songyuan City	11.18	8.30	3.39	1.39	0.39	0.44
白城市	Baicheng City	5.03	3.90	1.55	0.78	0.14	0.20
延边朝鲜族自治州	Yanbian Korean A.P	13.43	9.00	1.53	2.43	0.47	0.61
其他	Others						
黑龙江省	**Heilongjiang**	**318.20**	**178.71**	**85.02**	**59.56**	**18.58**	**15.56**
哈尔滨市	Harbin City	98.04	53.60	12.70	29.20	7.10	4.60
齐齐哈尔市	Qiqihar City	15.81	8.68	2.64	2.49	0.48	0.69
鸡西市	Jixi City	7.12	5.93	2.60	0.90	0.30	0.40
鹤岗市	Hegang City	5.66	3.86	1.83	0.70	0.63	0.24
双鸭山市	Shuangyashan City	5.11	3.92	1.32	0.77	0.36	0.25
大庆市	Daqing City	45.86	35.33	4.14	3.98	3.34	2.72
伊春市	Yichun City	2.64	2.00	0.52	0.46	0.10	0.12
佳木斯市	Jiamusi City	5.44	4.25	1.20	1.20	0.20	0.40
七台河市	Qitaihe City	5.88	4.87	2.51	0.50	0.62	0.13
牡丹江市	Mudanjiang City	12.60	9.90	2.94	1.86	0.91	0.73
黑河市	Heihe City	3.10	2.10	0.50	0.50	0.10	0.20
绥化市	Suihua City	8.75	6.85	1.48	1.24	1.67	0.39
大兴安岭地区	Daxinganling Prefecture	1.29	1.03	0.24	0.32	0.02	0.09
其他	Others						
上海市	**Shanghai**	**1433.90**	**1220.39**	**226.12**	**512.93**	**249.15**	**111.92**
黄浦区	Huangpu District	38.68					
卢湾区	Luwan District	23.58					
徐汇区	Xuhui District	43.90					
长宁区	Changning District	36.16					
静安区	Jingan District	30.85					
普陀区	Putuo District	45.02					
闸北区	Zhabei District	30.52					
虹口区	Hongkou District	30.01					
杨浦区	Yangpu District	35.55					
闵行区	Minhang District	61.96					
宝山区	Baoshan District	63.60					
嘉定区	Jiading District	57.82					
浦东新区	Pudong New District	155.31					
金山区	Jinshan District	29.30					

3-9 续表 3 continued

地 区	Region	地方财政收入 (亿元) Government Revenue (100 million yuan)	#各项税收 Taxes	#增值税 Value-added Tax	#营业税 Business Tax	#企业所得税 Company Income Tax	#个人所得税 Personal Income Tax
松江区	Songjiang District	59.21					
青浦区	Qingpu District	51.87					
南汇区	Nanhui District	37.89					
奉贤区	Fengxian District	31.16					
崇明县	Chongming County	18.19					
其他	Others						
江苏省	**Jiangsu**	**1322.68**	**1107.27**	**265.57**	**342.82**	**177.70**	**66.20**
南京市	Nanjing City	211.07	180.48	39.85	59.06	26.25	11.01
无锡市	Wuxi City	181.68	157.36	44.37	41.00	23.99	8.07
徐州市	Xuzhou City	55.22	42.90	13.32	12.19	3.25	1.78
常州市	Changzhou City	94.99	79.85	19.64	21.79	10.69	4.24
苏州市	Suzhou City	316.78	281.07	76.09	81.94	44.86	16.22
南通市	Nantong City	71.99	55.65	16.77	18.84	7.67	3.06
连云港市	Lianyungang City	24.59	19.47	4.26	7.25	2.25	0.97
淮安市	Huaian City	26.77	21.82	6.15	6.13	1.90	0.95
盐城市	Yancheng City	37.89	29.61	7.56	9.17	2.40	1.43
扬州市	Yangzhou City	49.55	38.98	11.46	11.42	3.46	1.60
镇江市	Zhenjiang City	47.14	37.19	11.75	10.44	3.73	1.75
泰州市	Taizhou City	46.91	37.20	12.01	8.37	4.72	1.55
宿迁市	Suqian City	13.77	9.42	1.56	4.01	0.56	0.44
浙江省	**Zhejiang**	**1066.60**	**976.01**	**204.23**	**324.33**	**167.90**	**66.12**
杭州市	Hangzhou City	250.46	244.45	45.51	85.57	45.20	14.29
宁波市	Ningbo City	212.38	198.73	46.16	59.75	37.83	15.34
温州市	Wenzhou City	109.61	98.46	21.05	28.64	14.81	5.85
嘉兴市	Jiaxing City	66.79	65.71	16.25	21.49	8.64	4.05
湖州市	Huzhou City	39.73	36.72	8.17	12.35	4.35	2.06
绍兴市	Shaoxing City	76.13	72.08	16.99	21.98	10.93	4.30
金华市	Jinhua City	68.04	61.02	12.78	20.92	7.61	3.96
衢州市	Quzhou City	20.01	17.56	2.88	7.01	1.34	0.86
舟山市	Zhoushan City	18.21	17.96	2.09	8.59	1.63	0.93
台州市	Taizhou City	72.33	63.84	15.73	17.50	10.73	4.48
丽水市	Lishui City	20.01	16.83	3.16	6.01	1.75	1.52
安徽省	**Anhui**	**334.00**	**244.55**	**57.72**	**78.10**	**30.08**	**12.50**
合肥市	Hefei City	57.64	55.06	11.11	21.65	5.39	1.92
芜湖市	Wuhu City	27.83	23.83	5.49	7.43	2.02	0.51
蚌埠市	Bengbu City	12.83	11.00	2.49	4.10	0.71	0.39
淮南市	Huainan City	15.45	13.61	5.46	3.52	0.89	0.37
马鞍山市	Maanshan City	26.01	22.90	8.61	5.57	1.87	0.67
淮北市	Huaibei City	11.30	9.94	4.00	2.30	0.62	0.29
铜陵市	Tongling City	9.86	8.97	3.40	2.36	0.62	0.20
安庆市	Anqing City	19.55	13.56	3.07	4.48	0.73	0.52
黄山市	Huangshan City	8.56	6.10	0.72	3.10	0.33	0.23
滁州市	Chuzhou City	12.00	9.22	2.62	3.02	0.46	0.32
阜阳市	Fuyang City	11.40	8.64	2.07	3.41	0.23	0.42
宿州市	Suzhou City	7.01	4.65	1.51	1.43	0.09	0.26

3-9 续表 4 continued

地 区	Region	地方财政收入 (亿元) Government Revenue (100 million yuan)	#各项税收 Taxes	#增值税 Value-added Tax	#营业税 Business Tax	#企业所得税 Company Income Tax	#个人所得税 Personal Income Tax
巢湖市	Chaohu City	10.43	8.11	2.07	2.87	0.29	0.42
六安市	Liuan City	11.58	6.96	1.25	2.99	0.20	0.44
亳州市	Bozhou City	5.73	3.85	0.82	1.59	0.19	0.23
池州市	Chizhou City	7.03	5.04	1.01	1.99	0.28	0.16
宣城市	Xuancheng City	11.25	8.48	2.04	2.98	0.51	0.32
其他	Others						
福建省	**Fujian**	**432.60**	**357.20**	**73.17**	**124.61**	**54.26**	**27.41**
福州市	Fuzhou City	97.45	83.79	14.32	34.08	9.38	5.68
厦门市	Xiamen City	99.01	90.15	19.62	33.90	13.62	6.58
莆田市	Putian City	14.56	11.62	3.23	3.20	1.61	0.76
三明市	Sanming City	19.33	16.59	4.82	4.28	1.24	1.05
泉州市	Quanzhou City	76.11	63.96	15.84	17.68	10.29	6.13
漳州市	Zhangzhou City	26.96	21.04	5.93	6.37	2.44	1.39
南平市	Nanping City	15.08	11.72	2.76	4.06	0.79	0.64
龙岩市	Longyan City	20.83	18.15	4.85	4.57	1.84	1.25
宁德市	Ningde City	12.65	9.99	1.77	4.02	0.89	0.61
江西省	**Jiangxi**	**252.92**	**170.72**	**33.87**	**62.84**	**17.41**	**11.26**
南昌市	Nanchang City	58.28	44.12	6.03	20.14	4.84	2.25
景德镇市	Jingdezhen City	8.44	6.26	1.47	2.30	0.42	0.29
萍乡市	Pingxiang City	11.92	9.05	2.24	3.35	0.85	0.44
九江市	Jiujiang City	22.45	14.75	3.40	5.64	1.05	0.90
新余市	Xinyu City	10.53	7.26	1.25	2.52	0.49	0.36
鹰潭市	Yingtan City	6.71	6.03	2.26	1.73	0.23	0.27
赣州市	Ganzhou City	25.90	17.74	3.85	6.56	1.57	1.25
吉安市	Jian City	17.84	10.56	2.01	4.52	0.51	0.71
宜春市	Yichun City	18.16	13.72	3.03	4.85	0.87	0.78
抚州市	Fuzhou City	10.19	6.36	1.08	3.35	0.50	0.51
上饶市	Shangrao City	21.69	14.90	2.30	6.23	1.08	0.85
山东省	**Shandong**	**1073.13**	**826.46**	**193.00**	**217.79**	**110.83**	**38.89**
济南市	Jinan City	106.15	80.72	15.91	27.76	11.65	3.82
青岛市	Qingdao City	176.41	156.02	26.57	49.56	21.98	8.13
淄博市	Zibo City	64.13	48.69	10.99	10.14	8.39	1.68
枣庄市	Zaozhuang City	28.17	20.62	4.95	3.09	2.27	0.50
东营市	Dongying City	38.55	30.98	4.47	7.86	3.00	1.52
烟台市	Yantai City	87.04	65.62	15.46	17.12	7.98	2.28
潍坊市	Weifang City	70.72	56.09	14.66	11.48	5.13	1.56
济宁市	Jining City	66.51	49.54	13.45	8.46	8.83	1.76
泰安市	Taian City	40.63	28.03	6.46	5.01	1.91	0.77
威海市	Weihai City	57.55	43.61	6.13	9.51	3.85	0.95
日照市	Rizhao City	14.76	11.67	2.52	4.29	1.11	0.33
莱芜市	Laiwu City	14.56	12.95	4.59	2.47	1.74	0.33
临沂市	Linyi City	49.11	33.59	7.15	7.80	3.47	1.23
德州市	Dezhou City	30.70	18.94	3.81	5.31	1.75	0.64
聊城市	Liaocheng City	26.25	17.93	3.85	4.98	2.40	0.76
滨州市	Binzhou City	32.11	24.76	8.12	4.38	2.60	0.60
菏泽市	Heze City	21.15	14.74	2.98	4.25	1.12	0.51

3-9 续表 5 continued

地　区	Region	地方财政收入 (亿元) Government Revenue (100 million yuan)	#各项税收 Taxes	#增值税 Value-added Tax	#营业税 Business Tax	#企业所得税 Company Income Tax	#个人所得税 Personal Income Tax
河南省	**Henan**	**537.65**	**365.67**	**87.97**	**111.60**	**51.56**	**22.05**
郑州市	Zhengzhou City	136.13	92.15	17.84	38.36	14.69	6.49
开封市	Kaifeng City	13.98	7.99	1.56	3.34	0.40	0.59
洛阳市	Luoyang City	60.96	37.87	10.18	11.44	6.66	2.64
平顶山市	Pingdingshan City	29.08	19.33	7.75	5.06	2.06	1.04
安阳市	Anyang City	29.01	19.35	7.44	5.32	1.02	1.18
鹤壁市	Hebi City	8.11	4.34	1.49	1.33	0.31	0.28
新乡市	Xinxiang City	25.37	14.92	4.28	5.50	1.68	1.06
焦作市	Jiaozuo City	30.25	18.25	6.16	6.39	1.83	0.90
濮阳市	Puyang City	15.35	9.26	3.51	2.64	0.58	0.77
许昌市	Xuchang City	19.96	12.67	3.21	4.19	1.05	0.79
漯河市	Luohe City	13.21	7.74	2.08	2.34	1.12	0.66
三门峡市	Sanmenxia City	16.63	10.74	3.53	2.96	1.29	0.93
南阳市	Nanyang City	28.83	17.11	5.00	6.34	1.02	1.34
商丘市	Shangqiu City	16.56	11.27	3.16	3.67	1.26	0.75
信阳市	Xinyang City	13.44	7.91	1.52	4.02	0.22	0.73
周口市	Zhoukou City	13.34	6.85	1.56	3.15	0.28	0.78
驻马店市	Zhumadian City	12.53	7.47	1.77	2.90	0.52	0.81
其他	Others	8.29	6.14	2.35	1.29	1.19	0.32
湖北省	**Hubei**	**375.52**	**213.76**	**65.91**	**91.33**	**39.06**	**17.46**
武汉市	Wuhan City	117.09	77.41	21.42	36.14	15.47	4.38
黄石市	Huangshi City	11.96	5.92	3.22	1.99	0.50	0.21
十堰市	Shiyan City	11.37	6.82	2.97	2.78	0.70	0.37
宜昌市	Yichang City	22.53	11.72	3.61	6.07	1.18	0.86
襄樊市	Xiangfan City	18.40	7.80	3.56	3.39	0.76	0.09
鄂州市	Ezhou City	4.93	2.30	1.15	0.84	0.21	0.10
荆门市	Jingmen City	9.34	3.22	1.13	1.58	0.29	0.22
孝感市	Xiaogan City	10.78	3.82	1.36	1.74	0.52	0.20
荆州市	Jingzhou City	12.05	4.99	1.60	2.49	0.60	0.30
黄冈市	Huanggang City	13.14	3.54	1.12	1.65	0.45	0.32
咸宁市	Xianning City	7.43	2.19	0.82	1.00	0.23	0.14
随州市	Suizhou City	4.25	1.64	0.58	0.85	0.11	0.10
恩施土家族苗族自治州	Enshi Tujia & Miao A.P	8.34	2.75	0.84	1.62	0.13	0.16
其他	Others	9.26	3.16	1.40	1.36	0.19	0.21
湖南省	**Hunan**	**395.27**	**267.87**	**58.93**	**94.25**	**21.83**	**16.76**
长沙市	Changsha City	108.06	86.30	9.82	36.95	4.75	4.11
株洲市	Zhuzhou City	24.56	15.51	4.56	5.39	0.71	0.94
湘潭市	Xiangtan City	14.99	8.54	2.06	2.61	0.50	0.61
衡阳市	Hengyang City	20.08	12.14	2.47	4.16	0.66	0.91
邵阳市	Shaoyang City	14.26	7.63	1.72	2.67	0.28	0.69
岳阳市	Yueyang City	24.50	13.99	3.92	4.87	0.74	0.60
常德市	Changde City	24.73	16.14	2.35	4.82	0.66	0.74
张家界市	Zhangjiajie City	4.84	3.32	0.39	1.51	0.24	0.19
益阳市	Yiyang City	9.24	5.54	1.38	2.07	0.35	0.36
郴州市	Chenzhou City	27.36	16.90	4.17	4.29	0.44	0.77
永州市	Yongzhou City	12.92	7.60	1.42	2.35	0.20	0.60

3-9 续表 6 continued

地 区	Region	地方财政收入 (亿元) Government Revenue (100 million yuan)	#各项税收 Taxes	#增值税 Value-added Tax	#营业税 Business Tax	#企业所得税 Company Income Tax	#个人所得税 Personal Income Tax
怀化市	Huaihua City	11.01	7.33	1.47	2.91	0.26	0.43
娄底市	Loudi City	12.27	7.44	2.01	2.22	0.26	0.48
湘西土家族苗族自治州	West Hunan Tujia A.P	5.92	4.75	1.47	1.44	0.15	0.30
其他	Others						
广东省	**Guangdong**	**1807.20**	**1526.97**	**323.59**	**555.77**	**236.45**	**132.43**
广州市	Guangzhou City	371.26	309.66	81.61	89.27	37.34	19.80
韶关市	Shaoguan City	19.90	16.77	6.47	3.47	0.84	0.67
深圳市	Shenzhen City	412.38	346.51	73.85	153.89	55.35	39.40
珠海市	Zhuhai City	48.97	40.62	13.03	10.87	4.39	1.95
汕头市	Shantou City	29.44	22.26	6.47	4.93	2.29	1.21
佛山市	Foshan City	130.85	113.45	31.87	24.76	12.99	5.80
江门市	Jiangmen City	41.63	34.44	11.54	7.96	3.36	1.50
湛江市	Zhanjiang City	23.97	16.63	5.53	5.20	0.76	1.01
茂名市	Maoming City	21.26	14.67	5.38	2.77	0.56	0.53
肇庆市	Zhaoqing City	20.44	13.45	3.55	3.94	0.79	0.77
惠州市	Huizhou City	34.72	29.13	7.80	9.35	2.58	2.41
梅州市	Meizhou City	15.18	13.07	4.59	2.49	0.82	0.53
汕尾市	Shanwei City	7.09	4.21	0.89	1.24	0.32	0.22
河源市	Heyuan City	8.52	6.82	1.68	2.37	0.58	0.33
阳江市	Yangjiang City	8.70	7.47	2.36	1.98	0.59	0.41
清远市	Qingyuan City	13.25	11.08	3.29	3.66	0.73	0.45
东莞市	Dongguan City	103.97	87.97	29.50	22.72	9.98	5.52
中山市	ZhongShan City	54.26	47.96	15.67	12.91	3.80	2.33
潮州市	Chaozhou City	8.64	8.15	2.95	1.58	0.87	0.44
揭阳市	Jieyang City	11.19	5.86	2.77	1.60	1.12	0.37
云浮市	Yunfu City	9.33	5.99	1.76	1.75	0.52	0.52
广西壮族自治区	**Guangxi**	**283.04**	**190.71**	**39.33**	**68.38**	**18.54**	**14.58**
南宁市	Nanning City	45.20	36.79	4.15	11.89	4.81	2.17
柳州市	Liuzhou City	28.18	20.62	5.93	4.54	2.21	0.98
桂林市	Guilin City	24.78	17.07	3.01	4.97	1.56	1.19
梧州市	Wuzhou City	11.99	5.82	1.07	1.83	0.30	0.32
北海市	Beihai City	10.86	5.43	1.05	1.59	0.28	0.20
防城港市	Fangchenggang City	4.51	2.36	0.43	0.81	0.22	0.13
钦州市	Qinzhou City	9.08	4.96	0.58	1.31	0.18	0.17
贵港市	Guigang City	9.21	5.27	1.08	1.59	0.27	0.27
玉林市	Yulin City	14.86	8.52	1.80	2.17	0.55	0.71
百色市	Baise City	15.23	8.01	2.57	1.76	0.82	0.41
贺州市	Hezhou City	6.95	3.50	0.79	2.35	0.22	0.14
河池市	Hechi City	11.60	6.57	1.61	1.58	0.40	0.51
来宾市	Laibin City	6.64	4.42	1.80	0.79	0.35	0.23
崇左市	Chongzuo City	8.46	4.03	1.10	0.91	0.75	0.18
海南省	**Hainan**	**84.89**	**54.51**	**9.74**	**23.68**	**4.53**	**3.57**
海口市	Haikou City	21.68	13.33	1.44	3.22	0.70	0.46
三亚市	Sanya City	7.31	6.30	0.28	3.65	0.30	0.21
其他	Others	55.90	34.88	8.02	16.81	3.53	2.90

3-9 续表 7 continued

地　区	Region	地方财政收入 (亿元) Government Revenue (100 million yuan)	#各项税收 Taxes	#增值税 Value-added Tax	#营业税 Business Tax	#企业所得税 Company Income Tax	#个人所得税 Personal Income Tax
重庆市	**Chongqing**	**394.96**	**176.99**	**33.65**	**70.20**	**13.98**	**10.67**
万州区	Wanzhou District	6.80	4.00	0.75	1.34	0.23	0.22
涪陵区	Fuling District	6.79	4.91	1.38	1.18	0.32	0.23
渝中区	Yuzhong District	11.12	9.67	0.86	4.42	0.63	0.76
大渡口区	Dadukou District	3.72	2.44	0.78	0.56	0.17	0.06
江北区	Jiangbei District	10.62	6.93	0.77	2.23	0.51	0.27
沙坪坝区	Shapingba District	11.10	6.05	0.71	1.67	0.24	0.24
九龙坡区	Jiulongpo District	9.01	4.86	0.95	1.45	0.27	0.21
南岸区	Nanan District	6.83	4.29	0.47	1.30	0.30	0.18
北碚区	Beibei District	3.08	2.10	0.40	0.55	0.10	0.13
万盛区	Wansheng District	1.23	0.97	0.36	0.19	0.10	0.04
双桥区	Shuangqiao District	0.66	0.40	0.14	0.07	0.03	0.01
渝北区	Yubei District	7.32	6.30	0.37	2.30	0.29	0.25
巴南区	Banan District	4.21	2.34	0.42	0.59	0.10	0.09
黔江区	Qianjiang District	2.44	1.97	0.57	0.51	0.03	0.10
长寿区	Changshou District	4.79	3.20	0.83	0.61	0.21	0.18
其他	Others	305.24	116.56	23.89	51.23	10.44	7.71
四川省	**Sichuan**	**479.66**	**361.65**	**71.07**	**134.76**	**39.94**	**22.08**
成都市	Chengdu City	141.45	97.28	16.05	38.05	11.97	5.26
自贡市	Zigong City	8.41	4.52	1.09	1.47	0.40	0.39
攀枝花市	Panzhihua City	18.68	12.42	5.25	2.88	0.77	0.76
泸州市	Luzhou City	11.08	6.80	1.59	1.92	0.98	0.57
德阳市	Deyang City	18.69	11.09	3.00	2.51	2.22	0.61
绵阳市	Mianyang City	18.85	10.88	2.55	3.82	1.34	0.79
广元市	Guangyuan City	3.92	2.67	0.76	0.98	0.19	0.23
遂宁市	Suining City	4.78	2.87	0.56	0.98	0.31	0.25
内江市	Neijiang City	7.57	4.55	1.35	1.37	0.36	0.38
乐山市	Leshan City	13.42	8.84	2.54	2.73	1.00	0.59
南充市	Nanchong City	9.11	4.82	0.71	2.01	0.19	0.47
眉山市	Meishan City	7.08	3.70	1.04	1.02	0.44	0.29
宜宾市	Yibin City	14.92	11.01	2.83	2.25	3.36	0.50
广安市	Guangan City	7.88	3.47	0.87	1.12	0.25	0.29
达州市	Dazhou City	8.71	4.79	1.22	1.74	0.23	0.53
雅安市	Yaan City	4.54	3.18	1.03	1.00	0.43	0.23
巴中市	Bazhong City	2.55	1.41	0.23	0.67	0.09	0.14
资阳市	Ziyang City	6.38	2.74	0.64	0.88	0.17	0.28
阿坝藏族羌族自治州	Aba Zang & Qiang A.P	5.73	3.69	1.05	1.64	0.52	0.17
甘孜藏族自治州	Ganzi Zang A.P	2.66	1.93	0.45	0.95	0.23	0.19
凉山彝族自治州	Liangshan Yi A.P	14.77	9.22	2.51	3.20	0.65	0.57
贵州省	**Guizhou**	**182.50**	**137.30**	**31.37**	**46.31**	**16.08**	**8.90**
贵阳市	Guiyang City	49.80	37.62	6.30	15.25	4.91	3.54
六盘水市	Liupanshui City	13.23	9.34	2.48	3.68	0.47	0.87
遵义市	Zunyi City	22.16	18.26	3.23	5.83	1.08	1.07
安顺市	Anshun City	7.44	3.55	0.89	2.10	0.22	0.14
铜仁地区	Tongren Prefecture	7.19	3.30	0.58	1.96	0.05	0.09
黔西南布依族苗族自治州	Southwest Guizhou Buyi & Miao A.P	8.28	4.39	1.06	2.62	0.47	0.32

3-9 续表 8 continued

地 区	Region	地方财政收入 (亿元) Government Revenue (100 million yuan)	#各项税收 Taxes	#增值税 Value-added Tax	#营业税 Business Tax	#企业所得税 Company Income Tax	#个人所得税 Personal Income Tax
毕节地区	Bijie Prefecture	14.84	10.95	2.11	2.82	0.19	0.86
黔东南苗族侗族自治州	Southeast Guizhou Miao & Dong A.P	7.73	3.84	0.77	2.79	0.08	0.31
黔南布依族苗族自治州	South Guizhou Buyi & Miao A.P	9.55	5.65	1.39	2.64	0.33	0.51
云南省	**Yunnan**	**321.65**	**246.15**	**56.02**	**67.64**	**33.35**	**11.94**
昆明市	Kunming City	90.67	69.23	19.69	25.28	5.33	1.74
曲靖市	Qujing City	29.45	23.88	7.76	5.88	1.23	0.40
玉溪市	Yuxi City	31.23	25.51	8.95	3.73	2.49	0.31
保山市	Baoshan City	6.53	4.77	1.13	1.76	0.22	0.12
昭通市	Zhaotong City	8.52	6.51	1.99	1.71	0.28	0.09
丽江市	Lijiang City	4.06	3.01	0.58	1.56	0.12	0.07
思茅市	Simao City	6.23	4.07	1.28	1.76	0.11	0.09
临沧市	Lincang City	4.60	2.93	1.01	1.19	0.06	0.09
楚雄彝族自治州	Chuxiong Yi A.P	12.29	9.18	2.65	2.29	0.53	0.15
红河哈尼族彝族自治州	Honghe Hani & Yi A.P	25.00	17.96	5.65	4.69	1.00	0.27
文山壮族苗族自治州	Wenshan Zhuang & Miao A.P	7.09	5.26	1.13	2.22	0.22	0.12
西双版纳傣族自治州	Xishuangbanna Dai A.P	3.64	2.59	0.39	1.68	0.05	0.06
大理白族自治州	Dali Bai A.P	15.75	10.12	2.33	3.36	0.41	0.21
德宏傣族景颇族自治州	Dehong Dai & Jingpo A.P	4.06	2.51	0.80	1.16	0.06	0.09
怒江傈僳族自治州	Nujiang Lisu A.P	2.01	1.18	0.42	0.52	0.07	0.03
迪庆藏族自治州	Diqing Zang A.P	1.39	1.03	0.25	0.64	0.02	0.02
西藏自治区	**Tibet A.R.**	**12.03**	**8.15**	**1.18**	**4.87**	**0.89**	**0.45**
拉萨市	Lhasa City	3.22	2.83	0.64	1.54	0.13	0.26
昌都地区	Qamdu Prefecture	1.04	0.71	0.06	0.54	0.07	0.02
山南地区	Lhokha Prefecture	1.54	0.90	0.17	0.56	0.07	0.04
日喀则地区	Xigaze Prefecture	1.53	0.95	0.09	0.69	0.10	0.04
那曲地区	Narqu Prefecture	1.01	0.46	0.04	0.36	0.04	0.01
阿里地区	Ngri Prefecture	0.61	0.39	0.03	0.30	0.01	0.03
林芝地区	Nyingchi Prefecture	1.29	0.68	0.14	0.44	0.04	0.04
其他	Others						
陕西省	**Shaanxi**	**275.32**	**206.62**	**55.34**	**69.27**	**20.59**	**10.22**
西安市	Xian City	73.05	57.58	9.80	22.22	4.98	2.96
铜川市	Tongchuan City	3.02	2.08	0.54	0.59	0.03	0.07
宝鸡市	Baoji City	11.97	10.16	2.78	2.21	0.35	0.26
咸阳市	Xianyang City	10.78	6.91	1.89	2.20	0.36	0.34
渭南市	Weinan City	9.01	7.89	3.36	1.80	0.50	0.24
延安市	Yanan City	45.08	19.68	7.06	3.84	2.45	0.30
汉中市	Hanzhong City	6.40	4.69	1.29	1.80	0.13	0.19
榆林市	Yulin City	23.84	20.76	7.65	4.76	1.27	0.53
安康市	Ankang City	3.46	2.93	0.54	1.09		0.11
商洛市	Shangluo City	2.46	1.98	0.33	0.68		0.08
其他	Others	0.98	0.84	0.09	0.31	0.01	0.02
甘肃省	**Gansu**	**123.50**	**91.96**	**25.33**	**31.59**	**8.43**	**5.18**
兰州市	Lanzhou City	28.93	20.74	2.38	10.40	1.46	0.73
嘉峪关市	Jiayuguan City	4.01	3.03	0.85	0.98	0.33	0.10

3-9 续表 9 continued

地 区	Region	地方财政收入 (亿元) Government Revenue (100 million yuan)	#各项税收 Taxes	#增值税 Value-added Tax	#营业税 Business Tax	#企业所得税 Company Income Tax	#个人所得税 Personal Income Tax
金昌市	Jinchang City	4.29	2.43	0.89	0.73	0.07	0.12
白银市	Baiyin City	4.71	2.90	0.75	1.03	0.21	0.13
天水市	Tianshui City	5.01	3.49	0.87	1.23	0.24	0.09
武威市	Wuwei City	2.53	1.69	0.33	0.98	0.09	0.07
张掖市	Zhangye City	3.26	2.01	0.43	1.21	0.09	0.09
平凉市	Pingliang City	5.10	3.25	1.09	1.16	0.29	0.10
酒泉市	Jiuquan City	4.25	2.47	0.35	1.15	0.16	0.12
庆阳市	Qingyang City	6.72	4.27	2.18	1.04	0.08	0.12
定西市	Dingxi City	2.51	1.46	0.30	0.83	0.07	0.07
陇南市	Longnan City	2.69	1.68	0.70	0.55	0.13	0.05
临夏回族自治州	Linxia Hui A.P	1.90	1.07	0.37	0.43	0.04	0.05
甘南藏族自治州	Gannan Zang A.P	1.19	0.66	0.10	0.33	0.13	0.02
青海省	**Qinghai**	**33.82**	**24.86**	**7.84**	**10.02**	**2.54**	**1.03**
西宁市	Xining City	11.79	10.04	1.92	4.41	0.34	0.41
海东地区	Haidong Prefecture	2.26	2.12	0.19	0.98	0.02	0.05
海北藏族自治州	Haibei Zang A.P	0.79	0.57			0.01	
黄南藏族自治州	Huangnan Zang AP	0.70	0.60	0.20	0.23	0.02	0.02
海南藏族自治州	Hainan Zang A.P	1.01	0.76	0.12	0.49	0.01	0.03
果洛藏族自治州	Golog Zang A.P	0.17	0.09	0.01	0.07		
玉树藏族自治州	Yushu Zang A.P	0.27	0.18	0.01	0.13		0.02
海西蒙古族藏族自治州	Haixi Mongolian & Zang A.P	6.16	5.40	1.36	1.01	0.73	
宁夏回族自治区	**Ningxia**	**47.71**	**36.81**	**8.73**	**15.78**	**2.61**	**2.22**
银川市	Yinchuan City	18.16	14.32	1.96	8.14	0.89	0.64
石嘴山市	Shizuishan City	7.29	4.87	2.12	1.45	0.12	0.16
吴忠市	Wuzhong City	5.02	3.79	1.15	1.71	0.15	0.18
固原市	Guyuan City	1.40	0.97	0.11	0.63	0.04	0.05
中卫市	Zhongwei City	2.76	1.99	0.54	1.03	0.06	0.08
新疆维吾尔自治区	**Xinjiang**	**180.32**	**142.66**	**42.94**	**47.67**	**7.58**	**9.31**
乌鲁木齐市	Urumqi City	51.40	38.48	8.43	18.88	2.02	3.19
克拉玛依市	Karamay City	23.30	20.27	10.51	3.64	0.89	1.26
吐鲁番地区	Turpan Prefecture	5.78	4.55	2.55	0.92	0.15	0.34
哈密地区	Hami Prefecture	3.75	2.86	0.88	1.24	0.16	0.29
昌吉回族自治州	Changji Hui A.P	11.71	9.00	3.56	3.27	0.28	0.65
博尔塔拉蒙古自治州	Bortala Mongolian A.P	3.39	2.74	1.14	1.13	0.13	0.16
巴音郭楞蒙古自治州	Bayingolin Mongolian A.P	12.84	10.11	3.46	4.21	0.24	0.74
阿克苏地区	Aksu Prefecture	13.38	10.72	5.37	2.64	0.39	0.51
克孜勒苏柯尔克孜自治州	Kizilsu Kirgiz A.P	0.78	0.53	0.09	0.35	0.01	0.05
喀什地区	Kashi Prefecture	5.57	3.79	0.80	1.90	0.19	0.46
和田地区	Hotan Prefecture	2.34	1.49	0.29	0.85	0.03	0.18
伊犁州直属县（市）	Counties(Cities) Direct Under Ili Prefecture	9.50	7.08	1.68	3.31	0.33	0.68
塔城地区	Tacheng Prefecture	6.98	5.19	2.65	1.52	0.14	0.25
阿勒泰地区	Altay Prefecture	2.88	2.08	0.51	1.22	0.05	0.14
石河子市	Shihezi City	4.21	3.40	0.84	1.57	0.13	0.33
阿拉尔市	Alar City						
图木舒克市	Tumxuk City						
五家渠市	Wujiaqu City						

3-10 地方财政支出(2005年)

Local Government Expenditure(2005)

地　区	Region	地方财政支出 (亿元) Government Expenditure (100 million yuan)	#基建支出 Capital Construction	#支农支出 Expenditure for Agriculture	#教育事业费 Expenditure for Operating Expenses of Education	#社会保障补助支出 Expenditure on Subsidies to Social Security Programs
北京市	**Beijing**	**1058.31**	**84.43**	**42.64**	**145.87**	**25.10**
东城区	Dongcheng District	34.52	4.08	3.00	4.67	0.50
西城区	Xicheng District	41.95	4.70	3.00	5.02	0.41
崇文区	Chongwen District	19.99	0.61	3.00	2.57	0.43
宣武区	Xuanwu District	26.28	2.47	3.00	2.91	0.28
朝阳区	Chaoyang District	59.62	3.95	1.97	9.75	1.41
丰台区	Fengtai District	32.40	1.16	1.15	6.00	0.40
石景山区	Shijingshan District	16.89	3.04	0.41	1.89	0.27
海淀区	Haidian District	81.05	8.96	1.99	12.05	1.35
门头沟区	Mentougou District	19.57	4.47	1.58	2.22	0.23
房山区	Fangshan District	31.28	2.22	3.28	4.90	0.41
通州区	Tongzhou District	25.22	2.73	2.67	3.60	0.37
顺义区	Shunyi District	31.17	2.45	3.26	4.07	0.50
昌平区	Changping District	25.68	2.06	3.13	3.91	0.35
大兴区	Daxing District	26.64	2.83	2.92	4.38	0.52
怀柔区	Huairou District	22.34	1.42	3.02	2.65	0.25
平谷区	Pinggu District	20.61	2.39	2.03	2.84	0.12
密云县	Miyun County	23.93	2.65	3.31	3.12	0.15
延庆县	Yanqing County	16.96	1.68	2.40	2.45	0.27
其他	Others					
天津市	**Tianjin**	**442.12**	**73.23**	**12.85**	**67.20**	**37.21**
和平区	Heping District	11.02	2.07		2.77	0.08
河东区	Hedong District	8.95			2.83	0.16
河西区	Hexi District	9.82	0.10		3.03	0.14
南开区	Nankai District	10.33	0.10		2.78	0.18
河北区	Hebei District	8.05	0.05		2.64	0.11
红桥区	Hongqiao District	6.06			2.09	0.14
塘沽区	Tanggu District	14.70	2.31	0.25	3.09	0.54
汉沽区	Hangu District	3.74	0.03	0.15	1.00	0.07
大港区	Dagang District	9.61	1.20	0.29	3.44	0.11
东丽区	Dongli District	10.47	0.78	0.38	1.91	0.03
西青区	Xiqing District	15.45	6.56	0.33	1.60	0.03
津南区	Jinnan District	10.10	2.47	0.41	1.76	0.06
北辰区	Beichen District	11.31	2.69	0.35	2.06	0.05
武清区	Wuqing District	14.52	0.03	1.42	3.62	0.01
宝坻区	Baodi District	7.42		0.52	2.55	0.12
宁河县	Ninghe County	5.59	2.00	0.36	1.51	0.02
静海县	Jinghai County	7.07		0.77	2.20	0.02
蓟县	Ji County	8.30	0.17	0.44	2.60	0.11
其他	Others					
河北省	**Hebei**	**979.16**	**73.58**	**32.27**	**170.54**	**72.51**
石家庄市	Shijiazhuang City	108.16	6.93	3.31	24.09	4.44
唐山市	Tangshan City	127.79	10.63	5.25	20.82	8.42
秦皇岛市	Qinhuangdao City	44.08	2.80	1.27	8.07	1.64
邯郸市	Handan City	83.84	7.15	2.97	17.02	3.86

3-10 续表 1 continued

地 区	Region	地方财政支出 (亿元) Government Expenditure (100 million yuan)	#基建支出 Capital Construction	#支农支出 Expenditure for Agriculture	#教育事业费 Expenditure for Operating Expenses of Education	#社会保障补助支出 Expenditure on Subsidies to Social Security Programs
邢台市	Xingtai City	51.88	2.71	2.31	11.98	1.46
保定市	Baoding City	86.11	4.46	2.91	18.51	3.31
张家口市	Zhangjiakou City	58.70	8.53	1.95	8.98	3.31
承德市	Chengde City	48.52	5.64	1.88	10.02	1.66
沧州市	Cangzhou City	62.97	2.70	2.86	16.25	1.86
廊坊市	Langfang City	47.98	3.09	2.00	12.00	1.42
衡水市	Hengshui City	39.30	1.98	1.89	8.88	0.86
其他	Others					
山西省	**Shanxi**	**668.75**	**50.54**	**22.84**	**102.09**	**56.09**
太原市	Taiyuan City	71.84	2.52	1.44	9.28	6.48
大同市	Datong City	46.90	0.19	4.47	8.70	3.47
阳泉市	Yangquan City	20.04	0.34	1.23	3.89	1.64
长治市	Changzhi City	43.53		2.24	9.29	2.02
晋城市	Jincheng City	31.32		1.82	6.87	1.17
朔州市	Shuozhou City	20.34	0.03	2.83	4.43	0.79
晋中市	Jinzhong City	39.45	0.70	1.88	7.74	2.91
运城市	Yuncheng City	43.57	1.48	2.10	8.90	1.60
忻州市	Xinzhou City	37.19		1.72	7.17	2.44
临汾市	Linfen City	57.27	3.17	2.53	9.35	2.21
吕梁市	Luliang City	45.27	0.09	5.02	10.37	1.70
内蒙古自治区	**Inner Mongolia**	**734.61**	**110.68**	**24.21**	**78.66**	**32.46**
呼和浩特市	Hohhot City	72.12	7.27	4.03	7.73	3.17
包头市	Baotou City	77.86	8.79	2.09	7.24	4.46
乌海市	Wuhai City	14.47	4.00	0.26	1.12	1.15
赤峰市	Chifeng City	73.28	10.53	2.78	13.88	2.05
通辽市	Tongliao City	53.55	9.80	6.08	7.69	1.71
鄂尔多斯市	Erdos City	65.27	17.03	2.82	5.80	1.33
呼伦贝尔市	Hulunbuir City	61.16	11.23	4.19	7.22	2.60
巴彦淖尔市	Bayannur City	35.44	5.06	2.47	5.15	1.65
乌兰察布市	Ulanqab City	45.54	5.06	2.00	5.57	1.53
兴安盟	Xingan League	25.88	3.76	3.35	4.08	1.02
锡林郭勒盟	Xilingol League	37.52	6.48	2.00	3.20	1.17
阿拉善盟	Alxa League	14.50	2.56	0.47	1.16	0.49
其他	Others					
辽宁省	**Liaoning**	**1204.40**	**126.80**	**43.50**	**142.20**	**165.04**
沈阳市	Shenyang City	217.05	6.23	6.78	27.74	37.40
大连市	Dalian City	207.70	41.29	8.60	20.64	17.29
鞍山市	Anshan City	83.14	3.90	2.97	9.34	12.14
抚顺市	Fushun City	50.84	2.10	0.89	5.96	12.00
本溪市	Benxi City	41.15	2.16	0.78	6.26	7.07
丹东市	Dandong City	38.86	2.78	1.11	6.71	7.18
锦州市	Jinzhou City	42.74	2.42	3.07	5.26	6.66
营口市	Yingkou City	36.02	1.78	0.84	5.10	6.04
阜新市	Fuxin City	34.17	2.09	0.77	3.45	12.77
辽阳市	Liaoyang City	34.67	1.71	0.60	4.00	6.97

3-10 续表 2 continued

地 区	Region	地方财政支出 (亿元) Government Expenditure (100 million yuan)	#基建支出 Capital Construction	#支农支出 Expenditure for Agriculture	#教育事业费 Expenditure for Operating Expenses of Education	#社会保障补助支出 Expenditure on Subsidies to Social Security Programs
盘锦市	Panjin City	32.71	2.89	1.08	3.88	3.51
铁岭市	Tieling City	35.33	2.04	1.22	6.07	3.71
朝阳市	Chaoyang City	39.25	1.40	1.30	7.05	5.60
葫芦岛市	Huludao City	36.59	1.13	0.96	4.53	5.61
吉林省	**Jilin**	**631.12**	**50.49**	**21.39**	**74.15**	**104.89**
长春市	Changchun City	121.75	12.17	4.13	16.35	14.75
吉林市	Jilin City	67.48	5.42	2.51	11.07	13.37
四平市	Siping City	33.18	2.27	1.94	6.14	4.30
辽源市	Liaoyuan City	20.47	1.18	0.88	2.67	6.14
通化市	Tonghua City	33.04	2.82	1.65	4.23	4.71
白山市	Baishan City	29.18	4.44	1.19	3.41	5.60
松原市	Songyuan City	34.09	2.64	2.50	6.17	2.78
白城市	Baicheng City	31.44	3.61	2.00	5.04	4.24
延边朝鲜族自治州	Yanbian Korean A.P	56.91	4.64	2.22	5.98	7.07
其他	Others					
黑龙江省	**Heilongjiang**	**787.79**	**60.39**	**61.18**	**106.57**	**109.81**
哈尔滨市	Harbin City	164.57	5.80	8.07	26.90	16.97
齐齐哈尔市	Qiqihar City	56.62	0.50	3.03	12.72	7.31
鸡西市	Jixi City	23.77		1.30	5.10	3.85
鹤岗市	Hegang City	14.45		1.07	2.80	1.20
双鸭山市	Shuangyashan City	18.52	0.09	1.32	3.91	2.17
大庆市	Daqing City	69.79	4.80	2.34	8.92	1.42
伊春市	Yichun City	15.06		2.28	2.19	2.07
佳木斯市	Jiamusi City	30.98	0.20	2.00	6.00	4.00
七台河市	Qitaihe City	12.41	0.39	0.56	2.15	0.82
牡丹江市	Mudanjiang City	37.40	1.65	2.65	5.83	5.79
黑河市	Heihe City	22.49		1.00	3.50	2.10
绥化市	Suihua City	45.92	0.06	4.74	12.06	3.31
大兴安岭地区	Daxinganling Prefecture	8.03	0.21	1.08	0.75	1.72
其他	Others					
上海市	**Shanghai**	**1660.32**	**369.21**	**24.61**	**182.94**	**72.08**
黄浦区	Huangpu District	54.76				
卢湾区	Luwan District	31.94				
徐汇区	Xuhui District	55.58				
长宁区	Changning District	47.59				
静安区	Jingan District	39.12				
普陀区	Putuo District	52.24				
闸北区	Zhabei District	36.91				
虹口区	Hongkou District	44.04				
杨浦区	Yangpu District	43.93				
闵行区	Minhang District	82.08				
宝山区	Baoshan District	71.47				
嘉定区	Jiading District	69.77				
浦东新区	Pudong New District	198.79				
金山区	Jinshan District	40.39				

3-10 续表 3 continued

地 区	Region	地方财政支出（亿元）Government Expenditure (100 million yuan)	#基建支出 Capital Construction	#支农支出 Expenditure for Agriculture	#教育事业费 Expenditure for Operating Expenses of Education	#社会保障补助支出 Expenditure on Subsidies to Social Security Programs
松江区	Songjiang District	66.18				
青浦区	Qingpu District	63.76				
南汇区	Nanhui District	46.96				
奉贤区	Fengxian District	39.75				
崇明县	Chongming County	32.88				
其他	Others					
江苏省	**Jiangsu**	**1673.40**	**153.71**	**97.57**	**258.24**	**63.71**
南京市	Nanjing City	231.35	21.11	11.57	24.40	8.32
无锡市	Wuxi City	182.89	18.23	9.27	25.02	6.28
徐州市	Xuzhou City	88.20	2.05	5.55	16.99	4.51
常州市	Changzhou City	97.85	6.02	6.75	13.74	2.69
苏州市	Suzhou City	335.28	54.90	19.06	31.71	14.17
南通市	Nantong City	89.59	4.64	6.50	14.12	3.89
连云港市	Lianyungang City	45.85	3.35	3.43	7.86	1.36
淮安市	Huaian City	49.43	2.58	4.11	9.41	1.52
盐城市	Yancheng City	70.61	2.59	5.65	18.42	2.57
扬州市	Yangzhou City	62.22	4.48	4.89	11.87	1.84
镇江市	Zhenjiang City	52.18	1.20	3.38	8.40	1.42
泰州市	Taizhou City	62.64	3.64	4.85	12.96	2.80
宿迁市	Suqian City	38.70	3.11	3.59	10.14	1.47
浙江省	**Zhejiang**	**1265.53**	**92.41**	**86.15**	**231.60**	**28.94**
杭州市	Hangzhou City	238.33	17.29	11.85	36.34	6.11
宁波市	Ningbo City	264.77	37.50	14.12	31.27	10.01
温州市	Wenzhou City	120.73	2.15	8.64	28.55	1.69
嘉兴市	Jiaxing City	73.45	0.71	5.56	15.97	1.16
湖州市	Huzhou City	44.08	1.96	2.85	9.54	0.84
绍兴市	Shaoxing City	80.04	2.42	6.38	16.73	2.01
金华市	Jinhua City	80.74	3.01	6.84	19.94	1.50
衢州市	Quzhou City	37.32	1.01	3.67	8.50	1.51
舟山市	Zhoushan City	31.94	2.14	3.21	5.12	0.93
台州市	Taizhou City	88.09	3.21	6.56	22.42	1.56
丽水市	Lishui City	45.91	2.33	4.39	10.00	0.98
安徽省	**Anhui**	**713.06**	**64.11**	**47.65**	**117.43**	**48.45**
合肥市	Hefei City	73.41	16.32	3.32	10.65	5.46
芜湖市	Wuhu City	37.66	2.98	1.21	5.64	2.75
蚌埠市	Bengbu City	26.79	2.12	0.92	5.22	2.07
淮南市	Huainan City	25.36	3.38	0.86	3.66	3.30
马鞍山市	Maanshan City	29.11	2.10	1.19	2.74	2.30
淮北市	Huaibei City	18.78	2.19	0.63	3.24	0.93
铜陵市	Tongling City	15.79	2.23	0.36	1.96	1.32
安庆市	Anqing City	46.85	2.86	2.16	11.74	3.13
黄山市	Huangshan City	20.89	1.38	1.14	2.81	1.31
滁州市	Chuzhou City	31.30	1.66	1.94	7.61	1.90
阜阳市	Fuyang City	42.21	1.78	2.24	10.57	1.84
宿州市	Suzhou City	26.22	1.16	1.26	7.21	1.26

3-10 续表 4 continued

地　区	Region	地方财政支出 (亿元) Government Expenditure (100 million yuan)	#基建支出 Capital Construction	#支农支出 Expenditure for Agriculture	#教育事业费 Expenditure for Operating Expenses of Education	#社会保障补助支出 Expenditure on Subsidies to Social Security Programs
巢湖市	Chaohu City	26.74	1.18	1.34	6.20	1.73
六安市	Liuan City	39.16	2.91	2.42	10.87	2.19
亳州市	Bozhou City	22.67	1.30	1.16	6.07	0.97
池州市	Chizhou City	16.19	1.31	1.08	3.09	0.72
宣城市	Xuancheng City	26.47	1.95	1.46	5.42	1.26
其他	Others					
福建省	**Fujian**	**593.07**	**48.92**	**33.18**	**111.51**	**10.28**
福州市	Fuzhou City	91.55	3.87	3.60	18.67	1.48
厦门市	Xiamen City	121.62	12.90	2.97	13.07	1.99
莆田市	Putian City	19.55	62.00	1.43	7.14	0.08
三明市	Sanming City	28.13	0.61	2.60	6.99	0.62
泉州市	Quanzhou City	86.09	5.78	5.87	23.23	0.82
漳州市	Zhangzhou City	35.80	1.57	2.09	7.52	0.36
南平市	Nanping City	24.82	0.22	2.22	5.51	0.33
龙岩市	Longyan City	31.65	0.64	2.45	7.42	0.99
宁德市	Ningde City	25.86	0.13	1.93	6.63	0.31
江西省	**Jiangxi**	**563.95**	**41.75**	**45.68**	**87.93**	**39.30**
南昌市	Nanchang City	75.79	7.84	2.96	8.15	5.81
景德镇市	Jingdezhen City	18.32	1.34	1.18	3.18	2.37
萍乡市	Pingxiang City	22.93	2.35	1.01	3.21	1.14
九江市	Jiujiang City	52.11	2.64	3.87	8.63	2.79
新余市	Xinyu City	17.72	0.59	1.21	2.22	0.95
鹰潭市	Yingtan City	12.89	0.69	0.66	1.73	0.77
赣州市	Ganzhou City	68.23	5.20	6.36	11.28	3.71
吉安市	Jian City	48.42	2.08	4.92	9.53	2.79
宜春市	Yichun City	46.33	2.33	4.37	8.74	2.37
抚州市	Fuzhou City	32.99	2.32	3.13	6.30	1.95
上饶市	Shangrao City	55.39	2.76	3.04	12.44	2.47
山东省	**Shandong**	**1466.22**	**70.48**	**64.18**	**248.75**	**58.79**
济南市	Jinan City	120.66	2.34	4.02	16.21	3.43
青岛市	Qingdao City	203.06	28.93	6.35	33.85	8.81
淄博市	Zibo City	80.57		3.44	15.12	3.05
枣庄市	Zaozhuang City	48.23	0.01	2.98	6.93	8.45
东营市	Dongying City	50.56		2.54	10.64	0.51
烟台市	Yantai City	114.11	0.03	4.74	18.97	2.21
潍坊市	Weifang City	95.30	4.92	4.85	22.43	3.04
济宁市	Jining City	87.79	1.30	5.56	16.11	1.44
泰安市	Taian City	63.71		2.94	9.03	6.68
威海市	Weihai City	72.39	0.07	3.99	10.95	1.09
日照市	Rizhao City	22.71	0.07	1.29	4.85	0.61
莱芜市	Laiwu City	22.03		0.62	3.72	3.81
临沂市	Linyi City	82.26		4.74	16.49	0.83
德州市	Dezhou City	50.50	0.05	3.49	8.63	1.19
聊城市	Liaocheng City	47.87		2.68	9.10	0.73
滨州市	Binzhou City	48.42	2.93	2.46	7.74	0.61
荷泽市	Heze City	50.43		2.80	10.17	0.88

3-10 续表 5 continued

地 区	Region	地方财政支出 (亿元) Government Expenditure (100 million yuan)	#基建支出 Capital Construction	#支农支出 Expenditure for Agriculture	#教育事业费 Expenditure for Operating Expenses of Education	#社会保障补助支出 Expenditure on Subsidies to Social Security Programs
河南省	**Henan**	**1116.04**	**108.37**	**64.14**	**187.32**	**67.97**
郑州市	Zhengzhou City	136.62	16.59	5.65	18.27	7.44
开封市	Kaifeng City	39.07	2.16	2.01	6.12	4.34
洛阳市	Luoyang City	88.87	13.40	4.55	10.85	5.16
平顶山市	Pingdingshan City	48.54	2.59	3.16	7.49	2.43
安阳市	Anyang City	52.81	6.28	2.80	9.97	3.24
鹤壁市	Hebi City	18.25	3.18	0.89	2.63	0.98
新乡市	Xinxiang City	51.08	3.81	3.04	9.71	4.07
焦作市	Jiaozuo City	45.75	4.57	2.33	5.65	1.85
濮阳市	Puyang City	34.82	2.99	2.26	7.51	1.20
许昌市	Xuchang City	36.66	1.66	2.30	7.00	1.65
漯河市	Luohe City	25.87	3.11	1.15	3.67	1.54
三门峡市	Sanmenxia City	31.57	2.74	3.12	5.27	1.18
南阳市	Nanyang City	76.88	4.47	6.49	14.85	3.08
商丘市	Shangqiu City	53.15	4.16	3.09	12.64	1.99
信阳市	Xinyang City	51.27	3.58	4.30	13.53	3.37
周口市	Zhoukou City	54.62	4.41	3.45	13.05	2.38
驻马店市	Zhumadian City	50.56	3.76	3.45	10.47	2.88
其他	Others	11.29	1.95	0.83	1.68	0.34
湖北省	**Hubei**	**778.72**	**45.20**	**32.22**	**118.85**	**71.14**
武汉市	Wuhan City	176.88	10.57	5.24	22.25	9.29
黄石市	Huangshi City	23.47		1.58	4.61	0.74
十堰市	Shiyan City	33.42	0.04		6.89	1.51
宜昌市	Yichang City	47.63		2.51	8.72	1.80
襄樊市	Xiangfan City	40.28			10.11	3.99
鄂州市	Ezhou City	10.38	1.22	0.53	1.86	0.14
荆门市	Jingmen City	25.47		2.01	4.40	1.68
孝感市	Xiaogan City	27.95	1.23	1.15	7.57	1.75
荆州市	Jingzhou City	39.51	0.04	3.24	8.09	1.41
黄冈市	Huanggang City	44.03	0.54	3.87	10.33	1.44
咸宁市	Xianning City	21.41		1.61	3.97	1.08
随州市	Suizhou City	14.12		1.12	3.22	0.28
恩施土家族苗族自治州	Enshi Tujia & Miao A.P	33.16		2.11	7.25	0.84
其他	Others	20.31		0.66	4.14	0.43
湖南省	**Hunan**	**873.42**	**74.98**	**71.91**	**123.00**	**84.00**
长沙市	Changsha City	133.05	13.12	8.43	13.87	5.86
株洲市	Zhuzhou City	45.24	2.87	3.23	5.84	6.12
湘潭市	Xiangtan City	31.39	0.69	2.22	3.38	4.86
衡阳市	Hengyang City	51.23	0.84	3.03	8.60	7.30
邵阳市	Shaoyang City	47.02	0.61	3.37	9.60	3.96
岳阳市	Yueyang City	48.23	2.91	4.28	8.19	5.25
常德市	Changde City	51.00	0.12	4.02	8.76	5.82
张家界市	Zhangjiajie City	14.71	0.19	1.19	2.53	0.87
益阳市	Yiyang City	31.78	0.41	2.45	7.35	3.44
郴州市	Chenzhou City	49.47	1.03	4.19	9.56	2.86
永州市	Yongzhou City	40.82	0.84	3.44	8.86	2.51

地 区	Region	地方财政支出（亿元）Government Expenditure (100 million yuan)	#基建支出 Capital Construction	#支农支出 Expenditure for Agriculture	#教育事业费 Expenditure for Operating Expenses of Education	#社会保障补助支出 Expenditure on Subsidies to Social Security Programs
怀化市	Huaihua City	38.66	0.26	3.17	6.69	3.17
娄底市	Loudi City	28.39	0.58	1.95	5.31	2.60
湘西土家族苗族自治州	West Hunan Tujia A.P	30.09	0.10	2.78	5.99	1.34
其他	Others					
广东省	**Guangdong**	**2289.07**	**264.43**	**45.14**	**329.21**	**41.74**
广州市	Guangzhou City	438.41	68.83	6.42	47.37	7.42
韶关市	Shaoguan City	44.13	1.65	4.75	7.41	1.61
深圳市	Shenzhen City	599.16	116.39	3.29	48.60	4.36
珠海市	Zhuhai City	57.77	3.20	1.27	8.24	0.34
汕头市	Shantou City	49.49	0.48		10.90	1.58
佛山市	Foshan City	150.85	3.19	4.95	25.66	3.85
江门市	Jiangmen City	54.24	0.35	3.11	10.26	1.11
湛江市	Zhanjiang City	57.63	1.29	2.34	12.49	1.99
茂名市	Maoming City	45.28	1.01	4.07	12.23	1.01
肇庆市	Zhaoqing City	40.64	0.52	1.43	7.58	0.96
惠州市	Huizhou City	52.40	1.51	4.59	9.96	1.17
梅州市	Meizhou City	46.23	1.02	2.67	9.46	0.36
汕尾市	Shanwei City	20.05	0.54	0.24	4.66	0.53
河源市	Heyuan City	36.85	1.62	1.41	8.49	0.67
阳江市	Yangjiang City	23.17	0.20	2.91	4.88	0.56
清远市	Qingyuan City	38.15	0.48	1.07	8.79	0.82
东莞市	Dongguan City	117.04	27.66	6.22	17.11	2.50
中山市	ZhongShan City	56.71	6.41		9.84	1.56
潮州市	Chaozhou City	21.36	0.68	2.05	4.77	0.23
揭阳市	Jieyang City	30.79	0.57	2.77	8.58	0.23
云浮市	Yunfu City	23.87	0.57	1.05	5.07	0.40
广西壮族自治区	**Guangxi**	**611.48**	**69.95**	**58.67**	**114.68**	
南宁市	Nanning City	73.55	7.79	3.12	10.90	1.76
柳州市	Liuzhou City	49.48	3.82	2.72	7.13	2.59
桂林市	Guilin City	54.62	4.60	1.69	11.03	4.75
梧州市	Wuzhou City	27.21	1.87	0.84	5.45	1.82
北海市	Beihai City	18.58	1.51	0.55	3.45	1.70
防城港市	Fangchenggang City	10.22	1.00	0.30	1.73	0.34
钦州市	Qinzhou City	20.71	3.06	1.12	4.33	0.87
贵港市	Guigang City	22.24	1.53		6.21	0.80
玉林市	Yulin City	32.55	1.74	1.71	8.52	1.30
百色市	Baise City	37.36	3.64	1.38	8.55	1.09
贺州市	Hezhou City	17.23	1.08	0.69	4.10	0.75
河池市	Hechi City	33.72	1.93	1.26	8.10	0.92
来宾市	Laibin City	20.89	2.40	0.78	4.54	0.50
崇左市	Chongzuo City	23.78	3.65	0.79	4.11	0.64
海南省	**Hainan**	**167.58**	**17.49**	**12.30**	**27.68**	**11.71**
海口市	Haikou City	32.47	2.13	1.62	4.32	1.23
三亚市	Sanya City	9.70	0.73	1.42	1.55	0.25
其他	Others	125.41	14.63	9.26	21.80	10.23

3-10 续表 7 continued

地　区	Region	地方财政支出 (亿元) Government Expenditure (100 million yuan)	#基建支出 Capital Construction	#支农支出 Expenditure for Agriculture	#教育事业费 Expenditure for Operating Expenses of Education	#社会保障补助支出 Expenditure on Subsidies to Social Security Programs
重庆市	**Chongqing**	**625.35**	**73.34**	**31.09**	**101.98**	**43.13**
万州区	Wanzhou District	17.97	1.03	0.59	2.83	0.29
涪陵区	Fuling District	15.52	1.27	0.56	1.70	0.29
渝中区	Yuzhong District	22.57	1.00	0.01	1.51	0.27
大渡口区	Dadukou District	5.79	0.07	0.08	0.45	0.28
江北区	Jiangbei District	14.75	1.51	0.17	0.98	0.31
沙坪坝区	Shapingba District	18.27	2.53	0.24	1.57	1.30
九龙坡区	Jiulongpo District	14.06	2.33	0.29	0.97	0.26
南岸区	Nanan District	16.10	1.34	0.16	1.18	0.32
北碚区	Beibei District	6.90	0.31	0.24	0.75	0.24
万盛区	Wansheng District	3.17	0.30	0.12	0.42	0.09
双桥区	Shuangqiao District	1.05	0.09	0.04	0.11	0.03
渝北区	Yubei District	16.52	0.76	0.51	1.58	0.20
巴南区	Banan District	10.28	0.45	0.30	1.58	0.41
黔江区	Qianjiang District	9.05	2.04	0.34	1.14	0.10
长寿区	Changshou District	9.20	1.24	0.31	1.30	0.21
其他	Others	444.14	57.07	27.13	83.92	38.52
四川省	**Sichuan**	**1032.18**	**114.23**	**41.62**	**140.53**	**80.46**
成都市	Chengdu City	195.24	15.41	6.75	21.16	16.00
自贡市	Zigong City	24.44	1.75	0.74	3.31	3.06
攀枝花市	Panzhihua City	31.18	5.33	1.17	2.38	1.65
泸州市	Luzhou City	35.63	2.72	1.72	5.31	5.70
德阳市	Deyang City	36.76	4.01	1.62	4.58	2.74
绵阳市	Mianyang City	51.04	7.30	2.22	5.84	4.54
广元市	Guangyuan City	27.91	1.38	1.54	4.75	1.92
遂宁市	Suining City	24.02	1.93	1.30	4.17	2.05
内江市	Neijiang City	30.69	2.13	1.18	4.55	5.65
乐山市	Leshan City	35.25	1.71	1.56	5.68	2.88
南充市	Nanchong City	50.43	4.84	2.58	10.60	3.41
眉山市	Meishan City	24.92	3.11	1.11	4.05	1.13
宜宾市	Yibin City	51.27	7.73	1.62	6.62	7.34
广安市	Guangan City	27.50	1.96	1.47	4.41	1.53
达州市	Dazhou City	47.52	4.77	2.71	7.35	3.61
雅安市	Yaan City	18.86	1.60	0.64	2.20	1.46
巴中市	Bazhong City	24.11	2.35	1.12	4.14	1.85
资阳市	Ziyang City	27.75	1.59	1.74	5.13	1.61
阿坝藏族羌族自治州	Aba Zang & Qiang A.P	30.94	6.87	1.12	4.29	0.66
甘孜藏族自治州	Ganzi Zang A.P	33.99	8.02	1.13	3.25	0.66
凉山彝族自治州	Liangshan Yi A.P	6 03	8.37	2.49	9.92	2.35
贵州省	**Guizhou**	**520.73**	**41.23**	**53.29**	**102.00**	**40.57**
贵阳市	Guiyang City	72.57	2.90	3.04	9.66	6.09
六盘水市	Liupanshui City	27.60	0.28	1.65	5.36	0.76
遵义市	Zunyi City	58.47	0.44	3.70	15.13	1.73
安顺市	Anshun City	22.13	0.23	1.31	4.88	1.06
铜仁地区	Tongren Prefecture	31.41	0.05	2.47	8.32	0.75
黔西南布依族苗族自治州	Southwest Guizhou Buyi & Miao A.P	24.94	0.92	1.66	6.16	0.46

3-10 续表 8 continued

地 区	Region	地方财政支出 (亿元) Government Expenditure (100 million yuan)	#基建支出 Capital Construction	#支农支出 Expenditure for Agriculture	#教育事业费 Expenditure for Operating Expenses of Education	#社会保障补助支出 Expenditure on Subsidies to Social Security Programs
毕节地区	Bijie Prefecture	44.02	0.59	2.84	12.11	0.74
黔东南苗族侗族自治州	Southeast Guizhou Miao & Dong A.P	39.74	0.03	2.58	10.67	1.18
黔南布依族苗族自治州	South Guizhou Buyi & Miao A.P	37.18	0.64	2.60	9.18	1.17
云南省	**Yunnan**	**766.31**	**87.83**	**73.50**	**122.28**	**29.03**
昆明市	Kunming City	114.83	12.79	7.50	15.31	6.62
曲靖市	Qujing City	53.23	1.13	5.71	12.97	1.22
玉溪市	Yuxi City	40.87	0.76	5.10	8.67	0.95
保山市	Baoshan City	22.69	0.83	2.74	5.27	0.54
昭通市	Zhaotong City	37.18	1.95	3.62	9.28	0.58
丽江市	Lijiang City	17.57	0.79	2.42	3.17	0.46
思茅市	Simao City	29.04	1.04	3.86	6.22	0.48
临沧市	Lincang City	22.69	1.66	2.56	5.00	0.44
楚雄彝族自治州	Chuxiong Yi A.P	35.61	3.34	4.44	6.82	1.29
红河哈尼族彝族自治州	Honghe Hani & Yi A.P	52.42	3.19	5.23	9.68	0.99
文山壮族苗族自治州	Wenshan Zhuang & Miao A.P	30.78	0.71	3.07	8.43	0.41
西双版纳傣族自治州	Xishuangbanna Dai A.P	12.82	0.71	1.50	2.56	0.17
大理白族自治州	Dali Bai A.P	39.66	3.52	4.55	7.33	1.21
德宏傣族景颇族自治州	Dehong Dai & Jingpo A.P	16.82	1.10	1.78	2.88	0.23
怒江傈僳族自治州	Nujiang Lisu A.P	10.25	0.66	1.10	1.93	0.08
迪庆藏族自治州	Diqing Zang A.P	10.71	1.06	1.31	1.65	0.18
西藏自治区	**Tibet A.R.**	**185.45**	**56.40**	**5.99**	**20.38**	**4.84**
拉萨市	Lhasa City	14.27	1.18	0.51	3.07	0.66
昌都地区	Qamdu Prefecture	9.94	0.02	0.41	2.52	0.10
山南地区	Lhokha Prefecture	9.62	0.07	0.35	2.10	0.02
日喀则地区	Xigaze Prefecture	12.88		0.53	3.51	0.14
那曲地区	Narqu Prefecture	8.45		0.25	1.63	0.04
阿里地区	Ngri Prefecture	4.73	0.02	0.16	0.71	0.06
林芝地区	Nyingchi Prefecture	6.57	0.09	0.37	1.22	0.09
其他	Others					
陕西省	**Shaanxi**	**638.96**	**58.06**	**21.75**	**99.31**	**76.57**
西安市	Xian City	97.82	4.17	1.99	12.31	1.12
铜川市	Tongchuan City	7.90	0.06		1.40	0.04
宝鸡市	Baoji City	26.45	0.18	0.84	6.51	0.57
咸阳市	Xianyang City	30.38	0.12	1.47	9.64	0.39
渭南市	Weinan City	29.40	0.78	1.26	7.70	0.34
延安市	Yanan City	56.36	9.81	4.50	8.75	1.41
汉中市	Hanzhong City	25.02	0.18	1.11	6.08	2.10
榆林市	Yulin City	45.40	2.13	2.22	10.50	0.75
安康市	Ankang City	19.16	0.03	0.76	5.32	0.39
商洛市	Shangluo City	15.36	4.00	0.82	5.04	0.27
其他	Others	1.94	0.42	0.06	0.26	0.03
甘肃省	**Gansu**	**429.35**	**45.27**	**13.66**	**67.48**	**47.52**
兰州市	Lanzhou City	50.22	3.64	1.00	9.15	4.76
嘉峪关市	Jiayuguan City	4.93	0.96	0.08	0.10	0.17

3-10 续表 9 continued

地区	Region	地方财政支出 (亿元) Government Expenditure (100 million yuan)	#基建支出 Capital Construction	#支农支出 Expenditure for Agriculture	#教育事业费 Expenditure for Operating Expenses of Education	#社会保障补助支出 Expenditure on Subsidies to Social Security Programs
金昌市	Jinchang City	8.81	1.36	0.42	1.05	0.12
白银市	Baiyin City	17.67	2.29	0.72	3.57	1.05
天水市	Tianshui City	28.78	2.12	1.23	6.06	2.73
武威市	Wuwei City	17.10	2.20	0.86	4.20	0.86
张掖市	Zhangye City	15.16	2.15	0.86	2.79	0.81
平凉市	Pingliang City	20.65	1.48	0.99	4.73	0.73
酒泉市	Jiuquan City	16.56	2.43	0.97	2.81	0.41
庆阳市	Qingyang City	26.61	1.80	1.23	6.17	0.70
定西市	Dingxi City	21.24	2.40	0.91	5.55	0.38
陇南市	Longnan City	23.50	2.45	1.02	5.45	0.33
临夏回族自治州	Linxia Hui A.P	20.47	2.50	0.75	3.55	0.47
甘南藏族自治州	Gannan Zang A.P	15.64	3.73	0.51	1.95	0.23
青海省	**Qinghai**	**169.75**	**26.51**	**14.93**	**20.31**	**13.63**
西宁市	Xining City	26.34	2.68	1.87	5.06	1.99
海东地区	Haidong Prefecture	16.96	0.50	1.17	4.22	0.34
海北藏族自治州	Haibei Zang A.P	5.98	0.31	0.40	0.94	0.14
黄南藏族自治州	Huangnan Zang AP	5.66	0.18	0.26	0.96	0.21
海南藏族自治州	Hainan Zang A.P	7.88	0.24	1.49	1.30	0.16
果洛藏族自治州	Golog Zang A.P	5.00	0.19	0.31	0.57	0.15
玉树藏族自治州	Yushu Zang A.P	6.83	0.23	0.02	0.01	0.01
海西蒙古族藏族自治州	Haixi Mongolian & Zang A.P	12.40	1.73	1.17	1.31	0.76
宁夏回族自治区	**Ningxia**	**158.71**	**38.46**	**6.99**	**19.52**	**7.03**
银川市	Yinchuan City	27.69	3.59	1.40	3.67	0.39
石嘴山市	Shizuishan City	14.93	2.99	0.74	1.82	0.30
吴忠市	Wuzhong City	16.16	2.39	1.03	3.18	0.31
固原市	Guyuan City	18.54	3.14	0.67	4.20	0.31
中卫市	Zhongwei City	11.09	1.66	0.84	2.53	0.24
新疆维吾尔自治区	**Xinjiang**	**519.02**	**83.24**	**19.05**	**72.65**	**23.61**
乌鲁木齐市	Urumqi City	41.70	6.04	0.70	4.99	0.78
克拉玛依市	Karamay City	28.41	4.93	0.50	3.98	0.26
吐鲁番地区	Turpan Prefecture	9.55	0.71	0.53	1.97	0.23
哈密地区	Hami Prefecture	10.18	0.44	0.59	2.23	0.27
昌吉回族自治州	Changji Hui A.P	22.59	0.91	1.21	4.34	0.47
博尔塔拉蒙古自治州	Bortala Mongolian A.P	9.31	0.61	0.65	1.66	0.21
巴音郭楞蒙古自治州	Bayingolin Mongolian A.P	24.79	0.70	1.37	4.65	0.67
阿克苏地区	Aksu Prefecture	31.39	2.42	1.43	6.23	1.00
克孜勒苏柯尔克孜自治州	Kizilsu Kirgiz A.P	11.28	0.58	0.74	2.34	0.26
喀什地区	Kashi Prefecture	36.92	1.60	1.57	9.89	1.10
和田地区	Hotan Prefecture	21.29	0.59	0.93	5.06	0.40
伊犁州直属县（市）	Counties(Cities) Direct Under Ili Prefecture	34.78	1.49	1.76	6.81	1.38
塔城地区	Tacheng Prefecture	18.90	0.84	1.05	3.39	0.48
阿勒泰地区	Altay Prefecture	15.25	0.60	0.96	3.29	0.29
石河子市	Shihezi City	5.50	0.33	0.07	0.55	0.06
阿拉尔市	Alar City					
图木舒克市	Tumxuk City					
五家渠市	Wujiaqu City					

3–11 城乡居民家庭收入和支出(2005年)

Income and Expenditure of Urban and Rural Residents(2005)

地区	Region	农村居民人均纯收入(元) Rural Household Per Capita Net Income (yuan)	农村居民人均支出(元) Rural Household Per Capita Expenditures (yuan)	#食品支出 Food	城镇家庭人均可支配收入(元) Urban Household Disposable Income (yuan)	城镇家庭人均消费性支出(元) Urban Household Living Expenditures for Consumption (yuan)	#食品支出 Food	农村人均住房面积(平方米) Per Capita Living Space in Rural Areas (sq.m)
北京市	**Beijing**	**7860**	**5515**	**1807**	**17653**	**13244**	**4216**	**36.9**
东城区	Dongcheng District				18280	14392	4641	
西城区	Xicheng District				18515	14458	4352	
崇文区	Chongwen District				17805	13337	4484	
宣武区	Xuanwu District				17024	13841	4181	
朝阳区	Chaoyang District	11085	8017	2596	17506	13257	4449	56.2
丰台区	Fengtai District	8995	6848	2150	15795	11988	3866	36.4
石景山区	Shijingshan District				16183	11636	3914	
海淀区	Haidian District	9987	8069	2545	18479	12942	3947	45.4
门头沟区	Mentougou District	7556	5532	1930				24.2
房山区	Fangshan District	7205	5204	1683				34.3
通州区	Tongzhou District	7661	4566	1758				37.7
顺义区	Shunyi District	7459	5450	1724				37.7
昌平区	Changping District	7416	6835	2114				44.9
大兴区	Daxing District	7405	4426	1517				36.9
怀柔区	Huairou District	7201	4502	1355				27.5
平谷区	Pinggu District	7336	4231	1212				31.3
密云县	Miyun County	7203	4716	1707				32.8
延庆县	Yanqing County	6985	4383	1495				28.7
其他	Others							
天津市	**Tianjin**	**7202**	**3590**	**1376**	**12639**	**9653**	**3543**	**26.1**
和平区	Heping District							
河东区	Hedong District							
河西区	Hexi District							
南开区	Nankai District							
河北区	Hebei District							
红桥区	Hongqiao District							
塘沽区	Tanggu District	7932	4618	2034				24.5
汉沽区	Hangu District	7535	4424	1584				28.6
大港区	Dagang District	7577	5242	1761				30.3
东丽区	Dongli District	8634	5433	2042				31.8
西青区	Xiqing District	8810	4099	1524				27.2
津南区	Jinnan District	7884	4709	1708				25.4
北辰区	Beichen District	8776	4910	1888				35.2
武清区	Wuqing District	7045	3031	1175				27.3
宝坻区	Baodi District	6692	3191	1224				22.0
宁河县	Ninghe County	6911	2861	1333				21.2
静海县	Jinghai County	6692	3301	1186				26.3
蓟县	Ji County	6693	2757	1025				23.7
其他	Others							
河北省	**Hebei**	**3482**	**2166**	**888**	**9107**	**6700**	**2316**	**28.4**
石家庄市	Shijiazhuang City	4118	2283	856	10040	7261	2643	35.6
唐山市	Tangshan City	4582	2832	1125	10488	8622	3135	29.5
秦皇岛市	Qinhuangdao City	3376	2213	832	9802	7236	2403	29.1
邯郸市	Handan City	3578	1728	664	9233	6821	2412	29.5

3-11 续表 1 continued

地 区	Region	农村居民人均纯收入(元) Rural Household Per Capita Net Income (yuan)	农村居民人均支出(元) Rural Household Per Capita Expenditures (yuan)	#食品支出 Food	城镇家庭人均可支配收入(元) Urban Household Disposable Income (yuan)	城镇家庭人均消费性支出(元) Urban Household Living Expenditures for Consumption (yuan)	#食品支出 Food	农村人均住房面积(平方米) Per Capita Living Space in Rural Areas (sq.m)
邢台市	Xingtai City	3280	1811	703	7752	4854	1794	29.4
保定市	Baoding City	3471	1773	729	9195	6412	2206	27.4
张家口市	Zhangjiakou City	2329	1706	713	7714	5914	2217	19.1
承德市	Chengde City	2582	2016	898	7845	5946	2242	20.5
沧州市	Cangzhou City	3311	2006	767	8597	5922	1994	24.1
廊坊市	Langfang City	4621	2377	930	10165	8190	2697	30.4
衡水市	Hengshui City	3533	1705	735	8947	6720	1906	27.0
其他	Others							
山西省	**Shanxi**	**2891**	**1878**	**830**	**8914**	**6343**	**2057**	**24.2**
太原市	Taiyuan City	4402	2601	909	10476	7806	2412	28.6
大同市	Datong City	2394	1385	716	8526	6389	2372	17.3
阳泉市	Yangquan City	3748	2684	1047	8992	6092	2094	27.4
长治市	Changzhi City	3573	1831	793	9127	6194	2077	30.0
晋城市	Jincheng City	3593	2126	848	8911	5882	1959	32.0
朔州市	Shuozhou City	3081	1721	814	8787	6152	2018	19.6
晋中市	Jinzhong City	3315	2173	867	8981	6659	2081	23.4
运城市	Yuncheng City	2806	1869	704	8633	5165	1805	29.1
忻州市	Xinzhou City	1925	1114	602	7480	4642	1245	21.1
临汾市	Linfen City	3326	1846	798	9270	5481	1861	27.9
吕梁市	Luliang City	1991	1853	692	8130	6181	1807	20.8
内蒙古自治区	**Inner Mongolia**	**2989**	**2446**	**1054**	**9137**	**6929**	**2178**	**19.7**
呼和浩特市	Hohhot City	4631	5740	1100	12150	8768	2900	22.7
包头市	Baotou City	4667	5982	1153	13218	10056	3269	26.1
乌海市	Wuhai City	4635	8502	1489	10006	7716	2349	23.4
赤峰市	Chifeng City	2817	4132	891	7572	5755	1830	21.0
通辽市	Tongliao City	3318	4627	1040	7680	6278	1767	19.9
鄂尔多斯市	Erdos City	4601	7609	1147	11025	8879	2458	25.4
呼伦贝尔市	Hulunbuir City	3202	5436	1013	8228	5921	1719	18.7
巴彦淖尔市	Bayannur City	4265	7505	1319	8002	5519	1707	22.8
乌兰察布市	Ulanqab City	2869	3524	891	7519	6249	1830	18.0
兴安盟	Xingan League	2375	3030	753	7159	4944	1462	21.2
锡林郭勒盟	Xilingol League	2890	7342	1238	7902	6163	2272	15.6
阿拉善盟	Alxa League	3897	10235	1627	8941	8498	2366	28.0
其他	Others							
辽宁省	**Liaoning**	**3690**	**2700**	**1124**	**9108**	**7369**	**2861**	**25.1**
沈阳市	Shenyang City	5050	3095	1232	10098	7863	2898	25.1
大连市	Dalian City	5903	3756	1669	11994	9996	3983	28.8
鞍山市	Anshan City	4750	3529	1251	9463	7632	2742	25.9
抚顺市	Fushun City	3743	2812	1020	8005	6747	2580	22.5
本溪市	Benxi City	4022	2881	1314	8105	6731	2931	20.9
丹东市	Dandong City	4178	3194	1490	6881	5910	2520	24.3
锦州市	Jinzhou City	3730	2720	997	8862	7203	2810	26.9
营口市	Yingkou City	4503	3353	1107	9009	7254	2925	27.0
阜新市	Fuxin City	3090	3229	1453	6656	5414	2203	24.6
辽阳市	Liaoyang City	4133	2826	1192	8408	6527	2862	25.9

3-11 续表 2 continued

地区	Region	农村居民人均纯收入(元) Rural Household Per Capita Net Income (yuan)	农村居民人均支出(元) Rural Household Per Capita Expenditures (yuan)	#食品支出 Food	城镇家庭人均可支配收入(元) Urban Household Disposable Income (yuan)	城镇家庭人均消费性支出(元) Urban Household Living Expenditures for Consumption (yuan)	#食品支出 Food	农村人均住房面积(平方米) Per Capita Living Space in Rural Areas (sq.m)
盘锦市	Panjin City	5067	3614	1614	11025	8859	2871	31.5
铁岭市	Tieling City	3756	2337	931	6526	5503	2117	23.8
朝阳市	Chaoyang City	3002	2552	1034	6599	5329	2041	24.3
葫芦岛市	Huludao City	3428	2555	937	8579	6695	2754	26.2
吉林省	**Jilin**	**3264**			**8691**	**6795**	**2356**	
长春市	Changchun City	3488			10064	8321	3007	
吉林市	Jilin City	3449			9230	7741	2693	
四平市	Siping City	3257			8641	6545	2150	
辽源市	Liaoyuan City	3229			8663	6757	2303	
通化市	Tonghua City	3327			8807	5726	2093	
白山市	Baishan City	3347			8672	5550	1967	
松原市	Songyuan City	3354			8925	6517	2073	
白城市	Baicheng City	2517			8447	5890	1976	
延边朝鲜族自治州	Yanbian Korean A.P	2661			10001	7792	2343	
其他	Others							
黑龙江省	**Heilongjiang**	**3221**	**2545**	**924**	**8273**	**6178**	**2072**	**20.4**
哈尔滨市	Harbin City	4006	2269	671	10065	7897	2717	22.1
齐齐哈尔市	Qiqihar City	3463	2367	864	7233	5527	1957	24.1
鸡西市	Jixi City	3536	2506	1073	7420	5903	2031	20.7
鹤岗市	Hegang City	2657			7489	5854	1924	
双鸭山市	Shuangyashan City	2984			7414	5188	1548	
大庆市	Daqing City	2723	1332	545	13662	8600	2552	24.2
伊春市	Yichun City	3791			6994	5978	2023	
佳木斯市	Jiamusi City	3327	1614	622	6826	5559	1883	18.8
七台河市	Qitaihe City	3355			7347	5329	1994	
牡丹江市	Mudanjiang City	4085	2662	955	7335	6086	2162	22.7
黑河市	Heihe City				5041	3789	1458	
绥化市	Suihua City	2712			4987	3832	1589	19.0
大兴安岭地区	Daxinganling Prefecture	3552			6580	5283	1886	
其他	Others							
上海市	**Shanghai**	**8342**	**7265**	**2676**	**18645**	**13773**	**4940**	**56.6**
黄浦区	Huangpu District							
卢湾区	Luwan District							
徐汇区	Xuhui District							
长宁区	Changning District							
静安区	Jingan District							
普陀区	Putuo District							
闸北区	Zhabei District							
虹口区	Hongkou District							
杨浦区	Yangpu District							
闵行区	Minhang District							
宝山区	Baoshan District							
嘉定区	Jiading District							
浦东新区	Pudong New District							
金山区	Jinshan District							

3-11 续表 3 continued

地 区	Region	农村居民人均纯收入(元) Rural Household Per Capita Net Income (yuan)	农村居民人均支出(元) Rural Household Per Capita Expenditures (yuan)	#食品支出 Food	城镇家庭人均可支配收入(元) Urban Household Disposable Income (yuan)	城镇家庭人均消费性支出(元) Urban Household Living Expenditures for Consumption (yuan)	#食品支出 Food	农村人均住房面积(平方米) Per Capita Living Space in Rural Areas (sq.m)
松江区	Songjiang District							
青浦区	Qingpu District							
南汇区	Nanhui District							
奉贤区	Fengxian District							
崇明县	Chongming County							
其他	Others							
江苏省	**Jiangsu**	**5276**	**3567**	**1569**	**12319**	**8622**	**3206**	**38.6**
南京市	Nanjing City	6225	4376	1824	14997	10704	3860	42.9
无锡市	Wuxi City	8004	5830	2198	16005	10774	3977	55.5
徐州市	Xuzhou City	4443	2840	1210	11185	7674	2708	29.4
常州市	Changzhou City	7002	5712	2273	14589	10708	3847	56.2
苏州市	Suzhou City	8393	6143	2314	16276	11163	4177	64.2
南通市	Nantong City	5501	3858	1559	12384	8573	3274	49.6
连云港市	Lianyungang City	3869	2574	1186	10006	7213	2781	24.6
淮安市	Huaian City	4024	2602	1260	9115	6389	2596	27.6
盐城市	Yancheng City	4893	3017	1311	10580	7293	2708	32.9
扬州市	Yangzhou City	5215	3710	1585	11379	7388	3014	34.7
镇江市	Zhenjiang City	5916	4374	1859	12394	8335	3684	43.9
泰州市	Taizhou City	5102	3396	1494	11122	7556	3231	41.2
宿迁市	Suqian City	3839	2599	1217	7208	4939	1972	24.2
浙江省	**Zhejiang**	**6660**	**5215**	**2001**	**16294**	**12254**	**4140**	**55.0**
杭州市	Hangzhou City	7655	6004	2145	16601	13438	4682	66.0
宁波市	Ningbo City	7810	6623	2716	17394	11818	4337	50.4
温州市	Wenzhou City	6845	5032	2246	19805	15822	5160	40.0
嘉兴市	Jiaxing City	8700	5736	2148	16189	10754	3867	61.5
湖州市	Huzhou City	7288	4821	1848	15561	11108	3873	49.8
绍兴市	Shaoxing City	7704	5765	2236	17319	11270	4156	59.3
金华市	Jinhua City	5516	4877	1550	15387	11828	3843	54.2
衢州市	Quzhou City	4850	3526	1457	13006	9213	3088	48.3
舟山市	Zhoushan City	7190	5264	2228	15524	10950	3831	44.3
台州市	Taizhou City	6689	5033	1887	18313	14423	4703	49.6
丽水市	Lishui City	3572	3293	1261	12846	9244	3097	43.7
安徽省	**Anhui**	**2641**	**2196**	**1000**	**8471**	**6368**	**2782**	**27.0**
合肥市	Hefei City	3207	2534	1344	9684	7398	3384	28.9
芜湖市	Wuhu City	3993	2937	1417	9629	7502	3111	32.0
蚌埠市	Bengbu City	2780	1746	814	8875	6414	2883	24.1
淮南市	Huainan City	2786	2016	989	8599	6170	2741	25.1
马鞍山市	Maanshan City	4511	3290	1485	11935	8222	3184	30.5
淮北市	Huaibei City	2665	1690	715	8604	6746	2928	31.1
铜陵市	Tongling City	3354	2562	1133	9524	6725	3002	33.6
安庆市	Anqing City	2611	2260	1075	8396	5670	2781	32.9
黄山市	Huangshan City	3158	2232	1164	8528	6551	2706	33.6
滁州市	Chuzhou City	2801	1878	981	8337	6360	2695	22.8
阜阳市	Fuyang City	2085	1562	793	7750	6274	2536	21.2
宿州市	Suzhou City	2156	1395	727	7909	5480	2312	23.0

3-11 续表 4 continued

地 区	Region	农村居民人均纯收入(元) Rural Household Per Capita Net Income (yuan)	农村居民人均支出(元) Rural Household Per Capita Expenditures (yuan)	#食品支出 Food	城镇家庭人均可支配收入(元) Urban Household Disposable Income (yuan)	城镇家庭人均消费性支出(元) Urban Household Living Expenditures for Consumption (yuan)	#食品支出 Food	农村人均住房面积(平方米) Per Capita Living Space in Rural Areas (sq.m)
巢湖市	Chaohu City	2919	2086	1120	7968	5128	2473	25.6
六安市	Liuan City	2255	1624	807	7810	6059	2894	28.0
亳州市	Bozhou City	2353	1574	705	7991	5603	2590	26.7
池州市	Chizhou City	2940	2241	1054	7882	5616	2713	31.6
宣城市	Xuancheng City	3157	2468	1137	7959	5968	2784	29.3
其他	Others							
福建省	**Fujian**	**4450**	**3293**	**1518**	**12321**	**8794**	**3595**	**40.2**
福州市	Fuzhou City	5197	3503	1644	12661	8382	3647	41.5
厦门市	Xiamen City	6230	4593	1897	16403	11849	4382	46.4
莆田市	Putian City	4486	3250	1511	11026	8469	3555	56.8
三明市	Sanming City	4209	2924	1354	11397	8646	3508	38.4
泉州市	Quanzhou City	6123	4258	1824	14209	10002	3938	45.0
漳州市	Zhangzhou City	4690	3312	1590	11241	8172	3535	32.0
南平市	Nanping City	4070	2824	1347	9859	7224	3046	39.9
龙岩市	Longyan City	4125	3156	1488	10596	8020	3072	41.4
宁德市	Ningde City	3808	2522	1248	9784	6827	3135	30.2
江西省	**Jiangxi**	**3266**	**2484**	**1221**	**8620**	**6109**	**2495**	**34.1**
南昌市	Nanchang City	3879	2472	1246	10301	7064	3163	36.8
景德镇市	Jingdezhen City	3589	2772	1388	8779	7029	2712	37.8
萍乡市	Pingxiang City	3923	2887	1197	8973	6718	2554	43.1
九江市	Jiujiang City	3269	2431	1155	8713	5810	2429	35.9
新余市	Xinyu City	3840	2853	1412	9059	6764	2576	46.8
鹰潭市	Yingtan City	3640	2505	1226	8843	6034	2585	46.7
赣州市	Ganzhou City	2760	2081	982	8199	5995	2290	28.6
吉安市	Jian City	3267	2387	1147	8604	6190	2476	32.3
宜春市	Yichun City	3430	2620	1223	8230	6748	2297	35.0
抚州市	Fuzhou City	3233	2185	1167	8402	5151	2405	29.6
上饶市	Shangrao City	3226	2013	1154	8629	5568	2579	35.0
山东省	**Shandong**	**3931**	**2736**	**1088**	**10745**	**7457**	**2513**	**29.6**
济南市	Jinan City	4812	2903	1135	13578	9227	3047	33.8
青岛市	Qingdao City	5806	3737	1403	12920	9883	3719	29.5
淄博市	Zibo City	5013	3287	1147	12032	8257	2605	31.2
枣庄市	Zaozhuang City	4241	2598	1118	9881	5834	2049	29.7
东营市	Dongying City	4603	3173	1010	14939	9625	2620	29.5
烟台市	Yantai City	5347	3139	1233	12452	9035	3361	27.7
潍坊市	Weifang City	5017	3170	1207	10318	7663	2467	29.9
济宁市	Jining City	4128	2520	960	10739	6765	2511	30.2
泰安市	Taian City	4124	2352	1036	10337	7211	2484	31.1
威海市	Weihai City	6083	3540	1263	12455	9289	2724	31.4
日照市	Rizhao City	4123	2304	863	9809	7208	2319	30.1
莱芜市	Laiwu City	4684	2719	1018	10786	7099	2169	37.1
临沂市	Linyi City	3601	2181	892	10829	7502	2289	27.7
德州市	Dezhou City	3800	1733	731	9056	6737	2164	31.2
聊城市	Liaocheng City	3448	2168	795				33.2
滨州市	Binzhou City	3817	2516	885	10286	7063	2380	31.8
荷泽市	Heze City	3092	1792	853	7342	5354	2076	24.4

3-11 续表 5 continued

地 区	Region	农村居民人均纯收入(元) Rural Household Per Capita Net Income (yuan)	农村居民人均支出(元) Rural Household Per Capita Expenditures (yuan)	#食品支出 Food	城镇家庭人均可支配收入(元) Urban Household Disposable Income (yuan)	城镇家庭人均消费性支出(元) Urban Household Living Expenditures for Consumption (yuan)	#食品支出 Food	农村人均住房面积(平方米) Per Capita Living Space in Rural Areas (sq.m)
河南省	**Henan**	**2871**	**1892**	**859**	**8668**	**6038**	**2068**	**27.2**
郑州市	Zhengzhou City	4774	2938	993	10640	7223	2471	39.0
开封市	Kaifeng City	2714	1598	695	7220	5383	1889	22.5
洛阳市	Luoyang City	2903	2144	789	9720	6837	2359	32.4
平顶山市	Pingdingshan City	2688	1721	757	8723	6243	2267	26.9
安阳市	Anyang City	3220	1920	790	8822	6517	2006	31.2
鹤壁市	Hebi City	3469	1895	827	7898	5237	1762	30.2
新乡市	Xinxiang City	3133	2200	903	8312	5743	2010	29.7
焦作市	Jiaozuo City	3831	2270	902	8430	5897	1989	35.7
濮阳市	Puyang City	2472	1668	736	7972	5472	1948	22.2
许昌市	Xuchang City	3643	2046	853	7769	5623	1798	26.7
漯河市	Luohe City	3319	1843	753	7923	5620	1944	32.2
三门峡市	Sanmenxia City	2935	2030	881	8071	5762	1850	29.2
南阳市	Nanyang City	2894	2006	921	7831	5283	1813	26.0
商丘市	Shangqiu City	2346	1532	687	7247	4838	1759	25.1
信阳市	Xinyang City	2707	2112	1116	6762	4994	1999	28.8
周口市	Zhoukou City	2276	1657	743	6356	4545	1731	21.7
驻马店市	Zhumadian City	2486	1815	893	6900	4862	1738	23.7
其他	Others	3889	2416	984	9017	6109	1807	41.7
湖北省	**Hubei**	**3099**	**2430**	**1192**	**8786**	**6737**	**2625**	**36.1**
武汉市	Wuhan City	4341	3343	1573	10850	8234	3192	39.8
黄石市	Huangshi City	2810	2411	1128	8503	6737	2433	36.9
十堰市	Shiyan City	1990	1911	976	10413	7901	2650	29.3
宜昌市	Yichang City	3108	2571	1256	8711	7458	2814	42.8
襄樊市	Xiangfan City	3191	2047	1081	8145	6554	2337	29.3
鄂州市	Ezhou City	3495	2804	1267	8187	6629	2551	36.4
荆门市	Jingmen City	3738	3156	1420	8585	6952	2448	40.5
孝感市	Xiaogan City	3028	2222	1134	7839	5895	2376	32.0
荆州市	Jingzhou City	3108	2422	1165	8094	5848	2347	31.8
黄冈市	Huanggang City	2644	2279	1125	6358	4804	1778	40.5
咸宁市	Xianning City	2911	2202	1172	8004	6115	2425	34.8
随州市	Suizhou City	3223	2809	1422	7332	5592	2236	34.9
恩施土家族苗族自治州	Enshi Tujia & Miao A.P	1643	1748	891	7063	5201	1935	38.5
其他	Others							
湖南省	**Hunan**	**3118**	**2756**	**1433**	**9524**	**7505**	**2689**	**38.5**
长沙市	Changsha City	4908	4166	1776	12434	9660	3230	49.4
株洲市	Zhuzhou City	3957	2962	1417	11230	8349	2863	51.1
湘潭市	Xiangtan City	4177	3171	1564	9685	6928	2581	48.5
衡阳市	Hengyang City	3833	2818	1503	8490	6231	2405	41.9
邵阳市	Shaoyang City	2521	2351	1232	7912	6603	2558	33.6
岳阳市	Yueyang City	3613	3241	1484	10980	8362	2713	39.5
常德市	Changde City	3229	3071	1516	9776	7412	2654	42.8
张家界市	Zhangjiajie City	2221	2045	1121	7667	5395	1820	34.3
益阳市	Yiyang City	2976	2852	1442	8822	6988	2687	40.1
郴州市	Chenzhou City	3505	2760	1269	9595	8349	2752	36.4
永州市	Yongzhou City	2738	2272	1215	8044	5593	2136	32.2

3-11 续表 6 continued

地 区	Region	农村居民人均纯收入(元) Rural Household Per Capita Net Income (yuan)	农村居民人均支出(元) Rural Household Per Capita Expenditures (yuan)	#食品支出 Food	城镇家庭人均可支配收入(元) Urban Household Disposable Income (yuan)	城镇家庭人均消费性支出(元) Urban Household Living Expenditures for Consumption (yuan)	#食品支出 Food	农村人均住房面积(平方米) Per Capita Living Space in Rural Areas (sq.m)
怀化市	Huaihua City	2295	1989	1153	8935	6420	2570	31.5
娄底市	Loudi City	2349	2241	1070	8788	6907	2472	35.7
湘西土家族苗族自治州	West Hunan Tujia A.P	1766	1597	904	7781	5920	2041	22.9
其他	Others							
广东省	**Guangdong**	**4690**	**3708**	**1789**	**14770**	**11810**	**4265**	**25.7**
广州市	Guangzhou City	7080	5396	2332	18287	14468	5398	35.7
韶关市	Shaoguan City	3738			10908			
深圳市	Shenzhen City				21494	15912	5309	
珠海市	Zhuhai City				18908	14324	4761	
汕头市	Shantou City	4321	3763	2058	10630	8810	4037	18.3
佛山市	Foshan City	7575			17424	14314	4620	
江门市	Jiangmen City	5366			12903	9993	3678	22.9
湛江市	Zhanjiang City	4244	2796	1457	9652	8064	3450	26.0
茂名市	Maoming City	4580	3362	1580	9252	6911	2791	36.7
肇庆市	Zhaoqing City	4558			10097	7475	3305	
惠州市	Huizhou City	4698	3782	1884	14884	12931	4152	26.0
梅州市	Meizhou City	4181	3588	1678	8695	7019	3177	27.0
汕尾市	Shanwei City	3843	3208	1766	8311	7164	3371	
河源市	Heyuan City	3764	3632	1731				27.5
阳江市	Yangjiang City	4368						
清远市	Qingyuan City	3618	2940	1286	9325	6900	3203	26.7
东莞市	Dongguan City	9842			22882	21768	6035	42.7
中山市	ZhongShan City	8204	6451	2655	17255	14288	5504	37.5
潮州市	Chaozhou City	4260	3851	1836	8946	8199	3641	23.1
揭阳市	Jieyang City	4126	3002	1476	9192	7776	3567	17.4
云浮市	Yunfu City	4227						
广西壮族自治区	**Guangxi**	**2495**	**2350**	**1187**	**8917**	**6424**	**2731**	**28.7**
南宁市	Nanning City	2680	2227	1271	9203	6883	2779	31.5
柳州市	Liuzhou City	2535	2175	1208	9556	6634	2825	26.9
桂林市	Guilin City	3003	2069	788	9268	6677	2721	32.0
梧州市	Wuzhou City	2575	1919	1015	8118	5644	2737	20.8
北海市	Beihai City	3179	2745	1373				28.4
防城港市	Fangchenggang City	2704	1425	666	7254	4942	2508	26.4
钦州市	Qinzhou City	3091	2163	1178	8942	5112	2393	24.7
贵港市	Guigang City	2693	2206	1018	7642	5306	2438	28.7
玉林市	Yulin City	2573	1655	1098	8297	5641	2249	
百色市	Baise City	1783	1353	477	8077	5226	2298	24.7
贺州市	Hezhou City	2351	1865	1098	7516	5211	2207	26.1
河池市	Hechi City	1912	1899	931	7170	5362	2272	27.2
来宾市	Laibin City	2385	2230	1117	8166	5350	2317	29.0
崇左市	Chongzuo City	2298	1913	976	7102	4883	2209	28.4
海南省	**Hainan**	**3004**	**1969**	**1135**	**8124**	**5928**	**2820**	**21.8**
海口市	Haikou City	3829	2367	1256	9740	7366	3247	27.0
三亚市	Sanya City	3377	1301	858	8325	6368	2914	22.3
其他	Others							

3-11 续表 7 continued

地区	Region	农村居民人均纯收入(元) Rural Household Per Capita Net Income (yuan)	农村居民人均支出(元) Rural Household Per Capita Expenditures (yuan)	#食品支出 Food	城镇家庭人均可支配收入(元) Urban Household Disposable Income (yuan)	城镇家庭人均消费性支出(元) Urban Household Living Expenditures for Consumption (yuan)	#食品支出 Food	农村人均住房面积(平方米) Per Capita Living Space in Rural Areas (sq.m)
重庆市	**Chongqing**	**2809**	**2142**	**1130**	**10244**	**8623**	**3136**	**32.9**
万州区	Wanzhou District	2582	1898	1009	8540	6692	2612	34.9
涪陵区	Fuling District	2780	1977	1054	9424	7349	2886	36.0
渝中区	Yuzhong District				11240	10560	3816	
大渡口区	Dadukou District	4321	3209	1516	10180	7605	2934	44.8
江北区	Jiangbei District	4280	3336	1597	10290	8760	3036	33.2
沙坪坝区	Shapingba District	4331	3353	1629	10326	7913	2981	38.8
九龙坡区	Jiulongpo District	4283	3692	1804	10310	8093	3162	46.6
南岸区	Nanan District	4523	3651	1658	10290	7864	2918	41.8
北碚区	Beibei District	3670	3337	1620	10085	7680	2766	36.5
万盛区	Wansheng District	3242	2708	1368	6905	5755	2402	41.7
双桥区	Shuangqiao District	3673	3067	1430	10557	6249	2144	36.1
渝北区	Yubei District	3479	3021	1543	10189	7215	2873	41.6
巴南区	Banan District	3475	2550	1353	10054	7056	2838	34.0
黔江区	Qianjiang District	2129	2138	1023	8289	6428	2180	29.9
长寿区	Changshou District	3369	2409	1282	9308	7570	2968	39.2
其他	Others							
四川省	**Sichuan**	**2803**	**2274**	**1244**	**8386**	**6891**	**2710**	**34.6**
成都市	Chengdu City	4485	3074	1429	11359	9642	3400	39.5
自贡市	Zigong City	3188	2370	1408	7201	5834	2525	34.0
攀枝花市	Panzhihua City	3463	2740	1408	9124	6960	2920	32.0
泸州市	Luzhou City	3165	2529	1339	8790	7016	2733	35.0
德阳市	Deyang City	3585	2944	1449	9150	7578	2933	34.0
绵阳市	Mianyang City	3179	2456	1212	8201	6422	2549	37.0
广元市	Guangyuan City	2000	1682	837	6115	4891	1943	34.0
遂宁市	Suining City	2828	2085	1104	6667	5523	2675	32.0
内江市	Neijiang City	2987	2357	1241	6355	5217	2292	32.0
乐山市	Leshan City	3242	2522	1289	7520	6423	2757	38.0
南充市	Nanchong City	2646	1966	1020	7764	6163	2684	29.0
眉山市	Meishan City	3284	2311	1270	7360	5393	2309	34.0
宜宾市	Yibin City	3068	2198	1300	7626	6085	2519	38.0
广安市	Guangan City	2915	2128	1154	7740	5526	2468	32.0
达州市	Dazhou City	2943	2225	1263	6541	5438	2126	35.0
雅安市	Yaan City	2829	2630	1337	7861	5981	2529	34.0
巴中市	Bazhong City	2032	1821	973	6400	5905	2557	31.0
资阳市	Ziyang City	2989	1990	1179	7521	6287	2559	38.0
阿坝藏族羌族自治州	Aba Zang & Qiang A.P	1881	1714	988				30.0
甘孜藏族自治州	Ganzi Zang A.P	1310	1174	886				22.0
凉山彝族自治州	Liangshan Yi A.P	2438	1852	1123	7496	5725	2554	24.0
贵州省	**Guizhou**	**1877**	**1552**	**820**	**8147**	**6157**	**2457**	**23.5**
贵阳市	Guiyang City	3135	2296	980	9928	7693	2946	35.5
六盘水市	Liupanshui City	1863	1340	803	8032	5629	2723	22.4
遵义市	Zunyi City	2319	1684	818	8207	6098	2315	27.4
安顺市	Anshun City	1828	1391	756	7337	5287	2255	
铜仁地区	Tongren Prefecture	1700	1430	734	6712	5386	2142	24.9
黔西南布依族苗族自治州	Southwest Guizhou Buyi & Miao A.P	1785	1500	814	8022	6042	2127	21.8

3-11 续表 8 continued

地　区	Region	农村居民人均纯收入（元） Rural Household Per Capita Net Income (yuan)	农村居民人均支出（元） Rural Household Per Capita Expenditures (yuan)	#食品支出 Food	城镇家庭人均可支配收入（元） Urban Household Disposable Income (yuan)	城镇家庭人均消费性支出（元） Urban Household Living Expenditures for Consumption (yuan)	#食品支出 Food	农村人均住房面积（平方米） Per Capita Living Space in Rural Areas (sq.m)
毕节地区	Bijie Prefecture	1876	1311	710	6529	4620	1886	19.5
黔东南苗族侗族自治州	Southeast Guizhou Miao & Dong A.P	1728	1353	746	7707	5731	2270	19.8
黔南布依族苗族自治州	South Guizhou Buyi & Miao A.P	1846	1556	870	7393	5521	2159	25.8
云南省	**Yunnan**	**2042**	**1789**	**976**	**9266**	**6997**	**2997**	**25.2**
昆明市	Kunming City	3258	2984	1264	9516	7278	3239	35.6
曲靖市	Qujing City	2078	1819	916	8878	6087	2548	24.9
玉溪市	Yuxi City	3314	2727	1204	8842	6506	2617	42.0
保山市	Baoshan City	1879	1669	927	9040	7121	2732	25.0
昭通市	Zhaotong City	1300	1241	711	7570	5953	2305	19.5
丽江市	Lijiang City	1459	1133	684	9290	5770	2672	
思茅市	Simao City	1553			7440	5124	2414	19.7
临沧市	Lincang City	1346	1081	701	7451	5837	2732	
楚雄彝族自治州	Chuxiong Yi A.P	2223	1996	1086	9195	6390	2679	32.9
红河哈尼族彝族自治州	Honghe Hani & Yi A.P	1991	1925	855	7947	6361	2670	22.8
文山壮族苗族自治州	Wenshan Zhuang & Miao A.P	1365	1222	779	8718	5497	2517	22.7
西双版纳傣族自治州	Xishuangbanna Dai A.P	2172	2102	1169	7874	6384	3024	26.4
大理白族自治州	Dali Bai A.P	2251	1959	976	8974	7130	2523	26.3
德宏傣族景颇族自治州	Dehong Dai & Jingpo A.P	1504	1385	720	8395	6541	2426	20.6
怒江傈僳族自治州	Nujiang Lisu A.P	1034						
迪庆藏族自治州	Diqing Zang A.P	1425	1268	612	9796	6220	2997	22.0
西藏自治区	**Tibet A.R.**	**2078**	**1562**	**942**	**8411**	**8673**	**3828**	**19.6**
拉萨市	Lhasa City	2402	1624	867				21.3
昌都地区	Qamdu Prefecture	1844	1434	942				26.9
山南地区	Lhokha Prefecture	2159	1338	715				29.4
日喀则地区	Xigaze Prefecture	1896	1162	744				14.7
那曲地区	Narqu Prefecture	2123	2076	1340				8.3
阿里地区	Ngri Prefecture	1801	2467	1421				7.1
林芝地区	Nyingchi Prefecture	2723	1940	1032				31.9
其他	Others							
陕西省	**Shaanxi**	**2052**	**1896**	**813**	**8272**	**6656**	**2402**	**26.0**
西安市	Xian City	3460	2603	946	9628	7900	2926	37.0
铜川市	Tongchuan City	2010	1723		5871	4821	1827	26.0
宝鸡市	Baoji City	2231	1825	657	8592	6276	2290	25.9
咸阳市	Xianyang City	2268	1357	415	8780	7147	2295	33.3
渭南市	Weinan City	1882	1793	660	6764	4896	1745	27.0
延安市	Yanan City	2195			7471			
汉中市	Hanzhong City	1893	1586	771	6257	5011	2002	32.2
榆林市	Yulin City	1803	2028	769	6100	4538	1537	19.3
安康市	Ankang City	1799	1838	956	6388	4882	1975	29.9
商洛市	Shangluo City	1513	1296	378	7038	4846	1570	28.7
其他	Others	3526						
甘肃省	**Gansu**	**1980**	**1820**	**859**	**8087**	**6529**	**2353**	**18.7**
兰州市	Lanzhou City	2713	2052	940	8529	7180	2569	21.3
嘉峪关市	Jiayuguan City	4750	3539	1408	10654	8492	2870	32.4

3-11 续表 9 continued

地区	Region	农村居民人均纯收入(元) Rural Household Per Capita Net Income (yuan)	农村居民人均支出(元) Rural Household Per Capita Expenditures (yuan)	#食品支出 Food	城镇家庭人均可支配收入(元) Urban Household Disposable Income (yuan)	城镇家庭人均消费性支出(元) Urban Household Living Expenditures for Consumption (yuan)	#食品支出 Food	农村人均住房面积(平方米) Per Capita Living Space in Rural Areas (sq.m)
金昌市	Jinchang City	3982	2818	1085	10175	9523	3140	30.7
白银市	Baiyin City	2023	1883	864	7928	6324	2462	23.3
天水市	Tianshui City	1550	1452	715	6957	5509	2017	15.2
武威市	Wuwei City	2802	1313	526	6606	5306	2037	21.2
张掖市	Zhangye City	3751	2703	1117	7595	6450	2319	29.2
平凉市	Pingliang City	1820	1779	780	7134	5114	1958	18.3
酒泉市	Jiuquan City	4465	3202	1231	9224	7075	2502	40.7
庆阳市	Qingyang City	1734	1523	694	6883	6042	2090	21.4
定西市	Dingxi City	1670	1721	929	6510	5070	1984	16.3
陇南市	Longnan City	1353	1229	689	6304	5300	1961	17.6
临夏回族自治州	Linxia Hui A.P	1380	1261	619	4937	3813	1638	16.7
甘南藏族自治州	Gannan Zang A.P	1514	1318	778	5182	4535	1522	20.6
青海省	**Qinghai**	**2165**	**2085**	**941**	**8058**	**6245**	**2267**	**18.0**
西宁市	Xining City	2593	1860	824	8397	6408	652	27.5
海东地区	Haidong Prefecture	2011	1641	759	7066	5774	2174	19.0
海北藏族自治州	Haibei Zang A.P	2084	1967	1057	7798	6521	2417	16.2
黄南藏族自治州	Huangnan Zang AP	1807	1730	965	7383	5035	2186	11.3
海南藏族自治州	Hainan Zang A.P	2442	1806	763	6850	5551	1869	16.6
果洛藏族自治州	Golog Zang A.P	1917	1438	791	8348	6792	2804	15.0
玉树藏族自治州	Yushu Zang A.P	1794	1345	740	8637	4201	3221	22.0
海西蒙古族藏族自治州	Haixi Mongolian & Zang A.P	2303	2065	907	8693	7071	2410	20.6
宁夏回族自治区	**Ningxia**	**2509**	**2095**	**923**	**8094**	**6404**	**2229**	**21.0**
银川市	Yinchuan City	3493	2836	1053	8852	7311	2615	31.2
石嘴山市	Shizuishan City	3650	3187	1262	7917	5906	2065	28.5
吴忠市	Wuzhong City	2891	2494	913	7516	5959	2023	30.4
固原市	Guyuan City	1715	1680	863	6528	4863	1595	27.9
中卫市	Zhongwei City	2537	2031	831	7196	5629	1781	20.9
新疆维吾尔自治区	**Xinjiang**	**2482**	**1924**	**804**	**7990**	**6208**	**2257**	**21.2**
乌鲁木齐市	Urumqi City	4250	4031	1629	9605	7052	2561	33.1
克拉玛依市	Karamay City	5428			10902	10312	3221	
吐鲁番地区	Turpan Prefecture	3668	2464	1050	7497	4482	2036	24.1
哈密地区	Hami Prefecture	3029	2475	724				30.5
昌吉回族自治州	Changji Hui A.P	4568	3481	1348	7614	6244	2082	30.2
博尔塔拉蒙古自治州	Bortala Mongolian A.P	4056						
巴音郭楞蒙古自治州	Bayingolin Mongolian A.P	4014	2265	711	7537	5197	1759	30.4
阿克苏地区	Aksu Prefecture	2975	1595	643				
克孜勒苏柯尔克孜自治州	Kizilsu Kirgiz A.P	1453	1011	452	5350	4550	1694	18.0
喀什地区	Kashi Prefecture	1699	1071	536				
和田地区	Hotan Prefecture	1296	1099	493	7590	6614	2266	17.0
伊犁州直属县（市）	Counties(Cities) Direct Under Ili Prefecture	2923	2018	801	6656	5426	1939	18.6
塔城地区	Tacheng Prefecture	3311	2933	1259	8424	5995	2363	22.0
阿勒泰地区	Altay Prefecture	3196	1664	915				
石河子市	Shihezi City	5380			7947	5853	1530	
阿拉尔市	Alar City							
图木舒克市	Tumxuk City							
五家渠市	Wujiaqu City							

3-12 城市建设情况(2005年)

Statistics on City Construction (2005)

地 区	Region	城市建成区面积(平方公里) Urban Developed Areas (sq.km)	公园面积(公顷) Areas of Parks (hectares)	建成区绿化覆盖率(%) Population with Green Areas (%)	年末公共汽车营运车数(辆) Public Buses (unit)	出租汽车数(辆) Number of Taxis (unit)	供水管道长度(公里) Length of Water Supply Pipelines (km)	用水人口(万人) Number of Residents with Access to Tap Water (10 000 persons)
北京市	**Beijing**	**1200.0**	**11365**	**35.7**	**19872**	**66000**	**18175**	**1654.7**
东城区	Dongcheng District							
西城区	Xicheng District							
崇文区	Chongwen District							
宣武区	Xuanwu District							
朝阳区	Chaoyang District							
丰台区	Fengtai District							
石景山区	Shijingshan District							
海淀区	Haidian District							
门头沟区	Mentougou District							
房山区	Fangshan District							
通州区	Tongzhou District							
顺义区	Shunyi District							
昌平区	Changping District							
大兴区	Daxing District							
怀柔区	Huairou District							
平谷区	Pinggu District							
密云县	Miyun County							
延庆县	Yanqing County							
其他	Others							
天津市	**Tianjin**	**530.0**	**2325**	**36.4**	**6768**	**31939**	**7093**	**640.5**
和平区	Heping District							
河东区	Hedong District							
河西区	Hexi District							
南开区	Nankai District							
河北区	Hebei District							
红桥区	Hongqiao District							
塘沽区	Tanggu District							
汉沽区	Hangu District							
大港区	Dagang District							
东丽区	Dongli District							
西青区	Xiqing District							
津南区	Jinnan District							
北辰区	Beichen District							
武清区	Wuqing District							
宝坻区	Baodi District							
宁河县	Ninghe County							
静海县	Jinghai County							
蓟县	Ji County							
其他	Others							
河北省	**Hebei**	**1316.4**	**5694**	**35.0**	**10429**	**44527**	**11336**	**1324.1**
石家庄市	Shijiazhuang City	238.7	660	31.2	2101	7797	1763	264.9
唐山市	Tangshan City	235.9	1101	41.9	1953	4804	1913	213.1
秦皇岛市	Qinhuangdao City	82.6	374	42.6	743	3567	875	77.6
邯郸市	Handan City	121.6	931	43.0	1662	5264	1584	157.4

3-12 续表 1 continued

地 区	Region	城市建成区面积(平方公里) Urban Developed Areas (sq.km)	公园面积(公顷) Areas of Parks (hectares)	建成区绿化覆盖率(%) Population with Green Areas (%)	年末公共汽车营运车数(辆) Public Buses (unit)	出租汽车数(辆) Number of Taxis (unit)	供水管道长度(公里) Length of Water Supply Pipelines (km)	用水人口(万人) Number of Residents with Access to Tap Water (10 000 persons)
邢台市	Xingtai City	73.2	286	29.6	593	3523	599	77.6
保定市	Baoding City	155.8	277	31.6	923	3967	1032	162.8
张家口市	Zhangjiakou City	76.8	259	33.9	674	3650	485	86.5
承德市	Chengde City	56.7	1083	31.8	312	2026	312	46.1
沧州市	Cangzhou City	126.1	159	28.4	699	5298	1365	116.3
廊坊市	Langfang City	83.2	302	34.2	487	2813	882	65.3
衡水市	Hengshui City	65.8	262	32.5	282	1818	528	56.5
山西省	**Shanxi**	**709.3**	**3851**	**30.2**	**4439**	**29842**	**5939**	**812.8**
太原市	Taiyuan City	203.8	2255	35.4	1644	8592	935	276.4
大同市	Datong City	81.5	239	31.5	481	4605	1056	136.0
阳泉市	Yangquan City	49.3	331	34.2	314	1895	652	47.2
长治市	Changzhi City	56.5	63	39.8	373	1915	545	55.5
晋城市	Jincheng City	42.3	343	28.9	226	1568	530	41.3
朔州市	Shuozhou City	29.4	95	36.7	140	928	325	24.8
晋中市	Jinzhong City	51.8	134	24.3	312	1602	387	49.0
运城市	Yuncheng City	61.3	99	14.9	309	2163	242	56.3
忻州市	Xinzhou City	28.2	10	13.2	120	1570	260	22.8
临汾市	Linfen City	71.7	165	25.1	327	4091	596	74.9
吕梁市	Luliang City	33.5	118	32.0	193	913	413	28.7
内蒙古自治区	**Inner Mongolia**	**824.4**	**3126**	**23.3**	**3594**	**32508**	**5864**	**537.7**
呼和浩特市	Hohhot City	143.0	440	26.0	828	3950	558	105.0
包头市	Baotou City	177.6	1077	34.7	1125	5556	1739	130.7
乌海市	Wuhai City	55.8	196	17.1	405	951	572	42.6
赤峰市	Chifeng City	63.9	84	20.2	180	4366	455	45.1
通辽市	Tongliao City	47.3	62	25.0	209	2497	719	42.0
鄂尔多斯市	Erdos City	66.8	33	5.6	105	1810	290	23.0
呼伦贝尔市	Hulunbuir City	112.6	614	27.2	344	5164	596	52.0
巴彦淖尔市	Bayannur City	31.0	118	17.2	109	1540	134	25.3
乌兰察布市	Ulanqab City	53.0	92	6.3	106	3200	298	35.4
兴安盟	Xingan League	32.0	347	28.9	136	1562	110	19.5
锡林郭勒盟	Xilingol League	41.4	64	16.0	47	1912	394	17.1
阿拉善盟	Alxa League							
辽宁省	**Liaoning**	**1779.9**	**8300**	**36.5**	**17503**	**81020**	**23211**	**1928.8**
沈阳市	Shenyang City	324.5	2856	40.0	4948	19486	3366	466.2
大连市	Dalian City	323.9	1199	38.7	4346	11913	4528	344.5
鞍山市	Anshan City	161.1	480	36.1	1997	7185	2870	167.3
抚顺市	Fushun City	122.0	427	35.9	1554	4560	1582	134.0
本溪市	Benxi City	106.5	355	42.2	568	2594	625	86.0
丹东市	Dandong City	86.7	313	33.0	578	2931	1239	91.6
锦州市	Jinzhou City	83.0	443	34.3	578	4515	846	106.2
营口市	Yingkou City	142.2	834	30.5	690	6590	2062	132.6
阜新市	Fuxin City	53.5	339	38.6	354	2760	1334	75.0
辽阳市	Liaoyang City	92.5	107	33.1	416	2745	1273	75.7
盘锦市	Panjin City	54.0	234	36.9	412	3226	635	57.7

3-12 续表 2 continued

地区	Region	城市建成区面积（平方公里） Urban Developed Areas (sq.km)	公园面积（公顷） Areas of Parks (hectares)	建成区绿化覆盖率（%） Population with Green Areas (%)	年末公共汽车营运车数（辆） Public Buses (unit)	出租汽车数（辆） Number of Taxis (unit)	供水管道长度（公里） Length of Water Supply Pipelines (km)	用水人口（万人） Number of Residents with Access to Tap Water (10 000 persons)
铁岭市	Tieling City	74.1	168	33.3	524	4048	1053	71.8
朝阳市	Chaoyang City	64.4	199	23.4	236	3385	854	68.8
葫芦岛市	Huludao City	91.6	347	40.8	302	5082	946	51.4
吉林省	**Jilin**	**942.9**	**2526**	**31.4**	**8246**	**49239**	**6771**	**904.8**
长春市	Changchun City	300.6	636	36.1	3790	19296	2165	371.7
吉林市	Jilin City	218.0	454	35.7	1277	6564	1430	164.2
四平市	Siping City	72.5	92	17.4	438	4255	505	59.6
辽源市	Liaoyuan City	39.8	128	21.6	298	3540	120	45.0
通化市	Tonghua City	77.9	205	27.7	366	3274	612	62.3
白山市	Baishan City	32.1	131	20.0	284	1245	252	35.3
松原市	Songyuan City	35.6	222	44.6	510	2200	364	31.7
白城市	Baicheng City	69.4	221	29.3	386	3217	426	48.9
延边朝鲜族自治州	Yanbian Korean A.P	97.0	438	25.0	897	5648	897	86.3
黑龙江省	**Heilongjiang**	**1496.0**	**5383**	**26.4**	**10598**	**56952**	**9796**	**1127.1**
哈尔滨市	Harbin City	382.2	1444	25.5	4800	13769	1612	362.7
齐齐哈尔市	Qiqihar City	143.3	431	23.8	683	4694	1077	120.2
鸡西市	Jixi City	106.1	221	35.3	437	4395	1544	91.7
鹤岗市	Hegang City	43.0	626	27.9	376	1615	521	52.3
双鸭山市	Shuangyashan City	58.8	92	33.9	194	1500	261	44.5
大庆市	Daqing City	170.4	222	31.0	1657	4916	1404	90.0
伊春市	Yichun City	174.6	1122	23.4	268	5259	824	51.7
佳木斯市	Jiamusi City	82.8	207	31.9	499	3390	536	81.5
七台河市	Qitaihe City	97.2	115	9.2	300	1644	421	38.5
牡丹江市	Mudanjiang City	102.5	629	38.0	867	5248	742	90.7
黑河市	Heihe City	42.1	86	13.7	186	1542	266	19.8
绥化市	Suihua City	93.1	187	21.3	331	8980	588	83.5
大兴安岭地区	Daxinganling Prefecture							
上海市	**Shanghai**	**819.9**	**1517**	**27.8**	**17509**	**47794**	**25482**	**1778.0**
黄浦区	Huangpu District							
卢湾区	Luwan District							
徐汇区	Xuhui District							
长宁区	Changning District							
静安区	Jingan District							
普陀区	Putuo District							
闸北区	Zhabei District							
虹口区	Hongkou District							
杨浦区	Yangpu District							
闵行区	Minhang District							
宝山区	Baoshan District							
嘉定区	Jiading District							
浦东新区	Pudong New District							
金山区	Jinshan District							
松江区	Songjiang District							
青浦区	Qingpu District							

3-12 续表 3 continued

地区	Region	城市建成区面积(平方公里) Urban Developed Areas (sq.km)	公园面积(公顷) Areas of Parks (hectares)	建成区绿化覆盖率(%) Population with Green Areas (%)	年末公共汽车营运车数(辆) Public Buses (unit)	出租汽车数(辆) Number of Taxis (unit)	供水管道长度(公里) Length of Water Supply Pipelines (km)	用水人口(万人) Number of Residents with Access to Tap Water (10 000 persons)
南汇区	Nanhui District							
奉贤区	Fengxian District							
崇明县	Chongming County							
其他	Others							
江苏省	**Jiangsu**	**2378.6**	**9924**	**39.8**	**22197**	**41476**	**43890**	**2408.5**
南京市	Nanjing City	512.6	2605	44.9	5074	9055	6929	472.6
无锡市	Wuxi City	288.9	1597	41.1	3356	4711	6533	285.7
徐州市	Xuzhou City	172.6	498	34.1	1853	3597	1725	176.9
常州市	Changzhou City	134.8	488	39.0	2787	2352	5982	232.2
苏州市	Suzhou City	432.8	2125	42.5	2751	5892	7549	352.5
南通市	Nantong City	107.7	117	37.0	1135	2560	2616	152.4
连云港市	Lianyungang City	77.7	184	37.1	239	1244	840	67.6
淮安市	Huaian City	85.0	342	37.1	619	903	2854	88.0
盐城市	Yancheng City	108.9	248	36.5	418	1263	1296	114.3
扬州市	Yangzhou City	154.2	497	34.3	1414	3321	2010	167.6
镇江市	Zhenjiang City	132.2	673	37.1	1098	2294	3023	144.3
泰州市	Taizhou City	137.4	520	34.8	1125	3384	2030	125.8
宿迁市	Suqian City	33.8	31	39.8	328	900	502	28.8
浙江省	**Zhejiang**	**1679.7**	**5943**	**33.8**	**15792**	**29993**	**27033**	**1345.9**
杭州市	Hangzhou City	355.2	1108	36.2	4673	8872	5500	290.0
宁波市	Ningbo City	193.5	654	37.8	3282	4724	3926	184.5
温州市	Wenzhou City	183.1	564	23.4	2175	5205	2232	155.6
嘉兴市	Jiaxing City	163.1	382	33.4	661	1585	1755	78.0
湖州市	Huzhou City	90.7	296	37.8	548	815	2212	62.0
绍兴市	Shaoxing City	162.4	723	41.2	1540	1815	2449	138.6
金华市	Jinhua City	211.7	771	35.6	1047	3052	4081	159.8
衢州市	Quzhou City	65.6	345	39.5	671	501	975	41.8
舟山市	Zhoushan City	51.8	246	34.4	267	1006	922	28.9
台州市	Taizhou City	172.6	706	24.1	808	2021	2525	179.9
丽水市	Lishui City	30.1	146	22.1	120	397	456	26.9
安徽省	**Anhui**	**1260.4**	**3970**	**27.5**	**8880**	**34287**	**8745**	**1021.4**
合肥市	Hefei City	224.7	714	30.1	2783	6500	1168	161.8
芜湖市	Wuhu City	94.7	392	32.8	724	2530	892	72.8
蚌埠市	Bengbu City	77.8	288	28.0	566	2297	590	67.5
淮南市	Huainan City	92.3	91	26.6	914	2316	555	106.2
马鞍山市	Maanshan City	66.0	284	42.1	662	2895	426	52.5
淮北市	Huaibei City	57.6	738	36.6	955	1676	409	64.4
铜陵市	Tongling City	35.7	226	38.4	308	1300	372	42.7
安庆市	Anqing City	95.4	138	24.7	371	2420	931	70.6
黄山市	Huangshan City	32.2	115	45.2	137	430	425	38.9
滁州市	Chuzhou City	85.1	71	17.1	111	2217	589	65.8
阜阳市	Fuyang City	81.5	348	27.5	407	1778	582	75.5
宿州市	Suzhou City	69.6	33	14.2	175	1298	311	44.6
巢湖市	Chaohu City	60.9	45	20.2	166	1800	350	41.8

3-12 续表 4 continued

地 区	Region	城市建成区面积(平方公里) Urban Developed Areas (sq.km)	公园面积(公顷) Areas of Parks (hectares)	建成区绿化覆盖率(%) Population with Green Areas (%)	年末公共汽车营运车数(辆) Public Buses (unit)	出租汽车数(辆) Number of Taxis (unit)	供水管道长度(公里) Length of Water Supply Pipelines (km)	用水人口(万人) Number of Residents with Access to Tap Water (10 000 persons)
六安市	Liuan City	70.1	79	22.4	250	1908	380	41.6
亳州市	Bozhou City	50.6	62	19.1	80	1042	152	25.2
池州市	Chizhou City	24.5	233	24.2	71	600	273	20.2
宣城市	Xuancheng City	41.8	114	25.7	200	1280	341	29.4
福建省	**Fujian**	**672.6**	**4446**	**36.1**	**7929**	**13809**	**7563**	**630.6**
福州市	Fuzhou City	189.2	1440	33.9	2045	4493	1894	175.0
厦门市	Xiamen City	126.5	897	36.8	2610	3646	1919	96.2
莆田市	Putian City	32.4	125	36.1	525	610	482	39.1
三明市	Sanming City	33.1	240	40.9	370	444	766	34.7
泉州市	Quanzhou City	114.9	544	36.8	1016	1297	1254	104.8
漳州市	Zhangzhou City	59.4	571	40.0	233	1057	333	57.6
南平市	Nanping City	52.7	312	35.5	515	991	431	54.1
龙岩市	Longyan City	36.0	193	35.9	320	349	201	32.9
宁德市	Ningde City	28.4	124	32.5	295	922	284	36.4
江西省	**Jiangxi**	**663.6**	**2259**	**32.6**	**5729**	**9397**	**6079**	**667.0**
南昌市	Nanchang City	135.0	341	38.6	1735	3569	2051	208.8
景德镇市	Jingdezhen City	63.3	160	39.4	493	595	378	52.3
萍乡市	Pingxiang City	60.0	151	31.7	595	600	381	46.8
九江市	Jiujiang City	61.8	362	34.1	877	1598	452	67.6
新余市	Xinyu City	40.0	153	39.3	231	252	355	39.6
鹰潭市	Yingtan City	41.1	302	29.8	283	407	184	23.8
赣州市	Ganzhou City	71.3	196	25.7	490	684	958	68.2
吉安市	Jian City	41.5	111	26.5	176	160	348	24.1
宜春市	Yichun City	84.8	266	28.2	553	654	502	73.6
抚州市	Fuzhou City	33.8	103	24.1	182	350	212	34.2
上饶市	Shangrao City	31.0	114	32.1	114	528	259	28.1
山东省	**Shandong**	**2675.5**	**11381**	**37.0**	**23186**	**56226**	**28799**	**2629.4**
济南市	Jinan City	268.4	1548	39.0	3482	8450	1697	295.5
青岛市	Qingdao City	369.0	1764	40.0	4910	9001	4600	399.0
淄博市	Zibo City	190.3	520	38.3	1632	6004	1728	207.1
枣庄市	Zaozhuang City	154.6	304	29.1	1737	1767	1320	112.9
东营市	Dongying City	85.1	793	36.0	625	3830	1756	73.3
烟台市	Yantai City	328.9	805	38.0	2014	4687	4164	245.2
潍坊市	Weifang City	299.9	1440	35.6	1336	3560	2417	263.9
济宁市	Jining City	144.4	617	31.8	764	2410	2349	167.5
泰安市	Taian City	162.7	442	40.3	964	1486	2635	180.5
威海市	Weihai City	161.3	1000	43.2	802	2336	2223	109.8
日照市	Rizhao City	58.3	255	41.0	711	1356	621	89.3
莱芜市	Laiwu City	55.0	217	39.0	713	1930	331	66.7
临沂市	Linyi City	139.8	545	36.2	1941	2750	1132	144.3
德州市	Dezhou City	81.4	190	30.8	700	2657	526	70.5
聊城市	Liaocheng City	73.7	467	36.9	469	2100	877	116.9
滨州市	Binzhou City	51.8	62	19.1	240	652	230	48.0
菏泽市	Heze City	51.2	413	34.1	146	1250	194	39.0

3-12 续表 5 continued

地 区	Region	城市建成区面积(平方公里) Urban Developed Areas (sq.km)	公园面积(公顷) Areas of Parks (hectares)	建成区绿化覆盖率(%) Population with Green Areas (%)	年末公共汽车营运车数(辆) Public Buses (unit)	出租汽车数(辆) Number of Taxis (unit)	供水管道长度(公里) Length of Water Supply Pipelines (km)	用水人口(万人) Number of Residents with Access to Tap Water (10 000 persons)
河南省	**Henan**	**1572.0**	**6191**	**32.3**	**13022**	**52744**	**12632**	**1480.4**
郑州市	Zhengzhou City	350.4	1689	33.4	4042	12943	2455	328.2
开封市	Kaifeng City	75.0	237	28.1	370	2500	799	78.9
洛阳市	Luoyang City	146.3	515	38.9	926	6422	1178	140.6
平顶山市	Pingdingshan City	87.4	367	27.4	763	2350	760	100.6
安阳市	Anyang City	91.0	266	34.4	702	2022	800	86.0
鹤壁市	Hebi City	40.4	195	37.5	341	669	267	36.2
新乡市	Xinxiang City	113.9	186	32.6	646	5370	702	106.0
焦作市	Jiaozuo City	105.2	613	35.6	782	1673	733	93.7
濮阳市	Puyang City	35.1	324	40.1	529	1500	293	34.2
许昌市	Xuchang City	84.8	290	34.8	875	3608	536	66.4
漯河市	Luohe City	46.7	155	39.7	796	1231	425	42.7
三门峡市	Sanmenxia City	55.0	513	25.7	320	1448	321	50.3
南阳市	Nanyang City	93.5	544	28.8	507	1403	809	98.7
商丘市	Shangqiu City	75.2	90	20.2	551	4310	454	88.5
信阳市	Xinyang City	46.0	20	28.6	183	1830	1395	42.5
周口市	Zhoukou City	64.0	57	27.0	281	1300	347	42.9
驻马店市	Zhumadian City	38.2	74	26.9	159	1530	181	22.2
其他	Others	24.0	55	37.2	249	635	177	21.9
湖北省	**Hubei**	**1417.3**	**5753**	**34.7**	**17578**	**27414**	**16999**	**1616.0**
武汉市	Wuhan City	220.2	977	37.6	5266	12137	6130	445.4
黄石市	Huangshi City	80.0	692	37.1	1233	1100	732	80.4
十堰市	Shiyan City	86.8	508	40.9	740	850	449	65.1
宜昌市	Yichang City	125.5	550	37.7	2892	801	1358	130.4
襄樊市	Xiangfan City	146.9	525	35.3	1135	2087	1105	161.6
鄂州市	Ezhou City	46.2	216	31.1	436	400	546	39.9
荆门市	Jingmen City	68.3	338	43.0	725	720	574	64.6
孝感市	Xiaogan City	95.2	197	34.3	674	930	462	88.5
荆州市	Jingzhou City	139.5	553	39.0	1382	2290	1889	186.4
黄冈市	Huanggang City	74.3	180	29.5	777	1223	643	74.4
咸宁市	Xianning City	50.9	181	28.3	322	720	325	43.3
随州市	Suizhou City	100.1	394	23.0	720	1860	558	87.0
恩施土家族苗族自治州	Enshi Tujia & Miao A.P	29.4	48	32.8	120	701	245	39.0
其他	Others	154.1	392	29.6	1156	1595	1982	110.0
湖南省	**Hunan**	**1032.9**	**6589**	**33.1**	**9611**	**23087**	**9862**	**946.8**
长沙市	Changsha City	163.5	1210	36.9	2474	6679	1533	221.8
株洲市	Zhuzhou City	105.1	515	35.1	744	2360	1112	76.3
湘潭市	Xiangtan City	92.3	338	35.3	638	1469	1147	85.8
衡阳市	Hengyang City	127.3	272	32.4	766	2078	833	116.6
邵阳市	Shaoyang City	55.5	276	21.5	462	822	560	54.1
岳阳市	Yueyang City	105.8	631	34.8	791	1889	914	79.2
常德市	Changde City	74.8	465	35.4	692	1326	624	66.4
张家界市	Zhangjiajie City	18.2	18	29.0	334	850	339	17.5
益阳市	Yiyang City	54.1	283	30.8	455	1329	291	45.3

3-12 续表 6 continued

地 区	Region	城市建成区面积(平方公里) Urban Developed Areas (sq.km)	公园面积(公顷) Areas of Parks (hectares)	建成区绿化覆盖率(%) Population with Green Areas (%)	年末公共汽车营运车数(辆) Public Buses (unit)	出租汽车数(辆) Number of Taxis (unit)	供水管道长度(公里) Length of Water Supply Pipelines (km)	用水人口(万人) Number of Residents with Access to Tap Water (10 000 persons)
郴州市	Chenzhou City	53.5	253	39.3	553	1085	665	43.2
永州市	Yongzhou City	50.8	119	28.6	837	356	527	36.5
怀化市	Huaihua City	42.5	1237	30.3	369	921	677	40.3
娄底市	Loudi City	71.0	234	30.5	393	1231	399	48.9
湘西土家族苗族自治州	West Hunan Tujia A.P	18.5	741	18.3	103	692	241	15.0
广东省	**Guangdong**	**3619.1**	**31276**	**33.5**	**28410**	**43831**	**45867**	**3586.9**
广州市	Guangzhou City	773.8	3319	36.2	10026	16267	12656	637.6
韶关市	Shaoguan City	69.1	729	33.6	268	843	441	63.2
深圳市	Shenzhen City	713.0	15766	45.0	8403	10305	6512	827.8
珠海市	Zhuhai City	105.6	1031	42.3	1179	1852	1643	133.2
汕头市	Shantou City	163.1	422	36.1	748	2068	1512	426.0
佛山市	Foshan City	171.7	1125	28.7	1614	1655	2934	145.5
江门市	Jiangmen City	184.0	1102	38.7	781	450	2156	166.8
湛江市	Zhanjiang City	118.9	2144	42.2	527	1337	1400	177.3
茂名市	Maoming City	97.4	479	31.4	246	485	714	216.1
肇庆市	Zhaoqing City	91.9	307	38.4	317	806	901	70.4
惠州市	Huizhou City	95.7	236	27.8	530	707	1184	92.6
梅州市	Meizhou City	48.0	386	31.7	152	452	657	40.3
汕尾市	Shanwei City	32.6	113	31.1	134	533	1284	42.7
河源市	Heyuan City	13.0	208	66.1	69	255	210	29.4
阳江市	Yangjiang City	54.8	224	29.1	30	120	4944	47.5
清远市	Qingyuan City	68.7	162	31.1	335	290	964	76.9
东莞市	Dongguan City	652.8	1534	14.5	2089	5055	3580	164.2
中山市	ZhongShan City	35.6	205	36.6	726	4	687	26.2
潮州市	Chaozhou City	37.7	590	40.0	100	1	325	51.0
揭阳市	Jieyang City	53.4	938	25.5	23	180	537	109.0
云浮市	Yunfu City	38.6	255	34.0	113	171	624	43.4
广西壮族自治区	**Guangxi**	**772.2**	**3676**	**29.8**	**5239**	**11970**	**8594**	**652.4**
南宁市	Nanning City	170.0	966	32.3	2110	3811	1506	163.8
柳州市	Liuzhou City	105.0	897	32.2	843	1275	1748	98.4
桂林市	Guilin City	58.3	341	40.1	581	2938	772	58.2
梧州市	Wuzhou City	45.7	307	27.1	266	560	402	42.8
北海市	Beihai City	37.2	76	48.1	171	555	604	33.0
防城港市	Fangchenggang City	25.4	45	18.4	110	215	282	14.2
钦州市	Qinzhou City	68.3	20	16.9	152	200	364	32.1
贵港市	Guigang City	63.9	141	25.7	193	508	697	50.0
玉林市	Yulin City	64.0	530	24.9	208	629	584	58.6
百色市	Baise City	29.8	59	31.6	87	346	239	15.3
贺州市	Hezhou City	34.0	85	27.3	82	130	536	19.8
河池市	Hechi City	27.2	97	31.8	222	41	371	30.5
来宾市	Laibin City	24.3	44	20.6	77	585	220	18.8
崇左市	Chongzuo City	19.2	68	36.8	137	177	270	17.1
海南省	**Hainan**	**194.2**	**1125**	**32.6**	**1322**	**3988**	**2064**	**140.0**
海口市	Haikou City	91.4	617	27.1	827	1931	781	76.3
三亚市	Sanya City	20.0	122	50.9	306	1067	480	15.8

3-12 续表 7 continued

地 区	Region	城市建成区面积(平方公里) Urban Developed Areas (sq.km)	公园面积(公顷) Areas of Parks (hectares)	建成区绿化覆盖率(%) Population with Green Areas (%)	年末公共汽车营运车数(辆) Public Buses (unit)	出租汽车数(辆) Number of Taxis (unit)	供水管道长度(公里) Length of Water Supply Pipelines (km)	用水人口(万人) Number of Residents with Access to Tap Water (10 000 persons)
重庆市	**Chongqing**	**582.5**	**2001**	**22.2**	**7267**	**16376**	**6766**	**669.7**
万州区	Wanzhou District							
涪陵区	Fuling District							
渝中区	Yuzhong District							
大渡口区	Dadukou District							
江北区	Jiangbei District							
沙坪坝区	Shapingba District							
九龙坡区	Jiulongpo District							
南岸区	Nanan District							
北碚区	Beibei District							
万盛区	Wansheng District							
双桥区	Shuangqiao District							
渝北区	Yubei District							
巴南区	Banan District							
黔江区	Qianjiang District							
长寿区	Changshou District							
其他	Others							
四川省	**Sichuan**	**1442.9**	**5701**	**29.3**	**10578**	**24513**	**14062**	**1361.6**
成都市	Chengdu City	496.4	2381	34.8	4858	10297	5320	480.7
自贡市	Zigong City	44.2	112	31.9	639	1437	413	59.0
攀枝花市	Panzhihua City	42.0	284	41.6	573	1447	529	55.6
泸州市	Luzhou City	55.3	86	31.4	511	1117	568	54.6
德阳市	Deyang City	130.2	380	21.3	307	970	1361	80.1
绵阳市	Mianyang City	112.4	535	30.3	796	1357	908	94.9
广元市	Guangyuan City	56.8	69	21.8	122	460	447	37.6
遂宁市	Suining City	49.2	145	21.2	148	440	255	42.2
内江市	Neijiang City	26.9	55	16.3	458	700	428	38.9
乐山市	Leshan City	92.1	298	23.2	287	839	738	69.7
南充市	Nanchong City	70.8	443	34.7	472	1220	622	96.7
眉山市	Meishan City	45.3	44	25.0	176	418	214	29.9
宜宾市	Yibin City	32.5	255	30.7	325	527	522	40.1
广安市	Guangan City	63.7	78	26.1	147	459	250	34.9
达州市	Dazhou City	28.2	196	21.4	212	1139	533	36.8
雅安市	Yaan City	15.9	116	26.0	36	344	124	16.9
巴中市	Bazhong City	15.8	43	28.6	124	306	167	24.0
资阳市	Ziyang City	37.9	140	22.4	166	736	395	45.0
阿坝藏族羌族自治州	Aba Zang & Qiang A.P							
甘孜藏族自治州	Ganzi Zang A.P							
凉山彝族自治州	Liangshan Yi A.P	27.3	42	18.4	221	300	269	24.2
贵州省	**Guizhou**	**371.9**	**1863**	**27.4**	**5006**	**8677**	**3424**	**452.4**
贵阳市	Guiyang City	138.6	1234	33.7	2961	3034	1790	210.2
六盘水市	Liupanshui City	29.0	20	5.8	146	1350	173	31.9
遵义市	Zunyi City	68.0	353	33.6	552	1441	362	75.7
安顺市	Anshun City	26.7	2	15.8	296	576	92	30.4

3-12 续表 8 continued

地区	Region	城市建成区面积(平方公里) Urban Developed Areas (sq.km)	公园面积(公顷) Areas of Parks (hectares)	建成区绿化覆盖率(%) Population with Green Areas (%)	年末公共汽车营运车数(辆) Public Buses (unit)	出租汽车数(辆) Number of Taxis (unit)	供水管道长度(公里) Length of Water Supply Pipelines (km)	用水人口(万人) Number of Residents with Access to Tap Water (10 000 persons)
铜仁地区	Tongren Prefecture	19.8	1	33.4	87	436	71	18.0
黔西南布依族苗族自治州	Southwest Guizhou Buyi & Miao A.P	25.0	56	22.0	87	548	256	22.5
毕节地区	Bijie Prefecture	14.4	11	4.9	351	435	158	18.3
黔东南苗族侗族自治州	Southeast Guizhou Miao & Dong A.P	26.4	36	18.7	214	519	280	17.3
黔南布依族苗族自治州	South Guizhou Buyi & Miao A.P	23.9	151	35.5	312	338	243	28.2
云南省	**Yunnan**	**472.4**	**4489**	**24.6**	**5547**	**15794**	**5537**	**442.0**
昆明市	Kunming City	212.0	2567	27.4	4136	8204	3511	229.6
曲靖市	Qujing City	48.2	60	12.3	289	2119	286	42.2
玉溪市	Yuxi City	20.0	139	34.3	103	317	176	16.8
保山市	Baoshan City	16.9	20	9.1	75	416	175	14.2
昭通市	Zhaotong City	16.5	112	12.9	54	531	187	17.0
丽江市	Lijiang City	20.0	662	18.8	76	777	76	8.3
思茅市	Simao City	19.0	8	5.2	98	260	90	8.2
临沧市	Lincang City							
楚雄彝族自治州	Chuxiong Yi A.P	20.0	260	25.5	90	350	39	15.0
红河哈尼族彝族自治州	Honghe Hani & Yi A.P	30.0	344	30.0	155	747	304	32.6
文山壮族苗族自治州	Wenshan Zhuang & Miao A.P							
西双版纳傣族自治州	Xishuangbanna Dai A.P	17.6	140	40.1	108	462	112	11.5
大理白族自治州	Dali Bai A.P	28.7	126	25.6	341	800	317	31.4
德宏傣族景颇族自治州	Dehong Dai & Jingpo A.P	23.5	51	36.1	22	811	264	15.3
怒江傈僳族自治州	Nujiang Lisu A.P							
迪庆藏族自治州	Diqing Zang A.P							
西藏自治区	**Tibet A.R.**	**74.8**	**108**	**0.2**	**1040**	**1351**	**374**	**20.9**
拉萨市	Lhasa City	54.8	52	0.3	757	1170	318	20.9
昌都地区	Qamdu Prefecture							
山南地区	Lhokha Prefecture							
日喀则地区	Xigaze Prefecture	20.0	56		283	181	56	
那曲地区	Narqu Prefecture							
阿里地区	Ngri Prefecture							
林芝地区	Nyingchi Prefecture							
陕西省	**Shaanxi**	**561.7**	**1448**	**30.2**	**6833**	**22475**	**4435**	**734.8**
西安市	Xian City	230.7	999	30.4	4687	11236	2315	368.8
铜川市	Tongchuan City	36.5	27	21.2			340	37.9
宝鸡市	Baoji City	51.5	214	37.9	607	5200	497	66.4
咸阳市	Xianyang City	64.6	35	37.9	398	1408	333	99.0
渭南市	Weinan City	66.4	39	25.7	374	1297	281	50.9
延安市	Yanan City	28.0	78	17.9	121	1078	207	43.0
汉中市	Hanzhong City	26.8	20	33.2	277	1000	97	23.6
榆林市	Yulin City	11.5	29	26.5	60	386	63	10.2
安康市	Ankang City	15.6	1	31.6	176	406	129	14.0
商洛市	Shangluo City	30.0	4	29.0	133	464	173	21.0
甘肃省	**Gansu**	**507.4**	**2249**	**26.4**	**3415**	**18339**	**5521**	**440.0**
兰州市	Lanzhou City	147.9	1081	37.1	2152	4800	640	169.2

3-12 续表 9 continued

地　区	Region	城市建成区面积(平方公里) Urban Developed Areas (sq.km)	公园面积(公顷) Areas of Parks (hectares)	建成区绿化覆盖率(%) Population with Green Areas (%)	年末公共汽车营运车数(辆) Public Buses (unit)	出租汽车数(辆) Number of Taxis (unit)	供水管道长度(公里) Length of Water Supply Pipelines (km)	用水人口(万人) Number of Residents with Access to Tap Water (10 000 persons)
嘉峪关市	Jiayuguan City	37.0	255	31.5	89	530	1730	17.2
金昌市	Jinchang City	24.5	37	24.7	42	800	318	19.0
白银市	Baiyin City	51.0	165	20.6	145	1492	402	45.0
天水市	Tianshui City	37.9	251	32.6	210	1829	382	41.2
武威市	Wuwei City	67.2	131	19.0	245	1990	765	36.2
张掖市	Zhangye City	22.7	20	21.4			229	17.2
平凉市	Pingliang City	24.6	96	23.5	126	2700	178	21.7
酒泉市	Jiuquan City	21.6	40	5.3	46	366	141	12.5
庆阳市	Qingyang City	36.0	110	22.9	93	1020	257	23.6
定西市	Dingxi City	14.0	11	16.4	124	1100	144	17.4
陇南市	Longnan City							
临夏回族自治州	Linxia Hui A.P	14.0	35	22.1	119	1442	286	15.3
甘南藏族自治州	Gannan Zang A.P	9.0	17	5.7	24	270	50	4.5
青海省	**Qinghai**	**105.9**	**266**	**24.0**	**1839**	**6894**	**1000**	**96.5**
西宁市	Xining City	63.7	226	30.1	1605	5116	541	80.9
海东地区	Haidong Prefecture							
海北藏族自治州	Haibei Zang A.P							
黄南藏族自治州	Huangnan Zang AP							
海南藏族自治州	Hainan Zang A.P							
果洛藏族自治州	Golog Zang A.P							
玉树藏族自治州	Yushu Zang A.P							
海西蒙古族藏族自治州	Haixi Mongolian & Zang A.P							
宁夏回族自治区	**Ningxia**	**248.9**	**758**	**22.9**	**1448**	**11183**	**1831**	**161.7**
银川市	Yinchuan City	101.0	314	22.9	942	4679	807	75.6
石嘴山市	Shizuishan City	63.6	245	28.8	142	2040	469	36.2
吴忠市	Wuzhong City	35.5	165	21.5	214	1251	294	22.7
固原市	Guyuan City	31.6	29	20.9	100	2694	127	9.5
中卫市	Zhongwei City	17.2	5	8.1	50	519	134	17.7
新疆维吾尔自治区	**Xinjiang**	**595.5**	**2211**	**31.8**	**7553**	**23328**	**4586**	**510.0**
乌鲁木齐市	Urumqi City	176.4	751	25.4	3920	7070	800	194.1
克拉玛依市	Karamay City	47.7	139	36.5	489	1510	835	25.5
吐鲁番地区	Turpan Prefecture	8.6	5	43.5	76	370	37	4.8
哈密地区	Hami Prefecture	32.1	50	34.9	187	941	233	20.0
昌吉回族自治州	Changji Hui A.P	47.3	157	34.0	579	1908	303	41.6
博尔塔拉蒙古自治州	Bortala Mongolian A.P	13.1	116	36.5	94	454	90	9.5
巴音郭楞蒙古自治州	Bayingolin Mongolian A.P	43.0	128	39.5	524	2017	467	32.5
阿克苏地区	Aksu Prefecture	28.1	121	38.9	254	1000	127	25.0
克孜勒苏柯尔克孜自治州	Kizilsu Kirgiz A.P	7.8	12	23.4	25	110	41	5.3
喀什地区	Kashi Prefecture	26.0	102	32.4	257	1400	150	38.8
和田地区	Hotan Prefecture	16.7	114	21.2	111	793	146	10.0
伊犁州直属县(市)	Counties(Cities) Direct Under Ili Prefecture	53.7	160	39.6	439	2335	552	48.5
塔城地区	Tacheng Prefecture	28.8	102	34.2	90	1522	194	13.1
阿勒泰地区	Altay Prefecture	8.6	54	35.9	58	300	136	6.7
石河子市	Shihezi City							
阿拉尔市	Alar City							
图木舒克市	Tumxuk City							
五家渠市	Wujiaqu City							

3-13 城市供水、供气量(2005年)

Water and Gas Supply in Cities(2005)

地区	Region	供水总量(万吨) Total Volume of Water Supply (10 000 tons)	#家庭用 Household Use	煤气供气量(万立方米) Total Liquefied Petroleum Gas Supply (10 000 cu.m)	#生活用 Residential Use	天然气供气量(万立方米) Total Natural Gas Supply (10 000 cu.m)	#生活用 Residential Use	液化石油气供气量(吨) Total Liquefied Petroleum Gas Supply (ton)	#生活用 Residential Use
北京市	**Beijing**	**144757**	**51448**	**20211**	**3395**	**317397**	**56596**	**374358**	**319431**
东城区	Dongcheng District								
西城区	Xicheng District								
崇文区	Chongwen District								
宣武区	Xuanwu District								
朝阳区	Chaoyang District								
丰台区	Fengtai District								
石景山区	Shijingshan District								
海淀区	Haidian District								
门头沟区	Mentougou District								
房山区	Fangshan District								
通州区	Tongzhou District								
顺义区	Shunyi District								
昌平区	Changping District								
大兴区	Daxing District								
怀柔区	Huairou District								
平谷区	Pinggu District								
密云县	Miyun County								
延庆县	Yanqing County								
其他	Others								
天津市	**Tianjin**	**68236**	**17069**	**28803**	**7422**	**68966**	**15465**	**61503**	**23800**
和平区	Heping District								
河东区	Hedong District								
河西区	Hexi District								
南开区	Nankai District								
河北区	Hebei District								
红桥区	Hongqiao District								
塘沽区	Tanggu District								
汉沽区	Hangu District								
大港区	Dagang District								
东丽区	Dongli District								
西青区	Xiqing District								
津南区	Jinnan District								
北辰区	Beichen District								
武清区	Wuqing District								
宝坻区	Baodi District								
宁河县	Ninghe County								
静海县	Jinghai County								
蓟县	Ji County								
其他	Others								
河北省	**Hebei**	**150484**	**51023**	**78435**	**29572**	**25374**	**7714**	**327294**	**199516**
石家庄市	Shijiazhuang City	32115	9499	10115	6451	6142	277	35088	27415
唐山市	Tangshan City	25777	11542	21045	7571	2618	2595	48178	36522
秦皇岛市	Qinhuangdao City	10845	2517	5088	3356			12951	11652
邯郸市	Handan City	21101	4825	11069	7770	2239	616	10973	10695

3-13 续表 1 continued

地 区	Region	供水总量（万吨） Total Volume of Water Supply (10 000 tons)	#家庭用 Household Use	煤气供气量（万立方米） Total Liquefied Petroleum Gas Supply (10 000 cu.m)	#生活用 Residential Use	天然气供气量（万立方米） Total Natural Gas Supply (10 000 cu.m)	#生活用 Residential Use	液化石油气供气量（吨） Total Liquefied Petroleum Gas Supply (ton)	#生活用 Residential Use
邢台市	Xingtai City	9644	2654	3730	681	3572	433	13808	13038
保定市	Baoding City	15467	5848			4200	1333	41228	24140
张家口市	Zhangjiakou City	10756	3236	5018	3411			14058	11012
承德市	Chengde City	7621	3515	22370	332			9386	8791
沧州市	Cangzhou City	7473	3291			1919	384	125216	40456
廊坊市	Langfang City	5252	2629			4657	2051	7448	7240
衡水市	Hengshui City	4433	1467			28	25	8960	8555
山西省	**Shanxi**	**86516**	**26766**	**82291**	**39378**	**10802**	**6729**	**42004**	**35724**
太原市	Taiyuan City	32259	11502	49296	18051			15286	11568
大同市	Datong City	11930	4155	9338	8277			4500	4360
阳泉市	Yangquan City	4905	1677	95	95	10147	6086	480	330
长治市	Changzhi City	8673	2575	10101	3547	37	37	3952	3892
晋城市	Jincheng City	1516	632	600	1	2	1	860	560
朔州市	Shuozhou City	8453	1130	2859	1589	616	604	1760	1540
晋中市	Jinzhong City	6537	1334	2960	2445			3247	3160
运城市	Yuncheng City	3874	894	350	320			3120	2435
忻州市	Xinzhou City	1721	529					2450	2400
临汾市	Linfen City	5146	1694	5836	4630			5269	4414
吕梁市	Luliang City	1502	644	857	423			1080	1065
内蒙古自治区	**Inner Mongolia**	**61081**	**15318**	**6887**	**5319**	**9444**	**1441**	**138348**	**127304**
呼和浩特市	Hohhot City	12203	2762	2347	1213	4396	989	78900	72233
包头市	Baotou City	20862	4847	4006	3866	4564	97	6060	4380
乌海市	Wuhai City	8726	1369	534	240			2000	1596
赤峰市	Chifeng City	4219	1152					25753	25731
通辽市	Tongliao City	3534	921			204	103	3660	3500
鄂尔多斯市	Erdos City	1292	636			280	252	2600	2400
呼伦贝尔市	Hulunbuir City	4395	1822					10858	10209
巴彦淖尔市	Bayannur City	609	366					600	550
乌兰察布市	Ulanqab City	3392	682					2820	2169
兴安盟	Xingan League	864	352					3197	3026
锡林郭勒盟	Xilingol League	985	409					1900	1510
阿拉善盟	Alxa League								
辽宁省	**Liaoning**	**282618**	**64055**	**63614**	**42567**	**36817**	**28495**	**402659**	**250696**
沈阳市	Shenyang City	56855	14299	6610	1148	14009	11699	2160	1703
大连市	Dalian City	39847	19277	24726	18087	150	145	183574	81849
鞍山市	Anshan City	49001	6086	12564	6502	1589	1082	15268	8788
抚顺市	Fushun City	14961	2982			11796	10464	30000	24500
本溪市	Benxi City	30351	1783	4089	3622			18500	7500
丹东市	Dandong City	9588	2167	3616	3352			19955	15898
锦州市	Jinzhou City	19696	2921	5621	4662			25535	25328
营口市	Yingkou City	10340	3482			813	770	36665	29450
阜新市	Fuxin City	7440	2056			1885	1304	4639	4560
辽阳市	Liaoyang City	16580	1883			653	611	14809	11949
盘锦市	Panjin City	8030	1913			834	496	20900	13559

3-13 续表 2 continued

地　区	Region	供水总量（万吨） Total Volume of Water Supply (10 000 tons)	#家庭用 Household Use	煤　气供气量（万立方米） Total Liquefied Petroleum Gas Supply (10 000 cu.m)	#生活用 Residential Use	天然气供气量（万立方米） Total Natural Gas Supply (10 000 cu.m)	#生活用 Residential Use	液　化石油气供气量（吨） Total Liquefied Petroleum Gas Supply (ton)	#生活用 Residential Use
铁岭市	Tieling City	6987	1830	1802	1354	4000	1300	8710	6670
朝阳市	Chaoyang City	6822	2110	4586	3841			8494	7713
葫芦岛市	Huludao City	6120	1266			1089	623	13450	11230
吉林省	**Jilin**	**154409**	**30890**	**13755**	**9974**	**17333**	**3681**	**184269**	**105269**
长春市	Changchun City	32889	12817	11111	7535	12068	1760	75350	19521
吉林市	Jilin City	89901	6261	792	779	2138	1029	33967	21000
四平市	Siping City	4260	1722			3102	868	2610	2610
辽源市	Liaoyuan City	2120	353					8058	6472
通化市	Tonghua City	5840	2194	1662	1490			15920	13210
白山市	Baishan City	1867	1106					2470	1760
松原市	Songyuan City	2878	1910					13260	9300
白城市	Baicheng City	6104	1528					13300	13300
延边朝鲜族自治州	Yanbian Korean A.P	8550	2999	190	170	24	24	19334	18096
黑龙江省	**Heilongjiang**	**120157**	**44417**	**40199**	**23356**	**19555**	**3282**	**228630**	**157088**
哈尔滨市	Harbin City	38646	16339	32358	17338	836	322	98233	50940
齐齐哈尔市	Qiqihar City	12862	3937	800	650	4403	1707	11691	10541
鸡西市	Jixi City	7446	3108	2170	2030			3230	2054
鹤岗市	Hegang City	3594	1474			953	762	3060	3000
双鸭山市	Shuangyashan City	2130	970	360	200			524	492
大庆市	Daqing City	22365	5857			12200	360	37000	35000
伊春市	Yichun City	3436	1328					18731	17820
佳木斯市	Jiamusi City	7505	2863	1511	338	1163	131	5820	4705
七台河市	Qitaihe City	3354	1994	3000	2800			2200	1500
牡丹江市	Mudanjiang City	13074	4171					27259	18104
黑河市	Heihe City	1145	387					3462	3222
绥化市	Suihua City	4600	1989					17420	9710
大兴安岭地区	Daxinganling Prefecture								
上海市	**Shanghai**	**335517**	**102047**	**199744**	**115028**	**174962**	**26547**	**452613**	**239749**
黄浦区	Huangpu District								
卢湾区	Luwan District								
徐汇区	Xuhui District								
长宁区	Changning District								
静安区	Jingan District								
普陀区	Putuo District								
闸北区	Zhabei District								
虹口区	Hongkou District								
杨浦区	Yangpu District								
闵行区	Minhang District								
宝山区	Baoshan District								
嘉定区	Jiading District								
浦东新区	Pudong New District								
金山区	Jinshan District								
松江区	Songjiang District								
青浦区	Qingpu District								

3-13 续表 3 continued

地　区	Region	供水总量（万吨） Total Volume of Water Supply (10 000 tons)	#家庭用 Household Use	煤　气 供气量（万立方米） Total Liquefied Petroleum Gas Supply (10 000 cu.m)	#生活用 Residential Use	天然气 供气量（万立方米） Total Natural Gas Supply (10 000 cu.m)	#生活用 Residential Use	液　化 石油气 供气量（吨） Total Liquefied Petroleum Gas Supply (ton)	#生活用 Residential Use
南汇区	Nanhui District								
奉贤区	Fengxian District								
崇明县	Chongming County								
其他	Others								
江苏省	**Jiangsu**	**390460**	**122975**	**1290834**	**27831**	**87634**	**13619**	**1129147**	**668183**
南京市	Nanjing City	118875	27280	1265490	9261	14173	3886	145509	81903
无锡市	Wuxi City	33638	16398	3176	2719	36321	1611	78459	52027
徐州市	Xuzhou City	17930	4412	4831	3562			53443	47143
常州市	Changzhou City	36065	13159	724	634	7306	2223	96978	65506
苏州市	Suzhou City	78890	20465	6362	4398	21024	1823	395828	144633
南通市	Nantong City	19847	9395	5072	2918	2500	2000	51047	38466
连云港市	Lianyungang City	7122	3073			731	417	22000	19850
淮安市	Huaian City	5893	2858			908	275	38786	32699
盐城市	Yancheng City	11211	4025			235	232	27780	25580
扬州市	Yangzhou City	21897	8484	2460	2007			52900	46566
镇江市	Zhenjiang City	22755	6214	2719	2332	3140	631	84926	39026
泰州市	Taizhou City	14802	6522			1295	520	75441	69555
宿迁市	Suqian City	1535	690					6050	5230
浙江省	**Zhejiang**	**261613**	**85500**	**27686**	**25595**	**10428**	**3193**	**1060572**	**671258**
杭州市	Hangzhou City	83033	25736	1631	1094	6598	2248	183798	117490
宁波市	Ningbo City	48719	15066			1558	513	375510	140229
温州市	Wenzhou City	27229	11954					138552	120674
嘉兴市	Jiaxing City	18832	4766	24614	23383	1704	151	83708	48544
湖州市	Huzhou City	8185	3360			173	75	14241	13003
绍兴市	Shaoxing City	17648	5030			144	144	46869	44027
金华市	Jinhua City	18088	7643			165	19	53453	48377
衢州市	Quzhou City	14354	1599	660	660	86	43	14285	13714
舟山市	Zhoushan City	4077	1426	781	458			26368	15232
台州市	Taizhou City	17489	7362					106610	98910
丽水市	Lishui City	3959	1558					17179	11059
安徽省	**Anhui**	**204886**	**49728**	**8723**	**6848**	**11564**	**5123**	**613614**	**195508**
合肥市	Hefei City	20713	10013	2268	1396	3962	1745	32790	19190
芜湖市	Wuhu City	26274	4851			822	377	73301	18590
蚌埠市	Bengbu City	10763	1890			662	254	26899	16244
淮南市	Huainan City	13676	4390	1250	576	1637	664	8294	8014
马鞍山市	Maanshan City	49281	4228			2719	1686	8823	8823
淮北市	Huaibei City	9142	2885	1879	1687			15762	14825
铜陵市	Tongling City	16714	1740	2435	2331			35732	4305
安庆市	Anqing City	22663	2940	891	858			321196	21354
黄山市	Huangshan City	2507	1176					13870	12050
滁州市	Chuzhou City	5062	2406			1358	200	18600	17128
阜阳市	Fuyang City	8025	3811					10130	9866
宿州市	Suzhou City	3803	1335			200	70	11995	11885
巢湖市	Chaohu City	4722	1889			40	24	10220	10011

3-13 续表 4 continued

地区	Region	供水总量（万吨） Total Volume of Water Supply (10 000 tons)	#家庭用 Household Use	煤气供气量（万立方米） Total Liquefied Petroleum Gas Supply (10 000 cu.m)	#生活用 Residential Use	天然气供气量（万立方米） Total Natural Gas Supply (10 000 cu.m)	#生活用 Residential Use	液化石油气供气量（吨） Total Liquefied Petroleum Gas Supply (ton)	#生活用 Residential Use
六安市	Liuan City	3964	2516			84	44	8612	8078
亳州市	Bozhou City	3011	784			78	58	5000	4600
池州市	Chizhou City	2085	1475					6300	5850
宣城市	Xuancheng City	2481	1399			2	1	6090	4695
福建省	**Fujian**	**119814**	**49802**	**1810**	**1450**			**378053**	**216569**
福州市	Fuzhou City	27524	16677					119928	62746
厦门市	Xiamen City	20979	7612					116948	37929
莆田市	Putian City	7531	3183	1810	1450			18570	17182
三明市	Sanming City	12740	2458					8078	3100
泉州市	Quanzhou City	24875	8965					49724	41398
漳州市	Zhangzhou City	6411	2943					19833	15910
南平市	Nanping City	9033	3298					17639	15322
龙岩市	Longyan City	6993	1999					6028	5827
宁德市	Ningde City	3728	2667					21305	17155
江西省	**Jiangxi**	**147045**	**46054**	**31707**	**10906**	**1051**	**599**	**174521**	**154998**
南昌市	Nanchang City	36087	15097	4644	3113	83	1	62972	61412
景德镇市	Jingdezhen City	10376	2371	18700	880			31518	22971
萍乡市	Pingxiang City	6248	3970	3280	2565			11520	9862
九江市	Jiujiang City	29775	5290			258	49	18951	18131
新余市	Xinyu City	8501	2706	2334	2073			1110	970
鹰潭市	Yingtan City	30897	1480	520	286			6600	6110
赣州市	Ganzhou City	5852	2969			413	359	13320	10800
吉安市	Jian City	2697	1287			297	190	5478	3681
宜春市	Yichun City	10107	7385	1558	1488			8892	8181
抚州市	Fuzhou City	2962	1866			1	1	6500	5800
上饶市	Shangrao City	3543	1633	671	501			7660	7080
山东省	**Shandong**	**275364**	**100480**	**47743**	**29200**	**116691**	**47951**	**572194**	**416899**
济南市	Jinan City	34849	20501	6150	5050	10250	4909	49691	49691
青岛市	Qingdao City	46422	18889	17240	9265	9016	3761	108950	76130
淄博市	Zibo City	25107	4969	2238	1420	24178	618	84939	43940
枣庄市	Zaozhuang City	17341	3586	4184	2270			35536	30815
东营市	Dongying City	15653	2400			51780	27005	11479	5172
烟台市	Yantai City	18219	6554	4514	3676	2646	105	86826	55935
潍坊市	Weifang City	27493	10681	4603	1650	4863	996	39479	26742
济宁市	Jining City	17785	5443	5524	3974	88	72	14082	7271
泰安市	Taian City	14525	6640	525	500	5260	5260	15513	15237
威海市	Weihai City	9388	3081			727	420	29871	24989
日照市	Rizhao City	5885	2728			361	302	11108	9351
莱芜市	Laiwu City	7311	2760	2480	1150			16000	15650
临沂市	Linyi City	10285	3396	285	245	435	130	51600	39940
德州市	Dezhou City	7814	2978			3918	2034	5841	5796
聊城市	Liaocheng City	10078	3627			1314	595	3610	3010
滨州市	Binzhou City	3843	1529			750	650	3350	3190
菏泽市	Heze City	3366	718			1105	1095	4320	4040

3-13 续表 5 continued

地 区	Region	供水总量（万吨） Total Volume of Water Supply (10 000 tons)	#家庭用 Household Use	煤 气 供气量（万立方米） Total Liquefied Petroleum Gas Supply (10 000 cu.m)	#生活用 Residential Use	天然气 供气量（万立方米） Total Natural Gas Supply (10 000 cu.m)	#生活用 Residential Use	液 化 石油气 供气量（吨） Total Liquefied Petroleum Gas Supply (ton)	#生活用 Residential Use
河南省	**Henan**	**183436**	**60109**	**117592**	**12735**	**53337**	**18649**	**225864**	**198630**
郑州市	Zhengzhou City	36079	13229	1315	620	25307	8044	54635	40393
开封市	Kaifeng City	8044	2202			2177	1398	7059	4327
洛阳市	Luoyang City	17483	6419	16600	661	227	94	31021	30521
平顶山市	Pingdingshan City	14902	5808	13142	5920	2073		5113	5013
安阳市	Anyang City	16237	3037	55000	2500	9219	2035	10750	6750
鹤壁市	Hebi City	4918	1629			460	174	4745	4745
新乡市	Xinxiang City	13366	3917	150	150	1789	904	14958	14728
焦作市	Jiaozuo City	10269	2933			4226	4015	6961	6663
濮阳市	Puyang City	4650	1355			1536	1385	11658	11185
许昌市	Xuchang City	6651	2136			1911	86	17632	17192
漯河市	Luohe City	9088	1712			452	59	11980	11169
三门峡市	Sanmenxia City	5267	1685	27047	134			6625	6428
南阳市	Nanyang City	8060	3116	2098	1733			10385	9985
商丘市	Shangqiu City	7498	4547			29	27	16692	14781
信阳市	Xinyang City	5126	2752					7800	6900
周口市	Zhoukou City	9907	1803					4300	4300
驻马店市	Zhumadian City	3113	1219			660	360	2450	2450
其他	Others	2778	610	2240	1017	3271	68	1100	1100
湖北省	**Hubei**	**285230**	**129165**	**9184**	**7210**	**17422**	**8808**	**311171**	**274835**
武汉市	Wuhan City	96096	42450	5760	4670	8234	2935	84099	59439
黄石市	Huangshi City	21780	10450	675	670			32400	31720
十堰市	Shiyan City	14440	5283					10229	9390
宜昌市	Yichang City	21282	11024	2399	1520	1541	891	23244	22339
襄樊市	Xiangfan City	22188	10496			558	212	32067	30772
鄂州市	Ezhou City	25445	4204			330	180	7948	7905
荆门市	Jingmen City	9261	4545			75	64	15477	14757
孝感市	Xiaogan City	11079	6351	350	350			10592	10311
荆州市	Jingzhou City	17827	10350			300	72	23638	21480
黄冈市	Huanggang City	8194	3975			2	2	21660	19266
咸宁市	Xianning City	6245	3520					7900	6130
随州市	Suizhou City	10124	4183			2	2	14302	14254
恩施土家族苗族自治州	Enshi Tujia & Miao A.P	2996	1937			4850	3420	3138	3138
其他	Others	18273	10397			1530	1030	24477	23934
湖南省	**Hunan**	**267800**	**77029**	**44064**	**8008**	**5632**	**2623**	**294718**	**250354**
长沙市	Changsha City	42961	19468	3418	2238	4459	2169	95550	95550
株洲市	Zhuzhou City	33376	6636	3228	1726	847	204	12415	11585
湘潭市	Xiangtan City	48207	6265	33718	674	311	246	18040	17800
衡阳市	Hengyang City	28952	8849					37662	18330
邵阳市	Shaoyang City	9389	3443	1247	1114			5580	5580
岳阳市	Yueyang City	54291	8692			15	4	34345	28580
常德市	Changde City	10224	3853					27323	22663
张家界市	Zhangjiajie City	2017	963					4400	3240
益阳市	Yiyang City	6247	2593					11470	10400

3-13 续表 6 continued

地 区	Region	供水总量（万吨） Total Volume of Water Supply (10 000 tons)	#家庭用 Household Use	煤 气 供气量（万立方米） Total Liquefied Petroleum Gas Supply (10 000 cu.m)	#生活用 Residential Use	天然气 供气量（万立方米） Total Natural Gas Supply (10 000 cu.m)	#生活用 Residential Use	液 化 石油气 供气量（吨） Total Liquefied Petroleum Gas Supply (ton)	#生活用 Residential Use
郴州市	Chenzhou City	10769	4416					12575	8025
永州市	Yongzhou City	6453	2927					14268	12931
怀化市	Huaihua City	5698	4007	1196	1070			15000	9900
娄底市	Loudi City	6118	3115	1257	1186			4590	4270
湘西土家族苗族自治州	West Hunan Tujia A.P	3098	1802					1500	1500
广东省	**Guangdong**	**738573**	**296914**	**29310**	**13091**	**71597**	**29126**	**4101990**	**1761239**
广州市	Guangzhou City	185175	88886	28080	12761	3569	361	946164	302921
韶关市	Shaoguan City	11563	3760					34858	34492
深圳市	Shenzhen City	139487	54626					697520	256808
珠海市	Zhuhai City	23868	9975					143000	73000
汕头市	Shantou City	26763	12368					303000	248000
佛山市	Foshan City	49031	16711			65109	28068	245881	38030
江门市	Jiangmen City	35124	12330					116932	77691
湛江市	Zhanjiang City	15329	8652			580	290	65480	57845
茂名市	Maoming City	23498	10005					69178	52971
肇庆市	Zhaoqing City	12982	4639					37390	25103
惠州市	Huizhou City	17024	6039					80841	74799
梅州市	Meizhou City	3620	2127	1230	330			25960	24960
汕尾市	Shanwei City	4120	2627					26400	24000
河源市	Heyuan City	3100	1100					15000	13000
阳江市	Yangjiang City	4359	2764					263438	20228
清远市	Qingyuan City	6922	2269					44400	33400
东莞市	Dongguan City	146000	41550			350	37	650000	273317
中山市	ZhongShan City	8684	4176			1989	370	77274	44179
潮州市	Chaozhou City	6403	3165					172817	12800
揭阳市	Jieyang City	10401	6341					67367	55225
云浮市	Yunfu City	5120	2804					19090	18470
广西壮族自治区	**Guangxi**	**132888**	**48772**	**4483**	**3544**	**84**	**24**	**315998**	**245711**
南宁市	Nanning City	27459	12964					60842	54633
柳州市	Liuzhou City	43665	9672	3932	3367			48190	37998
桂林市	Guilin City	12203	4625			23	20	22152	20680
梧州市	Wuzhou City	5627	2607					14160	13662
北海市	Beihai City	3543	1443	354	71			56299	16800
防城港市	Fangchenggang City	2680	1317					6300	5746
钦州市	Qinzhou City	2752	1745					18200	16000
贵港市	Guigang City	10724	3241					19785	16630
玉林市	Yulin City	6711	3009			62	4	38420	34482
百色市	Baise City	2488	2130					5987	5680
贺州市	Hezhou City	2578	1076					5400	4900
河池市	Hechi City	8340	2553	197	107			8600	8300
来宾市	Laibin City	2674	1260					8175	7000
崇左市	Chongzuo City	1444	1130					3488	3200
海南省	**Hainan**	**24015**	**11820**			**6360**	**530**	**66866**	**57606**
海口市	Haikou City	14487	7545			5590	462	40900	32700
三亚市	Sanya City	4977	1417			464	43	6516	6516

3-13 续表 7 continued

地区	Region	供水总量（万吨） Total Volume of Water Supply (10 000 tons)	#家庭用 Household Use	煤气供气量（万立方米） Total Liquefied Petroleum Gas Supply (10 000 cu.m)	#生活用 Residential Use	天然气供气量（万立方米） Total Natural Gas Supply (10 000 cu.m)	#生活用 Residential Use	液化石油气供气量（吨） Total Liquefied Petroleum Gas Supply (ton)	#生活用 Residential Use
重庆市	**Chongqing**	**71032**	**33729**			**164614**	**59469**	**95577**	**44828**
万州区	Wanzhou District								
涪陵区	Fuling District								
渝中区	Yuzhong District								
大渡口区	Dadukou District								
江北区	Jiangbei District								
沙坪坝区	Shapingba District								
九龙坡区	Jiulongpo District								
南岸区	Nanan District								
北碚区	Beibei District								
万盛区	Wansheng District								
双桥区	Shuangqiao District								
渝北区	Yubei District								
巴南区	Banan District								
黔江区	Qianjiang District								
长寿区	Changshou District								
其他	Others								
四川省	**Sichuan**	**171778**	**82858**	**128252**	**4765**	**598531**	**124008**	**164266**	**64976**
成都市	Chengdu City	63363	34230			285364	69254	98364	20199
自贡市	Zigong City	6221	3008			45894	4293		
攀枝花市	Panzhihua City	10013	3225	127502	4525			5115	4443
泸州市	Luzhou City	8580	3063			117719	5432	1870	1340
德阳市	Deyang City	13543	4087			69418	6006	10890	6754
绵阳市	Mianyang City	10288	4940			28066	7046	970	771
广元市	Guangyuan City	5068	2355			2772	901	7430	7080
遂宁市	Suining City	4057	2451			3370	3225		
内江市	Neijiang City	4822	1959			5027	1930	9000	1640
乐山市	Leshan City	8114	3813			6386	2464	1596	205
南充市	Nanchong City	10855	4929			15242	13045	5513	4715
眉山市	Meishan City	3100	2080			1300	940	2530	2510
宜宾市	Yibin City	4870	2424			4066	2477	2229	434
广安市	Guangan City	3960	1820	750	240	1365	1170	2385	1131
达州市	Dazhou City	4195	2342			3174	2143	2927	2550
雅安市	Yaan City	2685	972			1326	736	1883	1737
巴中市	Bazhong City	1940	1440			1235	980	1200	907
资阳市	Ziyang City	4167	2436			6809	1968	3264	2860
阿坝藏族羌族自治州	Aba Zang & Qiang A.P								
甘孜藏族自治州	Ganzi Zang A.P								
凉山彝族自治州	Liangshan Yi A.P	1937	1284					7100	5700
贵州省	**Guizhou**	**50101**	**22940**	**19209**	**8389**	**6199**	**4067**	**53779**	**42234**
贵阳市	Guiyang City	24843	9695	17011	7030			24624	21057
六盘水市	Liupanshui City	2954	974	1971	1287				
遵义市	Zunyi City	6813	4846	155		6199	4067	8695	7964
安顺市	Anshun City	1225	850					3320	2790

3-13 续表 8 continued

地 区	Region	供水总量（万吨） Total Volume of Water Supply (10 000 tons)	#家庭用 Household Use	煤 气 供气量（万立方米） Total Liquefied Petroleum Gas Supply (10 000 cu.m)	#生活用 Residential Use	天然气 供气量（万立方米） Total Natural Gas Supply (10 000 cu.m)	#生活用 Residential Use	液 化 石油气 供气量（吨） Total Liquefied Petroleum Gas Supply (ton)	#生活用 Residential Use
铜仁地区	Tongren Prefecture	860	624					5	5
黔西南布依族苗族自治州	Southwest Guizhou Buyi & Miao A.P	1387	901					2860	2100
毕节地区	Bijie Prefecture	3500	2380	72	72			465	430
黔东南苗族侗族自治州	Southeast Guizhou Miao & Dong A.P	2966	1418					6000	2360
黔南布依族苗族自治州	South Guizhou Buyi & Miao A.P	5553	1252					7810	5528
云南省	**Yunnan**	**61818**	**23053**	**20287**	**13261**	**14500**	**5270**	**70436**	**65806**
昆明市	Kunming City	39689	11311	20063	13073			32877	32845
曲靖市	Qujing City	6533	1811					8435	7094
玉溪市	Yuxi City	2024	1228					5590	5080
保山市	Baoshan City	1090	950			14500	5270	250	230
昭通市	Zhaotong City	1393	953					1320	1320
丽江市	Lijiang City	967	317					2500	1800
思茅市	Simao City	595	365					4885	4139
临沧市	Lincang City								
楚雄彝族自治州	Chuxiong Yi A.P	1593	1052					3958	3958
红河哈尼族彝族自治州	Honghe Hani & Yi A.P	2809	1727	224	188			2232	2155
文山壮族苗族自治州	Wenshan Zhuang & Miao A.P								
西双版纳傣族自治州	Xishuangbanna Dai A.P	1398	828					2160	1296
大理白族自治州	Dali Bai A.P	2425	1694					3872	3872
德宏傣族景颇族自治州	Dehong Dai & Jingpo A.P	1302	817					2357	2017
怒江傈僳族自治州	Nujiang Lisu A.P								
迪庆藏族自治州	Diqing Zang A.P								
西藏自治区	**Tibet A.R.**	**6735**	**4328**			**808**	**482**	**1500**	
拉萨市	Lhasa City	5835	3928			808	482		
昌都地区	Qamdu Prefecture								
山南地区	Lhokha Prefecture								
日喀则地区	Xigaze Prefecture	900	400					1500	
那曲地区	Narqu Prefecture								
阿里地区	Ngri Prefecture								
林芝地区	Nyingchi Prefecture								
陕西省	**Shaanxi**	**71170**	**25197**	**4365**	**4344**	**76285**	**18033**	**121943**	**119777**
西安市	Xian City	35776	12865	913	892	53202	11160	78172	78172
铜川市	Tongchuan City	1446	832			960	411	2096	1370
宝鸡市	Baoji City	7080	3600			4063	2213	11900	11900
咸阳市	Xianyang City	13571	3186			14565	1857	10150	9550
渭南市	Weinan City	5725	1487			235	154	5676	5201
延安市	Yanan City	1958	1004	3452	3452				
汉中市	Hanzhong City	2430	650					1242	1040
榆林市	Yulin City	1023	600					1460	1360
安康市	Ankang City	1277	599			2410	1928	7647	7647
商洛市	Shangluo City	884	374			850	310	3600	3537
甘肃省	**Gansu**	**59810**	**17842**	**3802**	**2754**	**4100**	**3300**	**71904**	**25085**
兰州市	Lanzhou City	23454	7045					5180	2541

3-13 续表 9 continued

地 区	Region	供水总量 (万吨) Total Volume of Water Supply (10 000 tons)	#家庭用 Household Use	煤 气 供气量 (万立方米) Total Liquefied Petroleum Gas Supply (10 000 cu.m)	#生活用 Residential Use	天然气 供气量 (万立方米) Total Natural Gas Supply (10 000 cu.m)	#生活用 Residential Use	液 化 石油气 供气量 (吨) Total Liquefied Petroleum Gas Supply (ton)	#生活用 Residential Use
嘉峪关市	Jiayuguan City	8506	769	2942	2122			620	580
金昌市	Jinchang City	7580	1614					1860	860
白银市	Baiyin City	5277	2428	860	632			1603	1575
天水市	Tianshui City	2590	1311					6900	6900
武威市	Wuwei City	5967	1100			4100	3300	39708	3973
张掖市	Zhangye City	1266	606					2323	2119
平凉市	Pingliang City	1905	912					3270	3117
酒泉市	Jiuquan City	387	160					680	570
庆阳市	Qingyang City	1093	770					1620	1430
定西市	Dingxi City	965	700					6700	
陇南市	Longnan City								
临夏回族自治州	Linxia Hui A.P	507	307					190	170
甘南藏族自治州	Gannan Zang A.P	313	120					1250	1250
青海省	**Qinghai**	**15116**	**7308**			**63606**	**4196**	**14339**	**13098**
西宁市	Xining City	11192	6532			38006	3766	11000	11000
海东地区	Haidong Prefecture								
海北藏族自治州	Haibei Zang A.P								
黄南藏族自治州	Huangnan Zang AP								
海南藏族自治州	Hainan Zang A.P								
果洛藏族自治州	Golog Zang A.P								
玉树藏族自治州	Yushu Zang A.P								
海西蒙古族藏族自治州	Haixi Mongolian & Zang A.P								
宁夏回族自治区	**Ningxia**	**24283**	**5667**	**3013**	**403**	**68193**	**5089**	**22697**	**16520**
银川市	Yinchuan City	10145	2783			65982	4621	14981	10111
石嘴山市	Shizuishan City	8288	1382	3013	403	40	24	1646	1350
吴忠市	Wuzhong City	4816	970			2171	444	3815	3046
固原市	Guyuan City	438	159					1500	1310
中卫市	Zhongwei City	596	373					755	703
新疆维吾尔自治区	**Xinjiang**	**53859**	**23023**	**232340**	**2190**	**45665**	**17283**	**147314**	**102522**
乌鲁木齐市	Urumqi City	17098	9076	232340	2190	25918	10048	71302	35798
克拉玛依市	Karamay City	9633	1179			1272		21288	18165
吐鲁番地区	Turpan Prefecture	982	336			477	164	1284	1164
哈密地区	Hami Prefecture	2265	1078			25	25	7522	7129
昌吉回族自治州	Changji Hui A.P	2408	1612			8029	2030	7680	7000
博尔塔拉蒙古自治州	Bortala Mongolian A.P	532	295					3200	3200
巴音郭楞蒙古自治州	Bayingolin Mongolian A.P	3546	1642			6720	2788	6440	6440
阿克苏地区	Aksu Prefecture	1396	887					6646	5980
克孜勒苏柯尔克孜自治州	Kizilsu Kirgiz A.P	350	327			65	47	1382	1375
喀什地区	Kashi Prefecture	2187	1310			1227	646	3439	
和田地区	Hotan Prefecture	728	585			450	135	1873	1873
伊犁州直属县(市)	Counties(Cities) Direct Under Ili Prefecture	4805	1869			2	2	8080	7800
塔城地区	Tacheng Prefecture	744	331			700	700	3480	3210
阿勒泰地区	Altay Prefecture	414	307					1215	1115
石河子市	Shihezi City								
阿拉尔市	Alar City								
图木舒克市	Tumxuk City								
五家渠市	Wujiaqu City								

3-14 城市排水和垃圾处理(2005年)

Discharge and Treatment of Waste Water and and Garbage Disposal in Cities(2005)

地区	Region	排水管道长度(公里) Length of Sewer Pipelines (km)	污水排放量(万吨) Discharge of Waste Water (10 000 tons)	污水处理量(万吨) Treatment of Waste Water (10 000 tons)	生活垃圾清运量(万吨) Volume of Garbage Disposal (10 000 tons)	生活垃圾处理量(万吨) Treatment of Residential Garbage (10 000 tons)
北京市	**Beijing**	**6475**	**100069**	**70158**	**454.6**	**436.2**
东城区	Dongcheng District					
西城区	Xicheng District					
崇文区	Chongwen District					
宣武区	Xuanwu District					
朝阳区	Chaoyang District					
丰台区	Fengtai District					
石景山区	Shijingshan District					
海淀区	Haidian District					
门头沟区	Mentougou District					
房山区	Fangshan District					
通州区	Tongzhou District					
顺义区	Shunyi District					
昌平区	Changping District					
大兴区	Daxing District					
怀柔区	Huairou District					
平谷区	Pinggu District					
密云县	Miyun County					
延庆县	Yanqing County					
其他	Others					
天津市	**Tianjin**	**10889**	**59484**	**34476**	**144.8**	**145.0**
和平区	Heping District					
河东区	Hedong District					
河西区	Hexi District					
南开区	Nankai District					
河北区	Hebei District					
红桥区	Hongqiao District					
塘沽区	Tanggu District					
汉沽区	Hangu District					
大港区	Dagang District					
东丽区	Dongli District					
西青区	Xiqing District					
津南区	Jinnan District					
北辰区	Beichen District					
武清区	Wuqing District					
宝坻区	Baodi District					
宁河县	Ninghe County					
静海县	Jinghai County					
蓟县	Ji County					
其他	Others					
河北省	**Hebei**	**10263**	**118306**	**63599**	**680.1**	**530.8**
石家庄市	Shijiazhuang City	1976	26099	10505	134.3	105.3
唐山市	Tangshan City	1585	16974	12595	89.0	89.0
秦皇岛市	Qinhuangdao City	1141	7877	6808	45.3	45.3
邯郸市	Handan City	1274	17610	10806	54.8	49.8

3-14 续表 1 continued

地　区	Region	排水管道长度(公里) Length of Sewer Pipelines (km)	污水排放量(万吨) Discharge of Waste Water (10 000 tons)	污水处理量(万吨) Treatment of Waste Water (10 000 tons)	生活垃圾清运量(万吨) Volume of Garbage Disposal (10 000 tons)	生活垃圾处理量(万吨) Treatment of Residential Garbage (10 000 tons)
邢台市	Xingtai City	672	7627	4608	60.1	56.1
保定市	Baoding City	1107	13493	7145	86.2	73.5
张家口市	Zhangjiakou City	530	8564	4530	49.6	0.9
承德市	Chengde City	270	6453		36.9	25.9
沧州市	Cangzhou City	653	5830	2933	51.6	19.1
廊坊市	Langfang City	513	4159	2423	32.9	31.4
衡水市	Hengshui City	542	3619	1247	39.4	34.5
山西省	Shanxi	**3352**	**48034**	**27012**	**619.7**	**294.5**
太原市	Taiyuan City	930	22168	14047	98.9	71.1
大同市	Datong City	323	5300	2634	158.9	
阳泉市	Yangquan City	253	2100	2082	46.0	25.8
长治市	Changzhi City	290	5370	3950	34.4	23.6
晋城市	Jincheng City	295	790	23	33.9	16.0
朔州市	Shuozhou City	171	2600	410	65.8	17.2
晋中市	Jinzhong City	277	2840	1335	38.2	38.2
运城市	Yuncheng City	295	2064	584	36.3	30.8
忻州市	Xinzhou City	125	1176		16.0	
临汾市	Linfen City	195	2780	1947	59.8	40.3
吕梁市	Luliang City	198	846		31.5	31.5
内蒙古自治区	Inner Mongolia	**4505**	**38641**	**19751**	**329.0**	**219.4**
呼和浩特市	Hohhot City	733	8030	5213	41.1	34.5
包头市	Baotou City	1097	11213	6817	70.9	70.4
乌海市	Wuhai City	204	6320	732	25.0	12.9
赤峰市	Chifeng City	282	3162	1750	28.0	23.4
通辽市	Tongliao City	639	2125	1845	28.5	22.0
鄂尔多斯市	Erdos City	317	820	660	15.0	2.0
呼伦贝尔市	Hulunbuir City	280	2925	1170	47.2	20.3
巴彦淖尔市	Bayannur City	342	440	380	18.0	
乌兰察布市	Ulanqab City	271	2419	1070	25.4	8.6
兴安盟	Xingan League	127	520	24	20.2	18.3
锡林郭勒盟	Xilingol League	214	667	90	9.7	7.0
阿拉善盟	Alxa League					
辽宁省	**Liaoning**	**10519**	**226842**	**107375**	**768.0**	**664.0**
沈阳市	Shenyang City	2931	57451	39915	172.1	164.5
大连市	Dalian City	2050	32056	22453	101.8	100.1
鞍山市	Anshan City	841	35948	13080	55.5	55.5
抚顺市	Fushun City	683	13038	5681	50.0	50.0
本溪市	Benxi City	337	24953	7321	34.0	34.0
丹东市	Dandong City	377	7656	2208	40.3	39.6
锦州市	Jinzhou City	521	14722	3460	51.4	4.0
营口市	Yingkou City	637	7055		53.0	36.1
阜新市	Fuxin City	225	5860		51.0	40.0
辽阳市	Liaoyang City	650	8988	6883	27.7	12.7
盘锦市	Panjin City	403	5394	1420	16.0	14.6

3-14 续表 2 continued

地 区	Region	排水管道长度（公里） Length of Sewer Pipelines (km)	污水排放量（万吨） Discharge of Waste Water (10 000 tons)	污水处理量（万吨） Treatment of Waste Water (10 000 tons)	生活垃圾清运量（万吨） Volume of Garbage Disposal (10 000 tons)	生活垃圾处理量（万吨） Treatment of Residential Garbage (10 000 tons)
铁岭市	Tieling City	296	3548	1259	30.7	29.4
朝阳市	Chaoyang City	293	5301		50.0	10.0
葫芦岛市	Huludao City	275	4872	3695	34.5	32.5
吉林省	**Jilin**	**5086**	**65138**	**17987**	**580.4**	**393.2**
长春市	Changchun City	2325	25389	10203	175.7	135.8
吉林市	Jilin City	1026	18989	4869	87.2	75.5
四平市	Siping City	265	3100	1260	64.1	8.0
辽源市	Liaoyuan City	83	1600	1339	21.0	21.0
通化市	Tonghua City	166	4190		39.5	15.0
白山市	Baishan City	99	1342		24.5	2.0
松原市	Songyuan City	243	2182	290	48.0	47.6
白城市	Baicheng City	362	1893		39.8	28.5
延边朝鲜族自治州	Yanbian Korean A.P	516	6453	26	80.6	59.8
黑龙江省	**Heilongjiang**	**5918**	**113894**	**40870**	**1125.8**	**764.2**
哈尔滨市	Harbin City	1658	39845	16017	193.3	180.9
齐齐哈尔市	Qiqihar City	669	11871	3768	85.3	41.5
鸡西市	Jixi City	391	6158	9	130.8	93.0
鹤岗市	Hegang City	177	2875		94.8	94.8
双鸭山市	Shuangyashan City	229	1500		66.0	22.3
大庆市	Daqing City	899	18702	16826	32.0	21.4
伊春市	Yichun City	197	2197		131.0	95.1
佳木斯市	Jiamusi City	359	9060		60.7	87.0
七台河市	Qitaihe City	110	4300	1300	59.4	49.4
牡丹江市	Mudanjiang City	622	13116	2950	72.5	46.8
黑河市	Heihe City	128	885		25.0	25.0
绥化市	Suihua City	479	3385		175.0	37.0
大兴安岭地区	Daxinganling Prefecture					
上海市	**Shanghai**	**6933**	**217175**	**153848**	**622.3**	**622.2**
黄浦区	Huangpu District					
卢湾区	Luwan District					
徐汇区	Xuhui District					
长宁区	Changning District					
静安区	Jingan District					
普陀区	Putuo District					
闸北区	Zhabei District					
虹口区	Hongkou District					
杨浦区	Yangpu District					
闵行区	Minhang District					
宝山区	Baoshan District					
嘉定区	Jiading District					
浦东新区	Pudong New District					
金山区	Jinshan District					
松江区	Songjiang District					
青浦区	Qingpu District					
南汇区	Nanhui District					

3-14 续表 3 continued

地 区	Region	排水管道长度(公里) Length of Sewer Pipelines (km)	污水排放量(万吨) Discharge of Waste Water (10 000 tons)	污水处理量(万吨) Treatment of Waste Water (10 000 tons)	生活垃圾清运量(万吨) Volume of Garbage Disposal (10 000 tons)	生活垃圾处理量(万吨) Treatment of Residential Garbage (10 000 tons)
奉贤区	Fengxian District					
崇明县	Chongming County					
其他	Others					
江苏省	**Jiangsu**	**28568**	**319189**	**245043**	**834.8**	**808.7**
南京市	Nanjing City	3380	120628	97964	169.1	169.1
无锡市	Wuxi City	6087	26104	19271	116.7	96.6
徐州市	Xuzhou City	1231	15008	12282	67.8	67.8
常州市	Changzhou City	3204	13265	9756	54.9	54.7
苏州市	Suzhou City	6180	68276	51084	164.6	164.6
南通市	Nantong City	1174	9579	6341	41.4	41.4
连云港市	Lianyungang City	576	6341	4447	29.0	29.0
淮安市	Huaian City	877	4378	2483	21.9	21.9
盐城市	Yancheng City	756	6389	3989	32.7	30.0
扬州市	Yangzhou City	1680	14091	10430	36.5	36.5
镇江市	Zhenjiang City	1610	16403	12228	38.5	35.5
泰州市	Taizhou City	1344	17043	14177	46.7	64.7
宿迁市	Suqian City	469	1685	590	15.0	15.0
浙江省	**Zhejiang**	**18607**	**192665**	**114564**	**762.5**	**716.6**
杭州市	Hangzhou City	3295	62676	48703	165.1	165.1
宁波市	Ningbo City	3114	35622	22385	104.8	103.1
温州市	Wenzhou City	1688	18962	5036	122.0	105.9
嘉兴市	Jiaxing City	1457	16369	8890	52.0	39.4
湖州市	Huzhou City	1340	4998	3351	24.0	24.0
绍兴市	Shaoxing City	1714	12476	7286	46.5	46.5
金华市	Jinhua City	2879	13392	3868	81.9	80.9
衢州市	Quzhou City	692	11127	6276	23.7	23.7
舟山市	Zhoushan City	335	3250	606	40.1	40.1
台州市	Taizhou City	1843	10708	6578	87.3	73.3
丽水市	Lishui City	250	3085	1585	15.1	14.7
安徽省	**Anhui**	**7606**	**126761**	**66347**	**476.6**	**397.1**
合肥市	Hefei City	1605	20025	17635	50.4	50.4
芜湖市	Wuhu City	566	18640	966	22.3	22.3
蚌埠市	Bengbu City	419	9800	4792	27.4	27.4
淮南市	Huainan City	547	14273	10611	31.6	25.6
马鞍山市	Maanshan City	448	18108	16465	11.2	11.2
淮北市	Huaibei City	251	7453	2306	14.6	14.6
铜陵市	Tongling City	120	6590	2269	28.3	27.9
安庆市	Anqing City	682	3945	1056	37.1	28.8
黄山市	Huangshan City	239	1480		24.0	17.0
滁州市	Chuzhou City	422	4985		37.6	26.1
阜阳市	Fuyang City	396	4899	3122	50.9	48.2
宿州市	Suzhou City	553	3454	2570	37.4	19.0
巢湖市	Chaohu City	246	2904	1895	21.1	20.8
六安市	Liuan City	339	4635	1460	25.1	25.1

3-14 续表 4 continued

地区	Region	排水管道长度（公里） Length of Sewer Pipelines (km)	污水排放量（万吨） Discharge of Waste Water (10 000 tons)	污水处理量（万吨） Treatment of Waste Water (10 000 tons)	生活垃圾清运量（万吨） Volume of Garbage Disposal (10 000 tons)	生活垃圾处理量（万吨） Treatment of Residential Garbage (10 000 tons)
亳州市	Bozhou City	293	2460	1200	27.0	4.5
池州市	Chizhou City	193	1280		9.8	8.8
宣城市	Xuancheng City	288	1830		20.8	19.5
福建省	**Fujian**	**5911**	**90488**	**49335**	**303.0**	**297.4**
福州市	Fuzhou City	1559	21858	12021	77.0	76.9
厦门市	Xiamen City	1296	16493	12705	60.9	58.9
莆田市	Putian City	399	2936	1850	13.9	13.7
三明市	Sanming City	198	9818	5543	15.7	15.6
泉州市	Quanzhou City	1093	20078	9048	59.3	58.3
漳州市	Zhangzhou City	562	5335	3125	17.2	16.8
南平市	Nanping City	286	6942	2256	29.1	28.5
龙岩市	Longyan City	244	4569	2787	12.3	12.0
宁德市	Ningde City	275	2459		17.6	16.7
江西省	**Jiangxi**	**3564**	**108992**	**38059**	**264.4**	**252.9**
南昌市	Nanchang City	875	22689	14016	60.3	60.3
景德镇市	Jingdezhen City	200	6642		17.7	17.7
萍乡市	Pingxiang City	239	3865		23.0	21.0
九江市	Jiujiang City	341	23800	7556	23.0	22.6
新余市	Xinyu City	271	6800	2815	25.5	20.0
鹰潭市	Yingtan City	123	26703	10940	15.0	14.6
赣州市	Ganzhou City	477	5144		26.8	25.6
吉安市	Jian City	188	2065	146	12.8	12.8
宜春市	Yichun City	497	6016	1094	29.6	27.6
抚州市	Fuzhou City	152	2420		12.0	12.0
上饶市	Shangrao City	203	2849	1492	18.7	18.7
山东省	**Shandong**	**23288**	**198710**	**118929**	**1046.5**	**989.0**
济南市	Jinan City	1957	26163	12679	97.5	97.5
青岛市	Qingdao City	4400	31976	26144	154.3	154.3
淄博市	Zibo City	1004	19080	11500	96.1	96.1
枣庄市	Zaozhuang City	805	13368	5884	66.7	57.5
东营市	Dongying City	1556	5027	2738	28.0	27.6
烟台市	Yantai City	2660	15066	11180	96.8	96.6
潍坊市	Weifang City	2091	20539	12521	139.2	133.7
济宁市	Jining City	1012	13405	7791	82.0	74.2
泰安市	Taian City	2100	10573	4513	46.4	46.4
威海市	Weihai City	1801	7322	5973	45.1	45.1
日照市	Rizhao City	777	3367	2388	18.1	17.9
莱芜市	Laiwu City	372	5448	3498	21.3	21.3
临沂市	Linyi City	901	7637	4701	41.5	40.5
德州市	Dezhou City	634	6369	2670	31.8	28.6
聊城市	Liaocheng City	698	7140	3271	28.0	20.9
滨州市	Binzhou City	327	3369	1278	37.5	14.6
荷泽市	Heze City	195	2861	200	16.2	16.2

3-14 续表 5 continued

地 区	Region	排水管道长度(公里) Length of Sewer Pipelines (km)	污水排放量(万吨) Discharge of Waste Water (10 000 tons)	污水处理量(万吨) Treatment of Waste Water (10 000 tons)	生活垃圾清运量(万吨) Volume of Garbage Disposal (10 000 tons)	生活垃圾处理量(万吨) Treatment of Residential Garbage (10 000 tons)
河南省	**Henan**	**10201**	**146518**	**67183**	**756.7**	**669.1**
郑州市	Zhengzhou City	2367	28724	14051	181.1	178.9
开封市	Kaifeng City	414	6400	857	34.6	34.6
洛阳市	Luoyang City	1092	14464	6124	70.6	55.9
平顶山市	Pingdingshan City	308	11837	7228	54.7	32.8
安阳市	Anyang City	655	12849	6033	55.5	55.5
鹤壁市	Hebi City	194	3934	1205	18.0	16.0
新乡市	Xinxiang City	626	10632	2550	43.6	37.8
焦作市	Jiaozuo City	791	8235	3649	46.2	38.4
濮阳市	Puyang City	263	3660	3020	20.0	20.0
许昌市	Xuchang City	592	5321	4180	44.8	41.6
漯河市	Luohe City	416	7288	3130	22.0	22.0
三门峡市	Sanmenxia City	263	4131	1460	19.6	18.6
南阳市	Nanyang City	694	6230	1866	42.6	38.3
商丘市	Shangqiu City	324	5996	3358	34.6	25.2
信阳市	Xinyang City	198	4139	2800	14.2	13.8
周口市	Zhoukou City	496	7739	2300	28.0	13.1
驻马店市	Zhumadian City	274	2646	2249	18.0	18.0
其他	Others	233	2294	1124	8.6	8.6
湖北省	**Hubei**	**9124**	**218229**	**103914**	**885.2**	**734.0**
武汉市	Wuhan City	1730	74825	28269	291.0	277.4
黄石市	Huangshi City	522	16545	10353	38.8	36.9
十堰市	Shiyan City	508	11948	5692	27.6	26.6
宜昌市	Yichang City	800	14400	8665	62.8	54.7
襄樊市	Xiangfan City	1004	20879	11521	45.7	43.6
鄂州市	Ezhou City	260	22796	13350	14.1	13.7
荆门市	Jingmen City	558	5191	3970	43.8	36.1
孝感市	Xiaogan City	543	8389	3930	65.9	30.2
荆州市	Jingzhou City	981	13608	7844	89.0	81.5
黄冈市	Huanggang City	354	6776	3691	29.8	28.1
咸宁市	Xianning City	204	4670		40.5	26.7
随州市	Suizhou City	536	3631	1004	37.0	27.1
恩施土家族苗族自治州	Enshi Tujia & Miao A.P	151	2955	964	14.5	14.5
其他	Others	974	11616	4661	84.7	36.9
湖南省	**Hunan**	**5594**	**169530**	**68740**	**486.0**	**461.9**
长沙市	Changsha City	963	28912	12742	84.7	84.7
株洲市	Zhuzhou City	528	18499	8601	39.3	34.6
湘潭市	Xiangtan City	587	19566	8669	43.1	36.7
衡阳市	Hengyang City	709	15505	4290	55.1	55.1
邵阳市	Shaoyang City	248	8859	1812	27.4	27.4
岳阳市	Yueyang City	472	25470	12270	37.5	37.5
常德市	Changde City	479	8475	3954	24.1	16.9
张家界市	Zhangjiajie City	99	1600	241	14.3	14.3
益阳市	Yiyang City	449	5886	3140	30.9	30.9
郴州市	Chenzhou City	246	5359	2242	27.7	27.7

3-14 续表 6 continued

地　区	Region	排水管道长度（公里） Length of Sewer Pipelines (km)	污水排放量（万吨） Discharge of Waste Water (10 000 tons)	污水处理量（万吨） Treatment of Waste Water (10 000 tons)	生活垃圾清运量（万吨） Volume of Garbage Disposal (10 000 tons)	生活垃圾处理量（万吨） Treatment of Residential Garbage (10 000 tons)
永州市	Yongzhou City	174	5410	2142	32.7	29.0
怀化市	Huaihua City	124	8479	1316	22.5	22.5
娄底市	Loudi City	399	15421	7019	34.7	34.7
湘西土家族苗族自治州	West Hunan Tujia A.P	116	2090	302	12.0	10.0
广东省	**Guangdong**	**27577**	**460562**	**207403**	**1722.6**	**871.6**
广州市	Guangzhou City	4999	109224	66686	351.1	280.1
韶关市	Shaoguan City	281	7509	376	32.9	3.7
深圳市	Shenzhen City	6227	106707	64357	332.9	299.7
珠海市	Zhuhai City	1629	17501	5495	51.0	22.1
汕头市	Shantou City	1583	17396	5110	69.6	46.8
佛山市	Foshan City	1858	32537	20440	232.3	58.4
江门市	Jiangmen City	2182	24375	5804	65.5	17.6
湛江市	Zhanjiang City	774	9210	1825	42.3	13.5
茂名市	Maoming City	525	12814	3468	33.0	
肇庆市	Zhaoqing City	632	8174	5110	31.9	11.0
惠州市	Huizhou City	722	5848	3614	44.8	29.7
梅州市	Meizhou City	457	2418	859	24.0	
汕尾市	Shanwei City	305	2388		13.0	
河源市	Heyuan City	156	2170	1004	10.8	
阳江市	Yangjiang City	413	3009	1460	7.9	
清远市	Qingyuan City	356	3443	1606	20.5	9.7
东莞市	Dongguan City	2842	78580	12344	247.5	35.0
中山市	ZhongShan City	887	6819	4563	25.0	15.0
潮州市	Chaozhou City	158	3841	2044		6.0
揭阳市	Jieyang City	412	4175		66.6	23.4
云浮市	Yunfu City	178	2428	1241	20.0	
广西壮族自治区	**Guangxi**	**4116**	**109169**	**50661**	**204.7**	**185.1**
南宁市	Nanning City	581	24265	16715	41.4	38.7
柳州市	Liuzhou City	612	34932	20907	25.4	25.4
桂林市	Guilin City	478	9762	4979	21.4	21.4
梧州市	Wuzhou City	144	4544	917	16.2	13.2
北海市	Beihai City	216	2920	1171	7.5	7.5
防城港市	Fangchenggang City	176	2045		13.0	13.0
钦州市	Qinzhou City	260	2142	1040	8.9	3.7
贵港市	Guigang City	291	8751	413	14.0	13.6
玉林市	Yulin City	336	6042		18.4	18.4
百色市	Baise City	97	1990		7.0	6.6
贺州市	Hezhou City	297	1690		8.8	5.2
河池市	Hechi City	406	7024	4518	11.3	11.1
来宾市	Laibin City	143	1820		7.7	4.9
崇左市	Chongzuo City	79	1242		3.7	2.4
海南省	**Hainan**	**1926**	**18910**	**12289**	**81.2**	**81.1**
海口市	Haikou City	924	11589	9792	33.0	33.0
三亚市	Sanya City	217	3560	2117	14.8	14.8

3-14 续表 7 continued

地 区	Region	排水管道长度(公里) Length of Sewer Pipelines (km)	污水排放量(万吨) Discharge of Waste Water (10 000 tons)	污水处理量(万吨) Treatment of Waste Water (10 000 tons)	生活垃圾清运量(万吨) Volume of Garbage Disposal (10 000 tons)	生活垃圾处理量(万吨) Treatment of Residential Garbage (10 000 tons)
重庆市	**Chongqing**	**4106**	**56825**	**19692**	**237.6**	**237.1**
万州区	Wanzhou District					
涪陵区	Fuling District					
渝中区	Yuzhong District					
大渡口区	Dadukou District					
江北区	Jiangbei District					
沙坪坝区	Shapingba District					
九龙坡区	Jiulongpo District					
南岸区	Nanan District					
北碚区	Beibei District					
万盛区	Wansheng District					
双桥区	Shuangqiao District					
渝北区	Yubei District					
巴南区	Banan District					
黔江区	Qianjiang District					
长寿区	Changshou District					
其他	Others					
四川省	**Sichuan**	**9656**	**142578**	**60861**	**600.7**	**406.0**
成都市	Chengdu City	3461	53503	38590	181.9	165.7
自贡市	Zigong City	358	5874	4132	11.0	11.0
攀枝花市	Panzhihua City	453	8010	1259	28.0	27.6
泸州市	Luzhou City	423	7194	3846	37.0	19.3
德阳市	Deyang City	910	11455	1278	39.5	22.6
绵阳市	Mianyang City	787	8729	5296	30.5	26.7
广元市	Guangyuan City	259	3823	360	16.8	12.1
遂宁市	Suining City	192	3440	900	18.0	7.3
内江市	Neijiang City	246	3960	727	11.8	10.9
乐山市	Leshan City	408	6451	800	31.6	10.8
南充市	Nanchong City	813	8754	1423	43.0	35.6
眉山市	Meishan City	250	2480	730	9.0	
宜宾市	Yibin City	118	3896		49.4	19.2
广安市	Guangan City	255	2975		13.6	11.9
达州市	Dazhou City	118	3373	650	18.1	
雅安市	Yaan City	101	2167		8.4	6.7
巴中市	Bazhong City	120	1817	810	11.0	6.1
资阳市	Ziyang City	197	3152		23.6	3.8
阿坝藏族羌族自治州	Aba Zang & Qiang A.P					
甘孜藏族自治州	Ganzi Zang A.P					
凉山彝族自治州	Liangshan Yi A.P	187	1525	60	18.5	6.0
贵州省	**Guizhou**	**3600**	**40097**	**10754**	**176.5**	**163.3**
贵阳市	Guiyang City	2356	19875	8362	61.0	61.0
六盘水市	Liupanshui City	134	2345		18.0	9.1
遵义市	Zunyi City	328	5488	2392	31.0	28.7
安顺市	Anshun City	89	980		14.8	14.8
铜仁地区	Tongren Prefecture	152	688		9.0	9.0

3-14 续表 8 continued

地　区	Region	排水管道长　度（公里）Length of Sewer Pipelines (km)	污水排放量（万吨）Discharge of Waste Water (10 000 tons)	污水处理量（万吨）Treatment of Waste Water (10 000 tons)	生活垃圾清运量（万吨）Volume of Garbage Disposal (10 000 tons)	生活垃圾处理量（万吨）Treatment of Residential Garbage (10 000 tons)
黔西南布依族苗族自治州	Southwest Guizhou Buyi & Miao A.P	192	1109		8.8	8.8
毕节地区	Bijie Prefecture	68	2800		12.0	10.0
黔东南苗族侗族自治州	Southeast Guizhou Miao & Dong A.P	116	2374		8.8	8.8
黔南布依族苗族自治州	South Guizhou Buyi & Miao A.P	166	4438		13.1	13.1
云南省	**Yunnan**	**2952**	**46069**	**28454**	**205.7**	**195.8**
昆明市	Kunming City	971	28154	18165	98.7	98.7
曲靖市	Qujing City	398	4891	4151	20.7	20.4
玉溪市	Yuxi City	319	1417	534	7.6	7.6
保山市	Baoshan City	107	874	9	4.7	4.5
昭通市	Zhaotong City	97	975		8.0	5.1
丽江市	Lijiang City	126	727	727	13.2	13.0
思茅市	Simao City		460	73	5.0	2.0
临沧市	Lincang City					
楚雄彝族自治州	Chuxiong Yi A.P	192	1354	1234	7.3	7.3
红河哈尼族彝族自治	Honghe Hani & Yi A.P	195	3758	867	12.6	9.6
文山壮族苗族自治州	Wenshan Zhuang & Miao A.P					
西双版纳傣族自治州	Xishuangbanna Dai A.P	84	1118	654	7.5	7.5
大理白族自治州	Dali Bai A.P	261	1940	1800	17.3	17.3
德宏傣族景颇族自治	Dehong Dai & Jingpo A.P	203	401	240	3.1	2.8
怒江傈僳族自治州	Nujiang Lisu A.P					
迪庆藏族自治州	Diqing Zang A.P					
西藏自治区	**Tibet A.R.**	**279**	**5300**		**44.5**	
拉萨市	Lhasa City	226	4600		42.0	
昌都地区	Qamdu Prefecture					
山南地区	Lhokha Prefecture					
日喀则地区	Xigaze Prefecture	53	700		2.5	
那曲地区	Narqu Prefecture					
阿里地区	Ngri Prefecture					
林芝地区	Nyingchi Prefecture					
陕西省	**Shaanxi**	**3250**	**51214**	**16356**	**370.7**	**307.0**
西安市	Xian City	1618	23243	9035	144.5	122.4
铜川市	Tongchuan City	277	1150	620	13.9	10.5
宝鸡市	Baoji City	324	6122	3180	43.0	18.8
咸阳市	Xianyang City	240	10124	972	44.6	32.6
渭南市	Weinan City	241	4589	38	36.2	36.2
延安市	Yanan City	104	1568	1095	11.3	11.3
汉中市	Hanzhong City	88	2066	949	40.0	40.0
榆林市	Yulin City	69	800		10.0	10.0
安康市	Ankang City	73	949	467	10.2	8.2
商洛市	Shangluo City	217	604		17.0	17.0
甘肃省	**Gansu**	**2722**	**35667**	**14632**	**297.8**	**268.4**
兰州市	Lanzhou City	682	18716	10294	121.6	107.7
嘉峪关市	Jiayuguan City	433	2598	2358	8.0	6.9

3-14 续表 9 continued

地区	Region	排水管道长度(公里) Length of Sewer Pipelines (km)	污水排放量(万吨) Discharge of Waste Water (10 000 tons)	污水处理量(万吨) Treatment of Waste Water (10 000 tons)	生活垃圾清运量(万吨) Volume of Garbage Disposal (10 000 tons)	生活垃圾处理量(万吨) Treatment of Residential Garbage (10 000 tons)
金昌市	Jinchang City	125	1034		17.5	16.6
白银市	Baiyin City	130	3473	610	18.8	15.4
天水市	Tianshui City	320	2122		36.0	36.0
武威市	Wuwei City	539	3682	500	30.1	27.2
张掖市	Zhangye City	84	823		8.5	8.5
平凉市	Pingliang City	125	1642	570	12.8	10.0
酒泉市	Jiuquan City	57	250	120	8.0	4.3
庆阳市	Qingyang City	72	805	180	20.0	20.0
定西市	Dingxi City	72	340		7.8	7.7
陇南市	Longnan City					
临夏回族自治州	Linxia Hui A.P	54	28		6.6	6.0
甘南藏族自治州	Gannan Zang A.P	30	155		2.1	2.1
青海省	**Qinghai**	**554**	**11896**	**2200**	**54.4**	**54.4**
西宁市	Xining City	424	8954	2200	47.5	47.5
海东地区	Haidong Prefecture					
海北藏族自治州	Haibei Zang A.P					
黄南藏族自治州	Huangnan Zang AP					
海南藏族自治州	Hainan Zang A.P					
果洛藏族自治州	Golog Zang A.P					
玉树藏族自治州	Yushu Zang A.P					
海西蒙古族藏族自治州	Haixi Mongolian & Zang A.P					
宁夏回族自治区	**Ningxia**	**956**	**21796**	**11754**	**96.4**	**53.1**
银川市	Yinchuan City	401	8076	6441	23.5	20.0
石嘴山市	Shizuishan City	194	8589	1800	35.8	
吴忠市	Wuzhong City	156	4209	3288	20.3	16.6
固原市	Guyuan City	107	372		9.3	9.0
中卫市	Zhongwei City	98	550	225	7.5	7.5
新疆维吾尔自治区	**Xinjiang**	**2960**	**36415**	**25373**	**343.6**	**276.8**
乌鲁木齐市	Urumqi City	751	13678	9193	134.6	77.0
克拉玛依市	Karamay City	345	3239	2963	13.4	13.2
吐鲁番地区	Turpan Prefecture	50	232	232	7.0	7.0
哈密地区	Hami Prefecture	187	1758	1376	13.0	13.0
昌吉回族自治州	Changji Hui A.P	182	2147	1570	31.5	30.8
博尔塔拉蒙古自治州	Bortala Mongolian A.P	40	275	222	7.5	7.5
巴音郭楞蒙古自治州	Bayingolin Mongolian A.P	241	3204	3204	26.4	26.4
阿克苏地区	Aksu Prefecture	158	1250	1250	11.0	11.0
克孜勒苏柯尔克孜自治州	Kizilsu Kirgiz A.P	37	240	240	3.0	3.0
喀什地区	Kashi Prefecture	102	1765	1460	18.3	18.3
和田地区	Hotan Prefecture	45	582	466	10.0	6.0
伊犁州直属县(市)	Counties(Cities) Direct Under Ili Prefecture	331	2785	2457	22.8	22.8
塔城地区	Tacheng Prefecture	127	538	292	17.2	17.2
阿勒泰地区	Altay Prefecture	59	414	414	8.9	8.3
石河子市	Shihezi City					
阿拉尔市	Alar City					
图木舒克市	Tumxuk City					
五家渠市	Wujiaqu City					

3-15 农村和农业基本情况(2005年)

Basic Conditions of Agriculture(2005)

地区	Region	乡村户数(万户) Rural Households (10 000 households)	乡村劳动力(万人) Rural Laborers (10 000 persons)	#农林牧渔业 Farming, Forestry, Animal Husbandry & Fishery	耕地面积(千公顷) Cultivated Areas (1 000 hectares)	农林牧渔业总产值(亿元) Gross Output Value of Farming, Forestry, Animal Husbandry (100 million yuan)	农林牧渔业总产值指数(上年=100) Indices of Gross Output Value of Farming, Forestry, Animal Husbandry (last year=100)	农业机械总动力(万千瓦) Total Power of Agricultural Machinery (10 000 kw)	化肥使用量(万吨) Consumption of Chemical Fertilizer (10 000 tons)	农村用电量(万千瓦小时) Electricity Consumed in Rural Area (10 000 kwh)
北京市	**Beijing**	**142.2**	**184.0**	**58.6**	**233.0**	**262.0**		**337.7**	**43.42**	**421680**
东城区	Dongcheng District									
西城区	Xicheng District									
崇文区	Chongwen District									
宣武区	Xuanwu District									
朝阳区	Chaoyang District	10.7	11.0	1.5	5.2	5.0		8.0	0.32	51734
丰台区	Fengtai District	6.1	7.6	1.6	3.7	2.6		8.1	0.18	92944
石景山区	Shijingshan District				0.2					
海淀区	Haidian District	7.7	7.1	1.9	3.1	8.5		17.5	1.09	18193
门头沟区	Mentougou District	4.1	4.5	1.1	1.6	1.8		9.4	0.12	8110
房山区	Fangshan District	18.4	23.7	6.5	28.2	31.1		52.8	4.03	43150
通州区	Tongzhou District	19.4	23.6	6.8	36.1	30.7		29.0	6.99	46203
顺义区	Shunyi District	14.9	20.6	5.0	32.5	58.5		46.8	5.99	40381
昌平区	Changping District	11.7	14.3	4.3	12.5	11.6		11.6	1.95	37165
大兴区	Daxing District	12.6	23.0	7.4	38.4	38.4		47.1	10.99	35569
怀柔区	Huairou District	7.5	8.7	3.3	9.4	11.7		16.3	1.59	13268
平谷区	Pinggu District	10.1	14.7	6.9	11.6	17.7		31.7	3.71	20293
密云县	Miyun County	11.2	15.2	7.4	22.2	24.3		31.9	2.53	8617
延庆县	Yanqing County	7.7	10.1	4.9	28.7	14.1		27.5	3.91	5786
其他	Others									266
天津市	**Tianjin**	**119.8**	**178.5**	**79.5**	**414.5**	**238.3**	**104.8**	**611.9**	**23.29**	**522492**
和平区	Heping District									
河东区	Hedong District									
河西区	Hexi District									
南开区	Nankai District									
河北区	Hebei District									
红桥区	Hongqiao District									
塘沽区	Tanggu District	2.9	2.7	0.7	5.2	4.8	103.8	27.9	0.11	4851
汉沽区	Hangu District	1.9	2.6	1.7	4.2	8.1	103.8	15.7	0.31	12713
大港区	Dagang District	3.4	4.0	1.6	13.4	4.1	103.8	27.3	0.31	17858
东丽区	Dongli District	8.8	10.0	1.8	13.0	8.6	103.8	44.4	0.31	24515
西青区	Xiqing District	8.5	11.5	3.7	15.3	13.3	103.8	44.5	0.90	49178
津南区	Jinnan District	9.3	13.4	3.4	14.6	5.8	103.8	47.4	0.11	41947
北辰区	Beichen District	8.6	11.5	3.0	18.5	12.8	103.8	41.6	0.57	42151
武清区	Wuqing District	20.1	37.3	19.9	89.9	50.5	103.8	98.8	5.27	143164
宝坻区	Baodi District	16.4	25.7	13.6	76.1	31.9	103.8	71.4	6.55	24521
宁河县	Ninghe County	8.0	11.4	6.5	38.7	26.0	103.8	52.4	1.79	18944
静海县	Jinghai County	13.3	16.2	7.5	69.2	26.0	103.8	68.9	3.34	117896
蓟县	Ji County	18.8	32.3	16.3	54.0	44.5	103.8	70.6	3.65	32046
其他	Others									
河北省	**Hebei**	**1448.6**	**2805.9**	**1552.8**	**5988.9**	**2600.8**	**106.5**	**8487.2**	**303.39**	**3370506**
石家庄市	Shijiazhuang City	174.7	354.3	156.1	572.7	456.9	105.4	1803.9	48.61	515196
唐山市	Tangshan City	155.2	282.1	140.1	545.1	390.5	106.7	853.1	38.79	807581
秦皇岛市	Qinhuangdao City	61.3	109.3	75.3	172.0	95.4	108.2	240.7	11.94	81457
邯郸市	Handan City	170.3	337.9	185.7	651.0	319.5	107.7	1078.0	44.13	389863

3-15 续表 1 continued

地　区	Region	乡村户数（万户）Rural Households (10 000 households)	乡村劳动力（万人）Rural Laborers (10 000 persons)	#农林牧渔业 Farming, Forestry, Animal Husbandry & Fishery	耕地面积（千公顷）Cultivated Areas (1 000 hectares)	农林牧渔业总产值（亿元）Gross Output Value of Farming, Forestry, Animal Husbandry (100 million yuan)	农林牧渔业总产值指数（上年=100）Indices of Gross Output Value of Farming, Forestry, Animal Husbandry (last year=100)	农业机械总动力（万千瓦）Total Power of Agricultural Machinery (10 000 kw)	化肥使用量（万吨）Consumption of Chemical Fertilizer (10 000 tons)	农村用电量（万千瓦小时）Electricity Consumed in Rural Area (10 000 kwh)
邢台市	Xingtai City	141.3	271.2	153.9	648.0	226.7	103.8	780.6	31.36	208501
保定市	Baoding City	232.6	501.0	311.8	761.6	343.4	104.5	982.7	41.78	284104
张家口市	Zhangjiakou City	110.5	175.5	125.8	690.6	121.1	108.3	195.3	8.77	51184
承德市	Chengde City	82.6	155.3	97.9	270.3	114.3	113.6	179.4	9.03	111243
沧州市	Cangzhou City	145.4	291.0	134.5	745.1	246.4	106.3	1016.8	28.79	375131
廊坊市	Langfang City	80.5	154.3	84.9	367.1	183.3	102.0	603.8	16.18	349113
衡水市	Hengshui City	94.2	174.0	86.7	565.4	174.7	105.6	752.7	24.03	197133
其他	Others									
山西省	**Shanxi**	**638.4**	**1035.7**	**637.4**	**3259.6**	**483.8**	**97.2**	**2288.7**	**95.70**	**669390**
太原市	Taiyuan City	30.6	50.3	26.0	119.1	34.4	101.3	119.4	2.45	45515
大同市	Datong City	49.1	66.4	43.2	313.4	42.1	116.3	136.1	6.81	20850
阳泉市	Yangquan City	23.3	31.4	14.8	52.0	6.9	101.7	112.4	1.10	84971
长治市	Changzhi City	65.0	107.3	65.0	282.1	52.7	95.7	133.1	10.08	54068
晋城市	Jincheng City	49.3	79.9	44.2	147.6	27.4	107.5	191.1	6.20	57117
朔州市	Shuozhou City	29.6	43.0	30.6	277.9	34.9	107.0	154.7	7.20	15756
晋中市	Jinzhong City	69.2	102.7	61.9	293.3	64.4	112.9	258.9	9.40	71107
运城市	Yuncheng City	100.6	206.6	137.9	512.8	95.9	97.3	492.5	22.10	159332
忻州市	Xinzhou City	69.0	86.2	56.9	462.3	39.2	100.8	173.1	9.10	49997
临汾市	Linfen City	76.8	142.7	84.5	379.7	54.3	92.9	318.4	14.20	51181
吕梁市	Luliang City	76.0	119.3	72.5	419.3	34.1	90.2	199.0	7.10	59496
内蒙古自治区	**Inner Mongolia**	**351.4**	**690.8**	**529.2**	**7355.1**	**980.2**	**111.2**	**1922.0**	**116.72**	**293053**
呼和浩特市	Hohhot City	29.2	56.8	43.1	509.5	82.6	110.3	151.7	8.32	24280
包头市	Baotou City	18.4	37.1	28.6	423.9	53.6	114.7	133.2	5.80	24750
乌海市	Wuhai City	1.4	3.0	2.3	6.6	3.2	110.7	19.0	0.65	2948
赤峰市	Chifeng City	91.1	178.2	111.0	996.2	153.8	103.6	270.1	17.45	79985
通辽市	Tongliao City	57.1	103.6	83.1	977.2	145.2	113.5	277.3	25.97	44569
鄂尔多斯市	Erdos City	20.3	42.1	31.3	407.4	67.9	107.2	193.9	6.72	30397
呼伦贝尔市	Hulunbuir City	22.2	39.4	35.4	1300.7	142.2	115.9	218.7	13.42	15446
巴彦淖尔市	Bayannur City	26.1	55.2	48.1	589.5	106.3	117.2	264.1	20.77	32244
乌兰察布市	Ulanqab City	43.6	93.9	72.5	799.7	94.9		140.2	5.33	17329
兴安盟	Xingan League	27.7	50.9	45.7	692.9	66.3	127.9	153.1	10.44	10456
锡林郭勒盟	Xilingol League	12.7	26.6	24.4	189.4	57.5	106.0	83.3	0.94	3185
阿拉善盟	Alxa League	1.7	3.9	3.6	29.0	6.9	103.1	17.4	0.89	7465
其他	Others									
辽宁省	**Liaoning**	**695.6**	**1113.5**	**686.4**	**3856.6**	**1671.6**	**107.5**	**1801.0**	**119.80**	**1532856**
沈阳市	Shenyang City	80.5	123.4	77.8	676.6	238.0	110.4	238.1	17.40	216710
大连市	Dalian City	92.5	134.1	70.8	271.0	342.8	114.4	296.6	14.10	276299
鞍山市	Anshan City	52.8	85.2	48.0	240.0	107.0	104.5	105.0	7.70	170243
抚顺市	Fushun City	25.6	48.4	31.8	123.4	57.8	103.9	41.1	2.90	53904
本溪市	Benxi City	15.8	26.9	14.2	68.1	41.4	114.9	45.1	1.20	12688
丹东市	Dandong City	42.4	76.2	48.1	206.8	89.0	108.4	124.1	6.30	75813
锦州市	Jinzhou City	60.5	95.3	66.7	386.5	167.8	104.5	195.5	13.10	107451
营口市	Yingkou City	41.8	68.5	36.5	113.8	72.0	109.8	93.1	5.30	122443
阜新市	Fuxin City	34.0	62.4	41.9	329.2	70.1	116.3	145.6	8.60	32489
辽阳市	Liaoyang City	34.0	48.4	28.0	176.0	49.8	105.5	51.3	5.20	177308

3-15 续表 2 continued

地 区	Region	乡村户数（万户）Rural Households (10 000 households)	乡村劳动力（万人）Rural Laborers (10 000 persons)	#农林牧渔业 Farming, Forestry, Animal Husbandry & Fishery	耕地面积（千公顷）Cultivated Areas (1 000 hectares)	农林牧渔业总产值（亿元）Gross Output Value of Farming, Forestry, Animal Husbandry (100 million yuan)	农林牧渔业总产值指数（上年=100）Indices of Gross Output Value of Farming, Forestry, Animal Husbandry (last year=100)	农业机械总动力（万千瓦）Total Power of Agricultural Machinery (10 000 kw)	化肥使用量（万吨）Consumption of Chemical Fertilizer (10 000 tons)	农村用电量（万千瓦小时）Electricity Consumed in Rural Area (10 000 kwh)
盘锦市	Panjin City	21.7	36.8	24.2	128.8	85.5	108.0	59.4	4.30	38175
铁岭市	Tieling City	61.9	81.7	55.1	452.7	154.7	107.8	162.6	18.80	50413
朝阳市	Chaoyang City	74.8	135.6	85.4	455.9	106.8	151.7	130.1	8.00	124136
葫芦岛市	Huludao City	57.3	90.6	57.9	227.8	81.2	104.1	113.6	6.90	74784
吉林省	**Jilin**	**383.7**	**685.2**	**502.1**	**4913.4**	**1050.5**	**111.7**	**1471.3**	**305.99**	**287086**
长春市	Changchun City	109.7	196.2	134.6	1106.6	272.9	109.0	270.3	84.73	72155
吉林市	Jilin City	55.1	101.3	71.8	519.9	157.3	113.9	152.7	41.55	42942
四平市	Siping City	54.1	93.3	70.0	690.2	204.2	115.6	164.1	48.19	41666
辽源市	Liaoyuan City	18.7	31.9	19.5	151.7	38.5	121.6	56.4	12.40	11289
通化市	Tonghua City	32.7	61.1	44.5	217.1	65.3	106.1	105.0	22.08	25639
白山市	Baishan City	11.2	19.7	14.2	40.2	40.8	112.5	41.7	2.70	6676
松原市	Songyuan City	49.6	88.3	72.6	804.9	145.8	114.0	315.7	54.93	25749
白城市	Baicheng City	31.0	51.9	43.1	561.1	74.1	116.2	268.1	30.24	23643
延边朝鲜族自治州	Yanbian Korean A.P	21.6	41.5	31.9	212.3	51.7	109.5	97.3	9.17	37328
其他	Others									
黑龙江省	**Heilongjiang**	**493.5**	**950.1**	**696.7**	**11516.0**	**1294.4**	**110.2**	**2234.0**	**150.92**	**363498**
哈尔滨市	Harbin City	132.6	241.2	150.9	1690.8	382.0	108.8	362.8	30.94	115835
齐齐哈尔市	Qiqihar City	90.2	176.0	138.5	1914.6	202.5	122.2	375.0	19.85	41006
鸡西市	Jixi City	19.6	34.3	27.2	332.7	55.9	112.0	104.8	3.42	17676
鹤岗市	Hegang City	6.4	11.5	9.0	153.5	19.4	113.7	39.4	1.71	2137
双鸭山市	Shuangyashan City	13.7	27.4	21.5	377.6	48.2	123.9	74.2	4.00	11202
大庆市	Daqing City	34.8	71.3	53.5	60 4	86.5	104.0	150.0	9.20	21676
伊春市	Yichun City	4.7	8.7	6.4	176.2	45.6	108.3	38.3	1.43	4565
佳木斯市	Jiamusi City	34.1	68.1	54.7	994.9	89.3	113.2	149.4	11.08	27932
七台河市	Qitaihe City	9.2	15.5	11.4	147.5	19.1	107.1	30.8	2.39	6587
牡丹江市	Mudanjiang City	30.8	65.5	47.4	430.5	81.8	120.2	107.1	6.07	31458
黑河市	Heihe City	21.0	34.6	28.4	732.1	55.2	113.6	221.1	6.41	12840
绥化市	Suihua City	94.7	193.2	145.6	1599.2	218.9	104.1	164.8	22.87	52524
大兴安岭地区	Daxinganling Prefecture	1.6	2.8	2.1	97.7	26.5	97.1	25.3	0.46	591
其他	Others				2268.9	279.7	117.8	379.5	31.10	17469
上海市	**Shanghai**	**111.1**	**243.5**	**59.1**	**237.3**	**233.4**	**89.5**	**96.5**	**14.44**	**1245300**
黄浦区	Huangpu District									
卢湾区	Luwan District									
徐汇区	Xuhui District									
长宁区	Changning District									
静安区	Jingan District									
普陀区	Putuo District									
闸北区	Zhabei District									
虹口区	Hongkou District									
杨浦区	Yangpu District									
闵行区	Minhang District	7.3	11.9	1.1	5.4	5.9	74.4	1.6	0.18	78500
宝山区	Baoshan District	4.6	7.1	0.8	7.5	5.9	76.8	2.4	0.70	66330
嘉定区	Jiading District	8.8	16.0	1.5	21.4	9.8	83.1	3.6	0.79	428892
浦东新区	Pudong New District	12.7	19.7	1.7	8.9	11.6	86.2	2.0	0.39	17312
金山区	Jinshan District	10.6	22.2	7.1	27.0	23.3	95.5	12.4	1.23	245386

3-15 续表 3 continued

地区	Region	乡村户数（万户）Rural Households (10 000 households)	乡村劳动力（万人）Rural Laborers (10 000 persons)	#农林牧渔业 Farming, Forestry, Animal Husbandry & Fishery	耕地面积（千公顷）Cultivated Areas (1 000 hectares)	农林牧渔业总产值（亿元）Gross Output Value of Farming, Forestry, Animal Husbandry (100 million yuan)	农林牧渔业总产值指数（上年=100）Indices of Gross Output Value of Farming, Forestry, Animal Husbandry (last year=100)	农业机械总动力（万千瓦）Total Power of Agricultural Machinery (10 000 kw)	化肥使用量（万吨）Consumption of Chemical Fertilizer (10 000 tons)	农村用电量（万千瓦小时）Electricity Consumed in Rural Area (10 000 kwh)
松江区	Songjiang District	9.4	17.4	2.1	17.1	18.4	81.9	8.2	1.33	128143
青浦区	Qingpu District	10.1	19.9	3.7	23.2	26.1	83.5	7.5	1.61	64500
南汇区	Nanhui District	24.8	39.2	12.9	24.5	39.2	99.9	7.1	1.62	107000
奉贤区	Fengxian District	13.3	19.3	5.5	26.8	30.5	96.4	13.6	2.78	14374
崇明县	Chongming County	23.0	33.3	14.7	57.2	43.7	97.7	24.3	3.03	83683
其他	Others									
江苏省	**Jiangsu**	**1505.9**	**2662.5**	**1058.3**	**4730.8**	**2577.0**	**103.7**	**3135.3**	**340.81**	**8251005**
南京市	Nanjing City	68.7	123.8	41.7	242.7	155.4	101.0	174.5	14.86	210085
无锡市	Wuxi City	91.6	158.4	33.6	151.2	95.4	102.0	141.3	9.13	1997838
徐州市	Xuzhou City	178.8	348.0	180.8	594.7	333.1	104.0	437.6	67.13	297446
常州市	Changzhou City	80.0	126.9	32.2	192.8	104.1	104.8	162.0	8.99	911477
苏州市	Suzhou City	114.6	207.2	42.3	247.8	162.9	98.6	196.7	11.63	2802281
南通市	Nantong City	215.7	350.6	131.6	472.8	292.7	102.8	288.3	27.09	572804
连云港市	Lianyungang City	89.4	168.2	97.1	354.3	174.0	101.9	248.2	30.99	126631
淮安市	Huaian City	98.8	213.7	109.5	480.1	222.8	104.2	275.3	32.78	74023
盐城市	Yancheng City	184.3	275.6	129.7	770.8	511.8	107.3	413.4	57.43	282084
扬州市	Yangzhou City	100.3	165.3	49.8	306.8	171.0	106.0	181.4	18.19	222294
镇江市	Zhenjiang City	59.4	97.6	34.7	168.3	68.4	100.5	129.6	9.51	289206
泰州市	Taizhou City	119.7	198.6	64.7	309.9	166.2	104.4	207.0	21.62	378058
宿迁市	Suqian City	104.6	228.6	110.8	438.6	179.0	99.3	301.0	31.47	86778
浙江省	**Zhejiang**	**1224.6**	**2298.5**	**786.9**	**1593.6**	**1428.3**	**102.4**	**2111.3**	**94.27**	**5205700**
杭州市	Hangzhou City	139.9	267.1	88.8	183.0	219.5	104.7	297.3	13.05	766600
宁波市	Ningbo City	193.7	324.9	75.3	210.0	207.4	103.5	284.4	11.97	1011800
温州市	Wenzhou City	178.7	382.3	117.8	158.8	108.4	105.7	198.1	8.88	485300
嘉兴市	Jiaxing City	72.2	153.4	42.2	211.0	139.7	105.2	172.0	10.62	556200
湖州市	Huzhou City	58.1	114.7	40.0	143.9	106.1	105.2	153.5	5.60	275500
绍兴市	Shaoxing City	130.9	217.0	64.5	167.2	141.4	109.5	202.2	9.70	1199800
金华市	Jinhua City	149.4	259.0	108.0	165.8	102.9	107.9	192.9	10.57	263600
衢州市	Quzhou City	59.7	119.0	61.0	101.8	73.5	109.2	82.5	8.77	66000
舟山市	Zhoushan City	23.5	37.2	13.8	16.7	87.2	104.4	163.6	0.42	80000
台州市	Taizhou City	158.4	309.4	107.2	146.8	184.8	105.3	288.6	8.96	468100
丽水市	Lishui City	60.3	114.5	68.3	89.7	67.9	103.1	72.3	5.71	32800
安徽省	**Anhui**	**1346.1**	**2939.2**	**1766.9**	**4092.5**	**1666.2**	**101.4**	**3983.8**	**285.67**	**642154**
合肥市	Hefei City	70.3	168.2	91.5	215.9	95.6	100.8	143.6	17.95	34016
芜湖市	Wuhu City	45.3	86.6	39.7	83.7	53.3	103.5	86.9	6.75	30765
蚌埠市	Bengbu City	64.1	156.2	99.8	285.4	116.5	100.9	389.3	24.35	31753
淮南市	Huainan City	32.1	78.3	41.3	115.5	45.7	100.3	142.9	11.98	42113
马鞍山市	Maanshan City	19.3	37.8	18.2	49.1	26.3	101.3	49.0	2.55	12558
淮北市	Huaibei City	32.9	64.4	44.2	133.0	38.8	97.3	182.3	8.13	8353
铜陵市	Tongling City	10.7	19.9	9.1	23.7	10.7	100.3	36.0	1.99	10051
安庆市	Anqing City	131.1	281.0	154.4	256.8	150.9	104.8	194.9	19.70	75331
黄山市	Huangshan City	35.9	73.4	51.9	47.5	41.7	104.1	55.1	3.59	10939
滁州市	Chuzhou City	87.7	192.0	130.3	389.1	155.5	98.4	379.9	29.72	60731
阜阳市	Fuyang City	202.2	467.8	268.4	564.2	207.8	97.4	439.4	33.31	65694
宿州市	Suzhou City	128.5	284.2	203.4	492.2	209.1	99.0	497.1	28.91	38840

3-15 续表 4 continued

地区	Region	乡村户数（万户）Rural Households (10 000 households)	乡村劳动力（万人）Rural Laborers (10 000 persons)	#农林牧渔业 Farming, Forestry, Animal Husbandry & Fishery	耕地面积（千公顷）Cultivated Areas (1 000 hectares)	农林牧渔业总产值（亿元）Gross Output Value of Farming, Forestry, Animal Husbandry (100 million yuan)	农林牧渔业总产值指数（上年=100）Indices of Gross Output Value of Farming, Forestry, Animal Husbandry (last year=100)	农业机械总动力（万千瓦）Total Power of Agricultural Machinery (10 000 kw)	化肥使用量（万吨）Consumption of Chemical Fertilizer (10 000 tons)	农村用电量（万千瓦小时）Electricity Consumed in Rural Area (10 000 kwh)
巢湖市	Chaohu City	101.2	205.8	110.1	290.1	134.9	101.8	225.5	21.82	84108
六安市	Liuan City	160.0	330.7	181.7	420.2	158.3	105.7	406.2	31.01	43410
亳州市	Bozhou City	120.9	276.6	194.7	494.1	168.0	100.3	509.2	28.49	39307
池州市	Chizhou City	36.6	76.4	43.7	81.0	40.8	103.4	76.9	5.08	13074
宣城市	Xuancheng City	67.2	139.9	84.6	150.9	87.5	104.4	169.6	10.34	41109
其他	Others									
福建省	**Fujian**	**682.2**	**1313.0**	**692.2**	**1129.0**	**1396.2**	**104.7**	**1000.0**	**122.02**	**1605843**
福州市	Fuzhou City	123.6	208.7	101.2	130.9	290.8	102.7	154.1	11.23	449280
厦门市	Xiamen City	18.8	37.4	17.4	21.7	35.0	99.5	47.3	2.95	39150
莆田市	Putian City	62.8	125.3	64.6	56.7	84.1	106.2	69.4	5.83	41000
三明市	Sanming City	50.7	93.8	57.4	164.0	152.8	105.8	84.4	12.00	75436
泉州市	Quanzhou City	137.6	288.5	113.0	131.3	169.0	102.2	183.0	16.87	703026
漳州市	Zhangzhou City	95.8	194.9	114.1	149.4	269.0	104.7	166.9	39.65	87847
南平市	Nanping City	60.4	112.5	76.0	206.0	148.2	106.6	111.5	14.78	53366
龙岩市	Longyan City	60.6	125.4	68.0	131.9	133.6	105.6	87.4	10.03	103908
宁德市	Ningde City	71.8	126.6	80.5	137.1	143.4	104.2	89.2	8.69	52830
江西省	**Jiangxi**	**795.3**	**1638.7**	**951.0**	**2098.1**	**1143.0**	**106.8**	**1781.3**	**129.39**	**451319**
南昌市	Nanchang City	60.1	128.8	75.9	210.4	115.8	105.0	209.3	13.88	61383
景德镇市	Jingdezhen City	24.1	48.0	24.2	55.3	30.6	106.1	71.4	2.81	16234
萍乡市	Pingxiang City	32.8	69.3	34.0	46.0	40.4	107.0	68.3	3.76	38979
九江市	Jiujiang City	83.7	173.6	98.9	208.6	99.4	107.4	169.1	12.90	37452
新余市	Xinyu City	20.1	37.0	21.4	55.3	34.5	107.2	54.1	4.70	21070
鹰潭市	Yingtan City	19.8	39.1	23.8	55.3	30.1	106.1	30.7	3.22	7148
赣州市	Ganzhou City	161.7	357.6	201.3	292.9	200.0	104.4	236.3	21.66	68702
吉安市	Jian City	87.9	185.6	119.1	326.1	138.5	105.1	237.4	14.21	46352
宜春市	Yichun City	99.6	186.5	111.2	332.9	164.8	103.2	295.1	20.81	62002
抚州市	Fuzhou City	71.9	141.0	91.7	224.0	116.6	103.5	167.5	14.19	27321
上饶市	Shangrao City	133.7	272.1	149.5	291.1	135.0	106.5	241.9	17.27	64676
山东省	**Shandong**	**2050.4**	**3782.2**	**2045.9**	**6339.4**	**3741.8**	**105.2**	**9199.3**	**467.63**	**3465395**
济南市	Jinan City	98.9	190.2	82.8	324.8	230.5	107.0	426.8	19.75	210300
青岛市	Qingdao City	151.1	257.9	103.0	421.0	327.3	100.8	619.7	33.01	372645
淄博市	Zibo City	87.1	153.1	74.0	161.1	110.3	107.3	302.9	11.53	439998
枣庄市	Zaozhuang City	74.5	160.4	82.6	181.0	116.7	108.1	199.1	17.63	193051
东营市	Dongying City	32.0	54.2	33.8	176.9	92.3	109.2	190.6	12.35	39708
烟台市	Yantai City	168.0	246.2	139.2	418.5	347.6	106.0	674.0	36.42	483741
潍坊市	Weifang City	197.6	337.7	166.8	672.4	399.8	106.4	904.0	57.19	459574
济宁市	Jining City	173.4	357.3	186.8	519.9	346.8	106.9	687.2	44.78	170895
泰安市	Taian City	118.8	225.5	101.2	315.2	193.7	106.0	354.0	21.65	86831
威海市	Weihai City	63.9	88.8	37.1	164.9	204.7	110.0	371.1	12.77	191617
日照市	Rizhao City	75.1	129.0	79.4	165.6	120.7	106.0	234.7	16.38	69155
莱芜市	Laiwu City	29.7	52.0	28.1	57.4	33.2	104.9	79.7	3.95	65736
临沂市	Linyi City	259.2	493.3	287.8	644.5	301.7	107.2	721.9	42.28	248562
德州市	Dezhou City	116.5	224.7	151.6	542.3	245.2	103.0	961.8	35.07	78207
聊城市	Liaocheng City	126.2	264.8	167.5	531.9	230.9	105.8	926.5	34.74	101209
滨州市	Binzhou City	85.2	163.3	97.4	374.9	168.8	107.4	482.8	22.75	92282
荷泽市	Heze City	193.3	383.9	226.9	656.4	276.4	107.7	1062.6	45.38	161885

3-15 续表 5 continued

地　区	Region	乡村户数（万户）Rural Households (10 000 households)	乡村劳动力（万人）Rural Laborers (10 000 persons)	#农林牧渔业 Farming, Forestry, Animal Husbandry & Fishery	耕地面积（千公顷）Cultivated Areas (1 000 hectares)	农林牧渔业总产值（亿元）Gross Output Value of Farming, Forestry, Animal Husbandry (100 million yuan)	农林牧渔业总产值指数（上年=100）Indices of Gross Output Value of Farming, Forestry, Animal Husbandry (last year=100)	农业机械总动力（万千瓦）Total Power of Agricultural Machinery (10 000 kw)	化肥使用量（万吨）Consumption of Chemical Fertilizer (10 000 tons)	农村用电量（万千瓦小时）Electricity Consumed in Rural Area (10 000 kwh)
河南省	**Henan**	**2025.7**	**4752.4**	**3138.8**	**7201.2**	**3309.7**	**107.5**	**7934.2**	**518.14**	**1721457**
郑州市	Zhengzhou City	108.2	227.7	128.8	296.6	126.2	107.0	415.2	21.55	332602
开封市	Kaifeng City	94.5	235.8	179.5	394.3	221.2	109.6	629.1	22.79	54745
洛阳市	Luoyang City	124.0	298.5	182.1	358.0	184.1	107.0	384.2	18.83	141607
平顶山市	Pingdingshan City	101.0	238.3	166.7	312.9	120.9	107.0	242.6	26.85	45217
安阳市	Anyang City	118.9	279.3	175.5	395.0	152.7	107.1	475.9	27.19	132647
鹤壁市	Hebi City	26.1	61.3	36.4	96.2	58.4	108.3	168.4	5.61	17323
新乡市	Xinxiang City	106.9	230.0	154.9	403.3	152.3	108.7	597.8	37.19	219482
焦作市	Jiaozuo City	61.2	142.0	89.2	181.9	102.2	106.5	344.0	18.18	106577
濮阳市	Puyang City	70.3	178.0	126.9	247.5	117.6	107.2	378.6	23.26	37055
许昌市	Xuchang City	95.2	234.0	138.8	325.5	174.5	106.8	318.9	19.42	75689
漯河市	Luohe City	52.2	124.0	78.7	166.3	101.3	108.5	216.9	13.74	36401
三门峡市	Sanmenxia City	42.2	93.7	66.9	162.4	56.6	108.3	139.2	8.17	24518
南阳市	Nanyang City	236.2	526.3	357.7	939.2	475.5	107.0	608.1	70.49	129129
商丘市	Shangqiu City	187.6	424.2	291.5	666.5	332.3	110.5	942.2	45.58	108432
信阳市	Xinyang City	174.0	383.3	236.5	567.9	256.7	110.7	296.1	34.83	63080
周口市	Zhoukou City	231.2	569.3	383.2	826.1	360.8	108.0	872.8	62.19	85168
驻马店市	Zhumadian City	182.9	477.7	330.7	827.0	297.8	108.1	817.8	60.07	91026
其他	Others	13.4	28.8	15.2	34.8	16.7	108.1	86.3	2.20	20759
湖北省	**Hubei**	**1015.7**	**1931.2**	**1101.3**	**3161.2**	**1775.6**	**104.7**	**2057.4**	**285.83**	**700859**
武汉市	Wuhan City	72.9	129.5	70.1	206.8	180.6	109.0	179.1	16.23	129122
黄石市	Huangshi City	30.8	62.0	29.9	76.7	46.8	107.1	44.2	3.94	70367
十堰市	Shiyan City	68.0	119.8	64.0	144.2	60.2	103.5	83.8	10.58	21161
宜昌市	Yichang City	82.5	145.6	91.1	227.5	138.6	108.2	183.8	28.04	36200
襄樊市	Xiangfan City	92.0	179.9	121.4	400.6	214.3	103.6	325.0	43.10	40738
鄂州市	Ezhou City	19.9	38.7	22.7	40.6	42.1	108.5	40.5	11.36	27289
荆门市	Jingmen City	48.7	85.8	56.8	249.4	135.5	101.4	182.3	24.22	39107
孝感市	Xiaogan City	96.0	195.5	102.4	246.1	164.2	107.6	164.4	17.75	48123
荆州市	Jingzhou City	101.0	208.5	137.5	452.9	207.8	107.4	240.7	31.67	70640
黄冈市	Huanggang City	142.9	272.2	136.6	318.6	179.2	105.8	151.5	36.51	92775
咸宁市	Xianning City	48.3	84.1	43.0	138.3	86.3	107.1	94.3	9.85	27184
随州市	Suizhou City	47.3	91.2	51.0	134.1	87.9	106.3	72.5	11.61	20266
恩施土家族苗族自治州	Enshi Tujia & Miao A.P	93.0	179.5	102.7	254.7	108.5	104.9	81.3	18.55	20341
其他	Others	72.4	139.0							
湖南省	**Hunan**	**1492.5**	**2975.4**	**1951.9**	**3373.0**	**2056.2**	**105.8**	**3189.9**	**209.90**	**652366**
长沙市	Changsha City	120.9	243.5	125.2	252.3	187.1	107.0	330.7	14.48	160470
株洲市	Zhuzhou City	75.6	157.6	87.8	179.3	109.4	106.8	161.1	10.80	44611
湘潭市	Xiangtan City	62.5	124.8	79.3	124.7	94.9	107.2	161.3	10.68	32789
衡阳市	Hengyang City	157.6	299.6	203.2	329.3	239.7	106.3	236.8	19.58	38509
邵阳市	Shaoyang City	176.4	370.7	257.9	349.9	179.8	105.8	231.2	18.79	51838
岳阳市	Yueyang City	119.1	207.8	130.7	282.4	204.6	105.9	366.3	20.90	42982
常德市	Changde City	138.4	256.5	174.1	406.5	260.7	106.0	317.5	30.53	68569
张家界市	Zhangjiajie City	39.3	74.5	54.5	93.5	31.1	104.6	80.2	5.01	6727
益阳市	Yiyang City	105.4	205.7	130.7	243.1	130.0	107.3	310.9	17.99	42131
郴州市	Chenzhou City	104.9	219.8	131.2	236.3	131.1	106.2	251.8	15.14	45163
永州市	Yongzhou City	131.1	274.0	178.4	296.7	201.8	107.8	284.7	20.32	39483

3-15 续表 6 continued

地 区	Region	乡村户数(万户) Rural Households (10 000 households)	乡村劳动力(万人) Rural Laborers (10 000 persons)	#农林牧渔业 Farming, Forestry, Animal Husbandry & Fishery	耕地面积(千公顷) Cultivated Areas (1 000 hectares)	农林牧渔业总产值(亿元) Gross Output Value of Farming, Forestry, Animal Husbandry (100 million yuan)	农林牧渔业总产值指数(上年=100) Indices of Gross Output Value of Farming, Forestry, Animal Husbandry (last year=100)	农业机械总动力(万千瓦) Total Power of Agricultural Machinery (10 000 kw)	化肥使用量(万吨) Consumption of Chemical Fertilizer (10 000 tons)	农村用电量(万千瓦小时) Electricity Consumed in Rural Area (10 000 kwh)
怀化市	Huaihua City	112.3	230.3	177.5	265.4	109.1	106.0	179.5	10.25	36150
娄底市	Loudi City	91.8	183.0	123.5	159.0	91.2	107.9	178.9	9.12	31761
湘西土家族苗族自治州	West Hunan Tujia A.P	57.3	127.6	98.0	153.5	44.5	102.3	99.1	6.28	11183
其他	Others									
广东省	**Guangdong**	**1540.8**	**3089.5**	**1533.5**	**2102.6**	**2447.6**	**104.8**	**1782.1**	**204.60**	**7664302**
广州市	Guangzhou City	80.5	161.4	74.3	130.1	220.8	104.1	205.5	9.80	1453053
韶关市	Shaoguan City	55.4	102.1	71.5	130.0	98.9	104.8	89.9	8.39	19765
深圳市	Shenzhen City				2.4	21.7	87.8	2.6	0.84	
珠海市	Zhuhai City	14.8	38.3	8.8	16.0	33.8	105.3	17.8	1.18	41535
汕头市	Shantou City	82.4	163.5	73.3	43.6	84.4	103.7	44.4	4.90	141870
佛山市	Foshan City	88.0	200.5	30.1	55.9	159.8	103.8	113.1	5.94	1430407
江门市	Jiangmen City	82.0	159.1	84.0	132.0	143.4	100.3	140.2	10.90	340712
湛江市	Zhanjiang City	131.5	282.5	202.4	302.9	233.0	109.1	239.4	37.09	77662
茂名市	Maoming City	137.9	265.5	166.5	227.4	297.0	105.5	148.8	24.96	56631
肇庆市	Zhaoqing City	84.1	175.5	95.5	132.0	202.2	108.1	93.7	14.27	72226
惠州市	Huizhou City	77.9	171.3	67.3	102.1	120.7	108.7	95.2	8.13	73104
梅州市	Meizhou City	113.9	188.7	105.7	122.0	112.9	103.2	108.0	11.84	61176
汕尾市	Shanwei City	58.7	121.3	63.7	60.0	89.8	106.1	57.9	6.38	58072
河源市	Heyuan City	69.1	137.0	71.7	106.1	65.6	105.1	43.6	6.12	23383
阳江市	Yangjiang City	60.0	119.1	75.6	103.8	127.4	107.4	72.3	9.43	28214
清远市	Qingyuan City	85.5	160.0	98.2	160.9	107.5	104.0	77.5	17.10	38466
东莞市	Dongguan City	46.5	83.1	11.1	33.5	42.1	104.1	22.9	1.00	2970738
中山市	ZhongShan City	37.1	116.2	17.2	28.9	52.9	104.7	59.6	3.12	518054
潮州市	Chaozhou City	52.4	95.9	43.0	37.4	59.6	101.7	30.8	4.85	119565
揭阳市	Jieyang City	112.1	224.9	111.5	91.8	111.4	104.5	51.9	11.81	100267
云浮市	Yunfu City	71.0	123.3	62.1	84.0	119.7	107.2	67.0	6.55	39402
广西壮族自治区	**Guangxi**	**986.1**	**2275.4**	**1503.1**	**2559.1**	**1448.4**	**107.4**	**1909.7**	**201.00**	**343100**
南宁市	Nanning City	123.0	286.1	196.7	396.1	191.4	108.6	279.8	34.87	49365
柳州市	Liuzhou City	59.6	136.4	92.4	238.5	95.7	107.9	107.3	14.77	26099
桂林市	Guilin City	104.2	215.4	152.2	283.2	187.2	109.0	210.1	20.19	38807
梧州市	Wuzhou City	68.7	136.1	79.2	95.7	85.2	106.7	73.3	5.68	18327
北海市	Beihai City	27.2	60.4	41.6	79.5	82.6	99.1	87.8	5.86	11038
防城港市	Fangchenggang City	14.8	35.8	24.9	46.9	37.2	98.9	44.4	3.64	5689
钦州市	Qinzhou City	72.6	178.1	107.5	154.9	125.4	110.0	88.4	21.26	15305
贵港市	Guigang City	102.5	212.8	121.9	204.3	108.2	121.7	191.3	17.12	27363
玉林市	Yulin City	121.1	293.7	170.7	195.6	166.5	107.6	201.5	14.89	48834
百色市	Baise City	73.5	191.3	139.0	278.6	100.5	107.1	165.5	8.24	27726
贺州市	Hezhou City	42.3	101.1	71.8	98.9	85.0	105.4	39.4	5.45	13862
河池市	Hechi City	81.1	183.5	130.4	206.2	95.6	108.5	176.2	9.63	25215
来宾市	Laibin City	48.7	117.6	87.4	230.5	97.9	108.8	100.5	19.76	19211
崇左市	Chongzuo City	46.8	125.1	87.4	258.9	87.0	109.9	123.6	19.90	16216
海南省	**Hainan**	**112.6**	**256.0**	**193.4**	**416.2**	**475.9**	**103.6**	**268.2**	**37.31**	**38452**
海口市	Haikou City	15.3	31.2	20.6	48.3	38.5	108.2	23.2	2.80	6567
三亚市	Sanya City	5.5	15.2	11.8	11.9	27.0	107.2	16.1	1.40	1462
其他	Others	91.8	209.6	160.9	355.9	410.4		228.9	33.11	30423

3-15 续表 7 continued

地区	Region	乡村户数（万户）Rural Households (10 000 households)	乡村劳动力（万人）Rural Laborers (10 000 persons)	#农林牧渔业 Farming, Forestry, Animal Husbandry & Fishery	耕地面积（千公顷）Cultivated Areas (1 000 hectares)	农林牧渔业总产值（亿元）Gross Output Value of Farming, Forestry, Animal Husbandry (100 million yuan)	农林牧渔业总产值指数（上年=100）Indices of Gross Output Value of Farming, Forestry, Animal Husbandry (last year=100)	农业机械总动力（万千瓦）Total Power of Agricultural Machinery (10 000 kw)	化肥使用量（万吨）Consumption of Chemical Fertilizer (10 000 tons)	农村用电量（万千瓦小时）Electricity Consumed in Rural Area (10 000 kwh)
重庆市	**Chongqing**	**718.8**	**1366.9**	**775.9**	**1399.2**	**662.2**	**105.2**	**776.0**	**79.20**	**428943**
万州区	Wanzhou District	38.1	76.2	40.2	57.5	29.9	106.2	35.0	3.81	11548
涪陵区	Fuling District	25.3	47.9	31.1	67.2	24.6	106.4	32.4	3.61	22327
渝中区	Yuzhong District									
大渡口区	Dadukou District	2.3	3.8	1.8	1.6	2.4	104.6	2.0	0.32	7554
江北区	Jiangbei District	2.9	5.6	3.1	3.6	2.5	101.6	2.5	0.53	10159
沙坪坝区	Shapingba District	6.9	11.7	4.9	10.0	7.5	103.2	10.6	0.80	31392
九龙坡区	Jiulongpo District	8.1	13.9	7.0	10.0	9.6	103.2	29.6	0.51	11778
南岸区	Nanan District	8.7	7.5	3.3	4.6	4.5	94.8	6.0	0.31	6433
北碚区	Beibei District	12.2	22.0	10.6	15.3	9.5	104.6	19.7	0.90	38776
万盛区	Wansheng District	4.2	8.9	5.0	6.3	5.3	104.0	2.6	0.62	5392
双桥区	Shuangqiao District	0.7	1.3	0.7	0.8	0.4	104.9	0.6		121
渝北区	Yubei District	18.9	35.4	21.6	29.1	17.8	104.8	13.8	1.30	6084
巴南区	Banan District	21.0	34.9	18.6	40.2	30.4	104.4	23.2	1.77	8304
黔江区	Qianjiang District	12.9	28.6	20.1	28.5	12.0	104.4	25.6	2.12	2378
长寿区	Changshou District	22.0	41.3	20.3	36.8	21.9	102.6	26.2	2.13	14230
其他	Others	534.6	1028.1	587.6	1087.4	483.9		546.0	60.47	252467
四川省	**Sichuan**	**1774.9**	**3473.1**	**2376.3**	**3906.0**	**2457.5**	**106.5**	**2181.7**	**220.92**	**1129156**
成都市	Chengdu City	208.7	383.8	199.2	352.3	307.8	106.7	240.8	19.71	292141
自贡市	Zigong City	55.2	120.5	75.9	123.0	88.6	107.0	60.6	7.70	28388
攀枝花市	Panzhihua City	13.8	28.9	22.5	31.8	20.0	107.7	46.1	2.68	9230
泸州市	Luzhou City	112.8	209.6	149.9	208.1	112.6	108.7	94.9	9.12	35579
德阳市	Deyang City	56.5	171.9	99.5	191.6	151.2	105.5	122.8	16.28	141570
绵阳市	Mianyang City	129.5	210.8	126.3	277.3	179.5	108.9	140.6	17.67	64998
广元市	Guangyuan City	23.2	123.9	87.1	158.1	79.3	106.9	101.7	10.11	18860
遂宁市	Suining City	81.4	110.4	72.7	151.4	105.4	111.1	80.6	11.80	22062
内江市	Neijiang City	102.4	169.6	111.9	163.1	95.9	107.8	96.4	10.15	60797
乐山市	Leshan City	86.0	138.3	99.3	150.7	93.8	105.7	119.2	7.39	57423
南充市	Nanchong City	98.1	274.7	200.5	297.1	181.4	106.3	142.6	20.83	46159
眉山市	Meishan City	85.8	148.9	108.6	173.2	102.6	109.8	124.0	12.05	49529
宜宾市	Yibin City	82.7	238.7	161.9	240.1	130.6	107.8	122.6	10.98	61312
广安市	Guangan City	105.2	202.3	135.3	169.6	108.4	107.0	84.5	9.95	30410
达州市	Dazhou City	149.3	226.7	173.9	269.6	191.7	106.2	120.6	17.87	54455
雅安市	Yaan City	35.4	71.0	47.5	58.7	53.6	115.3	87.8	4.75	41628
巴中市	Bazhong City	98.0	168.7	115.8	149.7	95.5	107.5	88.3	12.27	16653
资阳市	Ziyang City	128.6	175.6	123.5	276.1	151.4	107.9	118.1	8.29	39286
阿坝藏族羌族自治州	Aba Zang & Qiang A.P	14.6	35.2	31.3	55.6	21.4	104.4	43.9	0.80	12458
甘孜藏族自治州	Ganzi Zang A.P	16.8	48.5	47.0	92.0	19.5	105.1	42.5	0.21	8535
凉山彝族自治州	Liangshan Yi A.P	90.9	215.1	186.7	316.8	145.3	108.5	103.2	10.34	37683
贵州省	**Guizhou**	**792.3**	**1934.2**	**1268.1**	**1753.5**	**571.8**	**105.9**	**1011.5**	**77.00**	**302319**
贵阳市	Guiyang City	48.6	111.1	71.6	93.9	54.8	108.6	73.0	6.35	22749
六盘水市	Liupanshui City	61.6	126.8	89.2	106.7	29.3	109.1	94.0	5.61	10046
遵义市	Zunyi City	155.4	371.4	229.6	391.3	167.1	106.1	209.8	17.11	59620
安顺市	Anshun City	51.0	132.7	93.5	106.3	37.2	110.0	69.2	5.59	10046
铜仁地区	Tongren Prefecture	85.1	216.6	133.9	173.8	86.6	105.8	91.6	4.11	15607
黔西南布依族苗族自治州	Southwest Guizhou Buyi & Miao A.P	64.9	162.9	118.0	161.5	57.9	107.9	98.4	6.93	11359

3-15 续表 8 continued

地　区	Region	乡村户数（万户）Rural Households (10 000 households)	乡村劳动力（万人）Rural Laborers (10 000 persons)	#农林牧渔业 Farming, Forestry, Animal Husbandry & Fishery	耕地面积（千公顷）Cultivated Areas (1 000 hectares)	农林牧渔业总产值（亿元）Gross Output Value of Farming, Forestry, Animal Husbandry (100 million yuan)	农林牧渔业总产值指数（上年=100）Indices of Gross Output Value of Farming, Forestry, Animal Husbandry (last year=100)	农业机械总动力（万千瓦）Total Power of Agricultural Machinery (10 000 kw)	化肥使用量（万吨）Consumption of Chemical Fertilizer (10 000 tons)	农村用电量（万千瓦小时）Electricity Consumed in Rural Area (10 000 kwh)
毕节地区	Bijie Prefecture	157.5	389.7	249.8	365.3	114.2	107.0	140.0	18.18	27356
黔东南苗族侗族自治州	Southeast Guizhou Miao & Dong A.P	88.4	221.6	149.0	178.6	74.8	106.6	121.1	6.25	17345
黔南布依族苗族自治州	South Guizhou Buyi & Miao A.P	79.6	201.5	133.5	176.2	79.5	106.6	114.7	7.28	17946
云南省	**Yunnan**	**877.4**	**2050.9**	**1690.1**	**4191.8**	**1068.6**	**106.9**	**1666.1**	**142.65**	**416862**
昆明市	Kunming City		181.3	140.3	175.0	117.2	106.0		15.00	64304
曲靖市	Qujing City		290.5	228.5	251.0	144.2	108.9	203.8	22.94	46258
玉溪市	Yuxi City		108.4	83.0	107.4	65.3	108.7	158.1	8.46	88136
保山市	Baoshan City		126.5	106.0	150.4	61.5	108.4	83.5	8.75	18477
昭通市	Zhaotong City		248.8	201.5	322.5	61.8	103.6	70.3	11.03	25784
丽江市	Lijiang City		57.1	47.3	93.5	22.9	108.7	35.8	5.76	7724
思茅市	Simao City		117.2	104.7	188.5	51.4	105.4	93.4	4.33	11745
临沧市	Lincang City		106.3	90.6	233.9	52.4	106.9	61.9	7.61	8608
楚雄彝族自治州	Chuxiong Yi A.P		135.4	114.3	152.8	78.1	108.5	122.1	10.57	24356
红河哈尼族彝族自治州	Honghe Hani & Yi A.P		203.1	175.4	250.6	88.2	107.0	174.5	15.76	45788
文山壮族苗族自治州	Wenshan Zhuang & Miao A.P		179.1	151.2	224.8	65.6	107.4	106.7	10.81	21534
西双版纳傣族自治州	Xishuangbanna Dai A.P		35.1	33.1	103.4	41.4	106.3	82.6	2.58	4586
大理白族自治州	Dali Bai A.P		170.8	133.9	187.7	106.5	105.9	135.9	12.90	38052
德宏傣族景颇族自治州	Dehong Dai & Jingpo A.P		50.4	43.8	123.0	27.7	111.1	73.8	5.01	3367
怒江傈僳族自治州	Nujiang Lisu A.P		23.8	21.6		6.3	100.4		0.44	3414
迪庆藏族自治州	Diqing Zang A.P		17.1	15.1	29.8	7.5	104.8	28.9	0.71	4729
西藏自治区	**Tibet A.R.**	**40.4**	**108.8**	**85.5**	**223.0**	**67.7**	**103.9**	**230.9**	**4.21**	**6354**
拉萨市	Lhasa City	5.0	13.8	8.7	34.7	10.0	105.8	38.7	0.94	933
昌都地区	Qamdu Prefecture	8.3	24.3	21.2	47.1	16.3	104.7	23.9	1.01	1685
山南地区	Lhokha Prefecture	6.4	14.1	10.9	29.1	5.6	101.1	21.9	0.29	2055
日喀则地区	Xigaze Prefecture	10.1	31.2	22.5	85.5	17.9	107.2	65.9	1.22	862
那曲地区	Narqu Prefecture	6.8	16.9	14.8	5.5	9.0	104.0	31.0	0.01	177
阿里地区	Ngri Prefecture	1.5	3.5	3.0	3.0	3.1	88.5	10.5	0.38	1
林芝地区	Nyingchi Prefecture	2.3	5.2	4.5	18.2	5.8	104.2	39.1	0.36	641
其他	Others					0.1	97.5			
陕西省	**Shaanxi**	**705.0**	**1437.0**	**949.2**	**2788.4**	**730.7**	**108.1**	**1406.3**	**147.30**	**882000**
西安市	Xian City	101.5	223.3	137.7	266.8	106.5	107.7	223.9	21.18	
铜川市	Tongchuan City	11.2	25.5	18.5	64.3	10.6	108.7	31.4	3.64	
宝鸡市	Baoji City	70.0	143.2	87.1	305.1	75.1	110.1	137.5	16.92	
咸阳市	Xianyang City	95.0	215.2	151.1	369.0	145.3	107.9	197.2	29.78	
渭南市	Weinan City	109.6	245.5	184.3	514.8	96.0	104.6	327.4	33.64	
延安市	Yanan City	36.2	68.3	52.9	233.6	52.0	110.2	97.2	6.77	
汉中市	Hanzhong City	84.2	146.6	84.4	202.1	83.2	109.4	91.2	12.35	
榆林市	Yulin City	73.4	136.3	90.4	500.7	48.8	103.4	173.0	9.16	
安康市	Ankang City	66.1	132.7	76.4	192.4	62.3	110.4	72.2	7.64	
商洛市	Shangluo City	55.9	96.1	64.1	129.3	43.3	107.9	46.9	5.57	
其他	Others	2.0	4.3	2.3	4.8	2.3	114.1	6.8	0.29	
甘肃省	**Gansu**	**463.7**	**1084.3**	**761.4**	**3421.0**	**521.5**	**107.0**	**1406.9**	**75.92**	**338510**
兰州市	Lanzhou City	32.1	71.0	43.5	211.3	37.2	104.1	129.5	4.50	37063
嘉峪关市	Jiayuguan City	0.6	1.4	1.0	2.8	2.1	111.9	6.1	0.17	982

3-15 续表 9 continued

地区	Region	乡村户数(万户) Rural Households (10 000 households)	乡村劳动力(万人) Rural Laborers (10 000 persons)	#农林牧渔业 Farming, Forestry, Animal Husbandry & Fishery	耕地面积(千公顷) Cultivated Areas (1 000 hectares)	农林牧渔业总产值(亿元) Gross Output Value of Farming, Forestry, Animal Husbandry (100 million yuan)	农林牧渔业总产值指数(上年=100) Indices of Gross Output Value of Farming, Forestry, Animal Husbandry (last year=100)	农业机械总动力(万千瓦) Total Power of Agricultural Machinery (10 000 kw)	化肥使用量(万吨) Consumption of Chemical Fertilizer (10 000 tons)	农村用电量(万千瓦小时) Electricity Consumed in Rural Area (10 000 kwh)
金昌市	Jinchang City	6.0	13.8	10.2	56.7	12.9	114.7	75.3	2.37	14302
白银市	Baiyin City	29.2	69.7	52.1	299.5	35.5	106.0	147.5	3.78	36984
天水市	Tianshui City	63.9	157.7	108.2	382.0	43.2	114.9	82.3	5.47	22296
武威市	Wuwei City	37.8	83.1	59.5	255.0	60.2	105.2	221.6	12.05	56095
张掖市	Zhangye City	25.5	57.2	37.1	125.1	60.0	105.4	167.7	8.75	24406
平凉市	Pingliang City	42.8	99.6	67.4	218.8	46.6	105.5	66.7	7.47	16261
酒泉市	Jiuquan City	15.5	30.9	23.0	513.7	55.1	109.1	133.0	5.82	20912
庆阳市	Qingyang City	50.4	116.0	83.2	289.3	50.1	105.7	88.9	8.09	20896
定西市	Dingxi City	59.3	136.3	90.7	368.5	48.4	105.4	113.2	6.86	16559
陇南市	Longnan City	54.9	129.3	99.4	442.6	39.7	106.9	79.4	6.39	24406
临夏回族自治州	Linxia Hui A.P	34.9	89.2	62.2	143.3	23.6	105.6	56.2	1.97	32623
甘南藏族自治州	Gannan Zang A.P	10.9	29.2	23.9	67.4	11.8	105.4	19.9	0.29	4031
青海省	**Qinghai**	**77.6**	**186.0**	**128.7**	**542.2**	**94.0**	**105.4**	**327.3**	**17.61**	**29923**
西宁市	Xining City	23.2	57.6	36.9	146.5	20.2	106.3	124.2	7.04	7930
海东地区	Haidong Prefecture	29.0	68.5	39.5	201.5	24.1	106.3	105.9	6.43	12662
海北藏族自治州	Haibei Zang A.P	4.4	10.7	8.6	47.7	7.8	113.7	21.7	1.09	1467
黄南藏族自治州	Huangnan Zang AP	3.6	9.2	8.0	19.5	7.8	105.6	8.7	0.23	1026
海南藏族自治州	Hainan Zang A.P	6.0	14.9	12.3	77.4	12.4	108.1	26.1	1.39	5026
果洛藏族自治州	Golog Zang A.P	2.6	5.4	5.3	1.0	3.8	102.3	2.0	23.00	51
玉树藏族自治州	Yushu Zang A.P	5.6	12.6	12.4	13.8	11.5	101.1	8.2	0.04	352
海西蒙古族藏族自治州	Haixi Mongolian & Zang A.P	3.1	7.1	5.9	34.9	6.5	101.1	30.4	1.38	1409
宁夏回族自治区	**Ningxia**	**93.6**	**212.0**	**140.6**	**965.5**	**138.0**	**105.7**	**555.1**	**29.93**	**92507**
银川市	Yinchuan City	15.1	33.0	21.9	132.6	35.1	106.3	133.3	7.68	19776
石嘴山市	Shizuishan City	7.9	17.0	10.4	73.3	15.8	104.6	79.7	4.51	5702
吴忠市	Wuzhong City	22.8	48.1	29.5	270.8	33.1	104.1	140.4	6.14	18078
固原市	Guyuan City	27.9	67.3	48.2	346.6	26.9	108.3	105.2	6.02	13322
中卫市	Zhongwei City	20.0	46.6	30.6	142.3	26.8	105.4	96.5	5.58	35629
新疆维吾尔自治区	**Xinjiang**	**223.9**	**403.9**	**344.1**	**3457.9**	**831.1**	**107.4**	**1116.3**	**107.77**	**364683**
乌鲁木齐市	Urumqi City	3.0	6.9	5.0	34.4	9.0	105.3	14.3	0.48	6818
克拉玛依市	Karamay City	0.1	0.1	0.1	15.5	3.3	140.8	2.4	0.14	406
吐鲁番地区	Turpan Prefecture	9.0	21.7	18.8	35.9	20.3	107.5	46.1	1.14	24355
哈密地区	Hami Prefecture	4.9	10.0	7.7	53.9	11.7	111.3	23.5	0.65	11880
昌吉回族自治州	Changji Hui A.P	17.9	40.2	32.8	317.7	96.5	108.7	147.8	8.30	57218
博尔塔拉蒙古自治州	Bortala Mongolian A.P	4.5	8.4	6.8	72.9	18.8		32.3	1.85	4993
巴音郭楞蒙古自治州	Bayingolin Mongolian A.P	10.4	18.8	16.1	179.2	63.1	117.1	75.5	7.40	19259
阿克苏地区	Aksu Prefecture	28.5	53.7	48.9	351.2	85.4	108.0	115.6	13.16	22359
克孜勒苏柯尔克孜自治州	Kizilsu Kirgiz A.P	7.4	11.2	9.2	30.2	10.1	107.5	15.2	0.98	1413
喀什地区	Kashi Prefecture	55.6	81.7	70.7	411.8	107.3	114.4	115.6	16.11	10430
和田地区	Hotan Prefecture	35.7	52.4	45.1	172.1	45.0	111.0	38.8	4.90	12563
伊犁州直属县（市）	Counties(Cities) Direct Under Ili Prefecture	28.5	60.6	49.4	281.7	63.9	106.0	83.8	5.55	8811
塔城地区	Tacheng Prefecture	11.8	26.3	23.6	321.4	62.4	113.8	123.6	7.82	20139
阿勒泰地区	Altay Prefecture	6.0	10.6	8.6	128.0	25.6	103.6	32.5	1.31	3914
石河子市	Shihezi City									
阿拉尔市	Alar City									
图木舒克市	Tumxuk City									
五家渠市	Wujiaqu City									

3-16 播种面积和农产品产量(2005年)

地 区	Region	有效灌溉面积(千公顷) Irrigated Area (1 000 hectares)	农作物总播种面积(千公顷) Total Sown Area (1 000 hectares)	#粮食作物播种面积 Grain Crops Sown Areas	粮食产量(万吨) Grain Yield (10 000 tons)
北京市	**Beijing**	**181.5**	**318.0**	**192.2**	**94.9**
东城区	Dongcheng District				
西城区	Xicheng District				
崇文区	Chongwen District				
宣武区	Xuanwu District				
朝阳区	Chaoyang District	5.5	4.3	0.8	0.4
丰台区	Fengtai District	1.2	2.8	1.0	0.3
石景山区	Shijingshan District				
海淀区	Haidian District	3.6	2.6	1.3	0.6
门头沟区	Mentougou District	0.7	2.8	2.1	0.4
房山区	Fangshan District	20.1	36.9	28.2	12.2
通州区	Tongzhou District	33.9	55.3	35.7	18.4
顺义区	Shunyi District	33.1	51.1	27.9	14.0
昌平区	Changping District	9.4	14.0	9.5	3.7
大兴区	Daxing District	37.1	64.8	31.1	17.7
怀柔区	Huairou District	8.1	13.5	10.6	4.8
平谷区	Pinggu District	10.4	19.7	10.1	4.6
密云县	Miyun County	7.5	21.6	11.4	4.4
延庆县	Yanqing County	10.8	27.9	22.5	13.9
其他	Others	0.1	0.7		
天津市	**Tianjin**	**355.2**	**499.4**	**287.7**	**137.5**
和平区	Heping District				
河东区	Hedong District				
河西区	Hexi District				
南开区	Nankai District				
河北区	Hebei District				
红桥区	Hongqiao District				
塘沽区	Tanggu District	5.2	4.7	1.0	0.4
汉沽区	Hangu District	4.5	1.8	0.5	0.4
大港区	Dagang District	10.9	17.4	16.0	4.3
东丽区	Dongli District	13.0	13.6	2.6	1.2
西青区	Xiqing District	15.3	21.8	8.7	4.6
津南区	Jinnan District	13.8	11.7	4.3	2.3
北辰区	Beichen District	14.5	21.6	10.6	5.3
武清区	Wuqing District	74.1	14.3	9.4	59.6
宝坻区	Baodi District	65.6	98.7	71.3	40.5
宁河县	Ninghe County	35.9	40.1	12.5	8.8
静海县	Jinghai County	55.5	83.9	61.8	29.9
蓟县	Ji County	42.2	87.1	66.8	41.2
其他	Others				
河北省	**Hebei**	**4547.7**	**8785.5**	**6240.2**	**2598.6**
石家庄市	Shijiazhuang City	514.8	1008.0	732.6	482.4
唐山市	Tangshan City	492.6	792.3	477.7	271.5
秦皇岛市	Qinhuangdao City	123.4	221.3	155.7	84.6
邯郸市	Handan City	538.6	1058.4	755.4	413.3

Sown Areas and Yield of Farm Products(2005)

棉花产量 (吨) Cotton (ton)	油料产量 (万吨) Oilbearing (10 000 tons)	水 果 (万吨) Fruits (10 000 tons)	肉类产量 (吨) Meat (ton)	#猪牛羊肉 Output of Pork, Beef and Mutton	奶 类 (万吨) Milk (10 000 tons)	#牛 奶 Cow Milk	水产品产 量 (吨) Aquatic Products (ton)
2069	**2.5**	**111.9**	**66.7**	**39.7**	**64.2**	**64.2**	**64258**
10		0.1	0.1	0.1	1.7	1.7	1805
		0.2	0.1	0.1	0.4	0.4	901
		0.6	0.2	0.2	0.3	0.3	1810
		0.4	0.5	0.2	0.8	0.8	201
484	0.2	10.8	5.9	3.5	2.2	2.2	2250
753		7.4	5.5	4.5	5.7	5.7	12600
286	0.1	17.3	19.2	12.5	6.6	6.6	12418
47		4.9	1.4	1.0	1.6	1.6	2550
193	1.1	33.9	10.9	6.6	11.1	11.1	3246
	0.3	3.5	4.8	1.8	3.9	3.9	3523
296		22.9	5.0	3.6	0.4	0.4	16314
	0.7	5.7	8.7	3.4	6.8	6.8	3640
		3.8	2.9	1.9	8.4	8.4	3000
		0.4	1.5	0.3	14.3	14.3	
83546	**1.3**	**68.2**	**57.8**	**44.9**	**63.4**	**63.4**	**338115**
1727		0.4	0.9	0.8	0.2	0.2	25970
957		5.7	0.9	0.6	0.3	0.3	26449
1151		0.6	1.0	0.5	0.3	0.3	7585
5417		1.3	2.1	1.3	0.6	0.6	21291
8374	5.0	2.2	2.5	1.1	1.3	1.3	50645
4125		0.5	1.6	0.7	0.4	0.4	14348
2663	0.2	3.0	2.8	1.8	10.2	10.2	13512
11635	0.3	14.1	11.4	7.2	23.8	23.8	54456
16784	0.1	5.3	11.1	9.5	1.8	1.8	35280
22715		5.0	8.5	6.7	7.1	7.1	16475
15111	0.3	5.7	7.6	4.9	10.6	10.6	26293
1817	0.4	13.9	16.4	14.1	1.4	1.4	27421
		10.5					
577194	**152.7**	**1387.9**	**577.6**	**462.6**	**348.6**	**340.3**	**989461**
17529	23.9	237.3	107.3	88.7	74.0	73.3	29232
36385	23.2	205.4	80.7	62.7	117.4	111.9	501284
1579	7.2	52.6	26.8	21.8	5.7	4.5	171355
120409	18.5	92.6	65.2	51.9	10.3	10.1	47916

3-16 续表 1

地　区	Region	有效灌溉面　积(千公顷) Irrigated Area (1 000 hectares)	农作物总播种面积(千公顷) Total Sown Area (1 000 hectares)	#粮食作物播种面积 Grain Crops Sown Areas	粮食产量(万吨) Grain Yield (10 000 tons)
邢台市	Xingtai City	507.4	980.1	694.4	363.4
保定市	Baoding City	656.0	1181.1	848.2	471.4
张家口市	Zhangjiakou City	246.4	680.9	465.6	106.6
承德市	Chengde City	133.1	292.1	228.8	111.6
沧州市	Cangzhou City	569.5	1111.1	825.7	363.2
廊坊市	Langfang City	278.7	509.7	318.5	168.6
衡水市	Hengshui City	487.3	813.1	547.6	311.0
其他	Others				
山西省	**Shanxi**	**1088.6**	**3795.4**	**3033.6**	**978.0**
太原市	Taiyuan City	54.3	118.6	83.5	29.2
大同市	Datong City	98.0	303.3	241.7	78.4
阳泉市	Yangquan City	4.1	5.4	5.2	20.1
长治市	Changzhi City	59.1	285.8	253.2	129.9
晋城市	Jincheng City	30.2	214.0	198.1	79.1
朔州市	Shuozhou City	93.7	303.8	233.7	66.7
晋中市	Jinzhong City	127.2	332.2	266.3	124.0
运城市	Yuncheng City	287.9	662.5	521.9	159.3
忻州市	Xinzhou City	113.5	435.2	364.0	102.2
临汾市	Linfen City	127.5	511.7	437.0	135.6
吕梁市	Luliang City	93.1	395.5	322.5	68.2
内蒙古自治区	**Inner Mongolia**	**2702.2**	**6216.0**	**4374.0**	**1662.2**
呼和浩特市	Hohhot City	181.9	406.7	270.8	114.8
包头市	Baotou City	128.6	294.7	190.9	84.8
乌海市	Wuhai City	10.1	7.1	4.4	3.2
赤峰市	Chifeng City	398.7	991.8	760.5	335.2
通辽市	Tongliao City	600.1	947.0	712.8	412.0
鄂尔多斯市	Erdos City	181.6	342.9	182.1	117.5
呼伦贝尔市	Hulunbuir City	158.7	1416.7	1077.3	278.3
巴彦淖尔市	Bayannur City	589.4	505.3	262.9	184.8
乌兰察布市	Ulanqab City	207.6	583.3	435.3	88.7
兴安盟	Xingan League	224.4	653.9	554.3	210.1
锡林郭勒盟	Xilingol League	21.1	203.9	80.1	17.4
阿拉善盟	Alxa League		27.7	14.3	10.5
其他	Others				
辽宁省	**Liaoning**	**1527.3**	**3801.0**	**3179.7**	**1745.8**
沈阳市	Shenyang City	263.5	587.9	511.4	342.7
大连市	Dalian City	105.1	323.1	277.3	135.6
鞍山市	Anshan City	89.2	243.1	202.3	120.9
抚顺市	Fushun City	44.3	110.1	93.2	44.0
本溪市	Benxi City	27.1	63.2	51.4	22.9
丹东市	Dandong City	70.8	201.5	163.9	76.2
锦州市	Jinzhou City	176.5	400.2	333.9	201.2
营口市	Yingkou City	90.0	106.7	92.5	67.4
阜新市	Fuxin City	71.0	371.0	303.4	187.0
辽阳市	Liaoyang City	83.8	152.1	133.5	84.2

continued

棉花产量 (吨) Cotton (ton)	油料产量 (万吨) Oilbearing (10 000 tons)	水　果 (万吨) Fruits (10 000 tons)	肉类产量 (吨) Meat (ton)	#猪牛羊肉 Output of Pork, Beef and Mutton	奶　类 (万吨) Milk (10 000 tons)	#牛　奶 Cow Milk	水产品 产　量 (吨) Aquatic Products (ton)
167712	13.1	89.2	41.1	30.3	18.1	18.1	5035
31749	28.2	197.7	72.4	62.2	40.3	40.1	52053
	3.9	45.1	26.1	22.4	53.5	53.4	6958
	0.8	40.5	33.8	29.7	9.9	9.8	11316
136874	9.9	178.5	45.1	28.7	8.8	8.8	119684
48319	4.5	116.7	41.1	32.4	7.0	6.8	37591
138744	11.9	132.2	37.9	31.9	3.7	3.5	7037
102907	**21.3**	**245.5**	**90.6**	**81.0**	**73.8**	**71.3**	**37542**
276	0.4	5.8	6.5	5.9	9.5	9.4	2932
	2.0	1.3	9.3	8.7	6.3	6.3	990
	0.1	0.9	1.5	0.1	1.3	1.3	1135
72	1.0	4.5	10.2	9.3	2.4	2.4	3136
525	1.2	5.1	7.5	7.2	0.5	0.5	912
	1.9	0.2	6.1	5.6	33.4	33.4	505
445	2.4	22.2	12.2	10.4	7.4	7.1	1385
95236	2.2	165.4	9.7	7.9	2.4	2.0	18845
36	4.0	4.0	9.7	9.0	5.5	5.5	2266
5990	3.3	22.1	11.0	10.0	3.6	1.9	4532
327	2.9	14.1	6.9	5.7	1.6	1.5	904
1765	**122.2**	**156.8**	**229.9**	**194.1**	**696.9**	**691.1**	**82608**
	6.1	15.5	11.1	10.3	227.8	227.8	7154
	3.1	7.3	8.7	8.0	104.7	104.6	5943
	0.2	0.1	1.1	1.0	0.9	0.9	150
	11.7	17.3	46.0	29.5	28.8	28.8	7926
	10.3	26.6	40.5	31.8	37.9	37.6	5760
	7.9	19.5	16.2	15.8	30.9	26.0	5933
	28.9	7.8	21.9	18.9	95.9	95.8	24960
	41.0	45.6	20.9	19.5	33.9	33.9	10844
	2.7	2.8	28.7	27.1	75.7	75.4	8062
	7.0	2.6	14.5	12.4	34.5	34.5	4173
	1.4	5.3	19.0	18.5	25.4	25.4	1703
1765	1.9	6.6	1.4	1.2	0.6	0.4	
2685	**36.8**	**329.3**	**346.1**	**238.8**	**78.8**	**74.9**	**4253388**
155	3.3	11.1	70.4	41.8	21.5	21.2	150137
45	1.1	98.1	51.6	30.2	10.2	8.0	2200718
	1.0	17.3	40.1	22.3	1.7	1.7	29009
	0.1	6.0	12.8	9.6	3.5	3.3	12010
	0.1	3.6	9.7	7.3	1.7	1.7	8390
	0.7	12.3	14.4	9.3	2.0	2.0	401763
125	4.7	26.5	52.9	42.3	5.0	4.9	321152
9	0.1	48.4	15.2	7.4	1.2	1.2	375082
5	9.5	3.1	28.5	21.6	9.3	9.2	4053
3	0.7	9.6	13.2	8.6	4.4	4.3	64780

3-16 续表 2

地　区	Region	有效灌溉面积（千公顷） Irrigated Area (1 000 hectares)	农作物总播种面积（千公顷） Total Sown Area (1 000 hectares)	#粮食作物播种面积 Grain Crops Sown Areas	粮食产量（万吨） Grain Yield (10 000 tons)
盘锦市	Panjin City	109.0	134.1	121.0	99.2
铁岭市	Tieling City	158.6	487.1	399.4	289.0
朝阳市	Chaoyang City	167.2	393.5	318.1	206.4
葫芦岛市	Huludao City	71.2	227.4	178.4	97.6
吉林省	**Jilin**	**1613.7**	**4953.1**	**4294.5**	**2581.2**
长春市	Changchun City	232.7	1130.8	1002.9	798.4
吉林市	Jilin City	172.8	575.9	53.1	296.9
四平市	Siping City	169.5	66.1	58.5	604.9
辽源市	Liaoyuan City	26.3	16.4	15.6	123.8
通化市	Tonghua City	98.5	24.9	22.1	148.3
白山市	Baishan City	4.4	5.3	4.0	15.3
松原市	Songyuan City	409.5	79.1	64.4	622.5
白城市	Baicheng City	426.7	60.8	43.9	228.2
延边朝鲜族自治州	Yanbian Korean A.P	73.4	26.4	21.8	82.3
其他	Others				
黑龙江省	**Heilongjiang**	**2394.0**	**11322.0**	**9889.0**	**3600.0**
哈尔滨市	Harbin City	259.0	1695.3	1556.0	930.0
齐齐哈尔市	Qiqihar City	417.3	1918.5	1595.0	607.0
鸡西市	Jixi City	74.0	342.9	300.7	150.4
鹤岗市	Hegang City	26.6	153.3	146.5	46.1
双鸭山市	Shuangyashan City	36.5	373.8	319.2	123.4
大庆市	Daqing City	157.4	587.2	438.2	236.9
伊春市	Yichun City	20.4	181.2	159.5	43.7
佳木斯市	Jiamusi City	143.0	971.6	851.6	311.7
七台河市	Qitaihe City	11.8	147.7	128.0	46.9
牡丹江市	Mudanjiang City	61.6	438.8	363.3	153.9
黑河市	Heihe City	12.9	739.4	703.1	171.1
绥化市	Suihua City	247.0	1611.4	1417.8	689.3
大兴安岭地区	Daxinganling Prefecture		95.7	85.4	18.1
其他	Others	945.4	2156.0	1904.8	1026.5
上海市	**Shanghai**	**237.3**	**403.6**	**166.1**	**105.4**
黄浦区	Huangpu District				
卢湾区	Luwan District				
徐汇区	Xuhui District				
长宁区	Changning District				
静安区	Jingan District				
普陀区	Putuo District				
闸北区	Zhabei District				
虹口区	Hongkou District				
杨浦区	Yangpu District				
闵行区	Minhang District	5.4	6.1	1.7	1.2
宝山区	Baoshan District	7.5	7.0	2.2	1.3
嘉定区	Jiading District	21.4	21.8	8.9	5.3
浦东新区	Pudong New District	8.9	10.6	1.9	1.4
金山区	Jinshan District	27.0	54.9	24.3	19.0

continued

棉花产量 (吨) Cotton (ton)	油料产量 (万吨) Oilbearing (10 000 tons)	水　果 (万吨) Fruits (10 000 tons)	肉类产量 (吨) Meat (ton)	#猪牛羊肉 Output of Pork, Beef and Mutton	奶　类 (万吨) Milk (10 000 tons)	#牛　奶 Cow Milk	水产品产　量 (吨) Aquatic Products (ton)
		1.5	9.0	5.4	1.4	1.4	225810
	9.3	15.8	54.4	38.8	8.7	8.5	13102
2163	2.3	19.8	29.6	21.6	5.8	5.2	2064
180	3.9	56.2	30.4	22.7	2.4	2.3	366473
	54.5	**235.3**	**310.0**	**213.2**	**30.0**	**29.4**	**118930**
	3.1	52.0	167.5	111.0	8.7	8.5	18887
	2.2	66.7	75.0	55.5	9.0	8.9	29397
	9.1	34.3	94.8	69.6	12.1	11.6	2957
		5.3	18.0	13.3	0.9	0.8	2039
	0.2	10.7	35.2	22.9	0.7	0.6	11412
	0.2	4.2	6.9	6.2	0.2	0.2	6230
	24.1	35.1	36.0	23.6	1.7	1.7	29523
	14.2	17.0	22.0	16.1	12.0	12.0	10872
	1.5	10.2	8.6	7.4	1.4	1.2	5251
							2362
	60.6	**306.4**	**306.3**	**242.5**	**444.2**	**440.2**	**445970**
	1.0	53.0	71.8	51.3	105.5	103.8	91620
	24.6	55.7	48.9	40.0	65.5	65.4	52807
	1.9	5.9	8.3	6.9	6.7	6.5	33600
	0.1	1.8	3.9	3.1	3.2	3.2	5880
	3.4	15.5	13.1	11.2	3.5	3.4	5555
	5.0	31.6	21.2	14.2	81.4	81.4	68548
	0.3	2.0	7.4	4.4	4.0	3.3	4473
	5.0	17.3	18.3	15.7	4.4	4.4	45621
	0.5	5.2	6.0	4.6	0.5	0.5	2890
	3.3	16.5	12.2	10.7	2.3	2.3	17346
	0.1	3.5	3.9	3.3	9.0	8.8	6654
	4.0	60.7	57.2	48.2	74.9	73.9	109822
		0.8	1.7	1.5	0.9	0.9	1154
	11.4	36.8	32.4	27.4	82.6	82.5	
1774	**6.9**	**101.0**	**31.3**	**18.7**	**23.8**	**23.8**	**353539**
		2.6					
10			1.2	0.4	0.0	0.0	901
		0.9	0.6	0.6	0.3	0.3	4026
22	0.0	2.1	2.0	2.0	0.1	0.1	5882
2	0.1	3.9	1.4	1.3	0.1	0.1	2253
572	2.7	11.6	3.4	2.3	0.2	0.2	16760

3-16 续表 3

地　区	Region	有效灌溉面　积(千公顷) Irrigated Area (1 000 hectares)	农作物总播种面积(千公顷) Total Sown Area (1 000 hectares)	#粮食作物播种面积 Grain Crops Sown Areas	粮食产量(万吨) Grain Yield (10 000 tons)
松江区	Songjiang District	17.1	43.0	14.2	10.5
青浦区	Qingpu District	23.2	36.1	14.7	10.1
南汇区	Nanhui District	24.5	56.7	16.8	11.6
奉贤区	Fengxian District	26.8	39.7	15.3	11.1
崇明县	Chongming County	57.2	106.9	50.7	30.3
其他	Others				
江苏省	**Jiangsu**	**3817.7**	**7641.2**	**4909.5**	**2834.6**
南京市	Nanjing City	190.5	401.3	148.2	96.5
无锡市	Wuxi City	145.7	187.0	120.0	75.0
徐州市	Xuzhou City	477.5	1024.7	577.0	314.1
常州市	Changzhou City	144.0	240.9	144.8	98.1
苏州市	Suzhou City	241.9	310.8	169.9	110.8
南通市	Nantong City	385.1	872.8	541.4	294.2
连云港市	Lianyungang City	294.6	554.9	434.1	248.0
淮安市	Huaian City	317.0	742.8	574.9	345.4
盐城市	Yancheng City	611.2	1362.6	779.1	484.0
扬州市	Yangzhou City	255.2	468.7	357.5	226.4
镇江市	Zhenjiang City	132.6	233.4	155.6	90.7
泰州市	Taizhou City	280.2	560.9	403.0	267.2
宿迁市	Suqian City	326.8	667.9	518.4	286.6
浙江省	**Zhejiang**	**1411.1**	**2837.9**	**1510.8**	**814.7**
杭州市	Hangzhou City	165.4	397.6	186.2	103.5
宁波市	Ningbo City	179.8	332.5	145.3	80.1
温州市	Wenzhou City	126.8	276.0	172.0	85.8
嘉兴市	Jiaxing City	195.2	354.2	182.7	119.4
湖州市	Huzhou City	128.0	233.1	125.3	82.2
绍兴市	Shaoxing City	147.7	300.9	157.9	96.4
金华市	Jinhua City	157.2	262.2	152.7	84.9
衢州市	Quzhou City	91.0	216.9	140.3	81.4
舟山市	Zhoushan City	12.7	27.2	11.8	5.2
台州市	Taizhou City	128.7	286.0	165.9	82.5
丽水市	Lishui City	78.4	195.4	113.1	54.9
安徽省	**Anhui**	**3330.8**	**8755.2**	**5988.1**	**2605.3**
合肥市	Hefei City	254.1	483.0	259.2	153.9
芜湖市	Wuhu City	85.6	214.7	115.7	76.5
蚌埠市	Bengbu City	194.2	613.8	411.6	208.4
淮南市	Huainan City	102.7	240.5	200.2	108.0
马鞍山市	Maanshan City	51.9	101.8	55.9	38.8
淮北市	Huaibei City	83.3	269.9	222.5	90.4
铜陵市	Tongling City	24.0	43.6	23.2	13.9
安庆市	Anqing City	248.1	712.6	439.3	222.2
黄山市	Huangshan City	46.5	127.0	70.0	34.3
滁州市	Chuzhou City	343.0	861.4	607.0	332.9
阜阳市	Fuyang City	362.9	1169.2	899.3	374.1
宿州市	Suzhou City	368.0	976.3	705.7	305.8

continued

棉花产量 (吨) Cotton (ton)	油料产量 (万吨) Oilbearing (10 000 tons)	水 果 (万吨) Fruits (10 000 tons)	肉类产量 (吨) Meat (ton)	#猪牛羊肉 Output of Pork, Beef and Mutton	奶 类 (万吨) Milk (10 000 tons)	#牛 奶 Cow Milk	水产品产 量 (吨) Aquatic Products (ton)
	0.3	3.9	2.2	1.8	0.1	0.1	12515
	0.6	6.4	4.8	2.4	0.1	0.1	35223
324	0.4	36.7	7.6	3.0	0.3	0.3	27358
181	0.6	7.6	4.7	2.4	0.1	0.1	39007
663	2.0	23.3	2.6	1.9	0.1	0.1	75087
322660	**216.0**	**606.2**	**352.3**	**242.1**	**56.6**	**56.6**	**3886600**
5920	21.2	39.7	19.8	13.3	13.8	13.8	180414
	3.4	14.7	14.6	9.4	9.2	9.2	120908
41696	16.3	170.2	50.2	35.1	18.4	18.4	164298
298	8.6	15.8	11.4	7.5	1.4	1.4	130198
4605	7.0	19.7	17.3	9.0	9.5	9.5	316523
51115	40.7	47.9	37.1	21.7	1.1	1.1	691597
18914	10.3	65.0	18.5	15.9	1.0	1.0	490347
2245	18.6	24.1	27.2	20.8	2.8	2.8	228271
171856	44.4	134.0	69.3	47.1	1.3	1.3	820941
6897	12.3	9.7	24.1	15.8	1.1	1.1	356360
1833	8.6	8.8	7.6	6.3	1.4	1.4	73781
16979	15.2	8.7	24.5	20.0	2.1	2.1	210450
7224	9.6	48.0	23.7	18.2	0.4	0.4	232482
21600	**50.1**	**578.0**	**165.4**	**130.4**	**26.7**	**26.7**	**4837671**
1038	7.9	52.6	30.7	23.6	5.0	5.0	147800
7184	4.0	118.8	17.5	11.5	2.8	2.8	917155
73	0.8	38.6	11.5	8.8	2.5	2.5	623381
1940	14.0	48.5	33.0	27.5	1.0	1.0	145136
28	9.1	25.0	16.4	10.8	1.2	1.2	178383
3448	4.2	48.6	16.4	11.9	0.4	0.4	99033
5426	3.4	44.5	18.8	15.0	10.4	10.4	51265
1695	4.0	54.5	18.9	17.2	0.3	0.3	32372
78	0.6	7.7	1.9	1.6	0.2	0.2	1240834
602	0.8	107.0	13.2	11.0	1.3	1.3	1350028
54	1.5	32.4	8.1	6.5	0.1	0.1	16882
310988	**270.7**	**711.6**	**382.9**	**280.8**	**11.0**	**11.0**	**1775721**
13370	33.9	38.1	31.3	15.4	2.4	2.4	116339
6478	9.8	10.0	8.1	4.3	0.3	0.2	90662
34153	30.6	80.8	24.8	18.3	0.9	0.9	104465
2309	2.3	19.4	10.2	7.4	3.2	3.2	57079
3506	7.7	3.0	2.7	1.8	0.2	0.2	64682
15269	2.5	19.1	9.1	7.6	0.6	0.6	27140
5599	1.7	3.2	1.2	0.7	0.0	0.0	19222
78793	19.7	6.8	24.5	18.4	0.0	0.0	291589
201	3.1	6.3	7.4	6.8	0.0	0.0	16759
13832	35.3	54.6	35.9	27.6	0.7	0.7	234243
18343	12.4	64.6	51.1	45.9	0.1	0.1	94766
65157	24.1	255.9	46.5	37.2	0.5	0.5	45710

3-16 续表 4

地区	Region	有效灌溉面积（千公顷）Irrigated Area (1 000 hectares)	农作物总播种面积（千公顷）Total Sown Area (1 000 hectares)	#粮食作物播种面积 Grain Crops Sown Areas	粮食产量（万吨）Grain Yield (10 000 tons)
巢湖市	Chaohu City	280.7	581.9	307.9	195.5
六安市	Liuan City	377.8	829.9	603.3	333.5
亳州市	Bozhou City	281.1	993.4	752.7	320.0
池州市	Chizhou City	83.1	186.7	117.2	67.3
宣城市	Xuancheng City	143.9	349.5	197.3	118.1
其他	Others				
福建省	**Fujian**	**949.7**	**2481.3**	**1441.3**	**715.2**
福州市	Fuzhou City	113.9	315.6	180.0	83.9
厦门市	Xiamen City	20.4	46.8	17.1	9.4
莆田市	Putian City	55.6	136.5	80.2	40.7
三明市	Sanming City	131.9	418.5	230.9	113.0
泉州市	Quanzhou City	108.7	293.2	203.1	99.1
漳州市	Zhangzhou City	139.9	312.8	161.2	87.0
南平市	Nanping City	171.3	437.1	268.6	123.4
龙岩市	Longyan City	108.2	338.0	209.2	104.9
宁德市	Ningde City	99.8	264.5	172.8	74.4
江西省	**Jiangxi**	**1831.4**	**5329.0**	**3519.0**	**1853.9**
南昌市	Nanchang City	189.8	506.1	338.0	195.2
景德镇市	Jingdezhen City	52.9	144.3	89.4	49.2
萍乡市	Pingxiang City	37.9	126.1	76.8	50.0
九江市	Jiujiang City	174.6	460.6	251.9	126.8
新余市	Xinyu City	47.4	143.0	96.0	51.5
鹰潭市	Yingtan City	51.9	153.6	104.7	55.6
赣州市	Ganzhou City	258.9	752.6	512.0	259.3
吉安市	Jian City	290.9	837.7	610.9	301.3
宜春市	Yichun City	278.7	844.7	581.9	326.2
抚州市	Fuzhou City	212.8	615.2	393.1	239.3
上饶市	Shangrao City	235.9	711.5	519.3	261.9
山东省	**Shandong**	**4790.0**	**10736.1**	**6711.7**	**3917.4**
济南市	Jinan City	243.5	623.6	438.5	260.1
青岛市	Qingdao City	296.5	741.2	490.2	309.6
淄博市	Zibo City	127.2	298.3	209.3	131.6
枣庄市	Zaozhuang City	146.9	404.2	251.0	159.7
东营市	Dongying City	146.6	248.8	108.9	64.9
烟台市	Yantai City	265.2	561.0	365.6	216.4
潍坊市	Weifang City	522.6	1062.0	710.8	422.4
济宁市	Jining City	438.8	1031.8	524.9	350.1
泰安市	Taian City	233.0	592.3	385.8	252.7
威海市	Weihai City	143.0	254.6	158.7	95.0
日照市	Rizhao City	114.9	257.6	167.4	100.4
莱芜市	Laiwu City	41.6	93.7	47.1	25.2
临沂市	Linyi City	360.4	1057.3	703.6	388.0
德州市	Dezhou City	435.5	971.3	679.2	443.5
聊城市	Liaocheng City	485.9	990.7	669.9	401.0
滨州市	Binzhou City	294.8	570.4	377.8	236.2
菏泽市	Heze City	493.7	1432.2	822.4	410.1

continued

棉花产量 (吨) Cotton (ton)	油料产量 (万吨) Oilbearing (10 000 tons)	水果 (万吨) Fruits (10 000 tons)	肉类产量 (吨) Meat (ton)	#猪牛羊肉 Output of Pork, Beef and Mutton	奶类 (万吨) Milk (10 000 tons)	#牛奶 Cow Milk	水产品产量 (吨) Aquatic Products (ton)
60620	31.2	32.3	21.9	9.2	0.2	0.2	185179
6732	27.3	22.9	42.6	29.7	1.1	1.1	198559
45152	11.9	71.4	40.5	36.4	0.8	0.7	51816
19076	6.4	3.9	6.4	5.1	0.0	0.0	86162
9398	15.9	19.3	18.6	8.6	0.1	0.1	91349
44	**27.4**	**479.4**	**195.4**	**157.8**	**19.8**	**19.4**	**6022167**
	4.0	27.9	28.3	23.3	4.0	4.0	1712836
	1.8	3.6	7.8	7.0	0.1	0.1	167805
	4.0	9.8	13.9	9.9	2.0	1.9	679337
42	2.4	69.2	17.2	13.2	0.4	0.4	82462
	4.9	45.8	28.3	22.7	0.6	0.5	961348
	4.5	214.2	27.3	22.4	0.5	0.5	1475621
2	2.6	54.2	21.8	15.4	11.6	11.5	102501
	2.7	31.8	41.7	36.2	0.1	0.1	52298
	0.6	22.9	8.9	7.8	0.4	0.4	787959
87196	**76.1**	**325.4**	**244.8**	**194.0**	**12.5**	**12.5**	**1686648**
743	7.9	6.8	24.2	20.0	6.4	6.4	282711
467	1.6	6.2	4.6	4.1	0.0	0.0	20603
62	0.8	4.7	9.3	8.0	0.4	0.4	26247
58738	10.8	13.7	13.5	12.5	0.1	0.1	287336
6870	1.3	5.5	6.4	5.7	0.0	0.0	31449
7	1.9	6.6	8.4	7.0	0.0	0.0	33276
18	8.6	85.9	62.5	39.9	4.8	4.8	200348
134	11.1	27.4	29.5	23.9	0.2	0.2	136266
8409	13.0	28.8	38.8	33.4	0.1	0.1	240798
3715	6.0	85.2	24.4	20.2	0.3	0.3	112620
4836	10.1	14.6	23.1	19.3	0.1	0.1	314994
846300	**363.9**	**2546.8**	**736.9**	**480.7**	**221.0**	**187.1**	**7361381**
35491	5.7	134.7	42.1	34.3	23.0	22.9	35285
4042	50.8	126.3	81.9	35.6	50.8	40.7	1272669
20014	1.4	74.6	16.9	10.7	10.5	10.1	27228
2928	12.9	58.3	22.7	11.0	2.0	1.9	42431
104388	0.6	21.4	18.5	12.2	8.3	8.3	420000
585	45.9	375.9	35.8	19.4	21.4	16.7	1917620
48723	24.3	287.7	129.5	58.3	24.7	22.6	603603
144692	29.7	180.7	86.1	62.5	7.5	6.7	304710
14764	17.3	82.0	42.1	30.0	20.7	20.7	75467
	24.6	72.9	11.6	9.0	20.2	15.7	2522143
1012	21.4	36.0	16.0	12.2	0.6	0.6	650301
519	1.7	11.4	6.6	4.7	0.2	0.2	8275
11975	67.6	264.6	65.8	46.9	7.7	6.9	100673
202010	4.1	168.7	58.4	46.1	12.8	12.8	93929
80934	20.3	200.2	62.2	38.3	4.1	4.1	64487
151724	0.9	99.5	32.8	21.7	9.3	9.3	339009
248708	34.7	351.9	52.6	45.6	4.3	4.3	100319

3-16 续表 5

地区	Region	有效灌溉面积（千公顷）Irrigated Area (1 000 hectares)	农作物总播种面积（千公顷）Total Sown Area (1 000 hectares)	#粮食作物播种面积 Grain Crops Sown Areas	粮食产量（万吨）Grain Yield (10 000 tons)
河南省	**Henan**	**4864.1**	**13922.6**	**9153.4**	**4582.0**
郑州市	Zhengzhou City	180.4	516.8	357.3	153.0
开封市	Kaifeng City	314.4	786.3	427.3	203.2
洛阳市	Luoyang City	134.5	682.9	496.2	210.5
平顶山市	Pingdingshan City	189.7	535.4	401.0	161.3
安阳市	Anyang City	296.0	707.1	470.7	253.6
鹤壁市	Hebi City	84.0	184.5	154.1	92.9
新乡市	Xinxiang City	326.9	717.3	554.8	311.5
焦作市	Jiaozuo City	158.3	339.0	241.8	166.1
濮阳市	Puyang City	213.6	472.8	355.3	202.4
许昌市	Xuchang City	230.9	576.3	394.2	232.3
漯河市	Luohe City	145.3	382.8	243.4	132.8
三门峡市	Sanmenxia City	52.8	244.8	149.3	49.3
南阳市	Nanyang City	442.6	1897.9	1029.9	465.9
商丘市	Shangqiu City	593.0	1404.1	876.4	484.5
信阳市	Xinyang City	408.3	1190.9	736.8	424.4
周口市	Zhoukou City	580.4	1631.3	1009.4	552.3
驻马店市	Zhumadian City	492.7	1618.0	1115.0	531.5
其他	Others	20.7	59.8	41.8	18.4
湖北省	**Hubei**	**2065.2**	**11087.0**	**6102.0**	**2177.4**
武汉市	Wuhan City	161.1	564.8	242.5	137.5
黄石市	Huangshi City	34.1	222.5	132.0	63.8
十堰市	Shiyan City	35.7	365.6	237.4	79.1
宜昌市	Yichang City	101.8	544.4	303.3	145.6
襄樊市	Xiangfan City	232.7	818.3	538.8	329.5
鄂州市	Ezhou City	28.6	108.5	50.4	29.5
荆门市	Jingmen City	174.3	548.2	283.7	210.8
孝感市	Xiaogan City	218.5	545.5	306.6	211.6
荆州市	Jingzhou City	352.8	938.0	459.0	322.2
黄冈市	Huanggang City	217.8	821.5	460.7	282.7
咸宁市	Xianning City	87.2	400.2	202.7	100.5
随州市	Suizhou City	115.4	287.3	202.5	128.0
恩施土家族苗族自治州	Enshi Tujia & Miao A.P	55.8	652.3	406.5	153.6
其他	Others	249.3	572.8	242.6	152.9
湖南省	**Hunan**	**2690.4**	**8336.4**	**5215.2**	**2856.6**
长沙市	Changsha City	219.0	623.1	396.7	262.3
株洲市	Zhuzhou City	145.0	352.5	257.5	185.8
湘潭市	Xiangtan City	115.6	306.0	225.8	155.6
衡阳市	Hengyang City	254.8	874.8	539.3	335.8
邵阳市	Shaoyang City	254.1	825.9	560.6	319.1
岳阳市	Yueyang City	249.2	796.2	503.9	297.0
常德市	Changde City	392.6	1043.9	572.9	322.3
张家界市	Zhangjiajie City	48.4	206.1	126.0	59.1
益阳市	Yiyang City	220.1	608.1	369.8	204.5
郴州市	Chenzhou City	170.1	537.6	336.9	201.4
永州市	Yongzhou City	240.1	834.5	527.4	295.5

continued

棉花产量 (吨) Cotton (ton)	油料产量 (万吨) Oilbearing (10 000 tons)	水　果 (万吨) Fruits (10 000 tons)	肉类产量 (吨) Meat (ton)	#猪牛羊肉 Output of Pork, Beef and Mutton	奶　类 (万吨) Milk (10 000 tons)	#牛　奶 Cow Milk	水产品产　量 (吨) Aquatic Products (ton)
677000	**449.6**	**1842.2**	**689.0**	**591.3**	**108.5**	**104.0**	**516780**
7092	17.7	65.6	25.9	20.8	20.6	17.7	84431
60445	27.5	216.8	37.7	34.5	9.0	8.0	22404
4341	9.7	63.7	25.6	23.4	21.7	17.2	19110
4414	11.8	28.1	34.7	30.1	3.2	3.2	9415
35386	26.5	113.3	20.2	15.9	3.5	3.5	6109
1040	6.0	6.5	22.2	8.2	1.5	1.3	3302
19540	24.0	29.3	34.6	29.3	9.2	9.2	30406
6174	8.2	58.6	20.3	16.5	7.2	7.2	6150
12576	14.3	41.3	21.3	16.3	2.6	2.6	6460
24909	11.6	47.0	40.6	37.2	1.4	1.4	5620
22400	6.0	71.7	28.4	25.8	5.5	4.9	5426
1888	3.0	120.7	6.8	6.3	1.7	1.7	3335
118495	90.5	192.7	91.9	83.1	15.3	10.7	73534
135388	35.0	374.8	62.5	57.4	9.1	9.0	36489
12509	52.8	66.1	57.6	38.9	0.3	0.3	127852
229242	32.0	203.3	74.1	68.9	3.6	3.4	25038
20474	72.4	137.5	84.1	77.3	1.4	1.4	45199
237	0.5	5.0	3.4	3.1	0.7	0.7	6500
435400	**293.9**	**566.8**	**342.6**	**294.2**	**12.2**	**12.2**	**3182100**
27717	19.0	54.3	30.5	24.0	9.3	9.3	394279
2818	7.0	8.1	7.9	6.9	0.0	0.0	99053
82	7.0	15.9	13.3	12.5	0.1	0.1	26736
22356	21.3	110.8	34.2	34.2	1.4	1.4	120181
30100	37.5	106.6	45.7	38.3	0.2	0.2	159400
2700	5.5	18.0	6.5	5.4	32.0	32.0	185200
43369	36.7	48.5	26.0	21.9	35.0	35.0	240199
28446	19.3	38.3	29.1	20.5	0.0	0.0	321883
123700	45.5	64.4	30.4	25.8	0.0	0.0	650000
45700	40.8	14.0	33.0	30.1	0.5	0.5	322306
1656	8.5	23.3	12.7	12.0	0.6	0.6	144336
10672	6.1	23.9	15.6	12.8	93.0	93.0	71168
18	6.2	10.1	29.8	29.0	0.1	0.1	5611
96009	33.8		24.4	20.6			410741
185611	**141.0**	**538.9**	**630.0**	**545.9**	**6.9**	**6.9**	**1792163**
1000	3.1	21.4	65.0	57.6	1.2	1.2	104201
888	2.5	16.2	34.2	30.1	0.2	0.2	64121
500	0.7	3.9	38.2	36.7	0.3	0.3	68875
17023	18.5	54.8	73.1	61.5	0.2	0.2	230658
496	11.9	55.1	65.8	58.8	3.6	3.6	80300
45920	12.8	58.3	62.5	56.5	0.2	0.2	346157
91633	39.5	60.9	61.1	43.9	0.9	0.9	324910
1576	6.8	15.7	10.6	9.9	0.0	0.0	8757
21404	11.3	18.2	31.5	28.5	0.0	0.0	217782
300	5.2	47.6	45.5	40.8	0.1	0.1	97854
2273	6.6	68.1	62.0	50.4	0.1	0.1	136598

地　区	Region	有效灌溉面积(千公顷) Irrigated Area (1 000 hectares)	农作物总播种面积(千公顷) Total Sown Area (1 000 hectares)	#粮食作物播种面积 Grain Crops Sown Areas	粮食产量(万吨) Grain Yield (10 000 tons)
怀化市	Huaihua City	185.7	615.1	333.6	171.4
娄底市	Loudi City	112.5	363.9	272.4	160.6
湘西土家族苗族自治州	West Hunan Tujia A.P	83.3	346.7	192.7	71.2
其他	Others				
广东省	**Guangdong**	**1317.8**	**4815.4**	**2786.5**	**1395.0**
广州市	Guangzhou City	97.7	276.0	97.7	51.7
韶关市	Shaoguan City	91.4	352.0	169.4	97.4
深圳市	Shenzhen City	2.0	2.0	0.1	0.1
珠海市	Zhuhai City	10.9	22.7	10.3	5.7
汕头市	Shantou City	32.6	118.2	72.3	50.4
佛山市	Foshan City	58.0	137.3	25.5	13.1
江门市	Jiangmen City	104.9	307.3	198.5	90.9
湛江市	Zhanjiang City	133.8	596.5	306.6	155.1
茂名市	Maoming City	113.0	426.7	261.4	156.9
肇庆市	Zhaoqing City	113.3	394.4	218.0	128.0
惠州市	Huizhou City	76.4	237.5	151.3	74.2
梅州市	Meizhou City	95.4	368.1	235.2	133.2
汕尾市	Shanwei City	14.1	162.5	104.1	51.3
河源市	Heyuan City	72.2	271.6	194.8	102.3
阳江市	Yangjiang City	66.9	254.0	152.8	76.8
清远市	Qingyuan City	91.7	400.9	212.7	106.2
东莞市	Dongguan City	12.0	27.4	4.1	2.0
中山市	ZhongShan City	21.7	57.7	24.4	13.2
潮州市	Chaozhou City	23.5	93.1	68.6	45.3
揭阳市	Jieyang City	30.0	248.9	162.6	105.2
云浮市	Yunfu City	56.3	248.4	158.3	96.2
广西壮族自治区	**Guangxi**	**1519.8**	**6343.9**	**3350.9**	**1516.3**
南宁市	Nanning City	235.0	851.0	420.1	181.0
柳州市	Liuzhou City	95.6	426.8	193.9	84.2
桂林市	Guilin City	220.6	813.3	396.1	205.6
梧州市	Wuzhou City	70.5	293.6	163.1	84.4
北海市	Beihai City	46.6	180.9	92.9	42.9
防城港市	Fangchenggang City	28.5	110.8	56.6	23.1
钦州市	Qinzhou City	81.1	369.8	216.2	104.9
贵港市	Guigang City	153.7	455.7	271.5	132.7
玉林市	Yulin City	140.8	481.2	32.4	199.4
百色市	Baise City	108.4	555.0	319.6	111.9
贺州市	Hezhou City	55.8	231.7	124.8	75.3
河池市	Hechi City	87.9	554.2	332.8	108.1
来宾市	Laibin City	101.2	522.0	236.7	89.0
崇左市	Chongzuo City	76.6	442.3	176.9	66.5
海南省	**Hainan**	**168.3**	**782.1**	**423.8**	**153.0**
海口市	Haikou City	15.9	80.3	39.4	13.0
三亚市	Sanya City	7.0	29.4	15.3	5.5
其他	Others	145.4	672.4	369.0	134.5

continued

棉花产量 (吨) Cotton (ton)	油料产量 (万吨) Oilbearing (10 000 tons)	水果 (万吨) Fruits (10 000 tons)	肉类产量 (吨) Meat (ton)	#猪牛羊肉 Output of Pork, Beef and Mutton	奶类 (万吨) Milk (10 000 tons)	#牛奶 Cow Milk	水产品产量 (吨) Aquatic Products (ton)
1719	10.5	67.5	37.9	31.4	0.1	0.1	39128
661	3.4	13.6	31.8	29.9	0.1	0.1	55312
218	8.3	37.6	10.9	10.0	0.1	0.1	17510
	77.0	**831.7**	**384.3**	**264.2**	**11.9**	**11.9**	**6952300**
	2.2	50.2	32.0	16.1	4.7	4.7	388300
	12.7	25.1	17.8	15.4	2.0	2.0	79600
	0.1	2.6	4.7	3.6	0.9	0.9	84300
	0.1	11.2	2.6	1.9	0.4	0.4	159000
	0.4	19.3	13.1	6.8	0.6	0.6	350900
	0.6	6.0	32.5	15.9			519300
	3.9	17.6	26.3	16.1	0.1	0.1	712200
	12.5	150.9	32.1	23.2	0.3	0.3	857800
	11.4	202.3	68.6	38.7	0.3	0.3	866500
	7.0	59.4	37.8	26.6	2.0	2.0	300300
	6.1	48.8	17.8	13.2			164500
	2.9	78.2	24.0	17.3			82200
	2.4	14.8	10.8	7.5			574100
	5.4	28.3	11.2	8.2	45.0		35400
	5.0	29.1	12.4	9.8	0.2	0.2	927800
	7.3	26.2	21.0	15.5	0.0	0.0	77900
		18.3	17.2	16.0	0.6	0.6	67900
	0.5	19.7	5.4	3.9	1.1	1.1	286100
	0.5	11.2	8.6	5.9	0.0	0.0	167900
	2.6	44.3	17.9	11.3	0.3	0.3	145500
	4.9	36.8	28.9	12.6	0.0	21.0	104800
	63.2	**766.8**	**418.6**	**320.7**	**5.4**	**5.4**	**2841935**
15	8.8	71.8	46.5	32.9	2.7	2.7	167330
56	3.0	24.7	24.7	20.3	0.8	0.8	51551
151	10.2	166.6	48.9	38.7	0.3	0.3	94165
6	3.6	13.5	27.1	17.7	0.1	0.1	50300
	4.0	6.9	12.6	6.7	0.1	0.1	941823
	1.0	5.6	4.5	3.5	0.4	0.4	453292
67	4.0	107.3	26.7	15.2	0.2	0.2	574077
25	8.1	15.4	33.3	27.7	0.2	0.2	140483
63	4.8	36.8	60.2	42.2	0.3	0.3	125262
70	1.0	38.6	27.6	23.3	0.1	0.1	43368
28	3.9	19.9	30.5	25.5	0.1	0.1	76959
357	2.4	18.1	29.5	25.5	0.0	0.0	34647
18	5.3	23.3	32.3	29.5	0.1	0.1	43700
34	2.8	23.1	14.2	11.7	0.0	0.0	59270
	8.5	**152.5**	**64.1**	**42.2**	**0.1**	**0.1**	**1500129**
	0.5	14.9	10.0	8.0	0.1	0.1	54999
	0.2	12.8	2.4	1.9			82725
	7.8	124.8	51.7	32.3	0.0	0.0	1362405

3-16 续表 7

地　区	Region	有效灌溉面　积（千公顷）Irrigated Area (1 000 hectares)	农作物总播种面积（千公顷）Total Sown Area (1 000 hectares)	#粮食作物播种面积 Grain Crops Sown Areas	粮食产量（万吨）Grain Yield (10 000 tons)
重庆市	**Chongqing**	**618.1**	**3444.7**	**2501.3**	**1168.2**
万州区	Wanzhou District	32.4	161.2	118.2	52.5
涪陵区	Fuling District	30.3	149.2	100.3	44.7
渝中区	Yuzhong District				
大渡口区	Dadukou District		3.8	0.9	0.5
江北区	Jiangbei District	1.8	7.2	4.7	2.2
沙坪坝区	Shapingba District	8.1	19.4	9.9	6.0
九龙坡区	Jiulongpo District	6.0	19.0	10.0	6.1
南岸区	Nanan District	3.8	10.1	4.3	2.3
北碚区	Beibei District	10.1	34.7	22.5	11.0
万盛区	Wansheng District	2.0	20.4	12.9	5.5
双桥区	Shuangqiao District	0.7	1.7	1.3	0.9
渝北区	Yubei District	11.5	77.4	52.5	26.0
巴南区	Banan District	15.7	114.4	79.8	39.9
黔江区	Qianjiang District	8.6	90.3	62.5	25.5
长寿区	Changshou District	23.3	91.8	75.8	38.8
其他	Others	463.8	2644.2	1945.7	906.6
四川省	**Sichuan**	**2495.4**	**9416.9**	**6501.6**	**3409.2**
成都市	Chengdu City	339.1	835.1	483.3	259.9
自贡市	Zigong City	75.0	283.1	210.1	125.6
攀枝花市	Panzhihua City	25.3	60.9	40.3	22.1
泸州市	Luzhou City	107.4	467.7	367.1	193.5
德阳市	Deyang City	153.2	464.1	294.7	190.4
绵阳市	Mianyang City	213.1	620.7	413.6	217.9
广元市	Guangyuan City	83.9	396.8	258.4	136.7
遂宁市	Suining City	122.8	399.3	292.3	156.7
内江市	Neijiang City	107.5	412.5	301.5	155.7
乐山市	Leshan City	96.7	347.4	236.0	107.6
南充市	Nanchong City	203.9	868.9	545.3	312.0
眉山市	Meishan City	179.6	420.2	301.2	166.4
宜宾市	Yibin City	107.3	510.0	403.2	217.1
广安市	Guangan City	94.3	455.1	324.5	185.8
达州市	Dazhou City	152.7	800.1	545.4	290.3
雅安市	Yaan City	43.1	181.8	122.4	54.9
巴中市	Bazhong City	71.1	418.4	304.5	162.6
资阳市	Ziyang City	156.9	715.2	507.4	234.8
阿坝藏族羌族自治州	Aba Zang & Qiang A.P	16.7	69.4	54.1	16.9
甘孜藏族自治州	Ganzi Zang A.P	26.1	74.8	67.6	18.2
凉山彝族自治州	Liangshan Yi A.P	119.8	615.2	428.5	184.1
贵州省	**Guizhou**	**711.6**	**4804.1**	**3073.7**	**1152.1**
贵阳市	Guiyang City	44.5	353.5	197.1	61.2
六盘水市	Liupanshui City	46.5	359.3	281.2	77.9
遵义市	Zunyi City	220.0	1772.0	1170.3	321.7
安顺市	Anshun City	79.9	374.3	230.7	77.1
铜仁地区	Tongren Prefecture	122.5	774.0	521.5	2.0
黔西南布依族苗族自治州	Southwest Guizhou Buyi & Miao A.P	81.7	569.4	372.0	104.3

continued

棉花产量（吨） Cotton (ton)	油料产量（万吨） Oilbearing (10 000 tons)	水果（万吨） Fruits (10 000 tons)	肉类产量（吨） Meat (ton)	#猪牛羊肉 Output of Pork, Beef and Mutton	奶类（万吨） Milk (10 000 tons)	#牛奶 Cow Milk	水产品产量（吨） Aquatic Products (ton)
167	**42.7**	**154.6**	**178.4**	**154.5**	**8.6**	**8.6**	**250568**
	1.4	13.4	10.2	9.2	0.4	0.4	13628
	0.7	6.5	7.7	6.4	0.1	0.1	9580
		0.1	0.7	0.6	0.1	0.1	2105
		0.5	0.9	0.7	0.8	0.8	1250
		0.5	1.8	0.7	2.3	2.3	4165
	0.1	1.7	1.8	1.2	0.2	0.2	4920
		0.3	0.4	0.4	0.7	0.7	3581
	0.2	1.3	2.3	1.9	0.3	0.3	5060
	0.1	0.3	1.3	1.1	0.1	0.1	1701
		0.1	0.2	0.2			332
	0.4	3.5	4.8	3.7	1.8	1.8	7254
	0.2	3.9	7.1	5.6	0.5	0.5	17558
38	1.3	2.8	4.1	3.9			1260
	0.9	7.9	7.1	6.3	0.2	0.2	14100
129	37.5	111.9	127.8	112.4	1.3	1.3	164074
24713	**232.3**	**415.8**	**955.9**	**745.0**	**59.0**	**58.6**	**982490**
1	21.7	84.4	106.9	73.4	10.2	10.2	83025
	3.8	10.6	32.7	22.9	1.1	1.1	43285
34	0.1	5.8	6.4	5.7	0.2	0.2	8720
	2.3	7.2	44.6	36.1	0.8	0.8	52705
1283	17.8	11.6	52.5	35.0	1.2	1.2	43667
1357	27.4	16.1	56.7	40.3	2.2	2.2	74933
13	15.9	20.6	33.8	29.3	0.3	0.3	32848
11909	12.6	4.3	43.2	35.8	0.2	0.2	34120
	7.9	17.1	35.7	28.3	0.6	0.6	67779
10	4.5	11.5	44.1	32.1	0.5	0.5	48152
4327	33.0	39.8	75.3	60.0	2.6	2.6	85013
1820	8.7	41.2	43.3	27.7	11.7	11.7	65641
	6.2	22.5	59.1	46.7	0.5	0.5	57882
	9.7	14.2	45.9	39.0	0.2	0.2	58769
36	26.0	22.5	76.0	56.3	1.0	1.0	69780
	2.5	17.1	20.8	16.5	2.7	2.3	9000
30	10.3	3.8	45.4	41.0	0.1	0.1	41352
3892	19.7	26.5	64.5	54.0	0.4	0.4	83831
	0.3	4.7	7.7	7.6	9.0	9.0	380
1	0.1	0.9	8.4	8.4	11.4	11.4	448
	1.7	33.3	52.7	49.0	2.2	2.2	21160
	84.9	**96.0**	**187.0**	**175.0**	**3.8**	**3.8**	**94600**
	6.4	6.9	18.1	16.3	2.2	2.2	10540
	0.8	1.6	10.2	9.6	0.1	0.1	607
	28.3	10.3	60.4	56.6			17178
	7.6	1.6	11.4	10.0	0.1	0.1	4996
	10.7	3.8	28.5	27.1			13138
	3.5	5.5	19.5	18.1	0.1	0.1	14092

3-16 续表 8

地 区	Region	有效灌溉面积(千公顷) Irrigated Area (1 000 hectares)	农作物总播种面积(千公顷) Total Sown Area (1 000 hectares)	#粮食作物播种面积 Grain Crops Sown Areas	粮食产量(万吨) Grain Yield (10 000 tons)
毕节地区	Bijie Prefecture	45.7	1534.4	946.1	247.2
黔东南苗族侗族自治州	Southeast Guizhou Miao & Dong A.P	170.0	777.8	454.0	134.4
黔南布依族苗族自治州	South Guizhou Buyi & Miao A.P	135.2	690.8	437.7	128.6
云南省	**Yunnan**	**1485.4**	**6053.8**	**4253.9**	**1514.9**
昆明市	Kunming City	134.4	386.9	246.8	113.4
曲靖市	Qujing City	172.1	808.0	490.7	202.0
玉溪市	Yuxi City	81.4	214.9	87.7	45.2
保山市	Baoshan City	101.8	325.0	216.6	92.9
昭通市	Zhaotong City	98.4	637.0	471.3	126.7
丽江市	Lijiang City	62.6	153.3	125.5	40.1
思茅市	Simao City	107.4	382.5	289.0	81.8
临沧市	Lincang City	81.6	372.0	263.0	71.2
楚雄彝族自治州	Chuxiong Yi A.P	114.1	296.1	197.5	94.3
红河哈尼族彝族自治州	Honghe Hani & Yi A.P	165.6	493.4	310.5	126.4
文山壮族苗族自治州	Wenshan Zhuang & Miao A.P	92.9	557.6	376.1	107.4
西双版纳傣族自治州	Xishuangbanna Dai A.P	44.7	121.6	83.6	35.3
大理白族自治州	Dali Bai A.P	139.2	365.0	256.1	121.4
德宏傣族景颇族自治州	Dehong Dai & Jingpo A.P	59.1	174.5	93.3	40.3
怒江傈僳族自治州	Nujiang Lisu A.P	13.8	82.0	69.6	16.4
迪庆藏族自治州	Diqing Zang A.P	16.4	54.0	46.7	12.5
西藏自治区	**Tibet A.R.**	**153.0**	**235.0**	**177.7**	**93.4**
拉萨市	Lhasa City	28.3	38.7	26.4	17.0
昌都地区	Qamdu Prefecture	12.5	51.5	43.1	16.6
山南地区	Lhokha Prefecture	24.8	29.2	21.5	15.0
日喀则地区	Xigaze Prefecture	73.6	84.4	61.6	35.3
那曲地区	Narqu Prefecture	0.4	5.1	3.9	1.0
阿里地区	Ngri Prefecture	1.9	1.9	1.4	0.5
林芝地区	Nyingchi Prefecture	11.6	20.7	17.3	7.9
其他	Others		3.3	2.6	0.1
陕西省	**Shaanxi**	**1298.8**	**4391.2**	**3453.3**	**1139.5**
西安市	Xian City	186.7	506.0	428.5	205.5
铜川市	Tongchuan City	12.9	90.5	72.3	23.7
宝鸡市	Baoji City	168.7	465.4	384.1	150.6
咸阳市	Xianyang City	235.5	561.8	448.9	199.1
渭南市	Weinan City	338.0	700.1	541.8	190.3
延安市	Yanan City	29.6	261.9	217.1	74.5
汉中市	Hanzhong City	124.5	445.7	301.7	111.7
榆林市	Yulin City	115.4	574.5	474.9	106.2
安康市	Ankang City	44.6	452.5	319.6	99.9
商洛市	Shangluo City	32.7	302.0	238.6	70.6
其他	Others	4.6	7.3	6.5	3.9
甘肃省	**Gansu**	**1030.4**	**3726.0**	**2587.2**	**836.9**
兰州市	Lanzhou City	77.7	202.8	124.8	32.3
嘉峪关市	Jiayuguan City	2.8	3.8	0.9	0.7

continued

棉花产量（吨） Cotton (ton)	油料产量（万吨） Oilbearing (10 000 tons)	水果（万吨） Fruits (10 000 tons)	肉类产量（吨） Meat (ton)	#猪牛羊肉 Output of Pork, Beef and Mutton	奶类（万吨） Milk (10 000 tons)	#牛奶 Cow Milk	水产品产量（吨） Aquatic Products (ton)
	10.7	4.6	35.1	33.1			1902
	7.7	11.4	21.5	19.9			20652
	8.9	5.8	21.7	20.4	0.5	0.5	6786
	36.2	**136.6**	**300.0**	**277.3**	**32.7**	**30.9**	**238488**
	1.4	9.6	33.3	28.4	9.8	8.8	38711
	8.4	8.6	65.5	63.7	0.9	0.4	29728
	3.3	10.8	19.0	16.4	0.0	0.0	11984
	3.3	6.0	17.0	16.0	0.3	0.3	16909
	1.7	11.5	24.0	22.8	0.2	0.2	3527
	0.8	4.4	7.9	7.1	0.2	0.2	6855
	1.3	4.1	9.5	8.5	0.1	0.1	14678
	1.7	6.6	9.3	8.5	0.2	0.2	8606
	3.4	7.5	24.1	22.0	0.3	0.3	9464
	3.4	36.6	24.4	22.8	1.5	1.4	31101
	3.1	7.2	23.3	21.5	0.0	0.0	10095
	0.2	4.8	2.5	2.2	98.0	98.0	16240
	2.6	15.9	32.4	30.1	17.7	17.6	26816
	1.5	1.8	4.5	4.1	0.1	0.1	12688
	0.1	0.5			54.0	54.0	413
	0.2	0.7	1.7	1.5	1.3	1.3	673
	6.1	**1.1**	**21.5**	**21.5**	**27.0**	**21.2**	
	1.8	0.0	2.7	2.7	2.4	2.1	
	0.3	0.2	6.0	6.0	6.8	5.8	
	1.2	0.2	1.8	1.8	4.0	3.6	
	2.5	0.1	2.8	2.8	6.5	4.3	
			5.9	5.9	4.7	3.3	
	0.0		1.1	1.1	0.6	0.1	
	0.3	0.7	1.0	1.0	2.0	2.0	
			0.1	0.1			
77766	**45.4**	**765.7**	**134.1**	**120.9**	**141.7**	**113.3**	**73593**
4515	1.2	51.3	18.2	15.7	42.2	32.8	9370
12	0.9	26.5	1.3	1.2	1.3	1.2	881
129	1.9	51.3	16.6	14.5	37.6	33.3	7567
617	4.5	265.4	15.3	13.5	40.4	33.4	8077
67884	6.8	128.4	12.2	10.8	12.4	5.7	15300
191	1.9	101.5	6.3	5.7	0.5	0.4	2119
37	14.7	19.8	22.3	20.8	0.9	0.8	18173
61	4.7	14.4	14.2	12.8	4.7	4.2	5694
26	7.3	8.3	14.4	13.4	0.1	0.1	4968
25	1.2	5.4	12.9	12.2	0.1	0.1	1444
9	0.0	1.7	0.3	0.2	1.5	1.5	
110500	**50.3**	**172.5**	**85.9**	**79.5**	**31.7**	**31.2**	**15675**
	2.4	10.6	4.2	3.9	8.5	8.5	1627
	0.2	0.3	0.3	0.3	0.2	0.2	80

3-16 续表 9

地 区	Region	有效灌溉面积(千公顷) Irrigated Area (1 000 hectares)	农作物总播种面积(千公顷) Total Sown Area (1 000 hectares)	#粮食作物播种面积 Grain Crops Sown Areas	粮食产量(万吨) Grain Yield (10 000 tons)
金昌市	Jinchang City	52.6	61.6	39.8	27.9
白银市	Baiyin City	87.8	251.8	203.2	52.8
天水市	Tianshui City	33.6	432.2	317.2	83.9
武威市	Wuwei City	191.6	257.8	155.4	95.8
张掖市	Zhangye City	157.0	209.9	131.2	89.3
平凉市	Pingliang City	45.3	436.9	318.5	87.5
酒泉市	Jiuquan City	125.0	136.5	45.2	36.7
庆阳市	Qingyang City	41.0	581.0	388.5	99.8
定西市	Dingxi City	61.2	519.1	377.0	90.7
陇南市	Longnan City	55.9	369.8	303.9	84.7
临夏回族自治州	Linxia Hui A.P	54.6	156.7	119.6	48.5
甘南藏族自治州	Gannan Zang A.P	7.8	67.3	42.1	9.6
青海省	**Qinghai**	**176.5**	**476.7**	**245.6**	**93.3**
西宁市	Xining City	35.9	127.2	70.4	25.7
海东地区	Haidong Prefecture	44.7	181.9	99.0	37.4
海北藏族自治州	Haibei Zang A.P	15.8	50.1	13.0	4.6
黄南藏族自治州	Huangnan Zang AP	5.9	17.4	8.0	2.7
海南藏族自治州	Hainan Zang A.P	36.7	59.0	19.2	7.3
果洛藏族自治州	Golog Zang A.P		0.7	0.7	0.2
玉树藏族自治州	Yushu Zang A.P	2.9	13.1	10.3	2.0
海西蒙古族藏族自治州	Haixi Mongolian & Zang A.P	34.6	25.3	15.1	7.8
宁夏回族自治区	**Ningxia**	**423.5**	**1099.3**	**775.9**	**299.8**
银川市	Yinchuan City	132.6	138.9	112.8	69.6
石嘴山市	Shizuishan City	73.3	82.1	64.4	34.4
吴忠市	Wuzhong City	111.8	246.3	182.4	68.8
固原市	Guyuan City	42.1	414.9	270.3	60.5
中卫市	Zhongwei City	63.8	174.8	114.0	41.9
新疆维吾尔自治区	**Xinjiang**	**3204.3**	**3728.1**	**1471.8**	**877.2**
乌鲁木齐市	Urumqi City	27.5	30.4	12.0	4.9
克拉玛依市	Karamay City	8.5	9.0	0.6	0.3
吐鲁番地区	Turpan Prefecture	33.8	49.4	16.8	7.3
哈密地区	Hami Prefecture	39.5	42.9	15.4	6.6
昌吉回族自治州	Changji Hui A.P	273.7	325.4	146.3	84.2
博尔塔拉蒙古自治州	Bortala Mongolian A.P	72.9	74.0	22.9	20.4
巴音郭楞蒙古自治州	Bayingolin Mongolian A.P	175.7	202.9	50.6	31.0
阿克苏地区	Aksu Prefecture	327.5	416.0	184.1	127.6
克孜勒苏柯尔克孜自治州	Kizilsu Kirgiz A.P	30.6	43.7	30.7	17.1
喀什地区	Kashi Prefecture	427.9	582.4	303.8	191.2
和田地区	Hotan Prefecture	161.2	225.4	138.3	91.1
伊犁州直属县（市）	Counties(Cities) Direct Under Ili Prefecture	231.3	315.6	177.0	109.6
塔城地区	Tacheng Prefecture	294.3	314.0	97.3	63.0
阿勒泰地区	Altay Prefecture	105.7	111.3	48.2	22.6
石河子市	Shihezi City				
阿拉尔市	Alar City				
图木舒克市	Tumxuk City				
五家渠市	Wujiaqu City				

continued

棉花产量 (吨) Cotton (ton)	油料产量 (万吨) Oilbearing (10 000 tons)	水果 (万吨) Fruits (10 000 tons)	肉类产量 (吨) Meat (ton)	#猪牛羊肉 Output of Pork, Beef and Mutton	奶类 (万吨) Milk (10 000 tons)	#牛奶 Cow Milk	水产品产量 (吨) Aquatic Products (ton)
	0.8	0.9	1.8	1.6	0.9	0.9	702
	1.3	8.9	6.5	5.7	0.7	0.7	1895
	5.2	31.8	6.7	6.2	0.3	0.2	1315
19950	5.3	8.5	10.8	10.3	0.8	0.8	157
	6.9	18.5	10.6	9.7	2.2	2.2	1942
	5.7	41.1	6.6	6.2	1.7	1.6	1253
78845	0.8	11.2	5.4	4.8	5.4	5.4	1517
	8.7	22.6	6.7	5.9	1.6	1.5	639
	4.0	3.7	9.2	8.5	0.3	0.3	983
	3.0	6.5	7.3	6.8	0.2	0.2	1300
	3.7	4.0	5.8	5.5	2.2	2.2	1336
	1.5	0.7	3.7	3.7	6.4	6.4	24
	31.9	**1.5**	**25.8**	**25.1**	**25.0**	**23.6**	**878**
	10.3	0.2	6.8	6.5	7.8	7.8	92
	12.7	0.9	7.6	7.2	3.0	2.9	206
	4.5		2.9	2.9	3.1	3.1	
	0.6	0.1	3.1	3.1	3.4	3.3	5
	4.4	0.3	4.3	4.1	3.2	3.1	358
	0.0		2.8	2.8	3.7	3.7	
	0.1		3.5	3.5	4.4	3.5	
	1.7		2.0	1.9	1.2	0.9	217
	12.2	**31.5**	**25.9**	**22.3**	**57.9**	**57.9**	**58319.0**
	0.3	11.3	4.6	3.9	16.9	16.9	37146.0
	1.5	1.4	3.1	2.2	2.0	2.0	6203.0
	1.6	8.8	6.6	5.9	30.9	30.9	4756.0
	6.3	1.7	4.2	4.0	0.4	0.4	341.0
	1.5	8.4	6.7	5.8	2.6	2.6	6312.0
1957000	**38.9**	**511.9**	**141.5**	**120.3**	**157.8**	**152.2**	**79320**
193	0.2	2.0	1.8	1.5	4.0	4.0	3427
8976	0.0	0.6	0.5	0.4	0.5	0.5	608
19918	0.1	72.3	4.2	4.0	2.0	2.0	357
15392	0.2	20.0	2.6	2.3	2.2	1.7	999
123227	3.5	33.5	23.4	17.7	35.6	34.7	13328
59985	1.8	1.4	2.8	1.7	2.8	2.8	768
169384	0.6	29.7	9.8	8.6	9.2	9.2	8846
300583	1.6	66.0	12.0	10.7	4.4	4.4	6112
7761	0.1	7.6	2.7	2.5	2.4	1.7	163
275000	0.6	129.9	23.5	19.7	12.0	11.4	5919
39069	0.5	36.0	5.3	5.0	1.5	1.5	1162
7139	10.8	16.5	17.4	14.1	37.6	36.5	9050
138980	5.6	6.8	13.0	11.2	12.5	12.3	3287
	3.7	3.2	7.2	6.6	13.1	11.9	5268

3-17 规模以上工业企业单位数和总产值(2005年)

Gross Output Value and Number of Industrial Enterprises of Above Designated Size(2005)

地区	Region	工业企业单位数(个) Number of Enterprises (unit)	大型企业 Large Enterprises	中型企业 Medium Enterprises	小型企业 Small Enterprises	工业总产值(亿元) Gross Output Value of Industry (100 million yuan)	#国有及国有控股 State-owned and State-controlled	工业总产值(亿元) Gross Output Value of Industry (100 million yuan): 内资企业 Domestic Funded Enterprises	港澳台商投资企业 Enterprises with Funds from Hong Kong, Macao and Taiwan	外商投资企业 Foreign Funded
北京市	**Beijing**	**6301**	**46**	**494**	**5761**	**6946.2**	**3538.3**	**3865.0**	**484.9**	**2596.4**
东城区	Dongcheng District	76		7	69	48.9	24.0	26.1	13.7	9.1
西城区	Xicheng District	115	3	13	99	302.3	291.7	293.6	2.5	6.2
崇文区	Chongwen District	63	1	6	56	40.4	26.7	28.5	1.1	10.7
宣武区	Xuanwu District	77	1	8	68	32.6	23.2	26.5	1.1	5.1
朝阳区	Chaoyang District	859	9	76	774	707.7	394.0	390.4	46.2	271.1
丰台区	Fengtai District	554	4	39	511	268.9	158.9	186.7	11.2	71.0
石景山区	Shijingshan District	131	3	11	117	602.3	572.7	549.8	1.0	51.6
海淀区	Haidian District	1160	4	75	1081	850.4	316.1	486.6	226.6	137.3
门头沟区	Mentougou District	105	1	7	97	48.4	30.6	42.9	0.6	4.9
房山区	Fangshan District	271	4	11	256	611.1	544.7	592.4	4.8	13.9
通州区	Tongzhou District	558	1	41	516	228.7	42.1	138.6	7.7	82.4
顺义区	Shunyi District	414	4	40	370	864.3	380.8	125.8	39.0	699.5
昌平区	Changping District	458	2	40	416	438.6	258.9	378.5	14.8	45.3
大兴区	Daxing District	682		33	649	204.2	41.4	134.0	32.3	37.9
怀柔区	Huairou District	194		13	181	120.0	11.7	39.6	6.3	74.1
平谷区	Pinggu District	157		18	139	86.2	3.9	37.2	5.1	43.8
密云县	Miyun County	186		19	167	92.9	16.7	54.8	9.1	28.9
延庆县	Yanqing County	65		6	59	19.0	3.8	16.4	1.1	1.5
其他	Others	176	9	31	136	1379.3	396.5	316.6	60.6	1002.1
天津市	**Tianjin**	**6144**	**45**	**504**	**5595**	**6774.1**	**2628.8**	**3454.9**	**314.9**	**3004.4**
和平区	Heping District	88	2	3	83	197.6	194.1	195.3	0.5	1.8
河东区	Hedong District	193	3	18	172	202.4	165.2	168.8	10.5	23.1
河西区	Hexi District	263	4	20	239	181.5	82.8	78.9	3.5	99.0
南开区	Nankai District	552	2	34	516	224.2	67.9	101.6	4.5	118.1
河北区	Hebei District	240	1	15	224	202.9	181.4	190.6	6.9	5.4
红桥区	Hongqiao District	126		10	116	24.9	15.5	21.8	0.1	3.0
塘沽区	Tanggu District	517	13	76	428	1910.8	592.6	511.5	117.3	1282.0
汉沽区	Hangu District	134	1	9	124	82.0	38.1	70.4	3.8	7.8
大港区	Dagang District	221	4	16	201	614.4	519.7	580.2	0.2	34.0
东丽区	Dongli District	430	1	45	384	406.9	213.4	234.3	16.2	156.5
西青区	Xiqing District	641	7	86	548	1181.0	354.3	285.2	46.5	849.3
津南区	Jinnan District	487	1	25	461	222.3	4.0	138.8	15.3	68.1
北辰区	Beichen District	676	4	52	620	512.6	39.7	272.1	41.9	198.7
武清区	Wuqing District	443	2	35	406	241.1	6.3	93.3	25.3	122.5
宝坻区	Baodi District	360		14	346	80.9	3.3	67.4	4.3	9.2
宁河县	Ninghe County	174		12	162	81.6	21.7	73.0	3.1	5.5
静海县	Jinghai County	327		26	301	272.2	75.0	245.7	8.9	17.5
蓟县	Ji County	272		8	264	134.8	54.1	126.0	6.1	2.8
其他	Others									
河北省	**Hebei**	**9935**	**129**	**1077**	**8729**	**11008.0**	**4023.5**	**9292.7**	**689.1**	**1026.2**
石家庄市	Shijiazhuang City	1925	21	196	1708	2015.6	700.9	1863.6	50.9	101.2
唐山市	Tangshan City	1505	33	177	1295	2738.0	883.9	2225.9	227.9	284.2
秦皇岛市	Qinhuangdao City	488	5	58	425	494.5	180.3	268.2	17.4	208.9
邯郸市	Handan City	581	19	95	467	1265.3	630.1	976.4	168.3	120.6

3-17 续表 1 continued

地　区	Region	工业企业单位数(个) Number of Enterprises (unit)	大型企业 Large Enterprises	中型企业 Medium Enterprises	小型企业 Small Enterprises	工业总产值(亿元) Gross Output Value of Industry (100 million yuan)	#国有及国有控股 State-owned and State-controlled	工业总产值(亿元) Gross Output Value of Industry (100 million yuan): 内资企业 Domestic Funded Enterprises	港澳台商投资企业 Enterprises with Funds from Hong Kong, Macao and Taiwan	外商投资企业 Foreign Funded
邢台市	Xingtai City	795	9	94	692	706.2	147.1	603.6	85.3	17.3
保定市	Baoding City	1295	13	145	1137	946.7	315.3	837.4	47.8	61.5
张家口市	Zhangjiakou City	373	8	47	318	366.3	267.7	292.7	5.1	68.5
承德市	Chengde City	452	7	50	395	385.5	164.3	377.7	1.6	6.1
沧州市	Cangzhou City	1024	7	86	931	1022.0	537.3	956.1	25.5	40.4
廊坊市	Langfang City	683	4	74	605	616.8	96.7	489.1	30.9	96.8
衡水市	Hengshui City	814	3	55	756	451.0	99.9	402.1	28.3	20.6
其他	Others									
山西省	**Shanxi**	**4441**	**87**	**757**	**3597**	**4850.9**	**2534.6**	**4617.9**	**82.3**	**150.6**
太原市	Taiyuan City	491	21	74	396	1159.3	887.4	1119.2	22.4	17.7
大同市	Datong City	404	9	46	349	368.1	247.0	318.8	1.3	48.0
阳泉市	Yangquan City	221	5	45	171	222.6	168.7	218.9	2.0	1.8
长治市	Changzhi City	509	11	91	407	518.5	242.4	516.5		2.0
晋城市	Jincheng City	230	3	70	157	287.0	198.1	252.6	0.7	33.6
朔州市	Shuozhou City	163	2	29	132	230.3	155.9	218.8		11.5
晋中市	Jinzhong City	521	5	88	428	350.3	111.6	301.6	33.4	15.3
运城市	Yuncheng City	486	14	92	380	510.6	172.9	500.9	1.1	8.6
忻州市	Xinzhou City	332	1	29	302	113.4	37.0	110.6	1.8	1.0
临汾市	Linfen City	603	8	114	481	725.2	260.7	703.4	11.6	10.2
吕梁市	Luliang City	481	8	79	394	365.7	53.1	356.6	8.1	0.9
内蒙古自治区	**Inner Mongolia**	**2447**	**46**	**319**	**2082**	**2995.6**	**1581.2**	**2665.0**	**99.3**	**231.1**
呼和浩特市	Hohhot City	247	3	35	209	483.2	240.5	314.0	79.1	90.1
包头市	Baotou City	343	14	59	270	867.0	678.6	842.1	3.3	21.6
乌海市	Wuhai City	147	2	18	127	133.6	65.7	132.2	0.5	0.9
赤峰市	Chifeng City	242	6	49	187	219.0	88.4	207.7	3.8	7.5
通辽市	Tongliao City	180	3	26	151	190.2	63.5	149.4	0.0	40.7
鄂尔多斯市	Erdos City	331	7	36	288	449.3	194.8	398.7	4.2	46.4
呼伦贝尔市	Hulunbuir City	170	3	25	142	132.8	83.3	122.7	3.1	7.0
巴彦淖尔市	Bayannur City	176	2	23	151	155.7	27.6	140.3	4.3	11.1
乌兰察布市	Ulanqab City	237	1	20	216	148.0	41.4	145.4	0.7	2.0
兴安盟	Xingan League	85	1	5	79	61.2	22.3	59.9	0.2	1.0
锡林郭勒盟	Xilingol League	215	2	8	205	96.4	47.0	96.2		0.2
阿拉善盟	Alxa League	71	2	15	54	59.3	28.1	56.6		2.6
其他	Others	3			3					
辽宁省	**Liaoning**	**11510**	**114**	**899**	**10497**	**10814.5**	**5771.1**	**8486.3**	**433.3**	**1895.0**
沈阳市	Shenyang City	3033	32	176	2825	2195.2	754.5	1490.2	118.9	586.1
大连市	Dalian City	2110	27	230	1853	2562.8	1361.6	1496.0	77.6	989.2
鞍山市	Anshan City	805	8	79	718	947.9	565.7	902.9	23.0	22.0
抚顺市	Fushun City	617	7	45	565	697.7	521.2	652.3	12.2	33.1
本溪市	Benxi City	295	3	35	257	489.2	401.4	478.0	4.8	6.4
丹东市	Dandong City	713	3	44	666	236.6	32.6	183.9	9.3	43.4
锦州市	Jinzhou City	557	5	38	514	493.4	247.9	429.0	35.9	28.4
营口市	Yingkou City	1007	3	58	946	540.2	106.9	372.8	31.2	136.2
阜新市	Fuxin City	200	1	31	168	116.1	61.7	104.5	3.2	8.4
辽阳市	Liaoyang City	564	7	42	515	517.5	195.5	423.8	75.9	17.8

3-17 续表 2 continued

地　区	Region	工业企业单位数（个）Number of Enterprises (unit)	大型企业 Large Enterprises	中型企业 Medium Enterprises	小型企业 Small Enterprises	工业总产值（亿元）Gross Output Value of Industry (100 million yuan)	#国有及国有控股 State-owned and State-controlled	工业总产值（亿元）Gross Output Value of Industry (100 million yuan) 内资企业 Domestic Funded Enterprises	港澳台商投资企业 Enterprises with Funds from Hong Kong, Macao and Taiwan	外商投资企业 Foreign Funded
盘锦市	Panjin City	267	4	17	246	624.4	523.0	612.1	3.5	8.9
铁岭市	Tieling City	723	3	32	688	249.4	92.9	219.4	26.8	3.3
朝阳市	Chaoyang City	404	3	39	362	218.6	117.9	208.3	6.0	4.2
葫芦岛市	Huludao City	214	7	33	174	509.8	372.5	497.3	4.9	7.7
吉林省	**Jilin**	**2774**	**36**	**331**	**2407**	**3792.0**	**2533.5**	**2889.1**	**54.8**	**848.0**
长春市	Changchun City	748	15	107	626	1864.5	1413.5	1077.5	19.2	767.9
吉林市	Jilin City	446	8	54	384	726.9	556.1	703.4	10.9	12.7
四平市	Siping City	263	1	39	223	194.9	45.8	178.3	13.2	3.4
辽源市	Liaoyuan City	204	1	20	183	108.3	38.1	104.4	1.0	2.9
通化市	Tonghua City	282	2	29	251	235.7	98.4	225.5	3.7	6.5
白山市	Baishan City	209	3	27	179	131.0	54.4	123.1	2.4	5.5
松原市	Songyuan City	157	3	13	141	309.8	251.8	295.6	0.5	13.8
白城市	Baicheng City	156	1	8	147	63.0	11.9	54.9		8.1
延边朝鲜族自治州	Yanbian Korean A.P	309	2	34	273	157.9	63.4	126.5	4.1	27.3
其他	Others									
黑龙江省	**Heilongjiang**	**2887**	**57**	**375**	**2455**	**4714.9**	**3607.2**	**4350.6**	**46.7**	**317.6**
哈尔滨市	Harbin City	801	20	106	675	1083.1	708.4	868.2	20.4	194.6
齐齐哈尔市	Qiqihar City	254	12	40	202	285.3	179.0	260.7	5.9	18.7
鸡西市	Jixi City	111	3	20	88	94.3	42.8	81.7	0.3	12.2
鹤岗市	Hegang City	72	1	8	63	76.8	51.0	75.5		1.3
双鸭山市	Shuangyashan City	77	2	10	65	64.6	37.7	64.6		
大庆市	Daqing City	434	7	43	384	2283.5	2065.0	2254.3	7.2	22.1
伊春市	Yichun City	136	1	14	121	58.0	33.7	52.7	1.3	4.0
佳木斯市	Jiamusi City	201	1	29	171	90.2	40.2	80.6	1.4	8.1
七台河市	Qitaihe City	77	1	17	59	91.0	48.6	76.0	1.0	2.0
牡丹江市	Mudanjiang City	314	4	39	271	143.3	41.8	100.5	8.9	24.5
黑河市	Heihe City	85		5	80	18.4	8.9	18.3		0.1
绥化市	Suihua City	189	2	23	164	97.9	46.8	82.6	1.9	13.4
大兴安岭地区	Daxinganling Prefecture	14		3	11	5.2	3.6	5.1		0.1
其他	Others	121	2	18	101	157.1	133.2			
上海市	**Shanghai**	**14809**	**94**	**1170**	**13545**	**15767.5**	**6018.9**	**5978.8**	**2606.0**	**7182.7**
黄浦区	Huangpu District	93	2	11	80	113.4	86.3	93.0	11.5	8.8
卢湾区	Luwan District	63	2	8	53	101.9	96.0	85.9	2.2	13.8
徐汇区	Xuhui District	499	5	48	446	619.9	152.8	127.3	274.0	218.6
长宁区	Changning District	147	1	11	135	85.8	52.0	62.2	12.4	11.2
静安区	Jingan District	51		5	46	34.5	24.3	28.2	1.7	4.7
普陀区	Putuo District	352	1	23	328	190.0	86.5	98.6	9.8	81.5
闸北区	Zhabei District	215	1	32	182	130.8	62.5	76.8	7.0	47.0
虹口区	Hongkou District	121		13	108	67.9	41.5	22.3	2.3	43.4
杨浦区	Yangpu District	308	3	34	271	453.6	375.8	339.4	24.2	90.0
闵行区	Minhang District	830	5	59	766	1609.8	1208.1	1261.4	67.0	281.4
宝山区	Baoshan District	2055	16	181	1858	2175.4	620.1	612.6	626.7	936.1
嘉定区	Jiading District	1785	8	134	1643	1288.8	339.3	319.8	156.9	812.2
浦东新区	Pudong New District	2353	25	200	2128	3763.1	1573.5	1195.5	406.1	2161.6
金山区	Jinshan District	635	2	41	592	793.8	484.9	204.9	462.5	126.4

3-17 续表 3 continued

地　区	Region	工业企业单位数(个) Number of Enterprises (unit)	大型企业 Large Enterprises	中型企业 Medium Enterprises	小型企业 Small Enterprises	工业总产值(亿元) Gross Output Value of Industry (100 million yuan)	#国有及国有控股 State-owned and State-controlled	工业总产值(亿元) Gross Output Value of Industry (100 million yuan): 内资企业 Domestic Funded Enterprises	港澳台商投资企业 Enterprises with Funds from Hong Kong, Macao and Taiwan	外商投资企业 Foreign Funded
松江区	Songjiang District	1567	9	145	1413	1969.0	43.7	243.4	260.6	1464.9
青浦区	Qingpu District	1239	4	101	1134	688.0	29.4	222.2	113.3	352.5
南汇区	Nanhui District	1075	3	47	1025	478.1	101.7	240.8	57.7	179.7
奉贤区	Fengxian District	1106	2	55	1049	515.8	44.9	232.6	97.1	186.1
崇明县	Chongming County	288	1	12	275	107.3	27.8	79.2	12.2	15.9
其他	Others	27	4	10	13	580.8	567.7	432.8	0.9	147.1
江苏省	**Jiangsu**	**32224**	**288**	**3089**	**28847**	**32707.1**	**4875.3**	**19443.2**	**3874.4**	**9389.5**
南京市	Nanjing City	2344	34	232	2078	4063.5	1676.8	2476.4	271.4	1315.7
无锡市	Wuxi City	4628	49	513	4066	5718.0	508.0	3826.2	703.2	1188.6
徐州市	Xuzhou City	1253	14	82	1157	1228.3	487.0	1102.4	68.2	57.7
常州市	Changzhou City	3593	16	246	3331	2504.2	196.7	1783.0	340.2	381.0
苏州市	Suzhou City	6743	111	1095	5537	9908.6	216.5	3280.1	1642.0	4986.5
南通市	Nantong City	3473	10	238	3225	2143.4	83.9	1337.8	238.9	566.6
连云港市	Lianyungang City	677	1	49	627	342.9	42.8	189.5	42.1	111.3
淮安市	Huaian City	1079	4	47	1028	568.6	148.6	506.9	17.5	44.2
盐城市	Yancheng City	2085	10	123	1952	1097.7	50.9	859.7	50.3	187.7
扬州市	Yangzhou City	2045	13	145	1887	1448.8	331.9	1041.2	278.0	129.6
镇江市	Zhenjiang City	1773	12	135	1626	1331.4	219.2	882.3	162.3	286.9
泰州市	Taizhou City	1905	11	121	1773	1216.8	138.1	1036.4	59.3	121.0
宿迁市	Suqian City	631	2	22	607	195.8	23.9	181.8	3.4	10.6
浙江省	**Zhejiang**	**40275**	**154**	**3203**	**36918**	**23106.8**	**3401.2**	**17462.4**	**2496.7**	**3147.6**
杭州市	Hangzhou City	7359	27	545	6787	6576.7	5441.1	3716.1	632.6	1092.5
宁波市	Ningbo City	8788	21	710	8057	4891.0	1187.6	310.5	916.5	869.8
温州市	Wenzhou City	5226	12	420	4794	2244.0	216.9	2015.5	74.6	153.9
嘉兴市	Jiaxing City	4497	15	343	4139	2179.0	290.1	1507.8	221.4	449.7
湖州市	Huzhou City	1895	5	122	1768	1070.8	135.9	913.8	88.3	68.7
绍兴市	Shaoxing City	3676	35	419	3222	3215.1	232.9	2618.7	394.6	201.8
金华市	Jinhua City	2968	15	266	2687	1398.5	147.0	1235.7	60.7	102.1
衢州市	Quzhou City	722	3	45	674	321.2	82.5	307.9	2.9	10.3
舟山市	Zhoushan City	442	5	31	406	283.3	56.6	230.9	6.8	45.7
台州市	Taizhou City	3945	14	249	3682	1737.7	209.7	1508.9	94.4	134.5
丽水市	Lishui City	756	2	52	702	423.1	30.0	294.2	3.9	18.8
安徽省	**Anhui**	**5277**	**61**	**564**	**4652**	**4567.2**	**2418.4**	**3823.4**	**226.5**	**517.3**
合肥市	Hefei City	668	13	85	570	880.8	423.7	508.9	43.2	328.7
芜湖市	Wuhu City	552	6	58	488	539.7	235.4	403.0	86.8	49.9
蚌埠市	Bengbu City	204	6	36	162	207.8	118.8	181.4	17.7	8.7
淮南市	Huainan City	164	5	25	134	282.1	208.0	256.2	22.4	3.5
马鞍山市	Maanshan City	341	2	29	310	537.7	438.5	506.1	9.2	22.4
淮北市	Huaibei City	123	5	18	100	227.0	191.5	209.4	6.0	11.7
铜陵市	Tongling City	159	5	22	132	316.3	272.7	304.1	2.2	10.1
安庆市	Anqing City	492	4	46	442	358.0	219.4	337.3	6.6	14.1
黄山市	Huangshan City	205	1	9	195	74.2	5.2	71.6	1.3	1.3
滁州市	Chuzhou City	452	3	54	395	259.8	71.9	214.0	16.8	29.0
阜阳市	Fuyang City	232	3	28	201	159.9	76.2	155.9	0.8	3.2
宿州市	Suzhou City	212	1	31	180	103.5	47.1	99.1	2.0	2.4

3-17 续表 4 continued

地　区	Region	工业企业单位数(个) Number of Enterprises (unit)	大型企业 Large Enterprises	中型企业 Medium Enterprises	小型企业 Small Enterprises	工业总产值(亿元) Gross Output Value of Industry (100 million yuan)	#国有及国有控股 State-owned and State-controlled	工业总产值(亿元) Gross Output Value of Industry (100 million yuan) 内资企业 Domestic Funded Enterprises	港澳台商投资企业 Enterprises with Funds from Hong Kong, Macao and Taiwan	外商投资企业 Foreign Funded
巢湖市	Chaohu City	383	4	33	346	194.9	49.3	187.7	3.2	4.1
六安市	Liuan City	370	1	38	331	145.4	30.2	131.9	1.7	11.8
亳州市	Bozhou City	151	4	17	130	74.7	34.6	73.6	0.3	0.9
池州市	Chizhou City	146		9	137	51.6	10.0	48.4	0.1	3.1
宣城市	Xuancheng City	434	1	34	399	201.0	33.0	181.0	7.5	12.5
其他	Others									
福建省	**Fujian**	**12396**	**60**	**1142**	**11194**	**8136.0**	**1532.9**	**3382.7**	**2578.2**	**2175.0**
福州市	Fuzhou City	2357	11	222	2124	1860.2	292.6	745.1	664.8	450.3
厦门市	Xiamen City	1548	23	254	1271	2040.8	454.6	388.0	659.6	993.2
莆田市	Putian City	578	3	68	507	376.9	31.2	158.4	108.7	109.8
三明市	Sanming City	782	5	48	729	386.3	183.3	349.9	28.6	7.8
泉州市	Quanzhou City	4094	8	357	3729	2117.0	269.0	918.1	790.1	408.8
漳州市	Zhangzhou City	1188	2	83	1103	620.4	52.1	203.9	261.2	155.3
南平市	Nanping City	681	4	40	637	252.6	94.6	208.7	13.8	30.1
龙岩市	Longyan City	643	2	43	598	294.6	129.9	248.7	33.5	12.4
宁德市	Ningde City	523		27	496	187.3	25.5	162.0	18.0	7.3
江西省	**Jiangxi**	**4403**	**30**	**411**	**3962**	**2978.9**	**2093.5**	**2531.4**	**193.0**	**254.5**
南昌市	Nanchang City	769	13	66	690	726.3	440.7	513.1	51.9	161.4
景德镇市	Jingdezhen City	249	5	25	219	159.2	97.6	153.3	3.9	2.0
萍乡市	Pingxiang City	295	2	13	280	204.5	61.9	200.1	0.7	0.3
九江市	Jiujiang City	495	2	62	431	355.1	215.0	312.8	30.7	11.6
新余市	Xinyu City	244	1	22	221	223.9	157.2	206.6	8.6	8.6
鹰潭市	Yingtan City	94	2	13	79	268.6	237.9	266.5	0.2	1.9
赣州市	Ganzhou City	510		65	445	270.9	66.5	196.9	49.0	25.0
吉安市	Jian City	417		33	384	147.0	19.0	121.8	5.8	18.7
宜春市	Yichun City	492	2	47	443	207.4	68.3	191.8	10.5	5.1
抚州市	Fuzhou City	348		27	321	115.4	12.6	86.5	15.9	13.0
上饶市	Shangrao City	489	2	38	449	171.6	56.7	148.8	15.9	6.9
山东省	**Shandong**	**27540**	**315**	**2786**	**24439**	**30522.9**	**7401.0**	**25121.5**	**1007.9**	**4393.5**
济南市	Jinan City	1670	17	169	1484	2237.5	1166.8	2090.9	42.2	104.4
青岛市	Qingdao City	3697	51	440	3206	4316.6	1027.1	3030.7	196.0	1090.0
淄博市	Zibo City	2256	26	279	1951	2800.2	969.7	2460.6	77.2	262.4
枣庄市	Zaozhuang City	958	6	74	878	1012.8	275.0	950.5	18.7	43.6
东营市	Dongying City	459	11	67	381	1673.3	885.1	1621.2	8.4	43.7
烟台市	Yantai City	2820	30	286	2504	3974.8	418.8	2801.8	252.0	921.0
潍坊市	Weifang City	3833	34	294	3505	2724.1	492.4	2295.7	98.1	330.3
济宁市	Jining City	1564	22	155	1387	1460.6	520.2	1258.0	22.0	180.6
泰安市	Taian City	1066	15	141	910	1073.2	340.7	1022.5	19.9	30.8
威海市	Weihai City	1640	27	257	1356	2882.6	109.3	1969.6	64.8	848.1
日照市	Rizhao City	542	5	76	461	555.8	40.9	432.3	8.3	115.2
莱芜市	Laiwu City	187	7	25	155	578.9	355.3	554.8	21.8	2.3
临沂市	Linyi City	2286	21	154	2111	1451.7	148.9	1153.5	64.1	234.1
德州市	Dezhou City	1778	13	152	1613	1172.4	207.8	1069.3	12.5	90.6
聊城市	Liaocheng City	956	15	106	835	1009.4	322.0	956.1	11.9	41.4
滨州市	Binzhou City	1013	15	62	936	1199.9	127.9	1100.9	70.2	28.9
菏泽市	Heze City	821	1	55	765	467.2	61.4	421.3	19.9	26.1

3-17 续表 5 continued

地区	Region	工业企业单位数(个) Number of Enterprises (unit)	大型企业 Large Enterprises	中型企业 Medium Enterprises	小型企业 Small Enterprises	工业总产值(亿元) Gross Output Value of Industry (100 million yuan)	#国有及国有控股 State-owned and State-controlled	工业总产值(亿元) Gross Output Value of Industry (100 million yuan): 内资企业 Domestic Funded Enterprises	港澳台商投资企业 Enterprises with Funds from Hong Kong, Macao and Taiwan	外商投资企业 Foreign Funded
河南省	**Henan**	**10867**	**120**	**927**	**9820**					
郑州市	Zhengzhou City	1839	21	172	1646					
开封市	Kaifeng City	448	2	34	412					
洛阳市	Luoyang City	945	14	78	853					
平顶山市	Pingdingshan City	411	5	48	358					
安阳市	Anyang City	505	8	64	433					
鹤壁市	Hebi City	264	2	17	245					
新乡市	Xinxiang City	662	9	95	558					
焦作市	Jiaozuo City	795	8	71	716					
濮阳市	Puyang City	514	4	14	496					
许昌市	Xuchang City	807	8	61	738					
漯河市	Luohe City	356	2	27	327					
三门峡市	Sanmenxia City	425	7	36	382					
南阳市	Nanyang City	1039	12	71	956					
商丘市	Shangqiu City	334	5	26	303					
信阳市	Xinyang City	366	2	33	331					
周口市	Zhoukou City	444	4	35	405					
驻马店市	Zhumadian City	552	3	28	521					
其他	Others	160	4	17	139					
湖北省	**Hubei**	**6813**	**82**	**721**	**6010**	**6067.0**	**3161.9**	**4693.7**	**262.5**	**1110.9**
武汉市	Wuhan City	1459	31	173	1254	2285.4	1470.5	1728.7	91.0	465.8
黄石市	Huangshi City	297	7	52	238	387.8	133.1	273.9	12.9	101.1
十堰市	Shiyan City	333	5	39	289	411.3	311.1	180.3	0.9	230.1
宜昌市	Yichang City	523	7	81	435	555.9	329.2	497.3	40.1	18.5
襄樊市	Xiangfan City	441	23	66	352	539.6	413.7	332.7	207.0	
鄂州市	Ezhou City	188	1	15	172	183.0	102.0	163.8	6.9	12.3
荆门市	Jingmen City	424	7	41	376	353.9	186.3	330.9	15.8	7.2
孝感市	Xiaogan City	505	5	38	462	252.2	79.9	219.4	21.1	11.7
荆州市	Jingzhou City	572	4	62	506	248.9	92.5	222.1	11.0	15.9
黄冈市	Huanggang City	550	1	27	522	151.7	40.5	139.9	3.9	8.0
咸宁市	Xianning City	420	1	41	378	143.3	32.7	126.7	12.8	3.8
随州市	Suizhou City	374		24	350	149.1	51.3	135.0	8.4	5.7
恩施土家族苗族自治州	Enshi Tujia & Miao A.P	171		15	156	56.2	30.6	55.4	0.2	0.6
其他	Others	544	3	35	506	351.8	111.5	291.9	31.1	25.3
湖南省	**Hunan**	**8022**	**58**	**560**	**7404**	**4754.9**	**2104.6**	**4369.4**	**202.6**	**182.8**
长沙市	Changsha City	1691	11	114	1566	973.4	315.1	820.6	56.0	96.7
株洲市	Zhuzhou City	798	9	58	731	441.7	252.9	392.3	19.2	30.2
湘潭市	Xiangtan City	478	6	26	446	379.7	218.4	362.2	9.8	7.8
衡阳市	Hengyang City	652	6	50	596	398.5	152.0	380.1	13.4	5.0
邵阳市	Shaoyang City	535	1	35	499	159.1	46.5	155.0	1.3	2.8
岳阳市	Yueyang City	743	6	42	695	762.4	440.7	728.0	19.8	14.6
常德市	Changde City	460	3	57	400	351.5	196.0	304.8	35.2	11.6
张家界市	Zhangjiajie City	90		5	85	29.1	6.9	27.8	1.0	0.3
益阳市	Yiyang City	408		35	373	153.0	50.1	146.4	3.9	2.6
郴州市	Chenzhou City	823	6	44	773	400.6	77.1	367.5	29.4	3.7
永州市	Yongzhou City	405	1	21	383	153.0	39.8	140.0	9.3	3.7

3-17 续表 6 continued

地 区	Region	工业企业单位数(个) Number of Enterprises (unit)	大型企业 Large Enterprises	中型企业 Medium Enterprises	小型企业 Small Enterprises	工业总产值(亿元) Gross Output Value of Industry (100 million yuan)	#国有及国有控股 State-owned and State-controlled	工业总产值(亿元) Gross Output Value of Industry (100 million yuan): 内资企业 Domestic Funded Enterprises	港澳台商投资企业 Enterprises with Funds from Hong Kong, Macao and Taiwan	外商投资企业 Foreign Funded
怀化市	Huaihua City	428	2	26	400	155.3	64.9	150.8	3.0	1.6
娄底市	Loudi City	290	6	28	256	322.9	218.9	319.6	1.2	2.2
湘西土家族苗族自治州	West Hunan Tujia A.P	221	1	19	201	74.7	25.4	74.4	0.3	
其他	Others									
广东省	**Guangdong**	**35157**	**288**	**4189**	**30680**	**35942.7**	**6375.5**	**13067.2**	**11708.0**	**11167.5**
广州市	Guangzhou City	5240	43	563	4634	6032.1	1852.8	1944.7	1521.5	2565.9
韶关市	Shaoguan City	392	4	43	345	393.4	265.7	322.0	60.8	10.6
深圳市	Shenzhen City	5214	86	960	4168	9867.5	1697.2	2319.9	3390.1	4157.6
珠海市	Zhuhai City	992	13	144	835	1569.6	318.5	394.1	433.7	741.8
汕头市	Shantou City	1490	3	86	1401	761.4	123.0	490.7	147.9	122.8
佛山市	Foshan City	5148	24	506	4618	4780.9	363.0	2911.9	1274.3	594.7
江门市	Jiangmen City	2365	10	215	2140	1453.3	167.2	679.1	447.8	326.4
湛江市	Zhanjiang City	578	1	60	517	644.3	137.8	290.6	292.7	61.0
茂名市	Maoming City	590	2	25	563	702.0	493.4	651.2	34.2	16.6
肇庆市	Zhaoqing City	684	3	53	628	321.2	71.6	177.2	80.9	63.1
惠州市	Huizhou City	1243	14	203	1026	1428.7	142.8	140.7	728.8	559.1
梅州市	Meizhou City	392	1	43	348	207.0	74.4	154.0	29.2	23.9
汕尾市	Shanwei City	179	1	21	157	113.5	16.3	44.9	62.8	5.7
河源市	Heyuan City	226	1	33	192	182.1	35.6	101.6	73.2	7.4
阳江市	Yangjiang City	498	1	32	465	213.8	28.3	146.7	43.4	23.7
清远市	Qingyuan City	426	2	55	369	364.4	55.8	179.0	150.2	35.2
东莞市	Dongguan City	4504	53	713	3738	3940.1	334.6	833.7	1963.3	1143.1
中山市	ZhongShan City	3291	22	316	2953	2221.5	82.6	837.9	751.6	631.9
潮州市	Chaozhou City	727	1	41	685	293.7	37.9	183.4	87.9	22.5
揭阳市	Jieyang City	714		48	666	298.8	40.8	185.4	75.8	37.6
云浮市	Yunfu City	264	3	29	232	153.8	36.3	78.5	58.1	17.2
广西壮族自治区	**Guangxi**	**3687**	**25**	**419**	**3243**	**2547.3**	**1226.9**	**1973.1**	**135.8**	**438.4**
南宁市	Nanning City	625	3	65	557	370.2	158.1	323.7	21.2	25.2
柳州市	Liuzhou City	500	9	75	416	691.4	554.2	528.9	7.5	155.0
桂林市	Guilin City	581	2	67	512	276.8	91.4	230.7	6.6	39.6
梧州市	Wuzhou City	253		35	218	131.1	30.8	87.0	25.8	18.2
北海市	Beihai City	127		13	114	102.8	50.0	84.6	16.5	1.6
防城港市	Fangchenggang City	76		4	72	86.3	9.5	26.4	0.7	59.1
钦州市	Qinzhou City	206		9	197	74.9	16.5	55.6	7.8	11.5
贵港市	Guigang City	161	1	21	139	99.7	32.6	89.0	8.0	2.7
玉林市	Yulin City	374	2	30	342	178.8	37.1	92.1	10.0	76.2
百色市	Baise City	219	1	35	183	156.2	90.7	139.8	10.4	6.1
贺州市	Hezhou City	112		8	104	57.7	21.1	53.6	2.7	1.4
河池市	Hechi City	225	2	30	193	114.8	44.2	106.9	2.6	5.2
来宾市	Laibin City	99	2	17	80	104.4	58.4	75.3	0.1	29.0
崇左市	Chongzuo City	142	1	20	121	84.4	14.7	60.8	15.9	7.6
海南省	**Hainan**	**616**	**2**	**75**	**539**	**473.1**	**238.2**	**363.9**	**24.2**	**85.0**
海口市	Haikou City	211	2	28	181	250.7	130.1	195.9	14.5	40.4
三亚市	Sanya City	26		3	23	18.5	1.1	12.6	0.5	5.4
其他	Others	379		44	335	203.9	107.0	155.5	9.2	39.2

3-17 续表 7 continued

地　区	Region	工业企业单位数(个) Number of Enterprises (unit)	大型企业 Large Enterprises	中型企业 Medium Enterprises	小型企业 Small Enterprises	工业总产值(亿元) Gross Output Value of Industry (100 million yuan)	#国有及国有控股 State-owned and State-controlled	工业总产值(亿元) Gross Output Value of Industry (100 million yuan) 内资企业 Domestic Funded Enterprises	港澳台商投资企业 Enterprises with Funds from Hong Kong, Macao and Taiwan	外商投资企业 Foreign Funded
重庆市	**Chongqing**	**2946**	**53**	**404**	**2489**	**2525.9**	**1299.1**	**2055.7**	**148.3**	**321.8**
万州区	Wanzhou District	111		18	93	51.1	16.9	49.6		1.6
涪陵区	Fuling District	101	5	14	82	126.5	84.7	117.3	0.1	9.1
渝中区	Yuzhong District	33	2	6	25	114.4	111.2	114.4		
大渡口区	Dadukou District	133	3	15	115	163.3	115.5	60.3	92.4	10.6
江北区	Jiangbei District	179	5	25	149	205.8	135.7	176.5	4.3	25.0
沙坪坝区	Shapingba District	200	3	43	154	229.1	75.3	209.8	4.9	14.4
九龙坡区	Jiulongpo District	259	6	41	212	371.7	238.6	316.2	20.9	34.6
南岸区	Nanan District	219	4	28	187	168.7	41.6	136.2	9.9	22.6
北碚区	Beibei District	166	1	20	145	115.0	34.5	114.0	0.2	0.9
万盛区	Wansheng District	31	1	1	29	13.0	7.8	11.8	1.1	
双桥区	Shuangqiao District	21	1		20	29.5	23.6	26.2		3.3
渝北区	Yubei District	133	2	26	105	212.2	111.8	104.9	6.1	101.2
巴南区	Banan District	134	3	19	112	139.9	76.6	89.2	6.0	44.7
黔江区	Qianjiang District	13		4	9	23.0	21.6	23.0		
长寿区	Changshou District	41	2	7	32	68.1	45.2	52.0		16.0
其他	Others	1172	15	137	1020	494.8	158.6	454.4	2.5	37.8
四川省	**Sichuan**	**7959**	**79**	**885**	**6995**	**6178.0**	**2488.5**	**5690.0**	**56.8**	**109.3**
成都市	Chengdu City	2375	19	268	2088	1661.4	462.1	1349.7	70.8	241.0
自贡市	Zigong City	307	5	37	265	265.3	138.2	239.9	3.2	22.2
攀枝花市	Panzhihua City	115	3	23	89	355.1	264.2	348.8	5.2	1.1
泸州市	Luzhou City	327	3	35	289	179.3	92.3	171.2	1.1	7.0
德阳市	Deyang City	658	9	65	584	52 04	193.3	497.2	4.5	18.3
绵阳市	Mianyang City	599	5	62	532	435.1	261.9	407.2	8.3	19.6
广元市	Guangyuan City	146	1	16	129	74.8	23.8	69.9	0.1	4.8
遂宁市	Suining City	171	3	17	151	121.0	32.6	117.1	0.3	3.5
内江市	Neijiang City	369	7	31	331	259.6	22.4	248.5	7.0	4.1
乐山市	Leshan City	547	6	70	471	337.8	58.9	306.1	3.6	28.1
南充市	Nanchong City	334	1	33	300	235.1	38.8	227.6	5.0	2.5
眉山市	Meishan City	342	1	45	296	241.6	42.8	226.9	2.8	11.9
宜宾市	Yibin City	325	6	51	268	349.9	247.7	342.1	7.3	0.4
广安市	Guangan City	174	1	14	159	103.4	28.9	96.3	7.1	
达州市	Dazhou City	251	2	28	221	169.7	26.6	168.2	1.0	0.4
雅安市	Yaan City	221		20	201	69.3	21.2	65.4	3.4	0.5
巴中市	Bazhong City	68		10	58	26.3	14.0	26.3		
资阳市	Ziyang City	278	3	27	248	193.7	28.3	188.7	0.1	4.8
阿坝藏族羌族自治州	Aba Zang & Qiang A.P	91		7	84	36.6	16.7	36.6		
甘孜藏族自治州	Ganzi Zang A.P	69		1	68	16.4	10.8	16.2		0.2
凉山彝族自治州	Liangshan Yi A.P	189	1	25	163	94.2	37.6	92.3		1.9
贵州省	**Guizhou**	**2585**	**23**	**246**	**2316**	**1690.4**	**1154.5**	**1638.7**	**13.7**	**38.0**
贵阳市	Guiyang City	689	10	99	580	574.1	383.0	544.7	7.0	22.3
六盘水市	Liupanshui City	132	3	13	115	193.5	152.9	190.8	0.2	2.4
遵义市	Zunyi City	335	4	35	296	236.1		229.3	2.9	3.9
安顺市	Anshun City	118		15	103	63.1	39.5	60.4	0.5	2.2
铜仁地区	Tongren Prefecture	182		10	172	52.6		52.6		
黔西南布依族苗族自治州	Southwest Guizhou Buyi & Miao A.P	266		12	254	76.0	43.7	74.9	1.0	0.1

3-17 续表 8 continued

地 区	Region	工业企业单位数(个) Number of Enterprises (unit)	大型企业 Large Enterprises	中型企业 Medium Enterprises	小型企业 Small Enterprises	工业总产值(亿元) Gross Output Value of Industry (100 million yuan)	#国有及国有控股 State-owned and State-controlled	工业总产值(亿元) Gross Output Value of Industry (100 million yuan) 内资企业 Domestic Funded Enterprises	港澳台商投资企业 Enterprises with Funds from Hong Kong, Macao and Taiwan	外商投资企业 Foreign Funded
毕节地区	Bijie Prefecture	206		15	191	100.7		100.0	0.2	0.4
黔东南苗族侗族自治州	Southeast Guizhou Miao & Dong A.P	247		11	236	76.5		74.1	2.1	0.2
黔南布依族苗族自治州	South Guizhou Buyi & Miao A.P	306	1	20	285	123.2	63.5	117.8	1.4	4.0
云南省	**Yunnan**	**2362**	**31**	**394**	**1937**	**2596.2**	**1672.3**	**2427.6**	**62.3**	**106.4**
昆明市	Kunming City	790	11	112	667	1018.1	752.0	921.0	42.1	55.0
曲靖市	Qujing City	285	5	61	219	360.2	233.2	331.4	2.9	25.9
玉溪市	Yuxi City	284	2	52	230	394.4	243.9	376.9	5.3	12.1
保山市	Baoshan City	73		17	56	32.4	10.4	30.9	0.9	0.7
昭通市	Zhaotong City	80	2	10	68	72.8	55.2	68.6	4.1	
丽江市	Lijiang City	56		5	51	17.0	3.3	17.0		
思茅市	Simao City	84		17	67	35.9	16.8	34.7	1.2	
临沧市	Lincang City	58		17	41	30.2	13.9	29.9	0.1	0.2
楚雄彝族自治州	Chuxiong Yi A.P	120	2	15	103	118.5	64.0	114.4	2.0	2.1
红河哈尼族彝族自治州	Honghe Hani & Yi A.P	175	5	36	134	302.7	201.2	296.2	0.8	5.8
文山壮族苗族自治州	Wenshan Zhuang & Miao A.P	95		15	80	51.5	19.2	51.2	0.3	0.1
西双版纳傣族自治州	Xishuangbanna Dai A.P	53		5	48	13.4	4.6	13.4		
大理白族自治州	Dali Bai A.P	122	2	23	97	109.3	47.5	102.5	2.4	4.4
德宏傣族景颇族自治州	Dehong Dai & Jingpo A.P	58	1	6	51	20.6	4.4	20.1	0.3	0.2
怒江傈僳族自治州	Nujiang Lisu A.P	9	1	2	6	11.9	1.4	11.9		
迪庆藏族自治州	Diqing Zang A.P	20		1	19	7.2	1.4	7.2		
西藏自治区	**Tibet A.R.**	**197**		**11**	**186**	**27.3**	**18.3**	**25.1**		**2.2**
拉萨市	Lhasa City	28		2	26	3.9	1.2	3.9		
昌都地区	Qamdu Prefecture	28		1	27	1.7	1.7	1.7		
山南地区	Lhokha Prefecture	24		1	23	3.5	3.5	3.5		
日喀则地区	Xigaze Prefecture	36		1	35	2.8	2.6	2.8		
那曲地区	Narqu Prefecture	21			21	0.9	0.9	0.9		
阿里地区	Ngri Prefecture	5			5	0.3	0.3	0.3		
林芝地区	Nyingchi Prefecture	18			18	3.0	0.7	3.0		
其他	Others	37		6	31	11.3	7.6	9.2		2.2
陕西省	**Shaanxi**	**2997**	**74**	**382**	**2541**	**3397.7**	**2332.5**			
西安市	Xian City	901	27	123	751	952.2	580.2			
铜川市	Tongchuan City	116	4	10	102	70.5	51.5			
宝鸡市	Baoji City	375	13	74	288	410.0	279.5			
咸阳市	Xianyang City	361	8	51	302	359.2	225.6			
渭南市	Weinan City	265	10	45	210	337.7	184.8			
延安市	Yanan City	91	3	6	82	537.0	522.5			
汉中市	Hanzhong City	231	4	36	191	165.4	90.1			
榆林市	Yulin City	363	1	18	344	360.0	250.2			
安康市	Ankang City	152		8	144	43.6	20.2			
商洛市	Shangluo City	100		9	91	32.8	15.1			
其他	Others	38		2	36	16.5	2.2			
甘肃省	**Gansu**	**1733**	**28**	**187**	**1518**	**1988.3**	**1560.5**	**1934.1**	**20.5**	**33.7**
兰州市	Lanzhou City	546	13	75	458	864.4	706.9	831.8	19.3	13.3
嘉峪关市	Jiayuguan City	22	1	7	14	186.5	177.5	186.5		

3-17 续表 9 continued

地区	Region	工业企业单位数(个) Number of Enterprises (unit)	大型企业 Large Enterprises	中型企业 Medium Enterprises	小型企业 Small Enterprises	工业总产值(亿元) Gross Output Value of Industry (100 million yuan)	#国有及国有控股 State-owned and State-controlled	工业总产值(亿元) Gross Output Value of Industry (100 million yuan): 内资企业 Domestic Funded Enterprises	港澳台商投资企业 Enterprises with Funds from Hong Kong, Macao and Taiwan	外商投资企业 Foreign Funded
金昌市	Jinchang City	59	3	5	51	208.0	182.6	208.0		
白银市	Baiyin City	130	5	19	106	152.6	107.2	140.2	0.1	12.3
天水市	Tianshui City	166		19	147	65.9	33.1	64.0		1.9
武威市	Wuwei City	181	1	6	174	52.5	7.3	51.9	0.6	
张掖市	Zhangye City	121		12	109	38.0	7.7	37.6		0.3
平凉市	Pingliang City	70	1	10	59	53.4	40.9	53.4		
酒泉市	Jiuquan City	134	2	9	123	144.3	124.6	142.7	0.6	1.0
庆阳市	Qingyang City	64	1	4	59	125.3	117.9	124.6	98.0	0.7
定西市	Dingxi City	51		6	45	14.5	7.3	10.3		4.2
陇南市	Longnan City	101		12	89	4 33	17.0	4 33		
临夏回族自治州	Linxia Hui A.P	57	1	2	54	25.8	18.8	25.8		
甘南藏族自治州	Gannan Zang A.P	29		1	28	10.0	4.7	10.0		
青海省	**Qinghai**	**404**	**10**	**46**	**348**	**486.9**	**395.6**	**439.3**	**42.0**	**5.5**
西宁市	Xining City	158	5	29	124	248.0	204.2	238.2	6.8	3.0
海东地区	Haidong Prefecture	78		6	72	26.3	5.5	26.0		0.2
海北藏族自治州	Haibei Zang A.P	56		3	53	9.2	4.3	9.2		
黄南藏族自治州	Huangnan Zang AP	7			7	1.0	0.5	0.7		0.3
海南藏族自治州	Hainan Zang A.P	19		1	18	2.7	0.0	2.7		
果洛藏族自治州	Golog Zang A.P	14			14	0.2	0.2	0.2		
玉树藏族自治州	Yushu Zang A.P	20			20	0.4	0.4	0.4		
海西蒙古族藏族自治州	Haixi Mongolian & Zang A.P	52	5	7	40	199.1	180.4	162.0	35.2	1.9
宁夏回族自治区	**Ningxia**	**685**	**11**	**110**	**564**	**671.5**	**375.3**	**609.3**	**2.4**	**59.8**
银川市	Yinchuan City	255	4	40	211	322.3	191.8	289.5	1.9	31.0
石嘴山市	Shizuishan City	203	4	28	171	173.5	94.8	168.0	0.4	5.2
吴忠市	Wuzhong City	117	2	25	90	124.8	77.8	103.5		21.4
固原市	Guyuan City	37		1	36	4.1	1.6	4.1		
中卫市	Zhongwei City	73	1	16	56	46.8	9.5	44.3	0.2	2.2
新疆维吾尔自治区	**Xinjiang**	**1445**	**24**	**184**	**1237**	**2102.5**	**1737.2**	**2060.2**	**13.9**	**28.5**
乌鲁木齐市	Urumqi City	319	9	38	272	538.0	478.6	524.2	7.7	6.1
克拉玛依市	Karamay City	73	5	9	59	734.0	712.5	732.7	0.6	0.8
吐鲁番地区	Turpan Prefecture	54	1	9	44	101.5	88.2	99.4	2.1	0.1
哈密地区	Hami Prefecture	73	1	8	64	38.3	27.8	34.8	0.2	3.3
昌吉回族自治州	Changji Hui A.P	234		26	208	142.1	32.4	131.5	1.6	9.0
博尔塔拉蒙古自治州	Bortala Mongolian A.P	29		9	20	10.7	7.2	10.7		
巴音郭楞蒙古自治州	Bayingolin Mongolian A.P	119	3	12	104	264.9	233.4	264.7	0.1	0.1
阿克苏地区	Aksu Prefecture	88	1	14	73	76.7	53.7	75.2		1.5
克孜勒苏柯尔克孜自治州	Kizilsu Kirgiz A.P	19			19	2.1	0.3	2.1		
喀什地区	Kashi Prefecture	66	1	4	61	18.5	7.5	18.3		0.3
和田地区	Hotan Prefecture	29		5	24	4.9	2.9	4.9		
伊犁州直属县（市）	Counties(Cities) Direct Under Ili Prefecture	123	1	20	102	63.3	31.0	62.2		1.1
塔城地区	Tacheng Prefecture	85		16	69	31.6	10.1	30.0	0.4	1.3
阿勒泰地区	Altay Prefecture	52		5	47	21.7	11.7	21.7		
石河子市	Shihezi City	58	2	8	48	49.5	39.9	43.5	1.0	5.0
阿拉尔市	Alar City	4			4	0.7	0.2	0.4	0.3	
图木舒克市	Tumxuk City	5			5	1.1		1.1		
五家渠市	Wujiaqu City	15		1	14	3.0		3.0		

3-18 规模以上工业企业主要经济指标(2005年)

Main Indicators of Industrial Enterprises above Designated Size(2005)

地 区	Region	工业增加值 (亿元) Value-added of Industry (100 million yuan)	工业企业增加值指数 (上年=100) Index of Value-added of Industry (preceding year=100)	资产总计 (亿元) Total Assets (100 million yuan)	负债合计 (亿元) Total Liabilities (100 million yuan)	主营业务收入(亿元) Revenue from Principal Business (100 million yuan)	利润总额 (亿元) Total Profits (100 million yuan)
北京市	**Beijing**	**1627.0**	**109.7**	**12829.8**	**4706.7**	**7279.1**	**413.5**
东城区	Dongcheng District	10.9	39.5	79.1	35.2	56.5	1.6
西城区	Xicheng District	76.8	112.8	654.4	271.7	336.4	7.2
崇文区	Chongwen District	14.6	90.9	182.0	81.7	38.6	6.2
宣武区	Xuanwu District	11.0	81.4	66.3	34.2	34.9	-0.6
朝阳区	Chaoyang District	171.8	92.9	1262.0	666.9	733.6	16.5
丰台区	Fengtai District	63.7	89.2	360.6	215.0	285.0	12.8
石景山区	Shijingshan District	250.6	202.5	728.7	431.7	525.3	17.0
海淀区	Haidian District	188.2	104.3	1108.5	622.3	972.3	44.3
门头沟区	Mentougou District	20.0	117.4	87.7	36.9	49.6	8.7
房山区	Fangshan District	96.9	85.6	354.6	198.3	622.8	23.6
通州区	Tongzhou District	44.6	100.1	245.5	138.3	233.1	6.9
顺义区	Shunyi District	147.9	126.4	514.9	272.6	853.9	36.4
昌平区	Changping District	67.2	95.7	341.7	186.4	441.7	12.7
大兴区	Daxing District	51.6	118.8	239.7	146.1	208.6	8.9
怀柔区	Huairou District	37.4	94.9	121.7	78.2	114.0	9.0
平谷区	Pinggu District	16.2	108.8	87.1	56.4	86.2	4.3
密云县	Miyun County	24.6	118.8	89.9	59.9	88.6	3.9
延庆县	Yanqing County	5.9	151.2	20.9	14.7	17.7	0.6
其他	Others	327.1		6284.7	1159.9	1580.3	193.1
天津市	**Tianjin**	**1836.3**	**120.4**	**6347.9**	**3713.1**	**7125.9**	**551.6**
和平区	Heping District	36.3		286.5	167.8	230.5	6.0
河东区	Hedong District	46.9		457.6	295.7	250.3	12.5
河西区	Hexi District	39.6		277.8	192.3	207.9	9.1
南开区	Nankai District	58.5		335.8	193.5	264.7	14.9
河北区	Hebei District	41.1		300.3	214.7	210.9	2.1
红桥区	Hongqiao District	5.5		46.7	27.3	30.2	1.4
塘沽区	Tanggu District	603.7		1411.7	766.1	1962.4	289.9
汉沽区	Hangu District	30.2		70.7	40.9	82.0	2.4
大港区	Dagang District	192.9		538.9	293.9	636.0	43.8
东丽区	Dongli District	138.0		478.1	276.6	434.3	23.3
西青区	Xiqing District	252.3		794.5	422.6	1203.7	43.1
津南区	Jinnan District	43.4		203.5	122.0	227.1	13.1
北辰区	Beichen District	147.6		513.6	312.9	547.0	32.3
武清区	Wuqing District	59.8		217.8	115.3	235.6	17.0
宝坻区	Baodi District	9.1		51.3	29.0	94.6	5.7
宁河县	Ninghe County	12.5		62.5	39.4	77.7	2.8
静海县	Jinghai County	74.4		187.2	136.9	288.2	15.8
蓟县	Ji County	44.6		113.5	65.9	142.7	16.3
其他	Others						
河北省	**Hebei**	**3219.0**	**122.9**	**9473.7**	**5792.0**	**10745.8**	**690.4**
石家庄市	Shijiazhuang City	620.7	122.9	1480.9	936.3	1961.0	122.8
唐山市	Tangshan City	789.6	121.6	2402.5	1519.2	2729.8	198.6
秦皇岛市	Qinhuangdao City	127.0	121.6	527.7	345.5	499.0	12.9
邯郸市	Handan City	367.6	129.5	1179.5	723.5	1226.9	63.9

3-18 续表 1 continued

地区	Region	工业增加值 (亿元) Value-added of Industry (100 million yuan)	工业企业增加值指数 (上年=100) Index of Value-added of Industry (preceding year=100)	资产总计 (亿元) Total Assets (100 million yuan)	负债合计 (亿元) Total Liabilities (100 million yuan)	主营业务收入(亿元) Revenue from Principal Business (100 million yuan)	利润总额 (亿元) Total Profits (100 million yuan)
邢台市	Xingtai City	210.0	121.1	614.8	329.5	688.2	51.1
保定市	Baoding City	250.4	126.6	855.1	510.4	901.6	45.0
张家口市	Zhangjiakou City	127.1	120.6	424.2	310.6	364.8	24.3
承德市	Chengde City	111.0	136.6	424.4	281.1	340.4	21.4
沧州市	Cangzhou City	346.7	134.5	780.5	368.0	1020.7	96.4
廊坊市	Langfang City	151.6	124.2	469.5	278.6	586.9	25.2
衡水市	Hengshui City	126.5	125.4	314.6	189.3	426.4	28.8
其他	Others						
山西省	**Shanxi**	**1756.7**	**119.3**	**7045.1**	**4760.9**	**4784.6**	**261.3**
太原市	Taiyuan City	337.7	120.4	1778.2	1165.6	1105.9	38.6
大同市	Datong City	154.6	116.7	641.1	464.4	420.1	16.5
阳泉市	Yangquan City	99.6	129.0	433.7	282.7	217.2	9.6
长治市	Changzhi City	179.5	121.8	632.5	436.2	493.7	33.7
晋城市	Jincheng City	158.3	148.0	573.0	373.5	323.9	42.5
朔州市	Shuozhou City	90.3	125.4	304.2	220.4	227.1	11.0
晋中市	Jinzhong City	124.3	119.5	478.8	315.0	340.1	11.8
运城市	Yuncheng City	183.1	116.0	800.7	530.6	489.2	34.7
忻州市	Xinzhou City	46.3	129.8	218.1	157.8	113.3	9.3
临汾市	Linfen City	242.4	129.6	634.3	409.4	705.7	39.7
吕梁市	Luliang City	140.7	126.0	550.4	405.3	348.4	14.0
内蒙古自治区	**Inner Mongolia**	**1240.4**	**131.3**	**4595.9**	**2859.7**	**3051.0**	**235.1**
呼和浩特市	Hohhot City	171.0	130.8	1276.0	872.6	686.5	42.4
包头市	Baotou City	333.7	132.4	999.6	571.1	849.9	23.8
乌海市	Wuhai City	68.5	128.3	227.5	148.3	100.9	4.8
赤峰市	Chifeng City	76.6	135.2	332.8	186.1	214.5	13.2
通辽市	Tongliao City	76.7	105.1	202.8	131.5	177.0	25.4
鄂尔多斯市	Erdos City	231.2	135.9	716.4	403.7	440.0	73.4
呼伦贝尔市	Hulunbuir City	62.9	133.2	274.7	183.5	112.9	13.7
巴彦淖尔市	Bayannur City	58.1	141.9	138.1	85.5	133.3	11.6
乌兰察布市	Ulanqab City	51.9	131.0	175.0	127.4	148.3	15.9
兴安盟	Xingan League	22.4	140.1	49.3	33.9	52.1	1.8
锡林郭勒盟	Xilingol League	55.9	140.0	97.8	48.0	87.1	4.5
阿拉善盟	Alxa League	31.6	124.1	105.9	68.1	48.4	4.6
其他	Others						
辽宁省	**Liaoning**	**3108.4**	**120.1**	**11902.1**	**6929.2**	**10747.3**	**356.0**
沈阳市	Shenyang City	652.1	140.5	2581.1	1607.4	2045.5	46.2
大连市	Dalian City	644.0	121.2	2579.1	1570.0	2554.0	34.6
鞍山市	Anshan City	385.1	116.0	1171.1	528.2	1085.5	121.4
抚顺市	Fushun City	144.2	115.7	640.1	328.4	738.0	-45.3
本溪市	Benxi City	163.0	126.6	797.9	498.9	507.2	15.7
丹东市	Dandong City	65.4	132.7	266.1	148.9	228.9	7.9
锦州市	Jinzhou City	102.2	128.9	330.2	197.2	472.8	-8.0
营口市	Yingkou City	161.3	135.6	461.1	258.7	499.6	20.6
阜新市	Fuxin City	26.8	112.9	180.8	122.2	106.1	-0.4
辽阳市	Liaoyang City	130.1	127.1	553.2	298.0	503.9	32.4

3-18 续表 2 continued

地　　区	Region	工业增加值 (亿元) Value-added of Industry (100 million yuan)	工业企业增加值指数 (上年=100) Index of Value-added of Industry (preceding year=100)	资产总计 (亿元) Total Assets (100 million yuan)	负债合计 (亿元) Total Liabilities (100 million yuan)	主营业务收入(亿元) Revenue from Principal Business (100 million yuan)	利润总额 (亿元) Total Profits (100 million yuan)
盘锦市	Panjin City	292.3	106.9	715.1	320.9	602.2	113.4
铁岭市	Tieling City	87.5	129.2	272.6	133.2	237.9	7.2
朝阳市	Chaoyang City	56.0	116.6	199.6	113.6	217.2	12.6
葫芦岛市	Huludao City	98.5	119.5	614.3	424.5	532.8	-10.2
吉林省	**Jilin**	**1169.4**	**111.0**	**4506.9**	**2681.3**	**3634.6**	**141.0**
长春市	Changchun City	496.3	96.0	2082.2	1280.9	1762.5	45.9
吉林市	Jilin City	166.0	109.3	875.4	485.7	743.7	-5.6
四平市	Siping City	72.7	125.0	206.9	149.9	184.0	3.8
辽源市	Liaoyuan City	37.1	144.0	140.8	94.3	93.1	0.3
通化市	Tonghua City	79.3	127.9	318.3	184.3	213.1	11.4
白山市	Baishan City	50.2	131.4	151.5	90.3	118.1	4.4
松原市	Songyuan City	184.4	130.6	423.2	211.0	329.2	74.4
白城市	Baicheng City	23.1	116.5	57.6	37.6	51.6	1.2
延边朝鲜族自治州	Yanbian Korean A.P	60.3	117.6	251.1	147.2	139.4	5.4
其他	Others						
黑龙江省	**Heilongjiang**	**2154.6**		**5174.5**	**2901.0**	**4765.4**	**1479.1**
哈尔滨市	Harbin City	297.8	120.1	1428.1	1018.3	1036.7	97.0
齐齐哈尔市	Qiqihar City	77.9	122.8	362.8	268.2	283.3	21.6
鸡西市	Jixi City	37.8	118.0	200.9	151.2	95.9	11.9
鹤岗市	Hegang City	34.3		135.6	107.4	68.5	6.4
双鸭山市	Shuangyashan City	26.2	121.2	166.0	132.0	66.4	8.1
大庆市	Daqing City	1433.8	109.1	1676.0	368.3	2402.3	1270.4
伊春市	Yichun City	19.2	114.2	86.9	55.9	52.8	3.2
佳木斯市	Jiamusi City	20.8	115.0	115.8	99.3	90.8	5.0
七台河市	Qitaihe City	37.9	124.8	168.8	118.9	92.6	11.6
牡丹江市	Mudanjiang City	40.3	113.2	234.5	167.5	140.0	11.0
黑河市	Heihe City	6.3	117.2	41.6	35.7	18.3	1.6
绥化市	Suihua City	34.1	103.2	133.0	87.9	99.6	14.0
大兴安岭地区	Daxinganling Prefecture	2.1	118.1	13.1	9.2	4.6	0.5
其他	Others	23.1		176.0	131.4	153.1	5.3
上海市	**Shanghai**	**3918.2**	**113.8**	**15905.9**	**8037.5**	**16353.7**	**939.6**
黄浦区	Huangpu District	29.5	99.2	147.4	88.1	136.0	3.6
卢湾区	Luwan District	30.8	120.5	151.3	98.0	115.5	1.8
徐汇区	Xuhui District	153.3	139.0	504.0	288.5	653.0	26.8
长宁区	Changning District	25.1	105.5	119.9	54.2	85.7	4.3
静安区	Jingan District	21.6	98.3	77.3	31.7	41.8	11.9
普陀区	Putuo District	53.9	85.4	232.4	115.0	191.5	11.1
闸北区	Zhabei District	39.0	106.7	155.8	101.2	135.6	4.0
虹口区	Hongkou District	19.4	88.6	90.0	45.1	75.8	3.3
杨浦区	Yangpu District	228.0	98.6	700.1	187.8	474.4	75.9
闵行区	Minhang District	484.0	96.2	1980.2	803.3	1766.0	214.2
宝山区	Baoshan District	546.8	134.4	2092.1	1244.2	2213.6	116.4
嘉定区	Jiading District	316.8	104.0	1150.2	579.5	1301.3	67.6
浦东新区	Pudong New District	901.0	108.3	3742.6	2046.1	4037.3	218.5
金山区	Jinshan District	166.6	95.8	551.0	238.1	772.5	36.7

3-18 续表 3 continued

地 区	Region	工业增加值 (亿元) Value-added of Industry (100 million yuan)	工业企业增加值指数 (上年=100) Index of Value-added of Industry (preceding year=100)	资产总计 (亿元) Total Assets (100 million yuan)	负债合计 (亿元) Total Liabilities (100 million yuan)	主营业务收入(亿元) Revenue from Principal Business (100 million yuan)	利润总额 (亿元) Total Profits (100 million yuan)
松江区	Songjiang District	327.2	151.7	1233.2	777.4	1983.7	49.3
青浦区	Qingpu District	173.8	133.3	620.4	319.2	667.9	34.4
南汇区	Nanhui District	130.1	134.0	440.6	250.4	477.5	30.5
奉贤区	Fengxian District	126.3	150.6	466.2	274.3	499.6	18.2
崇明县	Chongming County	29.9	139.4	102.3	58.3	106.0	4.8
其他	Others	115.1	104.5	1349.3	437.1	619.0	6.4
江苏省	**Jiangsu**	**8119.0**	**122.5**	**25488.9**	**15715.9**	**32098.5**	**1384.6**
南京市	Nanjing City	903.9	121.8	3355.5	1930.8	4027.3	196.8
无锡市	Wuxi City	1353.1	122.0	4343.9	2732.0	5657.5	255.1
徐州市	Xuzhou City	399.6	121.8	906.8	573.2	1205.8	59.5
常州市	Changzhou City	600.7	121.7	1957.8	1287.8	2459.6	96.2
苏州市	Suzhou City	2466.1	122.5	8122.0	5059.4	9874.4	423.0
南通市	Nantong City	552.2	125.2	1334.0	791.6	2081.1	99.6
连云港市	Lianyungang City	98.2	122.0	311.9	171.7	327.2	19.2
淮安市	Huaian City	160.3	124.6	435.2	263.2	581.1	29.8
盐城市	Yancheng City	271.5	121.7	627.3	414.1	1049.4	32.9
扬州市	Yangzhou City	381.5	123.3	928.4	526.9	1370.1	50.8
镇江市	Zhenjiang City	360.2	123.4	1242.0	825.9	1245.6	47.8
泰州市	Taizhou City	332.0	123.5	831.4	500.8	1160.1	54.8
宿迁市	Suqian City	55.0	128.6	127.5	73.2	188.3	7.1
浙江省	**Zhejiang**	**4831.0**	**118.1**	**20609.3**	**12081.5**	**22704.2**	**1098.5**
杭州市	Hangzhou City	1329.6	111.3	4781.3	2874.5	5282.8	235.0
宁波市	Ningbo City	864.8	111.9	4148.1	2491.7	4698.2	262.4
温州市	Wenzhou City	541.9	118.1	1863.9	1058.0	2153.9	104.2
嘉兴市	Jiaxing City	478.9	119.7	2267.4	1444.6	2158.9	101.7
湖州市	Huzhou City	224.6	119.3	876.1	533.7	1029.5	52.7
绍兴市	Shaoxing City	597.8		2954.5	1780.1	3148.1	161.5
金华市	Jinhua City	341.9	122.0	1393.5	814.5	1361.7	59.4
衢州市	Quzhou City	91.7	128.1	382.9	249.6	313.2	12.2
舟山市	Zhoushan City	63.7	128.5	251.6	174.9	255.6	7.3
台州市	Taizhou City	374.1	124.4	1312.0	812.9	1682.9	85.2
丽水市	Lishui City	88.1		282.0	114.8	328.5	13.0
安徽省	**Anhui**	**1483.7**	**116.0**	**5067.1**	**3029.0**	**4523.3**	**218.2**
合肥市	Hefei City	288.0	131.3	841.8	506.6	849.4	53.6
芜湖市	Wuhu City	159.6	115.4	500.0	300.7	515.0	18.4
蚌埠市	Bengbu City	76.4	120.0	305.8	177.9	202.9	8.6
淮南市	Huainan City	126.9	130.3	455.6	341.8	280.3	12.9
马鞍山市	Maanshan City	196.2	129.5	712.6	347.6	542.2	41.9
淮北市	Huaibei City	101.7	113.1	382.9	221.4	233.3	4.5
铜陵市	Tongling City	92.8	124.4	405.4	274.5	385.7	30.4
安庆市	Anqing City	98.0	107.8	297.9	161.9	358.5	5.3
黄山市	Huangshan City	25.3	150.9	55.8	30.3	68.6	2.1
滁州市	Chuzhou City	78.5	124.7	223.0	124.7	241.4	8.8
阜阳市	Fuyang City	54.6	127.8	156.1	107.6	154.4	10.2
宿州市	Suzhou City	41.8	130.1	108.5	68.0	98.2	-1.6

3-18 续表 4 continued

地 区	Region	工业增加值 (亿元) Value-added of Industry (100 million yuan)	工业企业增加值指数 (上年=100) Index of Value-added of Industry (preceding year=100)	资产总计 (亿元) Total Assets (100 million yuan)	负债合计 (亿元) Total Liabilities (100 million yuan)	主营业务收入(亿元) Revenue from Principal Business (100 million yuan)	利润总额 (亿元) Total Profits (100 million yuan)
巢湖市	Chaohu City	56.2	124.0	206.5	119.0	186.5	9.2
六安市	Liuan City	50.6	128.2	134.3	80.9	139.9	9.2
亳州市	Bozhou City	25.2	134.5	89.2	53.4	71.9	2.6
池州市	Chizhou City	17.0	114.0	87.4	60.5	51.1	2.2
宣城市	Xuancheng City	43.2	106.0	172.6	101.8	190.7	5.0
其他	Others						
福建省	**Fujian**	**2291.3**		**6841.4**	**3605.8**	**7848.2**	**407.5**
福州市	Fuzhou City	488.4		1437.2	776.1	1711.8	70.1
厦门市	Xiamen City	480.0		1613.9	889.5	2001.9	132.3
莆田市	Putian City	143.7		281.9	164.2	324.6	15.0
三明市	Sanming City	110.6		414.4	239.5	359.8	12.9
泉州市	Quanzhou City	645.5		1399.1	598.4	1938.2	95.5
漳州市	Zhangzhou City	171.9		571.4	300.9	574.1	31.9
南平市	Nanping City	71.7		268.9	142.6	227.1	6.4
龙岩市	Longyan City	120.3		343.2	176.5	275.2	28.5
宁德市	Ningde City	59.1		143.7	78.5	177.9	10.1
江西省	**Jiangxi**	**882.3**	**139.3**	**3058.3**	**1932.2**	**2909.1**	**112.4**
南昌市	Nanchang City	231.2	123.5	757.8	442.5	709.5	34.2
景德镇市	Jingdezhen City	49.0	117.3	268.7	197.2	147.8	0.3
萍乡市	Pingxiang City	63.3	147.4	160.5	103.2	208.8	8.2
九江市	Jiujiang City	93.6	121.2	351.7	257.3	338.2	6.8
新余市	Xinyu City	61.8	127.8	200.4	135.9	238.4	4.0
鹰潭市	Yingtan City	55.8	132.9	265.8	136.9	270.6	22.4
赣州市	Ganzhou City	85.5	148.0	207.8	116.9	262.1	14.2
吉安市	Jian City	51.3	154.3	140.6	79.3	139.9	5.3
宜春市	Yichun City	68.4	133.2	247.9	161.5	195.4	7.9
抚州市	Fuzhou City	37.1	123.5	85.0	48.3	102.4	4.3
上饶市	Shangrao City	53.3	131.3	178.5	106.1	166.7	3.0
山东省	**Shandong**	**9375.3**	**128.4**	**22131.2**	**12917.0**	**30023.9**	**2164.7**
济南市	Jinan City	722.1	125.2	1839.5	1209.5	2089.5	103.5
青岛市	Qingdao City	1359.5	129.4	3072.3	1774.6	4187.9	193.6
淄博市	Zibo City	841.1	133.6	1960.0	1133.5	2749.0	163.1
枣庄市	Zaozhuang City	309.3	131.4	553.6	335.8	923.8	68.9
东营市	Dongying City	879.9	128.6	1186.7	492.6	1587.3	462.8
烟台市	Yantai City	1064.8	134.6	2152.7	1215.6	3876.9	308.2
潍坊市	Weifang City	714.1	133.4	1940.5	1158.7	2736.9	144.1
济宁市	Jining City	561.6	129.6	1547.9	928.1	1389.8	132.1
泰安市	Taian City	356.9	133.5	933.2	618.8	1008.4	63.0
威海市	Weihai City	720.3	129.3	1235.4	661.1	2550.8	136.4
日照市	Rizhao City	164.0	139.6	404.9	284.3	527.3	18.6
莱芜市	Laiwu City	153.6	137.0	543.1	381.5	605.6	26.6
临沂市	Linyi City	424.6	135.6	989.3	613.0	1403.4	83.5
德州市	Dezhou City	370.2	133.4	911.9	439.9	1198.0	104.5
聊城市	Liaocheng City	301.1	131.4	768.5	471.9	966.0	60.1
滨州市	Binzhou City	345.1	135.6	922.0	570.3	1188.2	64.7
荷泽市	Heze City	131.1	135.0	274.2	164.6	427.7	14.6

3-18 续表 5 continued

地区	Region	工业增加值 (亿元) Value-added of Industry (100 million yuan)	工业企业增加值指数 (上年=100) Index of Value-added of Industry (preceding year=100)	资产总计 (亿元) Total Assets (100 million yuan)	负债合计 (亿元) Total Liabilities (100 million yuan)	主营业务收入(亿元) Revenue from Principal Business (100 million yuan)	利润总额 (亿元) Total Profits (100 million yuan)
河南省	**Henan**	**3200.2**	**123.3**	**9158.0**	**5504.7**	**10114.2**	**643.4**
郑州市	Zhengzhou City	569.7	124.2	1439.7	918.8	1714.8	122.5
开封市	Kaifeng City	75.5	124.0	196.9	105.7	258.3	12.4
洛阳市	Luoyang City	359.8	124.2	1095.1	750.2	1113.6	49.3
平顶山市	Pingdingshan City	200.1	123.6	625.0	367.8	534.9	36.2
安阳市	Anyang City	220.0	122.0	607.6	405.3	721.6	27.3
鹤壁市	Hebi City	84.0	125.0	162.4	99.0	217.9	7.0
新乡市	Xinxiang City	175.2	124.2	596.9	356.2	537.6	21.9
焦作市	Jiaozuo City	252.0	126.6	645.0	380.1	828.1	77.6
濮阳市	Puyang City	173.6	120.9	508.8	221.9	543.8	49.1
许昌市	Xuchang City	208.4	122.1	501.9	268.0	634.7	56.2
漯河市	Luohe City	136.5	124.0	307.8	150.3	546.9	29.1
三门峡市	Sanmenxia City	140.2	120.7	446.4	300.1	434.5	36.2
南阳市	Nanyang City	225.1	123.6	566.5	343.1	659.3	45.5
商丘市	Shangqiu City	110.2	124.1	358.1	227.1	328.7	23.9
信阳市	Xinyang City	76.9	128.0	183.4	112.5	238.1	7.0
周口市	Zhoukou City	98.8	122.0	273.3	157.1	308.1	21.1
驻马店市	Zhumadian City	76.1	124.0	200.1	119.7	235.2	11.4
其他	Others	68.0	132.6	192.5	133.1	214.4	10.5
湖北省	**Hubei**	**2007.2**		**8683.4**	**4715.0**	**5962.5**	**371.8**
武汉市	Wuhan City	734.5	129.2	2784.6	1654.2	2268.2	128.1
黄石市	Huangshi City	141.9	124.4	456.1	287.7	387.2	15.4
十堰市	Shiyan City	122.1	90.6	915.6	449.8	577.1	42.2
宜昌市	Yichang City	247.0	130.1	2194.2	1117.2	535.8	91.0
襄樊市	Xiangfan City	161.9	134.4	500.3	313.9	370.7	18.8
鄂州市	Ezhou City	63.4	124.5	161.4	98.9	173.4	13.1
荆门市	Jingmen City	80.2	111.3	262.4	137.4	338.9	4.0
孝感市	Xiaogan City	81.9	119.3	300.3	149.7	239.8	16.5
荆州市	Jingzhou City	78.7	115.7	307.0	189.4	255.7	37.7
黄冈市	Huanggang City	50.8	122.8	149.0	93.0	133.4	1.4
咸宁市	Xianning City	47.7	138.0	149.2	87.5	129.0	10.7
随州市	Suizhou City	57.3	135.6	81.1	51.2	143.3	3.4
恩施土家族苗族自治州	Enshi Tujia & Miao A.P	23.8	121.5	134.5	87.0	55.0	1.9
其他	Others	99.3		292.9	155.3	354.5	35.1
湖南省	**Hunan**	**1629.8**	**120.6**	**4611.6**	**2853.9**	**4585.3**	**189.2**
长沙市	Changsha City	352.3	120.3	1067.5	580.2	935.2	64.0
株洲市	Zhuzhou City	148.8	115.9	488.8	313.5	434.5	17.4
湘潭市	Xiangtan City	124.9	119.0	419.6	272.3	363.6	13.0
衡阳市	Hengyang City	123.6	125.3	327.6	226.3	378.0	14.0
邵阳市	Shaoyang City	48.6	125.6	141.6	93.5	154.5	1.3
岳阳市	Yueyang City	237.5	117.4	465.0	307.0	725.1	5.3
常德市	Changde City	169.1	119.1	371.3	200.8	337.1	26.5
张家界市	Zhangjiajie City	12.3	120.7	66.8	38.4	27.3	-0.6
益阳市	Yiyang City	45.4	123.0	158.3	116.6	137.1	3.0
郴州市	Chenzhou City	131.1	124.0	290.7	161.1	400.9	27.5
永州市	Yongzhou City	52.5	117.6	136.7	91.4	145.2	4.2

3-18 续表 6 continued

地 区	Region	工业增加值 (亿元) Value-added of Industry (100 million yuan)	工业企业增加值指数 (上年=100) Index of Value-added of Industry (preceding year=100)	资产总计 (亿元) Total Assets (100 million yuan)	负债合计 (亿元) Total Liabilities (100 million yuan)	主营业务收入(亿元) Revenue from Principal Business (100 million yuan)	利润总额 (亿元) Total Profits (100 million yuan)
怀化市	Huaihua City	62.6	123.2	211.3	142.5	142.6	5.0
娄底市	Loudi City	95.1	120.4	344.7	235.6	331.7	10.0
湘西土家族苗族自治州	West Hunan Tujia A.P	26.1	117.6	121.7	74.7	72.4	-1.3
其他	Others						
广东省	**Guangdong**	**9416.4**	**124.7**	**27076.1**	**15661.2**	**34781.6**	**1694.0**
广州市	Guangzhou City	1654.0	119.2	4833.8	2615.8	5994.7	404.8
韶关市	Shaoguan City	108.6	106.3	482.7	296.9	379.7	16.8
深圳市	Shenzhen City	2572.0	124.5	6981.5	4147.2	9473.8	563.8
珠海市	Zhuhai City	328.7	120.6	1312.2	810.8	1485.1	53.4
汕头市	Shantou City	190.3	117.5	757.8	364.3	757.4	41.2
佛山市	Foshan City	1303.3	135.2	3072.4	1901.6	4528.6	168.2
江门市	Jiangmen City	355.1	136.0	1152.2	692.8	1409.1	47.5
湛江市	Zhanjiang City	229.9	117.2	499.1	268.5	573.4	69.7
茂名市	Maoming City	165.3	108.8	360.1	153.1	686.7	24.2
肇庆市	Zhaoqing City	76.9	128.8	363.8	211.4	309.4	9.5
惠州市	Huizhou City	315.3	116.0	968.2	606.2	1423.8	36.7
梅州市	Meizhou City	72.5	106.0	286.8	162.5	203.0	11.9
汕尾市	Shanwei City	29.2	133.4	79.0	30.6	109.7	5.7
河源市	Heyuan City	57.8	166.2	152.6	79.2	173.6	15.7
阳江市	Yangjiang City	66.3	126.1	120.7	65.9	203.4	12.4
清远市	Qingyuan City	90.8	199.1	349.4	218.5	343.3	7.8
东莞市	Dongguan City	1060.5	129.4	3345.3	1858.1	3912.2	124.4
中山市	ZhongShan City	551.2	127.8	1359.0	857.7	2083.0	55.1
潮州市	Chaozhou City	69.5	132.1	193.5	97.0	291.4	9.7
揭阳市	Jieyang City	77.6	124.4	238.7	122.6	293.9	12.5
云浮市	Yunfu City	41.7	135.1	167.5	100.6	146.4	3.2
广西壮族自治区	**Guangxi**	**834.9**		**3010.0**	**1853.4**	**2466.8**	**135.0**
南宁市	Nanning City	120.9	116.1	396.5	264.0	333.9	13.3
柳州市	Liuzhou City	206.5	120.2	797.8	498.1	712.1	35.5
桂林市	Guilin City	96.3	124.5	296.0	182.6	254.0	13.5
梧州市	Wuzhou City	40.4	125.7	114.4	70.3	130.8	4.0
北海市	Beihai City	33.0	162.6	155.6	101.7	98.6	3.7
防城港市	Fangchenggang City	19.9	157.3	50.3	32.8	81.2	2.3
钦州市	Qinzhou City	22.3	211.7	69.2	50.5	69.9	0.2
贵港市	Guigang City	34.1	140.4	121.9	72.2	97.1	2.9
玉林市	Yulin City	54.9	120.5	191.5	122.6	167.1	6.0
百色市	Baise City	67.0	120.6	219.5	125.2	151.7	21.0
贺州市	Hezhou City	16.9	134.2	65.8	35.9	57.3	2.4
河池市	Hechi City	45.1	129.4	162.4	120.7	111.4	8.2
来宾市	Laibin City	41.8	121.5	189.3	126.1	106.3	11.4
崇左市	Chongzuo City	32.4	146.9	99.1	54.1	85.5	11.5
海南省	**Hainan**	**148.5**	**118.6**	**791.3**	**437.4**	**449.8**	**35.0**
海口市	Haikou City	57.0	114.9	275.4	149.3	244.3	12.9
三亚市	Sanya City	18.1	108.5	26.4	13.6	13.1	0.4
其他	Others	73.3		489.5	274.6	192.4	21.7

3-18 续表 7 continued

地　　区	Region	工业增加值 (亿元) Value-added of Industry (100 million yuan)	工业企业增加值指数 (上年=100) Index of Value-added of Industry (preceding year=100)	资产总计 (亿元) Total Assets (100 million yuan)	负债合计 (亿元) Total Liabilities (100 million yuan)	主营业务收入(亿元) Revenue from Principal Business (100 million yuan)	利润总额 (亿元) Total Profits (100 million yuan)
重庆市	**Chongqing**	**716.4**	**117.1**	**3092.0**	**1846.6**	**2515.2**	**115.6**
万州区	Wanzhou District	17.6	121.5	75.8	48.1	45.8	1.5
涪陵区	Fuling District	52.1	130.2	196.1	118.4	116.3	5.9
渝中区	Yuzhong District	7.5	106.3	252.7	32.5	117.1	3.6
大渡口区	Dadukou District	43.2	98.6	164.7	104.9	166.1	7.1
江北区	Jiangbei District	44.5	87.4	325.6	194.4	206.4	9.3
沙坪坝区	Shapingba District	58.6	127.9	206.8	152.7	231.3	8.2
九龙坡区	Jiulongpo District	86.7	120.9	444.9	272.1	381.3	9.6
南岸区	Nanan District	50.3	122.5	174.6	113.8	168.0	7.9
北碚区	Beibei District	41.0	158.2	101.3	66.4	114.6	6.0
万盛区	Wansheng District	5.6	122.7	18.7	12.3	12.3	0.5
双桥区	Shuangqiao District	3.5	70.3	22.7	17.4	28.4	-0.9
渝北区	Yubei District	46.0	110.7	210.9	149.4	212.7	9.1
巴南区	Banan District	31.9	116.5	122.9	77.6	136.9	4.8
黔江区	Qianjiang District	13.1	113.5	53.1	35.6	22.0	1.3
长寿区	Changshou District	26.8	121.5	90.3	47.4	67.8	11.4
其他	Others	187.9		630.7	403.4	488.3	30.3
四川省	**Sichuan**	**2034.4**	**123.0**	**7908.6**	**4934.8**	**6008.1**	**326.7**
成都市	Chengdu City	588.2	124.1	2025.0	1258.0	1559.1	79.0
自贡市	Zigong City	83.1	138.3	320.7	231.8	250.6	13.6
攀枝花市	Panzhihua City	148.5	118.2	730.8	517.3	397.3	26.8
泸州市	Luzhou City	70.1	122.6	232.6	137.4	169.7	9.3
德阳市	Deyang City	174.2	127.6	685.8	465.2	493.3	49.9
绵阳市	Mianyang City	118.1	124.8	513.9	295.0	424.7	12.6
广元市	Guangyuan City	22.8	121.0	130.4	116.5	73.7	2.0
遂宁市	Suining City	41.7	130.1	141.2	69.7	110.7	6.4
内江市	Neijiang City	90.0	159.8	223.7	132.5	251.6	3.6
乐山市	Leshan City	133.3	120.2	434.6	279.8	315.3	20.8
南充市	Nanchong City	69.7	134.5	136.5	77.3	234.6	4.4
眉山市	Meishan City	80.8	131.0	205.4	120.7	230.8	8.3
宜宾市	Yibin City	139.6	117.3	427.1	188.5	343.0	36.5
广安市	Guangan City	38.4	130.6	147.1	95.6	102.3	4.1
达州市	Dazhou City	58.0	135.1	105.8	64.3	169.6	4.4
雅安市	Yaan City	29.7	117.5	176.3	125.2	67.7	5.4
巴中市	Bazhong City	8.6	125.2	25.4	17.3	26.7	0.9
资阳市	Ziyang City	67.1	139.1	127.1	80.6	177.2	4.9
阿坝藏族羌族自治州	Aba Zang & Qiang A.P	16.1	141.5	154.8	101.3	36.7	7.3
甘孜藏族自治州	Ganzi Zang A.P	8.8	140.0	47.6	29.7	14.3	2.9
凉山彝族自治州	Liangshan Yi A.P	40.1	131.7	177.4	99.7	92.6	11.3
贵州省	**Guizhou**	**585.9**	**117.0**	**2734.1**	**1784.2**	**1577.2**	**70.8**
贵阳市	Guiyang City	191.8	115.0	652.6	567.9	550.0	16.4
六盘水市	Liupanshui City	66.6	116.2	320.3	181.1	186.9	3.3
遵义市	Zunyi City	98.4	119.9	339.1	184.2		36.6
安顺市	Anshun City	17.8	95.3	109.1	76.1	55.7	2.0
铜仁地区	Tongren Prefecture	11.5	120.1	60.1	45.1		-0.6
黔西南布依族苗族自治州	Southwest Guizhou Buyi & Miao A.P	33.7	116.0	78.3	44.2	49.0	1.1

3-18 续表 8 continued

地　区	Region	工业增加值 (亿元) Value-added of Industry (100 million yuan)	工业企业增加值指数 (上年=100) Index of Value-added of Industry (preceding year=100)	资产总计 (亿元) Total Assets (100 million yuan)	负债合计 (亿元) Total Liabilities (100 million yuan)	主营业务收入(亿元) Revenue from Principal Business (100 million yuan)	利润总额 (亿元) Total Profits (100 million yuan)
毕节地区	Bijie Prefecture	38.3	167.4	144.6	117.6		1.0
黔东南苗族侗族自治州	Southeast Guizhou Miao & Dong A.P	22.3	103.4	57.3	40.1		-0.1
黔南布依族苗族自治州	South Guizhou Buyi & Miao A.P	36.8	123.0	155.5	82.7	107.6	1.9
云南省	**Yunnan**	**998.8**	**108.4**	**3964.3**	**2068.4**	**2569.7**	**227.9**
昆明市	Kunming City	308.8	113.2	1431.6	751.9	1017.8	85.9
曲靖市	Qujing City	149.2	117.4	523.6	322.3	355.0	25.6
玉溪市	Yuxi City	190.5	102.6	706.0	175.4	384.2	44.0
保山市	Baoshan City	11.9	127.4	76.0	49.3	30.7	2.5
昭通市	Zhaotong City	39.0	113.0	123.9	61.1	72.8	11.4
丽江市	Lijiang City	6.6	100.2	36.9	26.2	16.4	1.1
思茅市	Simao City	14.2	119.4	84.3	56.5	35.2	0.9
临沧市	Lincang City	15.3	105.2	72.7	53.4	29.5	4.0
楚雄彝族自治州	Chuxiong Yi A.P	50.8	120.3	138.1	89.6	113.8	12.1
红河哈尼族彝族自治州	Honghe Hani & Yi A.P	121.8	105.6	420.2	247.1	302.0	20.0
文山壮族苗族自治州	Wenshan Zhuang & Miao A.P	21.9	132.5	91.4	56.1	52.0	8.3
西双版纳傣族自治州	Xishuangbanna Dai A.P	6.5	123.6	28.9	19.6	13.7	1.0
大理白族自治州	Dali Bai A.P	45.8	112.5	140.6	95.7	106.1	6.0
德宏傣族景颇族自治州	Dehong Dai & Jingpo A.P	6.3	68.9	48.1	34.7	21.6	1.7
怒江傈僳族自治州	Nujiang Lisu A.P	5.5	149.8	26.0	19.1	11.8	2.8
迪庆藏族自治州	Diqing Zang A.P	4.6	143.4	16.1	10.6	7.3	0.6
西藏自治区	**Tibet A.R.**	**15.3**		**112.4**	**26.4**	**28.4**	**4.5**
拉萨市	Lhasa City	2.3		11.9	2.8	3.8	0.4
昌都地区	Qamdu Prefecture	0.9		5.2	0.8	1.3	0.3
山南地区	Lhokha Prefecture	2.0		16.2	3.1	3.7	0.7
日喀则地区	Xigaze Prefecture	1.4		7.3	2.3	2.0	0.1
那曲地区	Narqu Prefecture	0.6		3.9	0.6	0.4	0.0
阿里地区	Ngri Prefecture	0.2		0.8	0.3	0.1	0.0
林芝地区	Nyingchi Prefecture	1.7		10.6	1.3	3.0	1.4
其他	Others	6.3		56.6	15.3	14.2	1.6
陕西省	**Shaanxi**	**1321.7**		**5085.9**	**3160.7**	**3302.5**	**400.7**
西安市	Xian City	286.6		1451.1	924.5	928.2	29.0
铜川市	Tongchuan City	23.0		124.3	79.3	61.7	1.3
宝鸡市	Baoji City	146.3		499.3	332.9	343.8	13.5
咸阳市	Xianyang City	94.9		392.1	239.1	289.4	-5.9
渭南市	Weinan City	134.1		521.6	379.4	301.1	49.9
延安市	Yanan City	272.6		465.8	237.9	393.3	85.4
汉中市	Hanzhong City	49.9		200.7	156.8	133.2	-1.2
榆林市	Yulin City	209.8		377.0	243.2	193.2	22.4
安康市	Ankang City	15.8		71.1	57.8	34.1	0.7
商洛市	Shangluo City	10.2		32.1	19.0	22.9	3.2
其他	Others	4.1		33.5	17.5	13.7	1.2
甘肃省	**Gansu**	**601.8**	**118.6**	**2777.6**	**1680.4**	**1984.8**	**59.3**
兰州市	Lanzhou City	231.2	115.7	1154.8	658.7	901.1	-30.9
嘉峪关市	Jiayuguan City	50.1	140.6	322.6	239.1	185.0	10.0

3-18 续表 9 continued

地 区	Region	工业增加值 (亿元) Value-added of Industry (100 million yuan)	工业企业增加值指数 (上年=100) Index of Value-added of Industry (preceding year=100)	资产总计 (亿元) Total Assets (100 million yuan)	负债合计 (亿元) Total Liabilities (100 million yuan)	主营业务收入(亿元) Revenue from Principal Business (100 million yuan)	利润总额 (亿元) Total Profits (100 million yuan)
金昌市	Jinchang City	82.8	122.9	219.6	125.6	232.4	20.4
白银市	Baiyin City	55.0	116.3	257.4	189.9	154.1	4.1
天水市	Tianshui City	27.6	123.0	85.6	52.9	61.1	1.9
武威市	Wuwei City	17.9	128.6	74.7	42.1	29.7	0.4
张掖市	Zhangye City	14.0	124.9	61.5	41.8	33.7	1.6
平凉市	Pingliang City	23.0	116.8	134.8	84.7	49.9	5.1
酒泉市	Jiuquan City	40.3	119.5	201.9	126.2	131.4	-2.5
庆阳市	Qingyang City	65.9	120.3	134.9	39.8	128.9	43.1
定西市	Dingxi City	5.0	114.3	31.6	22.7	13.1	-0.2
陇南市	Longnan City	13.6	126.8	58.8	31.1	37.6	4.1
临夏回族自治州	Linxia Hui A.P	8.5	116.0	24.1	15.6	17.5	1.1
甘南藏族自治州	Gannan Zang A.P	3.0	110.5	15.4	10.2	9.2	1.1
青海省	**Qinghai**	**189.1**	**122.7**	**1145.5**	**773.7**	**462.8**	**72.8**
西宁市	Xining City	84.2	125.9	684.3	499.6	244.3	13.1
海东地区	Haidong Prefecture	8.6	124.8	34.7	19.3	21.1	-0.3
海北藏族自治州	Haibei Zang A.P	3.1	119.2	18.2	11.1	9.7	0.6
黄南藏族自治州	Huangnan Zang AP	0.9	93.5	17.5	10.5	1.1	0.3
海南藏族自治州	Hainan Zang A.P	0.9	125.2	15.3	13.3	2.3	0.0
果洛藏族自治州	Golog Zang A.P	0.1	102.1	1.3	0.4	0.1	0.0
玉树藏族自治州	Yushu Zang A.P	0.2	101.1	2.5	0.6	0.4	29.0
海西蒙古族藏族自治州	Haixi Mongolian & Zang A.P	91.3	122.0	371.8	218.9	183.7	59.2
宁夏回族自治区	**Ningxia**	**213.7**	**118.5**	**1113.1**	**690.0**	**647.5**	**21.1**
银川市	Yinchuan City	101.1	122.4	493.5	289.6	317.8	8.4
石嘴山市	Shizuishan City	62.3	110.4	329.3	194.6	171.6	4.9
吴忠市	Wuzhong City	34.3	129.5	184.6	131.4	110.3	5.3
固原市	Guyuan City	1.4	158.0	6.8	3.7	3.9	0.1
中卫市	Zhongwei City	14.6	130.3	98.9	70.7	44.0	2.4
新疆维吾尔自治区	**Xinjiang**	**888.1**	**117.8**	**2837.0**	**1477.1**	**2152.5**	**387.9**
乌鲁木齐市	Urumqi City	142.0	110.4	745.7	362.2	559.8	40.7
克拉玛依市	Karamay City	343.6	108.8	774.0	303.7	767.5	175.4
吐鲁番地区	Turpan Prefecture	73.8	115.1	119.9	67.8	104.1	43.5
哈密地区	Hami Prefecture	16.0	108.9	72.9	46.2	37.2	2.9
昌吉回族自治州	Changji Hui A.P	41.0	114.6	206.8	133.0	138.4	4.9
博尔塔拉蒙古自治州	Bortala Mongolian A.P	2.6	111.1	19.6	15.2	11.9	-0.6
巴音郭楞蒙古自治州	Bayingolin Mongolian A.P	176.4	125.5	383.4	201.1	259.8	113.4
阿克苏地区	Aksu Prefecture	22.5	138.0	95.3	50.9	75.2	1.7
克孜勒苏柯尔克孜自治州	Kizilsu Kirgiz A.P	0.6	104.9	3.4	2.6	2.0	-0.1
喀什地区	Kashi Prefecture	5.8	127.7	48.0	40.7	17.8	-1.5
和田地区	Hotan Prefecture	1.8	125.3	22.7	17.9	5.1	-0.7
伊犁州直属县（市）	Counties(Cities) Direct Under Ili Prefecture	25.8	130.0	129.0	81.9	64.7	3.4
塔城地区	Tacheng Prefecture	11.1	120.0	50.0	34.8	29.2	1.2
阿勒泰地区	Altay Prefecture	9.4	122.0	39.0	24.9	21.0	3.0
石河子市	Shihezi City	14.7	119.0	117.9	88.2	55.5	1.0
阿拉尔市	Alar City	0.1	750.5	1.6	1.2	0.1	-0.1
图木舒克市	Tumxuk City	0.3	134.6	3.2	1.9	0.8	-0.1
五家渠市	Wujiaqu City	0.6	116.1	4.7	2.9	2.4	-0.1

3-19 建筑业情况(2005年)

Construction(2005)

地　区	Region	建筑业企业单位数（个）Number of Construction Enterprises (unit)	建筑业企业从业人员（万人）Employment of Construction Enterprises (10 000 persons)	建筑业企业总产值（亿元）Gross Output Value of Construction (100 million yuan)	房屋建筑施工面积（万平方米）Floor Space of Buildings Under Construction (10 000 sq.m)	房屋建筑竣工面积（万平方米）Floor Space of Buildings Completed in Construction (10 000 sq.m)
北京市	**Beijing**	**2764**	**67.3**	**1896.8**	**15430.0**	**4870.7**
东城区	Dongcheng District	131	2.5	82.9	493.4	191.2
西城区	Xicheng District	175	4.3	116.6	665.7	270.7
崇文区	Chongwen District	65	2.5	54.4	586.8	130.2
宣武区	Xuanwu District	136	2.6	73.7	752.1	247.6
朝阳区	Chaoyang District	394	11.7	285.0	2293.7	790.2
丰台区	Fengtai District	188	5.8	174.4	1460.3	313.5
石景山区	Shijingshan District	43	1.5	80.0	689.1	261.3
海淀区	Haidian District	357	11.3	389.7	3691.9	894.1
门头沟区	Mentougou District	145	1.5	41.3	119.4	47.3
房山区	Fangshan District	101	5.2	145.7	1550.7	527.9
通州区	Tongzhou District	191	3.8	78.1	734.3	229.0
顺义区	Shunyi District	92	3.0	68.5	438.5	191.3
昌平区	Changping District	91	2.2	68.5	441.7	115.9
大兴区	Daxing District	274	2.8	82.3	570.5	267.6
怀柔区	Huairou District	160	1.9	25.4	198.5	84.8
平谷区	Pinggu District	81	1.7	54.1	155.4	58.8
密云县	Miyun County	59	1.6	35.4	256.3	81.2
延庆县	Yanqing County	57	1.1	35.2	307.1	151.5
其他	Others	12	0.1	2.8	12.4	8.4
天津市	**Tianjin**	**1108**	**26.7**	**754.4**	**3940.6**	**1484.4**
和平区	Heping District	104	1.5	48.1	536.9	161.1
河东区	Hedong District	86	2.8	96.3	386.7	155.1
河西区	Hexi District	158	3.5	86.3	221.0	91.4
南开区	Nankai District	135	1.6	63.8	302.4	85.4
河北区	Hebei District	49	0.6	20.7	189.1	88.8
红桥区	Hongqiao District	25	0.5	3.9	29.8	12.6
塘沽区	Tanggu District	117	4.7	175.9	924.8	230.9
汉沽区	Hangu District	19	0.7	12.5	162.0	23.3
大港区	Dagang District	55	1.6	29.0	114.6	56.6
东丽区	Dongli District	60	1.3	34.7	88.8	47.7
西青区	Xiqing District	49	0.8	12.0	84.8	37.5
津南区	Jinnan District	65	3.1	104.7	432.5	183.6
北辰区	Beichen District	48	0.4	6.5	14.7	6.4
武清区	Wuqing District	47	1.0	21.2	99.9	69.8
宝坻区	Baodi District	20	1.0	13.4	148.2	103.3
宁河县	Ninghe County	23	0.5	5.8	23.1	12.4
静海县	Jinghai County	21	0.5	9.9	90.9	51.9
蓟县	Ji County	27	0.7	9.8	90.4	66.8
其他	Others					
河北省	**Hebei**	**2094**	**108.4**	**1285.3**	**11261.4**	**5744.2**
石家庄市	Shijiazhuang City	233	17.7	265.1	2070.5	915.2
唐山市	Tangshan City	256	14.4	220.6	1539.9	756.8
秦皇岛市	Qinhuangdao City	239	4.7	72.1	637.2	293.0
邯郸市	Handan City	236	14.8	149.8	1255.2	589.7

3-19 续表 1 continued

地 区	Region	建筑业企业单位数（个）Number of Construction Enterprises (unit)	建筑业企业从业人员（万人）Employment of Construction Enterprises (10 000 persons)	建筑业企业总产值（亿元）Gross Output Value of Construction (100 million yuan)	房屋建筑施工面积（万平方米）Floor Space of Buildings Under Construction (10 000 sq.m)	房屋建筑竣工面积（万平方米）Floor Space of Buildings Completed in Construction (10 000 sq.m)
邢台市	Xingtai City	129	5.8	42.7	645.4	321.2
保定市	Baoding City	236	18.3	205.3	1862.0	1042.2
张家口市	Zhangjiakou City	93	4.3	50.3	586.6	316.8
承德市	Chengde City	144	2.9	56.7	410.7	232.7
沧州市	Cangzhou City	209	11.5	104.0	912.0	581.9
廊坊市	Langfang City	212	9.6	81.7	822.2	445.8
衡水市	Hengshui City	107	4.4	37.1	519.6	248.9
其他	Others					
山西省	**Shanxi**	**1403**	**55.5**	**849.2**	**4048.5**	**1638.5**
太原市	Taiyuan City	563	23.7	508.3	1804.3	553.0
大同市	Datong City	132	2.9	36.2	223.5	123.3
阳泉市	Yangquan City	53	3.5	33.4	211.9	71.2
长治市	Changzhi City	98	2.8	29.3	297.6	145.4
晋城市	Jincheng City	59	2.1	17.4	145.1	73.9
朔州市	Shuozhou City	54	1.7	18.1	77.1	66.7
晋中市	Jinzhong City	92	5.3	73.1	332.1	116.3
运城市	Yuncheng City	103	4.2	38.0	306.9	147.7
忻州市	Xinzhou City	90	2.5	22.5	198.2	119.1
临汾市	Linfen City	84	5.1	59.8	310.8	135.5
吕梁市	Luliang City	75	1.7	13.1	141.1	86.4
内蒙古自治区	**Inner Mongolia**	**676**	**26.4**	**381.3**	**2958.9**	**1623.4**
呼和浩特市	Hohhot City	154	5.9	107.0	830.1	293.2
包头市	Baotou City	92	5.2	73.9	505.5	259.2
乌海市	Wuhai City	32	1.2	17.7	138.9	86.0
赤峰市	Chifeng City	93	5.1	31.0	392.4	259.3
通辽市	Tongliao City	37	1.4	15.3	114.8	80.7
鄂尔多斯市	Erdos City	65	2.9	68.5	341.0	215.7
呼伦贝尔市	Hulunbuir City	61	1.6	24.6	133.1	111.3
巴彦淖尔市	Bayannur City	53	1.0	19.0	171.4	138.0
乌兰察布市	Ulanqab City	37	0.8	10.5	179.0	78.2
兴安盟	Xingan League	20	0.5	4.4	70.7	36.6
锡林郭勒盟	Xilingol League	23	0.5	6.7	60.9	48.8
阿拉善盟	Alxa League	9	0.2	2.7	21.1	16.4
其他	Others					
辽宁省	**Liaoning**	**3299**	**91.7**	**1481.7**	**10224.9**	**5111.1**
沈阳市	Shenyang City	893	16.8	326.8	2667.4	1260.0
大连市	Dalian City	938	25.7	453.8	3728.2	1960.0
鞍山市	Anshan City	231	9.6	130.3	670.9	130.1
抚顺市	Fushun City	130	4.1	57.4	281.0	185.8
本溪市	Benxi City	131	4.0	64.1	375.3	143.4
丹东市	Dandong City	119	4.3	59.9	388.8	180.8
锦州市	Jinzhou City	131	5.0	52.5	277.6	202.4
营口市	Yingkou City	108	3.3	46.1	429.2	273.2
阜新市	Fuxin City	122	2.2	25.9	252.8	137.5
辽阳市	Liaoyang City	135	5.4	107.4	276.4	149.8

3-19 续表 2 continued

地 区	Region	建筑业企业单位数(个) Number of Construction Enterprises (unit)	建筑业企业从业人员(万人) Employment of Construction Enterprises (10 000 persons)	建筑业企业总产值(亿元) Gross Output Value of Construction (100 million yuan)	房屋建筑施工面积(万平方米) Floor Space of Buildings Under Construction (10 000 sq.m)	房屋建筑竣工面积(万平方米) Floor Space of Buildings Completed in Construction (10 000 sq.m)
盘锦市	Panjin City	102	3.5	63.8	65.7	41.6
铁岭市	Tieling City	52	2.5	35.5	217.7	101.9
朝阳市	Chaoyang City	109	2.8	26.5	266.6	135.2
葫芦岛市	Huludao City	98	2.6	31.7	327.5	209.3
吉林省	**Jilin**	**1093**	**39.1**	**485.6**	**3165.9**	**1744.7**
长春市	Changchun City	446	21.0	296.4	1878.0	989.5
吉林市	Jilin City	161	4.8	49.9	226.5	109.2
四平市	Siping City	84	1.6	13.0	91.1	57.0
辽源市	Liaoyuan City	42	0.9	37.9	146.6	128.2
通化市	Tonghua City	97	1.9	29.4	254.9	126.7
白山市	Baishan City	43	1.1	7.4	96.8	37.9
松原市	Songyuan City	37	1.5	19.1	69.4	68.8
白城市	Baicheng City	44	4.1	8.4	73.1	40.9
延边朝鲜族自治州	Yanbian Korean A.P	139	2.1	24.1	327.5	186.6
其他	Others					
黑龙江省	**Heilongjiang**	**1948**	**63.3**	**572.9**	**4468.0**	**2250.0**
哈尔滨市	Harbin City	974	20.6	300.5	2639.0	1218.8
齐齐哈尔市	Qiqihar City	151	4.7	34.8	271.0	211.6
鸡西市	Jixi City	58	1.6	13.9	39.9	28.6
鹤岗市	Hegang City	56	1.0	7.1	132.0	58.4
双鸭山市	Shuangyashan City	46	1.1	8.1	106.9	51.1
大庆市	Daqing City	215	6.6	91.9	202.3	172.6
伊春市	Yichun City	75	0.6	6.0	63.9	50.6
佳木斯市	Jiamusi City	95	1.7	13.5	146.1	105.1
七台河市	Qitaihe City	27	0.9	8.0	53.1	39.8
牡丹江市	Mudanjiang City	119	2.1	22.1	229.5	118.5
黑河市	Heihe City	56	1.1	4.9	42.3	34.7
绥化市	Suihua City	117	2.2	19.2	151.7	146.1
大兴安岭地区	Daxinganling Prefecture	25	0.4	3.2	24.6	10.2
其他	Others					
上海市	**Shanghai**	**2442**	**72.2**	**1889.3**	**14138.1**	**5648.9**
黄浦区	Huangpu District	138	2.2	95.7	302.0	88.1
卢湾区	Luwan District	73	1.0	25.7	144.1	44.8
徐汇区	Xuhui District	179	4.1	168.1	469.9	187.0
长宁区	Changning District	117	2.3	79.0	635.2	288.8
静安区	Jingan District	88	1.3	38.0	443.4	193.6
普陀区	Putuo District	124	3.9	118.1	1136.2	390.8
闸北区	Zhabei District	73	2.5	92.9	41.3	7.8
虹口区	Hongkou District	151	7.0	136.4	1017.6	295.3
杨浦区	Yangpu District	161	3.2	96.2	457.5	184.5
闵行区	Minhang District	117	2.9	73.2	837.3	387.2
宝山区	Baoshan District	154	7.5	231.0	1554.0	598.8
嘉定区	Jiading District	97	2.3	52.9	762.7	290.0
浦东新区	Pudong New District	340	13.6	304.9	2609.5	788.6
金山区	Jinshan District	84	4.6	45.3	270.7	147.6

3-19 续表 3 continued

地　区	Region	建筑业企业单位数(个) Number of Construction Enterprises (unit)	建筑业企业从业人员(万人) Employment of Construction Enterprises (10 000 persons)	建筑业企业总产值(亿元) Gross Output Value of Construction (100 million yuan)	房屋建筑施工面积(万平方米) Floor Space of Buildings Under Construction (10 000 sq.m)	房屋建筑竣工面积(万平方米) Floor Space of Buildings Completed in Construction (10 000 sq.m)
松江区	Songjiang District	131	3.7	91.2	1181.6	636.9
青浦区	Qingpu District	89	3.0	54.9	542.8	315.1
南汇区	Nanhui District	133	2.2	89.3	759.5	383.4
奉贤区	Fengxian District	156	3.7	71.0	634.6	306.5
崇明县	Chongming County	37	1.6	25.4	338.2	113.9
其他	Others					
江苏省	**Jiangsu**	**5909**	**342.2**	**4369.0**	**52242.2**	**25391.9**
南京市	Nanjing City	986	35.4	556.7	3997.9	1978.9
无锡市	Wuxi City	414	16.1	225.1	2828.0	1424.0
徐州市	Xuzhou City	314	19.8	189.6	1637.9	1153.8
常州市	Changzhou City	512	23.2	283.5	3184.0	1588.8
苏州市	Suzhou City	1027	35.1	474.8	6224.2	2921.3
南通市	Nantong City	680	57.8	947.0	14066.5	5521.2
连云港市	Lianyungang City	150	10.4	115.2	1241.5	725.2
淮安市	Huaian City	327	22.3	181.5	1766.6	1096.4
盐城市	Yancheng City	498	25.4	221.7	2834.1	1518.3
扬州市	Yangzhou City	513	32.4	438.4	5187.6	2683.7
镇江市	Zhenjiang City	295	12.0	133.4	1001.5	534.6
泰州市	Taizhou City	384	47.1	525.1	6737.8	3670.2
宿迁市	Suqian City	121	9.6	70.0	743.5	490.6
浙江省	**Zhejiang**	**4226**	**322.1**	**4743.3**	**59883.7**	**24637.1**
杭州市	Hangzhou City	861	56.1	1036.2	11142.5	4349.0
宁波市	Ningbo City	655	45.4	659.9	9104.3	3874.9
温州市	Wenzhou City	478	22.3	260.9	3475.0	1145.7
嘉兴市	Jiaxing City	202	11.7	122.9	2000.4	1048.7
湖州市	Huzhou City	185	8.6	142.4	1552.7	758.3
绍兴市	Shaoxing City	451	88.4	1407.1	18421.9	7757.8
金华市	Jinhua City	465	37.7	541.2	7717.1	2837.3
衢州市	Quzhou City	117	5.2	54.6	721.7	393.8
舟山市	Zhoushan City	96	3.1	41.4	433.4	155.9
台州市	Taizhou City	321	28.8	392.1	4655.9	1992.3
丽水市	Lishui City	131	4.6	57.3	658.7	323.4
安徽省	**Anhui**	**1946**	**98.6**	**923.1**	**9870.0**	**5081.0**
合肥市	Hefei City	487	24.4	309.7	3052.0	1274.0
芜湖市	Wuhu City	139	6.7	65.5	743.0	394.0
蚌埠市	Bengbu City	114	4.3	50.3	519.0	221.0
淮南市	Huainan City	79	5.5	98.5	756.0	239.0
马鞍山市	Maanshan City	95	4.9	72.3	555.0	248.0
淮北市	Huaibei City	48	2.8	21.0	159.0	89.0
铜陵市	Tongling City	75	2.5	17.5	221.0	103.0
安庆市	Anqing City	215	10.9	58.9	1005.0	671.0
黄山市	Huangshan City	52	2.8	14.8	255.0	173.0
滁州市	Chuzhou City	95	4.8	31.9	462.0	338.0
阜阳市	Fuyang City	89	3.9	28.7	359.0	207.0
宿州市	Suzhou City	74	5.3	40.9	286.0	169.0

3-19 续表 4 continued

地 区	Region	建筑业企业单位数（个）Number of Construction Enterprises (unit)	建筑业企业从业人员（万人）Employment of Construction Enterprises (10 000 persons)	建筑业企业总产值（亿元）Gross Output Value of Construction (100 million yuan)	房屋建筑施工面积（万平方米）Floor Space of Buildings Under Construction (10 000 sq.m)	房屋建筑竣工面积（万平方米）Floor Space of Buildings Completed in Construction (10 000 sq.m)
巢湖市	Chaohu City	97	5.7	26.5	304.0	186.0
六安市	Liuan City	118	8.5	53.4	704.0	465.0
亳州市	Bozhou City	34	1.2	6.0	86.0	66.0
池州市	Chizhou City	58	1.5	11.3	148.0	90.0
宣城市	Xuancheng City	77	2.8	15.9	256.0	148.0
其他	Others					
福建省	**Fujian**	**1878**	**81.7**	**889.4**	**10268.3**	**4191.4**
福州市	Fuzhou City	578	28.0	380.5	3836.2	1504.3
厦门市	Xiamen City	335	19.5	148.3	1385.0	457.3
莆田市	Putian City	96	4.4	32.3	468.9	200.2
三明市	Sanming City	92	2.5	28.7	333.4	122.3
泉州市	Quanzhou City	310	13.0	139.9	2061.9	1077.7
漳州市	Zhangzhou City	134	4.8	62.9	1000.3	334.2
南平市	Nanping City	109	2.5	21.3	279.8	104.5
龙岩市	Longyan City	133	4.4	49.5	621.8	324.9
宁德市	Ningde City	91	2.6	26.0	280.8	65.7
江西省	**Jiangxi**	**1362**	**60.5**	**566.6**	**7281.2**	**4030.5**
南昌市	Nanchang City	396	23.9	265.2	2763.4	1228.3
景德镇市	Jingdezhen City	61	2.2	12.3	219.7	133.0
萍乡市	Pingxiang City	80	1.7	18.4	212.7	111.8
九江市	Jiujiang City	134	6.5	78.4	664.6	473.1
新余市	Xinyu City	68	2.8	26.3	244.8	149.3
鹰潭市	Yingtan City	43	1.9	18.7	194.9	91.3
赣州市	Ganzhou City	154	3.6	30.6	574.3	305.3
吉安市	Jian City	109	3.8	23.4	464.3	243.2
宜春市	Yichun City	122	3.8	25.9	588.2	387.3
抚州市	Fuzhou City	86	4.4	22.6	490.6	328.1
上饶市	Shangrao City	109	6.0	45.0	863.8	579.8
山东省	**Shandong**	**5672**	**249.8**	**2509.2**	**25449.9**	**11883.1**
济南市	Jinan City	737	30.2	462.6	3298.3	1399.5
青岛市	Qingdao City	601	31.1	346.0	3858.6	1511.2
淄博市	Zibo City	444	23.3	218.6	2452.8	972.0
枣庄市	Zaozhuang City	225	11.0	69.6	941.9	425.6
东营市	Dongying City	214	9.9	131.1	591.2	348.3
烟台市	Yantai City	773	20.2	224.3	2311.4	1249.0
潍坊市	Weifang City	424	19.2	193.2	2209.7	1004.4
济宁市	Jining City	299	17.7	116.1	1357.4	745.1
泰安市	Taian City	376	24.1	227.5	1906.7	1069.9
威海市	Weihai City	375	9.8	82.3	1192.6	536.2
日照市	Rizhao City	200	7.0	63.3	634.8	335.4
莱芜市	Laiwu City	74	3.8	20.6	319.6	225.1
临沂市	Linyi City	268	13.7	121.5	1564.2	772.7
德州市	Dezhou City	191	6.8	59.2	657.3	315.6
聊城市	Liaocheng City	145	4.4	48.7	745.5	277.0
滨州市	Binzhou City	189	8.6	70.8	623.5	292.7
荷泽市	Heze City	137	9.1	0.6	784.4	403.5

3-19 续表 5 continued

地 区	Region	建筑业企业单位数(个) Number of Construction Enterprises (unit)	建筑业企业从业人员(万人) Employment of Construction Enterprises (10 000 persons)	建筑业企业总产值(亿元) Gross Output Value of Construction (100 million yuan)	房屋建筑施工面积(万平方米) Floor Space of Buildings Under Construction (10 000 sq.m)	房屋建筑竣工面积(万平方米) Floor Space of Buildings Completed in Construction (10 000 sq.m)
河南省	**Henan**	**2842**	**125.0**	**1066.1**	**10813.2**	**4787.1**
郑州市	Zhengzhou City	559	22.8	299.4	2936.7	765.4
开封市	Kaifeng City	93	4.2	35.2	358.2	188.1
洛阳市	Luoyang City	351	26.6	168.5	1228.6	415.6
平顶山市	Pingdingshan City	158	3.5	31.2	409.2	117.1
安阳市	Anyang City	175	12.0	71.8	986.9	639.6
鹤壁市	Hebi City	37	1.2	6.3	87.6	30.3
新乡市	Xinxiang City	207	10.2	79.4	844.7	437.9
焦作市	Jiaozuo City	105	3.0	36.3	318.8	189.9
濮阳市	Puyang City	103	4.7	46.8	313.2	227.6
许昌市	Xuchang City	82	3.1	21.3	327.4	111.1
漯河市	Luohe City	63	2.5	10.1	195.7	87.0
三门峡市	Sanmenxia City	95	1.9	26.2	150.8	65.6
南阳市	Nanyang City	213	10.3	75.7	874.8	410.0
商丘市	Shangqiu City	91	4.4	43.8	410.1	197.3
信阳市	Xinyang City	168	6.1	43.3	571.6	348.1
周口市	Zhoukou City	152	4.6	40.6	484.8	352.5
驻马店市	Zhumadian City	147	3.1	23.1	234.5	151.3
其他	Others	43	0.9	7.1	79.6	52.9
湖北省	**Hubei**	**2114**	**110.1**	**1349.3**	**12013.0**	**6844.5**
武汉市	Wuhan City	873	45.6	731.9	6069.5	3250.3
黄石市	Huangshi City	83	6.5	47.8	539.5	290.2
十堰市	Shiyan City	113	3.3	42.4	357.6	175.6
宜昌市	Yichang City	192	9.1	125.0	499.9	285.1
襄樊市	Xiangfan City	175	8.8	81.9	615.5	383.3
鄂州市	Ezhou City	59	4.1	24.5	391.1	255.7
荆门市	Jingmen City	68	2.8	28.0	217.9	148.1
孝感市	Xiaogan City	103	6.9	46.3	628.5	456.0
荆州市	Jingzhou City	151	6.5	57.2	600.6	321.8
黄冈市	Huanggang City	147	9.0	78.6	1030.8	701.0
咸宁市	Xianning City	51	2.6	18.4	254.3	153.6
随州市	Suizhou City	40	2.2	16.3	314.7	159.8
恩施土家族苗族自治州	Enshi Tujia & Miao A.P	61	2.0	11.9	172.3	93.5
其他	Others	75	3.5	36.4	321.0	170.6
湖南省	**Hunan**	**1842**	**118.6**	**1219.3**	**13774.9**	**6846.0**
长沙市	Changsha City	445	44.1	579.4	5597.6	2431.6
株洲市	Zhuzhou City	177	7.1	89.2	781.2	378.3
湘潭市	Xiangtan City	122	7.7	62.7	756.8	395.3
衡阳市	Hengyang City	180	12.8	125.8	1728.9	745.1
邵阳市	Shaoyang City	96	7.6	62.3	867.5	494.2
岳阳市	Yueyang City	194	9.2	75.6	706.9	519.0
常德市	Changde City	104	8.2	60.6	805.5	463.5
张家界市	Zhangjiajie City	32	1.2	10.1	150.7	62.2
益阳市	Yiyang City	104	4.1	35.0	510.7	313.4
郴州市	Chenzhou City	83	3.2	28.5	580.8	314.7
永州市	Yongzhou City	80	3.9	25.6	501.1	277.1

3-19 续表 6 continued

地 区	Region	建筑业企业单位数(个) Number of Construction Enterprises (unit)	建筑业企业从业人员(万人) Employment of Construction Enterprises (10 000 persons)	建筑业企业总产值(亿元) Gross Output Value of Construction (100 million yuan)	房屋建筑施工面积(万平方米) Floor Space of Buildings Under Construction (10 000 sq.m)	房屋建筑竣工面积(万平方米) Floor Space of Buildings Completed in Construction (10 000 sq.m)
怀化市	Huaihua City	69	2.7	21.4	315.4	166.1
娄底市	Loudi City	105	5.6	34.2	290.3	172.1
湘西土家族苗族自治州	West Hunan Tujia A.P	51	1.3	9.0	181.5	113.7
其他	Others					
广东省	**Guangdong**	**4182**	**166.8**	**2200.6**	**26886.0**	**9693.2**
广州市	Guangzhou City	764	30.8	634.0	5311.1	1599.0
韶关市	Shaoguan City	66	3.7	29.3	424.6	201.9
深圳市	Shenzhen City	604	26.9	545.6	4800.1	1445.1
珠海市	Zhuhai City	165	3.2	52.5	625.5	265.9
汕头市	Shantou City	199	12.6	127.8	2176.3	676.0
佛山市	Foshan City	502	13.7	154.7	2782.5	1026.2
江门市	Jiangmen City	156	10.6	56.1	1586.0	519.8
湛江市	Zhanjiang City	125	7.9	76.0	1399.5	566.1
茂名市	Maoming City	100	10.4	92.1	1395.6	416.0
肇庆市	Zhaoqing City	122	3.7	40.0	531.1	212.8
惠州市	Huizhou City	124	3.9	46.9	772.1	349.7
梅州市	Meizhou City	111	7.3	54.8	776.2	265.1
汕尾市	Shanwei City	43	1.3	7.0	114.8	79.6
河源市	Heyuan City	82	2.1	17.0	294.4	170.3
阳江市	Yangjiang City	91	4.5	33.0	526.0	220.4
清远市	Qingyuan City	74	2.5	20.2	466.5	199.1
东莞市	Dongguan City	361	7.8	84.4	1235.0	707.8
中山市	ZhongShan City	273	5.8	73.4	945.6	471.2
潮州市	Chaozhou City	90	2.2	19.0	206.7	113.1
揭阳市	Jieyang City	84	3.9	21.8	277.8	128.6
云浮市	Yunfu City	46	2.1	15.2	239.0	59.7
广西壮族自治区	**Guangxi**	**1047**	**43.0**	**425.2**	**5518.1**	**2209.7**
南宁市	Nanning City	378	16.9	169.0	1589.6	489.9
柳州市	Liuzhou City	78	6.8	76.7	1111.0	382.7
桂林市	Guilin City	154	4.0	65.1	712.4	310.9
梧州市	Wuzhou City	41	2.4	15.9	195.2	58.1
北海市	Beihai City	54	1.0	7.7	153.4	63.3
防城港市	Fangchenggang City	23	0.7	5.4	86.5	41.5
钦州市	Qinzhou City	42	1.5	13.3	229.4	126.7
贵港市	Guigang City	40	1.6	11.0	286.2	139.3
玉林市	Yulin City	62	3.4	310.7	641.5	317.8
百色市	Baise City	53	1.5	10.3	172.0	61.2
贺州市	Hezhou City	28	0.5	1.2	44.0	15.6
河池市	Hechi City	47	1.7	101.1	183.8	114.2
来宾市	Laibin City	23	0.4	2.5	57.1	39.0
崇左市	Chongzuo City	26	0.4	2.6	31.1	29.8
海南省	**Hainan**	**154**	**6.7**	**59.7**	**692.4**	**205.6**
海口市	Haikou City	109	4.9	50.9	566.1	136.3
三亚市	Sanya City	6	0.1	1.3	7.1	2.0
其他	Others	39	1.7	7.6	119.1	67.3

3-19 续表 7 continued

地 区	Region	建筑业企业单位数 (个) Number of Construction Enterprises (unit)	建筑业企业从业人员 (万人) Employment of Construction Enterprises (10 000 persons)	建筑业企业总产值 (亿元) Gross Output Value of Construction (100 million yuan)	房屋建筑施工面积 (万平方米) Floor Space of Buildings Under Construction (10 000 sq.m)	房屋建筑竣工面积 (万平方米) Floor Space of Buildings Completed in Construction (10 000 sq.m)
重庆市	**Chongqing**	**2310**	**83.1**	**783.6**	**10722.6**	**5155.2**
万州区	Wanzhou District	156	5.1	37.2	678.4	383.3
涪陵区	Fuling District	86	3.0	30.7	545.2	301.0
渝中区	Yuzhong District	310	4.9	71.8	916.3	330.9
大渡口区	Dadukou District	66	1.4	18.2	110.5	61.6
江北区	Jiangbei District	101	2.8	37.2	418.2	144.8
沙坪坝区	Shapingba District	138	3.9	40.2	374.4	134.2
九龙坡区	Jiulongpo District	217	8.2	105.3	1354.2	612.3
南岸区	Nanan District	101	3.4	46.1	205.5	60.8
北碚区	Beibei District	46	2.0	14.6	189.8	94.2
万盛区	Wansheng District	19	0.3	2.0	45.5	29.3
双桥区	Shuangqiao District	4	0.0	0.2	3.8	3.7
渝北区	Yubei District	202	7.6	92.4	1007.3	308.0
巴南区	Banan District	91	5.1	45.5	758.7	423.2
黔江区	Qianjiang District	19	0.6	5.1	44.6	32.6
长寿区	Changshou District	35	3.7	29.4	494.5	236.7
其他	Others	719	31.1	207.7	3575.7	1998.8
四川省	**Sichuan**	**4073**	**181.8**	**1480.9**	**17924.4**	**8692.2**
成都市	Chengdu City	1468	61.4	721.2	7287.7	2618.6
自贡市	Zigong City	173	5.6	30.7	484.7	261.9
攀枝花市	Panzhihua City	82	3.2	61.5	137.0	70.9
泸州市	Luzhou City	195	16.2	74.5	1443.2	982.5
德阳市	Deyang City	247	8.9	68.1	720.9	358.2
绵阳市	Mianyang City	226	9.3	62.6	765.9	407.0
广元市	Guangyuan City	160	2.9	16.4	243.4	132.2
遂宁市	Suining City	131	7.6	46.4	559.1	417.1
内江市	Neijiang City	146	7.0	45.9	660.9	351.6
乐山市	Leshan City	173	5.7	33.9	566.1	250.6
南充市	Nanchong City	222	14.9	70.4	1094.6	645.7
眉山市	Meishan City	91	6.0	44.2	642.9	409.3
宜宾市	Yibin City	205	4.7	29.1	476.2	234.6
广安市	Guangan City	93	8.7	49.8	795.4	488.6
达州市	Dazhou City	97	8.0	53.7	880.6	420.7
雅安市	Yaan City	49	1.2	5.4	114.6	65.6
巴中市	Bazhong City	97	3.6	25.5	512.5	259.0
资阳市	Ziyang City	103	4.7	24.7	352.8	193.3
阿坝藏族羌族自治州	Aba Zang & Qiang A.P	26	0.5	4.2	14.9	12.7
甘孜藏族自治州	Ganzi Zang A.P	17	0.3	2.4	14.7	8.8
凉山彝族自治州	Liangshan Yi A.P	72	1.4	10.0	156.2	103.3
贵州省	**Guizhou**	**634**	**30.6**	**271.2**	**3152.8**	**1149.5**
贵阳市	Guiyang City	262	18.5	208.5	1956.0	486.1
六盘水市	Liupanshui City	30	1.4	7.3	133.4	47.2
遵义市	Zunyi City	97	4.3	28.1	654.0	257.0
安顺市	Anshun City	27	0.8	3.6	81.8	40.8
铜仁地区	Tongren Prefecture	41	1.3	5.6	127.6	62.1
黔西南布依族苗族自治州	Southwest Guizhou Buyi & Miao A.P	29	1.0	4.3	90.1	55.0

3-19 续表 8 continued

地 区	Region	建筑业企业单位数（个）Number of Construction Enterprises (unit)	建筑业企业从业人员（万人）Employment of Construction Enterprises (10 000 persons)	建筑业企业总产值（亿元）Gross Output Value of Construction (100 million yuan)	房屋建筑施工面积（万平方米）Floor Space of Buildings Under Construction (10 000 sq.m)	房屋建筑竣工面积（万平方米）Floor Space of Buildings Completed in Construction (10 000 sq.m)
毕节地区	Bijie Prefecture	54	1.1	3.0	79.4	43.9
黔东南苗族侗族自治州	Southeast Guizhou Miao & Dong A.P	52	1.6	7.9	256.2	93.8
黔南布依族苗族自治州	South Guizhou Buyi & Miao A.P	43	1.0	6.4	180.2	96.0
云南省	**Yunnan**	**1648**	**55.3**	**539.6**	**4586.5**	**2470.1**
昆明市	Kunming City	713	29.1	349.4	2347.0	1190.9
曲靖市	Qujing City	136	4.8	37.6	459.2	333.9
玉溪市	Yuxi City	143	3.4	21.3	283.9	195.0
保山市	Baoshan City	39	2.7	12.8	149.5	121.5
昭通市	Zhaotong City	63	1.2	6.3	84.5	57.1
丽江市	Lijiang City	43	0.7	6.6	83.3	13.2
思茅市	Simao City	59	1.3	13.0	95.8	33.1
临沧市	Lincang City	40	0.8	4.9	63.8	37.3
楚雄彝族自治州	Chuxiong Yi A.P	95	2.3	15.1	229.5	107.7
红河哈尼族彝族自治州	Honghe Hani & Yi A.P	120	3.6	27.5	377.6	167.0
文山壮族苗族自治州	Wenshan Zhuang & Miao A.P	28	0.5	6.9	87.1	41.9
西双版纳傣族自治州	Xishuangbanna Dai A.P	30	0.4	2.8	35.4	18.5
大理白族自治州	Dali Bai A.P	94	3.6	29.8	221.6	112.7
德宏傣族景颇族自治州	Dehong Dai & Jingpo A.P	27	0.4	3.7	46.0	23.4
怒江傈僳族自治州	Nujiang Lisu A.P	10	0.2	1.0	7.7	6.7
迪庆藏族自治州	Diqing Zang A.P	8	0.2	1.0	14.7	10.5
西藏自治区	**Tibet A.R.**	**168**	**4.0**	**40.6**	**151.3**	**114.4**
拉萨市	Lhasa City	65	1.9	20.0	67.9	59.8
昌都地区	Qamdu Prefecture	34	0.7	10.4	16.9	12.9
山南地区	Lhokha Prefecture	28	0.5	3.4	16.2	13.3
日喀则地区	Xigaze Prefecture	11	0.2	1.5	16.5	15.0
那曲地区	Narqu Prefecture	6	0.3	2.3	10.7	6.4
阿里地区	Ngri Prefecture	9	0.1	0.7	5.0	3.3
林芝地区	Nyingchi Prefecture	15	0.3	2.3	18.3	3.6
其他	Others					
陕西省	**Shaanxi**	**819**	**42.4**	**658.5**	**4563.9**	**1900.8**
西安市	Xian City	223	15.9	327.7	1773.8	566.2
铜川市	Tongchuan City	24	0.9	6.4	96.9	36.7
宝鸡市	Baoji City	76	5.0	56.7	603.0	284.0
咸阳市	Xianyang City	70	6.0	120.6	633.7	255.1
渭南市	Weinan City	93	5.1	62.4	229.7	125.2
延安市	Yanan City	44	1.4	16.4	204.9	115.2
汉中市	Hanzhong City	85	3.3	16.6	336.7	153.3
榆林市	Yulin City	95	1.3	28.6	317.5	168.0
安康市	Ankang City	51	1.2	7.4	151.9	78.1
商洛市	Shangluo City	51	1.8	11.3	184.7	98.0
其他	Others	7	0.5	4.6	31.1	20.8
甘肃省	**Gansu**	**933**	**42.8**	**314.2**	**3008.5**	**1455.2**
兰州市	Lanzhou City	372	12.1	128.7	1053.9	422.7
嘉峪关市	Jiayuguan City	18	1.1	8.8	67.3	40.9

3-19 续表 9 continued

地 区	Region	建筑业企业单位数（个）Number of Construction Enterprises (unit)	建筑业企业从业人员（万人）Employment of Construction Enterprises (10 000 persons)	建筑业企业总产值（亿元）Gross Output Value of Construction (100 million yuan)	房屋建筑施工面积（万平方米）Floor Space of Buildings Under Construction (10 000 sq.m)	房屋建筑竣工面积（万平方米）Floor Space of Buildings Completed in Construction (10 000 sq.m)
金昌市	Jinchang City	33	1.1	22.3	117.8	72.2
白银市	Baiyin City	41	2.7	12.3	166.1	101.7
天水市	Tianshui City	69	4.1	17.2	220.4	101.9
武威市	Wuwei City	41	3.0	11.5	144.9	88.4
张掖市	Zhangye City	42	1.3	10.5	75.7	19.6
平凉市	Pingliang City	38	3.2	13.0	209.0	118.6
酒泉市	Jiuquan City	51	1.6	12.7	178.6	118.6
庆阳市	Qingyang City	68	3.3	23.3	232.4	108.3
定西市	Dingxi City	56	3.7	12.5	253.7	101.1
陇南市	Longnan City	51	1.7	24.5	75.4	19.9
临夏回族自治州	Linxia Hui A.P	36	3.8	15.4	193.6	127.6
甘南藏族自治州	Gannan Zang A.P	17	0.1	1.6	19.8	13.6
青海省	**Qinghai**	**392**	**8.6**	**90.9**	**407.6**	**194.0**
西宁市	Xining City	271	6.1	71.3	299.8	138.1
海东地区	Haidong Prefecture	41	1.1	3.5	34.6	16.2
海北藏族自治州	Haibei Zang A.P	10	0.2	0.6	6.9	4.9
黄南藏族自治州	Huangnan Zang AP	11	0.2	1.4	14.4	11.4
海南藏族自治州	Hainan Zang A.P	13	0.3	0.7	5.3	3.5
果洛藏族自治州	Golog Zang A.P	5	0.0	0.6	8.0	1.3
玉树藏族自治州	Yushu Zang A.P	4	0.0	0.1	0.3	0.3
海西蒙古族藏族自治州	Haixi Mongolian & Zang A.P	37	0.7	12.8	38.3	18.4
宁夏回族自治区	**Ningxia**	**493**	**15.9**	**113.0**	**1056.6**	**564.0**
银川市	Yinchuan City	283	11.0	80.9	770.4	416.0
石嘴山市	Shizuishan City	59	1.4	10.8	81.5	42.7
吴忠市	Wuzhong City	71	1.4	11.3	95.5	57.1
固原市	Guyuan City	48	1.1	4.9	57.3	29.2
中卫市	Zhongwei City	32	1.0	5.0	51.9	19.0
新疆维吾尔自治区	**Xinjiang**	**881**	**34.4**	**361.6**	**2767.6**	**1429.4**
乌鲁木齐市	Urumqi City	404	12.6	153.5	915.0	377.1
克拉玛依市	Karamay City	40	2.7	41.1	169.7	84.0
吐鲁番地区	Turpan Prefecture	10	0.4	7.2	27.6	19.8
哈密地区	Hami Prefecture	30	0.7	5.7	42.7	24.2
昌吉回族自治州	Changji Hui A.P	63	2.6	22.4	248.5	156.0
博尔塔拉蒙古自治州	Bortala Mongolian A.P	18	0.4	2.8	36.6	22.8
巴音郭楞蒙古自治州	Bayingolin Mongolian A.P	46	2.8	39.8	298.4	177.5
阿克苏地区	Aksu Prefecture	43	1.7	17.5	178.0	107.0
克孜勒苏柯尔克孜自治州	Kizilsu Kirgiz A.P	8	0.4	1.9	20.8	11.6
喀什地区	Kashi Prefecture	34	1.6	12.0	205.6	79.9
和田地区	Hotan Prefecture	22	0.7	6.4	91.9	49.5
伊犁州直属县（市）	Counties(Cities) Direct Under Ili Prefecture	59	2.1	18.0	169.1	106.0
塔城地区	Tacheng Prefecture	18	1.1	7.5	86.8	49.2
阿勒泰地区	Altay Prefecture	17	0.4	3.1	40.0	26.6
石河子市	Shihezi City	69	4.1	22.8	237.1	138.4
阿拉尔市	Alar City					
图木舒克市	Tumxuk City					
五家渠市	Wujiaqu City					

3-20 交通运输邮电业情况(2005年)

Transport, Post and Telecommunication Services (2005)

地 区	Region	公路里程 (公里) Mileage Highways (km)	#等级公路 Express-way and Class I to IV Highway	民用汽车拥有量 (辆) Number of Civil Vehicles Owned (unit)	邮政业务总量 (亿元) Business Volume of Post Services (100 million yuan)	电信业务总量 (亿元) Telecom-munication (100 million yuan)	本地电话用户 (万户) Local Telephone Subscribers (10 000 subscribers)	移动电话用户 (万户) Mobile Telephone Subscribers (10 000 subscribers)
北京市	**Beijing**	**14696.0**	**14481.0**	**2145772**	**33.52**	**379.44**	**943.5**	**1459.8**
东城区	Dongcheng District			144371				
西城区	Xicheng District			158514				
崇文区	Chongwen District			59163				
宣武区	Xuanwu District			93736				
朝阳区	Chaoyang District			356944				
丰台区	Fengtai District			195763				
石景山区	Shijingshan District			61738				
海淀区	Haidian District			358172				
门头沟区	Mentougou District			43044				
房山区	Fangshan District			102961				
通州区	Tongzhou District			101786				
顺义区	Shunyi District			91063				
昌平区	Changping District			93060				
大兴区	Daxing District			129481				
怀柔区	Huairou District			40641				
平谷区	Pinggu District			39710				
密云县	Miyun County			48599				
延庆县	Yanqing County			27026				
其他	Others							
天津市	**Tianjin**	**10836.0**	**10791.0**	**706690**	**11.30**	**165.05**	**436.9**	**502.9**
和平区	Heping District							
河东区	Hedong District							
河西区	Hexi District							
南开区	Nankai District							
河北区	Hebei District							
红桥区	Hongqiao District							
塘沽区	Tanggu District							
汉沽区	Hangu District							
大港区	Dagang District							
东丽区	Dongli District							
西青区	Xiqing District							
津南区	Jinnan District							
北辰区	Beichen District							
武清区	Wuqing District							
宝坻区	Baodi District							
宁河县	Ninghe County							
静海县	Jinghai County							
蓟县	Ji County							
其他	Others							
河北省	**Hebei**	**75894.4**	**67229.2**	**2829441**	**25.07**	**503.24**	**1627.9**	**1962.2**
石家庄市	Shijiazhuang City	8595.7	7948.7	463870	5.14	95.90	284.0	337.3
唐山市	Tangshan City	7698.2	7666.7	356327	3.25	61.44	229.5	268.9
秦皇岛市	Qinhuangdao City	3366.5	3314.6	138886	1.45	36.15	75.0	116.1
邯郸市	Handan City	8440.0	7038.7	274948	2.14	35.00	143.2	188.4

3-20 续表 1 continued

地 区	Region	公路里程 (公里) Mileage Highways (km)	#等级公路 Express-way and Class I to IV Highway	民用汽车拥有量 (辆) Number of Civil Vehicles Owned (unit)	邮政业务总量 (亿元) Business Volume of Post Services (100 million yuan)	电信业务总量 (亿元) Telecom-munication (100 million yuan)	本地电话用户 (万户) Local Telephone Subscribers (10 000 subscribers)	移动电话用户 (万户) Mobile Telephone Subscribers (10 000 subscribers)
邢台市	Xingtai City	6268.5	5834.9	189677	1.38	31.42	123.4	132.5
保定市	Baoding City	7857.7	7531.4	425397	4.11	68.89	216.2	292.2
张家口市	Zhangjiakou City	11124.9	7397.7	145788	1.10	26.45	95.0	116.0
承德市	Chengde City	9086.9	7344.4	110601	1.02	33.41	54.7	79.4
沧州市	Cangzhou City	5034.7	4933.0	259316	2.43	39.82	149.0	175.0
廊坊市	Langfang City	3182.4	3136.9	326021	1.80	47.79	127.4	137.9
衡水市	Hengshui City	5238.9	5082.3	138610	1.21	26.97	97.2	102.2
其他	Others							
山西省	**Shanxi**	**69563.4**	**67784.5**	**1175107**	**17.60**	**262.98**	**804.6**	**906.2**
太原市	Taiyuan City	3167.8	2810.9	267813	3.37	55.78	179.1	187.2
大同市	Datong City	5623.0	5491.3	120461	1.98	25.20	64.3	93.4
阳泉市	Yangquan City	1564.0	1546.5	52464	0.86	10.32	33.3	46.4
长治市	Changzhi City	5354.5	5063.5	108188	0.98	21.86	67.2	67.9
晋城市	Jincheng City	4256.5	4219.7	67291	0.92	20.16	43.0	64.0
朔州市	Shuozhou City	5058.0	5010.8	41041	0.73	12.21	17.5	28.8
晋中市	Jinzhong City	8818.4	8679.7	109969	2.16	27.35	88.2	58.2
运城市	Yuncheng City	8880.6	8810.6	122000	1.63	22.40	107.8	112.6
忻州市	Xinzhou City	10540.2	10115.3	74133	1.24	12.28	60.3	65.1
临汾市	Linfen City	9554.7	9328.2	137345	2.45	36.34	83.6	107.0
吕梁市	Luliang City	6745.5	6707.9	74402	1.28	19.08	60.4	75.6
内蒙古自治区	**Inner Mongolia**	**79029.0**	**70880.0**	**1188033**	**8.94**	**267.21**	**542.0**	**712.3**
呼和浩特市	Hohhot City	3749.0	3392.0	114932	1.63	159.68	87.6	117.0
包头市	Baotou City	4379.0	4015.0	118447	1.19	27.21	80.2	106.0
乌海市	Wuhai City	581.0	530.0	86790	0.35	2.96	27.9	26.5
赤峰市	Chifeng City	11127.0	10861.0	139520	1.04	16.95	58.5	81.7
通辽市	Tongliao City	9134.0	8366.0	85444	0.64	6.75	38.0	65.0
鄂尔多斯市	Erdos City	9554.0	8674.0	268124	0.52	18.96	33.4	71.9
呼伦贝尔市	Hulunbuir City	10452.0	10130.0	75025	1.74	10.01	70.2	71.2
巴彦淖尔市	Bayannur City	5680.0	4628.0	41278	0.45	10.29	34.8	48.5
乌兰察布市	Ulanqab City	7329.0	6034.0	99311	0.56	5.00	31.2	36.7
兴安盟	Xingan League	4820.0	4487.0	58600	0.38	1.77	37.2	41.7
锡林郭勒盟	Xilingol League	8005.0	5860.0	58000	0.29	6.88	34.9	38.4
阿拉善盟	Alxa League	4219.0	3903.0	42562	0.14	0.75	8.1	7.7
其他	Others							
辽宁省	**Liaoning**	**53521.0**	**53324.7**	**1537781**	**23.56**	**424.82**	**1661.2**	**1394.9**
沈阳市	Shenyang City	6385.7	6385.7	382499	5.08	114.47	362.9	340.9
大连市	Dalian City	5402.4	5402.4	315530	4.74	93.93	324.5	299.9
鞍山市	Anshan City	3736.0	3729.0	109849	1.83	31.80	153.9	108.1
抚顺市	Fushun City	3612.3	3595.9	88492	1.04	16.88	87.2	72.6
本溪市	Benxi City	2630.5	2600.1	49591	0.96	14.50	65.3	46.4
丹东市	Dandong City	4274.2	4274.2	58174	1.21	22.28	89.8	61.8
锦州市	Jinzhou City	3675.8	3675.8	96288	1.12	19.60	108.6	68.4
营口市	Yingkou City	2252.6	2252.6	104279	1.09	19.18	82.4	70.4
阜新市	Fuxin City	3245.8	3237.8	42127	0.58	11.38	60.8	49.0
辽阳市	Liaoyang City	1971.7	1920.9	56442	1.26	14.30	68.5	48.9

3-20 续表 2 continued

地　区	Region	公路里程（公里）Mileage Highways (km)	#等级公路 Express-way and Class I to IV Highway	民用汽车拥有量（辆）Number of Civil Vehicles Owned (unit)	邮政业务总量（亿元）Business Volume of Post Services (100 million yuan)	电信业务总量（亿元）Telecom-munication (100 million yuan)	本地电话用户（万户）Local Telephone Subscribers (10 000 subscribers)	移动电话用户（万户）Mobile Telephone Subscribers (10 000 subscribers)
盘锦市	Panjin City	2095.2	2095.2	51147	1.32	13.41	41.1	46.4
铁岭市	Tieling City	5218.8	5218.8	57161	1.13	15.17	67.0	60.0
朝阳市	Chaoyang City	5685.4	5627.0	69920	0.85	15.64	79.8	64.2
葫芦岛市	Huludao City	3334.5	3309.2	56282	1.09	17.85	69.3	58.1
吉林省	**Jilin**	**50308.0**	**48487.0**	**759525**	**285.81**	**272.50**	**768.6**	**915.7**
长春市	Changchun City	7210.0	7204.0	252711	84.44	80.73	232.4	323.9
吉林市	Jilin City	8756.0	8615.0	134790	39.45	37.41	126.1	149.7
四平市	Siping City	4141.0	4108.0	55801	19.01	17.99	74.4	80.8
辽源市	Liaoyuan City	2702.0	2701.0	28643	14.27	13.76	24.7	45.1
通化市	Tonghua City	5216.0	5209.0	54784	19.25	17.94	44.8	70.5
白山市	Baishan City	5349.0	5035.0	35520	14.51	13.44	43.9	47.1
松原市	Songyuan City	5184.0	4157.0	56447	19.70	19.11	70.8	73.4
白城市	Baicheng City	5357.0	5357.0	54154	16.26	15.69	39.1	47.2
延边朝鲜族自治州	Yanbian Korean A.P	6393.0	6100.0	74950	28.88	26.46	99.2	78.0
其他	Others			11725	30.04	0.07	13.1	
黑龙江省	**Heilongjiang**	**67077.0**	**61691.0**	**921477**	**23.70**	**323.10**	**810.2**	**1132.3**
哈尔滨市	Harbin City	15421.0	2454.6	286050	6.31	109.64	417.0	324.9
齐齐哈尔市	Qiqihar City	7857.0	2805.0	80953		21.82	131.4	128.1
鸡西市	Jixi City	2835.0	2765.0	42831	1.78	6.18	49.9	62.7
鹤岗市	Hegang City	1094.0	1076.0	16584	0.69	4.60	27.2	41.6
双鸭山市	Shuangyashan City	2348.0	2153.0	27209	0.94	5.46	34.0	35.0
大庆市	Daqing City	40000.0	5685.0	133243	2.46	17.69	90.3	126.0
伊春市	Yichun City	1483.1	1360.0	19188	1.02	4.09	45.0	20.7
佳木斯市	Jiamusi City	4841.0	4403.0	42163	1.90	10.50	59.8	86.1
七台河市	Qitaihe City	851.0	322.0	18880	0.35	3.73	21.1	22.4
牡丹江市	Mudanjiang City	6797.2	2317.3	58078	2.23	5.96	64.5	44.7
黑河市	Heihe City	5124.0	1267.0	29514	0.90	5.80	24.3	33.4
绥化市	Suihua City	5672.3	4660.3	86479	1.63	8.85	72.7	94.2
大兴安岭地区	Daxinganling Prefecture	6028.9	5585.6	17976	0.80	2.88	18.7	20.0
其他	Others			51808				
上海市	**Shanghai**	**8110.0**	**8110.0**	**2217362**	**38.49**	**375.77**	**996.7**	**1444.0**
黄浦区	Huangpu District							
卢湾区	Luwan District							
徐汇区	Xuhui District							
长宁区	Changning District							
静安区	Jingan District							
普陀区	Putuo District							
闸北区	Zhabei District							
虹口区	Hongkou District							
杨浦区	Yangpu District							
闵行区	Minhang District							
宝山区	Baoshan District							
嘉定区	Jiading District							
浦东新区	Pudong New District							
金山区	Jinshan District							

3-20 续表 3 continued

地区	Region	公路里程(公里) Mileage Highways (km)	#等级公路 Expressway and Class I to IV Highway	民用汽车拥有量(辆) Number of Civil Vehicles Owned (unit)	邮政业务总量(亿元) Business Volume of Post Services (100 million yuan)	电信业务总量(亿元) Telecommunication (100 million yuan)	本地电话用户(万户) Local Telephone Subscribers (10 000 subscribers)	移动电话用户(万户) Mobile Telephone Subscribers (10 000 subscribers)
松江区	Songjiang District							
青浦区	Qingpu District							
南汇区	Nanhui District							
奉贤区	Fengxian District							
崇明县	Chongming County							
其他	Others							
江苏省	**Jiangsu**	**82739.0**	**74957.0**	**1922500**	**52.95**	**675.13**	**3059.4**	**2550.0**
南京市	Nanjing City	8330.0	6480.0	311519	7.24	64.54	323.9	454.3
无锡市	Wuxi City	4297.0	4232.0	293944	5.62	56.83	308.5	360.5
徐州市	Xuzhou City	10906.1	10167.3	115527	3.68	32.58	278.5	155.0
常州市	Changzhou City	3671.0	3563.0	165901	3.44	31.43	202.1	207.5
苏州市	Suzhou City	6993.0	6195.0	449696	8.04	91.26	483.1	562.7
南通市	Nantong City	8985.0	7077.0	130374	5.84	80.34	262.3	238.5
连云港市	Lianyungang City	4835.0	4490.0	59610	1.43	14.50	140.1	74.7
淮安市	Huaian City	6976.0	6672.0	59603	1.64	12.30	160.2	78.5
盐城市	Yancheng City	7767.0	7432.0	79563	5.03	20.46	240.7	176.1
扬州市	Yangzhou City	5479.0	5275.0	81695	4.28	20.51	182.9	161.8
镇江市	Zhenjiang City	3192.0	3079.0	85074	2.30	19.12	141.0	106.1
泰州市	Taizhou City	4748.0	4708.0	85996	3.72	44.64	172.4	118.1
宿迁市	Suqian City	6560.0	5587.0	46079	1.06	9.73	128.2	59.7
浙江省	**Zhejiang**	**48600.0**	**45980.0**	**2046626**	**31.44**	**798.95**	**1421.5**	**2686.0**
杭州市	Hangzhou City	11644.0	11644.0	492696	6.26	84.67	411.1	618.6
宁波市	Ningbo City	5823.8	5823.8	333084	4.87	71.45	339.4	467.1
温州市	Wenzhou City	5564.9	5564.9	279101	4.18	67.18	359.1	448.3
嘉兴市	Jiaxing City	2837.0	2779.2	132673	2.17	38.15	172.5	243.9
湖州市	Huzhou City	3044.9	2930.0	80960	1.08	17.74	117.8	150.0
绍兴市	Shaoxing City	7881.9	7603.0	164639	2.75	31.44	221.4	243.9
金华市	Jinhua City	7440.0	7440.0	210006	2.90	57.07	207.6	289.6
衢州市	Quzhou City	3181.0	3181.0	36407	0.86	15.31	79.3	76.7
舟山市	Zhoushan City	952.0	688.0	18609	0.69	8.24	48.7	59.2
台州市	Taizhou City	4128.0	3689.0	211745	2.82	39.79	207.7	360.8
丽水市	Lishui City	4552.0	4552.0	60274	1.10	10.16	65.2	145.4
安徽省	**Anhui**	**72807.0**	**67083.0**	**804952**	**19.88**	**264.10**	**1349.5**	**1046.9**
合肥市	Hefei City	4687.0	4347.0	126353	2.67	35.56	158.2	170.5
芜湖市	Wuhu City	3175.0	2912.0	41600	1.32	12.47	76.7	59.8
蚌埠市	Bengbu City	5061.0	4279.0	39402	1.28	11.87	83.2	57.4
淮南市	Huainan City	2121.0	1961.0	37015	0.95	10.00	55.5	50.3
马鞍山市	Maanshan City	1124.0	905.0	27568	0.70	7.83	45.6	42.4
淮北市	Huaibei City	1446.0	1414.0	25834	0.55	6.96	42.4	36.0
铜陵市	Tongling City	673.0	661.0	17789	0.51	5.07	26.9	25.3
安庆市	Anqing City	5457.0	5238.0	53089	2.28	16.19	135.8	85.3
黄山市	Huangshan City	2963.0	2884.0	23591	0.85	6.15	44.7	28.1
滁州市	Chuzhou City	5732.0	5720.0	53319	0.96	14.83	90.6	68.5
阜阳市	Fuyang City	5364.0	5197.0	95130	1.77	18.13	119.6	86.3
宿州市	Suzhou City	6483.0	6376.0	19704	1.05	12.29	91.4	61.6

3-20 续表 4 continued

地区	Region	公路里程 (公里) Mileage Highways (km)	#等级公路 Expressway and Class I to IV Highway	民用汽车拥有量 (辆) Number of Civil Vehicles Owned (unit)	邮政业务总量 (亿元) Business Volume of Post Services (100 million yuan)	电信业务总量 (亿元) Telecommunication (100 million yuan)	本地电话用户 (万户) Local Telephone Subscribers (10 000 subscribers)	移动电话用户 (万户) Mobile Telephone Subscribers (10 000 subscribers)
巢湖市	Chaohu City	5191.0	4642.0	35683	1.29	10.54	88.9	55.4
六安市	Liuan City	9764.0	8856.0	90031	1.20	13.52	101.2	83.5
亳州市	Bozhou City	5019.0	4074.0	36069	1.02	10.44	76.2	47.5
池州市	Chizhou City	3775.0	3241.0	20118	0.58	5.45	32.7	31.3
宣城市	Xuancheng City	4772.0	4376.0	62657	0.89	12.01	73.0	57.7
其他	Others							
福建省	**Fujian**	**58285.7**	**47986.0**	**697902**	**25.61**	**494.15**	**1398.5**	**1302.0**
福州市	Fuzhou City	5156.2						
厦门市	Xiamen City	1517.0						
莆田市	Putian City	1680.1						
三明市	Sanming City	7780.4						
泉州市	Quanzhou City	9779.5						
漳州市	Zhangzhou City	6038.3						
南平市	Nanping City	11421.6						
龙岩市	Longyan City	10121.9						
宁德市	Ningde City	4790.7						
江西省	**Jiangxi**	**62300.0**	**43523.0**	**483613**	**17.64**	**241.80**	**829.0**	**798.0**
南昌市	Nanchang City	2745.0	2323.0	161899	3.41	30.08	154.3	217.7
景德镇市	Jingdezhen City	2336.0	1582.0	30330	5.66	4.71	32.6	31.9
萍乡市	Pingxiang City	2362.0	1331.0	9907	0.58	11.18	40.4	57.3
九江市	Jiujiang City	7058.0	4990.0	198377	1.69	7.01	100.2	95.5
新余市	Xinyu City	1646.0	1517.0	19132	0.60	8.09	26.4	35.8
鹰潭市	Yingtan City	1572.0	1102.0	53503	0.61	1.13	22.8	22.9
赣州市	Ganzhou City	11694.0	6679.0	60246	2.57	8.28	128.4	115.5
吉安市	Jian City	8028.0	5909.0	53944	2.18	3.67	77.1	90.0
宜春市	Yichun City	8260.0	6670.0	63722	2.08	21.25	85.0	94.0
抚州市	Fuzhou City	7235.0	5160.0	42279	1.47	2.67	54.1	72.4
上饶市	Shangrao City	7815.0	4711.2	61523	1.66	19.66	100.5	105.9
山东省	**Shandong**	**80131.6**	**80131.6**	**4207347**	**44.65**	**675.47**	**2715.9**	**2315.7**
济南市	Jinan City	4799.2	4799.2	347687	3.75	71.99	259.4	226.8
青岛市	Qingdao City	6436.6	6436.6	484199	5.77	108.82	351.9	328.8
淄博市	Zibo City	3921.5	3921.5	224502	2.88	43.10	158.8	143.1
枣庄市	Zaozhuang City	2211.1	2211.1	119476	1.00	20.25	81.7	85.0
东营市	Dongying City	4749.9	4749.9	183422	1.34	26.97	72.9	102.5
烟台市	Yantai City	6561.3	6561.3	371283	4.89	58.77	249.2	220.9
潍坊市	Weifang City	7937.2	7937.2	435424	4.15	62.64	270.2	213.0
济宁市	Jining City	5876.2	5876.2	263536	2.65	43.17	172.9	142.9
泰安市	Taian City	4580.8	4580.8	133685	1.99	28.55	131.6	91.1
威海市	Weihai City	2680.4	2680.4	158391	3.09	28.69	112.7	94.8
日照市	Rizhao City	2482.3	2482.3	83961	1.08	16.59	67.2	62.9
莱芜市	Laiwu City	1139.4	1139.4	60285	0.73	7.31	38.2	28.4
临沂市	Linyi City	8138.1	8138.1	327878	2.85	52.99	232.6	174.6
德州市	Dezhou City	4023.0	4023.0	224079	2.32	26.44	131.0	111.3
聊城市	Liaocheng City	4601.6	4601.6	344577	2.66	26.62	119.3	104.7
滨州市	Binzhou City	4082.0	4082.0	208027	1.47	24.02	114.6	80.6
菏泽市	Heze City	5911.0	5911.0	257207	2.04	28.55	151.7	104.5

3-20 续表 5 continued

地　区	Region	公路里程（公里）Mileage Highways (km)	#等级公路 Expressway and Class I to IV Highway	民用汽车拥有量（辆）Number of Civil Vehicles Owned (unit)	邮政业务总量（亿元）Business Volume of Post Services (100 million yuan)	电信业务总量（亿元）Telecommunication (100 million yuan)	本地电话用户（万户）Local Telephone Subscribers (10 000 subscribers)	移动电话用户（万户）Mobile Telephone Subscribers (10 000 subscribers)
河南省	**Henan**	**79506.2**	**75003.2**	**3377776**	**31.81**	**524.70**	**1863.5**	**1814.8**
郑州市	Zhengzhou City	6330.5	6102.3	414038	5.07	109.56	322.3	351.6
开封市	Kaifeng City	3131.8	3131.8	237812	1.29	21.17	83.0	82.3
洛阳市	Luoyang City	5574.9	5346.3	212526	2.28	39.72	172.1	138.1
平顶山市	Pingdingshan City	4394.6	4316.2	146589	1.50	31.30	80.4	104.9
安阳市	Anyang City	4490.5	4376.5	203547	2.12	25.34	114.0	91.7
鹤壁市	Hebi City	1608.8	1556.1	54204	0.44	8.15	33.4	26.5
新乡市	Xinxiang City	4048.4	3637.7	263052	2.99	32.83	145.6	105.7
焦作市	Jiaozuo City	3414.7	3104.4	260495	1.71	29.06	81.0	100.2
濮阳市	Puyang City	3213.6	3185.6	205119	1.15	20.14	54.7	73.5
许昌市	Xuchang City	3590.2	3487.0	169389	0.98	27.82	77.7	101.4
漯河市	Luohe City	1963.0	1960.5	72624	1.30	14.50	41.4	52.3
三门峡市	Sanmenxia City	4221.4	3770.1	108692	0.65	14.15	48.8	51.0
南阳市	Nanyang City	7929.2	7036.5	111709	1.75	40.30	181.0	134.7
商丘市	Shangqiu City	5959.4	5343.8	346566	1.98	29.35	103.2	104.0
信阳市	Xinyang City	7889.9	7274.1	118361	1.99	24.90	101.8	90.0
周口市	Zhoukou City	5861.9	5514.1	302833	2.56	29.44	106.3	110.4
驻马店市	Zhumadian City	5045.4	5022.3	129923	1.55	25.65	97.0	95.6
其他	Others	838.0	838.0	20297	0.39	1.32	19.8	
湖北省	**Hubei**	**91131.0**	**76075.0**	**1030469**	**23.43**	**174.00**	**1236.0**	**1401.0**
武汉市	Wuhan City	4781.5	4778.2	354609	5.75	110.72	389.3	545.3
黄石市	Huangshi City	3041.9	2553.3	36293	0.86	16.82	54.6	61.2
十堰市	Shiyan City	8864.0	4908.0	66993	1.20	6.78	60.7	58.7
宜昌市	Yichang City	10679.0	8465.0	99202	1.55	13.53	100.0	116.9
襄樊市	Xiangfan City	13570.7	12208.0	96811	2.34	11.66	88.0	136.2
鄂州市	Ezhou City	2041.0	2017.6	12219	0.49	2.84	21.2	33.5
荆门市	Jingmen City	5576.0	4212.0	50381	0.87	6.88	45.0	93.1
孝感市	Xiaogan City	5126.0	5089.0	44331	1.15	8.40	59.6	70.3
荆州市	Jingzhou City	6576.0	6277.0	58678	1.91	14.49	97.5	123.5
黄冈市	Huanggang City	22152.3	6329.1	54000	1.76	11.21	78.5	107.9
咸宁市	Xianning City	4685.0	4025.0	40463	0.98	5.01	50.5	39.5
随州市	Suizhou City	5695.0	3206.0	23366	0.72	3.55	32.2	38.8
恩施土家族苗族自治州	Enshi Tujia & Miao A.P	8267.0	5612.0	51545	0.74	1.73	32.5	108.7
其他	Others	6251.0	5276.0	41578	1.75	5.39	58.0	76.4
湖南省	**Hunan**	**88199.8**	**45801.3**	**3322689**	**22.28**	**349.96**	**1215.0**	**1231.6**
长沙市	Changsha City	5492.2	3623.9	436767	3.16	87.37	219.7	321.7
株洲市	Zhuzhou City	4105.4	2748.2	290492	1.08	24.05	98.7	89.1
湘潭市	Xiangtan City	2719.3	1278.1	277340	1.09	18.81	63.5	42.6
衡阳市	Hengyang City	8437.0	3560.1	304135	1.85	28.74	106.8	113.0
邵阳市	Shaoyang City	8007.4	4272.2	225378	1.98	21.61	97.3	76.1
岳阳市	Yueyang City	8236.4	4916.6	214537	1.19	29.47	103.5	104.8
常德市	Changde City	7701.7	3366.7	334134	1.54	28.47	121.2	97.8
张家界市	Zhangjiajie City	4459.1	1953.0	57898	0.33	8.22	25.4	28.1
益阳市	Yiyang City	4069.5	2912.7	196119	1.09	18.54	75.6	63.8
郴州市	Chenzhou City	6849.2	4102.8	247233	1.59	23.07	75.2	92.6
永州市	Yongzhou City	7075.5	4303.2	315309	1.54	16.99	59.8	61.0

3-20 续表 6 continued

地　区	Region	公路里程 (公里) Mileage Highways (km)	#等级公路 Express-way and Class I to IV Highway	民用汽车拥有量 (辆) Number of Civil Vehicles Owned (unit)	邮政业务总量 (亿元) Business Volume of Post Services (100 million yuan)	电信业务总量 (亿元) Telecom-munication (100 million yuan)	本地电话用户 (万户) Local Telephone Subscribers (10 000 subscribers)	移动电话用户 (万户) Mobile Telephone Subscribers (10 000 subscribers)
怀化市	Huaihua City	9556.3	3238.9	164790	1.20	17.71	81.4	56.4
娄底市	Loudi City	4926.9	3180.2	158290	1.13	16.69	57.3	54.2
湘西土家族苗族自治州	West Hunan Tujia A.P	6564.0	2344.7	70229	0.61	10.21	29.6	30.4
其他	Others			30038				
广东省	**Guangdong**	**115337.0**	**98955.4**	**3772891**	**59.82**	**2062.12**	**3442.5**	**6406.6**
广州市	Guangzhou City	5493.0	4857.0	770208	14.34	459.38	613.8	1177.0
韶关市	Shaoguan City	9407.0	7228.0	53617	1.41	24.98	85.2	111.7
深圳市	Shenzhen City	1631.0	1631.0	779588	10.98	448.19	454.6	1211.4
珠海市	Zhuhai City	1074.3	1041.0	107135	1.91	57.19	81.9	197.3
汕头市	Shantou City	1856.0	1788.0	140324	1.73	72.27	171.5	249.7
佛山市	Foshan City	3928.2	3844.0	426371	4.52	164.96	269.5	571.7
江门市	Jiangmen City	4115.3	4079.7	144565	2.50	63.46	149.3	245.9
湛江市	Zhanjiang City	8337.0	7476.0	89774	2.26	45.45	119.7	177.1
茂名市	Maoming City	8761.3	7737.0	96886	1.72	33.56	120.6	130.9
肇庆市	Zhaoqing City	8296.0	8061.0	64834	1.33	35.03	94.1	133.5
惠州市	Huizhou City	7538.0	7370.0	114341	1.59	79.42	160.3	249.5
梅州市	Meizhou City	12165.0	9540.0	62762	1.62	25.48	95.1	123.3
汕尾市	Shanwei City	3778.1	3690.0	20412	0.56	20.22	56.6	72.2
河源市	Heyuan City	9160.0	6619.0	37396	0.80	17.38	58.9	69.0
阳江市	Yangjiang City	4087.3	4064.7	38944	1.01	20.38	63.5	75.3
清远市	Qingyuan City	10854.6	10236.0	60166	0.83	28.14	63.0	126.6
东莞市	Dongguan City	2871.0	2686.0	411171	5.65	299.11	381.4	921.7
中山市	ZhongShan City	1332.6	1286.0	193123	2.13	87.24	153.7	250.3
潮州市	Chaozhou City	1939.2	1631.0	65818	0.87	28.30	81.8	105.2
揭阳市	Jieyang City	4313.4	634.0	61076	1.23	36.44	118.8	142.4
云浮市	Yunfu City	4398.8	3456.0	34380	0.83	15.54	49.4	64.9
广西壮族自治区	**Guangxi**	**62003.0**	**51046.0**	**668249**	**11.72**	**311.16**	**869.4**	**1021.0**
南宁市	Nanning City	6313.0	5721.0	139391	2.63	26.73	148.4	217.4
柳州市	Liuzhou City	3566.0	3204.0	78101	1.15	18.05	83.3	99.3
桂林市	Guilin City	7386.0	5921.0	77122	1.46	32.83	92.2	114.4
梧州市	Wuzhou City	3586.0	3077.0	23496	1.22	10.16	50.7	52.7
北海市	Beihai City	1932.4	1768.9		0.41	23.59	40.1	36.4
防城港市	Fangchenggang City	1679.0	1193.0	17046	0.22	8.56	18.2	24.7
钦州市	Qinzhou City	3820.9	3122.1	20036	0.48	12.25	39.1	47.4
贵港市	Guigang City	2281.1	1895.3	20668	0.87	17.56	74.9	59.2
玉林市	Yulin City	5703.0	4870.0	60728	1.09	23.26	96.7	87.6
百色市	Baise City	7198.2	4691.1	36029	0.62	16.99	58.1	54.6
贺州市	Hezhou City	3443.0	2980.0	18440	0.37	6.39	21.3	44.1
河池市	Hechi City	7457.0	5502.0	26179	0.71	15.17	55.3	53.6
来宾市	Laibin City	2706.9	2517.9	22183	0.37	3.91	29.9	40.7
崇左市	Chongzuo City	4616.4	4130.4	25870	0.57	4.00	21.9	55.6
海南省	**Hainan**	**21162.0**	**12671.0**	**173430**	**4.05**	**70.23**	**230.0**	**203.9**
海口市	Haikou City			89262	1.41	32.67	113.1	90.9
三亚市	Sanya City	996.0	337.0	14601	0.32	3.67	20.3	15.7
其他	Others	20166.0	12334.0	69567	2.32	33.89	96.6	97.2

3-20 续表 7 continued

地区	Region	公路里程 (公里) Mileage Highways (km)	#等级公路 Express-way and Class I to IV Highway	民用汽车拥有量 (辆) Number of Civil Vehicles Owned (unit)	邮政业务总量 (亿元) Business Volume of Post Services (100 million yuan)	电信业务总量 (亿元) Telecom-munication (100 million yuan)	本地电话用户 (万户) Local Telephone Subscribers (10 000 subscribers)	移动电话用户 (万户) Mobile Telephone Subscribers (10 000 subscribers)
重庆市	**Chongqing**	**36951.0**	**28138.0**	**1107266**	**10.55**	**199.60**	**688.9**	**943.4**
万州区	Wanzhou District	1677.0	1120.0	24891	0.53	4.80	34.1	52.1
涪陵区	Fuling District	1751.0	677.0	15026	0.32	5.48	24.1	32.8
渝中区	Yuzhong District			52766	0.82	33.11	19.2	32.1
大渡口区	Dadukou District	97.4	97.4	11093	0.13			
江北区	Jiangbei District	165.6	165.6	6738	0.37	2.58	24.2	29.7
沙坪坝区	Shapingba District	191.8	154.4	22000	0.85	2.60	28.2	
九龙坡区	Jiulongpo District	518.0	482.0	46482	0.46	13.45	28.5	52.5
南岸区	Nanan District	381.0	318.0		0.31			
北碚区	Beibei District	473.3	471.3	9700	0.26	1.33	17.1	30.1
万盛区	Wansheng District	369.9	337.2	9000	0.08	0.71	4.9	6.5
双桥区	Shuangqiao District	54.8	51.9	841	0.03	0.51	1.4	1.0
渝北区	Yubei District	713.2	656.3	19400	0.35	3.38	13.3	34.5
巴南区	Banan District	926.0	918.5	4877	0.47	2.07	15.8	19.9
黔江区	Qianjiang District	1175.0	1049.0	2528	0.12	1.29	8.4	8.9
长寿区	Changshou District	607.0	430.0	5177	0.23	3.05	14.5	15.0
其他	Others	27850.0	21209.4	876747	5.22	125.23	455.4	628.5
四川省	**Sichuan**	**114693.7**	**79337.2**	**1470000**	**21.69**	**439.24**	**2053.0**	**1690.0**
成都市	Chengdu City	11814.1	11277.0	595000	4.49	88.80	428.4	789.9
自贡市	Zigong City	2110.5	1274.0	111977	0.87	13.16	48.2	56.5
攀枝花市	Panzhihua City	1831.2	1177.3	40515	0.55	7.85	32.6	47.2
泸州市	Luzhou City	7068.4	5723.9	49584	1.17	15.48	64.7	78.4
德阳市	Deyang City	3614.7	3384.7	72378	1.03	11.87	85.8	97.4
绵阳市	Mianyang City	6071.7	4162.4	80866	1.26	19.30	109.6	125.7
广元市	Guangyuan City	4552.2	3374.2	25900	0.64	5.14	48.2	59.3
遂宁市	Suining City	2374.7	1802.8	8329	0.82	5.52	41.0	49.2
内江市	Neijiang City	3000.0	1979.7	41596	0.88	12.28	56.5	67.1
乐山市	Leshan City	4144.4	2991.3	46506	0.84	10.96	65.0	88.5
南充市	Nanchong City	5546.0	3926.0	55695	1.65	11.86	99.7	87.7
眉山市	Meishan City	3568.1	2840.8	22572	0.70	3.52	47.4	62.0
宜宾市	Yibin City	4482.2	2557.1	35572	1.13	23.52	70.0	82.9
广安市	Guangan City	2404.6	1783.5	29067	1.23	5.29	45.8	57.0
达州市	Dazhou City	7900.3	5004.3	47071	1.47	10.03	72.8	83.6
雅安市	Yaan City	2727.1	2279.6	17727	0.35	2.81	31.6	32.4
巴中市	Bazhong City	4228.5	2854.4	22415	0.51	4.74	35.2	46.6
资阳市	Ziyang City	3558.8	1833.9	27956	0.80	6.33	47.8	55.5
阿坝藏族羌族自治州	Aba Zang & Qiang A.P	6067.7	3575.7	20105	0.23	1.93	14.0	15.2
甘孜藏族自治州	Ganzi Zang A.P	10884.1	6836.9	24004	0.22	3.33	10.6	10.8
凉山彝族自治州	Liangshan Yi A.P	14908.9	6862.3	49243	0.71	7.37	41.5	50.2
贵州省	**Guizhou**	**46893.0**	**35447.0**	**442400**	**174.22**	**832.56**	**466.5**	**509.4**
贵阳市	Guiyang City	3844.9	2951.7	237474	50.17	48.12	115.8	143.5
六盘水市	Liupanshui City	4194.3	2471.5	59234	10.86	10.86	44.7	40.9
遵义市	Zunyi City	19946.0	7679.0	50889	12.11		85.7	97.0
安顺市	Anshun City	3274.0	2657.0	24333	4.45	4.45	24.4	39.9
铜仁地区	Tongren Prefecture	11232.0	3853.6	22427	7.54		22.0	43.9
黔西南布依族苗族自治州	Southwest Guizhou Buyi & Miao A.P	7925.0	3952.0	30488	4.52	4.13	31.3	36.1

3-20 续表 8 continued

地区	Region	公路里程 (公里) Mileage Highways (km)	#等级公路 Expressway and Class I to IV Highway	民用汽车拥有量 (辆) Number of Civil Vehicles Owned (unit)	邮政业务总量 (亿元) Business Volume of Post Services (100 million yuan)	电信业务总量 (亿元) Telecommunication (100 million yuan)	本地电话用户 (万户) Local Telephone Subscribers (10 000 subscribers)	移动电话用户 (万户) Mobile Telephone Subscribers (10 000 subscribers)
毕节地区	Bijie Prefecture	12528.0	7286.4	49485	6.97		45.0	53.9
黔东南苗族侗族自治州	Southeast Guizhou Miao & Dong A.P	6766.1	4795.3	28939	0.56	4.57	50.1	39.4
黔南布依族苗族自治州	South Guizhou Buyi & Miao A.P	13025.5	4201.1	14180	2.49	1.98	41.3	47.1
云南省	**Yunnan**	**167637.0**	**111920.0**	**1124517**	**8.56**	**263.60**	**597.7**	**898.8**
昆明市	Kunming City	12161.0	8915.0	352751		47.61		327.9
曲靖市	Qujing City	14524.0	11664.0	119402		9.91	41.4	91.7
玉溪市	Yuxi City	15154.0	13877.0	104138		10.50	39.9	52.2
保山市	Baoshan City	9982.0	6707.0	43501		4.49	20.9	46.3
昭通市	Zhaotong City	12530.0	6002.0	44942		5.22	21.6	53.1
丽江市	Lijiang City	6474.0	3141.0	25722		3.21	18.9	24.5
思茅市	Simao City	15968.0	7841.0	52846		5.75	19.9	44.5
临沧市	Lincang City	11289.0	5363.0	27500		3.43	19.0	27.2
楚雄彝族自治州	Chuxiong Yi A.P	11919.0	7304.0	37737		5.38	28.2	39.7
红河哈尼族彝族自治州	Honghe Hani & Yi A.P	17621.0	12159.0	95877		13.81	61.1	70.4
文山壮族苗族自治州	Wenshan Zhuang & Miao A.P	11049.0	6084.0	40173		5.95	23.9	25.9
西双版纳傣族自治州	Xishuangbanna Dai A.P	6146.0	5161.0	25978		2.25	27.8	23.0
大理白族自治州	Dali Bai A.P	11408.0	8710.0	67531		12.03	48.2	54.2
德宏傣族景颇族自治州	Dehong Dai & Jingpo A.P	4976.0	3512.0	32644		12.36		32.6
怒江傈僳族自治州	Nujiang Lisu A.P	2799.0	2214.0	9647				
迪庆藏族自治州	Diqing Zang A.P	3637.0	3266.0	18695		1.07	3.7	8.9
西藏自治区	**Tibet A.R.**	**43716.5**	**10904.7**	**106362**	**1.05**	**15.44**	**49.5**	**46.9**
拉萨市	Lhasa City	2164.4	1339.6	44674	0.47	7.21	20.0	25.0
昌都地区	Qamdu Prefecture	5851.1	2224.4	12747	0.06	1.64	5.4	3.6
山南地区	Lhokha Prefecture	4424.1	1793.5	8171	0.09	1.42	5.0	3.2
日喀则地区	Xigaze Prefecture	9412.3	2587.5	12342	0.10	1.88	8.0	4.7
那曲地区	Narqu Prefecture	12103.9	1464.0	9208	0.06	1.15	3.9	2.9
阿里地区	Ngri Prefecture	7154.5	241.6	6114	0.05	0.66	2.0	1.8
林芝地区	Nyingchi Prefecture	2606.2	1254.1	7325	0.12	1.47	4.6	4.4
其他	Others			5781				
陕西省	**Shaanxi**	**54492.0**	**49273.0**	**692886**	**16.40**	**314.73**	**859.3**	**938.1**
西安市	Xian City	3901.0	3856.0	330480	5.94	143.12	324.0	372.6
铜川市	Tongchuan City	2051.0	2033.0	12628	0.45	5.97	18.0	19.0
宝鸡市	Baoji City	4989.0	4746.0	52983	1.84	22.56	95.9	68.5
咸阳市	Xianyang City	4745.0	4681.0	52609	1.73	28.39	84.8	93.9
渭南市	Weinan City	5945.0	5773.0	66357	1.41	28.41	100.0	103.5
延安市	Yanan City	5465.0	5061.0	49599	0.88	20.50	43.3	62.4
汉中市	Hanzhong City	7305.0	5608.0	43110	1.52	17.89	66.6	60.8
榆林市	Yulin City	7555.0	6717.0	48254	0.79	28.17	55.8	93.6
安康市	Ankang City	6369.0	5252.0	25844	0.91	11.54	40.5	40.3
商洛市	Shangluo City	6167.0	5546.0	11022	0.90	6.57	30.3	23.4
其他	Others							
甘肃省	**Gansu**	**41329.6**	**32791.7**	**457707**	**7.02**	**128.90**	**548.0**	**408.4**
兰州市	Lanzhou City	2403.5	2073.9	144672	2.06	22.05	169.0	125.4
嘉峪关市	Jiayuguan City	524.3	503.5	6361	0.21	1.40	46.0	45.0

3-20 续表 9 continued

地区	Region	公路里程 (公里) Mileage Highways (km)	#等级公路 Express-way and Class I to IV Highway	民用汽车拥有量 (辆) Number of Civil Vehicles Owned (unit)	邮政业务总量 (亿元) Business Volume of Post Services (100 million yuan)	电信业务总量 (亿元) Telecom-munication (100 million yuan)	本地电话用户 (万户) Local Telephone Subscribers (10 000 subscribers)	移动电话用户 (万户) Mobile Telephone Subscribers (10 000 subscribers)
金昌市	Jinchang City	808.8	801.7	10281	0.23	1.30	16.0	13.0
白银市	Baiyin City	2916.0	2329.2	51755	0.49	3.76	34.0	27.0
天水市	Tianshui City	3125.0	2442.3	27099	0.75	2.60	51.0	30.0
武威市	Wuwei City	3303.1	2729.8	29826	0.42	3.63	42.0	26.0
张掖市	Zhangye City	2999.5	2732.6	21792	0.42	3.80	45.0	20.0
平凉市	Pingliang City	2771.4	2349.0	26934	0.35	2.08	31.0	24.0
酒泉市	Jiuquan City	5672.8	4391.4	27139	0.58	4.43		
庆阳市	Qingyang City	3619.7	3034.4	29525	0.37	2.18	35.0	30.0
定西市	Dingxi City	3614.3	3049.8	23739	0.43	2.79	27.0	20.0
陇南市	Longnan City	4130.8	2566.8	13825	0.40	0.02	22.0	21.0
临夏回族自治州	Linxia Hui A.P	1999.2	1537.4	33393	0.19	1.63	20.0	19.0
甘南藏族自治州	Gannan Zang A.P	3441.2	2250.1	11366	0.12	0.35	10.0	8.0
青海省	**Qinghai**	**29719.0**	**26811.0**	**125824**	**1.77**	**29.66**	**113.5**	**121.4**
西宁市	Xining City	2980.0	2960.0	63451	0.99	13.98	72.6	71.1
海东地区	Haidong Prefecture	5733.0	5581.0	18635	0.19	1.56	13.3	14.5
海北藏族自治州	Haibei Zang A.P	2768.0	2515.0	3347	0.07	0.62	3.3	5.3
黄南藏族自治州	Huangnan Zang AP	2155.0	1768.0	2454	0.04	0.17	1.7	4.0
海南藏族自治州	Hainan Zang A.P	3398.0	2914.0	8095	0.07	0.40	4.1	6.8
果洛藏族自治州	Golog Zang A.P	3793.0	3125.0	4072	0.04	0.16	0.9	2.1
玉树藏族自治州	Yushu Zang A.P	3813.0	3324.0	7866	0.03	0.18	1.5	2.4
海西蒙古族藏族自治州	Haixi Mongolian & Zang A.P	5079.0	4624.0	17904	0.34	2.28	16.1	15.3
宁夏回族自治区	**Ningxia**	**13078.0**	**13001.0**	**177292**	**2.56**	**46.04**	**138.9**	**181.1**
银川市	Yinchuan City	3183.0	3183.0	104887	1.48	20.56	64.7	85.6
石嘴山市	Shizuishan City	2129.0	1620.0	22656	0.41	5.09	23.9	28.0
吴忠市	Wuzhong City	4865.1	4675.2	127817	0.20	3.23	21.9	30.2
固原市	Guyuan City	2846.0	2846.0	27186	0.25	2.01	13.4	17.7
中卫市	Zhongwei City	4115.0	4115.0	12600	0.22	1.97	15.0	19.6
新疆维吾尔自治区	**Xinjiang**	**89530.4**	**71595.9**	**564200**	**8.05**	**164.33**	**613.3**	**531.3**
乌鲁木齐市	Urumqi City	1411.6	1328.6		2.34	30.90	168.4	157.5
克拉玛依市	Karamay City	483.3	481.3		0.35	3.10	16.0	17.2
吐鲁番地区	Turpan Prefecture	2311.5	2253.5		0.26	2.40	20.5	14.7
哈密地区	Hami Prefecture	4161.2	3004.9		0.28	3.10	19.4	16.7
昌吉回族自治州	Changji Hui A.P	7740.6	7583.1		0.65	7.40	63.6	42.3
博尔塔拉蒙古自治州	Bortala Mongolian A.P	2590.4	1862.2		0.27	2.40	18.5	13.5
巴音郭楞蒙古自治州	Bayingolin Mongolian A.P	7542.5	6692.6		0.60	7.80	48.7	52.1
阿克苏地区	Aksu Prefecture	6766.1	5428.0		0.60	7.20	46.8	44.7
克孜勒苏柯尔克孜自治州	Kizilsu Kirgiz A.P	2614.8	1960.2		0.09	0.80	5.5	7.1
喀什地区	Kashi Prefecture	10759.7	4821.0		0.55	6.50	46.1	39.3
和田地区	Hotan Prefecture	3184.5	2721.7		0.23	2.40	15.3	15.0
伊犁州直属县（市）	Counties(Cities) Direct Under Ili Prefecture	5494.1	4910.9		0.78	9.40	69.6	65.1
塔城地区	Tacheng Prefecture	4812.5	3855.5		0.37	2.70	28.5	11.4
阿勒泰地区	Altay Prefecture	4066.6	3451.2		0.25	2.50	16.7	12.4
石河子市	Shihezi City	879.1	846.2		0.43	3.70	29.7	22.3
阿拉尔市	Alar City							
图木舒克市	Tumxuk City							
五家渠市	Wujiaqu City							

3-21 社会消费品零售总额和批发零售业情况(2005年)

Total Retail Sale of Consumer Goods and Condition of Wholesale and Retail Trade (2005)

地区	Region	社会消费品零售总额(亿元) Total Retail Sales (100 million yuan)	批发零售贸易业 Wholesale and Retail Sale Trades	餐饮业 Catering Trade	其他行业 Others	批发零售业法人企业(个) Number of Corporation Unit of Wholesale and Retail Trades (unit)	批发零售业从业人员(人) Persons Employed in Enterprises of Wholesale and Retail Trades (persons)	批发零售业销售总额(亿元) Total Sales Value of Wholesale and Retail Trades(100 million yuan)
北京市	**Beijing**	**2902.76**	**2529.41**	**267.94**	**105.41**	**5406**	**343603**	**10959.4**
东城区	Dongcheng District	200.95	149.83	42.68	8.45	410	41424	1297.6
西城区	Xicheng District	203.84	174.53	19.56	9.76	436	41001	1467.3
崇文区	Chongwen District	87.40	77.08	7.07	3.24	143	12860	219.5
宣武区	Xuanwu District	81.97	64.91	13.04	4.02	236	14188	592.7
朝阳区	Chaoyang District	778.44	692.33	62.53	23.58	1200	93626	3613.9
丰台区	Fengtai District	329.61	295.78	23.26	10.57	397	27707	420.7
石景山区	Shijingshan District	133.15	127.24	5.02	0.89	136	13234	249.6
海淀区	Haidian District	583.32	501.05	42.79	39.48	1622	55769	2239.1
门头沟区	Mentougou District	13.19	9.27	2.34	1.58	31	1152	12.3
房山区	Fangshan District	65.14	59.45	5.02	0.67	200	6121	191.2
通州区	Tongzhou District	80.52	73.86	5.73	0.93	102	8631	108.0
顺义区	Shunyi District	66.12	59.09	5.01	2.03	102	6781	127.7
昌平区	Changping District	55.23	41.82	6.38	7.03	88	5780	61.8
大兴区	Daxing District	63.52	55.02	6.16	2.33	133	7107	145.5
怀柔区	Huairou District	29.37	23.95	3.57	1.85	43	1450	40.0
平谷区	Pinggu District	20.26	17.44	2.23	0.60	30	1302	50.0
密云县	Miyun County	36.00	28.33	5.51	2.17	37	2202	28.1
延庆县	Yanqing County	26.81	19.78	4.61	2.42	22	1348	6.5
其他	Others	41.97	41.58	0.40		38	1920	87.7
天津市	**Tianjin**	**1190.06**	**958.39**	**159.49**	**72.18**	**1638**	**109218**	**4316.0**
和平区	Heping District	112.70	94.64	11.71	6.35	214	26995	1798.2
河东区	Hedong District	62.61	51.44	11.17		125	6606	268.0
河西区	Hexi District	116.19	74.92	30.92	10.35	152	9755	509.9
南开区	Nankai District	111.37	85.17	22.53	3.67	153	18105	348.4
河北区	Hebei District	97.06	77.48	17.37	2.21	61	3184	139.1
红桥区	Hongqiao District	63.31	58.82	3.16	1.33	39	2283	16.3
塘沽区	Tanggu District	85.62	80.91	4.71		309	8266	388.2
汉沽区	Hangu District	19.77	14.71	3.12	1.94	15	995	9.0
大港区	Dagang District	34.12	30.52	3.53	0.07	48	2796	120.7
东丽区	Dongli District	40.45	27.12	10.95	2.38	108	10427	216.0
西青区	Xiqing District	18.15	13.29	4.11	0.75	73	2634	142.1
津南区	Jinnan District	19.45	12.77	6.68		30	1149	54.0
北辰区	Beichen District	24.97	19.12	5.85		179	5152	204.1
武清区	Wuqing District	40.15	20.68	8.60	10.87	33	6204	37.2
宝坻区	Baodi District	29.78	23.10	3.81	2.87	20	1036	9.1
宁河县	Ninghe County	21.66	20.86	0.40	0.40	18	1223	10.5
静海县	Jinghai County	17.55	14.22	3.33		40	1288	35.1
蓟县	Ji County	22.73	18.39	4.34		21	1120	10.1
其他	Others							
河北省	**Hebei**	**2952.92**	**2541.30**	**349.60**	**62.02**	**1000**	**184736**	**1600.1**
石家庄市	Shijiazhuang City	606.17	542.70	53.30	10.17	205	38988	476.0
唐山市	Tangshan City	468.59	397.20	63.40	7.99	150	25779	236.1
秦皇岛市	Qinhuangdao City	147.04	126.90	19.50	0.64	59	10028	140.1
邯郸市	Handan City	310.86	267.30	39.90	3.66	100	20612	109.8

3-21 续表 1 continued

地 区	Region	社会消费品零售总额(亿元) Total Retail Sales (100 million yuan)	批发零售贸易业 Wholesale and Retail Sale Trades	餐饮业 Catering Trade	其他行业 Others	批发零售业法人企业(个) Number of Corporation Unit of Wholesale and Retail Trades (unit)	批发零售业从业人员(人) Persons Employed in Enterprises of Wholesale and Retail Trades (persons)	批发零售业销售总额(亿元) Total Sales Value of Wholesale and Retail Trades(100 million yuan)
邢台市	Xingtai City	201.35	176.50	22.40	2.45	58	11225	88.0
保定市	Baoding City	385.08	329.30	37.10	18.68	116	25214	175.1
张家口市	Zhangjiakou City	146.14	115.60	23.00	7.54	57	10249	65.7
承德市	Chengde City	117.90	96.50	17.60	3.80	45	6138	44.6
沧州市	Cangzhou City	250.10	213.20	33.30	3.60	63	15818	77.6
廊坊市	Langfang City	178.20	150.60	25.80	1.80	83	10968	105.9
衡水市	Hengshui City	141.50	125.50	14.30	1.70	64	9717	81.2
其他	Others							
山西省	**Shanxi**	**1401.15**	**1187.36**	**163.30**	**50.49**	**1034**	**167652**	**1461.2**
太原市	Taiyuan City	384.03	346.70	33.96	3.37	220	36433	561.0
大同市	Datong City	132.90	108.70	21.23	2.97	195	28301	142.4
阳泉市	Yangquan City	70.32	54.15	7.39	8.78	56	9135	57.3
长治市	Changzhi City	113.56	95.55	15.31	2.70	75	10036	112.4
晋城市	Jincheng City	75.12	61.19	7.21	6.72	84	21897	15.4
朔州市	Shuozhou City	54.06	42.22	6.77	5.07	54	11835	82.9
晋中市	Jinzhong City	114.73	98.02	11.13	5.58	97	11900	115.5
运城市	Yuncheng City	158.18	115.34	23.11	19.73	81	11695	74.0
忻州市	Xinzhou City	64.39	51.16	6.74	6.49	45	8611	4.1
临汾市	Linfen City	132.04	112.45	15.72	3.87	73	11883	81.4
吕梁市	Luliang City	83.83	65.87	12.74	5.22	54	6242	40.0
内蒙古自治区	**Inner Mongolia**	**1344.10**	**1067.42**	**234.12**	**42.56**	**626**	**69321**	**848.7**
呼和浩特市	Hohhot City	304.90	230.92	70.19	3.79	157	15975	201.5
包头市	Baotou City	290.08	233.32	52.02	4.74	141	18136	166.5
乌海市	Wuhai City	28.97	24.38	4.44	0.16	23	2181	20.3
赤峰市	Chifeng City	137.24	115.60	15.59	6.05	39	5412	43.3
通辽市	Tongliao City	91.14	75.21	12.64	3.29	47	3133	39.8
鄂尔多斯市	Erdos City	151.69	117.63	30.08	3.98	66	5334	196.7
呼伦贝尔市	Hulunbuir City	108.12	84.86	16.36	6.91	73	5549	59.7
巴彦淖尔市	Bayannur City	52.43	40.27	7.04	5.12	30	4583	29.4
乌兰察布市	Ulanqab City	66.46	54.61	9.45	2.40	10	3560	18.0
兴安盟	Xingan League	48.96	39.64	6.26	3.05	34	3016	27.6
锡林郭勒盟	Xilingol League	49.46	40.26	7.05	2.15	32	1666	37.3
阿拉善盟	Alxa League	14.65	10.73	3.01	0.91	7	776	8.6
其他	Others							
辽宁省	**Liaoning**	**2998.99**	**2480.31**	**452.68**	**66.00**	**2143**	**205842**	**5070.4**
沈阳市	Shenyang City	915.09	768.79	121.26	25.04	730	65196	2505.8
大连市	Dalian City	732.01	602.80	119.90	9.31	664	54191	1137.7
鞍山市	Anshan City	221.46	169.75	46.36	5.35	164	14268	509.4
抚顺市	Fushun City	177.78	138.07	26.43	13.28	54	10182	337.3
本溪市	Benxi City	87.56	73.12	9.63	4.82	50	7003	68.7
丹东市	Dandong City	121.02	100.62	20.39		46	4131	41.5
锦州市	Jinzhou City	137.91	112.17	19.83	5.92	111	10904	92.7
营口市	Yingkou City	107.01	87.96	19.05		44	7320	45.9
阜新市	Fuxin City	65.59	58.01	7.51	0.07	29	4494	27.4
辽阳市	Liaoyang City	90.47	73.32	17.01	0.14	35	3002	96.3

3-21 续表 2 continued

地 区	Region	社会消费品零售总额(亿元) Total Retail Sales (100 million yuan)	批发零售贸易业 Wholesale and Retail Sale Trades	餐饮业 Catering Trade	其他行业 Others	批发零售业法人企业(个) Number of Corporation Unit of Wholesale and Retail Trades (unit)	批发零售业从业人员(人) Persons Employed in Enterprises of Wholesale and Retail Trades (persons)	批发零售业销售总额(亿元) Total Sales Value of Wholesale and Retail Trades(100 million yuan)
盘锦市	Panjin City	80.12	65.22	13.63	1.26	67	9366	87.2
铁岭市	Tieling City	96.90	86.52	10.36	0.02	55	5597	43.2
朝阳市	Chaoyang City	64.08	51.57	11.72	0.78	59	4130	37.8
葫芦岛市	Huludao City	102.00	92.39	9.61		35	6058	39.3
吉林省	**Jilin**	**1460.80**	**1266.26**	**189.77**	**4.77**	**634**	**75906**	**1566.2**
长春市	Changchun City	600.06	535.50	64.22	0.34	291	41026	1191.0
吉林市	Jilin City	283.94	245.91	37.63	0.40	101	8365	184.9
四平市	Siping City	109.80	97.47	12.33		82	6113	53.4
辽源市	Liaoyuan City	44.06	38.45	4.90	0.71	22	1719	9.9
通化市	Tonghua City	91.08	69.71	20.91	0.46	29	3102	25.2
白山市	Baishan City	56.88	46.88	10.00		14	2664	15.3
松原市	Songyuan City	105.20	87.31	15.20	2.69	14	2315	18.1
白城市	Baicheng City	67.28	60.59	6.59	0.10	23	2887	19.2
延边朝鲜族自治州	Yanbian Korean A.P	102.50	84.44	17.99	0.07	58	7715	49.3
其他	Others							
黑龙江省	**Heilongjiang**	**1760.00**	**1518.00**	**204.10**	**37.90**	**849**	**113931**	**1128.4**
哈尔滨市	Harbin City	788.13	696.81	86.26	5.06	347	40129	539.4
齐齐哈尔市	Qiqihar City	163.96	150.09	11.61	2.25	36	5463	36.0
鸡西市	Jixi City	56.52	43.14	10.92	2.46	43	9496	35.6
鹤岗市	Hegang City	33.07	26.78	5.60	0.70	41	7132	18.5
双鸭山市	Shuangyashan City	30.66	25.50	3.99	1.23	14	1714	13.7
大庆市	Daqing City	206.82	181.79	23.10	1.93	122	15618	261.7
伊春市	Yichun City	26.32	19.76	6.56		4	507	3.4
佳木斯市	Jiamusi City	88.85	74.40	11.06	3.44	48	12949	39.8
七台河市	Qitaihe City	23.62	19.50	3.93	0.19	17	1226	9.5
牡丹江市	Mudanjiang City	120.53	92.80	17.13	10.60	94	8261	113.0
黑河市	Heihe City	26.07	20.58	5.27	0.21	24	1916	15.2
绥化市	Suihua City	115.55	94.68	14.04	6.83	46	8329	35.0
大兴安岭地区	Daxinganling Prefecture	17.01	13.87	1.64	1.49	9	997	6.1
其他	Others	56.37	49.80	5.73	0.89	4	194	1.3
上海市	**Shanghai**	**2972.97**	**2611.31**	**350.32**	**11.34**	**2296**	**430065**	**12050.8**
黄浦区	Huangpu District	282.70				266	49160	1335.9
卢湾区	Luwan District	124.40				122	19034	664.2
徐汇区	Xuhui District	255.70				268	40814	834.5
长宁区	Changning District	125.21				168	18541	2417.5
静安区	Jingan District	127.14				120	16640	372.2
普陀区	Putuo District	185.67				97	42996	776.6
闸北区	Zhabei District	103.39				91	21475	334.5
虹口区	Hongkou District	122.03				120	89935	703.5
杨浦区	Yangpu District	133.57				62	14907	289.2
闵行区	Minhang District	205.72				78	10864	144.6
宝山区	Baoshan District	152.28				84	10411	469.2
嘉定区	Jiading District	123.13				35	5396	84.9
浦东新区	Pudong New District	414.99				669	73025	3461.3
金山区	Jinshan District	111.82				14	2725	25.2

3-21 续表 3 continued

地 区	Region	社会消费品零售总额(亿元) Total Retail Sales (100 million yuan)	批发零售贸易业 Wholesale and Retail Sale Trades	餐饮业 Catering Trade	其他行业 Others	批发零售业法人企业(个) Number of Corporation Unit of Wholesale and Retail Trades (unit)	批发零售业从业人员(人) Persons Employed in Enterprises of Wholesale and Retail Trades (persons)	批发零售业销售总额(亿元) Total Sales Value of Wholesale and Retail Trades(100 million yuan)
松江区	Songjiang District	130.08				37	3697	39.6
青浦区	Qingpu District	118.59				14	3004	20.5
南汇区	Nanhui District	120.11				17	2352	29.2
奉贤区	Fengxian District	112.23				22	2832	28.4
崇明县	Chongming County	24.21				12	2257	19.9
其他	Others							
江苏省	**Jiangsu**	**5699.89**	**5016.09**	**583.09**	**100.71**	**2458**	**355050**	**5936.7**
南京市	Nanjing City	1004.99	884.52	108.19	12.28	680	136711	2077.0
无锡市	Wuxi City	824.10	736.76	72.56	14.78	403	66651	759.6
徐州市	Xuzhou City	396.04	342.42	47.11	6.51	418	49593	287.6
常州市	Changzhou City	444.08	393.85	40.06	10.17	199	26522	354.2
苏州市	Suzhou City	905.07	786.56	102.01	16.50	784	99512	1110.4
南通市	Nantong City	536.41	488.44	45.11	2.86	270	38591	455.9
连云港市	Lianyungang City	182.08	164.70	16.07	1.31	161	16768	125.7
淮安市	Huaian City	198.62	171.75	22.78	4.08	95	15822	296.4
盐城市	Yancheng City	316.91	289.00	25.65	2.26	144	23631	149.4
扬州市	Yangzhou City	306.89	261.72	38.51	6.67	118	16336	166.9
镇江市	Zhenjiang City	241.39	201.33	37.05	3.01	186	22636	117.6
泰州市	Taizhou City	233.81	200.80	28.95	4.06	119	15614	145.1
宿迁市	Suqian City	109.50	94.35	13.11	2.05	67	7265	38.0
浙江省	**Zhejiang**	**4631.69**	**4020.81**	**533.19**	**77.69**	**3852**	**276276**	**9164.1**
杭州市	Hangzhou City	975.43	872.01	100.86	2.57	1312	80630	4309.9
宁波市	Ningbo City	759.83	664.74	91.49	3.60	517	48234	1827.3
温州市	Wenzhou City	680.86	574.34	88.91	17.61	450	30742	816.9
嘉兴市	Jiaxing City	374.44	315.41	39.93	19.10	328	20555	472.9
湖州市	Huzhou City	237.75	208.05	25.49	4.21	154	9730	215.9
绍兴市	Shaoxing City	381.63	342.89	38.74		220	22500	375.7
金华市	Jinhua City	418.84	367.58	42.60	8.66	321	20711	380.3
衢州市	Quzhou City	134.74	112.19	18.33	4.23	127	8453	104.3
舟山市	Zhoushan City	100.14	86.06	13.84	0.24	119	7975	148.7
台州市	Taizhou City	439.92	369.11	58.88	11.93	218	21954	440.0
丽水市	Lishui City	128.10	108.44	14.11	5.54	86	4792	72.2
安徽省	**Anhui**	**1764.98**	**1499.67**	**240.74**	**24.57**	**815**	**127863**	**1615.5**
合肥市	Hefei City	324.39	283.70	39.99	0.71	262	32712	793.6
芜湖市	Wuhu City	120.74	105.92	13.26	1.56	52	7494	69.7
蚌埠市	Bengbu City	116.90	97.44	19.41	0.05	26	5755	42.4
淮南市	Huainan City	81.21	67.69	12.39	1.13	17	5304	31.1
马鞍山市	Maanshan City	64.29	55.25	8.41	0.63	46	6637	144.9
淮北市	Huaibei City	54.38	47.17	6.89	0.32	22	4312	22.8
铜陵市	Tongling City	42.24	34.32	7.69	0.23	23	3414	32.1
安庆市	Anqing City	145.56	115.96	27.56	2.03	53	9396	53.9
黄山市	Huangshan City	53.85	42.40	10.77	0.68	10	1541	15.6
滁州市	Chuzhou City	94.53	79.12	13.63	1.78	68	9265	47.1
阜阳市	Fuyang City	146.08	125.12	17.32	3.64	61	12886	168.4
宿州市	Suzhou City	85.39	75.23	7.45	2.72	26	6882	38.6

3-21 续表 4 continued

地区	Region	社会消费品零售总额(亿元) Total Retail Sales (100 million yuan)	批发零售贸易业 Wholesale and Retail Sale Trades	餐饮业 Catering Trade	其他行业 Others	批发零售业法人企业(个) Number of Corporation Unit of Wholesale and Retail Trades (unit)	批发零售业从业人员(人) Persons Employed in Enterprises of Wholesale and Retail Trades (persons)	批发零售业销售总额(亿元) Total Sales Value of Wholesale and Retail Trades(100 million yuan)
巢湖市	Chaohu City	90.62	75.82	12.16	2.65	35	6142	37.5
六安市	Liuan City	119.45	106.61	12.84		26	4717	29.1
亳州市	Bozhou City	99.73	82.16	14.97	2.60	29	4887	28.5
池州市	Chizhou City	39.72	33.06	5.17	1.49	20	2084	20.8
宣城市	Xuancheng City	85.89	72.70	10.84	2.35	39	4435	39.5
其他	Others							
福建省	**Fujian**	**2345.82**	**2011.87**	**286.84**	**47.11**	**2499**	**154735**	**3051.0**
福州市	Fuzhou City	663.05	567.43	91.33	4.29	579	46855	758.0
厦门市	Xiamen City	271.86	228.29	30.08	13.49	900	45761	1403.0
莆田市	Putian City	128.17	109.08	16.17	2.92	53	4952	60.0
三明市	Sanming City	110.08	91.36	15.39	3.33	139	7985	123.0
泉州市	Quanzhou City	562.40	484.05	68.25	10.11	408	21065	381.0
漳州市	Zhangzhou City	229.94	202.40	24.28	3.27	156	8854	133.0
南平市	Nanping City	133.70	114.96	16.65	2.09	94	6855	66.0
龙岩市	Longyan City	128.65	113.14	12.98	2.54	118	6843	84.0
宁德市	Ningde City	123.82	106.70	12.03	5.08	52	5565	43.0
江西省	**Jiangxi**	**1236.17**	**1094.37**	**126.15**	**15.65**	**557**	**88275**	**765.3**
南昌市	Nanchang City	307.49	279.43	27.49	0.57	251	34546	423.1
景德镇市	Jingdezhen City	58.30	51.02	6.37	0.90	21	2769	19.7
萍乡市	Pingxiang City	66.11	57.58	8.27	0.27	13	2629	22.2
九江市	Jiujiang City	121.09	106.55	13.88	0.66	58	7881	60.4
新余市	Xinyu City	46.53	36.38	8.11	2.04	19	2460	16.9
鹰潭市	Yingtan City	36.41	32.11	4.18	0.12	17	805	23.1
赣州市	Ganzhou City	160.69	143.92	14.33	2.45	56	9535	44.6
吉安市	Jian City	86.12	74.49	9.24	2.39	30	3856	28.9
宜春市	Yichun City	114.96	104.69	9.64	0.63	43	13290	56.7
抚州市	Fuzhou City	102.72	87.56	11.72	3.45	16	3406	24.7
上饶市	Shangrao City	135.75	120.65	12.93	2.17	33	7098	45.0
山东省	**Shandong**	**6126.39**	**5139.87**	**771.40**	**215.12**	**3344**	**449683**	**4722.9**
济南市	Jinan City	807.88	657.55	115.09	35.23	280	44912	699.6
青岛市	Qingdao City	865.91	726.94	117.09	21.88	537	52812	1240.7
淄博市	Zibo City	430.94	347.92	67.43	15.59	196	29991	217.0
枣庄市	Zaozhuang City	176.30	140.28	28.52	7.50	59	7097	54.9
东营市	Dongying City	149.01	116.39	27.70	4.91	57	9276	86.9
烟台市	Yantai City	599.58	512.41	67.24	19.94	455	45109	573.5
潍坊市	Weifang City	493.34	422.20	46.98	24.16	298	44240	449.0
济宁市	Jining City	429.76	362.24	50.43	17.09	286	36129	243.0
泰安市	Taian City	273.64	236.64	28.87	8.13	120	23923	89.0
威海市	Weihai City	284.80	244.74	32.52	7.54	137	22313	157.8
日照市	Rizhao City	125.10	107.44	13.02	4.64	98	13515	144.8
莱芜市	Laiwu City	81.39	67.79	9.49	4.10	103	9039	109.5
临沂市	Linyi City	476.57	406.16	52.94	17.48	233	34924	242.9
德州市	Dezhou City	282.21	261.12	17.28	3.81	194	26628	126.1
聊城市	Liaocheng City	233.61	186.71	33.77	13.13	92	14627	90.7
滨州市	Binzhou City	179.73	151.43	25.54	2.76	103	13215	101.7
荷泽市	Heze City	236.65	191.91	37.51	7.23	96	21933	96.0

3-21 续表 5 continued

地 区	Region	社会消费品零售总额(亿元) Total Retail Sales (100 million yuan)	批发零售贸易业 Wholesale and Retail Sale Trades	餐饮业 Catering Trade	其他行业 Others	批发零售业法人企业(个) Number of Corporation Unit of Wholesale and Retail Trades (unit)	批发零售业从业人员(人) Persons Employed in Enterprises of Wholesale and Retail Trades (persons)	批发零售业销售总额(亿元) Total Sales Value of Wholesale and Retail Trades(100 million yuan)
河南省	**Henan**	**3358.43**	**2821.76**	**467.78**	**68.89**	**4054**	**374760**	**3444.1**
郑州市	Zhengzhou City	706.68	583.78	109.17	13.73	913	65630	1057.0
开封市	Kaifeng City	154.24	127.77	24.07	2.40	166	14077	88.0
洛阳市	Luoyang City	340.69	293.21	44.15	3.32	374	22215	188.9
平顶山市	Pingdingshan City	146.04	120.07	22.98	2.99	144	15050	80.5
安阳市	Anyang City	145.64	120.89	21.85	2.91	269	11738	170.6
鹤壁市	Hebi City	40.40	33.53	6.07	0.81	289	4182	17.5
新乡市	Xinxiang City	164.38	145.52	15.57	3.29	358	17493	88.6
焦作市	Jiaozuo City	129.57	108.78	18.78	2.02	211	11795	67.6
濮阳市	Puyang City	100.29	82.24	16.45	1.60	143	8724	40.4
许昌市	Xuchang City	147.41	118.00	26.30	3.12	126	11846	72.7
漯河市	Luohe City	95.45	77.84	15.70	1.91	105	7908	46.4
三门峡市	Sanmenxia City	86.48	72.75	11.48	2.25	123	7555	60.9
南阳市	Nanyang City	339.65	287.00	45.99	6.66	475	37257	160.1
商丘市	Shangqiu City	172.54	142.44	27.32	2.77	188	17310	102.0
信阳市	Xinyang City	187.64	158.34	23.89	5.41	167	16183	60.6
周口市	Zhoukou City	206.52	165.22	37.17	4.13	148	27422	62.5
驻马店市	Zhumadian City	163.03	136.47	23.61	2.96	205	18647	80.7
其他	Others	29.41	23.23	5.48	0.70	50	2659	25.2
湖北省	**Hubei**	**2964.58**	**2415.58**	**387.64**	**161.37**			
武汉市	Wuhan City	1128.64	935.35	144.97	48.32	541	91609	2002.0
黄石市	Huangshi City	129.34	107.13	17.51	4.70	59	6047	40.6
十堰市	Shiyan City	125.06	104.65	19.59	0.82	107	10553	82.3
宜昌市	Yichang City	226.50	187.89	34.01	4.60	87	17528	72.0
襄樊市	Xiangfan City	241.21	180.83	23.50	36.88	83	19382	111.8
鄂州市	Ezhou City	62.12	52.71	6.93	2.48	36	3247	35.6
荆门市	Jingmen City	112.01	87.11	15.49	9.41	106	7996	55.9
孝感市	Xiaogan City	161.35	132.77	27.38	1.20	67	8931	49.8
荆州市	Jingzhou City	221.60	166.33	30.81	24.46	49	9911	51.7
黄冈市	Huanggang City	160.97	138.54	18.52	3.91	78	11948	46.9
咸宁市	Xianning City	76.87	66.48	7.42	2.97	23	2799	15.9
随州市	Suizhou City	90.91	78.10	5.33	7.48	27	4338	23.3
恩施土家族苗族自治州	Enshi Tujia & Miao A.P	54.73	44.99	8.98	0.76	35	6547	58.1
其他	Others	172.36	124.29	19.98	28.09	29	10040	33.0
湖南省	**Hunan**	**2459.12**	**2050.17**	**369.21**	**39.74**	**1026**	**147442**	**1370.8**
长沙市	Changsha City	743.43	626.72	109.78	6.92	368	57287	670.4
株洲市	Zhuzhou City	182.05	157.35	21.44	3.26	57	8701	90.9
湘潭市	Xiangtan City	113.40	88.23	20.47	4.71	43	8118	51.6
衡阳市	Hengyang City	202.55	166.47	34.96	1.12	80	11879	81.2
邵阳市	Shaoyang City	118.29	103.93	14.02	0.34	61	8835	46.0
岳阳市	Yueyang City	215.18	191.42	19.58	4.18	57	7101	62.4
常德市	Changde City	205.21	174.80	25.74	4.68	55	9219	70.4
张家界市	Zhangjiajie City	36.52	31.00	5.52		18	2144	18.4
益阳市	Yiyang City	115.15	100.76	12.37	2.02	30	6098	44.1
郴州市	Chenzhou City	177.77	109.43	61.28	7.06	81	7323	89.8
永州市	Yongzhou City	102.34	89.47	12.42	0.45	73	7235	44.4

3-21 续表 6 continued

地　区	Region	社会消费品零售总额(亿元) Total Retail Sales (100 million yuan)	批发零售贸易业 Wholesale and Retail Sale Trades	餐饮业 Catering Trade	其他行业 Others	批发零售业法人企业(个) Number of Corporation Unit of Wholesale and Retail Trades (unit)	批发零售业从业人员(人) Persons Employed in Enterprises of Wholesale and Retail Trades (persons)	批发零售业销售总额(亿元) Total Sales Value of Wholesale and Retail Trades(100 million yuan)
怀化市	Huaihua City	98.32	80.96	14.65	2.71	40	6208	40.9
娄底市	Loudi City	96.43	86.41	9.59	0.44	36	4501	27.5
湘西土家族苗族自治州	West Hunan Tujia A.P	53.39	43.19	8.28	1.91	27	2793	32.8
其他	Others							
广东省	**Guangdong**	**7882.64**	**6644.00**	**1108.20**	**130.44**	**15921**	**547837**	**20274.5**
广州市	Guangzhou City	1898.74	1591.88	301.73	5.13	2287	140876	7369.0
韶关市	Shaoguan City	141.64	123.22	17.97	0.45	37	3731	226.5
深圳市	Shenzhen City	1437.67	1258.17	179.50		899	146265	3876.2
珠海市	Zhuhai City	220.14	185.28	34.86		208	13551	658.2
汕头市	Shantou City	344.80	311.26	33.54				554.2
佛山市	Foshan City	647.73	519.39	128.34		10747	103738	1877.7
江门市	Jiangmen City	309.82	257.91	49.90	2.01	166	13590	586.8
湛江市	Zhanjiang City	269.25	223.87	44.25	1.13	111	9033	484.8
茂名市	Maoming City	287.24	249.65	36.46	1.13	183	12153	784.2
肇庆市	Zhaoqing City	142.29	120.30	21.83	0.16	93	8021	342.9
惠州市	Huizhou City	251.51	216.85	34.66		90	12955	393.9
梅州市	Meizhou City	131.72	100.85	13.58	17.29	59	12570	191.5
汕尾市	Shanwei City	130.32	107.07	18.46	4.78	31	3347	160.3
河源市	Heyuan City	72.94	63.86	8.87	0.21	20	2262	105.1
阳江市	Yangjiang City	159.06	136.79	20.39	1.89	24	1913	256.3
清远市	Qingyuan City	129.76	110.98	18.63	0.15	69	5023	190.6
东莞市	Dongguan City	500.01	430.38	69.57	0.06	486	31555	824.8
中山市	ZhongShan City	276.60	240.44	35.86	0.30	272	16427	694.9
潮州市	Chaozhou City	102.99	89.01	13.01	0.97	60	1286	168.8
揭阳市	Jieyang City	143.35	130.58	11.44	1.33	45	2901	300.7
云浮市	Yunfu City	59.63	48.01	9.83	1.79	34	6640	113.1
广西壮族自治区	**Guangxi**	**1397.02**	**1204.73**	**165.72**	**26.57**	**902**	**119358**	**1168.2**
南宁市	Nanning City	378.00	336.61	40.74	0.65	411	42882	628.0
柳州市	Liuzhou City	200.25	175.93	23.68	0.64	180	26115	200.5
桂林市	Guilin City	163.78	133.32	27.32	3.14	42	8081	84.5
梧州市	Wuzhou City	85.55	71.44	8.37	5.73	793	17430	103.0
北海市	Beihai City	46.24	36.97	5.59	3.67	17	2561	82.9
防城港市	Fangchenggang City	22.75	18.56	2.62	1.57	9	801	10.0
钦州市	Qinzhou City	70.76	63.81	6.90	0.06	32	5531	93.8
贵港市	Guigang City	91.42	81.70	7.06	2.66	57	7105	47.9
玉林市	Yulin City	130.01	112.31	15.88	1.82	46	10019	71.2
百色市	Baise City	48.72	41.12	7.04	0.56	27	4804	44.8
贺州市	Hezhou City	34.52	29.69	2.84	1.99	23	1754	81.7
河池市	Hechi City	60.50	48.90	8.81	2.79	20	3163	23.7
来宾市	Laibin City	32.77	27.66	5.02	0.09	8	953	17.3
崇左市	Chongzuo City	26.98	21.79	3.77	1.43	14	2235	12.5
海南省	**Hainan**	**268.55**	**209.08**	**48.89**	**10.58**	**295**	**17262**	**271.8**
海口市	Haikou City	138.45	112.57	19.58	6.29	274	15151	250.3
三亚市	Sanya City	21.71	13.65	7.47	0.58	14	1115	11.5
其他	Others	108.39	82.86	21.84	3.71	7	996	10.0

3-21 续表 7 continued

地 区	Region	社会消费品零售总额(亿元) Total Retail Sales (100 million yuan)	批发零售贸易业 Wholesale and Retail Sale Trades	餐饮业 Catering Trade	其他行业 Others	批发零售业法人企业(个) Number of Corporation Unit of Wholesale and Retail Trades (unit)	批发零售业从业人员(人) Persons Employed in Enterprises of Wholesale and Retail Trades (persons)	批发零售业销售总额(亿元) Total Sales Value of Wholesale and Retail Trades(100 million yuan)
重庆市	**Chongqing**	**1215.76**	**1042.58**	**161.97**	**11.21**	**887**	**111241**	**1248.6**
万州区	Wanzhou District	48.81	40.42	6.76	1.63	38	2663	32.1
涪陵区	Fuling District	40.27	34.97	5.20	0.10	23	4511	1.6
渝中区	Yuzhong District	160.56	143.76	15.52	1.29	126	43440	498.1
大渡口区	Dadukou District	10.78	8.81	1.93	0.05	3	453	1.2
江北区	Jiangbei District	63.69	53.40	9.78	0.51	60	7841	159.7
沙坪坝区	Shapingba District	87.85	75.55	10.47	1.84	81	5260	73.2
九龙坡区	Jiulongpo District	107.29	95.90	10.19	1.19	183	11494	225.8
南岸区	Nanan District	69.97	58.33	11.65		68	5898	83.9
北碚区	Beibei District	31.22	27.38	3.56	0.28	15	1000	8.3
万盛区	Wansheng District	8.39	6.98	1.31	0.10	5	218	2.0
双桥区	Shuangqiao District	1.67	1.32	0.32	0.03	3	61	1.6
渝北区	Yubei District	37.65	30.83	6.62	0.19	35	2913	44.8
巴南区	Banan District	31.07	27.11	3.92	0.03	11	1126	4.8
黔江区	Qianjiang District	14.69	13.10	1.60		9	829	3.3
长寿区	Changshou District	22.78	17.55	4.74	0.50	13	1190	2.6
其他	Others	479.07	407.19	68.40	3.48	214	22344	105.7
四川省	**Sichuan**	**2981.37**	**2333.10**	**545.58**	**102.69**	**912**	**162632**	**1762.4**
成都市	Chengdu City	1005.88	819.54	181.02	5.33	306	62039	1191.7
自贡市	Zigong City	105.41	83.98	15.95	5.47	60	6857	36.8
攀枝花市	Panzhihua City	62.01	46.83	9.66	5.51	35	19504	38.5
泸州市	Luzhou City	109.87	86.55	20.40	2.92	31	7603	30.1
德阳市	Deyang City	143.30	109.95	33.36		74	6103	55.8
绵阳市	Mianyang City	180.71	139.46	38.02	3.22	73	9729	68.2
广元市	Guangyuan City	63.36	46.57	10.91	5.88	19	1842	15.4
遂宁市	Suining City	87.09	66.83	10.75	9.51	37	4793	31.9
内江市	Neijiang City	84.91	66.07	17.06	1.79	20	2957	24.1
乐山市	Leshan City	119.48	72.81	22.61	24.05	17	3243	17.2
南充市	Nanchong City	142.30	97.24	28.77	16.29	23	4749	31.6
眉山市	Meishan City	73.47	57.45	10.57	5.45	23	2181	18.6
宜宾市	Yibin City	129.94	107.06	22.89		33	8499	39.7
广安市	Guangan City	89.66	63.04	13.69	12.93	10	1778	12.9
达州市	Dazhou City	128.81	112.09	16.72		40	6883	36.2
雅安市	Yaan City	43.10	34.94	7.66	0.51	4	1017	9.5
巴中市	Bazhong City	48.42	41.56	5.28	1.58	10	1222	9.4
资阳市	Ziyang City	86.78	71.61	14.62	0.55	38	4546	19.2
阿坝藏族羌族自治州	Aba Zang & Qiang A.P	16.51	11.34	4.79	0.38	1	427	5.5
甘孜藏族自治州	Ganzi Zang A.P	16.60	13.73	2.63	0.24	4	716	5.4
凉山彝族自治州	Liangshan Yi A.P	101.31	74.50	20.91	5.89	54	5944	64.5
贵州省	**Guizhou**	**606.92**	**531.86**	**64.69**	**10.37**	**248**	**45199**	**479.4**
贵阳市	Guiyang City	204.32	156.33	43.07	4.92	140	19947	297.3
六盘水市	Liupanshui City	58.06	50.51	6.97	0.58	15	4600	19.6
遵义市	Zunyi City	122.24	105.16	16.76	0.32	58	11100	320.3
安顺市	Anshun City	28.02	25.37	2.57	0.08	15	2147	21.4
铜仁地区	Tongren Prefecture	31.70	27.91	3.01	0.78	3	2000	180.7
黔西南布依族苗族自治州	Southwest Guizhou Buyi & Miao A.P	36.78	33.36	3.32	0.10	13	1744	24.7

3-21 续表 8 continued

地　区	Region	社会消费品零售总额(亿元) Total Retail Sales (100 million yuan)	批发零售贸易业 Wholesale and Retail Sale Trades	餐饮业 Catering Trade	其他行业 Others	批发零售业法人企业(个) Number of Corporation Unit of Wholesale and Retail Trades (unit)	批发零售业从业人员(人) Persons Employed in Enterprises of Wholesale and Retail Trades (persons)	批发零售业销售总额(亿元) Total Sales Value of Wholesale and Retail Trades(100 million yuan)
毕节地区	Bijie Prefecture	38.93	32.40	4.24	2.30	4	7000	43.8
黔东南苗族侗族自治州	Southeast Guizhou Miao & Dong A.P	48.25	42.20	5.02	1.02	10	2588	18.2
黔南布依族苗族自治州	South Guizhou Buyi & Miao A.P	38.61	33.53	3.98	1.10	4	2699	19.1
云南省	**Yunnan**	**1034.40**	**823.83**	**155.44**	**55.13**	**1121**	**104087**	**2034.8**
昆明市	Kunming City	415.49	319.77	76.95	18.77	565	44050	1231.2
曲靖市	Qujing City	91.49	70.98	13.50	7.01	53	7245	148.4
玉溪市	Yuxi City	60.95	46.48	11.56	2.90	97	8930	176.4
保山市	Baoshan City	36.03	28.92	5.17	1.95	38	3401	35.1
昭通市	Zhaotong City	44.69	35.23	3.98	5.48	32	4635	52.1
丽江市	Lijiang City	15.81	11.78	3.71	0.31	14	1212	18.5
思茅市	Simao City	33.00	26.32	5.99	0.68	19	2141	20.1
临沧市	Lincang City	27.76	19.20	4.21	4.35	18	1147	16.6
楚雄彝族自治州	Chuxiong Yi A.P	55.31	45.88	7.67	1.76	40	5516	64.9
红河哈尼族彝族自治州	Honghe Hani & Yi A.P	64.78	44.75	9.76	10.26	61	7253	96.4
文山壮族苗族自治州	Wenshan Zhuang & Miao A.P	53.42	41.29	9.89	2.23	27	3517	23.5
西双版纳傣族自治州	Xishuangbanna Dai A.P	21.52	14.41	3.29	3.82	30	2948	17.6
大理白族自治州	Dali Bai A.P	62.41	53.44	7.18	1.78	60	6342	84.0
德宏傣族景颇族自治州	Dehong Dai & Jingpo A.P	22.67	18.25	3.08	1.34	57	2337	33.4
怒江傈僳族自治州	Nujiang Lisu A.P	7.31	5.55	0.63	1.13	5	337	1.7
迪庆藏族自治州	Diqing Zang A.P	6.75	4.31	0.93	1.52	5	3076	15.0
西藏自治区	**Tibet A.R.**	**73.11**	**59.20**	**12.38**	**1.53**	**29**	**3258**	**29.6**
拉萨市	Lhasa City	33.64	28.52	4.70	0.42	15	1955	20.7
昌都地区	Qamdu Prefecture	5.90	4.55	1.25	0.10	2	199	1.7
山南地区	Lhokha Prefecture	6.71	5.61	1.10		1	138	0.7
日喀则地区	Xigaze Prefecture	13.52	9.58	3.08	0.86	7	570	3.2
那曲地区	Narqu Prefecture	6.93	6.39	0.50	0.05	1	236	1.4
阿里地区	Ngri Prefecture	2.15	1.49	0.62	0.04	1	28	0.5
林芝地区	Nyingchi Prefecture	4.26	3.07	1.12	0.07	2	132	1.3
其他	Others							
陕西省	**Shaanxi**	**1322.41**	**1155.62**	**140.09**	**26.70**	**511**	**104156**	**1090.0**
西安市	Xian City	666.48	589.16	63.20	14.11	271	53079	728.9
铜川市	Tongchuan City	22.33	17.26	4.84	0.23	11	1317	5.6
宝鸡市	Baoji City	139.53	118.03	19.80	1.70	42	13853	108.1
咸阳市	Xianyang City	135.09	113.89	19.70	1.50	42	9319	48.3
渭南市	Weinan City	90.48	81.48	6.23	2.78	26	6426	43.4
延安市	Yanan City	46.09	39.87	5.60	0.62	17	4519	30.0
汉中市	Hanzhong City	64.15	58.01	6.05	0.09	32	5462	26.4
榆林市	Yulin City	71.55	61.03	5.90	4.63	34	4756	65.2
安康市	Ankang City	46.38	39.19	6.57	0.62	24	4270	18.1
商洛市	Shangluo City	36.61	34.17	2.44		11	1117	15.4
其他	Others	3.71	2.88	0.64	0.19	1	38	0.5
甘肃省	**Gansu**	**632.80**	**511.68**	**99.73**	**21.39**	**514**	**52013**	**894.8**
兰州市	Lanzhou City	256.67	205.76	41.39	9.53	235	25564	625.8
嘉峪关市	Jiayuguan City	11.65	9.55	2.05	0.05	18	1056	46.6

3-21 续表 9 continued

地 区	Region	社会消费品零售总额(亿元) Total Retail Sales (100 million yuan)	批发零售贸易业 Wholesale and Retail Sale Trades	餐饮业 Catering Trade	其他行业 Others	批发零售业法人企业(个) Number of Corporation Unit of Wholesale and Retail Trades (unit)	批发零售业从业人员(人) Persons Employed in Enterprises of Wholesale and Retail Trades (persons)	批发零售业销售总额(亿元) Total Sales Value of Wholesale and Retail Trades(100 million yuan)
金昌市	Jinchang City	18.01	14.97	2.57	0.44	20	2057	8.7
白银市	Baiyin City	40.54	33.44	5.32	1.78	20	3097	17.8
天水市	Tianshui City	55.84	41.15	11.90	2.80	46	4889	35.4
武威市	Wuwei City	34.90	26.80	7.57	0.54	24	1614	19.5
张掖市	Zhangye City	30.93	25.76	5.06	0.12	29	2352	16.2
平凉市	Pingliang City	40.24	34.55	4.29	1.39	20	2484	18.3
酒泉市	Jiuquan City	38.33	31.72	4.98	1.63	29	2307	36.4
庆阳市	Qingyang City	36.28	31.26	4.48	0.54	19	1493	16.5
定西市	Dingxi City	25.02	21.11	2.58	1.33	19	1722	21.2
陇南市	Longnan City	19.19	16.81	2.28	0.11	21	2106	18.7
临夏回族自治州	Linxia Hui A.P	16.08	11.85	3.28	0.95	9	904	8.1
甘南藏族自治州	Gannan Zang A.P	9.11	6.95	1.98	0.18	5	368	5.6
青海省	**Qinghai**	**160.52**	**132.16**	**24.40**	**3.96**	**140**	**13809**	**129.5**
西宁市	Xining City	104.56	89.01	14.63	0.92	124	12175	117.7
海东地区	Haidong Prefecture	18.61	13.72	3.65	1.24	3	316	3.0
海北藏族自治州	Haibei Zang A.P	4.05	3.29	0.75	0.01	1	152	2.3
黄南藏族自治州	Huangnan Zang AP	2.33	1.68	0.45	0.20			
海南藏族自治州	Hainan Zang A.P	6.15	4.64	1.14	0.37	1	73	0.1
果洛藏族自治州	Golog Zang A.P	1.87	1.36	0.34	0.17	1	59	0.1
玉树藏族自治州	Yushu Zang A.P	2.45	1.71	0.43	0.31			
海西蒙古族藏族自治州	Haixi Mongolian & Zang A.P	20.50	16.75	3.01	0.74	10	1034	6.2
宁夏回族自治区	**Ningxia**	**174.34**	**141.23**	**30.02**	**3.09**	**287**	**22249**	**212.5**
银川市	Yinchuan City	94.52	80.16	13.57	0.79	174	13057	152.4
石嘴山市	Shizuishan City	27.15	20.14	6.66	0.35	46	2953	22.9
吴忠市	Wuzhong City	24.20	19.70	3.98	0.52	24	2201	16.2
固原市	Guyuan City	14.66	12.69	1.81	0.16	19	990	9.8
中卫市	Zhongwei City	13.81	10.02	2.73	1.06	24	3048	11.3
新疆维吾尔自治区	**Xinjiang**	**637.78**	**509.82**	**90.55**	**37.41**	**800**	**81534**	**1182.0**
乌鲁木齐市	Urumqi City	222.95	185.38	30.11	7.46	312	29154	451.2
克拉玛依市	Karamay City	18.51	15.19	3.18	0.14	31	3252	51.4
吐鲁番地区	Turpan Prefecture	15.21	12.35	2.75	0.11	14	1354	8.8
哈密地区	Hami Prefecture	18.90	13.74	2.74	2.42	28	1336	16.2
昌吉回族自治州	Changji Hui A.P	55.83	45.12	7.88	2.84	46	6605	52.7
博尔塔拉蒙古自治州	Bortala Mongolian A.P	10.52	8.45	1.17	0.90	15	1206	61.2
巴音郭楞蒙古自治州	Bayingolin Mongolian A.P	32.54	25.81	3.83	2.90	57	5137	48.3
阿克苏地区	Aksu Prefecture	36.37	24.90	3.52	7.95	70	7189	61.7
克孜勒苏柯尔克孜自治州	Kizilsu Kirgiz A.P	3.81	3.40	0.34	0.07	8	733	2.2
喀什地区	Kashi Prefecture	31.09	23.29	3.48	4.32	31	7456	38.0
和田地区	Hotan Prefecture	9.56	8.03	1.52	0.01	10	843	8.7
伊犁州直属县（市）	Counties(Cities) Direct Under Ili Prefecture	46.11	36.80	6.89	2.42	46	4028	42.7
塔城地区	Tacheng Prefecture	20.47	15.56	3.57	1.34	24	1894	42.7
阿勒泰地区	Altay Prefecture	16.58	12.97	3.14	0.47	8	2918	8.1
石河子市	Shihezi City							
阿拉尔市	Alar City							
图木舒克市	Tumxuk City							
五家渠市	Wujiaqu City							

3-22 货物进出口总额和利用外资(2005年)

Total Value of Imports & Exports and Foreign Capital(2005)

地区	Region	进出口总额(万美元) Total Imports & Exports (USD 10 000)	进口总额 Imports	出口总额 Exports	实际利用外商直接投资(万美元) Total Amount of Direct Foreign Capital Actually Utilized (USD 10 000)
北京市	**Beijing**	**12557127**	**9470065**	**3087062**	**352638**
东城区	Dongcheng District	844100	629900	214200	22333
西城区	Xicheng District	2476114	2022558	453556	11019
崇文区	Chongwen District	37845	29280	8565	7100
宣武区	Xuanwu District	245000	182800	62200	719
朝阳区	Chaoyang District	4440141	3834650	605491	140029
丰台区	Fengtai District	211700	165900	45800	5734
石景山区	Shijingshan District	40700	23300	17400	841
海淀区	Haidian District	2010100	1388100	622000	47536
门头沟区	Mentougou District	24400	13500	10900	430
房山区	Fangshan District	22400	10600	11800	1415
通州区	Tongzhou District	80500	39200	41300	8419
顺义区	Shunyi District	673185	362685	310500	25217
昌平区	Changping District	88613	36513	52100	3909
大兴区	Daxing District	35600	11400	24200	4878
怀柔区	Huairou District	39100	30300	8800	5713
平谷区	Pinggu District	41200	31400	9800	4202
密云县	Miyun County	27929	17479	10450	2569
延庆县	Yanqing County	5200	1900	3300	371
其他	Others	1213300	638600	574700	60204
天津市	**Tianjin**	**5338662**	**2597186**	**2741476**	**332885**
和平区	Heping District	205634	69859	135775	9003
河东区	Hedong District	37493	17916	19577	879
河西区	Hexi District	140939	40601	100338	3597
南开区	Nankai District	115939	55061	60878	4628
河北区	Hebei District	20393	7270	13123	2789
红桥区	Hongqiao District	8515	2402	6113	24
塘沽区	Tanggu District	355166	79227	275939	7891
汉沽区	Hangu District	8899	3213	5686	69
大港区	Dagang District	48702	12360	36342	5399
东丽区	Dongli District	206529	88239	118290	8348
西青区	Xiqing District	148002	76249	71753	19010
津南区	Jinnan District	133670	73582	60088	9516
北辰区	Beichen District	236679	85665	151014	17766
武清区	Wuqing District	124947	46946	78001	13529
宝坻区	Baodi District	27118	5005	22113	3342
宁河县	Ninghe County	7725	1337	6388	2552
静海县	Jinghai County	46747	24979	21768	4488
蓟县	Ji County	3198	203	2995	2737
其他	Others				
河北省	**Hebei**	**1607132**	**514447**	**1092685**	**191256**
石家庄市	Shijiazhuang City	442500	70373	372127	26353
唐山市	Tangshan City	264839	145116	119723	46096
秦皇岛市	Qinhuangdao City	266825	82766	184059	23613
邯郸市	Handan City	95359	63405	31954	12920

3-22 续表 1 continued

地 区	Region	进出口总额（万美元）Total Imports & Exports (USD 10 000)	进口总额 Imports	出口总额 Exports	实际利用外商直接投资（万美元）Total Amount of Direct Foreign Capital Actually Utilized (USD 10 000)
邢台市	Xingtai City	72873	19011	53862	14172
保定市	Baoding City	138224	28251	109973	10539
张家口市	Zhangjiakou City	32836	13027	19809	2397
承德市	Chengde City	22758	12130	10628	11001
沧州市	Cangzhou City	81662	18722	62940	14416
廊坊市	Langfang City	112032	53193	58839	19370
衡水市	Hengshui City	77224	8453	68771	10379
其他	Others				
山西省	**Shanxi**	**554597**	**201726**	**352871**	**27516**
太原市	Taiyuan City	337228	125565	211663	7963
大同市	Datong City	14725	5477	9248	1159
阳泉市	Yangquan City	7872	1919	5953	172
长治市	Changzhi City	16967	12507	4460	916
晋城市	Jincheng City	10281	5700	4581	2004
朔州市	Shuozhou City	2205	1374	831	7243
晋中市	Jinzhong City	40316	986	39330	2402
运城市	Yuncheng City	65277	36143	29134	3547
忻州市	Xinzhou City	4002	25	3977	459
临汾市	Linfen City	26548	9467	17081	303
吕梁市	Luliang City	29176	2563	26613	1348
内蒙古自治区	**Inner Mongolia**	**487088**	**310014**	**177074**	**118577**
呼和浩特市	Hohhot City	106455	47044	59411	40347
包头市	Baotou City	92967	40882	52085	40811
乌海市	Wuhai City	813	3	810	1507
赤峰市	Chifeng City	15179	8801	6378	547
通辽市	Tongliao City	7382	1646	5736	2451
鄂尔多斯市	Erdos City	28918	3245	25673	25934
呼伦贝尔市	Hulunbuir City	159942	152239	7703	2451
巴彦淖尔市	Bayannur City	11644	2738	8906	2507
乌兰察布市	Ulanqab City	1199	168	1031	73
兴安盟	Xingan League	575	170	405	57
锡林郭勒盟	Xilingol League	58447	51641	6806	1591
阿拉善盟	Alxa League	3567	1437	2130	301
其他	Others				
辽宁省	**Liaoning**	**4101253**	**1757383**	**2343870**	**359042**
沈阳市	Shenyang City	454080	221733	232347	212312
大连市	Dalian City	2559123	1181098	1378025	100153
鞍山市	Anshan City	215837	83971	131866	6936
抚顺市	Fushun City	58276	18221	40055	4207
本溪市	Benxi City	142357	67404	74953	3856
丹东市	Dandong City	194460	43347	151113	6432
锦州市	Jinzhou City	84859	30922	53937	6647
营口市	Yingkou City	146118	45121	100997	7840
阜新市	Fuxin City	4028	536	3492	1328
辽阳市	Liaoyang City	30028	6094	23934	3299

3-22 续表 2 continued

地　区	Region	进出口总额（万美元）Total Imports & Exports (USD 10 000)	进口总额 Imports	出口总额 Exports	实际利用外商直接投资（万美元）Total Amount of Direct Foreign Capital Actually Utilized (USD 10 000)
盘锦市	Panjin City	18251	4719	13532	1464
铁岭市	Tieling City	9601	1254	8347	1564
朝阳市	Chaoyang City	30047	7955	22092	584
葫芦岛市	Huludao City	154188	45008	109180	2420
吉林省	**Jilin**	**652837**	**406149**	**246688**	**66115**
长春市	Changchun City	453509	327558	125951	40799
吉林市	Jilin City	68678	28744	39934	7071
四平市	Siping City	10105	6973	3132	1766
辽源市	Liaoyuan City	1931	672	1259	709
通化市	Tonghua City	26759	17568	9191	1835
白山市	Baishan City	11821	2221	9600	1235
松原市	Songyuan City	3483	653	2830	6858
白城市	Baicheng City	4537	400	4137	613
延边朝鲜族自治州	Yanbian Korean A.P	72014	21360	50654	5229
其他	Others				
黑龙江省	**Heilongjiang**	**957216**	**350014**	**607202**	**144690**
哈尔滨市	Harbin City	200902	114865	86037	31157
齐齐哈尔市	Qiqihar City	9693	2652	7041	3057
鸡西市	Jixi City	13214	1190	12024	1053
鹤岗市	Hegang City	1415	720	695	168
双鸭山市	Shuangyashan City	15475	526	14949	44
大庆市	Daqing City	27479	17629	9850	3081
伊春市	Yichun City	7430	1551	5878	758
佳木斯市	Jiamusi City	71656	18252	53404	701
七台河市	Qitaihe City	446	72	374	4
牡丹江市	Mudanjiang City	475789	146515	329275	5299
黑河市	Heihe City	58293	11723	46570	1182
绥化市	Suihua City	3737	540	3197	1857
大兴安岭地区	Daxinganling Prefecture	813	328	485	81
其他	Others				94661
上海市	**Shanghai**	**18636500**	**9562300**	**9074200**	**684965**
黄浦区	Huangpu District				25252
卢湾区	Luwan District				22534
徐汇区	Xuhui District				11442
长宁区	Changning District				22464
静安区	Jingan District				24200
普陀区	Putuo District				8467
闸北区	Zhabei District				11202
虹口区	Hongkou District				10773
杨浦区	Yangpu District				7340
闵行区	Minhang District				10563
宝山区	Baoshan District				71317
嘉定区	Jiading District				33966
浦东新区	Pudong New District				204338
金山区	Jinshan District				9230

3-22 续表 3 continued

地　区	Region	进出口总额（万美元） Total Imports & Exports (USD 10 000)	进口总额 Imports	出口总额 Exports	实际利用外商直接投资（万美元） Total Amount of Direct Foreign Capital Actually Utilized (USD 10 000)
松江区	Songjiang District				66874
青浦区	Qingpu District				22549
南汇区	Nanhui District				24414
奉贤区	Fengxian District				21193
崇明县	Chongming County				757
其他	Others				
江苏省	**Jiangsu**	**22794131**	**10495916**	**12298215**	**1318020**
南京市	Nanjing City	2708960	1284457	1424503	141778
无锡市	Wuxi City	2918846	1364450	1554397	200713
徐州市	Xuzhou City	112621	37425	75196	26056
常州市	Changzhou City	833833	221028	612805	73120
苏州市	Suzhou City	14067777	6785486	7282291	511596
南通市	Nantong City	852592	273179	579412	153162
连云港市	Lianyungang City	203780	110753	93027	27480
淮安市	Huaian City	68219	20542	47677	6771
盐城市	Yancheng City	143462	56406	87056	16183
扬州市	Yangzhou City	279321	88745	190576	52579
镇江市	Zhenjiang City	396485	193100	203385	59590
泰州市	Taizhou City	192907	58632	134275	45647
宿迁市	Suqian City	15328	1712	13616	3345
浙江省	**Zhejiang**	**10739123**	**3058770**	**7680353**	**772271**
杭州市	Hangzhou City	2986993	1006603	1980390	171274
宁波市	Ningbo City	3349427	1126171	2223256	231097
温州市	Wenzhou City	785979	167549	618430	35708
嘉兴市	Jiaxing City	992235	287850	704385	115666
湖州市	Huzhou City	227063	27507	199556	65072
绍兴市	Shaoxing City	1048473	234311	814162	90095
金华市	Jinhua City	472171	33427	438744	45775
衢州市	Quzhou City	40847	8457	32390	3042
舟山市	Zhoushan City	120908	21370	99538	3120
台州市	Taizhou City	635301	115748	519553	33780
丽水市	Lishui City	52340	8277	44063	1943
安徽省	**Anhui**	**911971**	**392933**	**519038**	**68845**
合肥市	Hefei City	418294	138834	279460	17450
芜湖市	Wuhu City	63484	17233	46251	10586
蚌埠市	Bengbu City	24889	3033	21856	5074
淮南市	Huainan City	3715	777	2938	7293
马鞍山市	Maanshan City	123149	91765	31384	4798
淮北市	Huaibei City	5986	1119	4867	547
铜陵市	Tongling City	129679	111352	18327	1056
安庆市	Anqing City	22721	5457	17264	4494
黄山市	Huangshan City	8566	1521	7045	2249
滁州市	Chuzhou City	29927	7038	22889	2433
阜阳市	Fuyang City	12514	5842	6672	3953
宿州市	Suzhou City	4946	478	4468	699

3-22 续表 4 continued

地　区	Region	进出口总额（万美元） Total Imports & Exports (USD 10 000)	进口总额 Imports	出口总额 Exports	实际利用外商直接投资（万美元） Total Amount of Direct Foreign Capital Actually Utilized (USD 10 000)
巢湖市	Chaohu City	13583	1968	11615	1427
六安市	Liuan City	18606	701	17905	1497
亳州市	Bozhou City	1846	257	1589	611
池州市	Chizhou City	9644	2321	7323	1280
宣城市	Xuancheng City	20422	3237	17185	3398
其他	Others				
福建省	**Fujian**	**5441130**	**1956935**	**3484195**	**540816**
福州市	Fuzhou City	1458298	516303	941995	137457
厦门市	Xiamen City	2856534	1129958	1726576	124702
莆田市	Putian City	157815	46274	111541	25177
三明市	Sanming City	53674	7649	46025	13057
泉州市	Quanzhou City	454785	134125	320660	120023
漳州市	Zhangzhou City	370639	110873	259766	61224
南平市	Nanping City	38091	9437	28654	33732
龙岩市	Longyan City	17696	1257	16439	14064
宁德市	Ningde City	33597	1059	32538	11380
江西省	**Jiangxi**	**405938**	**161934**	**244004**	**242258**
南昌市	Nanchang City	174536	50500	124036	83026
景德镇市	Jingdezhen City	23100	14319	8781	5102
萍乡市	Pingxiang City	5236	1965	3271	6093
九江市	Jiujiang City	19378	7612	11766	30569
新余市	Xinyu City	16719	12821	3898	6538
鹰潭市	Yingtan City	71094	57900	13194	5600
赣州市	Ganzhou City	50766	12539	38227	52041
吉安市	Jian City	10484	1399	9085	17935
宜春市	Yichun City	11612	598	11014	21239
抚州市	Fuzhou City	8639	641	7998	7270
上饶市	Shangrao City	14369	1637	12732	15960
山东省	**Shandong**	**7688876**	**3063763**	**4625113**	**897100**
济南市	Jinan City	376213	198370	177843	33200
青岛市	Qingdao City	3302480	1360157	1942323	346100
淄博市	Zibo City	313518	111835	201683	30200
枣庄市	Zaozhuang City	37200	5843	31357	9600
东营市	Dongying City	148258	62810	85448	11400
烟台市	Yantai City	1147974	499666	648308	180700
潍坊市	Weifang City	394062	98977	295085	48100
济宁市	Jining City	186766	70406	116360	23500
泰安市	Taian City	74460	19984	54476	9500
威海市	Weihai City	754729	281329	473400	120900
日照市	Rizhao City	254718	122377	132341	15300
莱芜市	Laiwu City	105280	39251	66029	10000
临沂市	Linyi City	179727	52039	127688	25300
德州市	Dezhou City	73501	18292	55209	9500
聊城市	Liaocheng City	63788	17787	46001	8900
滨州市	Binzhou City	224404	100308	124096	10400
菏泽市	Heze City	51799	4334	47465	4500

3-22 续表 5 continued

地 区	Region	进出口总额（万美元） Total Imports & Exports (USD 10 000)	进口总额 Imports	出口总额 Exports	实际利用外商直接投资（万美元） Total Amount of Direct Foreign Capital Actually Utilized (USD 10 000)
河南省	**Henan**	**773604**	**263511**	**510093**	**122960**
郑州市	Zhengzhou City	195604	55810	139794	33549
开封市	Kaifeng City	10846	4060	6787	2306
洛阳市	Luoyang City	95995	23650	72346	11429
平顶山市	Pingdingshan City	33726	12660	21067	4368
安阳市	Anyang City	72644	42323	30321	2832
鹤壁市	Hebi City	6283	308	5975	3023
新乡市	Xinxiang City	52800	17736	35064	6016
焦作市	Jiaozuo City	91025	33422	57603	9353
濮阳市	Puyang City	16566	822	15744	3681
许昌市	Xuchang City	41935	6356	35579	4260
漯河市	Luohe City	17019	7501	9518	7652
三门峡市	Sanmenxia City	12960	1468	11492	7208
南阳市	Nanyang City	30296	6869	23427	4809
商丘市	Shangqiu City	5149	420	4730	9025
信阳市	Xinyang City	9030	6005	3025	3379
周口市	Zhoukou City	22710	13727	8983	4562
驻马店市	Zhumadian City	6961	1902	5060	3134
其他	Others	52054	28474	23580	2374
湖北省	**Hubei**	**909188**	**464203**	**444985**	**218475**
武汉市	Wuhan City	618786	364777	254009	134000
黄石市	Huangshi City	72198	42350	29848	22412
十堰市	Shiyan City	11292	3584	7708	1850
宜昌市	Yichang City	43968	11957	32011	10498
襄樊市	Xiangfan City	27403	13035	14368	3625
鄂州市	Ezhou City	12701	7256	5445	2843
荆门市	Jingmen City	11077	2091	9132	8016
孝感市	Xiaogan City	15616	5553	10063	8485
荆州市	Jingzhou City	31961	8001	24413	6900
黄冈市	Huanggang City	18337	2585	15752	7031
咸宁市	Xianning City	5472	708	4764	1095
随州市	Suizhou City	14224	250	13974	2715
恩施土家族苗族自治州	Enshi Tujia & Miao A.P	2966	131	2836	283
其他	Others	22658	1925	20734	7562
湖南省	**Hunan**	**600486**	**225818**	**374668**	**207235**
长沙市	Changsha City	268315	108794	159521	90204
株洲市	Zhuzhou City	68829	14439	54390	16125
湘潭市	Xiangtan City	66772	24589	42183	15613
衡阳市	Hengyang City	34353	10085	24268	17245
邵阳市	Shaoyang City	9875	311	9564	4046
岳阳市	Yueyang City	27709	23176	4533	4520
常德市	Changde City	15237	4740	10497	12182
张家界市	Zhangjiajie City	414	12	402	845
益阳市	Yiyang City	8601	1350	7251	3449
郴州市	Chenzhou City	26214	1557	24657	24398
永州市	Yongzhou City	48497	31726	16771	12067

3-22 续表 6 continued

地　区	Region	进出口总额（万美元） Total Imports & Exports (USD 10 000)	进口总额 Imports	出口总额 Exports	实际利用外商直接投资（万美元） Total Amount of Direct Foreign Capital Actually Utilized (USD 10 000)
怀化市	Huaihua City	6615	4648	1967	1895
娄底市	Loudi City	3482	155	3327	4120
湘西土家族苗族自治州	West Hunan Tujia A.P	15573	236	15337	526
其他	Others				
广东省	**Guangdong**	**42800200**	**18983100**	**23817100**	**1236391**
广州市	Guangzhou City	5347600	2680800	2666800	260851
韶关市	Shaoguan City	92000	58000	34000	9564
深圳市	Shenzhen City	18279100	8126900	10152200	287734
珠海市	Zhuhai City	2572600	1495800	1076800	66507
汕头市	Shantou City	496000	177800	318200	10236
佛山市	Foshan City	2571100	863100	1708000	92737
江门市	Jiangmen City	905400	302900	602500	59679
湛江市	Zhanjiang City	182700	87000	95700	3896
茂名市	Maoming City	36700	12800	23900	3890
肇庆市	Zhaoqing City	217600	76000	141600	54206
惠州市	Huizhou City	1902100	836600	1065500	103112
梅州市	Meizhou City	36200	5200	31000	7659
汕尾市	Shanwei City	120800	56600	64200	12033
河源市	Heyuan City	52800	23200	29600	18157
阳江市	Yangjiang City	102500	11200	91300	5754
清远市	Qingyuan City	171400	78200	93200	17375
东莞市	Dongguan City	7436800	3343900	4092900	146072
中山市	ZhongShan City	1875100	649700	1225400	62470
潮州市	Chaozhou City	189200	41200	148000	5838
揭阳市	Jieyang City	139200	26000	113200	4859
云浮市	Yunfu City	73300	30200	43100	3762
广西壮族自治区	**Guangxi**	**518289**	**230548**	**287741**	**37866**
南宁市	Nanning City	71916	57716	14200	8578
柳州市	Liuzhou City	17803	13993	3810	4589
桂林市	Guilin City	44142	13313	30830	3509
梧州市	Wuzhou City	45790	16542	29248	11943
北海市	Beihai City	18467	5924	12543	2387
防城港市	Fangchenggang City	84953	75029	9924	3976
钦州市	Qinzhou City	19841	8423	11418	5893
贵港市	Guigang City	7780	2334	5446	3259
玉林市	Yulin City	36916	11050	25886	1277
百色市	Baise City	18527	11607	6919	956
贺州市	Hezhou City	11222	1928	9294	1121
河池市	Hechi City	14567	5900	8667	2268
来宾市	Laibin City	14329	6973	7356	
崇左市	Chongzuo City	49490	8110	41380	868
海南省	**Hainan**	**259175**	**156921**	**102254**	**68401**
海口市	Haikou City	51250	29662	21588	37888
三亚市	Sanya City	3048	848	2200	6183
其他	Others	204877	126411	78466	24330

3-22 续表 7 continued

地 区	Region	进出口总额（万美元） Total Imports & Exports (USD 10 000)	进口总额 Imports	出口总额 Exports	实际利用外商直接投资（万美元） Total Amount of Direct Foreign Capital Actually Utilized (USD 10 000)
重庆市	**Chongqing**	**429283**	**177229**	**252054**	**51575**
万州区	Wanzhou District	3807	115	3692	610
涪陵区	Fuling District	20781	17422	3359	113
渝中区	Yuzhong District	35910	21266	14644	12616
大渡口区	Dadukou District	27826	18315	9511	475
江北区	Jiangbei District	69850	22305	47545	4998
沙坪坝区	Shapingba District	34313	4702	29611	1544
九龙坡区	Jiulongpo District	67981	10431	57550	2656
南岸区	Nanan District	74453	60961	13492	2865
北碚区	Beibei District	9096	3023	6073	1550
万盛区	Wansheng District	32	15	18	174
双桥区	Shuangqiao District	126	20	106	
渝北区	Yubei District	21585	6261	15324	15792
巴南区	Banan District	20750	9076	11674	1506
黔江区	Qianjiang District	18		18	
长寿区	Changshou District	4250	449	3802	2641
其他	Others	38504	2867	35637	4035
四川省	**Sichuan**	**790192**	**320031**	**470161**	**90701**
成都市	Chengdu City	314019	128501	185518	70183
自贡市	Zigong City	34292	18600	15692	430
攀枝花市	Panzhihua City	30218	16851	13367	224
泸州市	Luzhou City	6293	3031	3262	689
德阳市	Deyang City	59307	36400	22907	4008
绵阳市	Mianyang City	65571	21524	44047	3700
广元市	Guangyuan City	11347	2821	8526	104
遂宁市	Suining City	5596	874	4722	1501
内江市	Neijiang City	13315	4211	9104	417
乐山市	Leshan City	41788	17442	24346	2648
南充市	Nanchong City	6189	67	6122	726
眉山市	Meishan City	16290	3906	12384	865
宜宾市	Yibin City	33269	6275	26994	1026
广安市	Guangan City	2791	774	2017	411
达州市	Dazhou City	662		662	270
雅安市	Yaan City	1220	143	1077	102
巴中市	Bazhong City	828	3	825	22
资阳市	Ziyang City	5166	1110	4056	341
阿坝藏族羌族自治州	Aba Zang & Qiang A.P	703	186	517	600
甘孜藏族自治州	Ganzi Zang A.P	192		192	182
凉山彝族自治州	Liangshan Yi A.P	1801	357	1444	237
贵州省	**Guizhou**	**140425**	**54500**	**85925**	**10768**
贵阳市	Guiyang City	113637	37506	76131	6045
六盘水市	Liupanshui City	13935	13913	22	1872
遵义市	Zunyi City	4391	1370	3021	919
安顺市	Anshun City	1070	58	1012	238
铜仁地区	Tongren Prefecture	2152	19	2133	
黔西南布依族苗族自治州	Southwest Guizhou Buyi & Miao A.P				2665

3-22 续表 8 continued

地 区	Region	进出口总额(万美元) Total Imports & Exports (USD 10 000)	进口总额 Imports	出口总额 Exports	实际利用外商直接投资(万美元) Total Amount of Direct Foreign Capital Actually Utilized (USD 10 000)
毕节地区	Bijie Prefecture	256	111	145	
黔东南苗族侗族自治州	Southeast Guizhou Miao & Dong A.P	621	204	417	566
黔南布依族苗族自治州	South Guizhou Buyi & Miao A.P	4363	1320	3043	453
云南省	**Yunnan**	**473822**	**209664**	**264158**	**18900**
昆明市	Kunming City	344452	170866	173586	8261
曲靖市	Qujing City	13356	3852	9504	1142
玉溪市	Yuxi City	15001	997	14004	1283
保山市	Baoshan City	9824	3823	6001	127
昭通市	Zhaotong City	550	28	522	130
丽江市	Lijiang City	1586	19	1567	1312
思茅市	Simao City	5232	3083	2149	
临沧市	Lincang City	4272	1828	2444	266
楚雄彝族自治州	Chuxiong Yi A.P	3310	320	2990	20
红河哈尼族彝族自治州	Honghe Hani & Yi A.P	51000	13641	37359	4281
文山壮族苗族自治州	Wenshan Zhuang & Miao A.P	3310	229	3081	321
西双版纳傣族自治州	Xishuangbanna Dai A.P	18891	5620	13271	76
大理白族自治州	Dali Bai A.P	4096	76	4020	576
德宏傣族景颇族自治州	Dehong Dai & Jingpo A.P	39012	11910	27102	899
怒江傈僳族自治州	Nujiang Lisu A.P				
迪庆藏族自治州	Diqing Zang A.P	469		469	
西藏自治区	**Tibet A.R.**	**20539**	**4007**	**16532**	**1151**
拉萨市	Lhasa City	18983	2977	16006	1151
昌都地区	Qamdu Prefecture	6		6	
山南地区	Lhokha Prefecture			122	
日喀则地区	Xigaze Prefecture	1134	1012	76	
那曲地区	Narqu Prefecture	88	12	128	
阿里地区	Ngri Prefecture	128		194	
林芝地区	Nyingchi Prefecture	200	6		
其他	Others				
陕西省	**Shaanxi**	**457694**	**307584**	**150111**	**62839**
西安市	Xian City	390146	263441	126705	57112
铜川市	Tongchuan City	3443	1314	2129	
宝鸡市	Baoji City	14721	6984	7737	60
咸阳市	Xianyang City	26183	18095	8088	1954
渭南市	Weinan City	9768	6195	3574	1725
延安市	Yanan City	1295	1236	59	
汉中市	Hanzhong City	2267	1913	354	541
榆林市	Yulin City	1909	1907	3	
安康市	Ankang City	119	118	1	
商洛市	Shangluo City	122	122		
其他	Others	7721	6260	1461	345
甘肃省	**Gansu**	**263136**	**154038**	**109098**	**2044**
兰州市	Lanzhou City	71551	21389	50162	1585
嘉峪关市	Jiayuguan City	43598	27895	15703	

地 区	Region	进出口总额（万美元） Total Imports & Exports (USD 10 000)	进口总额 Imports	出口总额 Exports	实际利用外商直接投资（万美元） Total Amount of Direct Foreign Capital Actually Utilized (USD 10 000)
金昌市	Jinchang City	106542	93089	13453	46
白银市	Baiyin City	18140	8343	9797	50
天水市	Tianshui City	8642	2196	6446	12
武威市	Wuwei City	293	86	207	150
张掖市	Zhangye City	1001		1001	
平凉市	Pingliang City	433		433	
酒泉市	Jiuquan City	1652	639	1013	
庆阳市	Qingyang City	7760	114	7646	
定西市	Dingxi City	332		332	166
陇南市	Longnan City	637	287	350	35
临夏回族自治州	Linxia Hui A.P	692		692	
甘南藏族自治州	Gannan Zang A.P	1863		1863	
青海省	**Qinghai**	**41338**	**9014**	**32324**	**26600**
西宁市	Xining City	36875	8594	28281	12114
海东地区	Haidong Prefecture	1831	90	1741	90
海北藏族自治州	Haibei Zang A.P				
黄南藏族自治州	Huangnan Zang AP				
海南藏族自治州	Hainan Zang A.P				
果洛藏族自治州	Golog Zang A.P				
玉树藏族自治州	Yushu Zang A.P				
海西蒙古族藏族自治州	Haixi Mongolian & Zang A.P	2632	330	2302	14396
宁夏回族自治区	**Ningxia**	**96672**	**27961**	**68711**	**19053**
银川市	Yinchuan City				
石嘴山市	Shizuishan City				
吴忠市	Wuzhong City				
固原市	Guyuan City				
中卫市	Zhongwei City				
新疆维吾尔自治区	**Xinjiang**	**794189**	**290165**	**504024**	**4749**
乌鲁木齐市	Urumqi City	239309	96511	142798	2528
克拉玛依市	Karamay City	7818	3388	4430	4
吐鲁番地区	Turpan Prefecture	203	176	27	506
哈密地区	Hami Prefecture	2685	1329	1356	91
昌吉回族自治州	Changji Hui A.P	74435	3300	71135	396
博尔塔拉蒙古自治州	Bortala Mongolian A.P	172683	105882	66801	18
巴音郭楞蒙古自治州	Bayingolin Mongolian A.P	2727	848	1879	36
阿克苏地区	Aksu Prefecture	2101	1727	374	
克孜勒苏柯尔克孜自治州	Kizilsu Kirgiz A.P	8349	4656	3693	
喀什地区	Kashi Prefecture	10987	2093	8894	8
和田地区	Hotan Prefecture				
伊犁州直属县（市）	Counties(Cities) Direct Under Ili Prefecture	186967	39668	147299	501
塔城地区	Tacheng Prefecture	63191	20162	43029	
阿勒泰地区	Altay Prefecture	4521	2480	2041	
石河子市	Shihezi City	18213	7945	10268	661
阿拉尔市	Alar City				
图木舒克市	Tumxuk City				
五家渠市	Wujiaqu City				

3-23 旅游业情况(2005年)

Tourism(2005)

地区	Region	入境国际旅游人数(万人次) Number of International Tourists (10 000 person-times)	#外国人 Foreigners	旅游外汇收入(万美元) Foreign Exchange Earnings (USD 10 000)	国内旅游人数(万人次) Number of Domestic Tourists (10 000 person-times)	国内旅游收入(万元) Total Expenditure of Domestic Travel (10 000 yuan)	星级饭店总数(个) Number of Tourist Hotels (unit)
北京市	**Beijing**	**362.92**	**311.62**	**362000**	**12500**	**13000000**	**631**
东城区	Dongcheng District	84.34	72.28				61
西城区	Xicheng District	18.42	16.15				47
崇文区	Chongwen District	10.84	9.46				20
宣武区	Xuanwu District	23.64	22.33				38
朝阳区	Chaoyang District	153.90	135.66				123
丰台区	Fengtai District	2.69	2.52				30
石景山区	Shijingshan District	0.22	0.18				9
海淀区	Haidian District	44.57	36.69				92
门头沟区	Mentougou District	0.01	0.01				14
房山区	Fangshan District	0.05	0.05				24
通州区	Tongzhou District	2.34	2.20				10
顺义区	Shunyi District	8.74	7.55				16
昌平区	Changping District	12.02	5.50				39
大兴区	Daxing District	0.58	0.49				12
怀柔区	Huairou District	0.16	0.16				48
平谷区	Pinggu District	0.16	0.15				15
密云县	Miyun County	0.23	0.23				15
延庆县	Yanqing County	0.01	0.01				18
其他	Others						
天津市	**Tianjin**	**74.01**	**26.67**	**50930**	**5013**	**5419800**	**114**
和平区	Heping District						14
河东区	Hedong District						10
河西区	Hexi District						21
南开区	Nankai District						9
河北区	Hebei District						5
红桥区	Hongqiao District						1
塘沽区	Tanggu District						22
汉沽区	Hangu District						3
大港区	Dagang District						4
东丽区	Dongli District						5
西青区	Xiqing District						1
津南区	Jinnan District						1
北辰区	Beichen District						1
武清区	Wuqing District						2
宝坻区	Baodi District						2
宁河县	Ninghe County						1
静海县	Jinghai County						4
蓟县	Ji County						8
其他	Others						
河北省	**Hebei**	**62.65**	**57.39**	**20917**	**8068**	**4066579**	**343**
石家庄市	Shijiazhuang City	7.44	6.82	2395	1607	715127	57
唐山市	Tangshan City	3.02	2.85	1011	565	229532	41
秦皇岛市	Qinhuangdao City	17.92	17.11	9257	1302	912587	61
邯郸市	Handan City	0.62	0.56	252	768	302875	20

3-23 续表 1 continued

地 区	Region	入境国际旅游人数(万人次) Number of International Tourists (10 000 person-times)	#外国人 Foreigners	旅游外汇收入(万美元) Foreign Exchange Earnings (USD 10 000)	国内旅游人数(万人次) Number of Domestic Tourists (10 000 person-times)	国内旅游收入(万元) Total Expenditure of Domestic Travel (10 000 yuan)	星级饭店总数(个) Number of Tourist Hotels (unit)
邢台市	Xingtai City	0.34	0.28	108	325	130562	13
保定市	Baoding City	6.22	5.87	1597	1705	853779	34
张家口市	Zhangjiakou City	1.45	1.41	231	441	203339	17
承德市	Chengde City	18.60	15.90	3989	604	302138	32
沧州市	Cangzhou City	0.37	0.25	105	231	78469	23
廊坊市	Langfang City	6.37	6.11	2002	406	298609	30
衡水市	Hengshui City	0.29	0.27	70	116	39562	15
其他	Others						
山西省	**Shanxi**	**42.10**	**25.40**	**11622**	**6545**	**2819100**	**289**
太原市	Taiyuan City	10.09	6.87	3688	1408	764700	77
大同市	Datong City	8.00	6.00	2297	716	313600	21
阳泉市	Yangquan City	0.10	0.10	55	358	153600	4
长治市	Changzhi City	2.03	1.40	362	537	266000	10
晋城市	Jincheng City	1.10	1.10	267	554	199500	19
朔州市	Shuozhou City	1.33	0.95	263	176	48800	11
晋中市	Jinzhong City	7.51	4.97	1704	652	232400	36
运城市	Yuncheng City	3.50	0.40	713	653	276100	38
忻州市	Xinzhou City	4.62	2.42	1389	620	249800	26
临汾市	Linfen City	2.80	1.10	605	616	234500	36
吕梁市	Luliang City	1.00	1.00	281	254	80100	11
内蒙古自治区	**Inner Mongolia**	**100.16**	**99.50**	**35207**	**2062**	**1797200**	**202**
呼和浩特市	Hohhot City	4.00	3.82	1492	392	459000	33
包头市	Baotou City	1.30	1.24	474	294	271514	27
乌海市	Wuhai City	0.08	0.07	13	20	6215	3
赤峰市	Chifeng City	1.13	1.12	444	339	254	27
通辽市	Tongliao City	0.77	0.73	288	155	107000	9
鄂尔多斯市	Erdos City	1.10	1.02	354	310	186300	15
呼伦贝尔市	Hulunbuir City	48.95	48.91	19833	313	306100	34
巴彦淖尔市	Bayannur City	0.94	0.84	278	94	15373	12
乌兰察布市	Ulanqab City	1.84	1.71	290	201	60900	15
兴安盟	Xingan League	0.21	0.21	82	81	67800	6
锡林郭勒盟	Xilingol League	38.58	38.58	11247	118	91300	17
阿拉善盟	Alxa League	1.27	1.25	411	47	26300	4
其他	Others						
辽宁省	**Liaoning**	**130.20**	**111.10**	**73777**	**9860**	**6746500**	**499**
沈阳市	Shenyang City	32.70	26.40	17272	3500	2122400	111
大连市	Dalian City	60.00	52.50	40000	1900	1780600	155
鞍山市	Anshan City	6.80	5.80	4945	770	531600	22
抚顺市	Fushun City	2.00	1.50	504	410	211100	23
本溪市	Benxi City	5.20	4.50	1702	511	291700	22
丹东市	Dandong City	10.30	10.30	3680	773	498400	32
锦州市	Jinzhou City	5.50	3.90	1841	426	290700	25
营口市	Yingkou City	1.70	1.70	718	242	138900	18
阜新市	Fuxin City	0.20	0.20	90	102	48000	17
辽阳市	Liaoyang City	1.00	0.90	468	270	215200	8

3-23 续表 2 continued

地 区	Region	入境国际旅游人数（万人次）Number of International Tourists (10 000 person-times)	#外国人 Foreigners	旅游外汇收入（万美元）Foreign Exchange Earnings (USD 10 000)	国内旅游人数（万人次）Number of Domestic Tourists (10 000 person-times)	国内旅游收入（万元）Total Expenditure of Domestic Travel (10 000 yuan)	星级饭店总数（个）Number of Tourist Hotels (unit)
盘锦市	Panjin City	1.40	0.90	747	260	157500	16
铁岭市	Tieling City	0.70	0.70	330	185	100400	9
朝阳市	Chaoyang City	0.20	0.10	77	240	153200	15
葫芦岛市	Huludao City	2.50	1.70	676	460	206800	23
吉林省	**Jilin**	**37.32**	**30.68**	**11953**	**2851**	**2193400**	**198**
长春市	Changchun City	11.00	8.71	5103	1218	1161300	49
吉林市	Jilin City	3.52	1.25	832	815	488900	34
四平市	Siping City	0.10	0.09	29	55	34500	8
辽源市	Liaoyuan City				43	25500	4
通化市	Tonghua City	1.57	1.18	493	158	96200	18
白山市	Baishan City	1.50	1.19	479	150	81200	22
松原市	Songyuan City				75	45700	8
白城市	Baicheng City				66	44000	14
延边朝鲜族自治州	Yanbian Korean A.P	18.59	15.06	4161	271	216100	41
其他	Others						
黑龙江省	**Heilongjiang**	**82.15**	**76.42**	**34043**	**4466**	**2520000**	**176**
哈尔滨市	Harbin City	20.39	14.95	11567	1801	1132000	79
齐齐哈尔市	Qiqihar City	0.67	0.53	277	715	241000	19
鸡西市	Jixi City	13.40	13.00	4167	200	41445	13
鹤岗市	Hegang City	0.01	0.01		36	2813	7
双鸭山市	Shuangyashan City	3.30	3.30	1000	80	8000	6
大庆市	Daqing City	0.90	0.85	142	519	100000	20
伊春市	Yichun City				226	64443	
佳木斯市	Jiamusi City	110.20	5.20	936	105	51000	10
七台河市	Qitaihe City	0.01		2	26	1526	2
牡丹江市	Mudanjiang City	57.10	57.10	18830	349	104900	42
黑河市	Heihe City	27.40	26.40	1264	68	19064	8
绥化市	Suihua City	0.02	0.01	1	836	7650	6
大兴安岭地区	Daxinganling Prefecture	0.20	0.06	14	17	10342	6
其他	Others						
上海市	**Shanghai**	**571.35**	**452.27**	**36**	**9012**	**13084100**	**351**
黄浦区	Huangpu District						31
卢湾区	Luwan District						7
徐汇区	Xuhui District						34
长宁区	Changning District						32
静安区	Jingan District						19
普陀区	Putuo District						23
闸北区	Zhabei District						23
虹口区	Hongkou District						25
杨浦区	Yangpu District						15
闵行区	Minhang District						12
宝山区	Baoshan District						15
嘉定区	Jiading District						15
浦东新区	Pudong New District						39
金山区	Jinshan District						9

3-23 续表 3 continued

地　区	Region	入境国际旅游人数（万人次） Number of International Tourists (10 000 person-times)	#外国人 Foreigners	旅游外汇收入（万美元） Foreign Exchange Earnings (USD 10 000)	国内旅游人数（万人次） Number of Domestic Tourists (10 000 person-times)	国内旅游收入（万元） Total Expenditure of Domestic Travel (10 000 yuan)	星级饭店总数（个） Number of Tourist Hotels (unit)
松江区	Songjiang District						13
青浦区	Qingpu District						13
南汇区	Nanhui District						7
奉贤区	Fengxian District						7
崇明县	Chongming County						12
其他	Others						
江苏省	**Jiangsu**	**378.30**	**262.15**	**225974**	**17234**	**16256200**	**717**
南京市	Nanjing City	87.63	51.41	57557	3190	3282000	123
无锡市	Wuxi City	61.68	43.18	26323	2638	2800700	72
徐州市	Xuzhou City	7.30	5.14	5658	994	768100	45
常州市	Changzhou City	18.20	13.36	14364	1283	1144200	55
苏州市	Suzhou City	118.59	115.12	63905	3657	3802800	120
南通市	Nantong City	15.13	13.09	13531	743	651300	44
连云港市	Lianyungang City	5.38	4.70	4601	700	610600	60
淮安市	Huaian City	2.16	1.47	1322	550	345500	40
盐城市	Yancheng City	4.07	2.09	2125	530	380400	42
扬州市	Yangzhou City	23.86	17.16	15177	1113	923600	50
镇江市	Zhenjiang City	30.65	22.95	17988	1167	1034800	29
泰州市	Taizhou City	2.92	1.74	2899	488	410100	20
宿迁市	Suqian City	0.73	0.49	524	182	102100	17
浙江省	**Zhejiang**	**348.01**	**232.92**	**171623**	**12758**	**12396500**	**1002**
杭州市	Hangzhou City	151.46	102.08	75804	3266	4036000	230
宁波市	Ningbo City	43.83	27.04	24833	2352	2384000	178
温州市	Wenzhou City	21.33	17.34	9097	1401	1213100	73
嘉兴市	Jiaxing City	44.26	26.49	13848	1363	979000	61
湖州市	Huzhou City	10.21	4.20	3688	1078	626300	54
绍兴市	Shaoxing City	20.19	14.32	6679	1503	1105800	82
金华市	Jinhua City	28.39	23.00	15320	1384	1032300	104
衢州市	Quzhou City	2.74	1.11	1320	530	277400	40
舟山市	Zhoushan City	14.00	9.18	7532	988	553000	61
台州市	Taizhou City	7.53	4.30	5304	1608	1347900	72
丽水市	Lishui City	4.07	3.75	8201	486	214800	47
安徽省	**Anhui**	**63.30**	**41.10**	**24558**	**4684**	**2889576**	**373**
合肥市	Hefei City	6.62	4.47	4006	676	541065	43
芜湖市	Wuhu City	1.82	1.60	2460	285	235895	23
蚌埠市	Bengbu City	0.46	0.26	203	312	94848	16
淮南市	Huainan City	0.51	0.08	193	176	72633	16
马鞍山市	Maanshan City	1.25	0.99	1078	216	112414	18
淮北市	Huaibei City	0.24	0.08	160	103	61153	7
铜陵市	Tongling City	0.58	0.43	380	107	46488	19
安庆市	Anqing City	1.19	0.71	560	594	360263	38
黄山市	Huangshan City	43.29	27.65	8039	514	540486	62
滁州市	Chuzhou City	0.81	0.48	282	218	114767	17
阜阳市	Fuyang City	0.37	0.01	230	224	144336	15
宿州市	Suzhou City	0.12	0.02	62	200	70658	7

3-23 续表 4 continued

地　区	Region	入境国际旅游人数（万人次）Number of International Tourists (10 000 person-times)	#外国人 Foreigners	旅游外汇收　入（万美元）Foreign Exchange Earnings (USD 10 000)	国　内旅游人数（万人次）Number of Domestic Tourists (10 000 person-times)	国　内旅游收入（万元）Total Expenditure of Domestic Travel (10 000 yuan)	星级饭店总　数（个）Number of Tourist Hotels (unit)
巢湖市	Chaohu City	0.60	0.35	280	189	62335	16
六安市	Liuan City	0.28	0.08	1920	241	87181	12
亳州市	Bozhou City	0.23	0.12	63	133	58219	10
池州市	Chizhou City	3.72	2.70	1222	203	173187	23
宣城市	Xuancheng City	0.74	0.53	215	294	113648	31
其他	Others						
福建省	**Fujian**	**197.39**	**72.36**	**130529**			
福州市	Fuzhou City	30.89	18.76	27266			
厦门市	Xiamen City	72.31	40.23	55233			
莆田市	Putian City	11.07	0.44	2585			
三明市	Sanming City	0.98	0.27	541			
泉州市	Quanzhou City	53.54	5.11	37728			
漳州市	Zhangzhou City	4.21	1.42	1400			
南平市	Nanping City	15.36	5.67	5434			
龙岩市	Longyan City	0.80	0.33	277			
宁德市	Ningde City	0.24	0.12	65			
江西省	**Jiangxi**	**37.25**	**13.63**	**10395**	**5058**	**3115000**	**281**
南昌市	Nanchang City	6.52	5.11	1806	718	447900	40
景德镇市	Jingdezhen City	4.81	1.82	1576	422	255800	18
萍乡市	Pingxiang City	0.71	0.33	241	305	172800	10
九江市	Jiujiang City	8.02	4.23	2358	820	524300	38
新余市	Xinyu City	0.22	0.12	63	197	115800	11
鹰潭市	Yingtan City	3.59	0.39	539	250	157900	13
赣州市	Ganzhou City	5.46	0.25	1671	602	386500	32
吉安市	Jian City	4.23	0.61	964	686	409200	43
宜春市	Yichun City	0.78	0.26	257	320	189800	28
抚州市	Fuzhou City	1.10	0.22	362	237	133600	13
上饶市	Shangrao City	1.82	0.28	567	500	321400	18
山东省	**Shandong**	**155.10**	**124.80**	**78023**	**14098**	**9746000**	**685**
济南市	Jinan City	12.00	7.00	4175	1415	1187000	80
青岛市	Qingdao City	68.40	59.60	41493	2449	2226000	124
淄博市	Zibo City	4.50	3.50	982	929	636000	36
枣庄市	Zaozhuang City	0.40	0.20	113	318	159000	11
东营市	Dongying City	0.10	0.10	77	197	115000	21
烟台市	Yantai City	18.50	15.50	13207	1436	1067000	112
潍坊市	Weifang City	3.60	2.50	1055	887	511000	28
济宁市	Jining City	10.40	6.40	2603	1214	787000	28
泰安市	Taian City	9.80	4.90	3740	1001	633000	61
威海市	Weihai City	16.80	15.90	7086	981	797000	76
日照市	Rizhao City	6.00	5.90	1908	777	369000	20
莱芜市	Laiwu City			25	220	61000	9
临沂市	Linyi City	1.50	1.00	648	1003	614000	37
德州市	Dezhou City	1.60	1.20	446	337	125000	4
聊城市	Liaocheng City	0.80	0.50	342	441	216000	14
滨州市	Binzhou City	0.40	0.40	85	241	142000	12
菏泽市	Heze City	0.20	0.20	38	217	101000	12

3-23 续表 5 continued

地　区	Region	入境国际旅游人数（万人次）Number of International Tourists (10 000 person-times)	#外国人 Foreigners	旅游外汇收入（万美元）Foreign Exchange Earnings (USD 10 000)	国内旅游人数（万人次）Number of Domestic Tourists (10 000 person-times)	国内旅游收入（万元）Total Expenditure of Domestic Travel (10 000 yuan)	星级饭店总数（个）Number of Tourist Hotels (unit)
河南省	**Henan**	**60.05**	**34.13**	**21604**	**10045**	**7823100**	**425**
郑州市	Zhengzhou City	20.89	12.97	7789	2236	1715952	106
开封市	Kaifeng City	9.61	4.61	2076	633	477931	27
洛阳市	Luoyang City	13.83	11.02	4967	1345	1137303	49
平顶山市	Pingdingshan City	0.37	0.30	153	342	211926	17
安阳市	Anyang City	1.56	0.69	404	503	342516	17
鹤壁市	Hebi City	0.25	0.02	75	147	89016	21
新乡市	Xinxiang City	0.48	0.15	124	368	231247	24
焦作市	Jiaozuo City	6.90	1.44	2897	605	374046	6
濮阳市	Puyang City	0.87	0.67	336	298	187760	16
许昌市	Xuchang City	0.37	0.29	101	243	123984	9
漯河市	Luohe City	0.27	0.09	122	164	92552	23
三门峡市	Sanmenxia City	1.79	0.90	429	507	291920	18
南阳市	Nanyang City	0.60	0.31	301	496	309571	32
商丘市	Shangqiu City	0.33	0.23	79	289	171033	14
信阳市	Xinyang City	0.20	0.07	124	476	218495	10
周口市	Zhoukou City	0.15	0.08	42	267	166936	18
驻马店市	Zhumadian City	0.25	0.11	102	329	178252	10
其他	Others	0.32	0.17	72	77	53778	8
湖北省	**Hubei**	**82.57**	**62.68**	**27636**	**7630**	**4507600**	**552**
武汉市	Wuhan City	41.20	29.20	17248	2901	2212000	120
黄石市	Huangshi City			93	140	59800	20
十堰市	Shiyan City	2.62	1.16	687	595	244000	55
宜昌市	Yichang City	18.00	17.00	3857	862	538000	70
襄樊市	Xiangfan City	3.72	1.04	672	626	287000	57
鄂州市	Ezhou City	1.00		250	115	71000	7
荆门市	Jingmen City	0.65	0.65	196	380	134000	41
孝感市	Xiaogan City	0.07	0.05	89	310	117200	18
荆州市	Jingzhou City	2.21	1.03	868	387	196000	31
黄冈市	Huanggang City	3.50	3.50	88	300	148000	21
咸宁市	Xianning City	0.31	0.31	77	332	128000	32
随州市	Suizhou City	0.17	0.12	40	322	84000	15
恩施土家族苗族自治州	Enshi Tujia & Miao A.P	12.00	12.00	209	200	167000	23
其他	Others	1.46	0.35	110	158	121400	42
湖南省	**Hunan**	**71.98**	**60.88**	**39024**	**7109**	**4213200**	**388**
长沙市	Changsha City	19.42	14.60	15128	1795	1321700	79
株洲市	Zhuzhou City	1.72	1.11	529	489	232200	18
湘潭市	Xiangtan City	0.13	0.10	60	627	267200	13
衡阳市	Hengyang City	0.11	0.04	61	350	177000	25
邵阳市	Shaoyang City	0.02		4	344	168800	15
岳阳市	Yueyang City	2.56	0.78	1571	329	176700	28
常德市	Changde City	0.39	0.25	98	279	153600	31
张家界市	Zhangjiajie City	0.42	0.19	93	510	199400	56
益阳市	Yiyang City	0.25	0.04	50	631	421400	16
郴州市	Chenzhou City	46.13	43.37	21207	548	508900	30
永州市	Yongzhou City	0.12		25	149	76400	13

3-23 续表 6 continued

地 区	Region	入境国际旅游人数（万人次）Number of International Tourists (10 000 person-times)	#外国人 Foreigners	旅游外汇收入（万美元）Foreign Exchange Earnings (USD 10 000)	国内旅游人数（万人次）Number of Domestic Tourists (10 000 person-times)	国内旅游收入（万元）Total Expenditure of Domestic Travel (10 000 yuan)	星级饭店总数（个）Number of Tourist Hotels (unit)
怀化市	Huaihua City			1	429	144900	25
娄底市	Loudi City			2	315	142300	11
湘西土家族苗族自治州	West Hunan Tujia A.P	0.70	0.40	194	314	222700	28
其他	Others						
广东省	**Guangdong**	**1792.98**	**428.70**	**5290600**	**9774**	**13535400**	**1128**
广州市	Guangzhou City	510.31	140.38	1897050	2340	4364500	206
韶关市	Shaoguan City	13.02	0.40	23000	345	190500	45
深圳市	Shenzhen City	616.45	120.24	1661150	1526	2548800	179
珠海市	Zhuhai City	172.90	26.35	580100	467	579300	76
汕头市	Shantou City	20.19	7.46	49200	424	443400	48
佛山市	Foshan City	76.60	13.63	285200	495	801500	87
江门市	Jiangmen City	32.05	4.58	87000	543	410200	31
湛江市	Zhanjiang City	2.12	1.75	12300	137	309800	33
茂名市	Maoming City	0.97	0.46	5600	140	469200	21
肇庆市	Zhaoqing City	11.46	1.37	39000	501	373700	35
惠州市	Huizhou City	79.84	22.89	136900	380	362600	43
梅州市	Meizhou City	7.17	1.36	16300	293	192400	24
汕尾市	Shanwei City	2.24	0.03	3800	149	131900	14
河源市	Heyuan City	3.94	0.12	7000	208	175800	39
阳江市	Yangjiang City	4.69	0.24	7100	239	206900	31
清远市	Qingyuan City	5.46	0.28	17000	186	326300	49
东莞市	Dongguan City	143.33	70.41	233100	592	674100	89
中山市	ZhongShan City	66.61	14.51	173900	404	480600	37
潮州市	Chaozhou City	18.01	1.52	43500	146	194800	15
揭阳市	Jieyang City	2.80	0.51	4900	118	145800	9
云浮市	Yunfu City	2.92	0.20	7500	141	153100	17
广西壮族自治区	**Guangxi**	**146.16**	**87.31**	**31666**	**6493**	**2778000**	**350**
南宁市	Nanning City	8.00	7.00	2459	1623	832627	84
柳州市	Liuzhou City	4.18	3.04	1334	600	294234	21
桂林市	Guilin City	100.09	58.54	23635	1105	387674	59
梧州市	Wuzhou City	3.76	1.80	396	300	153722	15
北海市	Beihai City	3.02	1.87	642	440	200500	19
防城港市	Fangchenggang City	3.58	3.52	545	170	52098	9
钦州市	Qinzhou City	0.31	58.00	69	176	66361	7
贵港市	Guigang City	1.49	0.14	359	294	83084	14
玉林市	Yulin City	2.35	0.55	962	404	179790	23
百色市	Baise City	0.85	0.59	344	405	152408	17
贺州市	Hezhou City	10.68	4.00	388	176	69040	7
河池市	Hechi City	0.44	0.10	142	254	11680	14
来宾市	Laibin City	0.19	0.06	50	183	62100	6
崇左市	Chongzuo City	9.30	7.24	1862	272	81118	22
海南省	**Hainan**	**43.20**	**26.94**	**12846**	**1473**	**1145600**	**223**
海口市	Haikou City	14.00	7.70	4003	335	472000	63
三亚市	Sanya City	21.20	14.90	7451	385	452146	92
其他	Others	8.00	4.34	1392	753	221454	68

3-23 续表 7 continued

地　区	Region	入境国际旅游人数（万人次）Number of International Tourists (10 000 person-times)	#外国人 Foreigners	旅游外汇收入（万美元）Foreign Exchange Earnings (USD 10 000)	国内旅游人数（万人次）Number of Domestic Tourists (10 000 person-times)	国内旅游收入（万元）Total Expenditure of Domestic Travel (10 000 yuan)	星级饭店总数（个）Number of Tourist Hotels (unit)
重庆市	**Chongqing**	**52.39**	**41.81**	**26436**	**5965**	**2791700**	**189**
万州区	Wanzhou District	0.92	0.87	36	324	49240	15
涪陵区	Fuling District	0.19	0.17		74	19850	8
渝中区	Yuzhong District	22.50	15.74	11300	1102	465100	29
大渡口区	Dadukou District				7	1320	2
江北区	Jiangbei District	1.06	0.85	215	141	36000	7
沙坪坝区	Shapingba District	0.40	0.25	180	814	59115	8
九龙坡区	Jiulongpo District	9.80	9.80	1200	482	49611	12
南岸区	Nanan District	6.51	4.69	420	664	128598	10
北碚区	Beibei District	0.48	0.28	48	399	83826	4
万盛区	Wansheng District	0.06	0.05		69	20195	3
双桥区	Shuangqiao District				20	136	
渝北区	Yubei District	2.53	1.28	1707	237	44300	9
巴南区	Banan District	0.16	0.13	19	200	77778	1
黔江区	Qianjiang District				52	10920	3
长寿区	Changshou District				46		7
其他	Others	7.77	7.69	11311	1336	1745711	71
四川省	**Sichuan**	**106.28**	**68.27**	**31595**	**13164**	**6956700**	**437**
成都市	Chengdu City	50.02	34.23	17640	3620	2724600	133
自贡市	Zigong City	0.41	0.16	107	481	234800	15
攀枝花市	Panzhihua City	0.07	0.07	42	300	104119	8
泸州市	Luzhou City	0.25		39	705	202185	15
德阳市	Deyang City	0.30	0.24	139	611	291700	10
绵阳市	Mianyang City	4.59	1.63	855	756	443600	41
广元市	Guangyuan City	0.03		8	263	141100	8
遂宁市	Suining City	0.31		597	449	162803	11
内江市	Neijiang City	0.04	0.03	7	406	145380	9
乐山市	Leshan City	13.05	8.70	2287	1199	591752	31
南充市	Nanchong City	0.22	0.07	80	472	185300	17
眉山市	Meishan City	0.05	0.04	21	454	141888	10
宜宾市	Yibin City	0.70	0.37	191	477	252000	26
广安市	Guangan City	0.07		16	550	222302	16
达州市	Dazhou City	0.04		6	524	138000	5
雅安市	Yaan City				296	122800	18
巴中市	Bazhong City	0.01	0.01	4	198	44954	7
资阳市	Ziyang City	0.13	0.12	59	307	147030	9
阿坝藏族羌族自治州	Aba Zang & Qiang A.P	32.65	17.95	8775	632	406900	29
甘孜藏族自治州	Ganzi Zang A.P	5.82		1710	225	143100	6
凉山彝族自治州	Liangshan Yi A.P	0.03	0.03	8	238	117134	13
贵州省	**Guizhou**	**27.62**	**9.26**	**10141**	**3099**	**2428300**	**177**
贵阳市	Guiyang City	6.15	3.61	2480	1453	584000	55
六盘水市	Liupanshui City	0.09	0.06	35	137	19100	5
遵义市	Zunyi City	0.32	0.32	54	323	151000	16
安顺市	Anshun City	10.38	1.66	2614	470	92740	8
铜仁地区	Tongren Prefecture	0.13	0.13	20	102	72500	15
黔西南布依族苗族自治州	Southwest Guizhou Buyi & Miao A.P	4.98		797	126	34500	9

3-23 续表 8 continued

地 区	Region	入境国际旅游人数（万人次）Number of International Tourists (10 000 person-times)	#外国人 Foreigners	旅游外汇收入（万美元）Foreign Exchange Earnings (USD 10 000)	国内旅游人数（万人次）Number of Domestic Tourists (10 000 person-times)	国内旅游收入（万元）Total Expenditure of Domestic Travel (10 000 yuan)	星级饭店总数（个）Number of Tourist Hotels (unit)
毕节地区	Bijie Prefecture	0.95	0.34	305	145	19500	17
黔东南苗族侗族自治州	Southeast Guizhou Miao & Dong A.P	3.32	2.24	841	247	168000	11
黔南布依族苗族自治州	South Guizhou Buyi & Miao A.P	0.65	0.65	307	291	192000	41
云南省	**Yunnan**	**150.28**	**99.66**	**52801**	**6861**	**3861529**	**501**
昆明市	Kunming City	69.65		17250	1971	1240819	101
曲靖市	Qujing City	0.52		91	434	135825	15
玉溪市	Yuxi City	0.23		50	570	115899	39
保山市	Baoshan City	5.02		1151	378	117649	12
昭通市	Zhaotong City	0.02		9	204	82841	3
丽江市	Lijiang City	18.28		4932	386	360547	70
思茅市	Simao City	2.80		1169	263	75600	20
临沧市	Lincang City	3.17		1904	130	139083	13
楚雄彝族自治州	Chuxiong Yi A.P	0.36		63	280	135742	25
红河哈尼族彝族自治州	Honghe Hani & Yi A.P	3.03		3257	453	176414	50
文山壮族苗族自治州	Wenshan Zhuang & Miao A.P	0.39		509	258	163328	14
西双版纳傣族自治州	Xishuangbanna Dai A.P	3.11		1321	270	228297	26
大理白族自治州	Dali Bai A.P	17.39		4328	678	458642	76
德宏傣族景颇族自治州	Dehong Dai & Jingpo A.P	4.78		6383	287	214986	16
怒江傈僳族自治州	Nujiang Lisu A.P	0.76		539	73	37271	1
迪庆藏族自治州	Diqing Zang A.P	20.77		9846	227	178587	20
西藏自治区	**Tibet A.R.**	**12.13**	**11.10**	**4443**	**168**	**157536**	**65**
拉萨市	Lhasa City	7.31	6.78	2687	95	79274	29
昌都地区	Qamdu Prefecture	0.12	0.09	42	9	11002	3
山南地区	Lhokha Prefecture	1.05	0.97	307	7	7110	5
日喀则地区	Xigaze Prefecture	3.07	2.86	1167	33	34808	18
那曲地区	Narqu Prefecture	0.10	0.08	40	6	5473	2
阿里地区	Ngri Prefecture	0.33	0.20	146	1	1229	1
林芝地区	Nyingchi Prefecture	0.15	0.12	54	17	18640	7
其他	Others						
陕西省	**Shaanxi**	**92.84**	**74.57**	**44600**	**5988**	**3163000**	**221**
西安市	Xian City	78.00	66.00	40900	2346	1452000	63
铜川市	Tongchuan City	0.91	0.70	123	291		11
宝鸡市	Baoji City	3.50	2.15	0.28	712	289000	33
咸阳市	Xianyang City	3.98	2.69	1632	913	305000	26
渭南市	Weinan City	3.00	0.30	494	600	176800	16
延安市	Yanan City	1.53	0.76	151	508	202000	18
汉中市	Hanzhong City	0.68	0.10	101	565	82000	14
榆林市	Yulin City	0.08	0.06	77	279	61800	13
安康市	Ankang City			87	130	41600	12
商洛市	Shangluo City	0.23		6	73	14600	10
其他	Others	1.00	1.00	34	164	26628	5
甘肃省	**Gansu**	**28.85**	**17.20**	**5876**	**1208**	**576758**	**209**
兰州市	Lanzhou City	5.04	2.76	1382	244	133739	45
嘉峪关市	Jiayuguan City	2.62	1.77	412	53	30436	9

3-23 续表 9 continued

地区	Region	入境国际旅游人数（万人次）Number of International Tourists (10 000 person-times)	#外国人 Foreigners	旅游外汇收入（万美元）Foreign Exchange Earnings (USD 10 000)	国内旅游人数（万人次）Number of Domestic Tourists (10 000 person-times)	国内旅游收入（万元）Total Expenditure of Domestic Travel (10 000 yuan)	星级饭店总数（个）Number of Tourist Hotels (unit)
金昌市	Jinchang City	0.01	0.01	4	11	2208	3
白银市	Baiyin City	0.03		4	32	7813	4
天水市	Tianshui City	1.42	0.85	292	222	119168	21
武威市	Wuwei City	1.29	0.23	265	79	41706	7
张掖市	Zhangye City	1.55	0.28	319	79	33340	10
平凉市	Pingliang City	0.05	0.01	12	96	40805	12
酒泉市	Jiuquan City	9.97	5.86	1796	116	70985	51
庆阳市	Qingyang City	0.02		5	48	19301	14
定西市	Dingxi City	0.03	0.02	5	70	17828	9
陇南市	Longnan City	0.08	0.05	10	46	12309	5
临夏回族自治州	Linxia Hui A.P	0.23	0.22	33	39	12857	9
甘南藏族自治州	Gannan Zang A.P	6.51	5.14	1338	74	34263	10
青海省	**Qinghai**	**4.00**	**2.00**	**1102**	**633**	**250000**	**84**
西宁市	Xining City	2.75	0.98	763	353	173751	39
海东地区	Haidong Prefecture	1.00	0.50	67	42	6580	12
海北藏族自治州	Haibei Zang A.P		0.10	120	56	46475	3
黄南藏族自治州	Huangnan Zang AP				19	1872	2
海南藏族自治州	Hainan Zang A.P		0.20	119	64	6240	6
果洛藏族自治州	Golog Zang A.P				7	511	2
玉树藏族自治州	Yushu Zang A.P	0.02	0.01	23	5	2570	3
海西蒙古族藏族自治州	Haixi Mongolian & Zang A.P	0.28	0.17	10	86	12001	17
宁夏回族自治区	**Ningxia**	**0.82**	**0.66**	**230**	**500**	**176000**	**47**
银川市	Yinchuan City						30
石嘴山市	Shizuishan City						3
吴忠市	Wuzhong City						2
固原市	Guyuan City						5
中卫市	Zhongwei City						7
新疆维吾尔自治区	**Xinjiang**	**33.11**	**29.01**	**10009**	**1465**	**1305463**	**232**
乌鲁木齐市	Urumqi City	16.88	15.25	6265	480	602119	60
克拉玛依市	Karamay City	0.09	0.04	36	36	37728	4
吐鲁番地区	Turpan Prefecture	1.96	1.35	657	85	54578	12
哈密地区	Hami Prefecture	1.14	0.29	353	49	47516	9
昌吉回族自治州	Changji Hui A.P	0.02	0.01	6	104	49762	11
博尔塔拉蒙古自治州	Bortala Mongolian A.P	0.03	0.02	11	35	20737	7
巴音郭楞蒙古自治州	Bayingolin Mongolian A.P	0.45	0.41	141	108	56883	18
阿克苏地区	Aksu Prefecture	0.55	0.54	197	101	46875	16
克孜勒苏柯尔克孜自治州	Kizilsu Kirgiz A.P				18	10239	2
喀什地区	Kashi Prefecture	1.69	1.58	561	113	99529	10
和田地区	Hotan Prefecture	1.36	1.07	566	33	31601	5
伊犁州直属县（市）	Counties(Cities) Direct Under Ili Prefecture	5.77	5.45	858	120	77771	29
塔城地区	Tacheng Prefecture	0.38	0.38	133	38	32710	8
阿勒泰地区	Altay Prefecture	2.76	2.60	213	88	85795	19
石河子市	Shihezi City	0.03	0.02	11	56	51620	
阿拉尔市	Alar City						
图木舒克市	Tumxuk City						
五家渠市	Wujiaqu City						

3-24 金融机构人民币存款和贷款(2005年)

Deposits and Loans of Financial Institutions(2005)

地区	Region	金融机构存款(亿元) State Bank Deposits (100 million yuan)	#企业存款 Enterprises Deposits	#居民储蓄存款余额 Urban & Rural Savings Deposits	活期 Current Deposits	定期 Fixed Deposits	金融机构贷款(亿元) State Bank Loans (100 million yuan)	#工业贷款 Loans to Industrial	#商业贷款 Loans to Commercial	#农业贷款 Loans to Agricultural
北京市	**Beijing**	**26785.9**	**15206.9**	**7477.7**	**2520.6**	**4957.2**	**13834.5**	**1137.0**	**848.1**	**75.2**
东城区	Dongcheng District	2625.8	1764.4	586.3	221.1	365.2	1375.9	113.5	93.2	2.1
西城区	Xicheng District	7804.9	5421.0	965.6	374.0	591.6	5527.3	207.8	159.8	9.9
崇文区	Chongwen District	765.0	373.1	323.9	102.5	221.4	370.7	33.1	54.5	0.6
宣武区	Xuanwu District	1282.4	831.6	345.8	113.1	232.7	619.5	35.3	31.4	11.5
朝阳区	Chaoyang District	4815.0	2954.0	1462.7	501.8	961.0	2032.2	291.9	240.3	11.7
丰台区	Fengtai District	1374.0	448.6	737.1	243.6	493.5	715.4	21.2	47.2	2.5
石景山区	Shijingshan District	411.0	165.0	196.6	61.6	135.0	136.2	46.3	8.8	0.8
海淀区	Haidian District	4970.7	2417.9	1624.2	505.2	1119.0	1768.7	252.3	130.2	1.5
门头沟区	Mentougou District	94.9	27.6	48.9	14.0	34.9	20.9	2.0	1.8	0.6
房山区	Fangshan District	281.2	72.2	174.2	52.2	122.0	119.6	10.4	11.2	7.3
通州区	Tongzhou District	355.4	95.7	197.7	59.0	138.7	167.4	6.8	4.7	5.9
顺义区	Shunyi District	375.3	159.4	166.8	44.1	122.7	205.9	48.7	18.8	3.9
昌平区	Changping District	370.7	118.5	190.2	62.3	127.8	192.9	11.0	4.3	6.4
大兴区	Daxing District	447.7	155.9	215.0	86.4	128.6	225.2	19.3	17.4	13.4
怀柔区	Huairou District	129.1	41.0	65.7	23.2	42.5	67.1	9.5	3.4	7.2
平谷区	Pinggu District	109.5	35.3	61.0	19.1	41.8	68.1	6.8	4.1	5.9
密云县	Miyun County	115.7	29.1	68.8	23.6	45.3	73.1	8.2	8.1	7.7
延庆县	Yanqing County	81.9	25.9	45.5	13.4	32.0	47.2	0.8	9.0	3.7
其他	Others	11.5	9.6	1.6	0.3	1.4	6.9	1.9		
天津市	**Tianjin**	**5684.4**	**2185.2**	**2462.4**	**1697.5**	**765.2**	**4417.5**	**425.7**	**255.0**	**172.4**
和平区	Heping District	805.4	383.0	243.7	155.2	88.5	496.0	70.1	73.8	0.5
河东区	Hedong District	310.4	86.3	190.2	144.6	45.6	127.9	19.8	9.7	
河西区	Hexi District	1336.0	593.8	322.7	220.0	102.7	1869.2	117.4	53.1	0.5
南开区	Nankai District	477.1	168.8	254.8	192.2	62.5	188.4	19.9	27.8	0.4
河北区	Hebei District	314.5	85.5	186.4	142.3	44.0	156.6	29.7	11.2	
红桥区	Hongqiao District	157.9	38.4	111.0	83.6	27.4	52.1	3.9	9.6	0.0
塘沽区	Tanggu District	745.9	444.4	216.4	132.4	84.0	655.9	88.2	20.2	6.7
汉沽区	Hangu District	52.9	12.2	35.9	27.2	8.7	21.8	4.8	0.2	5.7
大港区	Dagang District	192.9	60.6	115.8	86.5	29.3	74.0	14.9	4.4	6.3
东丽区	Dongli District	201.8	75.5	103.4	63.8	39.6	106.1	18.4	4.5	22.3
西青区	Xiqing District	255.4	75.9	130.3	88.0	42.3	183.0	13.5	8.0	11.4
津南区	Jinnan District	140.9	36.0	78.4	47.9	30.5	76.0	1.2	2.1	7.5
北辰区	Beichen District	179.0	44.1	90.5	59.5	31.0	94.2	6.2	1.8	12.8
武清区	Wuqing District	147.7	40.8	96.7	64.8	31.9	91.3	3.5	6.0	18.2
宝坻区	Baodi District	98.5	19.9	69.2	46.7	22.5	62.9	0.8	2.8	19.7
宁河县	Ninghe County	61.3	9.2	46.9	31.5	15.4	44.9	3.0	9.6	11.6
静海县	Jinghai County	126.8	23.9	83.5	48.7	34.8	75.9	2.8	1.9	21.0
蓟县	Ji County	111.7	17.9	87.0	62.5	24.5	81.7	7.7	8.4	25.5
其他	Others									
河北省	**Hebei**	**10764.9**	**2360.3**	**7084.0**	**5096.8**	**1987.3**	**6415.2**	**810.4**	**642.9**	**831.8**
石家庄市	Shijiazhuang City	2574.2	736.8	1355.2	995.5	359.7	1561.0	232.1	112.4	111.8
唐山市	Tangshan City	1579.3	395.3	1018.6	714.4	304.2	834.9	157.1	56.5	82.3
秦皇岛市	Qinhuangdao City	625.0	159.6	399.4	301.5	97.9	367.3	32.3	31.7	28.0
邯郸市	Handan City	1016.2	176.7	692.0	508.0	184.0	647.6	90.0	105.9	88.3

3-24 续表 1 continued

地 区	Region	金融机构存款（亿元）State Bank Deposits (100 million yuan)	#企业存款 Enterprises Deposits	#居民储蓄存款余额 Urban & Rural Savings Deposits	活期 Current Deposits	定期 Fixed Deposits	金融机构贷款（亿元）State Bank Loans (100 million yuan)	#工业贷款 Loans to Industrial	#商业贷款 Loans to Commercial	#农业贷款 Loans to Agricultural
邢台市	Xingtai City	698.3	106.4	525.1	384.2	140.9	373.1	53.4	77.4	72.9
保定市	Baoding City	1215.6	184.1	930.1	665.7	264.4	529.4	53.7	54.7	151.7
张家口市	Zhangjiakou City	528.4	91.6	376.2	266.4	109.9	323.2	32.8	28.3	58.5
承德市	Chengde City	376.6	73.2	255.3	174.9	80.4	229.6	36.1	27.5	40.5
沧州市	Cangzhou City	895.0	150.7	672.5	490.7	181.9	440.7	46.0	52.9	87.9
廊坊市	Langfang City	689.3	163.0	471.1	299.3	171.8	390.4	29.3	26.0	47.9
衡水市	Hengshui City	516.7	99.6	375.6	290.6	85.0	281.5	47.7	66.8	62.0
其他	Others									
山西省	**Shanxi**	**7088.7**	**1749.0**	**4119.7**	**2945.5**	**1174.2**	**4229.0**	**587.6**	**356.0**	**462.0**
太原市	Taiyuan City	2539.3	837.5	1024.9	691.0	333.9	2069.1	297.1	126.5	46.3
大同市	Datong City	766.6	226.6	477.3	341.2	136.1	220.9	44.1	25.6	12.4
阳泉市	Yangquan City	305.3	70.2	194.9	151.3	43.6	148.1	22.3	8.7	112.8
长治市	Changzhi City	477.0	95.6	319.0	69.9	249.1	288.7	43.3	26.0	49.0
晋城市	Jincheng City	504.5	160.2	290.5	64.8	225.7	222.2	28.8	15.5	48.2
朔州市	Shuozhou City	234.4	56.7	156.7	111.5	45.3	89.2	10.7	13.5	22.4
晋中市	Jinzhong City	475.5	75.7	360.4	278.4	82.0	196.2	26.0	22.2	50.2
运城市	Yuncheng City	433.5	54.0	332.4	241.4	91.0	372.7	61.4	58.1	71.5
忻州市	Xinzhou City	361.1	48.5	278.3	207.2	71.1	189.1	11.9	23.8	55.2
临汾市	Linfen City	612.9	67.0	430.2	270.8	159.4	301.1	24.5	29.1	69.4
吕梁市	Luliang City	353.8	47.3	254.6	177.7	76.9	148.6	20.3	9.1	37.9
内蒙古自治区	**Inner Mongolia**	**3298.2**	**844.8**	**1972.4**	**1098.8**	**873.6**	**2588.6**	**321.6**	**346.5**	**175.0**
呼和浩特市	Hohhot City	776.3	221.0	378.4	214.3	164.1	550.8	35.7	38.9	16.2
包头市	Baotou City	678.9	214.6	389.5	242.6	146.8	336.8	95.0	41.0	11.0
乌海市	Wuhai City	121.6	34.2	79.0	39.5	39.5	95.6	19.2	2.4	0.1
赤峰市	Chifeng City	319.9	60.8	225.5	134.7	90.9	189.5	20.5	29.8	36.8
通辽市	Tongliao City	181.5	45.6	110.5	56.0	54.4	212.8	44.7	86.7	14.7
鄂尔多斯市	Erdos City	305.9	93.5	162.1	58.4	103.7	275.6	72.6	11.2	19.2
呼伦贝尔市	Hulunbuir City	326.1	60.9	228.9	148.4	80.5	157.5	85.1	42.2	23.1
巴彦淖尔市	Bayannur City	177.2	28.8	128.7	59.2	69.6	131.3	13.4	32.1	20.2
乌兰察布市	Ulanqab City	154.2	18.3	119.8	69.7	50.1	112.0	9.0	13.3	11.2
兴安盟	Xingan League	79.0	11.8	53.6	29.8	23.9	89.0	4.6	38.9	8.5
锡林郭勒盟	Xilingol League	98.9	19.9	65.1	28.9	36.2	72.0	6.9	7.1	9.8
阿拉善盟	Alxa League	50.9	12.0	31.3	17.3	14.0	44.1	5.5	1.5	5.0
其他	Others									
辽宁省	**Liaoning**	**11967.0**	**3118.6**	**6950.2**	**1897.2**	**5053.1**	**7958.1**	**992.0**	**888.5**	**513.0**
沈阳市	Shenyang City	3563.0	1043.5	1742.6	553.4	1189.2	2252.9	198.6	236.5	92.4
大连市	Dalian City	3214.1	1020.2	1532.6	425.7	1106.9	2369.9	324.3	165.4	121.1
鞍山市	Anshan City	881.7	183.9	624.1	155.0	469.1	449.5	88.4	67.4	31.0
抚顺市	Fushun City	475.6	87.4	351.5	88.3	263.2	206.1	37.4	18.0	15.0
本溪市	Benxi City	388.5	76.6	257.5	68.5	189.0	228.6	51.7	13.1	11.1
丹东市	Dandong City	439.8	67.2	330.4	80.3	250.1	207.0	23.8	31.9	31.1
锦州市	Jinzhou City	502.9	91.9	366.5	83.2	283.3	278.1	26.8	52.3	34.3
营口市	Yingkou City	394.6	68.5	294.5	81.5	213.0	259.6	42.4	48.7	22.6
阜新市	Fuxin City	230.2	54.6	157.3	41.8	115.4	161.2	16.0	31.5	19.4
辽阳市	Liaoyang City	357.7	57.6	268.7	68.7	200.0	211.4	31.5	43.5	23.2

3-24 续表 2 continued

地 区	Region	金融机构存款(亿元) State Bank Deposits (100 million yuan)	#企业存款 Enterprises Deposits	#居民储蓄存款余额 Urban & Rural Savings Deposits	活 期 Current Deposits	定 期 Fixed Deposits	金融机构贷款(亿元) State Bank Loans (100 million yuan)	#工业贷款 Loans to Industrial	#商业贷款 Loans to Commercial	#农业贷款 Loans to Agricultural
盘锦市	Panjin City	417.4	95.0	294.6	60.7	233.9	133.9	32.6	31.5	13.4
铁岭市	Tieling City	303.1	52.8	229.3	55.3	174.1	235.5	11.4	83.4	33.3
朝阳市	Chaoyang City	289.3	41.0	218.9	58.7	160.2	198.8	16.9	42.1	30.8
葫芦岛市	Huludao City	378.6	65.7	281.7	76.1	205.6	250.6	52.8	23.2	30.1
吉林省	**Jilin**	**4270.5**	**877.7**	**2798.1**	**1880.6**	**917.4**	**3332.9**	**343.0**	**818.9**	**207.9**
长春市	Changchun City	2007.6	566.5	1059.3	697.7	361.6	1846.2	183.7	330.9	51.9
吉林市	Jilin City	680.4	108.4	518.1	366.7	151.4	334.4	60.2	100.2	26.3
四平市	Siping City	270.0	27.8	224.0	165.5	58.6	244.6	12.5	98.4	23.6
辽源市	Liaoyuan City	135.5	21.6	98.0	70.1	27.9	114.0	8.3	30.2	12.3
通化市	Tonghua City	269.6	40.2	206.6	137.9	68.7	165.4	31.0	31.9	21.6
白山市	Baishan City	180.2	21.4	141.6	97.6	44.0	100.7	8.6	12.5	17.3
松原市	Songyuan City	192.7	28.7	136.0	86.7	49.3	170.8	5.5	103.8	14.3
白城市	Baicheng City	138.3	15.5	103.4	65.8	37.6	126.1	5.8	60.8	18.0
延边朝鲜族自治州	Yanbian Korean A.P	396.2	47.6	311.1	192.6	118.5	230.6	27.3	50.2	22.6
其他	Others									
黑龙江省	**Heilongjiang**	**6135.1**	**1387.8**	**4078.6**	**2778.5**	**1300.1**	**3658.5**	**367.4**	**940.1**	**221.7**
哈尔滨市	Harbin City	2630.2	820.4	1461.5	967.1	494.3	1964.1	217.1	272.2	52.2
齐齐哈尔市	Qiqihar City	416.2	63.4	323.5	217.7	105.8	333.3	38.2	85.3	32.6
鸡西市	Jixi City	276.3	29.1	228.0	153.1	74.8	122.8	5.5	59.2	11.9
鹤岗市	Hegang City	148.3	18.4	119.0	76.6	42.4	112.2	15.9	41.0	9.6
双鸭山市	Shuangyashan City	165.2	26.6	131.1	81.3	49.8	130.3	15.6	66.2	6.5
大庆市	Daqing City	905.3	248.0	526.6	407.4	119.2	188.6	22.9	56.1	17.6
伊春市	Yichun City	169.9	19.4	141.1	104.2	36.9	62.4	5.9	16.8	9.6
佳木斯市	Jiamusi City	307.5	32.8	247.5	161.8	85.7	192.9	5.2	100.6	25.1
七台河市	Qitaihe City	113.1	14.7	89.3	56.7	32.6	72.2	11.9	12.8	4.6
牡丹江市	Mudanjiang City	440.2	50.6	362.4	249.5	112.8	150.1	17.9	31.7	13.7
黑河市	Heihe City	171.3	22.4	130.0	41.9	88.1	100.8	3.9	46.4	20.0
绥化市	Suihua City	267.8	25.8	222.6	151.2	71.4	232.5	8.4	147.2	17.5
大兴安岭地区	Daxinganling Prefecture	102.3	15.5	76.6	52.0	24.7	14.8	1.0	3.9	1.0
其他	Others									
上海市	**Shanghai**	**20779.9**	**10270.3**	**7665.6**	**5486.6**	**2179.0**	**13709.8**	**1357.0**	**473.8**	**23.8**
黄浦区	Huangpu District									
卢湾区	Luwan District									
徐汇区	Xuhui District									
长宁区	Changning District									
静安区	Jingan District									
普陀区	Putuo District									
闸北区	Zhabei District									
虹口区	Hongkou District									
杨浦区	Yangpu District									
闵行区	Minhang District									
宝山区	Baoshan District									
嘉定区	Jiading District									
浦东新区	Pudong New District									
金山区	Jinshan District									

3-24 续表 3 continued

地区	Region	金融机构存款(亿元) State Bank Deposits (100 million yuan)	#企业存款 Enterprises Deposits	#居民储蓄存款余额 Urban & Rural Savings Deposits	活期 Current Deposits	定期 Fixed Deposits	金融机构贷款(亿元) State Bank Loans (100 million yuan)	#工业贷款 Loans to Industrial	#商业贷款 Loans to Commercial	#农业贷款 Loans to Agricultural
松江区	Songjiang District									
青浦区	Qingpu District									
南汇区	Nanhui District									
奉贤区	Fengxian District									
崇明县	Chongming County									
其他	Others									
江苏省	**Jiangsu**	**22001.4**	**7531.7**	**10581.3**	**7717.1**	**2864.1**	**15396.6**	**2266.0**	**993.4**	**672.6**
南京市	Nanjing City	5083.3	2371.7	1595.4	1134.4	461.0	4452.6	400.2	266.3	45.7
无锡市	Wuxi City	3222.4	1140.4	1410.2	1046.2	364.0	2183.4	547.3	118.6	40.2
徐州市	Xuzhou City	1010.9	247.2	650.6	457.0	193.6	491.2	63.3	66.6	68.8
常州市	Changzhou City	1649.6	473.9	865.4	653.6	211.8	1113.3	262.2	65.8	27.2
苏州市	Suzhou City	4730.1	1733.4	2059.5	1352.3	707.2	3478.3	392.0	72.7	42.5
南通市	Nantong City	1800.0	427.3	1166.4	996.1	170.4	995.7	190.3	81.7	105.2
连云港市	Lianyungang City	426.8	124.5	245.8	161.4	84.3	263.3	27.9	41.0	45.1
淮安市	Huaian City	427.3	111.1	247.4	158.9	88.4	274.7	30.0	43.8	41.8
盐城市	Yancheng City	850.9	168.4	588.9	449.8	139.1	476.2	55.5	84.8	95.4
扬州市	Yangzhou City	952.7	252.6	604.6	461.3	143.3	513.3	87.6	45.7	41.9
镇江市	Zhenjiang City	804.0	236.9	458.4	352.3	106.1	560.5	109.0	36.9	26.4
泰州市	Taizhou City	824.9	199.1	535.7	409.2	126.5	447.0	83.9	41.0	54.6
宿迁市	Suqian City	229.4	48.0	155.3	84.7	70.6	147.3	16.7	28.5	37.8
浙江省	**Zhejiang**	**20494.2**	**7088.3**	**8746.0**	**5473.3**	**3272.7**	**16557.7**	**816.5**	**363.8**	**1366.1**
杭州市	Hangzhou City	6566.5	2705.7	2103.8			5425.6	854.5	353.5	158.3
宁波市	Ningbo City	3791.9	1425.1	1458.8	972.7	486.1	2959.8	548.4	177.3	88.7
温州市	Wenzhou City	2268.1	651.5	1161.3	582.9	578.4	1711.1	341.5	80.3	34.7
嘉兴市	Jiaxing City	1341.8	393.7	737.1	522.2	214.9	960.5	145.3	34.8	43.3
湖州市	Huzhou City	598.6	158.2	330.9	210.5	120.4	453.7	68.2	21.1	43.0
绍兴市	Shaoxing City	1864.9	512.7	889.1	632.1	257.0	1381.7	347.3	55.3	66.6
金华市	Jinhua City	1537.0	425.0	774.9	399.6	375.4	1187.9	217.0	29.5	71.9
衢州市	Quzhou City	373.2	116.2	198.2	137.6	60.6	312.3	53.8	14.8	40.0
舟山市	Zhoushan City	363.5	133.6	173.5	123.9	49.6	284.7	50.6	19.0	21.8
台州市	Taizhou City	1369.4	415.4	711.8	347.7	364.1	1044.6	139.9	26.2	131.1
丽水市	Lishui City	374.4	106.3	206.6	113.7	92.9	286.9	28.8	4.6	33.6
安徽省	**Anhui**	**5993.8**	**1661.4**	**3508.7**	**2445.5**	**1063.1**	**4313.5**	**491.0**	**626.5**	**430.6**
合肥市	Hefei City	1557.0	699.2	516.2	333.6	182.6	1449.4	133.1	83.0	19.1
芜湖市	Wuhu City	387.2	121.7	203.2	138.3	65.0	344.1	58.7	20.8	13.6
蚌埠市	Bengbu City	335.4	94.2	208.9	144.8	64.1	225.7	39.7	38.1	20.9
淮南市	Huainan City	335.8	85.2	218.8	164.7	54.0	222.6	43.7	19.0	15.1
马鞍山市	Maanshan City	318.3	103.5	169.4	121.3	48.1	195.5	18.2	8.8	11.0
淮北市	Huaibei City	243.9	79.1	139.8	100.7	39.1	114.7	28.8	13.4	11.6
铜陵市	Tongling City	162.9	56.1	90.8	65.7	25.1	165.9	37.7	10.3	7.0
安庆市	Anqing City	427.0	80.2	296.3	219.5	76.8	284.9	23.1	57.6	44.2
黄山市	Huangshan City	187.5	39.5	122.1	85.9	36.2	100.3	7.8	11.5	12.9
滁州市	Chuzhou City	278.3	48.4	194.3	128.1	66.2	199.2	15.8	71.2	35.9
阜阳市	Fuyang City	424.2	47.1	330.0	238.0	92.0	218.4	10.2	52.6	54.1
宿州市	Suzhou City	277.8	35.1	215.6	139.3	76.3	138.8	17.9	46.1	31.8

3-24 续表 4 continued

地 区	Region	金融机构存款(亿元) State Bank Deposits (100 million yuan)	#企业存款 Enterprises Deposits	#居民储蓄存款余额 Urban & Rural Savings Deposits	活期 Current Deposits	定期 Fixed Deposits	金融机构贷款(亿元) State Bank Loans (100 million yuan)	#工业贷款 Loans to Industrial	#商业贷款 Loans to Commercial	#农业贷款 Loans to Agricultural
巢湖市	Chaohu City	272.4	34.1	210.6	157.1	53.5	179.1	18.4	58.2	31.7
六安市	Liuan City	293.4	51.3	208.1	151.1	57.0	194.9	8.7	63.2	42.1
亳州市	Bozhou City	196.3	22.1	157.0	104.2	52.8	113.2	7.3	38.6	31.6
池州市	Chizhou City	130.1	25.1	88.2	63.0	25.3	86.9	8.0	11.8	16.2
宣城市	Xuancheng City	206.0	38.6	139.3	90.3	49.0	123.8	14.0	22.4	31.5
其他	Others									
福建省	**Fujian**	**7193.4**	**2114.0**	**3903.1**	**2241.6**	**1661.5**	**5022.3**	**785.2**	**241.3**	**335.4**
福州市	Fuzhou City	2375.8	791.5	1155.0	715.5	439.5	1772.8	202.0	63.3	51.5
厦门市	Xiamen City	1489.6	675.1	585.1	327.0	258.1	986.7	106.9	68.3	35.0
莆田市	Putian City	296.9	40.8	231.6	154.7	76.9	180.8	32.1	15.5	24.0
三明市	Sanming City	338.1	75.5	204.6	114.3	90.4	233.9	50.2	11.9	29.8
泉州市	Quanzhou City	1374.8	249.3	921.8	504.4	417.4	872.8	252.6	29.0	64.9
漳州市	Zhangzhou City	430.3	95.2	278.4	158.3	120.1	270.3	41.6	14.2	39.2
南平市	Nanping City	343.4	68.9	224.0	133.7	90.4	217.8	45.5	16.3	27.6
龙岩市	Longyan City	295.9	74.2	178.8	89.6	89.3	211.0	34.1	9.0	40.6
宁德市	Ningde City	218.8	43.6	123.4	44.1	79.3	198.9	20.2	13.9	22.9
江西省	**Jiangxi**	**4445.4**	**1050.2**	**2752.9**	**1712.3**	**1040.6**	**3019.0**	**351.4**	**395.2**	**354.7**
南昌市	Nanchang City	1556.7	545.1	643.8	408.6	235.2	1027.5	133.1	86.5	40.6
景德镇市	Jingdezhen City	175.0	39.6	122.9	79.8	43.1	122.2	32.2	13.6	8.6
萍乡市	Pingxiang City	146.2	23.6	106.2	59.0	47.2	93.8	19.7	11.1	16.0
九江市	Jiujiang City	369.5	85.2	246.6	154.9	91.8	225.0	30.4	52.2	37.6
新余市	Xinyu City	159.1	25.2	109.5	66.0	43.5	100.7	19.9	10.8	15.4
鹰潭市	Yingtan City	116.9	23.7	81.7	53.4	28.3	109.5	19.1	15.1	10.8
赣州市	Ganzhou City	518.5	91.1	378.0	213.3	164.7	246.5	19.2	33.5	45.7
吉安市	Jian City	346.2	50.0	262.8	162.0	100.8	160.2	8.4	31.9	35.7
宜春市	Yichun City	378.6	59.3	289.9	177.2	112.7	217.7	25.8	54.4	45.8
抚州市	Fuzhou City	284.6	40.6	222.7	145.8	76.9	159.4	5.3	43.0	41.9
上饶市	Shangrao City	380.7	53.6	288.9	192.4	96.5	296.5	38.3	43.3	55.5
山东省	**Shandong**	**17103.5**	**4110.7**	**9035.1**	**6385.7**	**2649.4**	**13381.7**	**2021.8**	**1086.8**	**1561.1**
济南市	Jinan City	3644.6	1148.8	1024.4	703.3	321.1	3374.9	446.2	173.6	79.3
青岛市	Qingdao City	2697.5	809.6	1343.1	893.0	450.2	2039.5	306.9	129.7	89.4
淄博市	Zibo City	1105.0	262.0	631.9	442.2	189.7	737.0	157.5	37.6	137.4
枣庄市	Zaozhuang City	363.8	60.4	226.2	139.3	86.9	254.7	28.3	23.1	43.9
东营市	Dongying City	651.6	143.4	384.5	265.1	119.4	420.1	94.4	22.7	67.2
烟台市	Yantai City	1636.1	372.3	1015.4	815.3	200.1	1115.5	162.4	84.2	129.1
潍坊市	Weifang City	1249.3	262.0	804.6	552.3	252.3	848.3	140.3	77.7	142.8
济宁市	Jining City	939.7	178.6	565.2	405.4	159.8	623.1	127.4	69.9	88.2
泰安市	Taian City	636.3	127.7	401.7	293.5	108.2	427.3	84.8	25.7	89.5
威海市	Weihai City	704.5	146.9	457.4	368.6	88.8	449.9	47.8	37.2	83.5
日照市	Rizhao City	344.1	91.2	181.8	125.9	55.8	323.0	36.7	34.4	47.3
莱芜市	Laiwu City	250.2	59.4	130.3	90.5	39.8	216.7	50.6	16.7	26.1
临沂市	Linyi City	910.0	130.0	586.1	387.7	198.4	675.7	98.3	61.0	186.9
德州市	Dezhou City	584.7	97.8	368.5	259.1	109.4	467.1	74.5	94.4	98.5
聊城市	Liaocheng City	527.9	67.2	359.1	270.1	89.0	415.9	71.6	60.2	92.3
滨州市	Binzhou City	399.9	77.3	240.6	157.1	83.5	331.9	73.4	57.8	77.5
荷泽市	Heze City	426.0	61.3	314.4	217.4	97.0	339.1	20.9	81.0	82.3

3-24 续表 5 continued

地区	Region	金融机构存款(亿元) State Bank Deposits (100 million yuan)	#企业存款 Enterprises Deposits	#居民储蓄存款余额 Urban & Rural Savings Deposits	活期 Current Deposits	定期 Fixed Deposits	金融机构贷款(亿元) State Bank Loans (100 million yuan)	#工业贷款 Loans to Industrial	#商业贷款 Loans to Commercial	#农业贷款 Loans to Agricultural
河南省	**Henan**	**10004.0**	**2138.7**	**6488.6**	**4541.3**	**1947.3**	**7434.5**	**4088.2**	**943.2**	**1063.0**
郑州市	Zhengzhou City	3116.1	957.1	1436.1	963.3	472.8	2428.1	375.9	139.8	91.7
开封市	Kaifeng City	315.1	44.4	247.6	173.8	73.8	203.8	10.5	59.7	28.4
洛阳市	Luoyang City	914.8	210.8	595.2	415.1	180.1	480.3	118.2	38.4	48.3
平顶山市	Pingdingshan City	493.4	106.0	326.8	200.6	126.2	251.0	43.3	23.3	57.3
安阳市	Anyang City	523.2	83.2	386.8	290.7	96.1	283.6	48.5	46.8	76.8
鹤壁市	Hebi City	129.5	20.0	95.7	64.9	30.7	101.7	7.7	20.6	31.6
新乡市	Xinxiang City	560.7	102.4	395.3	282.0	113.3	322.2	44.4	60.4	63.3
焦作市	Jiaozuo City	402.7	76.8	280.9	204.9	76.0	248.4	30.5	28.6	48.7
濮阳市	Puyang City	314.5	47.0	247.2	181.0	66.2	141.1	12.8	40.8	29.8
许昌市	Xuchang City	354.7	48.1	262.0	182.5	79.5	253.6	65.1	49.4	48.9
漯河市	Luohe City	211.1	34.8	152.7	111.5	41.2	194.5	24.5	46.1	35.1
三门峡市	Sanmenxia City	271.9	51.6	199.0	62.8	136.3	176.7	2.6	13.6	39.4
南阳市	Nanyang City	626.0	105.9	468.5	336.8	131.7	441.8	42.3	93.1	148.9
商丘市	Shangqiu City	373.7	40.8	292.5	190.5	102.0	293.7	22.7	106.6	73.3
信阳市	Xinyang City	445.4	64.1	354.3	264.5	89.8	282.3	14.6	56.5	79.6
周口市	Zhoukou City	422.3	36.6	367.3	262.0	105.3	355.5	13.1	129.7	84.5
驻马店市	Zhumadian City	400.4	42.6	327.3	247.9	79.4	240.7	11.1	79.0	69.1
其他	Others	73.8	11.7	53.3	33.0	20.3	56.2	11.9	4.1	10.4
湖北省	**Hubei**	**8185.0**	**2503.6**	**4466.0**	**2921.0**	**1545.0**	**5649.7**	**508.6**	**767.8**	**246.7**
武汉市	Wuhan City	3964.9	1649.0	1599.6	996.9	602.6	3022.8	303.2	208.7	30.7
黄石市	Huangshi City	278.4	74.8	167.8	99.5	68.3	135.4	30.3	10.4	5.2
十堰市	Shiyan City	406.0	112.2	238.3	156.4	81.9	161.5	15.0	20.7	17.5
宜昌市	Yichang City	595.0	169.8	334.7	229.1	105.6	493.7	40.4	36.2	22.3
襄樊市	Xiangfan City	559.8	118.9	388.3	280.8	107.5	259.7	23.6	73.0	30.6
鄂州市	Ezhou City	98.4	21.9	69.1	47.2	21.8	65.2	7.7	8.3	10.4
荆门市	Jingmen City	267.1	40.3	205.7	143.7	61.9	156.6	15.4	60.0	16.8
孝感市	Xiaogan City	315.5	50.5	240.8	160.8	80.0	224.5	17.4	68.2	22.3
荆州市	Jingzhou City	439.4	62.1	345.9	217.7	128.2	256.6	24.4	107.3	16.2
黄冈市	Huanggang City	368.5	47.5	293.7	217.4	76.3	204.5	7.4	69.7	32.6
咸宁市	Xianning City	156.6	25.8	119.0	72.3	46.7	74.9	4.6	16.3	11.9
随州市	Suizhou City	163.0	20.5	132.7	99.3	33.5	62.9	3.3	25.0	15.0
恩施土家族苗族自治州	Enshi Tujia & Miao A.P	148.2	32.7	91.3	50.0	41.3	102.8	5.5	17.1	10.7
其他	Others	294.4	36.0	239.0	114.9	124.1	94.7	10.8	46.9	7.8
湖南省	**Hunan**	**6498.2**	**1553.5**	**4092.1**	**2596.3**	**1495.8**	**4509.1**	**509.5**	**526.4**	**456.5**
长沙市	Changsha City	2266.9	892.8	919.8	559.4	360.4	2004.8	201.6	87.8	88.2
株洲市	Zhuzhou City	465.8	105.2	315.7	200.7	115.0	226.7	62.9	17.0	22.3
湘潭市	Xiangtan City	325.2	62.0	235.4	178.9	56.5	184.9	45.9	19.9	33.7
衡阳市	Hengyang City	560.5	73.6	441.5	306.6	135.0	280.8	29.3	50.1	40.7
邵阳市	Shaoyang City	408.1	43.4	325.1	217.7	107.4	150.4	10.2	22.2	38.4
岳阳市	Yueyang City	337.3	58.1	249.6	159.9	89.6	269.0	42.6	79.6	36.7
常德市	Changde City	399.1	60.3	307.0	202.4	104.6	257.5	21.1	103.8	21.9
张家界市	Zhangjiajie City	85.4	16.9	58.4	31.9	26.4	77.8	2.4	6.0	10.4
益阳市	Yiyang City	246.8	33.0	192.6	131.5	61.1	159.6	20.7	54.1	20.4
郴州市	Chenzhou City	393.1	64.3	287.5	153.2	134.2	156.9	13.5	17.3	30.7
永州市	Yongzhou City	308.3	34.0	246.3	155.6	90.7	150.4	9.2	24.0	41.2

3-24 续表 6 continued

地 区	Region	金融机构存款(亿元) State Bank Deposits (100 million yuan)	#企业存款 Enterprises Deposits	#居民储蓄存款余额 Urban & Rural Savings Deposits	活期 Current Deposits	定期 Fixed Deposits	金融机构贷款(亿元) State Bank Loans (100 million yuan)	#工业贷款 Loans to Industrial	#商业贷款 Loans to Commercial	#农业贷款 Loans to Agricultural
怀化市	Huaihua City	278.5	40.6	208.5	114.6	93.9	151.0	10.4	19.8	26.7
娄底市	Loudi City	280.8	44.9	212.2	142.1	70.0	154.3	28.6	13.7	29.3
湘西土家族苗族自治州	West Hunan Tujia A.P	141.1	23.9	92.0	41.8	50.2	94.2	11.0	11.0	15.7
其他	Others									
广东省	**Guangdong**	**38119.9**	**12042.7**	**20267.8**	**11106.1**	**9161.7**	**20745.3**	**1863.3**	**1331.9**	**436.1**
广州市	Guangzhou City	11085.3	3983.9	5024.7	2937.1	2087.6	6908.0	665.5	377.8	37.4
韶关市	Shaoguan City	461.8	79.2	314.0	193.7	120.3	166.6	23.7	7.0	15.1
深圳市	Shenzhen City	8478.2	3768.3	3229.4	1486.1	1743.3	6168.0	402.2	415.7	7.9
珠海市	Zhuhai City	925.5	346.5	480.9	267.1	213.7	424.3	38.8	34.1	6.4
汕头市	Shantou City	955.3	134.0	734.0	514.0	220.0	391.1	89.3	31.9	32.3
佛山市	Foshan City	3770.7	858.8	2358.8	1344.1	1014.7	2056.3	246.1	106.2	28.6
江门市	Jiangmen City	1163.8	206.1	851.9	570.3	281.7	534.2	48.4	44.5	22.3
湛江市	Zhanjiang City	705.3	98.1	505.7	285.7	220.0	286.0	29.3	27.7	39.8
茂名市	Maoming City	521.0	64.4	410.0	234.0	176.0	225.5	12.9	21.4	37.8
肇庆市	Zhaoqing City	478.1	87.3	335.9	187.9	148.0	229.4	30.5	10.7	17.3
惠州市	Huizhou City	781.8	178.4	522.2	244.2	278.0	367.2	23.3	19.9	18.1
梅州市	Meizhou City	429.8	70.8	318.8	209.0	109.7	213.5	18.4	21.1	29.0
汕尾市	Shanwei City	140.8	17.0	108.4	57.4	51.0	57.2	4.8	7.5	12.1
河源市	Heyuan City	204.2	36.3	145.1	67.7	77.4	108.0	5.6	3.9	17.3
阳江市	Yangjiang City	245.4	33.1	189.9	89.5	100.4	99.7	7.6	5.8	17.3
清远市	Qingyuan City	386.2	67.3	273.9	140.8	133.0	175.1	5.8	14.9	31.2
东莞市	Dongguan City	2933.4	855.9	1728.3	629.8	1098.5	1500.5	127.0	119.2	4.0
中山市	ZhongShan City	1131.2	264.4	725.1	369.1	356.0	479.0	84.5	25.4	5.0
潮州市	Chaozhou City	324.0	48.1	242.7	87.0	155.7	132.3	17.5	10.3	22.5
揭阳市	Jieyang City	468.2	47.4	387.3	149.2	238.1	169.2	18.5	10.8	24.2
云浮市	Yunfu City	213.7	29.1	165.1	91.8	73.3	96.0	8.6	5.0	15.9
广西壮族自治区	**Guangxi**	**4202.8**	**1012.5**	**2561.3**	**1285.3**	**1276.1**	**3056.9**	**329.2**	**169.6**	**298.4**
南宁市	Nanning City	1263.6	452.3	598.2	285.8	312.4	1381.7	94.3	37.6	41.9
柳州市	Liuzhou City	564.9	176.1	330.1	177.6	152.5	354.6	88.1	25.1	20.2
桂林市	Guilin City	530.2	108.3	366.2	211.8	154.4	296.2	27.7	22.6	43.2
梧州市	Wuzhou City	190.3	26.6	142.3	76.9	65.4	110.7	9.9	9.6	14.1
北海市	Beihai City	161.8	23.8	111.7	59.6	52.1	127.3	19.9	9.2	17.2
防城港市	Fangchenggang City	79.7	12.2	58.6	25.7	32.9	37.8	0.8	3.4	6.6
钦州市	Qinzhou City	131.8	17.9	98.5	49.2	49.3	83.0	4.8	10.5	19.2
贵港市	Guigang City	198.5	25.7	151.1	68.4	82.6	94.1	7.4	8.8	23.4
玉林市	Yulin City	310.1	34.7	252.0	136.3	115.7	158.0	17.3	9.4	45.4
百色市	Baise City	176.6	34.9	106.2	44.9	61.3	121.6	14.1	8.0	16.6
贺州市	Hezhou City	93.9	15.6	66.8	32.3	34.5	43.2	5.5	4.3	11.8
河池市	Hechi City	179.6	37.5	122.6	55.0	67.6	102.8	19.0	5.4	14.4
来宾市	Laibin City	102.2	19.7	63.7	26.6	37.1	58.3	12.3	4.1	12.9
崇左市	Chongzuo City	118.5	16.3	85.0	51.4	33.6	43.5	4.7	4.0	14.3
海南省	**Hainan**	**1262.2**	**393.9**	**697.6**	**370.6**	**327.0**	**874.3**	**42.2**	**42.3**	**63.6**
海口市	Haikou City	760.0	286.8	356.1	203.1	153.0	615.0	32.1	18.4	14.4
三亚市	Sanya City	121.1	37.5	65.6	27.9	37.7	58.7	3.8	2.0	3.3
其他	Others	381.0	69.6	275.9	139.6	136.3	200.6	6.3	21.8	45.8

3-24 续表 7 continued

地　区	Region	金融机构存款(亿元) State Bank Deposits (100 million yuan)	#企业存款 Enterprises Deposits	#居民储蓄存款余额 Urban & Rural Savings Deposits	活期 Current Deposits	定期 Fixed Deposits	金融机构贷款(亿元) State Bank Loans (100 million yuan)	#工业贷款 Loans to Industrial	#商业贷款 Loans to Commercial	#农业贷款 Loans to Agricultural
重庆市	**Chongqing**	**4727.7**	**1337.1**	**2545.9**	**1740.1**	**805.7**	**3719.5**	**322.6**	**166.5**	**183.4**
万州区	Wanzhou District	193.2	43.4	139.8	107.6	32.2	93.2	7.1	7.7	9.7
涪陵区	Fuling District	128.6	37.5	80.6	55.8	24.8	104.9	30.8	5.1	8.1
渝中区	Yuzhong District	1154.9	510.7	260.7	134.8	125.9	1406.2	55.4	63.4	
大渡口区	Dadukou District	67.1	19.5	43.0	25.1	17.9	50.1	24.1	4.6	
江北区	Jiangbei District	281.5	131.1	127.7	78.5	49.2	177.3	24.1	4.6	2.2
沙坪坝区	Shapingba District	311.5	95.0	184.2	124.2	60.0	183.6	43.2	6.6	5.7
九龙坡区	Jiulongpo District	445.5	214.7	200.2	122.5	77.6	328.8	56.2	30.9	1.3
南岸区	Nanan District	235.9	102.9	123.0	74.4	48.6	187.5	32.7	8.8	2.6
北碚区	Beibei District	112.9	29.3	81.4	59.2	22.2	56.8	12.3	2.7	2.9
万盛区	Wansheng District	24.4	4.4	18.2	11.3	7.0	10.0	1.3	0.6	0.1
双桥区	Shuangqiao District	9.3	2.6	6.2	4.6	1.6	5.0	3.2		0.3
渝北区	Yubei District	226.8	48.2	116.3	74.6	41.7	141.6	5.4	2.3	4.2
巴南区	Banan District	108.0	21.1	79.7	58.9	20.8	62.2	9.5	1.7	2.8
黔江区	Qianjiang District	27.6	6.3	17.0	10.0	7.0	31.2	3.3	1.7	0.1
长寿区	Changshou District	92.8	14.3	69.5	56.3	13.2	33.3	2.7	1.9	6.3
其他	Others	1307.6	56.2	998.4	742.2	256.1	847.7	11.6	24.0	136.9
四川省	**Sichuan**	**9905.3**	**2543.7**	**5902.7**	**4212.2**	**1690.4**	**6743.0**	**678.4**	**663.1**	**613.0**
成都市	Chengdu City	4477.5	1493.7	2074.1	1374.4	699.7	3018.7	322.4	255.1	63.5
自贡市	Zigong City	265.8	53.7	189.8	145.2	44.7	113.1	17.7	14.4	16.6
攀枝花市	Panzhihua City	231.1	58.6	142.3	93.9	48.4	169.5	40.5	8.9	5.2
泸州市	Luzhou City	306.6	49.6	228.2	167.8	60.4	147.4	20.1	26.0	28.1
德阳市	Deyang City	480.7	154.4	282.5	208.3	74.2	211.5	43.9	29.3	41.3
绵阳市	Mianyang City	544.6	151.1	345.1	259.5	85.7	305.4	47.6	37.8	46.7
广元市	Guangyuan City	164.8	21.0	124.9	93.3	31.6	145.5	5.4	22.5	32.3
遂宁市	Suining City	214.7	25.0	173.4	134.0	39.4	113.5	19.4	26.2	26.3
内江市	Neijiang City	255.6	24.3	208.6	159.7	48.9	146.2	25.4	15.6	30.9
乐山市	Leshan City	318.3	51.4	240.9	175.2	65.7	212.0	39.1	16.6	27.0
南充市	Nanchong City	430.8	48.5	355.6	274.0	81.6	216.8	12.6	45.2	46.7
眉山市	Meishan City	222.0	20.7	185.6	143.5	42.2	127.9	11.1	22.7	37.4
宜宾市	Yibin City	346.8	99.1	209.4	142.3	67.1	178.7	23.4	25.7	28.5
广安市	Guangan City	262.0	16.1	227.4	185.7	41.7	121.2	7.7	18.1	32.8
达州市	Dazhou City	377.4	39.3	308.3	236.6	71.8	162.0	8.1	35.9	36.4
雅安市	Yaan City	148.3	25.2	101.2	72.0	29.2	98.9	11.3	6.0	17.9
巴中市	Bazhong City	109.5	10.8	87.7	58.8	28.9	78.4	0.7	23.3	25.3
资阳市	Ziyang City	240.8	17.2	203.9	164.8	39.1	101.4	10.6	19.1	39.3
阿坝藏族羌族自治州	Aba Zang & Qiang A.P	80.9	23.1	37.3	17.2	20.2	62.6	3.4	1.1	12.5
甘孜藏族自治州	Ganzi Zang A.P	75.8	26.2	29.6	13.8	15.8	27.4	1.4	2.9	2.2
凉山彝族自治州	Liangshan Yi A.P	269.6	62.4	147.2	92.8	54.4	108.7	20.1	10.7	16.3
贵州省	**Guizhou**	**2777.5**	**895.8**	**1350.9**	**638.8**	**712.1**	**2303.9**	**200.3**	**154.0**	**179.1**
贵阳市	Guiyang City	1260.4	475.6	497.7	294.8	203.0	1038.2	101.5	59.0	19.9
六盘水市	Liupanshui City	196.4	67.3	95.6	42.0	53.6	139.6	16.9	5.8	15.3
遵义市	Zunyi City	424.1	129.4	234.9	132.6	102.2	238.3	30.0	22.3	35.1
安顺市	Anshun City	138.6	37.3	77.3	43.8	33.6	122.6	20.3	7.3	8.8
铜仁地区	Tongren Prefecture	112.3	22.6	73.1	34.5	38.6	94.9	2.1	14.8	21.3
黔西南布依族苗族自治州	Southwest Guizhou Buyi & Miao A.P	130.3	36.5	68.8	27.9	40.9	77.4	3.9	6.1	13.7

3-24 续表 8 continued

地区	Region	金融机构存款（亿元）State Bank Deposits (100 million yuan)	#企业存款 Enterprises Deposits	#居民储蓄存款余额 Urban & Rural Savings Deposits	活期 Current Deposits	定期 Fixed Deposits	金融机构贷款（亿元）State Bank Loans (100 million yuan)	#工业贷款 Loans to Industrial	#商业贷款 Loans to Commercial	#农业贷款 Loans to Agricultural
毕节地区	Bijie Prefecture	170.6	43.9	97.3	42.8	54.5	115.2	15.2	20.1	23.0
黔东南苗族侗族自治州	Southeast Guizhou Miao & Dong A.P	164.0	28.3	106.4	46.4	60.0	120.2	5.0	10.1	25.2
黔南布依族苗族自治州	South Guizhou Buyi & Miao A.P	167.2	41.4	99.7	48.6	51.1	90.5	5.6	8.5	16.8
云南省	**Yunnan**	**5140.5**	**1773.6**	**2430.3**	**1399.1**	**1031.1**	**3987.6**	**447.7**	**246.2**	**279.2**
昆明市	Kunming City	2544.3	1044.9	993.8	593.3	400.5	1796.4	254.4	86.2	51.7
曲靖市	Qujing City	401.1	130.1	212.9	119.2	93.7	298.9	39.2	24.0	35.4
玉溪市	Yuxi City	404.1	155.1	188.8	128.7	60.2	174.4	22.1	11.8	19.7
保山市	Baoshan City	121.3	25.6	78.1	43.5	34.6	103.7	9.6	10.6	19.8
昭通市	Zhaotong City	164.8	40.0	85.4	45.1	40.3	105.5	13.8	8.2	18.1
丽江市	Lijiang City	97.0	28.8	53.7	23.4	30.3	81.9	8.0	4.6	13.3
思茅市	Simao City	127.6	25.9	74.3	39.5	34.8	84.4	5.5	6.9	10.9
临沧市	Lincang City	76.3	15.8	48.4	24.3	24.1	87.2	6.0	6.5	6.8
楚雄彝族自治州	Chuxiong Yi A.P	185.0	52.1	107.1	64.2	42.9	115.8	15.8	16.8	15.5
红河哈尼族彝族自治州	Honghe Hani & Yi A.P	333.2	77.9	202.8	123.5	79.3	218.4	36.4	29.5	29.1
文山壮族苗族自治州	Wenshan Zhuang & Miao A.P	132.2	28.1	78.2	36.3	41.9	109.2	4.6	9.9	14.5
西双版纳傣族自治州	Xishuangbanna Dai A.P	105.5	25.5	63.3	35.2	28.1	45.1	10.7	4.4	4.9
大理白族自治州	Dali Bai A.P	244.4	53.3	143.1	80.8	62.3	158.7	11.0	18.9	29.2
德宏傣族景颇族自治州	Dehong Dai & Jingpo A.P	107.7	19.6	71.8	32.2	39.6	60.0	0.9	5.3	6.4
怒江傈僳族自治州	Nujiang Lisu A.P	34.9	11.0	15.9	5.5	10.4	22.2	8.4	1.3	1.6
迪庆藏族自治州	Diqing Zang A.P	31.3	11.0	12.6	4.4	8.2	28.7	2.2	1.5	2.7
西藏自治区	**Tibet A.R.**	**455.1**	**219.6**	**123.1**	**48.1**	**75.0**	**178.9**	**7.7**	**15.3**	**7.3**
拉萨市	Lhasa City	301.8	162.8	67.1	25.8	41.4	117.6	5.6	12.3	1.0
昌都地区	Qamdu Prefecture	30.0	12.4	9.8	3.4	6.4	13.2	1.7	0.7	2.1
山南地区	Lhokha Prefecture	28.0	9.9	10.7	4.7	6.1	9.3	0.2	0.5	0.0
日喀则地区	Xigaze Prefecture	37.7	14.1	14.0	6.6	7.4	16.0	0.1	1.3	1.5
那曲地区	Narqu Prefecture	18.4	5.7	5.8	1.6	4.1	9.9	0.0	0.4	1.6
阿里地区	Ngri Prefecture	10.2	4.5	3.5	1.1	2.5	3.8	0.1	0.1	0.2
林芝地区	Nyingchi Prefecture	29.1	10.2	12.1	5.0	7.2	9.2	0.0	0.2	0.6
其他	Others									
陕西省	**Shaanxi**	**6446.5**	**1848.8**	**3534.0**	**2434.2**	**1099.8**	**3983.2**	**397.3**	**303.1**	**352.4**
西安市	Xian City	3599.7	1237.2	1716.8	1207.7	509.1	2158.1	239.9	102.7	70.5
铜川市	Tongchuan City	98.6	23.8	66.0	47.3	18.7	48.6	6.3	7.0	6.5
宝鸡市	Baoji City	459.5	90.0	328.8	247.4	81.4	212.4	33.3	29.2	43.5
咸阳市	Xianyang City	471.3	84.5	356.6	259.0	97.6	215.9	27.8	42.2	37.3
渭南市	Weinan City	411.2	72.6	307.2	220.5	86.8	236.6	8.3	55.8	46.9
延安市	Yanan City	311.0	78.3	156.3	83.2	73.2	177.5	34.8	14.1	22.2
汉中市	Hanzhong City	308.0	63.0	216.3	153.2	63.1	150.1	23.9	22.6	34.0
榆林市	Yulin City	357.2	124.4	175.2	63.3	111.9	196.7	16.4	15.5	38.6
安康市	Ankang City	163.6	29.9	109.7	75.3	34.4	97.5	5.1	8.0	33.6
商洛市	Shangluo City	132.0	24.2	95.9	73.8	22.1	66.5	1.7	5.9	24.3
其他	Others	26.3	3.4	17.8	4.5	13.3	15.3	2.3	0.1	1.9
甘肃省	**Gansu**	**2895.9**	**873.9**	**1586.7**	**1047.3**	**539.3**	**1923.5**	**292.5**	**194.9**	**176.0**
兰州市	Lanzhou City	1421.9	586.6	581.7	392.4	189.3	1089.4	157.4	73.4	23.4
嘉峪关市	Jiayuguan City	64.8	19.9	35.1	24.3	10.8	98.1	43.1	2.7	0.5

3-24 续表 9 continued

地区	Region	金融机构存款(亿元) State Bank Deposits (100 million yuan)	#企业存款 Enter-prises Deposits	#居民储蓄存款余额 Urban & Rural Savings Deposits	活期 Current Deposits	定期 Fixed Deposits	金融机构贷款(亿元) State Bank Loans (100 million yuan)	#工业贷款 Loans to Indus-trial	#商业贷款 Loans to Commer-cial	#农业贷款 Loans to Agricul-tural
金昌市	Jinchang City	99.6	32.5	57.8	42.8	15.0	70.2	21.3	4.9	3.7
白银市	Baiyin City	137.7	36.7	89.8	64.0	25.8	76.7	16.3	12.3	7.6
天水市	Tianshui City	167.4	27.4	119.3	77.6	41.7	69.7	6.3	7.6	20.2
武威市	Wuwei City	122.9	17.8	92.9	59.8	33.1	65.9	1.8	22.3	11.6
张掖市	Zhangye City	106.1	16.8	76.4	47.1	29.4	67.8	4.2	13.9	12.1
平凉市	Pingliang City	106.5	18.4	77.0	50.4	26.6	85.5	19.4	13.3	19.7
酒泉市	Jiuquan City	247.8	54.7	157.6	106.7	50.9	75.9	8.1	19.4	19.5
庆阳市	Qingyang City	130.9	16.5	101.2	67.9	33.4	67.7	5.4	9.7	23.5
定西市	Dingxi City	84.6	9.6	64.5	41.3	23.2	56.1	2.7	7.5	14.6
陇南市	Longnan City	104.1	18.4	66.6	37.4	29.2	44.1	4.9	4.8	8.9
临夏回族自治州	Linxia Hui A.P	64.0	11.3	46.8	25.7	21.1	35.6	1.6	2.6	7.5
甘南藏族自治州	Gannan Zang A.P	37.4	7.3	19.8	9.9	9.8	20.6	0.1	0.6	3.0
青海省	**Qinghai**	**733.1**	**220.4**	**348.9**	**202.9**	**146.0**	**638.6**	**48.2**	**26.3**	**25.4**
西宁市	Xining City	531.9	169.7	234.6	149.0	85.6	521.8	36.9	16.1	8.2
海东地区	Haidong Prefecture	51.0	6.4	35.0	18.5	16.5	41.4	1.4	4.7	7.7
海北藏族自治州	Haibei Zang A.P	13.0	2.1	7.8	0.8	7.0	5.7	0.6	0.6	2.0
黄南藏族自治州	Huangnan Zang AP	10.5	2.5	6.3	2.4	3.9	7.6	0.8	0.5	1.4
海南藏族自治州	Hainan Zang A.P	18.3	3.6	11.0	6.6	4.5	7.5	1.0	1.6	2.9
果洛藏族自治州	Golog Zang A.P	7.6	2.1	3.0	0.9	2.1	3.3	0.1	0.6	0.6
玉树藏族自治州	Yushu Zang A.P	9.0	1.4	3.5	1.2	2.3	6.4	0.0	0.9	0.9
海西蒙古族藏族自治州	Haixi Mongolian & Zang A.P	91.7	32.5	47.8	23.6	24.2	44.9	7.3	1.4	1.6
宁夏回族自治区	**Ningxia**	**985.3**	**292.3**	**509.5**	**331.6**	**177.9**	**833.9**	**90.7**	**49.5**	**99.7**
银川市	Yinchuan City	612.7	220.0	265.0	170.1	94.8	551.7	45.6	30.8	33.1
石嘴山市	Shizuishan City	145.6	34.8	91.5	61.1	30.4	100.6	21.2	5.1	19.9
吴忠市	Wuzhong City	116.9	21.9	75.1	50.2	24.9	89.1	17.4	4.4	21.1
固原市	Guyuan City	41.7	6.2	27.5	14.9	12.6	28.1	0.1	3.1	8.7
中卫市	Zhongwei City	68.5	9.3	50.4	35.3	15.1	64.4	6.3	6.2	16.9
新疆维吾尔自治区	**Xinjiang**	**3427.5**	**909.5**	**1816.4**	**1170.9**	**645.5**	**2272.1**	**248.6**	**497.0**	**169.8**
乌鲁木齐市	Urumqi City	1407.5	461.5	595.7	385.4	210.3	986.4	132.2	148.4	8.0
克拉玛依市	Karamay City	231.9	67.9	120.2	89.2	31.0	42.1	17.4	3.9	0.1
吐鲁番地区	Turpan Prefecture	64.0	17.7	40.7	24.9	15.9	23.0	1.0	7.0	4.8
哈密地区	Hami Prefecture	115.3	30.4	75.5	56.3	19.1	43.8	5.2	10.5	5.8
昌吉回族自治州	Changji Hui A.P	213.6	36.0	141.2	88.8	52.4	168.3	32.0	37.7	30.4
博尔塔拉蒙古自治州	Bortala Mongolian A.P	69.7	14.9	39.2	25.0	14.2	48.4	1.0	27.8	7.7
巴音郭楞蒙古自治州	Bayingolin Mongolian A.P	244.9	57.9	146.2	87.0	59.2	136.0	17.3	42.4	20.3
阿克苏地区	Aksu Prefecture	242.9	42.9	149.2	84.4	64.8	120.3	7.1	57.8	21.1
克孜勒苏柯尔克孜自治州	Kizilsu Kirgiz A.P	24.5	5.0	13.7	7.1	6.6	9.6	0.2	4.2	0.6
喀什地区	Kashi Prefecture	211.4	44.8	123.8	76.2	47.5	88.7	0.2	47.9	9.8
和田地区	Hotan Prefecture	61.0	17.0	30.4	16.5	13.9	24.7	0.3	10.0	3.3
伊犁州直属县（市）	Counties(Cities) Direct Under Ili Prefecture	233.9	41.7	149.3	91.7	57.6	133.8	14.9	48.3	23.3
塔城地区	Tacheng Prefecture	103.6	15.9	68.9	44.2	24.7	61.9	1.9	25.8	14.8
阿勒泰地区	Altay Prefecture	64.8	12.5	35.9	24.0	11.9	34.1	1.0	9.3	5.3
石河子市	Shihezi City	126.5	25.1	90.4	72.5	18.0	73.7	17.0	16.1	14.6
阿拉尔市	Alar City									
图木舒克市	Tumxuk City									
五家渠市	Wujiaqu City									

3-25 幼儿园和小学情况(2005年)

Kindergartens and Primary Schools(2005)

地 区	Region	幼儿园数 (所) Kindergartens (unit)	在园儿童数 (万人) Pre-primary Education (10 000 persons)	小学学校数 (所) Primary Schools (unit)	小学专任教师数 (人) Fulltime Teachers of Primary School (person)	小学招生数 (万人) Students Enrollment by Primary School (10 000 persons)	小学在校学生数 (万人) Students Enrollment by Primary School (10 000 persons)	小学毕业生数 (万人) Graduates from Primary School (10 000 persons)
北京市	**Beijing**	**1358**	**20.23**	**1403**	**47948**	**7.10**	**49.45**	**9.35**
东城区	Dongcheng District	35	0.66	45	2242	0.42	2.68	0.55
西城区	Xicheng District	45	0.84	45	2506	0.37	2.63	0.54
崇文区	Chongwen District	21	0.53	30	1393	0.18	1.31	0.29
宣武区	Xuanwu District	25	0.43	34	1688	0.20	1.50	0.33
朝阳区	Chaoyang District	149	3.37	168	5567	0.73	4.78	0.87
丰台区	Fengtai District	104	1.95	94	3664	0.46	3.27	0.63
石景山区	Shijingshan District	34	0.67	35	1451	0.19	1.33	0.25
海淀区	Haidian District	165	4.01	117	5764	1.33	8.25	1.43
门头沟区	Mentougou District	101	0.43	51	1490	0.14	1.07	0.20
房山区	Fangshan District	7	1.41	145	3445	0.53	3.78	0.72
通州区	Tongzhou District	90	0.90	107	3053	0.38	2.87	0.60
顺义区	Shunyi District	64	0.81	68	2644	0.34	2.50	0.48
昌平区	Changping District	118	1.01	90	2952	0.32	2.22	0.36
大兴区	Daxing District	42	0.83	111	2958	0.45	3.11	0.59
怀柔区	Huairou District	80	0.49	42	1699	0.21	1.65	0.32
平谷区	Pinggu District	95	0.65	96	2239	0.30	2.41	0.47
密云县	Miyun County	132	0.66	54	1728	0.32	2.46	0.41
延庆县	Yanqing County	51	0.61	71	1465	0.23	1.61	0.29
其他	Others							
天津市	**Tianjin**	**1657**	**18.24**	**1062**	**41076**	**7.84**	**53.30**	**10.64**
和平区	Heping District	43	0.50	33	2198	0.44	2.84	0.54
河东区	Hedong District	52	0.67	27	2074	0.28	2.06	0.49
河西区	Hexi District	41	0.93	47	2125	0.49	3.07	0.59
南开区	Nankai District	47	0.92	38	2332	0.42	2.69	0.55
河北区	Hebei District	37	0.61	36	1689	0.36	2.47	0.51
红桥区	Hongqiao District	17	0.43	33	2065	0.23	1.68	0.39
塘沽区	Tanggu District	50	0.69	59	2568	0.59	3.52	0.59
汉沽区	Hangu District	19	0.20	23	1037	0.15	1.04	0.19
大港区	Dagang District	61	0.89	32	1914	0.49	2.47	0.50
东丽区	Dongli District	61	0.75	42	1822	0.40	2.54	0.41
西青区	Xiqing District	64	0.87	38	1974	0.25	1.74	0.37
津南区	Jinnan District	41	0.90	43	1555	0.32	2.58	0.47
北辰区	Beichen District	109	0.99	44	1648	0.25	1.75	0.35
武清区	Wuqing District	239	2.41	139	3674	0.81	5.19	0.97
宝坻区	Baodi District	153	0.82	134	3790	0.50	5.02	1.47
宁河县	Ninghe County	94	0.54	62	1876	0.36	2.69	0.10
静海县	Jinghai County	257	2.02	97	2767	0.72	4.04	0.89
蓟县	Ji County	266	3.04	130	3770	0.76	5.77	1.22
其他	Others	6	0.06	5	198	0.02	0.15	0.03
河北省	**Hebei**	**4034**	**121.97**	**20883**	**320110**	**72.00**	**500.36**	**117.46**
石家庄市	Shijiazhuang City	621	14.86	2688	41664	9.76	71.64	16.26
唐山市	Tangshan City	179	14.01	1573	28758	6.78	44.47	8.97
秦皇岛市	Qinhuangdao City	124	4.50	802	13266	2.74	18.04	3.58
邯郸市	Handan City	645	16.10	3073	40246	10.78	70.20	17.63

3-25 续表 1 continued

地 区	Region	幼儿园数（所） Kindergartens (unit)	在园儿童数（万人） Pre-primary Education (10 000 persons)	小学学校数（所） Primary Schools (unit)	小学专任教师数（人） Fulltime Teachers of Primary School (person)	小学招生数（万人） Students Enrollment by Primary School (10 000 persons)	小学在校学生数（万人） Students Enrollment by Primary School (10 000 persons)	小学毕业生数（万人） Graduates from Primary School (10 000 persons)
邢台市	Xingtai City	315	11.77	2441	31285	7.91	55.45	13.97
保定市	Baoding City	753	21.24	3061	49259	11.31	74.80	18.79
张家口市	Zhangjiakou City	247	6.62	1293	20054	4.25	31.97	5.96
承德市	Chengde City	276	5.79	1803	16421	3.40	24.85	4.28
沧州市	Cangzhou City	281	12.61	1847	36359	7.02	48.16	13.19
廊坊市	Langfang City	219	7.98	1052	22064	3.90	29.58	7.09
衡水市	Hengshui City	374	6.50	1250	20734	4.15	31.19	7.74
其他	Others							
山西省	**Shanxi**	**4619**	**64.10**	**24339**	**192271**	**54.88**	**350.26**	**63.56**
太原市	Taiyuan City	815	8.38	1003	17388	4.74	31.78	4.92
大同市	Datong City	115	3.00	2007	19971	5.04	34.20	5.94
阳泉市	Yangquan City	337	2.60	520	6525	1.78	12.17	1.95
长治市	Changzhi City	737	7.03	2571	18711	4.82	30.83	5.68
晋城市	Jincheng City	537	5.92	1830	11965	3.52	22.79	3.92
朔州市	Shuozhou City	17	1.41	1329	10148	3.28	20.39	3.57
晋中市	Jinzhong City	708	7.20	1661	15385	4.24	27.70	5.19
运城市	Yuncheng City	368	10.90	2403	28159	7.93	51.01	10.01
忻州市	Xinzhou City	173	4.30	4068	17652	5.59	32.55	6.00
临汾市	Linfen City	353	4.50	3225	23775	6.87	42.97	7.99
吕梁市	Luliang City	459	8.90	3722	22592	7.06	43.87	8.37
内蒙古自治区	**Inner Mongolia**	**1201**	**28.77**	**5850**	**118988**	**25.89**	**159.64**	**32.78**
呼和浩特市	Hohhot City	121	3.44	649	10348	2.87	18.53	3.54
包头市	Baotou City	100	2.86	369	8888	2.60	14.05	3.19
乌海市	Wuhai City	38	0.82	46	2409	0.57	3.80	0.63
赤峰市	Chifeng City	318	6.05	1338	24771	4.81	30.75	6.17
通辽市	Tongliao City	22	2.96	945	18777	3.66	22.29	4.74
鄂尔多斯市	Erdos City	86	2.80	204	6147	1.83	9.64	1.87
呼伦贝尔市	Hulunbuir City	177	2.37	709	14307	2.37	15.61	3.71
巴彦淖尔市	Bayannur City	111	2.83	484	8098	2.05	11.67	2.17
乌兰察布市	Ulanqab City	53	1.52	373	10882	2.21	14.75	3.13
兴安盟	Xingan League	127	1.46	555	8694	1.59	10.70	2.13
锡林郭勒盟	Xilingol League	37	1.25	144	4659	1.12	6.54	1.25
阿拉善盟	Alxa League	11	0.41	34	1008	0.22	1.31	0.25
其他	Others							
辽宁省	**Liaoning**	**7069**	**68.60**	**9311**	**163589**	**38.00**	**266.60**	**49.90**
沈阳市	Shenyang City	646	10.90	977	25519	5.70	39.60	7.70
大连市	Dalian City	1545	10.70	947	17927	5.00	36.30	6.70
鞍山市	Anshan City	784	6.40	845	13901	3.20	21.70	4.10
抚顺市	Fushun City	321	2.70	417	8725	1.50	11.70	2.00
本溪市	Benxi City	263	3.40	203	6355	1.30	9.00	1.80
丹东市	Dandong City	391	4.20	599	9190	2.20	15.40	2.70
锦州市	Jinzhou City	709	7.30	645	11441	2.80	19.50	3.90
营口市	Yingkou City	245	2.90	423	8794	2.30	14.60	2.70
阜新市	Fuxin City	234	2.50	649	8853	1.70	12.80	2.50
辽阳市	Liaoyang City	358	2.60	405	6223	1.60	11.60	1.90

3-25 续表 2 continued

地 区	Region	幼儿园数（所）Kinder-gartens (unit)	在园儿童数（万人）Pre-primary Education (10 000 persons)	小学学校数（所）Primary Schools (unit)	小学专任教师数（人）Fulltime Teachers of Primary School (person)	小学招生数（万人）Students Enrollment by Primary School (10 000 persons)	小学在校学生数（万人）Students Enrollment by Primary School (10 000 persons)	小学毕业生数（万人）Graduates from Primary School (10 000 persons)
盘锦市	Panjin City	382	2.80	284	6117	1.40	8.90	1.70
铁岭市	Tieling City	640	4.40	880	12250	2.80	20.00	3.70
朝阳市	Chaoyang City	290	4.40	1136	16719	3.50	25.50	4.80
葫芦岛市	Huludao City	261	3.40	901	11575	3.00	20.00	3.70
吉林省	**Jilin**	**2932**	**29.58**	**7393**	**137675**	**21.54**	**162.52**	**33.01**
长春市	Changchun City	833	9.65	1730	37891	6.27	47.60	8.97
吉林市	Jilin City	764	5.88	980	19414	3.30	25.30	5.44
四平市	Siping City	256	2.24	1138	17351	2.57	19.31	3.92
辽源市	Liaoyuan City	153	1.33	485	6746	0.92	7.37	1.52
通化市	Tonghua City	254	2.08	601	11051	1.74	12.91	2.79
白山市	Baishan City	77	0.76	355	7681	0.92	7.14	1.51
松原市	Songyuan City	77	2.09	911	15009	2.30	18.07	3.86
白城市	Baicheng City	140	1.91	860	12244	1.99	13.22	2.32
延边朝鲜族自治州	Yanbian Korean A.P	378	3.64	333	10288	1.53	11.60	2.68
其他	Others							
黑龙江省	**Heilongjiang**	**4156**	**37.72**	**9995**	**163204**	**34.02**	**220.41**	**44.40**
哈尔滨市	Harbin City	986	10.86	2476	40989	8.01	51.70	11.52
齐齐哈尔市	Qiqihar City	792	4.37	1738	20792	4.42	30.35	4.62
鸡西市	Jixi City	139	1.77	310	7468	1.81	10.34	2.44
鹤岗市	Hegang City	159	1.34	170	4836	0.99	6.94	1.50
双鸭山市	Shuangyashan City	185	2.06	251	6404	1.47	9.92	1.90
大庆市	Daqing City	286	3.93	812	12718	2.75	16.60	3.70
伊春市	Yichun City	121	0.93	224	5893	0.98	7.05	1.49
佳木斯市	Jiamusi City	125	3.25	669	12484	2.89	20.09	3.51
七台河市	Qitaihe City	130	0.92	129	3564	0.83	4.86	1.14
牡丹江市	Mudanjiang City	647	3.28	602	12354	2.14	15.36	3.16
黑河市	Heihe City	214	1.76	483	8139	1.78	12.12	2.10
绥化市	Suihua City	342	2.86	2029	24877	5.52	31.63	6.71
大兴安岭地区	Daxinganling Prefecture	30	0.40	102	2686	0.43	3.46	0.62
其他	Others							
上海市	**Shanghai**	**1035**	**28.70**	**640**	**37407**	**10.36**	**53.50**	**10.93**
黄浦区	Huangpu District	28	4.46	22	1116	0.24	1.33	0.31
卢湾区	Luwan District	18	0.64	14	605	0.14	0.76	0.17
徐汇区	Xuhui District	77	0.34	44	2025	0.64	3.48	0.68
长宁区	Changning District	39	1.96	26	1543	0.35	1.97	0.41
静安区	Jingan District	16	0.93	13	840	0.19	0.91	0.17
普陀区	Putuo District	56	0.42	30	1531	0.54	2.89	0.60
闸北区	Zhabei District	57	1.80	35	1725	0.43	2.30	0.51
虹口区	Hongkou District	51	1.12	41	1491	0.41	2.10	0.46
杨浦区	Yangpu District	80	1.06	46	2294	0.55	2.94	0.63
闵行区	Minhang District	84	1.59	42	2725	0.81	3.88	0.72
宝山区	Baoshan District	96	2.57	58	2888	0.80	3.94	0.76
嘉定区	Jiading District	34	2.74	24	1587	0.46	2.35	0.46
浦东新区	Pudong New District	166	1.39	107	6536	1.92	9.21	1.75
金山区	Jinshan District	19	1.06	24	1434	0.37	2.15	0.50

3-25 续表 3 continued

地 区	Region	幼儿园数（所） Kinder-gartens (unit)	在园儿童数（万人） Pre-primary Education (10 000 persons)	小学学校数（所） Primary Schools (unit)	小学专任教师数（人） Fulltime Teachers of Primary School (person)	小学招生数（万人） Students Enrollment by Primary School (10 000 persons)	小学在校学生数（万人） Students Enrollment by Primary School (10 000 persons)	小学毕业生数（万人） Graduates from Primary School (10 000 persons)
松江区	Songjiang District	34	1.39	13	1625	0.52	2.58	0.50
青浦区	Qingpu District	35	1.13	24	1647	0.45	2.38	0.47
南汇区	Nanhui District	86	1.75	24	2325	0.64	3.29	0.69
奉贤区	Fengxian District	21	1.40	16	1555	0.52	2.67	0.52
崇明县	Chongming County	36	0.87	34	1691	0.32	2.04	0.55
其他	Others	2		3	224			
江苏省	**Jiangsu**	**6467**	**138.58**	**6261**	**261646**	**61.93**	**485.53**	**105.52**
南京市	Nanjing City	481	10.66	419	20153	4.32	30.51	6.38
无锡市	Wuxi City	506	11.78	371	17546	4.57	31.77	5.85
徐州市	Xuzhou City	613	14.95	902	39156	8.19	72.24	18.62
常州市	Changzhou City	223	7.42	284	11443	3.34	24.46	4.66
苏州市	Suzhou City	347	14.17	452	20851	5.21	35.99	6.89
南通市	Nantong City	452	12.19	529	21705	5.25	43.53	8.89
连云港市	Lianyungang City	759	10.70	487	20166	5.31	41.14	8.81
淮安市	Huaian City	335	11.32	500	21363	5.13	41.73	9.42
盐城市	Yancheng City	1025	13.62	687	26739	5.84	42.57	9.46
扬州市	Yangzhou City	344	9.41	364	15341	3.54	26.57	5.62
镇江市	Zhenjiang City	207	4.97	219	8689	2.03	15.88	3.41
泰州市	Taizhou City	363	8.40	438	15896	3.58	29.07	6.58
宿迁市	Suqian City	812	9.00	609	22598	5.63	50.06	10.94
浙江省	**Zhejiang**	**11472**	**132.22**	**6100**	**162183**	**48.96**	**342.40**	**55.25**
杭州市	Hangzhou City	1188	18.90	791	23541	6.78	45.89	7.53
宁波市	Ningbo City	1355	17.59	692	19936	6.62	47.60	7.40
温州市	Wenzhou City	1604	22.12	1062	29404	8.78	61.25	9.79
嘉兴市	Jiaxing City	381	8.30	391	11943	3.40	26.60	4.73
湖州市	Huzhou City	163	5.85	262	8654	2.38	18.26	3.29
绍兴市	Shaoxing City	1043	12.67	624	14527	4.54	33.28	5.38
金华市	Jinhua City	1847	14.27	669	15054	4.73	33.17	5.52
衢州市	Quzhou City	1268	6.59	381	7705	2.28	15.80	2.56
舟山市	Zhoushan City	147	2.19	82	3098	0.73	5.01	0.94
台州市	Taizhou City	1319	17.22	749	18782	6.15	38.75	5.48
丽水市	Lishui City	1157	6.56	398	9539	2.57	16.79	2.64
安徽省	**Anhui**	**2715**	**72.38**	**20142**	**259493**	**81.52**	**584.11**	**116.25**
合肥市	Hefei City	272	6.20	1097	16990	5.22	37.61	6.04
芜湖市	Wuhu City	298	3.51	329	7897	1.82	14.98	3.37
蚌埠市	Bengbu City	94	3.89	1047	13381	4.81	31.89	6.88
淮南市	Huainan City	60	2.13	524	11015	2.95	21.65	3.74
马鞍山市	Maanshan City	127	2.14	236	4902	1.18	9.14	2.08
淮北市	Huaibei City	92	3.04	619	10361	3.13	22.05	4.31
铜陵市	Tongling City	49	1.09	126	3067	0.82	5.25	1.08
安庆市	Anqing City	100	4.92	2248	24905	6.07	52.96	11.14
黄山市	Huangshan City	38	2.05	693	6457	1.09	9.86	2.43
滁州市	Chuzhou City	232	6.25	1343	16503	5.93	37.86	8.27
阜阳市	Fuyang City	266	10.17	3147	38331	16.01	106.77	20.63
宿州市	Suzhou City	116	4.37	1959	25111	7.80	58.10	14.21

3-25 续表 4 continued

地 区	Region	幼儿园数（所）Kinder-gartens (unit)	在园儿童数（万人）Pre-primary Education (10 000 persons)	小学学校数（所）Primary Schools (unit)	小学专任教师数（人）Fulltime Teachers of Primary School (person)	小学招生数（万人）Students Enrollment by Primary School (10 000 persons)	小学在校学生数（万人）Students Enrollment by Primary School (10 000 persons)	小学毕业生数（万人）Graduates from Primary School (10 000 persons)
巢湖市	Chaohu City	101	4.08	1318	15048	4.78	35.24	7.63
六安市	Liuan City	395	6.60	2456	24810	7.06	51.32	7.51
亳州市	Bozhou City	165	5.34	1959	24212	8.94	59.68	11.41
池州市	Chizhou City	66	2.16	506	6193	1.60	12.55	2.38
宣城市	Xuancheng City	244	4.44	535	10310	2.31	17.20	3.14
其他	Others							
福建省	**Fujian**	**7541**	**82.67**	**10560**	**166465**	**35.88**	**273.27**	**54.71**
福州市	Fuzhou City	1765	15.95	1842	27031	6.80	48.89	9.50
厦门市	Xiamen City	466	5.10	348	8438	2.40	15.46	2.67
莆田市	Putian City	872	6.24	831	14991	3.74	27.19	4.91
三明市	Sanming City	594	6.13	1029	15187	2.42	19.14	4.00
泉州市	Quanzhou City	714	17.14	1813	32123	7.25	61.00	13.13
漳州市	Zhangzhou City	1510	12.32	1621	21245	5.31	34.05	6.37
南平市	Nanping City	696	6.77	939	17239	2.95	21.49	4.13
龙岩市	Longyan City	548	7.39	727	13615	2.36	18.80	4.87
宁德市	Ningde City	376	5.63	1410	16596	2.66	27.25	5.12
江西省	**Jiangxi**	**4851**	**71.68**	**14727**	**193484**	**66.94**	**384.16**	**64.88**
南昌市	Nanchang City	463	8.10	1145	19964	7.62	43.26	5.06
景德镇市	Jingdezhen City	198	2.22	523	7274	2.34	12.05	2.57
萍乡市	Pingxiang City	219	2.99	463	7963	2.20	13.81	1.24
九江市	Jiujiang City	457	6.55	1422	21297	6.63	38.91	7.73
新余市	Xinyu City	97	2.05	223	5153	1.59	7.23	1.36
鹰潭市	Yingtan City	60	1.56	362	4785	1.67	8.87	1.80
赣州市	Ganzhou City	1035	17.70	2986	33069	15.17	78.06	14.34
吉安市	Jian City	747	8.32	1766	20148	5.64	38.11	7.37
宜春市	Yichun City	505	8.55	1759	23155	7.53	42.27	7.91
抚州市	Fuzhou City	225	3.81	1726	19173	5.83	34.88	4.78
上饶市	Shangrao City	845	9.84	2352	31503	10.72	66.72	10.71
山东省	**Shandong**	**15718**	**165.53**	**15871**	**377729**	**104.27**	**615.37**	**113.31**
济南市	Jinan City	1340	12.57	832	25201	6.37	37.88	6.04
青岛市	Qingdao City	2233	15.45	1004	31733	7.26	47.98	6.67
淄博市	Zibo City	902	10.51	526	15955	4.80	25.87	4.26
枣庄市	Zaozhuang City	486	6.58	827	18122	4.61	30.77	7.05
东营市	Dongying City	526	4.99	228	6931	2.33	12.93	2.11
烟台市	Yantai City	1575	23.61	980	22601	5.78	33.16	6.85
潍坊市	Weifang City	2387	15.80	1616	36782	9.40	59.24	8.75
济宁市	Jining City	379	8.96	1457	32197	8.71	55.09	10.18
泰安市	Taian City	901	9.33	710	20340	6.16	27.31	4.42
威海市	Weihai City	458	4.35	190	8814	2.07	12.91	2.81
日照市	Rizhao City	1006	7.00	530	10236	3.15	17.61	3.09
莱芜市	Laiwu City	544	3.32	241	5740	1.63	7.77	1.02
临沂市	Linyi City	1285	12.48	2005	38268	11.98	72.33	12.80
德州市	Dezhou City	390	6.89	1029	24543	6.10	31.71	7.34
聊城市	Liaocheng City	650	8.24	1117	21554	5.95	36.66	9.22
滨州市	Binzhou City	516	6.76	633	15002	4.27	24.76	4.96
荷泽市	Heze City	140	8.69	1946	43710	13.70	81.41	15.73

3-25 续表 5 continued

地区	Region	幼儿园数（所） Kinder-gartens (unit)	在园儿童数（万人） Pre-primary Education (10 000 persons)	小学学校数（所） Primary Schools (unit)	小学专任教师数（人） Fulltime Teachers of Primary School (person)	小学招生数（万人） Students Enrollment by Primary School (10 000 persons)	小学在校学生数（万人） Students Enrollment by Primary School (10 000 persons)	小学毕业生数（万人） Graduates from Primary School (10 000 persons)
河南省	**Henan**	**4142**	**153.50**	**33026**	**475511**	**169.44**	**986.84**	**191.90**
郑州市	Zhengzhou City	528	14.41	1202	28786	8.87	54.99	11.48
开封市	Kaifeng City	109	7.11	1640	21474	7.23	41.29	7.05
洛阳市	Luoyang City	213	10.19	2558	28533	10.95	65.49	12.15
平顶山市	Pingdingshan City	187	4.60	1594	24246	7.11	41.27	10.07
安阳市	Anyang City	269	6.56	1711	24196	7.80	43.89	9.32
鹤壁市	Hebi City	132	2.76	488	6798	2.76	15.55	2.91
新乡市	Xinxiang City	366	8.31	1879	22533	8.77	46.97	10.18
焦作市	Jiaozuo City	388	7.47	751	15601	5.14	34.18	6.84
濮阳市	Puyang City	82	3.90	1408	17841	7.12	38.05	8.56
许昌市	Xuchang City	408	6.78	1353	23113	5.96	37.23	8.37
漯河市	Luohe City	190	4.26	546	12017	3.18	19.96	4.46
三门峡市	Sanmenxia City	165	4.23	1065	10763	3.17	19.80	4.40
南阳市	Nanyang City	244	14.17	4008	48977	15.17	85.56	16.90
商丘市	Shangqiu City	143	14.49	3102	50852	19.34	105.14	21.44
信阳市	Xinyang City	195	12.35	2765	40591	13.50	85.72	14.09
周口市	Zhoukou City	267	17.75	4250	56228	25.07	147.62	25.12
驻马店市	Zhumadian City	194	12.57	2561	40434	17.43	98.70	17.44
其他	Others	62	1.57	145	2528	0.87	5.43	1.13
湖北省	**Hubei**	**2336**	**59.45**	**12631**	**232888**	**56.74**	**429.19**	**102.07**
武汉市	Wuhan City	608	10.84	1080	30574	6.81	52.25	12.08
黄石市	Huangshi City	91	2.18	701	10361	3.23	27.13	5.43
十堰市	Shiyan City	103	4.08	1080	14967	3.61	25.63	6.20
宜昌市	Yichang City	336	5.90	559	12124	2.90	21.50	4.69
襄樊市	Xiangfan City	71	3.60	1354	24764	5.11	37.50	8.97
鄂州市	Ezhou City	50	0.94	297	4788	1.04	8.28	2.08
荆门市	Jingmen City	153	3.27	433	9598	2.22	16.93	4.05
孝感市	Xiaogan City	137	3.91	1072	20682	4.56	37.80	10.24
荆州市	Jingzhou City	285	4.80	1116	17860	5.56	42.54	9.71
黄冈市	Huanggang City	85	4.54	2005	23449	8.12	61.72	14.20
咸宁市	Xianning City	108	3.19	840	10961	2.93	24.47	6.25
随州市	Suizhou City	73	6.51	232	7051	1.92	15.21	5.32
恩施土家族苗族自治州	Enshi Tujia & Miao A.P	129	5.22	1122	15486	4.94	32.04	5.68
其他	Others	98	3.52	740	13222	3.40	26.16	7.95
湖南省	**Hunan**	**4359**	**82.17**	**17108**	**246112**	**71.09**	**419.83**	**81.57**
长沙市	Changsha City	710	8.96	1272	18975	6.33	33.87	4.65
株洲市	Zhuzhou City	360	5.80	767	10896	3.45	19.97	3.72
湘潭市	Xiangtan City	186	3.52	620	9520	2.76	16.14	3.11
衡阳市	Hengyang City	576	8.34	2091	26966	8.52	48.28	8.62
邵阳市	Shaoyang City	426	9.46	2108	26213	8.78	48.94	9.02
岳阳市	Yueyang City	318	5.47	1209	19553	5.22	32.79	7.30
常德市	Changde City	421	6.28	1223	20414	4.40	32.33	6.94
张家界市	Zhangjiajie City	97	2.53	400	5507	1.53	9.70	1.98
益阳市	Yiyang City	95	3.84	917	15772	3.85	22.65	4.84
郴州市	Chenzhou City	264	6.19	1714	18399	5.65	29.64	5.58
永州市	Yongzhou City	379	5.68	650	24181	6.63	40.68	8.39

3-25 续表 6 continued

地　区	Region	幼儿园数（所）Kindergartens (unit)	在园儿童数（万人）Pre-primary Education (10 000 persons)	小学学校数（所）Primary Schools (unit)	小学专任教师数（人）Fulltime Teachers of Primary School (person)	小学招生数（万人）Students Enrollment by Primary School (10 000 persons)	小学在校学生数（万人）Students Enrollment by Primary School (10 000 persons)	小学毕业生数（万人）Graduates from Primary School (10 000 persons)
怀化市	Huaihua City	206	6.01	1231	20710	4.97	28.92	6.33
娄底市	Loudi City	103	5.55	1120	15802	5.17	29.49	5.88
湘西土家族苗族自治州	West Hunan Tujia A.P	218	4.54	1786	13204	3.83	26.43	5.21
其他	Others							
广东省	**Guangdong**	**10359**	**213.92**	**21228**	**403824**	**164.16**	**1067.03**	**167.43**
广州市	Guangzhou City	1513	10.39	1283	41018	14.60	90.30	13.84
韶关市	Shaoguan City	322	7.24	990	15067	4.10	29.10	5.53
深圳市	Shenzhen City	744	17.24	358	23866	10.13	56.63	7.55
珠海市	Zhuhai City	217	4.04	135	5366	2.02	12.73	1.96
汕头市	Shantou City	959	13.86	832	21526	12.03	75.67	10.91
佛山市	Foshan City	763	17.35	484	17974	7.18	44.04	6.99
江门市	Jiangmen City	481	12.01	892	15076	5.70	39.17	6.96
湛江市	Zhanjiang City	692	20.02	2252	35526	16.95	106.69	17.22
茂名市	Maoming City	164	14.13	2001	30411	13.80	94.90	15.91
肇庆市	Zhaoqing City	372	7.25	1297	16996	7.42	47.18	6.97
惠州市	Huizhou City	251	8.29	1118	19203	6.60	44.20	6.42
梅州市	Meizhou City	393	9.46	1882	21885	6.87	51.37	9.24
汕尾市	Shanwei City	122	6.42	819	16736	8.44	49.82	6.68
河源市	Heyuan City	215	7.16	1389	16008	5.23	35.69	5.79
阳江市	Yangjiang City	165	2.98	782	13212	3.42	26.81	5.15
清远市	Qingyuan City	446	5.50	1170	18267	5.55	41.11	7.28
东莞市	Dongguan City	511	13.00	414	17478	8.48	48.09	6.12
中山市	ZhongShan City	411	7.82	230	8216	3.90	22.61	3.40
潮州市	Chaozhou City	685	3.27	726	10613	4.20	28.90	4.75
揭阳市	Jieyang City	785	20.58	1355	26901	13.31	90.69	13.04
云浮市	Yunfu City	148	5.90	819	12479	4.25	31.26	5.73
广西壮族自治区	**Guangxi**	**3152**	**88.78**	**15500**	**204788**	**73.46**	**452.79**	**84.42**
南宁市	Nanning City	583	12.08	1657	26008	8.99	56.25	11.35
柳州市	Liuzhou City	261	6.86	1203	15788	4.28	27.45	5.74
桂林市	Guilin City	366	7.71	1608	19388	4.31	28.58	6.50
梧州市	Wuzhou City	161	6.54	902	12222	5.67	36.03	6.57
北海市	Beihai City	208	3.80	411	7361	2.56	16.75	2.90
防城港市	Fangchenggang City	67	1.77	359	5055	1.36	8.66	1.31
钦州市	Qinzhou City	114	6.82	1105	12682	6.06	34.53	5.53
贵港市	Guigang City	339	10.40	1160	18218	9.42	53.80	9.03
玉林市	Yulin City	573	11.44	1489	19947	10.58	63.86	11.65
百色市	Baise City	342	8.14	1677	16978	5.22	31.79	5.74
贺州市	Hezhou City	82	3.26	889	10882	3.56	24.25	4.87
河池市	Hechi City	130	6.06	1596	20135	6.02	35.17	5.41
来宾市	Laibin City	150	3.36	776	10276	3.06	21.05	4.63
崇左市	Chongzuo City	110	3.40	893	9864	2.35	14.63	3.09
海南省	**Hainan**	**721**	**12.02**	**3106**	**50598**	**18.27**	**105.70**	**17.10**
海口市	Haikou City	284	3.70	379	9130	3.20	19.10	3.00
三亚市	Sanya City	45	0.80	151	3175	1.40	8.00	1.20
其他	Others	392	7.52	2576	38293	13.67	78.60	12.90

3-25 续表 7 continued

地 区	Region	幼儿园数（所）Kindergartens (unit)	在园儿童数（万人）Pre-primary Education (10 000 persons)	小学学校数（所）Primary Schools (unit)	小学专任教师数（人）Fulltime Teachers of Primary School (person)	小学招生数（万人）Students Enrollment by Primary School (10 000 persons)	小学在校学生数（万人）Students Enrollment by Primary School (10 000 persons)	小学毕业生数（万人）Graduates from Primary School (10 000 persons)
重庆市	**Chongqing**	**3287**	**53.63**	**9558**	**114326**	**36.50**	**260.98**	**44.72**
万州区	Wanzhou District	140	2.64	450	5814	1.86	12.42	2.22
涪陵区	Fuling District	129	1.94	193	4557	1.09	8.61	1.62
渝中区	Yuzhong District	67	1.05	39	2218	0.50	3.28	0.59
大渡口区	Dadukou District	47	0.57	30	815	0.23	1.55	0.26
江北区	Jiangbei District	92	1.20	67	1820	0.45	2.89	0.49
沙坪坝区	Shapingba District	109	1.39	81	2120	0.67	4.36	0.77
九龙坡区	Jiulongpo District	149	1.99	79	2511	0.75	4.89	0.86
南岸区	Nanan District	112	1.37	57	1549	0.50	3.07	0.53
北碚区	Beibei District	55	0.93	102	1967	0.46	3.38	0.66
万盛区	Wansheng District	44	0.47	84	1131	0.30	2.04	0.38
双桥区	Shuangqiao District	7	0.15	11	267	0.06	0.44	0.08
渝北区	Yubei District	117	1.65	259	3146	0.86	5.63	1.06
巴南区	Banan District	88	1.13	102	2724	0.67	5.15	0.10
黔江区	Qianjiang District	14	0.86	225	2169	0.88	5.90	0.76
长寿区	Changshou District	77	1.05	156	3302	0.91	6.43	1.20
其他	Others	2040	35.24	7623	78216	26.31	190.94	33.14
四川省	**Sichuan**	**8875**	**152.68**	**19305**	**307113**	**109.22**	**714.51**	**118.78**
成都市	Chengdu City	1797	25.75	573	35786	10.83	75.75	13.52
自贡市	Zigong City	355	5.16	554	8821	3.22	22.10	3.79
攀枝花市	Panzhihua City	159	2.92	432	4716	1.92	9.99	1.39
泸州市	Luzhou City	340	8.87	294	14297	6.67	40.36	6.35
德阳市	Deyang City	212	7.03	444	12270	3.41	25.10	4.55
绵阳市	Mianyang City	700	10.44	1419	17915	5.41	38.09	7.12
广元市	Guangyuan City	172	4.96	282	13828	3.68	26.59	4.67
遂宁市	Suining City	184	5.87	1057	12816	3.87	28.54	5.75
内江市	Neijiang City	513	7.18	644	13968	4.16	27.76	3.97
乐山市	Leshan City	247	4.90	1014	13554	3.59	25.15	4.61
南充市	Nanchong City	215	9.32	270	25259	8.87	60.32	10.73
眉山市	Meishan City	421	4.67	229	11835	3.21	24.97	4.94
宜宾市	Yibin City	800	9.64	1893	16994	7.26	49.16	8.16
广安市	Guangan City	491	7.75	945	14235	6.56	43.36	7.04
达州市	Dazhou City	489	12.34	2636	23214	8.41	58.34	10.44
雅安市	Yaan City	218	2.96	553	6391	1.83	13.39	2.36
巴中市	Bazhong City	88	6.72	310	13988	7.06	41.30	5.94
资阳市	Ziyang City	1216	8.70	1422	13363	4.88	31.57	5.33
阿坝藏族羌族自治州	Aba Zang & Qiang A.P	27	0.90	1195	6269	1.64	9.89	1.32
甘孜藏族自治州	Ganzi Zang A.P	30	0.61	927	5364	1.77	9.66	1.10
凉山彝族自治州	Liangshan Yi A.P	201	6.00	2212	22230	10.98	53.13	5.69
贵州省	**Guizhou**	**1587**	**68.14**	**14258**	**183679**	**77.22**	**473.76**	**74.21**
贵阳市	Guiyang City	307	5.52	957	17402	6.36	37.53	5.55
六盘水市	Liupanshui City	87	3.63	1085	14175	6.27	41.41	5.68
遵义市	Zunyi City	370	14.93	2452	32268	13.74	82.86	13.99
安顺市	Anshun City	124	3.56	1044	13019	5.56	33.95	5.40
铜仁地区	Tongren Prefecture	196	9.50	1626	19489	7.54	48.84	8.03
黔西南布依族苗族自治州	Southwest Guizhou Buyi & Miao A.P	84	4.85	1136	15520	6.19	39.97	6.75

3-25 续表 8 continued

地　区	Region	幼儿园数 (所) Kindergartens (unit)	在园儿童数 (万人) Pre-primary Education (10 000 persons)	小学学校数 (所) Primary Schools (unit)	小学专任教师数 (人) Fulltime Teachers of Primary School (person)	小学招生数 (万人) Students Enrollment by Primary School (10 000 persons)	小学在校学生数 (万人) Students Enrollment by Primary School (10 000 persons)	小学毕业生数 (万人) Graduates from Primary School (10 000 persons)
毕节地区	Bijie Prefecture	59	9.02	2521	31049	18.02	98.75	13.84
黔东南苗族侗族自治州	Southeast Guizhou Miao & Dong A.P	118	3.31	1913	21164	7.22	46.55	7.86
黔南布依族苗族自治州	South Guizhou Buyi & Miao A.P	178	6.42	1542	19593	6.34	43.91	7.12
云南省	**Yunnan**	**2247**	**77.27**	**18747**	**219236**	**73.34**	**441.23**	**69.32**
昆明市	Kunming City		13.56	1491	22695	7.99	47.04	6.75
曲靖市	Qujing City		12.81	1806	30130	10.92	64.82	10.50
玉溪市	Yuxi City		5.72	634	10746	3.27	19.36	2.94
保山市	Baoshan City		5.28	1322	12341	4.03	24.29	3.72
昭通市	Zhaotong City		5.85	2474	25371	12.45	76.53	11.25
丽江市	Lijiang City		1.84	629	7125	1.92	11.66	1.77
思茅市	Simao City		2.83	1166	12880	3.17	19.64	3.49
临沧市	Lincang City		2.83	1407	12538	3.61	21.45	3.25
楚雄彝族自治州	Chuxiong Yi A.P		4.07	1125	12470	3.50	21.35	3.34
红河哈尼族彝族自治州	Honghe Hani & Yi A.P		7.47	1863	21405	6.58	40.97	6.83
文山壮族苗族自治州	Wenshan Zhuang & Miao A.P		3.82	2011	18797	6.52	37.41	5.83
西双版纳傣族自治州	Xishuangbanna Dai A.P		1.59	410	5583	1.54	9.43	1.64
大理白族自治州	Dali Bai A.P		6.76	1161	14214	4.75	27.91	4.86
德宏傣族景颇族自治州	Dehong Dai & Jingpo A.P		1.99	657	6685	1.75	10.88	1.85
怒江傈僳族自治州	Nujiang Lisu A.P		0.60	259	3808	0.77	4.82	0.74
迪庆藏族自治州	Diqing Zang A.P		0.26	332	2448	0.59	3.67	0.56
西藏自治区	**Tibet A.R.**	**42**	**0.96**	**890**	**14267**	**5.47**	**32.75**	**4.80**
拉萨市	Lhasa City	27	0.58	109	3107	0.79	5.08	0.91
昌都地区	Qamdu Prefecture	1	0.05	191	2639	1.23	7.49	1.14
山南地区	Lhokha Prefecture	3	0.06	110	1908	0.53	3.54	0.61
日喀则地区	Xigaze Prefecture	4	0.09	220	3382	1.19	8.08	1.35
那曲地区	Narqu Prefecture	3	0.02	151	1608	1.14	5.45	0.33
阿里地区	Ngri Prefecture	1	0.02	39	376	0.19	0.85	0.11
林芝地区	Nyingchi Prefecture	1	0.05	67	1174	0.37	2.11	0.32
其他	Others	2	0.08	3	73	0.03	0.15	0.02
陕西省	**Shaanxi**	**2433**	**49.36**	**20711**	**186644**	**43.59**	**340.09**	**72.46**
西安市	Xian City	737	12.75	1980	29674	8.47	60.47	11.92
铜川市	Tongchuan City	30	0.57	608	4885	0.85	6.82	1.60
宝鸡市	Baoji City	126	5.59	1753	16724	4.19	32.84	6.96
咸阳市	Xianyang City	237	5.26	2310	27899	5.94	50.70	10.78
渭南市	Weinan City	654	6.13	2600	27199	5.58	45.77	10.54
延安市	Yanan City	198	4.02	2400	14931	3.42	23.52	5.42
汉中市	Hanzhong City	141	4.78	2196	16813	4.34	30.27	5.56
榆林市	Yulin City	143	4.55	2630	20262	4.30	35.94	8.64
安康市	Ankang City	74	3.25	1724	16101	3.52	27.86	5.38
商洛市	Shangluo City	88	2.26	2479	11447	2.83	24.80	5.44
其他	Others	5	0.21	31	709	0.15	1.10	0.23
甘肃省	**Gansu**	**2451**	**34.94**	**14963**	**130841**	**46.19**	**303.57**	**50.25**
兰州市	Lanzhou City	239	5.30	870	14089	3.70	25.10	4.35
嘉峪关市	Jiayuguan City	48	0.58	24	667	0.23	1.46	0.25

3-25 续表 9 continued

地 区	Region	幼儿园数 (所) Kinder-gartens (unit)	在园儿童数 (万人) Pre-primary Education (10 000 persons)	小学学校数 (所) Primary Schools (unit)	小学专任教师数 (人) Fulltime Teachers of Primary School (person)	小学招生数 (万人) Students Enrollment by Primary School (10 000 persons)	小学在校学生数 (万人) Students Enrollment by Primary School (10 000 persons)	小学毕业生数 (万人) Graduates from Primary School (10 000 persons)
金昌市	Jinchang City	42	1.13	166	2091	0.60	3.90	0.60
白银市	Baiyin City	142	2.50	996	11281	3.16	23.74	4.07
天水市	Tianshui City	66	2.82	2176	16481	7.13	42.74	7.87
武威市	Wuwei City	405	3.50	1178	11097	2.80	21.75	3.85
张掖市	Zhangye City	533	2.96	582	6019	1.60	11.40	1.70
平凉市	Pingliang City	141	3.45	1601	12148	3.95	27.81	4.54
酒泉市	Jiuquan City	334	2.70	431	4425	1.41	9.36	1.41
庆阳市	Qingyang City	316	3.22	1931	13063	5.24	33.67	5.55
定西市	Dingxi City	78	2.98	1813	13859	5.26	36.55	6.33
陇南市	Longnan City	45	2.21	1667	12289	5.10	34.55	5.52
临夏回族自治州	Linxia Hui A.P	50	1.20	888	8938	4.50	23.07	3.14
甘南藏族自治州	Gannan Zang A.P	12	0.40	640	4394	1.51	8.47	1.07
青海省	**Qinghai**	**284**	**8.26**	**2898**	**27478**	**8.90**	**50.70**	**8.10**
西宁市	Xining City	194	4.34	715	8229	2.72	15.54	2.99
海东地区	Haidong Prefecture	24	2.06	1162	8481	2.40	14.50	2.78
海北藏族自治州	Haibei Zang A.P	8	0.44	165	1565	0.50	2.91	0.46
黄南藏族自治州	Huangnan Zang AP	5	0.13	191	1910	0.44	3.37	0.41
海南藏族自治州	Hainan Zang A.P	11	0.31	344	2585	1.09	5.13	0.53
果洛藏族自治州	Golog Zang A.P	5	0.07	59	943	0.30	1.42	0.10
玉树藏族自治州	Yushu Zang A.P	5	0.07	187	1444	0.68	3.35	0.19
海西蒙古族藏族自治州	Haixi Mongolian & Zang A.P	32	0.82	75	2321	0.81	4.50	0.60
宁夏回族自治区	**Ningxia**	**208**	**10.20**	**2527**	**33760**	**13.04**	**69.32**	**10.47**
银川市	Yinchuan City	78	2.58	293	6856	2.42	14.24	2.35
石嘴山市	Shizuishan City	48	1.39	163	3842	1.00	6.41	1.13
吴忠市	Wuzhong City	37	2.34	496	7615	2.62	14.76	2.24
固原市	Guyuan City	18	1.56	1106	9743	4.50	20.60	3.00
中卫市	Zhongwei City	27	2.33	469	5704	2.50	13.31	1.75
新疆维吾尔自治区	**Xinjiang**	**1077**	**29.34**	**5209**	**134768**	**33.85**	**214.38**	**39.76**
乌鲁木齐市	Urumqi City	236	3.80	164	8479	2.74	15.75	2.38
克拉玛依市	Karamay City	22	0.62	32	1707	0.42	2.51	0.37
吐鲁番地区	Turpan Prefecture	5	0.67	119	4546	0.90	5.31	0.98
哈密地区	Hami Prefecture	53	1.20	54	3527	0.59	3.64	0.62
昌吉回族自治州	Changji Hui A.P	146	2.44	220	8764	1.74	10.82	1.88
博尔塔拉蒙古自治州	Bortala Mongolian A.P	21	0.73	93	3002	0.51	3.31	0.58
巴音郭楞蒙古自治州	Bayingolin Mongolian A.P	51	1.98	263	9003	1.52	9.23	1.67
阿克苏地区	Aksu Prefecture	21	1.53	816	14495	3.82	23.52	4.98
克孜勒苏柯尔克孜自治州	Kizilsu Kirgiz A.P	11	0.62	211	4385	0.85	5.37	1.09
喀什地区	Kashi Prefecture	27	2.12	1202	21550	6.82	46.71	9.43
和田地区	Hotan Prefecture	15	0.92	829	10529	3.64	22.51	4.23
伊犁州直属县（市）	Counties(Cities) Direct Under Ili Prefecture	153	4.87	525	16115	4.06	24.02	3.98
塔城地区	Tacheng Prefecture	71	1.51	220	7444	1.31	8.48	1.49
阿勒泰地区	Altay Prefecture	25	0.66	131	5447	0.74	4.86	0.95
石河子市	Shihezi City	43	0.70	13	678	0.22	1.36	0.21
阿拉尔市	Alar City							
图木舒克市	Tumxuk City							
五家渠市	Wujiaqu City							

3-26 普通中学和高等教育情况(2005年)

Secondary Education and Institutions of Higher Education(2005)

地区	Region	普通中学学校数(所) Number of Secondary Schools (unit)	普通中学学校专任教师数(人) Fulltime Teachers of Secondary School (person)	普通中学招生数(万人) New Students Enrollment by Secondary School (10 000 persons)	普通中学在校学生数(万人) Students Enrollment by Secondary School (10 000 persons)	普通中学毕业生数(万人) Graduates from Secondary School (10 000 persons)	普通高等学校数(所) Regular Institutions of Higher Education (unit)	普通高等学校专任教师数(人) Full-time Teachers of Secondary School (person)
北京市	**Beijing**	**739**	**50970**	**18.17**	**59.99**	**22.96**	**79**	**47936**
东城区	Dongcheng District	32	3318	1.28	4.02	1.45		
西城区	Xicheng District	41	4056	1.42	4.49	1.67		
崇文区	Chongwen District	19	1520	0.63	1.95	0.71		
宣武区	Xuanwu District	23	2007	0.73	2.43	0.95		
朝阳区	Chaoyang District	84	4321	1.65	5.29	1.88		
丰台区	Fengtai District	55	3158	0.93	3.11	1.13		
石景山区	Shijingshan District	21	1547	0.46	1.42	0.49		
海淀区	Haidian District	82	6470	3.01	9.27	3.11		
门头沟区	Mentougou District	19	1114	0.30	1.01	0.37		
房山区	Fangshan District	62	3768	1.27	4.52	1.84		
通州区	Tongzhou District	46	3290	1.19	4.06	1.60		
顺义区	Shunyi District	46	3399	1.09	4.05	2.00		
昌平区	Changping District	48	2268	0.60	1.98	0.72		
大兴区	Daxing District	47	3479	1.00	3.42	1.40		
怀柔区	Huairou District	27	1566	0.51	1.63	0.59		
平谷区	Pinggu District	32	2313	0.85	3.14	1.27		
密云县	Miyun County	25	1794	0.68	2.40	0.98		
延庆县	Yanqing County	30	1582	0.56	1.81	0.80		
其他	Others							
天津市	**Tianjin**	**640**	**41537**	**17.42**	**57.63**	**19.41**	**42**	**21670**
和平区	Heping District	30	2411	1.13	3.45	1.24	1	950
河东区	Hedong District	29	1988	0.89	2.75	0.98	3	1826
河西区	Hexi District	44	2518	1.24	3.92	1.49	10	5560
南开区	Nankai District	42	2643	1.10	3.40	1.18	8	5647
河北区	Hebei District	40	1982	1.04	3.34	1.22	4	1031
红桥区	Hongqiao District	31	1821	0.83	2.64	1.02	3	974
塘沽区	Tanggu District	40	2175	0.90	2.83	0.95	2	588
汉沽区	Hangu District	15	884	0.34	1.06	0.34		
大港区	Dagang District	39	2417	0.84	2.86	0.70	2	1131
东丽区	Dongli District	27	1324	0.56	1.69	0.56	1	738
西青区	Xiqing District	15	1248	0.50	1.65	0.51	5	2149
津南区	Jinnan District	20	1179	0.65	1.93	0.60		
北辰区	Beichen District	20	1316	0.50	1.57	0.50	1	728
武清区	Wuqing District	51	3610	1.48	4.70	1.71	1	114
宝坻区	Baodi District	49	4028	1.68	5.43	1.93		75
宁河县	Ninghe County	30	2222	0.44	3.10	0.89		
静海县	Jinghai County	52	2784	1.20	4.14	1.01	1	159
蓟县	Ji County	64	4838	2.05	7.01	2.54		
其他	Others	2	149	0.05	0.15	0.04		
河北省	**Hebei**	**4734**	**289969**	**164.67**	**509.54**	**178.03**	**86**	**42697**
石家庄市	Shijiazhuang City	660	43013	24.80	76.12	26.98	32	14521
唐山市	Tangshan City	471	33431	14.38	47.96	18.06	8	3816
秦皇岛市	Qinhuangdao City	229	13099	5.41	17.88	6.12	5	3646
邯郸市	Handan City	574	35170	23.65	74.90	25.10	4	2654

3-26 续表 1 continued

地区	Region	普通中学学校数 (所) Number of Secondary Schools (unit)	普通中学学校专任教师数 (人) Fulltime Teachers of Secondary School (person)	普通中学招生数 (万人) New Students Enrollment by Secondary School (10 000 persons)	普通中学在校学生数 (万人) Students Enrollment by Secondary School (10 000 persons)	普通中学毕业生数 (万人) Graduates from Secondary School (10 000 persons)	普通高等学校数 (所) Regular Institutions of Higher Education (unit)	普通高等学校专任教师数 (人) Full-time Teachers of Secondary School (person)
邢台市	Xingtai City	560	27592	18.67	56.52	19.68	4	1661
保定市	Baoding City	687	42513	24.90	75.09	26.58	9	6537
张家口市	Zhangjiakou City	277	16346	8.31	25.27	9.21	3	1520
承德市	Chengde City	285	14238	6.63	21.09	7.28	5	1511
沧州市	Cangzhou City	474	28129	16.55	49.72	16.65	5	1494
廊坊市	Langfang City	233	17987	10.49	31.37	10.78	8	3701
衡水市	Hengshui City	284	18451	10.86	33.63	11.58	2	695
其他	Others						1	941
山西省	**Shanxi**	**3279**	**159803**	**88.74**	**261.15**	**82.95**	**59**	**27862**
太原市	Taiyuan City	253	16005	7.79	22.25	6.41	34	16755
大同市	Datong City	290	14445	7.88	23.10	7.53	5	1886
阳泉市	Yangquan City	101	5574	2.87	8.39	2.70	1	362
长治市	Changzhi City	281	13819	8.34	25.63	7.70	5	1790
晋城市	Jincheng City	191	8756	5.39	15.02	4.81	1	356
朔州市	Shuozhou City	145	6738	4.68	14.01	4.39		
晋中市	Jinzhong City	319	14206	7.24	21.86	7.22	4	2110
运城市	Yuncheng City	459	26678	14.61	42.37	13.16	3	1083
忻州市	Xinzhou City	434	14773	7.93	23.07	8.16	2	1047
临汾市	Linfen City	403	20630	11.34	33.70	10.44	3	1896
吕梁市	Luliang City	403	18179	10.68	31.75	10.44	1	577
内蒙古自治区	**Inner Mongolia**	**1583**	**93656**	**51.19**	**155.47**	**48.16**	**33**	**16189**
呼和浩特市	Hohhot City	152	8349	5.23	14.91	4.39	17	8513
包头市	Baotou City	145	9852	5.11	17.68	3.98	4	2564
乌海市	Wuhai City	36	1989	1.05	3.05	0.96	1	99
赤峰市	Chifeng City	315	18773	10.37	31.68	11.45	2	845
通辽市	Tongliao City	222	12597	6.93	19.70	6.24	3	1512
鄂尔多斯市	Erdos City	85	5953	2.90	9.78	2.50		
呼伦贝尔市	Hulunbuir City	246	12188	5.60	16.87	5.20	1	665
巴彦淖尔市	Bayannur City	86	5929	3.84	11.43	4.03	1	536
乌兰察布市	Ulanqab City	100	6890	4.69	13.80	4.02	2	791
兴安盟	Xingan League	124	6398	3.11	9.08	2.98	1	374
锡林郭勒盟	Xilingol League	53	3691	1.93	6.08	2.03	1	290
阿拉善盟	Alxa League	19	1047	0.42	1.40	0.38		
其他	Others							
辽宁省	**Liaoning**	**2274**	**144647**	**76.20**	**231.40**	**75.74**	**75**	**43960**
沈阳市	Shenyang City	354	24994	12.20	37.10	12.60	29	18273
大连市	Dalian City	282	20038	11.00	33.20	11.04	21	12151
鞍山市	Anshan City	172	11900	6.00	19.30	5.77	2	1780
抚顺市	Fushun City	143	7690	3.40	11.10	3.89	3	1498
本溪市	Benxi City	87	6032	2.80	8.40	2.98	1	533
丹东市	Dandong City	129	7772	4.40	13.30	4.40	2	1256
锦州市	Jinzhou City	166	9713	5.60	16.10	5.09	6	3553
营口市	Yingkou City	104	7953	4.30	13.80	5.20	2	634
阜新市	Fuxin City	120	6534	3.60	10.60	3.20	2	1762
辽阳市	Liaoyang City	89	5650	2.90	8.70	3.00	2	843

3-26 续表 2 continued

地区	Region	普通中学学校数 (所) Number of Secondary Schools (unit)	普通中学学校专任教师数 (人) Fulltime Teachers of Secondary School (person)	普通中学招生数 (万人) New Students Enrollment by Secondary School (10 000 persons)	普通中学在校学生数 (万人) Students Enrollment by Secondary School (10 000 persons)	普通中学毕业生数 (万人) Graduates from Secondary School (10 000 persons)	普通高等学校数 (所) Regular Institutions of Higher Education (unit)	普通高等学校专任教师数 (人) Full-time Teachers of Secondary School (person)
盘锦市	Panjin City	80	4940	2.60	7.80	2.31	1	254
铁岭市	Tieling City	158	9241	4.90	14.90	4.54	2	531
朝阳市	Chaoyang City	224	13420	7.20	21.50	6.88	1	428
葫芦岛市	Huludao City	166	8770	5.30	15.60	4.84	1	464
吉林省	**Jilin**	**1634**	**94248**	**49.37**	**154.74**	**50.91**	**45**	**28129**
长春市	Changchun City	374	25087	14.03	44.56	14.78	29	16661
吉林市	Jilin City	226	13838	8.15	25.88	8.64	7	6089
四平市	Siping City	213	11516	5.84	17.88	5.62	3	1669
辽源市	Liaoyuan City	70	4123	2.11	6.41	2.12	1	147
通化市	Tonghua City	169	8515	4.20	12.91	4.76	1	1100
白山市	Baishan City	121	5484	2.34	7.31	2.44		
松原市	Songyuan City	148	8792	5.23	16.44	4.74	1	331
白城市	Baicheng City	134	7015	3.25	10.47	3.44	2	660
延边朝鲜族自治州	Yanbian Korean A.P	179	9878	4.22	12.88	4.37	1	1472
其他	Others							
黑龙江省	**Heilongjiang**	**2587**	**143188**	**20.55**	**58.36**	**72.65**	**62**	**35127**
哈尔滨市	Harbin City	660	37871	4.64	13.98	17.90	35	23447
齐齐哈尔市	Qiqihar City	351	17441	2.59	7.36	10.27	4	2301
鸡西市	Jixi City	155	7914	1.08	2.98	3.67	1	690
鹤岗市	Hegang City	80	4908	1.05	2.80	2.31	1	263
双鸭山市	Shuangyashan City	131	6302	0.98	2.65	2.78	2	324
大庆市	Daqing City	172	12245	1.87	5.53	6.01	4	3016
伊春市	Yichun City	88	5370	0.66	1.91	2.10	1	227
佳木斯市	Jiamusi City	189	9736	1.29	3.62	5.19	3	1604
七台河市	Qitaihe City	66	3837	0.53	1.61	1.68	1	127
牡丹江市	Mudanjiang City	170	9605	1.85	4.99	5.22	6	2131
黑河市	Heihe City	148	6992	0.89	2.50	3.44	1	286
绥化市	Suihua City	340	18821	2.78	7.51	11.13	2	472
大兴安岭地区	Daxinganling Prefecture	37	2146	0.33	0.93	0.95	1	239
其他	Others							
上海市	**Shanghai**	**807**	**51186**	**20.90**	**77.02**	**25.39**	**60**	**31815**
黄浦区	Huangpu District	30	2014	0.87	3.22	1.19		
卢湾区	Luwan District	17	934	0.36	1.35	0.56		
徐汇区	Xuhui District	46	3292	1.45	5.17	1.76		
长宁区	Changning District	29	2065	0.84	3.28	1.20		
静安区	Jingan District	15	1259	0.52	1.93	0.65		
普陀区	Putuo District	54	2790	1.31	4.73	1.66		
闸北区	Zhabei District	47	2810	1.10	4.22	1.58		
虹口区	Hongkou District	51	2155	1.08	4.03	1.50		
杨浦区	Yangpu District	62	3768	1.44	5.51	2.06		
闵行区	Minhang District	56	3615	1.31	4.57	1.31		
宝山区	Baoshan District	50	2874	1.22	4.35	1.34		
嘉定区	Jiading District	33	2040	0.74	2.64	0.80		
浦东新区	Pudong New District	103	7925	3.11	11.43	3.64		
金山区	Jinshan District	30	2135	0.80	3.10	0.94		

3-26 续表 3 continued

地 区	Region	普通中学学校数 (所) Number of Secondary Schools (unit)	普通中学学校专任教师数 (人) Fulltime Teachers of Secondary School (person)	普通中学招生数 (万人) New Students Enrollment by Secondary School (10 000 persons)	普通中学在校学生数 (万人) Students Enrollment by Secondary School (10 000 persons)	普通中学毕业生数 (万人) Graduates from Secondary School (10 000 persons)	普通高等学校数 (所) Regular Institutions of Higher Education (unit)	普通高等学校专任教师数 (人) Full-time Teachers of Secondary School (person)
松江区	Songjiang District	33	2081	0.93	3.32	0.99		
青浦区	Qingpu District	30	1895	0.73	2.76	0.74		
南汇区	Nanhui District	42	2974	1.22	4.42	1.37		
奉贤区	Fengxian District	35	1874	0.78	2.84	0.81		
崇明县	Chongming County	38	2516	1.02	3.93	1.23		
其他	Others		170					
江苏省	**Jiangsu**	**3141**	**279815**	**157.55**	**491.56**	**162.98**	**115**	**67334**
南京市	Nanjing City	234	22344	9.94	32.26	11.09	38	28961
无锡市	Wuxi City	194	20440	9.39	28.68	10.46	11	4509
徐州市	Xuzhou City	367	37644	26.04	81.51	26.25	7	4860
常州市	Changzhou City	172	12896	7.31	22.07	7.70	9	4211
苏州市	Suzhou City	270	24268	10.95	33.82	12.69	16	7054
南通市	Nantong City	318	26251	14.03	44.13	15.82	6	3062
连云港市	Lianyungang City	214	19786	12.64	39.61	10.68	3	1620
淮安市	Huaian City	220	18911	12.80	38.14	11.20	6	2537
盐城市	Yancheng City	336	31431	15.30	52.49	19.40	5	1941
扬州市	Yangzhou City	213	16927	8.58	26.41	9.05	5	3357
镇江市	Zhenjiang City	126	9829	5.18	16.14	5.81	5	3762
泰州市	Taizhou City	244	19977	10.47	32.34	10.90	3	1109
宿迁市	Suqian City	238	19111	14.92	43.98	11.94	1	351
浙江省	**Zhejiang**	**2524**	**166897**	**86.45**	**261.08**	**89.71**	**67**	**38402**
杭州市	Hangzhou City	369	24246	11.85	36.23	12.46	36	19583
宁波市	Ningbo City	304	20162	10.80	32.30	10.18	13	6004
温州市	Wenzhou City	475	29869	15.43	46.54	16.02	5	2966
嘉兴市	Jiaxing City	168	12257	6.90	20.42	6.43	6	1133
湖州市	Huzhou City	141	9173	5.03	15.26	5.18	3	943
绍兴市	Shaoxing City	202	16430	9.11	27.64	9.19	5	1946
金华市	Jinhua City	268	16924	8.86	25.51	9.44	6	2751
衢州市	Quzhou City	136	7740	4.13	12.58	4.54	1	491
舟山市	Zhoushan City	55	3333	1.50	4.81	1.83	3	888
台州市	Taizhou City	277	18994	8.92	28.40	10.36	3	1145
丽水市	Lishui City	129	7769	3.93	11.40	4.11	2	1149
安徽省	**Anhui**	**3948**	**196999**	**155.43**	**460.86**	**142.61**	**81**	**32438**
合肥市	Hefei City	267	15668	1 96	30.90	10.53	30	13575
芜湖市	Wuhu City	126	6742	5.04	14.60	4.36	9	4167
蚌埠市	Bengbu City	192	10606	9.12	27.57	8.36	4	2183
淮南市	Huainan City	140	8082	5.41	16.04	5.46	5	2861
马鞍山市	Maanshan City	64	4343	2.92	8.61	2.59	3	1286
淮北市	Huaibei City	138	7345	5.98	17.08	5.27	2	1194
铜陵市	Tongling City	49	2757	1.62	4.86	1.38	3	839
安庆市	Anqing City	430	21705	15.61	45.40	13.44	2	1038
黄山市	Huangshan City	135	5150	3.19	8.84	2.55	1	501
滁州市	Chuzhou City	293	14218	11.37	33.54	10.49	4	936
阜阳市	Fuyang City	582	21803	23.63	68.55	19.76	3	901
宿州市	Suzhou City	392	20184	18.75	53.65	16.28	4	588

3-26 续表 4 continued

地　区	Region	普通中学学校数（所）Number of Secondary Schools (unit)	普通中学学校专任教师数（人）Fulltime Teachers of Secondary School (person)	普通中学招生数（万人）New Students Enrollment by Secondary School (10 000 persons)	普通中学在校学生数（万人）Students Enrollment by Secondary School (10 000 persons)	普通中学毕业生数（万人）Graduates from Secondary School (10 000 persons)	普通高等学校数（所）Regular Institutions of Higher Education (unit)	普通高等学校专任教师数（人）Full-time Teachers of Secondary School (person)
巢湖市	Chaohu City	238	13792	10.52	30.60	9.51	2	586
六安市	Liuan City	347	17432	11.46	39.15	13.28	3	812
亳州市	Bozhou City	264	12590	12.18	35.19	10.50	2	317
池州市	Chizhou City	112	5215	3.47	10.22	2.83	3	552
宣城市	Xuancheng City	179	9367	5.15	16.06	6.03	1	102
其他	Others							
福建省	**Fujian**	**2030**	**144310**	**81.01**	**250.17**	**75.94**	**66**	**24351**
福州市	Fuzhou City	374	25158	13.72	41.78	12.18	28	10818
厦门市	Xiamen City	84	7834	4.22	12.57	3.63	9	4626
莆田市	Putian City	171	12772	7.46	23.22	7.36	2	848
三明市	Sanming City	189	12487	5.98	20.06	6.54	3	673
泉州市	Quanzhou City	385	29891	18.55	53.56	14.32	14	4118
漳州市	Zhangzhou City	245	17568	1 17	32.57	10.43	3	1558
南平市	Nanping City	178	11569	6.19	20.43	6.83	3	667
龙岩市	Longyan City	205	14601	7.55	25.11	8.45	2	670
宁德市	Ningde City	199	12430	7.34	20.90	6.20	2	373
江西省	**Jiangxi**	**2801**	**163133**	**95.76**	**286.15**	**98.22**	**66**	**38587**
南昌市	Nanchang City	279	16084	8.53	25.22	10.57	45	23576
景德镇市	Jingdezhen City	112	6417	3.70	10.71	3.51	3	1480
萍乡市	Pingxiang City	124	7890	2.90	11.39	4.61	1	336
九江市	Jiujiang City	345	18284	11.55	33.85	11.44	6	4393
新余市	Xinyu City	71	4786	2.30	6.93	2.45	1	361
鹰潭市	Yingtan City	80	4398	2.73	8.21	2.66	1	222
赣州市	Ganzhou City	477	29284	19.32	57.28	18.01	6	3045
吉安市	Jian City	317	17655	10.29	30.35	9.17	1	800
宜春市	Yichun City	294	18429	11.26	31.79	10.39	2	1710
抚州市	Fuzhou City	232	14662	7.98	24.50	9.42	3	1278
上饶市	Shangrao City	470	25242	15.22	45.92	16.00	5	965
山东省	**Shandong**	**4404**	**377133**	**179.71**	**592.49**	**207.29**	**104**	**64636**
济南市	Jinan City	247	21915	9.65	30.91	10.40	29	18434
青岛市	Qingdao City	317	29697	11.29	39.11	15.01	25	13894
淄博市	Zibo City	230	20014	7.34	27.35	8.28	9	3476
枣庄市	Zaozhuang City	182	15048	9.08	27.96	9.26	2	839
东营市	Dongying City	108	9445	3.70	12.59	4.10	5	2603
烟台市	Yantai City	356	32353	11.51	43.76	13.63	8	6424
潍坊市	Weifang City	445	38231	15.30	53.60	19.19	10	4106
济宁市	Jining City	402	30970	16.17	54.80	21.38	7	3367
泰安市	Taian City	219	21417	8.68	31.77	11.33	6	3900
威海市	Weihai City	110	12828	4.48	16.75	5.29	5	1749
日照市	Rizhao City	144	12046	5.11	18.96	6.26	1	531
莱芜市	Laiwu City	65	6160	2.02	8.12	2.66	1	360
临沂市	Linyi City	437	41138	20.86	68.85	24.51	2	1676
德州市	Dezhou City	265	20604	10.73	34.28	11.20	4	2030
聊城市	Liaocheng City	245	19845	13.37	36.40	13.94	2	1670
滨州市	Binzhou City	176	13964	7.18	22.93	8.09	3	1748
荷泽市	Heze City	456	31458	23.21	64.34	22.76	2	919

3-26 续表 5 continued

地 区	Region	普通中学学校数 (所) Number of Secondary Schools (unit)	普通中学学校专任教师数 (人) Fulltime Teachers of Secondary School (person)	普通中学招生数 (万人) New Students Enrollment by Secondary School (10 000 persons)	普通中学在校学生数 (万人) Students Enrollment by Secondary School (10 000 persons)	普通中学毕业生数 (万人) Graduates from Secondary School (10 000 persons)	普通高等学校数 (所) Regular Institutions of Higher Education (unit)	普通高等学校专任教师数 (人) Full-time Teachers of Secondary School (person)
河南省	**Henan**	**6207**	**373073**	**259.58**	**758.22**	**252.02**	**83**	**46309**
郑州市	Zhengzhou City	438	29382	18.26	56.24	18.72	38	19031
开封市	Kaifeng City	318	18244	10.95	36.10	12.38	3	3301
洛阳市	Luoyang City	455	25694	16.29	45.96	15.21	4	3055
平顶山市	Pingdingshan City	301	17385	10.78	32.68	11.93	4	1743
安阳市	Anyang City	403	20285	12.60	36.68	12.36	2	1553
鹤壁市	Hebi City	102	5658	3.93	11.15	3.55	1	488
新乡市	Xinxiang City	498	24449	15.15	46.95	16.69	6	4612
焦作市	Jiaozuo City	287	14021	8.78	24.78	8.21	3	2350
濮阳市	Puyang City	243	16025	11.02	34.87	11.56	1	383
许昌市	Xuchang City	286	18062	11.79	34.39	11.60	2	1057
漯河市	Luohe City	135	9714	6.51	20.28	6.81	2	681
三门峡市	Sanmenxia City	176	9863	6.26	18.27	6.08	1	266
南阳市	Nanyang City	601	36815	22.29	67.98	24.27	4	2094
商丘市	Shangqiu City	514	31874	28.39	81.34	24.49	5	1899
信阳市	Xinyang City	421	30982	21.03	63.11	21.28	3	1794
周口市	Zhoukou City	621	36693	31.74	85.94	27.34	2	958
驻马店市	Zhumadian City	354	24987	21.86	55.53	17.35	1	747
其他	Others	54	2940	1.95	5.97	2.19	1	297
湖北省	**Hubei**	**3231**	**273146**	**146.98**	**449.34**	**143.85**	**85**	**107459**
武汉市	Wuhan City	510	33689	11.45	52.76	12.23	52	40499
黄石市	Huangshi City	151	9778	5.42	21.76	4.65	3	1690
十堰市	Shiyan City	205	13546	8.56	26.54	8.61	5	1740
宜昌市	Yichang City	222	14722	7.50	23.60	9.20	2	2188
襄樊市	Xiangfan City	286	22386	12.57	38.90	13.24	3	1767
鄂州市	Ezhou City	70	4452	2.98	8.34	2.64	1	449
荆门市	Jingmen City	158	12818	6.63	20.69	7.93	2	885
孝感市	Xiaogan City	259	19247	13.92	41.30	11.92	2	1267
荆州市	Jingzhou City	313	24286	14.88	48.22	15.30	9	3987
黄冈市	Huanggang City	382	28571	20.88	63.61	20.03	4	1448
咸宁市	Xianning City	183	11454	6.20	24.61	5.74	3	1768
随州市	Suizhou City	107	9642	7.13	21.12	5.98	1	2519
恩施土家族苗族自治州	Enshi Tujia & Miao A.P	191	11435	7.48	21.65	6.90	1	692
其他	Others	197	17456	10.41	29.80	9.47	3	635
湖南省	**Hunan**	**4560**	**261449**	**132.55**	**429.11**	**159.20**	**93**	**45272**
长沙市	Changsha City	339	22660	10.26	34.52	15.10	45	22894
株洲市	Zhuzhou City	219	14401	6.75	24.01	9.90	8	2875
湘潭市	Xiangtan City	223	11340	5.82	18.80	7.79	6	4573
衡阳市	Hengyang City	477	25891	13.53	43.31	15.68	7	3914
邵阳市	Shaoyang City	560	28054	15.65	49.43	18.32	3	1120
岳阳市	Yueyang City	381	23506	11.22	36.87	13.79	4	1809
常德市	Changde City	312	22025	11.53	34.66	13.07	3	1302
张家界市	Zhangjiajie City	111	5292	3.02	9.37	3.16	1	364
益阳市	Yiyang City	297	20326	8.87	30.21	11.99	3	952
郴州市	Chenzhou City	367	19156	8.87	32.04	11.78	2	1277
永州市	Yongzhou City	385	23577	11.93	38.44	12.19	3	1258

3-26 续表 6 continued

地 区	Region	普通中学学校数(所) Number of Secondary Schools (unit)	普通中学学校专任教师数(人) Fulltime Teachers of Secondary School (person)	普通中学招生数(万人) New Students Enrollment by Secondary School (10 000 persons)	普通中学在校学生数(万人) Students Enrollment by Secondary School (10 000 persons)	普通中学毕业生数(万人) Graduates from Secondary School (10 000 persons)	普通高等学校数(所) Regular Institutions of Higher Education (unit)	普通高等学校专任教师数(人) Full-time Teachers of Secondary School (person)
怀化市	Huaihua City	383	18105	9.10	28.86	9.83	3	1017
娄底市	Loudi City	313	17765	9.65	30.45	11.61	3	861
湘西土家族苗族自治州	West Hunan Tujia A.P	193	9351	6.34	18.15	4.99	2	1056
其他	Others							
广东省	**Guangdong**	**4282**	**307303**	**219.64**	**611.69**	**174.33**	**107**	**54373**
广州市	Guangzhou City	448	32209	19.00	55.00	16.32	59	34869
韶关市	Shaoguan City	193	12632	7.60	22.30	6.70	2	1195
深圳市	Shenzhen City	245	14196	9.23	24.05	5.80	9	2796
珠海市	Zhuhai City	58	4433	2.82	8.06	2.28	7	2467
汕头市	Shantou City	233	16243	13.40	36.66	9.60	1	631
佛山市	Foshan City	177	17992	10.76	31.25	9.60	3	1444
江门市	Jiangmen City	268	15812	9.63	27.70	8.20	2	783
湛江市	Zhanjiang City	340	24248	21.60	60.10	17.80	2	2789
茂名市	Maoming City	313	26665	21.20	56.60	15.60	2	934
肇庆市	Zhaoqing City	178	14031	9.22	26.17	8.02	2	880
惠州市	Huizhou City	173	11896	8.54	23.09	6.20	1	506
梅州市	Meizhou City	274	20443	13.35	38.06	11.32	1	794
汕尾市	Shanwei City	151	9286	8.16	22.03	5.99	1	174
河源市	Heyuan City	190	12323	7.83	22.10	6.41	1	287
阳江市	Yangjiang City	105	8713	6.77	18.60	5.51	1	258
清远市	Qingyuan City	211	14074	9.32	26.79	8.01	1	360
东莞市	Dongguan City	134	9640	7.08	19.10	4.89	4	1081
中山市	ZhongShan City	92	7070	4.60	13.27	3.85	4	1497
潮州市	Chaozhou City	122	8882	6.60	18.90	5.60	1	422
揭阳市	Jieyang City	263	16597	15.76	42.13	10.99	2	
云浮市	Yunfu City	114	9918	7.09	19.71	5.64	1	206
广西壮族自治区	**Guangxi**	**2887**	**152381**	**107.06**	**303.87**	**93.89**	**51**	**19610**
南宁市	Nanning City	413	21540	14.84	42.49	12.70	28	9496
柳州市	Liuzhou City	239	11668	7.37	21.14	6.51	6	2100
桂林市	Guilin City	326	16845	9.64	28.82	9.54	7	4154
梧州市	Wuzhou City	154	8963	7.62	20.05	5.48	1	311
北海市	Beihai City	91	5500	3.97	11.44	3.43	5	411
防城港市	Fangchenggang City	50	2557	1.61	4.57	1.51		
钦州市	Qinzhou City	130	8360	6.72	18.30	6.09	1	311
贵港市	Guigang City	279	16834	11.90	34.24	10.52		
玉林市	Yulin City	339	19559	13.91	40.21	12.95	1	580
百色市	Baise City	237	10153	5.33	20.07	6.15	2	529
贺州市	Hezhou City	129	6720	5.21	12.02	3.85	1	312
河池市	Hechi City	235	10778	7.52	21.38	6.76	1	129
来宾市	Laibin City	137	7009	5.86	16.29	5.08	1	235
崇左市	Chongzuo City	128	6125	3.03	9.07	2.76	1	246
海南省	**Hainan**	**563**	**27652**	**21.40**	**58.40**	**16.10**	**15**	**4620**
海口市	Haikou City	104	6986	4.50	13.00	3.80	10	3188
三亚市	Sanya City	45	1929	1.60	4.10	1.00	4	240
其他	Others	414	18737	15.30	41.30	11.30	1	1192

3-26 续表 7 continued

地 区	Region	普通中学学校数 (所) Number of Secondary Schools (unit)	普通中学学校专任教师数 (人) Fulltime Teachers of Secondary School (person)	普通中学招生数 (万人) New Students Enrollment by Secondary School (10 000 persons)	普通中学在校学生数 (万人) Students Enrollment by Secondary School (10 000 persons)	普通中学毕业生数 (万人) Graduates from Secondary School (10 000 persons)	普通高等学校数 (所) Regular Institutions of Higher Education (unit)	普通高等学校专任教师数 (人) Full-time Teachers of Secondary School (person)
重庆市	**Chongqing**	**1414**	**93997**	**61.82**	**173.52**	**51.85**	**35**	**20184**
万州区	Wanzhou District	71	4910	3.44	9.84	3.03	3	1029
涪陵区	Fuling District	61	3935	2.26	6.23	1.77	2	833
渝中区	Yuzhong District	19	2267	1.16	3.22	1.05	4	1894
大渡口区	Dadukou District	7	799	0.42	1.22	0.39		
江北区	Jiangbei District	19	1427	0.73	1.96	0.58	1	230
沙坪坝区	Shapingba District	41	3083	1.66	4.76	1.50	5	5133
九龙坡区	Jiulongpo District	35	2739	1.47	4.25	1.20	7	1931
南岸区	Nanan District	23	1752	0.96	2.63	0.71	3	3096
北碚区	Beibei District	25	2144	1.22	3.33	0.94	2	2622
万盛区	Wansheng District	16	905	0.47	1.37	0.42		
双桥区	Shuangqiao District	3	194	0.14	0.32	0.07		
渝北区	Yubei District	52	3204	1.65	4.51	1.34	2	1058
巴南区	Banan District	55	2511	1.56	4.47	1.35	2	407
黔江区	Qianjiang District	22	1607	1.08	2.94	0.84		
长寿区	Changshou District	32	2698	1.62	4.51	1.40		
其他	Others	933	59822	42.00	117.96	35.26	4	1951
四川省	**Sichuan**	**4995**	**258924**	**168.44**	**485.54**	**151.03**	**72**	**44854**
成都市	Chengdu City	524	36391	20.66	59.25	18.39	37	27591
自贡市	Zigong City	139	8286	5.33	15.57	4.92	1	1200
攀枝花市	Panzhihua City	83	4143	1.95	6.07	1.68	2	957
泸州市	Luzhou City	224	13001	8.95	25.23	7.39	4	1645
德阳市	Deyang City	194	10972	6.59	19.38	6.46	5	1566
绵阳市	Mianyang City	296	17185	10.66	31.69	9.83	3	2469
广元市	Guangyuan City	210	9827	6.75	18.86	5.76	1	149
遂宁市	Suining City	175	12956	8.82	26.03	7.89	1	324
内江市	Neijiang City	286	13529	6.98	24.21	9.01	2	822
乐山市	Leshan City	252	9957	6.30	17.65	5.32	2	1294
南充市	Nanchong City	556	23658	16.09	45.15	13.33	3	2274
眉山市	Meishan City	280	10533	7.26	20.13	6.05	1	149
宜宾市	Yibin City	343	14754	10.24	28.45	8.27	2	962
广安市	Guangan City	196	14424	10.21	28.89	8.98	1	199
达州市	Dazhou City	340	16944	12.82	37.10	11.94	2	619
雅安市	Yaan City	85	4599	2.95	8.37	2.44	2	1369
巴中市	Bazhong City	197	9084	8.53	22.84	6.37		
资阳市	Ziyang City	333	14288	7.95	26.07	10.78		
阿坝藏族羌族自治州	Aba Zang & Qiang A.P	66	2865	1.58	4.35	1.17	1	241
甘孜藏族自治州	Ganzi Zang A.P	36	1970	1.06	2.87	0.63	1	321
凉山彝族自治州	Liangshan Yi A.P	180	9558	6.72	17.38	4.41	1	703
贵州省	**Guizhou**	**2666**	**122721**	**90.47**	**254.96**	**74.64**	**34**	**14353**
贵阳市	Guiyang City	306	13042	7.52	21.90	6.86	14	9126
六盘水市	Liupanshui City	238	9559	7.33	21.01	6.21	2	456
遵义市	Zunyi City	548	24582	17.45	49.81	15.25	2	780
安顺市	Anshun City	153	7530	6.17	16.59	4.57	2	488
铜仁地区	Tongren Prefecture	239	13017	9.63	26.74	7.22	2	596
黔西南布依族苗族自治州	Southwest Guizhou Buyi & Miao A.P	217	9876	7.47	21.28	6.28	2	334

3-26 续表 8 continued

地　区	Region	普通中学学校数（所）Number of Secondary Schools (unit)	普通中学学校专任教师数（人）Fulltime Teachers of Secondary School (person)	普通中学招生数（万人）New Students Enrollment by Secondary School (10 000 persons)	普通中学在校学生数（万人）Students Enrollment by Secondary School (10 000 persons)	普通中学毕业生数（万人）Graduates from Secondary School (10 000 persons)	普通高等学校数（所）Regular Institutions of Higher Education (unit)	普通高等学校专任教师数（人）Full-time Teachers of Secondary School (person)
毕节地区	Bijie Prefecture	422	19055	16.44	44.49	12.36	1	361
黔东南苗族侗族自治州	Southeast Guizhou Miao & Dong A.P	285	14280	9.79	28.38	8.52	3	780
黔南布依族苗族自治州	South Guizhou Buyi & Miao A.P	260	11780	8.66	24.77	7.37	3	895
云南省	**Yunnan**	**2257**	**131685**	**82.31**	**238.88**	**73.10**	**44**	**16819**
昆明市	Kunming City	278	17170	9.15	26.35	8.04		12897
曲靖市	Qujing City	253	19472	14.00	39.70	11.23		362
玉溪市	Yuxi City	129	8236	4.08	12.31	4.30		591
保山市	Baoshan City	132	8019	4.79	14.17	4.62		206
昭通市	Zhaotong City	175	11386	9.82	26.36	7.18		329
丽江市	Lijiang City	93	4250	2.36	6.99	2.06		
思茅市	Simao City	140	6878	3.85	11.47	3.61		267
临沧市	Lincang City	130	5746	3.71	10.69	3.17		168
楚雄彝族自治州	Chuxiong Yi A.P	164	8653	4.46	13.63	4.64		372
红河哈尼族彝族自治州	Honghe Hani & Yi A.P	206	11948	7.70	22.82	6.75		495
文山壮族苗族自治州	Wenshan Zhuang & Miao A.P	156	10377	6.69	19.21	5.86		213
西双版纳傣族自治州	Xishuangbanna Dai A.P	64	2648	1.74	5.11	1.52		
大理白族自治州	Dali Bai A.P	219	10704	6.33	19.17	6.67		591
德宏傣族景颇族自治州	Dehong Dai & Jingpo A.P	67	3495	1.99	6.47	2.30		
怒江傈僳族自治州	Nujiang Lisu A.P	28	1702	0.89	2.54	0.69		
迪庆藏族自治州	Diqing Zang A.P	23	1001	0.75	1.89	0.47		
西藏自治区	**Tibet A.R.**	**118**	**8161**	**5.68**	**15.40**	**3.71**	**4**	**1187**
拉萨市	Lhasa City	25	2219	1.16	3.27	1.02	3	833
昌都地区	Qamdu Prefecture	16	1286	1.13	3.29	0.60		
山南地区	Lhokha Prefecture	17	1161	0.79	2.17	0.60		
日喀则地区	Xigaze Prefecture	27	2031	1.58	4.18	0.90		
那曲地区	Narqu Prefecture	15	484	0.37	0.79	0.16		
阿里地区	Ngri Prefecture	5	106	0.07	0.16	0.02		
林芝地区	Nyingchi Prefecture	10	552	0.39	0.99	0.23		
其他	Others	3	322	0.19	0.54	0.18	1	354
陕西省	**Shaanxi**	**2727**	**159138**	**102.44**	**304.56**	**97.20**	**72**	**42864**
西安市	Xian City	460	31094	18.53	55.74	18.82	44	29498
铜川市	Tongchuan City	81	3741	2.22	6.81	2.28	1	148
宝鸡市	Baoji City	279	17317	10.02	31.01	10.72	2	1348
咸阳市	Xianyang City	354	22109	15.27	44.91	14.04	10	4083
渭南市	Weinan City	429	25542	15.80	48.66	16.09	2	1097
延安市	Yanan City	180	10709	7.57	21.03	6.04	2	1201
汉中市	Hanzhong City	254	12463	7.39	22.13	7.57	2	1273
榆林市	Yulin City	273	15635	12.08	33.91	9.38	1	480
安康市	Ankang City	222	9878	6.70	19.73	6.01	2	662
商洛市	Shangluo City	187	9905	6.48	19.43	5.89	2	500
其他	Others	8	745	0.37	1.21	0.40	2	1854
甘肃省	**Gansu**	**2050**	**99150**	**69.17**	**194.38**	**56.17**	**32**	**14706**
兰州市	Lanzhou City	234	12625	7.27	21.32	6.80	18	11637
嘉峪关市	Jiayuguan City	10	706	0.44	1.30	0.37		

3–26 续表 9 continued

地 区	Region	普通中学学校数 (所) Number of Secondary Schools (unit)	普通中学学校专任教师数 (人) Fulltime Teachers of Secondary School (person)	普通中学招生数 (万人) New Students Enrollment by Secondary School (10 000 persons)	普通中学在校学生数 (万人) Students Enrollment by Secondary School (10 000 persons)	普通中学毕业生数 (万人) Graduates from Secondary School (10 000 persons)	普通高等学校数 (所) Regular Institutions of Higher Education (unit)	普通高等学校专任教师数 (人) Full-time Teachers of Secondary School (person)
金昌市	Jinchang City	35	2166	1.19	3.72	1.27		
白银市	Baiyin City	185	9462	6.26	18.61	5.54		
天水市	Tianshui City	268	12567	9.96	27.20	7.76	3	940
武威市	Wuwei City	159	8067	5.61	16.18	4.75	1	145
张掖市	Zhangye City	97	5463	2.78	8.73	2.73	2	515
平凉市	Pingliang City	171	8595	6.18	16.68	4.49	1	112
酒泉市	Jiuquan City	96	4306	2.18	6.72	1.96	1	249
庆阳市	Qingyang City	207	8600	7.42	19.00	5.92	2	463
定西市	Dingxi City	213	11757	8.42	23.56	6.82	2	179
陇南市	Longnan City	216	8045	6.48	17.92	4.67	1	204
临夏回族自治州	Linxia Hui A.P	103	4969	3.75	10.17	2.45		
甘南藏族自治州	Gannan Zang A.P	56	1822	1.23	3.28	0.63	1	262
青海省	**Qinghai**	**511**	**20050**	**11.60**	**32.80**	**9.30**	**8**	**3051**
西宁市	Xining City	149	8240	4.57	13.16	3.82	8	3051
海东地区	Haidong Prefecture	177	6651	3.78	11.10	3.40		
海北藏族自治州	Haibei Zang A.P	26	877	0.56	1.53	0.40		
黄南藏族自治州	Huangnan Zang AP	20	589	0.36	1.07	0.20		
海南藏族自治州	Hainan Zang A.P	42	1179	0.89	2.32	0.48		
果洛藏族自治州	Golog Zang A.P	14	328	0.20	0.32	0.07		
玉树藏族自治州	Yushu Zang A.P	16	448	0.30	0.62	0.16		
海西蒙古族藏族自治州	Haixi Mongolian & Zang A.P	67	1738	0.93	2.70	0.79		
宁夏回族自治区	**Ningxia**	**418**	**22316**	**14.69**	**40.64**	**12.40**	**13**	**4059**
银川市	Yinchuan City	90	6146	3.72	10.74	3.23	9	3169
石嘴山市	Shizuishan City	62	3362	1.75	5.18	1.50	2	390
吴忠市	Wuzhong City	84	4160	2.84	7.50	2.00	1	175
固原市	Guyuan City	108	5222	3.79	10.49	3.20	1	325
中卫市	Zhongwei City	74	3426	2.59	6.73	2.47		
新疆维吾尔自治区	**Xinjiang**	**1952**	**101701**	**53.53**	**154.13**	**46.03**	**31**	**12733**
乌鲁木齐市	Urumqi City	129	7917	4.24	12.12	3.62	16	7009
克拉玛依市	Karamay City	23	1827	0.77	2.14	0.61	1	235
吐鲁番地区	Turpan Prefecture	94	4068	1.35	4.16	1.49		
哈密地区	Hami Prefecture	73	2973	1.14	3.42	1.10		
昌吉回族自治州	Changji Hui A.P	114	7468	3.38	9.86	3.01	3	830
博尔塔拉蒙古自治州	Bortala Mongolian A.P	40	2365	0.93	2.73	0.85		
巴音郭楞蒙古自治州	Bayingolin Mongolian A.P	134	6190	2.61	7.73	2.36	1	210
阿克苏地区	Aksu Prefecture	160	8688	6.04	17.90	5.16	1	280
克孜勒苏柯尔克孜自治州	Kizilsu Kirgiz A.P	62	2912	1.41	4.54	1.50		
喀什地区	Kashi Prefecture	234	15060	10.04	27.50	8.15	1	579
和田地区	Hotan Prefecture	152	7307	4.65	12.81	3.39	2	341
伊犁州直属县（市）	Counties(Cities) Direct Under Ili Prefecture	252	11395	5.55	15.92	4.80	2	908
塔城地区	Tacheng Prefecture	106	5404	2.37	6.89	2.11		
阿勒泰地区	Altay Prefecture	91	3614	1.41	4.35	1.47		
石河子市	Shihezi City	11	834	0.54	1.42	0.39	1	183
阿拉尔市	Alar City							
图木舒克市	Tumxuk City							
五家渠市	Wujiaqu City							

3-27 普通高校学生数和文化事业情况(2005年)

Students of Regular Institutions of Higher Education and Culture(2005)

地 区	Region	普通高校招生数（万人） New Students Enrollment by Institutions (10 000 persons)	普通高校在校学生数（万人） Students Enrollment by Institutions (10 000 persons)	普通高校毕业生数（万人） Graduates from Institutions (10 000 persons)	公共图书馆（个） Public Libraries (unit)	广播覆盖率(%) Listener Rating (%)	电视覆盖率(%) Viewer Rating (%)
北京市	**Beijing**	**15.61**	**53.67**	**11.74**	**25**	**100.0**	**100.0**
东城区	Dongcheng District				1	100.0	100.0
西城区	Xicheng District				2	100.0	100.0
崇文区	Chongwen District				1	100.0	100.0
宣武区	Xuanwu District				1	100.0	100.0
朝阳区	Chaoyang District				4	100.0	100.0
丰台区	Fengtai District				2	100.0	100.0
石景山区	Shijingshan District				2	100.0	100.0
海淀区	Haidian District				1	100.0	100.0
门头沟区	Mentougou District				1	100.0	100.0
房山区	Fangshan District				2	100.0	100.0
通州区	Tongzhou District				1	100.0	100.0
顺义区	Shunyi District				1	100.0	100.0
昌平区	Changping District				1	100.0	100.0
大兴区	Daxing District				1	100.0	100.0
怀柔区	Huairou District				1	100.0	99.6
平谷区	Pinggu District				1	100.0	100.0
密云县	Miyun County				1	100.0	100.0
延庆县	Yanqing County				1	100.0	100.0
其他	Others						
天津市	**Tianjin**	**10.36**	**33.16**	**6.92**	**32**	**100.0**	**99.8**
和平区	Heping District	0.16	0.76	0.17	3	100.0	100.0
河东区	Hedong District	0.89	3.06	0.60	2	100.0	100.0
河西区	Hexi District	2.90	9.59	1.96	2	100.0	100.0
南开区	Nankai District	1.66	6.08	1.43	3	100.0	100.0
河北区	Hebei District	0.50	1.46	0.30	2	100.0	100.0
红桥区	Hongqiao District	0.41	1.75	0.54	2	100.0	100.0
塘沽区	Tanggu District	0.46	1.15	0.19	3	100.0	100.0
汉沽区	Hangu District				2	100.0	100.0
大港区	Dagang District	0.92	2.01	0.33	1	100.0	100.0
东丽区	Dongli District	0.32	1.20	0.26	1	100.0	100.0
西青区	Xiqing District	1.45	3.97	0.71	2	100.0	100.0
津南区	Jinnan District					100.0	100.0
北辰区	Beichen District	0.26	1.49	0.36	2	100.0	100.0
武清区	Wuqing District	0.12	0.24	0.08	1	100.0	100.0
宝坻区	Baodi District	0.13	0.13		1	100.0	100.0
宁河县	Ninghe County				1	100.0	100.0
静海县	Jinghai County	0.19	0.27		2	100.0	100.0
蓟县	Ji County					100.0	98.0
其他	Others						
河北省	**Hebei**	**25.03**	**77.40**	**18.04**	**153**	**98.6**	**98.6**
石家庄市	Shijiazhuang City	8.60	26.27	6.27	21	100.0	100.0
唐山市	Tangshan City	1.98	7.20	1.67	13	100.0	100.0
秦皇岛市	Qinhuangdao City	2.36	7.27	1.48	6	100.0	100.0
邯郸市	Handan City	1.44	4.68	1.37	15	100.0	100.0

3-27 续表 1 continued

地　区	Region	普通高校招生数（万人）New Students Enrollment by Institutions (10 000 persons)	普通高校在校学生数（万人）Students Enrollment by Institutions (10 000 persons)	普通高校毕业生数（万人）Graduates from Institutions (10 000 persons)	公共图书馆（个）Public Libraries (unit)	广播覆盖率（%）Listener Rating (%)	电视覆盖率（%）Viewer Rating (%)
邢台市	Xingtai City	1.09	3.36	0.73	18	100.0	100.0
保定市	Baoding City	3.85	12.08	2.60	21	100.0	100.0
张家口市	Zhangjiakou City	0.94	2.91	0.70	13	100.0	100.0
承德市	Chengde City	0.83	2.41	0.52	10	90.0	90.0
沧州市	Cangzhou City	0.90	2.18	0.62	14	100.0	100.0
廊坊市	Langfang City	2.29	6.77	1.46	10	100.0	100.0
衡水市	Hengshui City	0.38	0.93	0.28	11	100.0	100.0
其他	Others	0.37	1.33	0.33	1		
山西省	**Shanxi**	**12.75**	**40.70**	**8.83**	**122**	**91.8**	**95.8**
太原市	Taiyuan City	8.62	26.63	5.37	10	98.5	98.0
大同市	Datong City	0.65	2.51	0.61	13	93.6	96.7
阳泉市	Yangquan City	0.20	0.55	0.16	5	97.2	97.0
长治市	Changzhi City	0.74	2.16	0.51	13	91.9	94.8
晋城市	Jincheng City	0.02	0.22	0.05	6	95.2	96.1
朔州市	Shuozhou City				6	94.0	98.5
晋中市	Jinzhong City	0.97	3.01	0.66	11	91.6	97.1
运城市	Yuncheng City	0.49	1.43	0.32	13	97.6	97.4
忻州市	Xinzhou City	0.30	1.12	0.40	15	88.0	91.7
临汾市	Linfen City	0.53	2.23	0.57	17	94.5	97.4
吕梁市	Luliang City	0.23	0.84	0.17	13	76.2	94.2
内蒙古自治区	**Inner Mongolia**	**7.09**	**23.09**	**3.95**	**110**	**92.6**	**90.2**
呼和浩特市	Hohhot City	4.12	13.66	2.08	9	96.5	93.1
包头市	Baotou City	1.31	4.09	0.67	10	100.0	97.0
乌海市	Wuhai City	0.05	0.05		1	96.3	97.2
赤峰市	Chifeng City	0.30	0.84	0.14	14	93.6	88.1
通辽市	Tongliao City	0.38	1.76	0.34	9	94.4	93.0
鄂尔多斯市	Erdos City	0.03	0.06	0.02	10	94.0	88.3
呼伦贝尔市	Hulunbuir City	0.29	0.99	0.26	14	86.5	82.8
巴彦淖尔市	Bayannur City	0.16	0.43	0.11	8	91.1	93.1
乌兰察布市	Ulanqab City	0.32	0.83	0.27	12	93.1	88.3
兴安盟	Xingan League	0.04	0.13	0.03	7	90.8	91.0
锡林郭勒盟	Xilingol League	0.09	0.23	0.02	12	88.0	91.0
阿拉善盟	Alxa League				4	88.7	89.7
其他	Others				1		
辽宁省	**Liaoning**	**21.05**	**65.94**	**14.50**	**126**	**98.2**	**98.2**
沈阳市	Shenyang City	8.59	28.17	6.20	20	100.0	100.0
大连市	Dalian City	6.00	18.22	3.64	12	97.6	98.6
鞍山市	Anshan City	0.88	2.69	0.52	9	97.1	96.1
抚顺市	Fushun City	0.83	2.59	0.64	7	98.7	98.4
本溪市	Benxi City	0.39	1.15	0.32	7	99.4	98.1
丹东市	Dandong City	0.63	1.98	0.62	8	98.4	98.4
锦州市	Jinzhou City	1.84	5.86	1.23	8	99.2	98.9
营口市	Yingkou City	0.24	0.58	0.22	8	99.2	99.2
阜新市	Fuxin City	0.72	2.46	0.64	8	95.1	98.3
辽阳市	Liaoyang City	0.38	0.96	0.16	9	100.0	99.8

3-27 续表 2 continued

地 区	Region	普通高校招生数(万人) New Students Enrollment by Institutions (10 000 persons)	普通高校在校学生数(万人) Students Enrollment by Institutions (10 000 persons)	普通高校毕业生数(万人) Graduates from Institutions (10 000 persons)	公共图书馆(个) Public Libraries (unit)	广播覆盖率(%) Listener Rating (%)	电视覆盖率(%) Viewer Rating (%)
盘锦市	Panjin City	0.08	0.17	0.04	5	100.0	100.0
铁岭市	Tieling City	0.12	0.24	0.06	9	96.4	96.5
朝阳市	Chaoyang City	0.12	0.35	0.10	9	96.5	96.5
葫芦岛市	Huludao City	0.25	0.52	0.10	7	96.7	95.6
吉林省	**Jilin**	**12.93**	**40.73**	**8.39**	**64**	**96.7**	**97.9**
长春市	Changchun City	9.31	29.41	6.17	11	100.0	100.0
吉林市	Jilin City	1.91	5.72	1.09	10	97.9	98.8
四平市	Siping City	0.55	1.89	0.45	5	100.0	98.8
辽源市	Liaoyuan City	0.02	0.05	0.03	3	96.5	97.1
通化市	Tonghua City	0.31	0.94	0.21	8	96.5	97.6
白山市	Baishan City				6	80.5	91.0
松原市	Songyuan City				4	93.0	97.0
白城市	Baicheng City	0.36	1.07	0.13	6	89.7	99.8
延边朝鲜族自治州	Yanbian Korean A.P	0.47	1.65	0.31	9	99.7	97.3
其他	Others				2		
黑龙江省	**Heilongjiang**	**15.95**	**53.32**	**10.08**	**96**	**98.5**	**98.7**
哈尔滨市	Harbin City	10.58	35.19	6.80	20	99.4	98.4
齐齐哈尔市	Qiqihar City	0.96	3.83	0.71	11	100.0	100.0
鸡西市	Jixi City	0.42	1.13	0.23	4	100.0	99.0
鹤岗市	Hegang City	0.05	0.19	0.05	3	100.0	85.0
双鸭山市	Shuangyashan City	0.08	0.16		5	100.0	98.1
大庆市	Daqing City	1.36	5.03	0.89	5	100.0	99.3
伊春市	Yichun City	0.06	0.10	0.03	6	96.8	98.8
佳木斯市	Jiamusi City	0.67	2.59	0.58	7	100.0	99.3
七台河市	Qitaihe City	0.03	0.03	4.00	2	100.0	100.0
牡丹江市	Mudanjiang City	1.18	3.82	0.53	8	99.5	98.7
黑河市	Heihe City	0.20	0.40	0.20	6	100.0	97.0
绥化市	Suihua City	0.34	0.76	0.15	11	100.0	97.3
大兴安岭地区	Daxinganling Prefecture	0.02	0.09	0.01	6	86.2	99.9
其他	Others						
上海市	**Shanghai**	**13.18**	**44.26**	**10.34**	**28**	**100.0**	**100.0**
黄浦区	Huangpu District				1	100.0	100.0
卢湾区	Luwan District				1	100.0	100.0
徐汇区	Xuhui District				2	100.0	100.0
长宁区	Changning District				2	100.0	100.0
静安区	Jingan District				2	100.0	100.0
普陀区	Putuo District				2	100.0	100.0
闸北区	Zhabei District				2	100.0	100.0
虹口区	Hongkou District				2	100.0	100.0
杨浦区	Yangpu District				3	100.0	100.0
闵行区	Minhang District				1	100.0	100.0
宝山区	Baoshan District				1	100.0	100.0
嘉定区	Jiading District				1	100.0	100.0
浦东新区	Pudong New District				1	100.0	100.0
金山区	Jinshan District				1	100.0	100.0

3-27 续表 3 continued

地 区	Region	普通高校招生数（万人）New Students Enrollment by Institutions (10 000 persons)	普通高校在校学生数（万人）Students Enrollment by Institutions (10 000 persons)	普通高校毕业生数（万人）Graduates from Institutions (10 000 persons)	公共图书馆（个）Public Libraries (unit)	广播覆盖率(%) Listener Rating (%)	电视覆盖率(%) Viewer Rating (%)
松江区	Songjiang District				1	100.0	100.0
青浦区	Qingpu District				2	100.0	100.0
南汇区	Nanhui District				1	100.0	100.0
奉贤区	Fengxian District				1	100.0	100.0
崇明县	Chongming County				1	100.0	100.0
其他	Others						
江苏省	**Jiangsu**	**36.15**	**123.77**	**22.97**	**103**	**99.7**	**99.6**
南京市	Nanjing City	14.44	56.11	10.58	18	100.0	100.0
无锡市	Wuxi City	2.61	7.92	1.28	9	100.0	100.0
徐州市	Xuzhou City	2.92	9.27	1.73	7	100.0	100.0
常州市	Changzhou City	2.82	8.39	1.28	4	100.0	100.0
苏州市	Suzhou City	3.37	10.92	2.11	10	100.0	100.0
南通市	Nantong City	1.85	5.67	1.22	10	100.0	100.0
连云港市	Lianyungang City	0.87	2.75	0.63	7	100.0	100.0
淮安市	Huaian City	1.60	4.67	0.84	7	100.0	100.0
盐城市	Yancheng City	1.05	3.26	0.70	9	100.0	98.9
扬州市	Yangzhou City	1.89	6.17	1.19	7	100.0	100.0
镇江市	Zhenjiang City	1.82	6.41	0.98	7	100.0	100.0
泰州市	Taizhou City	0.83	2.00	0.36	5	100.0	100.0
宿迁市	Suqian City	0.06	0.23	0.07	5	95.0	97.3
浙江省	**Zhejiang**	**22.49**	**67.69**	**13.86**	**90**	**98.4**	**98.8**
杭州市	Hangzhou City	10.14	32.85	6.40	12	99.6	99.2
宁波市	Ningbo City	3.79	11.05	2.24	12	100.0	100.0
温州市	Wenzhou City	1.69	4.99	1.20	12	97.4	97.6
嘉兴市	Jiaxing City	0.81	2.13	0.42	6	100.0	100.0
湖州市	Huzhou City	0.55	1.64	0.33	4	99.8	99.8
绍兴市	Shaoxing City	1.16	3.07	0.57	6	100.0	100.0
金华市	Jinhua City	1.76	4.72	1.08	10	98.7	99.3
衢州市	Quzhou City	0.34	0.96	0.27	7	95.3	95.7
舟山市	Zhoushan City	0.48	1.35	0.20	4	98.0	98.0
台州市	Taizhou City	0.70	1.81	0.39	8	98.7	98.9
丽水市	Lishui City	1.19	1.91	0.83	9	89.8	96.8
安徽省	**Anhui**	**19.87**	**58.91**	**11.70**	**88**	**95.6**	**95.0**
合肥市	Hefei City	8.30	23.74	3.78	7	100.0	100.0
芜湖市	Wuhu City	2.52	8.99	1.73	4	100.0	97.6
蚌埠市	Bengbu City	1.05	3.72	0.91	4	100.0	100.0
淮南市	Huainan City	1.25	4.47	1.08	4	100.0	100.0
马鞍山市	Maanshan City	0.59	2.15	0.43	2	97.1	96.6
淮北市	Huaibei City	0.74	2.32	0.46	5	96.6	91.9
铜陵市	Tongling City	0.69	1.55	0.26	2	92.1	100.0
安庆市	Anqing City	0.50	1.57	0.25	9	93.8	93.7
黄山市	Huangshan City	0.42	1.04	0.16	7	88.8	96.0
滁州市	Chuzhou City	1.06	1.60	0.69	7	97.1	95.0
阜阳市	Fuyang City	0.50	1.74	0.31	6	100.0	99.7
宿州市	Suzhou City	0.58	1.63	0.49	5	88.5	89.4

3-27 续表 4 continued

地 区	Region	普通高校招生数(万人) New Students Enrollment by Institutions (10 000 persons)	普通高校在校学生数(万人) Students Enrollment by Institutions (10 000 persons)	普通高校毕业生数(万人) Graduates from Institutions (10 000 persons)	公共图书馆(个) Public Libraries (unit)	广播覆盖率(%) Listener Rating (%)	电视覆盖率(%) Viewer Rating (%)
巢湖市	Chaohu City	0.49	1.29	0.24	5	100.0	100.0
六安市	Liuan City	0.66	1.76	0.57	6	96.0	93.4
亳州市	Bozhou City	0.12	0.40	0.03	4	100.0	100.0
池州市	Chizhou City	0.33	0.75	0.29	4	93.6	95.6
宣城市	Xuancheng City	0.06	0.17	0.02	7	97.4	96.5
其他	Others						
福建省	**Fujian**	**14.67**	**40.70**	**6.48**	**84**	**97.0**	**98.1**
福州市	Fuzhou City	6.71	19.41	3.29	14	97.7	98.3
厦门市	Xiamen City	2.06	5.98	0.96	8	99.1	99.6
莆田市	Putian City	0.05	1.30	0.16	3	98.0	98.1
三明市	Sanming City	0.36	0.89	0.17	12	95.4	98.6
泉州市	Quanzhou City	2.61	7.09	0.99	10	97.8	98.1
漳州市	Zhangzhou City	1.30	3.31	0.41	10	98.0	98.1
南平市	Nanping City	0.49	1.17	0.15	10	95.4	97.4
龙岩市	Longyan City	0.46	1.15	0.26	7	96.2	98.5
宁德市	Ningde City	0.16	0.40	0.09	9	94.0	96.9
江西省	**Jiangxi**	**20.24**	**63.45**	**9.55**	**104**	**93.2**	**95.4**
南昌市	Nanchang City	12.27	39.47	5.33	11	97.2	98.7
景德镇市	Jingdezhen City	0.72	1.91	0.26	3	92.0	92.6
萍乡市	Pingxiang City	0.26	0.61	0.13	6	98.0	99.1
九江市	Jiujiang City	3.10	7.80	1.60	12	91.2	92.1
新余市	Xinyu City	0.40	0.80	0.10	3	97.0	97.0
鹰潭市	Yingtan City	0.10	0.30	0.07	4	93.2	95.5
赣州市	Ganzhou City	1.80	5.50	0.90	18	93.0	94.5
吉安市	Jian City	0.55	1.53	0.29	13	93.9	95.3
宜春市	Yichun City	0.62	1.83	0.34	10	91.6	95.1
抚州市	Fuzhou City	0.80	2.59	0.50	12	90.2	93.9
上饶市	Shangrao City	0.50	1.37	0.28	12	95.0	96.7
山东省	**Shandong**	**40.10**	**117.10**	**22.50**	**145**	**96.5**	**95.1**
济南市	Jinan City	13.00	38.00	7.80	8	100.0	99.9
青岛市	Qingdao City	7.97	23.98	4.61	13	97.9	97.7
淄博市	Zibo City	2.20	6.00	1.20	9	100.0	98.0
枣庄市	Zaozhuang City	0.30	1.00	0.20	7	96.5	89.4
东营市	Dongying City	2.80	7.60	1.50	6	100.0	100.0
烟台市	Yantai City	4.20	12.90	2.20	14	96.4	95.1
潍坊市	Weifang City	3.20	8.10	1.50	12	94.1	97.6
济宁市	Jining City	2.60	7.90	2.60	11	96.1	92.9
泰安市	Taian City	2.30	7.40	1.60	9	97.9	95.9
威海市	Weihai City	1.00	3.00	0.40	4	95.3	99.8
日照市	Rizhao City	0.40	0.90	0.20	4	94.6	93.0
莱芜市	Laiwu City	0.20	0.40	0.10	1	100.0	98.2
临沂市	Linyi City	1.50	4.40	1.00	10	89.3	93.0
德州市	Dezhou City	1.10	2.90	0.40	12	100.0	100.0
聊城市	Liaocheng City	1.08	3.77	0.93	8	100.0	100.0
滨州市	Binzhou City	1.17	3.40	0.46	8	100.0	91.6
菏泽市	Heze City	0.70	1.90	0.30	9	95.0	85.0

3-27 续表 5 continued

地 区	Region	普通高校招生数（万人）New Students Enrollment by Institutions (10 000 persons)	普通高校在校学生数（万人）Students Enrollment by Institutions (10 000 persons)	普通高校毕业生数（万人）Graduates from Institutions (10 000 persons)	公共图书馆（个）Public Libraries (unit)	广播覆盖率（%）Listener Rating (%)	电视覆盖率（%）Viewer Rating (%)
河南省	**Henan**	**27.76**	**85.19**	**16.52**	**136**	**96.4**	**96.2**
郑州市	Zhengzhou City	13.14	39.29	7.39	7	100.0	100.0
开封市	Kaifeng City	1.62	5.08	1.09	6	95.0	95.0
洛阳市	Luoyang City	1.75	6.52	1.49	11	95.6	96.2
平顶山市	Pingdingshan City	1.22	3.45	0.55	7	97.7	94.2
安阳市	Anyang City	0.80	2.70	0.62	7	100.0	100.0
鹤壁市	Hebi City	0.20	0.49	0.05	3	96.0	94.0
新乡市	Xinxiang City	2.19	6.88	1.41	11	97.0	95.5
焦作市	Jiaozuo City	1.34	4.39	0.81	7	98.8	99.1
濮阳市	Puyang City	0.24	0.61	0.10	6	95.0	95.5
许昌市	Xuchang City	0.63	1.94	0.34	6	100.0	100.0
漯河市	Luohe City	0.44	0.95	0.18	4	100.0	100.0
三门峡市	Sanmenxia City	0.19	0.42	0.09	6	95.0	96.0
南阳市	Nanyang City	1.05	3.76	0.84	13	95.1	95.1
商丘市	Shangqiu City	0.98	2.87	0.43	9	100.0	100.0
信阳市	Xinyang City	0.84	2.76	0.53	11	84.0	87.6
周口市	Zhoukou City	0.47	1.42	0.30	10	98.4	98.1
驻马店市	Zhumadian City	0.46	1.23	0.27	10	98.0	100.0
其他	Others	0.22	0.43	0.04	1	96.9	97.7
湖北省	**Hubei**	**31.57**	**101.27**	**18.79**	**103**	**96.0**	**96.7**
武汉市	Wuhan City	21.08	69.35	12.39	17	98.4	99.9
黄石市	Huangshi City	1.14	2.87	0.51	3	97.0	97.2
十堰市	Shiyan City	0.98	3.09	0.76	8	86.6	90.9
宜昌市	Yichang City	1.12	3.62	0.64	10	95.2	95.6
襄樊市	Xiangfan City	0.72	2.32	0.57	9	96.0	97.1
鄂州市	Ezhou City	0.31	0.81	0.20	1	98.2	98.4
荆门市	Jingmen City	0.62	1.94	0.65	4	96.0	98.4
孝感市	Xiaogan City	0.97	2.31	0.68	8	95.4	97.1
荆州市	Jingzhou City	3.07	9.80	2.77	7	100.0	100.0
黄冈市	Huanggang City	1.05	3.40	0.50	12	97.0	96.4
咸宁市	Xianning City	0.93	2.58	0.50	7	95.5	94.2
随州市	Suizhou City	0.25	1.03	0.08	2	97.3	95.3
恩施土家族苗族自治州	Enshi Tujia & Miao A.P	0.50	1.70	0.40	9	94.2	94.6
其他	Others	0.26	0.85	0.16	6		
湖南省	**Hunan**	**25.08**	**75.49**	**15.10**	**120**	**82.5**	**92.4**
长沙市	Changsha City	13.03	39.44	7.93	12	96.9	97.9
株洲市	Zhuzhou City	1.67	4.74	0.93	6	96.9	97.7
湘潭市	Xiangtan City	2.45	8.04	1.59	5	100.0	91.3
衡阳市	Hengyang City	2.04	5.90	1.07	11	84.9	95.9
邵阳市	Shaoyang City	0.62	1.69	0.26	11	60.0	82.0
岳阳市	Yueyang City	0.76	2.50	0.52	7	95.4	95.7
常德市	Changde City	0.58	1.91	0.33	9	97.7	92.4
张家界市	Zhangjiajie City	0.32	0.85	0.10	3	49.5	91.3
益阳市	Yiyang City	0.60	1.61	0.24	7	93.3	94.5
郴州市	Chenzhou City	0.62	1.77	0.42	11	95.0	95.3
永州市	Yongzhou City	0.60	2.01	0.61	11	83.2	91.4

3-27 续表 6 continued

地 区	Region	普通高校招生数（万人） New Students Enrollment by Institutions (10 000 persons)	普通高校在校学生数（万人） Students Enrollment by Institutions (10 000 persons)	普通高校毕业生数（万人） Graduates from Institutions (10 000 persons)	公 共 图书馆（个） Public Libraries (unit)	广 播 覆盖率(%) Listener Rating (%)	电 视 覆盖率(%) Viewer Rating (%)
怀化市	Huaihua City	0.70	1.97	0.34	13	55.0	87.9
娄底市	Loudi City	0.68	1.44	0.33	5	63.9	91.9
湘西土家族苗族自治州	West Hunan Tujia A.P	0.42	1.62	0.43	9	63.4	91.2
其他	Others						
广东省	**Guangdong**	**33.21**	**87.47**	**15.71**	**129**	**96.1**	**96.4**
广州市	Guangzhou City	19.90	55.40	10.30	13	99.9	99.6
韶关市	Shaoguan City	0.62	2.10	0.50	10	96.7	96.8
深圳市	Shenzhen City	1.50	4.53	0.90	8	100.0	100.0
珠海市	Zhuhai City	2.30	5.56	0.55	3	96.0	96.0
汕头市	Shantou City	0.23	0.83	0.22	8	97.8	99.4
佛山市	Foshan City	1.22	3.33	0.10	6	99.0	99.0
江门市	Jiangmen City	0.55	1.42	0.26	6	99.2	98.1
湛江市	Zhanjiang City	1.59	2.02	0.97	7	94.5	94.5
茂名市	Maoming City	0.50	1.50	0.40	5	98.7	97.5
肇庆市	Zhaoqing City	0.55	1.64	0.25	8	97.4	97.7
惠州市	Huizhou City	0.20	0.80	0.10	5	98.2	96.7
梅州市	Meizhou City	0.47	1.46	0.31	10	100.0	98.6
汕尾市	Shanwei City		0.34		4		
河源市	Heyuan City	0.23	0.36	0.08	7	97.7	96.8
阳江市	Yangjiang City	0.19	0.60	0.14	4	98.2	97.6
清远市	Qingyuan City	0.26	0.64	0.04	9	98.8	96.5
东莞市	Dongguan City	0.73	1.66	0.14	1	100.0	100.0
中山市	ZhongShan City	0.73	1.50	0.08	1	98.0	98.0
潮州市	Chaozhou City	0.30	1.00	0.20	3	98.0	98.5
揭阳市	Jieyang City	0.89	0.31	0.07	6	97.3	97.0
云浮市	Yunfu City	0.25	0.47	0.11	5	98.0	97.0
广西壮族自治区	**Guangxi**	**11.67**	**33.83**	**6.49**	**95**	**88.7**	**93.5**
南宁市	Nanning City	5.78	16.01	3.00	11	93.6	96.1
柳州市	Liuzhou City	1.23	3.73	0.57	7	86.6	93.7
桂林市	Guilin City	3.26	10.57	2.51	13	90.4	94.8
梧州市	Wuzhou City	0.30	0.90	0.17	5	93.3	96.7
北海市	Beihai City	0.34	0.71	0.15	3	98.0	98.0
防城港市	Fangchenggang City				4	93.8	91.6
钦州市	Qinzhou City	0.26	0.82	0.41	3	90.7	84.7
贵港市	Guigang City				3	96.0	95.0
玉林市	Yulin City	0.29	1.13	0.24	6	95.8	96.9
百色市	Baise City	0.41	1.29	0.55	12	69.8	84.1
贺州市	Hezhou City	0.18	0.60	0.12	4	86.0	96.9
河池市	Hechi City	0.13	0.20	0.04	11	64.4	76.5
来宾市	Laibin City	0.16	0.45	0.15	6	92.0	93.2
崇左市	Chongzuo City	0.17	0.50	0.12	7	97.9	94.9
海南省	**Hainan**	**2.40**	**7.00**	**1.20**	**20**	**95.9**	**95.0**
海口市	Haikou City	1.70	5.10	0.80	2	90.0	90.0
三亚市	Sanya City	0.20	0.20		1	93.0	93.0
其他	Others	0.50	1.70	0.40	17		

3-27 续表 7 continued

地　区	Region	普通高校招生数（万人）New Students Enrollment by Institutions (10 000 persons)	普通高校在校学生数（万人）Students Enrollment by Institutions (10 000 persons)	普通高校毕业生数（万人）Graduates from Institutions (10 000 persons)	公共图书馆（个）Public Libraries (unit)	广播覆盖率(%) Listener Rating (%)	电视覆盖率(%) Viewer Rating (%)
重庆市	**Chongqing**	**12.15**	**35.79**	**6.36**	**43**	**92.5**	**96.0**
万州区	Wanzhou District	0.70	1.45	0.27	1	94.0	95.0
涪陵区	Fuling District	0.45	1.34	0.17	2	98.5	96.5
渝中区	Yuzhong District	1.06	3.05	0.64	3	100.0	100.0
大渡口区	Dadukou District				1	100.0	100.0
江北区	Jiangbei District	0.20	0.53	0.09	1	100.0	100.0
沙坪坝区	Shapingba District	2.58	8.57	1.73	1	100.0	100.0
九龙坡区	Jiulongpo District	1.31	3.77	0.63	1	100.0	100.0
南岸区	Nanan District	1.80	6.05	1.21	1	100.0	100.0
北碚区	Beibei District	1.56	5.01	0.89	1	99.5	98.6
万盛区	Wansheng District				1	96.7	97.0
双桥区	Shuangqiao District				1	100.0	100.0
渝北区	Yubei District	0.70	1.60	0.19	1	99.2	99.2
巴南区	Banan District	0.41	0.84	0.09	1	95.0	98.0
黔江区	Qianjiang District				1	94.5	95.1
长寿区	Changshou District				1	99.6	96.9
其他	Others	1.38	3.59	0.45	25		
四川省	**Sichuan**	**25.40**	**74.76**	**13.63**	**141**	**95.4**	**96.7**
成都市	Chengdu City	14.98	44.86	7.98	21	100.0	99.8
自贡市	Zigong City	0.85	2.65	0.53	3	98.9	95.9
攀枝花市	Panzhihua City	0.45	1.42	0.21	3	93.7	94.8
泸州市	Luzhou City	0.82	2.44	0.38	6	95.0	99.5
德阳市	Deyang City	1.17	2.88	0.43	5	100.0	98.0
绵阳市	Mianyang City	1.30	4.30	0.87	8	94.8	94.9
广元市	Guangyuan City	0.09	0.12		7	95.6	98.6
遂宁市	Suining City	0.33	0.65	0.05	4	100.0	99.9
内江市	Neijiang City	0.42	1.38	0.29	4	94.4	96.8
乐山市	Leshan City	0.86	2.34	0.41	8	97.6	97.8
南充市	Nanchong City	1.18	3.82	0.85	8	95.3	96.5
眉山市	Meishan City	0.14	0.18	0.03	7	100.0	100.0
宜宾市	Yibin City	0.51	1.60	0.25	10	94.8	95.3
广安市	Guangan City	0.07	0.07		6	96.6	96.0
达州市	Dazhou City	0.47	0.98	0.15	7	93.6	93.7
雅安市	Yaan City	0.77	2.49	0.66	8	96.2	96.7
巴中市	Bazhong City				5	91.4	98.4
资阳市	Ziyang City				4	95.3	96.6
阿坝藏族羌族自治州	Aba Zang & Qiang A.P	0.20	0.48	0.10	6	75.0	93.3
甘孜藏族自治州	Ganzi Zang A.P	0.28	0.60	0.10	3	82.8	83.1
凉山彝族自治州	Liangshan Yi A.P	0.51	1.51	0.35	8	82.5	90.7
贵州省	**Guizhou**	**6.86**	**20.68**	**3.87**	**91**	**83.3**	**90.5**
贵阳市	Guiyang City	4.37	14.07	2.57	9	99.3	98.0
六盘水市	Liupanshui City	0.18	0.42	0.11	4	88.9	94.6
遵义市	Zunyi City	0.57	1.36	0.26	13	79.2	87.8
安顺市	Anshun City	0.27	0.76	0.10	1	86.0	90.6
铜仁地区	Tongren Prefecture	0.21	0.46	0.08	11	78.4	93.5
黔西南布依族苗族自治州	Southwest Guizhou Buyi & Miao A.P	0.15	0.33	0.07	9	76.9	89.3

3-27 续表 8 continued

地　区	Region	普通高校招生数（万人）New Students Enrollment by Institutions (10 000 persons)	普通高校在校学生数（万人）Students Enrollment by Institutions (10 000 persons)	普通高校毕业生数（万人）Graduates from Institutions (10 000 persons)	公共图书馆（个）Public Libraries (unit)	广播覆盖率(%) Listener Rating (%)	电视覆盖率(%) Viewer Rating (%)
毕节地区	Bijie Prefecture	0.20	0.49	0.10	9	81.7	83.4
黔东南苗族侗族自治州	Southeast Guizhou Miao & Dong A.P	0.46	1.20	0.27	17	78.5	94.4
黔南布依族苗族自治州	South Guizhou Buyi & Miao A.P	0.59	1.79	0.32	13	83.8	88.3
云南省	**Yunnan**	**8.45**	**25.47**	**4.77**	**149**	**91.0**	**92.6**
昆明市	Kunming City		18.81		17	98.7	97.6
曲靖市	Qujing City		1.08		11	95.4	94.3
玉溪市	Yuxi City		1.03		10	98.2	99.0
保山市	Baoshan City		0.90		7	94.0	92.0
昭通市	Zhaotong City		0.36		12	80.2	82.5
丽江市	Lijiang City				6	64.5	87.5
思茅市	Simao City		0.43		10	91.7	93.8
临沧市	Lincang City		0.27		9	89.1	92.9
楚雄彝族自治州	Chuxiong Yi A.P		0.60		11	95.5	95.6
红河哈尼族彝族自治州	Honghe Hani & Yi A.P		0.61		15	95.0	95.0
文山壮族苗族自治州	Wenshan Zhuang & Miao A.P		0.33		9	87.6	88.3
西双版纳傣族自治州	Xishuangbanna Dai A.P				4	87.5	95.2
大理白族自治州	Dali Bai A.P		1.01		13	91.2	96.2
德宏傣族景颇族自治州	Dehong Dai & Jingpo A.P				7	90.2	92.3
怒江傈僳族自治州	Nujiang Lisu A.P				5		
迪庆藏族自治州	Diqing Zang A.P				3	75.8	82.1
西藏自治区	**Tibet A.R.**	**0.76**	**1.90**	**0.32**	**4**	**84.9**	**86.0**
拉萨市	Lhasa City	0.47	1.15	0.23			
昌都地区	Qamdu Prefecture						
山南地区	Lhokha Prefecture						
日喀则地区	Xigaze Prefecture						
那曲地区	Narqu Prefecture						
阿里地区	Ngri Prefecture						
林芝地区	Nyingchi Prefecture						
其他	Others	0.29	0.75	0.09			
陕西省	**Shaanxi**	**20.89**	**66.69**	**14.06**	**111**	**93.2**	**94.4**
西安市	Xian City	14.68	47.79	10.08	14	99.4	97.7
铜川市	Tongchuan City	36.00	0.06		5	93.5	98.7
宝鸡市	Baoji City	0.62	1.88	0.31	12	99.0	98.4
咸阳市	Xianyang City	2.22	6.43	1.32	12	98.9	98.9
渭南市	Weinan City	0.34	1.23	0.28	11	85.5	89.5
延安市	Yanan City	0.40	1.37	0.33	13	92.6	94.9
汉中市	Hanzhong City	0.54	1.89	0.38	11	93.2	92.7
榆林市	Yulin City	0.26	0.81	0.19	12	86.9	87.6
安康市	Ankang City	0.28	0.65	0.15	11	85.8	90.4
商洛市	Shangluo City	0.18	0.53	0.14	8	98.4	94.6
其他	Others	0.89	2.99	0.77	1	100.0	100.0
甘肃省	**Gansu**	**7.42**	**23.91**	**5.42**	**92**	**90.5**	**90.8**
兰州市	Lanzhou City	5.41	17.99	3.89	9	98.1	98.2
嘉峪关市	Jiayuguan City				1	96.3	94.9

3-27 续表 9 continued

地区	Region	普通高校招生数（万人）New Students Enrollment by Institutions (10 000 persons)	普通高校在校学生数（万人）Students Enrollment by Institutions (10 000 persons)	普通高校毕业生数（万人）Graduates from Institutions (10 000 persons)	公共图书馆（个）Public Libraries (unit)	广播覆盖率(%) Listener Rating (%)	电视覆盖率(%) Viewer Rating (%)
金昌市	Jinchang City				2	85.6	91.3
白银市	Baiyin City				6	93.9	89.1
天水市	Tianshui City	0.60	1.69	0.37	7	93.8	86.9
武威市	Wuwei City	0.10	0.30	0.10	4	90.0	93.4
张掖市	Zhangye City	0.30	1.00	0.30	6	97.5	97.0
平凉市	Pingliang City	0.11	0.24	0.04	7	97.5	91.8
酒泉市	Jiuquan City	0.10	0.17	0.04	7	95.7	94.8
庆阳市	Qingyang City	0.35	0.99	0.34	9	84.4	87.0
定西市	Dingxi City	0.30	0.80	0.10	7	89.2	88.1
陇南市	Longnan City	0.02	0.31	0.09	9	97.7	88.9
临夏回族自治州	Linxia Hui A.P				9	81.8	90.7
甘南藏族自治州	Gannan Zang A.P	0.14	0.42	0.15	9	80.2	85.2
青海省	**Qinghai**	**1.28**	**3.40**	**0.80**	**43**	**86.5**	**92.5**
西宁市	Xining City	1.30	3.40	0.83	5	95.7	98.6
海东地区	Haidong Prefecture				6	86.0	97.5
海北藏族自治州	Haibei Zang A.P				5	75.3	92.8
黄南藏族自治州	Huangnan Zang AP				5	77.9	87.3
海南藏族自治州	Hainan Zang A.P				6	88.1	87.2
果洛藏族自治州	Golog Zang A.P				7	70.4	60.7
玉树藏族自治州	Yushu Zang A.P				6	83.7	58.8
海西蒙古族藏族自治州	Haixi Mongolian & Zang A.P				3	90.0	92.0
宁夏回族自治区	**Ningxia**	**1.48**	**4.87**	**0.88**	**20**	**91.4**	**92.8**
银川市	Yinchuan City	1.21	4.13	0.74	5	100.0	100.0
石嘴山市	Shizuishan City	0.06	0.13	0.03	3	85.0	95.0
吴忠市	Wuzhong City	0.01	0.11	0.01	4	100.0	96.0
固原市	Guyuan City	0.20	0.50	0.10	5	80.3	87.9
中卫市	Zhongwei City				3	92.1	87.3
新疆维吾尔自治区	**Xinjiang**	**5.87**	**18.88**	**3.79**	**94**	**93.1**	**92.8**
乌鲁木齐市	Urumqi City	3.46	11.48	2.35	3	80.0	80.0
克拉玛依市	Karamay City	0.16	0.40	0.04	2	98.8	98.8
吐鲁番地区	Turpan Prefecture				3	97.4	96.9
哈密地区	Hami Prefecture				3	96.0	95.0
昌吉回族自治州	Changji Hui A.P	0.46	1.23	0.20	9	98.3	99.0
博尔塔拉蒙古自治州	Bortala Mongolian A.P				4	92.0	90.0
巴音郭楞蒙古自治州	Bayingolin Mongolian A.P	0.03	0.07	0.01	9	98.0	98.1
阿克苏地区	Aksu Prefecture	0.06	0.09	…	10	98.5	96.3
克孜勒苏柯尔克孜自治州	Kizilsu Kirgiz A.P				5	91.9	90.3
喀什地区	Kashi Prefecture	0.29	1.11	0.24	11	95.7	94.5
和田地区	Hotan Prefecture	0.13	0.40	0.12	6	97.7	97.3
伊犁州直属县（市）	Counties(Cities) Direct Under Ili Prefecture	0.33	1.03	0.22	12	88.1	92.2
塔城地区	Tacheng Prefecture				8	96.8	94.6
阿勒泰地区	Altay Prefecture				8	95.6	92.3
石河子市	Shihezi City	0.03	0.03		1	92.0	91.0
阿拉尔市	Alar City						
图木舒克市	Tumxuk City						
五家渠市	Wujiaqu City						

3-28 卫生机构、床位数和人员数(2005年)

地　区	Region	卫　生 机构数 (个) Number of Health Care Institutions (unit)	#医院、卫生院 Hospitals, Health Center	#防疫站 Epidemic Prevention Station	#妇幼保健站 Maternity and Child Care Centers
北京市	**Beijing**	**4818**	**692**	**28**	**18**
东城区	Dongcheng District	327	35	2	1
西城区	Xicheng District	432	29	1	1
崇文区	Chongwen District	131	22	1	1
宣武区	Xuanwu District	212	22	6	1
朝阳区	Chaoyang District	798	136	1	1
丰台区	Fengtai District	248	50	1	1
石景山区	Shijingshan District	203	20	1	1
海淀区	Haidian District	816	95	2	1
门头沟区	Mentougou District	117	21	2	1
房山区	Fangshan District	227	38	2	1
通州区	Tongzhou District	205	29	1	1
顺义区	Shunyi District	165	32	1	1
昌平区	Changping District	284	41	1	1
大兴区	Daxing District	228	39	2	1
怀柔区	Huairou District	146	19	1	1
平谷区	Pinggu District	68	24	1	1
密云县	Miyun County	106	23	1	1
延庆县	Yanqing County	105	17	1	1
其他	Others				
天津市	**Tianjin**	**2489**	**461**	**24**	**23**
和平区	Heping District	154	29	1	1
河东区	Hedong District	186	30	2	1
河西区	Hexi District	249	36	1	2
南开区	Nankai District	161	32	1	2
河北区	Hebei District	174	30	2	2
红桥区	Hongqiao District	92	26	1	2
塘沽区	Tanggu District	229	29	5	2
汉沽区	Hangu District	129	11	1	1
大港区	Dagang District	58	24	1	1
东丽区	Dongli District	116	14	1	1
西青区	Xiqing District	108	22	1	1
津南区	Jinnan District	80	15	1	1
北辰区	Beichen District	93	13	1	1
武清区	Wuqing District	151	38	1	1
宝坻区	Baodi District	66	37	1	1
宁河县	Ninghe County	62	22	1	1
静海县	Jinghai County	108	22	1	1
蓟县	Ji County	273	31	1	1
其他	Others				
河北省	**Hebei**	**3284**	**2783**	**192**	**184**
石家庄市	Shijiazhuang City	413	339	25	25
唐山市	Tangshan City	326	286	17	14
秦皇岛市	Qinhuangdao City	121	98	8	8
邯郸市	Handan City	424	353	22	19

Number of Units and Beds and Employed Persons in Health Institutions(2005)

卫生机构床位数(张) Number of Beds in Health Care Institutions (bed)	#医院、卫生院 Hospitals, Health Center	卫生机构人员数(人) Employed Persons in Health Institutions (person)	#卫生技术人员 Medical and Technical Personnel	#执业(助理)医师 Certified (assistant) Doctors	#注册护师、护士 Registration Nurses
79077	**76031**	**156969**	**119943**	**50642**	**42897**
8838	8755	21968	16361	6528	5972
7838	7838	18602	14723	5579	5976
2066	2066	5764	4477	2043	1594
4332	4304	10636	7684	3015	2768
12064	11988	26350	19449	8069	7279
6158	6108	11050	8347	3619	2990
2897	2557	4884	3749	1644	1386
9624	8672	19562	15217	6618	5286
2381	2351	2876	2214	907	872
4569	4349	6029	4514	1839	1709
2351	2161	4587	3797	1739	1207
2259	1821	4154	3325	1587	943
5895	5674	5807	4356	1743	1517
3038	2937	5081	3858	1781	1231
1284	1204	2329	1917	972	513
1229	1199	2479	2033	1085	504
1182	1036	2918	2284	1082	668
1072	1011	1893	1638	792	482
43341	**41190**	**79958**	**61284**	**25088**	**19624**
5057	5037	12345	8159	2998	3015
2636	2454	4553	3432	1381	1108
6502	6372	11146	8476	3137	3211
5697	5057	10025	6980	2401	2642
4827	4639	7124	5599	2111	2016
2511	2441	4346	3465	1408	1233
2874	2597	5046	4082	1682	1401
992	922	1522	1244	486	423
1892	1862	3335	2673	1266	866
1322	1300	1812	1436	645	356
1488	1488	1607	1328	656	319
1133	1109	2084	1656	714	492
667	667	1883	1526	746	401
1464	1334	3069	2538	1277	466
1155	1115	1902	1708	924	423
569	569	1696	1219	605	260
1187	956	2025	1779	1093	425
1368	1271	4438	3984	1558	567
162267	**153981**	**235811**	**191083**	**84066**	**49754**
25256	23577	36325	29125	12905	8376
24125	23382	33951	27474	11237	8836
6876	6144	11648	9390	4526	2749
21472	20675	27707	21825	9197	5747

3-28 续表 1

地　区	Region	卫生机构数（个）Number of Health Care Institutions (unit)	#医院、卫生院 Hospitals, Health Center	#防疫站 Epidemic Prevention Station	#妇幼保健站 Maternity and Child Care Centers
邢台市	Xingtai City	304	259	20	20
保定市	Baoding City	463	401	26	27
张家口市	Zhangjiakou City	318	276	19	18
承德市	Chengde City	279	247	12	12
沧州市	Cangzhou City	288	237	20	19
廊坊市	Langfang City	157	131	11	10
衡水市	Hengshui City	191	156	12	12
其他	Others				
山西省	**Shanxi**	**9430**	**2524**	**157**	**131**
太原市	Taiyuan City	2443	264	18	12
大同市	Datong City	1330	251	25	13
阳泉市	Yangquan City	236	85	6	5
长治市	Changzhi City	766	220	14	15
晋城市	Jincheng City	988	167	7	8
朔州市	Shuozhou City	246	126	7	7
晋中市	Jinzhong City	731	237	17	11
运城市	Yuncheng City	687	270	16	13
忻州市	Xinzhou City	683	312	15	15
临汾市	Linfen City	786	335	17	17
吕梁市	Luliang City	534	257	15	15
内蒙古自治区	**Inner Mongolia**	**3774**	**1834**	**146**	**116**
呼和浩特市	Hohhot City	349	144	12	11
包头市	Baotou City	317	105	12	10
乌海市	Wuhai City	65	26	5	4
赤峰市	Chifeng City	614	304	13	13
通辽市	Tongliao City	446	189	10	9
鄂尔多斯市	Erdos City	191	132	9	9
呼伦贝尔市	Hulunbuir City	718	247	40	17
巴彦淖尔市	Bayannur City	192	136	9	8
乌兰察布市	Ulanqab City	305	227	12	12
兴安盟	Xingan League	182	113	6	7
锡林郭勒盟	Xilingol League	294	152	14	13
阿拉善盟	Alxa League	101	59	4	3
其他	Others				
辽宁省	**Liaoning**	**14925**	**1996**	**128**	**114**
沈阳市	Shenyang City	1888	317	18	15
大连市	Dalian City	2311	236	15	12
鞍山市	Anshan City	1916	145	9	9
抚顺市	Fushun City	511	116	9	8
本溪市	Benxi City	278	84	8	7
丹东市	Dandong City	454	122	7	5
锦州市	Jinzhou City	895	137	9	8
营口市	Yingkou City	1415	123	7	7
阜新市	Fuxin City	461	101	9	9
辽阳市	Liaoyang City	681	82	8	8

continued

卫生机构床位数(张) Number of Beds in Health Care Institutions (bed)	#医院、卫生院 Hospitals, Health Center	卫生机构人员数(人) Employed Persons in Health Institutions (person)	#卫生技术人员 Medical and Technical Personnel	#执业(助理)医师 Certified (assistant) Doctors	#注册护师、护士 Registration Nurses
14050	13643	18097	14941	7309	3284
19968	18360	30549	24073	10247	5751
11263	10812	16047	12970	5253	3578
9338	8959	14033	11770	4967	2733
12928	12438	21990	18304	8480	4192
9084	8609	13690	11113	4822	2662
7907	7382	11774	10098	5123	1846
108132	**103020**	**158186**	**130955**	**58617**	**38117**
23652	22786	32429	25998	10147	9974
11462	10687	18046	14685	6852	4296
5664	5548	8321	6836	2964	2502
9629	9076	13258	11093	5028	3255
7097	6584	10785	8915	4148	2190
3590	3521	4969	4381	2389	931
10494	9850	13892	11978	5554	3347
11759	11143	15547	12553	5136	3121
7236	6862	12293	10444	4941	2503
10942	10631	15984	13388	6206	3324
6607	6332	12662	10684	5252	2674
69440	**64002**	**121180**	**102587**	**50308**	**27052**
8828	8449	15860	13225	6016	4035
9731	8743	16751	13900	6419	4847
2126	1965	3029	2535	1174	777
11445	10765	17860	15239	7455	3227
5739	5300	11811	10274	5434	2303
4613	4347	6414	5646	3043	1405
10499	9666	18235	15209	7494	4429
5111	4560	8293	7236	3388	1797
3901	3722	8401	7049	3570	1480
4078	3479	7138	5999	2916	1271
2539	2224	5515	4645	2517	1049
830	782	1873	1630	882	432
177896	**161772**	**265194**	**209346**	**91519**	**72912**
34033	32518	57132	45680	19255	16887
27488	25197	40108	32496	13997	12318
17339	14377	25220	19311	8116	6818
10298	10226	14265	11208	5078	3952
8830	8266	13654	10325	3877	4028
11159	10014	13421	10263	4251	3718
10901	10595	16332	12784	5501	3887
8464	7377	14370	11345	5619	3702
6753	6152	11167	8586	3431	2999
7912	7359	9699	7832	3846	2683

3-28 续表 2

地区	Region	卫生机构数（个） Number of Health Care Institutions (unit)	#医院、卫生院 Hospitals, Health Center	#防疫站 Epidemic Prevention Station	#妇幼保健站 Maternity and Child Care Centers
盘锦市	Panjin City	661	64	6	3
铁岭市	Tieling City	1047	111	8	7
朝阳市	Chaoyang City	1250	200	8	8
葫芦岛市	Huludao City	1157	158	7	8
吉林省	**Jilin**	**8755**	**1380**	**74**	**71**
长春市	Changchun City	1659	287	14	10
吉林市	Jilin City	3267	253	12	11
四平市	Siping City	509	139	5	8
辽源市	Liaoyuan City	226	66	3	3
通化市	Tonghua City	594	146	7	8
白山市	Baishan City	449	102	8	7
松原市	Songyuan City	458	123	6	6
白城市	Baicheng City	431	139	6	6
延边朝鲜族自治州	Yanbian Korean A.P	1162	125	13	12
其他	Others				
黑龙江省	**Heilongjiang**	**8326**	**1820**	**195**	**148**
哈尔滨市	Harbin City	1512	444	34	20
齐齐哈尔市	Qiqihar City	285	221	19	16
鸡西市	Jixi City	154	114	12	11
鹤岗市	Hegang City	593	63	19	13
双鸭山市	Shuangyashan City	141	109	17	11
大庆市	Daqing City	163	126	3	8
伊春市	Yichun City	78	51	13	9
佳木斯市	Jiamusi City	708	151	24	19
七台河市	Qitaihe City	498	41	6	2
牡丹江市	Mudanjiang City	164	111	19	11
黑河市	Heihe City	156	65	6	7
绥化市	Suihua City	268	211	12	10
大兴安岭地区	Daxinganling Prefecture	373	59	13	5
其他	Others	2313			
上海市	**Shanghai**	**2527**	**487**	**13**	**13**
黄浦区	Huangpu District	108	22	1	
卢湾区	Luwan District	103	16	1	
徐汇区	Xuhui District	259	33	1	1
长宁区	Changning District	147	19		
静安区	Jingan District	61	18	1	1
普陀区	Putuo District	113	20	1	
闸北区	Zhabei District	110	23	1	1
虹口区	Hongkou District	131	34	1	1
杨浦区	Yangpu District	125	28	1	
闵行区	Minhang District	251	32		1
宝山区	Baoshan District	99	26		1
嘉定区	Jiading District	143	26	1	
浦东新区	Pudong New District	308	50	1	1
金山区	Jinshan District	76	19	1	1

continued

卫生机构床位数(张) Number of Beds in Health Care Institutions (bed)	#医院、卫生院 Hospitals, Health Center	卫生机构人员数(人) Employed Persons in Health Institutions (person)	#卫生技术人员 Medical and Technical Personnel	#执业(助理)医师 Certified (assistant) Doctors	#注册护师、护士 Registration Nurses
5740	5138	8934	7037	3373	2386
7348	7200	13831	11116	5182	3299
9150	8917	12979	10912	5104	2873
12481	8436	14082	10451	4889	3362
87680	**82118**	**157021**	**125702**	**47862**	**38917**
23758	22927	42673	33420	13414	11330
17406	16068	29598	24132	9066	7608
8892	8061	17900	13957	4653	3848
4003	3930	6878	5350	1959	1742
7606	7192	12593	10252	4311	3071
6855	5924	9795	7984	3112	2385
4882	4673	12018	9364	3099	2317
6490	6013	10723	8749	3451	2334
7788	7330	14843	12494	4797	4282
119833	**112726**	**191172**	**150657**	**65135**	**45015**
37186	35397	51234	39054	15785	12895
13228	12299	19921	16018	1247	4821
7097	6850	9901	7910	3312	2696
5167	4935	8533	6346	2190	2027
5633	5486	8108	6261	2686	2139
9447	9096	14392	11253	8099	2048
4795	4714	6745	5336	1964	1810
9370	7870	14084	11092	4819	3349
2705	2622	4264	3123	1348	913
10392	9694	14018	11279	4669	3610
5359	548	8231	6594	665	1854
8729	7740	17127	13097	5646	2524
2348	2114	4033	3110	1392	1122
90805	**89337**	**132004**	**103479**	**43956**	**39379**
5186	5186	10344	7987	3423	3011
4041	4041	7504	5664	2178	2208
12404	12404	17450	13448	5022	5550
3497	3197	6557	4865	2085	1658
4495	4463	9107	6964	2608	2924
4456	4456	6733	5412	2383	2078
4561	4561	6115	4784	2089	1747
5810	5793	9370	7046	2840	2811
5888	5840	8199	6590	2770	2673
6189	5306	6246	4999	2240	1760
4354	4354	5927	4776	2118	1888
2330	2330	3849	3131	1419	1094
6520	6356	11250	9138	4351	3388
3243	3219	4366	3603	1508	1357

3-28 续表 3

地 区	Region	卫生机构数（个）Number of Health Care Institutions (unit)	#医院、卫生院 Hospitals, Health Center	#防疫站 Epidemic Prevention Station	#妇幼保健站 Maternity and Child Care Centers
松江区	Songjiang District	154	23		1
青浦区	Qingpu District	82	19	1	1
南汇区	Nanhui District	117	25		1
奉贤区	Fengxian District	53	24	1	1
崇明县	Chongming County	87	30		1
其他	Others				
江苏省	**Jiangsu**	**15324**	**2486**	**154**	**107**
南京市	Nanjing City	1612	230	21	14
无锡市	Wuxi City	1815	157	11	5
徐州市	Xuzhou City	1384	230	14	14
常州市	Changzhou City	618	113	8	8
苏州市	Suzhou City	1940	195	24	8
南通市	Nantong City	1810	319	9	7
连云港市	Lianyungang City	923	158	10	9
淮安市	Huaian City	603	181	9	8
盐城市	Yancheng City	1084	256	10	11
扬州市	Yangzhou City	1208	198	20	8
镇江市	Zhenjiang City	920	104	7	6
泰州市	Taizhou City	626	171	6	5
宿迁市	Suqian City	781	174	5	4
浙江省	**Zhejiang**	**12555**	**2894**	**98**	**87**
杭州市	Hangzhou City	2196	388	15	10
宁波市	Ningbo City	1667	248	12	11
温州市	Wenzhou City	1609	504	12	10
嘉兴市	Jiaxing City	746	161	7	7
湖州市	Huzhou City	819	128	5	4
绍兴市	Shaoxing City	1087	315	7	6
金华市	Jinhua City	1351	343	10	10
衢州市	Quzhou City	619	169	6	6
舟山市	Zhoushan City	395	79	5	4
台州市	Taizhou City	1285	237	10	10
丽水市	Lishui City	781	322	9	9
安徽省	**Anhui**	**9197**	**2684**	**132**	**117**
合肥市	Hefei City	739	223	10	10
芜湖市	Wuhu City	527	124	9	9
蚌埠市	Bengbu City	416	133	9	9
淮南市	Huainan City	495	110	8	8
马鞍山市	Maanshan City	320	51	6	5
淮北市	Huaibei City	405	103	3	5
铜陵市	Tongling City	170	38	6	2
安庆市	Anqing City	784	305	10	10
黄山市	Huangshan City	572	153	8	7
滁州市	Chuzhou City	497	288	8	8
阜阳市	Fuyang City	851	211	9	9
宿州市	Suzhou City	530	134	6	6

continued

卫生机构床位数(张) Number of Beds in Health Care Institutions (bed)	#医院、卫生院 Hospitals, Health Center	卫生机构人员数(人) Employed Persons in Health Institutions (person)	#卫生技术人员 Medical and Technical Personnel	#执业(助理)医师 Certified (assistant) Doctors	#注册护师、护士 Registration Nurses
3764	3764	3781	3040	1378	1141
1829	1829	3090	2440	1094	879
4533	4533	4381	3519	1606	1117
4302	4302	3762	3029	1398	1037
3403	3403	3973	3044	1446	1058
200100	**185860**	**316054**	**257137**	**108700**	**80543**
26148	21269	43781	34000	14292	11903
20275	17910	27565	23173	10162	7841
19888	19287	35809	28284	10494	8574
12474	11734	19575	16047	6740	5849
25625	23356	38035	31335	12592	9830
21203	20505	30762	24428	10993	7074
9057	8240	14909	11829	5248	4004
10249	10039	16321	13710	5465	4389
14995	14633	24216	19665	9076	5208
12385	11765	18691	15782	7002	4765
8320	8099	16393	13485	5437	4001
11707	11515	19792	16769	7663	4389
7774	7508	10205	8630	3536	2716
141221	**131112**	**236197**	**198148**	**88050**	**60259**
33251	30780	51285	42353	17833	14514
18458	17856	34074	29137	13203	8955
16839	16569	30021	24316	10375	6667
11165	11126	16532	14280	6054	4607
8721	8641	12717	10859	4704	3269
12158	11315	19527	16755	8053	4904
12537	11891	22082	18249	8792	5244
6033	5996	9070	7668	4048	2083
3501	3501	5499	4610	2093	1531
12634	12367	24484	20806	8577	5845
5924	5818	10906	9115	4318	2640
127179	**119625**	**193973**	**159788**	**66102**	**47329**
15364	14689	23211	18664	7833	6224
7406	6907	10575	8654	3795	2945
9474	9004	13821	11102	4345	3642
8813	7868	11653	9616	3907	3390
3395	3154	6711	5598	2283	1991
7565	6943	12472	9975	3879	3876
3156	2842	4751	3888	1672	1412
10797	10117	15677	12907	5498	3973
4206	3934	6095	5102	2171	1705
8190	7835	10905	9138	4065	2467
10796	10548	17288	14568	5968	3164
6942	6792	13247	11014	3773	2782

3-28 续表 4

地　区	Region	卫生机构数(个) Number of Health Care Institutions (unit)	#医院、卫生院 Hospitals, Health Center	#防疫站 Epidemic Prevention Station	#妇幼保健站 Maternity and Child Care Centers
巢湖市	Chaohu City	712	206	6	6
六安市	Liuan City	793	207	9	10
亳州市	Bozhou City	284	124	6	4
池州市	Chizhou City	434	98	5	1
宣城市	Xuancheng City	668	176	14	8
其他	Others				
福建省	**Fujian**	**7932**	**1318**	**93**	**89**
福州市	Fuzhou City	1673	240		
厦门市	Xiamen City	884	45		
莆田市	Putian City	242	66		
三明市	Sanming City	905	169		
泉州市	Quanzhou City	1114	202		
漳州市	Zhangzhou City	980	139		
南平市	Nanping City	514	164		
龙岩市	Longyan City	584	156		
宁德市	Ningde City	1036	137		
江西省	**Jiangxi**	**10664**	**2007**	**115**	**112**
南昌市	Nanchang City	871	156	13	11
景德镇市	Jingdezhen City	280	63	2	6
萍乡市	Pingxiang City	335	69	6	5
九江市	Jiujiang City	1231	276	15	15
新余市	Xinyu City	214	51	3	3
鹰潭市	Yingtan City	285	61	4	4
赣州市	Ganzhou City	2260	385	20	18
吉安市	Jian City	830	270	14	13
宜春市	Yichun City	825	215	12	11
抚州市	Fuzhou City	438	193	12	3
上饶市	Shangrao City	3095	268	13	14
山东省	**Shandong**	**16788**	**2922**	**176**	**150**
济南市	Jinan City	1424	246	12	11
青岛市	Qingdao City	2609	235	20	10
淄博市	Zibo City	1046	156	10	9
枣庄市	Zaozhuang City	573	122	6	7
东营市	Dongying City	773	91	7	7
烟台市	Yantai City	1761	227	14	13
潍坊市	Weifang City	1625	270	15	14
济宁市	Jining City	1184	249	15	12
泰安市	Taian City	769	158	10	7
威海市	Weihai City	646	98	6	4
日照市	Rizhao City	365	76	5	5
莱芜市	Laiwu City	320	43	3	3
临沂市	Linyi City	1449	270	13	13
德州市	Dezhou City	606	154	12	9
聊城市	Liaocheng City	338	186	9	9
滨州市	Binzhou City	826	106	8	7
菏泽市	Heze City	474	235	11	10

continued

卫生机构床位数(张) Number of Beds in Health Care Institutions (bed)	#医院、卫生院 Hospitals, Health Center	卫生机构人员数(人) Employed Persons in Health Institutions (person)	#卫生技术人员 Medical and Technical Personnel	#执业(助理)医师 Certified (assistant) Doctors	#注册护师、护士 Registration Nurses
7947	6725	11577	9535	4010	2630
8589	8348	14003	11581	5298	2729
5258	5198	8841	7254	2534	1342
3216	3056	4610	3931	1854	1115
6065	5665	8536	7261	3217	1942
88239	**81268**	**118642**	**100937**	**44309**	**34195**
19515	17631	30142	25476	11065	9306
6510	5580	12423	10435	4781	3431
5378	5005	7503	6220	2814	2043
7477	7261	9946	8745	3993	2872
15413	14377	17665	15010	6443	5029
10763	9761	10907	9316	3934	3065
8831	8483	10586	8837	3836	3131
7738	7268	9404	8168	3779	2860
6614	5902	10066	8730	3664	2458
85086	**79292**	**138697**	**115986**	**49701**	**35679**
15066	13954	26576	21412	8672	7696
3839	3522	5437	4586	1852	1672
4633	4323	7733	6336	2742	2092
9703	8743	14413	12340	5212	3667
3051	2899	4154	3542	1478	1248
2240	2174	3276	2765	1286	819
12467	11737	20722	17007	6715	4534
8700	8162	12886	11127	4976	3115
10375	9706	16170	13367	5504	4196
5748	5519	10153	8650	3902	2759
9264	8553	17177	14854	7362	3881
250915	**234870**	**383288**	**325118**	**141197**	**98383**
25080	23629	42601	34964	14964	11785
30627	28564	40227	33942	15008	10851
14735	13494	23661	19987	9322	6270
10358	9741	17347	15047	6472	5403
8010	7520	12206	10488	4414	3336
17372	16130	29235	24443	10566	6611
22869	21166	32928	28899	12740	9194
19777	18495	30983	25790	10721	8475
16956	15224	24367	20467	9166	6445
10837	10596	13568	11806	5467	3525
5645	5289	8183	7204	3250	2108
3751	3499	6885	5807	2454	1684
22373	20596	27817	23997	10441	6547
9575	9097	17456	15286	6984	3438
11576	11217	17719	15124	6015	4018
8046	7742	13319	11559	4857	3543
13328	12871	24786	20308	8356	5150

3-28 续表 5

地　区	Region	卫 生 机构数 (个) Number of Health Care Institutions (unit)	#医院、卫生院 Hospitals, Health Center	#防疫站 Epidemic Prevention Station	#妇幼保健站 Maternity and Child Care Centers
河南省	**Henan**	**14554**	**3260**	**183**	**167**
郑州市	Zhengzhou City	1676	273	17	13
开封市	Kaifeng City	427	158	11	9
洛阳市	Luoyang City	822	258	16	15
平顶山市	Pingdingshan City	566	175	12	11
安阳市	Anyang City	2007	163	10	10
鹤壁市	Hebi City	342	51	7	6
新乡市	Xinxiang City	772	243	13	13
焦作市	Jiaozuo City	825	160	11	11
濮阳市	Puyang City	886	130	8	8
许昌市	Xuchang City	441	157	7	6
漯河市	Luohe City	573	83	6	6
三门峡市	Sanmenxia City	605	121	7	5
南阳市	Nanyang City	1441	306	14	13
商丘市	Shangqiu City	514	234	10	9
信阳市	Xinyang City	707	264	12	10
周口市	Zhoukou City	1350	242	11	11
驻马店市	Zhumadian City	521	222	10	10
其他	Others	79	20	1	1
湖北省	**Hubei**	**9459**	**574**	**115**	**101**
武汉市	Wuhan City	1976	233	19	14
黄石市	Huangshi City	279	79	4	3
十堰市	Shiyan City	938	163	9	7
宜昌市	Yichang City	1568	147	11	8
襄樊市	Xiangfan City	2856	226	10	10
鄂州市	Ezhou City	100	37	2	1
荆门市	Jingmen City	546	93	13	4
孝感市	Xiaogan City	499	152	8	8
荆州市	Jingzhou City	456	145	7	9
黄冈市	Huanggang City	240	195	10	10
咸宁市	Xianning City	995	85	7	7
随州市	Suizhou City	1226	1073	2	7
恩施土家族苗族自治州	Enshi Tujia & Miao A.P	471	105	9	8
其他	Others	446	90	4	5
湖南省	**Hunan**	**4097**	**3324**	**150**	**135**
长沙市	Changsha City	377	260	12	11
株洲市	Zhuzhou City	198	172	10	10
湘潭市	Xiangtan City	125	109	6	4
衡阳市	Hengyang City	399	334	14	13
邵阳市	Shaoyang City	354	297	13	12
岳阳市	Yueyang City	291	227	11	10
常德市	Changde City	357	275	13	10
张家界市	Zhangjiajie City	131	107	6	5
益阳市	Yiyang City	212	160	7	7
郴州市	Chenzhou City	354	303	12	12
永州市	Yongzhou City	339	279	12	12

continued

卫生机构床位数(张) Number of Beds in Health Care Institutions (bed)	#医院、卫生院 Hospitals, Health Center	卫生机构人员数(人) Employed Persons in Health Institutions (person)	#卫生技术人员 Medical and Technical Personnel	#执业(助理)医师 Certified (assistant) Doctors	#注册护师、护士 Registration Nurses
213984	**202275**	**362263**	**289157**	**111134**	**77132**
29748	28281	46232	35657	14725	12561
12065	11562	18282	14278	5825	4290
18264	17349	28479	22135	8746	6374
13558	12236	19599	15497	5595	4548
12564	11817	19260	15930	6335	4002
4442	4297	7096	5439	2103	1510
15488	14773	25563	21221	7267	5801
10454	9923	18551	14637	5765	4015
8459	7820	12793	10517	4098	2973
9078	8606	16035	12444	5065	2925
5223	4900	10377	8351	3069	2022
6382	6122	9834	7936	3418	2299
17661	16505	34259	27604	8987	6215
13401	12653	25616	20555	7196	4903
10103	9738	17421	14115	5736	3192
13290	12435	27234	22288	9199	4613
11942	11485	22599	18189	6888	4278
1862	1773	3033	2364	1117	611
139600	**131294**	**262200**	**215000**	**89800**	**69400**
37400	34229	64233	50705	20040	19040
7921	7409	13249	10991	4253	3845
9601	9249	17397	14465	6436	4237
11428	10966	20554	17244	7398	5620
12664	12390	28602	21745	8648	6532
2528	2438	4587	3904	1704	1351
6633	6191	10221	10004	3495	2976
7792	7007	18089	14797	4454	4043
11143	10317	21165	17329	6769	5361
10691	9896	22132	17968	7789	4737
4263	4263	11715	9823	4920	2158
3958	3673	8217	6919	2408	1762
6572	6395	10793	9328	4062	3325
7280	6884	15974	12387	5217	3627
152205	**141611**	**231401**	**189415**	**79902**	
27395	25501	34557	25862	10581	
10507	10092	14362	11702	4814	
8186	7809	11196	9158	3807	
13951	13008	27908	22405	9384	
11437	10730	18635	15435	6014	
10364	9125	15780	13098	5434	
12214	11035	19454	15596	6810	
3765	3400	5053	4272	1937	
8531	7282	14324	12287	5506	
11354	10874	16155	14021	6078	
9356	8745	15957	13498	5771	

3-28 续表 6

地 区	Region	卫生机构数(个) Number of Health Care Institutions (unit)	#医院、卫生院 Hospitals, Health Center	#防疫站 Epidemic Prevention Station	#妇幼保健站 Maternity and Child Care Centers
怀化市	Huaihua City	455	402	14	14
娄底市	Loudi City	184	160	6	6
湘西土家族苗族自治州	West Hunan Tujia A.P	321	239	14	9
其他	Others				
广东省	**Guangdong**	**16318**	**2428**	**134**	**125**
广州市	Guangzhou City	2517	276	20	14
韶关市	Shaoguan City	747	188	11	9
深圳市	Shenzhen City	1484	102	7	7
珠海市	Zhuhai City	429	44	3	3
汕头市	Shantou City	729	76	7	7
佛山市	Foshan City	970	89	7	5
江门市	Jiangmen City	1006	121	6	6
湛江市	Zhanjiang City	935	166	6	10
茂名市	Maoming City	578	145	7	5
肇庆市	Zhaoqing City	711	144	7	7
惠州市	Huizhou City	614	123	5	5
梅州市	Meizhou City	1446	190	8	9
汕尾市	Shanwei City	437	78	7	8
河源市	Heyuan City	348	123	6	6
阳江市	Yangjiang City	362	75	4	5
清远市	Qingyuan City	510	151	8	6
东莞市	Dongguan City	377	54	1	1
中山市	ZhongShan City	315	35	1	
潮州市	Chaozhou City	799	66	3	4
揭阳市	Jieyang City	547	101	5	7
云浮市	Yunfu City	457	81	5	1
广西壮族自治区	**Guangxi**	**9432**	**1753**	**106**	**103**
南宁市	Nanning City	1695	203	10	10
柳州市	Liuzhou City	2142	180	9	9
桂林市	Guilin City	269	196	13	13
梧州市	Wuzhou City	105	85	5	5
北海市	Beihai City	359	41	2	3
防城港市	Fangchenggang City	163	41	5	4
钦州市	Qinzhou City	438	76	7	5
贵港市	Guigang City	122	97	5	4
玉林市	Yulin City	3140	146	6	8
百色市	Baise City	685	221	12	13
贺州市	Hezhou City	260	77	4	4
河池市	Hechi City	526	187	13	12
来宾市	Laibin City	121	97	9	6
崇左市	Chongzuo City	146	112	7	7
海南省	**Hainan**	**2464**	**502**	**29**	**26**
海口市	Haikou City	167	76	9	6
三亚市	Sanya City	47	30	1	1
其他	Others	2250	396	19	19

continued

卫生机构床位数(张) Number of Beds in Health Care Institutions (bed)	#医院、卫生院 Hospitals, Health Center	卫生机构人员数(人) Employed Persons in Health Institutions (person)	#卫生技术人员 Medical and Technical Personnel	#执业(助理)医师 Certified (assistant) Doctors	#注册护师、护士 Registration Nurses
11596	11194	16434	13836	5606	
7362	6880	13140	11236	5191	
6187	5936	8446	7009	2969	
209741	**192551**	**364520**	**297334**	**118023**	**98791**
47940	42321	79414	64182	25852	24083
9024	8390	14120	11378	4221	4269
16840	15615	31678	25754	11656	8981
4900	4312	8693	7449	3025	2275
8103	7597	15906	12954	5082	3827
17292	15828	25357	21566	8732	7381
9617	8970	17297	14602	5672	4714
13684	12693	22401	17499	6433	4889
10034	8874	15661	12908	4698	3917
7265	6652	14450	11479	4028	3946
7960	7529	15002	12040	4619	3872
8324	7411	17348	14284	5827	3625
3911	3694	7917	6077	2547	1043
4075	3696	9391	7929	2957	2395
4473	4095	7992	6343	2365	1806
7032	6717	10749	8988	3328	3189
11972	11688	15226	12945	5071	6303
5531	5519	9955	8397	3340	3020
2378	2191	7636	6111	2737	1253
5925	5617	11448	8930	3811	2118
3461	3142	6879	5519	2022	1885
93767	**87061**	**158415**	**129210**	**54652**	**44604**
18592	17257	31189	24907	10457	8847
11301	10868	19415	16165	6022	5425
12665	11436	20133	16392	5599	5546
6290	5206	9232	7422	2905	3013
3285	2885	6797	4096	1512	1412
1398	1353	2642	2184	751	686
4676	4522	7168	5829	2242	1884
4606	4288	8411	6544	2570	2155
8642	8083	19260	17128	4919	4036
6825	6335	10240	8097	3968	2655
2640	2580	5069	4213	1821	1430
6840	6453	10022	8329	4014	2788
3665	3476	5685	4598	2071	1635
3394	3290	5424	4182	1854	1457
18873	**17475**	**37189**	**26230**	**11811**	**10860**
6781	6463	11334	8817	3239	3495
1693	1583	3011	2300	901	742
10399	9429	22844	15113	7671	6623

3-28 续表 7

地 区	Region	卫生机构数(个) Number of Health Care Institutions (unit)	#医院、卫生院 Hospitals, Health Center	#防疫站、Epidemic Prevention Station	#妇幼保健站 Maternity and Child Care Centers
重庆市	**Chongqing**	**6380**	**1463**	**43**	**41**
万州区	Wanzhou District	691	70	1	1
涪陵区	Fuling District	256	62	1	1
渝中区	Yuzhong District	401	24	4	1
大渡口区	Dadukou District	115	11	1	1
江北区	Jiangbei District	378	33	1	1
沙坪坝区	Shapingba District	219	35	1	1
九龙坡区	Jiulongpo District	281	33	1	1
南岸区	Nanan District	186	28	1	1
北碚区	Beibei District	103	28	1	1
万盛区	Wansheng District	43	13	1	1
双桥区	Shuangqiao District	16	4	1	1
渝北区	Yubei District	137	39	1	1
巴南区	Banan District	219	30	1	1
黔江区	Qianjiang District	69	30	1	1
长寿区	Changshou District	172	34	1	1
其他	Others	3094	989	25	26
四川省	**Sichuan**	**23834**	**6334**	**207**	**197**
成都市	Chengdu City	4458	638	22	19
自贡市	Zigong City	665	127	7	7
攀枝花市	Panzhihua City	684	84	8	7
泸州市	Luzhou City	898	189	8	7
德阳市	Deyang City	1215	217	7	6
绵阳市	Mianyang City	1349	433	11	10
广元市	Guangyuan City	1301	321	8	7
遂宁市	Suining City	763	120	6	5
内江市	Neijiang City	959	151	6	6
乐山市	Leshan City	1341	300	12	11
南充市	Nanchong City	1349	573	10	10
眉山市	Meishan City	569	195	7	6
宜宾市	Yibin City	1196	310	11	11
广安市	Guangan City	554	199	6	6
达州市	Dazhou City	1722	405	7	8
雅安市	Yaan City	799	196	9	9
巴中市	Bazhong City	997	307	5	5
资阳市	Ziyang City	732	211	5	5
阿坝藏族羌族自治州	Aba Zang & Qiang A.P	492	260	14	14
甘孜藏族自治州	Ganzi Zang A.P	614	369	19	19
凉山彝族自治州	Liangshan Yi A.P	1177	729	19	19
贵州省	**Guizhou**	**6571**	**1843**	**103**	**84**
贵阳市	Guiyang City	296	190	13	11
六盘水市	Liupanshui City	144	126	6	2
遵义市	Zunyi City	337	282	15	8
安顺市	Anshun City	148	124	6	7
铜仁地区	Tongren Prefecture	231	189	11	10
黔西南布依族苗族自治州	Southwest Guizhou Buyi & Miao A.P	182	153	9	9

continued

卫生机构床位数(张) Number of Beds in Health Care Institutions (bed)	#医院、卫生院 Hospitals, Health Center	卫生机构人员数(人) Employed Persons in Health Institutions (person)	#卫生技术人员 Medical and Technical Personnel	#执业(助理)医师 Certified (assistant) Doctors	#注册护师、护士 Registration Nurses
64674	**61435**	**94761**	**78780**	**37321**	**20842**
3486	3332	6205	5082	2546	1479
2540	2440	3735	3060	1512	627
6159	6119	10306	8154	3627	2809
885	856	1321	1179	539	376
3272	3252	4291	3557	1443	1264
3084	3065	3802	3095	1363	1004
3535	3136	4488	3757	1832	1204
2263	2123	3446	2698	1276	863
2487	1927	2622	2162	1112	622
1101	1093	1340	1070	423	386
189	169	187	160	69	52
1049	1015	2057	1686	748	364
2343	2343	3150	2557	1156	878
857	765	1330	1151	469	248
1959	1901	2322	1929	932	524
29465	27899	44159	37483	18274	8142
194940	**184589**	**280517**	**236023**	**113693**	**61237**
46181	42808	72124	58546	26227	17733
6878	6513	10411	8116	3800	2605
5609	5356	8244	6943	3352	2162
7014	6693	10265	8915	4302	2177
10303	9460	12883	11083	5568	2836
14386	13652	16657	14463	6459	3853
7989	7761	10859	9388	4163	2398
5634	5500	7875	6942	3166	1840
6710	6436	11370	9599	4736	2617
9730	9250	12571	10768	5338	2894
12300	11774	17193	13655	6213	3182
5937	5543	9142	7892	4008	1622
10538	10252	12564	10962	5584	2744
5051	4898	7974	6613	3064	1290
10367	9910	17051	14591	7169	3052
4706	4338	5937	5217	2847	1214
5210	5031	7519	6551	3903	1016
6131	5894	10093	8411	4327	1861
2741	2651	3928	3535	2122	786
2787	2547	4305	3865	2094	708
8738	8322	11552	9968	5251	2647
61784	**58400**	**92100**	**77805**	**35500**	**19725**
15423	13694	23671	19858	10703	5798
6158	6135	7156	5673	2424	1921
10685	10418	12765	10660	4853	2926
4655	4480	5549	4820	1532	1332
4164	4009	6336	5785	2756	1372
4640	4210	5376	4013	1746	1126

3-28 续表 8

地 区	Region	卫生机构数(个) Number of Health Care Institutions (unit)	#医院、卫生院 Hospitals, Health Center	#防疫站 Epidemic Prevention Station	#妇幼保健站 Maternity and Child Care Centers
毕节地区	Bijie Prefecture	307	271	9	9
黔东南苗族侗族自治州	Southeast Guizhou Miao & Dong A.P	308	245	17	17
黔南布依族苗族自治州	South Guizhou Buyi & Miao A.P	316	265	18	10
云南省	**Yunnan**	**10110**	**2131**	**153**	**148**
昆明市	Kunming City	2575			
曲靖市	Qujing City	208	173		
玉溪市	Yuxi City	967			
保山市	Baoshan City	136			
昭通市	Zhaotong City	447			
丽江市	Lijiang City	99	76	6	6
思茅市	Simao City	176			
临沧市	Lincang City	139	107		
楚雄彝族自治州	Chuxiong Yi A.P	630	164		11
红河哈尼族彝族自治州	Honghe Hani & Yi A.P	249			
文山壮族苗族自治州	Wenshan Zhuang & Miao A.P	168			
西双版纳傣族自治州	Xishuangbanna Dai A.P	66			
大理白族自治州	Dali Bai A.P	232			
德宏傣族景颇族自治州	Dehong Dai & Jingpo A.P	97			
怒江傈僳族自治州	Nujiang Lisu A.P	53			
迪庆藏族自治州	Diqing Zang A.P	46			
西藏自治区	**Tibet A.R.**	**1378**	**763**	**81**	**55**
拉萨市	Lhasa City	275	62	9	6
昌都地区	Qamdu Prefecture	247	154	12	12
山南地区	Lhokha Prefecture	124	82	13	11
日喀则地区	Xigaze Prefecture	316	217	19	8
那曲地区	Narqu Prefecture	199	146	12	10
阿里地区	Ngri Prefecture	80	43	8	1
林芝地区	Nyingchi Prefecture	137	59	8	7
其他	Others				
陕西省	**Shaanxi**	**5366**	**2602**	**125**	**115**
西安市	Xian City	1478	480	19	15
铜川市	Tongchuan City	152	69	7	5
宝鸡市	Baoji City	677	260	13	13
咸阳市	Xianyang City	437	304	14	14
渭南市	Weinan City	433	280	13	12
延安市	Yanan City	397	211	14	14
汉中市	Hanzhong City	523	296	11	11
榆林市	Yulin City	486	282	13	13
安康市	Ankang City	448	232	12	9
商洛市	Shangluo City	324	180	8	8
其他	Others	11	8	1	1
甘肃省	**Gansu**	**11849**	**1741**	**103**	**99**
兰州市	Lanzhou City	1562	164	11	10
嘉峪关市	Jiayuguan City	109	8	1	1

continued

卫生机构床位数(张) Number of Beds in Health Care Institutions (bed)	#医院、卫生院 Hospitals, Health Center	卫生机构人员数(人) Employed Persons in Health Institutions (person)	#卫生技术人员 Medical and Technical Personnel	#执业(助理)医师 Certified (assistant) Doctors	#注册护师、护士 Registration Nurses
6686	6466	7311	6210	3417	1377
6084	5741	8520	7468	3939	2057
6269	6044	8034	6253	2897	1816
106961	**98836**	**142175**	**118429**	**55837**	**38001**
28710	24768		33123	15381	
11038	10521	11200	10483	4302	2902
6902	6679		8351	3843	2509
4646	4504		4976	2796	
5826	5584		5694	2958	1447
2565	2445		3212	1116	998
4091	3944		5507	2364	1353
3448	3243	4157	3806	1638	984
6900	6569		7235	3414	2275
10661	10151	11119	11091	4199	4084
4958	4574		5597	2409	1735
3422	3144		3862	1447	
8423	7621		8631	3496	2442
3363	3225		3757	1354	1099
1272	1128		1822	607	553
736	736	1364	1282	580	250
6767	**6412**	**10781**	**8913**	**4593**	**1896**
1564	1465	3654	2882	1409	819
1005	986	1345	1156	600	213
683	631	1102	953	630	168
1455	1409	1881	1596	712	283
909	838	1410	1111	490	175
504	473	518	468	285	72
647	610	871	747	467	166
106705	**99549**	**165170**	**136550**	**60316**	**38499**
32323	30087	52807	42241	17721	14000
3698	3443	4814	3927	1656	1266
11995	11182	17951	15152	6589	4125
13393	12947	19473	16381	7281	4816
10680	9790	16676	13730	6136	3626
6385	6049	10180	8368	3738	2173
10194	9064	15089	12916	5198	3108
7885	7673	11277	9424	4774	2192
5281	5146	8813	7739	3972	1869
4432	3729	7561	6236	3007	1226
439	439	514	421	234	94
63638	**59856**	**97140**	**83017**	**35246**	**22403**
14728	13857	24469	19880	8497	6955
1085	1020	1506	1391	647	523

3-28 续表 9

地　区	Region	卫生机构数（个） Number of Health Care Institutions (unit)	#医院、卫生院 Hospitals, Health Center	#防疫站 Epidemic Prevention Station	#妇幼保健站 Maternity and Child Care Centers
金昌市	Jinchang City	328	21	2	2
白银市	Baiyin City	808	94	7	6
天水市	Tianshui City	1026	170	9	8
武威市	Wuwei City	599	128	6	5
张掖市	Zhangye City	454	109	7	7
平凉市	Pingliang City	1060	125	8	8
酒泉市	Jiuquan City	368	94	8	8
庆阳市	Qingyang City	1467	153	9	9
定西市	Dingxi City	721	164	8	8
陇南市	Longnan City	1837	249	10	9
临夏回族自治州	Linxia Hui A.P	1210	144	8	9
甘南藏族自治州	Gannan Zang A.P	300	118	9	9
青海省	**Qinghai**	**693**	**535**	**57**	**24**
西宁市	Xining City	134	100	11	9
海东地区	Haidong Prefecture	148	127	7	6
海北藏族自治州	Haibei Zang A.P	63	45	5	1
黄南藏族自治州	Huangnan Zang AP	56	44	5	
海南藏族自治州	Hainan Zang A.P	66	52	7	
果洛藏族自治州	Golog Zang A.P	71	56	6	
玉树藏族自治州	Yushu Zang A.P	81	59	7	7
海西蒙古族藏族自治州	Haixi Mongolian & Zang A.P	74	52	9	1
宁夏回族自治区	**Ningxia**	**1463**	**400**	**25**	**21**
银川市	Yinchuan City	492	104	8	5
石嘴山市	Shizuishan City	324	57	3	3
吴忠市	Wuzhong City	224	79	5	4
固原市	Guyuan City	271	100	6	6
中卫市	Zhongwei City	152	60	3	3
新疆维吾尔自治区	**Xinjiang**	**8087**	**1516**	**197**	**88**
乌鲁木齐市	Urumqi City	1478	156	13	1
克拉玛依市	Karamay City	102	8	5	
吐鲁番地区	Turpan Prefecture	227	47	4	4
哈密地区	Hami Prefecture	287	61	7	3
昌吉回族自治州	Changji Hui A.P	1025	149	30	7
博尔塔拉蒙古自治州	Bortala Mongolian A.P	281	41	5	4
巴音郭楞蒙古自治州	Bayingolin Mongolian A.P	283	131	18	8
阿克苏地区	Aksu Prefecture	355	134	18	9
克孜勒苏柯尔克孜自治州	Kizilsu Kirgiz A.P	102	46	5	3
喀什地区	Kashi Prefecture	1041	221	15	12
和田地区	Hotan Prefecture	277	125	11	8
伊犁州直属县（市）	Counties(Cities) Direct Under Ili Prefecture	1056	195	26	12
塔城地区	Tacheng Prefecture	472	99	10	8
阿勒泰地区	Altay Prefecture	210	68	9	8
石河子市	Shihezi City	891	35	21	1
阿拉尔市	Alar City				
图木舒克市	Tumxuk City				
五家渠市	Wujiaqu City				

continued

卫生机构床位数(张) Number of Beds in Health Care Institutions (bed)	#医院、卫生院 Hospitals, Health Center	卫生机构人员数(人) Employed Persons in Health Institutions (person)	#卫生技术人员 Medical and Technical Personnel	#执业(助理)医师 Certified (assistant) Doctors	#注册护师、护士 Registration Nurses
1673	1673	2694	2371	999	757
4968	4770	6352	5446	2282	1593
6512	5716	8813	7498	3181	1831
4419	4233	6248	5265	2230	1316
3641	3401	4819	4133	1843	1168
5008	4655	7073	6034	2358	1451
3989	3861	5291	4676	1948	1580
4300	4173	7270	6337	2655	1240
4862	4624	6682	5763	2664	1328
3965	3776	7285	6754	2517	1151
2813	2625	5782	4898	2002	961
1675	1472	2856	2571	1423	549
15181	**14747**	**34792**	**17426**	**7429**	**5823**
8303	8192	17882	8941	3315	3364
1925	1871	4354	2177	1053	555
839	814	1926	993	455	255
615	547	1696	848	397	253
1148	1132	2340	1170	624	358
491	380	1454	727	355	267
538	509	1452	726	406	173
1322	1302	3688	1844	824	598
17802	**16836**	**27560**	**22817**	**10586**	**7376**
8058	7442	11937	9717	4259	3604
2867	2811	4644	3845	1635	1363
2780	2666	4355	3648	1575	1037
2234	2109	3836	3263	1871	769
1863	1808	2788	2344	1246	603
79753	**76002**	**117165**	**96266**	**41426**	**30657**
17850	16269	25555	20653	8981	6872
1974	1914	2918	2388	1027	993
2059	1903	3701	3109	1346	963
2536	2520	4536	3800	1634	1216
7122	6996	10407	8830	3340	2737
1943	1819	3490	2924	1257	874
5498	5345	7448	6159	2848	1909
6927	6887	9119	7336	3554	2348
1459	1419	2519	2029	897	597
9024	8920	11397	9518	4291	3046
5075	5075	5946	4403	1993	1221
8951	8134	14483	12013	4866	3885
3276	2948	5852	4911	2112	1473
2042	1987	3804	3198	1532	959
4017	3866	5990	4995	2248	1564

Chapter 4

第四章

县级统计资料

Statistics of County

4-1 全国百强县（市）社会经济综合发展指数测评结果（2005年）

General Index of Social and Economic Development of National Hundred Best County(2005)

位次 No.	省名	Province	县名	County,District or City	综合指数 Index
1	江苏省	Jiangsu Province	昆山市	Kunshan City	124.821
2	广东省	Guangdong Province	佛山市顺德区	Shunde District, Foshan City	120.427
3	江苏省	Jiangsu Province	张家港市	Zhangjiagang City	116.446
4	江苏省	Jiangsu Province	江阴市	Jiangyin City	115.855
5	广东省	Guangdong Province	佛山市南海区	Nanhai District, Foshan City	114.820
6	江苏省	Jiangsu Province	常熟市	Changshu City	110.889
7	浙江省	Zhejiang Province	杭州市萧山区	Xiaoshan District, Hangzhou City	100.726
8	江苏省	Jiangsu Province	常州市武进区	Wujin District, Changzhou City	96.297
9	江苏省	Jiangsu Province	太仓市	Taicang City	96.072
9	江苏省	Jiangsu Province	吴江市	Wujiang City	96.072
10	浙江省	Zhejiang Province	绍兴县	Shaoxing County	94.735
11	浙江省	Zhejiang Province	宁波市鄞州区	Yinzhou District, Ningbo City	93.867
12	浙江省	Zhejiang Province	义乌市	Yiwu City	87.490
13	山东省	Shandong Province	荣成市	Rongcheng City	87.063
14	浙江省	Zhejiang Province	慈溪市	Cixi City	86.427
15	浙江省	Zhejiang Province	杭州市余杭区	Yuhang District, Hangzhou City	85.384
16	山东省	Shandong Province	龙口市	Longkou City	84.223
17	福建省	Fujian Province	晋江市	Jinjiang City	82.800
18	浙江省	Zhejiang Province	余姚市	Yuyao City	81.891
19	山东省	Shandong Province	文登市	Wendeng City	81.003
20	江苏省	Jiangsu Province	宜兴市	Yixing City	79.289
21	广东省	Guangdong Province	佛山市三水区	Shunde District, Foshan City	78.965
22	福建省	Fujian Province	石狮市	Shishi City	78.946
23	浙江省	Zhejiang Province	海宁市	Haining City	77.219
24	浙江省	Zhejiang Province	诸暨市	Zhuji City	76.656
25	内蒙古自治区	Inner Mogolian	鄂尔多斯市东胜区	Dongsheng District, Erdos City	76.226
26	山东省	Shandong Province	胶州市	Jiaozhou City	75.253
27	浙江省	Zhejiang Province	嘉善县	Jiashan County	75.098
28	浙江省	Zhejiang Province	平湖市	Pinghu City	75.090
29	浙江省	Zhejiang Province	桐乡市	Tongxiang City	75.082
30	浙江省	Zhejiang Province	富阳市	Fuyang City	75.050
31	山东省	Shandong Province	胶南市	Jiaonan City	73.545
32	浙江省	Zhejiang Province	海盐县	Haiyan County	73.522
33	浙江省	Zhejiang Province	玉环县	Yuhuan County	73.380
34	浙江省	Zhejiang Province	温岭市	Wenling City	72.583
35	广东省	Guangdong Province	增城市	Zengcheng City	72.564
36	广东省	Guangdong Province	佛山市高明区	Gaoming District, Foshan City	71.896
37	河北省	Hebei Province	迁安市	Qianan City	71.408
38	山东省	Shandong Province	即墨市	Jimo City	71.286
39	浙江省	Zhejiang Province	德清县	Deqing County	70.963
40	浙江省	Zhejiang Province	乐清市	Leqing City	70.671
41	山东省	Shandong Province	寿光市	Shouguang City	70.331
42	浙江省	Zhejiang Province	瑞安市	Ruian City	70.322
43	山东省	Shandong Province	蓬莱市	Penglai City	70.290
44	江苏省	Jiangsu Province	扬中市	Yangzhong City	70.155
45	浙江省	Zhejiang Province	上虞市	Shangyu City	69.945
46	浙江省	Zhejiang Province	永康市	Yongkang City	69.869
47	江苏省	Jiangsu Province	丹阳市	Danyang City	69.864
48	山东省	Shandong Province	兖州市	Yanzhou City	69.558
49	山东省	Shandong Province	章丘市	Zhangqiu City	69.449
50	广东省	Guangdong Province	江门市新会区	Xinhui District, Jiangmen City	69.146

4-1 续表 continued

位次 No.	省名	Province	县名	County,District or City	综合指数 Index
51	山东省	Shandong Province	邹城市	Zoucheng City	69.015
52	河南省	Henan Province	巩义市	Gongyi City	68.308
53	山东省	Shandong Province	招远市	Zhaoyuan City	68.272
54	山东省	Shandong Province	乳山市	Rushan City	68.160
55	上海市	Shanghai City	崇明县	Chongming County	68.094
56	浙江省	Zhejiang Province	长兴县	Changxing County	67.871
57	辽宁省	Liaoning Province	海城市	Haicheng City	67.650
58	浙江省	Zhejiang Province	奉化市	Fenghua City	67.544
59	广东省	Guangdong Province	惠州市惠阳区	Huiyang District, Huizhou City	67.449
60	江苏省	Jiangsu Province	金坛市	Jintan City	67.002
61	河北省	Hebei Province	唐山市丰南区	Fengnan District,Tangshan City	66.478
62	新疆维吾尔自治区	Xinjiang Uygur A.R.	库尔勒市	Kuerle City	65.787
63	浙江省	Zhejiang Province	象山县	Xiangshan County	65.490
64	山东省	Shandong Province	莱西市	Laixi City	65.432
65	山东省	Shandong Province	诸城市	Zhucheng City	65.271
66	江苏省	Jiangsu Province	溧阳市	Liyang City	65.067
67	山东省	Shandong Province	莱州市	Laizhou City	64.586
68	山东省	Shandong Province	新泰市	Xintai City	64.207
69	福建省	Fujian Province	福清市	Fuqing City	64.085
70	江苏省	Jiangsu Province	靖江市	Jingjiang City	63.827
71	河北省	Hebei Province	任丘市	Renqiu City	63.795
72	山西省	Shanxi Province	河津市	Hejing City	63.609
73	江苏省	Jiangsu Province	南京市六合区	Liuhe District, Nanjing City	63.230
74	山东省	Shandong Province	桓台县	Huantai County	63.164
75	河北省	Hebei Province	遵化市	Zunhua City	63.156
76	山东省	Shandong Province	平度市	Pingdu City	62.869
77	广东省	Guangdong Province	珠海市斗门区	Doumen District, Zhujiang City	62.540
78	浙江省	Zhejiang Province	新昌县	Xinchang County	62.491
79	四川省	Sichuang Province	成都市温江区	Wenjiang District, Chengdu City	62.390
80	江苏省	Jiangsu Province	海门市	Haimen City	62.334
81	河北省	Hebei Province	武安市	Wuan City	62.206
82	浙江省	Zhejiang Province	桐庐县	Tonglu County	62.169
83	山东省	Shandong Province	广饶县	Guangrao County	62.141
84	山东省	Shandong Province	邹平县	Zouping County	62.041
85	浙江省	Zhejiang Province	东阳市	Dongyang City	61.996
86	山东省	Shandong Province	肥城市	Feicheng City	61.946
87	河北省	Hebei Province	三河市	Sanhe City	61.922
88	江苏省	Jiangsu Province	通州市	Tongzhou City	61.884
89	浙江省	Zhejiang Province	宁海县	Ninghai County	61.858
90	福建省	Fujian Province	惠安县	Huian County	61.678
91	北京市	Beijing City	密云县	Miyun County	61.623
92	浙江省	Zhejiang Province	临安市	Dongyang City	61.194
93	吉林省	Jilin Province	延吉市	Yanji City	61.160
94	湖南省	Hunan Province	长沙县	Changsha County	60.752
95	河北省	Hebei Province	迁西县	Qianxi County	60.640
96	浙江省	Zhejiang Province	嵊州市	Shengzhou City	60.566
97	辽宁省	Liaoning Province	大石桥市	Dashiqiao City	60.249
98	江苏省	Jiangsu Province	高淳县	Gaochun County	60.027
99	四川省	Sichuan Province	双流县	Shuangliu County	59.460
100	河南省	Henan Province	新郑市	Xinzheng City	59.458

4-2 县级单位主要统计指标(2005年)

地 区	Region	土地面积(平方公里) Land Area (sq.km)	年末总人口(人) Total Population (year-end) (person)	地区生产总值(万元) Gross Regional Product (10 000 yuan)	第一产业 Primary Industry	第二产业 Secondary Industry	第三产业 Tertiary Industry	人均地区生产总值(元/人) Per Capita Gross Regional Product (yuan/person)
河北省	**Hebei Province**							
井陉县	Jingxing County	1381	320305	499786	52149	274644	172993	15618
正定县	Zhengding County	468	438949	802634	160173	374102	268359	18325
栾城县	Luancheng County	345	321482	729179	173426	344075	211678	22758
行唐县	Xingtang County	1025	416772	415784	97177	219470	99137	10019
灵寿县	Lingshou County	1066	312235	300312	49575	168731	82006	9619
高邑县	Gaoyi County	222	175427	254554	61687	122235	70632	14513
深泽县	Shenze County	296	247774	261825	61371	137107	63347	11141
赞皇县	Zanhuang County	1210	230570	235588	65052	118585	51951	10199
无极县	Wuji County	524	485057	596281	109895	307161	179225	12307
平山县	Pingshan County	2648	449828	770347	129294	478909	162144	17165
元氏县	Yuanshi County	668	391623	581907	108579	298787	174541	14864
赵县	Zhao County	675	556124	601450	161189	282284	157977	10825
辛集市	Xinji City	951	610048	1208660	260480	641517	306663	19811
藁城市	Gaocheng City	836	746197	1501624	323019	728364	450241	20148
晋州市	Jicheng City	619	517205	748205	135367	370191	242647	14534
新乐市	Xinle City	525	453325	745082	160918	384933	199231	16532
鹿泉市	Luquan City	603	358673	1093711	129054	656965	307692	30593
滦县	Luan County	1028	541026	952926	153699	486908	312319	17650
滦南县	Luannan County	1270	577089	1356454	288308	679267	388879	23554
乐亭县	Leting County	1406	492845	1150433	410429	377721	362283	23345
迁西县	Qianxi County	1439	364749	1469545	98614	976142	394789	40494
玉田县	Yutian County	1165	659798	1258304	300027	543182	415095	19103
唐海县	Tanghai County	732	137480	285227	102113	94424	88690	20804
遵化市	Zunhua City	1521	695532	2126019	190836	1185152	750031	30617
迁安市	Qianan City	1208	687167	2458829	169275	1445863	843691	36058
青龙满族自治县	Qinglong Man A.C.	3510	525594	290593	72045	132743	85805	5529
昌黎县	Changli County	1212	549636	646637	204827	251371	190439	11778
抚宁县	Funing County	1618	516268	637167	161765	308297	167105	12351
卢龙县	Lulong County	961	418623	401006	101691	130283	169032	9593
邯郸县	Handan County	522	398894	821964	63446	529257	229261	20694
临漳县	Linzhang County	744	598962	380790	136058	132625	112107	6381
成安县	Chengan County	2729	371635	342594	122198	126921	93475	9239
大名县	Daming County	1053	762097	463230	130217	168883	164130	6125
涉县	She County	1509	390467	823853	33564	660423	129866	19987
磁县	Zi County	1015	646925	820918	81313	495623	243982	12737
肥乡县	Feixiang County	502	306870	263020	84938	85660	92422	8506
永年县	Yongnian County	898	860968	872919	200403	406832	265684	10370
邱县	Qiu County	448	209631	242178	68037	106201	67940	11554
鸡泽县	Jize County	336	253165	243521	54599	121319	67603	9641
广平县	Guangping County	320	252100	262394	51257	135705	75432	10496
馆陶县	Guantao County	336	299738	262396	89781	98343	74272	8868
魏县	Wei County	862	815429	494240	105170	171291	217779	6081
曲周县	Quzhou County	667	413386	323125	98276	127949	96900	7856
武安市	Wuan City	1806	725565	2352093	74089	1741987	536017	32586

Main Indicators of Regions at County Level(2005)

城镇就业人员（人）Urban Employed Persons (person)	乡村就业人员（人）Rural Laborer (person)	#农林牧渔业 Agriculture	全社会固定资产投资（万元）Investment in Fixed Assets (10 000 yuan)	地方财政收入（万元）Revenue of Local Governments (10 000 yuan)	地方财政支出（万元）Expenditures of Local Governments (10 000 yuan)	农村居民人均纯收入（元）Per Capita Disposable Income of Rural Households (yuan)	城镇职工平均工资（元）Average Wages in Urban (yuan)	常用耕地面积（公顷）Area of Cultivated Land (hectare)	农林牧渔业总产值（万元）Gross Output Value of Agriculture (10 000 yuan)	社会消费品零售总额（万元）Total Retail Sales (10 000 yuan)
21538	143759	71755	300395	17493	30798	3643	11878	22690	95974	97861
23981	222674	73059	330000	17460	36160	4797	12247	27303	319891	258128
15464	163241	92335	370000	12910	27554	4667	11728	26579	320011	171578
16032	185754	97245	240500	7746	24710	2929	9561	35900	186386	135973
13604	132458	86137	222000	6439	24838	2681	10163	22118	129835	90027
10841	89265	46360	144096	6528	14923	3975	8578	15970	115473	77328
7329	125023	56562	96500	6295	17070	4155	10284	19800	112814	96565
14869	112486	51305	165850	4582	18355	2316	6490	15973	108186	91349
17102	247598	119824	175112	10436	26477	4476	9471	35303	253662	264820
17810	206591	142406	339900	20693	43283	2430	11593	30185	222149	118174
15550	185900	126301	275000	9390	24176	3726	9887	35056	204239	118870
17707	275039	128594	291974	10405	30237	4110	10673	50590	284806	251625
29348	300527	105185	396370	22382	47663	4467	10071	69506	482007	606146
26849	384911	88899	530813	32295	54013	5060	11072	54700	610803	396788
22694	259837	108695	350455	13977	31615	4828	8854	40582	255292	252523
17552	181930	54320	386200	13285	29448	4872	11251	28006	322104	232701
25589	156871	76791	431309	25269	44359	5313	11729	27586	229711	276697
25224	274069	139596	400753	21821	46000	4407	13962	52638	259382	318950
28890	279047	204145	300745	24703	57233	4240	14158	67456	511820	360376
21260	258529	138393	387157	26782	53877	4980	13417	62957	620734	314582
21781	164423	86905	319353	42492	76471	4590	18105	14885	148703	221280
26088	308530	121237	320286	21325	54602	4377	12942	68995	494717	305472
45719	67442	41258	106287	12307	24098	4274	12466	23866	192339	71733
26267	307296	112391	552880	59830	100288	4908	11941	50985	320049	427573
45615	272734	79895	705376	105754	144514	4908	12157	44659	275156	502304
17127	246518	187134	98384	14277	37999	1675	11808	20030	132193	68269
21382	274593	176763	136056	12221	36087	3710	12742	61500	353365	134223
30280	239858	173522	86915	19360	45543	3452	12789	35785	291552	138531
15433	224712	163339	73568	6961	30221	3216	11546	40325	194966	88920
21625	181679	97832	353023	25581	43975	4306	12230	32335	124920	127138
13949	251218	161227	149754	3580	27561	3602	13594	49868	257010	101953
16667	183362	81726	174621	3785	21711	3665	9836	37085	250803	106420
16932	305865	258593	179359	4320	37791	2511	9908	76114	293038	169949
21567	177194	69855	420655	21585	44828	2830	11987	13490	69301	163600
27364	291331	122909	269171	18850	43591	3976	13343	50173	164254	224304
10363	151145	120914	97253	2582	17921	3176	10769	38777	213300	73420
27202	399938	169418	307292	15594	40716	3893	13770	63944	475330	322229
15763	97446	53086	75724	2567	13558	3445	7902	33301	188612	49846
7684	106899	52165	172248	1848	16710	3169	9867	26142	118563	67645
9650	106741	65991	159711	4478	19549	3158	10032	23202	77696	73020
7684	145789	82493	126845	2951	18060	2913	10331	30424	285540	74642
16521	335509	260360	179510	4712	37322	2580	9942	61451	217828	186450
13923	174458	93566	157212	3214	22455	3552	10205	51113	227018	139430
29124	339368	117770	500562	80698	109851	4520	14567	50719	155428	334153

4-2 续表 1

地　区	Region	土地面积 (平方公里) Land Area (sq.km)	年末总人口 (人) Total Population (year-end) (person)	地区生产总值 (万元) Gross Regional Product (10 000 yuan)	第一产业 Primary Industry	第二产业 Secondary Industry	第三产业 Tertiary Industry	人均地区生产总值 (元/人) Per Capita Gross Regional Product (yuan/person)
邢台县	Xingtai County	1928	451507	558839	58907	378928	121004	14373
临城县	Lincheng County	797	196737	171620	31450	91539	48631	8725
内丘县	Neiqiu County	788	256541	361586	35108	235932	90546	14119
柏乡县	Baixiang County	268	181842	162387	48978	81240	32169	8947
隆尧县	Longrao County	749	490399	524931	117174	259012	148745	10748
任县	Ren County	431	308448	131052	44772	42771	43509	4227
南和县	Nanhe County	418	321591	153852	63501	48078	42273	4808
宁晋县	Ningjin County	1029	737261	728682	127518	447360	153804	10486
巨鹿县	Julu County	630	362764	230965	55733	113941	61291	6389
新河县	Xinhe County	366	165302	96002	25570	45110	25322	5818
广宗县	Guangzong County	503	272202	138952	48398	60365	30189	5109
平乡县	Pingxiang County	406	277189	145202	31509	66057	47636	5223
威县	Wei County	994	537690	226628	126704	39030	60894	4215
清河县	Qinghe County	502	356704	719553	42308	544217	133028	20054
临西县	Linxi County	542	330858	252042	71147	104271	76624	7619
南宫市	Nangong City	854	451856	371378	84080	191512	95786	8240
沙河市	Shahe City	999	473182	741577	47012	537103	157462	15701
满城县	Mancheng County	650	387515	457547	85076	269712	102759	11811
清苑县	Qingyuan County	867	611774	435927	135175	205911	94841	7078
涞水县	Laishui County	1685	342671	144749	42934	45548	56267	4232
阜平县	Fuping County	2495	209868	117308	27336	39434	50538	5594
徐水县	Xushui County	723	557287	509337	125001	235699	148637	9138
定兴县	Dingxing County	714	565310	422510	111885	212172	98453	7486
唐县	Tang County	1417	542469	227010	70885	92372	63753	4203
高阳县	Gaoyang County	472	312068	370535	42870	254751	72914	11914
容城县	Rongcheng County	314	250294	267238	55412	160178	51648	10737
涞源县	Laiyuan County	2448	265196	205140	16589	135010	53541	7741
望都县	Wangdu County	370	261968	174923	62228	69741	42954	6684
安新县	Anxin County	724	413520	316631	46956	195045	74630	7685
易县	Yi County	2534	548590	322185	104841	120982	96362	5878
曲阳县	Quyang County	1084	546209	290843	56109	135615	99119	5328
蠡县	Xin County	649	491422	504192	76153	306532	121507	10246
顺平县	Shunping County	708	301226	163674	50985	64485	48204	5443
博野县	Boye County	340	252673	149437	54077	58071	37289	5918
雄县	Xiong County	524	337269	288370	48659	182624	57087	8562
涿州市	Zhuozhou City	742	597464	848912	101395	318346	429171	14251
定州市	Dingxing City	1274	1150859	981732	341808	447423	192501	8566
安国市	Anguo City	486	397298	358618	103170	148168	107280	9035
高碑店市	Gaobeidian City	672	571597	847177	83563	533715	229899	14845
宣化县	Xuanhua County	2108	297731	229458	53880	86739	88839	8508
张北县	Zhangbei County	4232	372836	201419	93058	48066	60295	5712
康保县	Kangbao County	3365	280630	120569	56094	23685	40790	5347
沽源县	Guyuan County	3654	224187	90532	46903	13408	30221	4155
尚义县	Shangyi County	2632	189749	74444	31572	13700	29172	3914
蔚县	Wei County	3220	462710	321280	52546	126188	142546	7251
阳原县	Yangyuan County	1849	275120	188291	35153	58783	94355	7307

continued

城镇就业人员(人) Urban Employed Persons (person)	乡村就业人员(人) Rural Laborer (person)	#农林牧渔业 Agriculture	全社会固定资产投资(万元) Investment in Fixed Assets (10 000 yuan)	地方财政收入(万元) Revenue of Local Governments (10 000 yuan)	地方财政支出(万元) Expenditures of Local Governments (10 000 yuan)	农村居民人均纯收入(元) Per Capita Disposable Income of Rural Households (yuan)	城镇职工平均工资(元) Average Wages in Urban (yuan)	常用耕地面积(公顷) Area of Cultivated Land (hectare)	农林牧渔业总产值(万元) Gross Output Value of Agriculture (10 000 yuan)	社会消费品零售总额(万元) Total Retail Sales (10 000 yuan)
16038	193488	113360	220963	14117	39206	3656	13209	33474	112530	140213
6308	83931	59933	126311	3320	18833	2718	11994	18709	66150	51925
10070	111457	77204	229410	7083	20466	3136	10298	23988	70358	75313
7032	82958	46005	73893	2083	11571	3794	12260	19490	116012	41769
13016	200899	78810	261248	8416	24112	3645	11108	53866	243575	112540
6927	128701	63137	68295	1785	14845	3152	10130	31912	83021	72310
6407	145830	97483	82097	1715	15196	3279	11918	29915	129595	64112
19724	319980	182047	338251	17200	40878	3606	13036	65824	234211	184988
10046	186131	122766	164007	2403	18893	2785	10361	42484	111261	85340
5303	69399	47207	62275	1391	12734	2456	10510	22238	61399	36361
6128	129744	87032	63685	1305	15437	2385	10535	35072	112052	40510
9466	120039	74199	91601	2491	15599	2739	9621	28359	56794	57600
11348	245598	159256	141900	3253	22782	2508	10205	68820	286166	78174
13805	137115	27096	237896	10795	27972	4602	11196	33755	95249	160048
10325	136344	80105	130555	3127	16288	3540	9517	39456	145291	92000
14302	149419	98498	118015	4326	24296	3366	9795	59745	173026	108000
22084	188030	87421	290494	14646	39347	4076	12027	27512	121716	168643
17586	194217	123126	186952	8829	26493	3894	11096	25328	153376	118753
22093	329099	195354	210553	9001	32199	3886	11088	51661	239573	141534
15829	173370	139100	90967	4219	21550	2676	9564	22484	79238	64504
9352	82492	59765	113646	4228	19851	1830	11665	8377	46299	39529
19674	286062	177422	264972	11665	30929	3987	13058	45923	222922	171940
21804	274196	177205	230000	7266	26377	3957	9571	48410	195945	102108
39806	258982	176397	110050	5578	29164	2283	10709	27674	119990	69698
10838	156238	72402	144289	7134	21877	4109	13174	33593	80958	112422
9184	125983	49881	143812	5820	16169	4238	11329	21287	103379	88854
11718	122217	88043	121741	11238	28054	1685	10820	18758	32865	38561
20481	127863	90766	115000	3078	16175	3718	9440	22471	109600	46117
12143	223996	148769	154736	6960	22600	3884	10581	32372	91300	103630
20330	257943	181438	194492	7035	32825	2633	11562	36851	191541	94661
19671	245903	158804	88313	5014	22833	2545	9719	29538	106700	93126
13662	252511	141554	205105	7242	24350	4457	10821	44622	135209	148663
11946	148131	110141	105013	3009	19773	2237	9924	25192	91769	59007
6927	139349	68306	83125	2435	13210	3101	12022	21575	96299	48580
10373	188492	114648	196102	6339	18357	3836	11225	31843	82332	104988
46074	241624	164631	486217	27755	50901	4445	19824	46728	179651	304287
35334	619573	393973	607901	26183	60568	3775	11221	77004	632977	315430
14728	158738	83292	234211	8940	21406	4420	9489	32871	157784	154315
34996	262151	135326	386286	20643	37155	4100	12139	44317	165100	314830
14797	146548	100433	71236	5997	23030	2869	12557	47073	101552	69522
10968	190465	145057	87538	4112	27035	1950	12894	113557	178630	62900
9389	138231	109424	56965	1041	19380	1946	11103	95932	106826	48222
7152	113630	93466	54032	1383	18569	1956	11736	86014	98463	40704
9300	101319	76659	51470	1126	16143	1890	10267	56754	64279	30519
22524	180560	124841	100411	7902	30339	1958	13893	77186	94714	95059
17004	112951	80182	64004	5579	24253	1913	9416	46761	66520	77738

4-2 续表 2

地　区	Region	土地面积（平方公里）Land Area (sq.km)	年末总人口（人）Total Population (year-end) (person)	地区生产总值（万元）Gross Regional Product (10 000 yuan)	第一产业 Primary Industry	第二产业 Secondary Industry	第三产业 Tertiary Industry	人均地区生产总值（元/人）Per Capita Gross Regional Product (yuan/person)
怀安县	Huaian County	1706	242013	126494	36283	30423	59788	5665
万全县	Wangquan County	1162	219605	128425	30201	50149	48075	5848
怀来县	Huailai County	1801	338634	373974	46099	128463	199412	11585
涿鹿县	Zhuolu County	2802	330677	236452	74793	77293	84366	7341
赤城县	Chicheng County	5287	280777	155725	49718	57048	48959	6456
崇礼县	Chongli County	2324	122824	86437	19448	42973	24016	7039
承德县	Chengde County	3997	474919	341444	95012	156281	90151	7210
兴隆县	Xinglong County	3123	318393	337786	64966	175588	97232	10612
平泉县	Pingquan County	3296	463940	331191	99146	131221	100824	7136
滦平县	Luanping County	3213	333096	297582	61863	138719	97000	8883
隆化县	Longhua County	5475	426736	257847	82955	88462	86430	6094
丰宁满族自治县	Fengning Man A.C.	8765	381695	300534	98825	114368	87341	7874
宽城满族自治县	Kuancheng Man A.C.	1932	234923	485068	40888	358977	85203	20650
围场满族蒙古族自治县	Weichang Man & Mongolia A.C.	9220	517742	239939	85875	62130	91934	4627
沧县	Cang County	1520	658101	1002267	136997	528914	336356	15251
青县	Qing County	968	393966	576312	152230	295710	128372	14664
东光县	Dongguang County	710	349389	414800	100766	198970	115064	11892
海兴县	Haixing County	920	215930	123209	31823	48056	43330	5717
盐山县	Yanshan County	795	406900	309446	63513	147872	98061	7603
肃宁县	Suning County	515	325308	363207	93297	151354	118556	16534
南皮县	Nanpi County	790	354188	273616	74826	108583	90207	7729
吴桥县	Wuqiao County	583	278298	274932	94960	84393	95579	9907
献县	Xian County	1173	571960	500016	123865	250153	125998	8767
孟村回族自治县	Mengcun Hui A.C.	387	186452	180030	27247	112007	40776	9530
泊头市	Botao City	1007	551519	799505	115013	435759	248733	14542
任丘市	Renqiu City	1023	788179	3013859	103878	2441778	468203	38664
黄骅市	Huanghua City	1803	497217	715999	77322	343037	295640	17170
河间市	Hejian City	1333	771179	1041159	116107	584856	340196	13539
固安县	Guan County	697	394352	289073	146381	83398	59294	7339
永清县	Yongqing County	774	367508	293712	120911	103803	68998	7990
香河县	Xianghe County	458	305222	622977	113908	330456	178613	20419
大城县	Dacheng County	910	456980	457769	71400	268035	118334	10021
文安县	Wenan County	1038	458666	700237	77140	442687	180410	15306
大厂回族自治县	Dachang Hui A.C.	176	111694	192707	54197	94946	43564	17252
霸州市	Bazhou City	784	570602	1101020	96291	707455	297274	19371
三河市	Sanhe City	643	486202	1361676	163230	797993	400453	28251
枣强县	Zaoqiang County	903	380167	505083	106047	277283	121753	13285
武邑县	Wuyi County	833	308542	270486	114883	95029	60574	8808
武强县	Wuqiang County	444	209108	215268	47387	116715	51166	10349
饶阳县	Raoyang County	574	286014	324964	140540	124890	59534	11382
安平县	Anping County	495	311876	502034	57076	294242	150716	16096
故城县	Gucheng County	941	471852	443010	124725	172654	145631	9390
景县	Jing County	1189	500631	557648	124927	281617	151104	11178
阜城县	Fucheng County	697	326988	305065	77465	165383	62217	9361
冀州市	Jizhou City	921	363142	512882	92487	271637	148758	14133
深州市	Shenzhou City	1252	565678	675009	159803	318926	196280	11949

continued

城镇就业人员(人) Urban Employed Persons (person)	乡村就业人员(人) Rural Laborer (person)	#农林牧渔业 Agriculture	全社会固定资产投资(万元) Investment in Fixed Assets (10 000 yuan)	地方财政收入(万元) Revenue of Local Governments (10 000 yuan)	地方财政支出(万元) Expenditures of Local Governments (10 000 yuan)	农村居民人均纯收入(元) Per Capita Disposable Income of Rural Households (yuan)	城镇职工平均工资(元) Average Wages in Urban (yuan)	常用耕地面积(公顷) Area of Cultivated Land (hectare)	农林牧渔业总产值(万元) Gross Output Value of Agriculture (10 000 yuan)	社会消费品零售总额(万元) Total Retail Sales (10 000 yuan)
12522	110951	77213	51378	3993	25083	1936	9132	33007	57827	51616
10358	102654	68412	70021	3187	19093	1874	10307	27315	51182	58215
17009	149975	103373	133510	11109	29731	3730	10962	25531	87335	121071
22292	149325	110084	80158	4457	30280	2836	10103	23255	126470	87274
11275	112945	81393	50514	7614	27285	1730	10381	28894	85055	50415
9850	57544	42421	47058	2673	12890	1980	11362	15874	30670	23602
25840	232445	158987	166748	12386	45512	2416	10035	31878	181841	126000
16025	147240	100085	160469	7768	32904	3118	12801	6367	117096	120303
22026	223036	111422	162198	8605	44917	2482	12408	39245	159652	113382
10052	151238	88118	268048	10015	37426	2384	13468	21273	112797	92149
14417	225887	152329	140263	5040	37142	2150	11419	38893	144018	90269
15440	174424	92081	172310	10069	49731	2118	12170	65276	171578	82145
16818	103519	67392	188645	16805	47453	3050	13601	8090	66066	79584
18857	231697	179669	140927	3256	38365	1990	11961	54459	147121	107202
24825	353584	99996	225744	16982	34827	3711	12497	85472	234774	219996
18959	179963	96376	182654	9922	29288	3620	13842	55041	245118	131090
16545	160197	89797	157961	4239	25038	3133	10900	48062	179727	71355
10448	97279	66401	37337	2622	18278	2306	8984	28604	62608	27992
17307	198905	126556	150247	3993	28400	2659	10776	43831	117826	95821
12918	182388	76191	179392	8421	26859	3601	13495	37369	199408	85915
12607	150317	109799	110977	4089	27991	2755	10728	44934	136544	62810
14377	148171	102948	103375	3217	21691	3300	10617	37781	160533	56352
17059	259868	171713	156023	5158	28703	2710	11294	70852	235719	92295
9356	80394	50712	93000	2920	18996	2762	11640	20490	53016	56236
31554	229275	89888	227322	9683	37135	3762	11481	54526	201358	206513
100178	275891	65677	412093	70617	71883	4303	23047	55548	222996	465000
29293	156230	48066	316186	20878	36543	3616	12258	47882	149192	205500
26625	382379	118443	198707	13172	38698	3531	10452	90581	221033	406560
13622	177327	140228	161210	7372	21194	4052	10727	44508	278462	109338
11901	178974	121568	179102	4354	23914	4318	9994	43312	244759	101426
21998	132408	67629	424270	15224	34877	5253	12344	28307	207088	280969
16901	195734	98420	188914	8742	31556	3955	11285	55780	146611	151719
17929	202711	102112	321764	11664	33216	4644	11675	58011	142788	186937
8963	42670	19861	57032	4731	15719	4981	13230	10311	96125	44394
21768	236066	88097	587453	27816	53489	4806	13658	41135	171336	290441
30551	135792	52869	659483	51068	78469	5364	16345	35870	307179	348600
10575	153196	90187	299037	6961	35283	3691	12167	60487	169890	91370
9590	143321	76625	156107	3924	23722	2698	9570	53370	190166	85276
7998	88974	62287	109367	3329	17585	2684	10008	28913	82389	62374
8736	142408	77304	183449	4743	20469	3294	11108	38666	222816	81074
12192	147635	52399	252549	10085	25651	4120	11494	35264	112156	116251
15601	187670	113125	217090	5509	28088	3437	10211	57845	283512	118603
16639	220530	104123	429531	8521	35190	3893	10934	79313	230633	151500
12978	128099	56526	147333	5024	19933	3283	10140	38864	151868	58014
17603	157234	82042	287258	8726	28273	3818	11331	57182	193215	104083
19374	263090	116722	357070	8804	33280	3757	11373	81108	296745	157424

4-2 续表 3

地区	Region	土地面积（平方公里）Land Area (sq.km)	年末总人口（人）Total Population (year-end) (person)	地区生产总值（万元）Gross Regional Product (10 000 yuan)	第一产业 Primary Industry	第二产业 Secondary Industry	第三产业 Tertiary Industry	人均地区生产总值（元/人）Per Capita Gross Regional Product (yuan/person)
山西省	**Shanxi Province**							
清徐县	Qingxu County	609	300326	615757	89799	366562	159396	14991
阳曲县	Yangqu County	2059	141970	100079	22404	40429	37246	6874
娄烦县	Loufan County	1276	117971	80483	4646	51719	24118	7060
古交市	Gujiao City	1584	213254	352705	10993	262006	79706	16614
阳高县	Yanggao County	1668	280865	74762	28044	13844	32874	2757
天镇县	Tianzhen County	1635	209863	55707	17972	12868	24867	2679
广灵县	Guangling County	1283	175016	63450	19945	29796	13709	3486
灵丘县	Lingqiu County	2730	228566	120843	13931	69917	36995	5538
浑源县	Hunyuan County	1966	347000	125472	38410	44271	42791	3700
左云县	Zuoyun County	1314	140732	175183	11491	114429	49263	10372
大同县	Datong County	1503	174816	94489	28597	29565	36327	5588
平定县	Pintgding County	1361	315537	307756	15009	180627	112120	9715
盂县	Meng County	2523	286777	300236	11622	193780	94834	10129
长治县	Changzhi County	483	318158	283727	22395	181850	79482	8557
襄垣县	Xiangyuan County	1160	247097	525502	37747	401513	86242	20552
屯留县	Tunliu County	1142	245291	188626	37688	109695	41243	7368
平顺县	Pingshun County	1550	155075	64336	12395	29868	22073	3911
黎城县	Licheng County	1101	159908	150170	19275	82259	48636	9424
壶关县	Huguan County	1013	283953	179971	12743	119171	48057	6184
长子县	Changzi County	1029	340148	170830	60976	59679	50175	4924
武乡县	Wuxiang County	1610	202624	120581	16748	74959	28874	6001
沁县	Qin County	1297	170248	64132	22693	10094	31345	3667
沁源县	Qinyuan County	2547	152633	223756	10698	169710	43348	14108
潞城市	Lucheng City	630	212180	440844	14890	337358	88596	20057
沁水县	Qinshui County	2655	205166	220077	16775	122207	81095	10252
阳城县	Yangcheng County	1968	386965	598181	26454	435773	135954	14534
陵川县	Lingchuan County	1751	252963	121729	17389	60146	44194	4811
泽州县	Zezhou County	2023	494768	616182	41377	395335	179470	11976
高平市	Gaoping City	946	474692	587889	41180	342625	204084	12179
山阴县	Shanyin City	1651	220326	248051	54965	125154	67932	11259
应县	Ying County	1708	280698	114285	38600	30107	45578	3921
右玉县	Youyu County	1967	104300	67308	12861	22043	32404	6169
怀仁县	Huairen County	1230	253855	403521	33138	198772	171611	13628
榆社县	Yushe County	1650	136400	135821	8078	95360	32383	10504
左权县	Zuoquan County	2028	159084	123500	17516	64603	41381	7836
和顺县	Heshun County	2250	135468	102017	14776	47875	39366	7490
昔阳县	Xiyang County	1944	234333	120279	18058	49456	52765	5403
寿阳县	Shouyang County	2110	210682	196315	47656	87347	61312	9268
太谷县	Taigu County	1034	285971	278049	64649	104866	108534	9030
祁县	Qi County	854	259391	248437	55987	107670	84780	9532
平遥县	Pingyao County	1260	485452	338833	58723	146472	133638	6964
灵石县	Lingshi County	1206	237181	472826	8468	320399	143959	18989
介休市	Jiexiu City	757	377729	636005	15434	472043	148528	16697
临猗县	Linyi County	1339	555595	379733	147051	101936	130746	6834

continued

城镇就业人员(人) Urban Employed Persons (person)	乡村就业人员(人) Rural Laborer (person)	#农林牧渔业 Agriculture	全社会固定资产投资(万元) Investment in Fixed Assets (10 000 yuan)	地方财政收入(万元) Revenue of Local Governments (10 000 yuan)	地方财政支出(万元) Expenditures of Local Governments (10 000 yuan)	农村居民人均纯收入(元) Per Capita Disposable Income of Rural Households (yuan)	城镇职工平均工资(元) Average Wages in Urban (yuan)	常用耕地面积(公顷) Area of Cultivated Land (hectare)	农林牧渔业总产值(万元) Gross Output Value of Agriculture (10 000 yuan)	社会消费品零售总额(万元) Total Retail Sales (10 000 yuan)
10965	115130	73184	219855	35044	51598	5161	16113	25048	141562	124460
5783	50265	32569	91990	7247	19887	1870	12417	26298	36875	25342
5990	47255	31276	79889	8977	32322	1578	14252	19575	8994	10093
10782	41358	19948	234151	27703	41757	4868	15673	16868	19977	117781
11455	81137	61156	15703	2164	24641	1981	10484	52609	58721	23532
8563	67410	51758	27468	1317	20309	1780	10586	34782	50774	18838
9746	53937	40323	12814	1494	18105	1956	8790	26243	32189	24722
11078	79512	55426	25098	4537	24375	2000	14308	34971	34807	56971
12350	127972	86911	17533	2598	28845	1986	11268	42086	77393	63817
13897	42121	25814	58802	12552	31017	3301	13677	40112	22126	51480
10051	45493	32010	21118	3410	17846	2636	8982	31989	53020	44368
18570	117820	50837	211450	12357	30266	3687	15597	20011	29628	89997
26487	113213	74142	107702	22052	36522	3642	13559	24636	23410	96558
14494	141107	70230	70677	16225	28995	4451	14283	23363	42965	74525
56246	83630	51083	408159	18694	32250	4080	29333	38569	69432	54605
14740	96185	61611	59018	10184	25100	3909	11608	35941	66304	34090
7304	66372	49080	12984	2826	17343	1945	10458	11634	22520	13901
7535	69321	44004	35822	7068	18791	3729	11103	16594	34803	30388
10825	117665	66091	65069	6569	27307	2136	11258	21633	24837	45930
14626	141516	106144	34264	6482	23330	3788	12562	35360	104871	38302
11003	86644	61206	371456	7918	24584	2081	13818	27668	29303	23679
7964	53058	37204	7491	2690	17184	2455	9878	24680	37543	19765
16573	48849	28622	72274	11799	23480	2830	14165	17272	21342	39900
18601	72611	43467	342803	17942	28283	4146	12824	17631	29097	37328
16743	79282	51901	57508	15967	32272	2863	13711	22286	30990	55498
30920	153390	81121	156466	25981	45685	3466	14543	27010	45796	94297
14105	100136	57608	41217	6857	23571	2742	10826	21787	32372	51344
25778	210456	125557	165000	21200	46755	4218	14198	41486	72460	74512
26493	207889	109845	239729	28771	46167	3639	12939	31761	80779	92099
15220	53419	38620	133565	16586	30089	3388	13792	42060	96013	76003
10773	95085	75340	34282	3099	21392	3004	11068	47033	77876	48780
7208	39336	27107	10874	3206	16947	1680	8744	43167	24314	33299
30766	75911	45959	169031	17136	25223	4044	11759	34586	57768	161534
12463	46311	31018	47541	8628	19330	1841	10835	12069	14775	26117
13466	65921	40442	75458	5215	20425	1867	10972	13400	30026	30620
14557	41762	30352	62580	5132	18780	1883	10789	15233	27698	28900
15411	98620	64425	61245	5389	23191	2648	11091	23974	27961	54791
20824	75055	58521	153582	9491	25451	3095	13341	52384	79709	54839
24176	99972	64031	70990	8075	23722	4155	10867	26887	110436	88544
12523	95570	56655	73022	8475	23432	3904	12996	24630	89729	80398
21944	178938	100201	96153	9760	33572	3127	12362	43093	108954	140543
18338	78504	38947	226053	24613	38108	4314	13481	21995	14444	150236
64875	123735	53103	337604	23469	43752	3696	18281	21742	35085	180511
20970	225402	164304	80516	4690	26838	3658	11045	69337	242662	94615

4-2 续表 4

地区	Region	土地面积(平方公里) Land Area (sq.km)	年末总人口(人) Total Population (year-end) (person)	地区生产总值(万元) Gross Regional Product (10 000 yuan)	第一产业 Primary Industry	第二产业 Secondary Industry	第三产业 Tertiary Industry	人均地区生产总值(元/人) Per Capita Gross Regional Product (yuan/person)
万荣县	Wanrong County	1081	430106	180687	41876	63358	75453	4134
闻喜县	Wenxi County	1167	387042	546067	30148	430156	85763	14020
稷山县	Jishan County	686	335953	210633	25167	122248	63218	6270
新绛县	Xinjiang County	593	318900	214213	35851	103877	74485	6728
绛县	Jiang County	993	279819	200696	24592	121713	54391	7173
垣曲县	Yuanqu County	1620	220996	142363	12264	90281	39818	6310
夏县	Xia County	1348	337797	92970	26602	30144	36224	2645
平陆县	Pinglu County	1174	245939	95966	14323	46083	35560	3904
芮城县	Ruicheng County	1179	385957	247213	55600	97250	94363	6429
永济市	Yongji City	1221	437537	363325	59742	206695	96888	8333
河津市	Hejing City	593	371501	1318106	26510	971548	320048	34533
定襄县	Dingxiang County	865	208319	147873	18675	79896	49302	6814
五台县	Wutai County	2881	323188	92030	14800	22030	55200	2848
代县	Dai County	1696	211405	110924	12856	69099	28969	5249
繁峙县	Fanshi County	2381	254580	102800	13300	53300	36200	4107
宁武县	Ningwu County	1936	153556	87040	4500	33140	49400	5498
静乐县	Jingle County	2058	160300	60386	9483	22379	28524	3751
神池县	Shenchi County	1472	106500	36700	13263	3141	20296	3446
五寨县	Wuzhai County	1391	112221	40830	12125	7145	21560	3638
岢岚县	Kelan County	1984	79250	38513	13663	6047	18803	4606
河曲县	Hequ County	1328	135855	200787	7877	125222	67688	14041
保德县	Baode County	998	153238	134775	6881	64145	63749	8809
偏关县	Pianguan County	1685	116538	72131	10164	32987	28980	6192
原平市	Pingyuan City	2560	463815	263440	44106	92884	126450	5438
曲沃县	Quwo County	437	226548	326616	34618	231884	60114	14281
翼城县	Yicheng County	1149	308649	385242	19080	257198	108964	12249
襄汾县	Xiangfen County	1028	485422	629363	51943	444895	132525	12995
洪洞县	Hongdong County	1494	717153	713928	45778	498129	170021	9805
古县	Gu County	1191	82441	225548	8612	185078	31858	25836
安泽县	Anze County	1959	76009	92341	15841	54622	21878	11659
浮山县	Fushan County	938	128691	138598	12917	95043	30638	10930
吉县	Ji County	1780	103305	300236	11622	193780	94834	10129
乡宁县	Xiangning County	2025	220018	304254	7653	235913	60688	13528
大宁县	Daning County	963	62590	20538	3301	7654	9583	3350
隰县	Xi County	1413	100352	47447	11205	12432	23810	4745
永和县	Yonghe County	1213	61969	19301	8163	1610	9528	3048
蒲县	Pu County	1509	97503	260499	5341	220127	35031	25766
汾西县	Fenxi County	875	140157	125802	5166	82912	37724	9034
侯马市	Houma City	221	235048	375343	16413	209676	149254	16095
霍州市	Huozhou City	764	295208	359379	13616	259796	85967	12583
文水县	Wenshui County	1064	418702	192339	45606	95253	51480	4599
交城县	Jiaocheng County	1822	216421	209416	10069	147518	51829	9668
兴县	Xing County	3165	281075	60945	12920	28231	19794	2168
临县	Lin County	2979	581641	89820	13114	23561	53145	1552
柳林县	Liulin County	1287	305640	433845	4756	355322	73767	14695
石楼县	Shilou County	1743	106899	21280	5642	5539	10099	2046

continued

城镇就业人员(人) Urban Employed Persons (person)	乡村就业人员(人) Rural Laborer (person)	#农林牧渔业 Agriculture	全社会固定资产投资(万元) Investment in Fixed Assets (10 000 yuan)	地方财政收入(万元) Revenue of Local Governments (10 000 yuan)	地方财政支出(万元) Expenditures of Local Governments (10 000 yuan)	农村居民人均纯收入(元) Per Capita Disposable Income of Rural Households (yuan)	城镇职工平均工资(元) Average Wages in Urban (yuan)	常用耕地面积(公顷) Area of Cultivated Land (hectare)	农林牧渔业总产值(万元) Gross Output Value of Agriculture (10 000 yuan)	社会消费品零售总额(万元) Total Retail Sales (10 000 yuan)
17175	168698	119063	35257	2687	24358	2092	8865	48020	72265	72342
23131	161837	79205	211079	11708	30489	2630	8853	52531	50942	89364
13180	156210	82583	60000	3899	21254	2828	7915	33729	52066	52350
15441	148443	102348	85368	3622	19286	2859	9677	31473	59347	90823
21985	129507	76480	50227	3952	23128	2674	9668	25830	46356	47205
23150	75550	46402	29372	2748	20671	1087	10996	16262	24388	55196
16145	181058	132702	16702	1998	21039	2004	8791	37245	52051	55141
14061	108742	79072	60615	2010	22065	1148	9323	25906	26231	45197
17974	188267	137648	70909	3658	25032	2905	9879	42984	92999	60053
30788	182608	126699	110845	6011	26033	3255	11503	48922	112797	135280
38262	127560	66285	523703	45675	53602	5716	20586	22811	44225	218407
10373	74552	40930	35725	4281	18154	3608	11433	32783	29821	42776
14571	80684	52370	94000	4613	30866	1615	10114	34447	30173	39658
9401	64684	50324	13120	8445	24860	1847	11108	22290	21644	27741
13041	72450	53664	12670	5200	23802	1788	8462	35382	24852	32115
13416	45205	29063	16515	8156	22451	1090	10554	19101	8685	19085
10024	55525	35572	8063	3400	19193	1520	8035	27910	19469	18028
7145	28145	22696	3119	1708	14337	1008	9136	40679	21423	18228
6819	33688	24598	13860	1862	16873	1018	10583	29017	21029	18912
5290	22092	19437	10813	1207	14755	1568	10655	25330	22556	17554
10122	39094	27228	47774	7828	22269	1662	12762	23542	18177	32400
10968	48483	24823	100089	10288	23928	1761	11520	20281	12246	36198
8515	34506	23679	7530	2993	18980	1444	8146	28519	23269	25072
42656	125869	79812	287041	10897	32878	2519	9230	58628	75103	124949
11336	100512	61302	90775	6791	24118	3393	13556	20694	60113	50900
18442	105844	53729	62536	25398	45481	3180	11499	29247	36521	83434
15347	215235	133861	148335	21855	45460	4006	13518	52721	88911	89969
41064	297834	166513	178096	19664	47612	3680	13549	59366	81298	138560
8312	23077	14977	55676	6048	16460	2926	13456	12130	14396	20922
7409	23311	16178	40467	4437	15994	2730	11114	12100	29456	22083
7314	38657	20836	40306	6408	17817	2959	13652	19759	24327	18328
5874	31770	23419	17758	1434	14391	1546	11090	13050	17943	16131
15864	69076	51641	88360	13327	26494	2916	14707	25365	18337	44020
6492	18496	14669	4229	442	12505	1130	10962	9266	6761	7253
8213	30092	22142	4213	1193	16242	1996	10674	15420	17874	19937
4066	16822	13798	3604	395	11333	1260	10324	13775	13751	10130
11635	30698	19888	64538	8419	21163	2804	11085	12041	9572	20939
6952	53982	38322	40624	3595	18177	1402	11192	18410	12001	25235
32891	54570	32979	189206	11646	26800	5330	11821	9073	26834	183233
44137	85993	51312	231666	14106	24372	3940	16826	18045	24076	76073
18591	177107	108741	53309	6818	29987	2868	11031	39988	86942	48947
13313	74043	38439	80650	9227	26945	2300	10896	11069	17832	36059
12584	101545	76621	20000	2961	26156	1075	9380	57339	23241	20474
20311	207502	145324	45000	3326	38639	932	9995	93577	26847	82000
22405	89684	43558	155000	18283	32175	1980	13716	25360	9337	57941
5568	32007	25927	23417	881	18960	716	10937	23967	10805	5529

4-2 续表 5

地　区	Region	土地面积（平方公里）Land Area (sq.km)	年末总人口（人）Total Population (year-end) (person)	地区生产总值（万元）Gross Regional Product (10 000 yuan)	第一产业 Primary Industry	第二产业 Secondary Industry	第三产业 Tertiary Industry	人均地区生产总值（元/人）Per Capita Gross Regional Product (yuan/person)
岚县	Lan County	1509	176134	64526	8485	34570	21471	3785
方山县	Fangshan County	1434	141800	32223	5627	15272	11324	2280
中阳县	Zhongyan County	1441	136889	222738	4849	182006	35883	16270
交口县	Jiiaokou County	1257	109100	200005	9048	163502	27455	17746
孝义市	Xiaoyi City	946	436408	958010	32074	676026	249910	22243
汾阳市	Fenyang City	1179	404998	426424	34529	213171	178724	10550
内蒙古自治区	**Inner Mongolia A.R.**							
土默特左旗	Tumotezuo Banner	2712	349756	540735	133694	203545	203496	15350
托克托县	Tuoketuo County	1313	195879	635897	66219	458709	110969	32464
和林格尔县	Helinggeer County	3401	184249	600572	94404	401382	104786	32103
清水河县	Qingshuihe County	2859	136826	122987	30924	40003	52060	8983
武川县	Wuchuan County	4885	172003	192238	45894	91762	54582	10984
土默特右旗	Tumoteyou Banner	2368	315300	427317	129817	132630	164870	13512
固阳县	Guyang County	5021	176800	250418	42484	149336	58598	14212
达尔罕茂明安联合旗	Daerhanmaominganlianhe Banner	17410	102229	386120	48044	237528	100548	38060
阿鲁科尔沁旗	Alukeerqin Banner	14555	300587	182118	61450	41019	79649	6070
巴林左旗	Balinzuo Banner	6713	353418	214697	74450	63484	76763	6064
巴林右旗	Balinyou Banner	9837	178105	121415	37796	34834	48785	6817
林西县	Linxi County	3933	235690	144403	39850	45831	58722	6127
克什克腾旗	Keshiketeng Banner	20673	241675	188070	60404	74939	52727	7706
翁牛特旗	Wengniute Banner	11882	466296	296806	138550	78173	80083	6342
喀喇沁旗	Kelaqin Banner	3050	333605	148469	43833	49237	55399	4427
宁城县	Ningcheng County	4305	592939	309295	109293	91433	108569	5194
敖汉旗	Aohan Banner	8294	583742	305685	141910	70573	93202	5227
科尔沁左翼中旗	Keerqinzuoyizhong Banner	9811	520816	325492	127557	65462	132473	6205
科尔沁左翼后旗	Keerqinzuoyihou Banner	11481	393732	379831	118576	80605	180650	9602
开鲁县	Kailu County	4488	389799	368905	176085	52270	140550	9432
库伦旗	Kulun Banner	4650	175266	121426	39767	34139	47520	6912
奈曼旗	Naiman Banner	8120	433573	266542	96760	44653	125129	6162
扎鲁特旗	Zhalute Banner	17193	302424	264164	106046	41303	116815	8705
霍林郭勒市	Huolinguole City	585	72549	264630	5582	189996	69052	36654
达拉特旗	Dalate Banner	8192	336455	894961	142988	431847	320126	26600
准格尔旗	Zhungeer Banner	7535	271623	1308235	44197	815294	448744	48164
鄂托克前旗	Etuokeqian Banner	12318	72415	139402	41172	32993	65237	20195
鄂托克旗	Etuoke Banner	20064	92838	537464	27635	405604	104225	57893
杭锦旗	Hangjin Banner	18903	133732	230322	52791	111375	66156	17224
乌审旗	Wushen Banner	11645	97236	294623	50041	191782	52800	30299
伊金霍洛旗	Yijinhuoluo Banner	5565	143718	896781	37979	364835	493967	62518
阿荣旗	Arong Banner	12063	319054	275726	172100	59227	44399	8642
莫力达瓦达斡尔族自治旗	Molidawa Daur A.B.	10500	325790	283754	152500	82807	48447	8740
鄂伦春自治旗	Elunchun Banner	59800	279718	169695	91300	25037	53358	6067
鄂温克族自治旗	Ewenkezu Banner	19111	142791	274187	40808	159052	74327	19056
陈巴尔虎旗	Chenbaerhu Banner	21192	59035	162775	39400	76494	46881	27573
新巴尔虎左旗	Xinbaerhuzuo Banner	22000	40163	88680	36738	30671	21271	20817
新巴尔虎右旗	Xinbaerhuyou Banner	25102	33539	115099	22598	72744	19757	33337

continued

城镇就业人员（人）Urban Employed Persons (person)	乡村就业人员（人）Rural Laborer (person)	#农林牧渔业 Agriculture	全社会固定资产投资（万元）Investment in Fixed Assets (10 000 yuan)	地方财政收入（万元）Revenue of Local Governments (10 000 yuan)	地方财政支出（万元）Expenditures of Local Governments (10 000 yuan)	农村居民人均纯收入（元）Per Capita Disposable Income of Rural Households (yuan)	城镇职工平均工资（元）Average Wages in Urban (yuan)	常用耕地面积（公顷）Area of Cultivated Land (hectare)	农林牧渔业总产值（万元）Gross Output Value of Agriculture (10 000 yuan)	社会消费品零售总额（万元）Total Retail Sales (10 000 yuan)
8728	65060	46167	39245	2273	20863	936	10610	28718	16809	23437
10533	41972	30388	64554	2204	17380	1001	14187	16343	9971	11470
18990	38569	16261	154466	9862	22977	2100	15180	11904	7799	32529
10183	33830	20270	27853	8557	17876	2102	11611	24220	12292	18573
19355	131520	65344	587832	47316	67465	3817	16930	31282	49521	202249
27037	142787	82604	85178	15506	37357	3182	14233	37075	59041	143449
14966	147236	113911	441000	27367	51388	5258	12917	114307	230431	132208
13239	85283	62670	953000	51585	72830	4907	18257	42828	112014	111015
17304	73224	63543	362000	33720	56133	4379	15196	105929	145692	51607
7769	45141	33123	101720	4376	18378	3282	12017	54459	48201	15800
7762	79061	67528	183252	4681	21796	2372	12934	130323	76898	30725
14648	145741	113905	457000	31039	50976	4803	14111	102982	221701	112993
9423	70467	57805	321000	23539	39685	3200	16399	190260	75694	53915
8234	43165	36990	460000	42476	60332	4095	19020	75017	77835	54024
21337	127373	87549	150000	7727	50042	2378	10882	89499	102505	61726
20571	158980	119428	95140	8081	46792	2828	12475	105770	124189	79433
16428	45998	41081	111205	8157	46809	2903	11739	39534	63048	52576
20825	93225	57116	100000	8317	42105	2616	10466	61219	76513	65627
12455	121360	83022	215793	9943	49551	2800	12263	55965	100760	68108
20933	211713	142488	144126	7484	57050	2703	11686	145505	231115	91054
15616	150147	83298	91633	7260	42680	2438	10574	43787	73123	54190
29310	241225	145937	204125	10553	54869	2700	12101	83581	182311	128003
22579	300926	171230	160106	11076	63180	2626	12256	169992	236719	78454
26105	200403	143475	80000	8710	50477	3089	9740	196999	208223	80095
21609	127233	107761	114747	9598	48873	2800	10869	188400	187428	88153
21315	179535	129628	139000	8839	42007	4212	10425	103375	286317	90225
10169	71494	61756	75110	5218	29343	2520	11474	98098	64662	31098
18831	199953	148877	120572	10215	51772	2619	10800	127924	157334	78041
22724	111334	87635	157000	11320	45227	3205	9652	126050	176498	78320
11909	5516	1938	340669	18861	24588	3715	20204	13105	9577	51143
18456	124171	91054	658135	40776	61191	4655	22519	120640	238967	152723
21758	85567	49317	779034	130105	129293	4705	25201	85040	75245	242206
4315	27673	25645	134027	10192	27666	4796	15645	23300	70809	42975
11705	27618	23897	667926	32944	56663	4609	20742	13850	47484	127624
9804	53730	41055	133708	10131	40039	4136	13204	58688	89000	87355
6582	40204	36001	322721	19680	42862	4783	15991	34704	83630	81320
16503	45520	32876	691269	68731	83235	4742	25308	32180	58429	113563
18767	96597	86142	87288	7780	40384	3338	10970	290497	277581	68405
22732	110877	91314	146304	10949	40717	2185	12639	459333	247003	69032
15447	39786	37850	30100	6127	29455	2625	11742	190919	147878	65535
30365	12277	10880	201453	23719	34348	4781	17820	13666	62781	34568
15963	5660	5335	150000	10217	22941	4433	11606	87914	77101	11681
6028	12723	11036	61078	2160	15100	4257	12373	30000	56521	14602
6364	12945	9065	85000	10341	19588	4265	16273	320	32750	12586

4-2 续表 6

地　区	Region	土地面积 (平方公里) Land Area (sq.km)	年末总人口 (人) Total Population (year-end) (person)	地区生产总值 (万元) Gross Regional Product (10 000 yuan)	第一产业 Primary Industry	第二产业 Secondary Industry	第三产业 Tertiary Industry	人均地区生产总值 (元/人) Per Capita Gross Regional Product (yuan/person)
满洲里市	Manzhouli City	696	160213	600565	12700	300724	287141	30028
牙克石市	Yakeshi City	27590	389326	345113	98600	108460	138053	8795
扎兰屯市	Zhalantun City	16800	431013	323433	115600	115667	92166	7470
额尔古纳市	Eerguna City	28000	85363	124008	65600	24207	34201	14158
根河市	Genhe City	19659	167228	213988	34868	78405	100715	12685
五原县	Wuyuan County	2493	271942	289185	118611	81970	88604	10554
磴口县	Dengkou County	4167	122676	168810	38769	87887	42154	13724
乌拉特前旗	Wulateqian Banner	7476	334004	409252	120516	173591	115145	12223
乌拉特中旗	Wulatezhong Banner	23096	137481	163901	62823	67048	34030	11819
乌拉特后旗	Wulatehou Banner	24925	55121	136175	11365	88795	36015	24436
杭锦后旗	Hangjinhou Banner	1767	304853	348981	118360	118992	111629	11495
卓资县	Zhuozi County	3119	223906	175723	42542	79370	53811	7848
化德县	Huade County	2527	157562	105235	35431	49503	20301	6679
商都县	Shangdu County	4304	338332	161114	62082	44416	54616	4762
兴和县	Xinghe County	3518	305064	172306	63933	52933	55440	5648
凉城县	Liangcheng County	3451	236604	244913	71898	116164	56851	10351
察哈尔右翼前旗	Chahaeryouyiqian Banner	2430	234253	210482	63476	91431	55575	8985
察哈尔右翼中旗	Chahaeryouyizhong Banner	4200	212719	118256	51388	28430	38438	5559
察哈尔右翼后旗	Chahaeryouyihou Banner	3803	209355	181794	49792	85604	46398	8684
四子王旗	Siziwang Banner	24016	204111	162175	60069	51833	50273	7945
丰镇市	Fengzhen City	2704	312586	374368	75082	214677	84609	11976
乌兰浩特市	Wulanhaote City	772	286833	402639	38731	168830	195078	14059
阿尔山市	Aershan City	7409	47198	45782	14257	6114	25411	9403
科尔沁右翼前旗	Keerqinyouyiqian Banner	19375	356591	218849	113745	47533	57571	6115
科尔沁右翼中旗	Keerqinyouyizhong Banner	15613	247167	135908	62954	26048	46906	5502
扎赉特旗	Zhalaite Banner	11837	391831	204802	102489	25933	76380	5209
突泉县	Tuquan County	4800	307153	188303	84000	60463	43840	6120
二连浩特市	Erlianhaote City	4015	23779	151070	1436	27455	122179	21004
锡林浩特市	Xilinhaote City	14592	155901	508828	34398	326722	147708	30938
阿巴嘎旗	Abaga Banner	27494	43038	77275	25742	26868	24665	17955
苏尼特左旗	Sunitezuo Banner	34251	33134	81756	16297	48802	16657	23629
苏尼特右旗	Suniteyou Banner	22461	68402	116998	15455	68240	33303	14661
东乌珠穆沁旗	Dongwuzhumuqin Banner	47259	70731	181929	62546	82162	37221	25192
西乌珠穆沁旗	Xiwuzhumuqin Banner	22435	72376	132701	43507	55402	33792	18335
太仆寺旗	Taibusi Banner	3479	202987	117779	49088	30390	38301	5813
镶黄旗	Xianghuang Banner	5144	29204	50453	13238	24118	13097	17276
正镶白旗	Zhangxiangbai Banner	6215	70374	61402	17266	19065	25071	61402
正蓝旗	Zhanglan Banner	10278	78745	123860	23656	76049	24155	15879
多伦县	Duolun County	3871	94541	92736	39102	22104	31530	9489
阿拉善左旗	Alashanzuo Banner	80412	139903	460011	26872	300174	132965	31967
阿拉善右旗	Alashanyou Banner	75226	23729	76002	9662	46022	20318	32029
额济纳旗	Ejina Banner	114606	16888	135011	5857	48150	81004	30318
辽宁省	**Liaoning Province**							
辽中县	Liaozhong County	1645	534156	1031265	271265	420000	340000	18721
康平县	Kangping County	2175	349559	290364	124440	84887	81037	7866

continued

城镇就业人员（人） Urban Employed Persons (person)	乡村就业人员（人） Rural Laborer (person)	#农林牧渔业 Agriculture	全社会固定资产投资（万元） Investment in Fixed Assets (10 000 yuan)	地方财政收入（万元） Revenue of Local Governments (10 000 yuan)	地方财政支出（万元） Expenditures of Local Governments (10 000 yuan)	农村居民人均纯收入（元） Per Capita Disposable Income of Rural Households (yuan)	城镇职工平均工资（元） Average Wages in Urban (yuan)	常用耕地面积（公顷） Area of Cultivated Land (hectare)	农林牧渔业总产值（万元） Gross Output Value of Agriculture (10 000 yuan)	社会消费品零售总额（万元） Total Retail Sales (10 000 yuan)
31612			580000	55777	81579		13284	1839	20159	250600
24995	3399	3048	43042	13798	36290	2918	13479	119934	161639	109642
24244	108387	90589	125083	16191	52434	2760	12907	227759	187237	120696
22761	1054	649	30667	5380	16779	5514	12613	166339	105082	30533
37703			26000	4439	16820		17179	3697	56499	47420
11660	122403	86381	209488	16525	36558	4237	12922	119890	199864	67694
12589	40847	29769	131030	9363	23120	4425	10899	40182	59538	40680
27051	138479	93611	365764	21058	47639	4239	12834	142580	201431	76175
10206	59198	46645	134012	8877	34041	3387	12562	68364	97739	41338
7264	12546	10782	117818	12285	28950	2097	14047	5741	15994	10720
14103	116799	97259	212869	18987	43795	4418	12591	85510	208148	70742
5221	74762	57137	129138	7155	28120	2602	13335	44020	85030	40963
5652	56047	45737	50156	3349	26625	2300	12053	55500	57119	27980
9226	131296	106128	80458	4918	32413	2398	12163	153850	110000	106200
9517	120143	83704	162387	11804	38346	2456	12512	103640	125991	52257
8598	88389	67496	248699	14244	37071	3218	14322	60600	86387	50100
11660	86042	72232	162533	9562	33097	3101	11255	73390	126346	26800
6167	104310	85078	82103	3458	27995	2434	13502	87920	92872	29390
8622	75500	6284	113731	10834	32294	2488	12543	51320	77209	48235
6665	91893	80195	60021	3753	39669	2890	13763	109720	91158	48550
13709	80925	52119	440695	27447	56067	3132	23265	51900	106840	72638
38306	31859	24736	273753	15859	35643	3803	13747	25863	65481	250089
5355	462	440	55142	3226	7896	2867	9719	16084	25344	23253
19962	106038	98791	76171	9382	43634	2087	9458	152667	193567	52130
16314	77174	69534	65035	6722	38008	1890	9746	99419	117587	44079
20664	160401	146451	71325	8199	49315	1886	10154	253613	160000	66067
12746	133166	116651	75528	7773	36986	2155	9008	145234	134036	53993
4559	970	892	100637	13575	23194	2580	21177	330	3100	65593
38764	5957	5506	411572	18319	33853	4145	15513	15600	60348	123921
3241	13395	12973	76282	4476	15133	3638	14255	1310	43934	25274
2849	10820	10004	52040	3425	14079	2282	14097	2000	30346	15929
7087	21457	17648	74141	9496	24300	1864	16662	2830	27114	36288
8798	21172	19480	128623	13351	28290	6880	15568	28140	114231	56344
9368	19572	19100	169056	11090	24208	4283	15444	1980	71829	40951
6559	83545	66165	50731	4047	28272	2117	15810	52320	82611	41870
2603	7088	6506	48443	4348	15256	1887	15557	2250	17963	12131
3477	28385	27197	46283	4035	18101	1796	14775	14350	30293	18408
7482	38211	23383	443048	14051	26504	2302	15014	17550	41501	26500
4775	43376	35364	63982	5536	26931	2108	15119	50740	65861	31416
27547	35579	29092	451672	24624	62038	3532	19563	22632	44836	106701
4744	5064	4176	58760	4242	25847	4178	18077	3140	14839	15741
4151	3038	2936	151357	6642	23719	4444	18337	3257	9979	24120
27956	226197	153489	353000	13450	34981	4552	8380	87785	512768	261813
15325	107346	69527	301000	6450	25789	3451	8787	101556	253569	123134

4-2 续表 7

地区	Region	土地面积(平方公里) Land Area (sq.km)	年末总人口(人) Total Population (year-end) (person)	地区生产总值(万元) Gross Regional Product (10 000 yuan)	第一产业 Primary Industry	第二产业 Secondary Industry	第三产业 Tertiary Industry	人均地区生产总值(元/人) Per Capita Gross Regional Product (yuan/person)
法库县	Faku County	2290	447178	470000	158820	191180	120000	10529
新民市	Xinmin City	3353	695909	1271000	247643	531215	492142	18261
长海县	Changhai County	119	74874	219279	158025	14235	47019	29171
瓦房店市	Wafangdian City	3827	1025706	2339745	404745	1385000	550000	22835
普兰店市	Pulandian City	2915	825036	1682829	308151	1110359	264319	20532
庄河市	Zhuanghe City	4086	916562	1648258	382800	939619	325839	18025
台安县	Taian County	1388	376549	760000	145000	390000	225000	14366
岫岩满族自治县	Xiuyan Man A.C	4502	506820	740435	92435	398000	250000	10932
海城市	Haicheng City	2732	1131417	2660249	250249	1400000	1010000	20910
抚顺县	Fushun County	2336	190954	263189	68068	100501	94620	13780
新宾满族自治县	Xinbin Man A.C	4288	306336	224600	70058	64942	89600	7292
清原满族自治县	Qingyuan Man A.C	3921	340230	224300	69000	65800	89500	6568
本溪满族自治县	Benxi Man A.C	3343	298362	428088	77631	210391	140066	14027
桓仁满族自治县	Huanren Man A.C	3551	302866	400026	85109	166907	148010	12665
宽甸满族自治县	Kuandian Man A.C	6115	437651	593276	90720	298593	203963	13354
东港市	Donggang City	2445	645896	1428000	272727	645000	510273	22230
凤城市	Fengcheng City	5513	588452	816878	118396	466841	231641	13951
黑山县	Heishan County	2487	633599	609864	227106	209587	173171	9698
义县	Yi County	2476	437924	326420	98552	134666	93202	7360
凌海市	Linghai City	2743	604085	705550	224548	283128	197874	11681
北宁市	Beining City	1694	532151	579643	223402	154125	202116	11142
盖州市	Gaizhou City	2930	726409	559661	156441	247220	156000	7658
大石桥市	Dashiqiao City	1598	716103	1650000	158180	953000	538820	22961
阜新蒙古族自治县	Fuxin Mengolian A.C	6246	731022	284745	156976	68894	58875	3899
彰武县	Zhangwu County	3641	413998	188281	126681	35100	26500	4601
辽阳县	Liaoyang County	2853	594506	814750	119659	391920	303171	13579
灯塔市	Dengta City	1331	510275	781178	105362	418270	257546	15275
大洼县	Dawa County	1683	391231	624586	251923	223647	149016	13082
盘山县	Panshan County	2065	291179	514086	184086	213000	117000	14279
铁岭县	Tieling County	2249	385701	330464	131135	123829	75500	8644
西丰县	Xifeng County	2685	346919	185805	74320	45021	66464	5371
昌图县	Changtu County	4317	1027899	554189	260590	91552	202047	5393
调兵山市	Tiaobingshan City	262	239288	164531	21896	50134	92501	17827
开原市	Kaiyuan City	2828	586662	530729	176500	180827	173402	9116
朝阳县	Zhaoyang County	4215	627771	254081	112596	68287	73198	3987
建平县	Jianping County	4965	579183	302519	101970	110680	89869	5119
喀喇沁左翼蒙古族自治县	Kezuo Mengolian A.C	2238	423124	210793	77239	80354	53200	4964
北票市	Beipiao City	4583	618275	346499	114769	130884	100846	5356
凌源市	Lingyuan City	3278	649959	477709	115363	246993	115353	7236
绥中县	Suizhong County	2765	628465	621406	185298	162827	273281	8653
建昌县	Jianchang County	3195	608710	245042	75065	65909	104068	3798
兴城市	Xingcheng City	2147	556888	271757	72318	72686	126753	4879
吉林省	**Jilin Province**							
农安县	Nongan County	5400	1124900	1078062	400918	281740	395404	9600
九台市	Jiutai City	3375	754400	789705	158780	282249	348676	9526

continued

城镇就业人员(人) Urban Employed Persons (person)	乡村就业人员(人) Rural Laborer (person)	#农林牧渔业 Agriculture	全社会固定资产投资(万元) Investment in Fixed Assets (10 000 yuan)	地方财政收入(万元) Revenue of Local Governments (10 000 yuan)	地方财政支出(万元) Expenditures of Local Governments (10 000 yuan)	农村居民人均纯收入(元) Per Capita Disposable Income of Rural Households (yuan)	城镇职工平均工资(元) Average Wages in Urban (yuan)	常用耕地面积(公顷) Area of Cultivated Land (hectare)	农林牧渔业总产值(万元) Gross Output Value of Agriculture (10 000 yuan)	社会消费品零售总额(万元) Total Retail Sales (10 000 yuan)
14367	196295	146640	331000	10000	35966	4002	8356	136462	288765	145538
22636	222551	159158	390000	14535	37667	4493	10567	183356	494462	281011
6777	37157	24965	121200	9083	23980	12479	19094	660	290059	35330
47739	360802	182442	1000000	80789	119089	5216	16062	78362	697783	461294
53174	303173	191073	725000	61061	99315	5131	12591	69875	583057	358180
42180	327156	188779	811000	55099	89518	5138	12202	84659	702908	301381
17594	159216	111805	162995	11504	34908	4179	8642	61597	303830	160151
24414	189434	111871	199937	18768	49154	3751	10463	47131	185716	195409
40166	397722	202870	645650	101119	122342	5060	15828	89194	467531	558923
10002	113026	79003	128700	11879	29663	4430	12239	31039	144826	49066
13736	133127	96732	114300	10382	34628	3346	13639	39919	144605	95097
15648	141106	97599	97400	10876	39176	3210	12900	36860	138214	91895
14296	90209	43529	83074	15033	45895	3953	13101	27481	135757	119185
15455	110842	64918	98332	13588	41725	3666	11818	27568	157810	105505
13962	174313	122039	58965	15683	44337	3906	14722	31428	153039	172824
24655	277673	176714	134626	33670	67196	4346	14238	76451	452153	312688
23285	225831	143001	65294	31498	49806	4073	12532	54211	205788	208299
16712	250432	182276	113064	7588	51726	3969	9383	134411	446404	166947
13658	166164	121619	82003	4960	28566	2096	8436	60882	211536	81423
20996	232491	148847	142064	26292	55244	4342	9224	81133	414766	124519
14835	198003	153746	108331	9240	37609	4226	8880	73145	430713	146553
15892	301833	188299	155592	12648	55598	3870	9908	41200	270797	180728
21999	267199	120728	474333	46659	101801	4807	13672	62050	242947	305120
24563	350488	237003	108449	10447	43574	3036	9603	184125	375378	80028
16637	194997	151040	65000	5324	26456	2911	8898	98286	254326	33627
24379	196421	108729	180000	20487	44860	3999	11945	90990	239060	163000
15835	215330	137798	205000	22827	41300	4100	12826	69952	203591	275054
139745	171921	109194	207712	17098	37716	5050	9014	66311	461752	163092
61480	152726	112397	160146	11555	30693	5063	6421	55678	353540	50705
14724	142838	101214	170576	12666	29753	3980	11125	69036	276246	79121
14065	106624	76640	96846	5408	26176	2934	10268	50545	147850	105480
29262	301477	201291	147727	7889	47244	3710	8606	229641	613244	181409
19032	27782	16268	147103	12066	25418	4151	9762	10469	50646	118749
23430	189713	128881	224019	18217	43715	4040	9000	75463	395716	167634
26139	327649	230736	80470	10396	40655	3006	9897	77146	220516	60618
20194	257071	161346	150526	18232	47535	3019	11075	139383	196899	95920
21592	201702	129216	113251	7018	32588	2927	10023	32646	149545	52006
20750	215598	129082	161711	13528	43077	3009	11554	86038	223096	96670
31522	266472	167085	121755	14463	40338	2957	10529	36450	215048	118906
15385	250720	185323	142819	17280	41678	3684	10074	54343	315479	157979
15974	266534	152034	141668	10288	44099	2742	10050	59545	145298	54763
17115	199580	136558	66821	14030	35250	3146	9514	56942	149271	169482
73400	485449	353144	126022	11904	68145	3370	9606	290925	684946	290000
70377	311244	234416	231648	21206	92035	3321	11027	161116	292657	260000

地 区	Region	土地面积（平方公里）Land Area (sq.km)	年末总人口（人）Total Population (year-end) (person)	地区生产总值（万元）Gross Regional Product (10 000 yuan)	第一产业 Primary Industry	第二产业 Secondary Industry	第三产业 Tertiary Industry	人均地区生产总值（元/人）Per Capita Gross Regional Product (yuan/person)
榆树市	Yushu City	4722	1256400	1114785	419012	190311	505462	8874
德惠市	Dehui City	3459	807100	1099692	373067	296790	429835	12045
永吉县	Yongji County	4616	392600	287375	80836	63903	142636	7307
蛟河市	Jiaohe City	6364	457600	394403	147962	91672	154769	8596
桦甸市	Huadian City	6542	450800	526706	176706	207257	142743	11686
舒兰市	Shulan City	4557	656500	430883	211853	50844	168186	6548
磐石市	Panshi City	3867	538400	1102204	204652	524284	373268	21908
梨树县	Lishu County	4209	764300	655341	354441	125960	174940	9002
伊通满族自治县	Yitong Man A.C.	2532	468900	345909	152740	75210	117959	7372
公主岭市	Gongzhuling City	4058	1048400	1040051	498249	234945	306857	9958
双辽市	Shuangliao City	3121	437100	431855	123429	173567	134859	10454
东丰县	Dongfeng County	2522	399900	315548	116007	97785	101756	7889
东辽县	Dongliao County	2396	355300	254181	111005	75273	67903	7160
通化县	Tonghua County	3725	242100	214493	37850	119838	56805	8849
辉南县	Huinan County	2274	353500	231291	62036	87670	81585	6541
柳河县	Liuhe County	3348	368500	215059	93030	52425	69604	5860
梅河口市	Meihekou City	2174	617200	647487	152130	200785	294572	10511
集安市	Jian City	3217	225600	208199	40306	78015	89878	9096
抚松县	Fusong County	6530	300100	318487	97070	110901	110516	10616
靖宇县	Jingyu County	3094	144500	113160	24127	47986	41047	8083
长白朝鲜族自治县	Changbai Korean A.C.	2498	83300	86116	25414	27097	33605	10301
江源县	Jiangyuan County	1348	257600	280581	36470	136539	107572	10892
临江市	Linjiang City	3008	180900	231525	36166	106502	88857	12799
前郭尔罗斯蒙古族自治县	Qianguoerluosi Mengolian A.C.	6979	579700	1031185	294273	531061	205851	17810
长岭县	Changling County	5728	621600	407307	230539	77236	99532	6548
乾安县	Qianan County	3617	301500	307182	80393	161096	65693	10192
扶余县	Fuyu County	4933	752900	532427	278165	73879	180383	7010
镇赉县	Zhenlai County	5371	290300	254273	104000	99621	50652	8422
通榆县	Tongyu County	8496	356400	202805	72241	59218	71346	5705
洮南市	Taonan City	5103	438800	301331	139353	73490	88488	6855
大安市	Daan City	4879	420900	312450	89398	106510	116542	7423
延吉市	Yanji City	1350	420400	746446	16058	308801	421587	17913
图们市	Tumen City	1142	133400	121947	6782	63621	51544	9100
敦化市	Dunhua City	11545	482400	485794	123994	181051	180749	10074
珲春市	Hunchun City	5145	215500	215318	26864	100141	88313	9987
龙井市	Longjing City	2591	246200	139890	30024	49414	60452	5645
和龙市	Helong City	5069	210700	139028	30396	52756	55876	6549
汪清县	Wangqing County	8994	251900	147394	42974	49774	54646	5830
安图县	Antu County	7438	214700	156418	33913	52795	69710	7275
黑龙江省	**Heilongjiang Province**							
宾县	Bin County	3844	616188	675384	205989	251425	217970	10961
依兰县	Yilan County	4616	394652	298481	93084	87968	117429	7904
方正县	Fangzheng County	2969	224151	146065	56363	25287	64415	6609
阿城市	Acheng City	2814	652825	954091	168323	375020	410748	14611
双城市	Shuangcheng City	3112	810966	1198866	418945	367700	412221	14783

continued

城镇就业人员（人） Urban Employed Persons (person)	乡村就业人员（人） Rural Laborer (person)	#农林牧渔业 Agriculture	全社会固定资产投资（万元） Investment in Fixed Assets (10 000 yuan)	地方财政收入（万元） Revenue of Local Governments (10 000 yuan)	地方财政支出（万元） Expenditures of Local Governments (10 000 yuan)	农村居民人均纯收入（元） Per Capita Disposable Income of Rural Households (yuan)	城镇职工平均工资（元） Average Wages in Urban (yuan)	常用耕地面积（公顷） Area of Cultivated Land (hectare)	农林牧渔业总产值（万元） Gross Output Value of Agriculture (10 000 yuan)	社会消费品零售总额（万元） Total Retail Sales (10 000 yuan)
57692	445266	301002	181324	11578	90863	3514	9961	304996	694614	300000
61402	352026	229010	278881	13834	72417	3449	9950	214352	638357	340000
20252	137386	106927	228873	5290	37372	3289	11614	64064	137732	116091
35112	129068	71292	209479	11409	66362	3373	9573	74300	239588	189328
50527	119111	90196	314299	16714	60058	3386	11435	79690	293558	226661
53726	195375	151624	308221	9140	70111	3356	8039	118130	347676	178300
48322	164962	114653	347917	17123	56421	3406	12133	88225	331916	197300
45727	278527	213594	28723	8067	52684	3219	6984	200319	635436	145713
29186	171288	129595	50635	7212	39015	3084	8816	94662	328517	117235
85040	294669	220089	106263	15934	73287	3394	9791	230163	858851	354684
40866	123631	99986	80850	9666	48890	3116	10179	113521	232924	153641
31260	155357	93559	79451	6843	43296	3265	10153	78099	189344	91099
21029	119064	80470	119722	6494	35777	3169	10587	61963	165186	56424
29556	86644	61296	136917	8492	38216	3173	10936	25807	70073	52494
31373	122172	89604	91585	9278	34733	3478	8340	49251	120594	87629
27847	129486	99135	28567	4775	38017	3114	9465	54864	156408	88306
48200	158372	112705	179881	16893	62412	3488	10639	71724	251418	244629
27315	78182	65120	79631	6333	35990	3160	11072	11360	65063	69416
34566	43425	34056	158097	9454	52110	3994	9052	9045	141041	120000
15758	30349	24632	58276	4713	38009	1766	10440	8500	42737	49300
14180	17223	13067	66018	3791	23427	3072	11871	4238	38059	25000
33133	28312	17755	97795	5860	40056	3411	10512	5664	65003	75600
30540	44130	32647	124474	6920	39796	3449	9815	6559	60088	83500
61449	161638	137004	98303	22223	85558	3488	8988	227794	492936	291761
30305	215812	190562	65430	5298	48000	3172	9792	190787	427909	192388
24061	95296	87078	50425	22568	56827	3155	9154	104504	145362	73176
27620	290154	227393	102931	7914	47884	3483	8622	229723	461744	206565
37006	86280	70152	47443	9639	56309	2268	10404	106586	181038	74324
29947	112480	98056	87398	5390	46300	1993	8874	147327	168617	90673
34031	106621	88426	121050	6673	47608	3018	9946	124899	213056	105020
37434	117080	93704	50730	13055	63267	2244	10039	83242	161660	112845
148626	24089	16010	336965	42972	85588	4149	17052	6886	25977	423400
18897	17806	11248	38625	6894	32117	3038	12452	7394	11579	46680
75256	115364	93109	166892	22527	80249	3732	9359	51160	196026	251083
40124	44677	32893	174884	9568	43776	3056	11915	25148	43971	66478
24235	55811	45247	59940	11947	45269	1755	10826	35196	49392	46378
29629	40098	29637	94909	7690	41800	2149	9129	26705	58367	43193
40467	67553	54834	115218	8633	47369	1739	8365	34754	75585	46576
35810	49968	35474	111881	8313	41248	2116	9358	25010	62348	41055
21620	272137	201427	145162	13603	46741	3627	9886	151266	388992	179222
28076	130256	101100	49799	12424	39223	4157	10908	165713	177644	90055
19643	66934	54922	24267	5507	22957	3466	8236	44542	104090	69968
40170	193303	75836	194377	27906	60992	4336	11898	92414	300083	284058
22756	294493	139299	219335	26927	62029	4331	12656	204268	724677	342529

4-2 续表 9

地 区	Region	土地面积（平方公里）Land Area (sq.km)	年末总人口（人）Total Population (year-end) (person)	地区生产总值（万元）Gross Regional Product (10 000 yuan)	第一产业 Primary Industry	第二产业 Secondary Industry	第三产业 Tertiary Industry	人均地区生产总值（元/人）Per Capita Gross Regional Product (yuan/person)
尚志市	Shangzhi City	8825	619220	883339	155155	336682	391502	14247
五常市	Wuchang City	7512	973733	897000	358000	200753	338247	9241
巴彦县	Bayan County	3138	698397	411123	259495	45343	106285	5887
木兰县	Mulan County	3600	267263	175346	62735	36527	76084	6582
通河县	Tonghe County	5675	235218	160122	64659	33339	62124	6800
延寿县	Yanshou County	3149	266210	153459	55830	34509	63120	5959
龙江县	Longjiang County	6200	609358	239060	139697	37454	61909	3942
依安县	Yian County	3685	492576	200091	117422	28791	53878	4092
泰来县	Tailai County	3922	321008	115072	55810	16710	42552	3597
甘南县	Gannan County	4792	382741	192298	93784	28895	69619	4911
富裕县	Fuyu County	4060	287647	173928	65303	66006	42619	6094
克山县	Keshan County	3320	476559	237719	118750	63447	55522	5030
克东县	Kedong County	2083	286103	106505	49277	28575	28653	3744
拜泉县	Baiquan County	3599	576796	239000	102283	39115	97602	4454
讷河市	Nehe City	6648	716747	699490	251185	135768	312537	9794
鸡东县	Jidong County	3243	294981	375079	107519	129242	138318	12642
虎林市	Hulin City	9330	294302	426131	227041	73601	125489	14396
密山市	Mishan City	7843	426903	425386	170759	108205	146422	9823
萝北县	Luobei County	2167	226733	238199	145295	23503	69401	10487
绥滨县	Suibin County	3335	187498	158766	104664	10351	43751	8480
集贤县	Jixian County	2258	316371	272160	97263	98891	76006	8560
友谊县	Youyi County	1639	124891	120728	46351	44218	30159	9637
宝清县	Baoqing County	10001	419915	350068	193478	66707	89883	8318
饶河县	Raohe County	6765	141546	119192	71480	12742	34970	8418
肇州县	Zhaozhou County	2445	447203	202652	88000	78515	36137	4645
肇源县	Zhaoyuan County	4120	459747	235105	105174	72396	57535	5114
林甸县	Lindian County	3493	272423	127860	67308	30055	30497	4751
杜尔伯特蒙古族自治县	Duerbote Mengolian A.C.	6054	250591	176665	84744	50509	41412	7064
嘉荫县	Jiayin County	6739	80032	101506	50246	24287	26973	12591
铁力市	Tieli City	6444	386546	258492	94616	78572	85304	6713
桦南县	Huanan County	2522	449609	249655	124626	45451	79578	5553
桦川县	Huachuan County	2268	213832	82424	44375	10954	27095	3783
汤原县	Tangyuan County	3416	265913	165785	84555	24359	56871	6223
抚远县	Fuyuan County	6263	85574	106370	69686	5274	31410	11909
同江市	Tongjiang City	6300	168710	179082	110928	14551	53603	9539
富锦市	Fujin City	8229	447417	383591	224263	38769	120559	8543
勃利县	Boli County	4455	369457	237471	92571	62900	82000	6419
穆棱市	Muling City	6673	318502	387703	63474	167866	156363	12041
东宁县	Dongning County	7139	208237	263058	63522	57643	141893	12751
林口县	Linkou County	7185	437514	261299	88343	71092	101864	5950
绥芬河市	Suifenhe City	422	60690	261335	2645	25976	232714	43613
海林市	Hailin City	9837	437772	412505	94449	192802	125254	9406
宁安市	Ningan City	7924	418813	388553	124214	133007	131332	9018
北安市	Beian City	7194	474889	258803	100385	44925	113493	5461
五大连池市	Wudalianchi City	9846	367285	185087	97918	21799	65370	6011
嫩江县	Nenjiang County	15109	501799	415868	192135	86392	137341	8300

continued

城镇就业人员(人) Urban Employed Persons (person)	乡村就业人员(人) Rural Laborer (person)	#农林牧渔业 Agriculture	全社会固定资产投资(万元) Investment in Fixed Assets (10 000 yuan)	地方财政收入(万元) Revenue of Local Governments (10 000 yuan)	地方财政支出(万元) Expenditures of Local Governments (10 000 yuan)	农村居民人均纯收入(元) Per Capita Disposable Income of Rural Households (yuan)	城镇职工平均工资(元) Average Wages in Urban (yuan)	常用耕地面积(公顷) Area of Cultivated Land (hectare)	农林牧渔业总产值(万元) Gross Output Value of Agriculture (10 000 yuan)	社会消费品零售总额(万元) Total Retail Sales (10 000 yuan)
39284	157337	105574	105992	16063	43246	4200	9254	112815	320876	283800
42080	348203	269079	65195	15959	62409	4340	9483	248593	569140	260248
27924	252993	156766	57010	6125	48560	3460	8196	200048	405859	198508
13947	101634	70276	25227	3908	25738	3248	10937	95990	102634	54000
17015	56962	37888	32052	3794	25349	1239	9368	79820	111637	68013
12996	74686	59948	14249	3464	26401	1926	10888	79188	87705	42644
22499	242161	194179	25927	4888	40211	1998	9027	253233	243549	78069
16784	209896	169124	31110	3351	30561	2837	10638	212319	234924	87635
14166	114397	89882	36607	2955	28971	1283	10087	139626	121253	27873
9756	155810	134048	36985	3115	32036	1260	10467	211911	153487	39478
14924	107687	75621	36223	4279	23688	1999	10950	120264	113431	34960
17024	194774	126436	55356	4114	36312	3095	9943	166521	212326	66555
12769	116822	94403	29216	2309	27049	1996	10733	109511	91678	35028
12540	202152	167230	22396	4030	40177	1233	11261	235587	195908	63000
28239	238392	208411	96002	11319	47544	3997	8862	342138	479831	135011
18149	111009	88002	40730	9380	26080	3519	12695	69435	174547	46736
24316	50584	44856	41091	7381	30698	3977	9505	96973	131880	64978
19241	113552	96726	43390	8688	42188	3483	11550	128642	181453	88517
			26900	5496	21639	4243	9475	46251	71136	23972
7826	54133	45349	13722	2391	23269	1188	9882	80492	66357	21455
23875	103384	82209	99953	6637	29516	3065	9761	132586	185843	49177
5182			22384	1902	12557		12465	214	1629	6660
17356	107265	83641	79139	6257	34365	3656	11149	157448	206282	50166
7075	34839	31585	20593	2088	22072	1140	12810	65000	43980	12634
24950	186678	147595	28590	10650	24982	3329	8324	127120	185000	57312
15738	200223	149909	106042	18704	34624	3107	10771	131297	190719	57842
11681	104393	85423	26572	6435	17490	1183	10693	119193	133119	47921
14697	95681	75728	55782	13387	28158	1214	10181	103308	182372	53949
6953	22499	18563	31177	2945	19735	3999	11324	67747	59726	16612
35947	47132	31395	61501	4114	26519	3919	5252	72372	152816	58551
26109	171677	138160	79856	4498	35307	1239	8171	205924	182661	87589
8487	82427	66965	11129	1937	24403	998	10267	113827	71870	31350
17889	89735	68767	35803	2847	27304	918	8487	95926	125965	44255
6758	48535	46790	57959	1794	19699	1237	11723	130000	56038	20358
6901	42126	38806	50510	2626	29031	948	13149	105662	79925	40198
19854	133979	119743	72887	5402	37285	3304	9843	261748	263131	84800
31732	100042	84524	39127	8476	39983	3203	9342	114156	129340	88144
29047	103092	82167	48804	7236	32095	3950	9018	73428	119455	126264
23134	66173	50939	107328	11367	30475	4726	12534	45102	109961	76993
19977	171323	124824	40148	5616	32046	3950	8971	107413	152932	94912
13605	5583	1603	143314	27807	57217	5095	17910	2428	4743	56030
39103	91794	62269	121834	9654	32666	4088	7502	61402	162220	113046
33869	153467	121031	138434	7155	35445	4095	9064	120840	215701	120941
28094	89814	55317	30969	6831	43766	3217	11636	93466	101994	85057
30707	74242	67107	39105	2304	27715	3000	8718	124684	117608	34135
20984	87240	74998	75952	8324	33502	3808	12160	293584	214981	60147

4-2 续表 10

地 区	Region	土地面积 (平方公里) Land Area (sq.km)	年末总人口(人) Total Population (year-end) (person)	地区生产总值(万元) Gross Regional Product (10 000 yuan)	第一产业 Primary Industry	第二产业 Secondary Industry	第三产业 Tertiary Industry	人均地区生产总值(元/人) Per Capita Gross Regional Product (yuan/person)
逊克县	Xunke County	17344	105214	85873	45314	11285	29274	8206
孙吴县	Sunwu County	4319	104717	38465	14249	3469	20747	3673
安达市	Anda City	3586	517495	635876	148918	215581	271377	12306
肇东市	Zhaodong City	3905	917576	1288245	298320	474429	515496	14440
海伦市	Hailun City	4667	824371	323853	168636	56838	98379	3928
望奎县	Wangkui County	2314	493745	176939	97949	23629	55361	3609
兰西县	Lanxi County	2499	475208	114240	60097	16816	37327	2407
青冈县	Qinggang County	2685	430773	109866	59903	20336	29627	2570
庆安县	Qingan County	5469	394058	194943	97330	40804	56809	4947
明水县	Mingshui County	2308	354712	92450	30146	28350	33954	2599
绥棱县	Suiling County	4328	330255	141492	85693	15929	39870	4289
呼玛县	Huma County	14262	352835	42320	21771	4604	15945	7356
塔河县	Tahe County	14059	98804	73143	27848	9173	36122	7364
漠河县	Mohe County	18233	83465	94356	37710	17425	39221	11278
江苏省	**Jiangsu Province**							
溧水县	Lishui County	1067	403600	830300	107900	446200	276200	20588
高淳县	Gaochun County	792	420500	930100	134300	481300	314500	22108
江阴市	Jiangyin City	988	1186200	7879700	160900	5014400	2704400	66670
宜兴市	Yixing City	2177	1057300	3630200	162300	2197400	1270500	34315
丰县	Feng County	1446	1110300	578000	188000	207400	182600	5224
沛县	Pei County	1349	1204800	1241000	282000	543100	415900	10306
铜山县	Tongshan County	1877	1196000	1382700	234000	727700	421000	11617
睢宁县	Suining County	1767	1328900	622400	205300	220100	197000	4704
新沂市	Xinyi City	1571	974700	778000	208700	310500	258800	8023
邳州市	Pizhou City	2088	1639600	1241400	362100	485000	394300	7630
溧阳市	Liyang City	1535	767500	1782100	156000	994000	632100	23054
金坛市	Jintan City	976	541100	1490000	139300	781400	569300	27567
常熟市	Changshu City	1094	1047700	6787800	163800	4119000	2505000	64930
张家港市	Zhangjiagang City	772	879000	7050000	116900	4632100	2301000	80682
昆山市	Kunshan City	865	654600	7300300	105200	4992500	2202600	113025
吴江市	Wujiang City	1093	783100	4032000	150000	2549000	1333000	51672
太仓市	Taicang City	620	457600	2950000	147100	1782200	1020700	64679
海安县	Haian County	1108	953300	1489000	239900	759700	489400	15566
如东县	Rudong County	1733	1076800	1463800	295700	703500	464700	13545
启东市	Qidong City	1208	1128700	2000300	332000	1029900	638400	17680
如皋市	Rugao City	1492	1420100	1506400	232900	776500	497000	10586
通州市	Tongzhou City	1166	1262500	2220800	230600	1323700	666500	17528
海门市	Haimen City	939	1013600	2126100	221600	1247900	656600	20928
赣榆县	Ganyu County	1427	1076900	748000	230200	269800	248000	6965
东海县	Donghai County	2250	1152600	778200	252300	276700	249200	6776
灌云县	Guanyun County	1898	1050500	464800	169400	157600	137800	4379
灌南县	Guannan County	1027	740100	400500	131400	144000	125100	5433
涟水县	Lianshui County	1670	1053726	621800	236800	205500	179500	5934
洪泽县	Hongze County	1394	388461	408000	109300	158900	139800	10449
盱眙县	Xuyi County	2493	743411	632700	183000	273000	176700	8532

continued

城镇就业人员（人） Urban Employed Persons (person)	乡村就业人员（人） Rural Laborer (person)	#农林牧渔业 Agriculture	全社会固定资产投资（万元） Investment in Fixed Assets (10 000 yuan)	地方财政收入（万元） Revenue of Local Governments (10 000 yuan)	地方财政支出（万元） Expenditures of Local Governments (10 000 yuan)	农村居民人均纯收入（元） Per Capita Disposable Income of Rural Households (yuan)	城镇职工平均工资（元） Average Wages in Urban (yuan)	常用耕地面积（公顷） Area of Cultivated Land (hectare)	农林牧渔业总产值（万元） Gross Output Value of Agriculture (10 000 yuan)	社会消费品零售总额（万元） Total Retail Sales (10 000 yuan)
6457	33580	31205	21039	1192	18818	3934	12849	78137	50094	24373
7283	32691	28329	12698	1154	18622	1937	12633	53857	25680	14935
21296	147665	106174	69257	18890	37335	3598	9913	113065	247499	210285
44203	313093	236334	120190	28217	53093	3800	9937	232752	541193	240848
24473	312245	235988	36962	4657	37411	2753	10594	272775	268742	131081
16972	162972	126949	20894	2394	26694	1658	9283	139069	179150	70022
15599	187344	141402	22746	3148	27040	1062	7757	143887	108784	63074
14709	169798	131752	41418	1988	26488	2053	10142	143742	122786	43103
16594	151936	111613	36596	4352	24402	3828	8202	148832	173241	105000
16960	112352	84594	31281	2328	21395	1335	7740	120613	63210	53408
21299	92151	70261	30084	2162	19575	2401	7441	105122	115603	74046
8163	12403	9497	7950	898	13433	3671	10164	27144	35225	12667
18202	5389	4120	14576	1868	10301	3578	8081	6143	40181	22907
19249	2875	2119	18841	2517	7609	3703	7197	2982	55172	30363
23582	165400	58900	483274	36062	59408	5944	18729	43449	225285	287235
21247	224500	79300	510940	49313	67985	6226	19688	36941	271011	330132
99520	518300	93100	3319517	483838	471395	8539	24998	41763	311115	1731180
62464	445200	160200	1717681	177118	175300	7010	21136	65240	339838	1235318
36598	532400	387600	310470	17466	67372	4026	11220	76281	355374	218489
42999	499900	237400	607311	40000	82056	4550	11950	76200	566218	401302
51072	458300	253500	717791	53646	84854	4920	13235	106059	464871	322648
36872	616400	289500	325584	17275	70254	3845	10658	99726	389692	268379
51663	403600	215900	608550	21067	70306	4025	11659	79368	414548	262708
53979	687500	305000	950910	45160	95199	4477	11625	111394	695374	342503
53464	306400	99300	883078	91088	109280	5947	19046	68431	286433	651678
46273	210300	63900	717427	67385	71221	6409	18410	45168	275518	503381
109149	488300	68600	2341375	370725	408625	8418	22994	58531	293238	1510426
103234	305400	65700	2334337	483838	476269	8395	23330	38569	214315	958704
165954	231400	33700	2348141	516168	442380	8519	22928	21061	211692	1149630
84481	319900	82700	2131580	249298	254902	8328	22236	43226	292243	715062
94457	148100	46000	1709240	189201	202375	8401	22078	35062	270791	478704
58048	427500	164400	881021	47330	74432	5317	16462	55231	477319	562002
53012	535400	188000	866472	44472	89889	4835	15548	109527	589759	631949
59104	642900	254200	1100051	73289	97921	6069	14680	69419	612210	725801
55820	614300	250800	937104	54520	102378	4455	15252	81714	423794	723442
56602	589800	213700	1215991	86395	108025	6045	17589	80288	369264	750900
59031	537200	206600	1188738	76305	92131	6558	17576	60031	380709	752200
34105	393000	204300	501304	26118	71007	4178	11430	66512	464544	348819
40494	489600	279100	484647	26891	74318	4015	11643	126997	478436	318163
41818	382200	230500	418828	15432	54872	3582	11491	93144	381885	257040
25775	309700	205100	357676	17345	50226	3415	11777	54353	239715	156289
46502	500800	272900	383838	14730	63726	3576	10927	103217	454142	193856
22338	171500	81700	215073	15204	33040	4408	13904	35496	229912	184036
39925	330100	160000	386905	20333	49503	4032	12974	106368	349006	198387

4-2 续表 11

地 区	Region	土地面积(平方公里) Land Area (sq.km)	年末总人口(人) Total Population (year-end) (person)	地区生产总值(万元) Gross Regional Product (10 000 yuan)	第一产业 Primary Industry	第二产业 Secondary Industry	第三产业 Tertiary Industry	人均地区生产总值(元/人) Per Capita Gross Regional Product (yuan/person)
金湖县	Jinhu County	1344	360000	389400	106000	149500	133900	10867
响水县	Xiangshui County	1461	577600	464000	140400	192600	131040	8049
滨海县	Binhai County	1915	1090400	799300	230000	323900	245400	7344
阜宁县	Funing County	1439	1066600	849400	224200	369900	255300	7964
射阳县	Sheyang County	2997	1043700	1217400	366000	482300	369112	11665
建湖县	Jianhu County	1160	803000	1017800	208000	465300	344500	12692
东台市	Dongtai City	3221	1155900	1673100	411500	735700	525900	14453
大丰市	Dafeng City	3059	729500	1267600	337400	531200	399000	17364
宝应县	Baoying County	1461	921000	985200	239700	433300	312200	10703
仪征市	Yizheng City	901	593200	1068000	80700	696500	290800	18010
高邮市	Gaoyou City	1962	827100	1048000	249500	467000	331500	12671
江都市	Jiangdu City	1330	1065300	1904100	195500	1147800	560800	17881
丹阳市	Danyang City	1047	803000	2550600	151500	1503400	895700	31791
扬中市	Yangzhong City	331	272800	1080900	36600	665700	378600	39652
句容市	Jurong City	1387	580300	1060600	112400	616500	331700	18212
兴化市	Xinghua City	2394	1543100	1506700	368500	677200	461000	9744
靖江市	Jingjiang City	665	661900	1327800	83300	765900	478600	20018
泰兴市	Taixing City	1254	1281300	1742900	228700	976000	538200	13594
姜堰市	Jiangyan City	1065	900400	1344100	163900	752700	427500	14911
沭阳县	Muyang County	2298	1761400	1049400	356900	403600	288900	5962
泗阳县	Siyang County	1418	953246	593800	188300	228400	177100	6252
泗洪县	Sihong County	2731	990014	671100	234600	233400	203100	6814
浙江省	**Zhejiang Province**							
桐庐县	Tonglu County	1780	395294	1033240	106871	643641	282728	26170
淳安县	Chunan County	4452	452539	621159	131644	222828	266687	13740
建德市	Jiande City	2364	507128	988427	159723	550603	278101	19470
富阳市	Fuyang City	1808	631781	2011797	182959	1209723	619115	31944
临安市	Linan City	3124	522546	1352694	168694	759083	424917	25978
余姚市	Yuyao City	1346	825783	2981160	225316	1751293	1004551	36101
慈溪市	Cixi City	1154	1015410	3754080	208618	2303339	1242123	37065
奉化市	Fenghua City	1253	478778	1248225	122521	639696	486008	26054
象山县	Xiangshan County	1172	527360	1363760	269855	602308	491597	25952
宁海县	Ninghai County	1880	585476	1298719	174188	666021	458510	22227
瑞安市	Ruian City	1271	1134801	2425536	105371	1302198	1017967	21408
乐清市	Leqing City	1174	1169668	2601892	115977	1611056	874859	22315
洞头县	Dongtou County	100	123352	193802	31493	57529	104780	15720
永嘉县	Yongjia County	2674	893387	1189942	51066	755820	383056	13373
平阳县	Pingyang County	1051	848247	1057863	82367	518884	456612	12475
苍南县	Cangnan County	1272	1231086	1360563	142180	614245	604138	11060
文成县	Wencheng County	1293	364734	198913	30942	53228	114743	5465
泰顺县	Taishun County	1762	347379	193646	25556	68828	99262	5574
平湖市	Pinghu City	537	483121	1704593	111560	1093512	499521	35252
海宁市	Haining City	668	643857	2179587	142242	1327804	709541	33874
桐乡市	Tongxiang City	727	663241	1968546	152131	1084380	732035	29687
嘉善县	Jiashan County	507	380496	1290740	137516	722822	430402	33894

continued

城镇就业人员（人）Urban Employed Persons (person)	乡村就业人员（人）Rural Laborer (person)	#农林牧渔业 Agriculture	全社会固定资产投资（万元）Investment in Fixed Assets (10 000 yuan)	地方财政收入（万元）Revenue of Local Governments (10 000 yuan)	地方财政支出（万元）Expenditures of Local Governments (10 000 yuan)	农村居民人均纯收入（元）Per Capita Disposable Income of Rural Households (yuan)	城镇职工平均工资（元）Average Wages in Urban (yuan)	常用耕地面积（公顷）Area of Cultivated Land (hectare)	农林牧渔业总产值（万元）Gross Output Value of Agriculture (10 000 yuan)	社会消费品零售总额（万元）Total Retail Sales (10 000 yuan)
28390	147200	65400	175587	14218	33391	4419	12509	49194	192845	172811
33626	192400	80600	320000	20029	46543	3995	11189	61783	320800	120086
33446	376000	183700	490000	24005	76816	4260	11559	95343	480268	217709
42397	336500	165000	400000	26915	70059	4420	11581	86395	499368	277315
62707	335300	177800	490000	37160	84358	4966	11499	140334	851902	359426
50190	280700	115800	470000	38336	66333	4833	12535	59622	427408	326278
56912	468400	221600	700000	53106	85926	5665	13625	123431	929894	506368
49381	312000	152600	500000	38513	69634	5505	13050	103436	848100	334755
45654	410300	155500	376373	33988	77972	4900	13028	76645	454220	335216
55802	237600	62300	628140	67508	70901	4917	17611	49611	151550	383025
38158	327000	110400	446674	34818	65616	4928	14211	76897	475765	345000
54960	365900	106000	714891	73268	90468	5511	14904	69183	360051	580135
58013	346200	119600	764046	106076	111670	6258	17317	55014	263665	653726
30338	119800	32400	385037	45581	57198	6880	17163	10965	64558	299343
38090	243500	103200	513679	42008	59587	5405	15157	40985	194395	309965
50598	604300	270700	583106	52309	106363	4904	13560	122093	704712	349637
55775	236900	67400	531058	84800	86681	5522	14534	29744	163522	408287
64947	554300	174500	871652	84626	111141	5125	14266	73503	394047	505776
53611	396000	93000	882866	58851	85737	4965	14416	63525	303894	420258
55984	840400	376900	372284	35047	98519	3900	9887	140178	604469	329474
25942	396100	184500	297944	16303	58094	3834	13006	70318	352003	188259
37797	417700	268100	197933	18853	64546	3767	9590	134148	413678	180936
22100	205200	76800	627022	50775	69348	6823	21760	15468	159832	271569
15800	241800	135400	326120	27686	65046	4358	23602	11323	189638	149008
23000	244200	117500	409824	58623	72803	5613	27297	18404	226119	211499
42500	332200	116500	1066671	127618	142900	7585	27956	21354	264310	381806
34000	281700	102200	649809	67288	75628	7263	23439	18834	238270	325784
58400	442800	100900	1380537	195825	221268	7661	27624	39008	333022	977200
52300	764200	121100	1614165	235602	288572	8445	32819	43519	309538	1354341
30200	258500	98700	404881	71175	112948	7188	27943	21428	193140	384424
172700	286200	132600	702353	70182	104556	7001	18237	20616	518142	499100
20800	356700	125000	635541	75933	117056	6919	33662	22961	246382	399400
89100	614600	196800	621523	144127	146000	7436	20896	28921	175736	830183
185900	665900	190700	707464	146000	164143	8388	16923	23823	181277	692678
7400	54000	19400	131726	11122	30316	4872	25797	936	68052	44332
41200	430200	159200	359499	61245	86692	4751	26150	19994	79877	395894
73700	437300	146500	289333	45529	73275	5754	18196	22102	145842	467760
67200	665500	215500	307885	58018	94152	4992	19201	28053	232409	635945
13600	149900	69600	66874	12107	43977	3184	25692	10314	42973	87182
25400	171300	84700	89109	12575	49048	2966	20595	9545	37957	70626
99200	215300	41400	1132230	90006	97341	7987	19760	31062	171253	420230
104600	313100	81300	1014165	114295	125795	8089	19833	34551	205053	818875
86900	309400	74400	1024830	111650	120615	8036	20897	37274	234721	734003
82400	200000	65500	730805	72772	78636	8042	18067	30501	243048	404271

4-2 续表 12

地　区	Region	土地面积 (平方公里) Land Area (sq.km)	年末总人口 (人) Total Population (year-end) (person)	地区生产总值 (万元) Gross Regional Product (10 000 yuan)	第一产业 Primary Industry	第二产业 Secondary Industry	第三产业 Tertiary Industry	人均地区生产总值 (元/人) Per Capita Gross Regional Product (yuan/person)
海盐县	Haiyan County	508	364302	1444726	119447	981469	343810	39523
德清县	Deqing County	936	424709	1187854	110539	714239	363077	27990
长兴县	Changxing County	1430	618663	1360587	154497	740874	465216	21960
安吉县	Anji County	1886	452342	897019	109915	441154	345950	19917
诸暨市	Zhuji City	2311	1055925	3249200	244400	2015900	988900	30766
上虞市	Shangyu City	1403	773690	2291600	195300	1394000	702300	29607
嵊州市	Shengzhou City	1790	733796	1412600	161800	783100	467700	19240
绍兴县	Shaoxing County	1177	704720	3868200	169100	2506900	1192200	54946
新昌县	Xinchang County	1213	434358	1171800	96700	676700	398400	26986
兰溪市	Lanxi City	1310	659739	883615	98961	513583	271072	13438
义乌市	Yiwu City	1103	797729	3034475	94124	1393950	1546401	43797
东阳市	Dongyang City	1739	697368	1598447	91725	905513	601209	20095
永康市	Yongkang City	1049	548879	1563212	51809	1029575	481828	28620
武义县	Wuyi County	1577	328409	584353	65212	323720	195422	17796
浦江县	Pujiang County	900	382045	670321	44334	420410	205578	17571
磐安县	Panan County	1196	205521	248809	46311	130005	72493	12119
江山市	Jiangshan City	2019	580826	737904	121390	363290	253224	12738
常山县	Changshan County	1096	324810	349219	51500	169304	128415	10755
开化县	Kaihua County	2228	344976	320787	69733	136558	114496	9328
龙游县	Longyou County	1143	400513	505405	73116	249186	183103	12535
岱山县	Daishan County	326	195019	450600	118800	148300	183500	22975
嵊泗县	Shengsi County	86	81174	338600	66100	153300	119200	41652
温岭市	Wenling City	836	1150903	3051154	286396	1618477	1146281	26543
临海市	Linhai City	2171	1119155	1648185	164094	861402	622689	14776
玉环县	Yuhuan County	378	398583	1486704	130510	912521	443673	37466
三门县	Sanmen County	1072	409732	491658	103391	191697	196570	12059
天台县	Tiantai County	1426	558768	625091	63186	286026	275878	11208
仙居县	Xianju County	1992	473944	512595	60107	239729	212759	10881
青田县	Qingtian County	2484	478095	494457	39067	279970	175420	10374
缙云县	Jinyun County	1482	438629	476118	52429	258799	164890	10876
遂昌县	Suichang County	2539	227431	282660	48260	128080	106320	12462
松阳县	Songyang County	1406	231428	219175	62830	68829	87516	9479
云和县	Yunhe County	978	110376	162504	23625	77647	61232	14772
庆元县	Qingyuan County	1898	198440	150305	36202	52334	61769	7580
景宁畲族自治县	Jingning She A.C.	1950	177252	146842	31156	54337	61349	8220
龙泉市	Longquan City	3059	278423	292682	59558	115637	117487	10544
安徽省	**Anhui Province**							
长丰县	Changfeng County	1922	769898	390300	126100	132300	131900	5023
肥东县	Feidong County	2211	1063516	717600	188700	292800	236100	6736
肥西县	Feixi County	2300	970432	690200	149700	305700	234800	7120
濉溪县	Suixi County	2399	1182485	477700	177000	129700	171000	4041
涡阳县	Guoyang County	2107	1409126	643600	223400	179500	240700	4579
蒙城县	Mengcheng County	2091	1229411	584200	246900	138900	198400	4771
利辛县	Lixin County	1950	1429165	504900	211900	93900	199100	3549
砀山县	Dangshan County	1193	929131	364800	183700	64100	117000	3945

continued

城镇就业人员(人) Urban Employed Persons (person)	乡村就业人员(人) Rural Laborer (person)	#农林牧渔业 Agriculture	全社会固定资产投资(万元) Investment in Fixed Assets (10 000 yuan)	地方财政收入(万元) Revenue of Local Governments (10 000 yuan)	地方财政支出(万元) Expenditures of Local Governments (10 000 yuan)	农村居民人均纯收入(元) Per Capita Disposable Income of Rural Households (yuan)	城镇职工平均工资(元) Average Wages in Urban (yuan)	常用耕地面积(公顷) Area of Cultivated Land (hectare)	农林牧渔业总产值(万元) Gross Output Value of Agriculture (10 000 yuan)	社会消费品零售总额(万元) Total Retail Sales (10 000 yuan)
56300	172500	52700	519996	50051	60658	8542	27358	25190	186697	301309
42100	207600	66700	723382	76015	83218	7461	25019	22251	196653	349750
51800	312500	106900	861112	93959	95701	7307	25099	46384	272212	489230
37600	232900	85900	434589	45730	69120	7034	24968	24826	165381	322335
171300	580500	146400	1452253	141473	144257	8065	22731	43308	359767	764928
87100	384100	149900	951719	100081	111600	7796	26999	40778	348777	632739
60300	376800	147900	628835	57437	70054	6535	24999	30724	233401	558455
40900	377200	64100	1701098	201336	188995	9241	32392	25952	243733	547069
41300	232400	93900	413622	49215	62811	6489	24985	16165	129146	364849
40000	331900	165400	585319	45253	65311	4890	19001	29100	170461	331353
45700	594000	176600	1260805	196128	198916	7735	33010	21717	138126	1288594
136500	445200	186500	710844	72865	92291	6903	19082	24077	133132	584659
27700	288300	79200	528483	99331	97720	6625	32587	17676	69123	431184
14600	168600	60400	283232	37506	57533	4340	27024	16010	95739	213231
14400	234700	96600	346153	37305	47972	4733	27445	12057	66738	262753
12800	108900	72500	123904	16169	41475	3589	21944	6836	70669	73500
22800	278400	110300	440066	36518	59200	5594	22049	24292	189186	257870
10500	170000	76700	278743	22140	52205	4569	27792	12344	67496	134161
11500	188400	98500	169561	14810	45833	4338	24004	13014	96454	148672
18700	205700	113600	398102	25791	48567	4957	24497	24125	120046	288544
9900	85100	35100	157120	16281	42429	7259	28728	2419	272231	154352
8500	32400	14400	428889	18086	38097	7056	27770	78	124253	79049
68100	671700	174600	983591	134798	149336	7556	32132	32830	551419	1068602
62900	592900	235000	665726	86296	112477	5732	29488	29622	276462	501352
27700	275800	52300	723755	74959	89488	8620	36987	6918	261319	371635
24400	220700	100600	272987	27527	56905	4846	29248	13027	209947	172368
31200	288400	137800	339567	37511	69639	4890	30521	15521	95733	244522
28400	253300	107500	216488	25052	50717	4100	26227	14708	92472	183166
14600	189600	100100	462729	37825	68748	3508	31029	10748	57620	199277
16600	232300	135700	232267	23368	52211	3757	24149	10942	84097	175108
16700	116600	76400	187400	21185	40377	3567	22731	10505	77022	108248
9400	130300	86800	125894	11264	34347	3154	20140	7680	97187	88984
9400	50800	23000	112972	11391	28447	3360	26840	4176	37476	60929
7900	81600	58000	78744	7141	33631	3150	23508	10616	54852	73507
8800	70700	41900	54498	12224	41917	3292	20525	6849	48217	63310
15000	136800	86500	175650	14785	43077	3627	21501	16991	91818	125623
36100	432108	246000	216000	16574	46544	2565	13525	65404	233214	84436
26000	590963	323000	286000	30449	63925	3134	16343	75470	347508	157730
91000	529271	300000	251000	32510	62713	3173	15220	66018	293907	130717
54000	488580	364000	135000	16091	48904	2510	11662	118652	299026	156300
55400	673025	481657	148000	12935	50186	2607	10405	131146	416142	243609
73000	598953	402000	130000	12392	48936	2638	10811	122542	444013	227260
79000	743499	560000	146000	6828	53647	1602	10606	114532	398843	158286
70000	439928	273000	88000	6001	39468	2172	10633	49479	291969	105961

4-2 续表 13

地 区	Region	土地面积（平方公里）Land Area (sq.km)	年末总人口（人）Total Population (year-end) (person)	地区生产总值（万元）Gross Regional Product (10 000 yuan)	第一产业 Primary Industry	第二产业 Secondary Industry	第三产业 Tertiary Industry	人均地区生产总值（元/人）Per Capita Gross Regional Product (yuan/person)
萧县	Xiao County	1885	1332153	546600	244000	114400	188200	4116
灵璧县	Lingbi County	2054	1164427	509400	292300	71800	145300	4390
泗县	Si County	1787	872452	435400	236300	91300	107800	5023
怀远县	Huaiyuan County	2368	1277211	652200	241400	186000	224800	5117
五河县	Wuhe County	1595	711308	448200	200900	104600	142700	6328
固镇县	Guzhen County	1360	600080	419900	173600	107100	139200	7014
临泉县	Linquan County	1818	2003801	502100	230000	123800	148300	2541
太和县	Taihe County	1820	1581013	496000	181400	126200	188400	3157
阜南县	Funan County	1816	1541112	399800	171000	79200	149600	2609
颍上县	Yingshang County	1859	1579902	485200	151400	171400	162400	3094
界首市	Jieshou City	666	749422	307600	99700	103700	104200	4117
凤台县	Fengtai County	928	721620	666200	139300	348400	178500	11340
来安县	Laian County	1481	489569	333400	92300	128300	112800	6824
全椒县	Quanjiao County	1532	450612	288300	109900	80700	97700	6426
定远县	Dingyuan County	2891	919215	388500	175400	82300	130800	4246
凤阳县	Fengyang County	1920	729474	392300	127700	136900	127700	5378
天长市	Tianchang City	1770	618103	624000	158400	300600	165000	10116
明光市	Mingguang City	2335	635719	356300	143500	84900	127900	5612
寿县	Shou County	2986	1320012	447100	168300	125000	153800	3417
霍邱县	Huoqiu County	3493	1695076	546600	195700	144300	206600	3564
舒城县	Shucheng County	2100	991259	449300	122100	154500	172700	4533
金寨县	Jinzhai County	3814	645950	292300	82700	98700	110900	4532
霍山县	Huoshan County	2043	365727	303500	45200	152400	105900	8296
当涂县	Dangtu County	1346	646541	581800	154200	233900	193700	9010
庐江县	Lujiang County	2347	1182148	489100	192900	127900	168300	4131
无为县	Wuwei County	2433	1395025	857800	224400	333500	299900	6150
含山县	Hanshan County	1045	442432	296100	84500	102500	109100	6700
和县	He County	1538	649738	384400	118400	127100	138900	5907
芜湖县	Wuhu County	943	534741	444700	105500	190900	148300	8319
繁昌县	Fanchang County	880	461476	457100	82100	217500	157500	9917
南陵县	Nanling County	1264	544689	360300	100900	137700	121700	6625
郎溪县	Langxi County	1105	334131	235400	62900	102100	70400	7049
广德县	Guangde County	2156	503208	393300	75300	144600	173400	7831
泾县	Jing County	2054	354090	232800	58500	77800	96500	6568
绩溪县	Jixi County	1116	176575	158000	41800	61400	54800	8937
旌德县	Jingde County	905	150192	106300	32900	38900	34500	7067
宁国市	Ningguo City	2487	377304	566900	91300	275100	200500	15044
铜陵县	Tongling County	763	294657	209800	44500	80300	85000	7085
东至县	Dongzhi County	3256	533802	283300	97800	75100	110400	5309
石台县	Shitai County	1403	109479	46700	12800	15900	18000	4256
青阳县	Qingyang County	1181	281525	150000	39600	53600	56800	5487
怀宁县	Huaining County	1276	681326	450200	107700	191900	150600	6590
枞阳县	Zongyang County	1808	962147	463400	137400	171200	154800	4821
潜山县	Qianshan County	1686	572117	314300	74800	136100	103400	5495
太湖县	Taihu County	2031	558345	276700	104100	69600	103000	4956
宿松县	Susong County	2394	802810	368300	146600	96800	124900	4601

continued

城镇就业人员(人) Urban Employed Persons (person)	乡村就业人员(人) Rural Laborer (person)	#农林牧渔业 Agriculture	全社会固定资产投资(万元) Investment in Fixed Assets (10 000 yuan)	地方财政收入(万元) Revenue of Local Governments (10 000 yuan)	地方财政支出(万元) Expenditures of Local Governments (10 000 yuan)	农村居民人均纯收入(元) Per Capita Disposable Income of Rural Households (yuan)	城镇职工平均工资(元) Average Wages in Urban (yuan)	常用耕地面积(公顷) Area of Cultivated Land (hectare)	农林牧渔业总产值(万元) Gross Output Value of Agriculture (10 000 yuan)	社会消费品零售总额(万元) Total Retail Sales (10 000 yuan)
35000	630489	423000	109000	7593	46775	2261	10218	88729	397772	192287
29000	578157	451000	95000	6346	40260	1963	9808	120454	479554	103976
22000	460429	328000	108000	5408	32063	2170	10064	91323	393184	84906
45058	669922	419935	199000	11581	47564	2757	10942	122730	422161	212973
29177	380562	225513	107600	7929	29310	2831	11016	70006	334982	128159
34779	325437	243938	125000	5738	29188	2811	10995	70252	307822	106329
51000	1012387	595000	112000	8214	62017	1753	10488	114177	459404	171498
57000	892943	523000	113000	13238	52989	2557	11384	115507	361878	363430
29000	796354	482000	117000	9165	66924	1662	11476	91621	371907	139526
53000	750511	461000	186000	20622	63381	1958	17293	103353	301682	160536
48000	352278	171000	54000	6861	32922	2608	9704	39104	188443	106808
46000	305930	182000	277000	33193	58016	2818	17614	46102	197851	147511
47000	228157	163000	113000	9233	28028	3065	12286	45568	150462	111505
43000	180065	128200	123000	10458	33048	2852	9905	39354	187281	108083
45000	430004	314000	86000	8967	38778	2336	9960	97784	326181	116330
47000	360743	234800	139000	12483	39003	2658	11531	66081	240968	117065
50000	293250	147000	188000	19023	49014	3803	12475	58498	263758	148117
70000	283626	218000	86000	10933	37006	2673	10777	54763	250054	127010
64000	668550	418000	139000	10753	49197	2317	10855	118359	342704	203507
56000	717279	553000	155000	13419	58399	2298	12668	120219	442636	230944
124000	493228	225000	115000	15754	49028	2304	10068	40974	205350	151000
59000	275329	158000	93000	6951	48692	2045	10260	22680	160150	121993
56000	163974	101000	124000	16924	43428	2344	12945	16797	67567	72602
32000	307222	155300	333000	27959	51748	4398	15757	43639	233686	146228
88000	511560	328000	209000	13615	53231	2724	11119	72637	330013	187853
147000	698963	402000	427000	25222	69566	2815	13049	85890	409991	276050
43000	214528	103000	185000	10287	30326	3135	12232	34901	148118	79023
39000	278126	152000	218000	12324	35251	3253	13161	48564	225196	138147
41000	268661	133000	239700	24584	46180	3998	16447	27178	180628	158000
53000	237531	102000	238000	29523	49428	3895	15662	21467	141487	142423
31000	299978	154000	201500	18198	41263	3941	13101	32860	189351	142102
45000	164909	120900	125900	5999	21943	2226	12900	22229	103185	60717
17000	278080	159800	262300	18978	42224	3753	13517	25097	124156	124406
33969	180985	109330	131600	8488	29975	2657	13897	18869	96660	74775
19300	80597	49400	123000	4896	20950	3102	15460	6839	68085	55812
10000	70512	41000	69800	4044	16357	3053	12741	8967	52271	41568
69000	190040	106000	315700	38252	64487	3954	17371	13565	150502	153710
24000	154964	75000	129000	11531	31126	3251	13405	18224	69541	62072
37000	279764	184000	83000	10515	36159	2711	12047	31066	160371	83128
8000	56433	39000	23000	2382	16214	1493	15464	2964	18684	27501
20000	129230	68000	65000	9980	25526	2858	15111	14807	60122	73322
29000	361073	170000	150000	24997	51080	3566	13387	31557	190490	144110
144000	443955	230000	166000	19649	48687	1796	11602	35593	216908	126581
21000	279453	155000	103000	9202	37369	1810	11761	21228	117611	106180
48000	286951	168500	77000	7930	39657	1748	12340	20864	164062	75018
28000	424419	250000	117000	7923	36740	1797	12687	46899	244439	104671

4-2 续表 14

地 区	Region	土地面积 (平方公里) Land Area (sq.km)	年末总人口 (人) Total Population (year-end) (person)	地区生产总值 (万元) Gross Regional Product (10 000 yuan)	第一产业 Primary Industry	第二产业 Secondary Industry	第三产业 Tertiary Industry	人均地区生产总值 (元/人) Per Capita Gross Regional Product (yuan/person)
望江县	Wangjiang County	1357	604672	241500	90000	50500	101000	4005
岳西县	Yuexi County	2398	398575	183900	53400	75900	54600	4613
桐城市	Tongcheng City	1571	744788	555400	125600	258800	171000	7457
歙县	She County	2122	493286	441300	72100	199800	169400	8675
休宁县	Xiuning County	2125	272654	205900	56900	68300	80700	7555
黟县	Yi County	858	95641	78200	20200	26200	31800	8178
祁门县	Qimen County	2257	187080	174400	29800	62900	81700	9342
福建省	**Fujian Province**							
闽侯县	Minhou County		613209	904813	147062	516036	241715	14794
连江县	Lianjiang County		611002	865693	365603	200068	300022	14162
罗源县	Luoyuan County		253183	410566	107397	211804	91365	16215
闽清县	Minqing County		299514	493467	93612	277503	122352	16405
永泰县	Yongtai County		352699	297690	133202	70309	94179	8426
平潭县	Pingtan County		382617	401882	148523	61269	192090	10479
福清市	Fuqing City		1214937	2639631	397141	1414743	827747	21727
长乐市	Changle City		660060	1598260	223405	999908	374947	24212
仙游县	Xianyou County		1010495	683769	131281	279458	273030	7797
明溪县	Mingxi County		115475	139586	50257	33913	55416	12497
清流县	Qingliu County		147358	138027	55293	30330	52404	10293
宁化县	Ninghua County		346236	218561	96108	44274	78179	7178
大田县	Datian County		366157	286240	107641	88201	90398	8740
尤溪县	Youxi County		418611	453712	192799	114091	146822	12041
沙县	Sha County		242334	424538	104768	179933	139837	17507
将乐县	Jiangle County		168073	221460	67726	75400	78334	14088
泰宁县	Taining County		127565	205780	58261	78488	69031	17618
建宁县	Jianning County		145579	154885	66222	37025	51638	12039
永安市	Yongan City		319768	768574	114805	320539	333230	21696
惠安县	Huian County		924898	1890854	193286	1037837	659731	20562
安溪县	Anxi County		1068541	1363315	146027	747553	469735	13042
永春县	Yongchun County		551212	908852	111991	428181	368680	17161
德化县	Dehua County		306569	512626	60621	284920	167085	17019
金门县	Jinmen County							
石狮市	Shishi City		308478	1703261	93126	903201	706934	32406
晋江市	Jinjiang City		1032910	4227518	114189	2760856	1352473	27308
南安市	Nanan City		1480671	2155464	143640	1303648	708176	14925
云霄县	Yunxiao County		416402	311260	128904	55654	126702	7498
漳浦县	Zhangpu County		813209	711551	266969	153930	290652	8742
诏安县	Zhaoan County		571881	442273	182898	110929	148446	7625
长泰县	Changtai County		189103	266580	73781	118841	73958	13685
东山县	Dongshan County		203319	326103	125059	101866	99178	15499
南靖县	Nanjing County		341169	502539	184360	199056	119123	14269
平和县	Pinghe County		559419	425973	199034	67620	159319	7823
华安县	Huaan County		158823	180112	75841	54788	49483	11063
龙海市	Longhai City		786731	1553802	244189	958685	350928	18667
顺昌县	Shunchang County		240132	268126	68069	102573	97484	11163

continued

城镇就业人员（人）Urban Employed Persons (person)	乡村就业人员（人）Rural Laborer (person)	#农林牧渔业 Agriculture	全社会固定资产投资（万元）Investment in Fixed Assets (10 000 yuan)	地方财政收入（万元）Revenue of Local Governments (10 000 yuan)	地方财政支出（万元）Expenditures of Local Governments (10 000 yuan)	农村居民人均纯收入（元）Per Capita Disposable Income of Rural Households (yuan)	城镇职工平均工资（元）Average Wages in Urban (yuan)	常用耕地面积（公顷）Area of Cultivated Land (hectare)	农林牧渔业总产值（万元）Gross Output Value of Agriculture (10 000 yuan)	社会消费品零售总额（万元）Total Retail Sales (10 000 yuan)
15700	311308	179526	75000	5225	28486	1998	10711	35433	181613	89156
13000	181729	117000	106000	6777	34112	1839	10984	14949	87201	53300
48000	360894	197000	258000	20257	52690	3728	13358	34036	205525	162000
31000	275704	195000	165000	13934	40146	2988	13737	9516	114555	133583
16600	149860	120000	125000	9200	27991	3170	13796	12319	93075	63851
9800	50248	35000	48000	4462	14876	2996	13144	5180	33576	20064
19800	93588	72000	69000	8764	24229	2943	14013	6848	45965	45374
50583	263357	113123		52416	62746	4652	16667	18845	236151	233060
39083	290881	156969		27895	37881	4912	14057	12424	604776	179772
12030	87900	45647		11639	24047	4438	13817	11481	181449	109617
20123	120073	64337		18798	24144	4560	15456	17041	155516	109380
11526	168091	93538		7618	23564	3844	13065	14505	206836	101990
15266	177087	130728		11498	26152	4119	13451	6544	263350	133971
157839	532015	270466		96210	107178	6369	16106	28371	664040	758526
42505	259008	89617		60986	64855	6251	17158	14820	358901	364194
46958	466264	239022		18492	37854	3829	11825	21085	223584	238837
7386	52624	27338		3839	12582	4218	15452	11777	77450	36280
9746	56223	33962		4460	13189	4171	13733	10176	86927	43347
12289	125957	76103		7609	22116	3673	14430	32068	156851	66315
22472	127908	87946		12858	24902	4006	13244	14636	171860	94397
16868	176871	115804		16771	28567	4291	14508	22252	294677	98197
19435	80032	37330		17817	23046	4597	15669	12964	168280	102286
10068	74491	40431		9698	15798	4068	13957	13127	110983	47858
8165	53911	31770		4776	13495	4150	14337	10696	85278	43822
7395	53268	37397		3101	12883	3750	13995	15048	98472	39802
32695	101603	60630		36445	37777	4625	17981	14780	176270	226874
109992	447675	131645		72083	93644	6148	15557	18465	332269	545571
72313	454171	274021		48048	70821	5156	14280	24742	233204	403437
33993	209848	114508		36579	49520	5202	14389	15132	181114	234000
27079	133321	57975		25317	36076	4777	14822	13541	111547	177493
66230	116106	30559		75395	79884	8523	14727	3164	183310	900297
290971	480230	121709		162242	168778	7625	16491	20394	200257	1153763
82605	790651	298008		76810	90273	5904	15057	27884	230595	808263
20409	165370	101507		9160	23081	4573	10559	11907	216385	154176
51193	394973	266527		16206	34321	4649	9880	32414	492708	290291
21011	285446	202854		9021	21003	4426	10124	21621	303110	215453
23384	76088	36148		8017	14600	4578	11571	10209	121387	66931
16958	77422	43668		9396	14092	5114	10920	4538	225103	115397
25868	151158	96307		13809	21398	4567	13571	18031	310806	121459
18920	255424	144347		8550	24430	4453	10808	21396	336281	173704
8599	68572	44717		4696	10828	4566	12450	6278	127450	40347
74303	345796	150451		61654	55969	4693	15144	17241	419776	412077
20002	95829	73275		9304	18369	4151	11828	12541	106671	89572

4-2 续表 15

地区	Region	土地面积 (平方公里) Land Area (sq.km)	年末总人口 (人) Total Population (year-end) (person)	地区生产总值 (万元) Gross Regional Product (10 000 yuan)	第一产业 Primary Industry	第二产业 Secondary Industry	第三产业 Tertiary Industry	人均地区生产总值 (元/人) Per Capita Gross Regional Product (yuan/person)
浦城县	Pucheng County		410109	300528	106211	85848	108469	7328
光泽县	Guangze County		155680	158170	59172	44656	54342	10172
松溪县	Songxi County		158830	115340	45537	25342	44461	7262
政和县	Zhenghe County		218545	117433	45294	26872	45267	5373
邵武市	Shaowu City		301163	497447	115467	168795	213185	16516
武夷山市	Wuyishan City		223679	301818	71743	72286	157789	13571
建瓯市	Jianou City		518839	462540	161431	119307	181802	8922
建阳市	Jianyang City		335949	342836	116264	105219	121353	10295
长汀县	Changting County		493742	298392	118759	78336	101297	7323
永定县	Yongding County		461484	549517	121747	264322	163448	13225
上杭县	Shanghang County		482099	453241	142901	177319	133021	10348
武平县	Wuping County		364452	288926	110249	76306	102371	8663
连城县	Liancheng County		326087	298985	102205	90726	106054	9917
漳平市	Zhangping City		273136	390553	89627	120847	180079	14519
霞浦县	Xiapu County		517336	511240	164074	129082	218084	9860
古田县	Gutian County		422556	402807	121329	127797	153681	9514
屏南县	Pingnan County		180032	162082	45923	52007	64152	8990
寿宁县	Shouning County		255437	177330	55622	55321	66387	6943
周宁县	Zhouning County		194466	134273	27511	55037	51725	6911
柘荣县	Zherong County		100306	117196	26804	44932	45460	11696
福安市	Fuan City		611095	759798	137303	353196	269299	12435
福鼎市	Fuding City		565098	600063	145374	237668	217021	10568
江西省	**Jiangxi Province**							
南昌县	Nanchang County	1684	917258	1291306	251058	724283	315965	14168
新建县	Xinjian County	2338	675532	813180	168068	352260	292852	12161
安义县	Dingyi County	666	253591	240588	49910	81151	109527	9547
进贤县	Jinxian County	1955	760072	804430	173057	401353	230020	10636
浮梁县	Fuliang County	2851	265522	199071	58725	80249	60097	7319
乐平市	Leping City	1974	800000	636683	105552	303902	227229	7959
莲花县	Lianhua County	1063	245940	139882	44938	44534	50410	5663
上栗县	Shangli County	721	455496	398693	63690	225158	109845	8707
芦溪县	Luxi County	960	277043	299918	52687	167003	80228	10867
九江县	Jiujiang County	873	339805	165301	52502	70213	42586	4791
武宁县	Wuning County	3507	349000	229000	79845	89300	59855	6571
修水县	Xiushui County	4503	800000	325494	95044	112295	118155	4222
永修县	Yongxiu County	2035	367191	255028	68528	94706	91794	6964
德安县	Dean County	863	155806	137256	24785	79011	33460	8637
星子县	Xingzi County	894	241038	108660	29660	42880	36120	4520
都昌县	Duchang County	2670	738961	200017	67948	51043	81026	2729
湖口县	Hukou County	669	272556	142544	47211	57030	38303	5221
彭泽县	Pengze County	1542	351429	167886	58456	55375	54055	4799
瑞昌市	Ruichang City	1423	421362	255390	57296	133218	64876	6060
分宜县	Fenyi County	1389	308664	274782	67936	138048	68798	9401
余江县	Yujiang County	933	355000	148381	62316	50065	36000	4180
贵溪市	Guixi City	2313	534000	823706	94627	524863	204216	14836

continued

城镇就业人员（人）Urban Employed Persons (person)	乡村就业人员（人）Rural Laborer (person)	#农林牧渔业 Agriculture	全社会固定资产投资（万元）Investment in Fixed Assets (10 000 yuan)	地方财政收入（万元）Revenue of Local Governments (10 000 yuan)	地方财政支出（万元）Expenditures of Local Governments (10 000 yuan)	农村居民人均纯收入（元）Per Capita Disposable Income of Rural Households (yuan)	城镇职工平均工资（元）Average Wages in Urban (yuan)	常用耕地面积（公顷）Area of Cultivated Land (hectare)	农林牧渔业总产值（万元）Gross Output Value of Agriculture (10 000 yuan)	社会消费品零售总额（万元）Total Retail Sales (10 000 yuan)
15136	150301	89212		9610	22045	4046	12925	33865	165258	123990
14034	63214	51503		5272	13571	3545	12093	14012	101258	53998
6679	69639	50948		4291	12200	3067	13267	10141	73259	48495
7787	92891	73310		3550	13750	3300	12567	13414	71360	54002
31756	107702	60624		19463	25195	4502	14194	22305	184289	215793
18348	85145	63734		12084	22373	4516	12884	20613	115946	118046
20416	183036	124909		12609	28502	4752	13317	32122	260314	167718
19416	127660	83804		10222	19828	4015	12558	30160	185944	118782
26824	245561	134950		9221	28600	3369	12073	20998	198719	120034
20362	231813	123256		20839	36242	4476	15856	20211	200061	159886
23915	235595	123877		18942	41042	3789	16033	24427	227385	139048
16440	160262	75351		8500	23808	3905	14509	22594	180059	105414
16436	139748	74368		8601	23102	3759	12267	16864	164222	115661
18161	118828	86507		14913	23086	4189	15990	11771	143296	130289
18044	212452	116697		12353	29757	4078	12574	17650	286710	185441
16737	189615	139462		11781	25372	4215	14595	26875	204428	149685
8991	70598	53980		4162	13705	3523	13237	13025	75427	49010
8713	99104	69343		3648	15173	3532	13332	12060	90423	65194
6925	74117	45750		6513	13757	3564	13783	9751	43699	44542
5662	40873	27423		3090	11224	3551	14137	4602	44198	31928
32021	178308	111118		23351	41252	3995	14729	21427	231539	276900
17793	260666	149155		23095	36944	3937	15879	18245	244281	219289
46583	363016	236710	480357	44671	83275	4008	12325	71767	401128	245897
28366	284864	216105	200010	26296	59314	3665	11500	51811	271022	172050
12000	83010	40182	91063	7397	21621	3378	10387	16535	81021	50635
20060	328154	159961	85100	16031	47394	3712	12050	55117	269975	159402
19571	109072	71799	48313	7028	25738	3190	9250	18051	78572	41285
44740	320297	150437	187210	23413	54266	3718	10573	33384	191402	159323
9216	103325	68711	78319	6174	27490	1543	12086	13057	72080	33459
11041	225648	99329	215810	15520	33175	3537	12081	11326	105266	138000
7211	119354	65407	161711	11925	26631	3175	14457	9862	81685	63000
20238	145837	74821	71400	10490	29890	3236	10837	16267	81497	52701
11154	145678	88292	186600	13432	30189	3462	13522	17417	124759	77478
19960	323926	196413	228700	18295	55363	1492	9972	37884	124829	102909
27076	135183	93588	194000	14738	34202	3482	9516	24499	104037	67770
13182	55309	32892	113400	9196	20882	3345	10224	7614	41803	38019
10300	99379	53481	93900	8345	19592	2973	9857	9129	52200	37181
28217	321006	162780	93400	13552	46070	2609	9901	39727	129512	95737
16503	113462	65287	77400	9118	23545	3434	11237	13854	78687	43560
14698	158654	94727	92000	8813	26465	3186	10457	18680	112977	56562
25511	148700	77928	201600	15916	36181	3376	12307	16617	81499	17500
14438	105980	63791	122664	21922	39906	3712	14301	16407	106170	99600
20118	137376	78235	40623	6550	26842	3388	8505	21355	120416	65713
44942	209129	130761	308648	37575	50341	3731	17305	29338	149498	131932

4-2 续表 16

地 区	Region	土地面积 (平方公里) Land Area (sq.km)	年末总人口 (人) Total Population (year-end) (person)	地区生产总值 (万元) Gross Regional Product (10 000 yuan)	第一产业 Primary Industry	第二产业 Secondary Industry	第三产业 Tertiary Industry	人均地区生产总值 (元/人) Per Capita Gross Regional Product (yuan/person)
赣县	Gan County	2993	570448	265474	86906	96026	82542	4836
信丰县	Xinfeng County	2878	672563	381627	109560	136362	135705	5882
大余县	Dayu County	1368	288296	255779	55864	107172	92743	9057
上犹县	Shangyou County	1544	285810	133584	50699	40028	42857	4863
崇义县	Chongyi County	2197	195488	148391	39132	59130	50129	7827
安远县	Anyuan County	2375	347723	142667	62191	25312	55164	4232
龙南县	Longnan County	1641	295311	242530	56585	106470	79475	8457
定南县	Dingnan County	1316	195452	123753	35492	40211	48050	6479
全南县	Quannan County	1521	180380	128062	39528	48560	39974	7241
宁都县	Ningdu County	4053	735256	371204	117220	132748	121236	5311
于都县	Yudu County	2893	944054	368309	100504	137724	130081	4051
兴国县	Xingguo County	3214	730748	323620	125855	100441	97324	4568
会昌县	Huichang County	2722	449125	189249	74021	46236	68992	4412
寻乌县	Xuwu County	2311	289203	150656	65315	27836	57505	5305
石城县	Shicheng County	1582	297289	113500	51302	26582	35616	3903
瑞金市	Ruijin City	2448	615963	317826	81778	92237	143811	5357
南康市	Nankang City	1796	794681	388095	101487	139418	147190	5129
吉安县	Jian County	2111	437483	277600	86500	111200	79900	6332
吉水县	Jishui County	2475	479114	240299	79298	89206	71795	5007
峡江县	Xiajiang County	1310	162139	116000	42016	37922	36062	7094
新干县	Xingan County	1229	305844	207016	72761	68447	65808	6785
永丰县	Yongfeng County	2691	416132	259120	80169	104934	74017	6257
泰和县	Taihe County	2681	515655	371142	119324	141600	110218	7191
遂川县	Suichuan County	3092	530359	225504	58336	78643	88525	4252
万安县	Wangan County	2037	302518	127580	47800	36520	43260	4217
安福县	Anfu County	2796	381642	263870	81497	101073	81300	6891
永新县	Yongxin County	2159	466956	210110	70352	71899	67859	4424
井冈山市	Jinggangshan City	1298	151770	126939	23106	38312	65521	8356
奉新县	Fengxin County	1642	303000	270701	72020	142004	56677	8934
万载县	Wangzai County	1720	470165	258773	75834	111682	71257	5491
上高县	Shanggao County	1340	345975	315680	87890	135610	92180	9244
宜丰县	Yifeng County	1935	274668	220500	70400	92700	57400	8031
靖安县	Jingan County	1377	138558	100526	26588	37496	36442	7274
铜鼓县	Tonggu County	1548	131005	104920	28200	42170	34550	7645
丰城市	Fengcheng City	2845	1290000	912920	228620	352660	331640	7076
樟树市	Zhangshu City	1291	536974	500048	120084	237513	142451	9317
高安市	Gaoan City	2439	782041	501569	131636	202193	167740	6305
南城县	Nancheng County	1698	306675	211050	54106	73394	83550	6755
黎川县	Lichuan County	1729	247000	114000	36500	41800	35700	4875
南丰县	Nanfeng County	1909	276143	217228	68429	63434	85365	7735
崇仁县	Chongren County	1520	320000	224236	65851	89771	68614	7003
乐安县	Lean County	2415	355000	131394	44018	39473	47903	3707
宜黄县	Yihuang County	1944	214000	101310	31712	38250	31348	4592
金溪县	Jinxi County	1358	272000	138336	41920	47762	48654	4903
资溪县	Zixi County	1251	104925	69035	17333	27587	24115	6160
东乡县	Dongxiang County	1263	420085	289353	64815	124869	99669	6998

continued

城镇就业人员(人) Urban Employed Persons (person)	乡村就业人员(人) Rural Laborer (person)	#农林牧渔业 Agriculture	全社会固定资产投资(万元) Investment in Fixed Assets (10 000 yuan)	地方财政收入(万元) Revenue of Local Governments (10 000 yuan)	地方财政支出(万元) Expenditures of Local Governments (10 000 yuan)	农村居民人均纯收入(元) Per Capita Disposable Income of Rural Households (yuan)	城镇职工平均工资(元) Average Wages in Urban (yuan)	常用耕地面积(公顷) Area of Cultivated Land (hectare)	农林牧渔业总产值(万元) Gross Output Value of Agriculture (10 000 yuan)	社会消费品零售总额(万元) Total Retail Sales (10 000 yuan)
21540	258503	142983	105600	12940	39096	1616	11012	21241	134765	74450
32205	288135	137940	153487	17602	41209	3149	12567	24231	161750	110329
15390	106503	67179	106000	12020	25687	3115	10968	9355	85533	69559
11348	135994	66987	41600	6861	23198	1610	10529	8598	74336	40023
12947	81762	48873	40500	7900	21619	2721	10329	7639	57062	39025
11648	148472	94428	33675	6168	28359	1593	10219	10733	98235	43928
17776	147991	73348	153470	17403	29330	2997	11264	8644	87252	70918
9933	88099	53390	57915	7063	22592	2534	10848	6880	59118	35010
13285	67749	32169	26000	5975	17105	2686	9095	7310	64973	37997
20148	320959	205375	108000	11602	44611	1622	9825	38989	178558	104825
33391	354950	192598	124770	15041	49826	1656	10436	27694	152600	117536
18323	365726	214095	135000	12007	46843	1561	10443	27835	200677	93903
12323	211450	125506	50410	7368	29968	1596	9449	16044	111986	70350
9551	129744	91010	68000	7076	26168	1528	10397	10751	105735	48779
9666	119234	76995	33425	5483	21929	2419	8444	12560	78060	31049
18331	248238	141418	74562	13228	37804	2770	11464	21694	132040	101895
18692	391471	192366	173028	20048	45324	2861	11869	25547	158216	113681
17577	186379	118475	134419	17091	44762	1697	12434	36743	136386	82640
21652	189266	102840	62049	12757	34804	3359	10625	38823	143137	80254
8958	58055	40579	52140	7658	19016	3586	10915	18738	65530	33820
12935	121249	78654	115036	13138	33220	3680	10217	27638	117956	66734
15557	167150	110747	80120	12841	37009	3404	9905	30490	128511	65891
20412	207411	139551	131005	17173	42340	3747	11390	45289	211098	79001
15836	256322	153406	92000	11506	40299	1605	13377	25465	102821	36390
14010	118598	80231	61000	8416	29796	1496	10128	18851	80866	31589
18689	147013	107197	64200	12530	32834	3383	11210	29328	122698	83525
13290	201659	138578	112868	8718	42700	1507	10912	24510	122368	58851
15169	55370	34019	103463	9615	29216	1529	8809	8418	41353	47650
12310	107456	66561	182782	12437	32651	3807	13790	25034	116258	77189
14753	192787	108588	128620	11961	33416	3178	9473	24093	118040	78039
18048	106116	65932	159293	14989	36589	3814	9729	24454	179043	62248
16426	85617	57514	76293	10450	30799	3483	10407	22301	123120	41600
6636	41106	26027	36616	4149	17762	3258	12949	9017	44781	16085
7883	44711	31370	20443	4201	16086	2836	9792	6042	46990	24970
52900	455523	236968	413409	41756	81398	3525	14405	81861	352035	206419
26577	197792	124878	189537	24018	46482	3580	12828	39390	243018	169308
18048	289086	188724	204299	24382	54789	3494	12819	64922	225975	134859
13535	110184	73371	91000	8519	22644	3485	8250	16804	107261	78828
11319	91433	62905	85000	5281	18118	3370	9197	14937	82600	51504
12690	116746	80819	76000	7164	21847	4347	9773	16841	115220	97232
13795	132026	86769	133000	6709	21890	3744	9698	19629	122086	59184
11122	132627	100838	43000	3972	26950	1666	10347	21992	84513	65292
9135	83898	59115	55000	4040	15713	3263	10047	17520	58791	42228
10542	111590	72829	82000	4763	20341	3375	10944	23349	83819	52491
9936	37783	18362	48000	3954	13130	3380	9904	4628	31555	25410
30218	148548	101563	135000	10766	28508	3724	9898	25296	133851	133002

4-2 续表 17

地 区	Region	土地面积 (平方公里) Land Area (sq.km)	年末总人口 (人) Total Population (year-end) (person)	地区生产总值 (万元) Gross Regional Product (10 000 yuan)	第一产业 Primary Industry	第二产业 Secondary Industry	第三产业 Tertiary Industry	人均地区生产总值 (元/人) Per Capita Gross Regional Product (yuan/person)
广昌县	Guangchang County	1612	232960	73099	23391	21198	28510	3277
上饶县	Shangrao County	2240	715709	319450	58982	159086	101382	4742
广丰县	Guangfeng County	1378	800000	729230	99274	366750	263206	10141
玉山县	Yushan County	1728	553820	247112	51262	116284	79566	4526
铅山县	Qianshan County	2178	413218	242606	64650	86212	91744	5970
横峰县	Hengfeng County	655	196000	95380	23934	38116	33330	5399
弋阳县	Yiyang County	1580	367403	191008	54432	69639	66937	5465
余干县	Yugan County	2331	895287	304084	136537	88988	78559	3568
鄱阳县	Boyang County	4215	1438845	387534	156555	100998	129981	3070
万年县	Wangnian County	1140	365306	212745	56173	80922	75650	6170
婺源县	Wuyuan County	2948	337055	231134	43258	94173	93703	6850
德兴市	Dexing City	2082	303508	392675	45703	242360	104612	12455
山东省	**Shandong Province**							
平阴县	Pingyin County	827	366000	759300	124593	455300	179407	20926
济阳县	Jiyang County	1075	533000	847500	213270	435100	199130	15952
商河县	Shanghe County	1163	602000	741800	248616	326200	166984	12397
章丘市	Zhangqiu City	1855	994000	2219900	326342	1170800	722758	22450
胶州市	Jiaozhou City	1313	777000	2874336	241714	1775909	856713	36455
即墨市	Jimo City	1780	1090000	3047696	298440	1698594	1050662	27716
平度市	Pingdu City	3166	1353000	2868500	453098	1541300	874102	20532
胶南市	Jiaonan City	1802	811000	2897235	298628	1802734	795873	35579
莱西市	Laixi City	1522	722000	1935800	253584	987600	694616	27529
桓台县	Huantai County	499	493000	1500500	100430	1032500	367570	30629
高青县	Gaoqing County	830	362000	469089	102172	232547	134370	12976
沂源县	Yiyuan County	1637	557000	778922	98060	419742	261120	14009
滕州市	Tengzhou City	1494	1579000	3198904	295092	2063000	840812	17853
垦利县	Kenli County	2204	215000	689447	73916	523990	91541	32187
利津县	Lijin County	1287	293000	487478	117340	266204	103934	16672
广饶县	Guangrao County	1138	483000	1445012	168678	992833	283501	29992
长岛县	Changdao County	56	43000	208583	117601	23943	67039	47731
龙口市	Longkou City	893	630000	3304364	208000	2117201	979163	52492
莱阳市	Laiyang City	1732	877000	1615990	241174	897163	477653	18422
莱州市	Laizhou City	1878	858000	2339691	313569	1346322	679800	27210
蓬莱市	Penglai City	1129	445000	1701556	151475	1069344	480737	38203
招远市	Zhaoyuan City	1433	563000	1974818	126802	1286131	561885	34996
栖霞市	Qixia City	2016	631000	950825	225886	419121	305818	14931
海阳市	Haiyang City	1887	666000	1006962	249045	465425	292492	15083
临朐县	Linqu County	1834	850000	730603	158977	361317	210309	8581
昌乐县	Changle County	1101	594000	725633	146605	381720	197308	12210
青州市	Qingzhou City	1569	898000	1477894	184068	910796	383030	16443
诸城市	Zhucheng City	2183	1065000	2075183	266894	1290281	518008	19516
寿光市	Shouguang City	2180	1070000	2665571	406977	1458133	800461	22917
安丘市	Anqiu City	1928	1046000	1027595	276698	459642	291255	9824
高密市	Gaomi City	1603	861000	1302025	217000	814426	270599	15152
昌邑市	Changyi City	1812	678000	1182837	190085	722138	270614	17451

continued

城镇就业人员(人) Urban Employed Persons (person)	乡村就业人员(人) Rural Laborer (person)	#农林牧渔业 Agriculture	全社会固定资产投资(万元) Investment in Fixed Assets (10 000 yuan)	地方财政收入(万元) Revenue of Local Governments (10 000 yuan)	地方财政支出(万元) Expenditures of Local Governments (10 000 yuan)	农村居民人均纯收入(元) Per Capita Disposable Income of Rural Households (yuan)	城镇职工平均工资(元) Average Wages in Urban (yuan)	常用耕地面积(公顷) Area of Cultivated Land (hectare)	农林牧渔业总产值(万元) Gross Output Value of Agriculture (10 000 yuan)	社会消费品零售总额(万元) Total Retail Sales (10 000 yuan)
30026	95331	64437	32000	5174	22237	1702	9795	12604	44425	25873
26418	305826	130544	215600	15466	43846	1541	12429	21238	85260	93956
29311	347360	149714	182368	41247	70492	3308	14353	17961	153126	119105
20043	194206	94897	17700	14483	36767	3308	11454	18993	78917	112760
24595	166656	98367	121506	12399	28792	3595	12000	19493	98748	114060
91000	77058	57325	46000	4690	20560	1474	9156	8021	45032	62801
21449	145129	83466	131655	11016	30668	3224	14921	21983	86584	89281
27983	411796	300409	294000	17332	63831	1623	12000	47901	195700	85400
57745	616174	326363	160000	14893	82857	1562	8824	79924	298811	121916
18286	145776	63579	96000	12347	31453	3125	9154	19990	112262	77939
11340	127804	86334	110400	11598	29712	3362	14667	17600	64886	82842
21269	100717	67637	160500	19530	34332	3770	14479	12677	84672	95690
35740	144600	79500	227447	20890	41276	4088	11758	27580	222406	249199
31207	267934	97492	327816	25618	55081	4068	12798	64951	386728	262136
22514	269100	166900	227824	20016	42688	4132	10133	68250	437142	224560
103342	471037	140091	1132121	121143	150654	5661	16513	76158	551949	856068
153740	316344	96034	1867425	97196	115168	5807	16085	54283	454618	752461
130518	556900	173900	1690196	101537	132882	5736	14846	76329	547216	907669
74326	644912	364394	1185130	96917	132412	5545	17745	158374	853138	845633
71607	335340	139395	1884985	127766	140227	5734	16800	53418	525378	667021
86326	338700	182000	1101063	62566	72888	5542	17343	69439	475246	605351
39704	227906	104006	802386	54382	75098	5540	15749	25539	180523	437492
52346	180413	113738	149256	23008	38570	3916	12149	42235	179661	110465
19689	291318	206917	153115	33306	59166	3887	12334	15069	183000	323297
14564	743000	393500	766296	102000	165014	4590	14961	71128	545596	829058
20296	63500	41600	427748	27818	41188	4477	16869	30361	134706	66731
16782	147800	87400	223103	15156	33963	4417	15603	43526	222448	114918
27741	223700	134500	525828	52211	80968	4820	16636	55555	326663	191727
4977	13100	1038	48581	3789	13742	6008	16102	295	202761	57515
71994	252300	105000	1733340	120000	138432	6180	20682	19647	368506	679802
67282	364100	209300	470537	54023	67616	5151	17086	79344	367768	606808
80603	392454	205033	1358693	81007	94445	5546	17846	70810	564051	710250
35400	209900	129900	922828	70016	85627	5810	16009	37096	277748	394520
78277	203946	100851	697084	72688	84868	5709	18767	40837	214815	416096
38788	276200	220600	210144	21837	47998	4303	12855	51234	412621	365631
35300	318526	196624	399781	41237	49356	4709	12787	57086	428968	378827
46154	401328	144580	344059	16271	41710	4016	10790	49239	260616	310805
35303	236900	111000	126363	35220	52258	4565	11743	51809	264227	293813
63396	355300	200700	514847	51520	80599	4630	13873	60831	404849	531508
63831	425000	215500	905865	95368	118371	5413	14702	103286	580762	535296
56376	426832	240847	1090185	127422	147452	5566	17680	88232	774844	583203
62406	483672	271943	475188	30480	53554	4584	10392	93920	449406	436904
69018	349700	162600	361776	54737	72916	4880	11436	88504	477935	441189
32129	286720	146703	430130	50039	65048	5159	11308	68188	440449	406217

4-2 续表 18

地 区	Region	土地面积 (平方公里) Land Area (sq.km)	年末总人口 (人) Total Population (year-end) (person)	地区生产总值 (万元) Gross Regional Product (10 000 yuan)	第一产业 Primary Industry	第二产业 Secondary Industry	第三产业 Tertiary Industry	人均地区生产总值 (元/人) Per Capita Gross Regional Product (yuan/person)
微山县	Weishan County	1780	695000	1149816	155416	566300	428100	16546
鱼台县	Yutai County	654	455000	502604	127950	211760	162894	11391
金乡县	Jinxiang County	887	611000	605000	199900	212000	193100	9918
嘉祥县	Jiaxiang County	973	792000	732500	125600	402100	204800	9692
汶上县	Wenshang County	877	736000	613077	145077	283300	184700	8331
泗水县	Sishui County	1070	599000	495378	142678	204600	148100	8227
梁山县	Liangshan County	963	725000	688171	176171	338200	173800	9321
曲阜市	Qufu City	896	641000	1301200	122500	628100	550600	20361
兖州市	Gunzhou City	648	605000	1764120	194601	1057200	512319	29164
邹城市	Zoucheng City	1619	1124000	2680200	216900	1812900	650400	23879
宁阳县	Ningyang County	1124	807000	823931	192731	406400	224800	10207
东平县	Dongping County	1340	774000	747600	151827	405700	190073	9660
新泰市	Xintai City	1933	1357000	2309600	224950	1521050	563600	17032
肥城市	Feicheng City	1277	963000	1930400	224466	1229800	476134	20029
文登市	Wendeng City	1645	643000	3111123	281208	1912569	917346	48289
荣成市	Rongcheng City	1392	665000	3553386	401357	2183600	968429	53314
乳山市	Rushan City	1668	577000	1852972	210343	1104162	538467	32008
五莲县	Wulian County	1496	509000	646114	111914	343900	190300	12674
莒县	Ju County	1952	1102000	854100	231000	349000	274100	7755
沂南县	Yinan County	1774	909000	787416	158641	377000	251775	8670
郯城县	Tancheng County	1307	981000	1085007	175484	566100	343423	11082
沂水县	Yishui County	2435	1108000	1232600	166045	650700	415855	11122
苍山县	Cangshan County	1800	1184000	1022300	245390	384600	392310	8648
费县	Fei County	1898	925000	1021986	191746	533800	296440	11043
平邑县	Pingyi County	1825	991000	1085031	180770	555000	349261	10960
莒南县	Junan County	1752	991000	1018600	157000	473600	388000	10279
蒙阴县	Mengyin County	1602	530000	663931	124163	286100	253668	12520
临沭县	Linshu County	1038	634000	699935	92329	394200	213406	11664
陵县	Ling County	1213	563000	769700	140094	420300	209306	13663
宁津县	Ningjin County	833	458000	774500	136611	423500	214389	16882
庆云县	Qingyun County	502	299000	394311	56611	169300	168400	13179
临邑县	Linyi County	1016	526000	871800	128449	483000	260351	16625
齐河县	Qihe County	1411	613000	822900	154979	439500	228421	13450
平原县	Pingyuan County	1047	447000	680500	129238	352100	199162	15175
夏津县	Xiajin County	872	493000	658100	115360	345000	197740	13397
武城县	Wucheng County	748	373000	625000	90774	349200	185026	16770
乐陵市	Yueling City	1172	659000	717600	140027	371000	206573	10974
禹城市	Yucheng City	990	509000	801100	139204	425600	236296	15773
阳谷县	Yanggu County	1065	756000	744454	175916	407600	160938	9565
莘县	Shen County	1416	970000	808600	237693	364109	206798	8333
茌平县	Chiping County	1120	577000	767785	176120	460907	130758	13364
东阿县	Donga County	799	420000	529816	90216	334200	105400	12624
冠县	Guan County	1152	742000	607300	184900	272500	149900	8201
高唐县	Gaotang County	949	477000	977942	130219	691800	155923	20756
临清市	Linqing City	960	729000	935000	134285	599700	201015	12916
惠民县	Huimin County	1357	627000	655690	141093	318530	196067	10461

continued

城镇就业人员（人）Urban Employed Persons (person)	乡村就业人员（人）Rural Laborer (person)	#农林牧渔业 Agriculture	全社会固定资产投资（万元）Investment in Fixed Assets (10 000 yuan)	地方财政收入（万元）Revenue of Local Governments (10 000 yuan)	地方财政支出（万元）Expenditures of Local Governments (10 000 yuan)	农村居民人均纯收入（元）Per Capita Disposable Income of Rural Households (yuan)	城镇职工平均工资（元）Average Wages in Urban (yuan)	常用耕地面积（公顷）Area of Cultivated Land (hectare)	农林牧渔业总产值（万元）Gross Output Value of Agriculture (10 000 yuan)	社会消费品零售总额（万元）Total Retail Sales (10 000 yuan)
37045	364249	182700	177842	46789	61918	4001	22657	25641	295024	233418
17313	230032	218525	152536	10123	20295	4133	11515	37705	254464	178110
24870	300423	180342	60322	13025	30724	4226	9852	51817	432352	207536
24026	397900	217500	469706	18346	35416	3796	9650	56845	274268	220308
30378	380682	146998	144297	14002	34244	3818	9768	54824	282272	202980
22410	272200	138000	185106	12158	29771	3651	8710	41480	273926	180263
28008	325100	191200	153805	12538	32292	3681	8478	54808	386037	208350
70392	289325	147001	260240	54908	72423	4414	13561	42934	238672	416976
42359	241300	116300	1119024	96064	116099	5038	13693	37082	322526	454157
157144	439044	232031	791959	130567	140535	4650	23517	62768	418439	536614
54706	346900	182600	335433	29016	54253	3699	9803	58315	330520	341701
40862	363100	228400	235685	25681	54365	3150	8710	61226	266158	231002
149485	619500	156700	921229	100886	160998	4696	15553	66371	428530	604572
96053	355512	126180	690999	80118	137643	4523	13775	58745	412528	586304
67137	302500	128900	922979	130368	155879	6017	17011	51704	572026	699181
66423	198900	87000	1242362	140058	173903	6548	17115	52604	714065	730250
48491	272800	117600	683564	70098	86263	5332	13244	45887	394200	407081
35060	237800	136900	21365	14517	32809	4000	8906	39926	191942	167432
31967	561826	377741	120492	17317	45356	4040	11169	70880	377475	318580
36100	488782	326484	60464	20696	49797	3471	10922	67749	286328	226897
34537	534607	314553	218281	31570	56254	3691	11679	66739	333077	311906
46888	560946	353975	188850	40018	74293	3552	11689	75983	307153	365731
33767	611753	416436	88952	19076	52959	3402	11814	95980	426335	340935
33810	499960	281628	312225	23026	49517	3520	12006	65602	353858	270395
46489	495900	302400	163116	25450	51101	3562	11522	58661	307930	342914
38036	426700	208300	158942	28006	59547	3562	12209	66690	297031	288827
30558	249767	141829	95949	12456	31789	3563	10975	31120	219146	209885
33164	343264	216646	197011	21578	40869	3527	10713	52654	168099	186199
27819	229513	165700	439200	16195	34052	3805	9945	62472	274414	229334
20154	181100	107900	314400	15678	33192	4046	9860	48070	240142	232262
13282	118752	75200	164800	5977	18398	3700	9308	26787	100352	181271
26501	215938	158100	254300	42518	59530	4040	12073	51720	238542	280213
38723	272098	211300	398500	42407	59195	4084	11504	71668	293606	236278
27350	198300	133200	255400	19890	33524	3400	13291	50366	236688	213876
15970	242567	163800	155500	13592	28864	3760	10771	54580	222258	196561
20575	164384	109300	340900	18500	25092	3794	8612	37633	169285	199189
28501	276048	221300	390400	18100	36375	3785	8525	62993	272495	245236
32907	229000	111600	412400	25008	40483	3857	10589	53046	271807	252472
29337	394081	184229	278860	14080	38903	3340	10705	62433	333994	276834
28207	504199	364644	55280	14000	44576	3366	9794	81456	449812	333500
41093	282245	219024	368114	24000	55013	3606	11520	68816	306969	217818
25311	204500	137800	261687	13332	31242	3382	11019	47243	159105	157650
26701	360388	205457	92989	10735	36385	3334	9190	74666	345940	238271
56331	197400	126300	246628	40046	64773	3837	11433	59093	211272	241201
42391	336300	193800	170860	30381	53816	3448	10800	60984	214717	349428
75000	298306	192871	210630	7239	30649	3667	9435	75155	280574	218215

4-2 续表 19

地 区	Region	土地面积 (平方公里) Land Area (sq.km)	年末总人口 (人) Total Population (year-end) (person)	地区生产总值 (万元) Gross Regional Product (10 000 yuan)	第一产业 Primary Industry	第二产业 Secondary Industry	第三产业 Tertiary Industry	人均地区生产总值 (元/人) Per Capita Gross Regional Product (yuan/person)
阳信县	Yangxin County	793	440000	379560	92093	196029	91438	8666
无棣县	Wudi County	1998	440000	771102	147402	426504	197196	16209
沾化县	Zhanhua County	2114	386000	540915	135180	248617	157118	14013
博兴县	Boxing County	901	478000	882300	109714	524000	248586	18525
邹平县	Zouping County	1250	713000	2070018	173131	1518115	378772	29094
曹县	Cao County	1969	1437000	564804	211581	234114	119109	3941
单县	Shan County	1702	1178000	548165	227679	211668	108818	4668
成武县	Chengwu County	949	638000	361713	136733	168958	56022	5690
巨野县	Juye County	1303	946000	447571	160233	193803	93535	4793
郓城县	Yuncheng County	1643	1100000	581128	212818	261585	106725	5295
鄄城县	Juancheng County	1041	799000	346247	145445	117339	83463	4370
定陶县	Dingtao County	846	615000	307331	132299	117799	57233	4997
东明县	Dongming County	1370	749000	468770	136568	254251	77951	6330
河南省	**Henan Province**							
中牟县	Zhongmou County	1393	683900	902217	243902	399625	258690	13202
巩义市	Gongyi City	1041	796000	2327056	47427	1776798	502831	29314
荥阳市	Xingyang City	955	596300	1453087	126036	881686	445365	24377
新密市	Xinmi City	978	801500	1654243	55063	1097657	501523	20678
新郑市	Xinzheng City	873	616900	1528647	96754	973824	458069	24496
登封市	Dengfeng City	1219	643600	1113122	60906	789391	262825	17465
杞县	Qi County	1244	1041100	744226	379017	233534	131675	7167
通许县	Tongxu County	767	595900	520223	219733	170705	129785	8751
尉氏县	Weishi County	1256	859300	822313	236731	423570	162012	9594
开封县	Kaifeng County	1449	741100	530455	182544	184329	163582	7176
兰考县	Lankao County	1367	753800	500197	119074	215696	165427	6653
孟津县	Mengjin County	759	452198	447597	83013	226959	137625	9922
新安县	Xinan County	1160	493939	1180225	100076	896425	183724	23954
栾川县	Luanchuan County	2185	324135	532405	58002	391944	82459	16478
嵩县	Song County	2981	543402	418176	128449	155481	134246	7711
汝阳县	Ruyang County	1325	424469	310073	80045	134198	95830	7325
宜阳县	Yiyang County	1651	678836	454870	130459	172340	152071	6719
洛宁县	Luoning County	2306	446290	335184	113125	109218	112841	7529
伊川县	Yichuan County	1243	743094	1233524	142957	830992	259575	16647
偃师市	Yanshi City	943	837468	1875395	186021	1200130	489244	22457
宝丰县	Baofeng County	706	487400	615695	72461	347421	195813	12705
叶县	Ye County	1387	862700	558480	178812	228325	151343	6495
鲁山县	Lushan County	2407	844500	355298	92008	126746	136544	4222
郏县	Jia County	727	550800	444569	98780	230784	115005	8106
舞钢市	Wugang City	629	321000	505490	48087	318594	138809	15854
汝州市	Ruzhou City	1573	945000	1142403	143009	688604	310790	12122
安阳县	Anyang County	1499	924800	979735	130193	568911	280631	10620
汤阴县	Tangyin County	646	453400	432860	107757	201239	123864	9569
滑县	Hua County	1814	1243800	659362	278942	233341	147079	5312
内黄县	Neihuang County	1161	710200	473300	219692	148058	105550	6679
林州市	Linzhou City	2046	985900	1113220	99807	774103	239310	11318

continued

城镇就业人员（人）Urban Employed Persons (person)	乡村就业人员（人）Rural Laborer (person)	#农林牧渔业 Agriculture	全社会固定资产投资（万元）Investment in Fixed Assets (10 000 yuan)	地方财政收入（万元）Revenue of Local Governments (10 000 yuan)	地方财政支出（万元）Expenditures of Local Governments (10 000 yuan)	农村居民人均纯收入（元）Per Capita Disposable Income of Rural Households (yuan)	城镇职工平均工资（元）Average Wages in Urban (yuan)	常用耕地面积（公顷）Area of Cultivated Land (hectare)	农林牧渔业总产值（万元）Gross Output Value of Agriculture (10 000 yuan)	社会消费品零售总额（万元）Total Retail Sales (10 000 yuan)
32074	192981	109467	88219	6600	23457	3370	8661	42021	160294	120427
66000	226290	150461	575301	34508	54042	3508	10938	52040	260298	229567
52000	184900	137100	335309	17688	35360	3726	12255	55151	260792	162154
60000	214234	138427	466050	43878	62325	4065	13263	44681	201456	225196
151100	340347	149251	750015	100347	126524	4465	14589	63104	314052	389585
33127	683900	416400	69349	16018	53328	3017	7805	103849	378453	327012
29998	556700	315000	169591	17601	52314	3058	8869	90580	411843	291580
29757	276800	160300	77778	12470	32532	3141	8182	48794	246490	160627
30265	397500	252400	182266	16021	45383	3119	9017	76448	283043	232845
35898	497667	322388	176015	27008	60246	3118	9197	99193	367725	275849
25982	379226	228200	65704	12261	37023	3016	8806	55880	244567	196309
23690	297938	174744	71195	9638	31825	3121	7270	49655	244682	156149
32082	245528	149273	159726	20900	45176	3113	11433	53083	258302	183992
110400	355600	287400	485676	24056	53757	4056	13919	61530	416310	290788
132100	308200	128500	951713	100347	116194	5458	12685	33770	81771	541307
117700	311800	177200	756505	53599	68785	4557	12298	41980	217304	457117
115000	329800	138200	596381	58638	80009	4558	12193	45400	96753	476504
115800	320100	191900	731189	47864	69260	4834	12757	42790	170006	475844
112400	312800	187900	494220	67678	83090	3876	13255	36090	111334	391795
25200	595200	461400	147019	11128	49788	2711	7848	88470	684875	158013
37600	331700	289400	122532	8300	32952	2960	8909	53180	399516	115599
54800	469200	322200	256815	18001	53846	2932	9629	82990	434432	194721
25400	401000	321600	156120	10918	44911	2674	7801	86620	373677	151033
51000	434000	307700	95006	9026	39119	2198	7633	68060	222848	118413
35000	221000	147200	190808	18220	35149	2565	10314	37310	142369	132543
41400	274600	183800	485838	50529	69007	3001	12036	32110	167648	210937
39600	181400	116000	123626	58000	68816	2386	15317	9100	95113	129178
25000	308500	244700	200107	12506	41899	2250	11580	31270	209516	160926
26200	245800	172500	186593	11188	35315	2432	9354	24410	127780	131766
50600	375400	239500	218440	15067	44968	2436	10075	59230	215670	176111
40000	263000	199100	178662	10205	35600	2250	10206	41810	181643	129585
25700	413300	253300	430111	50458	69320	2770	11887	58540	249868	354895
45500	429500	131900	531550	59136	79328	4337	10820	50020	305209	468796
62425	263600	184000	98486	16942	38245	3149	10634	41820	129959	104747
31843	510200	367800	227531	13016	40895	2602	9834	80820	325396	150182
33830	464700	320800	148216	14503	47648	1857	9131	47820	162136	112476
23028	342100	274400	140468	10300	34901	2559	10622	46480	179677	105228
44977	164800	117700	206490	36618	52712	2799	15876	21560	87467	96905
58602	482800	304700	354465	24206	54167	3051	9837	60900	258536	247708
70400	568800	329600	525995	40176	66136	3323	11324	69100	223972	207777
41400	247600	158000	163759	7743	26080	2985	9146	44660	187795	74660
119700	747900	507300	251345	13378	58151	2868	9865	127590	485869	165466
42600	428900	329600	165134	7481	37336	2857	10016	68550	370300	126636
116200	556100	297000	558479	33165	70155	3917	10496	55180	175500	220972

4-2 续表 20

地　区	Region	土地面积 (平方公里) Land Area (sq.km)	年末总人口 (人) Total Population (year-end) (person)	地区生产总值 (万元) Gross Regional Product (10 000 yuan)	第一产业 Primary Industry	第二产业 Secondary Industry	第三产业 Tertiary Industry	人均地区生产总值 (元/人) Per Capita Gross Regional Product (yuan/person)
浚县	Xun County	1117	668400	467370	175072	214204	78094	7009
淇县	Qi County	591	253800	487633	100150	312660	74823	19255
新乡县	Xinxiang County	524	317000	546838	58729	371774	116335	17294
获嘉县	Huojia County	473	398200	357091	78332	196099	82660	8992
原阳县	Yuanyang County	1339	660600	325310	105986	124279	95045	4936
延津县	Yanjin County	947	470600	358197	101956	172627	83614	7629
封丘县	Fengqiu County	1221	735800	341473	143139	102455	95879	4653
长垣县	Changyuan County	1050	789400	599233	130500	240468	228265	7610
卫辉市	Weihui City	882	488100	369578	101533	128576	139469	7591
辉县市	Huixian City	2007	785900	848383	133095	520881	194407	10823
修武县	Xiuwu County	722	277428	502536	75228	319814	107494	18136
博爱县	Boai County	488	427326	829843	94748	534419	200676	19425
武陟县	Wuzhi County	860	645226	811109	142239	444072	224798	12593
温县	Wen County	462	418110	691722	95129	429113	167480	16580
沁阳市	Qinyang City	624	464380	1003853	79999	610502	313352	21663
孟州市	Mengzhou City	542	367075	711532	71940	466180	173412	19407
清丰县	Qingfeng County	869	656800	435413	167909	186315	81189	6644
南乐县	Nanle County	623	489700	369052	134353	158278	76421	7552
范县	Fan County	610	491700	307020	60545	175395	71080	6257
台前县	Taiqian County	454	346800	233673	39231	135229	59213	6753
濮阳县	Puyang County	1455	1062200	722941	171906	403519	147516	6821
许昌县	Xuchang County	1002	803200	941398	203356	525688	212354	11742
鄢陵县	Yanling County	872	626500	803383	273370	364319	165694	12847
襄城县	Xiangcheng County	920	807800	834832	203724	432297	198811	10356
禹州市	Yuzhou City	1461	1197300	1454334	174145	958761	321428	12175
长葛市	Changge City	650	696800	1241192	135858	849523	255811	17856
舞阳县	Wuyang County	777	560114	391798	102243	213270	76285	7011
临颍县	Linying County	821	696249	860664	192898	542235	125531	12391
渑池县	Mianchi County	1421	334500	625287	74784	418433	132070	18696
陕县	Shan County	1763	347300	406416	56570	182314	167532	11706
卢氏县	Lushi County	4004	362700	169649	47849	42876	78924	4683
义马市	Yima City	112	140700	407562	3546	342510	61506	29029
灵宝市	Lingbao City	3011	732500	1254282	140111	770540	343631	17136
南召县	Nanzhao County	2946	621100	572012	106248	366043	99721	9239
方城县	Fangcheng County	2539	1012000	610619	244243	230917	135459	6046
西峡县	Xixia County	3453	435800	553751	125879	316257	111615	12764
镇平县	Zhengping County	1500	958100	1272908	198513	801642	272753	13313
内乡县	Neixiang County	2465	641000	578220	176596	272761	128863	9048
淅川县	Zhechuan County	2798	735400	620030	165091	345263	109676	8454
社旗县	Sheqi County	1203	645500	384364	153930	125711	104723	5973
唐河县	Tanghe County	2512	1304700	946817	402767	377473	166577	7268
新野县	Xinye County	1062	740200	876568	253392	444651	178525	11874
桐柏县	Tongbai County	1941	435800	417080	113015	225984	78081	9613
邓州市	Dengzhou City	2294	1536100	1287728	477425	467155	343148	8394
民权县	Minquan County	1222	843800	541094	216000	174079	151015	6425
睢县	Sui County	924	797000	512341	222067	193469	96805	6441

continued

城镇就业人员(人) Urban Employed Persons (person)	乡村就业人员(人) Rural Laborer (person)	#农林牧渔业 Agriculture	全社会固定资产投资(万元) Investment in Fixed Assets (10 000 yuan)	地方财政收入(万元) Revenue of Local Governments (10 000 yuan)	地方财政支出(万元) Expenditures of Local Governments (10 000 yuan)	农村居民人均纯收入(元) Per Capita Disposable Income of Rural Households (yuan)	城镇职工平均工资(元) Average Wages in Urban (yuan)	常用耕地面积(公顷) Area of Cultivated Land (hectare)	农林牧渔业总产值(万元) Gross Output Value of Agriculture (10 000 yuan)	社会消费品零售总额(万元) Total Retail Sales (10 000 yuan)
34800	370600	237100	117549	9501	39117	3501	9446	61840	304820	112524
30200	120700	73600	145464	10068	24435	3589	8899	20370	184910	97779
32500	152600	62200	376894	25036	41486	3650	10714	23420	99067	84527
26600	205100	127500	368139	10760	28475	3390	9976	31010	132239	87426
30400	309300	238800	216513	9193	38586	2462	7532	71310	178579	105437
39000	191400	152500	259210	11318	34506	3265	7446	42630	177903	101492
27800	352700	253100	216531	7800	41092	2552	7892	66090	238716	84772
54600	435200	295600	502724	20168	45997	3580	9166	61770	224462	152940
40400	205300	164600	234706	8734	35045	3150	9748	38440	182407	143771
50900	320700	181900	474775	30358	58132	3150	9408	53340	214667	229746
41300	127200	81300	194679	20086	31737	3628	10714	24180	129209	92371
44900	190300	112300	347931	28748	39224	3895	11528	21930	165407	128415
51800	323600	227500	373830	24580	46330	3817	9221	40460	249075	150061
46000	218500	131700	309102	21200	39579	3819	10733	26210	170201	141037
65400	236000	136500	371377	32079	45833	3970	12075	30060	135360	194225
42500	204300	141300	335840	30036	43341	3902	11139	25030	128626	151147
42600	374400	257100	161380	9208	39516	2806	9259	57280	309779	139329
17300	261700	137500	138749	5412	29458	2581	9194	34830	246984	104692
57400	250600	202500	95418	8666	35323	2078	8531	33790	118167	127488
12200	192800	123200	54726	3236	24548	2022	9108	17160	74385	58979
38100	602700	484000	183492	21351	66501	2442	9485	88530	327459	299320
52700	469100	270800	433558	25606	48668	3734	9668	74910	356267	165620
44300	346400	160200	281239	15618	42645	3897	9739	62970	474439	128331
37300	533100	395300	269925	16500	45350	3249	9976	58240	353629	128714
106800	643200	386700	545651	50069	74349	4018	9492	80760	301725	381380
76500	348000	171600	472257	24416	49351	3898	9493	43750	236511	292620
10000	314700	234500	192100	9449	38492	2048	7773	45000	174570	175240
25000	384600	248700	187836	12455	41567	3523	8648	51650	355852	194560
32200	163300	92500	382885	35118	53084	3315	12231	40080	135638	103299
27600	167700	117900	250423	22135	41630	2662	11808	27670	96888	90345
18500	176700	135300	101072	10038	36187	2031	12249	35920	81315	77836
65400	23400	11400	365130	20515	36100	3725	16480	3380	6330	79264
62500	360500	287000	365375	30118	57095	3374	12337	50320	229730	322300
29500	310500	222500	179504	11636	38308	2448	9204	26910	182620	181220
28300	581700	444100	258091	13870	50188	2685	9636	105320	425585	230912
38500	236500	169800	295510	19519	43924	3004	11016	17030	215363	140922
188800	467200	281300	404846	17319	53045	3281	9312	75100	342797	312213
44100	295900	194900	236802	13931	43891	2955	10044	55460	303273	183469
62400	367600	258000	378108	17518	47909	2356	9312	57560	281581	192090
38300	327700	260000	190957	7092	36792	2290	8580	79610	266271	134332
57800	607200	441400	357738	18516	61668	3189	9396	137910	700342	289474
62000	415000	284400	219249	13899	38456	3240	8952	65860	436206	242914
44400	209600	142400	140329	12033	36447	1929	9960	39370	197130	170310
75000	800000	400000	218814	21216	67956	3104	10032	161830	809323	297720
51400	433100	308100	171305	5199	40008	2136	8193	74270	368945	170686
39100	450500	315700	215531	5886	43068	2309	8738	63160	389872	124894

4-2 续表 21

地 区	Region	土地面积(平方公里) Land Area (sq.km)	年末总人口(人) Total Population (year-end) (person)	地区生产总值(万元) Gross Regional Product (10 000 yuan)	第一产业 Primary Industry	第二产业 Secondary Industry	第三产业 Tertiary Industry	人均地区生产总值(元/人) Per Capita Gross Regional Product (yuan/person)
宁陵县	Ningling County	786	587100	272717	104300	85257	83160	4655
柘城县	Zhecheng County	1042	941100	395881	171150	96197	128534	4215
虞城县	Yucheng County	1558	1079800	674825	295425	206608	172792	6262
夏邑县	Xiayi County	1481	1126500	574833	223000	190838	160995	5113
永城市	Yongcheng City	1944	1334500	1311688	348000	704928	258760	9849
罗山县	Luoshan County	2077	703400	407809	123768	142784	141257	5809
光山县	Guangshan County	1835	797100	427053	134181	158632	134240	5370
新县	Xin County	1546	332400	291871	74991	121572	95308	8797
商城县	Shangcheng County	2117	714000	396517	130354	161989	104174	5564
固始县	Gushi County	2946	1566100	839212	339990	263020	236202	5370
潢川县	Huangchuan County	1635	788300	617674	212829	227795	177050	7856
淮滨县	Huaibin County	1192	665100	323389	119511	85678	118200	4879
息县	Xi County	1895	926200	450462	163304	161385	125773	4876
扶沟县	Fugou County	1170	717880	352894	177914	89814	85166	4927
西华县	Xihua County	1210	888946	479280	226510	152792	99978	5406
商水县	Shangshui County	1313	1189031	464851	209249	127964	127638	3919
沈丘县	Shenqiu County	1070	1224748	544492	174865	211235	158392	4451
郸城县	Dancheng County	1504	1301069	528902	209812	211040	108050	4077
淮阳县	Huaiyang County	1469	1326343	657176	268457	290300	98419	4968
太康县	Taikang County	1761	1368689	614447	277209	199139	138099	4501
鹿邑县	Luyi County	1238	1163110	728377	212966	302949	212462	6279
项城市	Xiangcheng City	1083	1175846	956445	201790	561564	193091	8155
西平县	Xiping County	1092	848538	599855	226837	219865	153153	7087
上蔡县	Shangcai County	1529	1374800	590550	190534	225206	174810	4307
平舆县	Pingyu County	1281	949153	427361	157454	160036	109871	4515
正阳县	Zhengyang County	1889	755732	396376	224230	83864	88282	5260
确山县	Queshan County	2013	504297	357456	115933	157043	84480	7106
泌阳县	Miyang County	2774	963050	468699	198723	152142	117834	4880
汝南县	Runan County	1628	785606	417283	179292	133186	104805	5326
遂平县	Suiping County	1221	547063	423862	137340	177907	108615	7766
新蔡县	Xincai County	1453	1036690	458350	194595	165883	97872	4435
湖北省	**Hubei Province**							
阳新县	Yangxin County	2783	976800	631500	147800	245000	238700	6384
大冶市	Dazhi City	1566	903000	1001800	130900	503400	367500	11114
郧县	Yun County	3863	621100	182304	65219	47088	69997	2958
郧西县	Yunxi County	3509	511600	154849	67731	31765	55353	3027
竹山县	Zhushan County	3586	456000	145140	54100	38156	52884	3183
竹溪县	Zhuxi County	3299	362200	132312	50987	42121	39204	3837
房县	Fang County	5110	486600	135763	49707	33045	53011	2790
丹江口市	Danjiangkou City	3121	489300	421648	56801	189757	175090	8296
远安县	Yuanan County	1752	195000	211620	48101	102735	60784	10847
兴山县	Xingshan County	2327	182500	185433	43181	73002	69250	10089
秭归县	Zigui County	2427	390000	227094	52991	48916	125187	5823
长阳土家族自治县	Changyang Tujia A.C.	3430	411100	300873	72414	144813	137193	7620
五峰土家族自治县	Wufeng Tujia A.C.	2072	206200	135950	45741	38660	51549	6593

continued

城镇就业人员(人) Urban Employed Persons (person)	乡村就业人员(人) Rural Laborer (person)	#农林牧渔业 Agriculture	全社会固定资产投资(万元) Investment in Fixed Assets (10 000 yuan)	地方财政收入(万元) Revenue of Local Governments (10 000 yuan)	地方财政支出(万元) Expenditures of Local Governments (10 000 yuan)	农村居民人均纯收入(元) Per Capita Disposable Income of Rural Households (yuan)	城镇职工平均工资(元) Average Wages in Urban (yuan)	常用耕地面积(公顷) Area of Cultivated Land (hectare)	农林牧渔业总产值(万元) Gross Output Value of Agriculture (10 000 yuan)	社会消费品零售总额(万元) Total Retail Sales (10 000 yuan)
102900	324400	222700	68569	4306	32816	2096	7850	48560	187010	101960
149432	477700	310100	133281	5006	44761	2050	7367	70760	298163	137843
39900	566100	406300	169164	9848	56188	2104	9009	93520	518582	145220
46300	567300	329500	170732	6468	49568	2319	7550	93820	392322	168046
100200	786900	545100	474945	50266	86011	2700	17892	118970	601632	306907
38100	339400	225500	292319	6643	42710	2645	10552	59780	220395	141483
57700	412700	255500	280969	9797	45991	2715	10317	55420	228365	160180
31800	172900	70000	159036	6166	30926	2905	10935	13190	129386	97601
40700	328800	177000	212654	7500	41085	2595	9437	38040	221207	135134
108800	797700	431300	448603	20203	74113	2795	9835	110770	582755	324641
49100	402200	276700	267817	11900	46677	2920	9534	62100	352909	179954
59700	342900	231900	131093	5151	36696	2175	9228	56920	205494	123527
41200	477300	290000	275359	8602	41940	2351	10532	98620	280407	172824
77300	355200	294600	123941	8940	41902	2267	7925	75960	316460	131372
45100	495800	363600	138050	7591	44726	2493	7805	69860	398485	194530
75000	642600	411700	147629	7027	46148	2000	7700	91850	360354	154578
58400	656700	412900	170596	9689	48757	2123	7908	73600	317611	187426
11000	776900	484600	164350	8351	51229	2284	8202	106860	362298	156320
137200	664600	420700	168634	9146	49888	2078	7625	104250	465365	223069
97700	724800	561800	191044	7564	53060	2286	7430	125510	510281	226461
7400	670200	494900	236221	11033	53622	2571	8396	87270	367185	241267
103600	584800	299600	237377	20248	56385	2615	7634	75320	339176	255170
29600	501400	183400	174322	8526	42266	3006	9302	78020	388286	275797
58800	792500	570600	150354	8369	59299	2466	8726	106010	334335	162769
29000	587900	385800	190136	6535	43436	2377	8019	78920	268782	111861
36800	422700	332100	112050	5918	42669	2427	8366	122050	382664	128174
42200	307100	233700	118467	7213	32878	2368	9688	68730	209852	93702
78400	573100	437900	126921	9169	47796	2351	10102	92980	344275	134019
32400	443200	362900	109064	8498	41891	2482	8848	79660	305878	133540
45900	295600	221900	145424	7736	34466	2708	8701	62470	244690	122110
32000	645500	420000	111121	5612	46589	2225	8917	99100	358467	118873
182300	294300	149300	175523	13728	54110	2275	9455	39910	216700	181731
210100	294800	137400	356660	31051	67775	3269	10953	35280	211200	348378
54500	250400	151600	61933	7565	36506	1881	9974	30720	108900	128495
30900	203200	99600	58187	5730	30521	1894	11381	24260	113800	82926
24000	182000	109300	61435	5188	29400	1875	9010	21440	87700	81117
44800	132200	75100	85048	5451	26987	1900	9330	21220	85000	60500
49500	206600	94900	49672	5359	36566	1808	9533	28640	84000	86129
52100	158400	88500	103183	16861	45892	2443	14299	18600	96900	152844
28000	71000	55800	57010	7808	21474	3318	11332	11390	74600	81690
27900	80100	57900	65996	5993	28852	2560	10095	13230	69800	67844
55100	141100	130000	110111	7709	30205	1999	7568	20380	86900	84740
41000	203000	118300	83646	9600	32762	2095	8121	31680	125000	102213
10100	96300	66500	38389	3636	20621	1798	8081	17680	74400	48086

4-2 续表 22

地 区	Region	土地面积 (平方公里) Land Area (sq.km)	年末总人口 (人) Total Population (year-end) (person)	地区生产总值 (万元) Gross Regional Product (10 000 yuan)	第一产业 Primary Industry	第二产业 Secondary Industry	第三产业 Tertiary Industry	人均地区生产总值 (元/人) Per Capita Gross Regional Product (yuan/person)
宜都市	Yidu City	1357	392700	544659	80890	261861	201908	13880
当阳市	Dangyang City	2159	481100	577381	177952	202618	196811	11961
枝江市	Zhijiang City	1310	506900	597617	147320	231344	218953	11776
南漳县	Nanzhang County	3859	583900	281003	104407	72981	103615	4796
谷城县	Gucheng County	2553	552000	337235	100561	129614	107060	6109
保康县	Baokang County	3225	286000	144000	49200	39800	55000	5236
老河口市	Laohekou City	1032	514307	379560	135724	124341	119495	7380
枣阳市	Zaoyang City	3277	1098200	720000	296100	143100	280800	6556
宜城市	Yicheng City	2115	564500	375895	135415	125779	114701	6661
京山县	Jingshan County	3284	634800	566100	194300	196500	175300	8918
沙洋县	Shayang County	2044	582100	461226	191140	131132	138954	7923
钟祥市	Zhongxiang City	4488	1026400	798300	245500	276500	276300	7778
孝昌县	Xiaochang County	1217	631000	248132	98020	54242	95870	3946
大悟县	Dawu County	1979	359200	359223	103215	137997	132650	5347
云梦县	Yunmeng County	604	580900	469623	129281	166526	173816	8103
应城市	Yingcheng City	1103	672900	542518	177515	174471	190532	8069
安陆市	Anlu City	1355	605100	389187	117442	100982	170763	6478
汉川市	Hanchuan City	1663	1084600	901018	217117	419236	264665	8321
公安县	Gongan County	2257	1016000	503577	177880	139239	186458	4956
监利县	Jianli County	3118	1390400	565794	252025	113894	199875	4083
江陵县	Jiangling County	1032	397100	183508	90298	27971	65239	4587
石首市	Shishou City	1427	626200	446800	115697	179974	151129	7181
洪湖市	Honghu City	2519	907300	490838	199160	107118	184560	5410
松滋市	Songci City	2235	840900	450500	143461	135463	171575	5357
团风县	Tuanfeng County	833	364900	156920	47063	57991	51866	4299
红安县	Hongan County	1796	654700	283800	94600	94400	94800	4332
罗田县	Luotian County	2129	598100	219452	76393	61348	81711	3669
英山县	Yingshan County	1449	391500	185657	87765	38361	59531	4641
浠水县	Xishui County	1949	1027600	444537	161550	121211	161776	4326
蕲春县	Qichun County	2398	971200	433371	111024	132786	189561	4462
黄梅县	Huangmei County	1701	951500	406794	165937	121686	119171	4275
麻城市	Macheng City	3599	1162800	475483	191220	91089	193174	4008
武穴市	Wuxue City	1246	733600	466141	149411	168470	148260	6365
嘉鱼县	Jiayu County	1017	360200	323600	93800	120800	109000	8984
通城县	Tongcheng County	1129	461800	225588	48657	82157	94774	4896
崇阳县	Chongyang County	1968	453144	265000	77200	99500	88300	5848
通山县	Tongshan County	2680	427100	148557	49677	47473	51407	3520
赤壁市	Chibi City	1723	499300	620481	115625	307685	197171	12866
广水市	Guangshui City	2647	915600	631400	179600	264400	187400	7910
恩施市	Enshi City	3972	778200	430713	139526	107401	183786	5562
利川市	Lichuan City	4607	845700	333666	140736	111336	81594	3962
建始县	Jianshi County	2666	507700	196833	98117	31363	67353	3877
巴东县	Badong County	3354	483100	198356	84171	27725	86460	4105
宣恩县	Xuanen County	2730	344500	190344	63976	55784	51606	4178
咸丰县	Xianfeng County	2550	361500	161311	82501	25732	53078	4462
来凤县	Laifeng County	1344	310000	123502	55069	22818	45615	3988

continued

城镇就业人员(人) Urban Employed Persons (person)	乡村就业人员(人) Rural Laborer (person)	#农林牧渔业 Agriculture	全社会固定资产投资(万元) Investment in Fixed Assets (10 000 yuan)	地方财政收入(万元) Revenue of Local Governments (10 000 yuan)	地方财政支出(万元) Expenditures of Local Governments (10 000 yuan)	农村居民人均纯收入(元) Per Capita Disposable Income of Rural Households (yuan)	城镇职工平均工资(元) Average Wages in Urban (yuan)	常用耕地面积(公顷) Area of Cultivated Land (hectare)	农林牧渔业总产值(万元) Gross Output Value of Agriculture (10 000 yuan)	社会消费品零售总额(万元) Total Retail Sales (10 000 yuan)
46400	153200	77000	198239	20164	41556	3491	10744	15710	133200	196996
95100	180200	127500	124899	18780	47823	3816	9611	43630	284400	229033
118000	156000	109900	261772	17509	40696	3970	10471	43600	242300	250234
81000	217600	131400	75311	5249	33222	2846	8530	41160	179900	110300
71600	164900	91200	83911	9748	31571	2888	9174	26590	169500	112644
12600	156800	81800	83579	6014	16922	1937	8085	22450	85100	68730
		100600	75076	15800	36490	3631	7906	41410	239800	245330
153700	349300	260000	150622	19103	66200	3417	7925	97710	516100	324316
145100	190800	128500	83486	14235	41677	3555	7462	49420	254500	193450
151700	113800	112700	187530	16521	46585	3746	11404	55160	310800	250403
21300	249900	171100	100616	6011	34263	3718	9732	62140	322000	169173
124200	283000	195500	230368	20561	59671	3780	10665	80900	467300	300822
64000	301000	146200	115926	5669	29524	1991	10550	29450	165000	109365
38900	320300	133800	118011	8241	30491	2100	8632	24390	164500	142102
446400	134500	138300	139530	13376	30488	3614	8830	26180	226300	207881
65100	237400	104600	190279	19610	44283	3657	8830	37690	324800	253315
99000	226600	97700	169186	10977	37322	2883	8530	33330	217600	200800
150000	454000	257500	202194	23266	52917	3383	8751	64750	357500	418159
92000	402000	270600	111794	16607	49233	3090	10184	80330	315500	301864
59000	548400	281000	123302	7440	59319	3006	8224	171500	449000	316760
47000	162000	86700	42100	2871	15513	3017	7320	38210	165000	102500
94000	238000	142900	115051	15116	36470	3083	10353	34550	205000	222666
73700	310800	237500	129192	10714	36964	3128	7446	60910	356600	253157
85000	362000	232300	121098	17718	48734	3057	11485	60050	254200	238172
56800	110200	79200	63331	4486	22277	1877	8261	16400	69400	51243
135700	219100	102500	103269	17176	43500	2214	8068	34540	138100	114538
24800	301700	113000	131537	18602	30301	2495	9142	24420	122400	86258
75000	173000	99800	69522	7518	26382	2369	7275	17140	139100	60559
60800	397700	195100	158930	11881	51414	2748	8140	43770	252200	245825
85300	340200	168000	180880	12262	47298	2654	9721	38510	202500	166002
82500	323200	166500	143939	17114	49080	2698	10193	44370	234700	193099
242000	329400	272100	260700	34143	70960	2531	8794	5190	306300	206880
144700	263800	135700	138585	17872	45949	3067	8896	34530	222800	217900
92000	116000	70600	122063	9162	9162	3381	8813	27700	232700	91500
21100	175800	74200	93160	7281	27116	2950	10160	16820	104400	116370
65600	166500	82300	80241	6496	26210	2658	9927	22910	117700	102682
31900	107400	54400	73008	5657	27894	1919	9838	14360	78700	60288
161200	64200	65200	251141	20910	44465	3542	9503	31390	187000	181950
63900	398400	215300	188524	16109	54828	3002	9729	38180	290500	33
148600	264400	194700	171166	17084	50650	1672	13822	48910	212100	191494
40200	382900	195700	80908	14088	49784	1686	13978	58050	225300	70178
29000	251000	145900	47003	9745	40124	1616	13045	33600	143600	55500
15000	221900	143100	75518	8506	36339	1595	12664	34900	127400	16146
19000	162000	100000	70584	4990	24376	1624	12548	24510	98100	41728
43300	154100	104588	81686	5922	29821	1618	11316	22700	123719	48400
33800	150700	83600	45728	5259	26983	1657	12227	16710	85000	38200

4-2 续表 23

地　区	Region	土地面积（平方公里）Land Area (sq.km)	年末总人口（人）Total Population (year-end) (person)	地区生产总值（万元）Gross Regional Product (10 000 yuan)	第一产业 Primary Industry	第二产业 Secondary Industry	第三产业 Tertiary Industry	人均地区生产总值（元/人）Per Capita Gross Regional Product (yuan/person)
鹤峰县	Hefeng County	2892	216400	131400	44758	46442	40200	6084
仙桃市	Xiantiao City	2538	1471900	1440700	338300	608600	493800	9764
潜江市	Qianjiang City	2004	1000200	1065600	214900	490300	360400	11241
天门市	Tianmen City	2622	1621000	1088200	291200	382200	414800	7779
神农架林区	Shennongjia Forest District	3253	78700	54145	8981	18521	26643	6877
湖南省	**Hunan Province**							
长沙县	Changsha County	1997	745200	1905737	265908	1144444	495385	24612
望城县	Wangcheng County	1361	710300	1000156	181016	547330	271810	14659
宁乡县	Ningxiang County	2906	1321900	1437850	303487	722044	412319	11687
浏阳市	Liuyang City	5008	1345400	1760060	276344	1029176	454540	13406
株洲县	Zhuzhou County	1381	441700	369253	101930	161945	105378	8546
攸县	You County	2664	752300	748575	200011	280624	267940	10944
茶陵县	Chaling County	2507	571500	400229	123194	142948	134087	8040
炎陵县	Yanling County	2031	179100	122550	36188	39370	46992	7383
醴陵市	Liling City	2157	992200	1099851	181060	606059	312732	11688
湘潭县	Xiangtan County	2513	1153800	751608	279196	192452	279960	7246
湘乡市	Xiangxiang City	2011	913700	671494	209825	203417	258252	7866
韶山市	Shaoshan City	210	104500	130726	20215	57059	53452	14381
衡阳县	Hengyang County	2557	1122000	756857	293102	258703	205052	7246
衡南县	Hengnan County	2626	1020500	775700	296302	279939	199459	8217
衡山县	Hengshan County	935	410000	297702	96006	92117	109579	8035
衡东县	Hengdong County	1926	670000	498480	152190	155012	191278	8066
祁东县	Qidong County	1871	929000	681993	211979	245545	224469	8000
耒阳市	Leiyang City	2656	1253000	1004110	220901	446643	336566	8965
常宁市	Changning City	2064	858000	622239	165536	291163	165540	7906
邵东县	Shaodong County	1776	1189900	713868	179567	275284	259017	6752
新邵县	Xinshao County	1763	739200	284863	92794	79974	112095	4357
邵阳县	Shaoyang County	1997	976700	302678	106458	63481	132739	3609
隆回县	Longhui County	2871	1116800	359694	127411	69460	162823	3677
洞口县	Tongkou County	2184	805000	399438	197798	73983	127657	5375
绥宁县	Suining County	2899	350600	228449	83074	73903	71472	7369
新宁县	Xining County	2751	592400	208249	80035	40709	87505	4024
城步苗族自治县	Chengbu Miao A.C.	2647	259400	136446	37362	51482	47602	5897
武冈市	Wugang City	1532	744200	328534	151814	50415	126305	4889
岳阳县	Yueyang County	2931	760000	562973	203391	171271	188311	7936
华容县	Huarong County	1613	721700	631337	247400	201717	182220	9234
湘阴县	Xiangyin County	1582	702500	630911	205796	238500	186615	9496
平江县	Pingjiang County	4125	1018200	516652	148400	159875	208377	5817
汨罗市	Miluo City	1562	716800	545889	164985	240599	140305	8677
临湘市	Linxiang City	1744	486500	353349	97279	145254	110816	7708
安乡县	Anxiang County	1087	585100	476050	194227	102868	178955	8184
汉寿县	Hanshou County	2089	832300	505415	185955	134697	184763	6560
澧县	Li County	2075	894500	652693	253828	212873	185992	8394
临澧县	Linli County	1204	447300	389381	135983	119980	133418	8850
桃源县	Tiaoyuan County	4458	989500	712914	312088	192471	208355	8407

注：湖南省全社会固定资产投资数据为城镇以上固定资产投资。

continued

城镇就业人员（人） Urban Employed Persons (person)	乡村就业人员（人） Rural Laborer (person)	#农林牧渔业 Agriculture	全社会固定资产投资（万元） Investment in Fixed Assets (10 000 yuan)	地方财政收入（万元） Revenue of Local Governments (10 000 yuan)	地方财政支出（万元） Expenditures of Local Governments (10 000 yuan)	农村居民人均纯收入（元） Per Capita Disposable Income of Rural Households (yuan)	城镇职工平均工资（元） Average Wages in Urban (yuan)	常用耕地面积（公顷） Area of Cultivated Land (hectare)	农林牧渔业总产值（万元） Gross Output Value of Agriculture (10 000 yuan)	社会消费品零售总额（万元） Total Retail Sales (10 000 yuan)
14100	102600	60900	66102	4606	24613	1672	11161	15280	69500	37011
492100	309200	288500	561429	28066	42573	3817	8553	90430	556200	614209
219000	381000	133600	406673	46550	86805	3398	12088	66400	426500	430287
238500	443000	284600	411520	13675	62205	3273	10211	107660	444700	667999
12100	27400	15300	46500	4212	11516	2164	10762	7330	15200	20287
73100	413500	209900	640538	85146	123141	5184	21036	50894	428101	477445
45700	362500	181200	543319	48125	75188	4749	16260	42383	301180	230730
47800	753800	433900	570838	35496	81795	4371	18025	83906	510096	520882
43500	734500	355100	550131	61728	116468	4796	20201	65765	451052	522172
15962	223800	149300	49765	13300	31946	4008	14433	28170	158227	124029
25925	379000	228500	84164	23080	45420	4570	14522	46911	308511	222271
19720	288400	166600	40502	13520	40274	2328	13778	32951	190080	106907
11070	89000	53900	49321	7384	20079	2163	14143	12484	56205	40123
51964	489000	221200	99162	31842	59466	4469	12991	46527	279854	389694
52804	628700	396300	190462	22114	63923	4045	13033	67360	480074	209329
25635	494500	333500	89721	21792	52668	3807	15630	46931	343789	220458
5162	51600	29200	32988	4972	12671	5456	14241	5180	36303	37834
51713	549500	350900	85811	13519	48611	3743	11594	58240	471172	227725
55286	442300	312500	42818	15769	45518	3803	10922	54100	466500	189427
18510	205100	140200	28330	8968	26008	3939	11864	20865	149820	66795
28222	312000	221200	46965	11458	32601	3901	11354	38105	269961	140715
42726	416200	257200	71474	17276	46701	3832	12168	48194	311524	183606
52950	541900	406300	210007	33433	64686	3980	15017	54068	354852	271135
49464	388400	258500	71977	16307	42164	3639	12215	41456	266888	178880
43797	542800	312500	176642	22316	51575	3850	13266	47469	281542	301683
25150	419400	269100	88352	9659	38400	2018	10864	31866	141307	92252
31367	526200	396500	86447	13050	47355	1692	11495	53989	184749	107396
23928	565600	423700	103794	12312	48728	1678	13023	54209	200359	95301
37118	443000	240000	127629	10722	38497	2814	10997	44094	343844	102114
15999	193000	147100	75191	8227	26411	2822	12855	19350	135123	63986
19870	323900	261400	92231	9099	36669	3515	11826	33071	121850	47105
17445	121200	93200	61992	6130	23387	1537	11163	13360	58343	39887
29478	403000	321000	86357	12018	41698	1600	12446	38907	243284	119115
27171	308000	212200	142352	11260	41543	3939	12501	41725	328993	185360
20833	321500	246800	105904	13671	40758	3957	13461	59578	396814	198151
31982	333000	207300	179320	21632	47141	3856	11842	33762	334570	138563
38191	449000	255000	110355	18482	52692	2608	10737	47385	239393	113929
80452	294600	170200	130587	21119	44561	3628	8640	37188	343960	155641
25190	180900	101000	92285	16087	33388	3903	13400	30090	157316	137540
26208	232000	179700	42984	10538	35610	3150	12682	40639	294664	134024
27183	398600	281000	60649	13666	45505	3171	13255	51364	313145	154936
33209	371000	254100	90909	20680	48824	3258	12391	62721	396538	220735
23533	218000	137200	56772	16188	32696	3400	13095	36058	217609	131973
38468	479700	310700	93204	18037	56661	3217	11947	81753	488763	327963

a) Data of investment in fixed assets of Hunan Province are those of and above urban and town level.

4-2 续表 24

地　区	Region	土地面积 (平方公里) Land Area (sq.km)	年末总人口 (人) Total Population (year-end) (person)	地区生产总值 (万元) Gross Regional Product (10 000 yuan)	第一产业 Primary Industry	第二产业 Secondary Industry	第三产业 Tertiary Industry	人均地区生产总值 (元/人) Per Capita Gross Regional Product (yuan/person)
石门县	Shimen County	3970	705700	554252	172931	191988	189333	9244
津市市	Jinshi City	558	272300	264634	77572	93993	93069	9956
慈利县	Cili County	3480	683000	350960	91707	100913	158340	5703
桑植县	Sangzhi County	3474	436300	174919	37966	48628	88325	4545
南县	Nan County	1406	778000	386333	162508	73083	150742	6376
桃江县	Tiaojiang County	2062	828500	416763	117281	120437	179045	5640
安化县	Anhua County	4944	967200	385125	130687	97412	157026	4411
沅江市	Yuanjiang County	1797	734100	573214	186516	139742	246956	8681
桂阳县	Guiyang County	2954	797200	639425	170199	240365	228861	8933
宜章县	Yizhang County	2143	559700	471742	82496	210455	178791	8428
永兴县	Yongxing County	1979	636100	539727	103460	244553	191714	9494
嘉禾县	Jiahe County	899	352100	299627	70215	115987	113425	9622
临武县	Linwu County	1375	315100	342543	59119	189379	94045	11651
汝城县	Rucheng County	2424	361900	285048	56295	145425	83328	8534
桂东县	Guidong County	1452	171300	77387	18797	27117	31473	4528
安仁县	Anren County	1462	399100	295569	91962	96240	107367	7423
资兴市	Zixing City	2747	363000	588009	88428	339289	160292	16471
祁阳县	Qiyang County	2538	1006300	636511	182971	192953	260587	7487
东安县	Dongan County	2211	594000	384185	131852	90105	162228	7374
双牌县	Shuangpai County	1739	170000	127433	48603	38218	40612	8693
道县	Dao County	2441	680900	361494	138196	62917	160381	6040
江永县	Jiangyong County	1633	251700	149415	74843	22323	52249	5977
宁远县	Ningyuan County	2489	788600	293099	102735	52699	137665	4297
蓝山县	Lanshan County	1807	353400	219288	56264	67943	95081	6223
新田县	Xintian County	1004	367800	171405	65047	30856	75502	5272
江华瑶族自治县	Jianghua Yao A.C.	3216	461900	199021	69819	40603	88599	5420
中方县	Zhongfang County	1467	265306	165394	54401	42295	68698	7420
沅陵县	yuanling County	5826	647641	426733	70922	242615	113196	7488
辰溪县	Chenxi County	1977	525672	217756	53693	62277	101786	4432
溆浦县	Xupu County	3440	866670	345905	137025	85556	123324	4670
会同县	Huitong County	2248	351969	153939	53710	21325	78904	4439
麻阳苗族自治县	Mayang Miao A.C.	1568	369704	140171	49810	35881	54480	4177
新晃侗族自治县	Xinhuang Dong A.C.	1511	257806	100693	31261	26615	42817	4245
芷江侗族自治县	Zhijiang Dong A.C.	2099	361629	191778	64106	48863	78809	5315
靖州苗族侗族自治县	Jingzhou Miao & Dong A.C.	2211	263891	154805	48517	30975	75313	5891
通道侗族自治县	Tongdao Dong A.C.	2239	225076	76969	30222	15201	31546	3885
洪江市	Hongjiang City	2174	517145	222820	73324	43137	106359	5514
双峰县	Shuangfeng County	1715	900700	492338	216326	119251	156761	5868
新化县	Xinhua County	3642	1299100	406032	161974	98732	145326	3390
冷水江市	Lengshuijiang City	439	354400	642278	29123	418011	195144	18478
涟源市	Lianyuan City	1895	1102800	595019	138020	223641	233358	5959
吉首市	Jishou City	1057	286000	343566	27684	141000	174882	12970
泸溪县	Luxi County	1566	288100	99790	26718	40884	32188	3701
凤凰县	Fenghuang County	1759	376000	130723	28493	25962	76268	3770
花垣县	Huayuan County	1109	274600	172848	24577	96446	51825	6784
保靖县	Baojing County	1758	281300	123681	28129	52428	43124	4612

continued

城镇就业人员（人）Urban Employed Persons (person)	乡村就业人员（人）Rural Laborer (person)	#农林牧渔业 Agriculture	全社会固定资产投资（万元）Investment in Fixed Assets (10 000 yuan)	地方财政收入（万元）Revenue of Local Governments (10 000 yuan)	地方财政支出（万元）Expenditures of Local Governments (10 000 yuan)	农村居民人均纯收入（元）Per Capita Disposable Income of Rural Households (yuan)	城镇职工平均工资（元）Average Wages in Urban (yuan)	常用耕地面积（公顷）Area of Cultivated Land (hectare)	农林牧渔业总产值（万元）Gross Output Value of Agriculture (10 000 yuan)	社会消费品零售总额（万元）Total Retail Sales (10 000 yuan)
26980	332500	208400	229347	21189	48787	2804	14372	38897	271117	209368
22108	78300	62000	39220	11962	24806	3083	12367	16149	121367	124880
26109	336300	266000	43566	9840	38088	2440	14042	42243	145362	108718
16211	212500	139900	71241	5227	32495	1616	13684	20167	61463	62311
46816	353000	218100	54832	8604	35460	2968	11205	51777	308982	161216
33714	413000	200000	66029	10646	42328	3202	12448	38551	186506	192522
33978	418800	320600	85804	11079	46418	2012	12150	36659	203380	218793
42891	332800	224600	138820	13724	44276	3501	13103	55116	293563	187702
33991	409600	276100	150360	34652	54578	4168	16836	52824	250037	200328
23650	303500	201300	153426	19343	40688	2835	13514	27505	124792	171569
23716	270000	148700	107872	27289	46119	4165	14009	29439	168194	164731
14087	185300	86600	48878	8869	22437	3739	14268	16487	113398	52840
19565	165900	94800	73524	13211	26773	4008	12890	15560	93530	73701
14093	185100	131700	92045	6733	23653	1968	14916	21846	86509	38579
6536	90400	64300	33025	3976	15905	1835	12214	10290	27964	19392
18579	230200	126000	54876	5700	23441	2461	14002	24422	142218	98788
32603	146800	61900	144627	29378	49655	4515	15513	17818	139488	158222
45843	463500	315500	122226	14472	48969	3277	13885	46480	331286	119033
23686	251600	167400	64281	8008	32983	3221	14947	33765	238680	96193
11044	68800	48300	42237	6282	15949	2168	11749	7189	81505	18555
23874	329300	189400	66214	9797	34373	3194	12749	39080	256319	84868
11706	125300	101100	29487	4035	15957	2749	11688	18980	136642	38933
19721	430600	205000	55331	9581	39200	1868	14541	33924	190296	93108
16111	181700	127000	27434	8416	22866	3150	11823	16629	104722	67352
12627	204000	126400	27901	5517	23130	1609	14538	16330	120183	42949
20127	245000	193200	46027	5519	29509	1602	11198	22644	126641	72500
10135	130500	92800	108506	4317	17715	2325	12701	17481	83677	34248
32136	299000	211500	16989	13188	40122	1472	15015	34469	114856	109572
29598	221500	181200	56948	10027	32305	1996	11791	23033	86258	84782
35508	422100	312700	50191	10256	39647	2944	11240	40310	198325	120369
14602	201400	146800	16291	5788	22849	2608	13223	19606	84357	35414
13814	174200	140500	23231	4181	24034	1667	12567	16875	76898	56716
10083	137300	113400	22474	3008	21096	1522	14129	16268	59641	27469
16496	184300	132300	61844	5262	27815	1949	14328	26222	100478	75541
13718	128600	111800	13568	4998	20357	2860	12056	19943	75074	50468
9816	115000	98500	12935	3170	18554	1429	12942	15820	47669	24284
36700	220400	181400	105400	9948	40479	3085	13458	25430	117931	90576
27133	454500	287300	78018	12502	47741	3030	11897	45630	336567	149203
40583	668600	515600	51585	17453	54084	1537	11591	49005	257197	181573
49461	98400	60800	299909	23521	38916	3427	13882	6820	46976	181680
52037	515100	320600	94274	22568	54840	2422	12445	47404	214293	219977
42044	100100	75800	220342	12630	29804	2311	16024	9700	45782	176643
11322	147900	83400	26240	3931	26590	1651	13692	14667	44334	36931
14619	190500	154700	55399	5382	31204	1768	14702	27328	46716	76561
15543	139700	116700	40368	11751	32283	1643	14391	20763	41995	35164
11124	139000	117200	24690	4938	27482	1667	14977	15821	48919	29704

4-2 续表 25

地区	Region	土地面积 (平方公里) Land Area (sq.km)	年末总人口 (人) Total Population (year-end) (person)	地区生产总值 (万元) Gross Regional Product (10 000 yuan)	第一产业 Primary Industry	第二产业 Secondary Industry	第三产业 Tertiary Industry	人均地区生产总值 (元/人) Per Capita Gross Regional Product (yuan/person)
古丈县	Guzhang County	1298	138100	49523	12509	10250	26764	3893
永顺县	Yongshun County	3810	493800	145612	55569	27403	62640	3315
龙山县	Longshan County	3131	545500	167500	63252	30396	73852	3469
广东省	**Guangdong Province**							
增城市	Zengcheng City	1616	794295	2696754	272435	1511040	913279	35222
从化市	Conghua City	1975	538188	921080	116898	463238	340944	19310
始兴县	Shixing County	2149	242223	162672	55430	55105	52137	7341
仁化县	Renhua County	2223	226637	241271	71201	112148	57922	11201
翁源县	Wengyuan County	2183	384212	196771	73161	48749	74861	5637
乳源瑶族自治县	Ruyuan Yao A.C.	2299	204985	169453	23623	95972	49858	8966
新丰县	Xinfeng County	1967	240987	126745	29250	44914	52581	6268
乐昌市	Lechang City	2419	520726	297813	70122	102889	124802	6398
南雄市	Nanxiong City	2353	459645	244661	113229	36208	95224	6514
南澳县	Nanao County	108	72600	48577	20274	12897	15406	7000
台山市	Taishan City	3286	987514	1094855	200782	524979	369094	11064
开平市	Kaiping City	1659	679897	1157912	122876	567256	467780	17313
鹤山市	Heshan City	1108	360353	877152	83410	474078	319664	19321
恩平市	Enping City	1698	496367	552011	102101	207799	242111	11946
遂溪县	Suixi County	2005	971892	573912	301414	109426	163072	6378
徐闻县	Xuwen County	1863	683662	405978	198083	55626	152269	6023
廉江市	Lianjiang City	2835	1537805	771332	332352	211161	227819	5801
雷州市	Leizhou City	3459	1501098	611158	302324	95246	213588	4315
吴川市	Wuchuan City	849	1019767	458384	112091	183597	162696	5013
电白县	Dianbai County	1873	1261317	1219471	416095	434333	369043	10442
高州市	Gaozhou City	3276	1616088	1544158	505039	481201	557918	11188
化州市	Huazhou City	2354	1448164	1327590	433823	341799	551968	11889
信宜市	Xinyi City	3081	1254212	1204451	443866	371770	388815	12207
广宁县	Guangning County	2380	543646	339929	130988	56829	152112	7343
怀集县	Huaiji County	3573	944472	518397	251148	50006	217243	6581
封开县	Fengkai County	2723	474761	336679	168239	49218	119222	8124
德庆县	Deqing County	2257	359197	285582	101718	60984	122880	8555
高要市	Gaoyao City	2071	728732	949981	422877	235725	291379	13935
四会市	Sihui City	1188	430058	640361	228363	215427	196571	13906
博罗县	Boluo County	2795	771658	1452526	223462	695461	533603	16268
惠东县	Huidong County	3396	737312	1389600	258714	732306	398580	17592
龙门县	Longmen County	2295	322183	320077	95452	103231	121394	10318
梅县	Mei County	2755	607023	679704	167716	329117	182871	12141
大埔县	Dapu County	2468	530950	234510	64361	83360	86789	6237
丰顺县	Fengshun County	2710	672332	314213	90615	134123	89475	6596
五华县	Wuhua County	3226	1252793	377401	125211	81339	170851	3713
平远县	Pingyuan County	1381	253240	177293	46730	63975	66588	7557
蕉岭县	Jiaoling County	957	228232	226324	43232	108014	75078	10729
兴宁市	Xingning City	2105	1137272	493374	146303	148053	199018	5372
海丰县	Haifeng County	1750	769049	776103	148097	301615	326391	10092
陆河县	Luhe County	1005	303699	173150	50691	55691	66768	6893

continued

城镇就业人员（人）Urban Employed Persons (person)	乡村就业人员（人）Rural Laborer (person)	#农林牧渔业 Agriculture	全社会固定资产投资（万元）Investment in Fixed Assets (10 000 yuan)	地方财政收入（万元）Revenue of Local Governments (10 000 yuan)	地方财政支出（万元）Expenditures of Local Governments (10 000 yuan)	农村居民人均纯收入（元）Per Capita Disposable Income of Rural Households (yuan)	城镇职工平均工资（元）Average Wages in Urban (yuan)	常用耕地面积（公顷）Area of Cultivated Land (hectare)	农林牧渔业总产值（万元）Gross Output Value of Agriculture (10 000 yuan)	社会消费品零售总额（万元）Total Retail Sales (10 000 yuan)
7602	71700	60700	21410	1799	17742	1592	13430	7624	20561	19703
18094	243500	189900	49375	4151	36043	1701	14993	30130	91804	83517
20297	243100	181500	39159	7074	41366	1856	14646	27445	104464	75678
176549	385300	209400	672924	130671	165378	5217	21427	37007	445551	822832
75608	235700	164000	326488	51602	77719	4693	20042	21580	189989	316857
20842	92600	61500	84099	5250	27342	3998	12650	10646	103325	42577
19357	93800	67900	87698	9719	26619	3647	17569	12568	120610	66838
17376	137100	89200	64843	5717	30797	3332	12428	18605	121766	75315
18783	87300	51700	73460	11500	29817	3039	13088	10096	44996	46352
16012	96200	60900	70492	4780	27922	3170	11199	9032	61941	48290
29109	150500	112400	162464	11700	40907	3085	15258	19048	142108	139636
17841	187200	144100	103690	9368	38311	3350	16206	29073	184201	98321
5635	24400	14100	18238	2766	12150	3310	12272	426	81444	53500
45988	481200	274400	491902	55856	75830	5423	10845	43784	442344	560501
62956	248500	172500	300116	53988	68102	5160	12869	27949	227148	500629
38910	189300	83000	340334	38493	49518	5836	12378	11809	149910	472800
30676	186500	110300	96348	19549	40783	3450	11190	21045	151994	254118
41788	413000	333000	101996	10494	48722	4272	11526	59676	496456	229388
37684	291081	247683	109080	10168	43750	4734	10547	52407	295992	197987
53001	680000	440000	148952	13747	75000	4240	11700	51930	546223	344047
58027	569100	428700	102874	12332	58309	3761	9594	80660	479385	303149
33908	486000	295000	126429	11121	45105	4242	10998	20392	185612	229328
50727	584800	395000	158057	18740	57838	4611	12630	50474	618269	410120
55858	681300	418100	196741	26312	75930	4696	12362	54140	735031	510835
57764	496200	313300	184710	16569	62933	4491	10697	59854	621305	462457
40215	504300	309000	163000	14546	61834	4617	12588	31955	637555	495656
18329	252900	130300	105030	16488	40479	4345	16461	16219	178268	111690
22958	467000	244800	155110	16869	51707	3638	14609	27127	335703	159601
18339	222000	136900	108265	13710	36009	4268	11926	23384	252212	73673
20606	155800	103600	146026	12802	37084	4910	10547	13983	177619	93145
20460	429400	219800	291340	30451	53475	5553	17471	30630	582259	225516
32057	134100	69300	281729	25095	43506	5035	17261	14712	327468	248014
86006	557800	204700	285963	42204	82845	4610	13857	34173	362981	369376
91084	338300	193300	259555	26568	68945	4621	13982	30120	391514	509830
36137	142200	103500	136103	10254	34191	3763	11312	13020	138076	102300
27575	282000	165000	274765	26310	64778	4896	17181	19912	264748	261161
19679	191900	90900	81295	10782	44834	3868	12920	11147	100564	125516
48205	263000	159000	108037	9431	46566	3880	11532	14774	144868	97518
31543	475000	256200	97136	7358	65134	3655	11721	30802	189916	65563
46128	98200	67900	47487	6323	26859	3991	11231	9125	75774	88951
17837	82700	51700	78752	10446	28905	4426	13387	6084	71153	222273
39049	444700	246700	148674	13632	65131	4400	12422	19912	220515	231597
29600	339800	164500	305400	20068	50000	4136	14786	21280	255200	550300
12899	99672	65904	87576	4939	27056	3733	11214	7253	90452	80468

4-2 续表 26

地 区	Region	土地面积（平方公里）Land Area (sq.km)	年末总人口（人）Total Population (year-end) (person)	地区生产总值（万元）Gross Regional Product (10 000 yuan)	第一产业 Primary Industry	第二产业 Secondary Industry	第三产业 Tertiary Industry	人均地区生产总值（元/人）Per Capita Gross Regional Product (yuan/person)
陆丰市	Lufeng City	1681	1599013	643713	213182	230992	199539	4869
紫金县	Zijin County	3627	820527	323661	118004	90348	115309	4921
龙川县	Longchuan County	3089	877272	474646	105525	166241	202880	7149
连平县	Lianping County	2365	378438	277830	39757	162954	75119	8470
和平县	Heping County	2310	483988	209579	65503	53447	90629	5407
东源县	Dongyuan County	4070	522831	245098	71524	89776	83798	6117
阳西县	Yangxi County	1271	475469	415664	194500	108540	112624	10489
阳东县	Yandong County	1830	454933	541127	161583	231121	148423	12777
阳春市	Yangchun City	4055	1076145	833263	256618	304755	271890	9650
佛冈县	Fogang County	1293	311357	311874	34906	183843	93124	10859
阳山县	Yangshan County	3418	533152	285994	105472	69792	110730	6501
连山壮族瑶族自治县	Lianshan Zhuang & Yao A.C.	1165	115296	70841	25518	17877	27446	6446
连南瑶族自治县	Liannan Yao A.C.	1289	156523	72271	20006	23276	28989	4964
清新县	Qingxin County	2725	711901	526821	135873	218732	172215	8365
英德市	Yingde City	5671	1053616	693666	196867	201475	295324	7501
连州市	Lianzhou City	2664	508129	378850	97780	144764	136306	8525
潮安县	Zhaoan County	1263	1188856	1443140	105959	900124	437057	11839
饶平县	Raoping County	1694	971747	721262	209943	250510	260809	7871
揭东县	Jiedong County	850	1223170	950623	187683	492192	270748	8616
揭西县	Jiexi County	1365	915696	558006	139160	260059	158787	7156
惠来县	Huilai County	1253	1162023	527287	196444	195428	135415	5147
普宁市	Puning City	1636	2125786	1209810	156670	582144	470996	6089
新兴县	Xinxing County	1521	453361	525079	189805	155353	179921	12463
郁南县	Yunan County	1966	480432	339962	131306	90763	117893	8230
云安县	Yunan County	1203	309018	215529	89456	79446	46627	7909
罗定市	Luoding City	2328	1106101	588912	268002	162305	158605	6225
广西壮族自治区	**Guangxi Zhuang A.R.**							
武鸣县	Wuming County	3366	652000	559337	243171	165943	150223	8616
隆安县	Longan County	2277	374000	180301	79780	50092	50429	4843
马山县	Mashan County	2345	507000	157783	59312	48785	49686	3116
上林县	Shanglin County	1870	469000	149924	69277	36228	44419	3227
宾阳县	Binyang County	2308	998000	515123	138034	196020	181069	5204
横县	Heng County	3464	1099000	507532	192316	133322	181894	4650
柳江县	Liujiang County	2539	537000	440862	138895	184195	117772	8216
柳城县	Liucheng County	2110	405000	288963	117682	79340	91941	7123
鹿寨县	Luzhai County	3355	483000	451231	131710	176181	143340	9356
融安县	Rongan County	2900	322000	160606	52182	43410	65014	4985
融水苗族自治县	Rongshui Miao A.C.	4624	476000	167752	59553	47679	60520	3534
三江侗族自治县	Sanjiang Dong A.C.	2430	357000	90487	37634	17455	35398	2550
阳朔县	Yangshuo County	1428	306000	178912	65270	37223	76419	5845
临桂县	Lingui County	2202	465000	424124	144011	171559	108554	9141
灵川县	Lingchuan County	2257	355000	401280	125202	168915	107163	11332
全州县	Quanzhou County	4021	760000	559759	189151	246925	123683	7312
兴安县	Xingan County	2348	363000	383696	116927	151332	115437	10591
永福县	Yongfu County	2806	268000	302110	89845	154415	57850	11273

continued

城镇就业人员(人) Urban Employed Persons (person)	乡村就业人员(人) Rural Laborer (person)	#农林牧渔业 Agriculture	全社会固定资产投资(万元) Investment in Fixed Assets (10 000 yuan)	地方财政收入(万元) Revenue of Local Governments (10 000 yuan)	地方财政支出(万元) Expenditures of Local Governments (10 000 yuan)	农村居民人均纯收入(元) Per Capita Disposable Income of Rural Households (yuan)	城镇职工平均工资(元) Average Wages in Urban (yuan)	常用耕地面积(公顷) Area of Cultivated Land (hectare)	农林牧渔业总产值(万元) Gross Output Value of Agriculture (10 000 yuan)	社会消费品零售总额(万元) Total Retail Sales (10 000 yuan)
45567	563900	332400	272334	19672	59175	3618	11031	26350	389200	440520
24145	329040	177743	108838	12196	54854	3515	13766	26446	173140	97710
34895	230000	188000	333845	13229	72826	3783	13695	29120	157986	184383
20026	168500	92400	102203	11584	44727	3699	15548	14181	67208	57410
1152	228745	128957	67864	4698	46368	3427	13787	14105	100157	58906
24441	229200	107400	214990	10257	62442	4014	16359	20059	119167	75903
21640	258300	161600	92787	6008	29759	4378	11930	21658	317081	169533
26808	243091	130522	128185	18972	45254	4528	12022	24342	250208	162507
52457	468752	335819	169989	18482	61088	4122	13544	45017	409427	528430
20743	117966	87927	278005	16038	35276	3753	17191	9717	51450	108446
17670	229080	103020	128045	11091	43139	3563	17191	28711	156209	84942
5552	47608	38844	51575	2460	16615	2750	15410	6066	37342	14916
10014	68650	45014	42969	4577	23230	2638	14850	6976	29762	21913
58191	336056	184036	291635	14061	48374	3755	16228	20880	219095	136167
33245	423833	299286	465153	22139	72581	3665	17990	53001	280965	309785
20629	189513	127282	155221	14090	45738	3703	19566	20292	145770	152188
49439	499020	171529	259619	21000	84200	4702	11981	17266	186472	440808
42968	393000	246700	308636	9762	56890	3608	8868	19065	392551	267821
29086	583200	294100	174633	15887	47058	4203	12100	24436	302156	258778
27764	394700	230800	121400	7520	50574	3688	11594	16633	214224	130595
37927	359400	236600	262907	7967	52282	5432	9446	19649	294770	134400
56123	716100	300700	353045	33767	77647	5779	10856	25828	252715	501497
33768	205483	131714	127914	20246	47554	4529	14513	18616	347091	133857
20184	248200	126100	116674	8760	37690	4129	14256	15655	208817	112333
9430	153200	88800	130734	8744	28127	3791	14055	9829	145040	33989
50046	463051	219216	292441	19217	63116	4176	10891	32274	385844	182906
33809	330800	266400	196318	19297	44018	3340	11263	67126	382923	151980
15418	198200	142600	97262	8074	24111	2248	11862	33868	127852	47101
11554	275400	156900	71221	5397	25778	2081	10584	24702	91709	47441
9836	228500	160000	55288	6280	22911	2216	10918	27566	112009	45035
37845	528100	346500	139408	18496	44894	2595	12063	58439	218950	208175
30108	571100	360400	169300	18703	45789	2527	11931	66487	313555	183726
25215	264100	185700	132485	16302	36605	2844	14725	56294	223307	90545
17165	209600	159200	30006	7960	26374	2905	12832	47458	204491	71250
22611	232500	147600	185926	14062	33362	3008	15800	50711	205355	95610
13309	161800	111900	62500	7203	23217	2310	10863	27693	81175	51051
15197	245000	163400	60187	7694	32193	1794	13145	31640	97019	51725
8073	181600	108400	24673	4026	22568	1903	13324	14091	59064	40988
9871	149100	99400	80140	8485	22168	2842	14735	18245	102783	50846
18733	223000	131700	265977	17297	36306	3069	16629	36681	219743	75131
17830	173500	132100	210490	15131	32422	3219	13412	24146	180460	82321
22646	352900	257800	132875	11175	35709	3083	10562	50464	278508	72084
14324	192700	140400	156948	14293	31730	3427	13872	23153	173333	80351
9612	135700	103000	125210	7869	19772	2964	14769	23448	134533	58517

4-2 续表 27

地　区	Region	土地面积（平方公里）Land Area (sq.km)	年末总人口（人）Total Population (year-end) (person)	地区生产总值（万元）Gross Regional Product (10 000 yuan)	第一产业 Primary Industry	第二产业 Secondary Industry	第三产业 Tertiary Industry	人均地区生产总值（元/人）Per Capita Gross Regional Product (yuan/person)
灌阳县	Guanyang County	1837	277000	167474	59702	53901	53871	6059
龙胜各族自治县	Longsheng A.C.	2538	169000	131338	35448	57161	38729	7758
资源县	Ziyuan County	1954	167000	106212	35016	33020	38176	6371
平乐县	Pingle County	1919	433000	318823	147221	102159	69443	7378
荔蒲县	Lipu County	1758	372000	347133	106534	123341	117258	9347
恭城瑶族自治县	Gongcheng Yao A.C.	2149	282000	227538	99303	65471	62764	8089
苍梧县	Cangwu County	3506	580000	300230	75151	139942	85137	5185
藤县	Teng County	3946	953000	468014	192741	160329	114944	4949
蒙山县	Mengshan County	1279	207000	152908	60428	46967	45513	7390
岑溪市	Cenxi City	2783	828000	438663	139089	184101	115473	5314
合浦县	Hepu County	2380	934000	686035	250238	239220	196577	7297
上思县	Shangsi County	2810	202000	149388	63362	50905	35121	7259
东兴市	Dongxing City	549	109000	136041	41905	34091	60045	12583
灵山县	Lingshan County	3550	1376000	667096	262810	244598	159688	4805
浦北县	Pubei County	2521	814000	396413	160619	131917	103877	4872
平南县	Pingnan County	2989	1280000	519428	200951	143656	174821	4037
桂平市	Guiping City	4074	1674000	604019	208042	176931	219046	3577
容县	Rong County	2257	752000	351255	128483	110117	112655	4635
陆川县	Luchuan County	1551	895000	466422	125986	152405	188031	5152
博白县	Bobai County	3835	1485000	605651	302291	160068	143292	4068
兴业县	Xingye County	1487	686000	313060	159450	67143	86467	4588
北流市	Beiliu City	2457	1209000	634752	187045	250451	197256	5271
田阳县	Tianyang County	2387	329000	313399	110592	114343	88464	9532
田东县	Tiandong County	2806	394000	289384	92856	130448	66080	7313
平果县	Pingguo County	2473	463000	617734	70042	440848	106844	13394
德保县	Debao County	2575	342000	124603	36726	52329	35548	3651
靖西县	Jingxi County	3322	588000	180755	74905	47119	58731	3081
那坡县	Napo County	2231	199000	49970	21266	8721	19983	2537
凌云县	Lingyun County	2039	194000	69644	29653	20409	19582	3660
乐业县	Leye County	2620	157000	48330	17557	8349	22424	3080
田林县	Tianlin County	5532	241000	96565	42652	24108	29805	4025
西林县	Xilin County	2963	135000	52823	24430	12742	15651	3922
隆林各族自治县	Longlin A.C.	3551	366000	123944	31322	51315	41307	3420
昭平县	Zhaoping County	3273	394000	255147	99346	98450	57351	6458
钟山县	Zhongshan County	1858	475000	434456	119040	243946	71470	9182
富川瑶族自治县	Fuchuan Yao A.C.	1572	304000	187624	72915	72867	41842	6202
南丹县	Nandan County	3916	276000	231566	51255	106086	74225	8266
天峨县	Tiane County	3196	149000	126027	26447	66953	32627	8560
凤山县	Fengshan County	1738	189000	59841	21208	17278	21355	3151
东兰县	Donglan County	2414	275000	79283	27445	19018	32820	2856
罗城仫佬族自治县	Luocheng Mulam A.C.	2658	362000	138082	52350	35471	50261	3814
环江毛南族自治县	Huanjiang Maonan A.C.	4553	355000	159227	61840	45369	52018	4396
巴马瑶族自治县	Bama Yao A.C.	1971	243000	96037	37053	29275	29709	3970
都安瑶族自治县	Duan Yao A.C.	4095	632000	152319	55683	34970	61666	2444
大化瑶族自治县	Dahua Yao A.C.	2716	420000	189271	31794	112725	44752	4530
宜州市	Yizhou City	3869	615000	429922	171958	113910	144054	6992

continued

城镇就业人员（人） Urban Employed Persons (person)	乡村就业人员（人） Rural Laborer (person)	#农林牧渔业 Agriculture	全社会固定资产投资（万元） Investment in Fixed Assets (10 000 yuan)	地方财政收入（万元） Revenue of Local Governments (10 000 yuan)	地方财政支出（万元） Expenditures of Local Governments (10 000 yuan)	农村居民人均纯收入（元） Per Capita Disposable Income of Rural Households (yuan)	城镇职工平均工资（元） Average Wages in Urban (yuan)	常用耕地面积（公顷） Area of Cultivated Land (hectare)	农林牧渔业总产值（万元） Gross Output Value of Agriculture (10 000 yuan)	社会消费品零售总额（万元） Total Retail Sales (10 000 yuan)
8026	139000	104000	86915	5230	22166	2461	14187	14436	93963	36844
8878	77200	61500	60209	4155	18863	2108	13619	13305	52626	21610
7649	82500	48500	56066	4278	18229	2477	15579	7448	51892	24706
13108	210500	126300	105471	6741	22342	3001	11817	20269	208487	52487
11939	202000	141500	83884	8666	26847	3347	12770	23523	157492	113074
10596	128600	113300	66025	6184	22512	2670	13102	19690	146110	58170
21413	279200	139200	200350	9330	28356	2439	11579	22974	130804	94120
22019	462000	298200	139919	14358	42996	2509	10775	33493	302170	180749
8557	106600	66900	53224	5834	18108	2195	10837	9318	100503	24695
23383	393200	216000	218457	13536	37332	2631	11846	22336	255240	155570
36338	448700	308300	190119	20340	51613	3195	11098	55337	443170	181159
13764	97700	79500	41269	7590	22368	2248	10801	25463	97652	41131
5246	49900	35100	68726	10161	18025	3287	14264	4107	68722	45860
33207	747600	433100	223518	24177	56706	3101	10085	63776	406295	186049
29728	390800	240600	111153	19144	45005	3152	10337	29975	260918	170796
36434	587200	311900	210830	16086	52894	2688	11315	47630	325225	156933
37461	783200	435400	259032	23609	64267	2560	12669	74491	342830	260612
25016	383700	234600	131596	15323	36906	2541	10889	23223	208204	142019
27334	451200	259700	130061	14982	37396	2526	10548	27106	201480	113738
41625	769200	476100	130941	18133	49158	2367	12028	50281	466391	209712
16479	371000	201700	126420	10287	26885	2444	10766	27695	257119	63989
49493	571900	299200	213827	24170	51673	2884	11649	36619	303218	191798
16005	182400	131800	172941	12852	30722	2201	12375	22752	171258	61272
17518	214300	152400	211763	16664	32779	2113	19470	26800	143145	48160
20475	241700	155200	182208	35797	42954	2072	20153	21290	114660	71659
9651	181100	126300	232717	6854	26291	1576	13696	21309	58539	21241
15962	320700	195400	77966	9986	32551	1642	11765	36251	114374	53757
7559	109000	80000	33685	2377	17023	1455	12423	9423	35376	18666
6895	90400	58200	52478	3228	17370	1407	12714	9464	46422	13584
6797	71700	61100	36182	2650	15219	1428	14123	13673	28561	14156
10327	127300	100500	83148	7549	22521	1696	10777	28230	67042	22284
5958	67300	62500	51824	3241	15833	1704	12126	41925	38587	12777
12248	179400	160100	116155	19258	33967	1478	13463	23962	49635	29794
16689	191300	149000	138772	8012	26649	2156	10663	15132	173884	55175
15109	221300	150200	230382	7118	25684	2308	13151	24267	197172	96432
11724	134800	112800	87420	5919	23690	2058	12762	18661	122433	32939
17412	136900	103700	102285	17127	35426	2227	18100	15873	79348	57460
7027	68000	54600	462643	9411	20781	1792	12125	14690	43078	29058
8860	87000	62000	47128	2359	16460	1510	10711	6063	35128	20671
8366	131300	98500	64033	5297	22351	1584	13034	10347	44260	31718
14674	173700	117500	78283	4304	23919	1438	14183	22149	85805	43276
14615	167500	123100	73014	5222	23735	1879	12567	24801	101761	48511
9768	109100	82500	67354	4563	20411	1597	11301	9204	58148	31785
16080	317800	229200	97034	9045	38738	1673	11649	32331	91278	49699
12776	208600	132600	43198	10976	27577	1680	18721	15120	52787	38140
28123	315900	219200	171375	24963	45486	2927	14679	40911	284226	118209

4-2 续表 28

地区	Region	土地面积 (平方公里) Land Area (sq.km)	年末总人口 (人) Total Population (year-end) (person)	地区生产总值 (万元) Gross Regional Product (10 000 yuan)	第一产业 Primary Industry	第二产业 Secondary Industry	第三产业 Tertiary Industry	人均地区生产总值 (元/人) Per Capita Gross Regional Product (yuan/person)
忻城县	Xincheng County	2541	401000	191539	94908	53550	43081	4787
象州县	Xiangzhou County	1898	351000	226399	114074	61043	51282	6457
武宣县	Wuxuan County	1739	419000	207448	101189	48160	58099	4966
金秀瑶族自治县	Jinxiu Yao A.C.	2470	151000	72531	29631	17550	25350	4823
合山市	Heshan City	350	139000	147731	14736	92596	40399	10659
扶绥县	Fusui County	2836	421000	357846	158603	97276	101967	8526
宁明县	Ningming County	3695	403000	192219	82969	52384	56866	4780
龙州县	Longzhou County	2318	269000	182717	71285	49656	61776	6762
大新县	Daxin County	2742	359000	223339	69203	91281	62854	6233
天等县	Tiandeng County	2159	410000	131772	50488	34539	46745	3231
凭祥市	Pingxiang City	650	105000	113446	16686	17951	78809	10743
海南省	**Hainan Province**							
五指山市	Wuzhishan City	1129	111533	60757	19888	7451	33418	5484
琼海市	Qionghai City	1693	463409	512452	292057	57854	162541	11110
儋州市	Danzhou City	3265	981884	731741	438334	107558	185849	7947
文昌市	Wenchang City	2485	539739	540525	274021	98254	168250	9983
万宁市	Wangning City	1884	566808	412240	165896	76541	169803	7299
东方市	Dongfang City	2256	392989	396671	128995	181185	86491	10172
定安县	Dingan County	1187	316395	173512	86345	23082	64085	5502
屯昌县	Dunchang County	1232	273388	161079	92779	16889	51411	5911
澄迈县	Chengmai County	2045	508357	406500	158672	164410	83418	8060
临高县	Lingao County	1317	427574	389793	297438	23345	69010	9106
白沙黎族自治县	Baisha Li A.C.	2117	185727	108661	74193	10425	24043	5864
昌江黎族自治县	Changjiang Li A.C.	1610	241299	264115	82640	132848	48628	11106
乐东黎族自治县	Ledong Li A.C.	2763	489574	244961	160089	15104	69768	5039
陵水黎族自治县	Lingshui Li A.C.	1128	337220	184651	115873	11533	57245	5497
保亭黎族苗族自治县	Baoting Li & Miao A.C.	1161	160322	85353	49572	6459	29322	5331
琼中黎族苗族自治县	Qiongzhong Li & Miao A.C.	2706	208921	104944	67036	10868	27040	5052
重庆市	**Chongqing City**	**82403**	**31691600**	**30704900**	**4634000**	**12591200**	**13479700**	**10982**
綦江县	Qijiang County	2182	947100	807747	174411	324381	308955	9644
潼南县	Tongnan County	1585	906000	609649	169552	184265	255832	8567
铜梁县	Tongliang County	1342	803900	723279	138215	328658	256406	11664
大足县	Dazu County	1390	928500	678642	138250	291715	248677	8896
荣昌县	Rongchang County	1079	819900	584194	150778	229701	203715	8963
璧山县	Bishan County	912	612100	661046	77381	374983	208682	12872
梁平县	Liangping County	1890	884500	488426	115970	228674	143782	6822
城口县	Chengkou County	3286	232800	101141	25112	40612	35417	5253
丰都县	Fengdu County	2901	795500	368177	91708	125131	151338	5693
垫江县	Dianjiang County	1518	909700	509224	107430	255794	146000	6975
武隆县	Wulong County	2901	401000	298796	69029	127459	102308	8574
忠县	Zhong County	2184	966300	438710	131447	130283	176980	5870
开县	Kai County	3959	1544100	704895	181126	284195	239574	6050
云阳县	Yunyang County	3634	1296200	436065	137364	144572	154129	4281
奉节县	Fengjie County	4087	1013200	450267	114523	163619	172125	5220

continued

城镇就业人员(人) Urban Employed Persons (person)	乡村就业人员(人) Rural Laborer (person)	#农林牧渔业 Agriculture	全社会固定资产投资(万元) Investment in Fixed Assets (10 000 yuan)	地方财政收入(万元) Revenue of Local Governments (10 000 yuan)	地方财政支出(万元) Expenditures of Local Governments (10 000 yuan)	农村居民人均纯收入(元) Per Capita Disposable Income of Rural Households (yuan)	城镇职工平均工资(元) Average Wages in Urban (yuan)	常用耕地面积(公顷) Area of Cultivated Land (hectare)	农林牧渔业总产值(万元) Gross Output Value of Agriculture (10 000 yuan)	社会消费品零售总额(万元) Total Retail Sales (10 000 yuan)
12077	221100	150300	133165	4945	24222	2048	12855	31403	153618	51301
11962	175700	124400	73558	6110	23203	2539	13828	43024	182728	47469
16111	222500	159800	52808	4633	21345	2331	13108	37448	160055	44969
8342	70800	50600	27822	2134	17546	1779	14390	13029	48119	19302
11491	47300	31600	52995	8246	15388	2218	18525	6176	22742	23630
23745	211800	164600	137669	15030	34372	2623	11860	59373	245902	49012
16661	212100	158200	71977	11818	31221	2159	10522	34118	133769	32301
19201	138100	105500	46366	8749	23143	2097	11357	28646	112178	36853
21466	207000	129900	69486	9786	26525	2385	11431	35673	107908	28310
11513	258400	140300	58000	6410	22749	2069	11088	27915	78724	22457
8639	46700	34900	56771	11264	20501	2134	13939	4359	24892	45890
9204	28829	24111	13656	2664	18950	2071	13718	2644	27712	19759
18512	168661	122048	89620	19879	48000	3205	13569	23941	427984	143261
31307	281977	224369	163551	16225	52845	3381	12524	46095	581596	137435
24464	196744	136289	184122	15898	50110	3799	13088	37537	413480	132973
22301	158587	111681	114177	12720	43448	3331	12146	17438	221278	131303
19945	167640	139625	108622	15016	41415	3076	16049	24462	190746	65103
14323	112712	87523	34926	5422	30381	2617	12148	20960	122649	46735
12675	75826	61102	30682	3693	23958	2639	10432	12519	112191	42889
29708	167115	114457	165400	16658	47887	3368	10561	24426	204767	66739
14022	169377	137851	29812	4751	31671	2823	12076	24603	446667	56877
8126	56986	54579	19848	3031	24075	1760	12103	8818	57311	13871
19426	78300	65670	67378	17584	36751	2437	15943	15558	125594	27634
17026	207063	146411	29905	3695	40061	2590	11448	30848	211568	55599
10309	130586	103695	35536	4543	28835	2291	13862	15261	177950	22033
6552	46696	37458	16246	2089	19917	1783	12510	5420	44421	16732
9066	48356	42354	16020	2800	24803	1739	11961	8390	50400	11508
6202700	**13669100**	**7758830**	**20063180**	**2568072**	**4873543**	**2809**	**16630**	**1399200**	**6621943**	**12157584**
94700	390918	227466	310724	23443	62149	3398	14683	49524	252926	242601
55100	445408	306771	247921	13728	43356	3158	13357	53670	238699	177737
68300	385991	187103	381295	30359	60650	3663	11327	42041	228182	220366
44800	413372	268453	271672	18007	49822	3483	12657	42488	211533	199590
77700	397552	256662	210827	20491	44710	3426	12509	31192	215121	190527
88900	323548	129333	329186	28848	49343	3682	14979	24729	126404	212881
137000	468000	272372	232800	16159	50378	2813	13532	42037	188105	161444
14900	111000	56925	78115	7259	31261	1966	11974	19266	39868	29413
55100	410000	263732	242329	11470	46437	2430	12455	36943	149122	133385
58000	437000	262662	226898	21039	50883	2989	13632	36911	196042	180259
47500	214000	135963	281775	13873	45114	2408	11194	29646	107639	97182
47200	443000	231044	271593	14125	59644	2602	13252	55216	246371	161173
71000	716000	359782	429000	22495	78404	2471	12797	66112	301091	284301
101400	538000	299027	308061	11843	69878	2223	11764	48125	210827	181982
131100	439000	250276	275978	13164	63303	2107	12189	54410	200167	130869

4-2 续表 29

地　　区	Region	土地面积（平方公里）Land Area (sq.km)	年末总人口（人）Total Population (year-end) (person)	地区生产总值（万元）Gross Regional Product (10 000 yuan)	第一产业 Primary Industry	第二产业 Secondary Industry	第三产业 Tertiary Industry	人均地区生产总值（元/人）Per Capita Gross Regional Product (yuan/person)
巫山县	Wushan County	2958	597900	204918	63241	44635	97042	4084
巫溪县	Wuxi County	4030	522200	147340	56857	26735	63748	3308
石柱土家族自治县	Shizhu Tujia A.C.	3013	519100	252227	69980	84048	98199	5786
秀山土家族苗族自治县	Xiushan Tujia & Miao A.C.	2450	619500	274143	68134	110288	95721	5452
酉阳土家族苗族自治县	Youyang Tujia & Miao A.C.	5173	758400	201219	77350	47102	76767	3485
彭水苗族土家族自治县	Pengshui Miao & Tujia A.C.	3903	629900	292190	89348	94817	108025	5374
江津市	Jiangjin City	3200	1458500	1332929	296245	556155	480529	10520
合川市	Hechuan City	2356	1505500	1304562	268904	508357	527301	10223
永川市	Yongchuan City	1576	1075700	1131301	194371	441822	495108	12231
南川市	Nanchuan City	2602	646300	621265	138093	290963	192209	11402
其他	Others	16291	10297800	17082548	1489181	7152236	8441131	
四川省	**Sichuan Province**							
金堂县	Jintang County	1156	853600	573487	209259	150612	213616	6750
双流县	Shuangliu County	1067	926900	1955183	189701	920384	845098	21330
郫县	Pi County	438	499600	855383	105135	443354	306894	17317
大邑县	Dayi County	1327	506100	482386	120497	175418	186471	9599
蒲江县	Pujiang County	583	257500	260455	77239	102848	80368	10132
新津县	Xinjin County	330	296600	500989	66013	253347	181629	16971
都江堰市	Dujiangyan City	1208	602500	838445	116708	298833	422904	13964
彭州市	Pengzhou City	1420	778800	773154	189902	321348	261904	9936
邛崃市	Qionglai City	1384	644700	565893	136828	206644	222421	8842
崇州市	Chongzhou City	1090	663300	585621	137736	233760	214125	8913
荣县	Rong County	1599	687300	419112	153275	120380	145457	6088
富顺县	Fushun County	1336	1015500	557543	199398	170897	187248	5517
米易县	Miyi County	2153	207100	221217	50610	102886	67721	10831
盐边县	Yanbian County	3269	194800	390662	33546	307271	49845	20019
泸县	Lu County	1532	1044900	540056	192574	178581	168901	5190
合江县	Hejiang County	2422	857400	402538	143340	117680	141518	4735
叙永县	Xuyong County	2977	675800	219805	90359	47498	81948	3288
古蔺县	Guli County	3184	805000	216844	80330	63192	73322	2700
中江县	Zhongjiang County	2063	1412100	750846	313388	194449	243009	5320
罗江县	Luojiang County	448	242300	209688	77671	90887	41130	8690
广汉市	Guanghan City	551	587800	791115	138897	361494	290724	13465
什邡市	Shifang City	863	429900	917466	122132	583437	211897	21356
绵竹市	Mianzhu City	1245	512500	1000951	146806	616292	237853	19523
三台县	Santai County	2661	1457800	633526	272018	144371	217137	4341
盐亭县	Yanting County	1645	603300	277431	155325	47280	74826	4649
安县	An County	1404	502100	352159	138179	119502	94478	6978
梓潼县	Zitong County	1442	378900	203419	97266	41530	64623	5366
北川羌族自治县	Beichuan Qiang A.C.	2869	160000	94417	34990	34397	25030	5883
平武县	Pingwu County	5974	186800	115143	38744	46868	29531	6139
江油市	Jiangyou City	2720	873200	992531	166435	441269	384827	11356
旺苍县	Wangcang County	2976	453300	204689	71846	63554	69289	4530
青川县	Qingchuan County	3269	248100	94113	43010	18572	32531	3793
剑阁县	Jiange County	3204	668000	226754	105124	37624	84006	3392

continued

城镇就业人员（人） Urban Employed Persons (person)	乡村就业人员（人） Rural Laborer (person)	#农林牧渔业 Agriculture	全社会固定资产投资（万元） Investment in Fixed Assets (10 000 yuan)	地方财政收入（万元） Revenue of Local Governments (10 000 yuan)	地方财政支出（万元） Expenditures of Local Governments (10 000 yuan)	农村居民人均纯收入（元） Per Capita Disposable Income of Rural Households (yuan)	城镇职工平均工资（元） Average Wages in Urban (yuan)	常用耕地面积（公顷） Area of Cultivated Land (hectare)	农林牧渔业总产值（万元） Gross Output Value of Agriculture (10 000 yuan)	社会消费品零售总额（万元） Total Retail Sales (10 000 yuan)
76400	258000	170125	135280	9035	50573	2031	12229	35299	104662	81784
48600	226000	119399	78720	4403	42748	1928	11744	30995	89850	58468
42700	284000	224823	232367	8902	43872	2296	13399	29433	122230	105462
30400	349000	199964	153236	15496	51853	1969	14093	32364	108637	115447
26300	439000	301632	134416	7692	55736	1889	12075	46995	144354	113972
35000	333000	202867	439130	14271	44241	2125	13170	48390	149855	122094
177800	748058	334612	627571	52984	109429	3629	13869	68028	449653	433226
136100	740335	432086	710206	35540	83586	3538	12887	74285	347971	398711
149100	439265	208964	774698	34867	73708	3627	14091	50249	299502	436826
50300	331578	173833	350404	19783	52090	3057	11983	39085	203167	197491
4337300	3388075	1882954	12328978	2098796	3460375			311767	1689965	7490394
30992	428559	235328	308141	13446	46913	3834	13183	44417	320815	162168
78172	476667	178807	954703	75994	108961	4766	21444	44875	342409	480343
33648	232640	125054	986143	34682	48946	4700	18854	21740	177318	209060
34191	245614	114044	213466	12080	40295	4282	11272	24004	203323	116630
9299	126005	75256	136717	7304	21383	4130	12525	14660	134741	67722
25652	154211	71414	242819	13750	30779	4462	13032	12829	137966	139381
51991	267006	122323	673914	39254	64406	4466	15514	19647	180497	410409
47614	409449	259161	303576	21180	51319	4262	14383	35512	305716	373574
26902	307087	157083	241373	13874	47326	4022	13116	32720	264424	161272
27032	352299	211269	229934	13694	43659	4266	13582	33723	234594	166922
18645	342332	199567	82082	9596	44430	3063	13259	39886	246073	148300
31813	478897	261512	93636	9666	51618	3137	11811	36030	309641	206827
9450	99122	82232	220247	16032	35081	3576	15374	11581	74726	63262
7002	98629	76670	114027	11910	33161	3013	20839	10554	61081	28200
19933	589426	295017	140613	11154	42801	3459	14778	43962	306155	188161
33962	455140	347608	114090	8155	41148	3287	11628	37475	224391	153939
18124	324680	219770	52585	8015	40864	2510	11828	36022	138152	106756
16962	392193	314676	50448	8960	42584	2356	11381	41590	128246	83225
26407	812685	400015	106322	6371	58419	3051	12709	69229	488295	311240
9134	130095	74120	114281	5583	15825	3421	13413	17146	128586	47000
23151	298405	159478	152745	21194	40331	4090	17219	29830	232329	279548
32565	225338	124682	153876	29477	50877	4017	18335	21223	196734	243999
37235	246018	134415	141956	44769	67661	3973	21143	29503	243846	243500
42555	758402	432203	117858	12519	63288	3097	10563	78687	437140	318311
14302	278819	192520	48100	3929	36186	2707	10384	33954	250836	109868
15630	243003	125638	85239	7702	33158	3398	11250	31787	226071	157493
12003	149933	81931	46755	3498	24169	2865	11423	27912	155767	135227
7633	91937	52945	57263	3958	23520	2275	11354	11563	55692	27475
8706	90907	64840	98716	4499	25816	2307	11038	19341	63687	32008
44401	376313	179478	253559	23350	52721	3479	15765	39107	276627	355352
19263	180819	107812	53451	4238	36036	1956	12226	17346	124713	80806
9803	106166	91569	45977	1350	30052	1922	11966	19540	69379	31058
18369	296572	218640	94597	3001	39768	1906	9792	48905	179092	85810

4-2 续表 30

地区	Region	土地面积 (平方公里) Land Area (sq.km)	年末总人口 (人) Total Population (year-end) (person)	地区生产总值 (万元) Gross Regional Product (10 000 yuan)	第一产业 Primary Industry	第二产业 Secondary Industry	第三产业 Tertiary Industry	人均地区生产总值 (元/人) Per Capita Gross Regional Product (yuan/person)
苍溪县	Cangxi County	2330	767200	272715	128639	49046	95030	3555
蓬溪县	Pengxi County	1251	753500	272192	121015	55399	95778	3595
射洪县	Shehong County	1496	990700	762863	188218	349145	225500	7529
大英县	Daying County	703	543500	254636	90329	93989	70318	4668
威远县	Weiyuan County	1289	743300	636645	114629	363052	158964	8556
资中县	Zizhong County	1734	1310900	518362	190294	157418	170650	3952
隆昌县	Longchang County	794	762800	434562	95653	195471	143438	5691
犍为县	Jianwei County	1375	564400	317004	93799	147711	75494	5612
井研县	Jingyan County	841	413500	210632	80626	73869	56137	5090
夹江县	Jiajiang County	749	349300	325227	75205	158211	91811	9305
沐川县	Muchuan County	1401	256700	159934	45224	81663	33047	6243
峨边彝族自治县	Ebian Yi A.C.	2395	143300	111989	19660	63147	29182	7812
马边彝族自治县	Mabian Yi A.C.	2383	182400	74429	29660	21760	23009	4090
峨眉山市	Emeishan City	1168	431200	509069	68136	271706	169227	11792
南部县	Nanbu County	2229	1251300	589835	233368	195027	161440	4736
营山县	Yingshan County	1633	909400	312619	128000	81538	103081	3454
蓬安县	Pengan County	1334	687700	295431	104442	104891	86098	4315
仪陇县	Yilong County	1771	1065700	313279	153822	63486	95971	2951
西充县	Xichong County	1108	630500	216377	89391	46437	80549	3418
阆中市	Langzhong City	1877	858300	401937	129987	141961	129989	4686
仁寿县	Renshou County	2606	1559400	814925	276726	289839	248360	5225
彭山县	Pengshan County	465	323800	352912	66853	202294	83765	10892
洪雅县	Hongya County	1948	341300	263843	81845	124701	57297	7735
丹棱县	Danling County	449	160600	104379	36457	39527	28395	6473
青神县	Qingshen County	387	197100	149737	35892	68496	45349	7587
宜宾县	Yibin County	2948	978600	485448	173690	158737	153021	4967
南溪县	Nanxi County	704	412300	214575	70340	71746	72489	5207
江安县	Jiangan County	910	539500	220895	87598	59724	73573	4092
长宁县	Changning County	975	429900	240584	75391	87001	78192	5605
高县	Gao County	1323	505500	235970	75721	99509	60740	4671
珙县	Gong County	1150	415600	191681	48722	79061	63898	4615
筠连县	Junlian County	1254	393800	210141	64811	94547	50783	5339
兴文县	Xingwen County	1373	439000	176981	62024	55506	59451	4037
屏山县	Pingshan County	1523	294800	87390	40647	19078	27665	2972
岳池县	Yuechi County	1457	1160000	465090	162299	128726	174065	4011
武胜县	Wusheng County	966	825000	451580	160541	152919	138120	5476
邻水县	Lingshui County	1919	976200	464246	158590	141152	164504	4772
华蓥市	Huaying City	466	351200	336939	50929	184692	101318	9599
达县	Da County	2688	1259100	650062	247328	216839	185895	5194
宣汉县	Xuanhan County	4266	1175800	524562	213278	133451	177833	4472
开江县	Kaijiang County	1033	564200	272084	116158	64637	91289	4812
大竹县	Dazhu County	2075	1060200	670017	221280	244329	204408	6301
渠县	Qu County	2013	1382400	521862	196611	165230	160021	3786
万源市	Wangyuan City	4065	569200	285069	110156	88807	86106	5057
名山县	Mingshan County	614	261600	143774	50327	47986	45461	5514
荥经县	Yingjing County	1781	144100	155913	27768	74688	53457	10918

continued

城镇就业人员（人） Urban Employed Persons (person)	乡村就业人员（人） Rural Laborer (person)	#农林牧渔业 Agriculture	全社会固定资产投资（万元） Investment in Fixed Assets (10 000 yuan)	地方财政收入（万元） Revenue of Local Governments (10 000 yuan)	地方财政支出（万元） Expenditures of Local Governments (10 000 yuan)	农村居民人均纯收入（元） Per Capita Disposable Income of Rural Households (yuan)	城镇职工平均工资（元） Average Wages in Urban (yuan)	常用耕地面积（公顷） Area of Cultivated Land (hectare)	农林牧渔业总产值（万元） Gross Output Value of Agriculture (10 000 yuan)	社会消费品零售总额（万元） Total Retail Sales (10 000 yuan)
19903	355462	236643	112849	5112	49659	1992	12808	34146	214710	98960
25188	286967	158748	79865	3144	42022	2199	11778	34234	208196	134100
53054	400114	185221	201157	13277	54750	3223	11212	36423	270794	265600
24728	220779	125812	124367	4046	29199	2950	10420	21382	151694	114100
36399	296799	144135	161162	16598	44600	3104	13451	29788	184052	151327
45746	554662	394332	130079	11017	64026	2850	11803	57546	303929	169569
43002	388555	255801	98197	8029	37777	3008	10224	26325	158857	161897
34589	242027	151197	73151	7199	35116	3215	11084	26870	156922	164057
19699	237186	125730	35328	3500	25382	3168	9164	28113	137199	87018
32521	182028	107923	101200	9448	23840	3531	14551	13937	120511	100046
11244	141559	78004	64605	4403	19126	2669	12179	14212	70207	56008
12789	68385	49379	72081	5593	19060	2667	12239	6146	35112	38885
6928	83941	62049	71584	3013	21159	1956	13323	13374	45571	19031
35304	181345	116204	164510	14025	34271	4043	14782	14460	116877	193453
28135	736024	383018	194975	10022	64432	2782	13185	55073	315971	186076
19188	395300	259634	101045	6770	48826	2636	10479	36116	233073	153174
19592	298092	201007	138810	7607	40150	2660	9921	30379	193465	96877
37304	500683	322017	152331	4360	68059	2511	10028	42271	274506	104094
15425	310170	197371	72006	4042	37852	2501	11347	32891	161940	107512
20554	363831	212564	251540	9246	56491	2652	10575	34358	222525	161390
47866	658396	479987	312653	12143	71112	3006	12428	81126	442811	273000
13652	155754	93419	184149	9560	24618	3679	13261	15126	108797	87069
12261	173221	125664	196443	10866	30819	3276	13089	13385	113467	68700
5810	78416	41582	63945	2846	14960	3359	12349	9738	67875	38100
12011	113210	76015	62097	3180	15594	3279	10464	9358	58643	46700
27740	493245	309071	238249	11434	50002	3126	15514	53863	295768	155810
22115	207234	150764	73748	3808	24586	3167	12981	17902	117995	108610
25829	290850	192500	85672	4012	26118	2949	12180	24395	130770	115414
21214	242233	149393	111244	4678	25040	3406	12621	21994	128323	124632
17590	290869	189205	91160	5826	27414	3094	12225	25408	132878	81655
25720	171893	94543	74599	5320	27581	3001	13065	16120	92182	90272
13247	191499	135278	45248	4455	23878	2947	12093	21123	101119	56672
17277	251268	166735	56740	3346	27530	2667	11056	21181	97672	73685
8080	153813	109862	14912	2009	19121	2248	11293	17293	62859	31156
23381	567357	373002	183482	12738	51848	2865	12794	49511	246775	220147
13877	374044	236774	171305	11385	43699	2998	16419	30227	249806	148766
17582	405572	223062	227112	11368	53316	2791	12776	40612	263782	181388
16115	139172	76577	171508	6969	27626	3501	13647	8286	75798	96780
41067	577102	305846	220809	11979	71065	3134	11242	56613	424716	208409
37138	480363	274833	276291	9000	67140	2405	10609	46794	348060	196700
19420	246704	130130	122161	5593	38800	2886	10350	24139	191341	106300
29363	410218	208832	271958	14234	61653	3270	12553	54498	360049	191228
44625	484416	281849	313036	8913	72001	2886	11413	54690	337361	220949
18097	230356	124885	135868	4615	45518	2497	10856	26854	182053	95145
6507	138014	93470	59576	2232	19046	2788	13786	9029	130346	52052
8367	64298	37738	76172	3972	14176	3188	13514	5843	48349	43613

4-2 续表 31

地　区	Region	土地面积（平方公里）Land Area (sq.km)	年末总人口（人）Total Population (year-end) (person)	地区生产总值（万元）Gross Regional Product (10 000 yuan)	第一产业 Primary Industry	第二产业 Secondary Industry	第三产业 Tertiary Industry	人均地区生产总值（元/人）Per Capita Gross Regional Product (yuan/person)
汉源县	Hanyuan County	2388	353300	149575	61515	35567	52493	4238
石棉县	Shimian County	2678	120100	163047	21112	112124	29811	13481
天全县	Tianquan County	2469	146300	128828	31088	60392	37348	8842
芦山县	Lushan County	1342	118000	80194	24216	35183	20795	6787
宝兴县	Baoxing County	3114	56700	65670	16059	35727	13884	11633
通江县	Tongjiang County	4125	725500	250053	123902	34411	91740	3454
南江县	Nanjiang County	3383	637200	246175	117383	54082	74710	3882
平昌县	Pingchang County	2227	970900	289874	128492	66757	94625	2998
安岳县	Anyue County	2690	1534600	632724	302643	140546	189535	4128
乐至县	Lezhi County	1424	867800	378734	163890	91718	123126	4359
简阳市	Jianyang City	2215	1420200	777857	243130	308099	226628	5469
汶川县	Wenchuan County	4083	106100	225433	14852	175095	35486	20729
理县	Li County	4318	44300	46029	6153	29110	10766	10367
茂县	Mao County	4075	104900	63442	13306	25556	24580	6028
松潘县	Songpan County	8486	69600	63033	12641	13539	36853	9109
九寨沟县	Jiuzhaigou County	5286	61100	105122	8867	21401	74854	17333
金川县	Jinchuan County	5524	68800	23770	8731	4875	10164	3470
小金县	Xiaojin County	5571	78000	32422	9125	7632	15665	4146
黑水县	Heishui County	4154	57800	27082	8670	9305	9107	4702
马尔康县	Maerkang County	6639	53400	54854	6197	10024	38633	10224
壤塘县	Rangtang County	6836	34500	16442	6981	2177	7284	4773
阿坝县	Aba County	10435	63500	28576	15168	3160	10248	4525
若尔盖县	Ruoergai County	10437	69900	41919	23138	7291	11490	6146
红原县	Hongyuan County	8398	38900	26520	12648	3840	10032	7072
康定县	Kangding County	11468	106500	151770	10666	64755	76349	14020
泸定县	Luding County	2165	79200	37288	6244	14794	16250	4744
丹巴县	Danba County	4656	57200	24629	5187	7909	11533	4328
九龙县	Jiulong County	6766	55400	47982	5319	33715	8948	8708
雅江县	Yajiang County	7558	43000	13883	4503	2650	6730	3251
道孚县	Daofu County	7053	48500	17633	5221	2892	9520	3647
炉霍县	Luhuo County	4601	39500	15740	6655	1640	7445	3965
甘孜县	Ganzi County	7303	57100	21242	9228	1826	10188	3704
新龙县	Xinlong County	8570	40600	16899	5944	1646	9309	4038
德格县	Dege County	11025	68000	19367	9050	2262	8055	2876
白玉县	Baiyu County	10386	42500	16840	7206	3419	6215	4005
石渠县	Shiqu County	24944	65100	19368	9555	1301	8512	3022
色达县	Seda County	9332	37500	14847	6263	1861	6723	4007
理塘县	Litang County	14352	50700	21582	8875	3268	9439	4299
巴塘县	Batang County	7852	45300	23489	5274	11895	6320	5191
乡城县	Xiangcheng County	5016	27900	13479	3137	3130	7212	4857
稻城县	Daocheng County	7323	29100	13699	5108	2078	6513	4724
得荣县	Derong County	2916	24600	10884	3274	2318	5292	4433
西昌市	Xichang City	2655	584300	858961	143735	345559	369667	14769
木里藏族自治县	Muli Zang A.C.	13252	128300	46915	18832	9118	18965	3671
盐源县	Yanyuan County	8388	332600	141418	53669	50960	36789	4271
德昌县	Dechang County	2284	192600	165685	57817	52988	54880	8645

continued

城镇就业人员（人）Urban Employed Persons (person)	乡村就业人员（人）Rural Laborer (person)	#农林牧渔业 Agriculture	全社会固定资产投资（万元）Investment in Fixed Assets (10 000 yuan)	地方财政收入（万元）Revenue of Local Governments (10 000 yuan)	地方财政支出（万元）Expenditures of Local Governments (10 000 yuan)	农村居民人均纯收入（元）Per Capita Disposable Income of Rural Households (yuan)	城镇职工平均工资（元）Average Wages in Urban (yuan)	常用耕地面积（公顷）Area of Cultivated Land (hectare)	农林牧渔业总产值（万元）Gross Output Value of Agriculture (10 000 yuan)	社会消费品零售总额（万元）Total Retail Sales (10 000 yuan)
9086	196598	146764	166353	3675	24761	2856	12721	19648	100463	62004
6646	50339	32787	191087	8621	22089	2675	11531	4055	36252	36019
7966	71416	39235	98287	3576	17600	2814	12439	6778	51590	41551
8742	50871	34695	52506	1520	13563	2686	12208	4191	38027	23607
4323	25951	18115	90485	1824	8735	3176	12045	2458	25036	16677
22820	326712	226794	77310	3254	52690	1793	10156	37272	207469	93783
24724	280877	184609	107656	4753	43983	2088	10365	27970	195706	87598
27046	409549	271760	106289	5171	54607	1997	11895	38593	211950	102258
30751	796575	484114	168156	8804	67687	2927	12299	79410	496933	240991
17433	322536	172685	105866	7005	43863	2814	12759	45030	288765	156506
41363	628525	387075	215849	18722	73935	3092	13509	87950	422285	246130
21034	37158	25715	152100	8163	20579	2272	15915	3156	21673	28170
4288	20206	17118	89684	1862	12955	1784	14454	2595	9288	7760
5494	47488	40413	88115	2119	22414	1929	14480	6563	20845	19700
4420	34538	27579	88505	4119	21070	2111	19463	6958	18289	12297
8655	27692	22446	98858	11188	28150	2003	18715	3105	14960	38112
4287	34155	26901	18432	496	21711	1639	17823	3612	13780	6170
4861	39473	31148	29202	523	17101	1658	14667	7192	13105	8925
3348	29197	20253	62226	1014	17279	1437	17960	7038	13307	5157
9471	16752	9892	38557	1512	14931	2259	22066	3131	9976	15823
2443	19887	18445	11540	301	14089	1298	17145	1863	10160	3545
2745	27025	25832	18464	377	18080	1966	19191	6725	19838	8113
3941	36054	31870	56976	509	22199	1702	14759	2933	32130	6306
2918	16929	15388	29227	402	15044	2422	18835	256	16320	5017
16540	39114	33582	129378	5752	25552	1524	20402	9493	20331	32910
3879	29504	25834	46645	3003	16176	1338	16239	5386	13152	9774
4386	30738	27077	26934	1565	17713	1471	14842	2634	9523	8025
3370	31195	29359	97841	3759	15627	1504	16240	3814	9328	3354
2830	21105	20707	14147	449	15608	1218	15318	3081	7875	3502
3461	25745	24390	11604	1039	357	1260	1570	8067	8619	4585
2819	20475	18847	7552	353	14281	1299	16559	4640	9422	6043
2140	34300	31489	9344	474	16797	1269	17550	13952	15061	10866
2929	17542	14286	10820	165	12777	1268	17816	4346	11782	2041
2020	39849	38513	12152	372	16609	1221	17915	4999	12961	3646
2046	24713	24129	23213	530	17346	1257	16917	5586	10460	4193
2852	30096	29517	8952	216	18449	1206	19606	5806	15619	5908
2039	20645	20081	13025	328	16408	1158	15537	1329	10118	3121
2466	25288	23966	13052	510	18571	1227	14094	4287	12955	12000
2689	23745	21808	56750	599	16562	1256	13553	5328	8008	8117
2051	13428	12726	16778	350	11637	1285	17177	2332	6781	2312
1731	14351	13691	14470	406	11155	1370	17065	3493	7084	3542
1788	12525	12023	13790	264	10681	1224	15954	3771	5908	1935
62591	231378	190010	231930	32990	62984	3426	17981	24994	229253	433081
5854	67188	64376	30677	2008	26894	1748	15340	11380	30200	15880
8947	186307	177647	51315	8918	35441	2058	17866	33263	87152	34309
7783	94320	72949	130085	8016	22393	3066	14430	15440	94793	51552

4-2 续表 32

地 区	Region	土地面积 (平方公里) Land Area (sq.km)	年 末 总人口 (人) Total Population (year-end) (person)	地 区 生产总值 (万元) Gross Regional Product (10 000 yuan)	第一产业 Primary Industry	第二产业 Secondary Industry	第三产业 Tertiary Industry	人均地区 生产总值 (元/人) Per Capita Gross Regional Product (yuan/person)
会理县	Huili County	4527	439000	420717	132859	164648	123210	9579
会东县	Huidong County	3227	374400	323868	131914	122927	69027	8685
宁南县	Ningnan County	1667	177300	114703	48639	17552	48512	6482
普格县	Puge County	1905	143000	68381	26424	18250	23707	4775
布拖县	Butuo County	1685	145100	49776	23275	10627	15874	3447
金阳县	Jinyang County	1587	150900	46673	25706	5421	15546	3104
昭觉县	Zhaojue County	2699	235000	64650	34098	6060	24492	2793
喜德县	Xide County	2206	155000	63341	21172	19462	22707	4125
冕宁县	Mianning County	4423	339400	264580	65979	117002	81599	7844
越西县	Yuexi County	2257	269500	110619	38584	31197	40838	4136
甘洛县	Ganluo County	2156	187600	93677	24368	43645	25664	5015
美姑县	Meigu County	2573	196200	60773	31165	13138	16470	3144
雷波县	Leibo County	2932	235400	100369	39785	31946	28638	4265
贵州省	**Guizhou Province**							
开阳县	Kaiyang County	2026	440600	303022	64272	160095	78655	6895
息烽县	Xifeng County	1037	261800	237452	33792	151367	52293	9090
修文县	Xiuwen County	1076	309600	200071	49000	76609	74462	6481
清镇市	Qingzhen City	1492	523300	447564	58985	221239	167340	8582
水城县	Shuicheng County	3589	763600	273225	54252	138886	80087	3590
盘县	Pan County	4057	1182900	786726	76377	509297	201052	6673
遵义县	Zunyi County	4092	1162400	656535	209000	232919	214616	5663
桐梓县	Tongzi County	3189	667700	231431	86982	56640	87809	3472
绥阳县	Suiyang County	2566	516000	178398	93166	30826	54406	3465
正安县	Zhengan County	2595	611800	141564	79674	14699	47191	2320
道真仡佬族苗族自治县	Daozhen Mulan & Miao A.C.	2156	342700	100351	47996	15382	36973	2936
务川仡佬族苗族自治县	Wuchuan Mulan & Miao A.C.	2773	427700	103605	52795	11736	39074	2428
凤冈县	Fenggang County	1883	419100	118204	58054	13484	46666	2829
湄潭县	Meitan County	1845	481500	143858	61200	25252	57406	2996
余庆县	Yuqing County	1630	296800	147314	65601	30085	51628	4997
习水县	Xishui County	3128	702000	238363	69115	85054	84194	3400
赤水市	Chishui City	1801	315600	189257	55248	81478	52531	6010
仁怀市	Renhuai City	1788	611100	598442	83733	409682	105027	9815
平坝县	Pingba County	999	356200	197653	32270	116684	48699	5568
普定县	Puding County	1091	417700	149205	32507	80732	35966	3584
镇宁布依族苗族自治县	Zhengning Bouyei & Miao A.C.	1718	353300	112504	26760	38752	46992	3195
关岭布依族苗族自治县	Guanling Bouyei & Miao A.C.	1466	331000	101669	38837	31270	31562	3082
紫云苗族布依族自治县	Ziyun Miao & Bouyei A.C.	2280	347600	67602	36127	8254	23221	1952
铜仁市	Tongren City	1514	345900	238436	46948	90151	101337	6911
江口县	Jiangkou County	1869	228200	69152	34291	9904	24957	3037
玉屏侗族自治县	Yuping Dong A.C.	516	143500	110460	25079	48384	36997	7719
石阡县	Shiqian County	2172	390800	101336	55322	11232	34782	2602
思南县	Sinan County	2231	647000	178795	97195	39801	41799	2774
印江土家族苗族自治县	Yinjiang Tujia & Miao A.C.	1961	422300	110140	61623	13291	35226	2619
德江县	Dejiang County	2072	459300	142064	78922	19978	43164	3104
沿河土家族自治县	Yanhe Tujia A.C.	2469	571300	136193	71084	19377	45732	2393

continued

城镇就业人员（人）Urban Employed Persons (person)	乡村就业人员（人）Rural Laborer (person)	#农林牧渔业 Agriculture	全社会固定资产投资（万元）Investment in Fixed Assets (10 000 yuan)	地方财政收入（万元）Revenue of Local Governments (10 000 yuan)	地方财政支出（万元）Expenditures of Local Governments (10 000 yuan)	农村居民人均纯收入（元）Per Capita Disposable Income of Rural Households (yuan)	城镇职工平均工资（元）Average Wages in Urban (yuan)	常用耕地面积（公顷）Area of Cultivated Land (hectare)	农林牧渔业总产值（万元）Gross Output Value of Agriculture (10 000 yuan)	社会消费品零售总额（万元）Total Retail Sales (10 000 yuan)
15768	233896	122458	96239	17780	39749	3288	17340	31485	213383	91944
14312	204300	182215	95038	16800	39398	3195	16258	21071	203041	88111
5568	89647	81941	28458	5914	17497	2853	15258	12064	75125	36232
7438	73910	68914	26942	2737	19302	1944	14095	12248	42122	20358
3754	82070	77039	30087	1647	20096	1575	16715	11288	37914	10848
4176	73823	66816	15999	909	21237	1532	16924	15219	41195	16184
5950	120368	115673	17961	1280	24527	1648	16527	20294	50555	14835
4692	78079	72850	9639	2088	21004	1873	13608	12609	33887	15087
12335	197502	171737	62542	9734	30573	2925	16602	20155	106312	86911
7334	143401	123429	39617	5011	30214	2022	15268	15373	59378	38163
6568	92840	82690	46117	4519	22350	1606	15087	11304	39592	24052
4649	101077	94840	47856	1941	26009	1601	14581	15915	50647	13470
7838	132124	101547	173898	5564	26413	1976	15701	16475	58801	22083
22000	207500	137700	148296	18933	39053	2900	17104	22693	107459	71752
22300	123800	77400	96200	11909	27760	2372	15970	13243	51734	39235
22800	156100	105600	79101	10491	28287	2702	14136	15790	76264	41617
50500	246000	172700	167655	22317	40023	2858	16543	17251	89713	73101
17400	370000	268500	218374	16505	46968	1730	14181	33201	86773	37366
61400	526200	395300	367852	45004	80759	1923	15354	44197	120773	159313
42500	637600	414700	308536	26601	74429	2907	16613	66064	324791	144963
14900	315200	192000	131037	9500	36394	2294	14669	36410	138661	48661
11500	289300	190800	31080	6501	31519	2539	13710	27493	147124	38070
22600	330200	175000	32730	5109	32320	1765	12952	31157	131083	30324
9400	185700	95800	57494	4150	24735	1680	12598	23470	78567	18518
12200	243900	165800	54548	4558	28526	1598	15121	28375	85235	28154
10800	242800	148200	26916	4241	25767	2016	14243	26517	98911	32155
13500	265900	165700	37050	7009	33070	2604	13325	31026	105596	37627
16500	168600	104000	166673	7813	24106	2829	16444	19162	103729	48491
19500	336500	205700	85061	9043	41808	1760	13188	40671	112489	78034
19200	131900	78300	128588	9450	27744	2512	16156	13566	89636	38756
24000	326800	216500	111010	33875	56735	2496	20490	27768	128378	117316
13300	171000	135600	13622	8544	27573	1976	12930	17350	50708	31946
	229900	150000	23469	9097	25257	1630	14392	16475	51370	21817
18600	191600	156400	16107	5660	24649	1521	14239	13841	41489	26434
7600	179900	126300	8668	4966	23858	1590	14185	14991	60211	26740
14600	200400	138500	18238	2955	22952	1550	13181	15906	55160	23649
56400	156300	82100	135958	13322	29376	2356	16664	12451	80408	89961
15800	118300	77500	29643	3002	18528	1670	12057	11014	50156	18027
11600	73500	41200	137912	7242	17157	2302	14462	5631	39108	18883
16000	233100	143600	29632	5380	28831	1633	11974	20805	91508	20906
19600	362200	222300	103985	8005	40186	1506	12537	28823	138814	44260
16700	238200	131300	34508	4870	28043	1695	13333	18424	97598	22322
21300	269000	187600	33837	5952	29152	1538	12425	21606	115393	28322
20800	300200	201400	53458	5866	36543	1531	13209	26412	112137	30551

地　区	Region	土地面积(平方公里) Land Area (sq.km)	年末总人口(人) Total Population (year-end) (person)	地区生产总值(万元) Gross Regional Product (10 000 yuan)	第一产业 Primary Industry	第二产业 Secondary Industry	第三产业 Tertiary Industry	人均地区生产总值(元/人) Per Capita Gross Regional Product (yuan/person)
松桃苗族自治县	Songtao Miao A.C.	2861	653100	177135	80434	46693	50008	2723
万山特区	Wanshan S.D.	338	67000	28915	6760	14499	7656	4322
兴义市	Xingyi City	2911	753000	606736	106393	274498	225845	8088
兴仁县	Xingren County	1785	470400	150190	48022	52038	50130	3206
普安县	Puan County	1429	293000	85707	26274	34558	24875	2937
晴隆县	Qinglong County	1327	292600	68048	23620	21482	22946	2331
贞丰县	Zhenfeng County	1512	356400	107055	40499	42100	24456	3041
望谟县	Wangmo County	3006	289100	52000	28860	6240	16900	1809
册亨县	Ceheng County	2597	224500	50265	27910	9080	13275	2232
安龙县	Anlong County	2238	438300	144650	48100	43729	52821	3311
毕节市	Bijie City	3412	1310900	528329	134119	207289	186921	4051
大方县	Dafang County	3502	992700	233515	88865	71992	72658	2384
黔西县	Qianxi County	2554	843000	264815	98434	87415	78966	3151
金沙县	Jinsha County	2528	596600	321720	79798	178504	63418	5403
织金县	Zhijin County	2867	949000	219485	93641	52298	73546	2312
纳雍县	Nayong County	2448	780300	331039	76112	186761	68167	4252
威宁彝族回族苗族自治县	Weining Yi, Hui & Miao A.C.	6296	1120100	266266	114035	74434	77797	2397
赫章县	Hezhang County	3245	658600	159544	65400	42681	51463	2433
凯里市	Kaili City	1306	461459	382020	46528	152004	183488	8307
黄平县	Huangping County	1668	355477	69066	31651	5273	32142	1949
施秉县	Shibing County	1544	157908	56817	18530	18064	20223	3612
三穗县	Sansui County	1036	210784	60720	18533	14387	27800	2891
镇远县	Zhenyuan County	1878	261400	113754	40475	37349	35930	4368
岑巩县	Cengong County	1487	224936	63739	23279	17313	23147	2845
天柱县	Tianzhu County	2201	415126	111147	40076	27940	43131	2687
锦屏县	Jinping County	1597	226811	63035	18157	15934	28944	2789
剑河县	Jianhe County	2163	244811	62810	26621	11312	24877	2574
台江县	Taijiang County	1080	147203	42032	16035	10184	15813	2865
黎平县	Liping County	4439	511314	113179	49348	19648	44183	2222
榕江县	Rongjiang County	3316	334442	77719	40774	9309	27636	2333
从江县	Congjiang County	3245	324177	75487	39026	12017	24444	2337
雷山县	Leishan County	1219	151925	34923	12658	6749	15516	2308
麻江县	Majiang County	1222	223459	58351	21802	17799	18750	2621
丹寨县	Danzhai County	938	165937	42439	16693	9752	15994	2564
都匀市	Duyun City	30337	492890	336657	45387	132740	158530	6847
福泉市	Fuquan City	1688	313574	246123	57440	121120	67563	7848
荔波县	Libo County	2441	171012	67645	20222	22489	24934	3972
贵定县	Guiding County	1631	292952	170543	34890	83789	51864	5845
瓮安县	Wengan County	1966	466100	162122	58149	53252	50721	3473
独山县	Dushan County	2445	354442	108323	50860	15621	41842	3070
平塘县	Pingtang County	2825	308741	72391	32448	11863	28080	2355
罗甸县	Luodian County	3013	334091	110893	43985	33808	33100	3333
长顺县	Changshun County	1543	250655	73951	26700	16349	30902	2962
龙里县	Longli County	1521	208500	147668	20024	100675	26969	7106
惠水县	Huishui County	2470	438722	135186	58806	35975	40405	3093
三都水族自治县	Sandu Shui A.C.	2380	332209	73968	37288	5305	31375	2237

continued

城镇就业人员（人）Urban Employed Persons (person)	乡村就业人员（人）Rural Laborer (person)	#农林牧渔业 Agriculture	全社会固定资产投资（万元）Investment in Fixed Assets (10 000 yuan)	地方财政收入（万元）Revenue of Local Governments (10 000 yuan)	地方财政支出（万元）Expenditures of Local Governments (10 000 yuan)	农村居民人均纯收入（元）Per Capita Disposable Income of Rural Households (yuan)	城镇职工平均工资（元）Average Wages in Urban (yuan)	常用耕地面积（公顷）Area of Cultivated Land (hectare)	农林牧渔业总产值（万元）Gross Output Value of Agriculture (10 000 yuan)	社会消费品零售总额（万元）Total Retail Sales (10 000 yuan)
25100	386400	237900	44204	6179	38776	1617	12283	26335	129053	37897
4100	28300	14000	9306	1518	11030	1482	14006	2255	11670	5900
88500	375600	270800	199015	30598	53662	2568	14497	29353	186939	237653
15300	248100	172300	41831	11907	31497	1902	13310	20713	77619	39895
14400	143500	102300	24174	10209	23382	1706	14048	16507	41890	14157
12200	155200	120600	16035	5119	21187	1527	12687	14013	38315	14685
13700	201200	136300	83415	7005	23451	1805	12280	20353	62255	19292
10400	148900	121000	5875	2782	22047	1508	11889	26637	47722	10091
9500	116700	92900	15500	2161	19215	1450	11882	13467	44483	7509
19600	239900	163400	72110	8297	26370	1852	11882	20472	80160	24513
55700	658400	365800	73061	24419	60779	2141	13488	59162	203064	78164
21000	586100	393500	146077	15409	49743	1605	13403	50100	138685	57162
35200	458500	289100	167100	14434	41822	1745	12581	40408	148870	43877
21100	331900	199200	41060	24759	49234	2306	14667	34187	127577	47251
18070	492500	290000	20222	18865	54709	1707	13229	40890	138799	49902
17600	422300	250100	185337	15037	41855	1656	13176	30761	120075	37881
21300	616800	488600	14273	14648	53513	1642	11170	71933	167321	44558
17100	330400	222100	11202	7189	38388	1656	10591	37838	95377	30550
20000	159800	103800	155397	18086	35137	2177	13854	13432	71644	165465
9600	182300	116600	10157	3436	22889	1633	15635	15218	51613	19724
12000	83400	64500	5534	5688	17532	1882	11896	8126	29637	15462
14100	111700	72000	53589	2669	18462	1733	15161	7691	31333	25518
6200	119100	75700	86767	7250	21306	1840	12534	12309	60868	25758
7200	112600	77500	18587	2603	18889	1739	12677	11708	37114	20776
7100	225500	150600	55610	4931	28765	1776	15081	15935	64429	35947
1800	110200	63000	178237	3283	23130	1584	15152	8570	33375	24697
7029	133600	91200	67186	2520	26568	1711	1521	9031	43130	17282
5400	69600	37800	40528	2172	15399	1662	12821	6239	23213	11001
3600	264800	175500	41346	3462	32888	1702	14069	18587	89203	39561
3000	177000	131400	8443	2783	26105	1613	12528	12702	61364	23197
7400	183900	146100	21443	3087	26558	1705	12707	13896	69155	21188
800	79100	49900	11848	1782	16056	1600	12610	6847	20393	10982
10800	115900	83200	6901	3002	18246	1676	12206	10961	35196	14693
4200	87500	50900	13341	1625	16094	1712	13480	7330	26772	11232
60473	182000	111200	116283	18902	44243	2482	14364	13615	77983	117058
24320	157800	102000	61151	11630	25606	1902	18552	15467	81578	44839
10558	90400	65000	22580	5556	18595	1655	14726	7996	37606	19113
16715	135600	91700	17352	5901	23996	1872	12279	11928	50476	24181
17380	245800	148500	19699	8470	29873	2007	15911	25792	87638	29825
15362	185300	120500	11303	5515	29201	1761	11257	15203	88299	29880
10725	184900	133600	10679	3709	24936	1651	13215	14343	50121	14504
12815	166500	110700	28860	4762	25444	1648	14104	16820	72106	19440
10077	130300	90400	14358	4491	20228	1712	12436	12802	47507	18947
16059	110800	83500	34047	6882	22731	2028	12327	10860	41546	19021
20864	248500	153500	40665	5970	28968	1939	11465	17851	102758	26496
11265	176600	124200	11866	2639	25136	1651	14262	13549	57201	22775

4-2 续表 34

地区	Region	土地面积 (平方公里) Land Area (sq.km)	年末总人口 (人) Total Population (year-end) (person)	地区生产总值 (万元) Gross Regional Product (10 000 yuan)	第一产业 Primary Industry	第二产业 Secondary Industry	第三产业 Tertiary Industry	人均地区生产总值 (元/人) Per Capita Gross Regional Product (yuan/person)
云南省	**Yunnan Province**							
呈贡县	Chenggong County	541	214500	293285	63863	129369	100053	13711
晋宁县	Jinning County	1391	280200	237287	67243	91335	78709	8563
富民县	Fumin County	1030	145200	120469	31928	51736	36805	8648
宜良县	Yiliang County	1880	409600	461712	147748	138513	175451	11286
石林彝族自治县	Shilin Yi A.C.	1777	234900	164746	49097	42222	73427	7098
嵩明县	Songming County	1442	339700	205319	58387	87587	59345	5934
禄劝彝族苗族自治县	Luquan Yi & Miao A.C.	4378	430700	154301	68822	25732	59747	3438
寻甸回族彝族自治县	Xundian Hui & Yi A.C.	3966	497600	176132	70659	32721	72752	3540
安宁市	Anning City	1313	312700	750259	49115	457206	243938	23939
马龙县	Malong County	1751	185152	99350	30436	34538	34376	5373
陆良县	Luliang County	2096	611532	398004	148827	137085	112092	6514
师宗县	Shizong County	2858	365898	228043	72122	93904	62017	6315
罗平县	Luoping County	3116	527117	385368	96506	163534	125328	7549
富源县	Fuyuan County	3348	700854	483971	120281	234430	129260	6996
会泽县	Huize County	6077	893516	457000	74100	280859	102041	5239
沾益县	Zhanyi County	2910	398643	351263	96271	188537	66455	8841
宣威市	Xuanwei City	6257	1297466	663389	158647	300286	204456	5158
江川县	Jiangchuan County	850	270800	230239	68625	79109	82505	8665
澄江县	Chengjiang County	773	159000	152463	34929	62381	55153	9742
通海县	Tonghai County	721	296000	256468	60788	102127	93553	9453
华宁县	Huaning County	1313	207200	160018	50684	44913	64421	7806
易门县	Yimen County	1571	175800	139922	36234	49707	53981	8107
峨山彝族自治县	Eshan Yi A.C.	1972	157900	148574	32690	53648	62236	9892
新平彝族傣族自治县	Xinping Yi & Dai A.C.	4223	275800	196576	45310	92867	58399	7310
元江哈尼族彝族傣族自治县	Yuanjiang Hani, Yi & Dai A.C.	2858	210900	141017	49388	38752	52877	7129
施甸县	Shidian County	2009	323900	113853	50738	15455	47660	3450
腾冲县	Tengchong County	5845	626600	303349	98036	70606	134707	4905
龙陵县	Longling County	2884	271600	119690	44180	38180	37330	4394
昌宁县	Changning County	3888	343500	155805	69973	37025	48807	4570
鲁甸县	Ludian County	1519	385745	89704	32666	27694	29344	2351
巧家县	Qiaojia County	3245	511265	119069	58233	23031	37805	2329
盐津县	Yanjin County	2096	364639	100602	31867	35395	33340	2759
大关县	Daguan County	1802	250232	64416	26849	15645	21922	2575
永善县	Yongshan County	2833	402230	128706	45508	38711	44487	3231
绥江县	Suijiang County	882	154409	42593	12085	8886	21622	2780
镇雄县	Zhenxiong County	3785	1261828	214190	98916	33676	81598	1721
彝良县	Miliang County	2884	532360	115570	49166	27714	38690	2193
威信县	Weixin County	1416	369791	80998	26000	17621	37377	2191
水富县	Shuifu County	319	93803	153505	10657	108973	33875	16418
玉龙纳西族自治县	Yulong Naxi A.C.	6230	227254	88799	33958	19604	35237	4231
永胜县	Yongsheng County	5099	392694	126290	49792	28146	48352	3268
华坪县	Huaping County	2266	161953	114517	21895	53739	38883	7629
宁蒗彝族自治县	Ninglang Yi A.C.	6206	251754	67787	23894	17366	26527	2812
普洱哈尼族彝族自治县	Puer Hani & Yi A.C.	3670	193700	103610	35041	25143	43426	5558

continued

城镇就业人员（人）Urban Employed Persons (person)	乡村就业人员（人）Rural Laborer (person)	#农林牧渔业 Agriculture	全社会固定资产投资（万元）Investment in Fixed Assets (10 000 yuan)	地方财政收入（万元）Revenue of Local Governments (10 000 yuan)	地方财政支出（万元）Expenditures of Local Governments (10 000 yuan)	农村居民人均纯收入（元）Per Capita Disposable Income of Rural Households (yuan)	城镇职工平均工资（元）Average Wages in Urban (yuan)	常用耕地面积（公顷）Area of Cultivated Land (hectare)	农林牧渔业总产值（万元）Gross Output Value of Agriculture (10 000 yuan)	社会消费品零售总额（万元）Total Retail Sales (10 000 yuan)
11982	88791	76594	169818	19280	28060	4568	21609	6097	95656	73841
15517	139946	108936	38243	13238	27658	3229	13569	13941	107500	52805
10060	79040	57683	39313	4422	19103	3091	13362	6916	51104	31436
18069	227805	173395	64300	19311	29148	3308	14021	18658	207078	77520
11995	120360	103780	68200	11427	27788	3089	11571	16557	91392	64792
10837	178566	124331	67706	11165	29580	3006	12898	20141	103626	76993
11748	246857	219048	107825	8908	37993	1632	15250	24220	114130	33671
15753	283531	242133	91862	9445	42433	1890	13060	33188	109449	48465
40293	80256	54821	452068	60911	87712	3759	24525	7771	21589	124791
6812	104825	91716	28600	8315	22062	1780	15872	14124	52498	24100
23117	311274	244970	158114	16482	41017	2805	13453	26360	248053	82870
12575	184531	151569	162423	12092	30500	1864	13889	22408	104825	46050
16839	289690	259059	152279	16106	39661	2168	18480	20562	165222	81358
21369	347732	257277	522667	26373	50808	2106	14321	30813	163081	78510
30310	509844	408400	181200	32986	72268	1415	18532	38069	149000	67788
17486	205783	167188	255811	23367	34261	2660	15996	24530	140738	61559
40396	705204	543276	340467	42679	86737	2004	15529	61146	282083	224897
8690	154499	120413	69266	11934	29567	3258	15663	8804	97601	45692
7004	88981	75371	45362	9389	20723	3497	15899	6721	47184	34012
12267	146170	108452	68870	11652	26171	3854	14430	11117	89288	56186
8760	110321	94113	56780	9680	23773	3056	14859	11556	72052	35093
10672	89545	70642	48011	10095	25403	2834	14333	10857	56028	39432
9899	75165	62948	52496	11286	28383	2928	15512	10637	46473	31709
14128	147810	124452	96479	14943	40427	2688	17974	19894	74837	40347
10461	91810	81712	37665	8852	28226	2591	15346	17495	70788	47001
8653	181895	156269	31930	4201	24714	1717	12186	19434	77423	33400
25106	325846	262990	124023	15270	54162	2035	12485	37380	132958	78256
10141	147521	133232	68462	6809	27976	1750	15226	25396	60980	28169
10801	183478	156950	66795	6679	28296	1853	16473	27139	107678	36848
12828	197623	171839	61129	3828	24239	1286	11202	28983	42977	19475
10738	286996	249376	37713	3034	28546	1222	14033	45237	70585	31446
9304	177216	124191	40146	2721	23364	1248	11912	16875	42127	20210
6109	119164	103085	23257	1441	18381	1155	12457	18802	32736	14254
11134	204149	165481	204699	3146	27552	1227	13250	23443	56126	28518
5852	64191	52153	6926	1596	14223	1361	13287	12480	17725	10298
22008	597940	474633	58770	7557	58506	1207	12882	63475	129938	62140
11731	270048	234368	30966	4362	26934	1260	11580	33704	63065	37804
8754	179369	133686	16630	2760	25037	1334	15595	23879	38792	23866
9347	36727	25202	214443	7564	17231	1920	20322	6812	13173	31332
9239	116067	97206	88546	4942	27992	1570	15127	23461	54446	19084
10439	219335	181679	48160	3718	31988	1427	14174	26455	74946	25599
6889	69204	55174	53323	7997	30645	1705	14610	9869	41428	25707
8579	120144	109029	28930	1819	25216	895	13076	26020	28815	14850
9764	87968	72522	41987	4324	21182	1803	13854	20143	51155	26641

4-2 续表 35

地　区	Region	土地面积 (平方公里) Land Area (sq.km)	年末总人口 (人) Total Population (year-end) (person)	地区生产总值 (万元) Gross Regional Product (10 000 yuan)	第一产业 Primary Industry	第二产业 Secondary Industry	第三产业 Tertiary Industry	人均地区生产总值 (元/人) Per Capita Gross Regional Product (yuan/person)
墨江哈尼族自治县	Mojiang Hani A.C.	5459	377800	112832	36388	32162	44282	3186
景东彝族自治县	Jingdong Yi A.C.	4532	377700	135552	58813	31134	45605	3768
景谷傣族彝族自治县	Jinggu Dai & Yi A.C.	7777	308800	161826	54723	64479	42624	5497
镇沅彝族哈尼族拉祜族自治县	Zhenyuan Yi, Hani & Lahu A.C.	4223	213600	64325	27013	13816	23496	3130
江城哈尼族彝族自治县	Jiangcheng Hani & Yi A.C.	3476	117600	58720	24537	13558	20625	5115
孟连傣族拉祜族佤族自治县	Menglian Dai, Lahu & Va A.C.	1957	132900	53076	21137	12374	19565	4498
澜沧拉祜族自治县	Lancang Lahu A.C.	8807	497200	129193	51741	34927	42525	2724
西盟佤族自治县	Ximeng Va A.C.	1391	91800	23274	6602	4215	12457	2784
凤庆县	Fengqing County	3451	449200	127753	56459	29258	42036	2855
云县	Yun County	3760	439500	246628	71730	117705	57193	5633
永德县	Yongde County	3296	361000	94316	40377	25580	28359	2623
镇康县	Zhenkang County	2642	173100	71865	26206	22747	22912	4166
双江拉祜族佤族布朗族傣族自治县	Shuangjiang Lahu, Va & Blang A.C.	2292	176500	62917	27388	13763	21766	3565
耿马傣族佤族自治县	Gengma Dai & Va A.C.	3837	285400	139674	60837	33904	44933	4913
沧源佤族自治县	Cangyuan Va A.C.	2539	175600	64610	23811	15562	25237	3679
楚雄市	Chuxiong City	4482	542347	751635	92033	422056	237546	15203
双柏县	Shuangbai County	4045	158387	59842	29582	10659	19601	3868
牟定县	Mouding County	1494	202847	86237	37116	21249	27872	4290
南华县	Nanhua County	2343	236949	93440	44374	19461	29605	3998
姚安县	Yaoan County	1803	204810	104462	40853	27768	35841	5076
大姚县	Dayao County	4146	286498	153047	48235	59236	45576	5472
永仁县	Yongren County	2189	107915	52070	22947	8329	20794	5002
元谋县	Yuanmou County	1803	210652	95937	43030	17066	35841	4601
武定县	Wuding County	3322	272952	111499	48465	25607	37427	4201
禄丰县	Lufeng County	3631	433539	402628	95027	143030	164571	9658
个旧市	Gejiu City	1597	452300	575130	36118	393058	145954	13012
开远市	Kaiyuan City	2009	315900	391410	55101	199082	137227	12854
蒙自县	Mengzi County	2228	387900	247979	59826	85584	102569	6485
屏边苗族自治县	Pingbian Miao A.C.	1906	147700	63503	20129	22888	20486	4311
建水县	Jianshui County	3940	517000	284629	77443	89599	117587	5526
石屏县	Shiping County	3090	289900	142827	65017	34728	43082	4946
弥勒县	Mile County	4004	514100	818445	62900	662667	92878	15960
泸西县	Luxi County	1674	384100	161293	49956	48105	63232	4222
元阳县	Yuanyang County	2292	377600	94826	35994	16943	41889	2522
红河县	Honghe County	2034	282400	68528	34393	9249	24886	2444
金平苗族瑶族傣族自治县	Jinping Miao, Yao & Dai A.C.	3677	329400	80615	30425	26805	23385	2459
绿春县	Luchun County	3167	211100	43000	18682	7697	16621	2049
河口瑶族自治县	Hekou Yao A.C.	1313	102100	72651	17800	13622	41229	7316
文山县	Wenshan County	3064	438836	436923	70886	169163	196874	9985
砚山县	Yanshan County	3888	447868	219613	64164	81198	74251	4916
西畴县	Xichou County	1545	249750	73140	30767	8526	33847	2926
麻栗坡县	Malipo County	2395	273049	115559	38721	38984	37854	4234
马关县	Maguan County	2755	356966	152898	51769	45066	56063	4300
丘北县	Qiubei County	5150	455461	122874	60027	14999	47848	2705
广南县	Guangnan County	7983	757232	194744	100266	31041	63437	2576
富宁县	Funing County	5459	392038	170450	58013	53148	59289	4354

continued

城镇就业人员（人）Urban Employed Persons (person)	乡村就业人员（人）Rural Laborer (person)	#农林牧渔业 Agriculture	全社会固定资产投资（万元）Investment in Fixed Assets (10 000 yuan)	地方财政收入（万元）Revenue of Local Governments (10 000 yuan)	地方财政支出（万元）Expenditures of Local Governments (10 000 yuan)	农村居民人均纯收入（元）Per Capita Disposable Income of Rural Households (yuan)	城镇职工平均工资（元）Average Wages in Urban (yuan)	常用耕地面积（公顷）Area of Cultivated Land (hectare)	农林牧渔业总产值（万元）Gross Output Value of Agriculture (10 000 yuan)	社会消费品零售总额（万元）Total Retail Sales (10 000 yuan)
11146	171936	155987	100850	5245	27425	1084	13742	33618	53257	29692
11034	188259	162124	32507	9468	30219	1503	12447	29689	86863	31650
13855	166776	142806	60724	8610	26835	1746	12677	32427	82190	40501
8806	104628	93325	17084	2594	21647	1334	12899	24060	41647	21170
5928	54952	49557	67490	2424	14169	1028	12375	5755	33938	14258
7324	57995	55466	25558	2536	14688	1265	13689	21839	32812	19226
12867	229452	216927	90713	4526	37669	912	14202	28939	75823	37322
7155	36721	35261	11223	629	13917	806	14199	7480	11312	6413
12170	211388	164825	78516	6280	25079	1326	12624	29063	80712	40380
17583	214710	179486	82519	13044	29593	1565	12600	33301	100306	43023
11953	174634	159905	67129	3171	24220	1281	14475	36139	64081	28059
7194	79522	74627	58284	2221	18679	1158	14399	24096	41263	17231
7667	67172	57874	34135	1968	17105	1011	12917	16990	38685	16975
12851	115268	105173	69011	3575	22617	1525	14119	41910	94701	33635
8462	66863	63805	53889	1622	18080	1159	11458	29957	42807	22611
40818	217507	179362	218911	32915	55147	2484	16092	22890	134324	249434
6119	86238	78719	24997	3278	18349	1847	13956	11868	49685	12973
6641	113610	91599	36500	3906	20156	2014	13787	13310	56044	23948
7364	127910	111050	34171	5278	21085	2081	14991	14139	67759	38812
6616	117074	90678	31954	3103	18212	2125	13437	11759	67057	26152
12797	157514	131103	44300	5208	25057	2160	14971	16596	83262	34706
4442	57067	50679	21846	2151	14575	1802	15071	8842	35055	10418
7092	118033	105835	45942	4427	23355	2838	13868	13107	68451	23209
7917	153875	132541	31000	4750	22955	1791	14612	17547	83004	25632
18375	204935	171381	86729	18644	45517	2530	13993	22752	136608	107819
57179	109464	81234	177388	36805	67792	3264	14392	11783	59641	137541
31627	98867	81291	207879	25853	44590	2951	17196	14210	74590	79580
21596	176527	157563	308418	21544	39822	2029	14282	25025	94780	81950
4603	70750	65094	21106	2533	16015	1256	13201	18513	29355	20835
22845	269359	232168	95212	17322	39496	2215	13004	27967	123326	69067
10307	165754	136149	55868	8180	28203	2147	13423	17089	110670	46108
24400	275824	231863	187904	28164	45254	2112	19674	34344	113729	70050
13967	203676	170742	100050	11892	28727	1885	13362	21743	74397	51420
7808	207813	189754	31947	2737	24041	1397	12565	23587	43350	25881
6697	144045	122916	33046	1579	20704	1344	13458	15036	54039	16462
8939	170300	156426	96642	5094	25414	988	13211	25426	47837	21485
6074	113844	104248	85000	2944	19441	1070	10415	12983	29350	17180
9744	25107	24464	29163	7038	18737	1760	15266	4055	26663	10191
31845	198646	172503	164973	24129	50530	1610	16956	27338	97207	176518
14131	233876	209438	131054	9539	30490	1484	13390	32250	83862	76105
7233	136980	110802	17257	2389	25208	1171	13551	13040	46770	22512
12002	149619	121111	56581	4708	26466	1320	15085	19058	56383	36198
12081	195682	170023	55278	6678	30764	1442	15586	29032	72939	58227
12186	228823	202656	36873	5158	28180	1314	12741	38543	91074	36213
15706	422687	345168	135803	6399	40933	1200	13985	40147	128549	56071
9576	224812	180642	213128	7513	32076	1388	15474	25390	79629	72329

地 区	Region	土地面积（平方公里）Land Area (sq.km)	年末总人口（人）Total Population (year-end) (person)	地区生产总值（万元）Gross Regional Product (10 000 yuan)	第一产业 Primary Industry	第二产业 Secondary Industry	第三产业 Tertiary Industry	人均地区生产总值（元/人）Per Capita Gross Regional Product (yuan/person)
景洪市	Jinghong City	7133	470900	431176	130747	108163	192266	9199
勐海县	Menghai County	5511	327300	150815	47593	30774	72448	4623
勐腊县	Mengla County	7056	251400	195107	93422	32926	68759	7801
大理市	Dali City	1468	614000	955254	92785	427384	435085	16112
漾濞彝族自治县	Yangbi Yi A.C.	1957	105900	44886	18710	14713	11463	4462
祥云县	Xiangyun County	2498	465600	258950	93950	95157	69843	5734
宾川县	Binchuan County	2627	340600	231250	125038	38306	67906	7016
弥渡县	Midu County	1571	314600	111499	42330	26286	42883	3523
南涧彝族自治县	Nanjian Yi A.C.	1802	219300	82740	36870	8740	37130	3799
巍山彝族回族自治县	Weishan Yi & Hui A.C.	2266	309600	117861	53156	21489	43216	3882
永平县	Yongping County	2884	184700	91550	42700	14896	33954	5271
云龙县	Yunlong County	4712	205800	79903	32786	23003	24114	3965
洱源县	Eryuan County	2961	274700	127236	54207	28933	44096	4640
剑川县	Jianchuan County	2318	174600	68987	21714	25856	21417	4056
鹤庆县	Heqing County	2395	261700	103600	34655	36459	32486	3892
瑞丽市	Ruili City	1020	163300	131679	31682	21565	78432	8164
潞西市	Luxi City	2987	366100	198631	66304	44727	87600	5467
梁河县	Lianghe County	1159	158499	45128	14363	8766	21999	2860
盈江县	Yingjiang County	4429	289035	132461	46237	35624	50600	4615
陇川县	Longchuan County	1931	173852	81923	36006	16885	29032	4722
泸水县	Lushui County	2938	182300	90304	15227	20233	54844	5767
福贡县	Fugong County	2804	93000	28805	8325	8651	11829	3131
贡山独龙族怒族自治县	Gongshan Drung & Nu A.C.	4506	36500	16182	4959	3306	7917	4690
兰坪白族普米族自治县	Lanping Bai & Pumi A.C.	4455	208600	107659	16756	56983	33920	5470
香格里拉县	Xianggelila County	11613	154100	172876	24531	75856	72489	11277
德钦县	Deqin County	7596	62400	34887	6998	12014	15875	5618
维西傈僳族自治县	Weixi Lisu A.C.	4661	152200	72018	21888	19186	30944	4754
西藏自治区	**Tibet A.R.**							
林周县	Lhundup Country	4100	57025					
当雄县	Damshung Country	10234	42943					
尼木县	Nyemo Country	3266	29703					
曲水县	Chushur Country	1624	33175					
堆龙德庆县	Tolung Dechen Country	2672	43114					
达孜县	Taktse Country	1361	25903					
墨竹工卡县	Medro Gongkar Country	5492	43134					
昌都县	Chamdo Country	10794	91207					
江达县	Gyamda Country	13164	71419					
贡觉县	Gongjo Country	6323	41688					
类乌齐县	Rioche Country	6355	42104					
丁青县	Tengchen Country	12408	63527					
察雅县	Dayak Country	8251	53147					
八宿县	Paksho Country	12336	38115					
左贡县	Zongong Country	11837	43323					
芒康县	Markham Country	11576	76352					
洛隆县	Lhorong Country	8048	42879					

continued

城镇就业人员(人) Urban Employed Persons (person)	乡村就业人员(人) Rural Laborer (person)	#农林牧渔业 Agriculture	全社会固定资产投资(万元) Investment in Fixed Assets (10 000 yuan)	地方财政收入(万元) Revenue of Local Governments (10 000 yuan)	地方财政支出(万元) Expenditures of Local Governments (10 000 yuan)	农村居民人均纯收入(元) Per Capita Disposable Income of Rural Households (yuan)	城镇职工平均工资(元) Average Wages in Urban (yuan)	常用耕地面积(公顷) Area of Cultivated Land (hectare)	农林牧渔业总产值(万元) Gross Output Value of Agriculture (10 000 yuan)	社会消费品零售总额(万元) Total Retail Sales (10 000 yuan)
51490	136550	129615	370448	17428	38608	2468	14848	31332	188747	127041
14845	148755	136323	50873	4315	27157	1916	13888	45686	80104	41260
25456	66072	64615	145574	5793	25423	2021	13463	26350	144835	46894
86194	219420	125383	351662	55977	83134	3457	15675	12571	145894	265739
4349	49444	42634	28886	3551	16185	1581	16657	7642	24528	13795
17941	248907	196112	60000	13362	30976	2077	14460	21020	138004	69333
9513	185322	154463	45337	7787	30106	2307	14668	24110	204436	46120
7288	178071	139857	65067	4438	21813	1839	13203	13493	83401	42877
6095	123489	104084	24362	7607	21868	1533	16936	12290	60558	26901
8982	170393	145221	35060	4866	22715	1538	14577	18977	82420	37265
5289	75589	65896	25806	3627	17810	1438	14359	12416	54080	20559
5868	99164	85664	28328	3121	20288	1341	13255	16019	58100	22431
8269	141312	113880	48047	6166	26364	1896	15309	17503	106611	32409
7339	82360	61102	27340	3609	19543	1296	13896	13267	42497	19181
8676	134157	104300	47842	6053	23633	1525	15107	16304	64101	27465
14830	48737	37884	49135	10307	23965	2130	12093	15030	42269	53754
29018	160547	138209	94725	8867	30962	1654	13638	36012	89359	78239
6889	84344	71987	25153	2529	17165	1096	13438	13789	27063	19701
12974	127128	112399	145799	8466	29865	1516	13146	30995	66931	56475
13741	82720	77392	32018	3032	19689	1275	9981	27129	51394	18545
12483	72479	66867	65592	5600	28780	1282	15883	23092	30713	
4222	47374	43680	33466	866	14490	750	15278	9854	9810	
2183	15123	13474	18253	1146	10656	754	15549	7129	6294	
10532	103062	92329	67726	8518	27184	1332	20703	22576	26248	
13405	62958	55123	185550	5723	32023	1558	19095	10886	32763	43746
2736	29002	26392	54301	1178	16185	1424	21137	3741	9652	10213
5654	79459	69568	76300	1440	24994	1285	18141	15146	32536	13564
	27490	24636		400	9480			11111	20758	
	18220	7622		465	6608				11733	
	15016	11806		300	5286			2448	6199	
	16604	11309		660	5980			4195	9359	
	21158	12129		2842	12012			5682	13583	
	12873	5852		440	5230			4398	12025	
	12797	9614		700	7089			4975	14963	
	23716	21381		1373	9383			5442	8399	
	41852	31081		455	6760			4880	8338	
	17506	14045		361	5130			3378	4742	
	14370	12971		1006	6174			2887	5176	
	23462	22300		701	6297			8037	6323	
	22911	19159		366	6019			2958	5130	
	15165	14160		435	5262			2701	3888	
	19669	18592		507	5234			2675	5770	
	43203	38926		680	7306			5328	10625	
	12361	11280		331	5144			5297	5027	

4-2 续表 37

地 区	Region	土地面积 (平方公里) Land Area (sq.km)	年末总人口 (人) Total Population (year-end) (person)	地区生产总值 (万元) Gross Regional Product (10 000 yuan)	第一产业 Primary Industry	第二产业 Secondary Industry	第三产业 Tertiary Industry	人均地区生产总值 (元/人) Per Capita Gross Regional Product (yuan/person)
边坝县	Palbar Country	8774	33253					
乃东县	Nedong Country	2185	59168					
扎囊县	Danang Country	2142	36264					
贡嘎县	Gonggar Country	2386	46626					
桑日县	Sangri Country	2634	16615					
琼结县	Chong-Gye Country	1030	18074					
曲松县	Chosum Country	2070	16044					
措美县	Tsona Country	4178	13360					
洛扎县	Nakartse Country	5031	18361					
隆子县	Lhodak Country	9894	33646					
错那县	Lhuntse Country	34979	14791					
浪卡子县	Gyatsa Country	7982	34225					
加查县	Tsome Country	4385	17889					
日喀则市	Shigatse City	3654	96694					
南木林县	Namling Country	8113	78693					
江孜县	Dongpa Country	3859	62815					
定日县	Gyantse Country	13859	48303					
萨迦县	Tingri Country	7501	45398					
拉孜县	Sakya Country	4505	48936					
昂仁县	Lhatse Country	20105	46600					
谢通门县	Ngamring Country	13960	42094					
白朗县	Yatung Country	2806	43490					
仁布县	Kyirong Country	2123	31145					
康马县	Nyalam Country	6165	20464					
定结县	Thongmon Country	5816	18088					
仲巴县	Panam Country	43594	19322					
亚东县	Saga Country	4306	11996					
吉隆县	Rinpung Country	9009	12859					
聂拉木县	Khangmar Country	7903	14911					
萨嘎县	Tingkye Country	12411	12408					
岗巴县	Gampa Country	3936	9708					
那曲县	Nakchu Country	16195	89711					
嘉黎县	Chali Country	13056	27448					
比如县	Dirl Country	11680	49860					
聂荣县	Nyerong Country	9017	30591					
安多县	Amdo Country	43411	35674					
申扎县	Shantsa Country	25546	17734					
索县	Sokshan Country	5744	37859					
班戈县	Palgon Country	28383	35007					
巴青县	Bachen Country	10326	41562					
尼玛县	Nima Country	72499	36425					
普兰县	Purang Country	13179	8363					
札达县	Tsada Country	24602	5704					
噶尔县	Gar Country	18083	12437					
日土县	Rutok Country	77096	7736					
革吉县	Gakyi Country	46117	13339					

continued

城镇就业人员(人) Urban Employed Persons (person)	乡村就业人员(人) Rural Laborer (person)	#农林牧渔业 Agriculture	全社会固定资产投资(万元) Investment in Fixed Assets (10 000 yuan)	地方财政收入(万元) Revenue of Local Governments (10 000 yuan)	地方财政支出(万元) Expenditures of Local Governments (10 000 yuan)	农村居民人均纯收入(元) Per Capita Disposable Income of Rural Households (yuan)	城镇职工平均工资(元) Average Wages in Urban (yuan)	常用耕地面积(公顷) Area of Cultivated Land (hectare)	农林牧渔业总产值(万元) Gross Output Value of Agriculture (10 000 yuan)	社会消费品零售总额(万元) Total Retail Sales (10 000 yuan)
	8789	8234		335	4568			3533	3962	
	19729	12468		2067	7558			3932	10225	
	15900	10225		323	5297			4382	5451	
	21957	17405		1668	7345			4863	6691	
	6032	5426		331	4142			1531	3771	
	8731	8515		330	4180			1822	2705	
	7035	4571		938	4425			1599	2825	
	6650	6067		268	3526			979	2546	
	8662	7861		342	4411			1918	3216	
	14972	10403		331	5263			2814	5617	
	6678	6435		251	4586			1432	2022	
	17741	12979		281	5409			2492	4965	
	6575	6338		364	4339			1315	5426	
	35440	23287		2755	12921			12440	23060	
	39211	35328		411	7268			7891	16339	
	27035	13757		1011	9523			10784	20746	
	27361	17890		587	5146			7058	11201	
	20659	16162		271	4840			7528	11977	
	24895	9496		332	5077			7931	15542	
	22373	21319		275	4552			4996	11589	
	18398	14984		425	4827			4012	10765	
	22101	16155		392	5006			8182	14334	
	16212	7230		167	4157			3413	4462	
	8857	7633		262	3944			3120	6142	
	9636	6421		196	3738			2673	4145	
	8535	7515		356	4013			51	7955	
	5612	4376		410	3643			854	3962	
	6699	6351		140	2983			1186	4100	
	7909	6901		583	4144			1384	5612	
	5165	5144		216	3285			456	2928	
	5354	5094		171	3003			1475	2647	
	32076	26502		1401	8390				15575	
	10642	9700		240	4647			331	5562	
	19981	18633		234	5150			2027	13115	
	14115	12345		189	4257				5610	
	16219	11136		800	5212				8232	
	7755	6022		434	4011				3766	
	12931	12041		284	4992			2711	7122	
	17839	16830		282	4870				8973	
	17420	16676		238	4799			287	10097	
	14193	13186		792	4622			105	6740	
	4186	3412		271	3572			637	1756	
	2615	2312		178	3359			690	1402	
	3243	3045		903	3836			1054	2201	
	4133	2805		551	3447			574	3820	
	6227	5529		617	3581			4	4546	

4-2 续表 38

地　区	Region	土地面积（平方公里）Land Area (sq.km)	年末总人口（人）Total Population (year-end) (person)	地区生产总值（万元）Gross Regional Product (10 000 yuan)	第一产业 Primary Industry	第二产业 Secondary Industry	第三产业 Tertiary Industry	人均地区生产总值（元/人）Per Capita Gross Regional Product (yuan/person)
改则县	Gertse Country	135025	19969					
措勤县	Tsochen Country	22980	12607					
林芝县	Nyingtri Country	8536	36689					
工布江达县	Kongpo Gyamda Country	12961	25422					
米林县	Miling Country	9507	17846					
墨脱县	Metok Country	31395	10019					
波密县	Pome Country	16768	27825					
察隅县	Zayul Country	31305	25641					
朗县	Namshan Country	4114	14725					
陕西省	**Shaanxi Province**							
蓝田县	Lantian County	2008	627101	281600				4499
周至县	Zhouzhi County	2949	634369	235300				3710
户县	Hu County	1281	576845	500600				8669
高陵县	Gaoling County	287	246821	215000				8945
宜君县	Yijun County	1507	93624	41760				4500
凤翔县	Fengxiang County	1231	507019	441281				8686
岐山县	Qishan County	855	458506	438907				9560
扶风县	Fufeng County	747	456797	259500				5663
眉县	Mei County	856	304307	234358				7704
陇县	Long County	2275	250277	140063				5620
千阳县	Qianyang County	994	127005	64589				5110
麟游县	Linyou County	1704	87321	50768				5818
凤县	Feng County	3156	100305	137622				13782
太白县	Taibai County	2698	51996	37813				7271
三原县	Sanyuan County	577	399910	352430				8769
泾阳县	Jingyang County	778	500962	381800				7640
乾县	Qian County	1002	562794	302260				5391
礼泉县	Liquan County	1011	463507	268610				5829
永寿县	Yongshou County	886	197768	70150				3638
彬县	Bin County	1185	326594	144480				4433
长武县	Changwu County	568	173027	70800				4094
旬邑县	Xunyi County	1787	273054	114180				4202
淳化县	Chunhua County	976	201703	99270				4975
武功县	Wugong County	391	421798	228090				5453
兴平市	Xingping City	508	565237	465970				8270
华县	Hua County	1131	342337	360600				10509
潼关县	Tongguan County	427	159018	76540				4801
大荔县	Dali County	1673	702292	269600				3842
合阳县	Heyang County	1337	436595	142500				3265
澄城县	Chengcheng County	1119	388662	188900				4860
蒲城县	Pucheng County	1584	745565	375700				5036
白水县	Baishui County	980	276849	135000				4864
富平县	Fuping County	1243	755694	252270				3339
韩城市	Hancheng City	1607	387247	528500				13682
华阴市	Huayin City	678	256112	198400				7777

continued

城镇就业人员(人) Urban Employed Persons (person)	乡村就业人员(人) Rural Laborer (person)	#农林牧渔业 Agriculture	全社会固定资产投资(万元) Investment in Fixed Assets (10 000 yuan)	地方财政收入(万元) Revenue of Local Governments (10 000 yuan)	地方财政支出(万元) Expenditures of Local Governments (10 000 yuan)	农村居民人均纯收入(元) Per Capita Disposable Income of Rural Households (yuan)	城镇职工平均工资(元) Average Wages in Urban (yuan)	常用耕地面积(公顷) Area of Cultivated Land (hectare)	农林牧渔业总产值(万元) Gross Output Value of Agriculture (10 000 yuan)	社会消费品零售总额(万元) Total Retail Sales (10 000 yuan)
	9520	8802		756	3556				12625	
	5481	4369		296	3437				4112	
	5833	4932		1260	6553			2478	9394	
	8512	5949		1170	6492			3296	10936	
	6511	6398		1130	6285			2742	7179	
	3512	3512		153	3563			1605	1053	
	9450	7333		1202	6779			3952	13912	
	10236	9619		639	5769			2594	6086	
	7456	6972		302	4470			1223	6675	
18686	312776	204190		5168	22351	2430	10553	41069	132851	136590
22083	346578	247423		3457	23170	2330	9857	34938	105979	85386
34032	280057	175957		10341	27053	3018	11877	38702	130717	142569
18400	112607	67689		10443	22265	3120	11960	15156	96876	45625
6517	46943	40006		1543	11132	1683	9898	15108	27588	13179
17000	265255	170592		6203	20352	2352	9574	47105	128695	64694
22795	156785	79575		5705	19176	2482	10586	35283	101467	83957
19915	213135	125369		2753	18076	1949	9459	38150	104920	35585
16100	148975	101075		2934	15280	2052	10450	26608	74227	40735
10671	122721	88372		3167	13861	1863	10909	36082	83047	35998
6636	45788	25687		2074	10546	1957	11899	18185	39187	15680
4467	32386	24397		823	7250	1499	10574	18813	31743	12526
8998	43148	33463		3770	12284	1892	12078	8850	8668	16627
7547	21149	16701		809	7335	1462	11482	6833	22850	7010
23495	195336	146850		4660	23655	2357	10581	33205	178835	98299
17693	240284	179011		4505	20862	2495	9127	43472	265732	102254
18037	287800	195600		4102	21357	2266	8672	50356	130577	128729
20786	238400	203200		3110	20626	2560	7865	36072	144767	101493
10351	82837	54513		1580	10953	1420	7326	28169	53960	34004
18482	144528	107783		4526	20958	1837	11541	28957	64115	60082
7845	69891	52960		2029	11263	1550	10293	10283	34465	29823
13954	126759	85469		2386	16118	1737	9300	27173	80040	40830
9720	93146	51200		1326	12452	1704	10080	21874	104103	35729
23162	243000	148200		2263	19366	2304	10506	26550	101333	86987
46650	234147	166546		7007	21965	2359	11812	34758	125154	129951
24345	154833	125821		16929	28663	1425	17980	23888	39861	30818
12581	64762	50041		3650	9035	1852	9798	10011	12354	25229
25090	348590	298086		2427	29740	2156	10502	72125	164666	117882
19214	206178	160139		2155	20317	1660	9744	58384	79204	66289
24863	162595	120359		4348	21581	1653	11400	41160	78823	58655
34522	374209	277669		5340	26623	1810	10635	101042	123612	119519
14594	134305	89295		2425	16845	1448	10062	29251	69273	44552
28790	378498	252006		3594	27953	1922	11717	71272	127893	121540
43050	139796	107643		16273	28851	2179	14390	26107	66737	82718
21899	103867	80038		3550	13119	1703	10199	13022	28476	48267

4-2 续表 39

地 区	Region	土地面积 (平方公里) Land Area (sq.km)	年末总人口 (人) Total Population (year-end) (person)	地区生产总值 (万元) Gross Regional Product (10 000 yuan)	第一产业 Primary Industry	第二产业 Secondary Industry	第三产业 Tertiary Industry	人均地区生产总值 (元/人) Per Capita Gross Regional Product (yuan/person)
延长县	Yanchang County	2368	143623	81004				5571
延川县	Yanchuan County	1985	183173	792622				43477
子长县	Zichang County	2395	245425	157420				6501
安塞县	Ansai County	2950	164406	136595				8381
志丹县	Zhidan County	3762	133880	234888				17785
吴旗县	Wuqi County	3791	121904	210992				17043
甘泉县	Ganquan County	2285	78041	100115				12735
富县	Fu County	4180	147512	78826				5341
洛川县	Luochuan County	1799	200107	466334				23554
宜川县	Yichuan County	2931	114593	37456				3287
黄龙县	Huanglong County	2752	48713	22641				4713
黄陵县	Huangling County	2290	121888	151346				12480
南郑县	Nanzheng County	2824	552880	318100				5783
城固县	Chenggu County	2216	519925	320166				6243
洋县	Yang County	3198	438515	204800				4660
西乡县	Xixiang County	3221	403658	142932				3550
勉县	Mian County	2382	424693	245011				5770
宁强县	Ningqiang County	3247	336669	128489				3831
略阳县	Lueyang County	2829	201252	179665				8922
镇巴县	Zhenba County	3414	279345	95301				3426
留坝县	Liuba County	1957	44674	24554				5466
佛坪县	Foping County	1267	33296	12459				3732
神木县	Shenmu County	7528	376850	678309				18179
府谷县	Fugu County	3204	213168	224915				10507
横山县	Hengshan County	4288	333547	159769				4814
靖边县	Jingbian County	4979	291442	1006618				34844
定边县	Dingbian County	6826	315851	308497				9846
绥德县	Suide County	1855	349264	82819				2366
米脂县	Mizhi County	1174	208428	59931				2870
佳县	Jia County	2030	245258	43441				1765
吴堡县	Wubao County	420	77747	25400				3234
清涧县	Qingjian County	1851	208093	47840				2300
子洲县	Zizhou County	2024	303508	51991				1713
汉阴县	Hanyin County	1364	292384	112067				3836
石泉县	Shiquan County	1516	183628	91561				4986
宁陕县	Ningshan County	3667	74465	41632				5583
紫阳县	Ziyang County	2243	335103	116990				3481
岚皋县	Langao County	1956	170186	68214				4008
平利县	Pingli County	2647	229212	86765				3785
镇坪县	Zhenping County	1497	57641	27525				4780
旬阳县	Xunyang County	3540	451264	224467				4974
白河县	Baihe County	1455	205867	77536				3745
洛南县	Luonan County	2830	450975	175190				3882
丹凤县	Danfeng County	2407	302019	115680				3829
商南县	Shangnan County	2315	234755	92700				3978
山阳县	Shanyang County	3536	439310	136900				3121

continued

城镇就业人员(人) Urban Employed Persons (person)	乡村就业人员(人) Rural Laborer (person)	#农林牧渔业 Agriculture	全社会固定资产投资(万元) Investment in Fixed Assets (10 000 yuan)	地方财政收入(万元) Revenue of Local Governments (10 000 yuan)	地方财政支出(万元) Expenditures of Local Governments (10 000 yuan)	农村居民人均纯收入(元) Per Capita Disposable Income of Rural Households (yuan)	城镇职工平均工资(元) Average Wages in Urban (yuan)	常用耕地面积(公顷) Area of Cultivated Land (hectare)	农林牧渔业总产值(万元) Gross Output Value of Agriculture (10 000 yuan)	社会消费品零售总额(万元) Total Retail Sales (10 000 yuan)
7939	49290	42982		10495	23072	1666	11779	17077	31921	17888
24749	62346	41228		11456	26258	1503	24401	24417	23697	23275
15036	75213	58462		25555	37680	1948	14576	28413	43156	31408
11336	52953	40903		36147	46360	2399	14630	25800	43586	24515
11108	50323	33130		76557	57267	2270	16627	20019	28190	23806
11296	44252	34181		73408	72080	2086	16471	20090	40932	17669
8428	25552	20294		18234	24032	2604	14706	9314	20122	12021
9979	60364	53810		3174	16253	2380	10615	10167	44898	21542
15322	75012	61109		4542	19519	3080	18107	12197	111236	40435
6627	37816	33212		1337	15217	1762	11122	11684	25136	13018
5777	10499	8988		530	12020	2080	12084	10762	20341	6131
18469	42894	32883		12546	21446	2690	16394	9622	32068	34454
24780	285407	153279		10387	26341	2042	12090	30390	107290	72135
29362	188838	103337		3668	22384	2086	11257	25694	180892	73460
22840	172798	110586		3167	21313	1495	12394	28158	92423	36757
12710	159364	94507		1915	17460	1289	12067	20972	79045	41079
27166	163293	89688		5173	20336	1651	9945	23727	93656	64926
11263	150831	84564		2612	17566	1410	12044	20699	78295	39388
15488	69501	42226		5959	16059	1668	14959	9957	41537	36305
10912	93150	51250		1311	15192	1306	11628	22573	62772	32274
3737	20571	16662		570	5461	1636	11431	2974	12240	7651
3069	8002	5128		469	4913	1227	12131	1622	5490	4806
24149	151200	78960		68267	76532	2650	22096	40310	64528	114033
13607	85383	50819		21620	32111	1745	12310	44562	18378	75091
15494	148800	125000		5694	22029	1520	11312	57303	55265	34655
20944	132235	96575		29504	44745	1842	14824	53803	63380	104523
17540	144134	111019		16877	30917	1641	13508	87075	67088	54668
15586	127521	66888		2570	22571	1668	12361	41078	26198	106591
10141	80522	46783		861	18382	1487	12325	29448	18014	24195
10277	89100	55000		721	18630	1393	11083	31333	29848	14613
5744	25050	17130		835	11288	1386	10956	8685	6058	12873
9611	81276	54504		1009	16288	1450	10311	25265	27416	20213
11364	143640	94521		1605	20606	1668	11275	29398	29607	30029
8547	147407	73207		1836	14901	1839	10549	20997	73607	32974
7591	81710	47724		1358	12737	1460	13330	14341	42858	24140
3662	32806	21989		736	8125	1511	11959	3232	23071	11183
10061	156925	79177		1609	16334	1669	11350	26183	84277	42446
7477	76214	38293		1280	13218	1810	9007	15372	44222	23196
8495	92406	59147		1742	14173	1568	11248	17623	63455	26393
3831	28222	15328		760	6524	1777	11804	4874	18481	7797
14957	205495	137292		7180	26920	1859	12765	34308	81835	66165
6681	110400	55659		1689	13355	1786	12741	13772	46737	25724
19665	185866	145635		3926	24565	1482	10215	31330	93411	67688
9114	121992	83152		2391	17317	1540	10817	12404	57983	46824
10014	110957	56910		2115	16347	1486	11401	13057	51893	32882
17660	163007	109448		2482	21687	1503	9645	23525	60486	56643

地 区	Region	土地面积(平方公里) Land Area (sq.km)	年末总人口(人) Total Population (year-end) (person)	地区生产总值(万元) Gross Regional Product (10 000 yuan)	第一产业 Primary Industry	第二产业 Secondary Industry	第三产业 Tertiary Industry	人均地区生产总值(元/人) Per Capita Gross Regional Product (yuan/person)
镇安县	Zhenan County	3487	284971	160100				5640
柞水县	Zhashui County	2367	154864	99270				6398
甘肃省	**Gansu Province**							
永登县	Yongdeng County	5724	498610	413088	55845	200837	156406	7973
皋兰县	Fulan County	2487	172430	114723	24374	55990	34359	6649
榆中县	Yuzhong County	3301	422659	169889	47158	70335	52396	4023
永昌县	Yongchang County	4550	246465	209262	52985	91644	64633	8224
靖远县	Jingyuan County	5703	466082	203735	79254	46022	78459	4398
会宁县	Huining County	5648	574344	151362	55242	34758	61362	2595
景泰县	Jingtai County	5527	229972	165140	42878	54237	68025	7174
清水县	Qingshui County	2006	307330	89300	33579	14821	40900	2857
秦安县	Taian County	1599	608429	147797	42997	35000	69800	2463
甘谷县	Gangu County	1584	610514	156887	47186	45822	63879	2606
武山县	Wushan County	1989	443241	124794	44444	31036	49314	2850
张家川回族自治县	Zhanjiachuan Hui A.C.	1293	330971	67014	17497	18036	31481	2096
民勤县	Minqing County	15871	283957	192718	95018	34300	63400	6255
古浪县	Gulan County	4977	389334	143889	40670	42091	61128	3602
天祝藏族自治县	Tianzhu Tibetan A.C.	6797	212957	115410	18389	41900	55121	5292
肃南裕固族自治县	Sunan Yugur A.C.	20696	35720	48168	13246	21482	13440	13455
民乐县	Minle County	2916	236710	126434	53557	32836	40041	5207
临泽县	Linze County	2727	146085	138094	50734	50724	36636	9452
高台县	Gaotai County	4460	157639	134572	68803	34470	31299	8539
山丹县	Shandan County	4948	192985	159094	37939	66387	54768	7915
泾川县	Jingchuan County	1467	344240	163631	50010	50772	62849	4782
灵台县	Lingtai County	1982	220659	92988	43541	13015	36432	4018
崇信县	Congxin County	853	93936	65185	21558	30404	13223	6713
华亭县	Huating County	1182	171735	175649	25541	118199	31909	9901
庄浪县	Zhuanglan County	1591	421011	91340	39882	17611	33847	2143
静宁县	Jingning County	2194	469123	114658	43624	34241	36793	2412
金塔县	Jingta County	18877	144047	146631	73537	22778	50316	10304
安西县	Anxi County	24084	88305	123427	40685	26825	55917	12951
肃北蒙古族自治县	Subei Mengolian A.C.	69274	11217	30098	2414	17263	10421	25082
阿克塞哈萨克族自治县	Akesai Kazak A.C.	34103	7920	25510	1606	15200	8704	31888
玉门市	Yumen City	13307	165354	541642	31523	417544	92575	28658
敦煌市	Dunhuang City	30984	137074	208962	62903	35533	110526	15309
庆城县	Qingcheng City	2692	305087	387551	33747	304265	49539	12702
环县	Huan County	9249	333713	86960	31035	28628	27297	2539
华池县	Huachi County	3871	127619	229658	15846	192486	21326	17307
合水县	Heshui County	2942	166190	53032	22142	9167	21723	3116
正宁县	Zhengning County	1314	228932	63158	27032	9467	26659	2670
宁县	Ning County	2654	521997	119000	43400	24199	51401	2260
镇原县	Zhengyuan County	3501	500669	105424	48487	18208	38729	2067
通渭县	Tongwei County	2913	438396	86267	44053	7046	35168	1852
陇西县	Longxi County	2411	497170	138940	44230	33985	60725	2799
渭源县	Weiyuan County	2064	343791	69482	37486	5065	26931	1984

continued

城镇就业人员（人）Urban Employed Persons (person)	乡村就业人员（人）Rural Laborer (person)	#农林牧渔业 Agriculture	全社会固定资产投资（万元）Investment in Fixed Assets (10 000 yuan)	地方财政收入（万元）Revenue of Local Governments (10 000 yuan)	地方财政支出（万元）Expenditures of Local Governments (10 000 yuan)	农村居民人均纯收入（元）Per Capita Disposable Income of Rural Households (yuan)	城镇职工平均工资（元）Average Wages in Urban (yuan)	常用耕地面积（公顷）Area of Cultivated Land (hectare)	农林牧渔业总产值（万元）Gross Output Value of Agriculture (10 000 yuan)	社会消费品零售总额（万元）Total Retail Sales (10 000 yuan)
13705	120074	52928		2526	17350	1576	10285	17932	73749	46623
10684	60653	45082		2218	13188	1373	9853	7956	29465	23772
15080	244200	148200	157253	11349	37504	2071	15845	91853	89434	56414
10422	82500	51300	47277	2674	17673	2113	13894	28320	39009	20977
27978	206000	137200	89539	7700	32034	1866	14345	70673	88418	62253
25880	108500	81400	103943	7382	24175	3819	12992	46053	96555	58696
16209	224200	168900	117113	3290	29070	2185	12120	76327	128318	49149
18423	290100	229200	77260	1344	33732	1575	11025	150693	103929	62740
16842	97900	63800	54529	2828	20106	2339	12392	45687	67058	35337
8195	149100	117900	28408	936	22674	1410	11494	62607	54692	16097
12033	285700	219200	51405	3258	26618	1538	11043	70053	70890	62210
13493	298800	168300	50013	2680	24778	1532	12746	58820	73929	60833
12109	211300	142600	48278	2789	22212	1523	10825	41340	73613	42004
8855	178000	133900	25255	1104	23791	1323	11142	37627	30301	12700
9503	116800	104500	72798	2069	24555	3319	13608	63880	153598	51500
10865	197800	141000	124972	2282	28939	1692	10415	72667	69066	41798
9782	104300	79100	107879	3670	33658	1675	14695	21200	33402	52410
4841	11800	9100	110016	4058	20671	4552	16250	4140	20754	13286
10027	126800	102900	50404	2639	20313	1675	11233	61740	92816	34212
8263	66100	43000	55536	3201	14965	3821	12238	18893	81836	25119
7675	75300	55600	54068	2865	15373	3782	12457	21207	110883	27332
17609	83200	44800	51050	3010	16923	3658	9240	39807	51873	28984
11482	163700	113300	55151	2708	21614	1890	10946	45393	85519	48240
8693	104800	76000	26912	1971	20156	1846	13399	46833	69234	28100
6344	46500	28300	44337	2466	12182	1880	17175	24187	33344	15378
24815	69200	41900	96648	12204	25315	2072	22806	27833	41369	40810
12455	221500	130200	50535	2258	27579	1550	13878	61100	69124	38702
13035	225400	179400	44821	2600	29000	1581	13739	98120	84462	55527
7702	57900	48700	52756	1876	15362	4582	14141	22880	137928	26858
7968	36900	32000	96175	2594	14880	4445	15523	19967	83081	43319
2198	4200	3300	26922	2431	13984	5301	17587	693	4698	4648
2131	1500	900	19569	1524	9104	5488	21654	247	2470	3952
25249	41000	29600	207748	6491	19162	4348	21844	22433	48342	68640
12057	50600	33900	97862	4401	20932	4656	15534	17007	112683	78069
10716	119400	97900	62400	11390	25692	1788	13878	54533	58439	56593
8832	161700	125900	44450	3302	31078	1412	13005	90113	60857	27217
6744	57800	50600	39010	3834	20442	1690	13758	30700	31726	20326
7917	74900	53900	40520	2273	19009	1650	10178	23567	41041	19239
8611	121200	85300	43110	3387	21609	1865	1089	29127	48949	27581
12384	250900	140800	54030	3131	32698	1765	10641	63433	82798	51152
13264	253000	192400	51500	3804	34276	1593	11244	112647	94120	46440
14589	228000	146400	30224	1038	24941	1583	10641	122020	70678	18190
14966	207200	129900	55358	5185	30422	1735	11257	79047	75104	61127
7556	166200	130600	25943	665	20926	1675	13304	53340	54397	15900

4-2 续表 41

地区	Region	土地面积(平方公里) Land Area (sq.km)	年末总人口(人) Total Population (year-end) (person)	地区生产总值(万元) Gross Regional Product (10 000 yuan)	第一产业 Primary Industry	第二产业 Secondary Industry	第三产业 Tertiary Industry	人均地区生产总值(元/人) Per Capita Gross Regional Product (yuan/person)
临洮县	LingTao County	2853	529527	129782	51325	35162	43295	2386
漳县	Zhang County	2166	194130	44920	25538	2141	17241	2249
岷县	Ming County	3599	453195	82110	42135	6615	33360	1805
成县	Cheng County	1677	252021	171628	39385	80279	51964	6541
文县	Wen County	4998	238559	61390	17452	22501	21437	2503
宕昌县	Tanchang County	3323	287513	44294	15884	9427	18983	1503
康县	Kang County	2960	197971	43510	17894	8060	17556	2155
西和县	Xihe County	1852	394163	80864	23334	24625	32905	2079
礼县	Li County	4263	513969	72089	32968	10689	28432	1405
徽县	Hui County	2717	212265	116819	43906	44255	28658	5401
两当县	Liangdan County	1406	50894	19990	7782	3977	8231	3966
临夏市	Linxia City	92	210761	143600	19503	28503	95594	6835
临夏县	Linxia County	1217	376757	78849	27755	18022	33072	2118
康乐县	Kangle County	993	244115	49721	22232	6722	20767	2018
永靖县	Yongjing County	1893	201447	125053	19920	77421	27712	6118
广河县	Guanghe County	538	207722	49527	15757	11422	22348	2379
和政县	Hezheng County	964	193681	38706	17217	4621	16868	1987
东乡族自治县	Dongxiang A.C.	1511	276921	43921	15279	9632	19010	1629
积石山保安族东乡族撒拉族自治县	Jishishan Bonan, Dongxiang & Salar A.C.	909	228031	40641	15801	5758	19082	1747
合作市	Hezuo County	2668	85426	59118	6940	13418	38760	7618
临潭县	Lintan County	1441	151912	32788	10283	4883	17622	2186
卓尼县	Zhuoni County	5318	104045	27015	12805	2488	11722	2651
舟曲县	Zhouqu County	3005	135546	27407	12338	2058	13011	2021
迭部县	Diebu County	4736	55170	19750	7401	2308	10041	3571
玛曲县	Maqu County	10392	44874	42750	12433	20470	9847	9542
碌曲县	Luqu County	4790	30714	16890	6746	3732	6412	5502
夏河县	Xiahe County	5960	81498	31042	13796	4714	12532	3924
青海省	**Qinghai Province**							
大通回族土族自治县	Datong Hui & Tu County	3018	430000	436997	36151	343885	56961	10046
湟中县	Huangzhong County	2702	471500	222014	46723	117022	58269	4593
湟源县	Huangyuan County	1503	134900	71630	13792	32585	25253	5310
平安县	Pingan County	769	126700	113100	10556	46857	55688	8966
民和回族土族自治县	Minhe Hui & Tu County	1891	388000	126391	29124	44625	52642	3263
乐都县	Ledu County	3398	294700	141414	29929	43586	67899	4806
互助土族自治县	Huzhu Tu County	3428	386200	178327	50531	56632	71164	4629
化隆回族自治县	Hualong Hui County	2740	245000	104146	21070	59675	23401	4267
循化撒拉族自治县	Xunhua Salar A.C.	2189	119400	61915	11731	29802	20382	5205
门源回族自治县	Menyuan Hui County	7492	152152	74335	25659	22904	25772	4890
祁连县	Qilian County	14781	46355	42803	12758	17561	12484	9305
海晏县	Haiyan County	5237	33162	57855	5342	31417	21096	17426
刚察县	Gangcha County	9576	40121	29066	11899	4160	13007	7267
同仁县	Tongren County	3276	79115	60641	17131	7367	36143	7696
尖扎县	Jianzha County	2174	51901	110441	7752	92117	10572	21279
泽库县	Zeku County	7179	57793	28097	19536	1811	6750	4011
河南蒙古族自治县	Henan Mengolian A.C.	7400	31846	28280	19389	2318	6573	8838

continued

城镇就业人员（人）Urban Employed Persons (person)	乡村就业人员（人）Rural Laborer (person)	#农林牧渔业 Agriculture	全社会固定资产投资（万元）Investment in Fixed Assets (10 000 yuan)	地方财政收入（万元）Revenue of Local Governments (10 000 yuan)	地方财政支出（万元）Expenditures of Local Governments (10 000 yuan)	农村居民人均纯收入（元）Per Capita Disposable Income of Rural Households (yuan)	城镇职工平均工资（元）Average Wages in Urban (yuan)	常用耕地面积（公顷）Area of Cultivated Land (hectare)	农林牧渔业总产值（万元）Gross Output Value of Agriculture (10 000 yuan)	社会消费品零售总额（万元）Total Retail Sales (10 000 yuan)
16518	255500	179900	80381	5771	32125	1796	11813	72040	91736	37880
4761	92700	51700	14071	643	14098	1626	10755	31180	38011	7697
7998	211500	146200	45191	1927	26637	1550	13484	41460	63049	22400
13815	111100	74000	40665	5412	23258	1959	13786	27460	60836	25302
11664	113900	97300	55850	2151	18919	1131	10947	21367	29639	16137
8264	160600	120900	23194	836	19482	993	12870	28740	31832	14273
7032	91600	51800	25252	1322	16277	1297	13720	21093	29565	15409
15703	208500	176800	29307	2477	23276	1270	10654	40133	39213	13496
13151	247800	170700	30682	1604	31133	1259	11623	69047	59711	18213
9815	95800	67000	25979	3726	16887	1986	13120	26427	65978	15740
4827	20900	18100	6473	461	9881	1600	10811	8007	12257	5385
30780	51300	27400	47983	5625	22477	3037	12565	2360	25803	82033
9339	187800	123200	19910	1072	23918	1423	13417	25087	41775	14636
7667	122900	103400	15160	1142	18844	1321	11536	21607	31600	11922
12867	85800	57400	53946	5110	25149	1345	15986	23307	33614	14194
6293	102000	76900	16813	1572	16137	1402	11750	12800	22700	15714
5883	92900	70000	24400	987	17612	1242	11242	15640	24333	7160
7821	131500	89700	15067	737	21083	1058	11554	24527	29752	5144
6885	118100	73800	20667	778	17559	1149	12723	17927	26749	10032
12219	19800	18200	44044	1739	14276	1554	14247	9400	9108	29641
5605	71500	49400	17316	710	20014	1295	14951	17913	17961	9061
6503	45200	39800	18259	416	15738	1375	12130	11147	18853	9672
6870	67600	51800	25992	549	17715	1291	12665	9527	17647	6430
5597	21900	19700	41961	747	10867	1508	12126	5160	10372	6560
4137	17400	16600	13135	3373	16711	2670	16827		14088	8919
2422	14400	13500	17161	1061	9761	2284	16525	2773	8568	6324
4052	34100	30300	24624	773	17303	1642	14446	11193	18190	14473
35772	197061	116091	60760	15961	40274	2514	17122	46451	66503	51579
17341	259703	179509	113013	5031	38132	2148	15835	60069	66530	36316
8256	58005	48037	42259	3598	21411	2030	13614	16878	21727	17980
15731	44611	25331	48461	3037	17151	2216	15436	10287	16559	25900
26737	175784	93653	59007	3564	31516	1956	15446	41013	48258	46620
20308	132403	64321	65801	3021	33307	2009	15772	30736	49402	35251
26613	183336	117876	67265	5223	37402	2159	16069	73888	77002	29756
9883	99774	72163	44006	3419	24294	1798	19193	36390	32710	14394
8228	48645	21159	46475	3041	16838	2015	17740	7437	17286	14223
7707	68164	51605	40956	2377	16879	1841	15746	39900	32095	16748
2733	17928	15212	26031	1165	10382	2339	16510	2538	16830	8872
6865	10410	8712	50386	3352	24674	2162	17499	2648	6269	6874
3510	10786	10477	8714	1024	8380	2827	15812	7382	15530	7966
3587	31762	31762	15619	1129	14693	2066	18225	7569	21245	6560
5003	21483	18108	16530	3473	12933	1611	15515	4026	11814	4202
1971	24913	24913	5572	181	8738	1370	1596	4579	23103	2985
1723	13906	13709	5279	387	7883	2406	21466		21757	3115

地 区	Region	土地面积（平方公里）Land Area (sq.km)	年末总人口（人）Total Population (year-end) (person)	地区生产总值（万元）Gross Regional Product (10 000 yuan)	第一产业 Primary Industry	第二产业 Secondary Industry	第三产业 Tertiary Industry	人均地区生产总值（元/人）Per Capita Gross Regional Product (yuan/person)
共和县	Gonghe County	14051	121273	118534	20782	57243	40509	9772
同德县	Tongde County	4883	54759	29563	17034	4519	8010	5434
贵德县	Guide County	3510	101332	66717	10252	40552	15913	6613
兴海县	Xinghai County	11979	68487	38049	18302	8709	11038	5604
贵南县	Guinan County	3785	70569	37668	20231	6737	10700	5343
玛沁县	Maqin County	13378	39752	36239	5020	8583	22636	9116
班玛县	Banma County	6293	24779	9603	5301	888	3414	3876
甘德县	Gande County	7046	25512	8661	4038	1075	3548	3395
达日县	Dari County	14843	24938	8068	5335	432	2301	3235
久治县	Jiuzhi County	8757	21355	8900	4878	756	3266	4168
玛多县	Maduo County	26249	13076	7440	3552	149	3739	5690
玉树县	Yushu County	14533	89309	25313	15423	4795	5095	2835
杂多县	Zaduo County	39683	46613	31809	27088	1961	2762	6826
称多县	Chengduo County	14744	44839	16574	9258	3971	3345	3700
治多县	Zhiduo County	80263	25274	17740	12057	1921	3762	7011
囊谦县	Nangqian County	10506	65377	19183	13942	1970	3271	2933
曲麻莱县	Qumalai County	47104	25592	16154	10767	1956	3431	6301
格尔木市	Geermu City	109962	114300	567251	6098	396291	164862	28315
德令哈市	Delingha City	26500	62175	105012	7503	37249	60260	16104
乌兰县	Wulan County	12480	38000	22958	6746	12129	4083	6053
都兰县	Dulan County	26846	68000	39658	13347	14344	11967	5789
天峻县	Tianjun County	27563	18900	30969	10127	12034	8808	16413
宁夏回族自治区	**Ningxia Hui A.R.**							
永宁县	Yongning County	1179	207069	234059	49652	128459	55948	11476
贺兰县	Helan County	1527	181822	170237	44251	78419	47567	9512
灵武市	Lingwu City	4539	234768	346141	36879	239052	70210	14759
平罗县	Pingluo County	2649	285749	260231	60062	119916	80253	9171
盐池县	Yanchi County	8558	165112	98835	21558	29662	47615	6102
同心县	Tongxin County	5631	331331	98537	24228	29389	44920	3022
青铜峡市	Qingtongxia City	2337	260664	464616	55857	308916	99843	18263
西吉县	Xiji County	3985	462937	102847	34079	16893	51875	2221
隆德县	Longde County	1269	183034	49072	14601	9209	25262	2676
泾源县	Jingyuan County	1431	122325	32623	9371	7690	15562	2702
彭阳县	Pengyang County	3239	253291	66501	28276	12382	25843	2605
中宁县	Zhongning County	3923	297186	243282	56711	94605	91966	8286
海原县	Haiyuan County	6977	391818	86985	26944	11758	48283	2264
新疆维吾尔自治区	**Xinjiang Uygur A.R.**							
乌鲁木齐县	Wulumuqi County	9765	85400	76579	28730	12997	34852	9234
吐鲁番市	Tulufan City	13589	260271	250006	55709	54166	140131	9766
鄯善县	Shanshan County	38282	213738	853850	44221	711815	97814	40106
托克逊县	Tuokexun County	15692	110309	94907	24242	31917	38748	8636
哈密市	Hami City	85587	418918	584326	71206	195693	317427	14195
巴里坤哈萨克自治县	Balikun Hasak A.C.	36989	100110	64846	26163	14853	23830	6452

continued

城镇就业人员（人）Urban Employed Persons (person)	乡村就业人员（人）Rural Laborer (person)	#农林牧渔业 Agriculture	全社会固定资产投资（万元）Investment in Fixed Assets (10 000 yuan)	地方财政收入（万元）Revenue of Local Governments (10 000 yuan)	地方财政支出（万元）Expenditures of Local Governments (10 000 yuan)	农村居民人均纯收入（元）Per Capita Disposable Income of Rural Households (yuan)	城镇职工平均工资（元）Average Wages in Urban (yuan)	常用耕地面积（公顷）Area of Cultivated Land (hectare)	农林牧渔业总产值（万元）Gross Output Value of Agriculture (10 000 yuan)	社会消费品零售总额（万元）Total Retail Sales (10 000 yuan)
13362	37536	31607	43428	1808	17105	2693	2500	9584	30190	23541
2597	21602	18011	15237	496	9175	2517	2800	5533	22523	5113
3336	42977	29416	157099	2580	13688	2233	1181	12477	18565	12409
2776	22938	22178	22097	803	8972	2601	781	5300	25473	6168
2061	23515	21544	20544	502	12383	2190	1883	12477	27138	8241
1454	11456	11456	13369	327	6865	3125	19991	99	10046	2947
1200	8921	8921	4700	188	5658	1770	18695	574	5913	1720
1053	11849	11849	5074	121	5510	1485	18150		5014	1400
1125	9217	9217	4313	164	6274	1359	18876		6207	1695
1000	7355	7355	4854	73	5663	1696	19854		5896	2327
1043	5493	5493	4796	76	4782	1899	18415		4270	1665
2300	33302	33302	12977	1555	1555	1993	21099	3689	22672	11423
1070	18903	18903	7638	151	151	1932	21894		34140	2028
1462	21112	21112	13754	395	395	1546	21699	2084	11690	2460
1104	12359	12359	6539	106	106	2050	21964		15585	2460
1312	29972	29972	10479	137	137	1395	21707	7978	18002	2255
1159	10716	10716	8578	169	169	2258	21987		12835	2549
18971	7460	4140	166684	25365	35970	3394	22547	3498	10715	145490
9686	14253	12244	101836	2928	15989	2295	18122	10024	12189	22538
3722	12352	9012	12011	1467	10831	2024	22204	2935	9161	6132
4356	29166	26237	13345	1901	12549	2009	14907	17538	19298	10171
1512	7063	6823	24067	7237	9408	2870	18891		12678	5953
18914	92913	53072	85359	8129	21859	3375	11608	35294	89760	32001
12702	86265	64706	96202	7325	21387	3534	12767	37316	82582	31128
17627	73021	45641	576685	11452	33666	3597	13154	24062	66691	40413
19835	117159	75754	101500	21036	46954	3640	12347	54021	107048	67668
7037	66844	41207	29631	4971	26806	2005	16633	89533	45562	26282
11934	150555	95764	26688	3423	34122	1709	14162	94559	49479	30707
32404	94854	62918	258399	20856	40048	4019	18676	32797	99538	52218
14092	216651	172863	25497	1803	38614	1740	15633	116173	70508	35056
9562	85752	58100	19692	1204	24900	1696	14408	28974	33442	13995
5083	63263	40068	10677	1080	16357	1508	14024	16806	22165	12672
8414	125666	86813	13727	1319	26098	1764	16177	30667	56458	16273
17905	143142	99501	117437	10395	30941	3307	12876	40325	106390	42026
9161	180160	120700	21176	1599	33643	1446	16127	78944	52033	17070
4430	37715	30708	30041	5294	22764	4004	15938	19270	45443	31424
24229	85598	73175	58820	17018	26401	3778	15257	10650	85709	72974
39253	85613	76354	303309	34423	31646	3800	24122	10460	75278	58232
7645	45621	38436	58120	5122	17839	3220	13590	14790	42479	20937
65896	60888	50139	90730	1801	11555	3445	16668	20510	62490	172809
11036	35667	24022	12113	2112	20138	2464	10380	28020	34907	12250

4-2 续表 43

地　区	Region	土地面积(平方公里) Land Area (sq.km)	年末总人口(人) Total Population (year-end) (person)	地区生产总值(万元) Gross Regional Product (10 000 yuan)	第一产业 Primary Industry	第二产业 Secondary Industry	第三产业 Tertiary Industry	人均地区生产总值(元/人) Per Capita Gross Regional Product (yuan/person)
伊吾县	Yiwu County	19519	20875	33253	12646	9505	11102	15987
昌吉市	Changji City	8216	403218	762411	139268	275378	347765	18687
阜康市	Fukang City	8535	159587	351539	48191	242880	60468	22306
米泉市	Miquan City	3788	188042	310356	48751	164944	96661	16266
呼图壁县	Hutubi County	9421	208421	316956	153107	84088	79761	14979
玛纳斯县	Manasi County	9597	169716	411861	217429	112810	81622	15495
奇台县	Qitai County	16638	229247	189642	97820	29620	62202	9301
吉木萨尔县	Jimusaer County	8145	134039	112166	56869	18387	36910	9316
木垒哈萨克自治县	Mulei Hasak A.C.	13299	86344	59834	30296	7598	21940	7671
博乐市	Bole City	7877	251172	386062	92831	56714	236517	15542
精河县	Jinghe County	11175	134067	121970	57533	11763	52674	9129
温泉县	Wenquan County	5882	72868	45687	21196	6164	18327	6267
库尔勒市	Kuerle City	7216	438013	2428032	142109	1924873	361050	52862
轮台县	Luntai County	14157	98098	137293	42313	56562	38418	13967
尉犁县	Weili County	59234	112444	155196	98643	26706	29847	13333
若羌县	Ruoqiang County	198794	31877	41134	12378	15288	13468	13226
且末县	Qiemo County	137831	58038	50973	21942	7010	22021	8567
焉耆回族自治县	Yanqi Hui A.C.	2441	126295	134704	43243	50002	41459	11005
和静县	Hejing County	34887	180494	180163	65920	54737	59506	9905
和硕县	Heshuo County	12816	68247	72367	35916	14157	22294	10705
博湖县	Bohu County	3579	57333	55595	26247	11989	17359	9702
阿克苏市	Akesu City	18184	582839	501326	112160	133825	255341	12127
温宿县	Wensu County	14202	227687	129638	71696	17726	40216	5703
库车县	Kuche County	14603	419167	296999	72865	137549	86585	7244
沙雅县	Shaya County	31955	219014	115699	61605	15229	38865	5460
新和县	Xinhe County	5818	147389	76994	48954	7099	20941	5259
拜城县	Baicheng County	15554	216533	133590	40354	49292	43944	6169
乌什县	Wushi County	9082	190350	68928	34178	6974	27776	3613
阿瓦提县	Awati County	13234	218615	150177	82834	24850	42493	6917
柯坪县	Keping County	8710	43348	21106	5684	3579	11843	4874
阿图什市	Atushi City	16151	213011	91918	26131	12752	53035	4180
阿克陶县	Aketao County	24540	179530	45399	17115	8746	19538	2596
阿合奇县	Aheqi County	12737	36831	15407	4640	1374	9393	4098
乌恰县	Wuqia County	19040	46679	21936	5227	5922	10787	4800
喀什市	Keshi City	199	421295	320928	26928	94400	199600	7983
疏附县	Shufu County	3323	300487	83298	48130	11510	23658	2872
疏勒县	Shule County	2485	304601	87340	45840	11410	30090	2873
英吉沙县	Yingjisha County	3224	233958	67818	39650	9742	18426	2911
泽普县	Zepu County	827	178373	86258	31771	19370	35117	4630

continued

城镇就业人员(人) Urban Employed Persons (person)	乡村就业人员(人) Rural Laborer (person)	#农林牧渔业 Agriculture	全社会固定资产投资(万元) Investment in Fixed Assets (10 000 yuan)	地方财政收入(万元) Revenue of Local Governments (10 000 yuan)	地方财政支出(万元) Expenditures of Local Governments (10 000 yuan)	农村居民人均纯收入(元) Per Capita Disposable Income of Rural Households (yuan)	城镇职工平均工资(元) Average Wages in Urban (yuan)	常用耕地面积(公顷) Area of Cultivated Land (hectare)	农林牧渔业总产值(万元) Gross Output Value of Agriculture (10 000 yuan)	社会消费品零售总额(万元) Total Retail Sales (10 000 yuan)
3342	3654	3071	15703	22458	38398	2725	15730	5380	19632	3969
45101	58948	48166	251214	29400	33675	5606	19846	47430	184376	207616
13477	35592	29141	100592	26756	25491	5255	12792	19340	65270	63849
15813	57290	30443	154906	16422	26920	5356	13801	13850	67744	71945
11888	40320	36248	88968	9621	16933	6006	11949	47380	161346	57172
13661	50237	44942	76016	12569	19510	7218	13271	53700	188316	59222
10576	73620	63932	35224	3911	21972	4426	13439	71200	152121	53602
6324	48140	41038	26587	11178	20255	4212	14256	31120	86828	25900
5541	37790	34570	14605	1225	15495	3344	14851	33660	58509	19022
25509	35781	27207	85156	9936	25119	4456	13120	27600	73351	75129
15701	30487	25533	24458	4532	19918	4210	10304	23680	83161	18643
9508	18208	15210	9513	1138	14679	2986	8219	21620	31322	11425
73544	29446	25686	1302120	58778	58801	4895	16939	39980	186767	246940
6489	28195	25288	62754	23017	27981	4100	15674	18570	69225	14695
5564	16921	15390	41547	5852	16995	4577	14278	35880	90437	6492
3438	5710	5196	28327	1946	9985	4343	17469	3510	14581	3247
5240	12260	10699	23562	14811	17834	3814	18271	10720	35742	4238
7873	28374	20864	55661	7268	17948	4528	13288	22800	70058	20484
16668	38292	32564	54881	5047	24084	3808	10622	17650	68534	11482
7387	11817	10365	30967	3104	12986	4427	10507	16960	50619	7039
5082	17161	15429	19653	2454	11409	3945	13207	13170	44749	10800
34260	50094	45953	177873	28452	38989	3786	14873	44570	139674	171837
19282	37963	35004	28608	5669	24529	3251	10705	50970	121121	20350
20103	132341	117112	162631	47468	60002	3358	14068	50410	141485	58600
9650	68900	61573	30167	29401	40335	3411	14957	52240	112801	31068
7481	53897	51020	13974	2638	17679	2741	14030	33340	88595	18400
14541	60984	58685	40847	10385	31129	2692	17733	39600	71549	31050
6353	47675	42393	11646	1184	23516	1790	14784	23830	51004	7322
10097	68835	62710	31670	3307	22432	3836	14579	48670	116170	21979
3512	16788	14989	5851	468	11655	2010	16971	7550	11864	3121
14200	55941	40283	42445	3581	30919	1673	17494	9130	45946	23843
5600	42043	38563	19020	1275	22286	1281	15458	16410	39991	7262
2200	6593	6141	5433	540	12950	1178	15949	2730	7613	3313
3300	7201	6553	7507	986	15147	1341	14248	1960	7893	3729
48146	58386	30429	200205	21085	43522	2515	14988	10930	66919	146349
9909	80398	64920	33235	1630	25715	1657	13965	33610	96701	4113
10986	63420	54977	18960	2428	24511	1777	13078	36820	86900	16800
7331	86800	84252	15596	961	20161	1394	15191	20180	61200	10038
7548	27731	24414	31071	7355	22486	2223	13716	24410	64836	12800

4-2 续表 44

地区	Region	土地面积（平方公里）Land Area (sq.km)	年末总人口（人）Total Population (year-end) (person)	地区生产总值（万元）Gross Regional Product (10 000 yuan)	第一产业 Primary Industry	第二产业 Secondary Industry	第三产业 Tertiary Industry	人均地区生产总值（元/人）Per Capita Gross Regional Product (yuan/person)
莎车县	Shache County	9067	685967	167970	93939	24055	49976	2477
叶城县	Yecheng County	29359	389837	104942	65801	8989	30152	2717
麦盖提县	Maigaiti County	10277	227410	74711	48716	10680	15315	3941
岳普湖县	Yuepuhu County	2700	142963	45552	20000	7500	18052	3287
伽师县	Jiashi County	6669	342125	111589	73450	9098	29041	3374
巴楚县	Bachu County	20805	433435	136631	67200	21460	47971	4792
塔什库尔干塔吉克自治县	Tashikuergan Tajik A.C.	50544	33606	19516	3211	9135	7170	5757
和田市	Hetian City	496	195266	88526	9996	34319	44211	4535
和田县	Hetian County	40877	288888	74392	43402	15895	15095	2623
墨玉县	Moyu County	25624	458918	92616	51006	11849	29761	2091
皮山县	Bishan County	39820	231361	49491	25348	8249	15894	2138
洛浦县	Luopu County	14287	248385	65606	29676	13385	22545	2668
策勒县	Cele County	31343	139397	38237	16964	5182	16091	2745
于田县	Yutian County	39126	227300	59816	33615	6563	19638	2646
民丰县	Minfeng County	57574	35612	19148	7120	6868	5160	5440
伊宁市	Yining City	525	432837	411831	31506	113927	266398	9544
奎屯市	Kuitun City	1110	302089	288628	14799	138346	135483	20412
伊宁县	Yining County	4682	371851	192277	71878	73203	47196	5235
察布查尔锡伯自治县	Chabuchaer Xibe A.C.	4472	172975	85269	41251	17330	26688	5007
霍城县	Huocheng County	5430	368039	201761	89166	38782	73813	5510
巩留县	Gongliu County	4327	168365	81972	33015	25464	23493	5014
新源县	Xinyuan County	6814	303308	234106	76555	87602	69949	7793
昭苏县	Zhaosu County	11128	161834	88066	42435	13371	32260	5491
特克斯县	Tekesi County	7764	151643	59859	27539	8786	23534	3969
尼勒克县	Nileke County	10130	163205	72435	27664	23129	21642	4438
塔城市	Tacheng City	3991	159275	195131	50564	41573	102994	12249
乌苏市	Wusu City	14300	208448	372973	174191	100780	98002	11561
额敏县	Emin County	9448	202626	185025	75640	35599	73786	9133
沙湾县	Shawan County	12677	202270	517303	223355	130575	163373	12556
托里县	Tuoli County	19977	89985	64103	13907	30241	19955	7130
裕民县	Yumin County	6112	53251	40903	19280	6930	14693	8557
和布克赛尔蒙古自治县	Hebukesaier Mongolia A.C.	28193	50930	69402	24129	21127	24146	11359
阿勒泰市	Aletai City	10829	227778	179581	45461	33246	100874	10100
布尔津县	Buerjin County	10357	66441	56751	18413	14358	23980	9008
富蕴县	Fuyun County	32186	88083	128400	33800	65300	29300	15793
福海县	Fuhai County	33251	71432	95163	41300	27801	26062	13180
哈巴河县	Habahe County	8167	80764	75734	23780	29867	22087	10084
青河县	Qinghe County	15757	57957	39650	16350	7200	16100	7196
吉木乃县	Jimunai County	7152	37733	23763	8305	7024	8434	6761

continued

城镇就业人员(人) Urban Employed Persons (person)	乡村就业人员(人) Rural Laborer (person)	#农林牧渔业 Agriculture	全社会固定资产投资(万元) Investment in Fixed Assets (10 000 yuan)	地方财政收入(万元) Revenue of Local Governments (10 000 yuan)	地方财政支出(万元) Expenditures of Local Governments (10 000 yuan)	农村居民人均纯收入(元) Per Capita Disposable Income of Rural Households (yuan)	城镇职工平均工资(元) Average Wages in Urban (yuan)	常用耕地面积(公顷) Area of Cultivated Land (hectare)	农林牧渔业总产值(万元) Gross Output Value of Agriculture (10 000 yuan)	社会消费品零售总额(万元) Total Retail Sales (10 000 yuan)
21783	177128	153800	59912	4836	52566	1851	14911	81640	175800	33676
12724	79903	71260	29174	4345	31500	1712	15705	47600	134500	24158
7228	41477	39480	34994	2695	22693	2345	13227	43870	88193	15528
6059	42367	39317	17673	1000	17593	1739	15172	21110	38400	8961
8421	90470	81673	22552	1735	27192	1580	15525	40570	130800	10205
11084	59795	56219	53601	3197	28557	1832	13448	46400	123100	24501
2348	8882	6604	25055	853	12403	1150	20656	4630	5618	3806
20061	26147	16802	84880	7891	25397	1817	16471	4660	20868	57031
8607	96703	78465	44438	2114	26277	1456	16926	26140	85746	5418
11717	127248	105012	35830	2936	36979	1177	14387	35080	101296	7776
8158	59425	53785	25372	1634	22481	1322	12643	29810	51356	4494
8980	84074	74283	37002	2184	25364	1390	16085	25530	64802	5806
5573	44554	40553	17162	1100	16954	1197	15542	16170	35384	6540
7925	78610	76422	20172	1570	23493	1294	16160	28470	70996	7581
2963	7226	5895	19852	2508	10263	2021	16770	6230	19259	1003
66702	61346	38643	216647	23171	33273	3514	14890	15850	53001	151868
33199	709	678	99782	26870	46094		15000	1870	3586	67547
28435	141017	122731	98688	6137	36324	3154	8911	60240	151230	41424
15700	43489	37150	82027	3129	23880	2680	10886	33200	54097	7497
41517	112949	93906	85279	3967	28418	3264	10004	32310	89421	48475
8949	36100	31730	99855	3446	20439	2823	12682	27380	57731	18356
26730	87604	68432	54819	8541	28777	3303	12298	37860	102284	61836
19156	35083	29748	41310	2473	21766	2775	9676	39480	40037	16939
9799	48226	38712	22207	2009	20370	2412	12707	15410	41688	25574
9715	39675	32642	99631	3447	20358	2498	11797	18140	45704	21539
22332	37233	30574	51350	6426	21255	4396	13515	79470	82909	47643
29362	54972	50041	105889	11687	27960	5409	10676	62850	165865	44020
21784	40657	36441	34275	4490	22575	3861	9295	61210	94953	38378
14406	76623	69933	106743	11080	24950	6153	10470	65760	198376	46944
8321	27996	25508	30761	2536	18569	2265	14983	14530	24735	7140
5974	16641	14901	13784	1073	13519	2929	11549	26570	31135	8089
11911	9269	8262	16851	30442	35546	3259	11875	11010	26170	12521
31016	20601	17309	37050	5240	28725	3588	13541	20080	53195	55067
9259	19264	16512	50287	2687	14879	3620	12489	19280	32041	41680
16300	14137	10141	90775	7226	21247	4018	12575	18540	50031	21680
6975	16236	12065	34672	4816	16521	3665	12103	22340	49038	18180
7996	15906	13232	31262	3386	17462	3660	14009	19000	36032	15332
5836	14810	12591	22566	874	14829	2979	14840	12560	22204	9604
5961	4697	4345	21445	959	13277	2518	11595	16180	13145	4236

中国统计出版社最新资料书简目

(仅供参考,以最后出书为准)

中国统计年鉴-2006
中国统计摘要-2006
2006中国发展报告
中国城市统计年鉴-2005
中国劳动统计年鉴-2006
中国人口统计年鉴-2006
中国工业经济统计年鉴-2006
中国市场统计年鉴-2006
2005中国经济景气年鉴
中国建筑业统计年鉴-2005
中国城市调查年鉴-2006
中国商品交易市场统计年鉴-2006
中国连锁餐饮企业统计年鉴-2005、2006
中国连锁零售业统计年鉴-2005、2006
中国能源统计年鉴-2004、2005
全国农产品成本收益资料汇编-2005
国际统计年鉴-2006
中国对外经济贸易统计年鉴-2005
中国基本单位统计年鉴-2005
中国民政统计年鉴-2006
中国高技术产业统计年鉴-2006
中国房地产行业名录
中国农村统计年鉴-2006
中国农村住户调查年鉴-2006（中文）
中国农村住户调查年鉴-2006（英文）
中国乡镇统计资料-2006
中国县（市）社会经济调查年鉴-2006
中国西部农村统计资料-2006
中国建制镇统计资料-2006
中国农产品价格调查年鉴-2006
中国国民经济核算年鉴-2006
中国经济普查年鉴-2004
中国棉花年鉴-2004、2005
中国百强县（市）发展年鉴-2006
中国教育经费统计年鉴-2005

北京统计年鉴-2006
天津统计年鉴-2006
河北经济年鉴-2006
山西统计年鉴-2006
内蒙古统计年鉴-2006
辽宁统计年鉴-2006
吉林统计年鉴-2006
黑龙江统计年鉴-2006
上海统计年鉴-2006
江苏统计年鉴-2006
浙江统计年鉴-2006
安徽统计年鉴-2006
福建统计年鉴-2006

江西统计年鉴-2006
山东统计年鉴-2006
河南统计年鉴-2006
湖北统计年鉴-2006
湖南统计年鉴-2006
广东统计年鉴-2006
广西统计年鉴-2006
海南统计年鉴-2006
重庆统计年鉴-2006
四川统计年鉴-2006
贵州统计年鉴-2006
云南统计年鉴-2006
西藏统计年鉴-2006
陕西统计年鉴-2006
甘肃年鉴-2006
青海统计年鉴-2006
宁夏统计年鉴-2006
新疆统计年鉴-2006
新疆生产建设兵团统计年鉴-2006
石家庄统计年鉴-2006
唐山统计年鉴-2006
邯郸统计年鉴-2006
张家口统计年鉴-2006
朔州统计年鉴-2006
呼和浩特经济统计年鉴-2006
鄂尔多斯市统计年鉴-2006
包头统计年鉴-2006
沈阳年鉴-2006
大连统计年鉴-2006
鞍山统计年鉴-2006
长春统计年鉴-2006
吉林市社会经济统计年鉴-2006
四平统计年鉴-2006
延吉统计年鉴-2006
哈尔滨统计年鉴-2006
齐齐哈尔经济统计年鉴-2006
黑龙江垦区统计年鉴-2006
上海浦东新区统计年鉴-2006
南京统计年鉴-2006
苏州统计年鉴-2006
无锡统计年鉴-2006
常州统计年鉴-2006
徐州统计年鉴-2006
南通统计年鉴-2006
盐城统计年鉴-2006
镇江统计年鉴-2006
江阴统计年鉴-2006
杭州统计年鉴-2006
宁波统计年鉴-2006

绍兴统计年鉴-2006
台州统计年鉴-2006
舟山统计年鉴-2006
温州统计年鉴-2006
金华统计年鉴-2006
嘉兴统计年鉴-2006
湖州统计年鉴-2006
安庆经济统计年鉴-2006
福州统计年鉴-2006
福州年鉴-2006
厦门经济特区年鉴-2006
福州经济技术开发区年鉴-2006
南昌经济社会统计年鉴-2006
上饶经济社会统计年鉴-2006
九江经济统计年鉴-2006
济南统计年鉴-2006
青岛统计年鉴-2006
潍坊统计年鉴-2006
淄博统计年鉴-2006
郑州统计年鉴-2006
洛阳统计年鉴-2006
三门峡统计年鉴-2006
南阳经济统计年鉴-2006
武汉统计年鉴-2006
宜昌统计年鉴-2006
十堰统计年鉴-2006
荆州统计年鉴-2006
长沙统计年鉴-2006
广州统计年鉴-2006
东莞统计年鉴-2006
惠州统计年鉴-2006
深圳统计年鉴-2006
南宁统计年鉴-2006
桂林经济社会统计年鉴-2006
柳州经济统计年鉴-2006
来宾统计年鉴-2006
河池地区经济社会统计年鉴-2006
海口统计年鉴-2006
成都统计年鉴-2006
贵阳统计年鉴-2006
昆明统计年鉴-2006
西安统计年鉴-2006
兰州年鉴-2006
西宁统计年鉴-2006
银川统计年鉴-2006
乌鲁木齐统计年鉴-2006
吐鲁番统计年鉴-2006